AutoCAD 2010 쉽게 배우기

이석용 지음

YoungJin.com
영진닷컴

할 수 있다! AutoCAD 2010 쉽게 배우기

ISBN 978-89-314-3902-1

독자님의 의견을 받습니다.

이 책을 구입한 독자님은 영진닷컴의 가장 중요한 비평가이자 조언가입니다. 저희 책의 장점과 문제점이 무엇인지, 어떤 책이 출판되기를 바라는지, 책을 더욱 알차게 꾸밀 수 있는 아이디어가 있으면 팩스나 이메일, 또는 우편으로 연락주시기 바랍니다. 의견을 주실 때에는 책 제목 및 독자님의 성함과 연락처(전화번호나 이메일)를 꼭 남겨 주시기 바랍니다. 독자님의 의견에 대해 바로 답변을 드리고, 또 독자님의 의견을 다음 책에 충분히 반영하도록 늘 노력하겠습니다.

파본이나 잘못된 도서는 구입처에서 교환 및 환불해 드립니다.

이메일 : support@youngjin.com
주 소 : (우)08505 서울시 금천구 가산디지털2로 123 월드메르디앙벤처센터 2차 10층 1016호
내용문의 : morris6@hanmail.net

STAFF

집필 이석용 | **기획** (주)영진닷컴 IT 기획팀, (주)오렌지페이퍼 | **총괄** 김태경 | **진행** 김용묵, (주)오렌지페이퍼
북디자인 디자인허브 | **일러스트** 메가쑈킹(고필헌)

12년이 흘렀습니다.

AutoCAD 강의와 그에 따른 필요성으로 AutoCAD에 관한 글을 집필하며 '어떻게 예비 디자이너들에게 제대로 된 AutoCAD 능력을 배양시켜 줄 수 있을까?' 하는 물음은 줄곧 필자의 관심사가 되었습니다. 이 물음에 만족하는 답을 위해서는 세 가지 관점이 포함되어 있다는 것을 항상 상기시켜야 했습니다. '어떻게' 라는 교육적인 측면과 '제대로 된' 이라는 업무 분야에 적합한 목표 설정, 그리고 'AutoCAD 능력' 이라고 하는 기술적인 답변이 동시에 이루어져야 하는 것입니다. 12년 동안 많은 변화가 있었습니다. AutoCAD를 강의하고 집필하는 사람으로 매우 반가운 변화임에 틀림없습니다. 우선 도면을 다루는 분야는 물론이고 다양한 디자인 분야에까지 AutoCAD의 필요성이 강조되어 절대적인 입지를 다지게 되었다는 사실은 그리 새삼스럽지 않은 변화 중 하나입니다. 제 AutoCAD 수업을 듣는 학생들이 강의가 개설된 해당 학과에 국한되었던 초기에 반해 지금은 건축, 실내건축학과 학생들은 물론이고 기계설계, 조경설계 그리고 시각ㆍ산업디자인학과 심지어 문화인류학과, 교도학과 학생들까지도 AutoCAD에 관심을 갖고 강의를 듣게 되었습니다. 대부분의 예비 디자이너들에게는 절대적으로 갖추어야 할 능력이 된 것입니다. AutoCAD를 왜 배워야 하는가 하는 동기부여 자체를 이미 학생들이 충분히 이해하고 교육에 임하기 때문에 선생의 입장에서는 매우 기분 좋은 변화라 할 수 있겠습니다. AutoCAD 역시 그 필요성에 부합하여 더욱 사용하기 쉽고 좋은 효율을 만들어 낼 수 있도록 끊임없이 진보하는 모습으로 지금에 이르렀습니다. 12년이 흐른 지금 '어떻게 예비 디자이너들에게 제대로 된 AutoCAD 능력을 배양시켜 줄 수 있을까' 하는 물음은 저에겐 여전히 유효합니다. 다만 '제대로 된 AutoCAD 능력' 의 경우에 AutoCAD를 사용하는 방법과 해당 분야에 적용하는 방법(예를 들어 도면을 작성하는 방법)은 따로 떼어 놓을 수 없는 한 몸이라는 사실에 유념한다면 누구든 AutoCAD를 통해 디자이너의 아이디어를 훌륭히 표현할 수 있다고 확신합니다.

12년 동안 네 권의 AutoCAD 책을 펴내면서 많은 도움을 받았습니다. 영진닷컴의 사장님과 스태프 여러분들, 리트머스의 관계자들 그리고, 많은 학생들과 독자들로부터 진심어린 격려를 받았습니다. 진심으로 감사드립니다. 무엇보다도 하늘나라에 계신 어머니 한희자데오필라께서 선종하시는 그 날까지 저의 이런 일련의 집필 과정을 따뜻하게 격려해 주셨고 기뻐해 주셨습니다. 하느님의 품 안에서 영원한 안식과 행복을 누리실 수 있도록 뜨거운 감사의 기원을 드리는 바입니다.

용인에서
저자 이 석 용

A u t o C A D 2 0 1 0
쉽 게 배 우 기

이 책을 보는 방법

이 책은 AutoCAD 2010을 처음 접하는 독자도 AutoCAD를 쉽게 배울 수 있도록 따라하기 형태로 구성하였습니다. 각 Part의 시작 부분에서 Intro 코너를 마련하여 Part에서 다루는 전반적인 내용을 한눈에 파악할 수 있도록 하였고, 따라하기 단계에서 필요한 부연 설명이나 주의해야 할 사항은 '주목', '공부하세요' 등의 요소로 구성하였습니다. '혼자서도 할 수 있다!' 코너에서는 본문에서 다루지 못한 업그레이드된 내용을 소개합니다.

Lesson

AutoCAD 2010의 다양한 기능을 Lesson으로 구성하였습니다. Lesson을 하나씩 따라하다 보면 어느새 AutoCAD 2010의 기능을 마스터할 수 있게 될 것입니다.

Lesson 제목

이번 Lesson에서 배우게 될 내용에 대한 제목입니다.

Lesson 설명

이번 Lesson에서 배우게 되는 내용에 대해 간략하게 알아봅니다.

작은 제목과 설명

따라하기 과정에서 배우게 되는 내용에 대해 구체적으로 설명합니다.

Intro

각 Part의 시작 부분에 배치하여 Part 안에서 어떤 내용을 다루는지 한눈에 파악할 수 있도록 구성합니다.

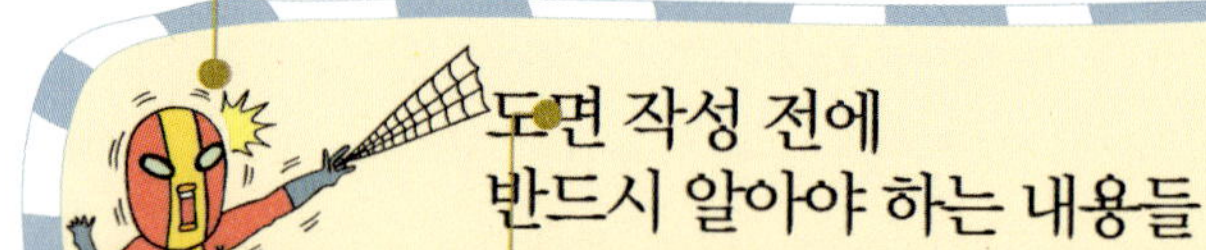

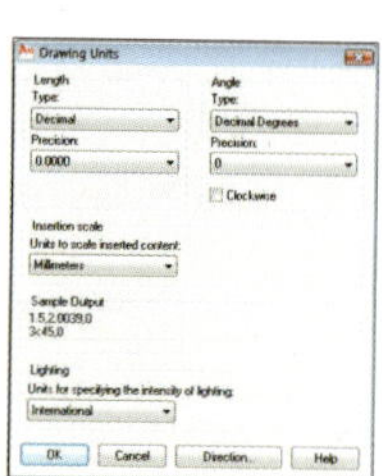

단위를 설정하는 Units

AutoCAD 2010은 우리 환경에 맞는 단위(미터법)로 설정되어 있습니다. AutoCAD를 처음 사용하는 사람이라면 처음에 딱 한 번 확인할 필요가 있습니다.

01 메뉴 브라우저의 [Drawing Utilities]-[Units]를 클릭하여 [Drawing Units] 대화상자를 불러냅니다.

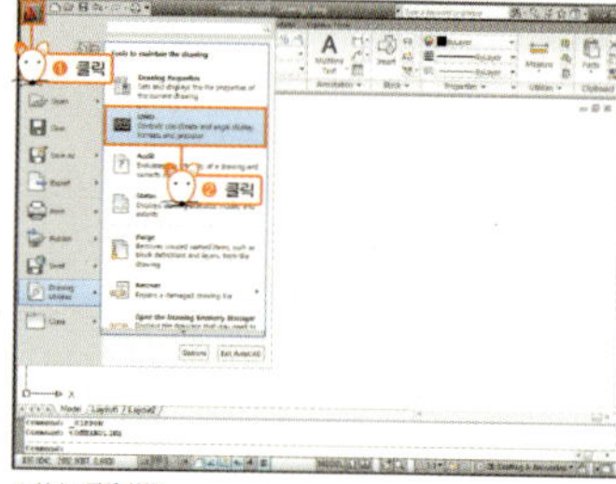

▲ Units 명령 실행

▲ [Drawing Units] 대화상자

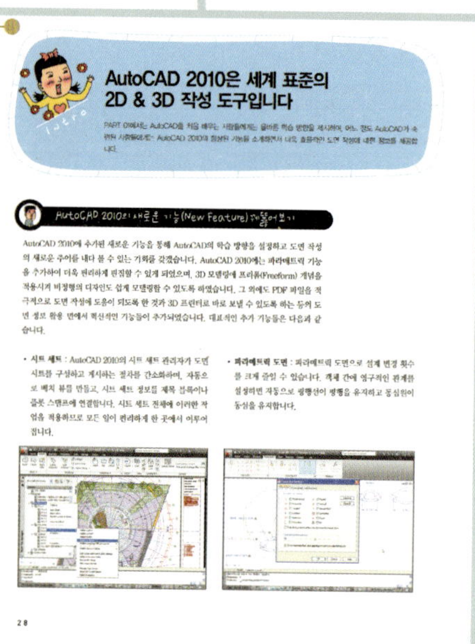

혼자서도 할 수 있다!

AutoCAD 2010의 특별한 기능이나 해당 Part에서 사용했던 기능과 메뉴를 100% 활용할 수 있는 내용으로 구성합니다.

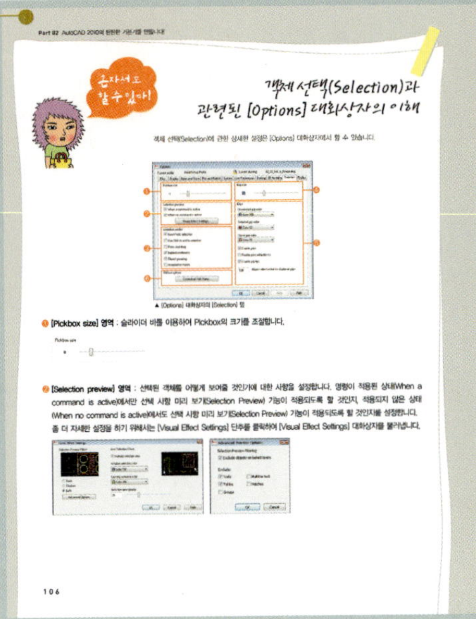

Lesson 02 도면 작성의 시작이 되는 객체의 선택

02 [Home] 탭의 [Modify] 패널에서 [Erase] 아이콘을 클릭하고 그림과 같이 객체를 선택합니다. 선택된 객체는 점선으로 하이라이트(Highlight)로 표시됩니다.

03 객체 선택이 끝났으면 Enter 를 눌러 Erase 명령을 실행합니다.

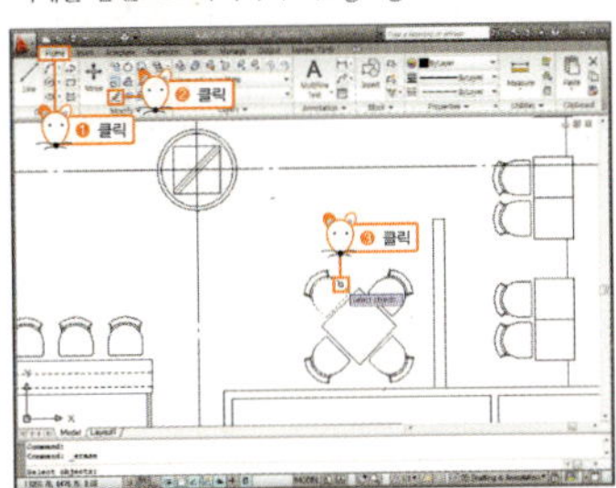
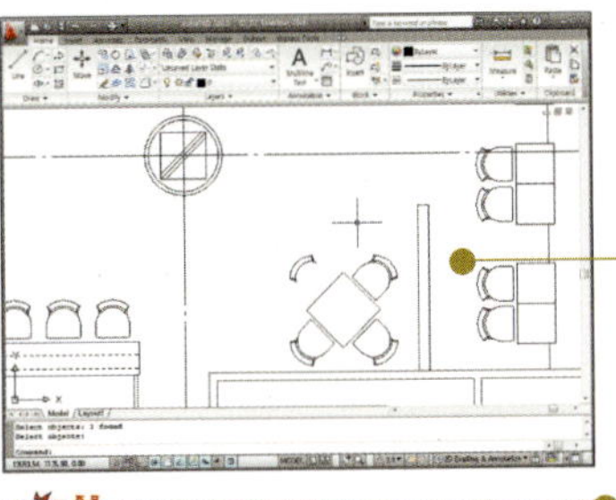

주목
Erase 명령의 경우 객체를 선택한 후 바로 명령이 종료되는 것이 아니기 때문에 객체를 계속해서 선택할 수 있습니다.

따라하기 과정

하나하나 쉽게 따라할 수 있도록 자세하게 설명합니다.

주목

따라하기 과정과 관련해 주의 또는, 참고해야 할 사항을 알려주거나, 본문의 부연 설명이나 저자만의 알짜배기 노하우를 공개합니다.

공부하세요

AutoCAD 2010에서 사용 중인 도구 및 대화상자에 대한 옵션 설명, 기타 알아두면 좋을 다양한 내용을 소개합니다.

객체를 선택해도 하이라이트(Highlight) 표시가 나타나지 않는 경우

객체를 선택해도 하이라이트로 표시되지 않는 경우에는 Highlight 명령을 입력합니다.

```
Command : Highlight Enter (Highlight 명령 실행)
Enter new value for HIGHLIGHT <1> :
```

입력할 수치는 '0'과 '1'입니다. '0'은 객체를 선택해도 점선으로 하이라이트되지 않고, '1'은 객체를 선택하면 점선으로 하이라이트됩니다.

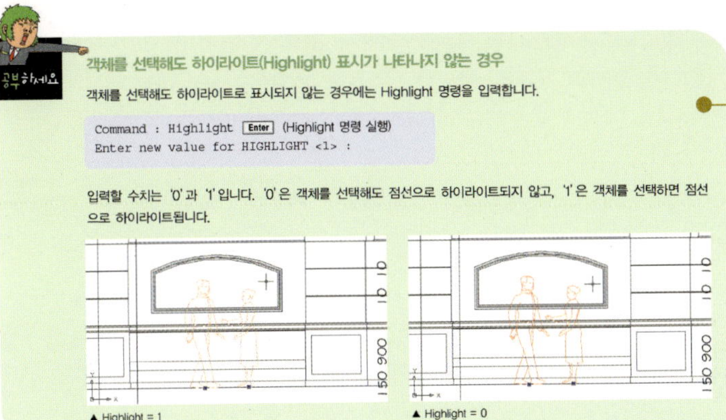
▲ Highlight = 1   ▲ Highlight = 0

AutoCAD 2010
쉽게 배우기

이 책의 구성

이 책의 Part 구성

Part 1. 디자인에 최상의 유연성을 제공하는 AutoCDA 2010
AutoCAD 2010의 신기능은 물론 리본 메뉴와 같이 더욱 직관적인 작업이 가능한 작업 환경과 화면 구성에 대해 알아봅니다.

Part 2. AutoCAD 2010의 탄탄한 기본기를 만듭니다!
도면 작성에 핵심이 되는 객체의 선택 방법이나 뷰 환경 설정과 같은 탄탄한 기본기를 다지는 방법을 알아봅니다.

Part 3. 객체를 그리고(Draw) 편집(Modify)합니다!
AutoCAD 2010을 이용하여 다양한 객체를 작성하고 편집하는 핵심 내용을 알아봅니다.

Part 4. 객체의 속성(Properties)을 편집합니다!
AutoCAD 2010에서 도면을 구성하는 객체들이 가져야 하는 속성들을 설정하고 관리하는 방법을 알아봅니다.

Part 5. 객체를 블록(Block)으로 만들어 작업의 효율을 높입니다!
객체를 블록화하여 다양한 작업 환경에 손쉽게 적용하고, 공동 작업에 효율성을 높이는 방법을 알아봅니다.

Part 6. 문자(Text)도 훌륭한 도면 정보입니다!
도면의 인상을 좌우하는 문자의 입력 및 편집 방법에 대해 알아봅니다.

Part 7. 치수(Dimension)는 도면의 인상을 좌우합니다!
도면에 치수를 입력하고 편집하는 방법에 대해 알아봅니다.

Part 8. 레이아웃(Layout)과 플로팅(Plotting) 이해하기
AutoCAD 2010에서 작성한 도면을 다양한 레이아웃으로 플로팅하는 방법을 알아봅니다.

Part 9. 상상하는 무엇이든 그대로 디자인할 수 있습니다!
3D 작업의 기본적인 이해에서부터, 직접 3D 모델링을 하고 편집하는 방법에 대해 알아봅니다.

Part 10. 카메라, 재질, 조명 그리고, 애니메이션을 포함한 렌더링(Rendering)
3D 모델링을 이용하여 사실적인 공간감을 느낄 수 있도록 렌더링 이미지를 얻고, 애니메이션을 제작하는 방법을 알아봅니다.

Part 11. 래스터 이미지(Raster Image)로 도면을 화려하게 꾸밉니다!
AutoCAD 20010으로 작성된 도면 파일을 여러 응용프로그램에서 활용할 수 있는 방법을 알아봅니다.

Part 12. AutoCAD 2010에 날개를 달아 웹(Web)에 올려 보자!
AutoCAD 2010으로 작성된 도면 파일을 웹에서 활용할 수 있는 방법을 알아봅니다.

A u t o C A D 2 0 1 0
쉽 게 배 우 기

AutoCAD 학습 방법

AutoCAD를 제대로 배우기 위해서는 몇 가지 원칙이 있습니다. 도면을 잘 작성한다는 의미는 AutoCAD를 정확하게 사용할 수 있다는 것과 도면을 제대로 이해하고 있다는 것을 포함합니다. 그럼 어떻게 AutoCAD 2010을 학습해야 하고, 이 책에서는 어떤 내용들을 알려주는지 간단히 알아봅니다.

AutoCAD 2010을 제대로 학습하는 방법

하나 좋은 도면을 많이 볼 것!(초+중+고 Level)

둘 AutoCAD 가이드라인(Guideline)에 관심을 가질 것!(초+중+고 Level)

셋 모르는 문제가 생겼을 때 물어볼 사람을 만들어 두거나 Help 기능을 충분히 이용할 것!(초+중+고 Level)

넷 도면 표준화(Drawing Standard)에 관심을 가질 것!(초+중+고 Level)

다섯 도면 작성에 가장 핵심이 되는 Draw와 Modify 명령어의 사용은 반드시 숙달할 것!(초+중+고 Level)

여섯 하나의 명령보다는 도면 작성 순서를 이해할 것!(초+중 Level)

일곱 빠르게 도면을 작성하는 것보다 정확하게 작성할 것을 목표로 할 것!(초+중 Level)

여덟 자주 사용되는 객체는 꺼내서 쓸 수 있도록 하여 작업의 효율을 높일 것!(중+고 Level)

아홉 작업 환경을 개선하려는 노력을 중단하지 말 것!(중+고 Level)

열 만들어진 도면은 가급적 출력해서 확인하고 피드백 할 것!(초+중 Level)

열하나 도면 파일(dwg)을 다른 그래픽 프로그램에서 사용할 수 있는 방안을 찾을 것!(고 Level)

열둘 빠르게 업그레이드되는 AutoCAD 2010의 신기능은 반드시 자신의 것으로 만들 것!(고 Level)

A u t o C A D 2 0 1 0
쉽게 배우기

AutoCAD를 이용해 작성하는 대표적인 도면의 이해

AutoCAD는 설계 디자이너의 상상력을 구체화시키는 도구로 다양한 도면을 작성할 수 있도록 도와줍니다. 그럼 본격적인 AutoCAD의 학습에 앞서 AutoCAD 2010을 이용하여 작성할 수 있는 다양한 도면의 종류에 대해 간단히 알아봅니다.

● 평면도(Plan)

평면도는 1.2m~1.6m 정도의 높이에서 수평으로 자른 후 수평면에서 위로 내려다보는 모습을 도면화한 것을 말합니다. 이때 수평으로 잘려나간 단면은 두껍게 표현하고, 그대로 보이는 것이나 절단면 상부에 위치한 객체들은 얇은 선이나 점선으로 표현합니다. 평면도는 완성된 모델링의 평면구조를 나타내는 도면으로 도면 중에 가장 기본이 되기 때문에 정확히 작성해야 합니다.

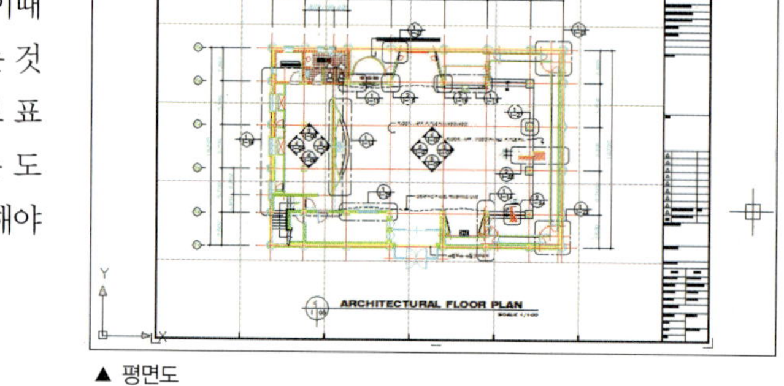

▲ 평면도

● 입면도(Elevation)

입면도는 완성된 모델링의 외형(정면, 배면, 측면, 외관, 겉모양)을 수직면(평면도를 기준) 위에 투상도로 나타내는 도면입니다. 명칭은 정면을 중심으로 정면도, 좌측면도, 우측면도, 배면도로 정하거나, 방위를 기준으로 남측 입면도(South Elevation), 북측 입면도(North Elevation), 동측 입면도(East Elevation), 서측 입면도(West Elevation)로 나타냅니다.

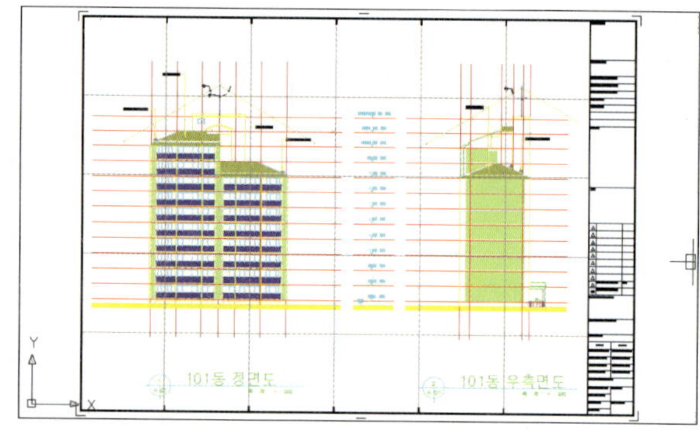

▲ 입면도

● 단면도(Section)

단면도는 완성된 모델링을 수평 혹은 수직으로 끊은 모습(단면)을 나타내는 도면입니다. 단면도는 평면도에 표시할 수 없는 모델링의 성질이나 단면구조, 각종 설비 계통의 처리 방식을 수직 방향으로 작성하는 목적으로 합니다.

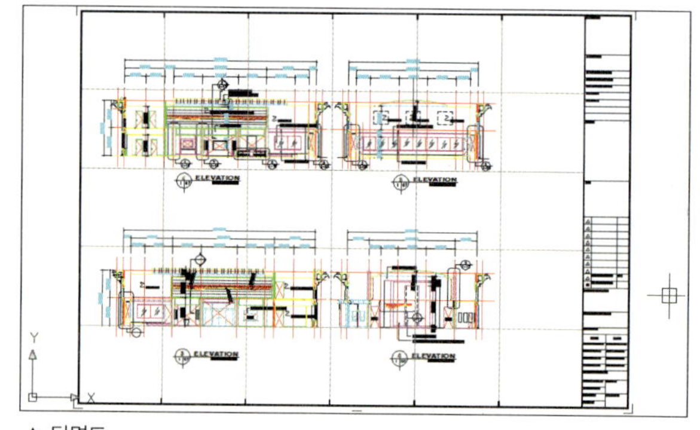

▲ 단면도

● 천장도(Ceiling Plan)

천장 평면은 두 가지 유형이 있습니다. 첫 번째는 바닥으로부터 대칭된 바닥을 바라보듯 바닥 평면의 반사된 평면, 두 번째는 지붕 위에서 평면 방향으로 투시한 경우가 있습니다. 일반적으로 앞의 경우는 Reflect Ceiling Plan이라고 하며, 국내에서는 시공 상의 편의성과 감리 상의 효율성 때문에 최근에는 거의 사용되지 않는 표현 방식입니다.

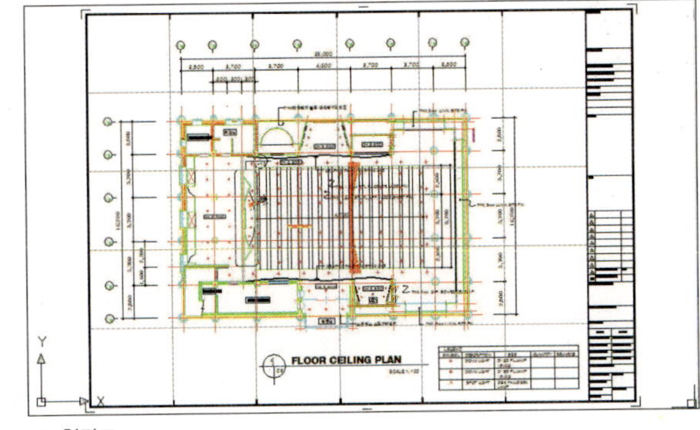

▲ 천장도

● 배치도(Site Plan)

배치도는 대지와 건축물과의 정보를 보여줍니다. 대지 경계에서 얼마만큼 떨어져서 건물이 위치하는지, 대지로의 주된 출입구가 어디인지, 건물의 외부환경은 어떤 것들이 있는지 등의 정보는 건축시공 과정에서 매우 중요한 정보가 됩니다. 배치도는 가급적 1/100~1/200의 축척에서 작성하는 것이 좋습니다. 원칙적으로는 경계 명시 측량, 현황 측량, 현장조사 후 배치도를 작성하게 됩니다.

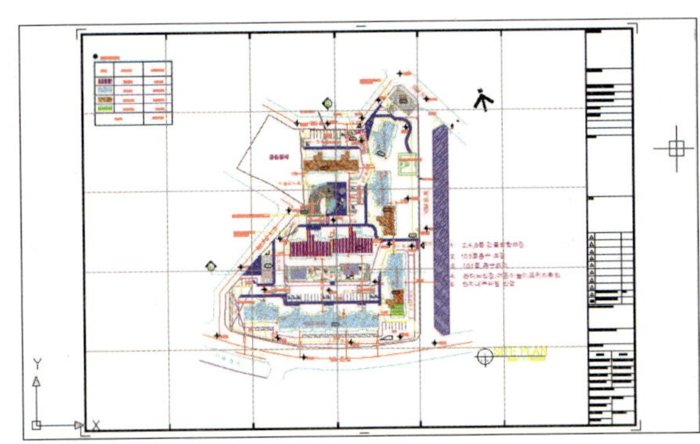

▲ 배치도

● 상세도(Detail Plan)

작은 크기의 도면에서 보여줄 수 없는 많은 정보를 제공하기 위해서 큰 크기의 상세도를 작성하게 됩니다. 예를 들어 계단, 화장실, 엘리베이터 홀, 주방, 연구실, 기계실, 전기실 등은 확대된 도면으로 표현하게 됩니다. 실명, 실 번호, 위치 확인을 위한 구조 중심선 등을 제외하고는 소축척 평면에 있는 정보들과 중복되지 않게 작성되어야 합니다.

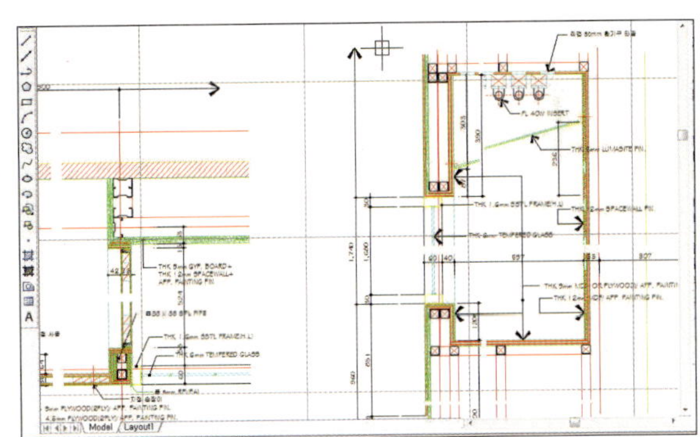

▲ 상세도

AutoCAD 2010
쉽게 배우기

기능별 명령어 인덱스

디자인에 최상의 유연성을 제공하는 AutoCDA 2010
PART 01, PART 02

객체를 그리고(Draw)
편집(Modify)합니다!
PART 03, PART 04

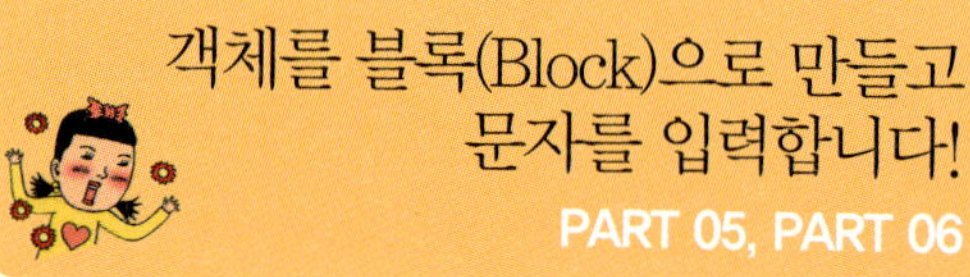

객체를 블록(Block)으로 만들고
문자를 입력합니다!
PART 05, PART 06

치수를 입력하고
레이아웃을 설정합니다!
PART 07, PART 08

AutoCAD 2010으로 3D 모델링하기!
PART 09, PART 10

래스터 이미지와 웹으로
도면을 화려하게 꾸밉니다!
PART 11, PART 12

A u t o C A D 2 0 1 0
쉽게배우기

부록 CD 살펴보기

부록 CD의 [Samples] 폴더에는 본문의 따라하기에 필요한 예제 파일이 수록되어 있습니다. 부록 CD의 예제 파일들은 내 컴퓨터에 복사한 후에 사용할 것을 권장합니다.

● 부록 CD를 CD-ROM 드라이브에 넣으면 [자동 실행] 창이 나타납니다. 그럼 [폴더를 열어 파일 보기]를 클릭합니다.

● 또는, CD-ROM 드라이브에 부록 CD를 넣은 후 내 컴퓨터에서 마우스 오른쪽 단추를 클릭하고 [열기]를 선택합니다.

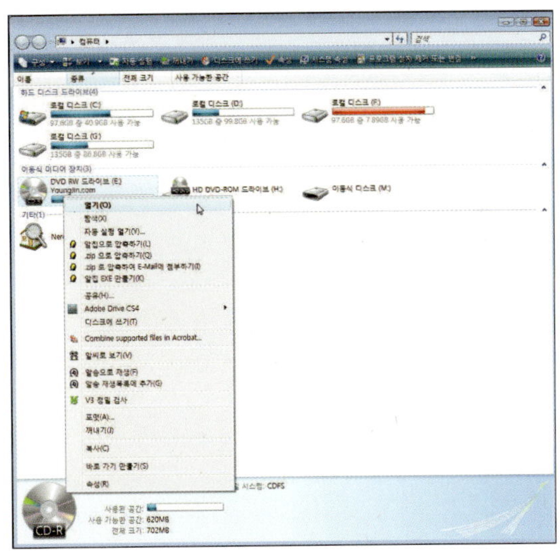

● [Samples] 폴더에는 본문의 따라하기에 필요한 예제 파일들이 수록되어 있습니다.

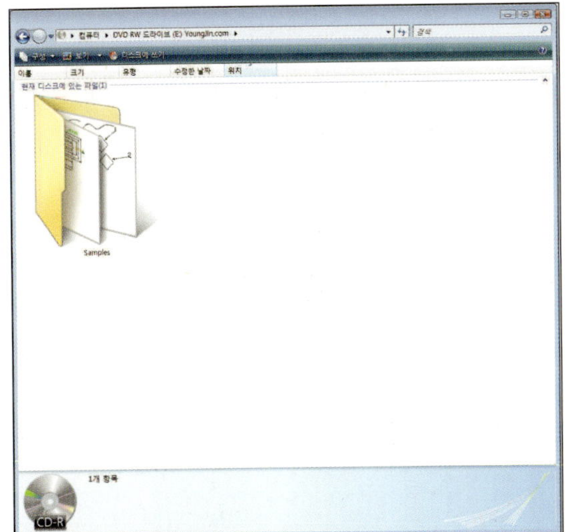

▶ 부록 CD에 들어있는 [Samples] 폴더

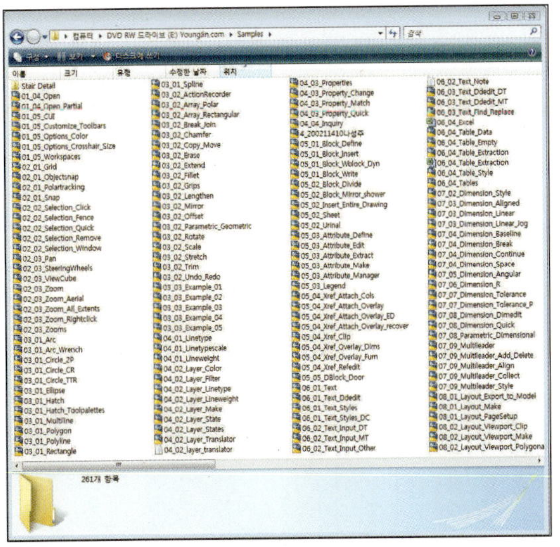

▶ [Samples] 폴더에 들어있는 예제 파일들

이 책의 목차

PART 01

디자인 설계에 최상의 유연성을 제공하는 AutoCAD 2010   26

PART 02

AutoCAD 2010의 탄탄한 기본기를 만듭니다!   78

PART 03

객체를 그리고(Draw) 편집(Modify)합니다!   136

Lesson 02 객체를 편집하여 창조하라! Modify 188

Lesson 03 실전 예제로 실력 굳히기 234

PART 04

객체의 속성(Properties)을 편집합니다! 244

INTRO 도면을 도면답게 만드는 객체의 속성(Properties)과 편집 246

Lesson 01 선 종류, 선 종류 크기 그리고, 선 두께 이해하기 249

PART 05

객체를 블록(Block)으로 만들어 작업의 효율을 높입니다!   288

PART 06

문자(Text)도 훌륭한 도면 정보입니다! 348

PART 07

치수(Dimension)는 도면의 인상을 좌우합니다!　388

PART 08

레이아웃(Layout)과 플로팅(Plotting) 이해하기　　454

PART 09

상상하는 무엇이든 그대로 디자인할 수 있습니다!　526

PART 10

카메라와 재질, 조명 그리고, 애니메이션을 포함한 렌더링(Rendering)   586

PART 11

래스터 이미지(Raster Image)로 도면을 화려하게 꾸밉니다!   628

PART 12

AutoCAD 2010에 날개를 달아 웹(Web)에 올려 보자! 654

디자인 설계에 최상의 유연성을 제공하는 AutoCAD 2010

PART 01에서는 AutoCAD를 처음 배우기 시작하는 사람들에게는 학습 방향을 제시하며 AutoCAD가 숙달된 사용자들에게는 새로운 AutoCAD 2010를 활용할 수 있는 새로운 목표를 제시합니다. 또한 'AutoCAD 2010은 어떤 도구이며, 어떤 방향으로 학습해야 하며, 어떤 장점을 이용하는 것이 가장 효율적인가?' 하는 가장 일반적이고도 중요한 전제에 대해 알아봅니다.

Intro AutoCAD 2010은 세계 표준의 2D & 3D 작성 도구입니다
Lesson 01 시작하기 전에 심호흡 한 번 어떠세요?
Lesson 02 AutoCAD 2010의 새로운 기능(New Feature) 꿰뚫어보기
Lesson 03 믿기지 않을 만큼 사용하기 쉬운 인터페이스(Interface)
Lesson 04 제대로 시작하고, 제대로 끝내볼까?
Lesson 05 사용자 중심의 작업 환경 설정하기

AutoCAD 2010은 세계 표준의 2D & 3D 작성 도구입니다

PART 01에서는 AutoCAD를 처음 배우는 사람들에게는 올바른 학습 방향을 제시하며, 어느 정도 AutoCAD가 숙련된 사람들에게는 AutoCAD 2010의 향상된 기능을 소개하면서 더욱 효율적인 도면 작성에 대한 정보를 제공합니다.

AutoCAD 2010의 새로운 기능(New Feature) 꿰뚫어보기

AutoCAD 2010에 추가된 새로운 기능을 통해 AutoCAD의 학습 방향을 설정하고 도면 작성의 새로운 추이를 내다 볼 수 있는 기회를 갖겠습니다. AutoCAD 2010에는 파라메트릭 기능을 추가하여 더욱 편리하게 편집할 수 있게 되었으며, 3D 모델링에 프리폼(Freeform) 개념을 적용시켜 비정형의 디자인도 쉽게 모델링할 수 있도록 하였습니다. 그 외에도 PDF 파일을 적극적으로 도면 작성에 도움이 되도록 한 것과 3D 프린터로 바로 보낼 수 있도록 하는 등의 도면 정보 활용 면에서 혁신적인 기능들이 추가되었습니다. 대표적인 추가 기능들은 다음과 같습니다.

- **시트 세트** : AutoCAD 2010의 시트 세트 관리자가 도면 시트를 구성하고 게시하는 절차를 간소화하며, 자동으로 배치 뷰를 만들고, 시트 세트 정보를 제목 블록이나 플롯 스탬프에 연결합니다. 시트 세트 전체에 이러한 작업을 적용하므로 모든 일이 편리하게 한 곳에서 이루어집니다.

- **파라메트릭 도면** : 파라메트릭 도면으로 설계 변경 횟수를 크게 줄일 수 있습니다. 객체 간에 영구적인 관계를 설정하면 자동으로 평행선이 평행을 유지하고 동심원이 동심을 유지합니다.

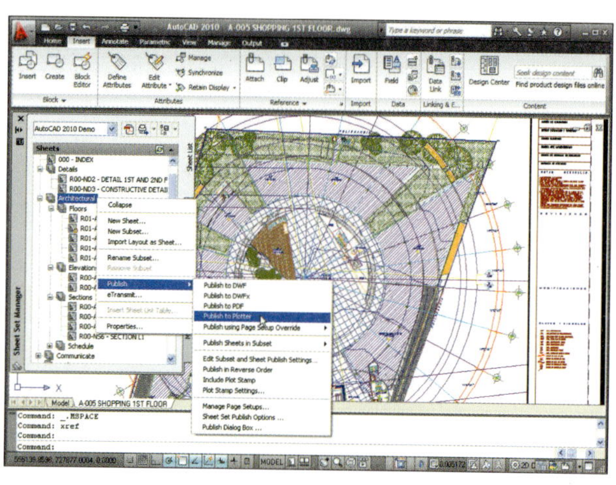

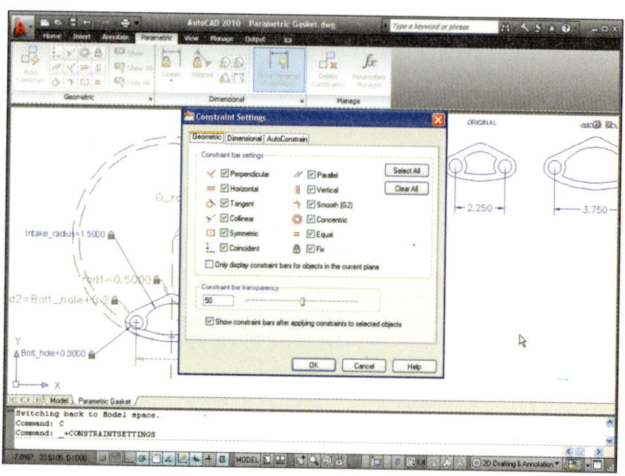

• **PDF 통합** : 능률적인 작업을 위해 설계도를 공유하고 재사용하는 것이 쉬워졌습니다. AutoCAD 2010 도면에서 직접 PDF 파일을 게시해 연결하고 PDF 파일을 언더레이에 스냅을 주어 작업할 수도 있습니다.

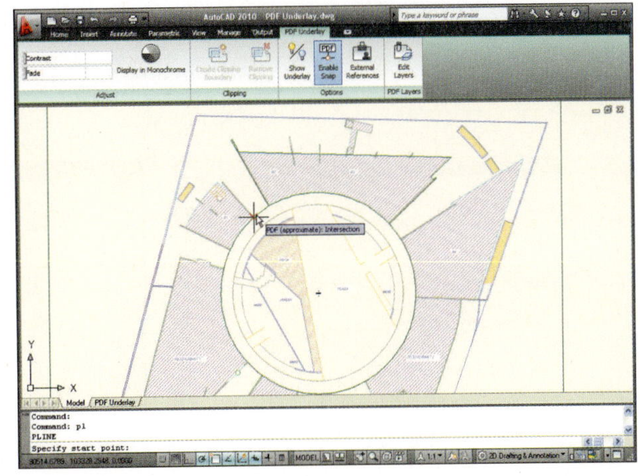

• **프리폼 디자인** : 무엇을 상상하든 그대로 디자인할 수 있습니다. 면, 가장자리, 점 등을 밀고 당기기만 해도 복잡한 형태를 만들거나 매끄러운 표면을 추가할 수 있습니다.

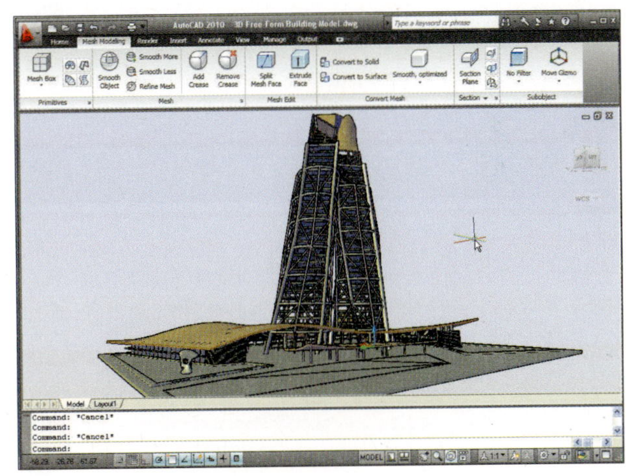

믿기지 않을 만큼 사용하기 쉬운 인터페이스(Interface)

처음 AutoCAD를 사용하는 사람들에게도 한 눈에 전체의 구조를 알아볼 수 있도록 한, 새로운 개념의 인터페이스는 동시에 숙련된 사용자들에게도 손쉽게 사용자 중심의 인터페이스를 구성할 수 있도록 하고 있어 도면 작성에 최상의 환경을 제공합니다.

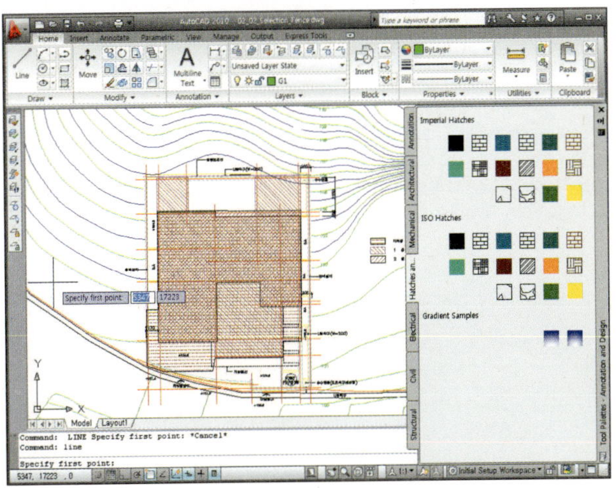

특히, 파일 단위의 작업은 메뉴 브라우저(Menu Browser)로 집중시켜 작업의 효율을 높일 수 있었고, 자주 사용하는 명령들은 그룹지어 화면에 항상 보일 수 있도록 한 것도 도면 작업에 놀라운 집중력을 가져다 줄 수 있게 되었습니다.

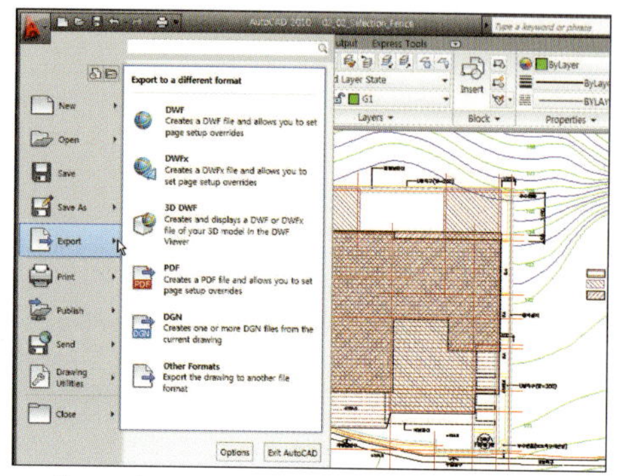

▲ 메뉴 표시줄에 의한 메뉴 액세스

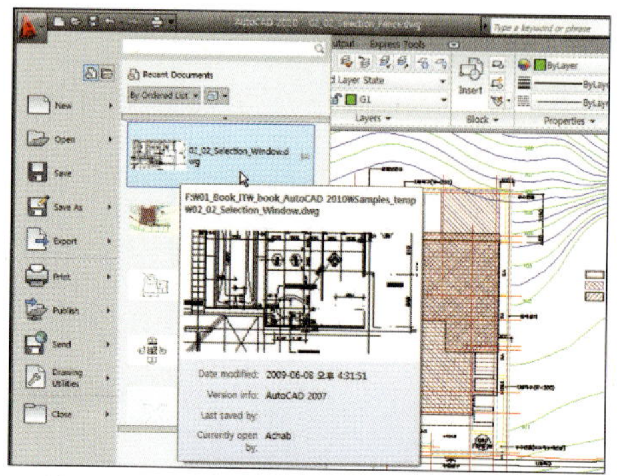

▲ 최근 작업한 도면들과 정보

제대로 시작하고, 제대로 끝내볼까?

AutoCAD 2010을 제대로 시작해서 제대로 끝내는 과정은 도면 작성의 어느 과정보다도 중요합니다. 도면을 새로 작성하거나 기존에 작성한 도면을 불러와 목적에 맞도록 올바로 저장한 후 종료하는 것은 AutoCAD를 시작하는 사용자들에게 가장 우선적으로 배워야 할 기능입니다.

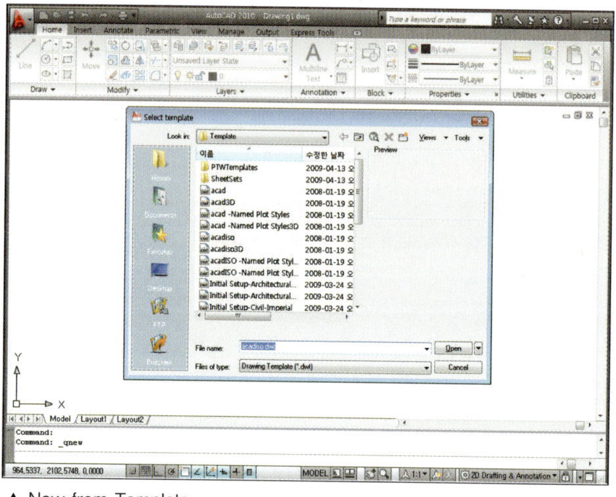

▲ New from Template

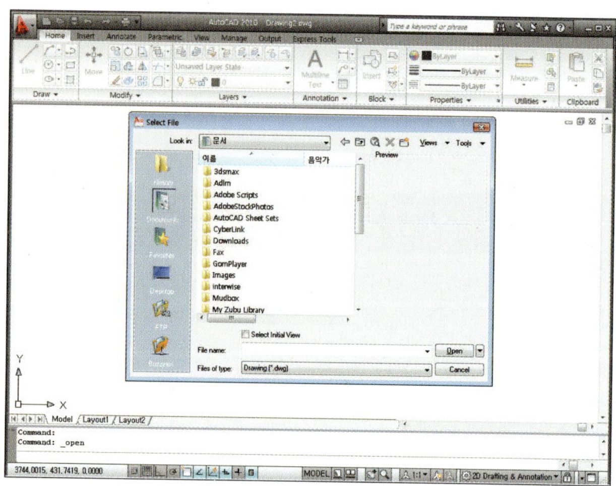

▲ Open File

특히, 작성한 도면 파일을 다른 형태의 파일로 변환시켜 도면 파일의 효율을 극대화시키는 방
안에 대해서도 배워봅니다.

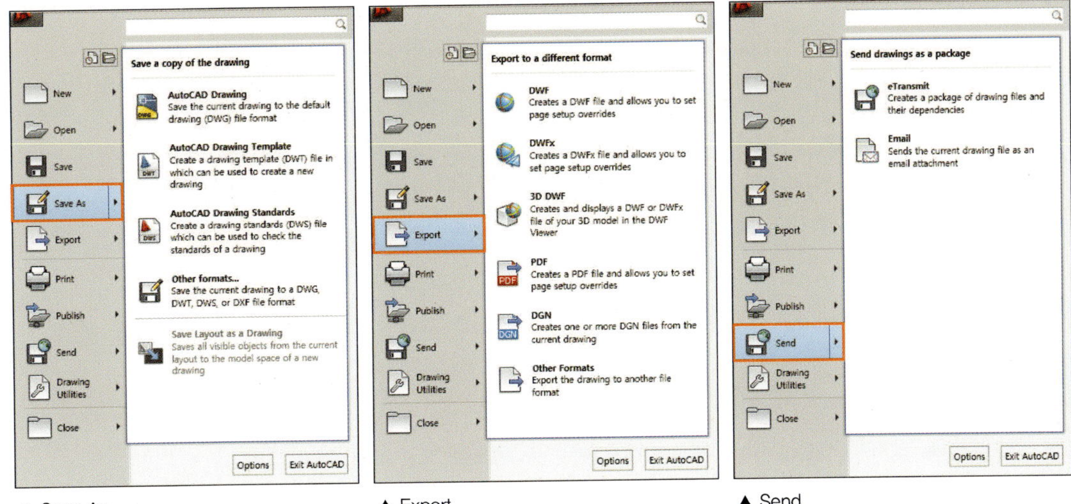

▲ Save As   ▲ Export   ▲ Send

사용자 중심의 작업 환경 설정하기

사용자에 맞게 작업 환경을 설정한다는 것은 작업의 효율을 높이는 것은 물론 사용자의 숙련
도를 끌어 올리기 위해 매우 중요합니다. 특히, 자동 저장 기능과 같이 도면을 작성하는 데 반
드시 필요한 기능 역시 작업 환경을 조절하는 과정에서 이루어집니다.

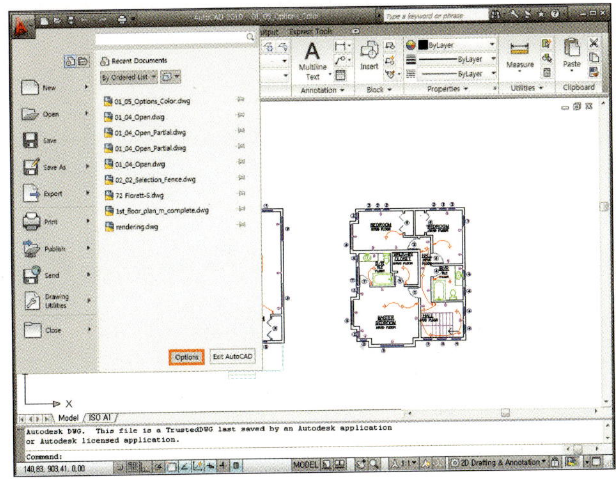

▲ 메뉴 브라우저의 [Options] 단추

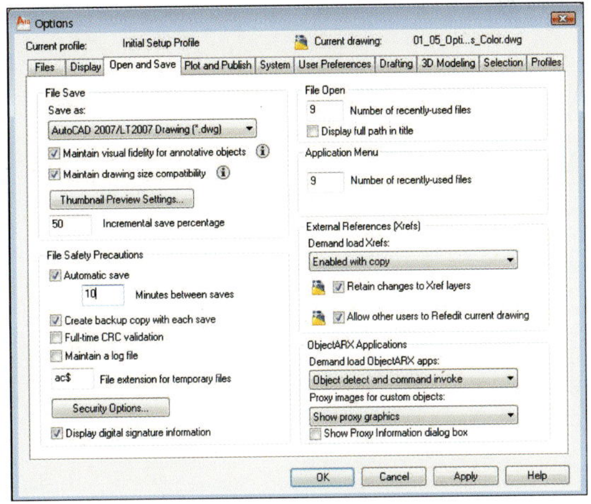

시작하기 전에 심호흡 한 번 어떠세요?

CAD는 'Computer Aided Design' 즉, '디자인을 지원하는 컴퓨터 프로그램' 입니다. 많은 CAD/CAM 프로그램 중에서 AutoCAD는 탁월한 기능과 범용성으로 대표적인 CAD/CAM 프로그램으로 인정받고 있습니다. 특히, AutoCAD 2010에서는 '디자인 설계 작업에 최상의 유연성 제공' 이라는 목표 아래 사용자들 요구에 부응하는 새로운 기능을 추가하여 기능을 쉽게 파악하고 새로운 사용자들이 빠르게 사용 방법을 습득할 수 있도록 개선되었습니다.

AutoCAD를 쉽게 배우는 7단계 방법

도면을 작성하는 방법에 왕도(王道)는 없지만, 정도(正道)는 있습니다. 도면은 수작업으로 그릴 수도 있고, 다른 CAD/CAM을 이용하여 그릴 수도 있지만 AutoCAD는 다른 어떤 CAD 프로그램보다 사용자 수가 많습니다. 수작업의 비효율성·비경제성과 다른 CAD 프로그램의 비호환성을 생각하면 AutoCAD가 가장 좋은 선택일 것입니다. 특히 설계자, 건축가, 엔지니어, 토지 정책 입안자, 도급자, 설비 관리자, 교육기관, 학생 등의 폭넓은 사용자층과 그 수가 이를 뒷받침 한다고 생각됩니다. 이 책의 구성을 통해 어떻게 하는 것이 AutoCAD를 잘 사용하는 것인가를 알아봅니다.

1단계
[Part 01, Part 02]

AutoCAD 2010 전반적인 사항을 알아봅니다.

- AutoCAD는 어느 분야에서, 누가 활용하는가?
- 새로운 버전의 새 기능은 무엇인가?
  Advanced User Interface, Parametric Drawings
  PDF Export, Freeform 3D Design...
- 어떻게 구성되어 있는가?
- 무작정 시작하고, 효과적으로 저장하는 과정
- 작업환경을 사용자 편의에 맞추는 방법
- 도면 작성 전에 알아야 할 필수 사항들
  Units, Coordinate System, Grid&Snap, OSnap...
- 아주 기본적인 선택 동작들에 숨어 있는 깊은 뜻!
  Selection : Click, Window&Cross Window...
- 작업에 편의를 제공하는 뷰 환경
  Zoom In&Zoom Out, Pan...

2단계
[Part 03]

무작정 그리고(Draw) 편집(Edit)하는 방법을 알아봅니다.

- 원리를 이해하고 도면 요소를 그리는 방법
  Line, Polyline, Polygon, Rectangle, Arc, Cifcle...
- 객체를 편집 수정하여 새로운 객체를 만들어 내는 방법
  Copy&Move, Mirror, Rotate, Erase, Offset, Trim...

3단계
[Part 04, Part 05]

도면을 더욱 도면답게 만듭니다.

- 도면에 속성(Properties)을 부여하여 도면을 더욱 도면답게 만드는 방법
  Linetype, Linetypescale, Lineweight, Layer, Color...
- 객체를 블록(Block)으로 만들어 도면의 효율을 극대화
  Block&Wblock, XRef, Dynamic Block...
- 신속하게 객체 속성 편집
  Quick Properties, Modeless Layer Manager...

4단계
[Part 06, Part 07]

도면에 생명력을 불어넣습니다.

텍스트 & 치수는 대표적인 Annotation(주석)
: Annotation은 이른바 Non-Scale 요소로 도면의 첫인상을 좌우하며 객체에 새로운 가치를 부여합니다.

- 도면에 텍스트(Text)를 기입하는 방법
  Text Style, Text, MText, Tables
- 도면에 치수(Dimension)를 기입
  Dimension Style, Dimensions, Multi Leaders

5단계
[Part 08]

필요한 결과물을
얻어냅니다.

- 레이아웃(Layout)을 이용하여 사용자가
  원하는 결과물로 플로팅(Plotting)
  Layout&Viewport, Plot Style, Plotting

6단계
[Part 09, Part 10]

3D 객체를
만들어 현실감을
부여합니다.

- 3D 객체를 만드는 혁신적인 방법
  Solid&Surface, Freeform Design...
- 재질을 입력하고 빛을 적용시켜 렌더링
  Materials, Lights, Rendering
- ViewCube & SteeringWheels을 이용한
  뷰환경 컨트롤

7단계
[Part 11, Part 12]

프레젠테이션에
날개를 달아
웹(Web)으로
띄웁니다.

- 도면에 적극적으로 이미지(Image)를 적용
  Raster Image, PDF & Underlay
- AutoCAD 2010의 결과물을 웹(WEB)에 게시
  CAD Presentation, Web Presentation, i-drop

내 컴퓨터에 AutoCAD 2010 설치하기

AutoCAD 2010의 설치(Install) 환경은 이전 버전과 마찬가지로 매우 쉬운 방식으로 되어있습니다. Install DVD를
DVD-ROM 드라이브에 넣고 [Install] 대화상자에서 설명하는 대로 설치하면 됩니다.

01 AutoCAD 2010 Install DVD를 DVD-ROM 드라이브에 넣으면 자동으로 실행됩니다. [Install Products]를 클릭합니다.

02 설치할 제품인 [AutoCAD 2010]을 체크한 후 [Next] 단추를 클릭합니다.

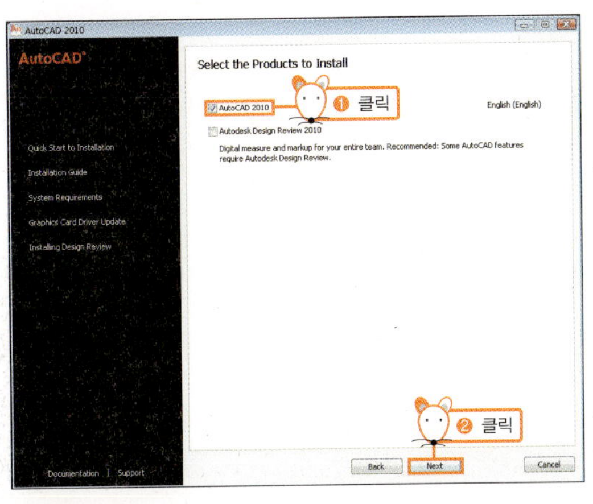

주목

사용자의 시스템에 AutoCAD 2010이 설치될 수 있는지의 여부를 알고 싶으면 [System Requirements]를, 그래픽카드의 업데이트를 확인하려면 [Graphic Card Driver Update]를 클릭합니다.

03 소프트웨어의 라이센스 계약을 확인한 후 [I Accept]를 체크하고 [Next] 단추를 클릭합니다.

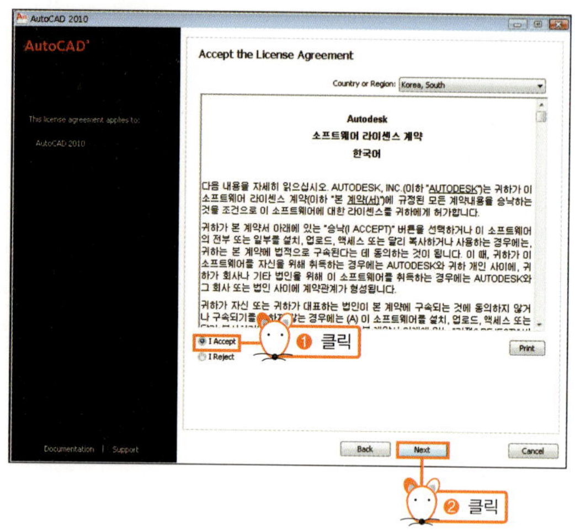

04 시리얼 넘버와 제품의 사용자 정보 입력을 위해 이름(First/Last name)과 기관(organization)을 입력한 후 [Next] 단추를 클릭합니다.

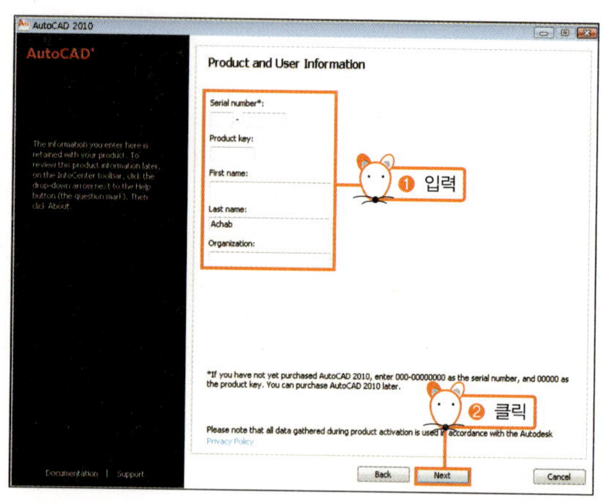

주목

Trial Version(30일 체험판)의 경우 시리얼 넘버에 '000-00000000'을 입력합니다. 제품을 구입한 후에는 오토데스크(Autodesk)사에서 지급받은 시리얼 넘버를 입력합니다.

05 인스톨 설정을 확인한 후 [Install] 단추를 클릭합니다. 기본 설정이 그대로 적용되어도 괜찮은지를 묻는 경고창이 나오면 [예(Y)] 단추를 클릭합니다.

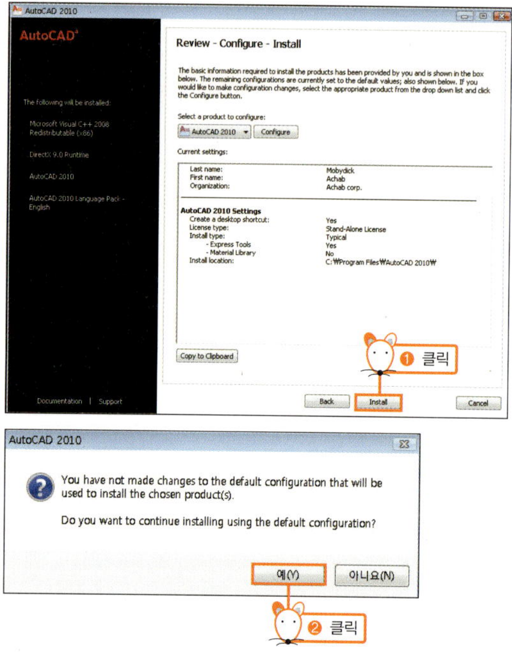

06 인스톨이 진행되는 동안 진행 상태와 컴포넌트의 내용을 확인할 수 있습니다.

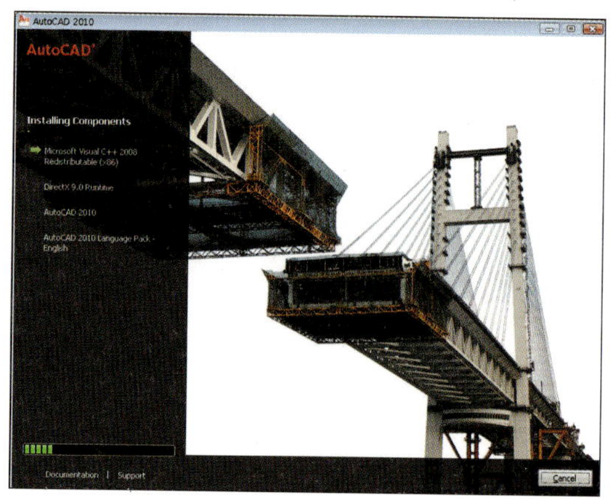

07 설치가 모두 완료되었습니다. [Finish] 단추를 클릭합니다.

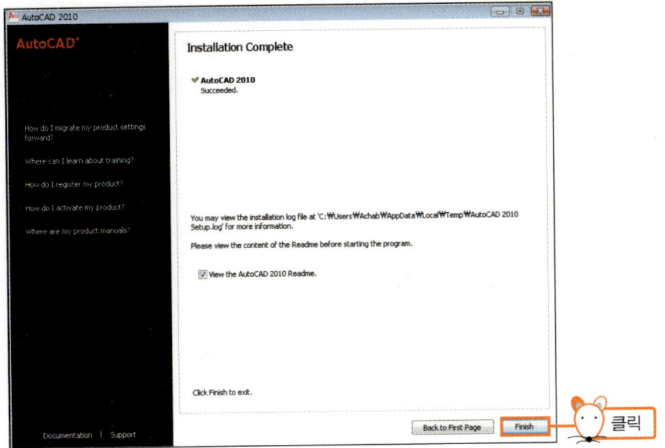

08 작성할 도면의 분야를 설정하여 AutoCAD 2010의 작업 환경을 최적화합니다. 선택한 작업 분야는 사용자의 팔레트 설정에 영향을 주며 Autodesk.com을 방문하였을 경우에도 영향을 줍니다. 사용자가 작성할 도면과 관련된 분야를 체크한 후 [Next] 단추를 클릭합니다.

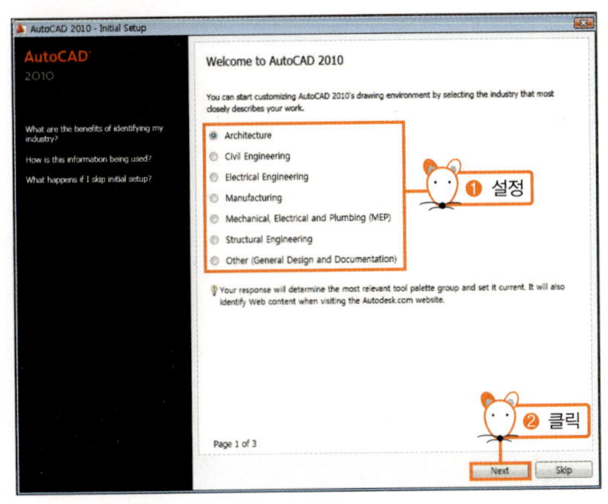

09 사용자의 기본 작업 영역을 최적화합니다. 2D 도면 작성 영역에 추가로 사용자가 작업할 내용을 체크합니다.

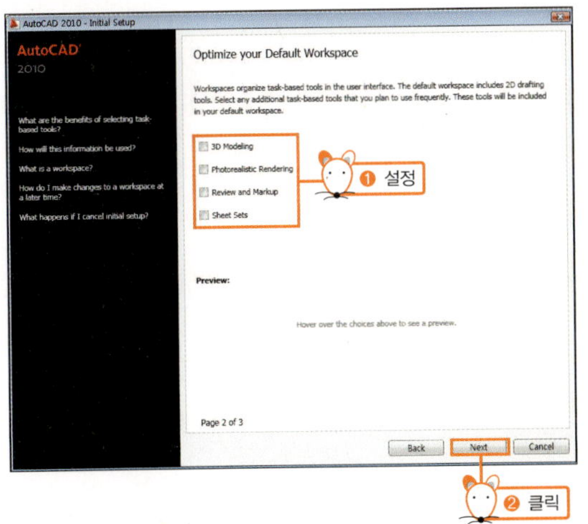

10 AutoCAD 2010이 제공하는 기본 템플릿 파일 이외에도 사용자가 지정하는 템플릿 파일로 AutoCAD 2010을 시작할 수 있습니다. [Start AutoCAD 2010] 단추를 클릭하여 AutoCAD 2010을 실행합니다.

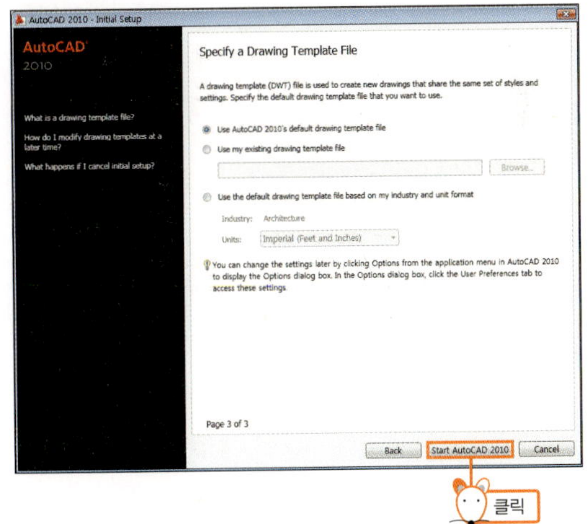

AutoCAD 2010의 새로운 기능 (New Feature) 꿰뚫어보기

오토데스크는 제조, 건축, 엔터테인먼트 등 각 산업 영역의 구분 없이 사용할 수 있는 프로그램을 목표로 하기 때문에 이러한 점에서 디자인 컨버전스의 기초 솔루션이 될 AutoCAD 2010은 창의적인 디자인 설계를 더욱 효과적으로 구현할 수 있는 강력한 2D 및 3D 프로그램이 될 것입니다. 이번에는 AutoCAD 2010의 새로운 기능을 알아봅니다.

Document-문서를 작성하는 시간과 노력을 획기적으로 단축하였습니다

AutoCAD 2010의 한층 강화된 문서화 도구를 사용하면 콘셉트 도출에서부터 작업 완료까지의 과정을 보다 신속하게 처리할 수 있습니다. 자동화, 관리 및 편집 도구로 반복 작업을 최소화해 작업 속도를 높이고 작업 시간을 단축시킬 수 있습니다.

● 시트 세트

시트 세트의 구성은 이전 버전보다 더욱 간단해 졌습니다. AutoCAD 2010의 시트 세트 관리자가 도면 시트를 구성하고 게시 절차를 간소화하며, 자동으로 배치 뷰를 만들고 시트 세트 정보를 제목 블록이나 플롯 스탬프에 연결합니다. 시트 세트 전체에 이러한 작업을 적용하므로 모든 일이 편리하게 한 곳에서 이루어집니다.

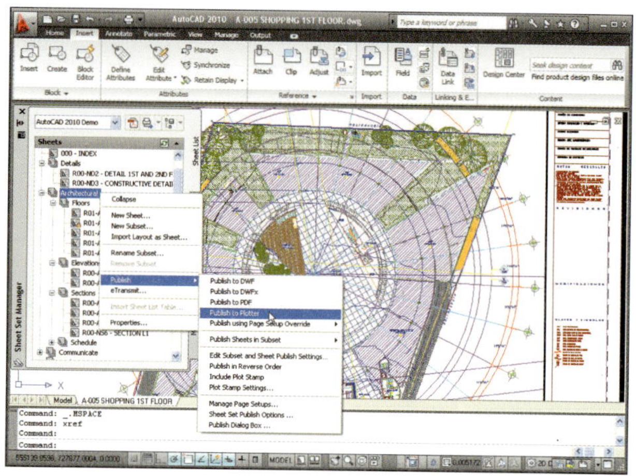

● 주석 축척

여러 개의 레이어에 항목을 만들고 관리하는 데 소요되는 시간을 줄일 수 있습니다. 주석 축척 도구로 단일 주석 타입 객체를 만들면 현재의 뷰포트나 모형 공간 축척을 반영하여 객체의 크기가 자동으로 변경됩니다.

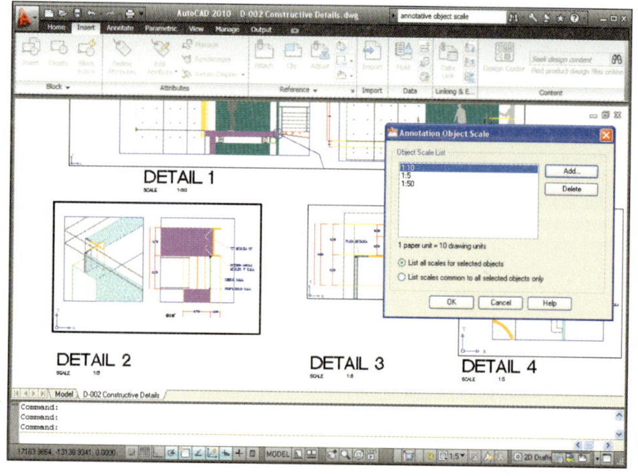

● 문자 편집

입력하는 문자를 보고, 크기나 위치를 조절하면서 손쉽게 문자를 조작할 수 있습니다. 필요에 따라 익숙한 도구로 문자 모양을 조정할 수 있는데, 이러한 도구에는 전문적인 형식을 만들 수 있는 단락과 열 도구가 포함됩니다.

● 파라메트릭 도면

파라메트릭 도면을 이용하면 설계 변경 횟수를 크게 줄일 수 있습니다. 객체 간에 영구적인 관계를 설정하면 자동으로 평행선이 평행을 유지하고 동심원이 동심을 유지합니다.

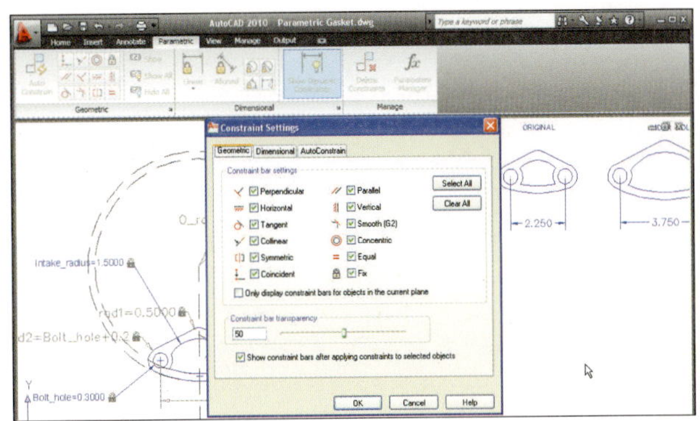

● 동적 블록

도면을 손쉽게 표준화하여 작업 시간을 절약할 수 있습니다. 동적 블록 덕분에 더 이상 반복적으로 표준 구성 요소를 다시 만들 필요가 없고 동적 블록 때문에 블록 지오메트리를 각각 편집하고 모든 모양과 크기마다 새로운 블록을 정의할 필요가 없습니다.

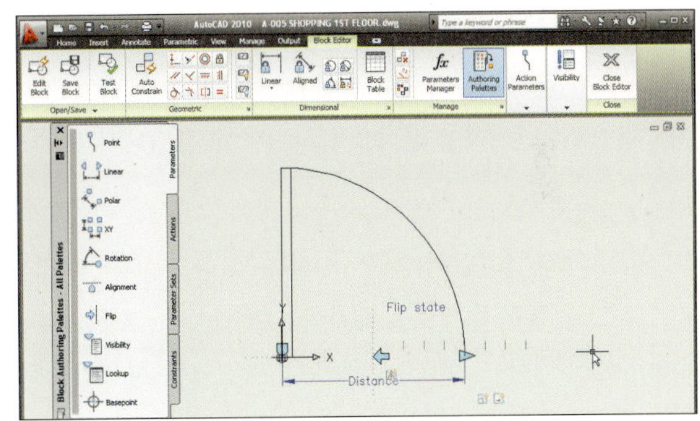

● 효율적인 UI(User Interface)

여러 개의 파일을 가지고 작업하더라도 더 이상 복잡하지 않습니다. [빠른 뷰] 기능은 파일 이름 외에도 축소 이미지를 이용하기 때문에 사용자가 직접 눈으로 보고 올바른 도면 파일과 배치를 찾을 수 있어 작업 시간을 대폭 단축할 수 있습니다. 메뉴 브라우저에서는 신속히 파일을 탐색하고, 축소 이미지를 확인하고, 파일 크기 및 파일 작성자에 대한 상세 정보를 볼 수 있습니다.

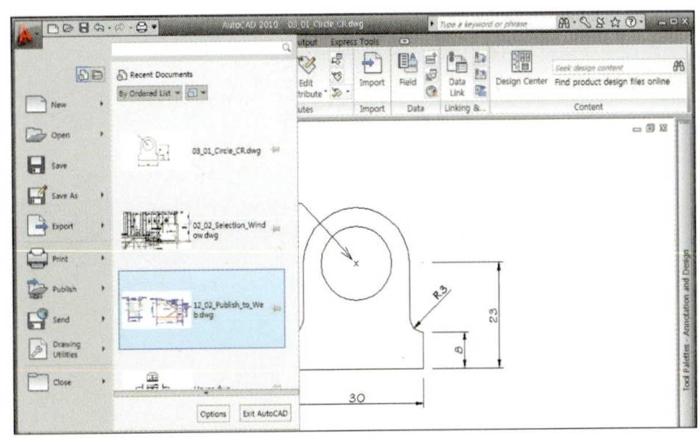

Communicate-원활한 의사소통을 경험할 수 있습니다

AutoCAD 2010으로 중요한 디자인 데이터를 공유할 때 안전성, 효율성, 정확성을 보장합니다. 전 세계적으로 가장 널리 사용되고 있는 디자인 데이터 형식인 DWG™를 지원하기 때문에 언제나 모두가 의사 결정에 참여할 수 있습니다. 프레젠테이션 수준의 그래픽, 렌더링 도구, 강력한 플로팅 및 3D 출력 기능을 이용해 아이디어를 발전시킬 수도 있습니다.

● PDF 통합

능률적으로 의사소통을 할 수 있도록 개선한 업그레이드 항목 덕분에 설계도를 공유하고 재사용하는 것이 쉬워졌습니다. AutoCAD 2010 도면에서 직접 PDF 파일을 게시해 연결하고 PDF 파일의 언더레이에 스냅을 주어 작업할 수 있습니다.

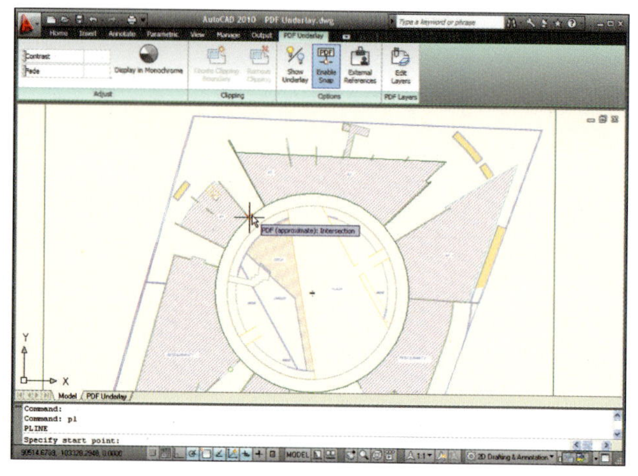

● DWG

파일을 저장하고 공유함에 있어서 오토데스크의 DWG 기술은 정식 기술이며 설계 데이터를 저장해 공유할 수 있는 가장 정확한 방법 중 하나입니다. 이는 업계의 누구와 작업하더라도 적용되는 사실이며, 데이터의 신뢰성을 전적으로 확신할 수 있습니다.

● Autodesk Impression 3(오토데스크 서브스크립션 고객만 해당)

손으로 그린 듯한 설계도를 제작할 수 있습니다. Autodesk® Impression에서는 DWG나 DWF™ 파일에서 직접 인상적인 프레젠테이션 그래픽을 제작할 수 있습니다.

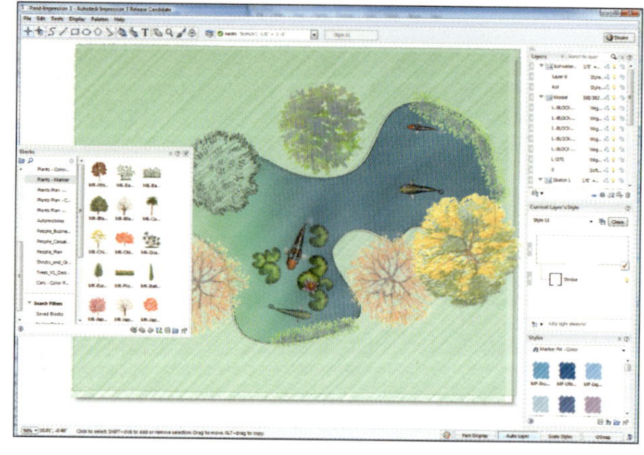

● 실제 같은 렌더링

최신 렌더링 기술로 보다 짧은 시간 안에 놀라운 모델을 만들 수 있습니다. 시간과 렌더링 품질 간의 상관 관계를 시각적으로 보여주는 슬라이더 컨트롤도 지원합니다.

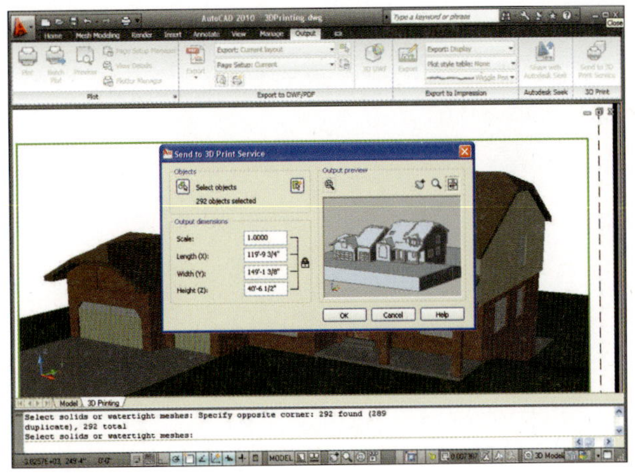

● 3D 프린터 플롯

AutoCAD 2010에서 작성한 모델을 3D 프린터로 바로 보낼 수 있게 되었습니다.

Explore-상상의 세계를 자유롭게 경험할 수 있습니다

AutoCAD 2010은 2D와 3D 모두에서 디자인 아이디어를 탐구할 수 있도록 해주며, 또한 편리한 도구 덕분에 콘셉트를 보다 쉽게 구체화하게 도와줍니다.

● 프리폼 디자인

무엇을 상상하든 그대로 디자인할 수 있습니다. 면, 가장자리, 점 등을 밀고 당기기만 해도 복잡한 형태를 만들거나 매끄러운 표면을 추가할 수 있습니다.

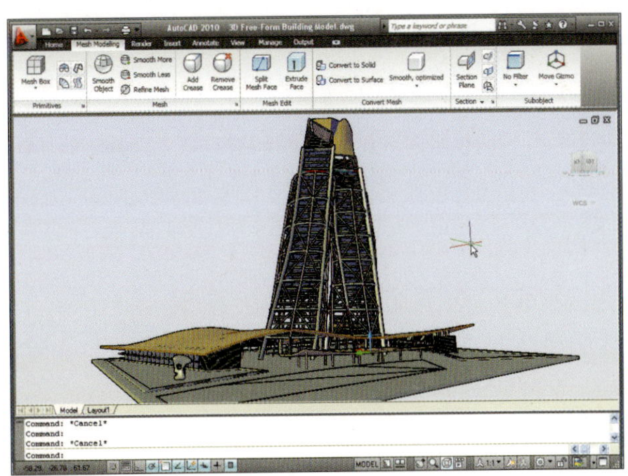

● 시각화

이전과는 완전히 다른 방식으로 아이디어를 시각화할 수 있습니다. 300가지가 넘는 재료 중 원하는 것을 선택하고, 광도 조명을 적용하고 디스플레이를 조절해 매우 정확하고 사실적인 렌더링 이미지를 만들 수 있습니다.

● 3D 탐색

단추를 클릭해가며 마치 모델 안을 걸어보거나 날아다니듯이 살펴볼 수 있습니다. 탐색 위젯 Autodesk® ViewCube® 도구로 솔리드 또는, 서페이스 모델을 신속히 돌리거나 방향을 틀 수 있고, Autodesk® SteeringWheels® 도구로 팬, 센터링, 줌 기능을 적용할 수도 있습니다.

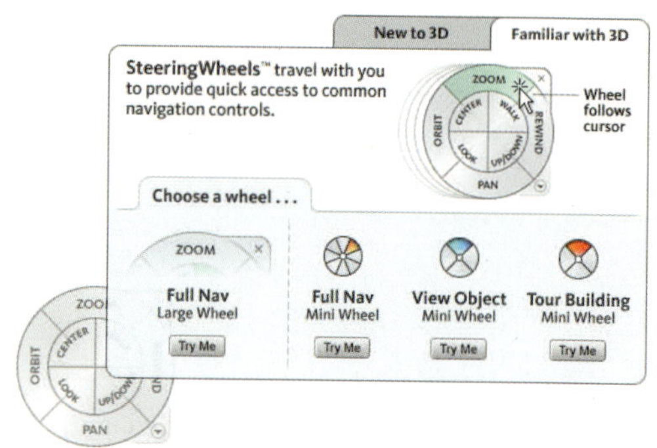

Customize-이전에는 상상조차 할 수 없던 방식의 사용자화

작업 스타일은 개개인마다 다르게 마련입니다. 따라서 프로그램도 그래야 합니다. AutoCAD 2010은 개인별 요구 사항에 맞게 사용자화 하기가 놀라울 정도로 쉬워졌습니다. 설정 구성, 프로그램 확장, 사용자화 워크플로우 구축, 맞춤화된 응용프로그램 개발, 기존 응용프로그램 활용 등 다양한 혜택을 얻을 수 있습니다.

● 프로그래밍 인터페이스

유연한 개발 플랫폼을 활용해 생산성을 극대화할 수 있습니다. 데이터베이스 구조, 그래픽 시스템, 기본 명령어 정의에 직접 접근할 수 있기 때문에 개인별 요구 사항에 완벽히 부합하도록 디자인 및 제도 응용프로그램을 맞춤화할 수 있습니다.

● 동작 레코더

CAD 관리자의 도움 없이도 반복적인 작업을 자동화해 시간을 단축하고 생산성을 높일 수 있습니다. 사용자는 작업을 빠르게 기록하고, 입력 요청 및 문자 메시지를 추가한 다음 기록된 매크로를 빠르게 선택하여 재생할 수 있습니다.

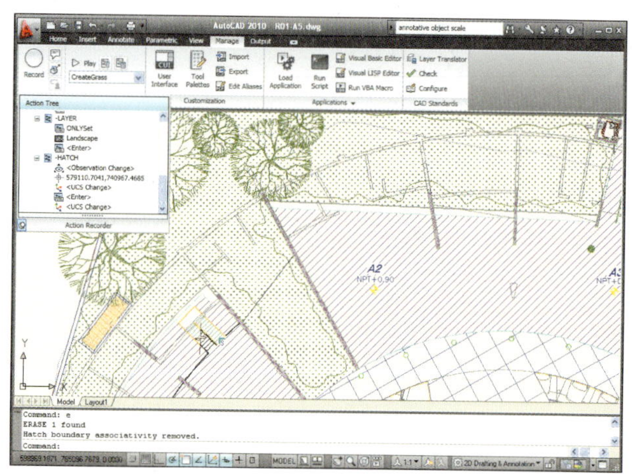

믿기지 않을 만큼 사용하기 쉬운 인터페이스(Interface)

Lesson 03

AutoCAD 2010의 화면 및 메뉴의 구성은 합리적이고 사용하기 편리하게 개선되었기 때문에 사용자가 도면 제작의 흐름을 이해하면 모든 것을 외우지 않아도 쉽게 필요한 작업을 수행할 수 있습니다. 특히 새로운 사용자들이 AutoCAD를 배우기가 더욱 편리해졌습니다.

AutoCAD 2010의 화면 구성 살펴보기

AutoCAD 2010을 설치한 후 실행하면 다음과 같은 화면이 나타나는데, 각각의 중요한 명칭과 사용 방법을 간단하게 알아봅니다.

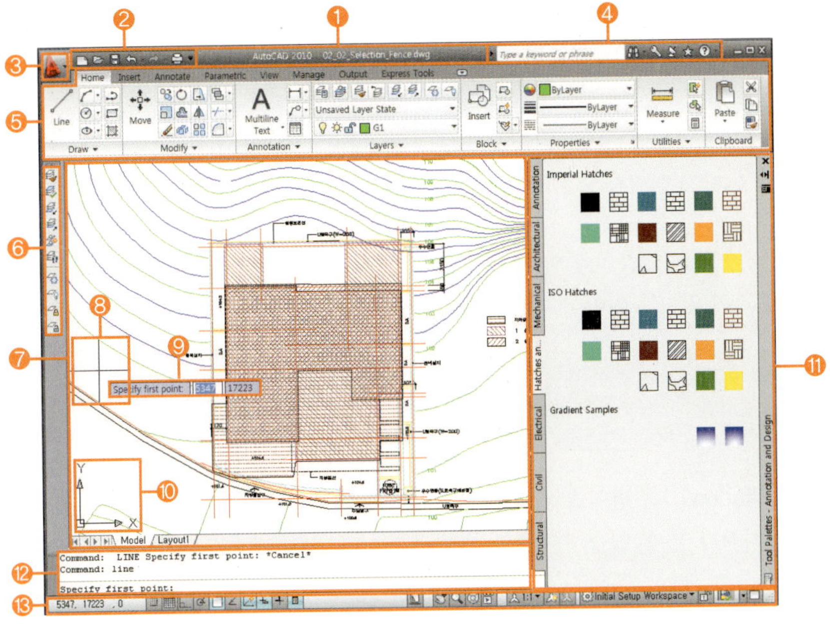

❶ 제목 표시줄(Title Bar) : 제목 표시줄은 현재 열려 있는 파일명을 표시합니다. 옵션 설정을 통해서 파일의 전체 경로를 표시하거나 파일 이름만을 표시할 수 있습니다.

❷ 퀵 액세스 툴바(Quick Access Toolbar) : 어느 도면 작업에서나 공통적으로 가장 많이 사용하는 명령을 등록시켜 사용할 수 있습니다. 또한, 설정(드롭다운 화살표)을 통해 이전의 버전에서 작업의 중심이 되는 메뉴인 메뉴 바(Menu Bar)를 화면에 표시할 수도 있습니다.

❸ 메뉴 브라우저(Menu Browser) : 파일을 손쉽고 정확하게 불러오는 기능은 물론 파일 단위의 저장이나 내보내기 등의 작업을 더욱 쉽고 확실하게 실행할 수 있습니다.

❹ **인포 센터(Info Center)** : 키워드를 입력해 온라인 또는, 오프라인 상에서 필요한 정보를 검색할 수 있습니다.

❺ **리본 메뉴(Ribbon Menu)** : 도면을 작성하는 데 필요한 명령들을 성격별로 그룹화하여 AutoCAD 를 처음 사용하는 사용자들도 쉽게 필요한 명령에 접근할 수 있도록 하였습니다.

❻ **툴바, 도구막대(Toolbar)** : AutoCAD 명령을 아이콘의 형식을 빌려 종류별로 막대에 구성해 놓은 것입니다. 사용자가 임의로 자주 사용하는 명령을 만들 수 있습니다.

❼ **도면 영역 창(Drawing Window)** : 도면을 작성하는 영역입니다. 종이에 펜으로 도면을 작성할 경 우 종이의 크기에 따라 영역이 결정되지만, AutoCAD에서의 도면 영역은 무한대입니다. 뿐만 아니 라 여러 개의 도면 영역 창을 한꺼번에 열어 놓을 수도 있습니다. 도면 영역 창은 모델(Model) 모드 와 레이아웃(Layout) 모드를 자유롭게 넘나들며 정확하고 신속한 도면 작업을 가능하게 합니다.

❽ **크로스 헤어(Crosshair)** : 현재 사용자의 작업 위치를 나타냅니다. 또한, 크로스 헤어는 그 모양으 로 현재 작업의 상태를 나타내기도 합니다.

❾ **동적 입력기(Dynamic Input)** : 동적 입력기는 사용자의 눈이 쫓아 가는 크로스 헤어에 명령을 입 력할 수 있도록 함으로써 도면 작업의 집중도를 높일 수 있습니다. 기존 명령 입력 창이 사용자에 게 더욱 편리하면 옵션 설정을 통해 동적 입력기를 켜거나 끌 수 있습니다.

❿ **좌표계 아이콘(UCS Icon)** : 도면 영역 창의 좌측 하단에 보이는 X, Y 화살표 모양의 심벌은 현재 보이는 화면이 어느 평면인지, 원점과의 위치는 어떠한지를 알려 줍니다.

⓫ **툴 팔레트(Tool Palettes)** : 툴바의 사용을 최소화하고, 화면 공간을 최대화할 수 있도록 Tool Palettes에 명령을 추가할 수 있습니다.

⓬ **명령 입력창(Command Prompt Window)** : 명령어를 입력해 프로그램과 대화할 수 있는 대화창 입니다. Ctrl + 9 로 명령 입력창을 켜거나 끌 수 있습니다.

⓭ **상태 표시줄(Status Bar)** : 현재 작업의 환경 상태를 보여 줍니다. 마우스 포인터(Cursor, Cross-hair)가 위치하는 좌표라든지 환경 설정을 보여 줍니다. 좌측의 좌표가 마우스 포인터의 위치를 나 타내고, 오른쪽의 단추들이 작업 환경의 적용 상태를 보여 줍니다.

심플해서 알기 쉬운, 메뉴 브라우저(Menu Browser)

메뉴 브라우저(Menu Browser)는 열려 있는 파일들은 물론이고 최근 작업한 파일들의 정보를 한 눈에 파악할 수
있도록 다양한 정보를 표시하여 사용자의 작업 과정을 돕고 있습니다. 그리고 필요한 명령의 검색도 가능합니다.

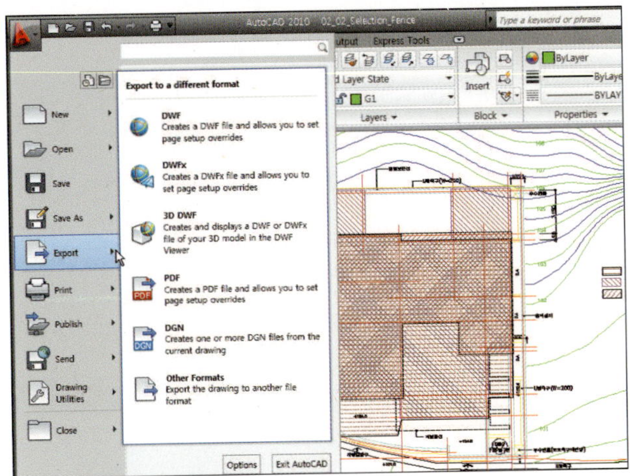

▲ 메뉴 표시줄에 의한 메뉴 적용

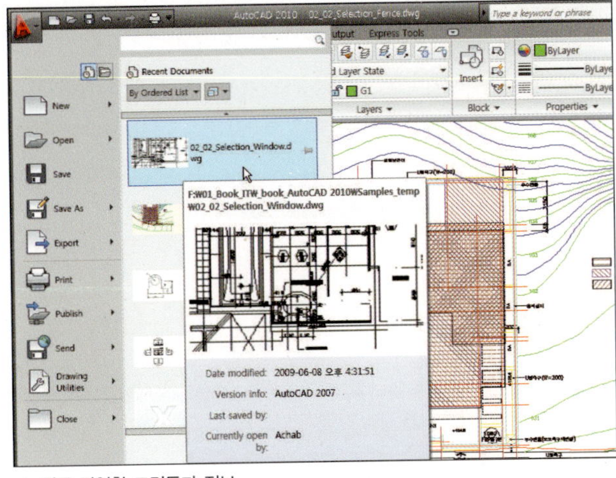

▲ 최근 작업한 도면들과 정보

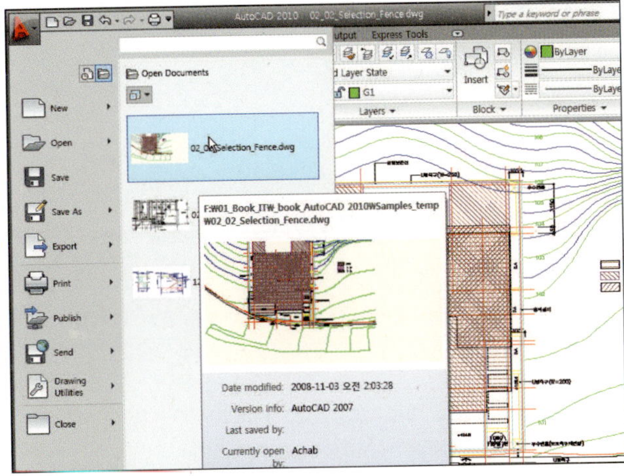

▲ 현재 열려 있는 도면들과 정보

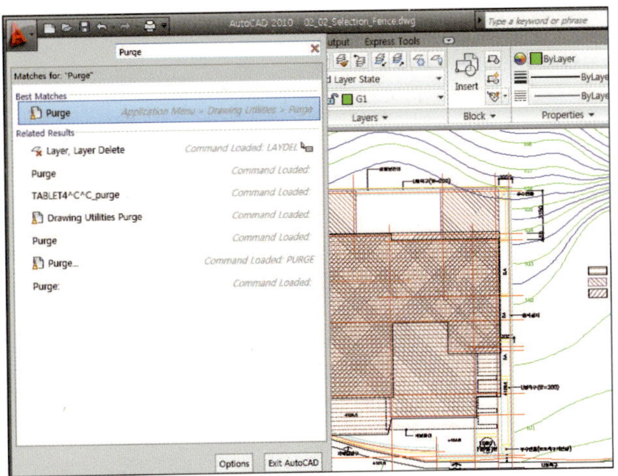

▲ 메뉴 검색기를 통해 찾은 명령

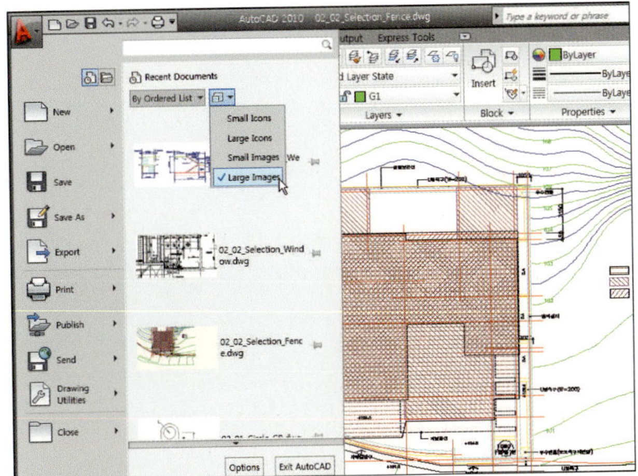

▲ 다양한 도면 리스트 표시 방법

한 지붕 세 가족, 퀵 액세스 툴바+제목 표시줄+인포 센터

제목 표시줄은 현재 열려 있는 도면의 파일 이름이 표시됩니다. 설정에 따라서는 파일의 경로까지 표시할 수 있습니다. 여기에 AutoCAD 2010에서 가장 빠르게 사용할 수 있는 퀵 액세스 툴바(Quick Access Toolbar)와 헬프 기능을 오프라인은 물론 온라인까지 확장한 인포 센터(Info Center)가 함께 자리하고 있습니다.

퀵 액세스 툴바(Quick Access Toolbar)는 가장 신속하게 사용할 수 있는 명령들을 모아 놓은 것입니다. 퀵 액세스 툴바의 드롭다운 화살표 아이콘을 클릭하여 사용자 임의대로 설정할 수 있는 [Customize Quick Access Toolbar]를 선택하면 퀵 액세스 툴바에 명령을 추가하거나 제외시킬 수도 있으며 기존 버전의 주된 메뉴 형식인 메뉴 바(Menu Bar)를 켜고 끌 수 있는 [Show Menu Bar] 기능도 있습니다.

▲ 퀵 액세스 툴바+제목 표시줄+인포 센터

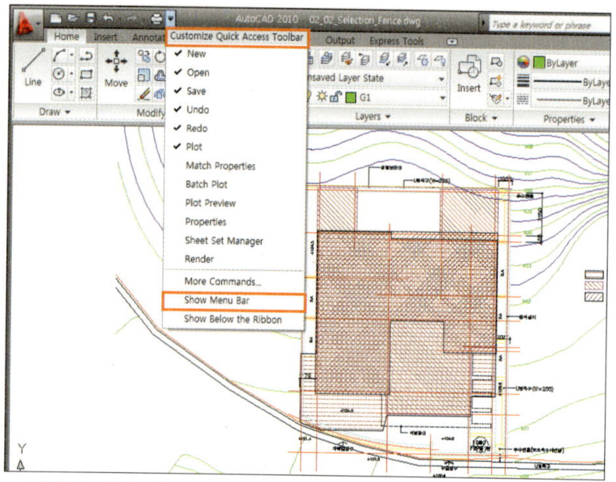

▲ 퀵 액서스 툴바의 [Customize Quick Access Toolbar]

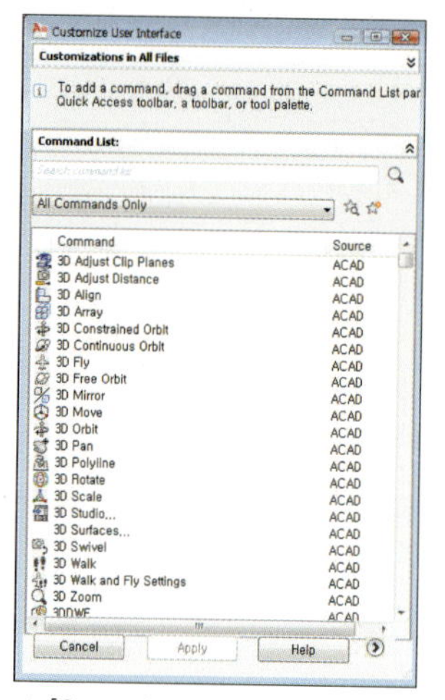

▲ [Customize User Interface] 대화상자

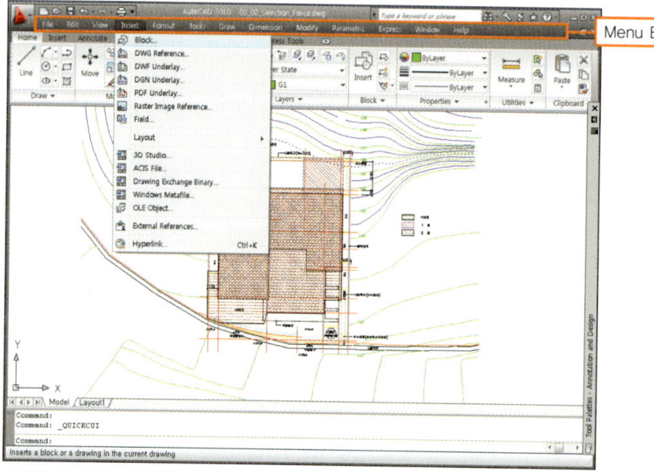

▲ [Show Menu Bar] 모드

그리고, 인포 센터(Info Center)를 통해 오프라인은 물론
이고 온라인에서도 Help 기능을 이용할 수 있습니다.

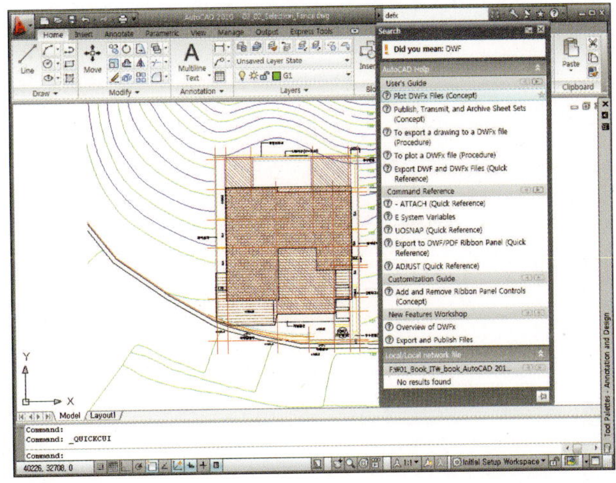

▲ Search

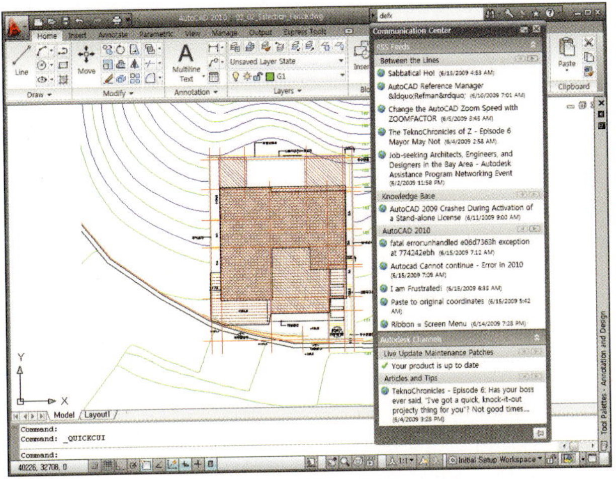

▲ Communication Center

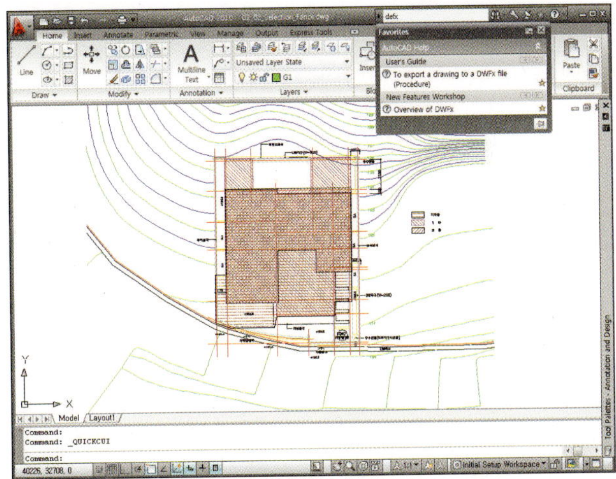

▲ Favorites

사용자 중심으로 탄생한 리본 메뉴(Ribbon Menu)

사용자를 중심으로, 그리고 작업 중인 프로젝트를 중심으로 더욱 간결한 시각적 형태로 리본 메뉴(Ribbon Menu)
가 만들어 졌습니다. 리본 메뉴를 통해 기존에 필요한 명령에 도달하는 단계를 단축시켜 도면 작업에 큰 효율을 가
져왔습니다. 리본 메뉴는 탭과 패널 타이틀 그리고, 리본으로 구성되어 있으며 3단계의 모드로 표시할 수 있습니다.
탭만 표시되거나, 탭과 패널 타이들만 표시되거나 또는, 탭과 패널 타이틀, 리본 모두가 표시되는 풀 리본 모드로 쉽
게 전환(탭 우측의 화살표 아이콘)될 수 있습니다.

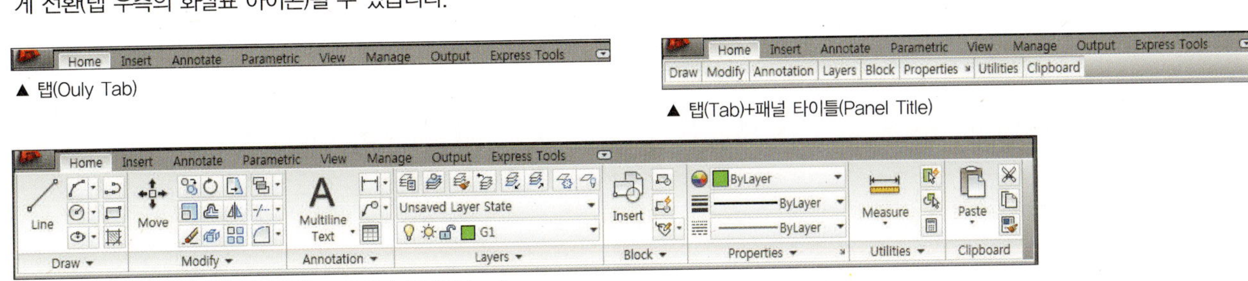

▲ 탭(Ouly Tab)

▲ 탭(Tab)+패널 타이틀(Panel Title)

▲ 풀 리본 메뉴 : 탭(Tab)+패널 타이틀(Panel Title)+리본(Ribbon)

또한, 리본 메뉴는 사용자 편의에 맞춰 다양한 최적화가 가능하며 메뉴의 이동도 자유롭습니다.

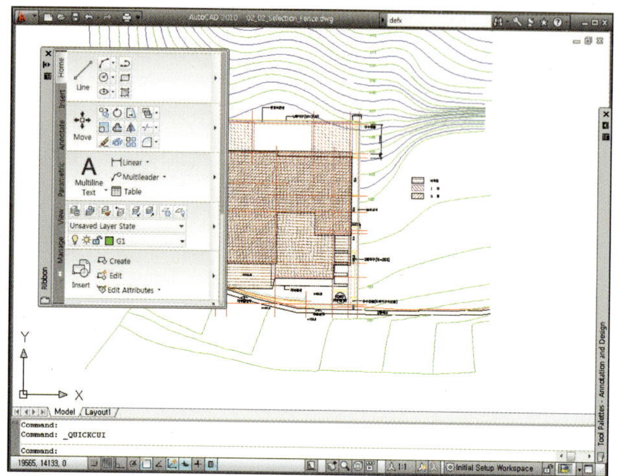

▲ 리본 메뉴의 Unlock 모드

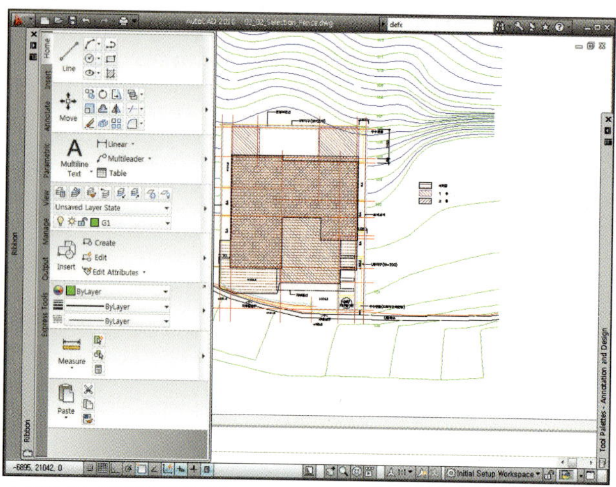

▲ 리본 메뉴의 좌측 도킹 모드

리본은 펼치면 더욱 많은 메뉴를 선택할 수 있으며 모든 리본들은 사용자 환경에 맞도록 사용자화
(Customize)가 가능하며 선택한 작업 공간에 맞춰 리본 그룹을 다양화할 수 있습니다.

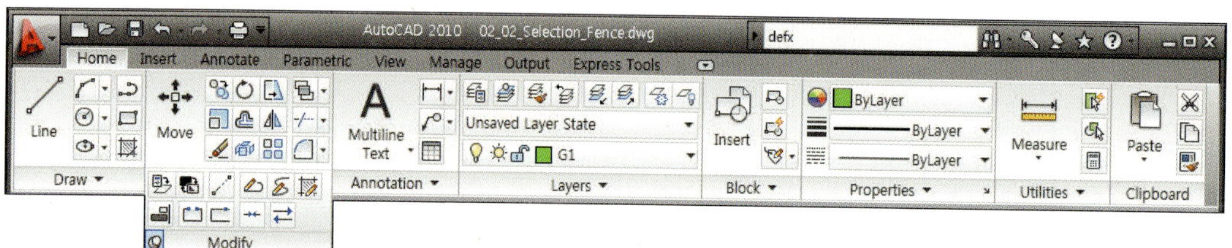

▲ 리본 메뉴를 펼쳐 고정(Pin)시킨 모습

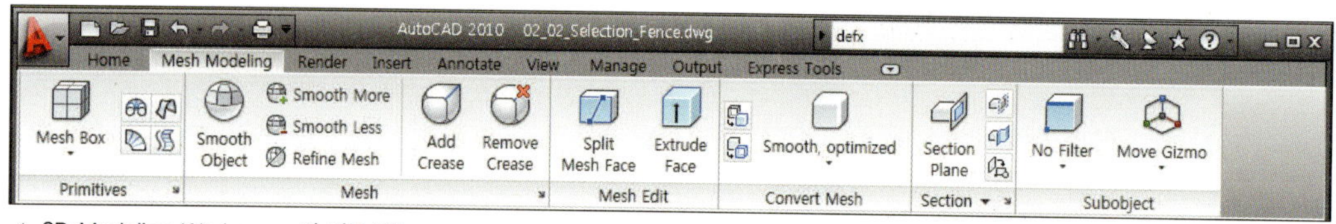

▲ 3D Modeling Workspace의 리본 메뉴

그리고, 각각의 리본 메뉴는 분리하여 도면 영역에 띄울 수
도 있습니다.

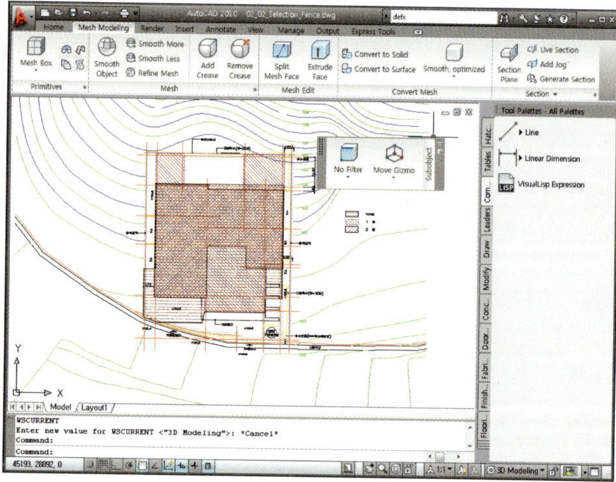

골라 사용하는 재미가 있다! 나만의 툴바(Toolbar)

툴바(Toolbar)는 자주 사용하는 명령을 마우스 클릭만으로 쉽게 이용할 수 있도록 종류별로 막대에 구성해 놓은 것입니다.

툴바 아이콘의 오른편 아래에 작은 삼각형이 표시된 것은 플라이 아웃(Fly Out) 메뉴가 숨어 있다는 것을 의미합니다. 길게 누르고 있으면 플라이 아웃 아이콘이 표시됩니다. 필요한 툴바를 불러내기 위해서는 앞서 퀵 액세스 툴바(Quick Access Toolbar)의 드롭다운 화살표를 클릭하고 [Show Menu Bar]를 선택한 후 [Tools]-[Toolbars]-[AutoCAD(또는, Autodesk Seek, EXPRESS)]-[필요한 툴바] 메뉴를 클릭합니다.

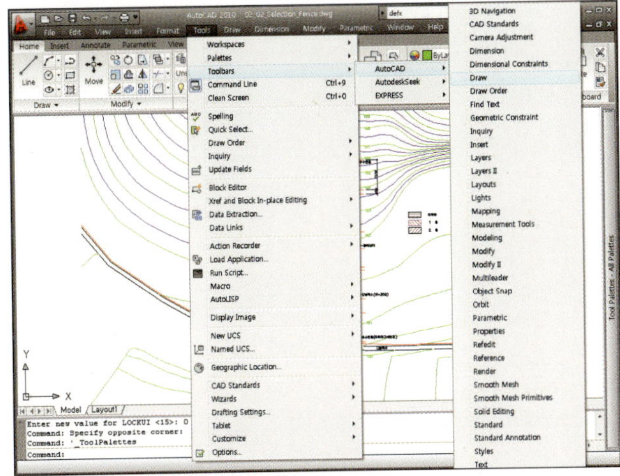

▲ [Tools]-[Toolbars]-[AutoCAD]-[필요한 툴바] 메뉴

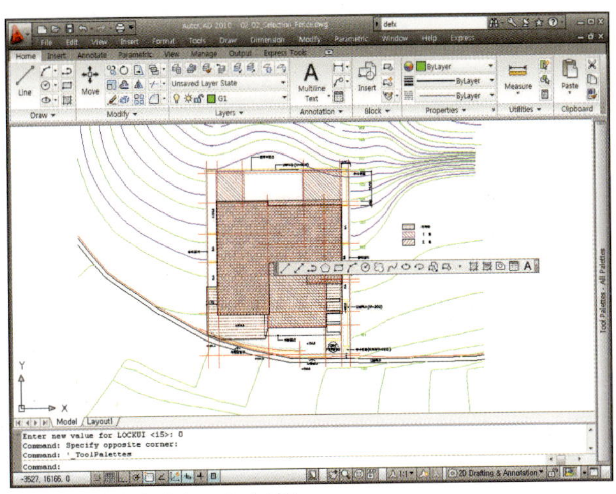

▲ 도면 영역에 떠 있는(Floating) 툴바

불러온 툴바는 도면 영역의 좌측과 우측에 도킹(Docking)시켜 고정시킬 수 있으며 도면 영역 위에 띄워(Floating) 사용할 수도 있습니다.

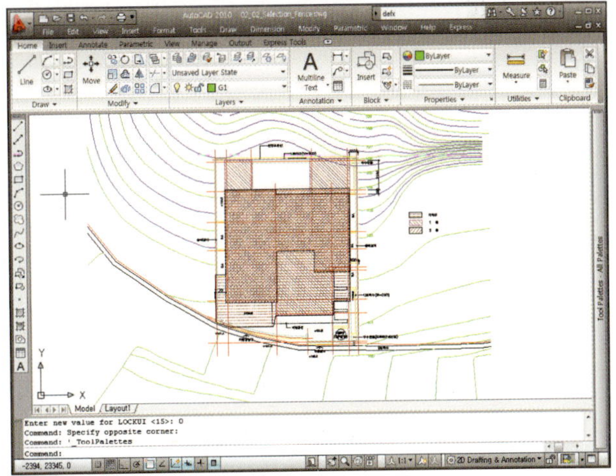

▲ 툴바의 좌측 도킹 모드

복잡한 기능도 눈으로 골라 실행한다! Tool Palettes

AutoCAD의 기능이 보다 다양화, 전문화 되어가고 있어 Tool Palettes와 같은 메뉴 형식이 더욱 절실해지고 있습니다.

Tool Palettes는 툴바와 마찬가지로 자주 사용되는 명령을 한곳에 모아놓고 편리하게 사용하기 위해 만들어진 인터페이스이며 보다 다양한 기능까지 수행할 수 있습니다. [View] 탭의 [Palettes] 패널에서 [Tool Palettes](▤) 아이콘을 클릭하거나, [Tools]–[Palettes]–[Tool Palettes] 메뉴를 클릭해서 불러냅니다.

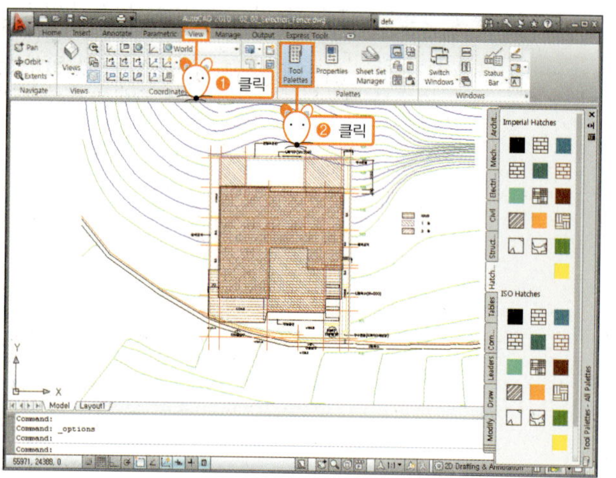

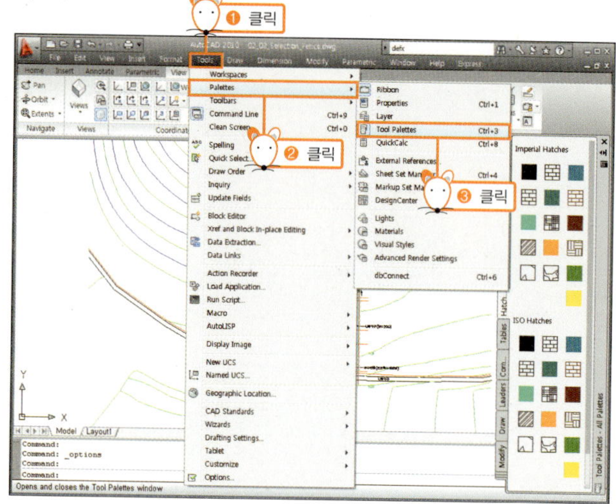

공간이 부족해 겹쳐있는 Tool Palettes는 탭 하단의 겹친 부분을 오른쪽 마우스 단추로 클릭한 후 단축 메뉴에서 감추어진 Tool Palettes를 불러낼 수 있습니다.

Tool Palettes의 탭을 클릭한 후 필요한 내용을 드래그하여 도면 영역으로 끌어 내리는 방식으로 적용시킬 수도 있습니다.

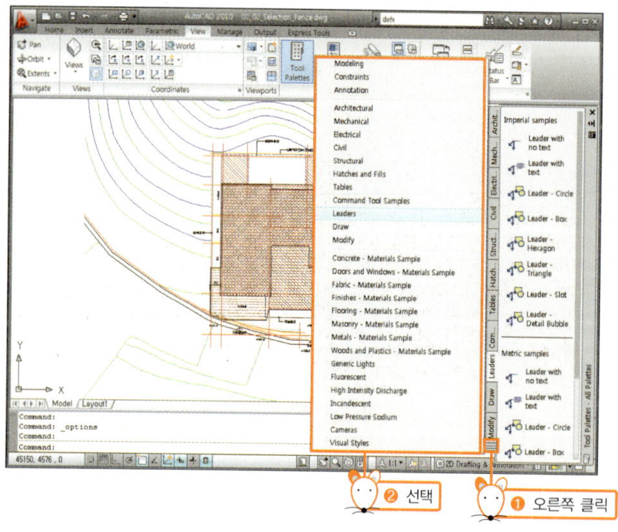

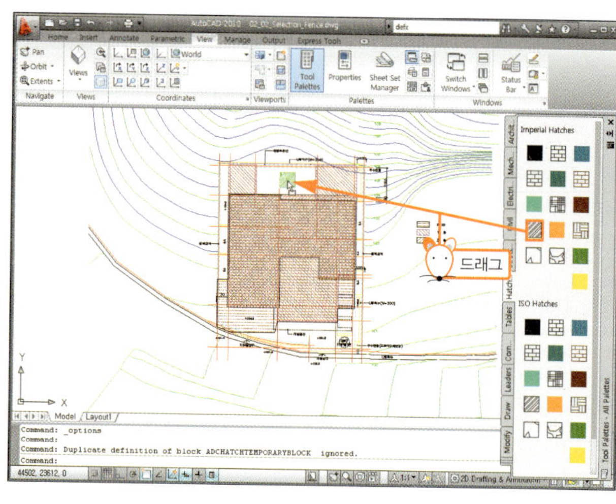

무한대의 도면 영역, 도면 영역 창(Drawing Window)

도면 영역은 도면을 작성하는 영역입니다. 종이에 펜으로 도면을 작성할 경우 종이의 크기에 따라 영역이 결정되지만, AutoCAD의 도면 영역은 무한대(∞)입니다.

도면 영역에는 몇 가지 주의 깊게 살펴봐야 하는 정보가 있습니다. 그중에 하나가 UCS 아이콘입니다. UCS 아이콘을 보면 현재 사용자가 어느 평면에서 작업 중인지 알려 주며 UCS 아이콘의 축 교차점은 원점(Origin Point)의 위치를 알려 줍니다([View]–[Display]–[UCS Icon]–[[Origin ON] 상태에서).

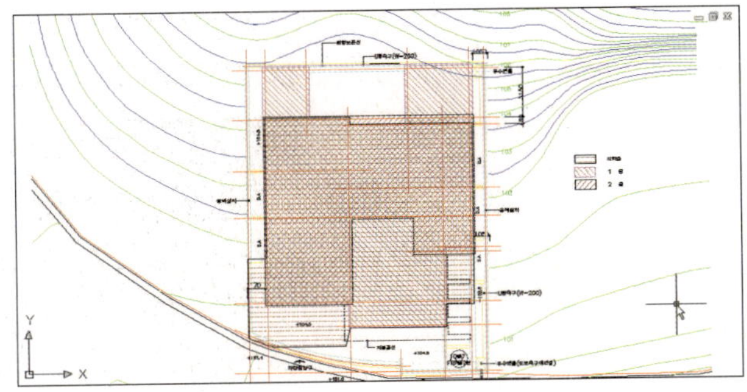

도면 영역에서 사용자에게 유용한 정보를 주는 또 다른 하나는 바로 마우스 포인터입니다. 마우스 포인터는 상황에 따라 다양한 모양으로 변하는데 이는 마우스 포인터만으로 현재 상태를 짐작할 수 있도록 도움을 줍니다.

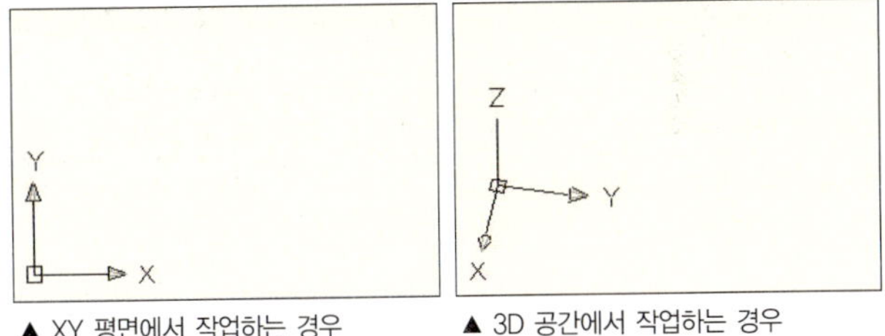

▲ XY 평면에서 작업하는 경우　　　▲ 3D 공간에서 작업하는 경우

● 크로스 헤어(Crosshair)

아무런 명령이 적용되고 있지 않은 상태입니다. 명령을 실행하는 상태에서는 가운데에 있는 박스는 없어지고 십자 심벌만 표시됩니다.

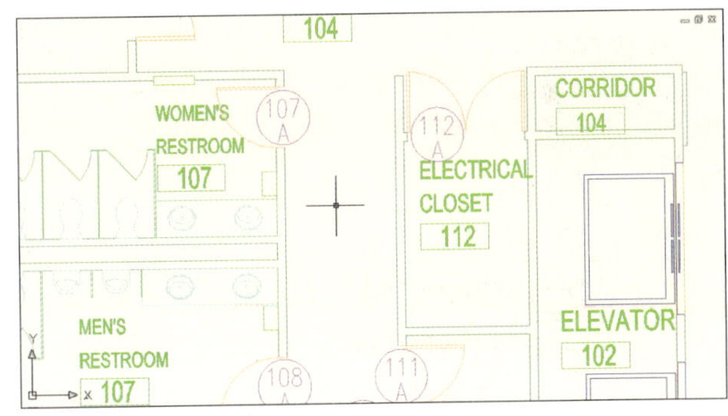

▲ 크로스 헤어(Crosshair)

● 픽 박스(Pickbox)

객체 선택이 필요한 경우에 표시됩니다. 적당한 크기로 조절해 놓고 사용하는 것이 좋습니다.

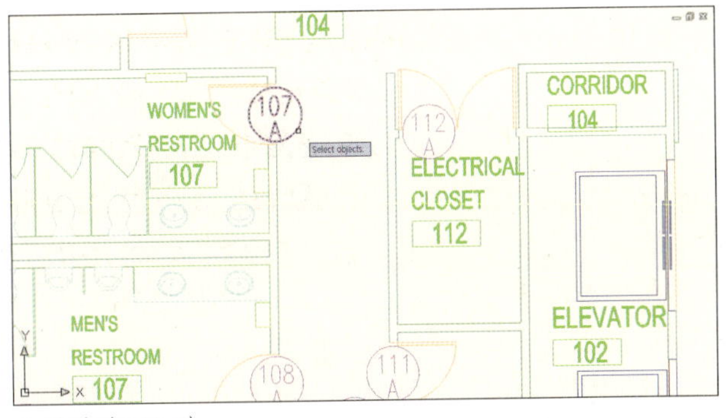

▲ 픽 박스(Pickbox)

● 오토스냅 마커(AutoSnap Marker)

OSNAP이 적용되면 해당 요소에서 마우스 포인터는 오토스냅 마커로 바뀝니다.

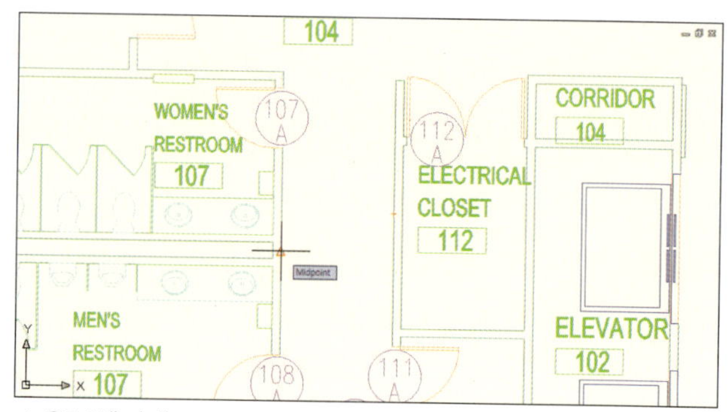

▲ 오토스냅 마커(AutoSnap Marker)

명령 입력창(Command Window)과 동적 입력기(Dynamic Input)

명령 입력창(Command Window)과 동적 입력기(Dynamic Input)는 모두 명령 입력을 통해 AutoCAD 2010과 대화할 수 있는 대화 창입니다. AutoCAD 2010은 이들 대화 창을 통해서 프로그램과 문답식으로 도면을 작성한다고 생각하면 쉽습니다.

처음 AutoCAD를 사용하는 사람들의 경우 이들 대화 창에서 눈을 떼서는 안 됩니다. 많은 사용자들이 실수를 하게 되는 부분이 바로 프로그램이 요구하는 내용을 무시하면서 발생합니다. 예를 들어 프로그램은 "아직도 선택할 대상이 더 있느냐?"는 질문을 하고 있는데, 사용자는 선택이 이미 종료되었다고 마음속으로만 생각하고 다음 명령을 진행시키려다가 결국 엉뚱한 결과를 초래하고 마는 것입니다. 작은 실수이지만 결과는 기대한 것과 상당히 달라집니다.

명령 입력창은 도면 영역 창의 상하/좌우 어느 곳에라도 도킹(Docking)시킬 수도 있고, 도면 영역 창의 중간에 띄어(Floating) 놓을 수도 있습니다.

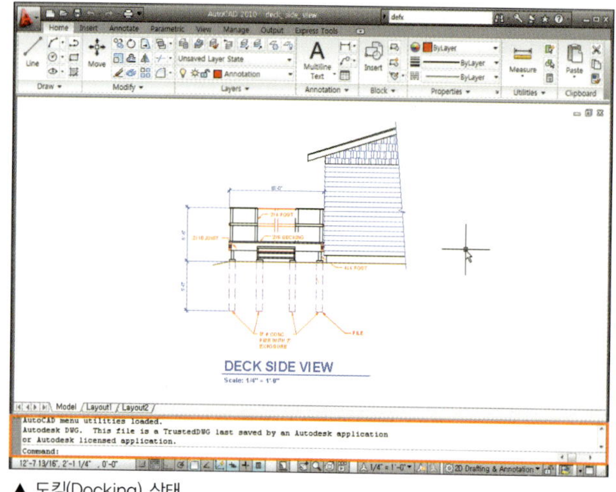

▲ 도킹(Docking) 상태

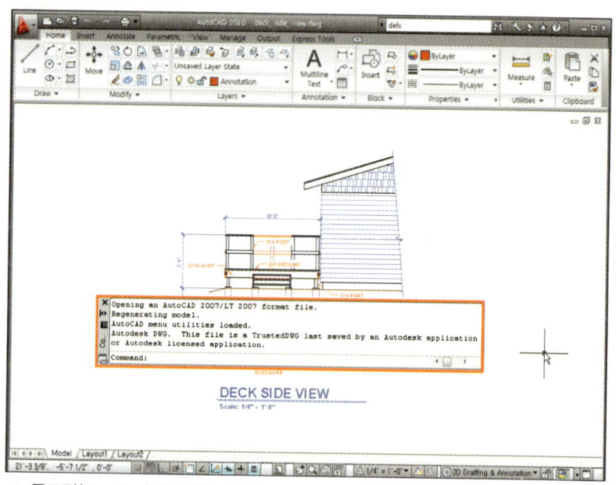

▲ 플로팅(Floating)되어 있는 상태

그리고, 동적 입력기(Dynamic Input) 사용이 익숙한 사람들은 도면 영역 창의 크기를 넓게 사용하기
위해 Ctrl+9 나 [View] 탭의 [Palettes] 패널에서 [Command Line](▣) 아이콘으로 명령 입력창을
켜고 끌 수도 있습니다.

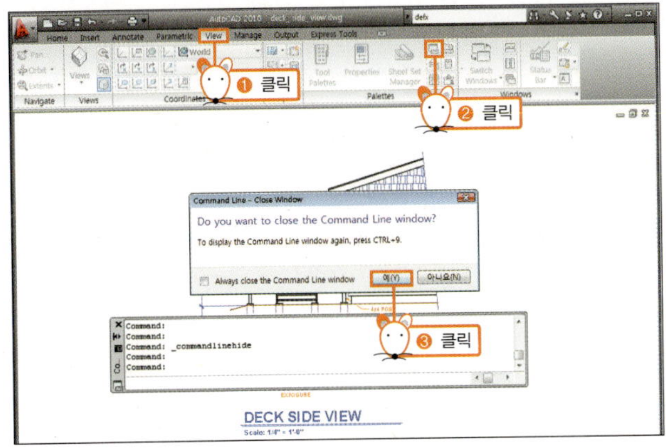

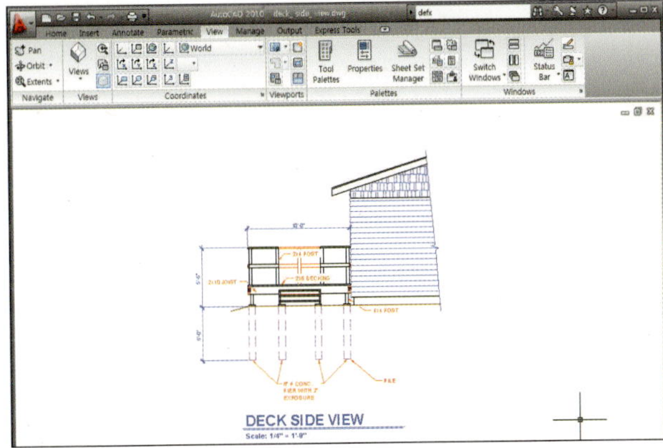

▲ 명령 입력창(Command Line) Off

동적 입력기(Danamic Input) ON/Off 방법

반대로 명령 입력창만 있게 하고 동적 입력기는 꺼두는 환경도 설정할 수 있습니다. 동적 입력기(Dynamic Input) 기
능을 켜고 끄는 방법에 대해 알아봅니다.

❶ 상태 표시줄의 [Dynamic Input](▣) 아이콘 위에서
마우스 오른쪽 단추를 클릭한 후 [Settings]를 선택하여
[Drafting Settings] 대화상자를 불러낼 수 있습니다.

❷ [Dynamic Input] 탭에서 [Enable Pointer Input,
Enable Dimension Input where possible], [Show
command prompting and command input near the
crosshairs] 옵션의 체크를 해제한 후 [OK] 단추를 클릭
합니다.

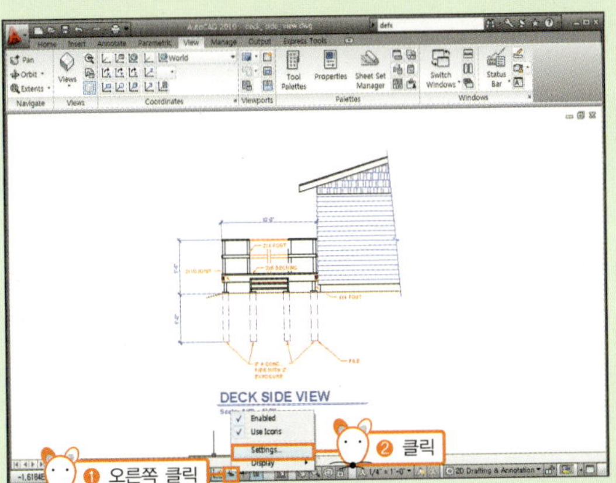

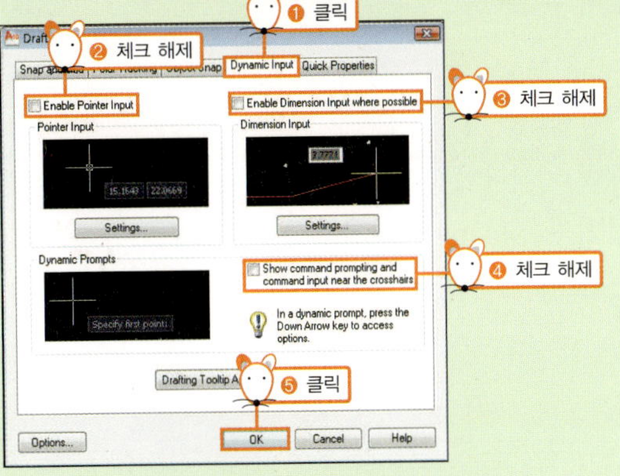

▲ [Drafting Settings] 대화상자의 [Dynamic Input] 탭

주목

[Enable Pointer Input] 옵션은 마우스 포인터의 위치를 좌표 입력할 수 있는 입력 창을, [Enable Dimension Input
where possible] 옵션은 마지막 마우스 포인터와 현재 마우스 포인터의 위치를 거리로 표시하는 입력 창을, [Show command
prompting and command input near the crosshairs] 옵션은 현재 진행되는 명령을 입력할 수 있는 입력 창의 설치 유무를
설정합니다.

AutoCAD 2010의 포르쉐 계기판, 상태 표시줄

상태 표시줄에서는 현재 작업 환경을 설정할 수 있으며 마우스 포인터(Cursor, Cross-hair)의 좌표값과 같은 현재의 작업 상태를 보여 줍니다. 특히 모델 공간과 레이아웃 공간에 대한 퀵 뷰(Quick View) 기능과 객체의 뷰 환경을 컨트롤할 수 있는 스티어링 휠(SteeringWheels)과 쇼 모션(ShowMotion) 기능이 더욱 강화되었습니다.

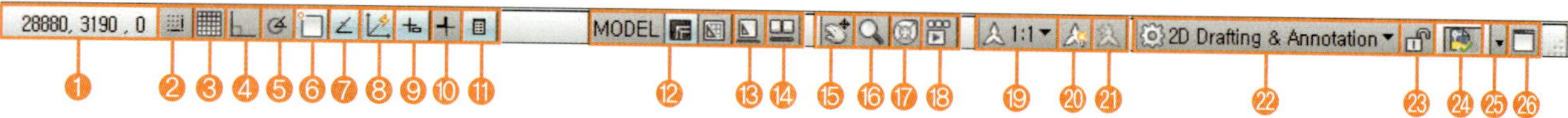

좌측의 좌표(①)는 마우스 포인터의 위치를 알려주고, 나머지 아이콘들은 작업 환경을 표시하거나 그때그때 필요한 기능들을 신속하게 사용할 수 있도록 합니다. 또한, 애플리케이션 상태 표시줄 메뉴(Application Status Bar Menu)를 표시할 수 있는 우측의 밑으로 향한 화살표 아이콘은 상태 표시줄의 환경을 관리합니다. 아이콘은 눌려져 있을 경우 기능이 적용(On)되며, 해당 단추에서 마우스 오른쪽 단추 클릭으로 단축 메뉴를 불러내 좀 더 상세한 환경을 설정할 수 있습니다.

❶ **좌표 표시(Cursor coordinate values)** : 마우스 포인터의 X, Y, Z 좌표를 표시합니다. 좌표를 표시하는 방법은 마우스 오른쪽 단추 클릭으로 단축 메뉴를 불러내 변경할 수 있습니다. 절대 좌표(Absolute)나 상대 좌표(Relative) 형식으로 좌표를 입력할 수 있으며 좌표 표시를 끌(Off) 수도 있습니다. 단, 아무런 명령 입력이 없는 상태에서 단축 메뉴는 Off 옵션만을 표시하며 현재 설정이 절대 좌표로 입력하도록 설정되어 있는 경우에는 상대 좌표(Relative) 옵션이 활성화됩니다.

▲ Drawing Coordinates

❷ **Snap Mode(F9)** : 마우스 포인터를 지정한 간격만큼 일정하게 이동시키는 기능입니다. Polar Snap이나 Grid Snap을 켜거나 끌 수 있고 Snap 기능 자체를 켜거나 끌 수 있습니다. 마우스 오른쪽 단추를 클릭한 후 [Settings]를 선택해 [Drafting Settings] 대화상자를 불러내면 더욱 상세한 설정을 할 수 있습니다.

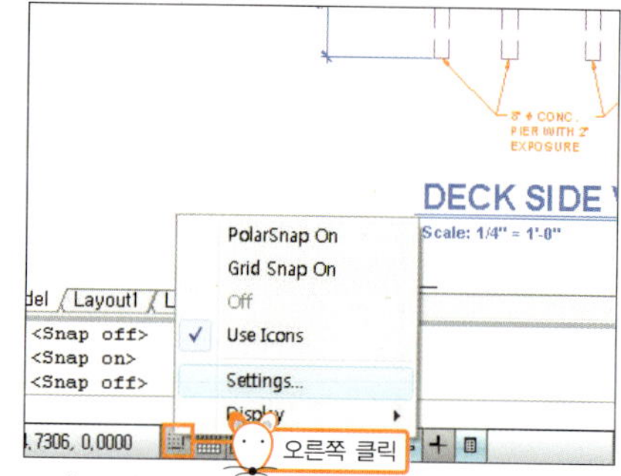

▲ Snap Mode

❸ **Grid Display**(F7) : 지정한 간격마다 화면상에 격자(Grid)를 표시해 도면을 작성할 때 기준을 잡을 수 있는 기능입니다. [Settings]를 선택하여 [Drafting Settings] 대화상자를 불러내 더욱 상세한 설정을 할 수 있습니다.

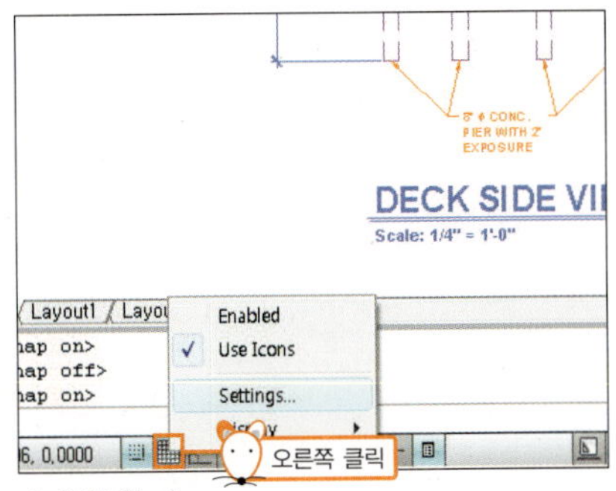

▲ Grid Display

❹ **Ortho Mode**(F8) : 마우스 포인터를 수평이나 수직으로만 움직이게 하는 기능입니다. Ortho 기능이 적용되면 마우스 포인터의 위치와 상관없이 첫 번째 포인트에서 수평 · 수직하게 다음 점을 리드하게 하는 기능입니다. 수평 · 수직의 객체를 작성할 때에 매우 편리한 기능입니다. F8로도 쉽게 기능을 끄고 켤 수 있습니다.

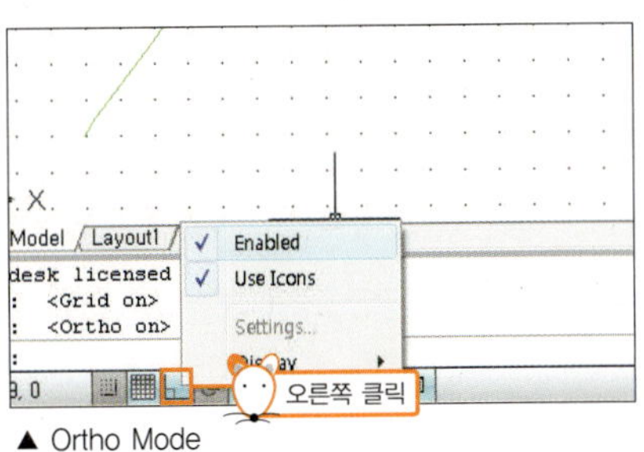

▲ Ortho Mode

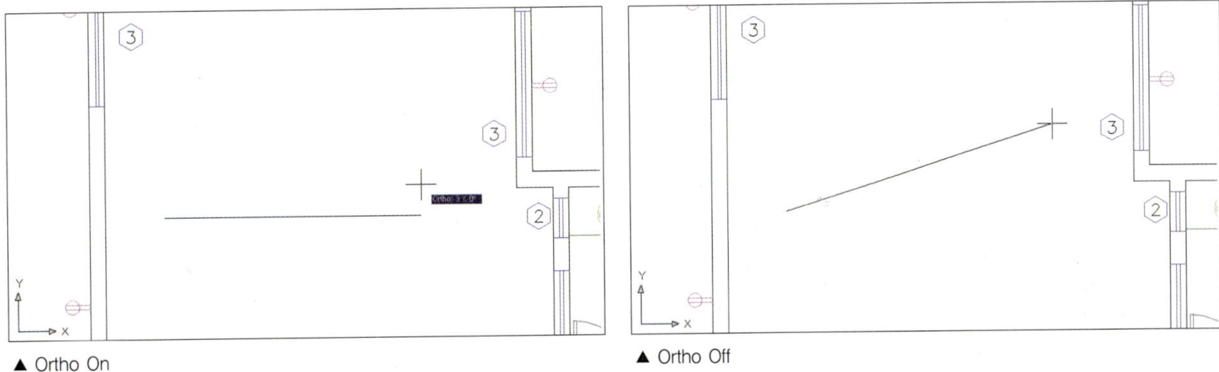
▲ Ortho On　　　　　　　　　▲ Ortho Off

❺ **Polar Tracking**(F10) : 새로운 객체를 작성할 때 지정한 거리와 각도를 표시하도록 하는 기능입니다. F10으로도 쉽게 기능을 끄고 켤 수 있습니다.

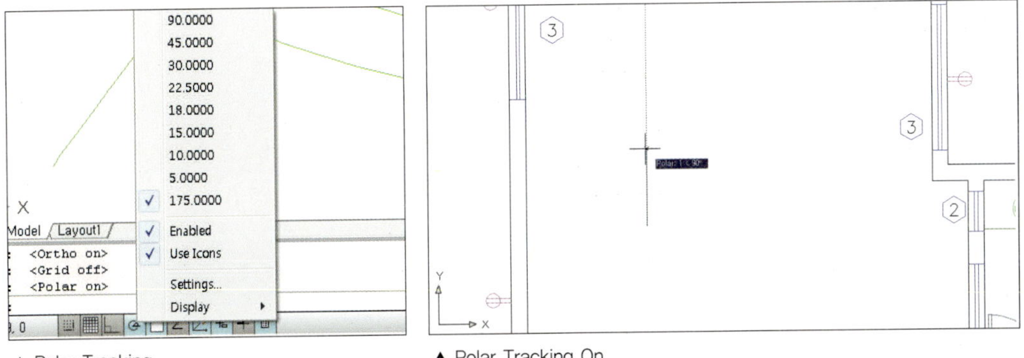

▲ Polar Tracking　　　　　　　▲ Polar Tracking On

❻ Object Snap(F3) : 객체의 정확한 부위(정점)를 지정 할 때 사용되는 기능입니다. 예를 들어 원의 중심을 지정 선분의 중간점으로 지정하고 싶을 때 Object Snap 기능을 사용하면 정확하게 선택할 수 있습니다.

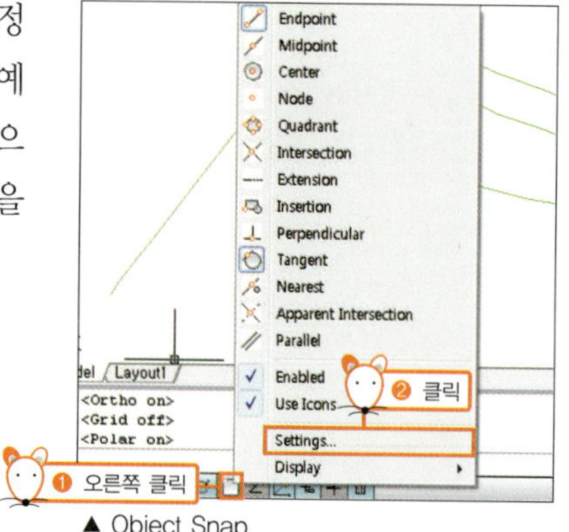

▲ Object Snap

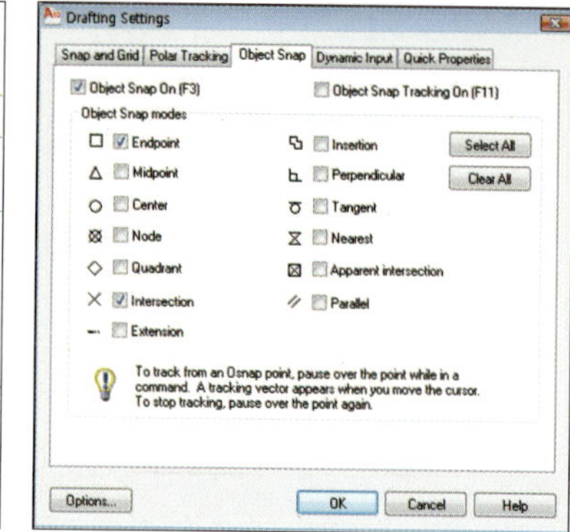
▲ [Drafting Settings] 대화상자의 [Object Snap] 탭

❼ Object Snap Tracking(F1) : OSNAP 환경 부근, 예를 들면 OSNAP의 끝점(Endpoint)이 설정되어있는 경우 마우스 포인터 주변의 끝점(Endpoint)을 찾아내(Tracking) 표시하는 기능입니다.

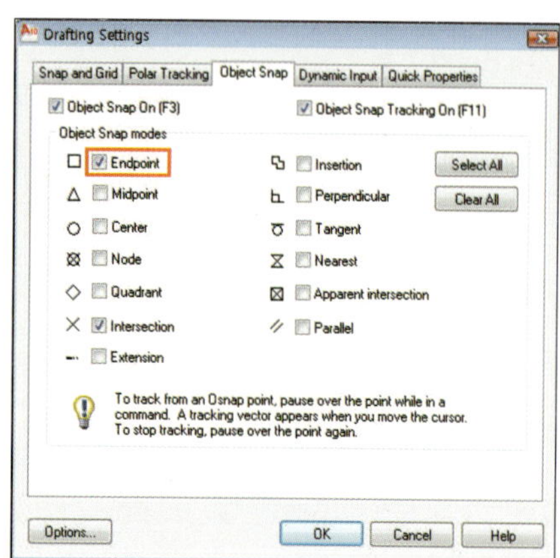

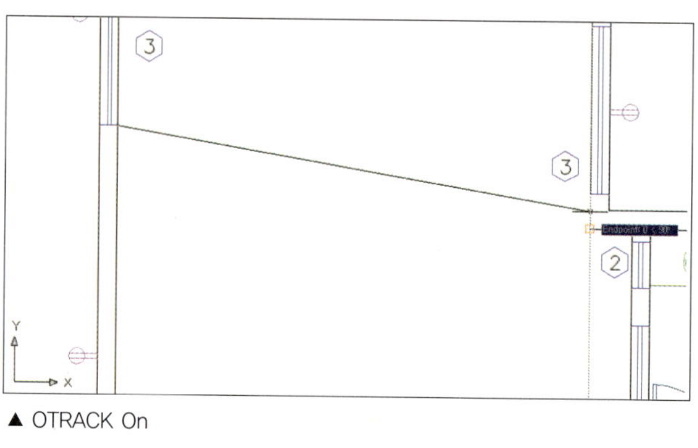
▲ OTRACK On

❽ Allow/Disallow Dynamic UCS(F6) : 동적 UCS를 켜고 끌(On/Off) 수 있습니다.

❾ Dynamic Input(F12) : 동적 입력기(Dynamic Input) 기능을 켜고 끌 수 있으며, 동적 입력기의 형태는 물론이고 세밀한 설정도 가능합니다.

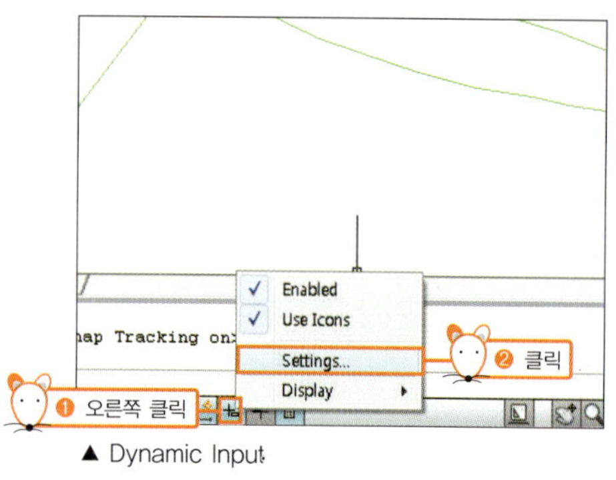

▲ Dynamic Input

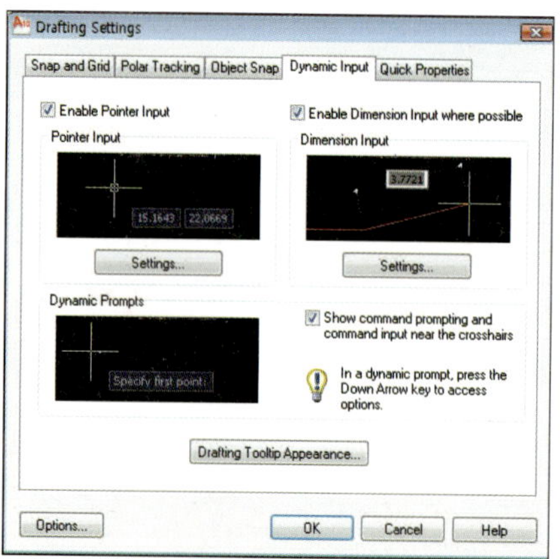
▲ [Drafting Setting] 대화상자의 [Dynamic Input] 탭

❿ **Show/Hide Lineweight** : 객체에 적용되는 선 두께(Lineweight)의 표시 상태를 설정합니다.

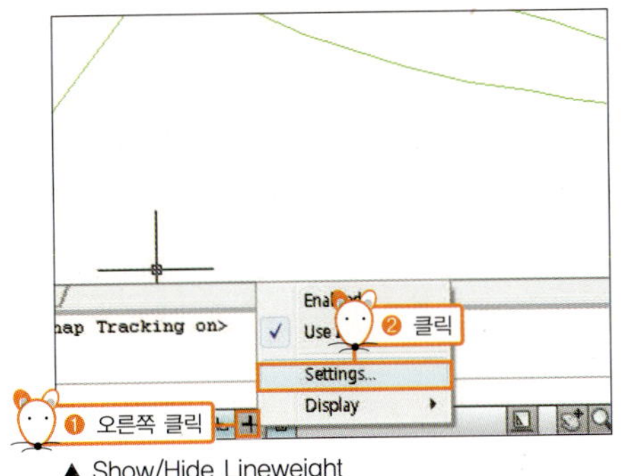

▲ Show/Hide Lineweight

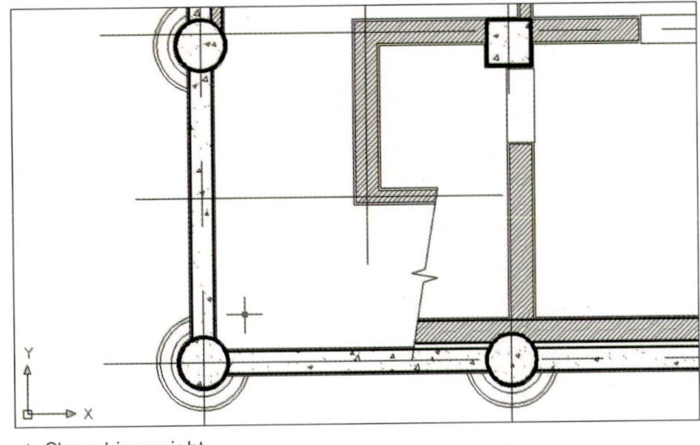

▲ Show Lineweight

⓫ **Quick Properties**(Ctrl + Shift + P) : 빠른 속성 기능을 켜고 끌 수 있습니다.

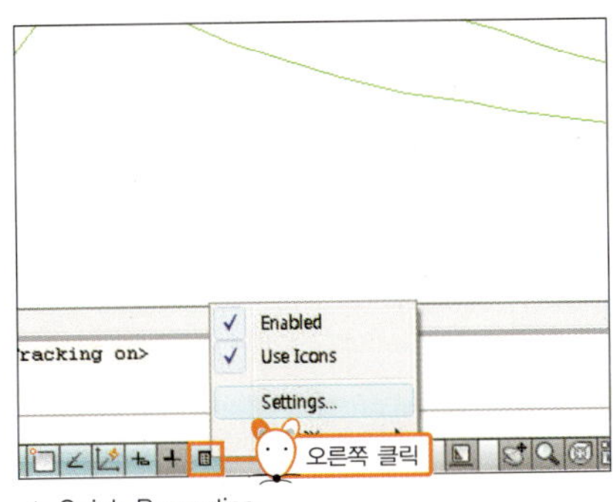

▲ Quick Properties

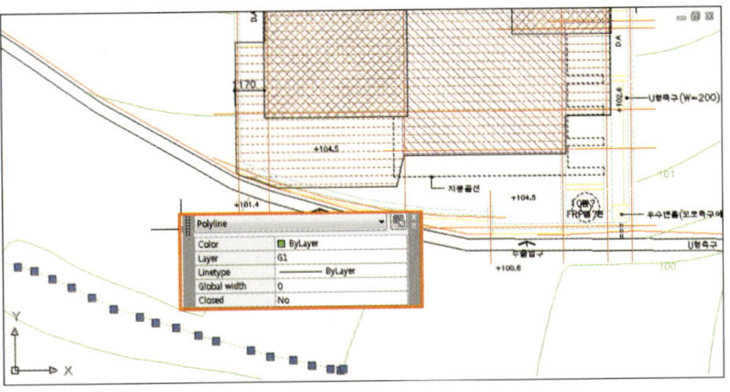

▲ Quick Properties Enabled

⓬ **Model or paper space** : 모델(Model) 공간으로 전환합니다. 마우스 오른쪽 단추 클릭으로
[Display Layout and Model Tabs]를 선택하면 모델 공간과 레이아웃 공간 사이를 전환하는 탭을
도면 영역 아래에 위치시킬 수 있습니다.

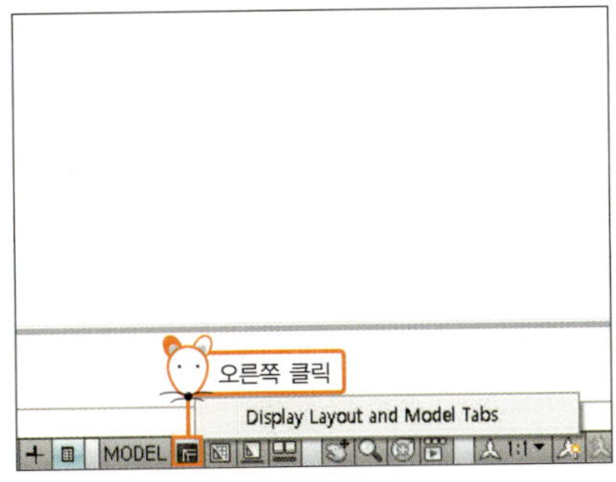

▲ [Model] 아이콘 위에서 마우스 오른쪽 단추 클릭

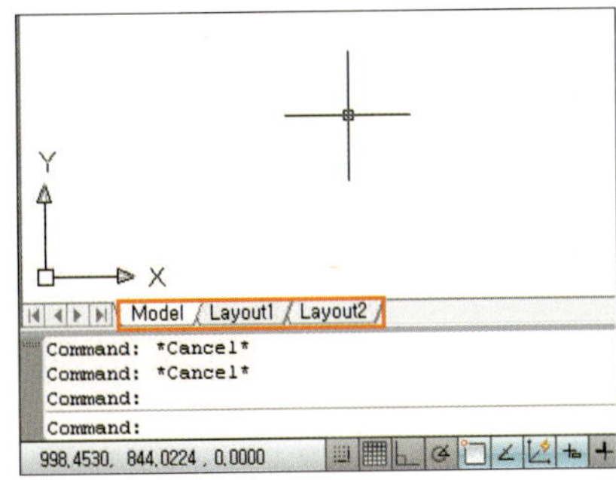

▲ 도면 영역 하단의 모델 공간과 레이아웃 공간을 전환할 수 있는 탭

❸ **Quick View Layouts** : Quick View Layouts 기능은 여러 개의 레이아웃 중에서 필요한 레이아웃을 간단하게 선택하기 위해 사용합니다. 레이아웃을 직접 열어 확인할 필요 없이 축소 이미지를 통해 정확하게 확인한 후 레이아웃을 전환할 수 있기 때문에 작업의 정확성을 높여주고 작업 시간을 단축시켜 줍니다.

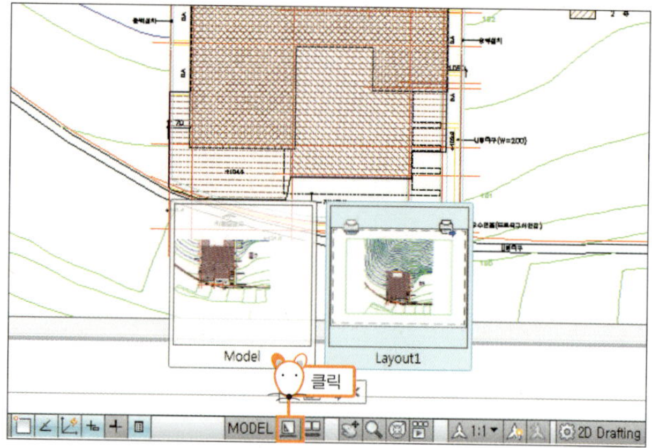

▲ Pin(고정), New Layout(새로운 레이아웃), Publish(출판), Close Quick View Layout(닫기)

❹ **Quick View Drawings** : Quick View Drawings 기능은 Quick View Layouts 기능과 마찬가지로 여러 개의 열려 있는 도면 중에서 축소 이미지를 이용하여 필요한 도면 파일을 간단하게 선택할 수 있습니다. 축소된 이미지 위로 마우스 포인터를 가져가면 해당 도면 파일의 레이아웃 축소 이미지가 함께 상단에 표시됩니다.

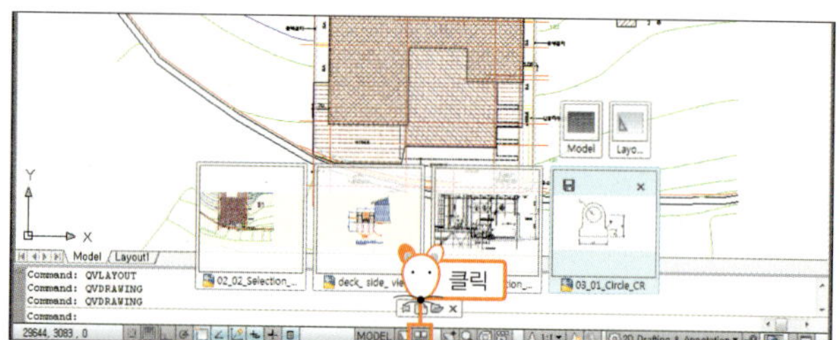

▲ Pin(고정), New(새로운 파일), Open(파일 열기), Close Quick View Drawings(닫기)

❺ **Pan** : 뷰 환경을 상하/좌우로 이동시킬 수 있습니다. 명령 중에는 마우스 포인터가 손바닥 모양으로 표시됩니다. 명령을 종료하기 위해서는 [Esc]를 누르거나, 마우스 오른쪽 단추 클릭으로 단축 메뉴를 불러내 [Exit]를 선택합니다.

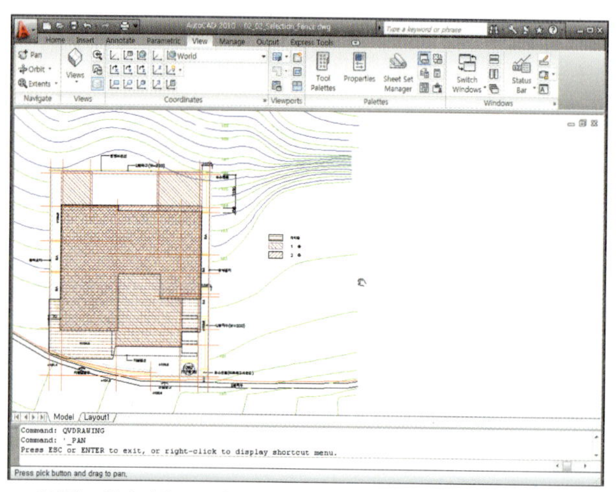

▲ 손바닥 모양의 마우스 포인터

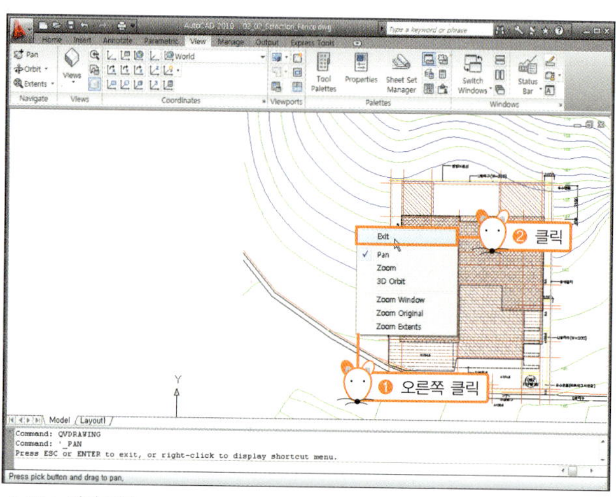

▲ Pan 명령 종료

⑯ **Zoom** : 뷰 환경을 조정할 수 있습니다.

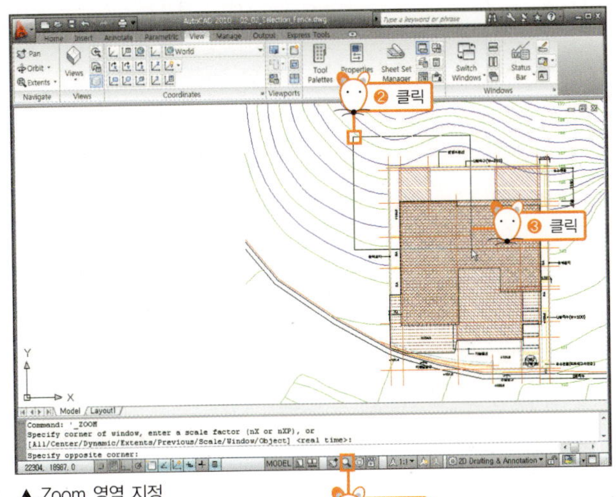

▲ Zoom 영역 지정

▲ 확대된 뷰 환경

⑰ **SteeringWheels** : SteeringWheels 기능은 뷰 환경을 조정하는 데 매우 탁월한 기능을 제공합니다. Steering Wheels를 이용해서 뷰 환경을 자유자재로 조정하는 것은 물론 몇 가지 부가 기능까지 손쉽게 사용할 수 있습니다.

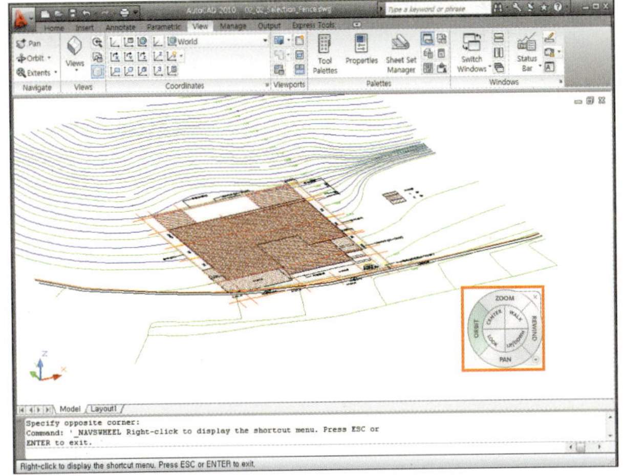

⑱ **ShowMotion** : ShowMotion 기능은 영화와 같은 동작을 추가할 수 있는 카메라를 사용하여 텔레비전 광고에서 볼 수 있는 것과 같은 프레젠테이션을 만들 수 있는 기능입니다.

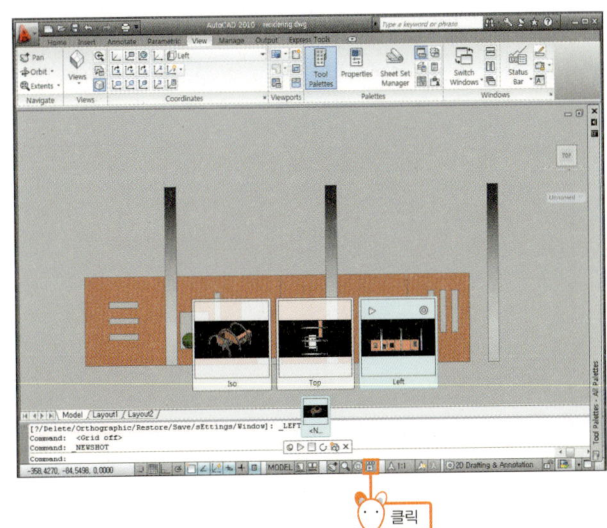

⑲ **Annotation Scale** : Annotative(주석) 객체에 적용될 축척을 설정합니다.

⑳ **Annotation Visibility** : 현재 설정한 주석 축척만을 보여줄 것(Show annotative objects for current scale only)인지, 모든 축척의 주석 도면 요소들을 보여줄 것(Show annotative objects for all scales)인지를 설정합니다.

㉑ **Automatically add scales to annotative objects when the annotation scale changes** : 주석 축척(Annotation Scale)이 변경되더라도 자동으로 주석 축척이 추가될지를 설정합니다.

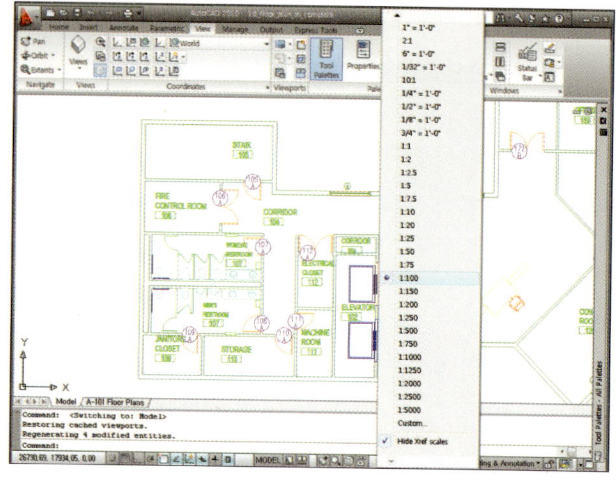

㉒ **Workspace Switching** : 작업 공간을 전환할 수 있습니다. 작업 공간에는 프로젝트의 성격에 따라 '2D Drafting & Annotation', '3D Modeling' 그리고, 이전 버전 인터페이스가 친숙한 사용자들을 위한 'AutoCAD Classic' 모드가 있습니다. 사용자가 새로운 작업 공간을 만들 수도 있으며 작업 중 다른 작업 공간으로 전환할 수 있습니다.

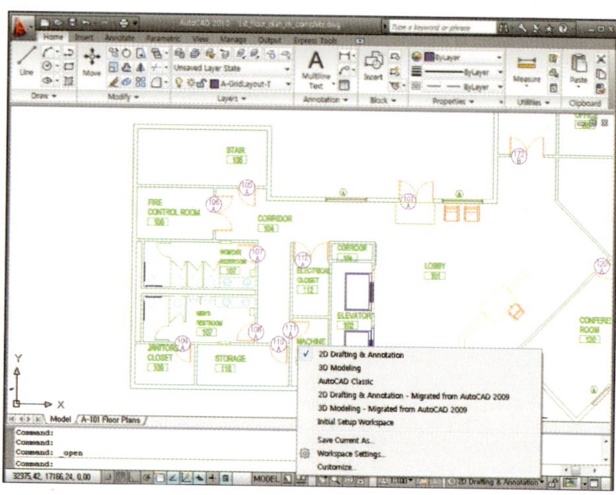

▲ 2D Drafting&Annotation Workspace

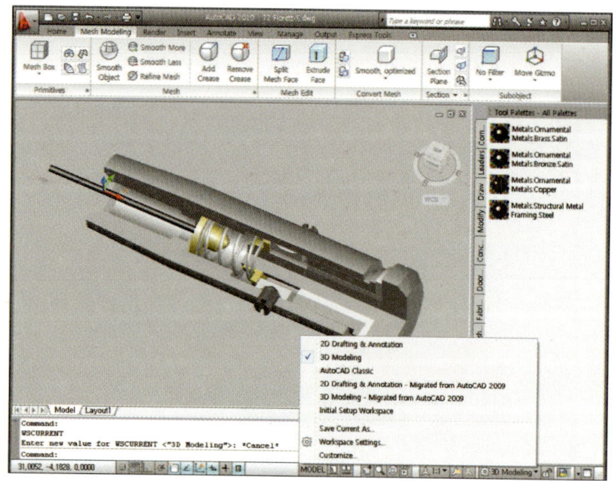

▲ 3D Modeling Workspace

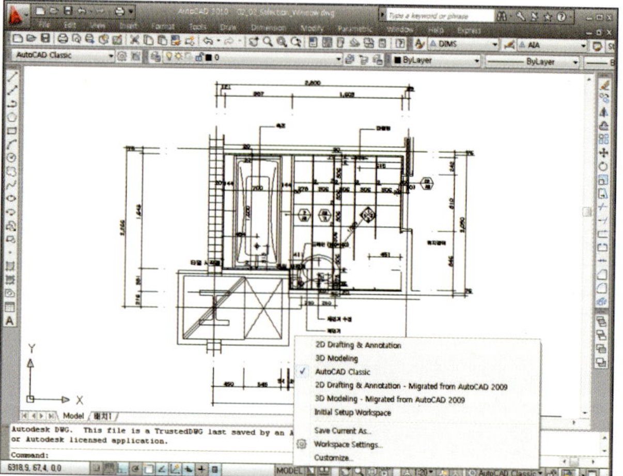

▲ AutoCAD Classic Workspace

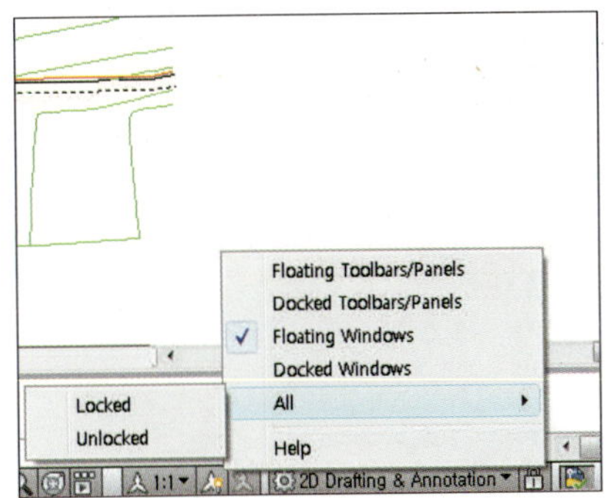

㉓ **Toolbar/Window Position Locked(Unlocked)** : 툴바와 창의 위치를 잠글 수 있으며, 잠겨 있는 툴바나 Tool Palettes들은 **Ctrl** 을 누른 상태로 이동시킬 수 있습니다.

㉔ **Autodesk TrustedDWG** : 현재 작성하는 문서가 오토데스크(Autodesk)사에서 인정하는 DWG 파일 형식임을 표시합니다.

㉕ **Application Status Bar Menu** : 밑으로 향한 화살표 아이콘은 상태 표시줄에서 보여 줄 환경을 관리합니다.

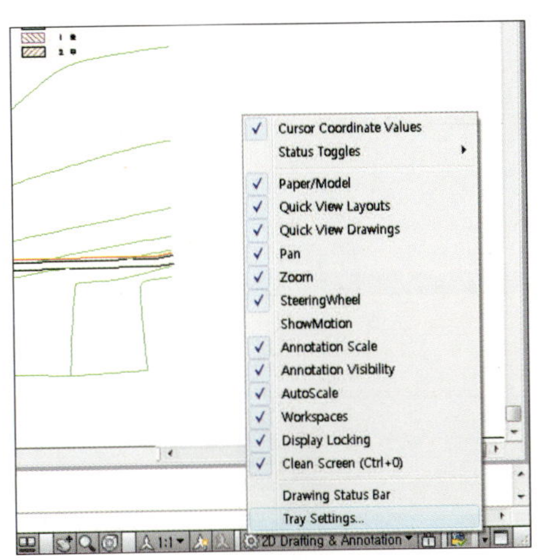

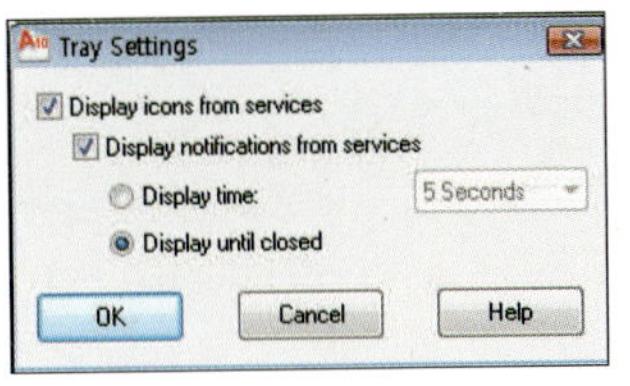

▲ [Tray Settings] 대화상자

㉖ **Clear Screen** : AutoCAD 2010의 작업 환경을 전문가 환경으로 전환하여 넓게 사용할 수 있도록 설정합니다.

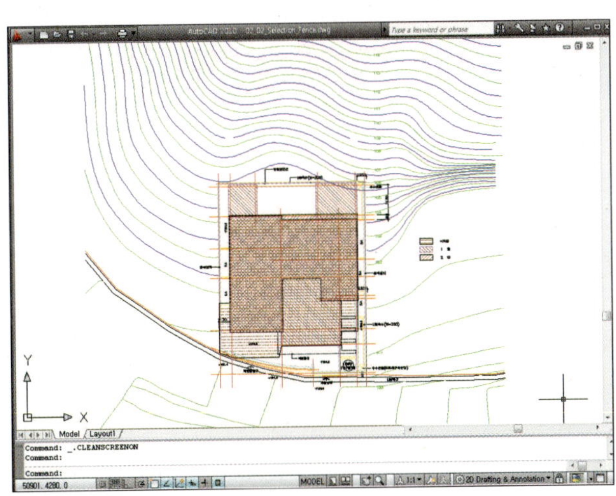

바탕 화면에 만들어진 AutoCAD 2010 실행 아이콘을 더블클릭하거나, [시작] 단추를 클릭한 후 실행 명령을 클릭하여 AutoCAD 2010을 실행하도록 하겠습니다. 우선 AutoCAD 2010을 실행하고 안전하게 저장하고 끝마치는 연습을 통해 AutoCAD 2010의 첫걸음을 떼보도록 합니다.

새롭게 시작하기_New

AutoCAD 2010을 실행하는 방법은 다른 프로그램을 시작하는 방법과 같이 바탕 화면의 단축 아이콘을 더블클릭하면 됩니다.

01 바탕 화면에서 AutoCAD 2010 실행 아이콘을 더블클릭합니다.

02 AutoCAD 2010를 시작하면 AutoCAD 2010의 새로운 기능을 소개하는 [New Features Workshop] 창이 나타납니다. [Maybe Later]에 체크하고 [OK] 단추를 클릭합니다.

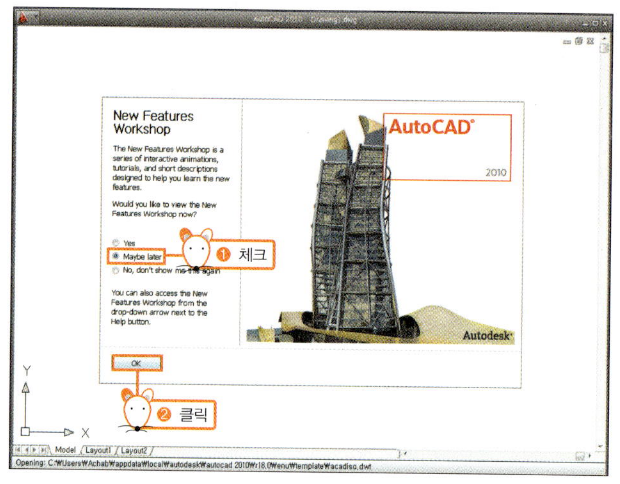

주목

[Yes]를 체크한 후 [OK] 단추를 클릭하면 [New Features Workshop] 창이 열리면서 AutoCAD 2010의 새로운 기능들에 대한 프레젠테이션을 볼 수 있습니다. [No, don't show me this again]을 체크한 후 [OK] 단추를 클릭하면 지금 표시되는 [New Features Workshop] 창을 다시 표시하지 않습니다.

03 제목 표시줄에 현재 열려 있는 도면이 'Drawing1. dwg' 파일인 것을 확인한 후 퀵 액세스 툴바의 [New] (▣) 아이콘을 클릭해서 [Select template] 대화상자를 불러냅니다.

04 [Select template] 대화상자에서 'acadiso.dwt'를 선택한 후 [Open] 단추를 클릭합니다.

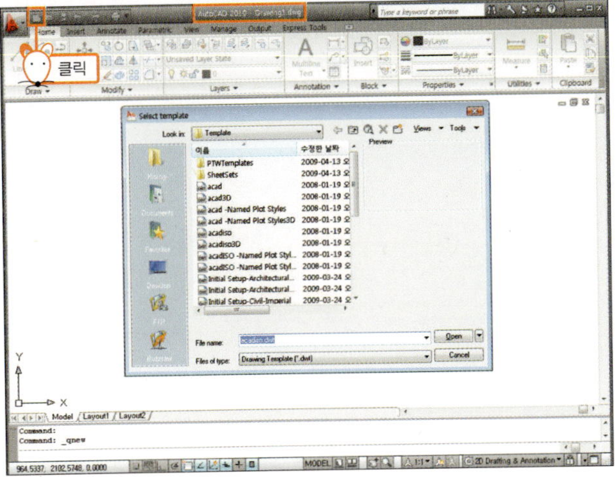

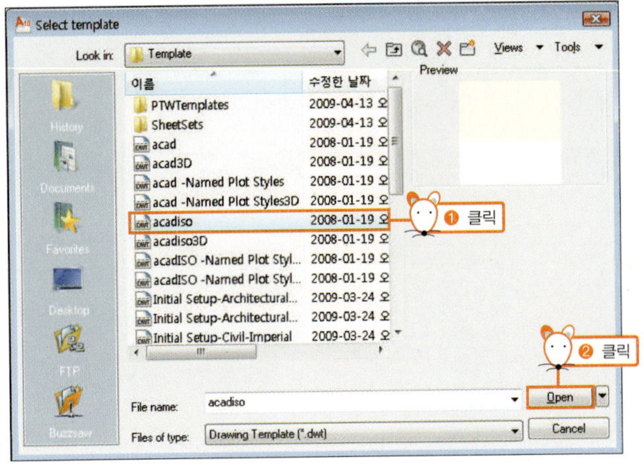

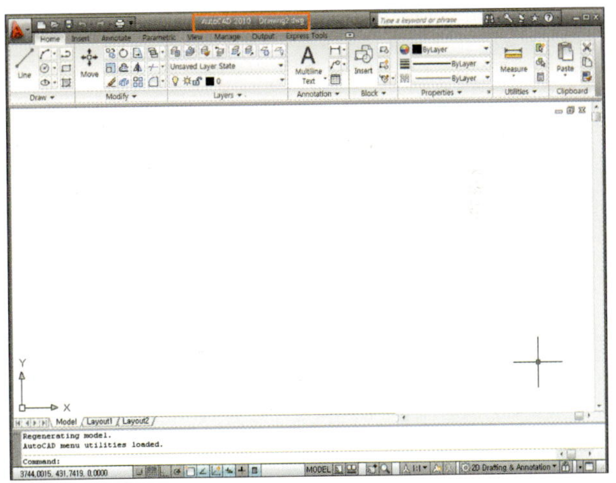

주목

'acadiso'라는 탬플릿 파일(*.dwt)을 밑바탕으로 새 파일을 만든다는 설정입니다.

05 새로운 도면(Drawing2.dwg)이 시작됩니다.

Drawing1.dwg와 새로운(New & Opened) 파일

AutoCAD 2010을 시작하면 자동으로 'Drawing1.dwg' 파일로 시작됩니다. 이때 새로운 파일을 만들어 'Drawing2.dwg' 파일이 만들어진다면 'Drawing1.dwg'과 'Drawing2.dwg' 파일이 함께 열려 있게 되지만, 기존에 작업했던 파일을 불러(Open)온다면 'Drawing1.dwg' 파일은 자동으로 닫히게 됩니다. 하지만 'Drawing1.dwg' 파일에 이미 어떤 작업이 진행되어 있었다면 'Drawing1.dwg' 파일도 그대로 남아있게 됩니다.

파일 불러오기_Open

기존에 작업했던 도면 파일을 AutoCAD 2010으로 불러오는 방법을 알아봅니다.

◉ Samples\01_04_Open.dwg

01 퀵 액세스 툴바의 [Open](📁) 아이콘을 클릭해서 [Select File] 대화상자를 불러냅니다.

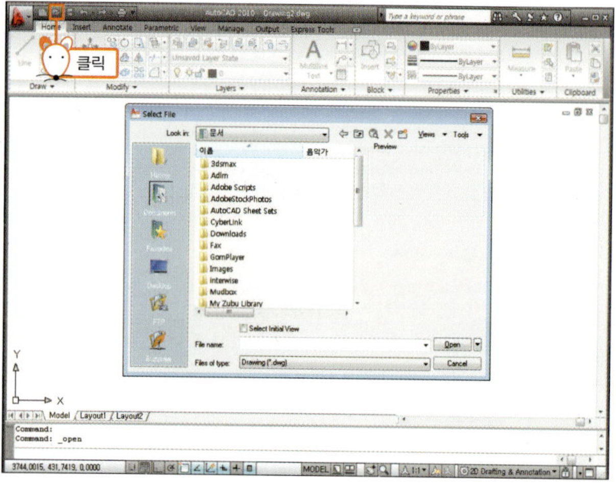

02 [Select File] 대화상자에서 '01_04_Open.dwg' 파일을 선택한 후 [Open] 단추를 클릭합니다.

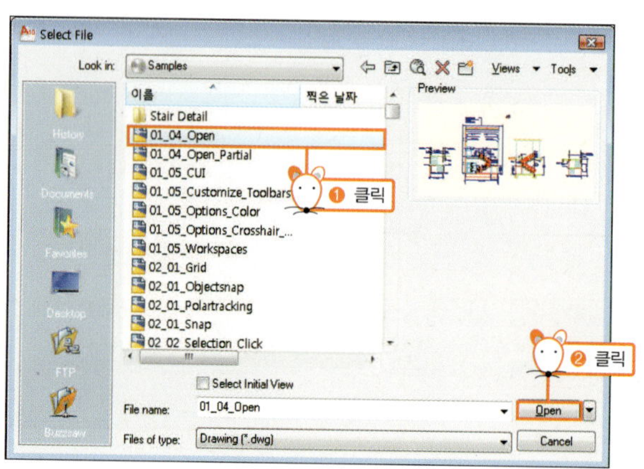

주목

메뉴 브라우저의 [Open]–[Drawing]를 선택해도 같은 결과를 얻을 수 있습니다.

03 선택한 도면이 열린 것을 확인할 수 있습니다.

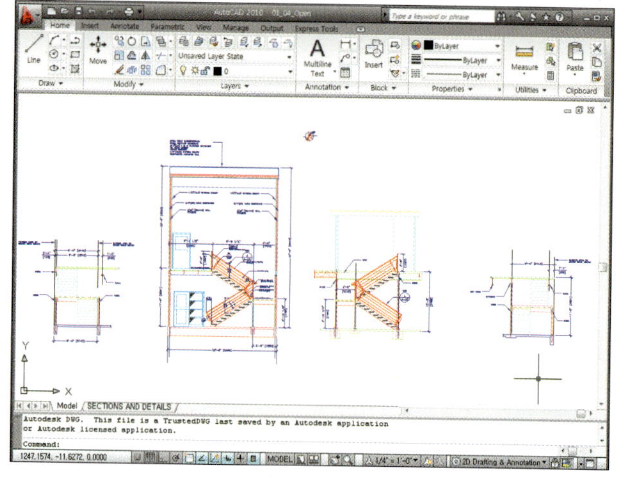

도면에서 필요한 일부분만 불러오기_Partial Open

도면에 따라서는 용량이 커서 불러오는 시간이 꽤 걸리는 경우도 있습니다. 또는, 도면에 포함되어 있는 일부 객체
만이 작업에 필요한 경우도 있습니다. 이런 경우 도면의 모든 객체를 전부 불러오지 않고 일부분만을 불러와 작업하
면 매우 효율적인 작업을 할 수 있습니다.

● Samples\01_04_Open_Partial.dwg

01 메뉴 브라우저에서 [Open]-[Drawing]을 선택합니다.

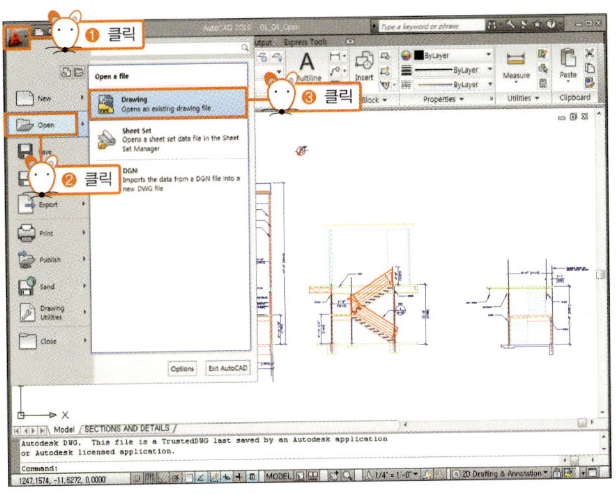

02 [Select File] 대화상자에서 '01_04_Open_Partial.
dwg' 파일을 선택하고 [Open] 단추 옆의 화살표를 클릭
합니다. 펼쳐진 단축 메뉴에서 [Partial Open]을 선택하
여 [Partial Open] 대화상자를 불러냅니다.

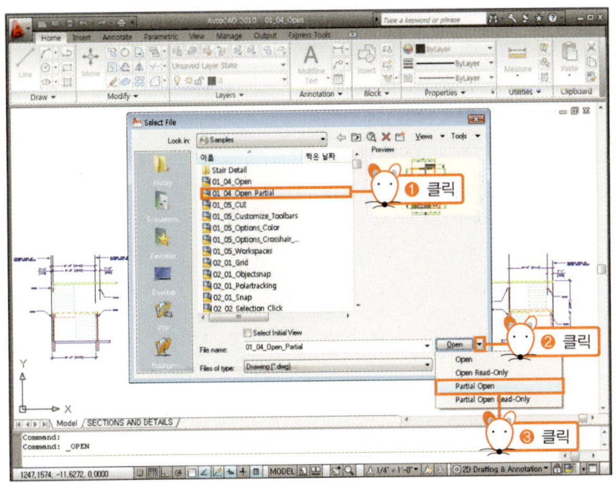

주목

퀵 액세스 툴바의 [Open]( ) 아이콘(Ctrl + O)을 클릭해도 같
은 결과를 얻을 수 있습니다.

03 [Partial Open] 대화상자의 [Layer geometry to
load] 영역에서 그림과 같이 필요한 도면의 레이어를 체
크한 후 [Open] 단추를 클릭합니다.

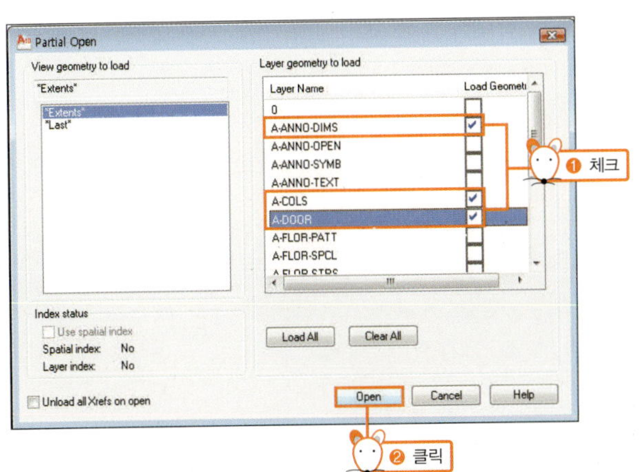

04 선택한 레이어만을 불러온 것을 확인할 수 있습니다.

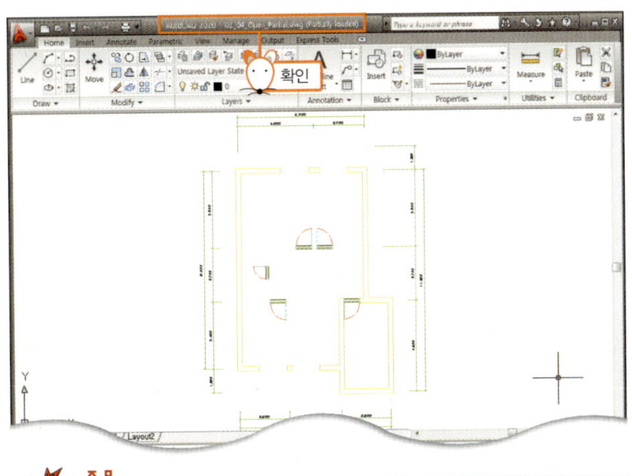

주목

제목 표시줄을 보면 불러온 파일명(01_04_Open_Partial.dwg
.dwg) 옆에 'Partially loaded'라는 설명이 붙어 있습니다.

다양한 형태로 파일 저장하기_Save

AutoCAD 2010에서 작성한 객체를 안전하게 저장(Save, Save As)하는 것 이외에도 다른 파일 형식으로 내보낼 (Export) 수도 있습니다. 이 때문에 AutoCAD는 디자인 프로젝트의 기본적이고도 중요한 작업을 담당할 수 있으며 전체 프로젝트에 큰 효율을 가져올 수 있습니다.

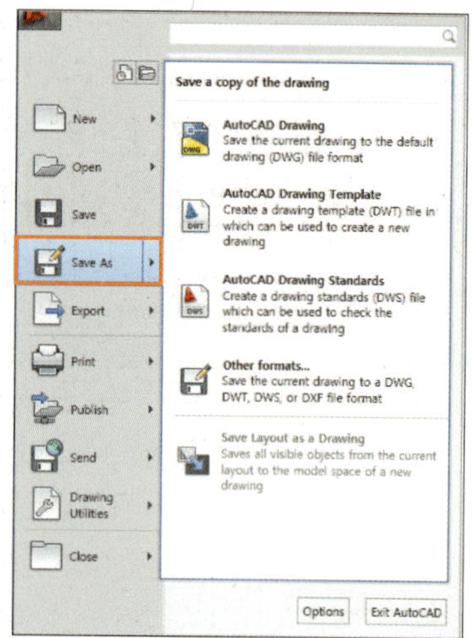

▲ Save As

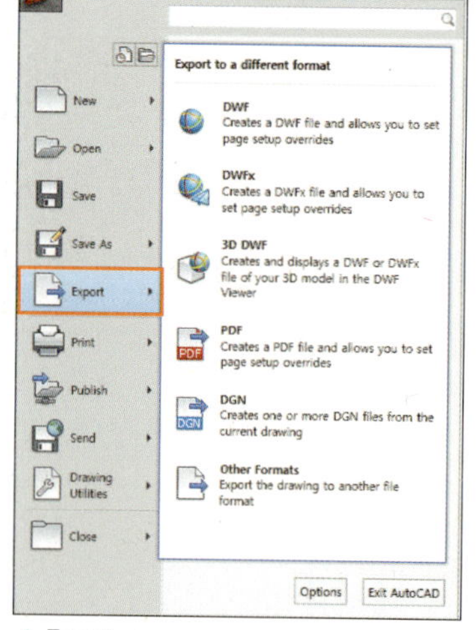

▲ Export

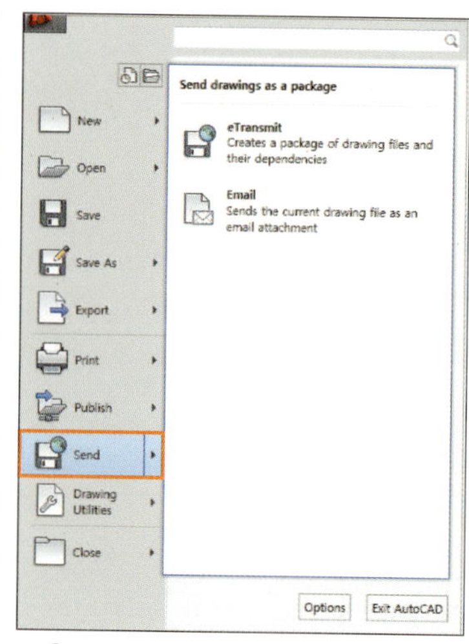

▲ Send

● Save/같은 파일 형식으로 단순하게 저장(*.dwg)

메뉴 브라우저의 [Save]를 클릭하거나 퀵 액세스 툴바의 [Save](🖫) 아이콘(Ctrl+S)을 클릭합니다. 불러내 작업하던 파일이라면 아무런 대화상자 없이 기존의 파일에 덮어쓰기로 저장됩니다. 새로운 도 면이라면 [Save Drawing As] 대화상자가 나타나고 경로와 파일명을 지정한 후 [OK] 단추를 클릭해 파일을 저장합니다.

● Save As/다른 이름, 다른 파일 형식으로 저장(*.dwg, *.dwt, *.dws, Other formats)

메뉴 브라우저의 [Save As]를 클릭합니다. [Save Drawing As] 대화상자에서 경로와 파일명, 파일 형 식을 입력한 후 [OK] 단추를 클릭해 파일을 저장합니다.

AutoCAD와 같은 벡터 프로그램은 같은 프로그램이라고 하더라도 상위 버전의 도면 파일이 하위 버 전의 AutoCAD에서 열리지 않습니다. AutoCAD 2010의 도면 파일이 AutoCAD 2007 이하의 버전 에서는 바로 열리지 않는 것처럼 말입니다. 하위 버전의 도면 파일은 상위 버전의 AutoCAD에서 자 유롭게 불러올 수 있지만 그 반대의 경우에는 반드시 다른 과정을 거쳐야 합니다. AutoCAD 2010의 파일을 AutoCAD 2008 이하의 낮은 버전에서 작업하려면 Save As 과정을 통해 낮은 버전 (AutoCAD 2007과 그 이전 버전)으로 저장한 파일로 작업을 해야 합니다. 또한 Save As 명령을 통해 DWG 파일은 물론, Drawing Template(*.dwt), Drawing Standard(*.dws), AutoCAD 2007 DXF(*.dxf), AutoCAD 2004 DXF(*.dxf), AutoCAD 2000 DXF(*.dxf), AutoCAD R12 DXF(*.dxf) 파일 형식으로도 저장할 수 있습니다.

● Save Layout as Drawing

Export Layout to Model 기능을 이용하면 표시된 모든 객체를 현재 레이아웃에서 새 도면의 모델 공간으로 내보낼 수도 있습니다. 레이아웃 사용을 제한하지 않고 다른 CAD 시스템과 도면 교환할 수 있으며 도면 레이아웃의 스냅 샷을 선택하여 바로 사용할 수 있는 모델 공간 도면을 작성할 수 있습니다.

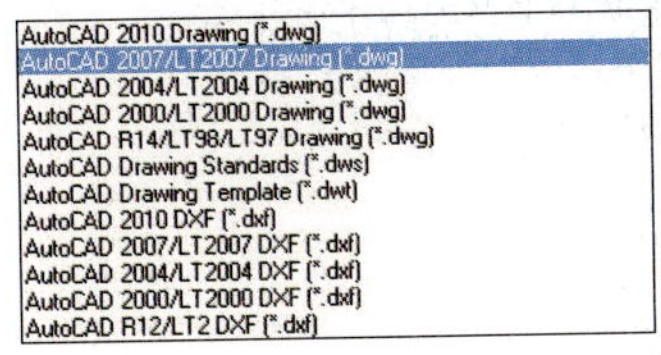

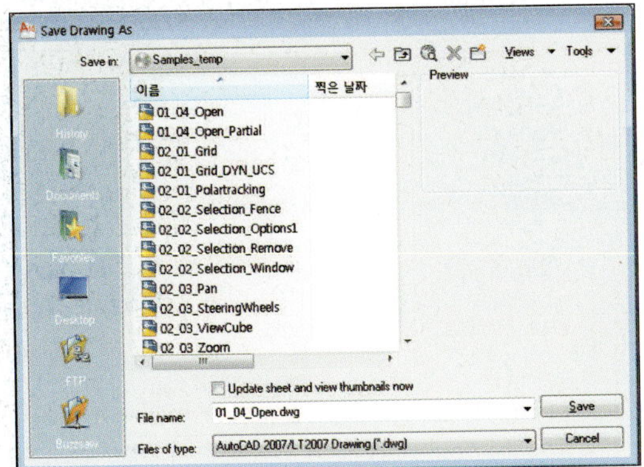

▲ Save As 명령으로 저장할 수 있는 파일 형식

● Export/다른 형식으로 내보내기(*.dwf, *.dwfx, *.pdf, *.dgn, Other formats)

메뉴 브라우저의 [Export]를 클릭합니다. [Export Data] 대화상자에서 경로와 파일명, 파일 형식을 입력한 후 [OK] 단추를 클릭해 파일을 저장합니다.

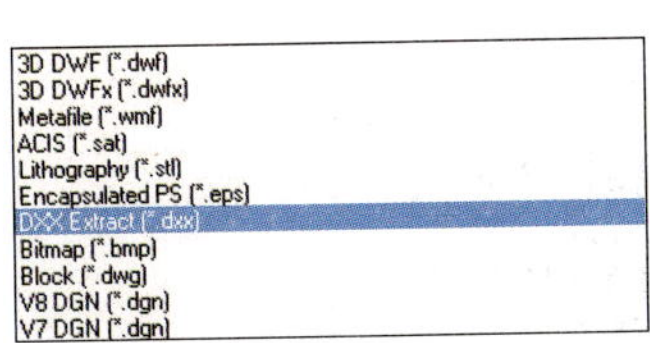

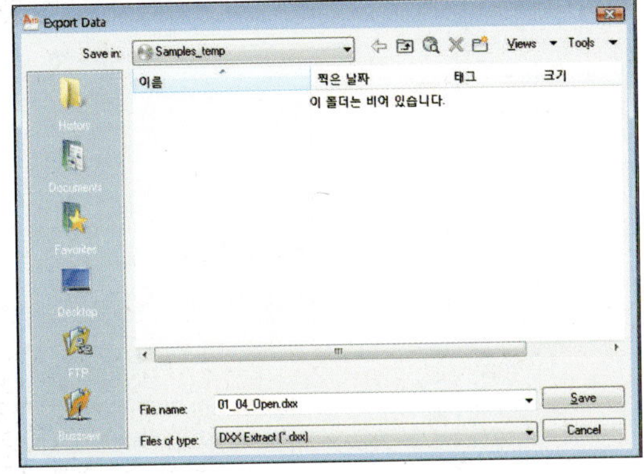

▲ [Export]–[Other Formats]

● Send/작성된 도면을 구성하는 모든 환경을 압축 파일 형태로 저장(*.zip)

eTransmit 명령을 이용하여 도면 파일은 물론이고 재질이나 폰트, 플롯 스타일 등을 함께 압축된 파일 형태로 저장할 수 있습니다. 또한, Email 명령은 작성된 압축 파일을 바로 이메일 전송할 수 있도록 도와줍니다.

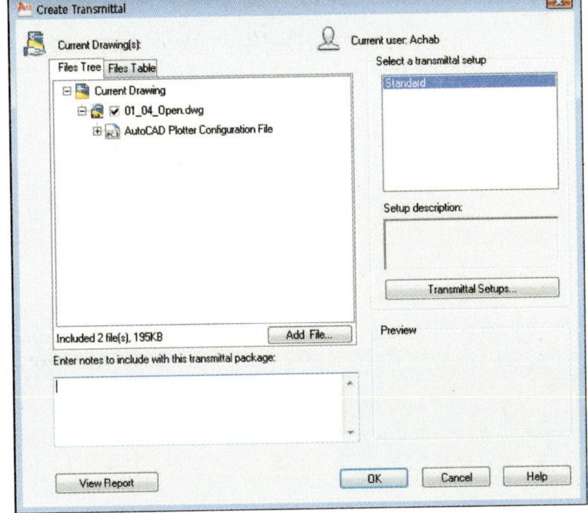

확장자	파일 형식	용도
*.dwf *.dwfx	3D DWF 3D DWFx	AutoCAD의 3D 파일을 웹상에 올릴 수 있도록 DWF 파일로 전환시킵니다.
*.wmf	Windows Metafile Format	도면에 필요한 클립아트 및 기타 비 기술적 이미지를 산출하는데 종종 사용됩니다. WMF 파일을 AutoCAD에 블록으로 삽입할 수 있으며 비트맵과는 달리 해상도를 유지하면서 크기 조절 및 인쇄될 수 있는 벡터 정보가 포함됩니다. WMF 파일에 2D 솔리드나 굵은 선이 포함되어 있으면 그 화면 표시를 꺼서 도면 속도를 향상시킬 수도 있습니다. 또한, WMF 파일에는 벡터 및 래스터 정보가 모두 포함되지만 AutoCAD에서는 벡터 정보만 읽습니다. 래스터 정보를 포함하는 WMF 파일이 AutoCAD에서 읽히면 래스터 정보는 무시됩니다.
*.sat	ACIS	자르기 된 NURBS 곡면, 영역 및 솔리드를 나타내는 AutoCAD 객체를 ASCⅡ(SAT) 형식의 ACIS 파일로 내보낼 수 있습니다. 선이나 호 같은 다른 객체는 무시됩니다.
*.stl	Lithography	AutoCAD 솔리드 객체를 SLA(Stereolithograph Apparatus)와 호환되는 파일 형식으로 쓸 수 있습니다. 솔리드 데이터는 일련의 삼각형으로 구성된 면의 매시(Mesh) 표현으로 SLA에 옮겨집니다. SLA 워크스테이션은 이 데이터를 사용하여 부품을 나타내는 레이어로 세트를 정의합니다.
*.eps	Encapsulated PS	포스트스크립트 파일 형식은 많은 데스크탑 출판 응용프로그램에서 사용됩니다. 이 형식의 높은 해상도를 가진 인쇄기능은 GIF, PCX 및 TIFF와 같은 래스터 형식에서 선호됩니다. 도면을 포스트스크립트 형식으로 변환하여 포스트스크립트 글꼴로도 사용할 수 있습니다.
*.dxx	DXX Extract	도면을 DXX(도면 교환 형식) 파일로 내보낼 수 있습니다. DXX 파일은 다른 CAD 시스템에서 읽을 수 있는 도면 정보를 포함하는 텍스트 파일입니다.
*.bmp	Bitmap	도면에 있는 객체의 장치 독립적 비트맵 이미지를 작성할 수 있습니다. AutoCAD에서는 비트맵(BMP) 파일이 작성되면서 압축됩니다.
*.dwg	Block	블록의 독립된 파일로 저장합니다. WBLOCK 명령에서 전체 도면 저장의 기능과 같습니다.
*.dgn	V7/8DGN	Microstation의 파일 형식

AutoCAD 파일(*.dwg)은 어도비(Adobe)사의 Illustrator와 같은 벡터 프로그램에서 바로 Open될 정도의 융통성을 가지고 있으며, 오토데스크(Autodesk)사의 3D 프로그램인 3ds Max에서 Import해서 사용할 수도 있습니다. 뿐만 아니라 EPS 파일 형식으로 Export한 파일은 어도비(Adobe)사의 Photoshop과 같은 비트맵 프로그램에서 훌륭한 프레젠테이션 소스가 되고 있습니다.

사용자 중심의 작업 환경 설정하기

AutoCAD 2010의 작업 환경을 사용자의 환경에 맞추는 것은 매우 중요합니다. 단순한 화면 색상을 바꾸는 것에서부터 중요한 자동 백업 기능의 설정까지 사용자라면 알아야 하는 매우 중요한 환경들은 [Options] 대화상자에서 설정합니다. 그리고, 사용자 중심의 메뉴를 설정하기 위해서는 CUI(Customize User Interface)를 이해하는 것이 중요합니다.

Lesson 05

나에게 맞는 화면 색상 설정하기

작업 환경을 사용자에게 맞추어 설정하면 작업의 효율을 높일 수 있습니다. AutoCAD 2010에서는 사용자의 작업 성향에 따라 글꼴이나 화면 색상을 설정할 수 있습니다.

◉ Samples\01_05_Options_Color.dwg

01 메뉴 브라우저의 [Options] 단추를 클릭하거나 도면 영역에서 마우스 오른쪽 단추를 클릭한 후 [Options]를 선택합니다.

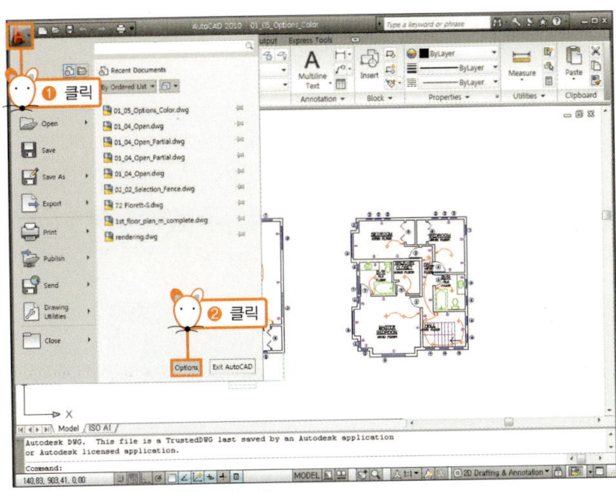
▲ 메뉴 브라우저의 [Options] 단추

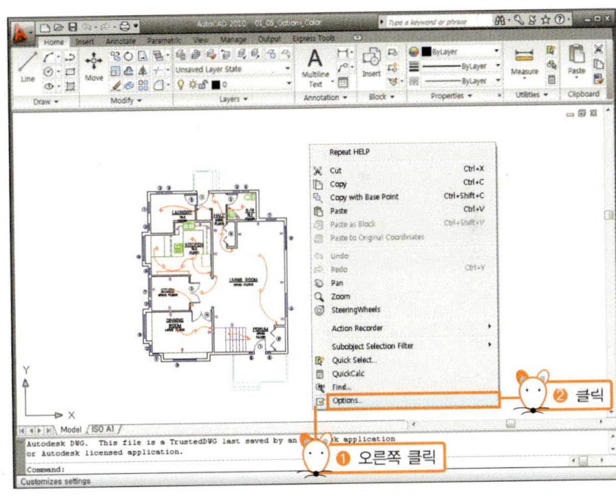
▲ 단축 메뉴의 [Options]

02 [Options] 대화상자에서 [Display] 탭을 클릭한 후 [Window Elements] 영역의 [Colors] 단추를 클릭합니다.

03 [Drawing Window Colors] 대화상자를 그림과 같이 설정합니다.

❶ [Context]에서 '2D model space'를 선택합니다.

❷ [Interface element]에서 'Uniform background'를 선택합니다.

❸ [Color]의 색상 단추를 클릭하여 'Black' 색상을 선택하고 [Apply & Close] 단추를 클릭합니다.

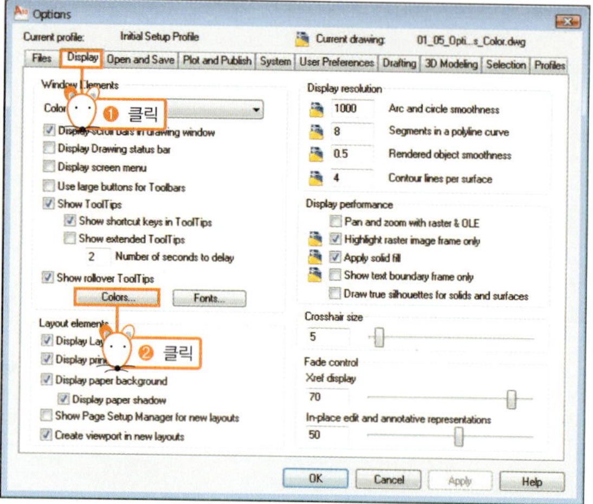

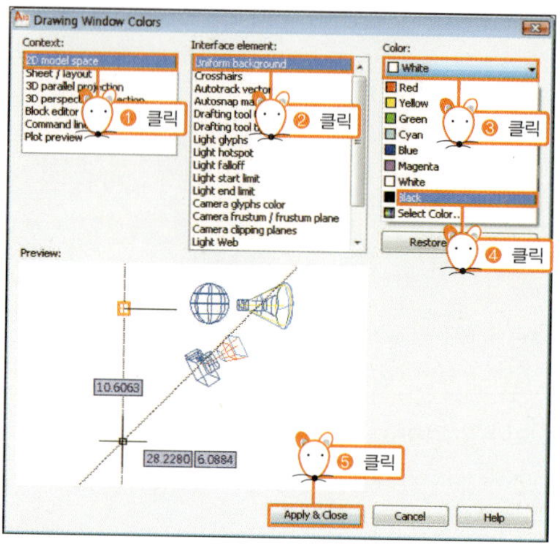

주목

AutoCAD 환경의 대부분 색상은 좌측의 [Context]에서 카테고리를 먼저 선택하고, [Interface element]에서 세부 항목을 선택한 후 색상을 선택하는 과정을 거칩니다.

04 [Options] 대화상자의 [Apply] 단추를 클릭한 후 [OK] 단추를 클릭하여 색상 변경을 적용합니다.

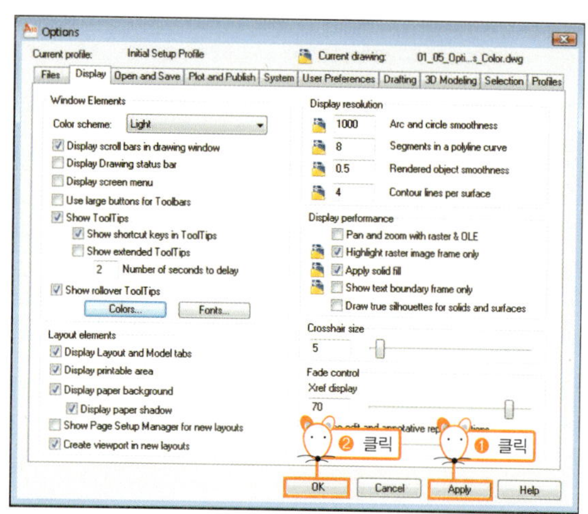

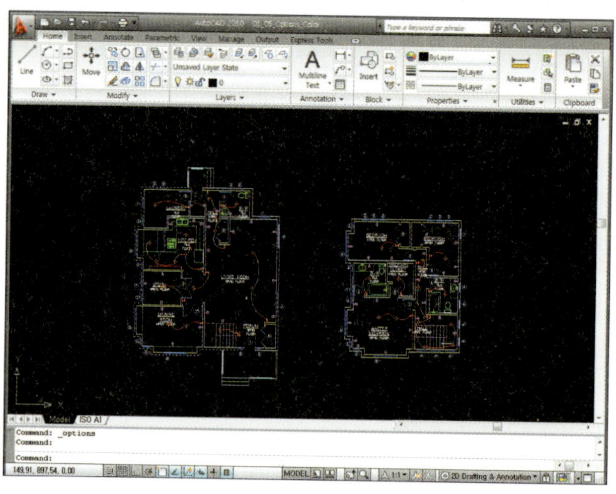

주목

앞으로 본 책에서의 바탕색은 'White'로 설정하도록 하겠습니다.

크로스 헤어(Crosshair)의 크기 조절하기

[Options] 대화상자에서 [Crosshair Size] 영역의 슬라이더 바를 조절하여 크로스 헤어의 크기를 변경합니다.

01 메뉴 브라우저의 [Options] 단추를 클릭하거나, 도면 영역에서 마우스 오른쪽 단추 클릭한 후 [Options]를 선택합니다.

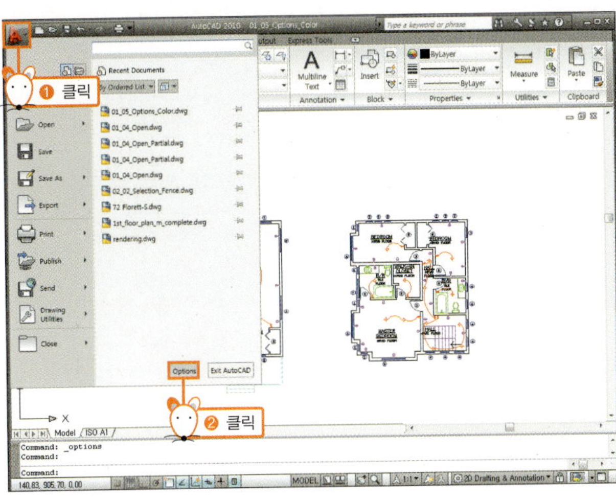

02 [Options] 대화상자에서 [Display] 탭을 클릭한 후 [Crosshair size] 영역의 슬라이더 바를 '100'으로 설정한 후 [Apply] 단추와 [OK] 단추를 차례로 클릭합니다.

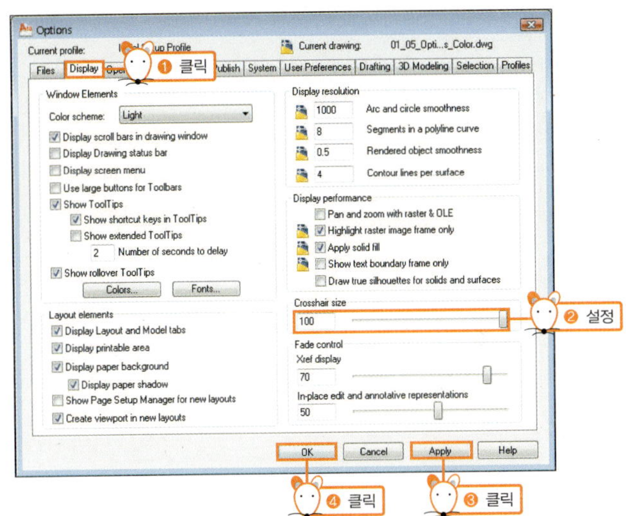

03 크로스 헤어의 크기가 '100'으로 설정된 것을 확인할 수 있습니다.

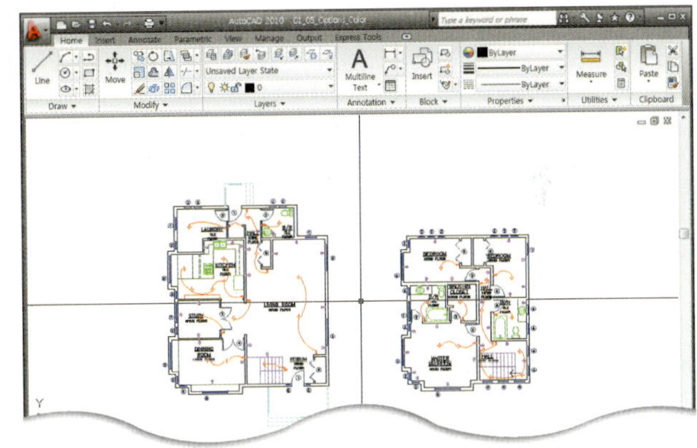

Pickbox의 크기 조절하기

[Options] 대화상자에서 [Selection] 탭을 선택한 후 [Pickbox size] 영역의 슬라이드 바를 움직여 Pickbox의 크기를 설정할 수 있습니다.

만약의 경우를 대비하는 자동 백업(Auto Backup) 기능 설정하기

도면을 작성할 때 미처 대비하지 못한 상황이 벌어질 수 있습니다. 정전이라든지 불안정한 시스템 다운 등이 그런
상황입니다. 이런 경우 공들여 작업한 내용들이 모두 삭제될 수 있습니다. 그렇기 때문에 AutoCAD 2010에서 일정
한 시간이 되면 자동으로 작업을 저장할 수 있도록 설정해두는 것이 좋습니다.

01 [Options] 대화상자의 [Open and Save] 탭을 그림과
같이 설정합니다.

❶ [File Safety Precautions] 영역에서 [Automatic save] 옵션을 체크합니다.
❷ [Minutes between saves]에서 '10'을 입력합니다.
❸ 백업 카피 파일을 만들기 위해 [Create backup copy with each save]
옵션을 체크한 후 [Apply] 단추를 클릭합니다.

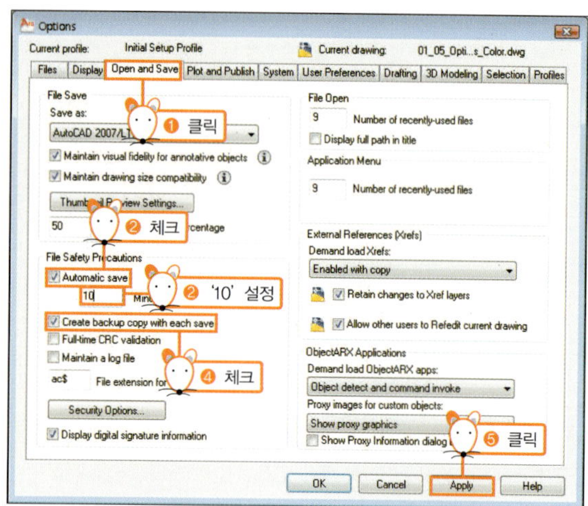

02 자동 저장될 파일의 경로를 확인하기 위해 [Options]
대화상자의 [Files] 탭을 그림과 같이 설정합니다.

❶ [Automatic Save File Location] 항목의 플러스 심벌을 클릭하여 설정된 저
장 파일 경로를 확인합니다.
❷ 저장 파일 경로를 수정하기 위해서는 [Browse] 단추를 클릭하면 새로운 경
로를 지정할 수 있습니다.

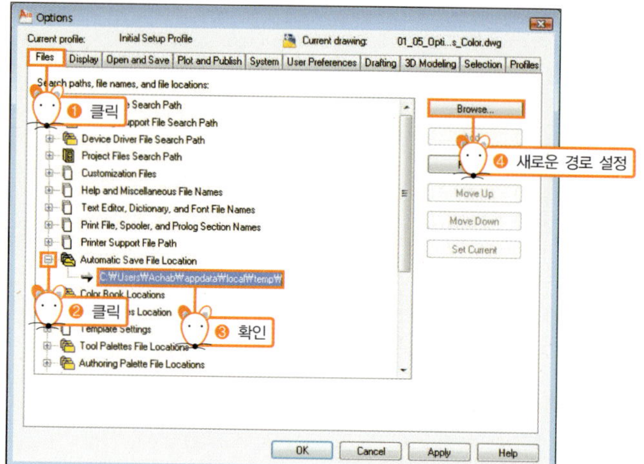

퀵 액세스 툴바에 새로운 명령 추가하기

AutoCAD 2010에서 가장 신속하게 명령을 실행할 수 있는 방법 중 하나가 퀵 액세스 툴바를 이용하는 것입니다. 사용
자가 어떤 도면에서나 신속하게 사용할 명령을 등록시켜 놓으면 작업에 효율성을 높일 수 있습니다.

01 퀵 액세스 툴바의 드롭다운 화살표 아이콘을 클릭하
여 단축 메뉴에서 [More Commands]를 클릭합니다.

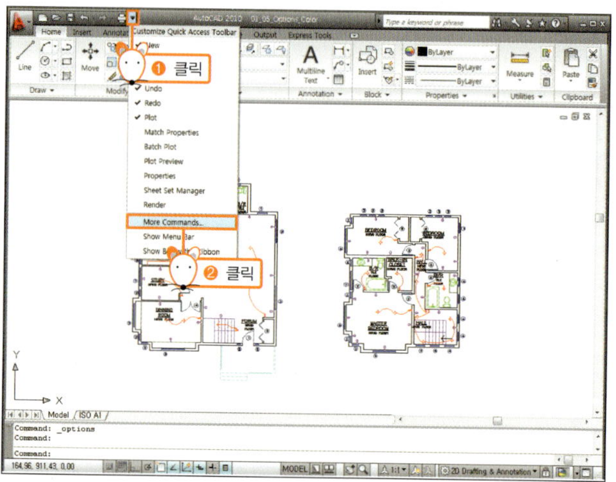

02 [Customize User Interface] 대화상자의 [Command] 영역에서 Zoom Previous 명령을 드래그하여 퀵 액세스 툴바로 가져갑니다.

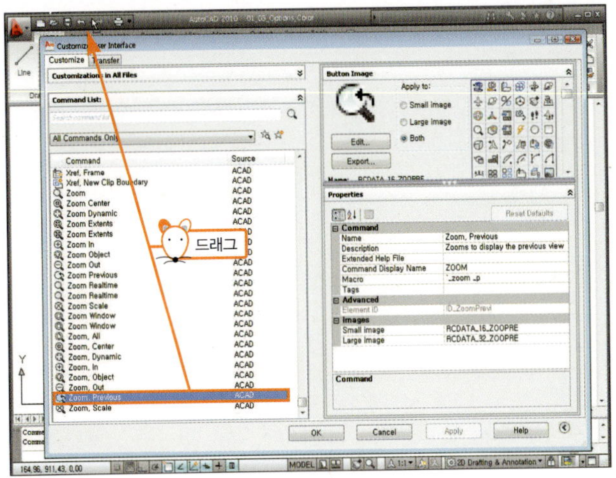

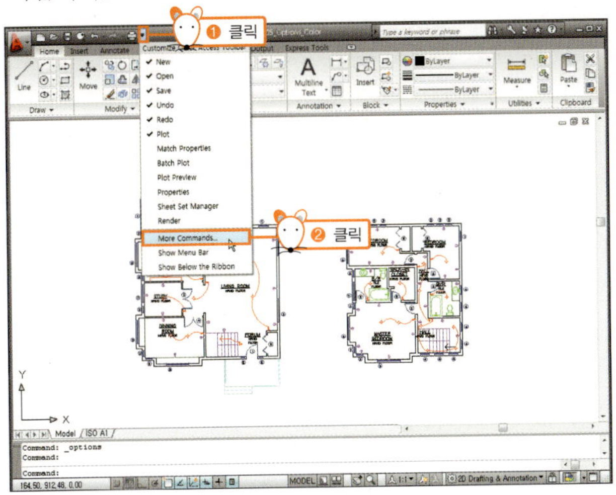

03 퀵 액세스 툴바에 새로운 명령이 추가된 것을 확인할 수 있습니다.

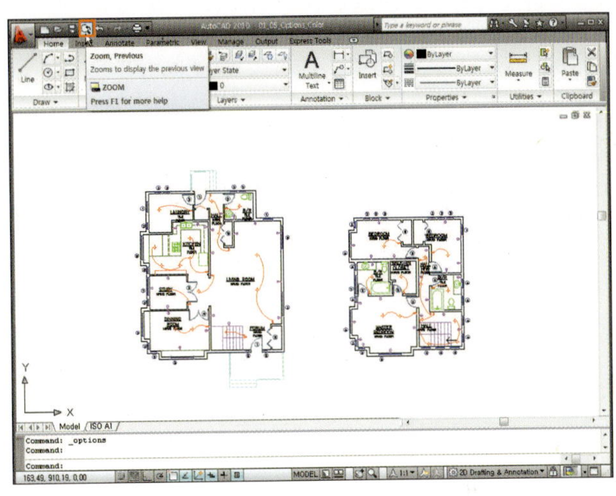

주목

명령을 계속 추가할 수 있으며 추가 작업이 모두 끝났으면 [Apply] 단추를 클릭한 후 [OK] 단추를 클릭합니다.

04 이번에는 퀵 액세스 툴바에 추가된 명령을 삭제해 보겠습니다. 다시 퀵 액세스 툴바의 드롭다운 화살표 아이콘을 클릭하여 단축 메뉴에서 [More Commands]를 클릭합니다.

05 [Customize User Interface] 대화상자의 화살표 아이콘을 클릭해 대화상자를 펼칩니다.

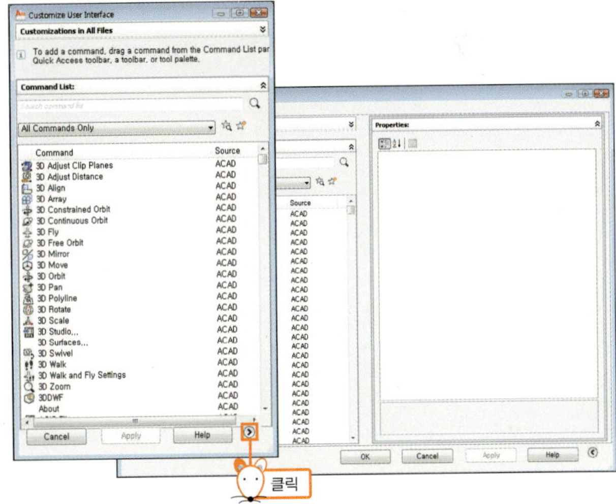

06 [Customize User Interface] 대화상자를 그림과 같이 설정합니다.

❶ [Customizations in All Files]의 롤 아웃을 펼칩니다.

❷ [ACAD]–[Quick Access Toolbar]–[Quick Access Toolbar 1]의 플러스 (+) 심벌을 클릭해 Zoom Previous 명령을 선택합니다.

❸ 마우스 오른쪽 단추를 클릭한 후 [Remove]를 선택합니다.

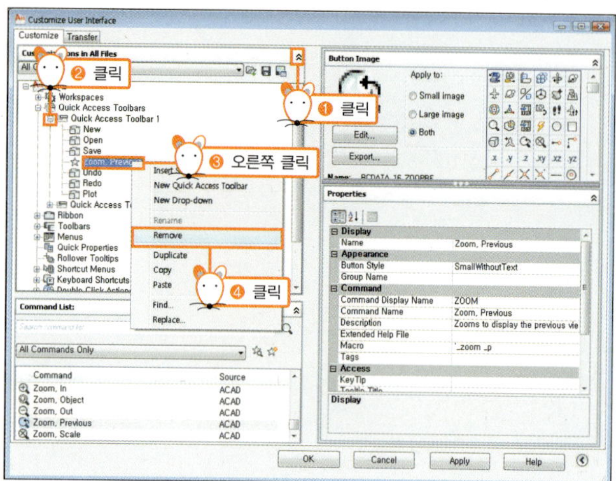

07 경고 창의 [예(Y)] 단추와 [Customize User Interface] 대화상자의 [Apply] 단추, [OK] 단추를 차례로 클릭합니다.

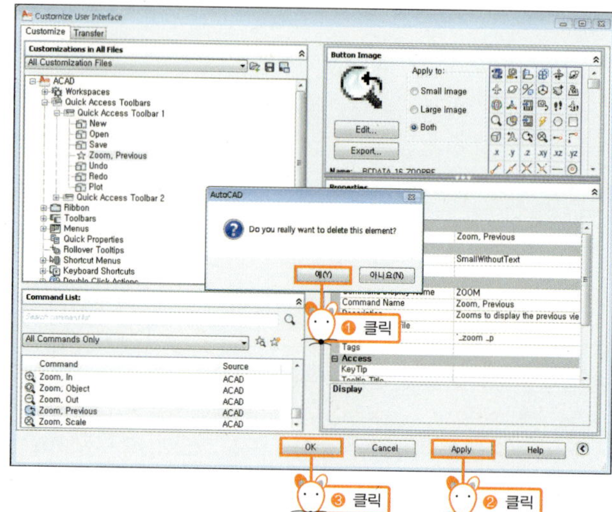

08 퀵 액세스 툴바에서 [Zoom Previous]( ) 아이콘이 삭제되었습니다.

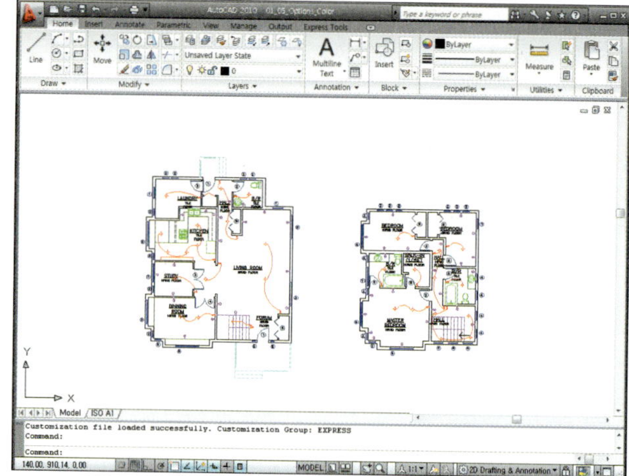

리본 메뉴에 새로운 리본 메뉴 추가하기

사용자 중심으로 환경을 설정하는 것은 작업의 효율성에 큰 영향을 줍니다. 특히, 사용자의 작업 패턴에 맞춰 자주
사용하는 메뉴를 정돈하는 것은 매우 중요합니다. AutoCAD 2010에서 인터페이스에 관한 모든 설정은
[Customize User Interface] 대화상자에서 할 수 있기 때문에 메뉴의 편집과 수정이 쉽고 편리해졌습니다. 이번에
는 리본 메뉴에 나만의 새로운 리본 메뉴를 추가하는 방법을 알아봅니다.

01 퀵 액세스 툴바의 드롭다운 화살표 아이콘을 클릭하
여 단축 메뉴에서 [More Commands]를 클릭합니다.

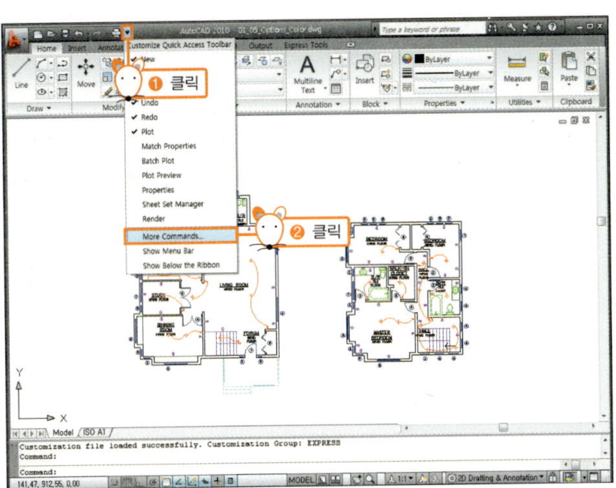

주목

퀵 엑세스 툴바위에서 마우스 오른쪽 단추를 클릭한 후
[Customize Quick Access Toolbar]를 선택해도 됩니다.

03 새로운 리본 메뉴의 이름을 'Grid' 라고 입력합니다.

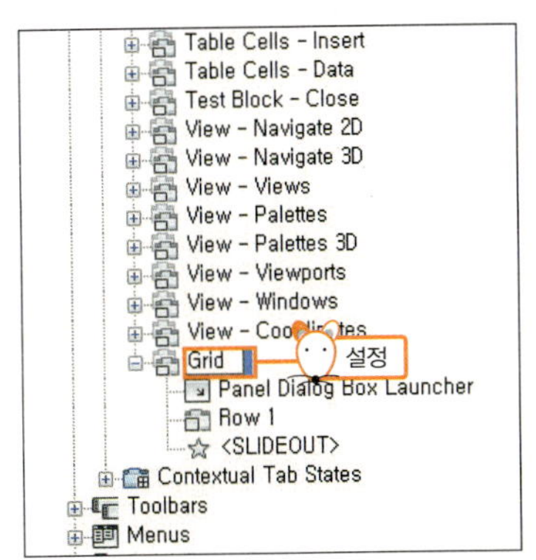

02 [Customize User Interface] 대화상자의 [Customize]
탭에서 [ACAD]-[Ribbon]-[Panels]를 마우스 오른쪽 단추
로 클릭한 후 [New Panel]을 클릭합니다.

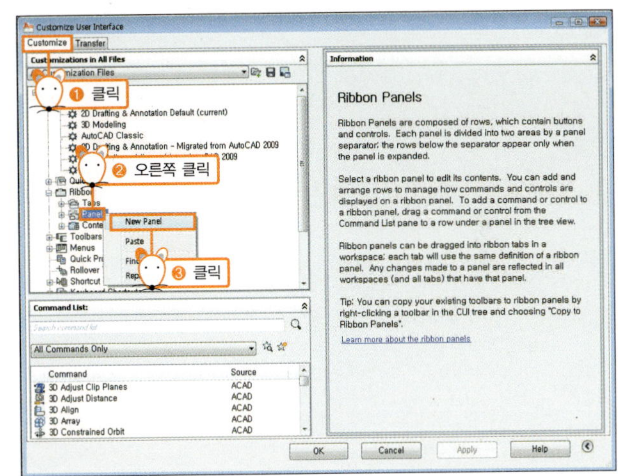

04 [Command] 영역에서 Line 명령을 선택하여 [Gid]
-[Row1]로 드래그합니다.

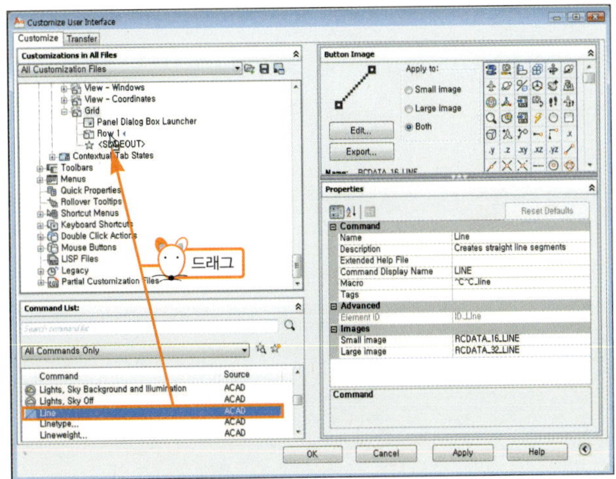

05 [Row1]을 마우스 오른쪽 단추로 클릭한 후 [New Sub-Panel]을 선택합니다.

06 [Command List] 영역에서 Arc 명령을 선택하여 [Gid]-[Row1]-[Sub-Panel1]의 하부 패널로 드래그합니다.

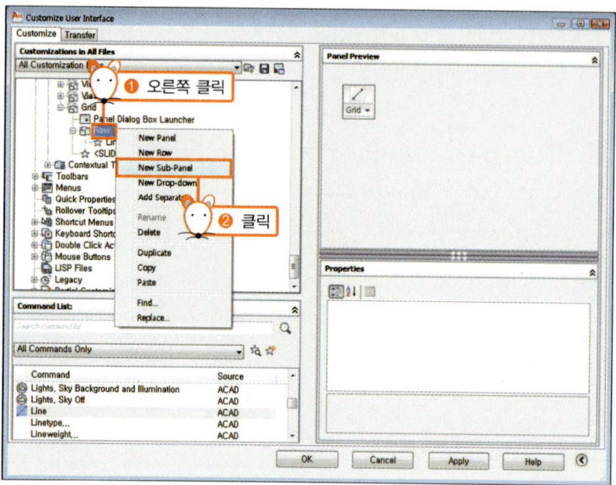

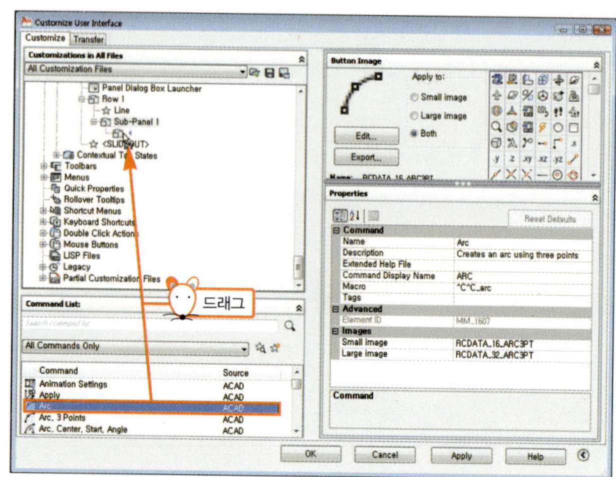

07 같은 방법으로 Circle, Spline 명령을 [Gid]-[Row1]-[Sub-Panel1]의 하부 패널로 드래그합니다.

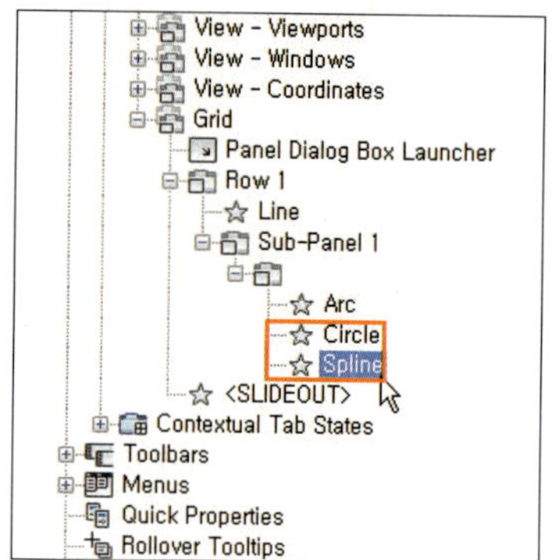

08 [Sub-Panel1]을 마우스 오른쪽 단추로 클릭한 후 [New Row]를 선택합니다.

09 [Command List] 영역에서 Multiline, Construction Line, Ray 명령을 선택하여 [Gid]-[Row1]-[Sub-Panel1]의 하부 패널로 드래그합니다.

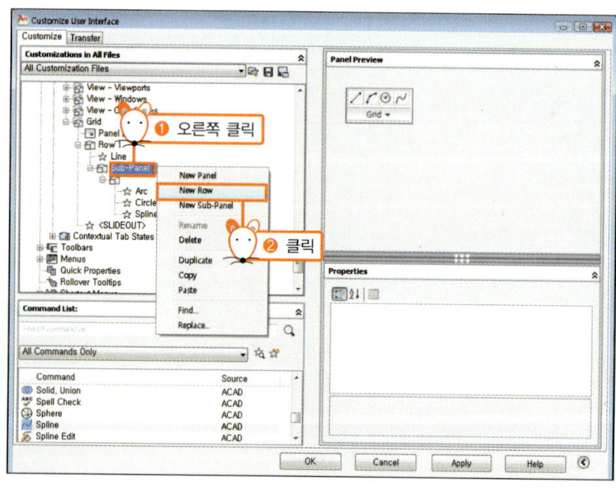

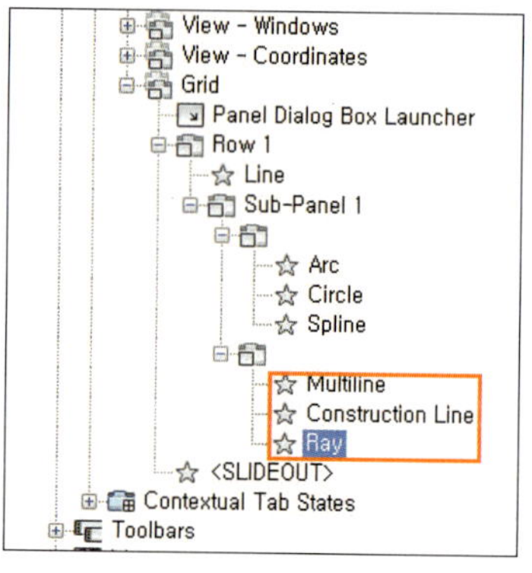

10 [Grid]를 마우스 오른쪽 단추로 클릭한 후 [New Row]를 선택합니다.

11 [Command List] 영역에서 Properties, Lengthen, Trim, Extend 명령을 선택하여 [Grid]–[Row2] 항목으로 드래그합니다.

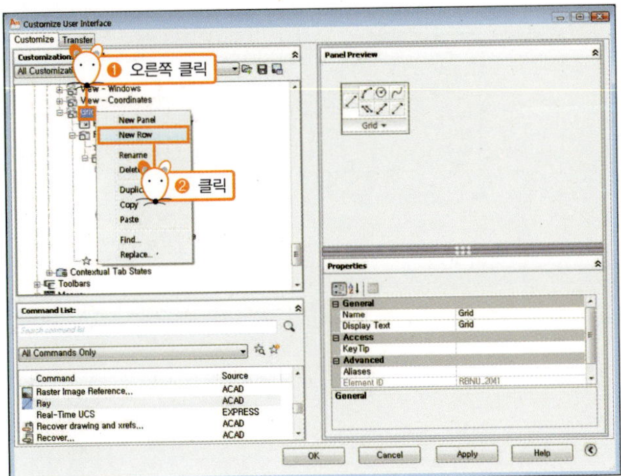

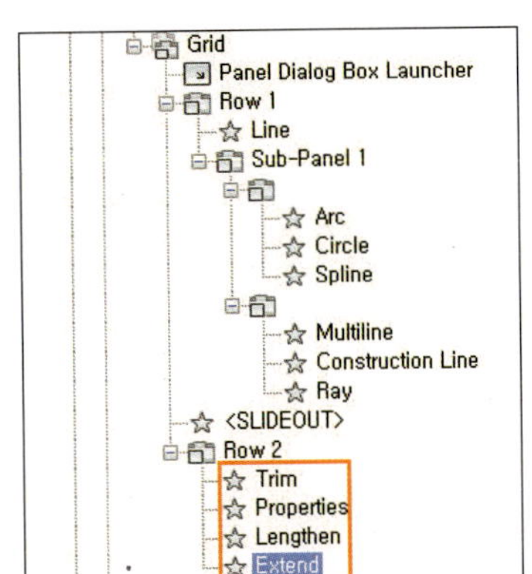

12 만들어진 [Grid] 리본 메뉴를 [Ribbon Tabs]–[Home–2D]로 드래그합니다.

13 리본 메뉴를 적용하기 위해 [Customize User Interface] 대화상자의 [Apply] 단추와 [OK] 단추를 차례로 클릭합니다.

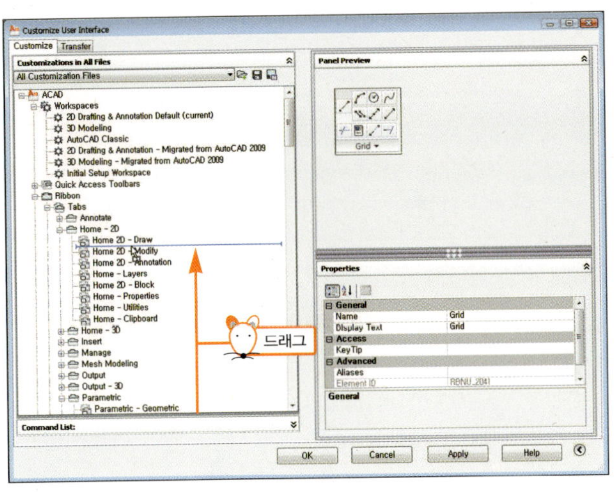

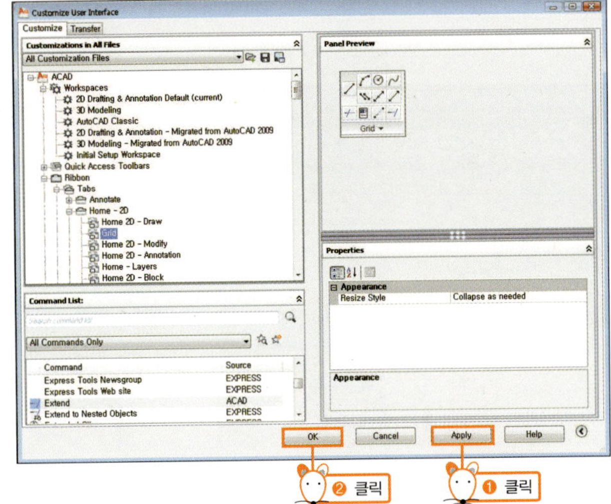

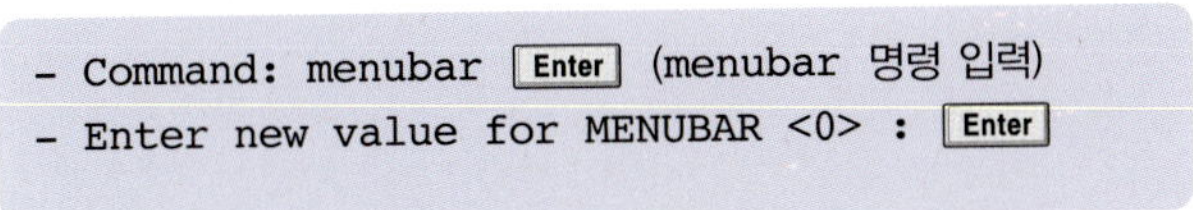

🔔 **주목**

명령 입력 창에서 메뉴 바(Menu Bar)를 숨기고 표시하기

```
- Command: menubar [Enter] (menubar 명령 입력)
- Enter new value for MENUBAR <0> : [Enter]
```

〈 〉 안의 값은 현재 설정값을 나타내며, 입력할 수치는 '0'과 '1'입니다. '0'이면 메뉴 바를 숨기고, '1'이면 메뉴 바를 표시합니다.

14 [Home] 탭에 [Grid] 패널이 추가된 것을 확인할 수 있습니다.

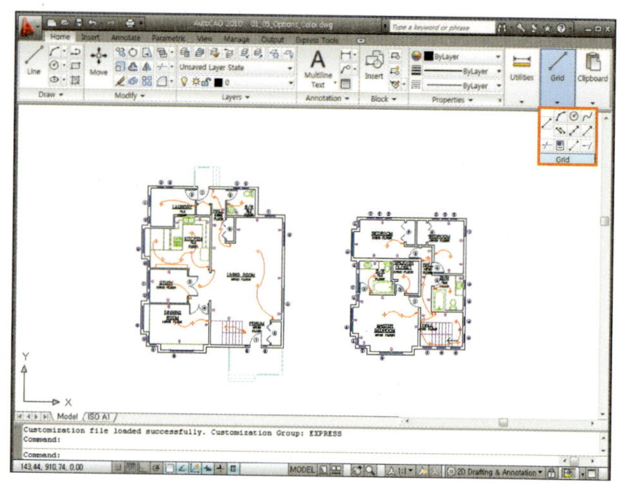

툴팁(ToolTips) 표시하고 숨기기

AutoCAD 2010에서는 사용자들이 새로운 명령을 접했을 때 빠른 학습을 위해 기본적인 설명을 제공하는 동시에 보다 확장된 형태의 사용법을 툴팁으로 보여 줍니다. 물론 익숙한 사용자들을 위해서 [Options] 대화상자를 설정하여 툴팁 기능을 숨길 수도 있습니다.

01 툴팁 기능을 확인하기 위해 [Home] 탭의 [Draw] 패널에서 [Revision Cloud](⬡) 아이콘 위에 마우스 마우스 포인터를 올려놓습니다.

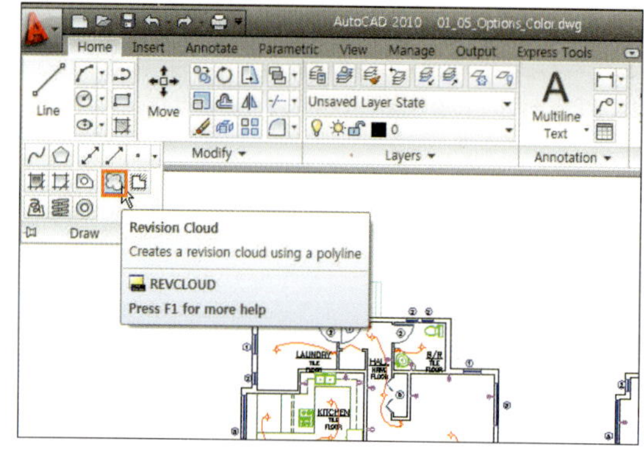

▲ 툴팁(ToolTips)

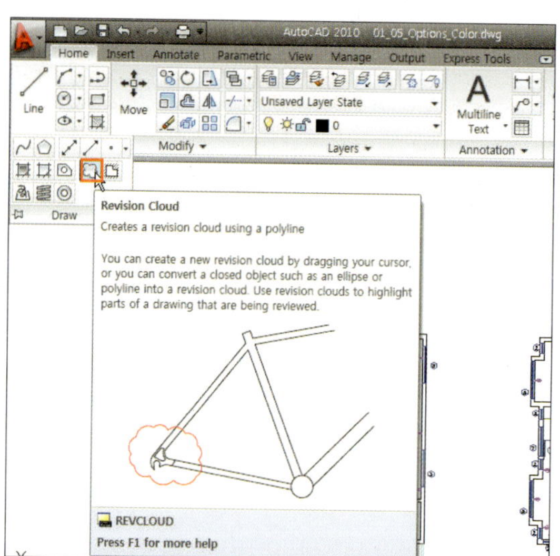

▲ 확장된 형태의 툴팁(Tooltips)

02 툴팁 기능을 숨기기 위해 메뉴 브라우저의 [Options] 단추를 클릭하여 [Options] 대화상자를 불러냅니다.

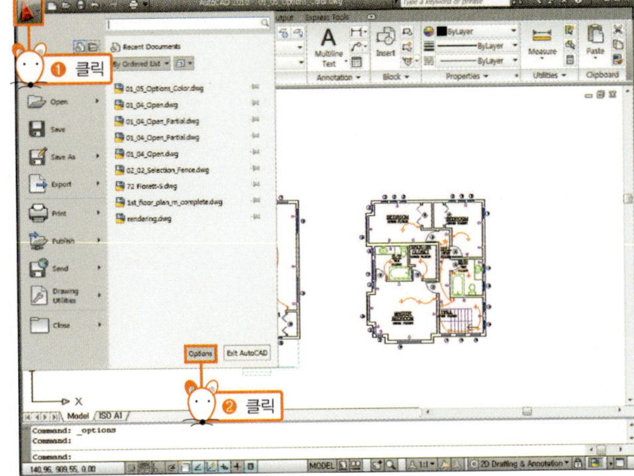

주목

도면 영역 창에서 마우스 오른쪽 단추를 클릭한 후 [Options] 를 선택해도 [Options] 대화상자를 불러낼 수 있습니다.

03 [Options] 대화상자의 [Display] 탭을 클릭한 후 [Window Elements] 영역에서 [Show ToolTips] 옵션의 체크를 해제합니다. [Options] 대화상자의 [Apply] 단추와 [OK] 단추를 차례로 클릭합니다.

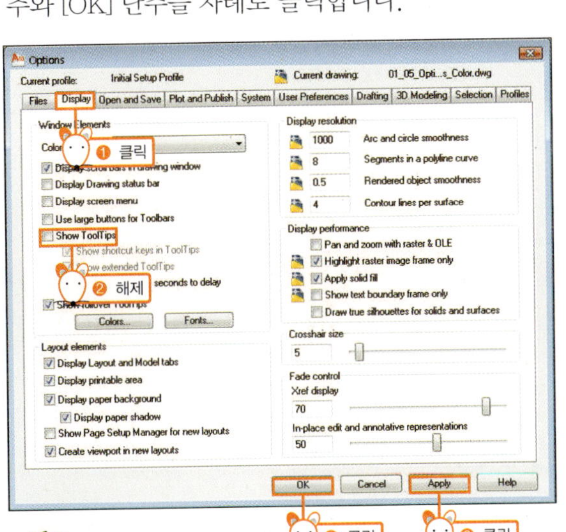

04 다시 [Home] 탭의 [Draw] 패널에서 [Revision Cloud](🔲) 아이콘 위에 마우스 포인터를 올려놓으면 툴팁 기능이 해제된 것을 확인할 수 있습니다.

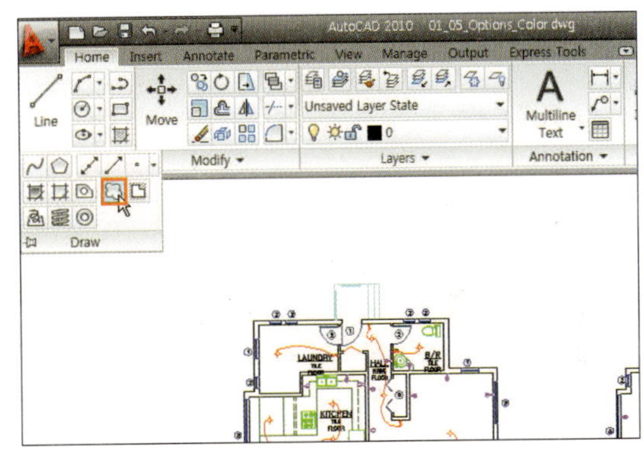

[Options] 대화상자에서 툴팁(ToolTips)에 관한 다른 설정들

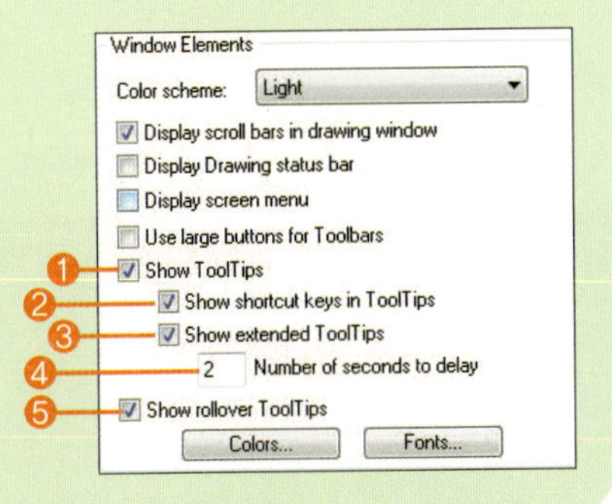

❶ **Show ToolTips** : 체크되어 있으면 툴팁 기능을 표시합니다.

❷ **Show shortcut keys in ToolTips** : 체크되어 있으면 툴팁에 단축키를 표시합니다.

❸ **Show extended ToolTips** : 체크되어 있으면 확장된 툴팁 기능을 표시합니다.

❹ **Number of seconds to delay** : 기본 툴팁이 표시되고 확장된 기능의 툴팁을 표시할 때까지의 시간(초)을 입력합니다.

❺ **Show rollover Tool Tips** : 롤 오버 툴팁을 표시합니다.

AutoCAD 2010의 탄탄한 기본기를 만듭니다!

능숙한 실력 뒤에는 탄탄한 기본기가 자리 잡고 있습니다. AutoCAD 2010을 제대로 학습하기 위해 단위(Units)를 설정하거나, 편리한 환경 설정 방법 등을 배워보고 또, 객체를 선택한 후 뷰(View) 환경을 설정하는 방법에 대해서도 알아봅니다.

도면 환경 설정을 통한 튼튼한 기본기 다지기

도면 작성과 관련된 AutoCAD 2010의 기본적인 사항들을 미리 점검하고 검토하면 튼튼한 기본기를 다질 수 있습니다. 간단하지만 중요한 다양한 객체 선택 방법과 도면 작성의 기본 환경을 제공해 줄 뷰 환경 설정에 대해 알아봅니다.

도면 작성 전에 반드시 알아야 하는 내용들

도면을 작성하는 데 있어서 반드시 알아야 할 도면 작성 환경(Drafting Settings)에 대해서 알아봅니다.

● 단위(Units) 설정

AutoCAD 2010에서 제공하는 단위(Units) 설정에 대해 알아봅니다. 표시 방법과 정밀도 및 각도의 기준을 설정할 수 있습니다.

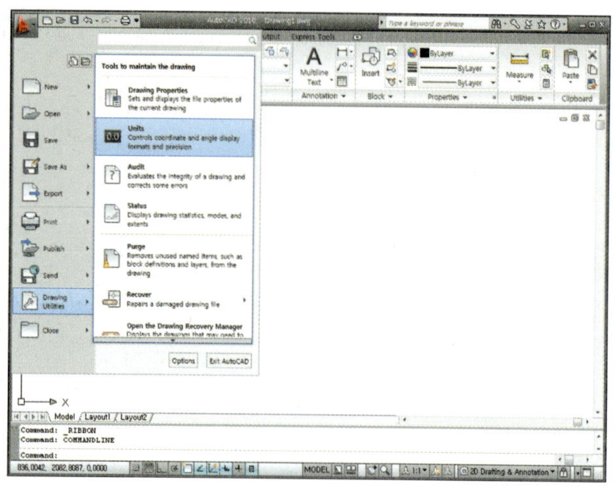

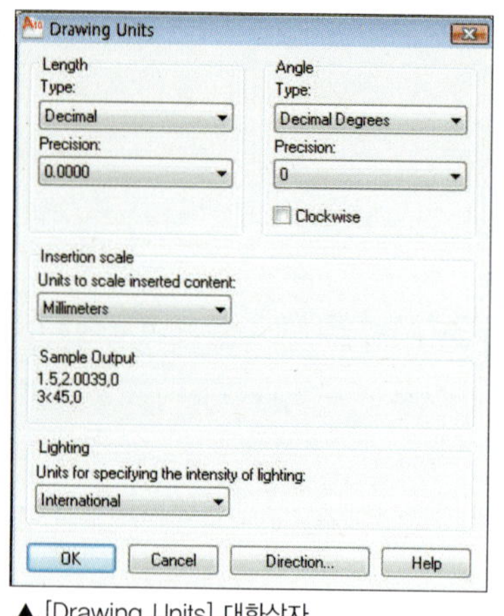

▲ [Drawing Units] 대화상자

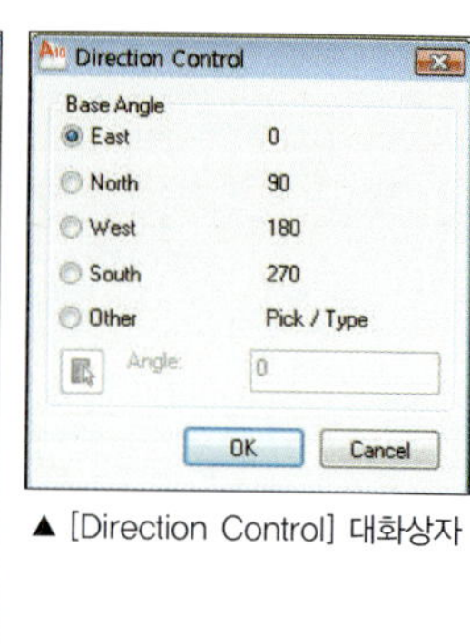

▲ [Direction Control] 대화상자

● 도면 영역(Limits)의 설정

작성할 도면의 크기를 가늠하여 도면 작성 범위(Limits)를
설정하여 도면 작성에 편의를 가져올 수 있습니다.

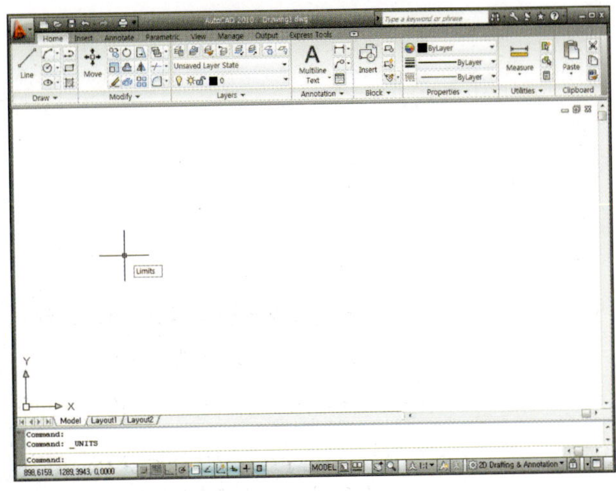

```
Command: Limits  Enter
Reset Model space Limits:
Specify lower left corner or [ON/OFF]<0.0000
, 0.0000>:  Enter
Specify upper right corner or [ON/OFF]
<420.0000 , 297.0000>:  Enter
```

● Grid와 Snap 그리고, Polar Tracking 기능을 설정하여 최적의 도면 작성 환경 설정

도면 작성을 보다 정확하게 하기 위해서 도면 영역에 Grid를 표시하거나 Snap과 Polar
Tracking 환경을 설정합니다.

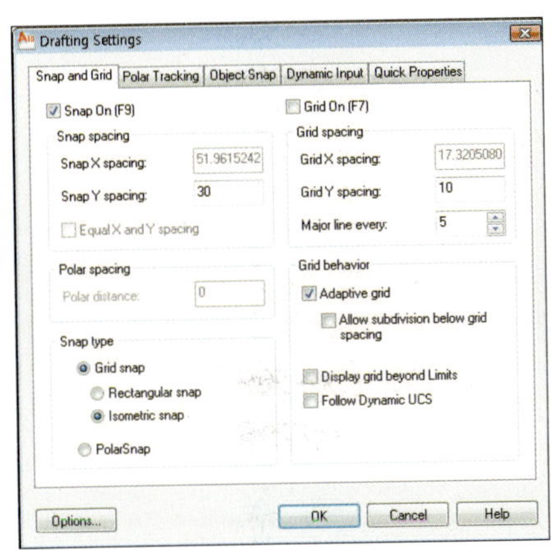

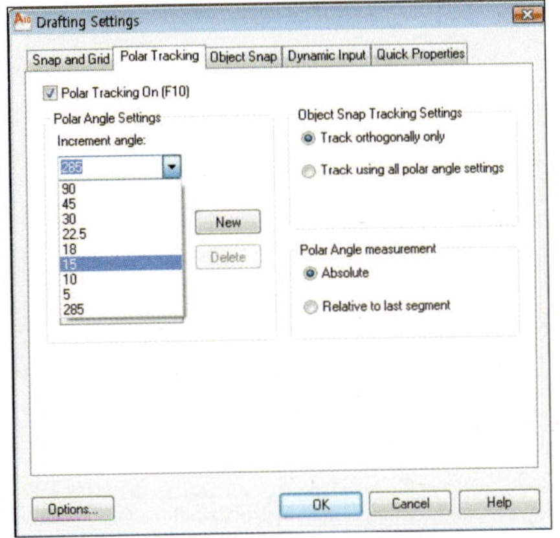

● Osnap 설정을 통한 정확한 도면 작성 환경 설정

객체의 정확한 지점을 지정하기 위해서 Object Snap 환경을 설
정합니다.

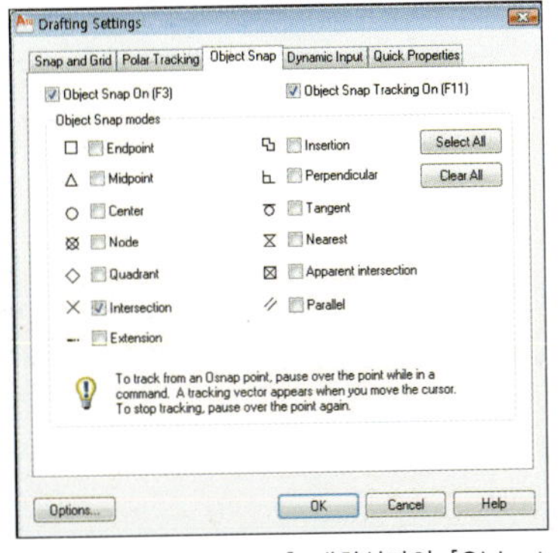

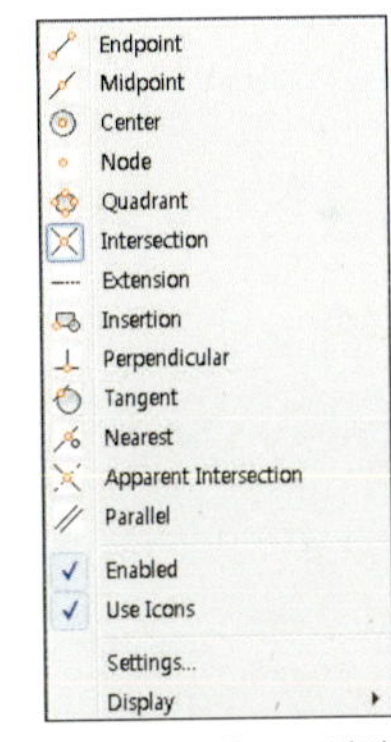

▲ [Drafting Settings] 대화상자의 [Object
Snap] 탭

▲ Object Snap 아이
콘의 단축 메뉴

도면 작성의 시작이 되는 객체의 선택

클릭과 드래그로 객체를 선택하는 방법은 사용자들이 쉽게 지나칠 수 있는 내용이지만 사실은
매우 중요한 도면 작성 테크닉이 담겨 있습니다. 사용 목적에 적당한 객체의 선택 방법에 대해
알아봅니다.

▲ 클릭 선택

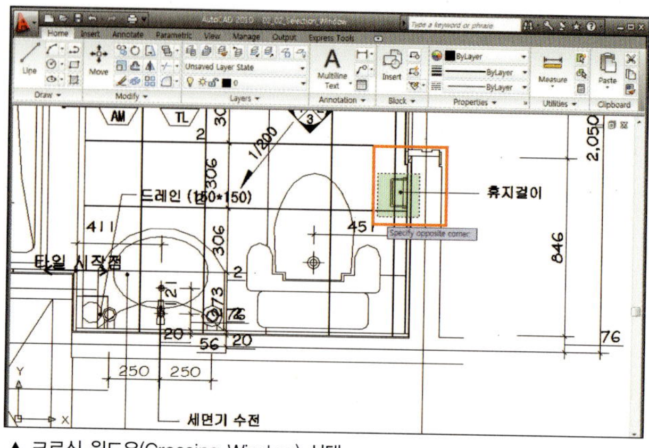

▲ 크로싱 윈도우(Crossing Window) 선택

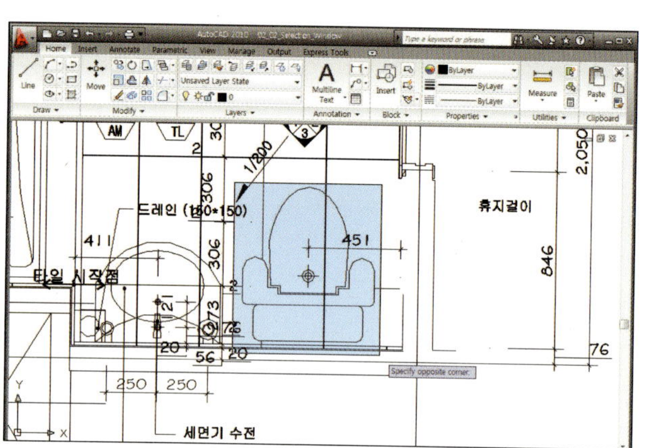

▲ 윈도우(Window) 선택

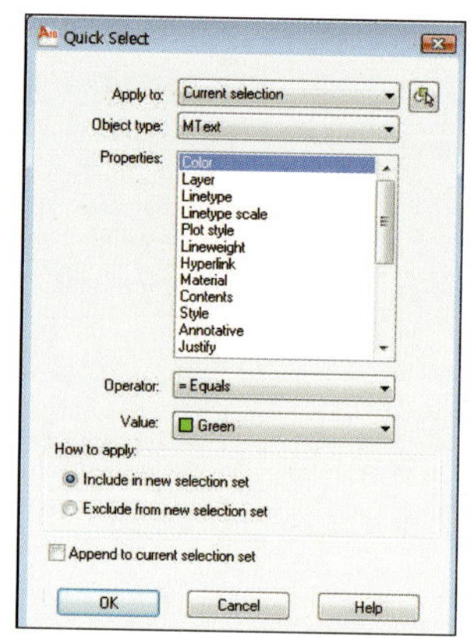

▲ 퀵 셀렉트(Quick Select) 선택

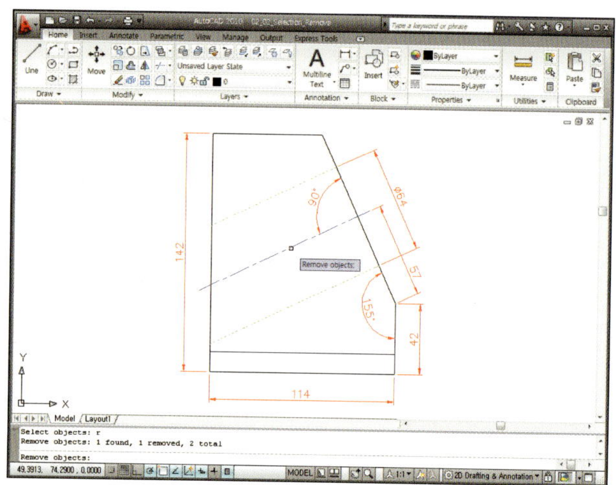

▲ Remove 옵션

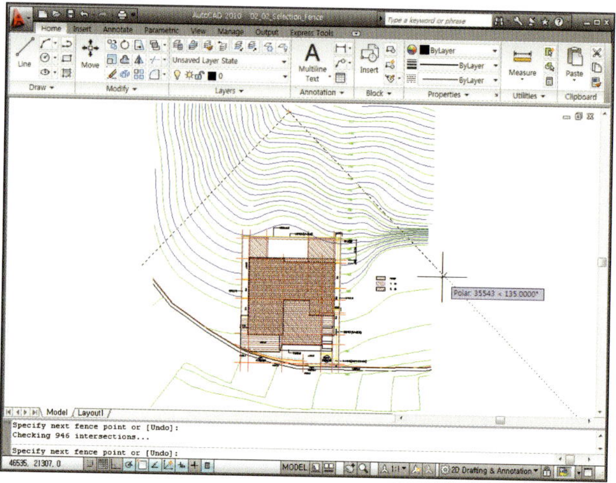

▲ Fence 옵션

Zoom과 Pan으로 뷰(View) 환경을 지배하라!

도면을 정확하고 신속하게 작성하는 데 있어서 뷰 환경을 사용자 마음대로 조정할 수 있는 능력은 필수적입니다. 명령과 마우스 조작을 통해 뷰 환경을 지배하는 방법을 알아봅니다.

● 메뉴 명령을 이용한 뷰 환경 조정

Pan, Orbit, Zoom(Extents, Window, Previous, Realtime, All, Dynamic, Scale, Center, Object, In, Out)과 같이 다양한 뷰 환경 설정 명령의 사용 방법을 알아봅니다.

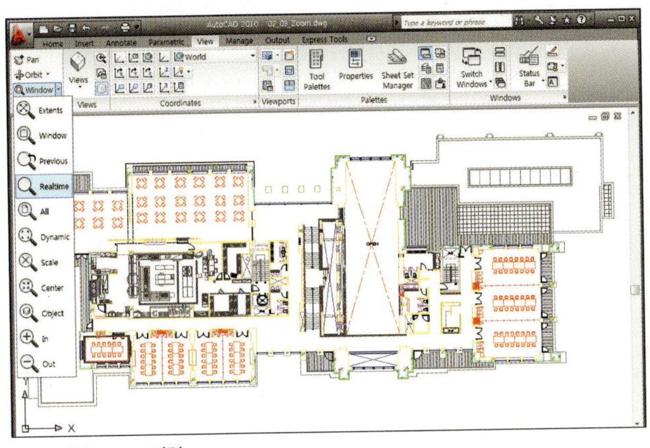

▲ 다양한 Zoom 명령

▲ Pan 명령

● 마우스 조작을 통한 뷰 환경 조정

마우스의 휠 버튼을 이용한 뷰 환경 설정 방법이나 마우스 오른쪽 단추를 이용한 작업 환경 설정 방법을 알아봅니다.

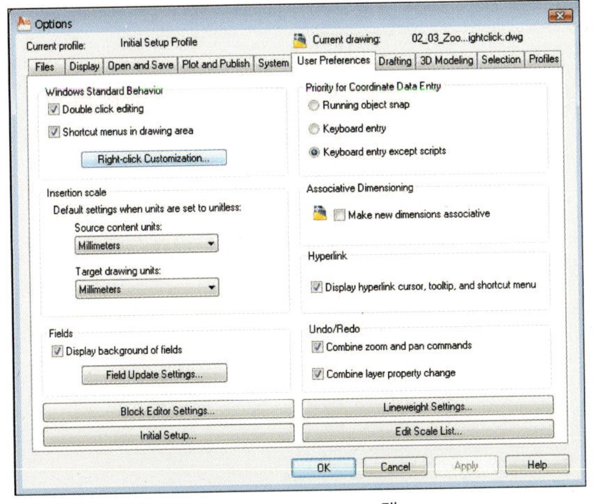

▲ [Options] 대화상자의 User Preferences 탭

▲ [Right-click Customization] 대화상자

도면 작성 전에 반드시 알아야 하는 내용들

도면 작업을 시작하기 전에 알아야 하는 중요한 내용들은 본격적으로 운동을 시작하기 전의 준비 운동과도 같습니다. 이번에는 단위(Units)를 설정하거나 도면의 영역(Limits)을 설정하고, 도면 작성 환경(Drawing Settings)을 설정하는 등의 방법을 예제를 통해 배워봅니다.

Lesson 01

단위를 설정하는 Units

AutoCAD 2010은 우리 환경에 맞는 단위(미터법)로 설정되어 있습니다. AutoCAD를 처음 사용하는 사람이라면 처음에 딱 한 번 확인할 필요가 있습니다.

01 메뉴 브라우저의 [Drawing Utilities]-[Units]를 클릭하여 [Drawing Units] 대화상자를 불러냅니다.

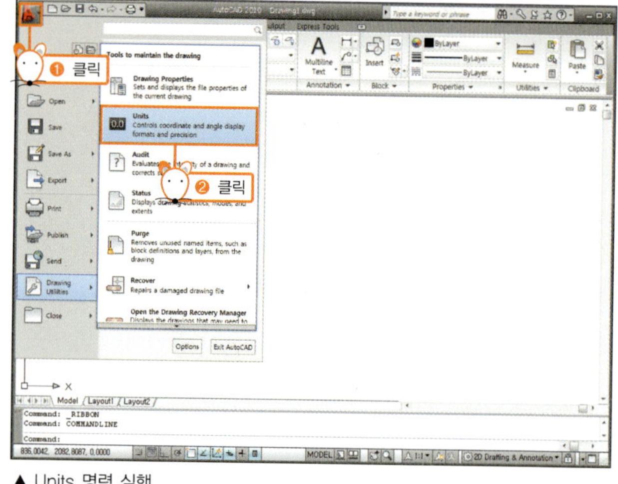
▲ Units 명령 실행

 **주목**

Units(단축키 UN) 명령을 입력하고 Enter 를 눌러도 됩니다.

> Command : Units(UN) Enter (Units 명령 실행)

02 [Drawing Units] 대화상자의 각 영역을 살펴봅니다.

❶ **[Length] 영역** : 길이의 단위 형식(Type)과 정밀도(Precision)를 설정합니다. 'Decimal(십진법)'과 소수점 넷째 자리(0.0000)로 설정하는 것이 일반적입니다.

❷ **[Angle] 영역** : 각도의 단위 형식(Type)과 정밀도(Precision)를 설정합니다. 'Decimal Degrees(십진 각도법)'와 정수로 설정하는 것이 일반적입니다. [Clockwise](시계 방향) 옵션은 일반적으로 체크하지 않습니다.

❸ **[Insertion scale] 영역** : 작성 중인 파일로 불러오는 객체의 단위 설정입니다. 일반적으로 'Millimeters'로 설정합니다.

❹ **[Sample Output] 영역** : 앞서 설정한 내용의 예를 보여 줍니다.

❺ **[Lighting] 영역** : 조명의 세기(Intensity of Lighting)를 나타내는 단위를 설정합니다. 일반적으로 'International'을 선택합니다.

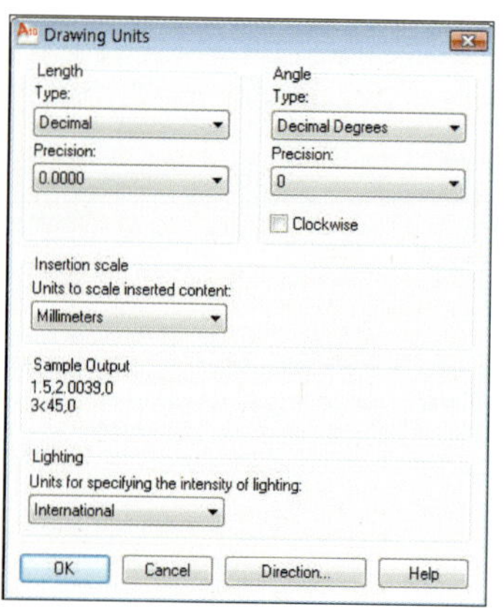
▲ [Drawing Units] 대화상자

03 [Direction] 단추를 클릭하면 [Direction Control] 대화상자가 나타납니다. [East]가 0°도로 설정되어 있는 것을 확인한 후 [OK] 단추를 클릭합니다.

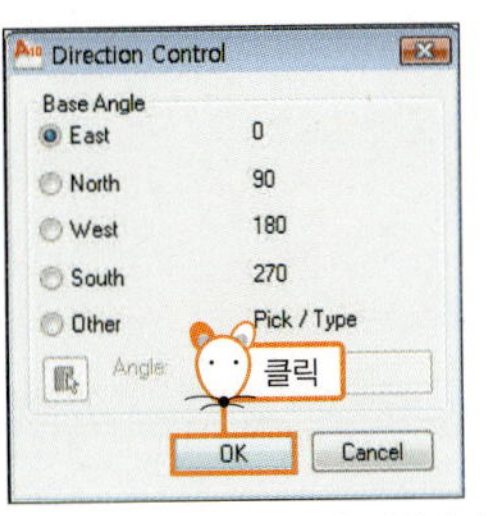

▲ [Direction Control] 대화상자

주목
　　[Direction Control] 대화상자는 각도를 측정하는 기준점을 설정하는 곳입니다.

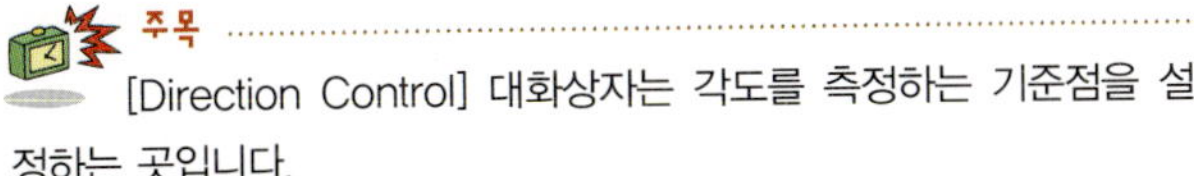

무한대(∞)의 영역에 내 작업 영역을 지정하는 Limits

작업 한계(Limits)라는 것은 '도면의 범위 또는, 영역을 지정하는 것'을 의미합니다. AutoCAD 2010의 작업 영역은 무한대(∞)이지만 이곳에 작성해야 할 객체는 크기를 가지고 있기 때문에 일정한 범위를 설정해 주면 작업을 하기가 매우 편리합니다.

01 Limits 명령을 입력하고 Enter 를 누릅니다.

02 좌측·하단의 좌표를 묻는 질문에 기본값으로 설정되어 있는 원점(0.0000,0.0000)을 그대로 지정하기 위해 Enter 를 누릅니다.

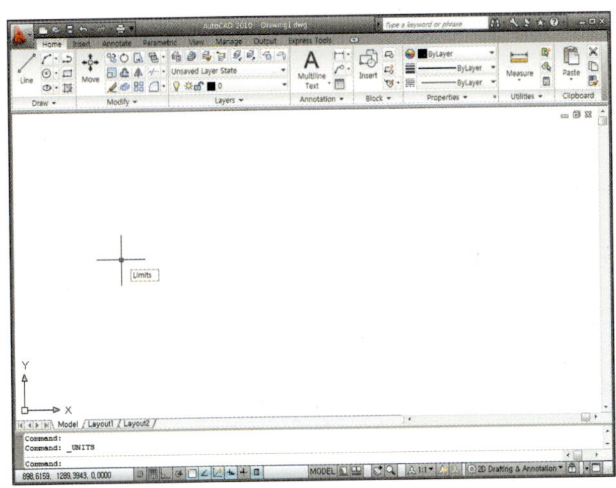

Command: Limits Enter (Limits 명령 실행)

주목
　　Zoom All(전체 확대) 명령으로 작업한 객체 전체를 확인할 때에 기준이 되는 크기가 바로 작업 한계(Limits)입니다.

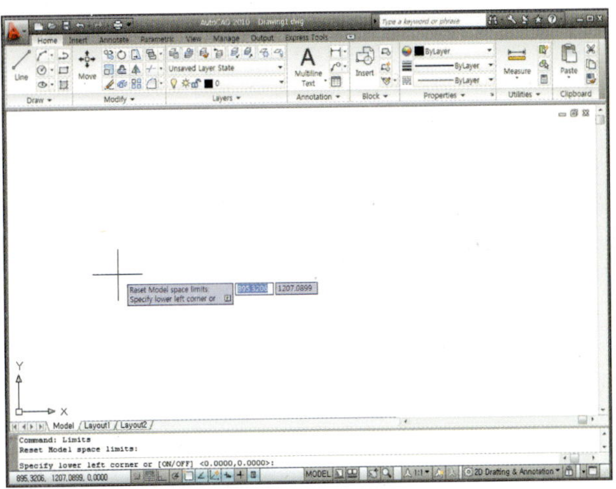

Specify lower left corner or [ON/OFF]<0.0000, 0.0000> : Enter (원점 지정)

03 우측 · 상단의 좌표를 묻는 질문에 (420.0000, 297.0000)의 좌표를 확인하고 Enter 를 누릅니다.

04 단위를 '밀리미터(mm)'로 설정했다면 가로 420mm, 세로 297mm의 작업 영역이 설정된 것입니다. [View] 탭의 [Navigate] 패널에서 [All]을 클릭하여 설정한 작업 영역이 도면 영역이 되도록 합니다.

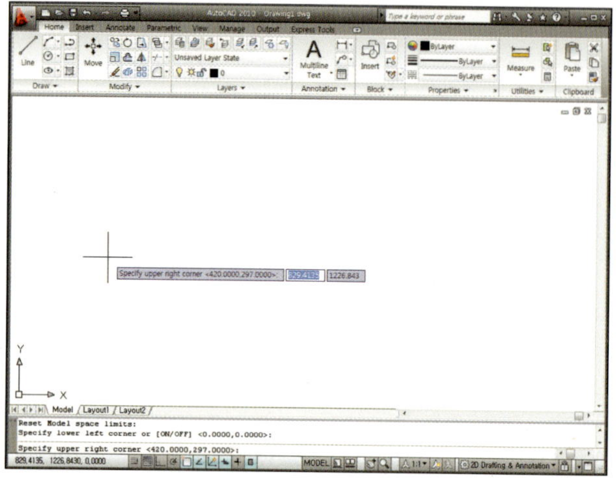

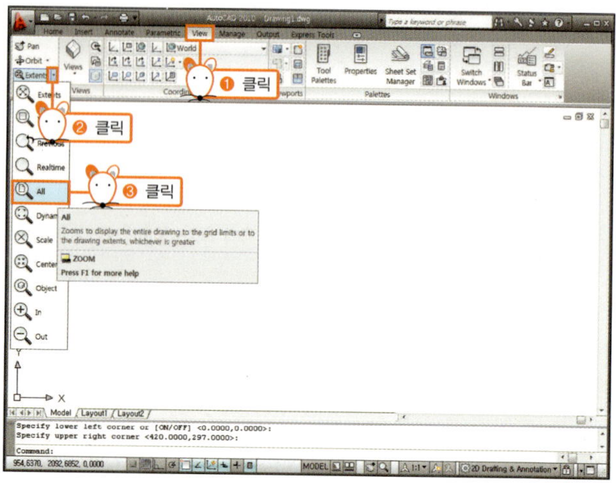


```
Specify upper right corner or [ON/OFF]
<420.0000 , 297.0000> :  Enter  (우측 · 상단 좌표 입력)
```

주목

사용자의 가로 · 세로 비율(Aspect ratio)에 따라 설정한 작업 영역은 더 크게도 보일 수도 있습니다.

작업 한계(Limits)를 지정할 때 주의할 사항

- 좌측 · 하단의 좌표를 지정할 때 원점(Origin Point / 0.0000,0.0000)으로 설정하고, 우측 · 상단 좌표만을 변경하는 것이 좋습니다.

- 객체 중에 문자나 치수(Dimension) 등은 크기가 없는 Non-Scale 객체(Annotation)이기 때문에 이런 객체들의 크기를 감안해서 조금 여유있게 작업 영역을 설정하는 것이 좋습니다.

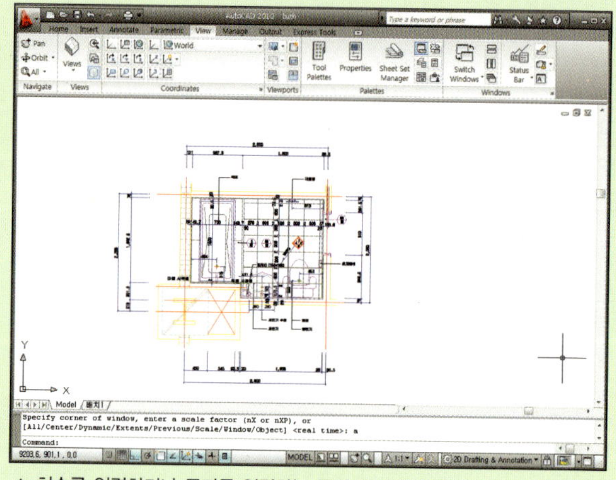

▲ 치수를 입력하거나 문자를 입력하는 등의 작업을 감안하여 넉넉한 작업 영역 설정이 필요합니다.

도면 영역 창에 모눈종이를 깔고 작업하는 Grid

크기를 가늠할 수 없는 도면 영역에 작은 점들로 지정한 간격을 표시하면 도면 내의 거리 가늠이 시각적으로 수월
해집니다. 다음 예제를 통해서 Grid 명령을 알아봅니다.

● Samples\02_01_Grid.dwg

01 상태 표시줄의 [Grid Display](▦) 아이콘 위에서 마
우스 오른쪽 단추를 클릭한 후 [Settings]를 선택합니다.

02 [Drafting Settings] 대화상자의 [Snap and Grid]
탭을 그림과 같이 설정합니다.

❶ [Grid On(F7)] 옵션을 체크합니다.

❷ [Snap spacing] 영역의 [Equal X and Y spacing] 옵션의 체크를 해제합
니다.

❸ [Grid spacing] 영역에서 각각 [Grid X spacing]은 '30', [Grid Y
spacing]은 '10'을 입력합니다.

❹ [OK] 단추를 클릭하여 명령을 실행합니다.

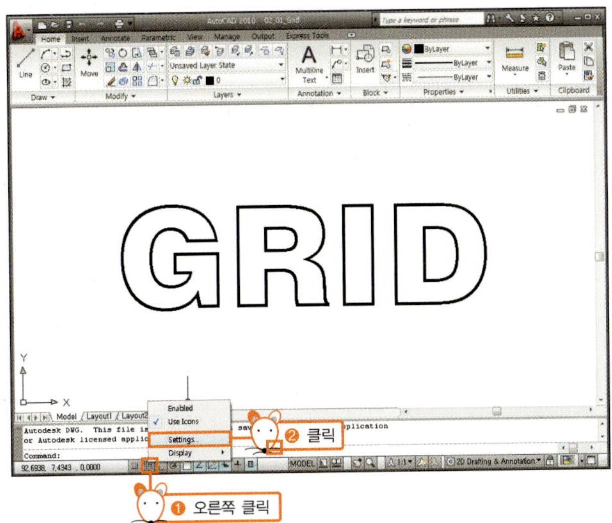

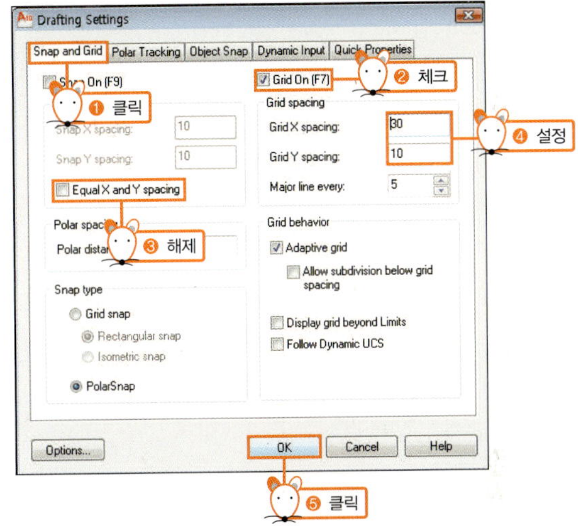

03 가로(X) 30, 세로(Y) 10의 Grid가 표시되는 것을 확
인할 수 있습니다.

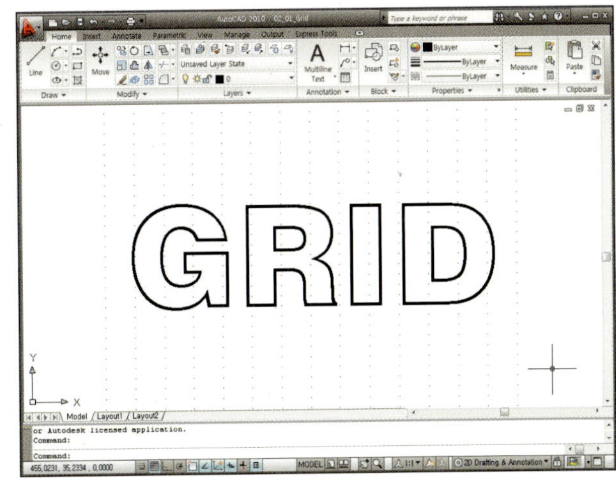

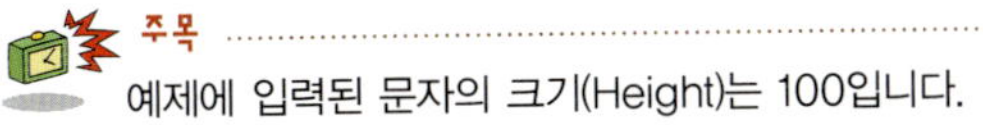

주목

예제에 입력된 문자의 크기(Height)는 100입니다.

Grid 명령의 기타 옵션들

● **[Grid behavior] 영역**

- **Adaptive grid와 Allow subdivision below grid spacing** : 모두 체크하면 설정한 Grid 간격을 지정한 간격(Major line every)으로 세분화합니다.

▲ X(50), Y(30)

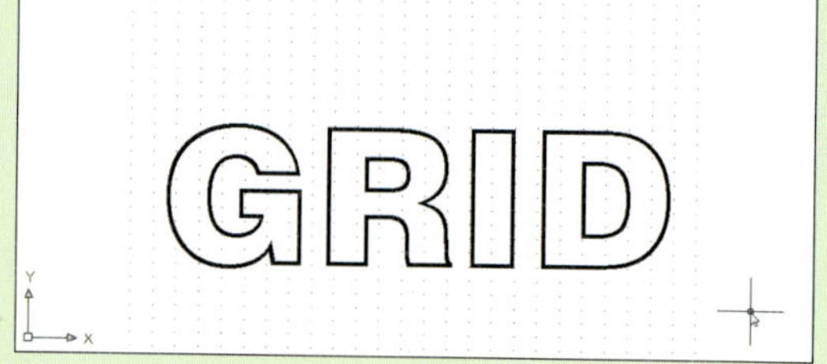

▲ Major line every 3, [Allow subdivision below grid spacing] 체크

- **Display grid beyond Limits** : 설정한 작업 한계(Limits)에만 Grid를 표시할 것인지 작업 한계를 넘어선 모든 영역에 Grid 표시할 것인지를 설정합니다.

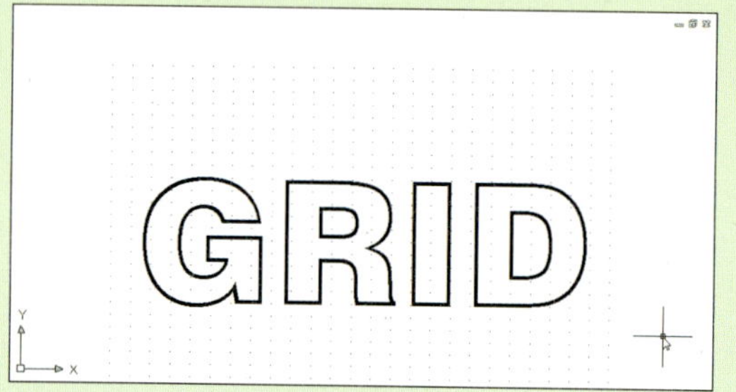

▲ [Display grid beyond Limits] 체크 해제

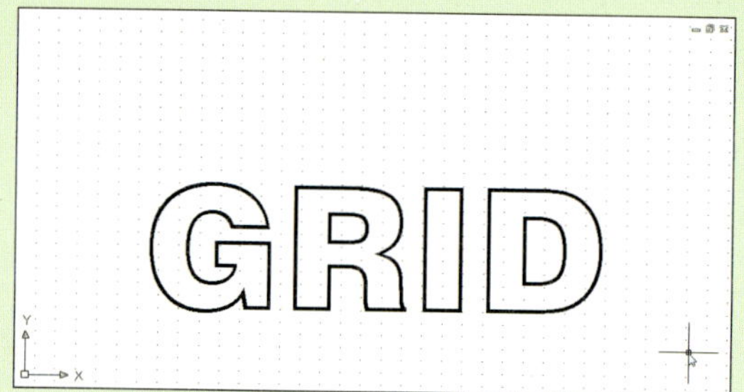

▲ [Display grid beyond Limits] 체크

● **Follow Dynamic UCS** : Dynamic UCS 설정을 따라 Grid가 적용될 것인지를 설정합니다. 다시 말해서 작업할 평면을 따라 Grid 역시 변경되는 것을 의미합니다. 다음 그림은 Dynamic UCS 항목을 체크한 후 작업 평면에 따라 Grid가 변경되는 것을 보여 줍니다.

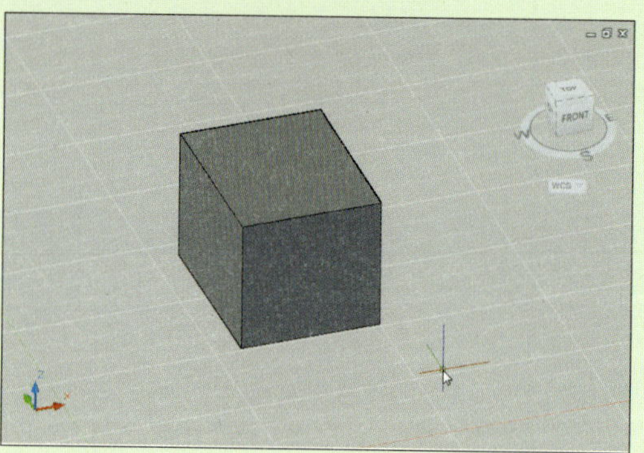

▲ XY 평면

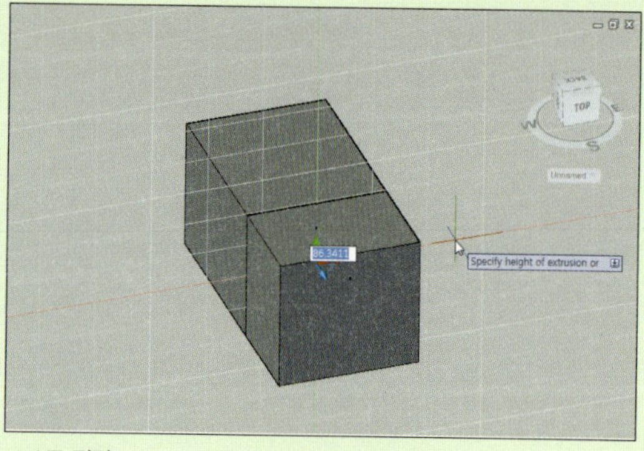

▲ XZ 평면

원하는 간격으로 마우스를 움직일 수 있는 Snap

스냅(Snap)은 눈에 보이지 않는 일정한 간격(spacing)을 정해 놓고 마우스 포인터가 그 간격 단위로만 움직이도록
하여 작업의 정확도를 높이는 기능입니다. 예를 들어 스냅의 X축 간격을 '100'으로 설정해 놓으면 마우스 포인터는
X축을 기준으로 '100, 200, 300' 간격으로 움직입니다. 다음 예제를 통해서 Snap 명령을 자세히 알아봅니다.

⊙ Samples\02_01_Snap.dwg

01 상태 표시줄의 [Snap Mode](▦) 아이콘 위에서 마우스 오른쪽 단추를 클릭한 후 [Settings]를 선택합니다.

02 [Drafting Settings] 대화상자의 [Snap and Grid] 탭을 그림과 같이 설정합니다.

❶ [Snap On(F9)] 옵션을 체크합니다.

❷ [Snap type] 영역의 [Grid snap, Rectangular snap]을 체크합니다.

❸ [Snap spacing] 영역의 [Equal X and Y spacing] 옵션의 체크를 해제합니다.

❹ [Snap X spacing]은 '50', [Snap Y spacing]은 '30'을 입력한 후 [OK] 단추를 클릭합니다.

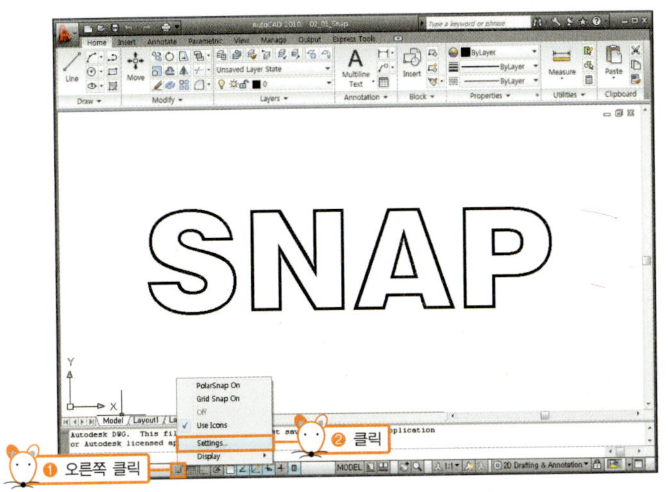

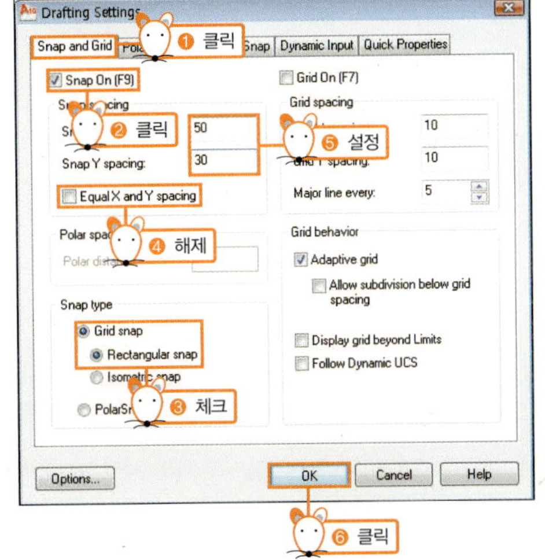

03 크로스 헤어가 가로(X) '50', 세로(Y) '30'의 간격으로만 움직이는 것을 확인할 수 있습니다. 다시 상태 표시줄의 [Snap Mode](▦) 아이콘 위에서 마우스 오른쪽 단추를 클릭한 후 [Settings]를 선택합니다.

04 [Drafting Settings] 대화상자의 [Snap and Grid] 탭에서 [Isometric snap]을 체크합니다. [OK] 단추를 클릭하여 명령을 실행합니다.

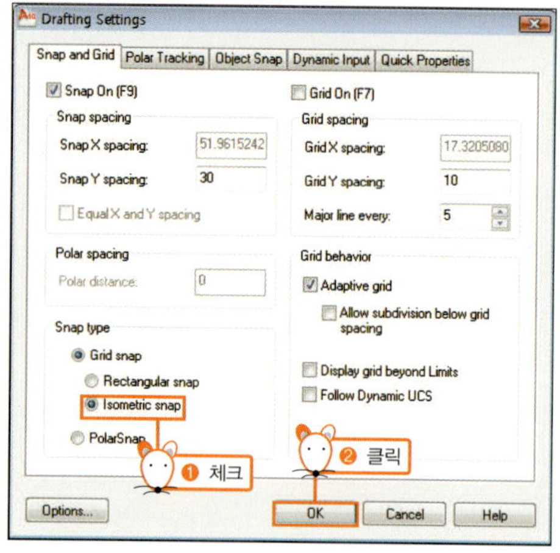

> **주목**
>
> Rectangular 모드에서 Isometric 모드로 전환하면서 Y축 간격을 기준으로 X축 간격(snap & grid X spacing)은 기울어지는 거리를 반영하여 입력된 수치가 변경되고 비활성 상태로 바뀝니다.

05 크로스 헤어가 Isometric 모드에 맞도록 변형되면서 지정한 간격만큼 움직이는 것을 확인할 수 있습니다. 상태 표시를 [Grid Display](▦) 아이콘을 눌러 Grid 역시 Isometric 모드로 전환된 것을 확인합니다.

> **주목**
>
> 크로스 헤어의 Snap 지점이 정확하게 Grid에 일치하려면 X, Y축 간격(spacing)을 같이 입력해야 합니다.

원하는 각도를 알려주는 Polar Tracking

Polar Tracking은 객체를 작성하거나 편집할 때 자주 사용하는 기능으로, 특수 각도를 설정한 후 수치를 입력하는 과정 없이 정확하게 각도를 지정할 수 있습니다.

◉ Samples\02_01_Polartracking.dwg

01 상태 표시줄의 [Polar Tracking](⊿) 아이콘 위에서 마우스 오른쪽 단추를 클릭한 후 [Settings]를 선택합니다.

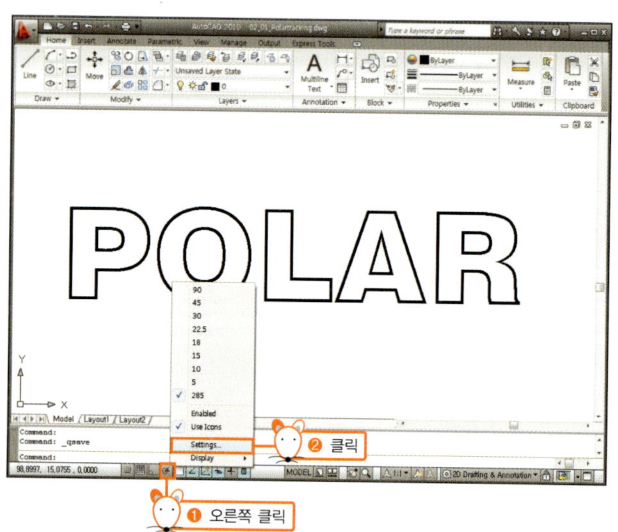

02 [Drafting Settings] 대화상자의 [Polar Tracking] 탭을 그림과 같이 설정합니다.

❶ [Polar Tracking On(F10)] 옵션을 체크합니다.

❷ [Polar Angle Settings] 영역의 [Increment angle]에서 '15'를 선택한 후 [OK] 단추를 클릭합니다.

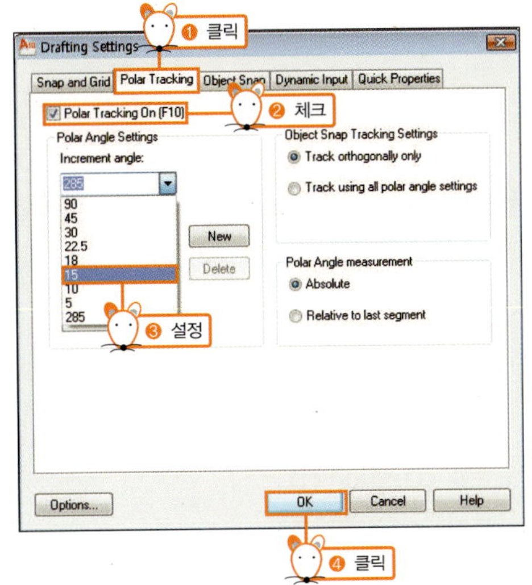

Polar Tracking에 새로운 각도 설정하기

[Polar Angle Settings] 영역에서 [Additional angles] 옵션을 체크한 후 [New] 단추를 클릭합니다. 리스트 창에 새로운 각도를 설정할 영역이 활성화되면 사용자가 새로운 각도를 입력한 후 Enter 를 누릅니다.

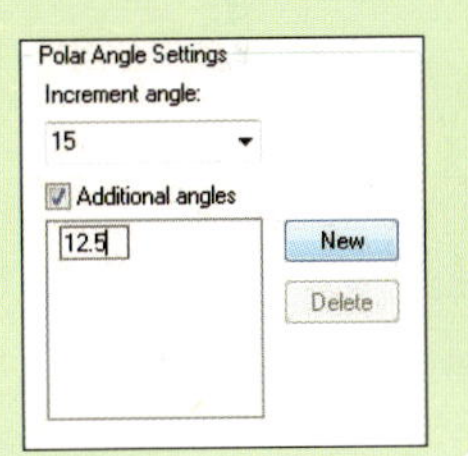

03 [Home] 탭의 [Modify] 패널에서 [Rotate](◯) 아이콘을 클릭한 후 도면 영역의 문자를 선택합니다.

04 Enter 를 눌러 객체의 선택을 종료한 후 문자 좌측 하단에 기준점(base point)을 지정합니다.

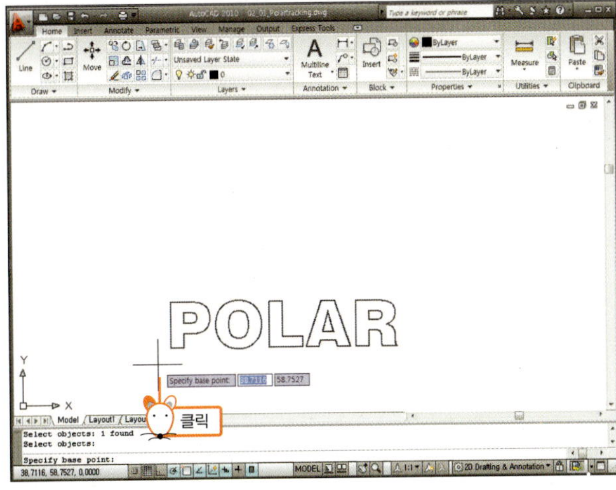

05 마우스 포인터를 움직여보면 15°마다 Polar Tracking (점선 하이라이트)이 적용되는 것을 확인할 수 있습니다.

06 45° 지점에서 클릭하여 Rotate 명령을 실행합니다.

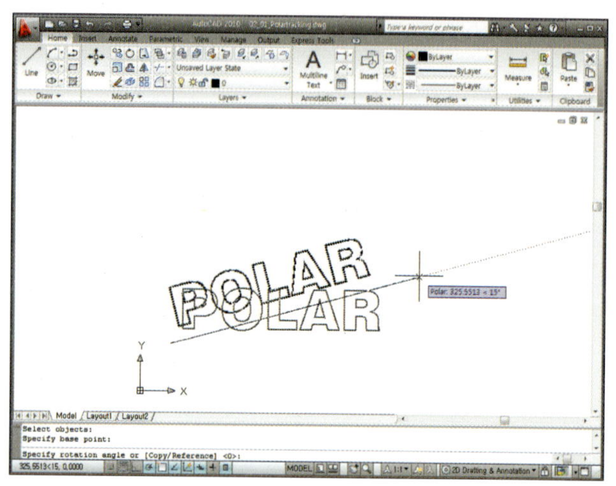

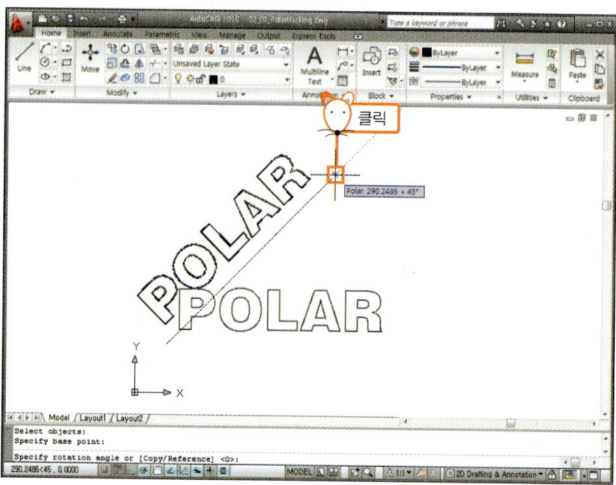

Polar Tracking과 Polar Snap을 이용한 객체 작성

Polar Tracking 기능이 켜져 있는 상태에서 Polar Snap을 이용하면 원하는 거리에 길이의 쉽게 작성할 수 있습니다.

❶ 상태 표시줄의 [Polar Tracking](⊿) 아이콘 위에서 마우스 오른쪽 단추를 클릭한 후 [Settings]를 선택하여 [Drafting Settings] 대화상자를 불러냅니다. [Snap and Grid] 탭에서 [Snap On (F9)] 옵션과 [PolarSnap]을 체크합니다. [Polar spacing] 영역의 [Polar distance]에 '50'을 입력하고 [OK] 단추를 클릭합니다.

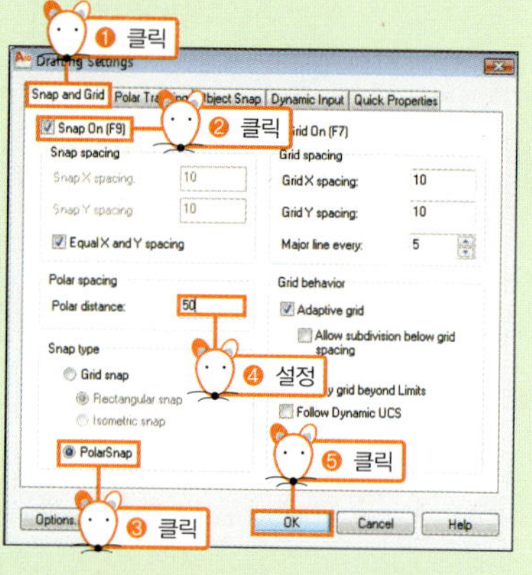

❷ [Home] 탭의 [Draw] 패널에서 [Line](⁄) 아이콘을 클릭한 후 도면 영역에서 시작점을 지정합니다.

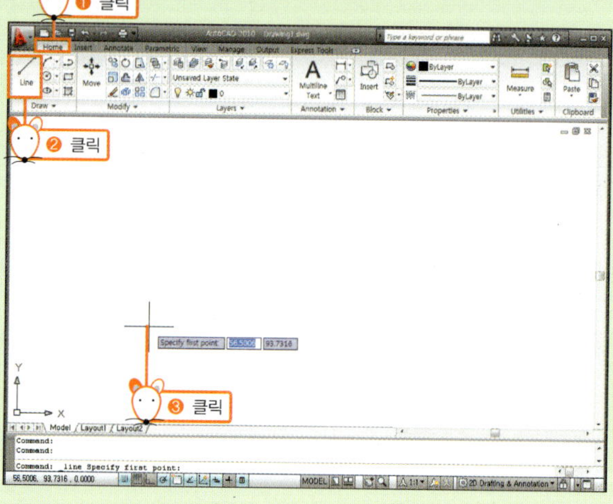

❸ 다음 점을 지정하기 위해 마우스 포인터를 움직여보면 '50' 단위로 객체에 스냅이 적용되는 것을 확인할 수 있습니다.

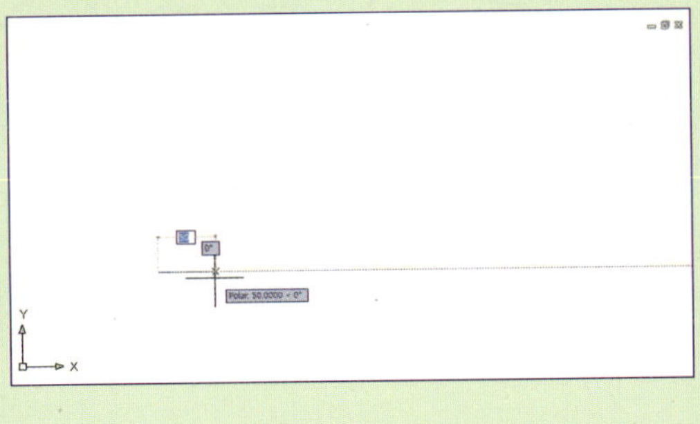

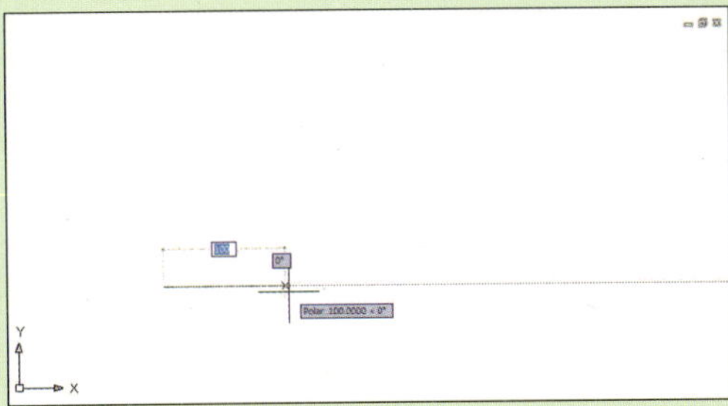

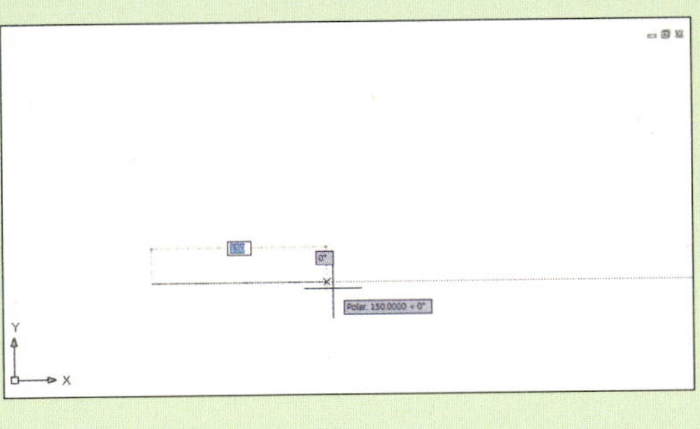

정확한 드로잉을 위한 필수 환경 Object Snap

객체들의 중요한 속성인 끝점, 중심점, 중간점, 수직점 등을 이용하면 보다 정확한 도면을 작성할 수 있습니다.
Object Snap은 이러한 객체의 속성인 끝점, 중심점, 중간점, 수직점 등의 위치를 정확하게 찾아주는 기능을 가지고 있습니다.

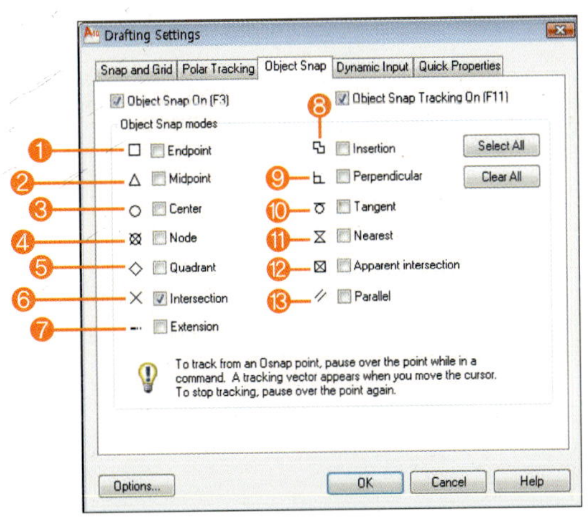

▲ [Drafting Settings] 대화상자의 [Object Snap] 탭

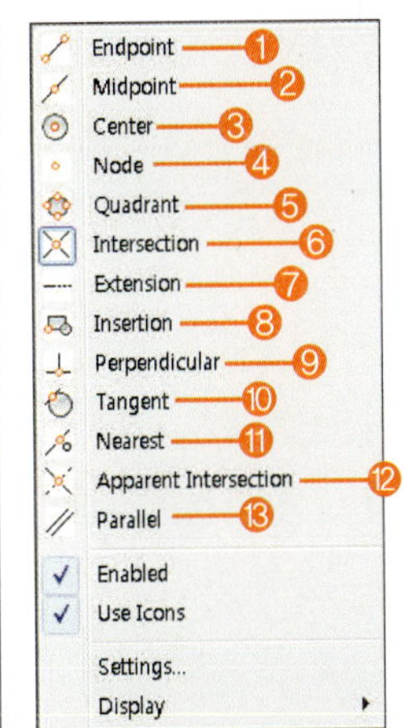

▲ [Object Snap] 아이콘의 단축 메뉴

❶ **Endpoint** : 객체의 끝점(Endpoint)에 Object Snap이 적용됩니다.

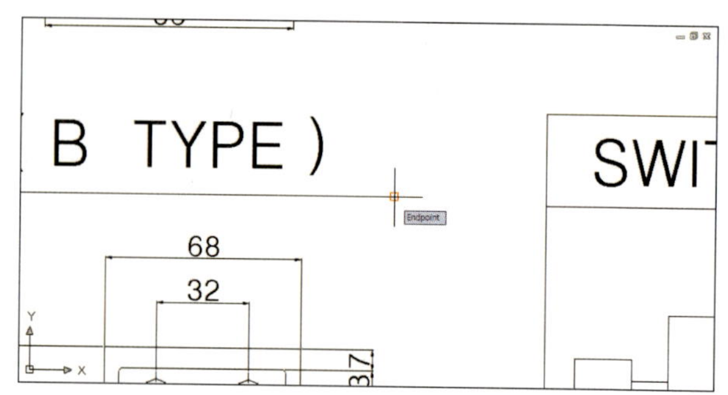

❷ **Midpoint** : 객체의 두 지점 사이의 1/2 지점에 Object Snap이 적용됩니다.

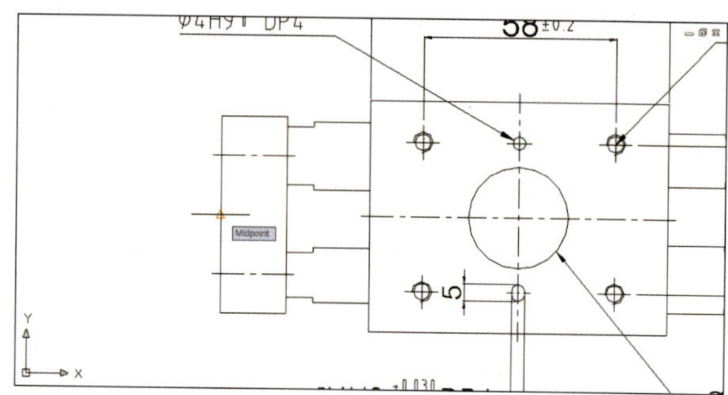

❸ **Center** : 원이나 호의 중심점에 Object Snap이 적용됩니다.

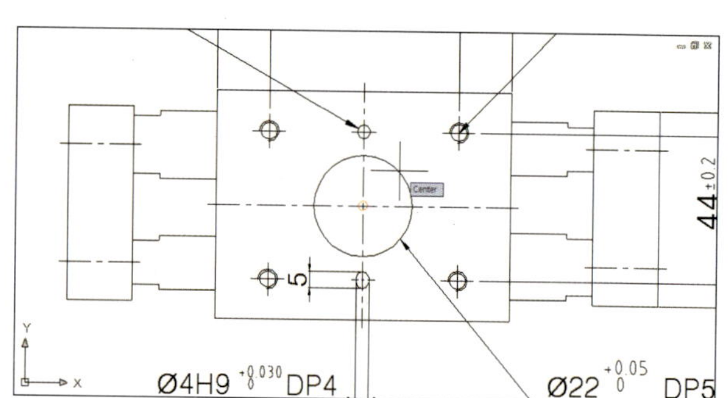

❹ **Node** : Point 명령으로 작성한 점(Node)이나 Divide 명령 또는, Measure 명령으로 분할한 점에 Object Snap이 적용됩니다.

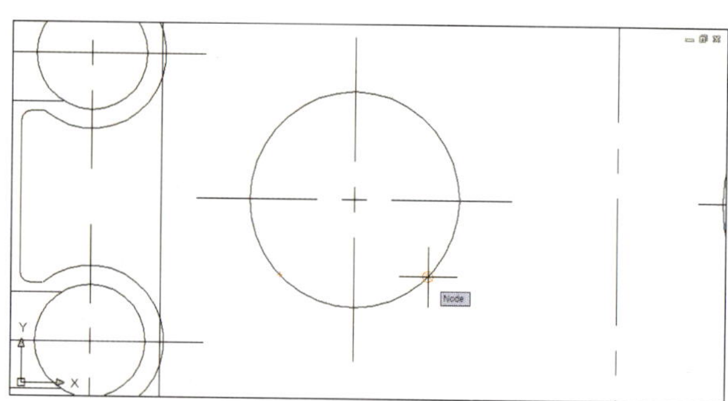

❺ **Quadrant** : 원이나 호에서 0°를 기준으로 90°씩 위치하는 1/4 지점에 Object Snap이 적용됩니다.

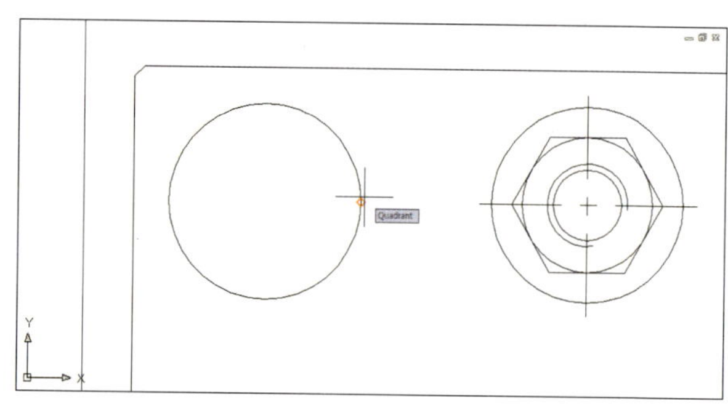

❻ **Intersection** : 두 개 이상의 객체가 교차하는 점에 Object Snap이 적용됩니다.

❼ **Extension** : 객체의 연장된 위치의 점에 Object Snap이 적용됩니다.

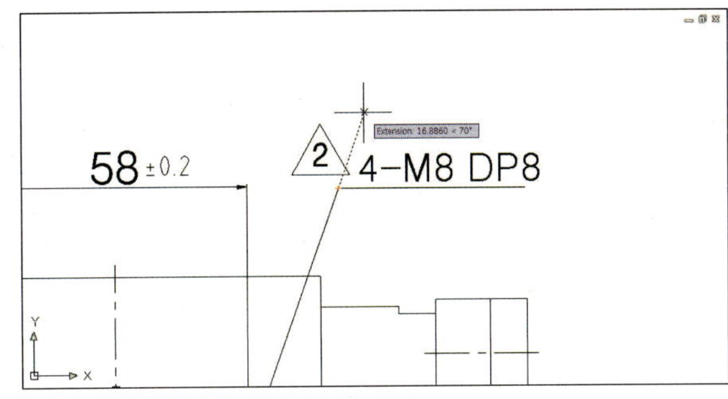

❽ **Insertion** : 문자를 입력하거나 블록을 삽입할 때 지정하는 삽입점에 Object Snap이 적용됩니다.

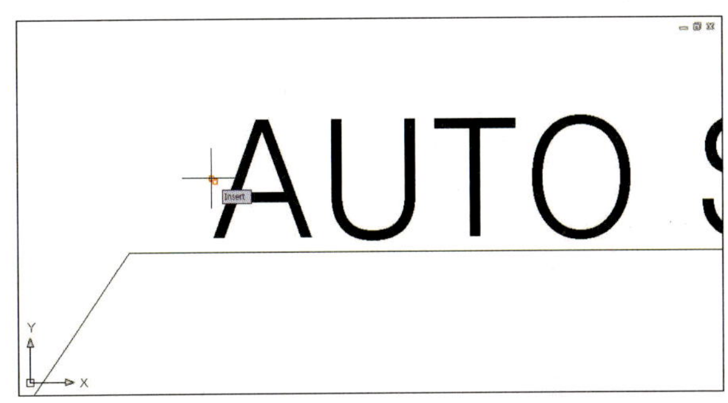

❾ **Perpendicular** : 객체에 수직하는 점에 Object Snap이 적용됩니다.

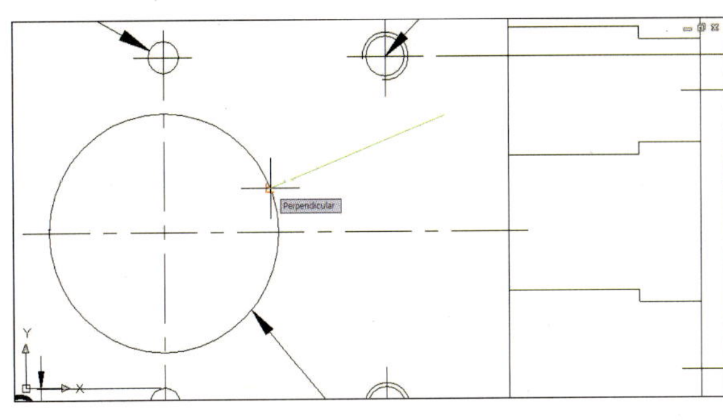

❿ **Tangent** : 원이나 호에 접하는 접점에 Object Snap이 적용됩니다.

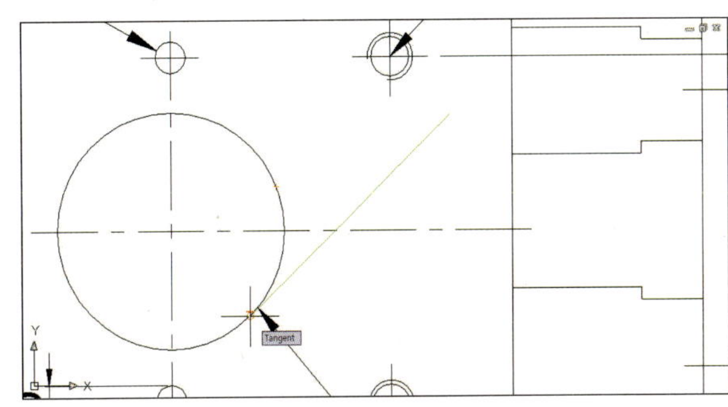

⑪ **Nearest** : 크로스 헤어를 객체 근처에 가져가면 가장 근접하는 점에 Object Snap이 적용됩니다.

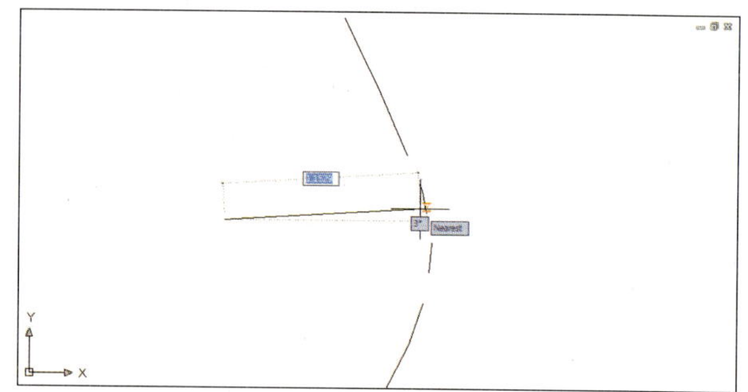

⑫ **Apparent Intersect** : 실제로는 교차하지 않지만 두 개 이상의 객체가 연장되었을 경우 교차되리라 예상되는 점에 Object Snap이 적용됩니다.

```
appint of : (교차될 첫 번째 선분 클릭)
and : (교차될 두 번째 선분에 가져가면 Apparent Point가 표시)
```

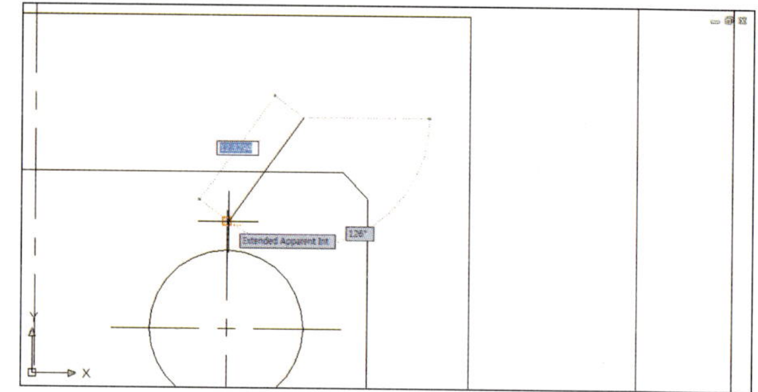

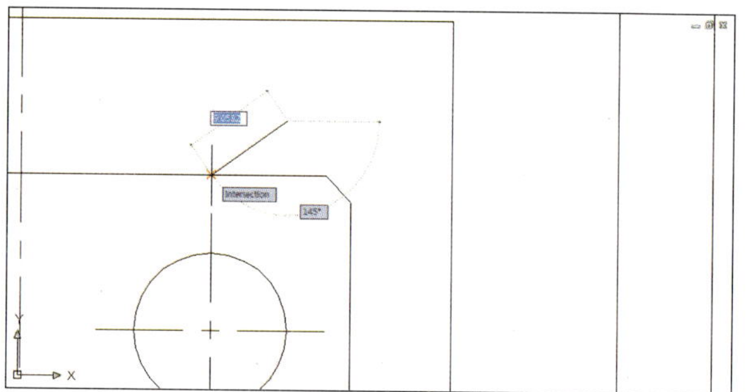

⑬ **Parallel** : Intersection이나 From으로 먼저 선택한 점에 대하여 다른 객체에 평행한 지점에 Object Snap이 적용됩니다.

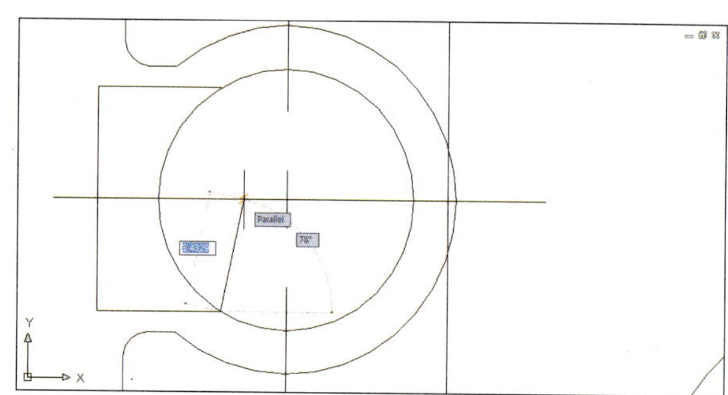

명령 중에 일시적으로 Object Snap을 적용할 수 있는 Snap Overrides

13개의 모드를 모두 선택해 놓을 필요는 없습니다. 오히려 간단한 선분을 그리려고 명령을 실행하면 여러 모드의 마커(marker)가 번갈아 나타나서 혼란스러울 것입니다. 평소에 Endpoint(끝점) 모드만을 활성화시켜 놓고 필요한 모드는 마우스 오른쪽 단추를 클릭한 후 [Snap Overrides]에서 사용하거나, Shift +마우스 오른쪽 단추를 클릭한 후 그때그때 사용하는 방법을 권장합니다. 또는, 명령 중에 End, Per, Mid, Cen 등의 단축키를 입력해서 역시 일시적으로 사용할 수도 있습니다.

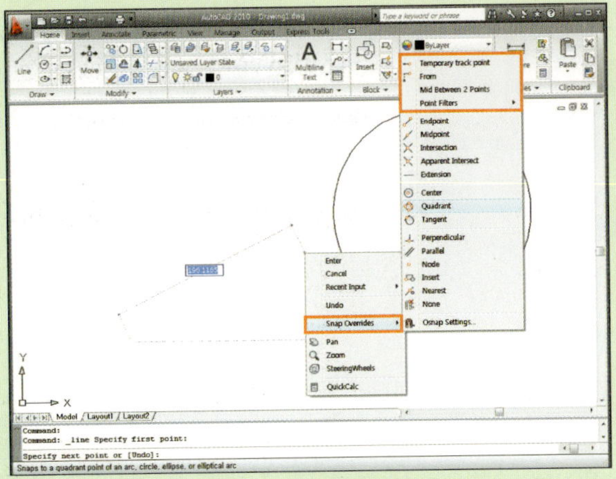

▲ 명령 실행 중 마우스 오른쪽 단추를 클릭한 후 필요한 Object Snap 기능을 선택

- **Temporary track point** : 객체의 Object Snap을 추적한 지점에 Object Snap이 적용됩니다.

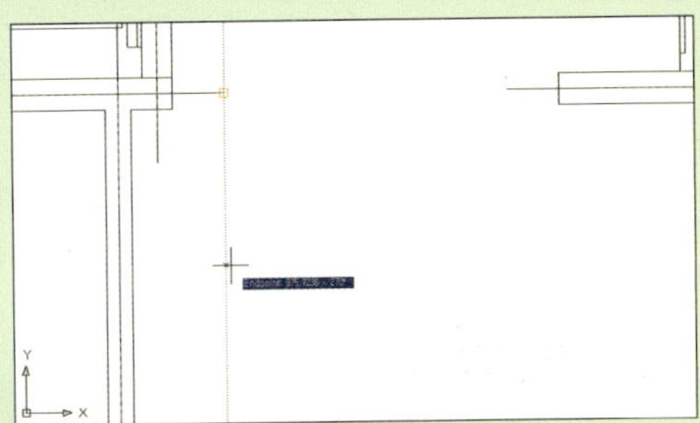

▲ Endpoint를 추적(Track)하여 인출된 점

- **From** : 객체에서 일정한 거리만큼 Offset 된점에 Object Snap이 적용됩니다.

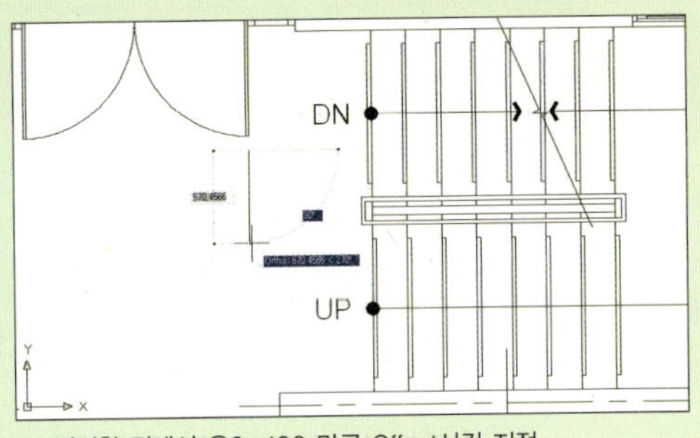

▲ 지정한 점에서 @0,-100 만큼 Offset시킨 지점

```
_from Base point : (기준점 클릭)
<Offset> : @0,-100
```

- **Mid Between 2 Points** : 지정한 두 점의 1/2 지점에 Object Snap이 적용됩니다.

- **Point Filters** : 지정한 축 또는, 평면을 기준으로 먼저 지정한 지점에 해당 필터가 적용되어 다음 점이 지정됩니다.

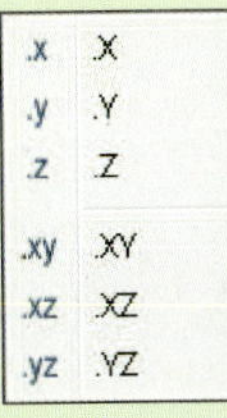

도면 작성의 시작이 되는 객체의 선택

객체 선택은 도면 작업의 정확성과 신속성에 관한 문제이기 때문에 필요한 객체를 선택하는 방법은 매우 중요합니다. AutoCAD 2010에서는 다양한 선택 방법을 제공하며 기본적으로 세 가지의 선택 방법이 있습니다. 이번에는 객체를 신속하고 정확하게 선택할 수 있는 방법을 알아봅니다.

클릭(Click)으로 객체 선택하기

가장 일반적인 방법으로 객체를 클릭으로 선택할 수 있습니다. 선택할 객체가 적은 경우에 적당하며 많은 객체가 모여 있는 경우나 흩어져 있는 경우에 이 방법을 사용하면 좋습니다. 다음 예제를 통해서 클릭으로 객체를 선택하는 방법을 배워봅니다.

◉ Samples\02_02_Selection_Click.dwg

01 도면 영역을 확대(Zoom In)하기 위해 [View] 탭의 [Navigate] 패널에서 [Zoom] 아이콘의 드롭다운 화살표를 클릭한 후 [Window](🔍) 아이콘을 클릭합니다. 두 번 클릭으로 그림과 같이 Window를 만들어 화면을 확대합니다.

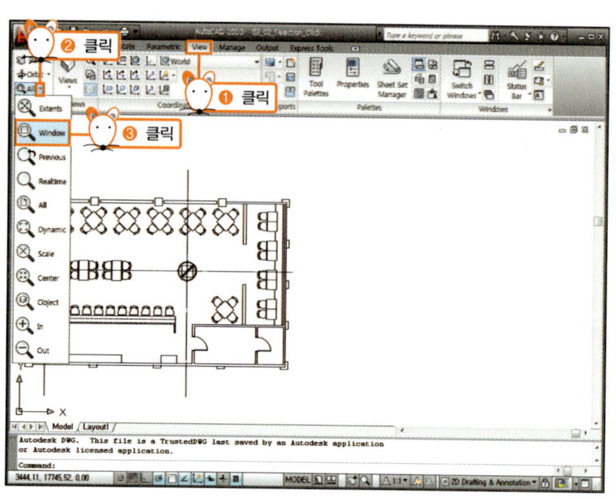
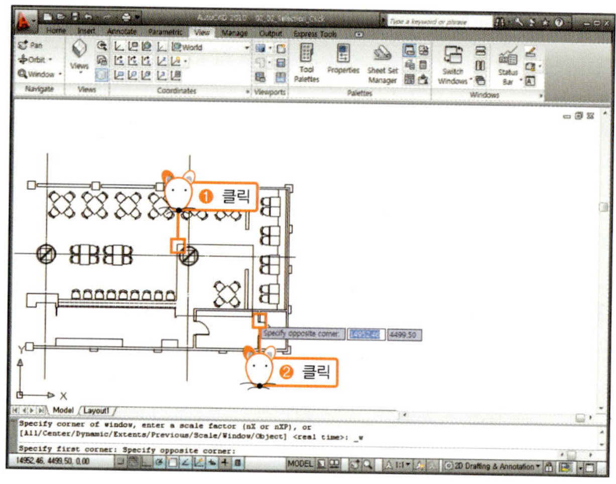

02 [Home] 탭의 [Modify] 패널에서 [Erase](✎) 아이콘을 클릭하고 그림과 같이 객체를 선택합니다. 선택된 객체는 점선으로 하이라이트(Highlight)로 표시됩니다.

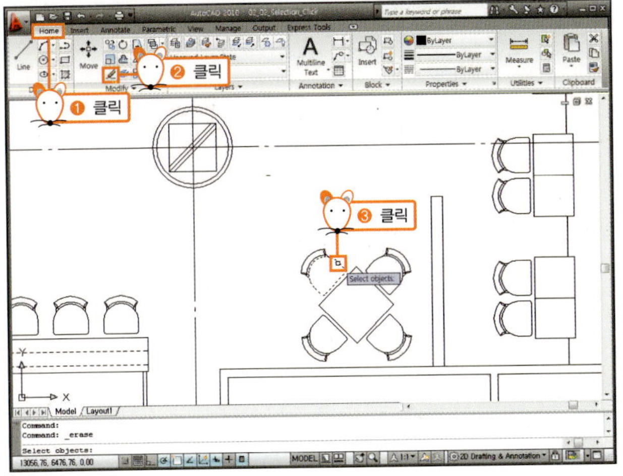

03 객체 선택이 끝났으면 Enter 를 눌러 Erase 명령을 실행합니다.

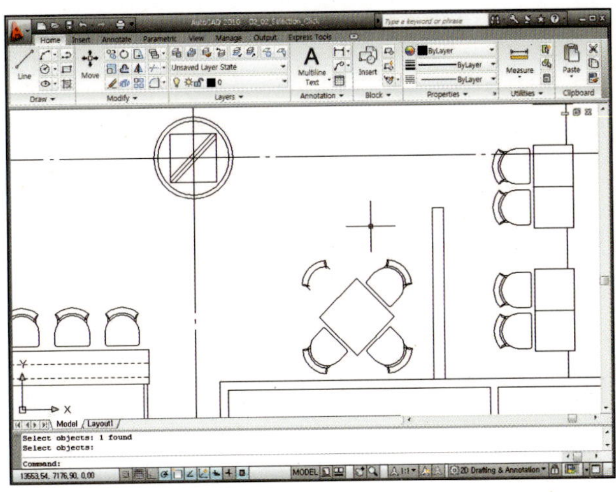

주목

Erase 명령의 경우 객체를 선택한 후 바로 명령이 종료되는 것이 아니기 때문에 객체를 계속해서 선택할 수 있습니다.

객체를 선택해도 하이라이트(Highlight) 표시가 나타나지 않는 경우

객체를 선택해도 하이라이트로 표시되지 않는 경우에는 Highlight 명령을 입력합니다.

```
Command : Highlight  Enter  (Highlight 명령 실행)
Enter new value for HIGHLIGHT <1> :
```

입력할 수치는 '0'과 '1'입니다. '0'은 객체를 선택해도 점선으로 하이라이트되지 않고, '1'은 객체를 선택하면 점선으로 하이라이트됩니다.

▲ Highlight = 1

▲ Highlight = 0

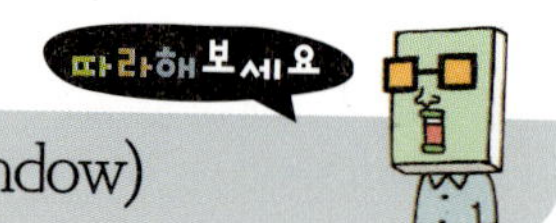

왼쪽으로 여는 윈도우(Window), 오른쪽으로 여는 윈도우(Cross Window)

한 번에 여러 개의 객체를 선택하는 방법은 왼쪽에 오른쪽으로 선택 창을 열 때와 오른쪽에서 왼쪽으로 선택 창을 열 때가 다릅니다. 오른쪽에서 왼쪽으로 선택 창을 열어 객체를 선택하면 선택 창은 점선으로 보이며 선택 창에 포함된 객체는 물론 경계에 걸친 객체들이 모두가 선택됩니다. 반면 왼쪽에서 오른쪽으로 Window를 열어 객체를 선택하면 선택 창은 실선으로 보이며 선택 창 안에 완전히 포함(경계에 걸친 객체는 제외)된 객체만이 선택됩니다. 다음 예제를 통해서 객체를 선택하는 방법을 알아봅니다.

◉ Samples\02_02_Selection_Window.dwg

01 도면 영역을 확대(Zoom In)하기 위해 [View] 탭의 [Navigate] 패널에서 [Zoom] 아이콘의 드롭다운 화살표를 클릭한 후 [Window](🔍) 아이콘을 클릭합니다. 두 번 클릭으로 그림과 같이 Window를 만들어 확대합니다.

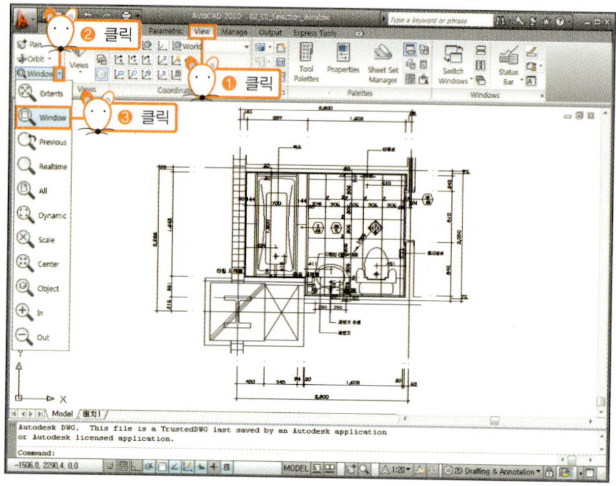

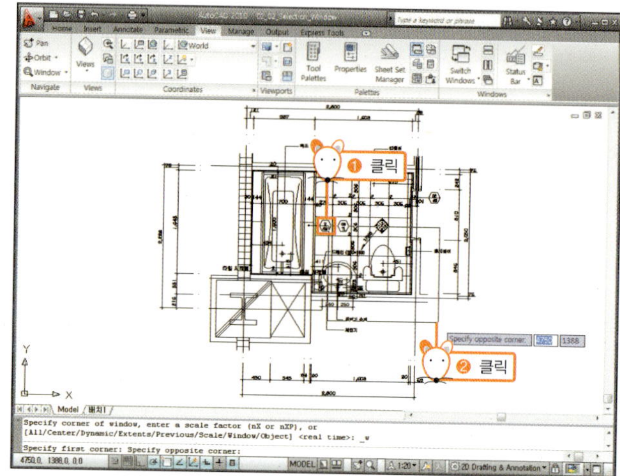

02 [Home] 탭의 [Modify] 패널에서 [Erase](✐) 아이콘을 클릭하고 Crossing Window로 객체를 선택하기 위해 그림과 같이 휴지걸이를 오른쪽에서 왼쪽으로 Window를 만들어 선택한 후 **Enter** 를 누릅니다.

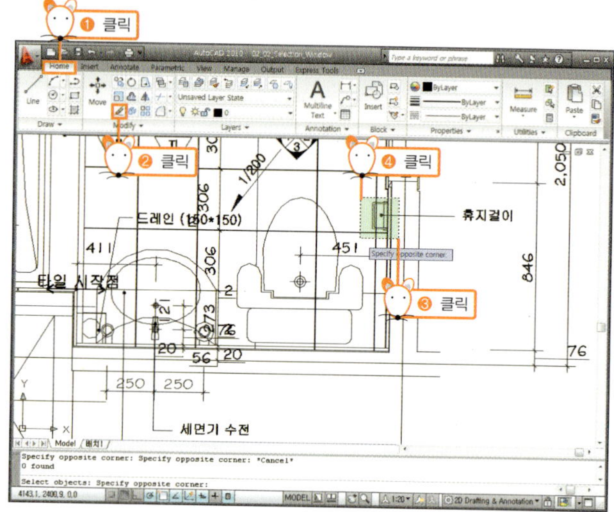

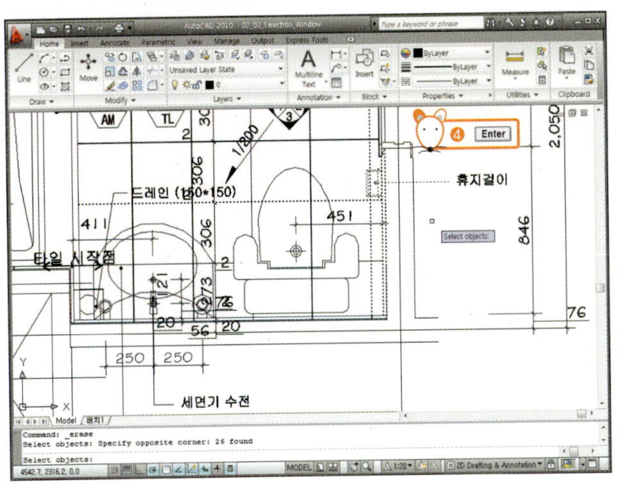 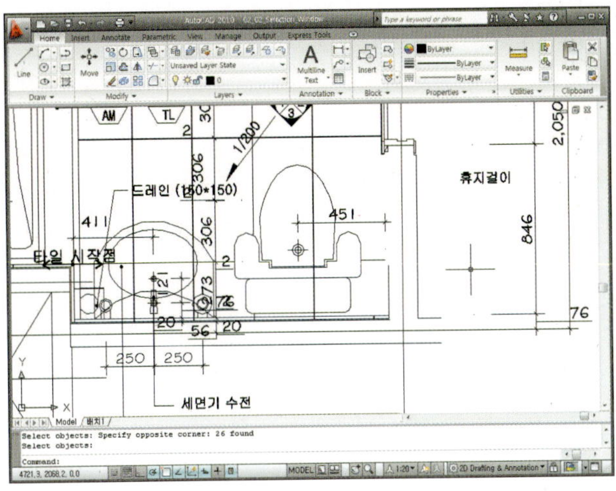

주목

선택 창 안에 있는 것은 물론 경계에 걸친 모든 객체들이 삭제됩니다.

03 이번에는 Window로 객체를 선택하기 위해 `Enter`로 Erase 명령을 다시 실행합니다. 변기를 왼쪽에서 오른쪽으로 Window를 만들어 선택한 후 `Enter`를 누르면 객체가 삭제됩니다.

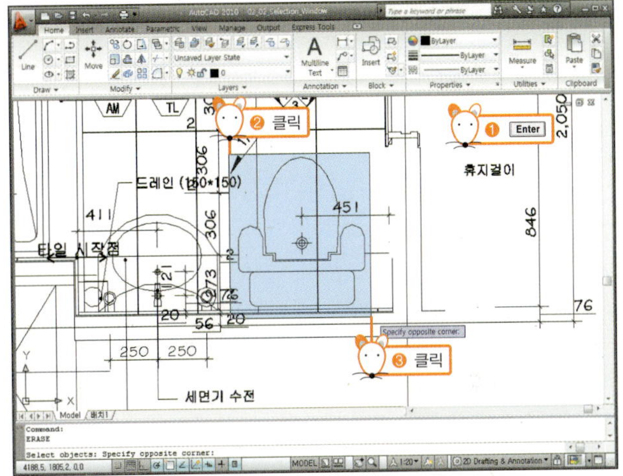

주목

마지막에 사용했던 명령을 다시 사용하려면 `Enter`를 누르면 됩니다.

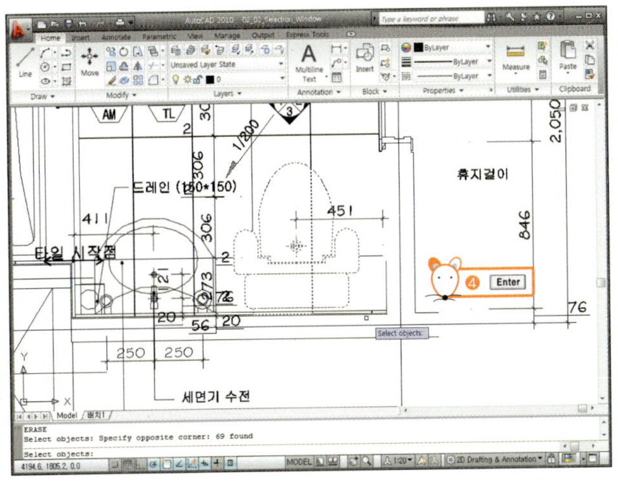 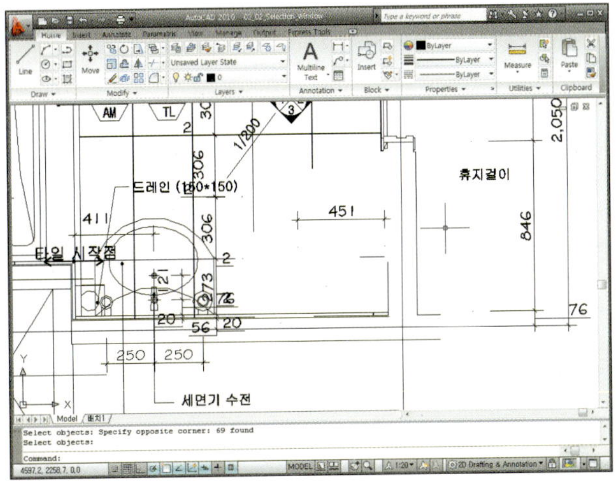

Quick Select로 신속하고 효율적으로 객체 선택하기

Quick Select는 객체의 속성(Properties)을 기준으로 같은 속성을 가진 객체를 한 번에 손쉽게 선택할 수 있는 기능입니다. 그리고, 미리 객체를 선택하고 찾는 조건을 지정하면 다음에도 손쉽게 선택할 수 있습니다. 다음 예제를 통해서 Quick Select 기능을 이용해 객체를 선택하는 방법을 배워봅니다.

Samples\02_02_Selection_Quick.dwg

01 객체 전체를 선택하기 위해 Ctrl + A 를 누르고 도면 영역에서 마우스 오른쪽 단추를 클릭한 후 [Quick Select]를 선택하여 [Quick Select] 대화상자를 불러냅니다.

02 [Quick Select] 대화상자가 나타나면 [Object type]을 'MText'로 수정한 후 [Properties]를 'Color'로 설정하고 [Value]를 'Green'으로 설정합니다. [OK] 단추를 클릭하여 명령을 실행합니다.

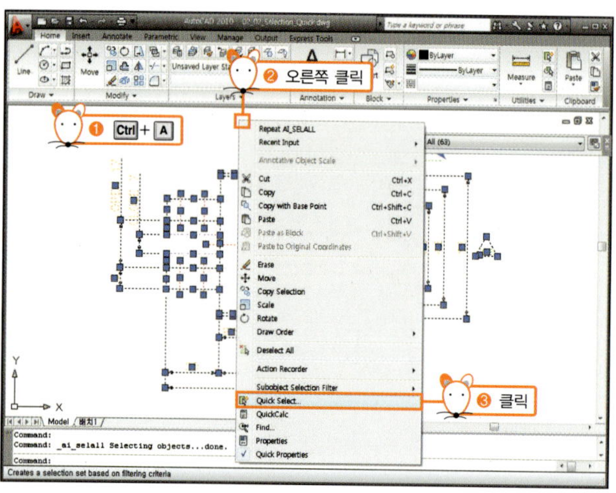

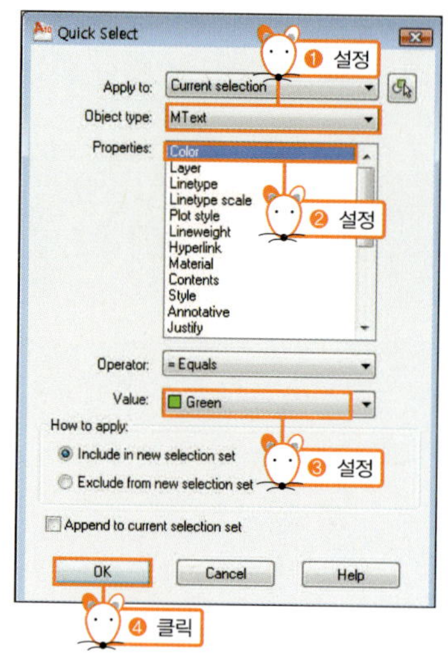

03 [Quick Select] 대화상자의 설정처럼 [선택한 객체 중에서 색상이 'Green'으로 된 다중행 문자(MText)를 선택하라]의 명령이 적용됩니다.

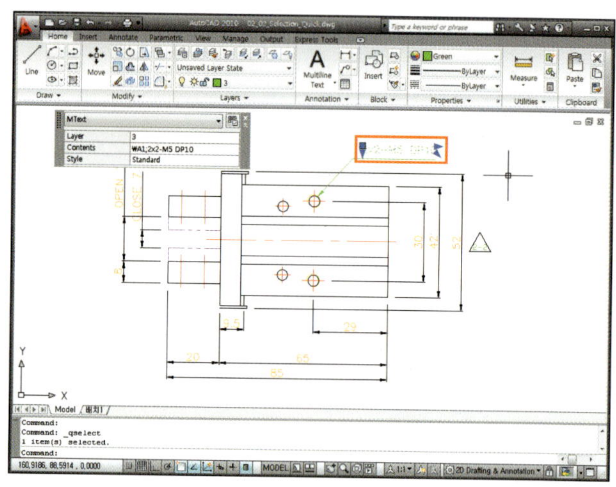

주목

이때 치수(Dimension)의 문자나 지시선(Leader)의 문자는 모두 각각 치수와 지시선의 속성 영향 아래에 있게 되어 현재 선택에서는 제외됩니다.

[Quick Select] 대화상자의 이해

Quick Select 기능을 적절히 사용하기 위해서는 객체들의 속성(Properties)을 설정하는 [Quick Select] 대화상자에 대하여 잘 이해하고 있어야 합니다.

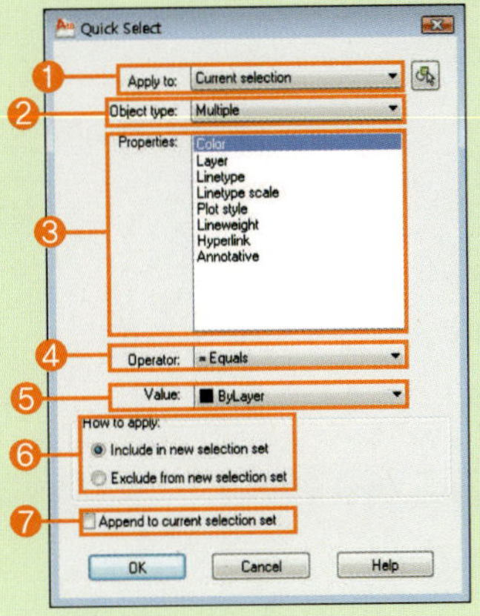

❶ **Apply to** : 전체 도면(Entire Drawing)을 대상으로 할 것인지, 오른쪽의 [Select Objects](⬚) 아이콘을 클릭하여 도면에서 객체를 선택할 것인지를 설정합니다.

❷ **Object type** : 도면(또는, 선택된 객체)에 포함된 객체의 유형이 드롭다운 메뉴에 나열됩니다. 따라서 열려진 도면 (또는, 선택된 객체)에 따라 메뉴의 내용은 달라집니다.

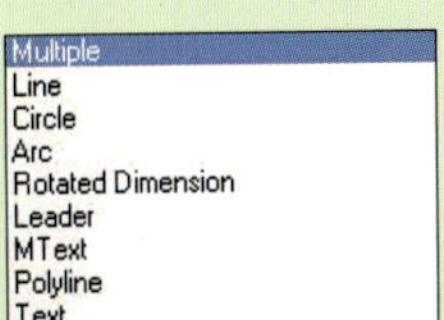

❸ **Properties** : 객체의 유형에 따라 달라지는 속성들을 보여 줍니다.

❹ **Operator** : 객체의 속성과 같은지(=Equals), 같지 않은지(<>Not Equal), 큰지(>Greater than), 작은지(<Less than), 전부 선택(Select All)할지를 설정합니다.

❺ **Value** : 객체의 속성에 해당하는 값을 선택합니다. 예를 들어 속성을 'Color'로 선택했다면 여기에서 어떤 색상인 지를 선택합니다.

❻ **How to apply** : 찾기 조건으로 선택된 객체의 속성을 새롭게 선택한 객체에 적용할지를 설정합니다.

- **Include in new selection set** : 새로운 선택 객체에 적용합니다.
- **Exclude from new selection set** : 새로운 선택 객체에서 제외합니다.

❼ **Append to current selection set** : 현재 선택된 객체에 추가합니다.

도면 작성에 유용한 다양한 선택 옵션

선택된 객체의 일부분만 선택 해제하는 옵션(Remove)과 여러 개의 객체를 선택할 때 펜스 형식으로 선택하는 옵션
(Fence)의 사용 방법을 알아봅니다.

● 선택 일부 해제 옵션(Remove)

Remove 옵션을 이용해 선택한 객체를 일부분을 해제하는 방법에 대하여 알아봅니다.

Samples\02_02_Selection_Remove.dwg

01 [Home] 탭의 [Modify] 패널에서 [Erase](✐) 아이콘을 클릭하고 Crossing Window로 객체를 선택합니다.

02 'r'을 입력하고 Enter 를 누릅니다.

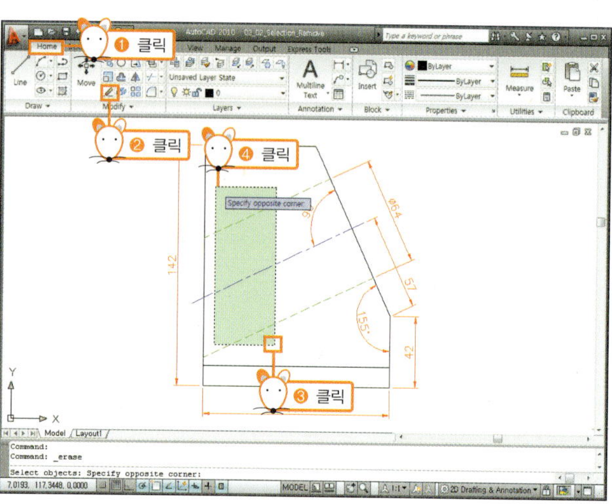

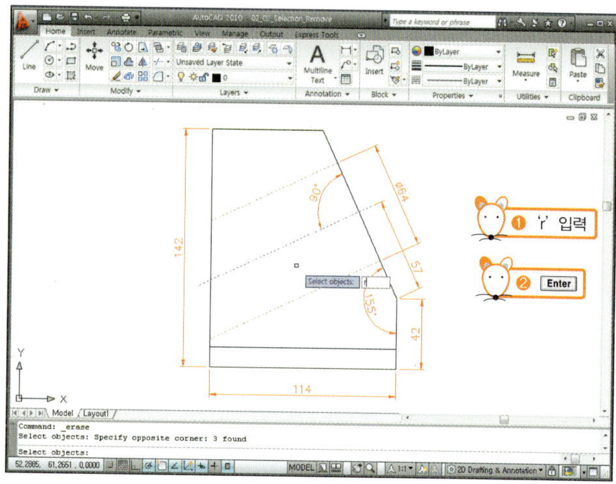

Select objects : r Enter **(Remove 명령 실행)**

03 파란색의 일점쇄선을 선택한 후 Enter 를 눌러 명령을 실행합니다.

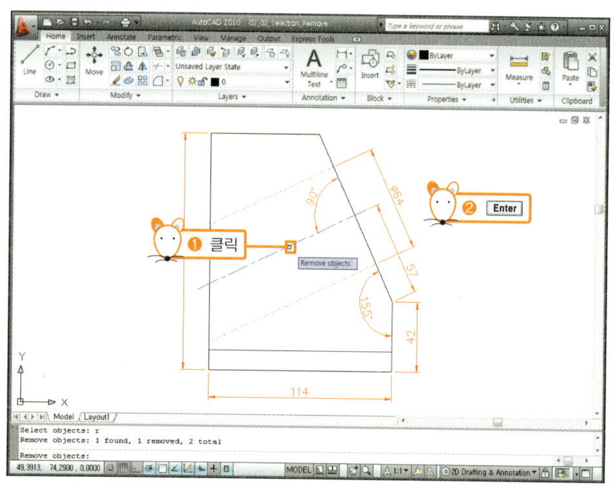

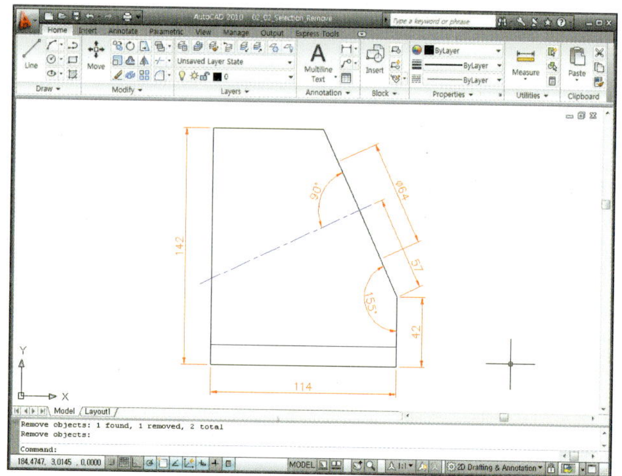

Remove objects : (객체 선택) Enter

● 펜스 옵션(Fence)

Fence 옵션을 사용하여 객체를 선택하는 방법에 대하여 알아봅니다.

Samples\02_02_Selection_Remove.dwg

01 [Home] 탭의 [Modify] 패널에서 [Erase](✎) 아이콘을 클릭하고 'f'를 입력한 후 Enter 를 누릅니다.

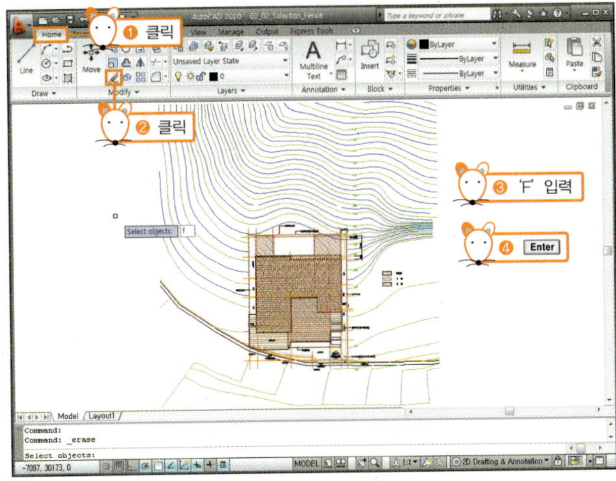

02 그림처럼 세 점을 지정하여 펜스를 형성한 후 Enter 를 누릅니다.

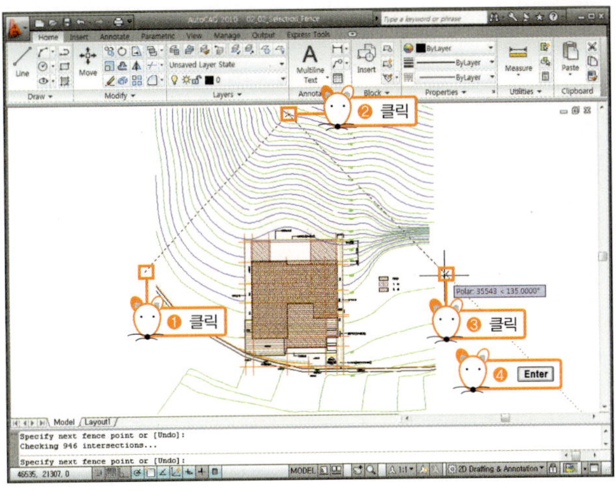

주목

정확한 Fence의 지점을 선택하기 위해 Object Snap 기능을 끄는 것(F3)을 권장합니다.

03 펜스와 만나는 객체가 선택되는 것을 확인할 수 있습니다. 더 이상 선택할 객체가 없으므로 다시 한 번 Enter 를 누릅니다.

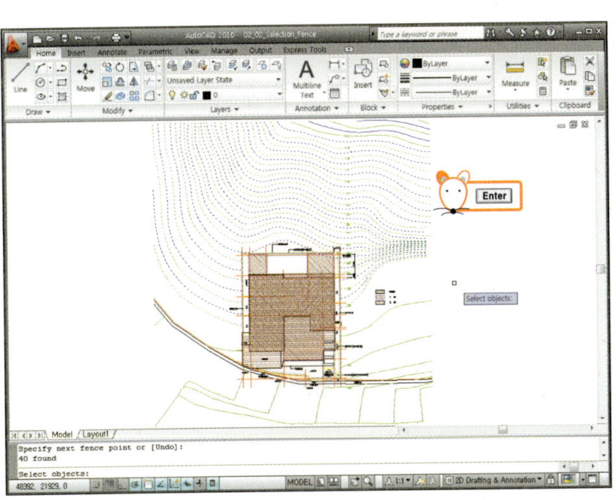

04 Fence 옵션을 이용하여 선택한 객체를 삭제하였습니다.

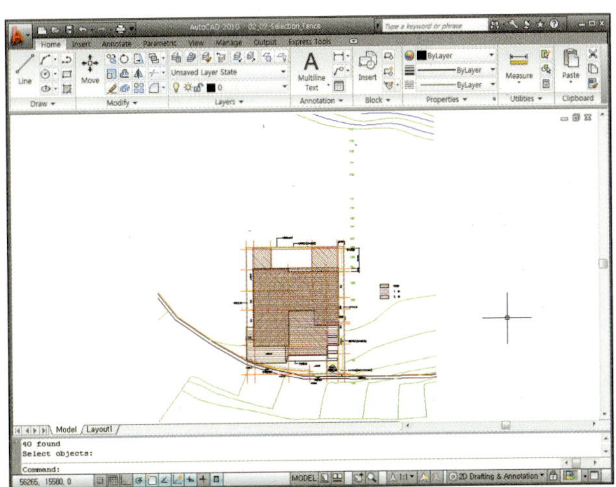

객체 선택(Selection)과
관련된 [Options] 대화상자의 이해

객체 선택(Selection)에 관한 상세한 설정은 [Options] 대화상자에서 할 수 있습니다.

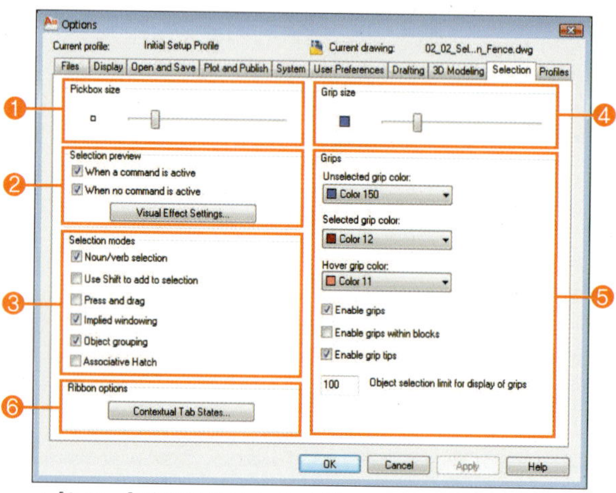

▲ [Options] 대화상자의 [Selection] 탭

❶ **[Pickbox size] 영역** : 슬라이더 바를 이용하여 Pickbox의 크기를 조절합니다.

❷ **[Selection preview] 영역** : 선택된 객체를 어떻게 보여줄 것인가에 대한 사항을 설정합니다. 명령이 적용된 상태(When a command is active)에서만 선택 사항 미리 보기(Selection Preview) 기능이 적용되도록 할 것인지, 적용되지 않은 상태 (When no command is active)에서도 선택 사항 미리 보기(Selection Preview) 기능이 적용되도록 할 것인지를 설정합니다. 좀 더 자세한 설정을 하기 위해서는 [Visual Effect Settings] 단추를 클릭하여 [Visual Effect Settings] 대화상자를 불러냅니다.

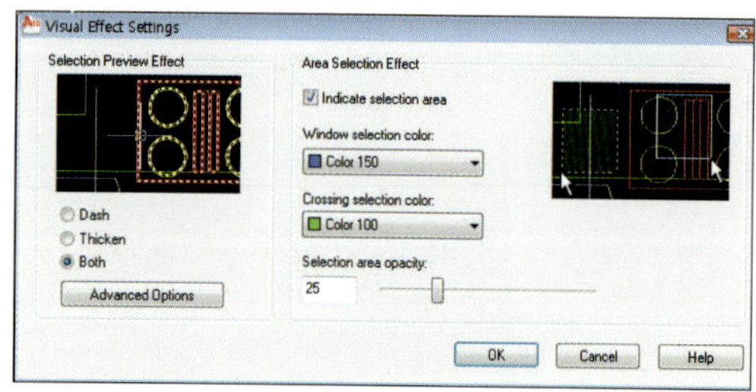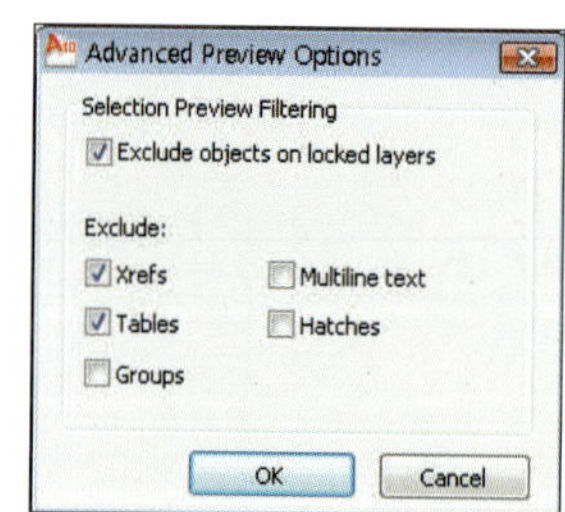

- **[Selection Preview Effect] 영역** : 선택된 객체에 어떤 효과를 줄 것인가에 대한 설정을 합니다. 선택된 객체가 점선 (Dash), 두께(Thicken) 그리고, 둘 모두로 표시될 것 인지를 설정합니다. [Advanced Options] 단추를 클릭하여 [Advanced Preview Options] 대화상자를 불러내 선택에서 제외(Exclude)되는 객체 그룹들을 지정할 수도 있습니다.
- **Area Selection Effect** : Selection Window의 세부 사항(색상 및 투명도)을 설정할 수 있습니다.

❸ **[Selection modes] 영역** : 객체 선택에 관련된 전반적인 옵션을 설정할 수 있습니다.
- **Noun/verb selection** : 체크되어 있으면 명령을 시작하기 전에 편집하는 객체를 먼저 선택하고 나중에 명령을 적용시 킬 수 있습니다. 명령 없이 객체를 선택하면 객체는 Grip으로 나타납니다. 체크하는 것이 기본입니다.

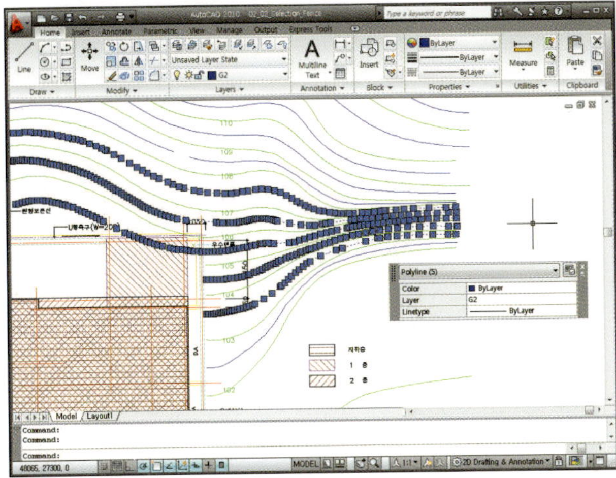

- **Use Shift to add to selection** : 선택된 객체(또는, 객체 그룹)에 객체들을 추가하는 방법을 설정합니다. 체크되어 있 으면 다른 객체들을 추가 선택할 때 Shift 를 누른 상태로 선택해야 하며, 이 옵션을 꺼놓으면 선택한 객체들은 자동적으 로 선택 집합에 추가됩니다. 체크 해제하는 것이 기본입니다.
- **Press and drag** : 시작점에서 클릭하고 끝점까지 드래그하여 Selection Window를 만들 수 있습니다. 이 옵션을 꺼놓으 면 드래그 기능을 사용할 수 없고, 시작점과 끝점을 클릭하여 선택 창을 만들어야 합니다. 체크 해제하는 것이 기본입니다.
- **Implied windowing** : 객체를 제외한 도면의 빈 영역을 선택하자마자 자동적으로 선택 창이 시작됩니다. 이 옵션을 꺼놓 으면 명령의 실행 동안에 'W'를 입력해야만 선택 창을 만들 수 있고, 'C'를 입력해야만 Crossing Window 선택을 사용 할 수 있습니다. 체크하는 것이 기본입니다.
- **Object grouping** : 특정 그룹에서 하나의 객체를 선택하면 객체 그룹이 선택됩니다. 이 옵션을 꺼놓으면 객체 그룹을 선택할 때 해당 객체만이 선택됩니다. 체크하는 것이 기본입니다.
- **Associative hatch** : Associative hatch를 포함하는 경계 객체와 해치가 함께 선택됩니다. 이 옵션을 꺼놓으면 경계 객체를 제외한 Associative hatch만이 선택됩니다. 체크 해제하는 것이 기본입니다.

❹ **[Grip size] 영역** : Grip의 크기를 조절할 수 있습니다.

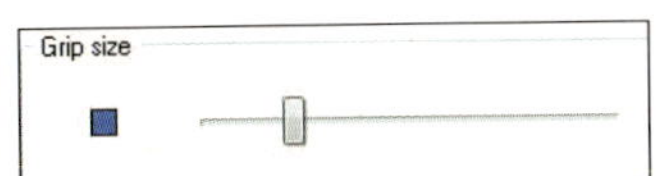

❺ **[Grips] 영역** : Grip에 관한 세부 사항들을 설정할 수 있습니다.

- **Unselected grip color** : 선택되지 않은 Grip의 색상을 설정합니다. 기본 상태로는 선택되지 않은 Grip은 작은 파란색(기본) 사각형으로 표시됩니다.

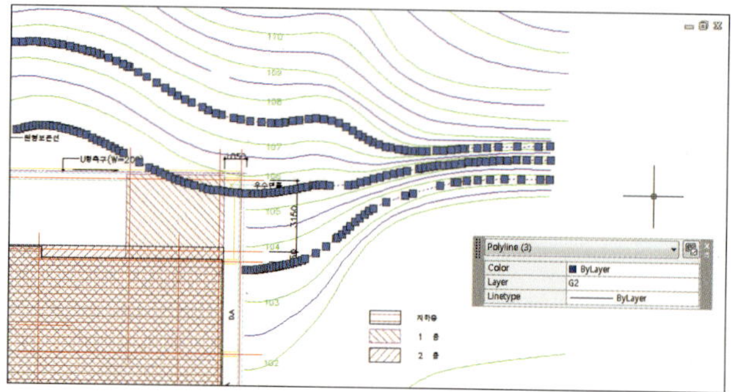

▲ Unselected grip

- **Selected grip color** : 선택된 Grip의 색상을 설정합니다. 선택된 Grip은 작은 빨간색(기본) 사각형으로 표시됩니다.

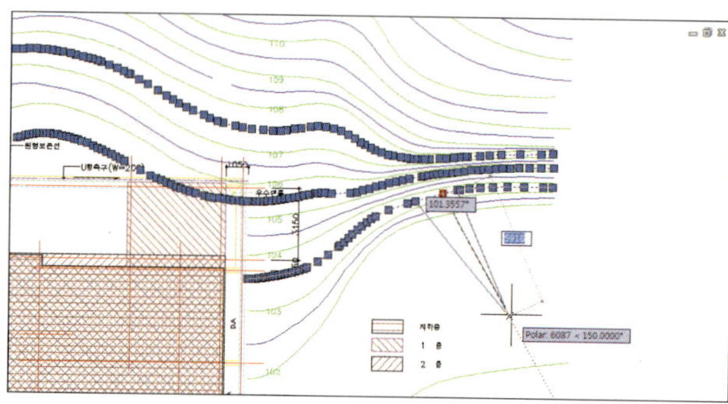

▲ Selected grip

- **Hover grip color** : 선택된 Grip의 수정되기 전 색상을 설정합니다.

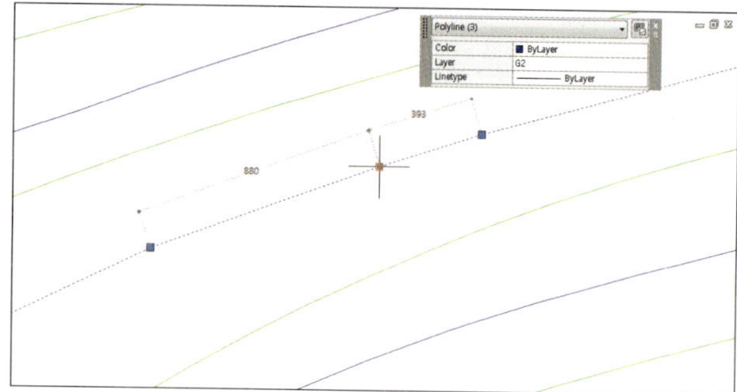

▲ Hover grip

- **Enable grips** : 객체를 선택한 후 객체 위에 Grip이 나타나게 할 것인지를 설정합니다. Grip을 선택하여 활성(hot) 상태로 만들면 객체를 수정할 수 있습니다. Grip이 활성 상태가 되면 이동시키거나 명령을 선택하기 위한 단축 메뉴를 실행할 수 있습니다.
- **Enable grips within blocks** : 블록을 선택할 때 블록에 대한 Grip이 표시되는 방식을 설정합니다. 이 옵션을 선택하면 블록 내부의 각 객체에 대한 모든 Grip을 표시합니다. 하나의 Grip을 선택하여 활성 상태로 만들어서 객체를 수정할 수 있습니다. Grip이 활성 상태가 되면 개체를 이동하거나 명령을 선택하기 위해 단축 메뉴를 표시할 수도 있습니다. 이 옵션을 꺼놓으면 블록의 삽입 위치에 하나의 Grip만이 나타납니다.
- **Enable grip tips** : 체크하면 Grip에 관련된 팁(Tips)을 사용할 수 있습니다.
- **Object selection limits for display of grips 입력 박스** : 선택되는 객체에 표시할 Grip의 개수를 설정합니다.

❻ **[Ribbon options] 영역** : 리본 메뉴의 [Contextual Tab] 표시에 관해 설정할 수 있습니다. [Contextual Tab]이란 특정 명령 수행 중이나 특정 객체를 선택하면 사전에 정의된 탭 메뉴가 표시되어 객체 작성과 편집에 도움을 주는 기능을 말합니다.

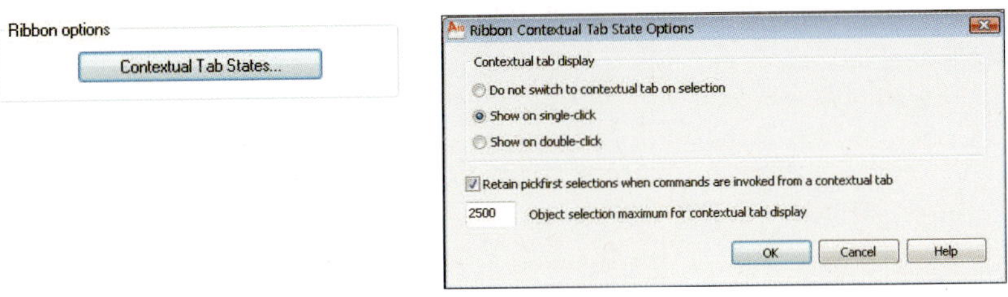

[Contextual tab display] 영역에서는 객체를 선택해도 [Contextual Tab]으로 전환되지 않도록(Do not switch to contextual tab on selection) 하거나, 한 번 클릭으로 표시(Show on single-click) 또는, 더블클릭으로 표시(Show on double-click) 할 수 있는 옵션 설정이 가능하며, 최초 선택한 [Contextual Tab]이 해당 [Contextual Tab]의 명령을 수행하는 동안에도 계속 유지(Retain pickfirst selections when commands are invoked from a contextual tab)될 수 있도록 하거나, [Contextual Tab]을 불러낼 수 있는 최대의 객체 개수(Object selection maximum for contextual tab display)를 설정할 수도 있습니다.

Zoom과 Pan으로 뷰(View) 환경을 지배하라!

AutoCAD 2010을 잘 활용하는 방법 중 하나가 바로 뷰 환경을 적당하게 설정하고 작업하는 것입니다. 뷰 환경은 화면을 바라보는 가상의 카메라가 다가서거나 멀어지고 또는, 상하/좌우로 움직이는 것으로 객체의 크기나 위치가 변하는 것이 아닙니다. 이번에는 Zoom과 Pan 명령을 통해 신속하고 정확하게 뷰 환경을 지배하는 방법에 대해 알아봅니다.

Lesson 03

도면 영역의 확대와 축소

객체의 크기에 따라 화면을 확대·축소시키면서 작업을 하는 것은 도면 작업의 정확성과 신속성을 보장하는 길입니다. 다음 예제를 통해서 Zoom 명령을 제대로 학습해 봅니다.

🔵 Samples\02_03_Zoom.dwg

01 [View] 탭의 [Navigate] 패널에서 [Zoom] 아이콘의 드롭다운 화살표를 클릭한 후 [Realtime](🔍) 아이콘을 클릭합니다.

02 그림과 같이 돋보기 모양의 마우스 포인터를 좌측 상단 방향으로 드래그해서 도면 영역을 확대합니다.

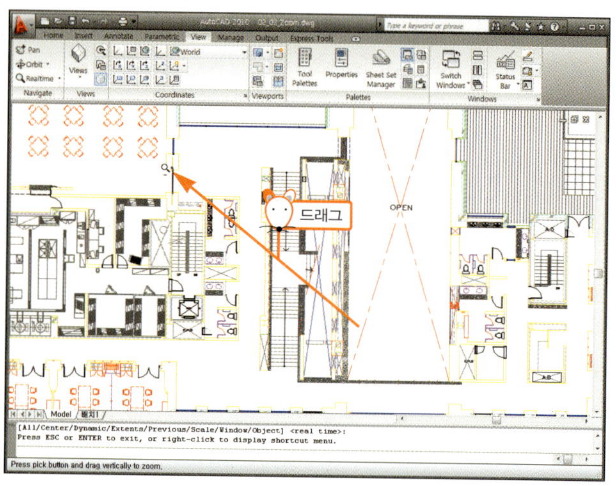

> 🎁 **주목**
> 상단 방향으로 드래그하면 확대, 하단 방향으로 드래그하면 축소됩니다.

110

03 같은 방법으로 그림과 같이 돋보기 모양의 마우스 포인터를 우측 하단 방향으로 드래그해서 영역을 축소합니다.

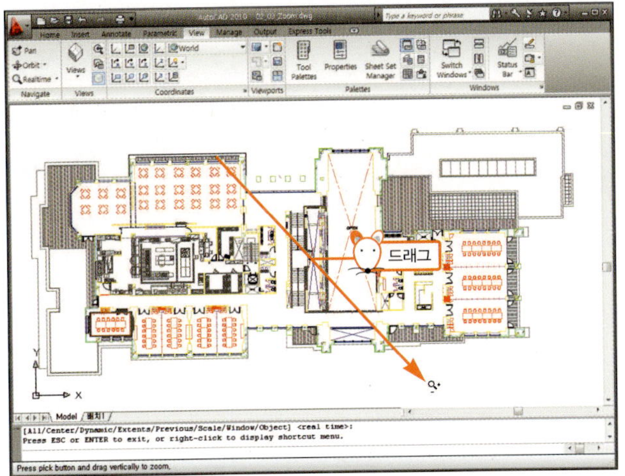

04 Zoom 명령을 종료하기 위해 마우스 오른쪽 단추를 클릭한 후 [Exit]를 선택합니다.

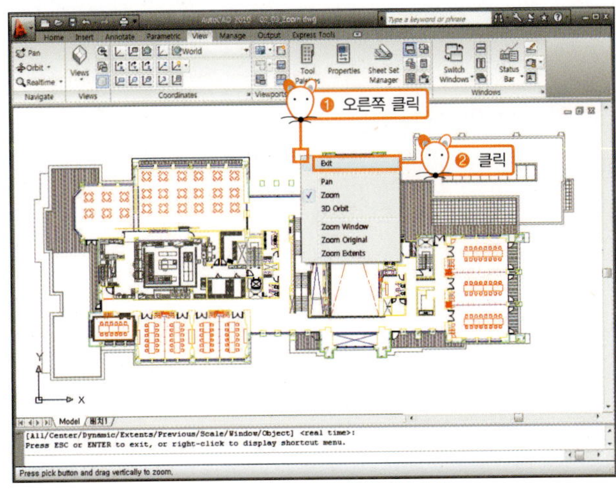

주목

명령을 종료하는 또 다른 방법! **Enter** 를 누르면 된다는 것을 잊지 않으셨죠?

05 [View] 탭의 [Navigate] 패널에서 [Zoom] 아이콘의 드롭다운 화살표를 클릭한 후 [Previous](🔍) 아이콘을 클릭하여 이전 뷰 환경으로 돌아갑니다.

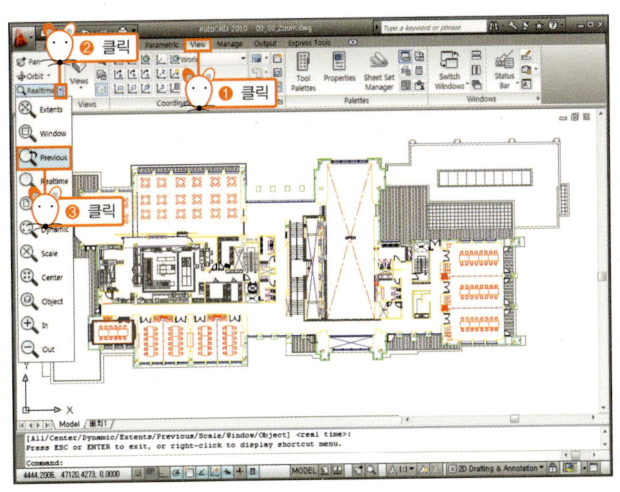

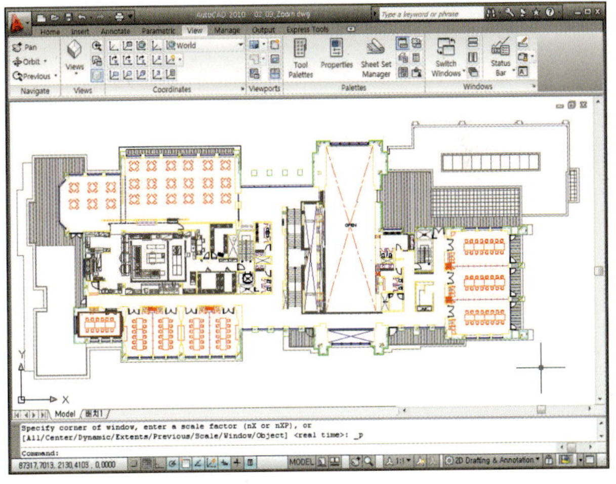

주목

'이전(Previous) 뷰 환경'이란 마지막 Zoom 명령의 시작에서부터 종료까지의 이전 상태를 말합니다. 사례에서는 확대(Zoom In)와 축소(Zoom Out) 동작을 1회로 보고 처음 뷰 환경으로 돌아가는 것입니다.

Pan을 이용하여 도면 영역 이동하기

Pan 명령은 도면 영역을 바라보는 가상의 카메라를 상하/좌우로 이동시키면서 도면을 확인하는 기능입니다. 다음 예제를 통해서 Pan 명령으로 뷰 환경을 조정하는 방법을 알아봅니다.

● Samples\02_03_Pan.dwg

01 [View] 탭의 [Navigate] 패널에서 [Pan](🖐) 아이콘을 클릭합니다.

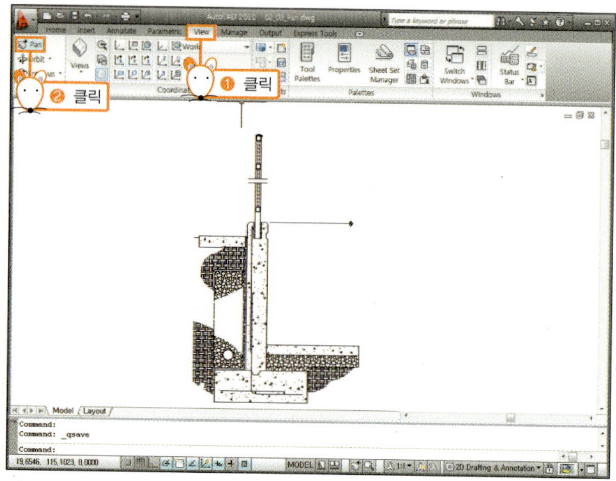

02 손바닥 모양의 마우스 포인터를 드래그하여 도면 영역을 이동시킵니다.

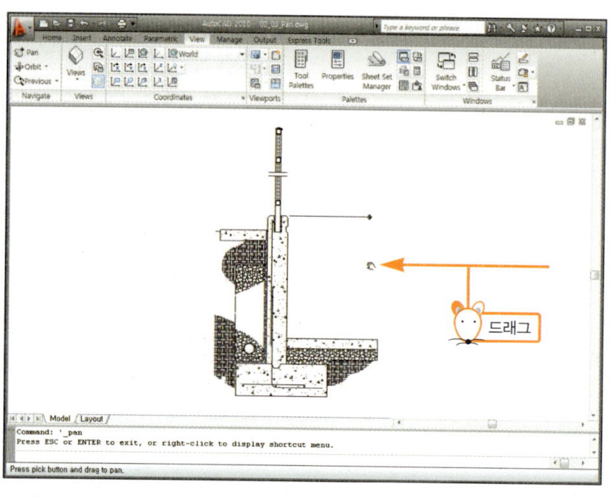

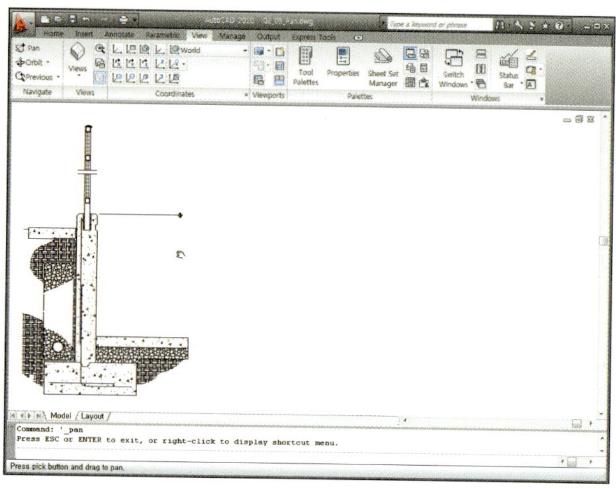

🔔 **주목**

손바닥과 반대 방향으로 카메라가 이동한다고 생각하면 됩니다.

03 Pan 명령을 종료하기 위해 마우스 오른쪽 단추를 클릭하여 [Exit]를 선택합니다.

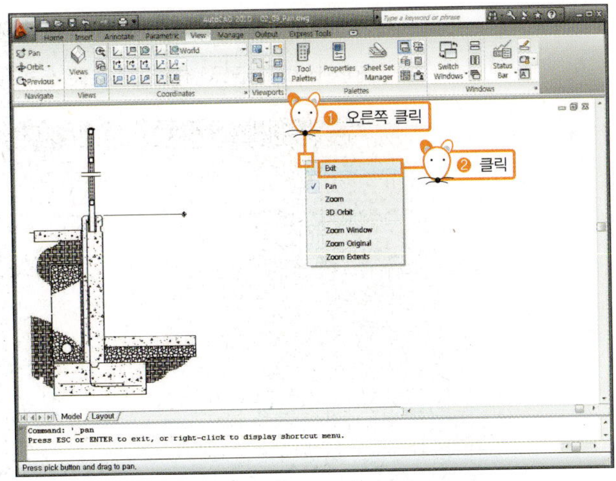

다양한 Zoom 명령 따라하기

Zoom 명령에는 원하는 뷰 환경을 얻기 위한 다양한 명령들이 있습니다. 다음 예제를 통해서 다양한 Zoom 명령들을 배워봅니다.

Samples\02_03_Zooms.dwg

01 [View] 탭의 [Navigate] 패널에서 [Zoom] 아이콘의 드롭다운 화살표를 클릭한 후 [Window]() 아이콘을 클릭합니다. 그림과 같이 도면 영역에서 선택 창을 만들어 영역을 확대합니다.

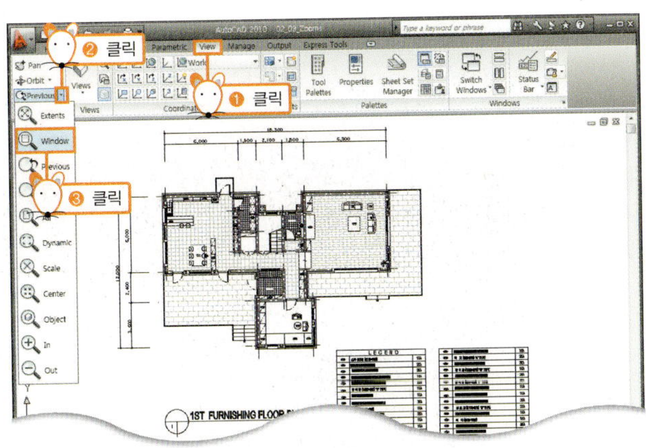

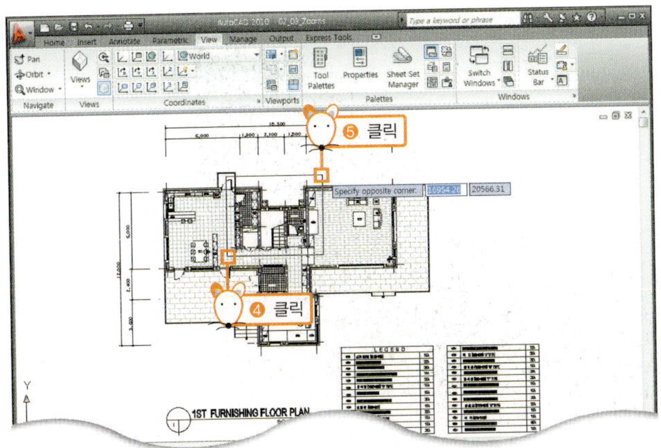

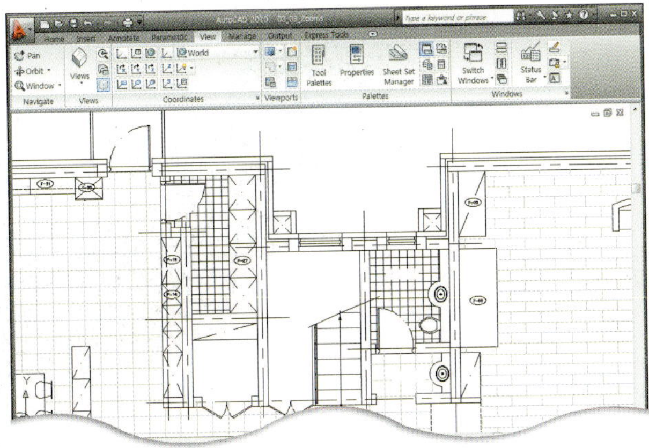

02 다시 [Zoom] 아이콘의 드롭다운 화살표를 클릭한 후 [Dynamic](🔍) 아이콘을 클릭합니다.

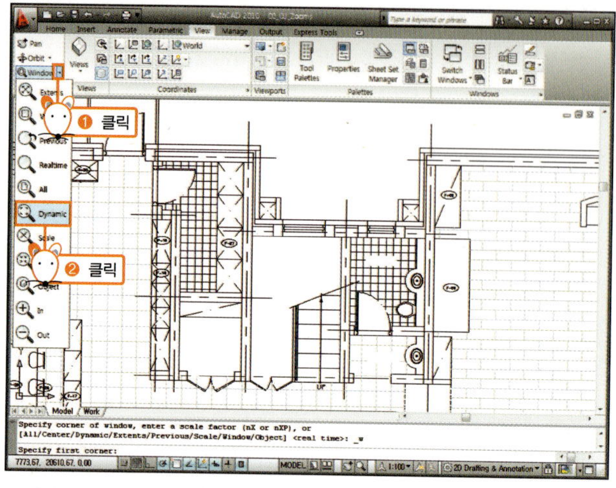

03 도면 영역에서 클릭과 드래그로 Dynamic Box의 크기와 위치를 변경해 그림과 같이 위치시킵니다.

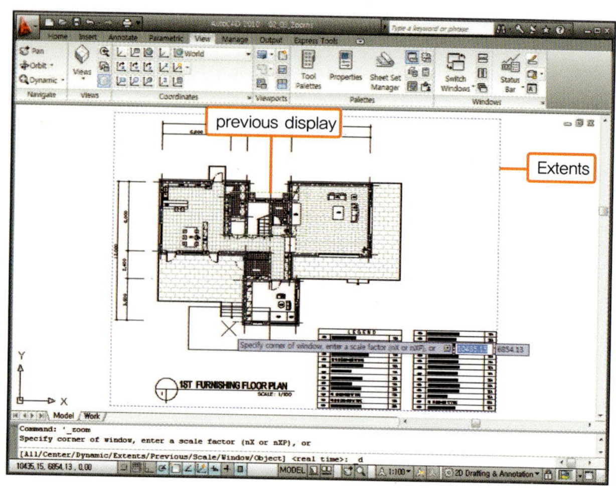

주목

    Zoom Dynamic 명령을 실행하면 작업 중인 객체를 모두 볼 수 있도록 뷰 환경이 변경됩니다. 이때 모든 객체를 두르는 청색의 점선은 Zoom Extents의 기준이 되고, 녹색의 점선은 마지막 뷰 환경의 영역을 표시합니다.

주목

    '→' 표시가 나오면 Dynamic Box의 크기를 변경할 수 있고, 'X' 표시가 나오면 위치를 변경할 수 있습니다.

04 Enter 를 누르거나, 마우스 오른쪽 단추를 클릭한 후 [Enter]를 선택합니다.

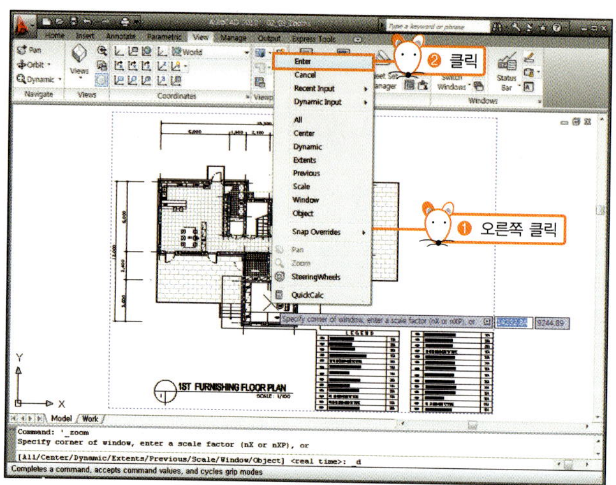

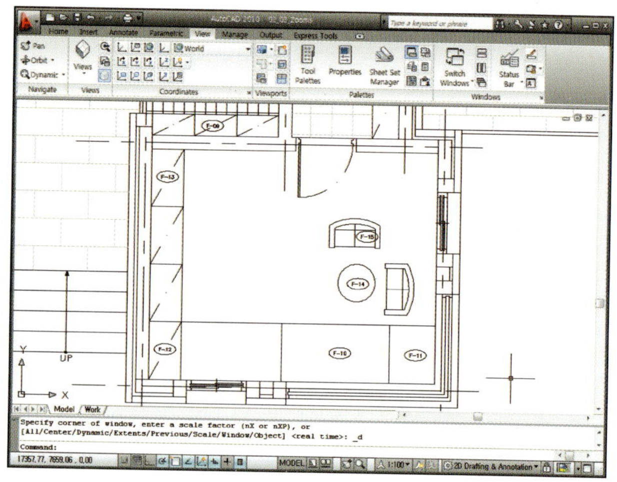

05 다시 [Zoom] 아이콘의 드롭다운 화살표를 클릭한 후 [Scale](🔍) 아이콘을 클릭합니다.
'0.5X'를 입력하고 Enter 를 누릅니다.

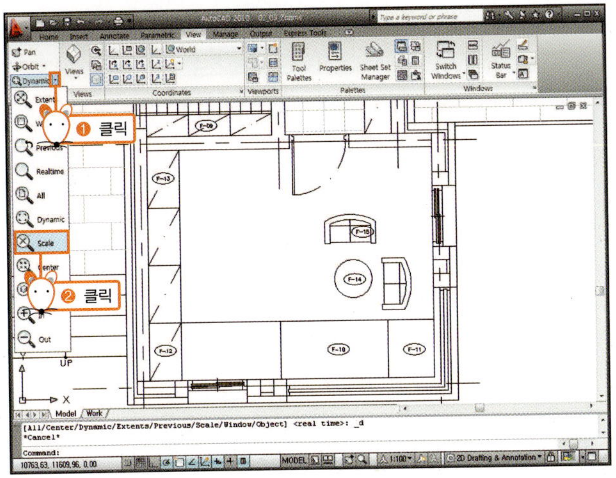

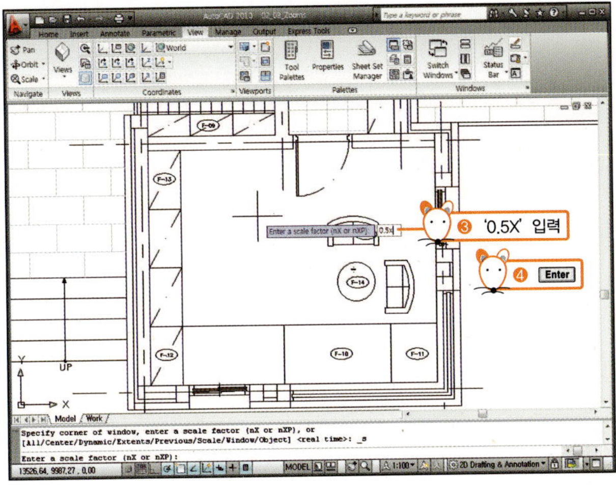

06 마지막 뷰 환경을 기준으로 '0.5배' 확대된 뷰 환경으로 변경됩니다. '0.5X' 대신에 '0.5'라
고 입력했다면 전체 객체를 기준으로 '0.5배' 확대된 뷰 환경이 될 것입니다.

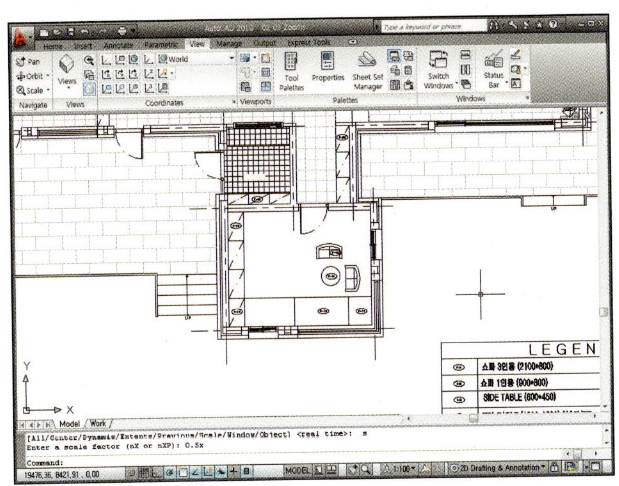

▲ '0.5X'의 뷰 환경

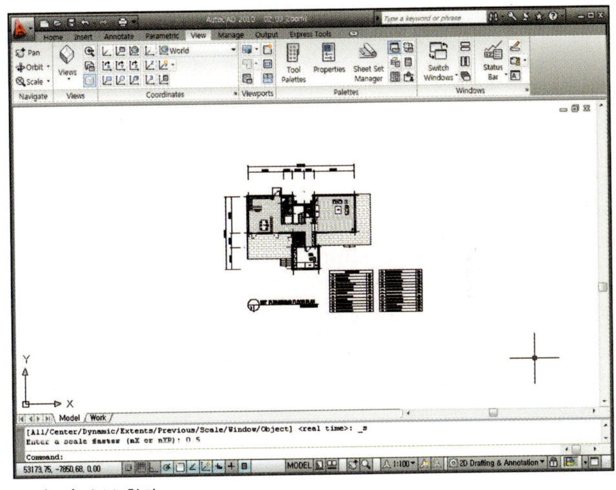

▲ '0.5'의 뷰 환경

주목

'nX'는 마지막 뷰 환경 기준의 확대·축소, 'n'은 전체 객체 기준의 확대·축소인 것입니다.

07 다시 [Zoom] 아이콘의 드롭다운 화살표를 클릭한 후 [All](아이콘) 아이콘을 클릭하여 전체 뷰 환경으로 돌아갑니다. [Zoom] 아이콘의 드롭다운 화살표를 클릭한 후 [Center](아이콘) 아이콘을 클릭합니다.

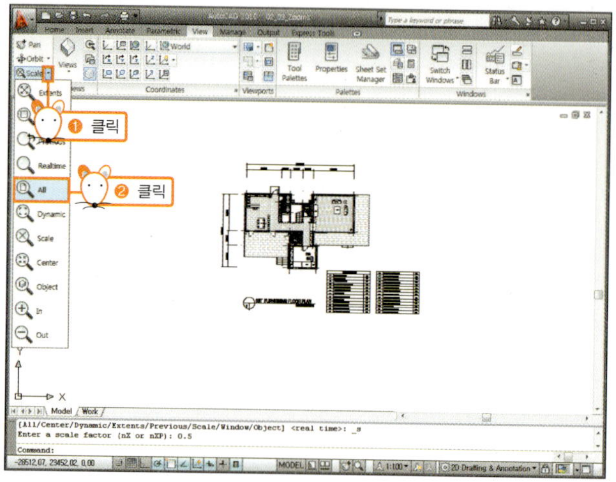

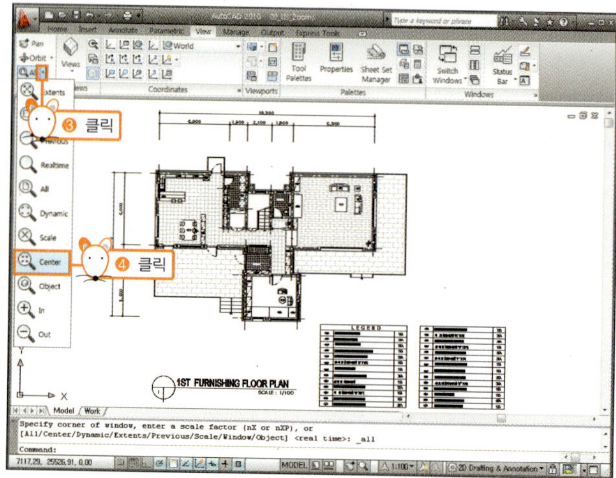

08 도면 영역에서 Zoom 명령의 중심이 될 곳을 클릭해 지정합니다. Enter 를 눌러 선택한 지점이 도면 영역의 중심이 되도록 합니다.

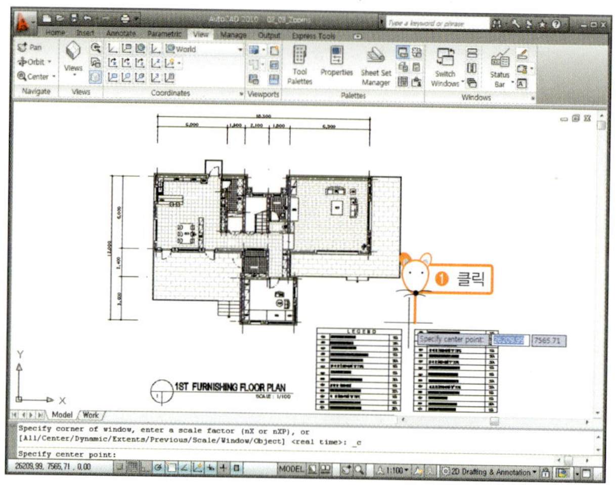

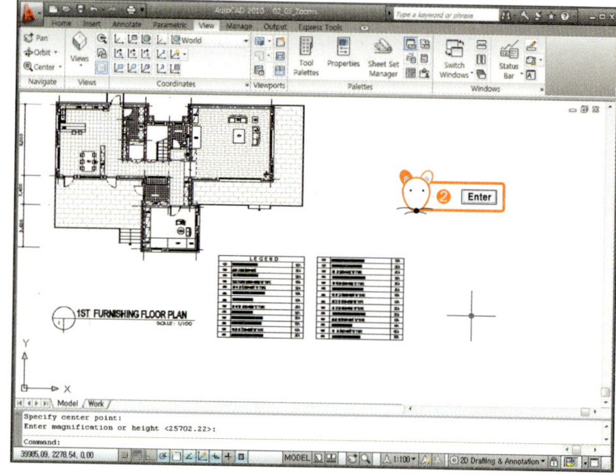

09 다시 그림과 같이 도면 영역을 확대합니다.

❶ [Zoom] 아이콘의 드롭다운 화살표를 클릭한 후 [Object](🔍) 아이콘을 클릭합니다.

❷ 마우스 포인터가 Pickbox로 변하면 도면 영역의 객체를 선택합니다.

❸ Enter 를 눌러 Zoom Object 명령을 실행합니다.

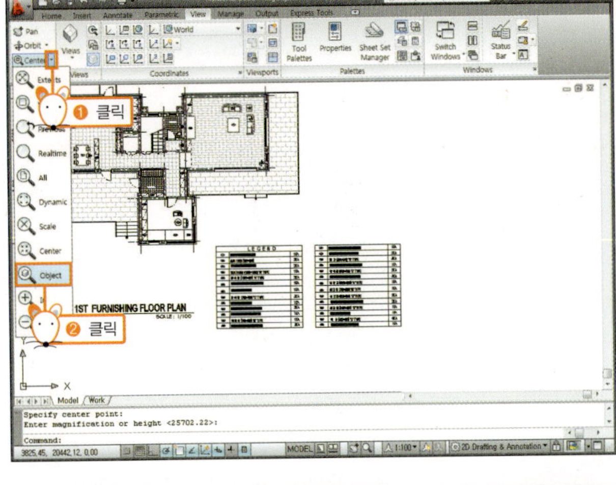

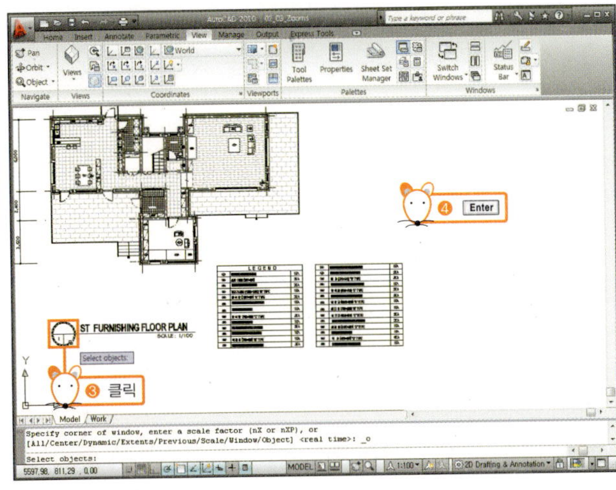

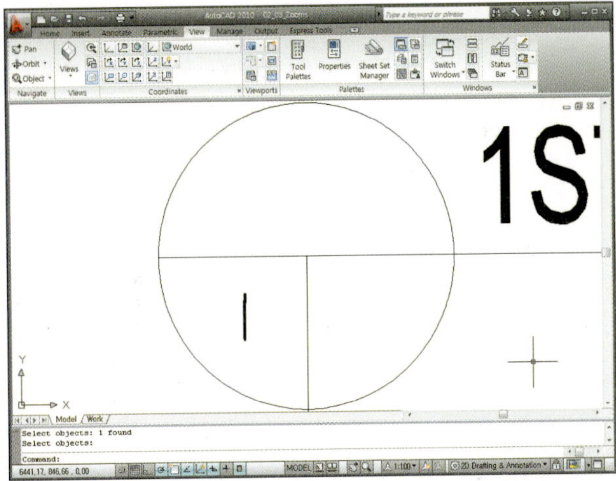

10 다시 그림과 같이 도면 영역을 조정합니다.

❶ [Zoom] 아이콘의 드롭다운 화살표를 클릭한 후 [All](🔍) 아이콘을 클릭합니다.

❷ [Zoom] 플라이 아웃 메뉴에서 [In](🔍) 아이콘을 클릭합니다.

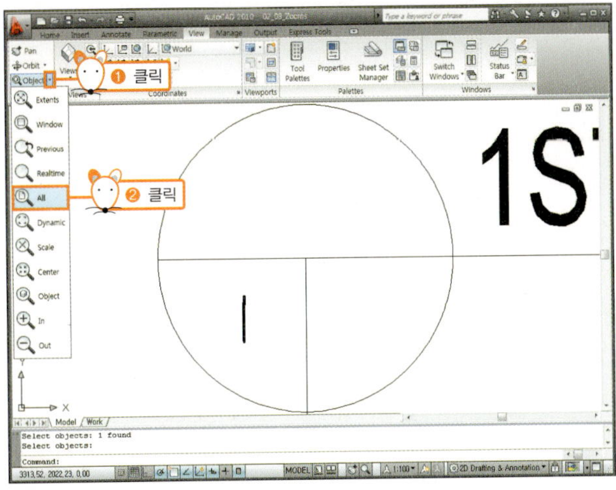

▲ Zoom All

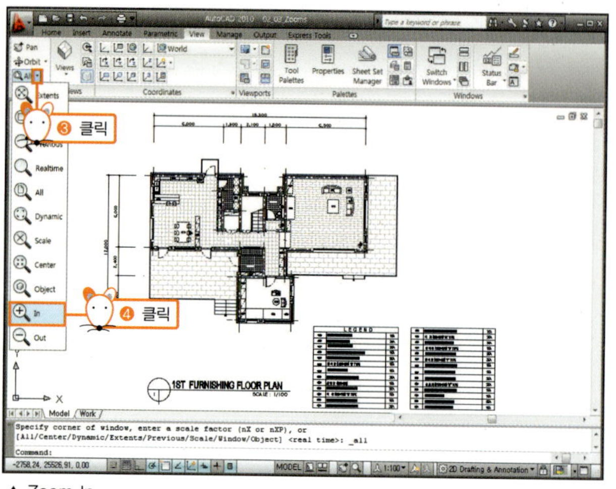

▲ Zoom In

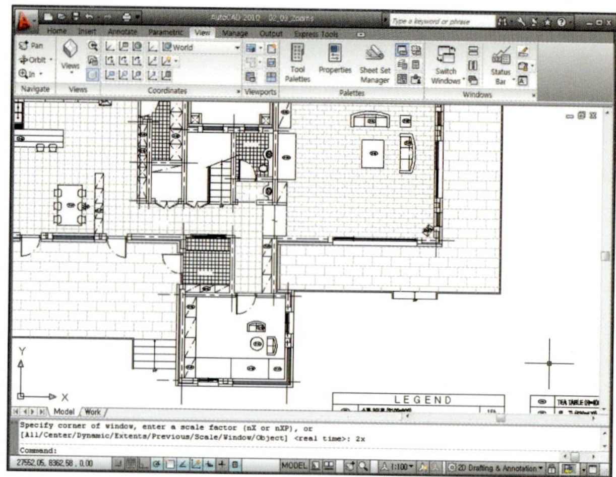

▲ 2배로 확대된 뷰 환경

주목

[In]이나 [Out] 아이콘이 선택된 상태에서 도면 영역을 클릭하면 일정한 비율(2배, 0.5배)로 화면이 확대되거나 축소됩니다.

11 다시 [Zoom] 아이콘의 드롭다운 화살표를 클릭한 후 [Extents](🔍) 아이콘을 클릭하여 전체 뷰 환경으로 돌아갑니다.

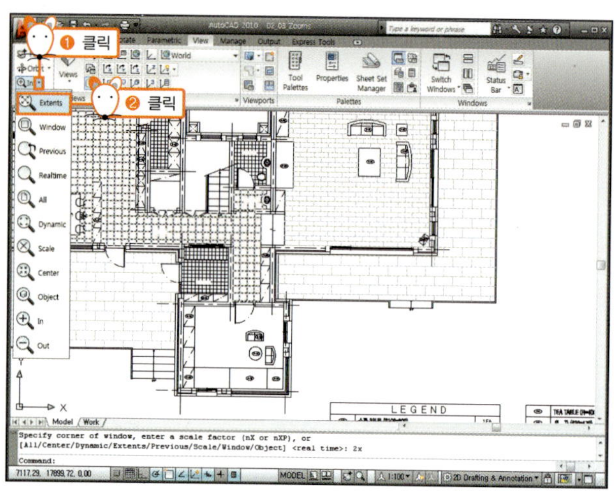

▲ Zoom Extents

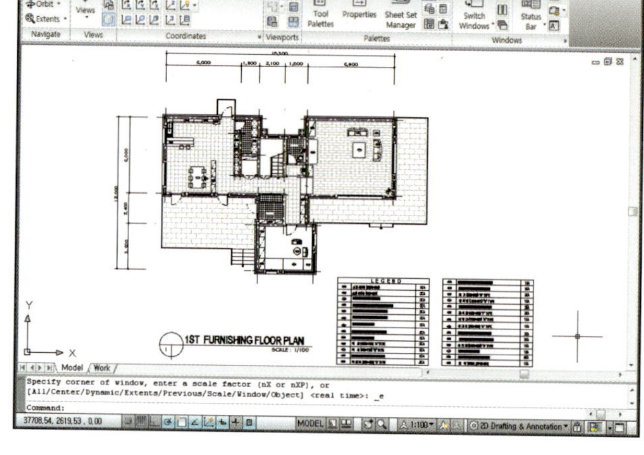

명령 입력을 이용한 Zoom 명령 실행

Zoom 명령을 입력하고 Enter 를 누릅니다.

```
Command : Zoom(Z)  Enter
Specify corner of window, enter a scale factor (nX or nXP), or [All/Center/Dynamic
/Extents/Previous/Scale/Window/Object]<real time> :
```

기본 설정은 선택 창을 만들어 Zoom In하는 기능이고, 다른 옵션을 선택하려면 옵션의 대문자를 입력하고 Enter 를 누릅니다.

- **nX or nXP 만들기** : 배율 또는, 퍼센트를 적용하여 뷰 환경을 확대 또는, 축소합니다.
- **All** : 전체 화면을 보여줍니다. 이때의 기준은 설정된 작업 한계(Limits)입니다.
- **Center** : 객체를 중앙에 위치시키는 뷰 환경을 보여줍니다.
- **Dynamic** : Dynamic Box를 이용하여 도면을 확대하거나 축소할 수 있습니다.
- **Extents** : 도면 영역에 있는 모든 객체를 보여줍니다.
- **Previous** : 방금 전의 뷰 환경을 보여줍니다.
- **Scale** : 'nX or nXP' 설정과 같습니다. 배율 또는, 퍼센트를 적용하여 뷰 환경을 확대 또는, 축소합니다.
- **Window** : 선택 창을 열어 도면을 확대할 수 있습니다.
- **Object** : 선택한 객체가 화면에 가득 차게 보여줍니다

Zoom All과 Zoom Extents 명령의 차이

Zoom Extents 명령은 모든 객체를 기준으로 전체 뷰 환경을 보여주는 것이고, Zoom All 명령은 도면 한계(Limits) 또는, 모든 객체 중 더 큰 범위를 기준으로 전체 뷰 환경을 보여줍니다.

Sample\02_03_Zoom_All_Extents.dwg

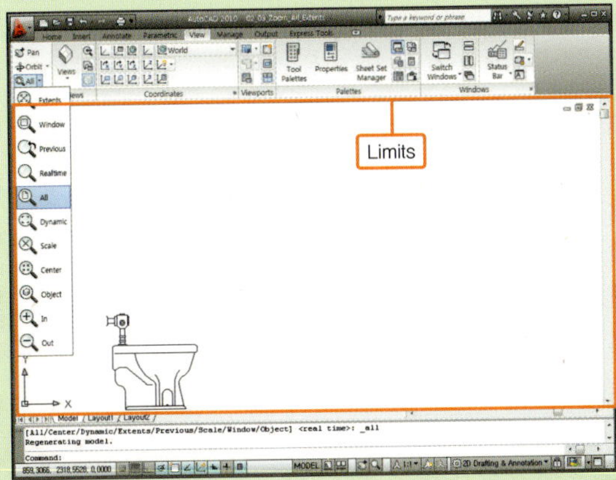

▲ Zoom All

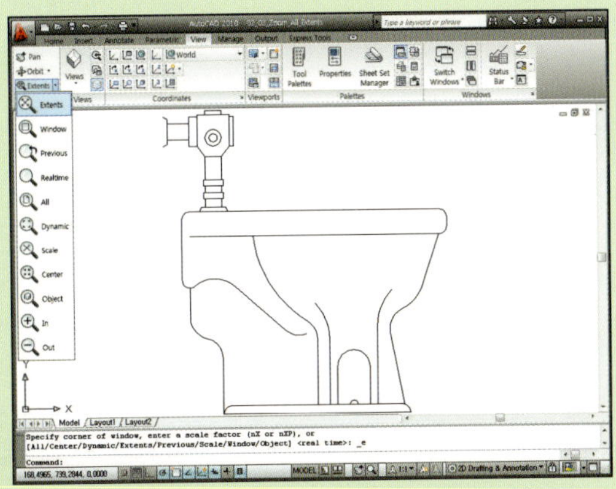

▲ Zoom Extents

Aerial View로 정확하게 도면 확대, 축소하기

Aerial View 명령은 [Aerial View] 창을 이용하여 사용자가 도면 전체에서 원하는 지점을 빠르게 찾아 이동할 수 있습니다. Aerial View에서는 Zoom Dynamic 옵션을 기본으로 사용하며 [Aerial View] 창의 [Zoom In]과 [Zoom Out] 아이콘을 사용하여 도면을 확대·축소할 수 있습니다.

Sample\02_03_Zoom_Aerial.dwg

01 메뉴 브라우저를 열어 검색창에 'aerial'을 입력해 명령을 찾은 후 검색된 Aerial View를 클릭합니다.

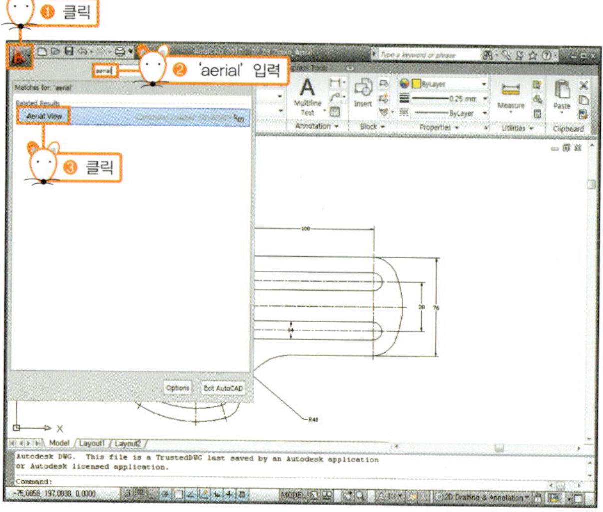

02 [Aerial View] 창이 나타나며 현재 지정되어 있는 뷰 환경은 굵은 외곽선으로 표시됩니다. 굵은 외곽선을 클릭하면 Zoom Dynamic 옵션이 실행됩니다.

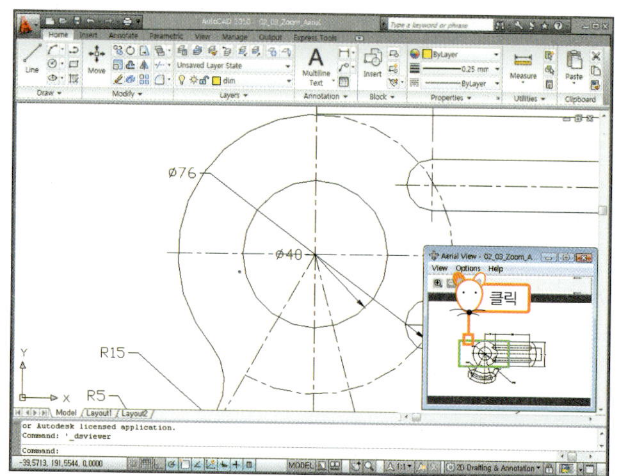

03 화살표가 있는 박스에서는 크기를 조절할 수 있고 (Zoom In & Zoom Out), '×' 표시가 있는 박스에서는 박스의 위치를 이동(Pan)할 수 있습니다. 그림과 같이 조절합니다.

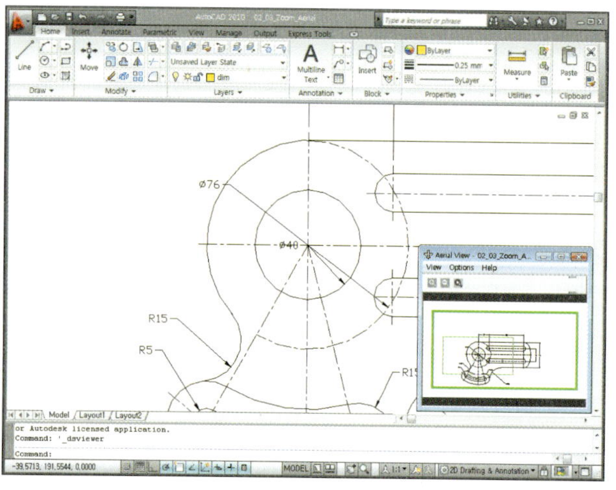

04 박스의 크기나 위치가 지정되면 마우스 오른쪽 단추를 누릅니다. 박스는 다시 굵은 외곽선으로 변하며 도면 영역도 [Aerial View] 창에서 설정한 화면으로 고정됩니다. [Aerial View] 창 제목 표시줄의 [닫기] 단추를 클릭해 명령을 종료시킵니다.

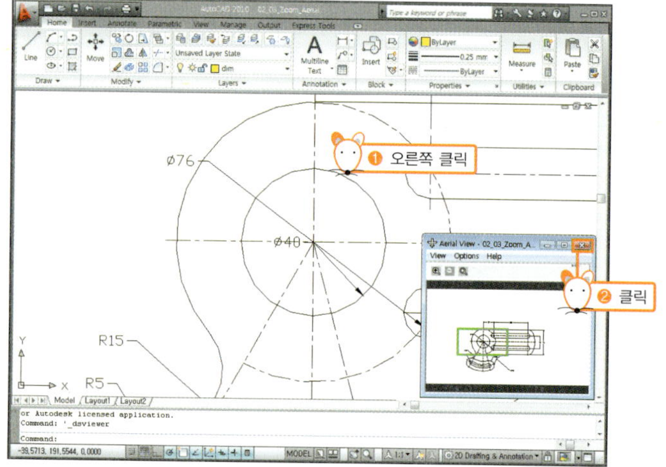

05 이와 같은 방법으로 도면의 원하는 부분을 확대 및 축소할 수 있습니다.

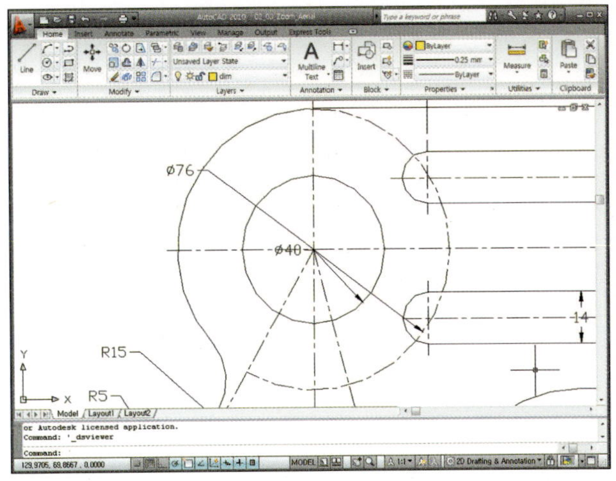

마우스 오른쪽 단추와 휠 단추로 Zoom & Pan 기능에 날개를 달자!

AutoCAD 2010에서 마우스 오른쪽 단추와 휠 단추는 신속하게 원하는 명령을 사용할 수 있도록 도와줍니다. 다음 예제를 통해서 마우스 오른쪽 단추와 휠 단추로 신속하게 뷰(View) 환경을 조절하는 방법을 배워봅니다.

Samples\02_03_Zoom_Rightclick.dwg

01 마우스 오른쪽 단추를 클릭한 후 [Zoom]을 선택합니다. 마우스를 드래그하여 도면 영역을 확대합니다.

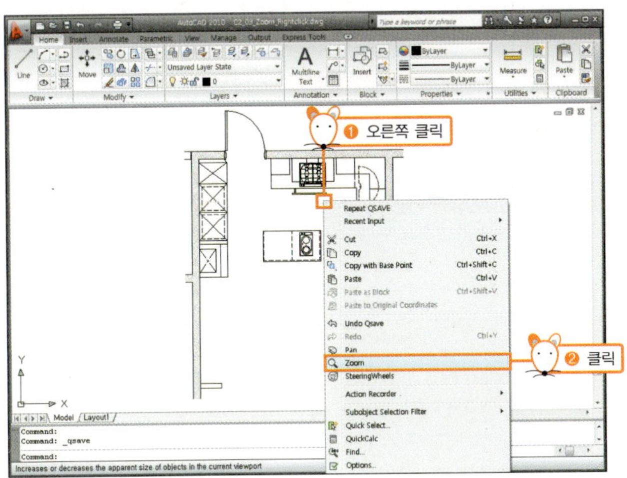

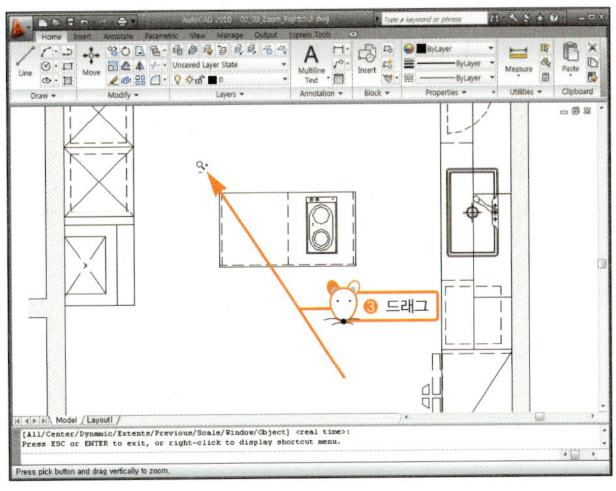

주목

단축 메뉴에서 Pan 명령과 SteeringWheels 명령과 같이 뷰 환경을 조정하는 명령이 포함되어 있는 것을 확인합니다.

02 도면 영역이 원하는 크기로 확대되면 Zoom 명령을
종료하기 위해 마우스 오른쪽 단추를 클릭한 후 [Exit]를
선택합니다.

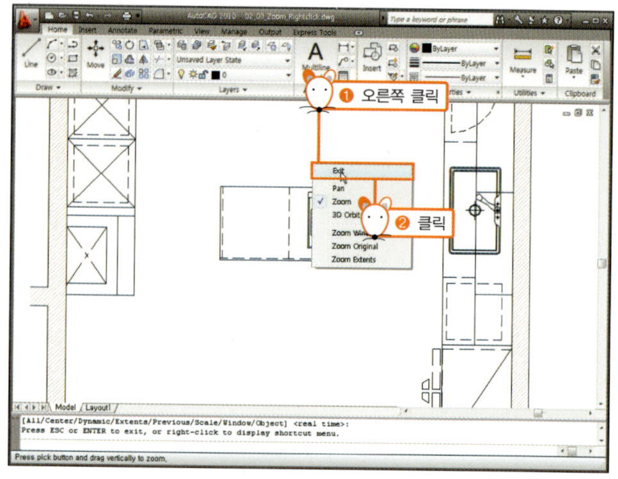

03 휠 단추에는 작업 중 매우 유용한 기능이 포함되어 있습니다. Zoom In & Zoom Out 기능과
Pan 기능이 그것입니다. 특히 이 기능은 다른 명령의 실행 중에 사용할 수 있어서 더욱 효율적입
니다. 휠 단추를 굴려서 Zoom In, Zoom Out 명령을 실행합니다.

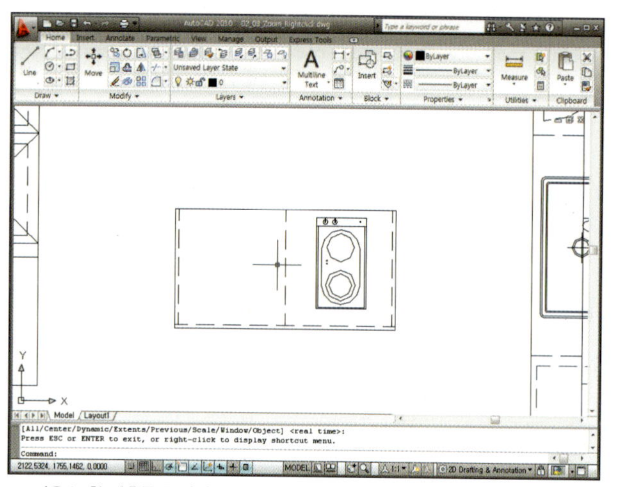

▲ 마우스 휠 단추를 굴려서 Zoom In

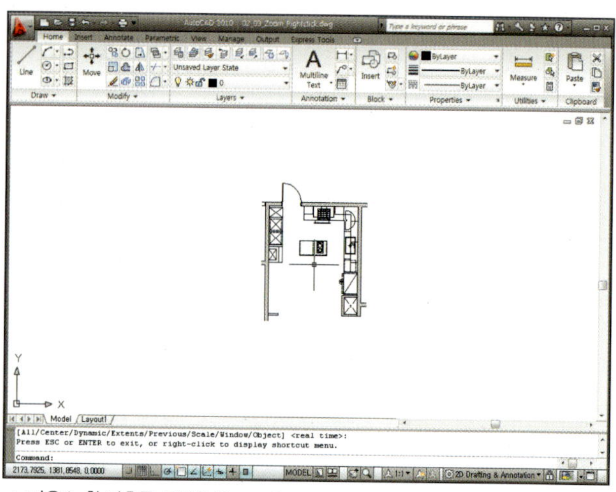

▲ 마우스 휠 단추를 굴려서 Zoom Out

주목

마우스 포인터의 위치가 Zoom In과 Zoom Out의 기준점이 됩니다. 확대하고 싶은 부분에 마우스 포인터를 가져
간 후에 휠을 굴리는 것이 명령을 정확하게 실행시키는 요령입니다.

04 휠 단추를 드래그하여 Pan 명령을 실행하면 마우스 포인터가 손바닥 모양으로 변하는 것을
확인할 수 있습니다. 이때 Ctrl 을 누른 상태에서 휠 단추를 드래그하면 도면 영역에 방향 심벌이 생
기고 미끄러지듯이 이동할 수도 있습니다.

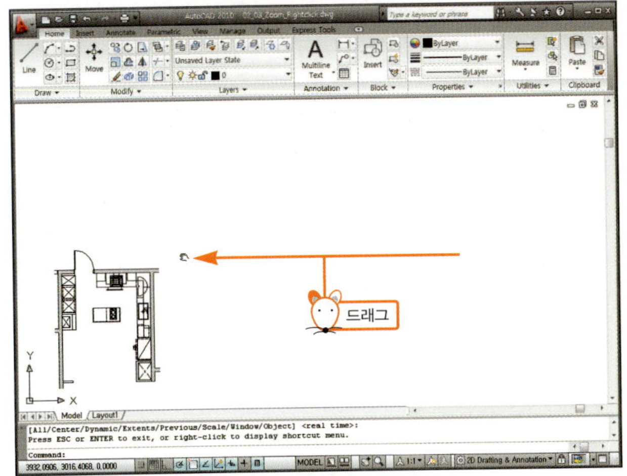

▲ 휠 단추 드래그

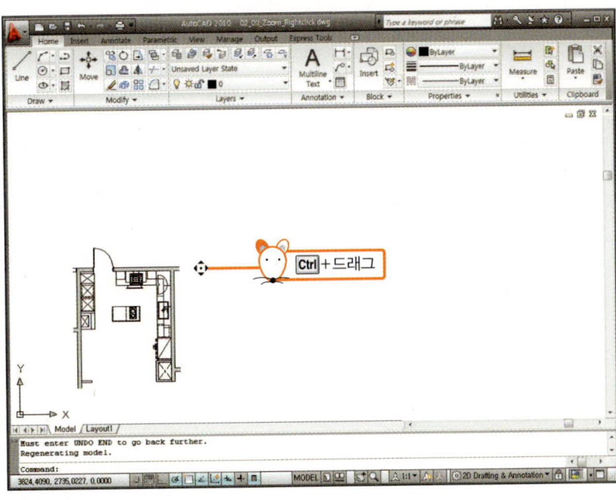

▲ Ctrl +휠 단추 드래그

05 휠 단추를 더블클릭하면 객체를 전부 확인할 수 있습
니다(Zoom Extents).

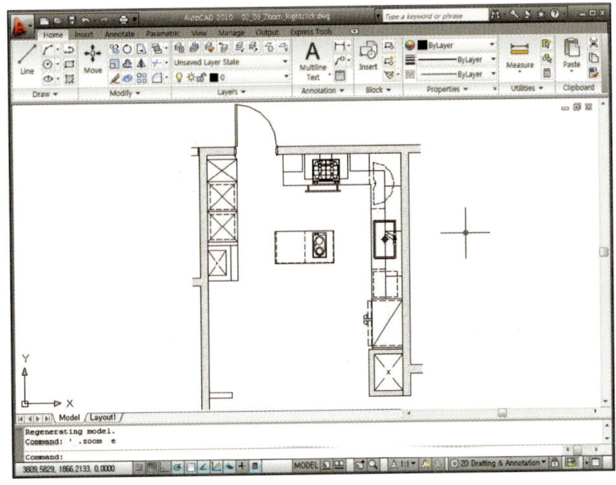

▲ 휠 단추 더블클릭

휠 단추를 이용한 Pan 기능이 작동되지 않을 때 사용하는 MBUTTONPAN System Variable

사용자들의 환경에서 Pan 기능이 작동하지 않는 경우가 가끔 있습니다. 이때는 Mbuttonpan 명령으로 휠 단추를 설
정할 수 있습니다. Mbuttonpan 값이 '1'이면 휠 기능을 사용할 수 있습니다.

```
- Command : Mbuttonpan  Enter
- Enter new value for MBUTTONPAN <0> : 1  Enter
```

※ 0 : 메뉴 파일에서 설정한 기능을 지원합니다(Object Snap 선택 메뉴 등).

　　1 : 단추 또는, 휠을 드래그하는 동안 Pan 기능을 지원합니다.

마우스 오른쪽 단추(Right-Click Customization) 환경 설정하기

마우스 오른쪽 단추를 사용자에게 맞도록 설정할 수 있습니다. 이런 환경 설정을 통해 사용자는 자주 사용하는 명령들을 보다 쉽고 빠르게 사용할 수 있기 때문에 작업의 효율성을 높일 수 있습니다. [Options] 대화상자의 [User Preferences] 탭을 선택합니다. [Windows Standard Behavior] 영역 에서 [Right-click Customization] 단추를 클릭합니다. [Right-click Customization] 대화상자를 살 펴보면 다음과 같습니다.

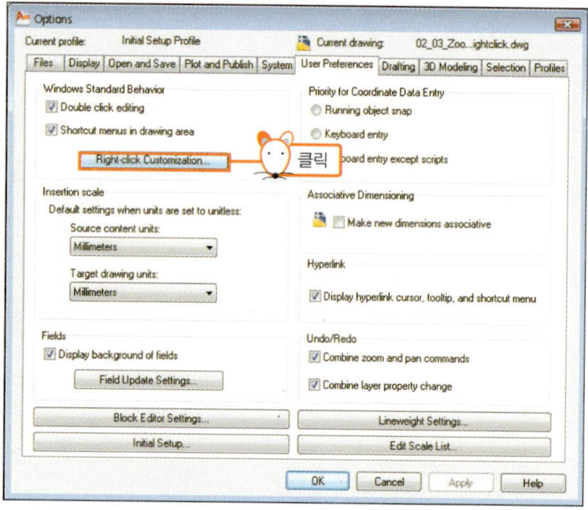

▲ [Options] 대화상자의 [User Preferences] 탭

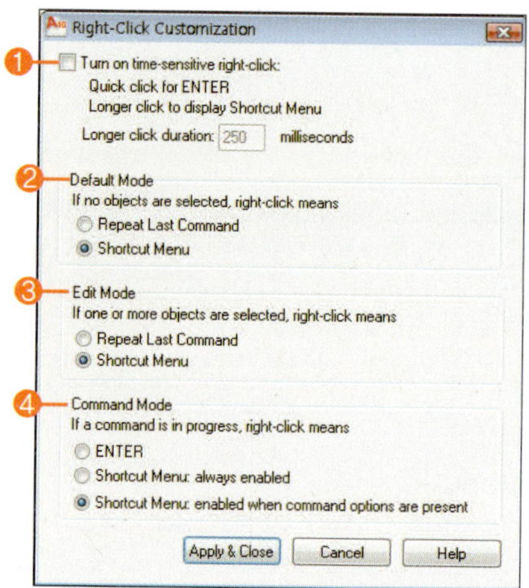

▲ [Right-Click Customization] 대화상자

❶ Turn on time-sensitive right-click : 체크한 후 빠르게 클릭하면 Enter 기능을 하고, 길게 클릭하면 단축 메뉴가 나타납 니다. 길게 클릭하는 길이는 입력 박스에 입력하여 지정합니다. 기본 설정에는 체크되어 있지 않습니다.

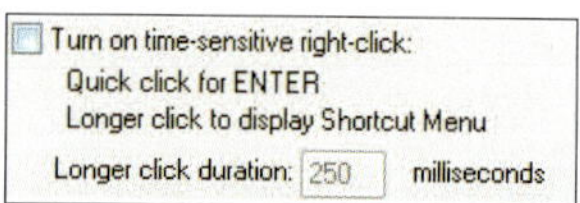

❷ Default Mode : Default Mode는 어떤 객체도 선택하지 않은 상태를 말합니다. 즉, 아무런 객체도 선택하지 않고 도면 영역 에서 마우스 오른쪽 단추를 클릭하면 나타나는 단축 메뉴입니다. 기본 설정에는 [Shortcut Menu]가 체크되어 있습니다.

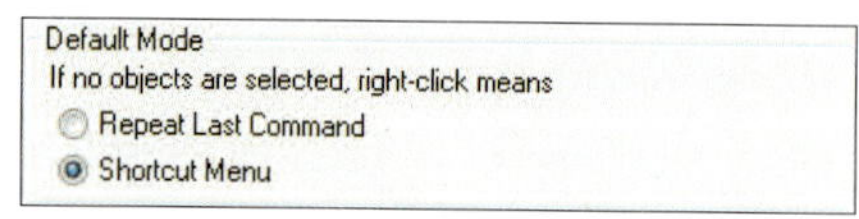

▲ Default Mode

- **Repeat Last Command** : 마지막에 실행한 명령을 다시 실행합니다.
- **Shortcut Menu** : 클립보드를 사용하여 실행하는 간단한 편집 명령과 Zoom, Pan과 같은 화면 조작 명령들을 실행할 수 있는 단축 메뉴가 나타납니다.

❸ **Edit Mode** : Edit Mode는 객체를 선택하여 Grip을 표시할 때 나타나는 단축 메뉴입니다. 기본 설정에는 [Shortcut Menu]가 체크되어 있습니다.

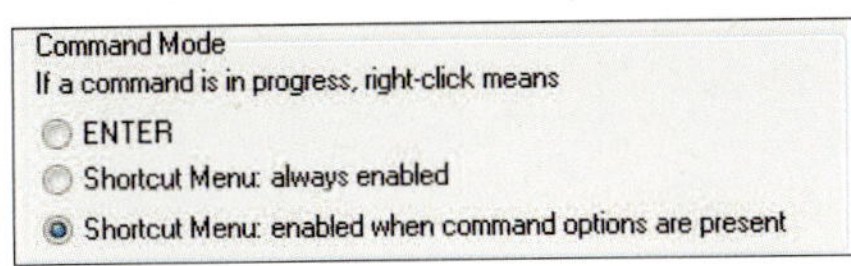

▲ Edit Mode

- **Repeat Last Command** : 마지막에 실행한 명령을 다시 실행합니다.
- **Shortcut Menu** : 클립보드를 사용하여 실행하는 간단한 편집 명령과 Grip 상태에서 사용할 수 있는 Erase, Copy, Move, Scale 등의 단축 메뉴가 나타납니다.

❹ **Command Mode** : 명령 실행 중에 마우스 오른쪽 단추를 클릭하면 나타나는 단축 메뉴입니다. 기본 설정에는 [Shortcut Menu: enable when command options are present]가 체크되어 있습니다.

▲ Command Mode

- **ENTER** : 마우스 오른쪽 단추를 클릭하면 다음 단계로 이동하는 Enter 기능을 합니다.
- **Shortcut Menu: always enable** : 명령을 실행하는 어느 단계에서든지 마우스 오른쪽 단추를 클릭하면 명령에 관한 옵션이나 단축 메뉴를 나타냅니다.
- **Shortcut Menu: enable when command options are present** : 명령을 실행하는 단계에서 옵션이 있는 경우 단축 메뉴를 나타내고, 옵션이 없는 경우에는 Enter 기능을 실행합니다.

Steering Wheels을 이용한 객체 탐색 마스터하기

Steering Wheels 기능은 뷰 환경을 직관적으로 컨트롤할 수 있는 기능들을 카테고리 별로 총망라한 툴이라고 할 수 있습니다. Steering Wheels 명령은 2D, 3D 객체는 물론이고 Zoom In과 Zoom Out 환경에서 신속하게 객체를 회전시켜 볼 수 있으며 Walk, Look, Up/Down처럼 3D 객체를 한눈에 파악할 수 있는 기능까지 간편하게 넘나들 수 있습니다.

◉ Samples\02_03_SteeringWheels.dwg

01 도면 영역에서 마우스 오른쪽 단추를 클릭한 후 [SteeringWheels]을 선택합니다.

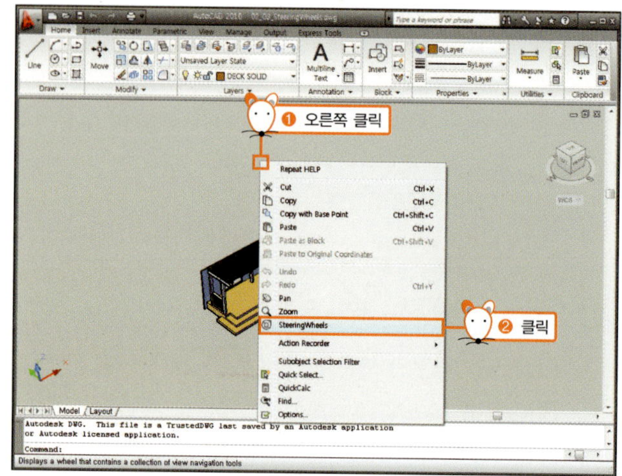

02 전체 탐색 휠(Full Navigation Wheel)이 마우스 포인터를 따라 표시됩니다. 스티어링 휠의 ZOOM 영역을 드래그하여 뷰 환경을 확대 · 축소합니다. 이때 스티어링 휠이 있던 위치가 확대 · 축소의 중심(Pivot)이 됩니다.

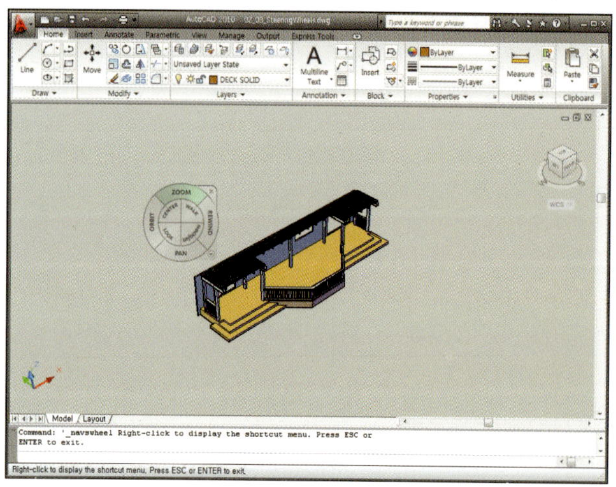

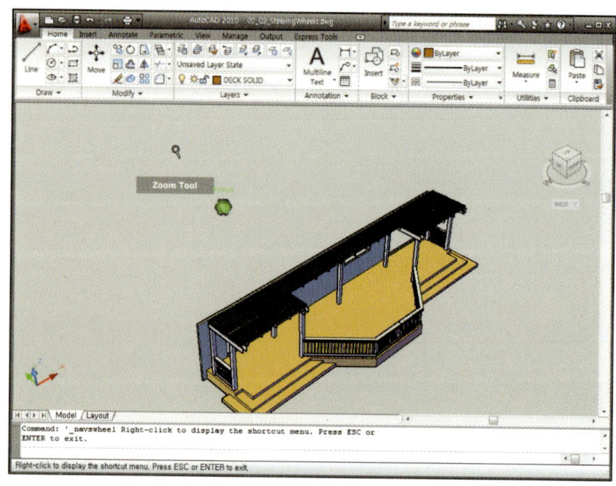

03 스티어링 휠의 PAN 영역을 드래그하여 뷰 환경을 이동시킵니다.

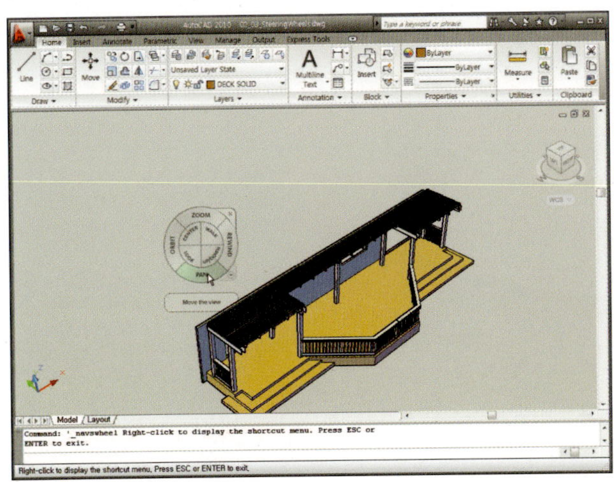 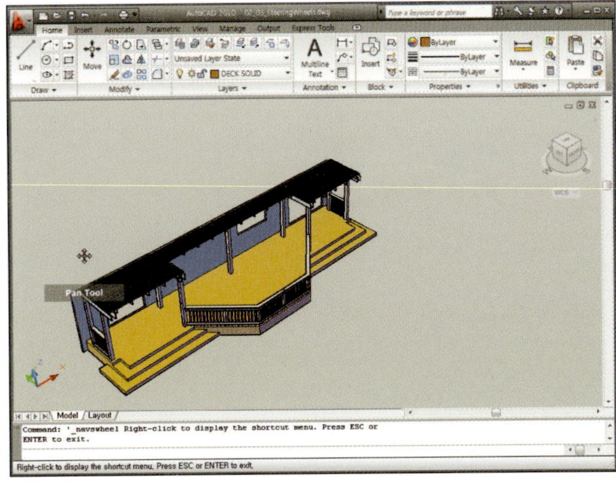

04 스티어링 휠의 ORBIT 영역을 드래그하여 뷰 환경을 회전시킵니다. 미리 설정한 중심(Pivot) 을 기준으로 뷰 환경이 회전합니다.

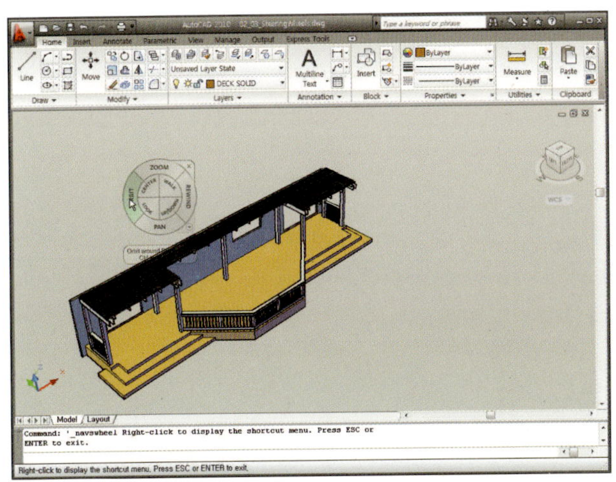 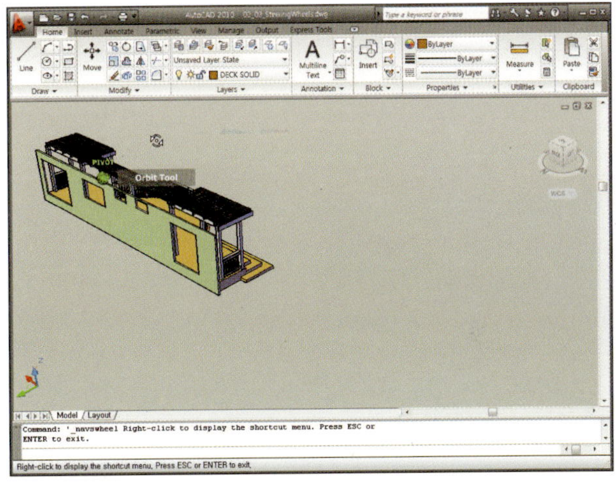

05 스티어링 휠의 CENTER 영역을 드래그하여 객체에 중심(Pivot)을 지정합니다.

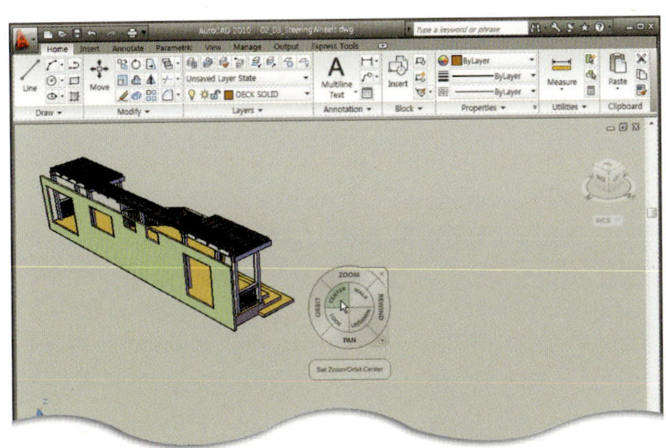 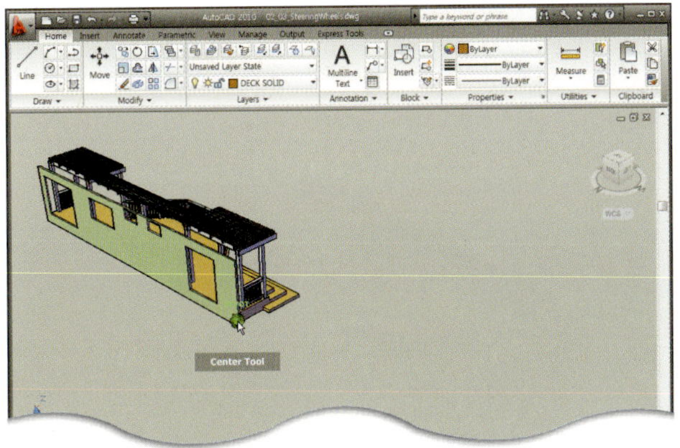

06 다시 스티어링 휠의 ORBIT 영역을 드래그하여 뷰 환경을 회전시킵니다. 설정된 중심(Pivot)을 기준으로 뷰 환경이 회전합니다.

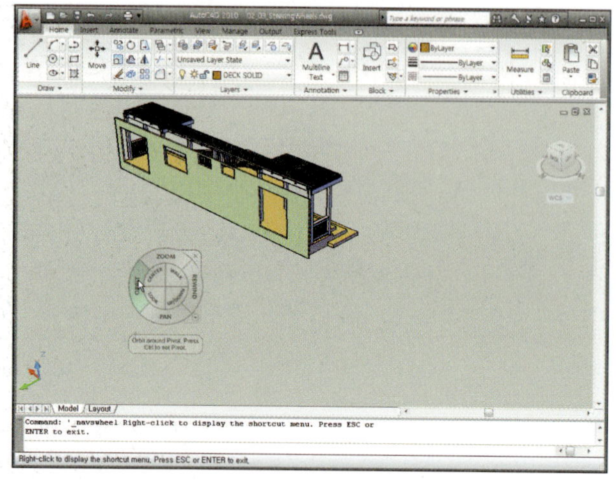
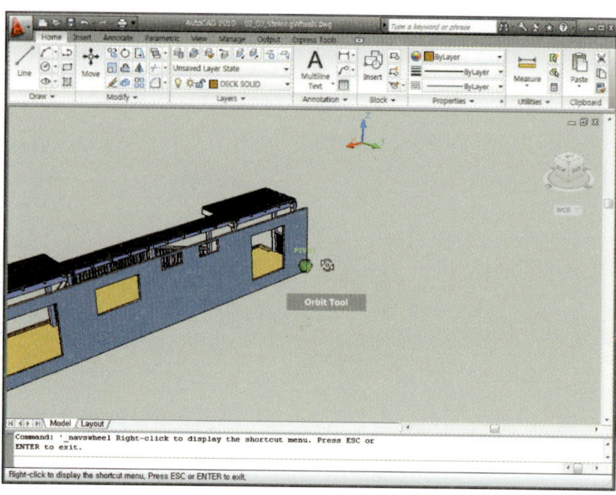

07 스티어링 휠의 REWIND 영역을 드래그하여 저장된 이전의 뷰 환경 썸네일(Thumbnail)에서 돌아가고 싶은 뷰 환경을 클릭합니다.

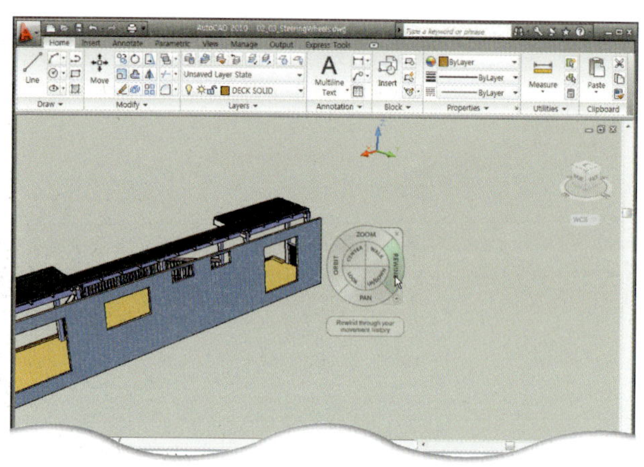
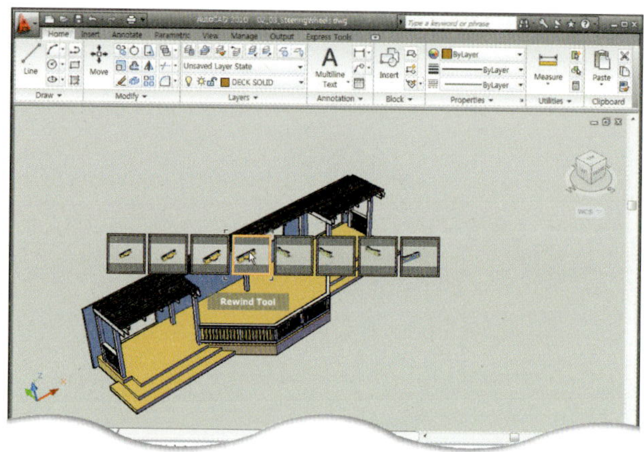

08 스티어링 휠의 LOOK 영역을 드래그하여 객체를 다양한 각도에서 바라볼 수 있도록 조정합니다.

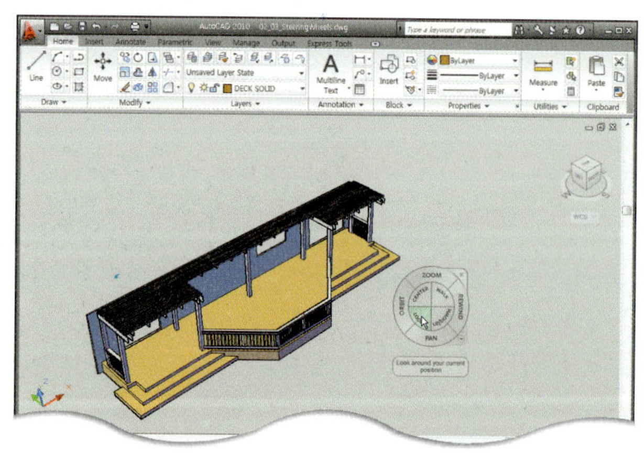
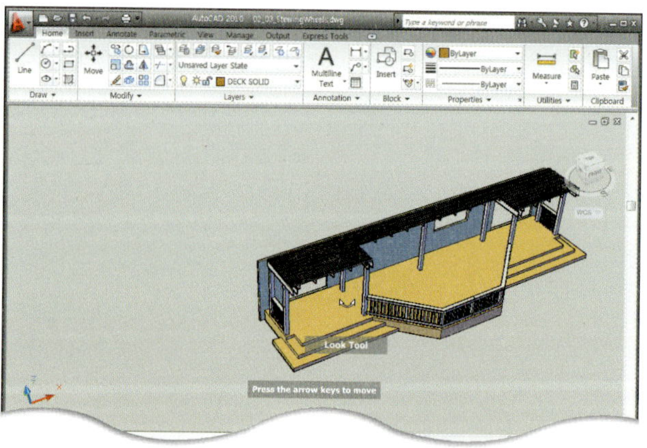

09 스티어링 휠의 UP/DOWN 영역을 드래그하여 객체를 상·하로 바라볼 수 있도록 합니다.

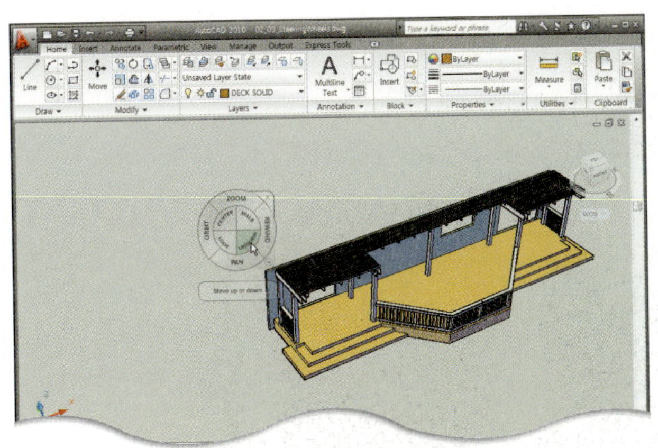 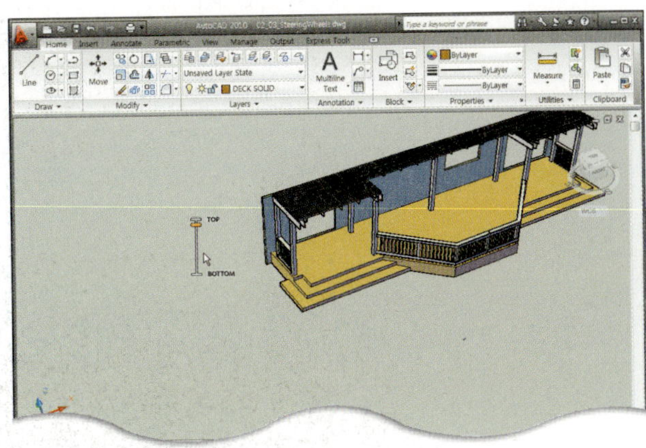

10 스티어링 휠의 WALK 영역을 드래그하여 사용자가 객체를 걸어가는 속도로 관찰할 수 있도록 합니다.

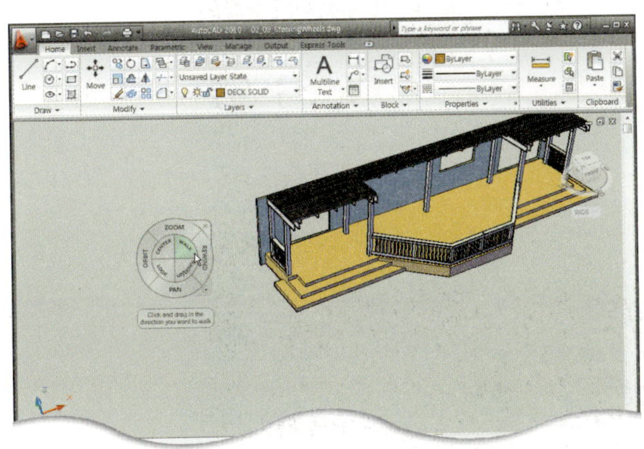 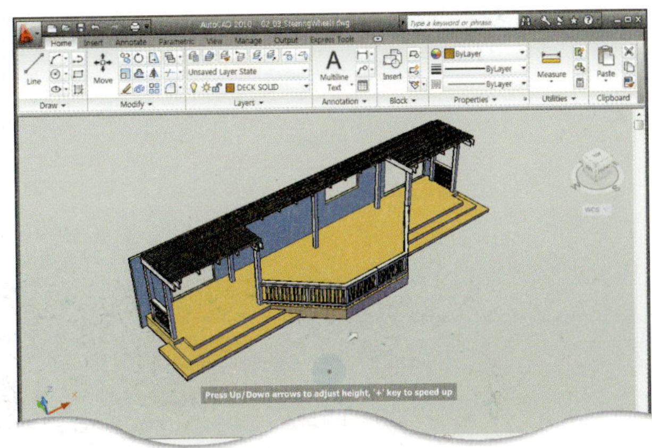

11 처음 상태의 뷰 환경으로 돌아가기 위해 스티어링 휠의 드롭다운 화살표를 클릭한 후 [Go Home]을 선택합니다. 스티어링 휠 명령을 종료하기 위해 단축 메뉴의 [Close Wheel]을 선택하거나 Esc 를 누릅니다.

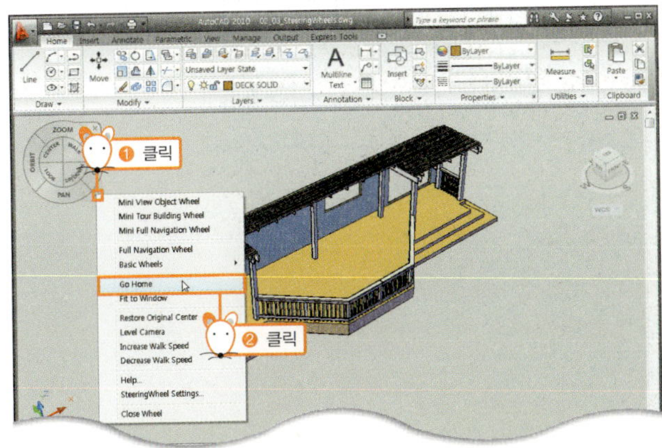

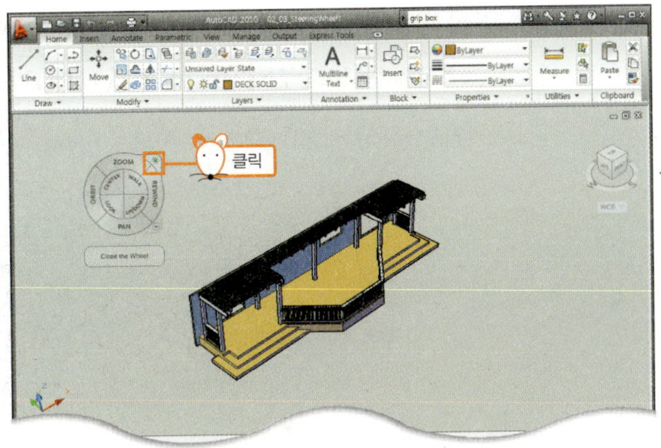

스티어링 휠(SteeringWheels)의 단축 메뉴

스티어링 휠의 단축 메뉴에는 스티어링 휠의 모드를 전환시키거나 환경을 설정할 수 있는 기능들이 포함되어 있습니다.

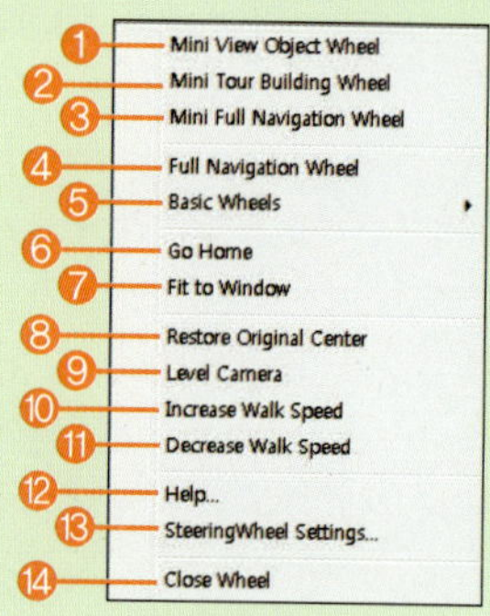

① Mini View Object Wheel : 미니 객체 탐색 휠, Zoom, Orbit, Pan, Rewind 기능이 포함되어 있습니다.

② Mini Tour Building Wheel : 미니 빌딩 탐색 휠, Walk, Look, Up/Down, Rewind 기능이 포함되어 있습니다.

③ Mini Full Navigation Wheel : 미니 전체 탐색 휠, Zoom, Center, Orbit, Look, Pan, Up/Down, Rewind, Walk 기능이 포함되어 있습니다.

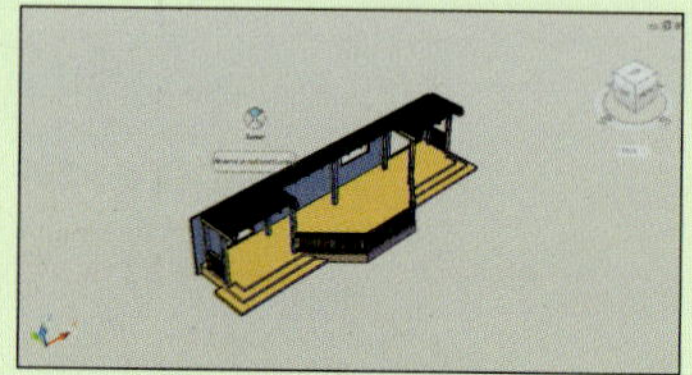

▲ Mini View Object Wheel

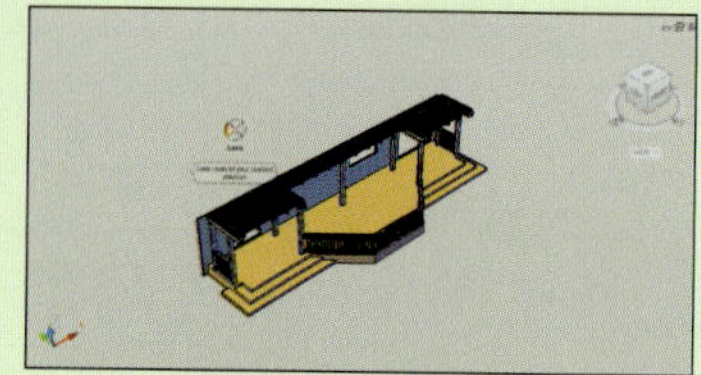

▲ Mini Tour Building Wheel

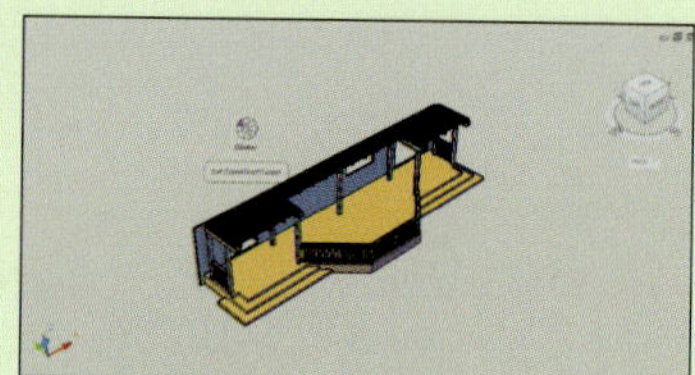

▲ Mini Full Navigation Wheel

④ Full Navigation Wheel : 전체 탐색 휠 모드로 전환됩니다.

⑤ Basic Wheels : View Object Wheel 모드와 Tour Building Wheel 모드로 전환할 수 있습니다.

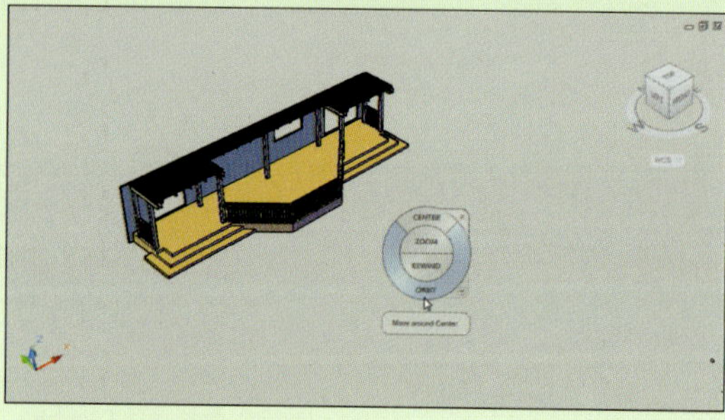

▲ View Object Wheel 모드

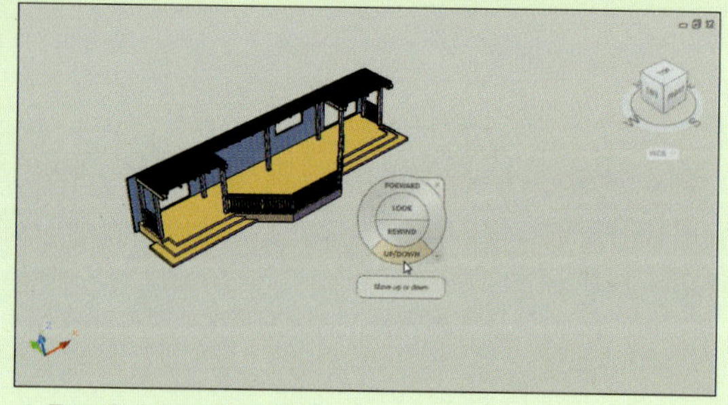

▲ Tour Building Wheel 모드

⑥ Go Home : 스티어링 휠 작업의 초기 뷰 환경으로 돌아갑니다.

⑦ Fit to Window : 객체가 화면에 적당한 크기로 배치됩니다.

⑧ Restore Original Center : 원래의 객체 중심이 재설정됩니다.

⑨ Level Camera : 객체의 측면 높이에서 바라보는 투시 뷰(Perspective View)로 전환됩니다.

⑩ Increase Walk Speed : Walk 기능을 이용하여 객체가 걸어가는 속도로 관찰할 때의 속도를 높입니다.

⑪ Decrease Walk Speed : Walk 기능을 이용하여 객체가 걸어가는 속도로 관찰할 때의 속도를 줄입니다.

⑫ **Help** : 스티어링 휠에 관한 도움말 창이 열립니다.

⑬ **SteeringWheels Settings** : 스티어링 휠의
세부 항목을 설정합니다.

⑭ **Close Wheel** : 스티어링 휠 모드를 종료합니다.

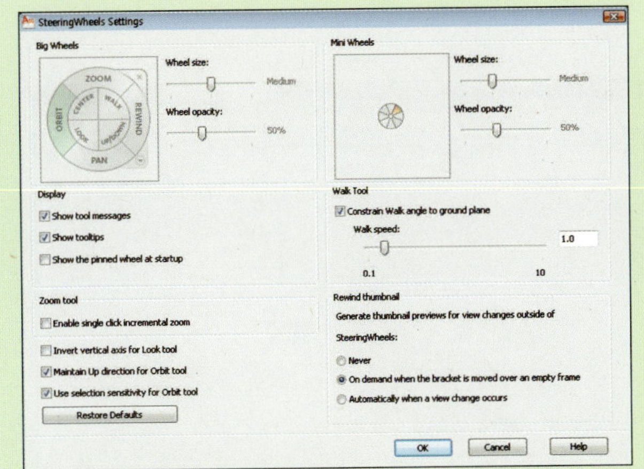

▲ [SteeringWheels Settings] 대화상자

ViewCube로 3D 객체도 구석구석 자유자재로 확인하기

뷰 큐브는 3D 객체를 조정할 때 매우 신속하게 뷰 환경을 조절할 수 있도록 합니다.

Samples\02_03_ViewCube.dwg

01 마우스 포인터를 뷰 큐브 위로 가져가면 뷰 큐브가 활성화됩니다. 마우스 오른쪽 단추를 클릭
한 후 단축 메뉴를 불러내 [Parallel]을 선택합니다. 객체를 등각투영 모드 즉, 아이소메트릭 모드
로 보여줍니다.

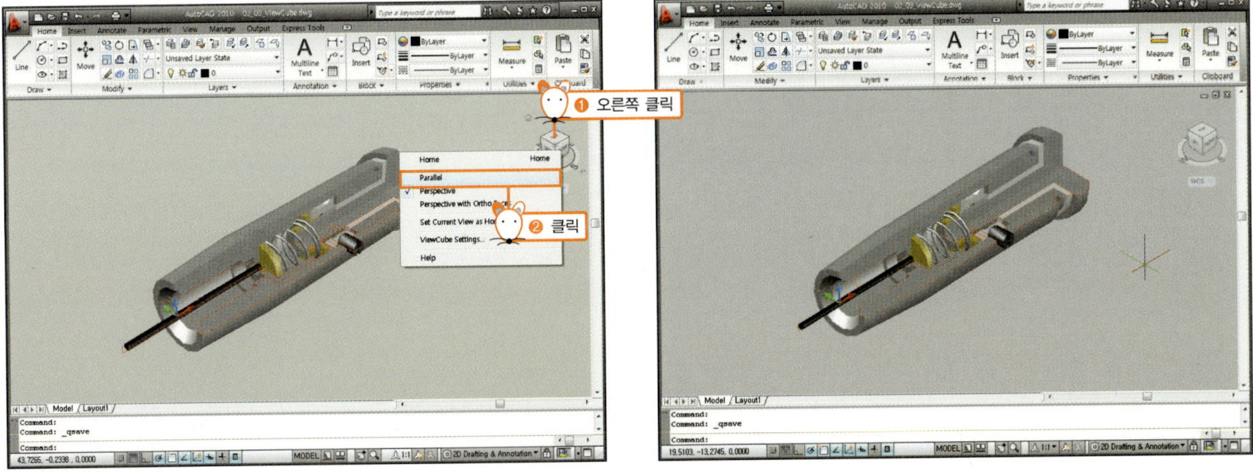

▲ Perspective 모드   ▲ Parallel 모드

02 다시 뷰 큐브 위에서 마우스 오른쪽 단추를 클릭한 후 [Perspective with Ortho faces]를 선택합니다. 정각면을 가진 투시도 모드로 전환됩니다. 이때 도면 영역의 바탕 색상(Background Color)이 변하면서 등각투영 모드와 투시도 모드를 구분하기 쉽도록 합니다.

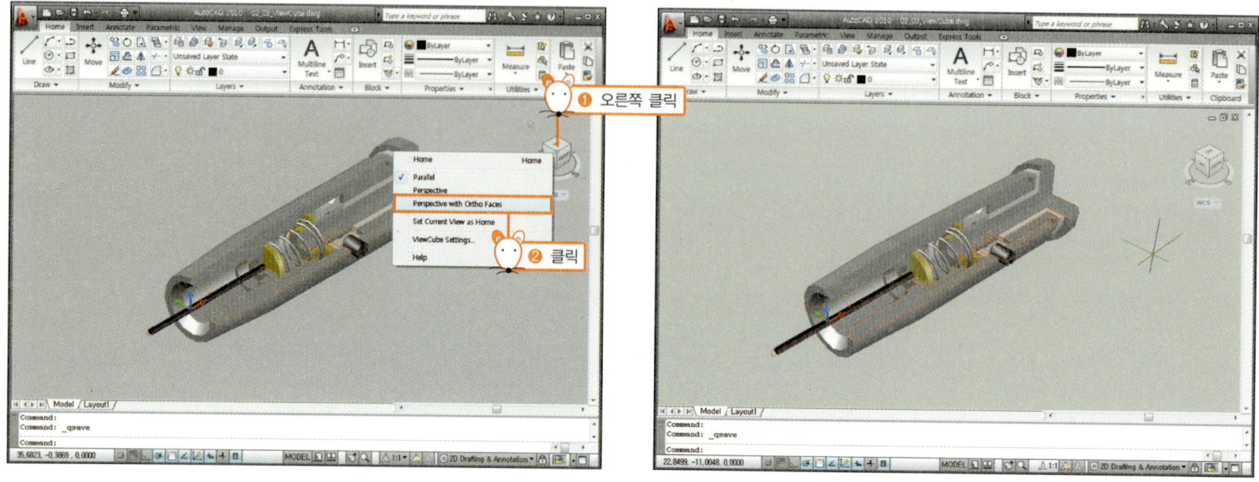

▲ Perspective with Ortho faces 모드

03 다시 뷰 큐브 위에서 마우스 오른쪽 단추를 클릭한 후 [Perspective]를 선택합니다.

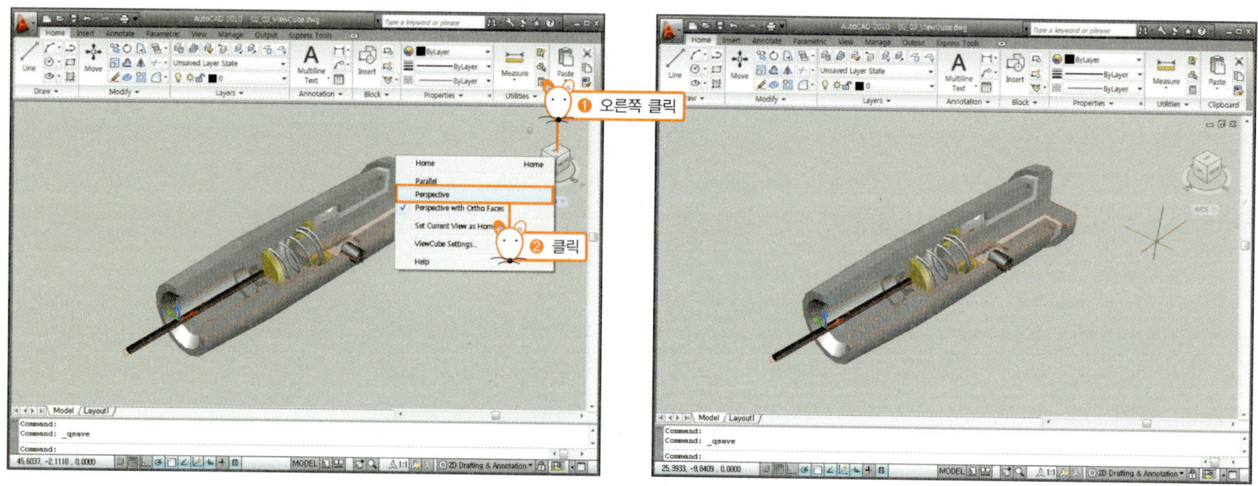

▲ Perspective 모드

04 다시 뷰 큐브 위에서 마우스 오른쪽 단추를 클릭한 후 [Set Current View as Home]을 선택하여 현재의 뷰 환경을 Home으로 설정합니다.

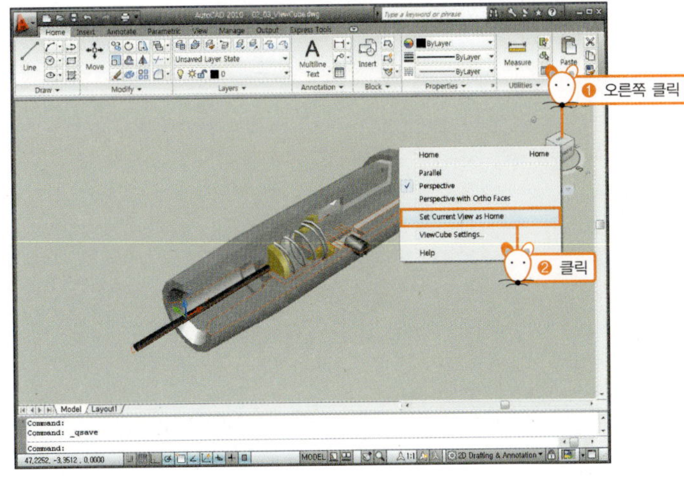

05 뷰 큐브의 LEFT 정중앙을 클릭합니다. 객체의 정중앙이 도면 영역 창에 보여집니다.

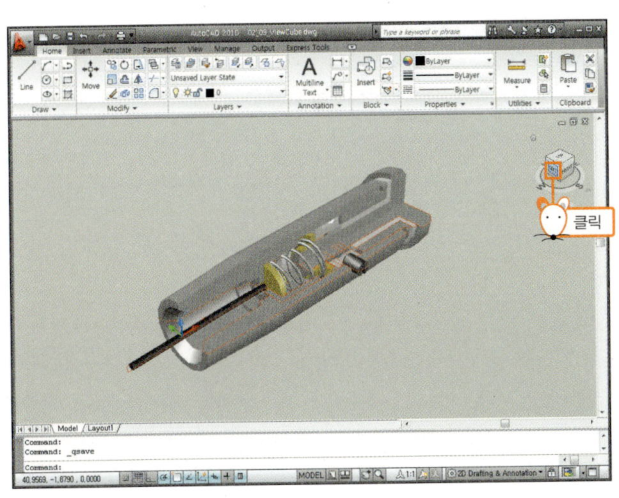

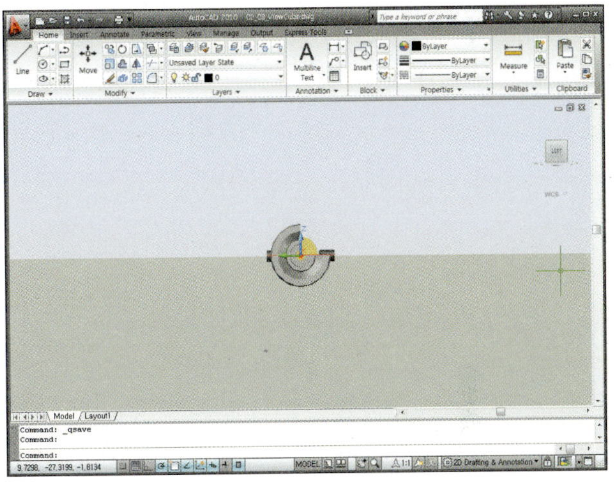

06 뷰 큐브의 LEFT 우측의 화살표를 클릭합니다. 객체의 왼쪽면이 도면 영역 창에 보여집니다.

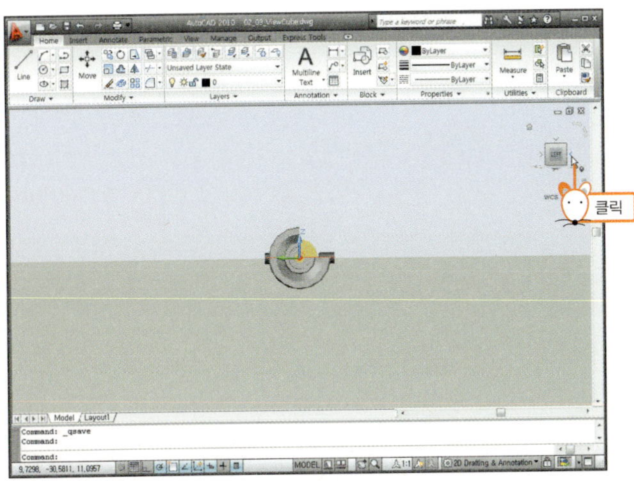

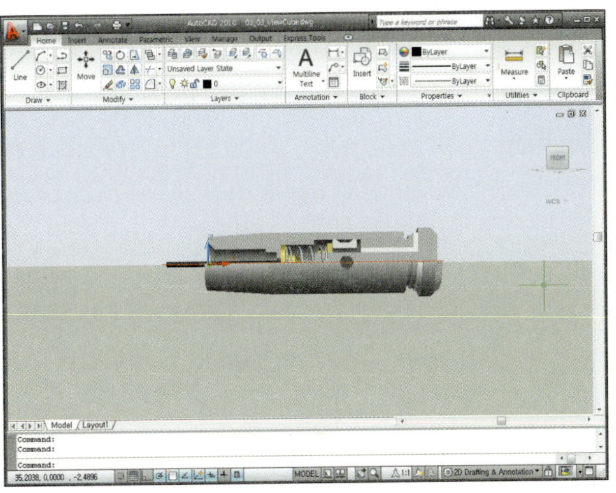

07 뷰 큐브의 우측 회전 화살표를 클릭합니다.

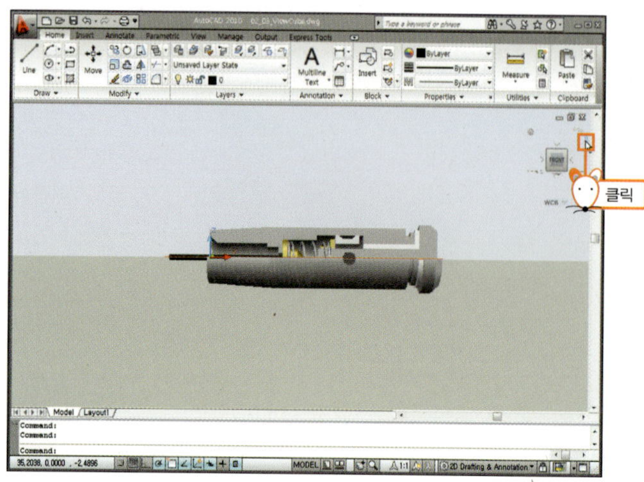

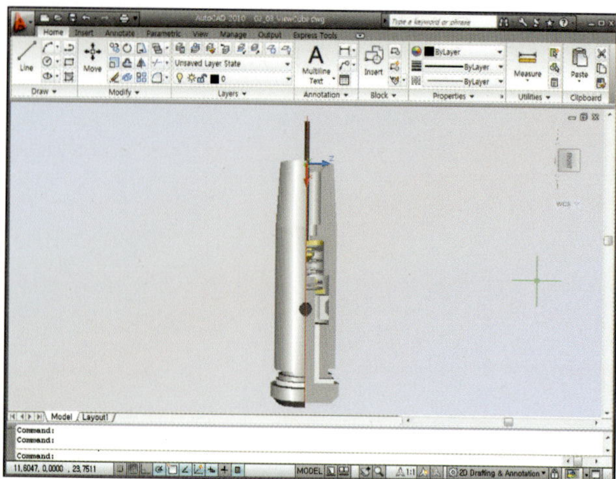

08 뷰 큐브의 FRONT와 TOP, RIGHT가 만나는 모서리를 클릭합니다.

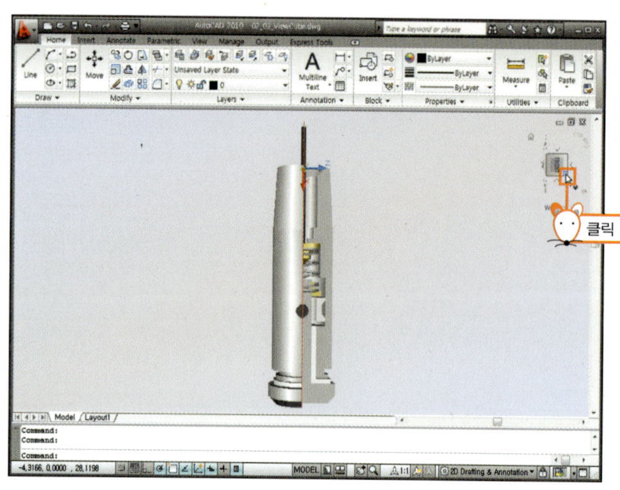

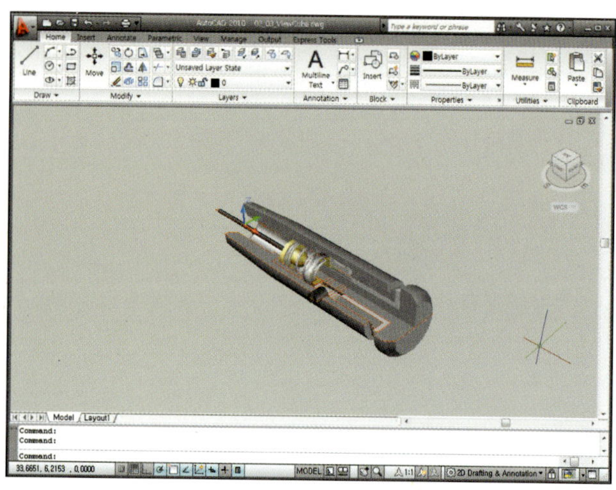

뷰 큐브(ViewCube)의 세 가지 핸들

뷰 큐브의 각 핸들을 드래그하거나 클릭하여 목적에 맞는 뷰 환경을 설정할 수 있습니다.

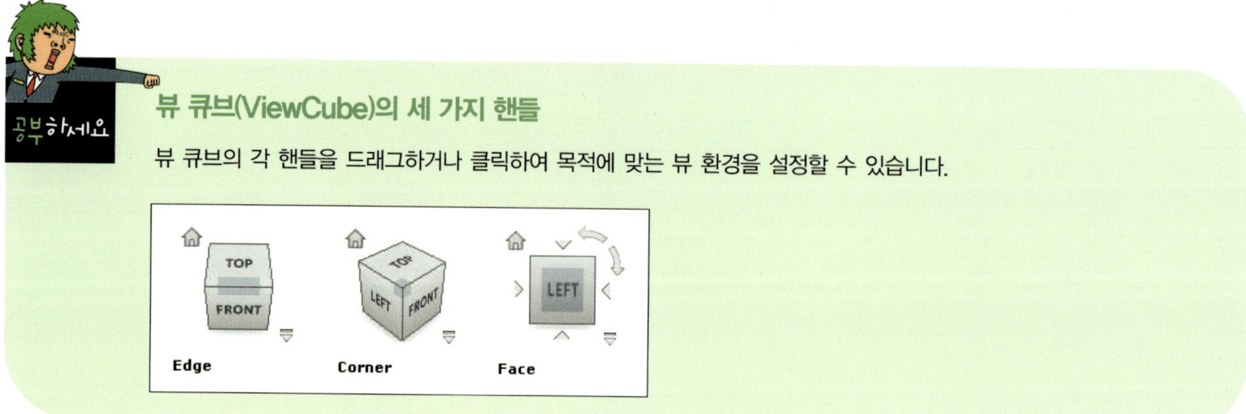

09 이번에는 뷰 큐브의 TOP과 RIGHT가 만나는 모서리를 드래그하여 직관적으로 원하는 뷰 환경을 만듭니다.

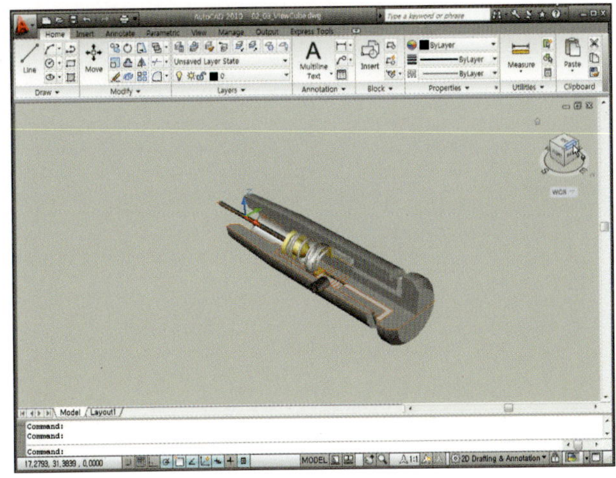
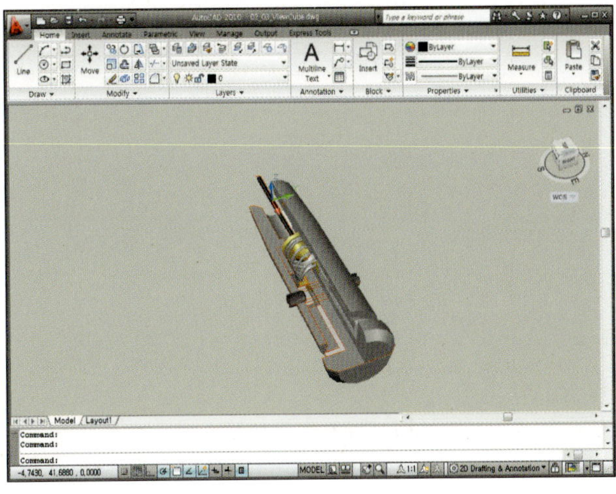

10 마우스 포인터를 뷰 큐브 위로 가져가서 뷰 큐브를 활성화시킨 후에 표시되는 [Home] 아이콘을 클릭하여 설정했던 뷰 환경으로 돌아갑니다.

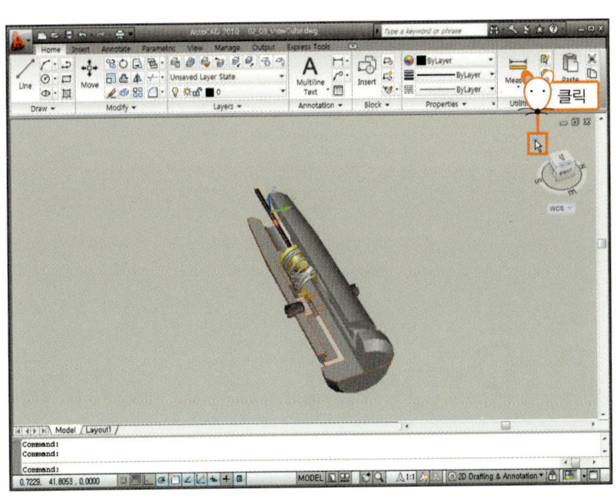

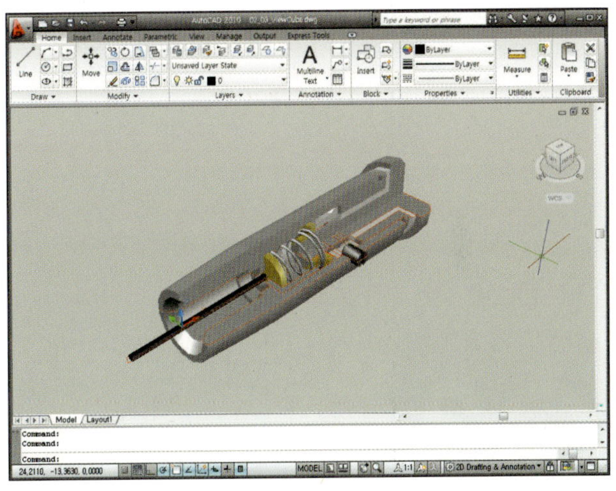

뷰 큐브(ViewCube)의 컴퍼스(Compass)

뷰 큐브 하단에 표시된 나침반 심벌을 드래그하거나 클릭하여 목적에 맞는 뷰 환경을 설정할 수 있습니다.

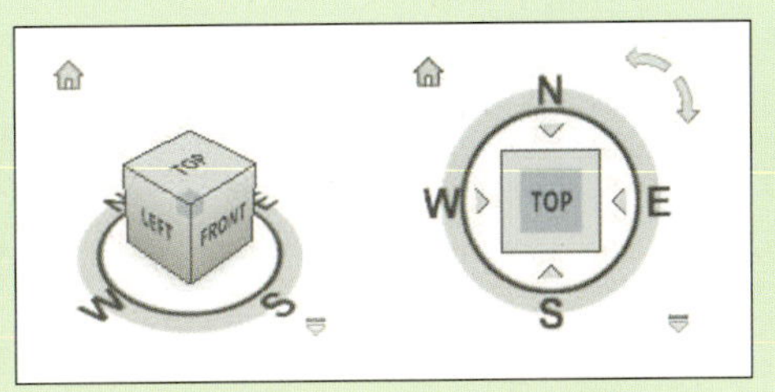

03

객체를 그리고(Draw) 편집(Modify)합니다!

AutoCAD 2010을 이용하여 객체를 작성하기 위한 필수적인 명령들을 배워 봅니다. 이번에 설명하는 명령들은 크게 객체를 그리는 Draw 명령과 편집할 수 있는 Modify 명령입니다. 단순한 명령 습득에 그칠 것이 아니라, 원리를 충분히 이해하는 학습이 효율적인 도면 작성에 도움이 됩니다.

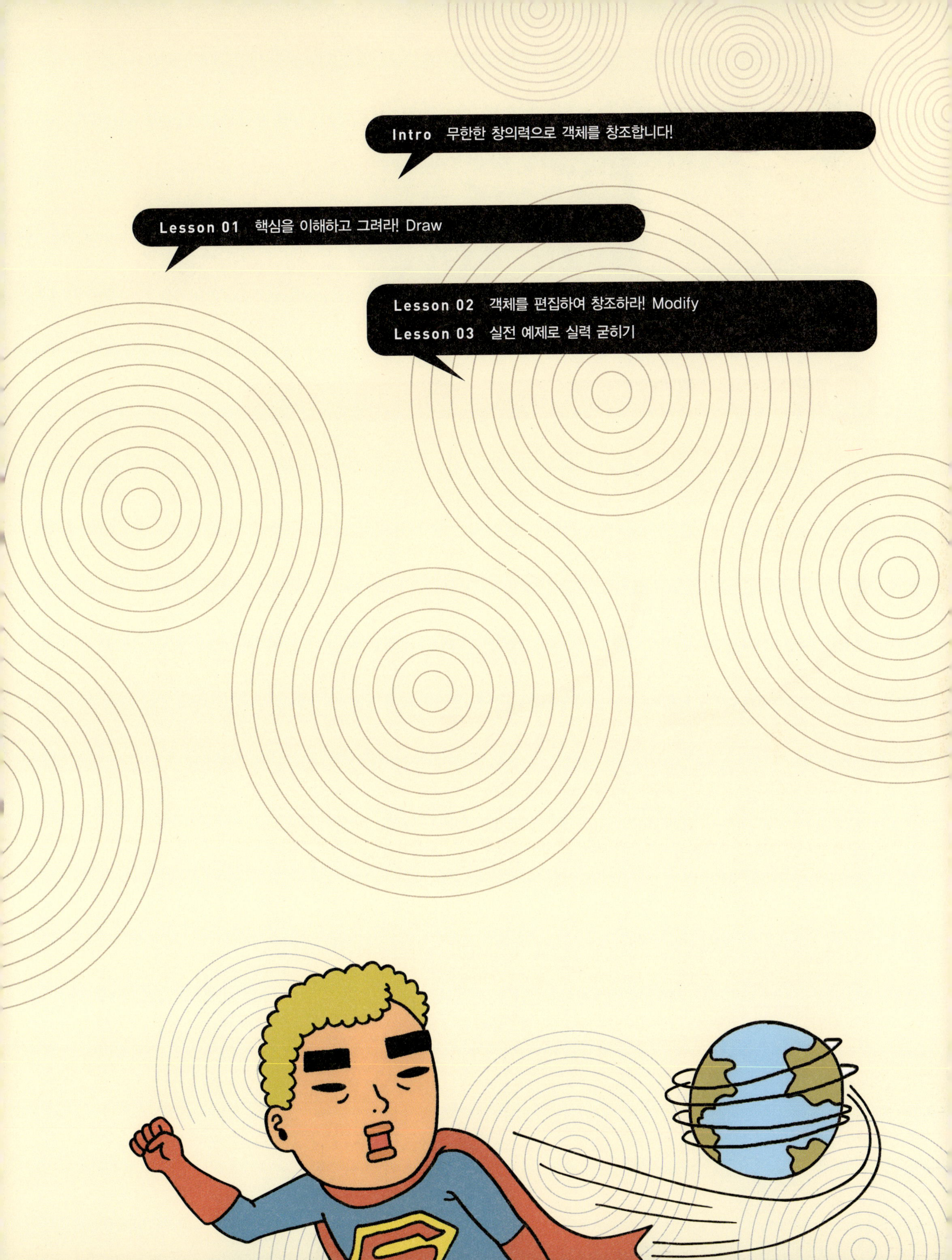

Intro   무한한 창의력으로 객체를 창조합니다!
Lesson 01   핵심을 이해하고 그려라! Draw
Lesson 02   객체를 편집하여 창조하라! Modify
Lesson 03   실전 예제로 실력 굳히기

무한한 창의력으로 객체를 창조합니다!

본격적으로 도면에 객체를 작성하고 편집하여 도면다운 도면을 만들어 갑니다. 객체를 작성하고 편집하는 방법을 원리에 기초하여 배운다면 도면 작성의 효율은 물론 창의적인 도면을 작성할 수 있습니다.

원리에 기초한 객체 작성(Draw)

객체의 기본 속성부터 객체 작성의 기본 원리를 차근히 배운다면 어떤 객체도 작성할 수 있는 창의적인 도면 작성(Draw)이 가능합니다.

● 벡터(Vector)를 기초로 하는 AutoCAD

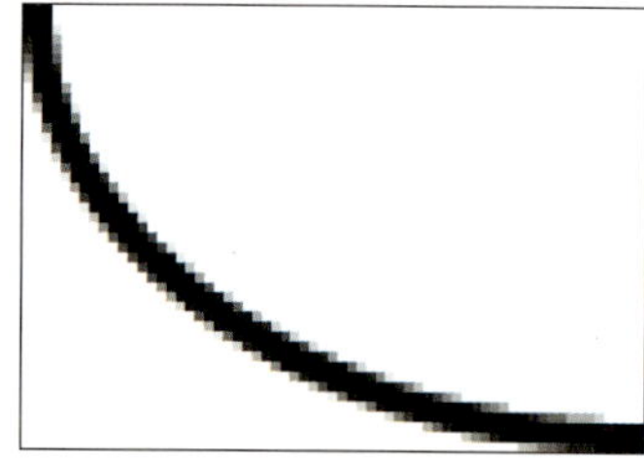

▲ 비트맵(Bitmap) 방식의 선분

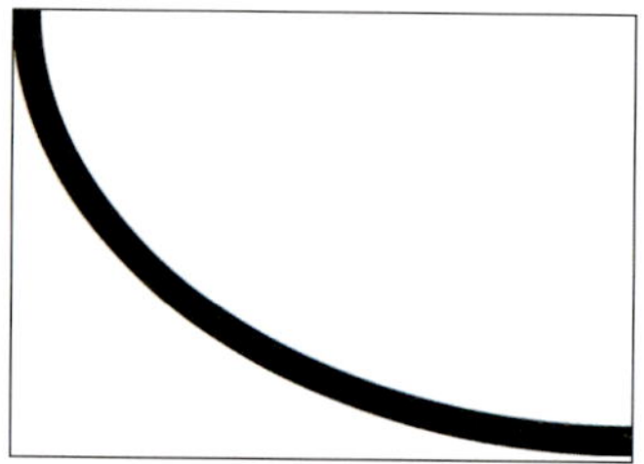

▲ 벡터(Vector) 방식의 선분

● 객체를 작성하는 세 가지 좌표계 : 절대 좌표, 상대 좌표 그리고 극좌표

절대 좌표는 위치 불변의 원점(Origin Point / 0,0,0)이 기준이 되어 좌표의 거리를 더하고 빼서 측정하는 좌표 입력 방식이고, 상대 좌표는 마지막 점이 원점으로 재정의 되는 방식으로 다음 점의 변위만을 입력하는 방식입니다. 극좌표는 X,Y 방식으로 입력하는 것이 아닌 L(길이)〈A(각도)의 방식으로 좌표를 입력합니다.

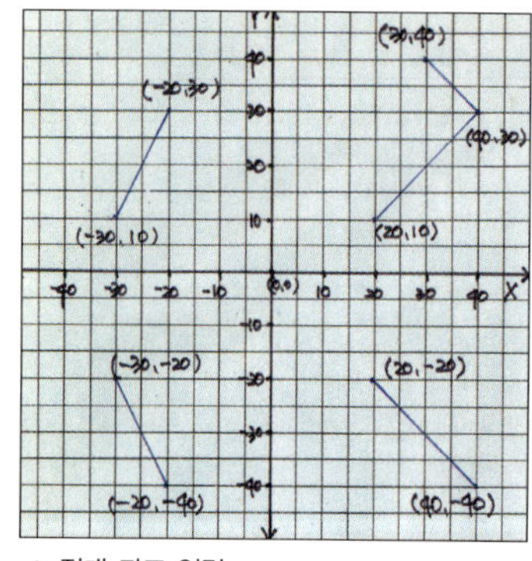

▲ 절대 좌표 입력

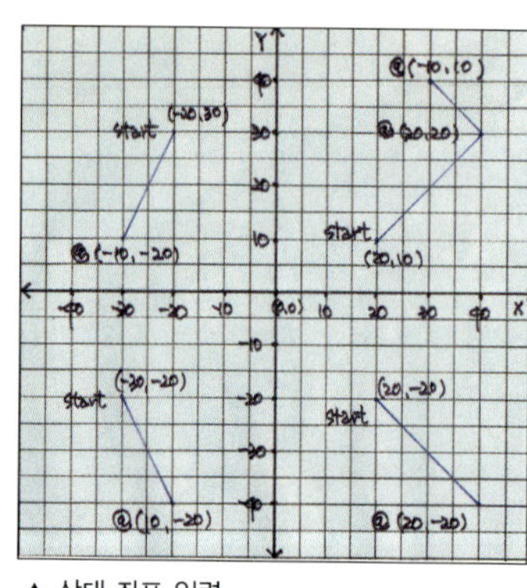

▲ 상대 좌표 입력

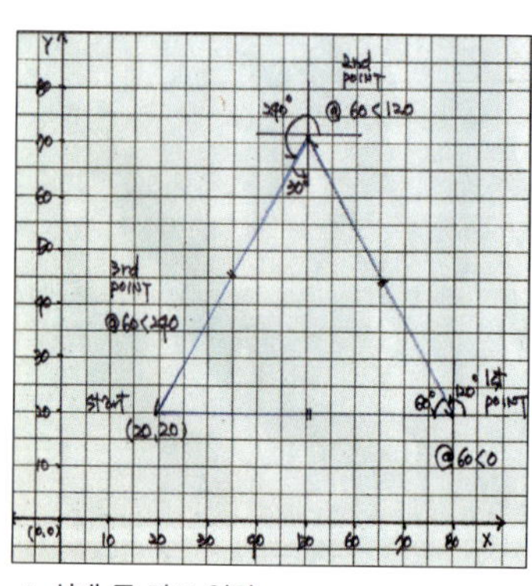

▲ 상대 극 좌표 입력

● 기초가 튼튼한 객체 작성(Draw)

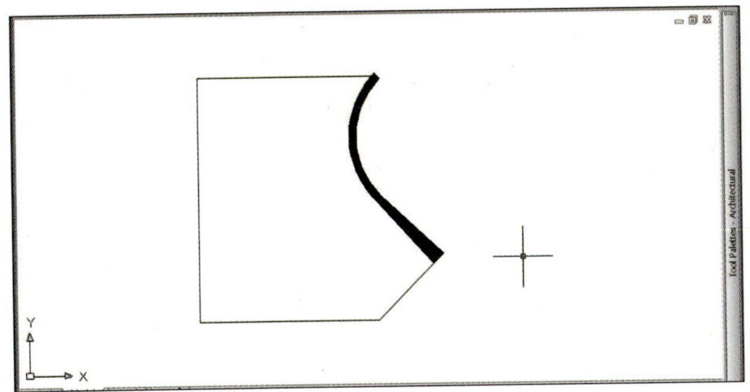

▲ 폴리라인(Polyline)

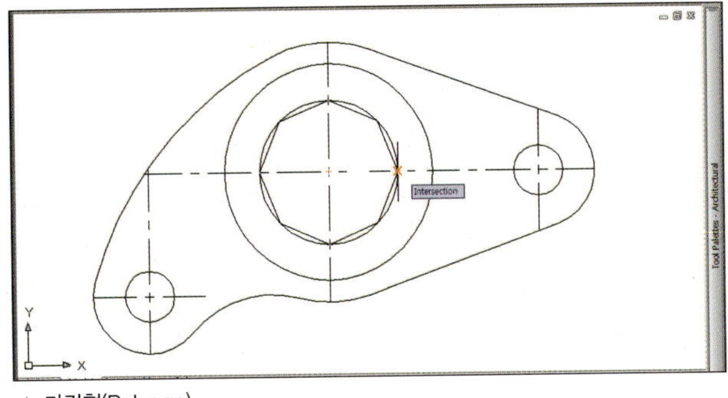

▲ 다각형(Polygon)

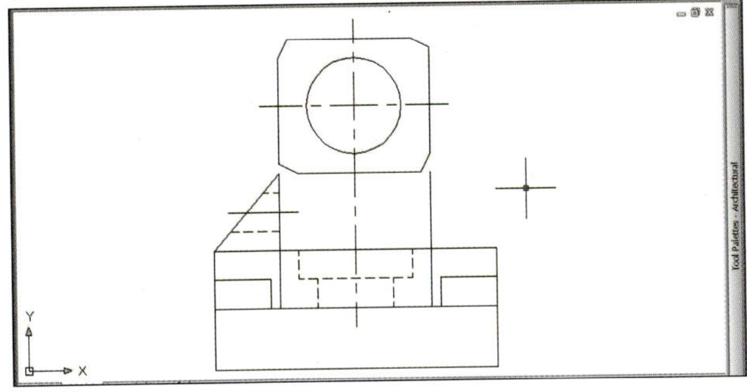

▲ 사각형(Rectangle)

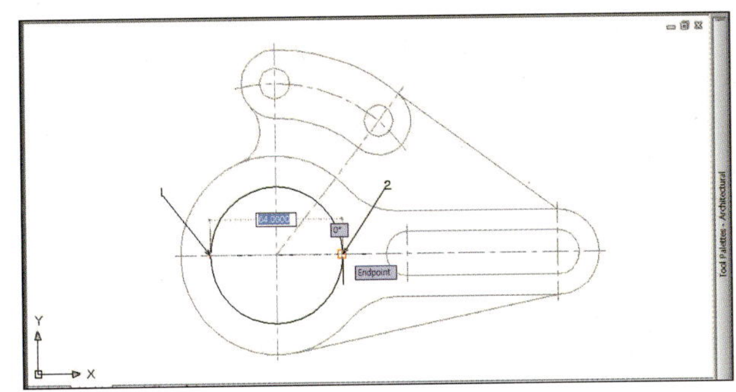

▲ 원(Circle)

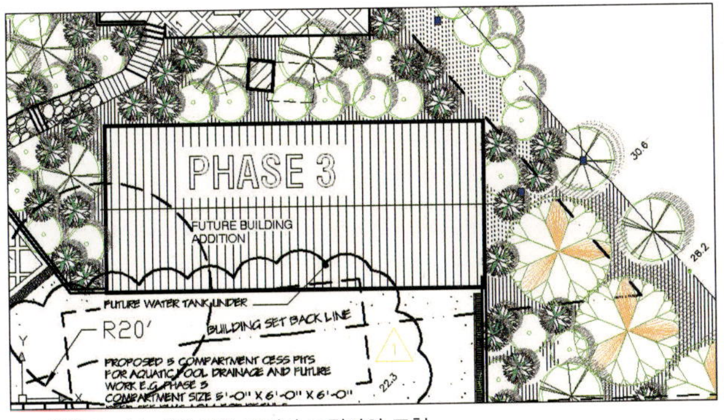

▲ 해칭(Hatching)을 통한 조경과 그림자의 표현

 ## 창의적인 객체 편집(Modify)

AutoCAD를 능숙하게 사용한다는 것은 고급 명령을 많이 알고 사용한다는 것이 아닙니다. 기본 작성 명령과 더불어 편집 명령을 창의적으로 조합하여 가장 효율적인 도면 작성 방법을 찾아내는 것입니다.

● 복사(Copy)와 이동(Move)

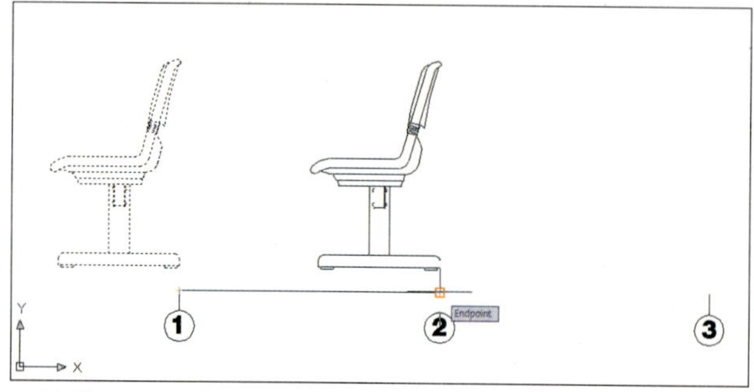

▲ 복사(Copy)

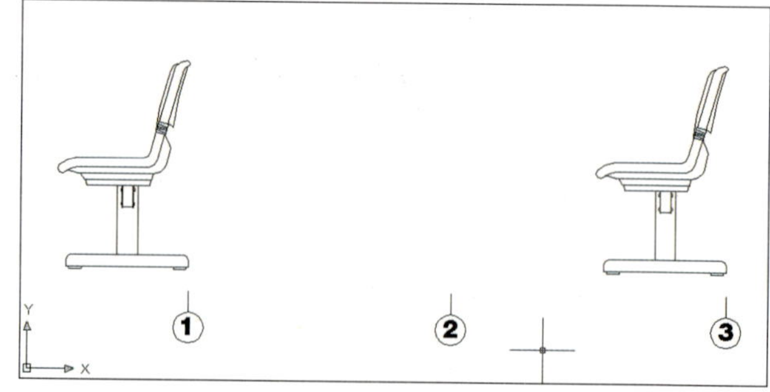

▲ 이동(Move)

● 대칭 복사(Mirror)와 회전(Rotate)

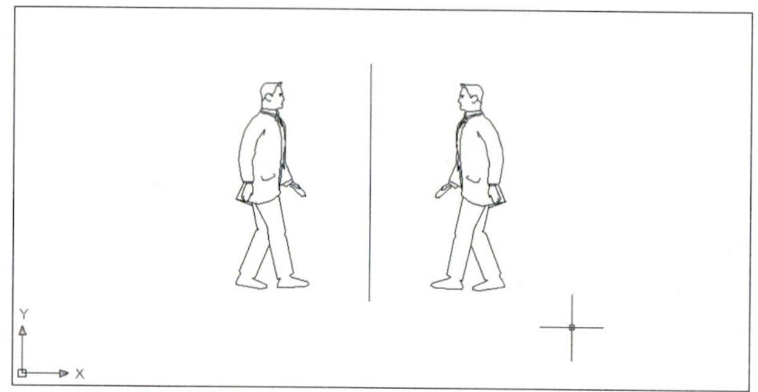

▲ 대칭 복사(Mirror)

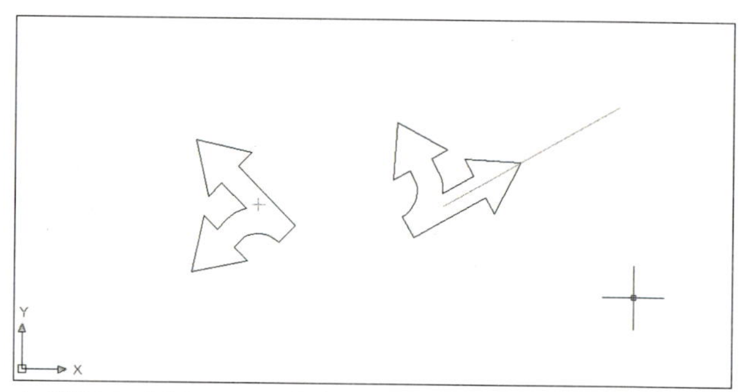

▲ 회전(Rotate)과 Reference 옵션

● 간격 띄어 복사하기(Offset)

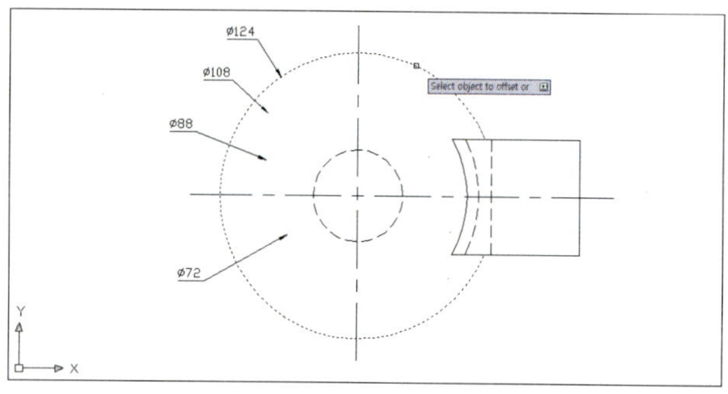

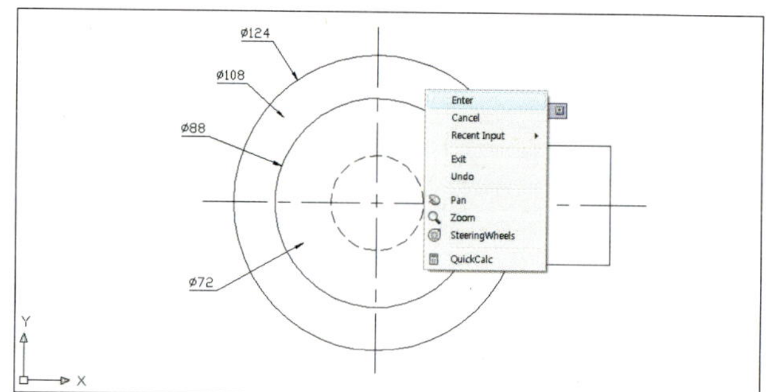

● 잘라내기(Trim)와 연장하기(Extend)

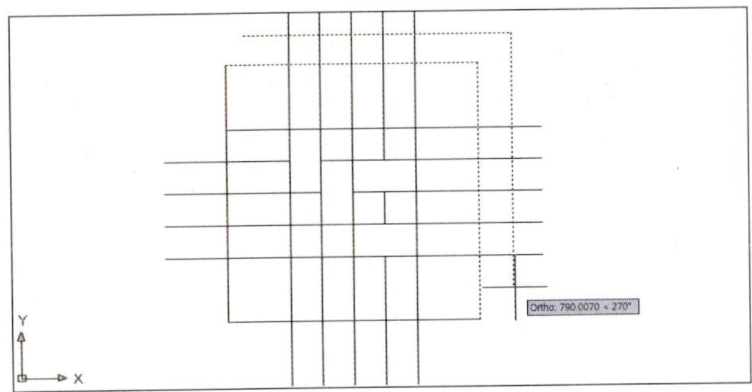

▲ 잘라내기(Trim) Fence 옵션

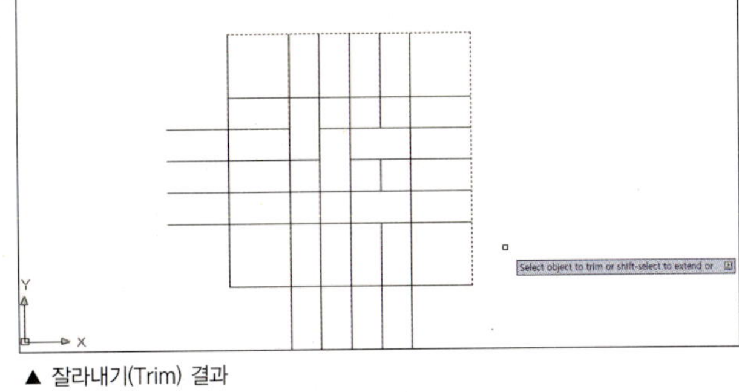

▲ 잘라내기(Trim) 결과

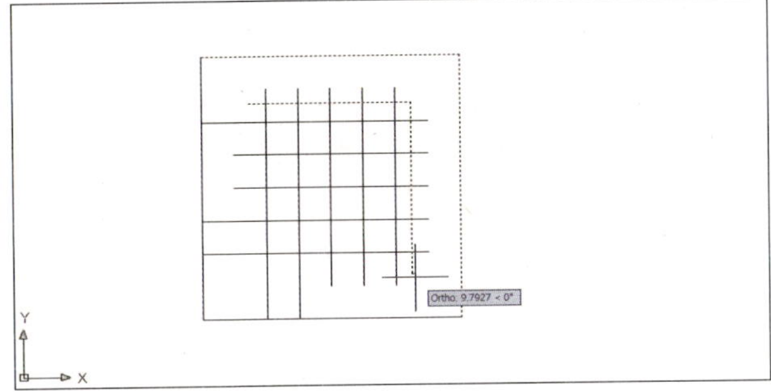

▲ 연장하기(Extend) Fence 옵션

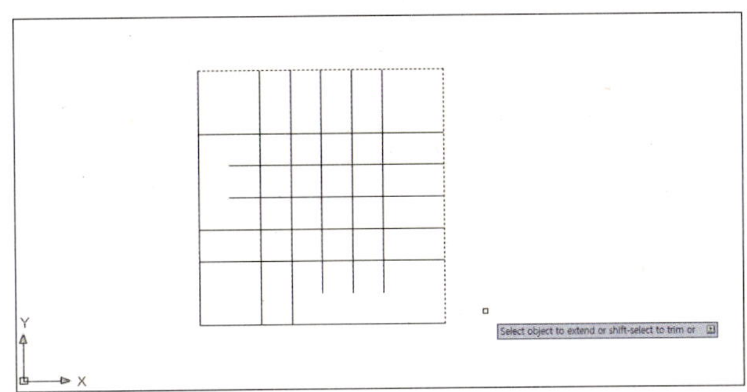

▲ 연장하기(Extend) 결과

● 모서리 둥글려서 다듬기(Fillet)

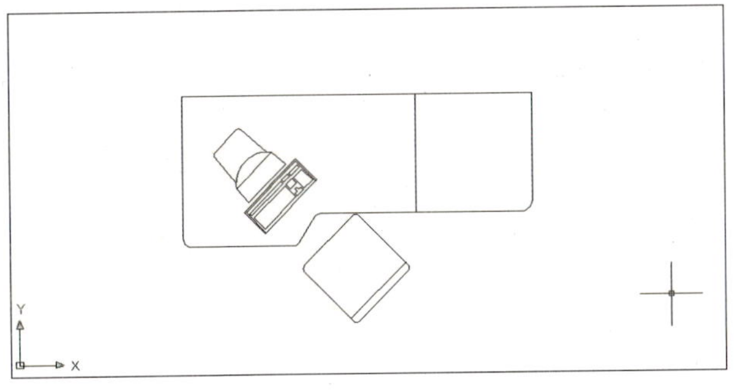

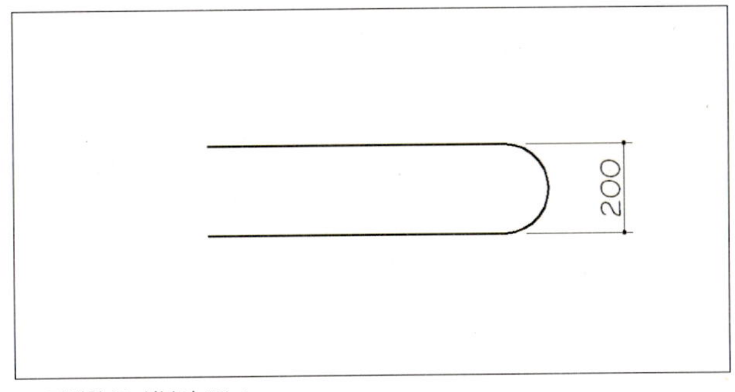

▲ 평행한 두 선분의 Fillet

● 모서리 깍아내서 다듬기(Chamfer)와 입력 옵션

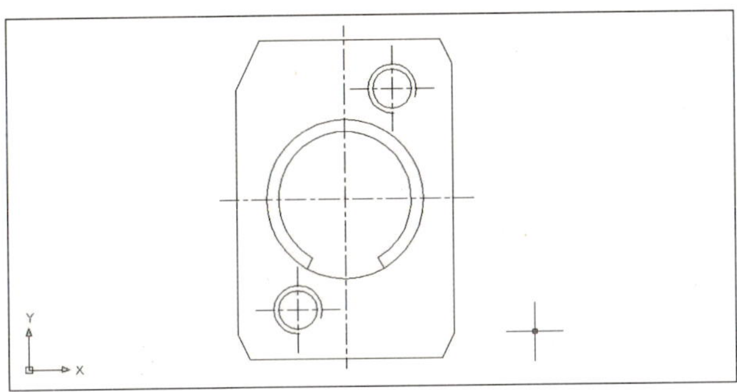

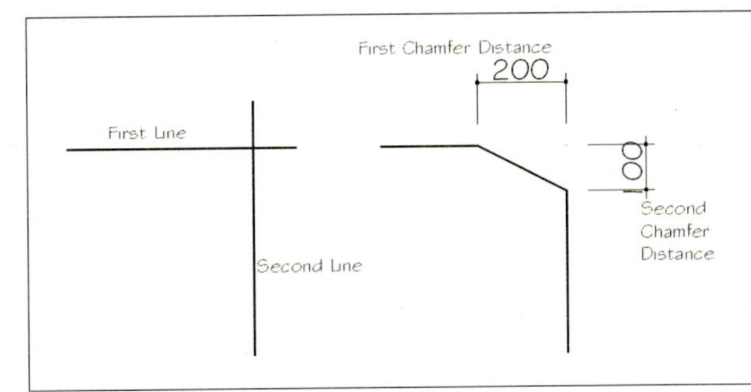

▲ 거리(Distance) 입력 옵션

● 복사하며 정렬하기(Array)

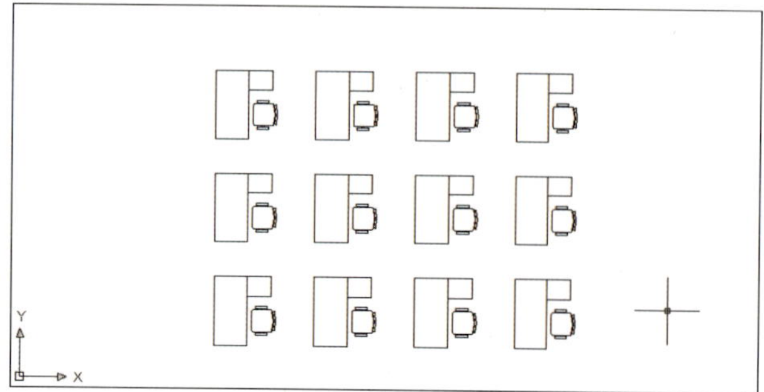

▲ 열(Row)과 줄(Column)로 복사하며 줄 세우기 – Rectangular Array

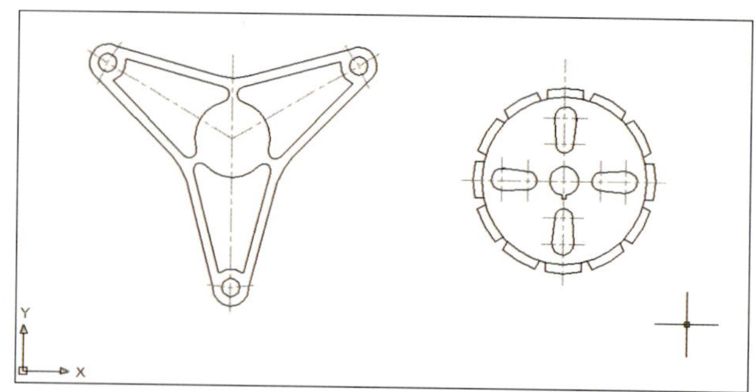

▲ 원형으로 복사하며 줄 세우기 – Polar Array

● 끊고(Break) 붙이기(Join)

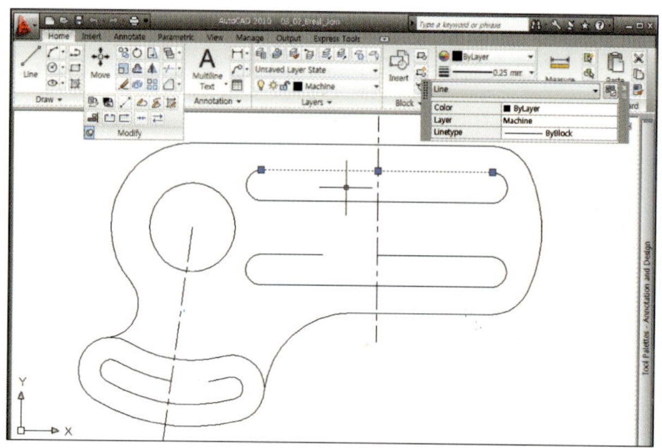

▲ 끊기(Break)

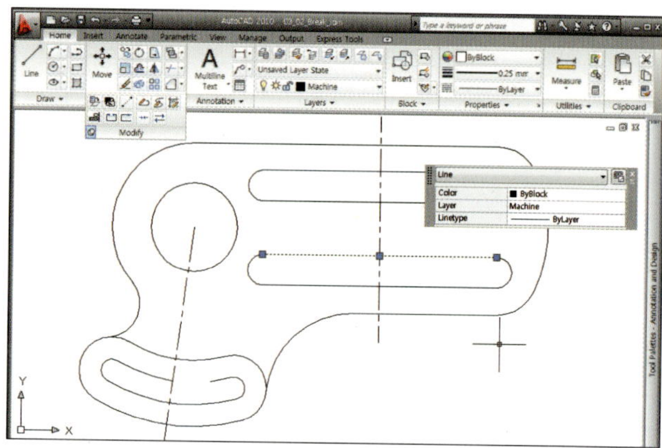

▲ 붙이기(Join)

● 확대 · 축소하고(Scale), 일부분만 늘이고 줄이기(Stretch)

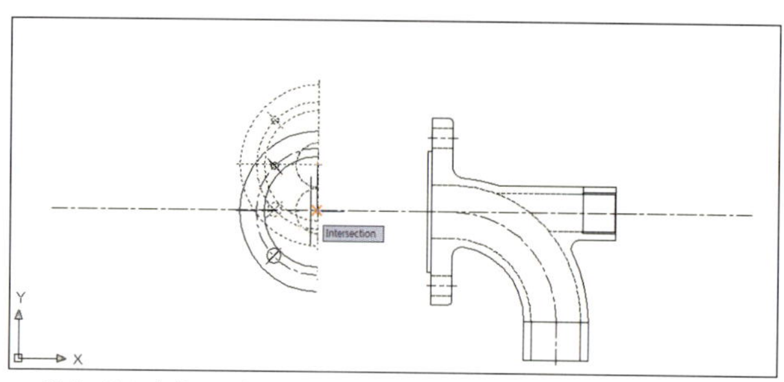

▲ 확대 · 축소하기(Scale)

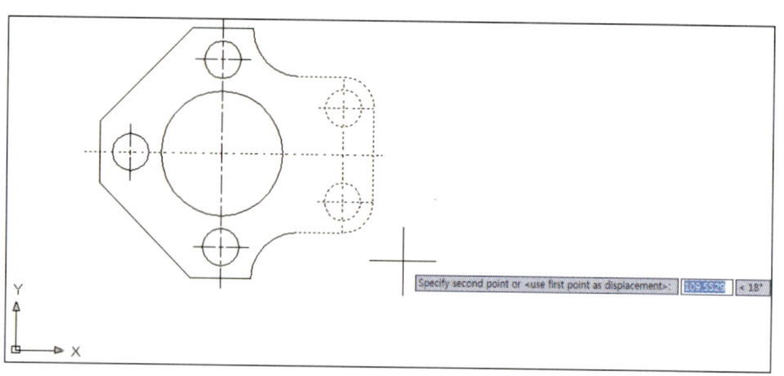

▲ 일부분만 늘이고 줄이기(Stretch)

▲ 일부분만 늘이고 줄이기(Stretch)

핵심을 이해하고 그려라! Draw

선분의 정의와 좌표계(Coordinates System)의 이해를 비롯하여 우리가 앞으로 AutoCAD 2010을 이용해 작성해야 할 객체의 속성과 기본 작성 원리를 알아봅니다.

Lesson 01

AutoCAD 2010에서 작성하는 Line의 기본 이해하기

AutoCAD는 벡터 방식의 소프트웨어입니다. 비트맵 방식의 소프트웨어와 비교하여 벡터 방식의 원리와 장단점을 잘 이해한다면 AutoCAD 2010을 더욱 잘 활용할 수 있습니다. 벡터 방식 객체의 특성에 대해 알아봅니다.

우리가 알고 있는 선분의 정의란 '두 점을 잇는 최단거리 점(点)들의 집합' 입니다. 그런데 AutoCAD 에서도 이 정의대로 선분을 작성할 수 있을까요? 물론 그렇지 않습니다. 왜냐하면 AutoCAD에서 선분의 정의대로 작성하려면 불필요한 데이터와 연산 시간의 낭비가 생기기 때문입니다. 바로 '점들' 은 모두 데이터를 의미하는 것 아니겠습니까? 그래서 AutoCAD를 비롯한 다른 CAD 프로그램에서는 선분을 두 점(시작점과 끝점)의 좌표와 몇 개의 속성(Properties)들로 정의합니다. 다시 말해서 '점들의 집합' 부분은 허상(虛像)이 되는 것입니다. 실제로는 점들로 이루어져 있지 않고 데이터 하나가 '점들' 처럼 보이도록 하는 것입니다. 점들로 이미지를 이루는 방식을 비트맵(Bitmap)이라고 하고, 데이터로 이미지를 이루는 방식을 벡터(Vector)라고 합니다.

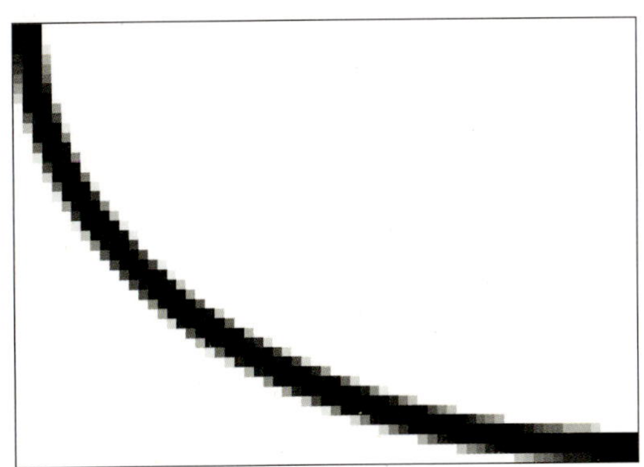

▲ 비트맵(Bitmap) 방식의 선분

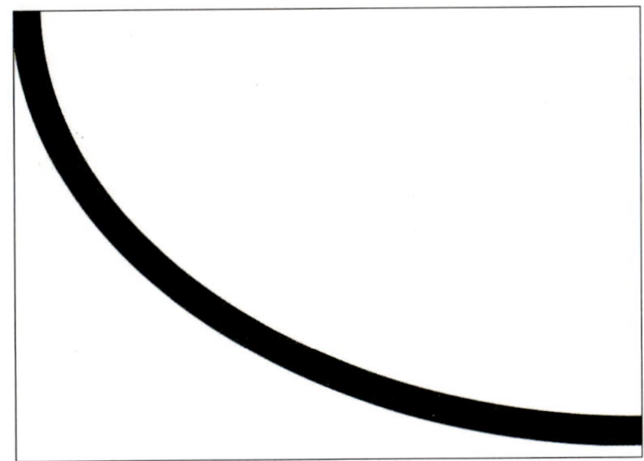

▲ 벡터(Vector) 방식의 선분

AutoCAD는 물론이고 다른 CAD/CAM 프로그램들도 대부분 벡터 방식의 프로그램들입니다. 벡터 프로그램으로는 CAD/CAM 프로그램들과 어도비(Adobe)사의 Illustrator, 코렐(Corel)사의 CoreDRAW 등이 있고, 비트맵 프로그램으로는 잘 알려진 어도비(Adobe)사의 Photoshop 등이 있습니다. 데이터의 교환 면에서도 같은 방식의 프로그램 간에는 원활한 반면 다른 방식의 프로그램 간에는 약간의 제약이 따르기 때문에 장·단점을 잘 파악해서 효율적인 객체 작성에 적극적으로 활용하는 것이 좋습니다.

▲ 비트맵 프로그램 Photoshop

▲ 벡터 프로그램 Illustrator

절대 좌표(Absolute Coordinates System)를 이용하여 선분(Line) 작성하기 X, Y, Z

도면은 모두 선, 원, 문자와 같은 객체들의 집합입니다. 객체들을 작성하기 위해서는 위치, 크기, 방향 등을 지정하기 위해 좌표를 입력해야 하는데, AutoCAD 2010은 크게 두 가지 좌표계(Coordinate System)를 사용하고 있습니다. X축과 Y축, Z축의 좌표(X,Y,Z)를 입력하는 절대 좌표계와 상대 좌표계가 그것입니다. 그리고, 각도와 변위를 입력하는 극좌표가 하나 더 있는데, 이는 다시 절대 극좌표와 상대 극좌표로 구분할 수 있습니다.

절대 좌표계는 위치 불변의 원점(Origin Point / 0,0,0)이 기준이 되어 좌표의 거리를 더하고 빼서 측정하는 좌표 입력 방식입니다. 절대 좌표는 도면의 한계를 설정하는 Limits 명령이나, 다른 프로그램에서 사용하기 위해 도면을 Export할 경우 원점으로 객체를 이동시키는 정도에나 사용하고 있습니다. 이번에는 절대 좌표를 이용하여 간단한 객체를 작성해 봅니다.

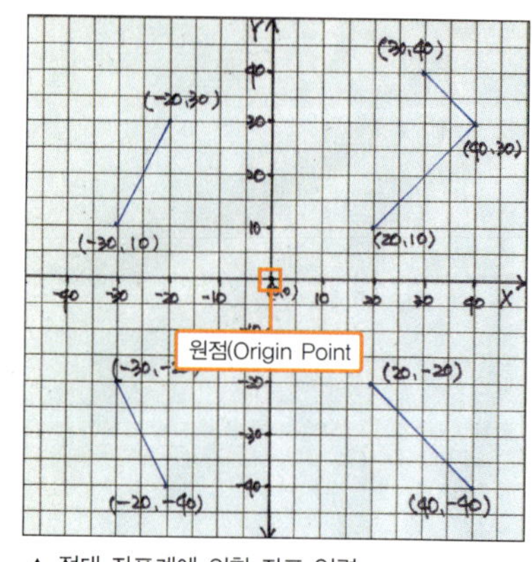

▲ 절대 좌표계에 의한 좌표 입력

01 Line(L) 명령을 입력하고 [Enter]를 누릅니다.

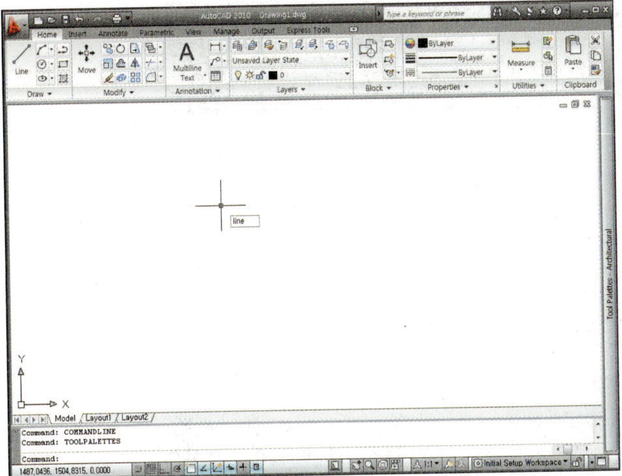

> Command: Line(L) [Enter] (Line 명령 실행)

주목

- AutoCAD에서 명령을 적용하기 위해 [Enter]를 누르는데, 문자를 입력하는 경우를 제외하고는 [Spacebar]를 누르는 것과 같습니다.
- [Home] 탭의 [Draw] 패널에서 [Line]() 아이콘을 클릭해도 됩니다.

03 선분이 연결되는 지점을 차례대로 다음과 같이 입력하면서 [Enter]를 누릅니다.

> Specify next point or [Undo]: 300,50 [Enter]
> Specify next point or [Undo]: 300,250 [Enter]
> Specify next point or [Undo]: 150,250 [Enter]
> Specify next point or [Undo]: 150,50(또는, C)
> [Enter]

주목

닫힌 도형을 작성할 때 마지막 점(시작점)은 좌표를 입력하는 대신 'C'를 입력하면 도형의 닫히는(Close) 좌표를 자동으로 지정하게 되며 명령도 종료됩니다.

02 시작점을 지정하라는 요청에 '150,50'을 입력하고 [Enter]를 누릅니다.

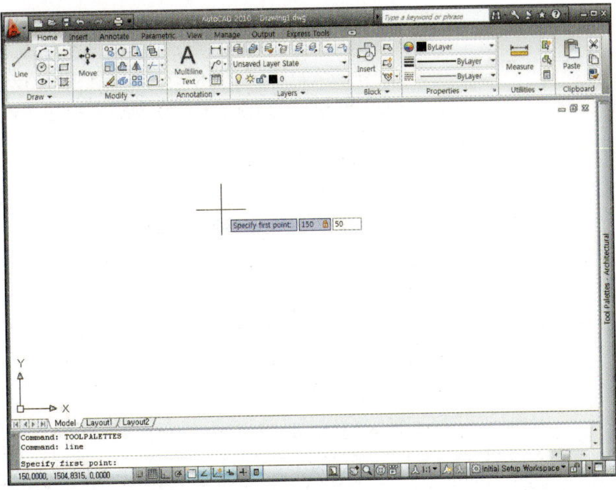

> Specify first point: 150,50 [Enter] (시작점 지정)

주목

Z축 좌표가 '0'인 경우에는 생략할 수 있습니다.

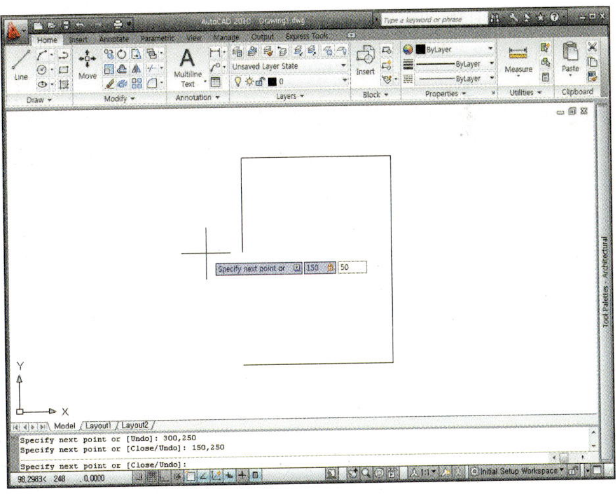

동적 입력기(Dynamic Input)에서 절대 좌표를 입력하려면?

❶ 상태 표시줄에서 [Dynamic Input](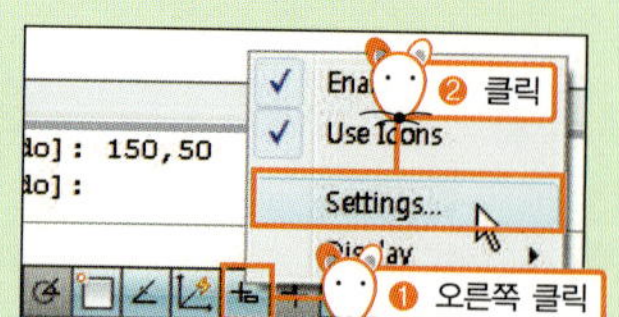) 아이콘을 마우스 오른쪽 단추로 클릭한 후 [Settings]를 선택합니다.

❷ [Drafting Settings] 대화상자의 [Dynamic Input] 탭에서 [Pointer Input] 영역의 [Settings] 단추를 클릭합니다. [Pointer Input Settings] 대화상자의 [Format] 영역에서 [Absolute coordinates]를 체크하고 [OK] 단추를 클릭합니다. [Drafting Settings] 대화상자의 [OK] 단추를 클릭하여 설정을 종료합니다.

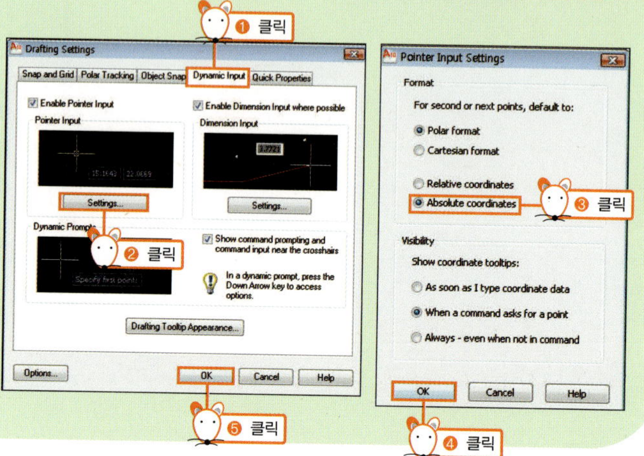

04 마지막으로 Line 명령을 종료할 때는 마우스 오른쪽 단추를 클릭한 후 [Enter]를 선택하거나, [Enter]를 누르면 종료됩니다.

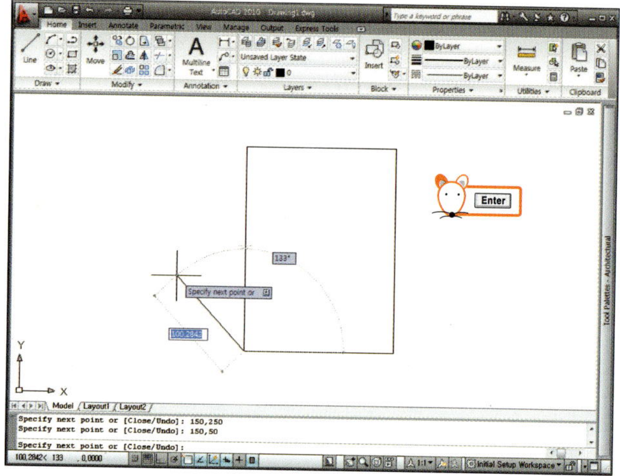


```
Specify next point or [Undo]: Enter (Line 명령 종료)
```

절대 좌표 입력 규칙

- 좌표 앞에 아무것도 없으면 양수로 인식하기 때문에 양의 기호(+)는 사용하지 않습니다.
- 음의 방향 좌표는 음의 기호(−)를 표시합니다.
- 1000 단위에서 '콤마(,)'는 생략합니다(잘못된 표기 : 1,000,2,100,3,600).
- 시작점의 좌표를 정확히 알고 있어야 다음 점의 좌표를 지정할 수 있기 때문에 절대 좌표에서 시작점의 위치는 매우 중요합니다.

상대 좌표(Relative Coordinates System)를 이용한 선분(Line) 작성하기 @X, Y, Z

상대 좌표계의 핵심은 원점(Origin Point)이 상황에 따라서 이동한다는 것입니다. 절대 좌표계보다 복잡할 것 같지만 그렇지 않습니다. 예를 들어 선분(Line)을 작성할 경우 절대 좌표계는 원점에서부터 계속적인 거리 가감이 필요하지만, 상대 좌표계는 가장 마지막에 입력한 점이 원점이 되기 때문에 지정할 다음 점의 변위(변한 위치)만 알고 있으면 됩니다. 상대 좌표를 입력하기 위해서 좌표 앞에 '@(at)'를 붙이면 마지막 좌표를 원점인 '0,0,0'으로 인식하게 됩니다. 이해를 돕기 위해 간단한 객체를 작성해 봅니다.

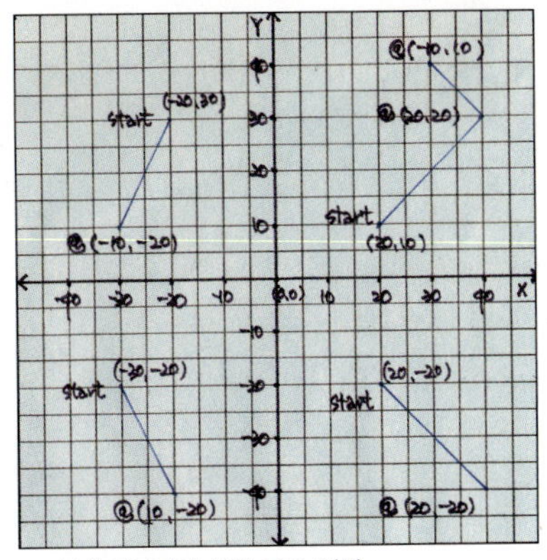

▲ 상대 좌표계에 의한 좌표 입력

01 Line(L) 명령을 입력하고 **Enter** 를 누릅니다.

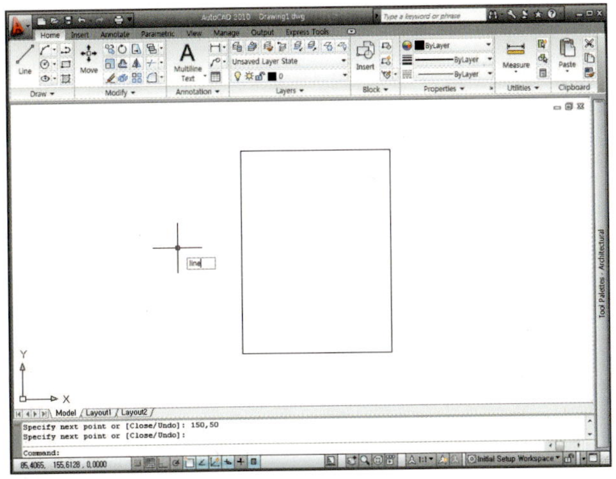

Command: Line(L) **Enter** (Line 명령 실행)

02 시작점을 지정하라는 요청에 '320,50'을 입력합니다.

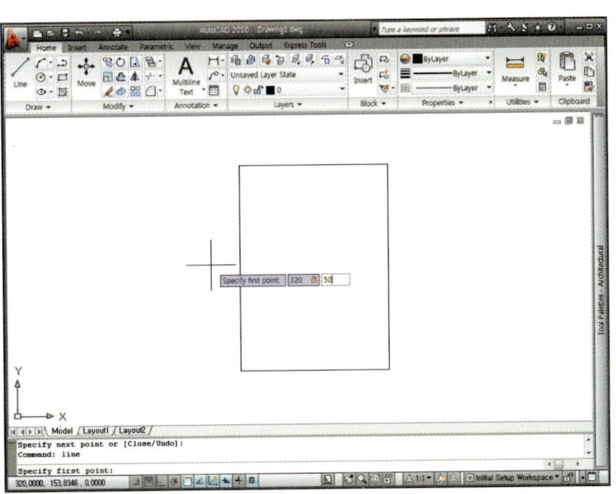

Specify first point: 320,50 **Enter** (시작점 지정)

주목

상대 좌표로는 마우스로 도면 영역의 아무 곳이나 클릭해서 지정해도 같은 크기의 박스를 얻을 수 있지만 절대 좌표계로 그린 사례와 비교하기 위해 조금 전에 만든 박스 옆에 시작점을 지정합니다.

03 다음 점을 지정하라는 요청에 차례대로 다음과 같이 입력합니다.

04 마지막으로 Line 명령을 종료할 때는 마우스 오른쪽 단추를 클릭한 후 [Enter]를 선택하거나, [Enter]를 누릅니다.

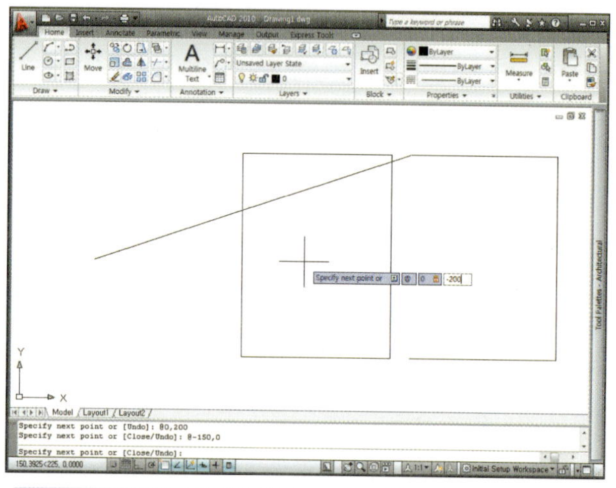

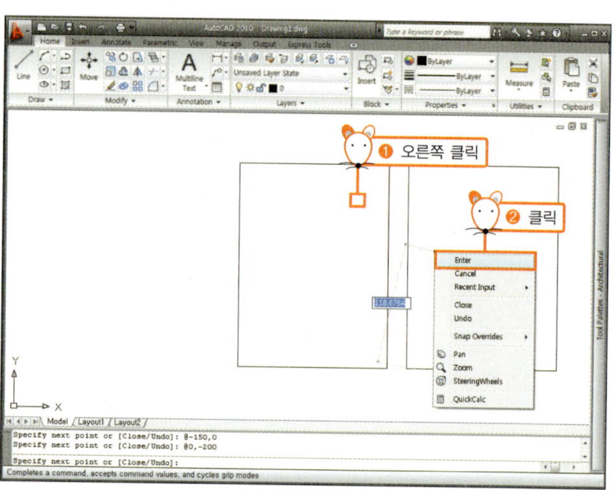


```
Specify next point or [Undo]: @150,0   Enter
Specify next point or [Undo]: @0,200   Enter
Specify next point or [Undo]: @-150,0  Enter
Specify next point or [Undo]: @0,-200(또는, C)
Enter
```

동적 입력기(Dynamic Input)에서 항상 '@'을 붙이지 않고도 상대 좌표를 입력하려면?

❶ 상태 표시줄의 [Dynamic Input](⊞) 아이콘을 마우스 오른쪽 단추로 클릭한 후 [Settings]를 선택합니다.

❷ [Drafting Settings] 대화상자의 [Dynamic Input] 탭에서 [Pointer Input] 영역의 [Settings] 단추를 클릭합니다. [Pointer Input Settings] 대화상자의 [Format] 영역에서 [Relative coordinates]를 체크하고 [OK] 단추를 클릭합니다. [Drafting Settings] 대화상자의 [OK] 단추를 클릭하여 설정을 종료합니다.

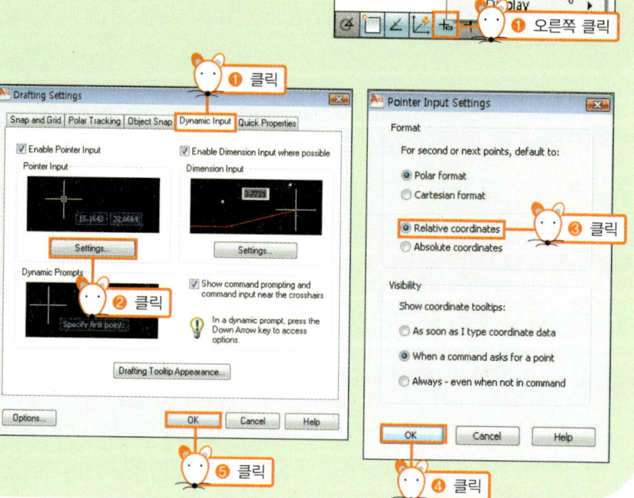

상대 좌표 입력의 규칙

- 양의 기호(+)와 음의 기호(−)의 사용법은 절대 좌표계와 동일합니다.
- 상대 좌표계는 좌표 앞에 '@' 기호를 한 번만 붙입니다.
- 다음 점의 위치를 지정할 때 이전 점(시작점을 포함해서)은 항상 원점(0,0 : Origin Point)이 되기 때문에 상대 좌표에서 시작점의 위치는 중요하지 않습니다.

극 좌표(Polar Coordinates System)를 이용한 선분(Line) 작성하기 L<A or @L<A

절대 좌표계와 상대 좌표계는 좌표를 입력할 때 'X,Y'식으로 값을 입력하는데, 극 좌표는 '거리<각도'의 방식으로 입력합니다. 이때 각도를 측정하는 기준은 [Drawing Units] 대화상자에서 설정한 환경에 따라 달라집니다. 기본값으로 설정되어 있다면 3시 방향(EAST)이 기준이 되고, 반시계 방향(Counterclockwise)으로 각도를 측정하게 됩니다. 극 좌표도 좌표 앞에 '@' 기호를 붙이거나 붙이지 않거나에 따라 상대 극 좌표 또는, 절대 극 좌표로 입력할 수 있습니다. 이해를 돕기 위해 다음 예제를 따라해 봅니다.

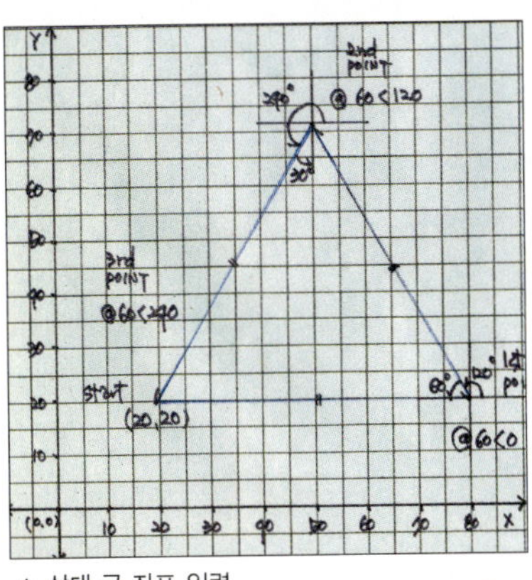

▲ 상대 극 좌표 입력

01 [Home] 탭의 [Draw] 패널에서 [Line](⬜) 아이콘을 클릭하고 시작점을 지정하라는 요청에 도면 영역에서 임의의 점을 클릭합니다.

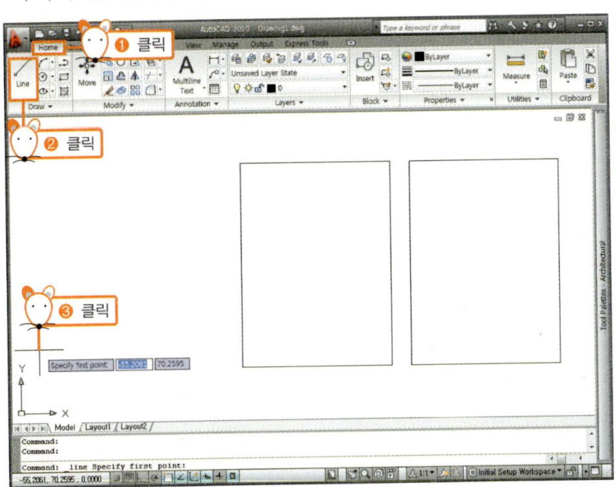

Command: (Line 아이콘 클릭)
Specify first point: (도면 영역의 임의의 점을 클릭)

02 다음 점을 지정하라는 요청에 차례대로 다음과 같이 입력합니다.

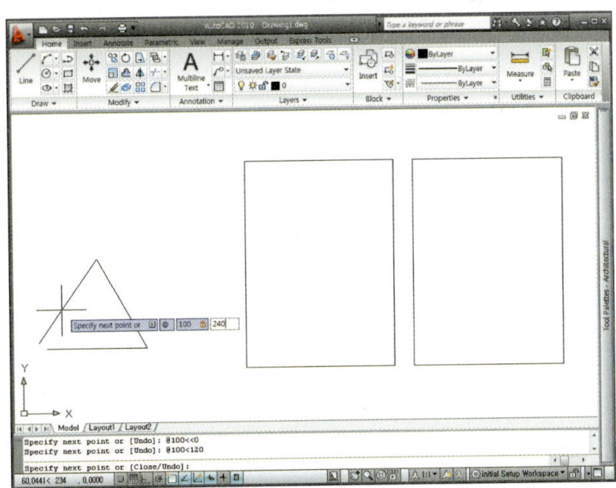

Specify next point or [Undo]: @100<0 [Enter]
Specify next point or [Undo]: @100<120 [Enter]
Specify next point or [Undo]: @100<240(또는, C)
[Enter] (다음 점 지정)

03 Line 명령을 종료하기 위해 마우스 오른쪽 단추를 클릭한 후 [Enter]를 선택합니다.

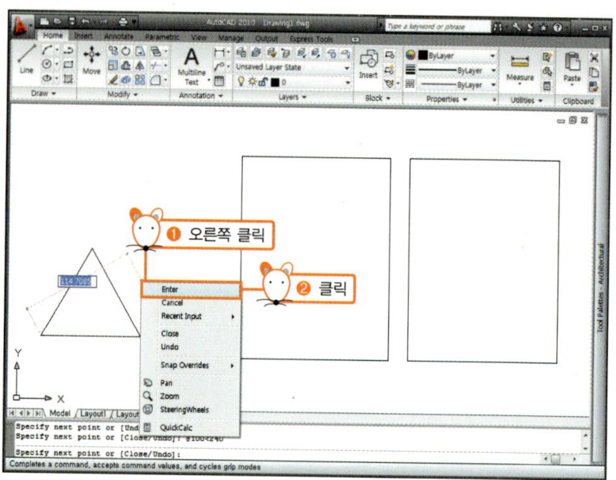

[Draw] 패널의 이해

[Draw] 패널을 이용하면 명령의 입력 없이 신속하게 객체를 작성할 수 있습니다.

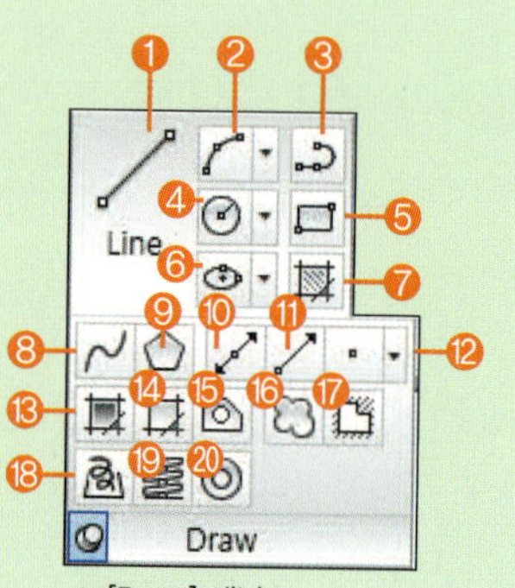
▲ [Draw] 패널

❶ **Line** : 선분을 작성할 수 있습니다.

❷ **Arc** : 호를 작성할 수 있습니다.

❸ **Polyline** : 폴리라인을 작성할 수 있습니다.

❹ **Circle** : 원을 작성할 수 있습니다.

❺ **Rectangle** : 사각형을 작성할 수 있습니다.

❻ **Ellipse** : 타원을 작성할 수 있습니다.

❼ **Hatch** : 패턴을 작성할 수 있는 대화상자를 불러냅니다.

❽ **Spline** : 스플라인을 작성할 수 있습니다.

❾ **Polygon** : 다각형을 작성할 수 있습니다.

❿ **Construction Line** : 선분의 양 끝으로 무한히 연장된 선분(Construction Line)을 작성할 수 있습니다.

⓫ **Ray** : 선분의 시작점으로부터 무한히 연장된 선분을 작성할 수 있습니다.

⓬ **Multiple Points** : 객체를 나누거나 거리를 재는 등의 점을 작성할 수 있습니다.

⓭ **Gradient** : 그레이디언트 패턴을 작성할 수 있는 대화상자를 불러냅니다.

⓮ **Boundary** : 경계를 설정할 수 있는 대화상자를 불러냅니다.

⓯ **Region** : 닫힌 객체를 영역 객체로 변환할 수 있습니다.

⓰ **Revision Cloud** : 폴리라인으로 교정 표시를 위한 구름 심벌을 작성할 수 있습니다.

⓱ **Wipeout** : 삭제할 도면 영역에 마스크 심벌을 작성할 수 있습니다.

⓲ **3D Polyline** : 3D 폴리라인을 작성할 수 있습니다.

⓳ **Helix** : 나선(2D 나선 또는, 3D 스프링)을 작성할 수 있습니다.

⓴ **Donut** : 도넛 모양의 객체를 작성할 수 있습니다.

폴리라인(Polyline) 쉽게 배우기

Polyline 명령으로 여러 번 클릭하여 작성한 객체는 전체가 하나의 객체로 인식됩니다. 또한 선분을 작성하면서 연속해서 호나 두께를 갖는 선분을 계속해서 작성할 수도 있습니다. 이러한 이유로 폴리라인의 쓰임새는 다양합니다. 폴리라인은 명령을 시작해서 끝날 때까지 작성한 객체가 모두 한 번의 클릭으로 선택되기 때문에 면적 계산을 위한 보조선이나 해칭을 위한 테두리 객체를 작성할 경우에도 자주 사용됩니다. Polyline 명령은 Line 명령에 비해 두드러지는 두 가지 특징을 갖습니다. 우선 다양한 형태 표현이 가능합니다. 직선과 곡선, 얇거나 두껍게 만들 수 있으며, 시작점에서 끝점까지 점차적으로 두께를 변화시킬 수도 있습니다. 그리고 폴리라인은 아무리 복잡한 객체라도 한 번에 선택이 가능합니다. 이 차이점들은 객체를 작성하는 과정에서 사용자에게 상당한 표현의 자유를 부여합니다. 폴리라인을 작성하는 방법은 Line 명령과 같습니다. Line 명령으로 작성된 객체와 비교하기 위해 다음 예제를 통해서 폴리라인을 작성해 봅니다.

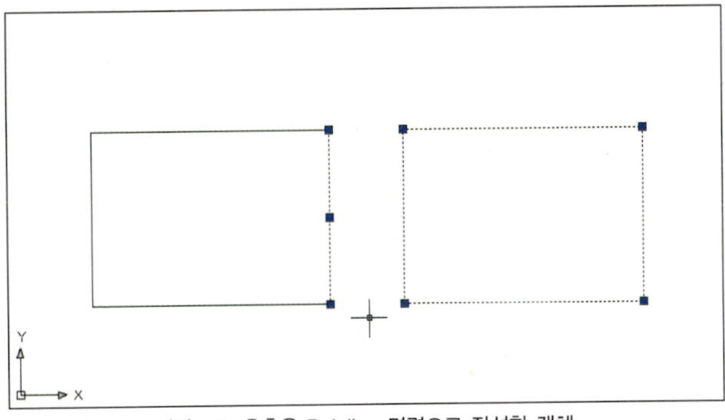

▲ 좌측은 Line 명령으로, 우측은 Polyline 명령으로 작성한 객체

◉ Samples\03_01_Polyline.dwg

01 [Home] 탭의 [Draw] 패널에서 [Polyline](⊿) 아이콘을 클릭하고 그림과 같이 Line 명령으로 작성된 선분의 끝점을 폴리라인의 시작점으로 지정합니다.

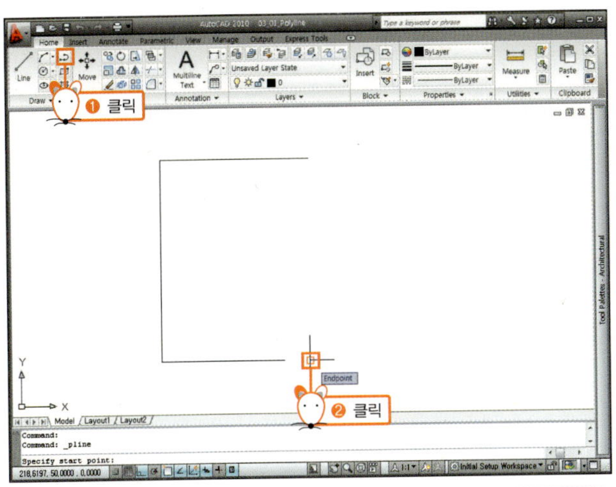

```
Command: _pline (Ployline 아이콘 클릭)
Specify start point: (시작점 지정)
```

02 다음 점을 지정하라는 요청에 다음과 같이 입력한 후 Enter 를 누릅니다.

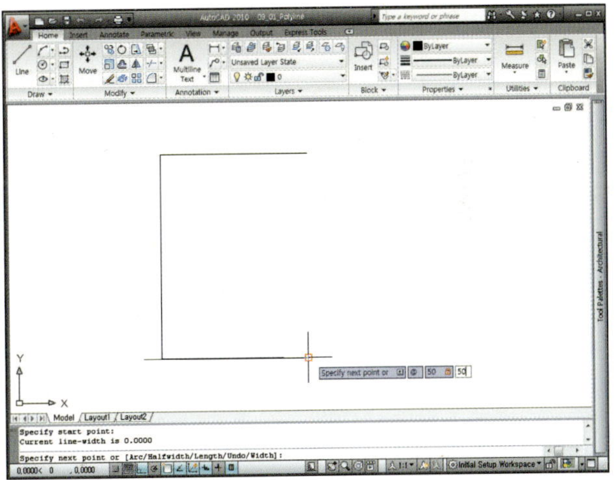

```
Current line-width is 0.0000
Specify next point or [Arc/Halfwidth/Length/
Undo/Width]: @50,50 Enter (다음 점 지정)
```

03 작성될 폴리라인의 선 두께(Width)를 설정하기 위해 'W'를 입력하고 Enter 를 누릅니다.

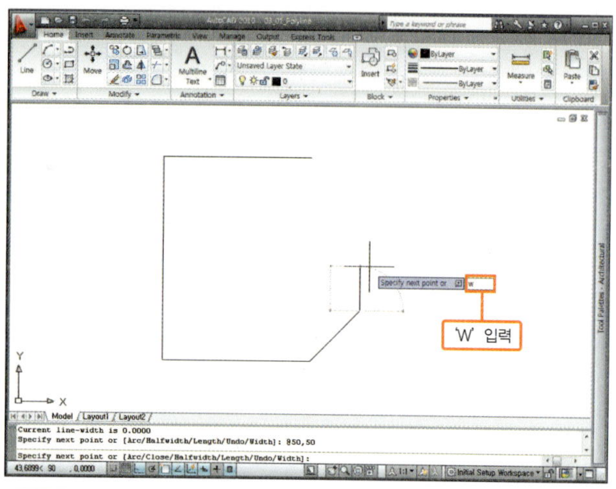

Specify next point or [Arc/Close/Halfwidth/
Length/Undo/Width]: w Enter (Width 옵션 실행)

04 폴리라인의 시작 부분에 선 두께로 '12'를 입력한 후 Enter 를 누릅니다.

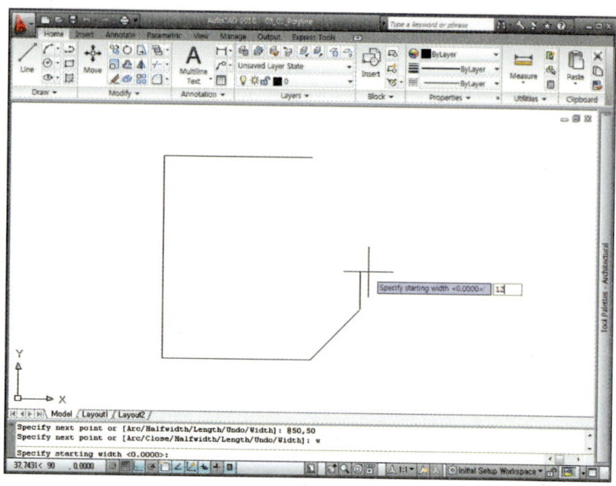

Specify starting width <0.0000>: 12 Enter (선 두께 설정)

05 끝 부분의 선 두께를 설정하기 위해 '6'을 입력한 후 Enter 를 누릅니다.

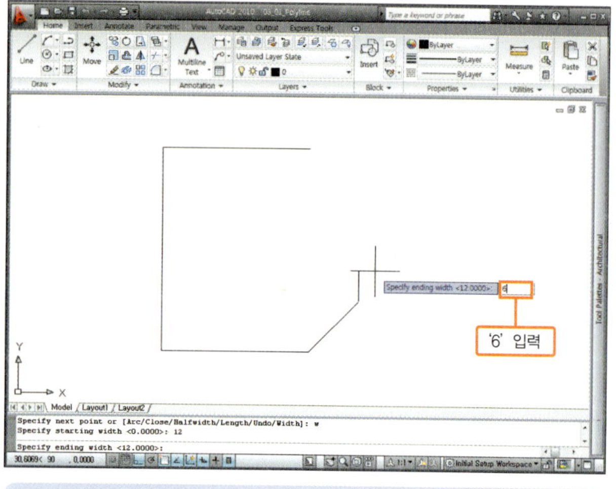

Specify ending width <12.0000>: 6 Enter (끝 부분의 선 두께 설정)

06 다음 점을 지정하라는 요청에 다음과 같이 입력한 후 Enter 를 누릅니다.

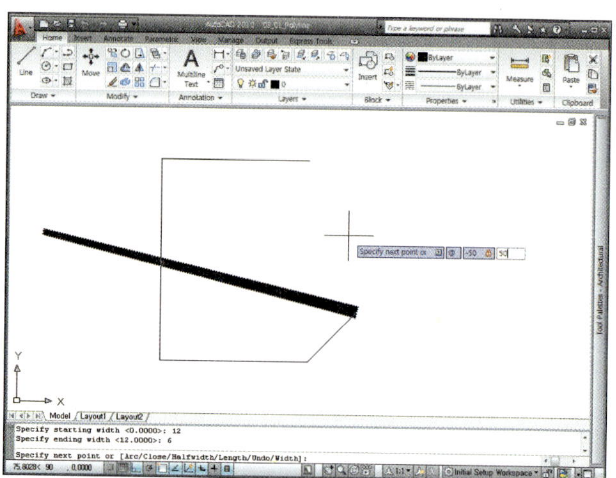

Specify next point or [Arc/Close/Halfwidth/
Length/Undo/Width] : @-50,50 Enter (다음 점 지정)

07 연속해서 호를 작성하기 위해 'a'를 입력한 후 Enter
를 누릅니다.

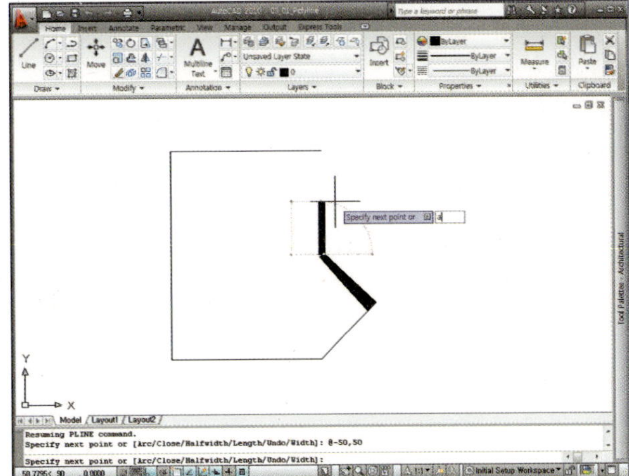

```
Specify next point or [Arc/Close/Halfwidth/
Length/Undo/Width]: a  Enter  (Arc 옵션 실행)
```

08 그림과 같이 Polyline 명령으로 작성된 객체의 끝점을 지정합니다. 명령을 종료하기 위해
Enter 를 누릅니다.

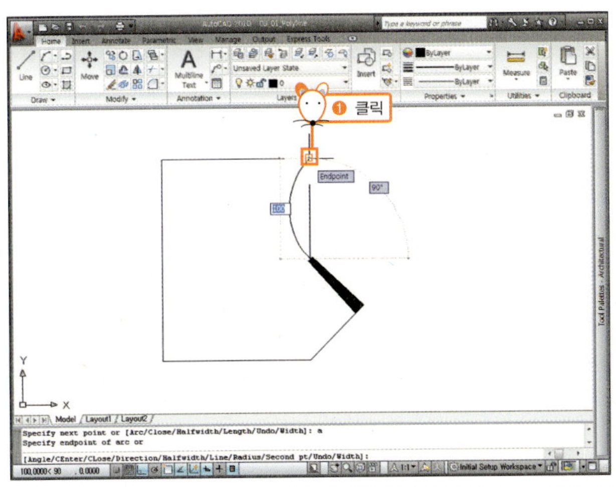

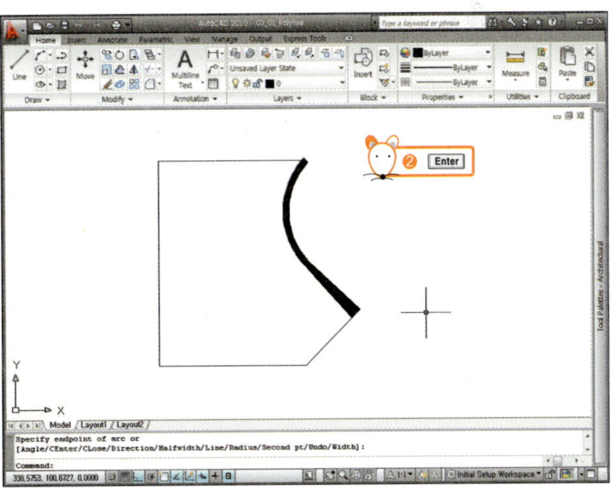


```
Specify endpoint of arc or [Angle/CEnter/CLose/Direction/Halfwidth/Line/Radius/Second
pt/Undo/Width]: (끝점 지정)  Enter
```

폴리라인(Polyline)을 선분(Line)의 속성으로 전환시키는 Explode

Explode 명령을 통해 폴리라인을 선분의 속성으로 전환시킬 수 있습니다. Explode 명령은 이외에도 블록이나 치수
및 지시선과 같은 그룹 속성의 객체를 개개의 객체로 분해(Explode) 시킬 수도 있습니다.

```
Command: explode  Enter  (Explode 명령 실행)
Select objects: (객체 선택)  Enter
```

Polyline 명령의 다양한 옵션

Polyline 명령은 선분과 호의 두 가지 기본적인 폴리라인 요소들을 작성할 수 있는데 각각의 옵션은 다음과 같습니다.

■ 선분을 작성할 경우

```
Specify next point or [Arc/Close/Halfwidth/Length/Undo/Width]:
```

❶ **Arc** : 폴리라인에서 호를 작성할 수 있도록 전환합니다.

❷ **Close** : 마지막으로 지정한 점과 처음 시작점을 연결하여 닫힌 폴리라인을 만듭니다.

❸ **Halfwidth** : 중심에서 폴리라인의 모서리까지의 두께를 설정합니다.

❹ **Length** : 새로운 폴리라인의 길이를 설정합니다. 마지막에 작성한 선분과 같은 각도 또는, 마지막에 작성한 호의 접선 방향으로 객체를 작성하게 됩니다.

❺ **Undo** : 마지막에 작성한 객체를 취소합니다. Width 옵션은 취소할 수 없습니다.

❻ **Width** : 선 두께를 설정합니다(기본은 0). 시작과 끝점의 폭을 다르게 지정하면 선 두께를 점차적으로 변하게 만들 수 있습니다.

❼ **Specify Start Point/Specify Next Point** : 시작점 또는, 현재 객체의 다음 좌표를 입력합니다. 새로운 폴리라인을 시작하면 Specify Next Point가 기본 옵션이 됩니다.

■ 호를 작성할 경우

```
Specify Next Point  or  [Angle/CEnter/CLose/Direction/Halfwidth/Line/Radius/Second
pt/Undo/Width]:
```

❶ **Angle** : 각도를 입력하여 호를 작성합니다. 음수(−)로 입력하면 시계 방향으로 호를 작성할 수 있습니다.

❷ **CEnter** : 중심점을 입력하여 호를 작성합니다.

❸ **CLose** : 시작점과 끝점을 연결하는 호를 작성하면서 Polyline 명령을 종료합니다.

❹ **Direction** : 객체에 대한 접선 방향으로 호를 작성합니다.

❺ **Halfwidth** : Line 옵션과 동일하게 절반 두께를 지정합니다.

❻ **Line** : 선분 객체를 작성합니다.

❼ **Radius** : 호의 반경을 입력합니다.

❽ **Second pt** : 세 개의 점으로 호를 작성할 때 두 번째 점을 입력합니다.

❾ **Undo** : 마지막으로 작성한 객체를 취소합니다.

❿ **Width** : 선 모드와 동일하게 두께를 입력합니다.

⓫ **Specify Endpoint of Arc** : 현재 호의 끝점을 지정합니다.

다각형(Polygon) 쉽게 배우기

Polygon 명령은 3개에서 1,024개의 변으로 구성된 다각형(Polygon)을 작성할 수 있습니다. 가상의 원에 다각형을
내접 또는, 외접시키거나 다각형의 모서리 끝점들을 지정하는 방법으로 다각형을 작성할 수도 있습니다. Polygon
명령을 이용하여 원에 내접하는 다각형을 작성하는 방법을 알아봅니다.

⊙ Samples\03_01_Polygon.dwg

01 [Home] 탭의 [Draw] 패널에서 [Polygon](⬠) 아이
콘을 클릭한 후 다각형 변의 수를 '8'로 입력하고 **Enter**
를 누릅니다.

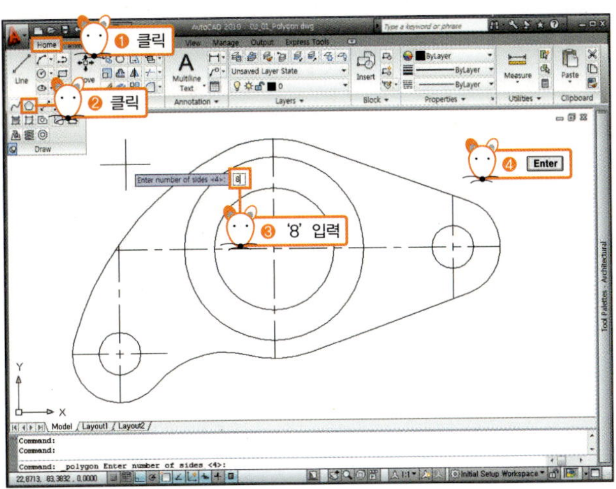

Enter number of sides<4> : 8 **Enter** (변의 개수 설정)

02 그림과 같이 다각형의 중심점을 지정한 후 단축 메뉴
에서 [Inscribed in circle]을 선택합니다.

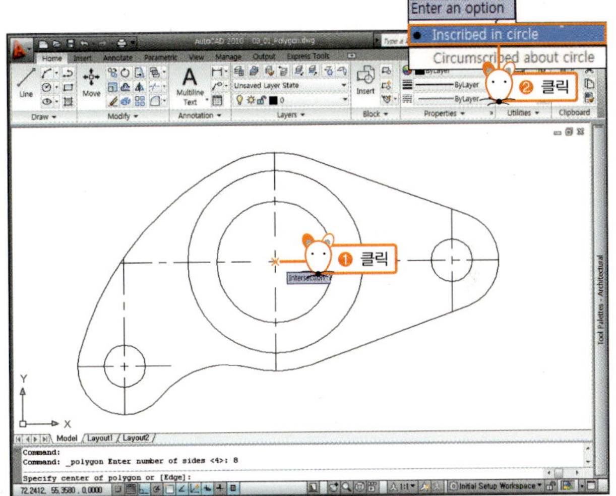

Specify center of polygon or [Edge] : (중심점 지정)
Enter an option [Inscribed in circle/
Circumscribed about circle] <I>: I **Enter**

🗒️ **주목**

[Inscribed in circle]은 원에 내접하는 다각형을 [Circumscribed
about circle]은 원에 외접하는 다각형을 작성합니다.

03 다각형이 내접할 원의 반지름을 지정합니다.

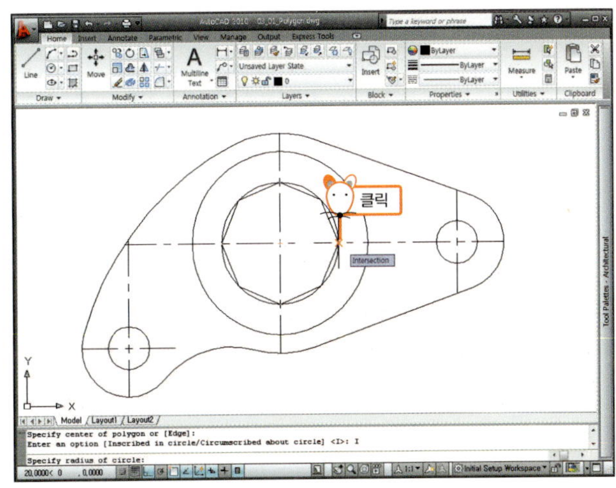

Polygon 명령의 다양한 옵션

- **Edge** : 다각형의 한 변의 길이를 알고 있을 때 첫 번째 점과 두 번째 점을 지정하여 다각형을 만들 수 있습니다.

- **Inscribed in circle** : 다각형의 중심점과 끝점을 지정하여 내접하는 다각형을 만들 수 있습니다.

- **Circumscribed about circle** : 다각형의 중심점과 끝점을 지정하여 외접하는 다각형을 만들 수 있습니다.

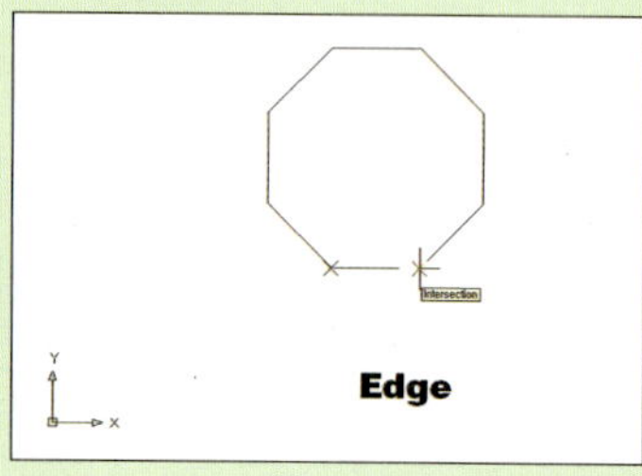

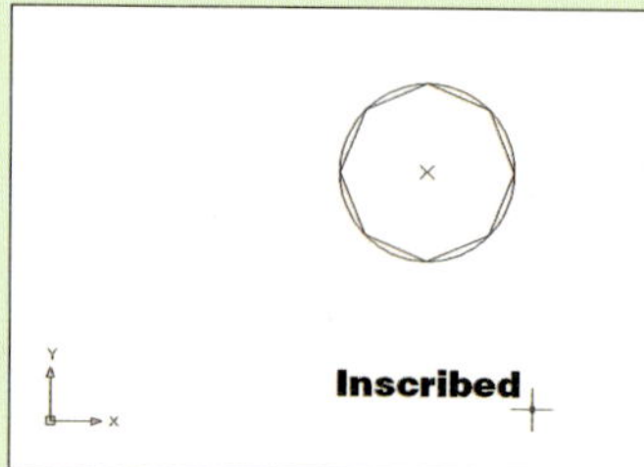

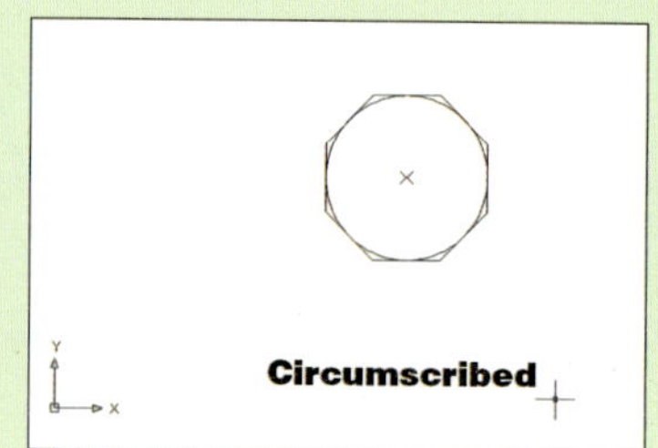

사각형(Rectangle) 쉽게 배우기

Rectangle 명령은 두 번의 클릭으로 간단하게 사각형을 만들 수 있습니다. 앞서 폴리라인에 대해 살펴본 바와 같이 네 개의 선분이 따로 분리된 것이 아니라 하나의 객체로 인식되어 면적을 계산하거나 테두리를 만드는 등의 경우에 효용성이 크다고 할 수 있습니다.

Samples\03_01_Rectangle.dwg

01 [Home] 탭의 [Draw] 패널에서 [Rectangle](▢) 아이콘을 클릭한 후 그림과 같이 사각형의 처음 모서리를 지정합니다.

02 '@150,-30' 을 입력하고 Enter 를 누릅니다.

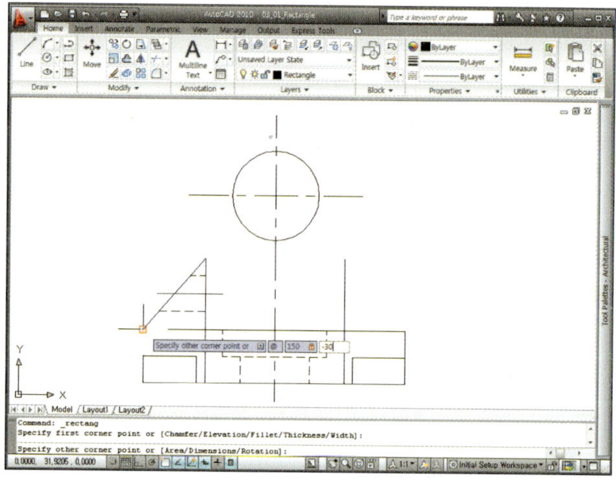

```
Specify first corner or [Chamfer/Elevation/
Fillet/Thickness/Width]:@150,-30 Enter
```

03 Rectangle 명령의 옵션을 사용하기 위해 [Home] 탭의 [Draw] 패널에서 [Rectangle](▣) 아이콘을 클릭한 후 마우스 오른쪽 단추를 클릭하고 [Chamfer]를 선택합니다.

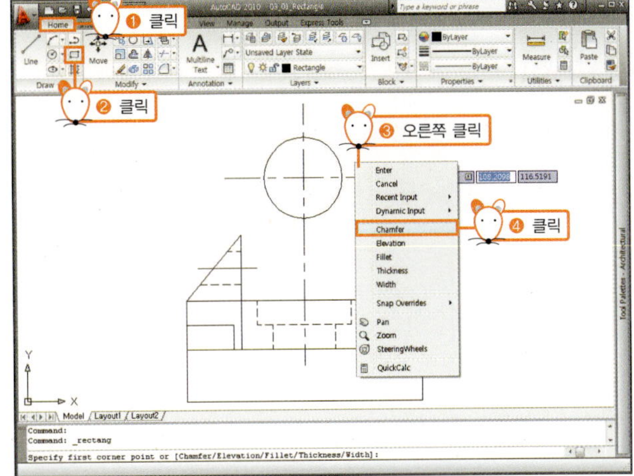

주목

Rectangle 명령의 Chamfer 옵션을 이용하기 위해서는 'C'를 입력한 후 Enter 를 눌러도 같은 결과를 얻을 수 있습니다.

04 첫 번째 Chamfer 거리를 '5', 두 번째 Chamfer 거리를 '10'으로 입력합니다.

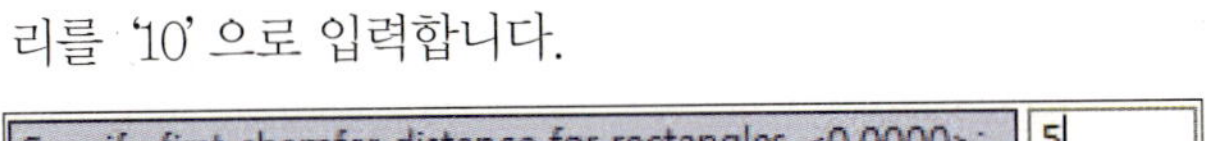

```
Specify first chamfer distance for rectangles
<0.0000>: 5 [Enter] (첫 번째 Chamfer 거리)
Specify second chamfer distance for rectangles
<10.0000>: 10 [Enter]   (두 번째 Chamfer 거리)
```

05 그림과 같이 사각형의 처음 모서리를 지정합니다.

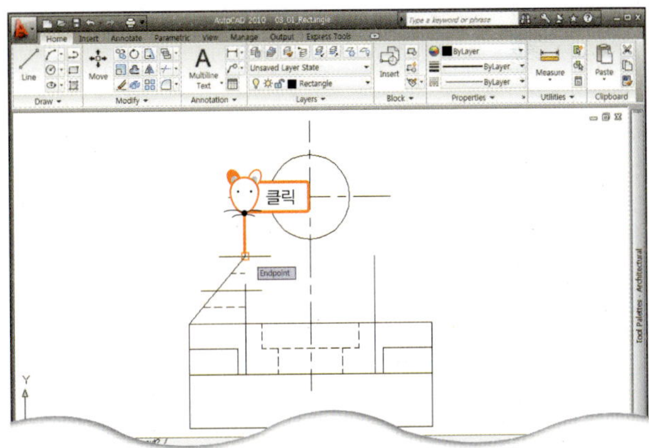

06 '@80,70'을 입력하고 Enter 를 누릅니다.

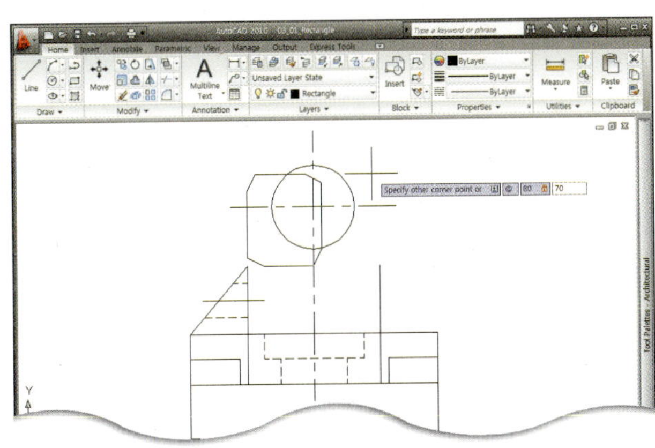

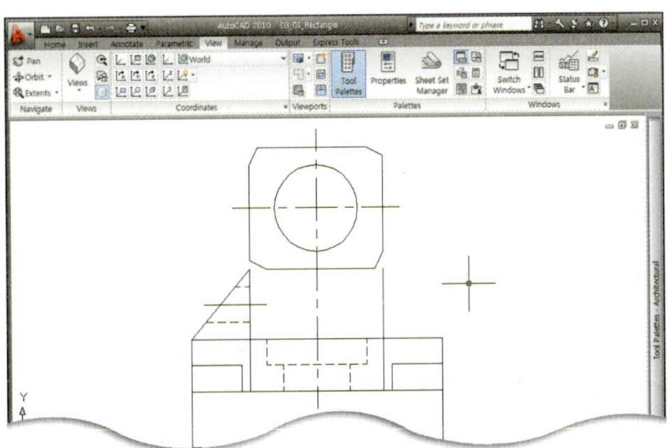

```
Specify first corner or [Chamfer/Elevation/Fillet/Thickness/Width] : @80,70 [Enter]
```

Rectangle 명령의 다양한 옵션

- [Home] 탭의 [Draw] 패널에서 [Rectangle](▭) 아이콘을 클릭한 후 마우스 오른쪽 단추를 클릭하여 단축 메뉴를 불러옵니다.

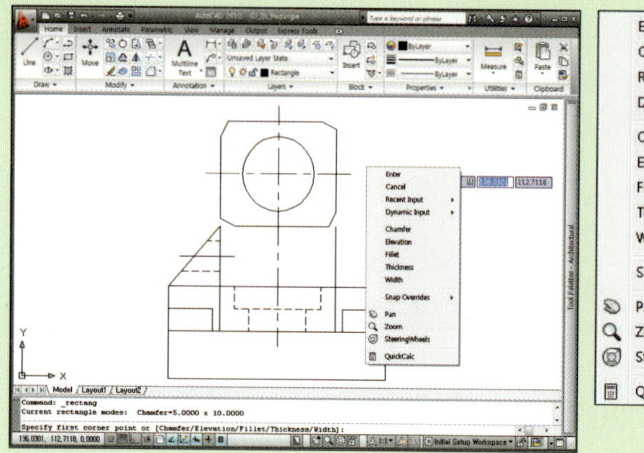

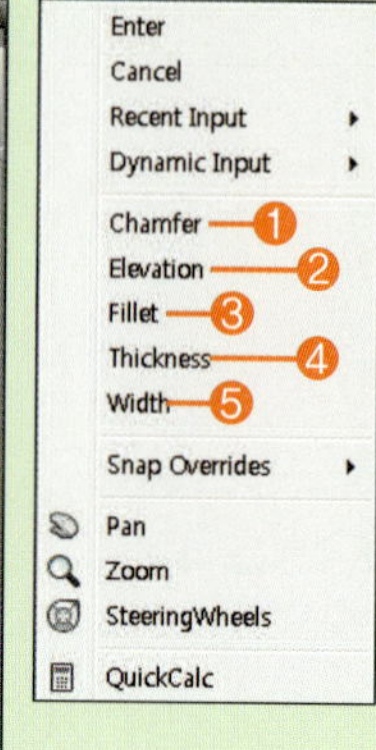

❶ **Chamfer** : 첫 번째 Chamfer 거리(First Chamfer Distance)와 두 번째 Chamfer 거리(Second Chamfer Distance)를 입력하여 모서리가 깎인 사각형을 만듭니다.

❷ **Elevation** : XY 평면에서 Z축 방향으로 설정 값 만큼 수직으로 이동한 사각형을 만듭니다.

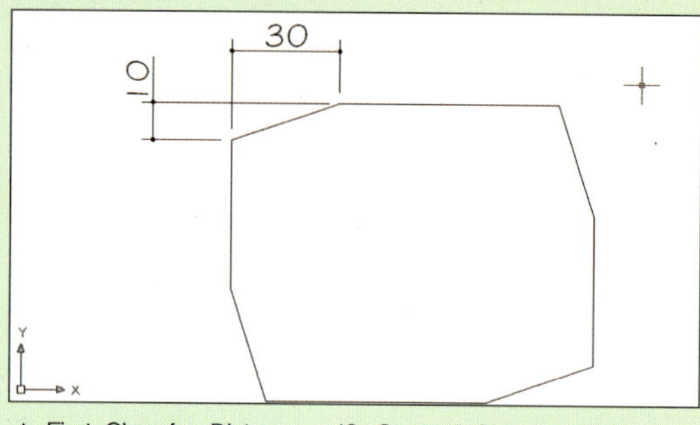

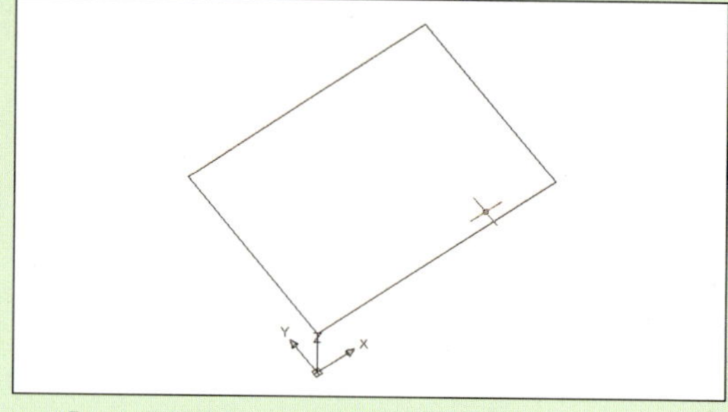

▲ First Chamfer Distance : 10, Second Chamfer Distance : 30인 Rectangle

▲ Z축으로 100만큼 올라가서 만들어진 Rectangle

❸ **Fillet** : 지정한 반지름(Radius)의 곡률로 모서리가 다듬어진 사각형을 만듭니다.

❹ **Thickness** : 사각형의 네 변을 Z축 방향으로 돌출시켜서 사각형 박스를 만듭니다.

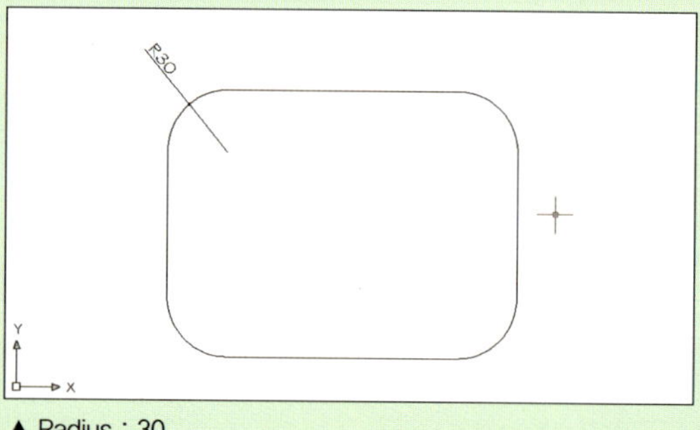

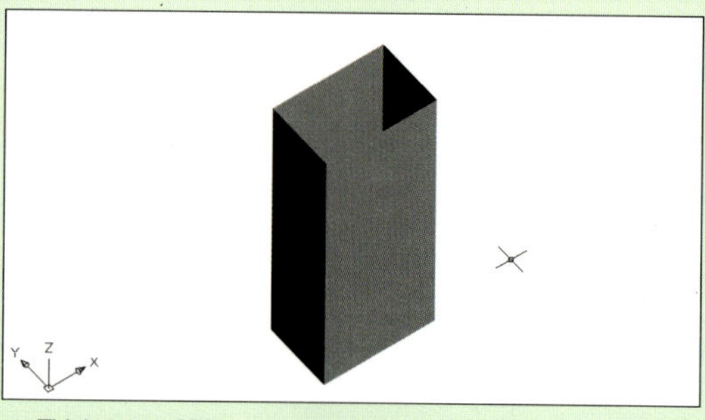

▲ Radius : 30

▲ Thickness : 300

❺ **Width** : 두께가 있는 네 개의 선으로 된 사각형을 만 듭니다.

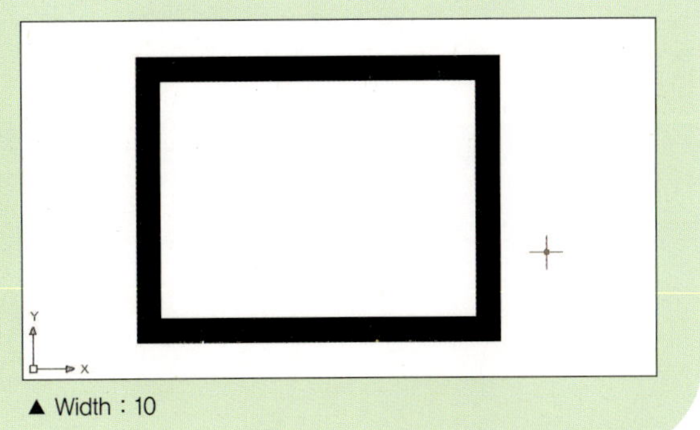

▲ Width : 10

호(Arc) 쉽게 배우기

호를 작성하는 방법은 크게 세 점을 지정하는 방법, 시작점과 기타 정보(중심점, 끝점, 각도, 길이, 지름 등)를 입력 하는 방법, 중심점과 기타 정보(시작점, 끝점, 각도, 길이)를 입력하는 방법이 있습니다.

● 세 점(3 Points)으로 호 작성하기

세 점을 지정하여 호를 작성합니다. 첫 번째 점을 시작점으로 반시계 방향으로 나머지 두 점을 지정하 면 됩니다.

◉ Samples\03_01_Arc_Wrench.dwg

01 [Home] 탭의 [Draw] 패널에서 [Arc] 아이콘의 드롭 다운 화살표를 클릭한 후 [3-Point](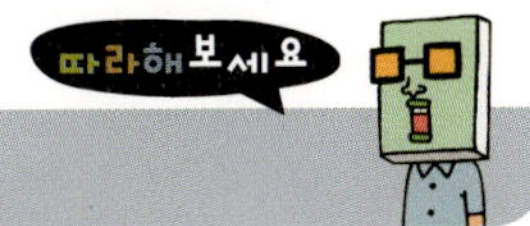) 아이콘을 클릭 합니다.

02 호의 시작점을 묻는 질문에 그림과 같이 시작점(1)을 지정합니다.

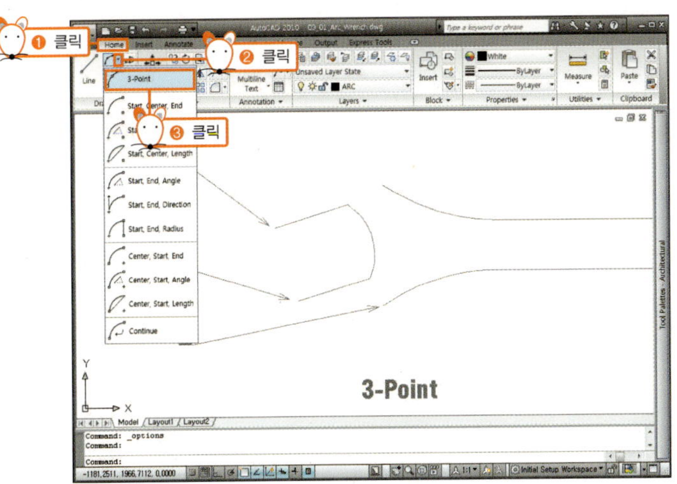

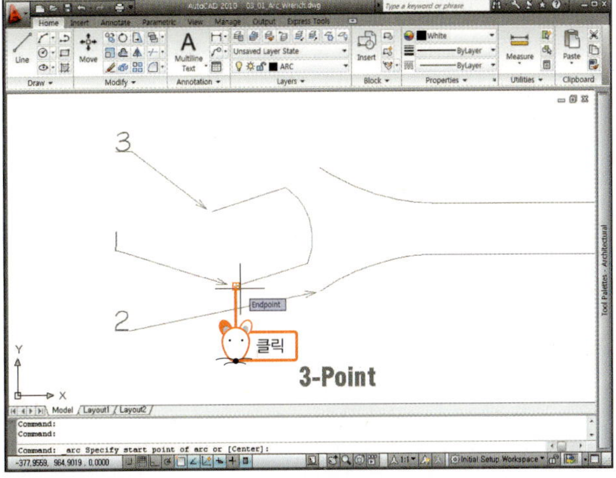


```
Specify start point of arc or [Center]: (시작
점 클릭)
```

03 두 번째 점을 묻는 질문에 그림과 같이 두 번째 점(2) 을 지정합니다.

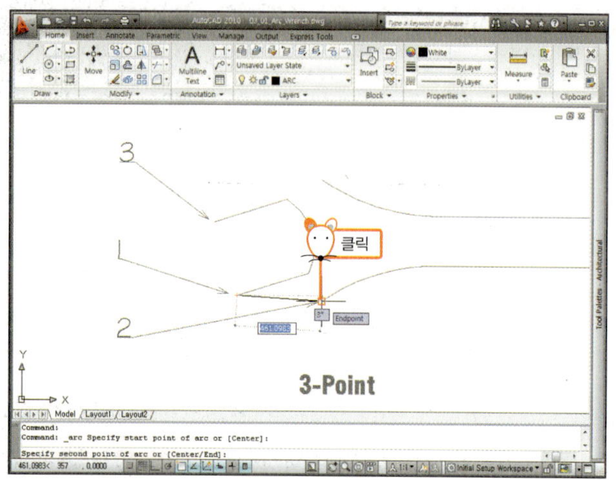

Specify second point of arc or [Center/End]: (두번째 점 클릭)

04 끝점을 묻는 질문에 그림과 같이 끝점(3)을 지정합 니다.

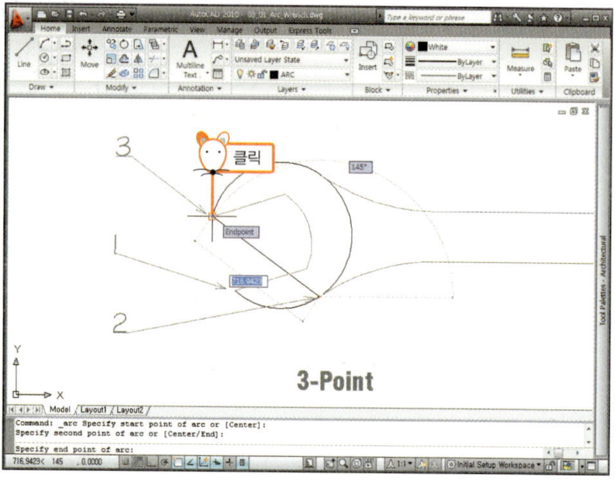

Specify end point of arc: (끝점 클릭)

● 시작점(Start), 중심점(Center), 끝점(End)으로 호 작성하기

호의 시작점과 중심점, 끝점을 지정하여 호를 작성합니다. 반시계 방향으로 호가 작성된다는 점을 기 억하여 시작점과 끝점을 지정하는 것이 좋습니다.

Samples\03_01_Arc_Wrench.dwg

01 [Home] 탭의 [Draw] 패널에서 [Arc] 아이콘의 드롭 다운 화살표를 클릭한 후 [Start, Center, End]( ) 아 이콘을 클릭합니다.

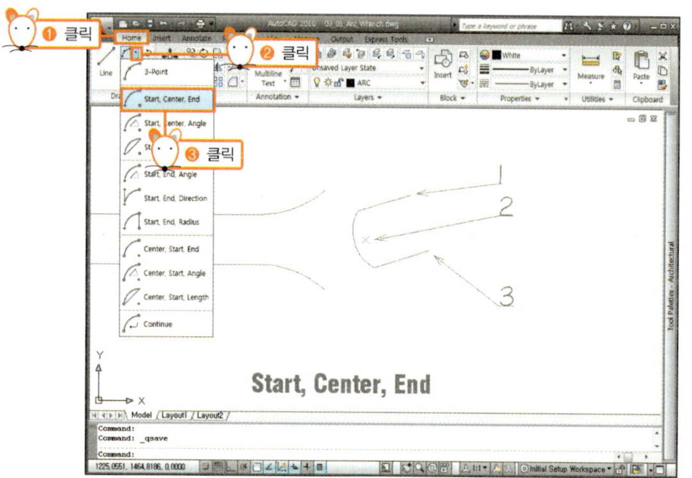

02 호의 시작점을 묻는 질문에 그림과 같이 시작점(1)을 지정합니다.

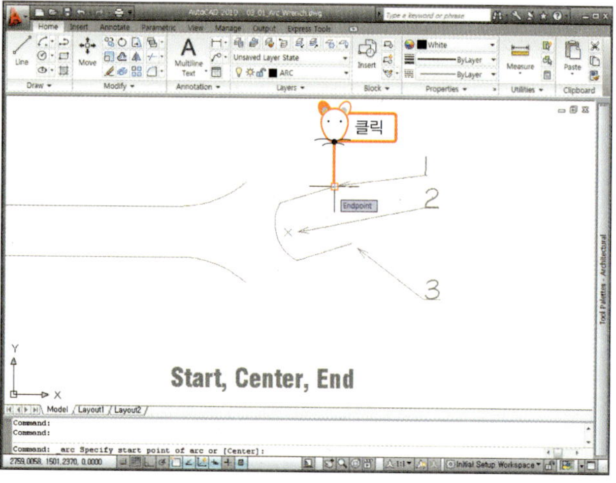

Specify start point of Arc or [Center]: (시작 점 클릭)

03 중심점을 입력하기 위해서 그림과 같이 호의 중심점(2)을 지정합니다.

04 끝점을 묻는 질문에 그림과 같이 끝점(3)을 지정합니다.

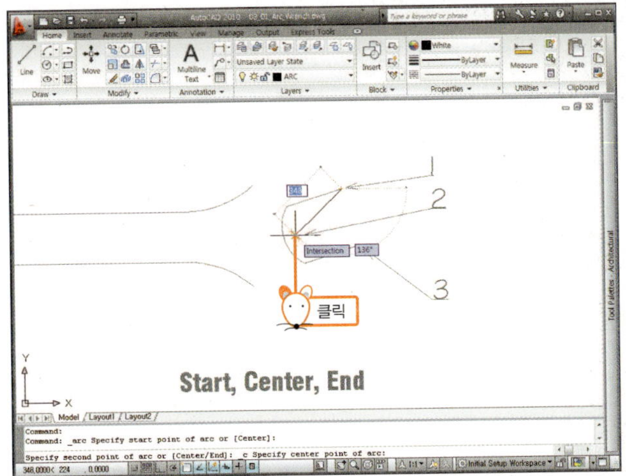

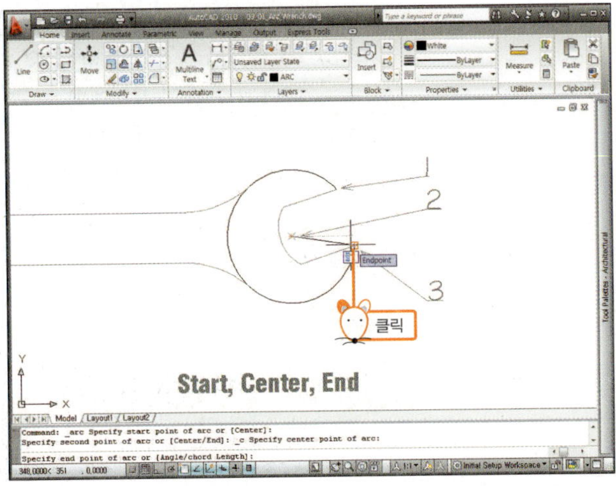


```
Specify second point of arc or [Center/End]: _c
Specify center point of arc: (중심점 클릭)
```

```
Specify end point of arc or (Angle /chord
Length): (끝점 클릭)
```

주목

이 때 마지막 점을 지정하거나 Angle(각도) 옵션이나 chord Length(호의 길이) 옵션을 사용할 수 있습니다.

Angle과 Chord Length 옵션의 이해

원을 이루는 각도(Angle)를 알거나, 원호의 길이(Chord Length)를 알 때 호를 작성할 수 있습니다.

- **Angle 옵션**

```
Specify end point of Arc or (Angle /chord Length) : a  Enter  (Angle 옵션 실행)
Specify included angle : 90  Enter  (각도 입력)
```

- **Chord Length 옵션**

```
Specify end point of Arc or (Angle /chord Length) : l  Enter  (chord Length 옵션 실행)
Specify length of chord : 1280.1990  Enter  (원호 길이 입력)
```

● 시작점(Start), 끝점(End), 각도(Angle)로 호 작성하기

시작점과 끝점을 지정하고 각도를 입력하여 호를 작성합니다.

◎ Samples\03_01_Arc_Wrench.dwg

01 [Home] 탭의 [Draw] 패널에서 [Arc] 아이콘의 드롭다운 화살표를 클릭한 후 [Start, End, Angle]( ) 아이콘을 클릭합니다.

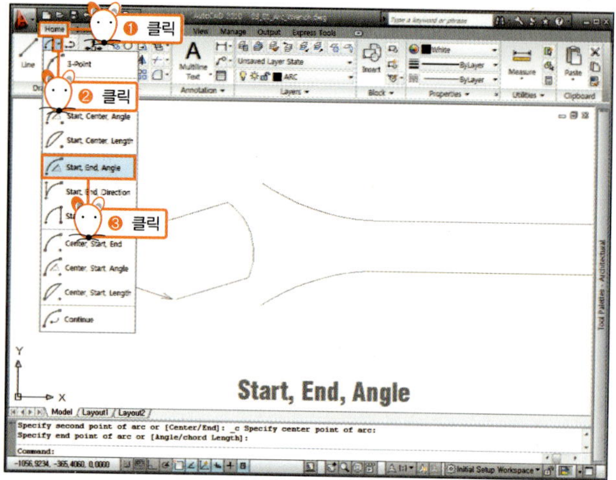

02 호의 시작점을 묻는 질문에 그림과 같이 시작점(1)을 지정합니다.

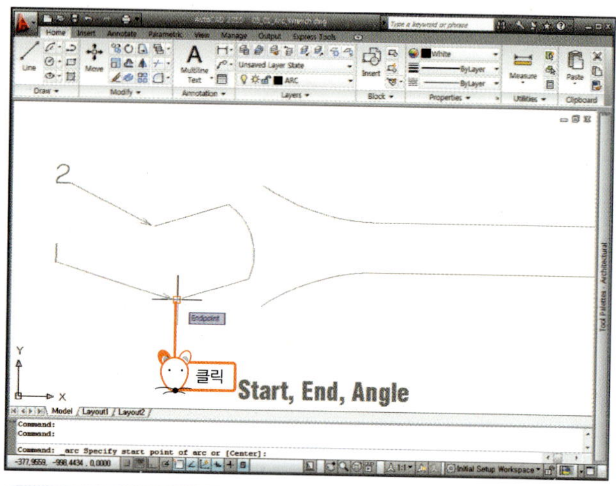

Specify start point of arc or [Center]: (시작점 클릭)

03 끝점을 묻는 질문에 그림과 같이 끝점(2)을 지정합니다.

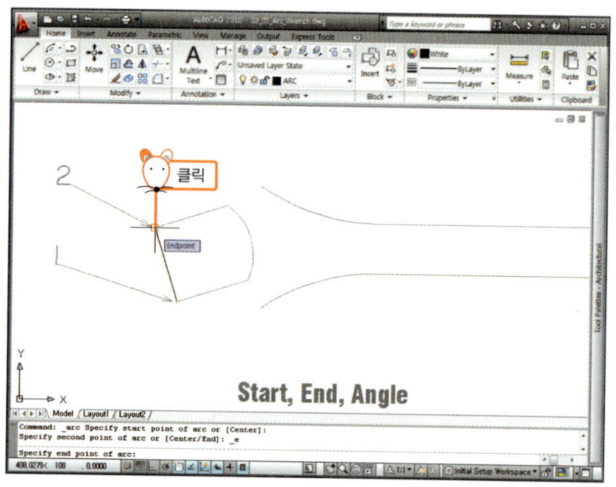

Specify second point of arc or [Center/End]: _e
Specify end point of arc: (끝점 클릭)

04 각도 '296'을 입력합니다. 이때 Direction(방향) 옵션이나 Radius(반지름) 옵션을 사용할 수 있습니다.

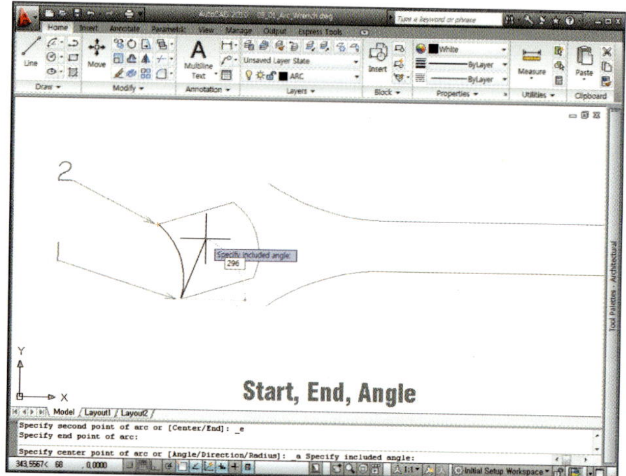

Specify end point of arc or (Angle/Direction/Radius): _a
Specify included angle: 296 [Enter] (각도 입력)

● 중심점(Center), 시작점(Start), 끝점(End)으로 호 작성하기

중심점과 시작점 그리고, 끝점을 지정하여 작성합니다.

◉ Samples\03_01_Arc_Wrench.dwg

01 [Home] 탭의 [Draw] 패널에서 [Arc] 아이콘의 드롭 다운 화살표를 클릭한 후 [Center, Start, End](⌒) 아 이콘을 클릭합니다.

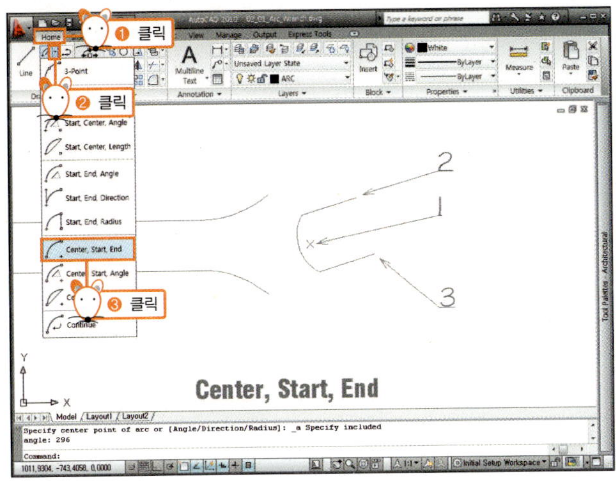

02 중심점을 입력하기 위해서 그림과 같이 호의 중심점 (1)을 지정합니다.

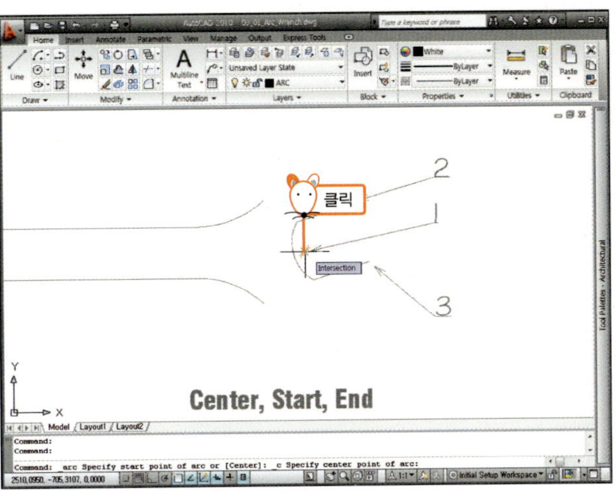

Specify center point of Arc: (중심점 클릭)

03 호의 시작점을 묻는 질문에 그림과 같이 시작점(2)을 지정합니다.

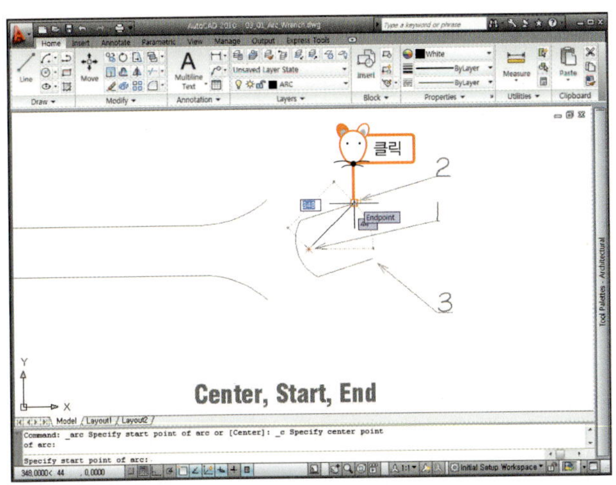

Specify start point of Arc: (시작점 클릭)

04 끝점을 묻는 질문에 그림과 같이 끝점(3)을 지정합니 다. 이때 Angle(각도) 옵션이나 chord Length (호의 길 이) 옵션을 사용할 수 있습니다.

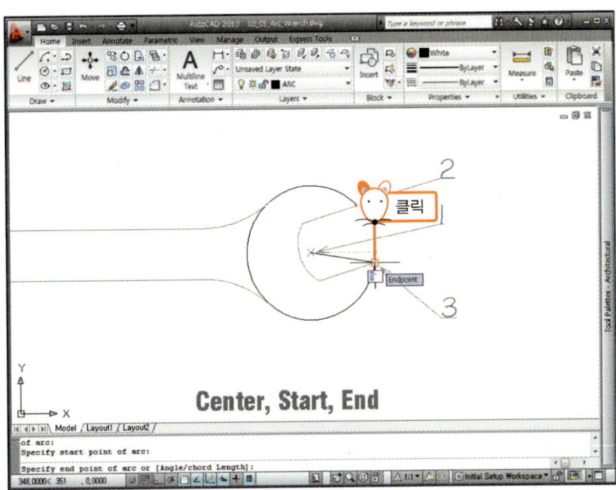

Specify end point of Arc or (Angle /chord Length): (끝점 클릭)

연속하는(Continue) 호의 작성 방법

[Home] 탭의 [Draw] 패널에서 [Arc] 아이콘의 드롭다운 화살표를 클릭한 후 [Continue](📐) 아이콘을 클릭하면 마지막 작성한 객체의 끝점을 시작점으로 하는 호를 작성할 수 있습니다.

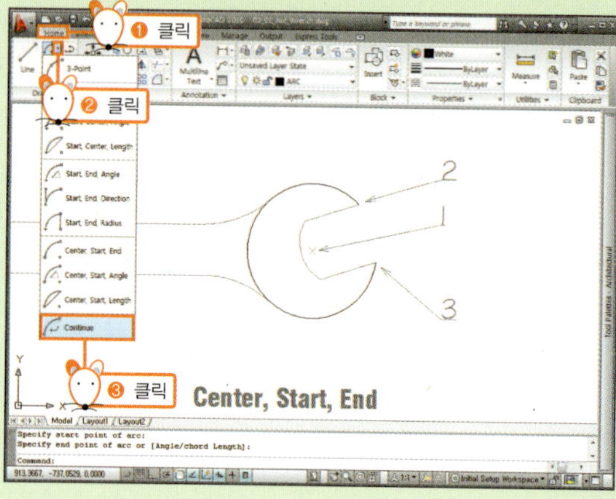

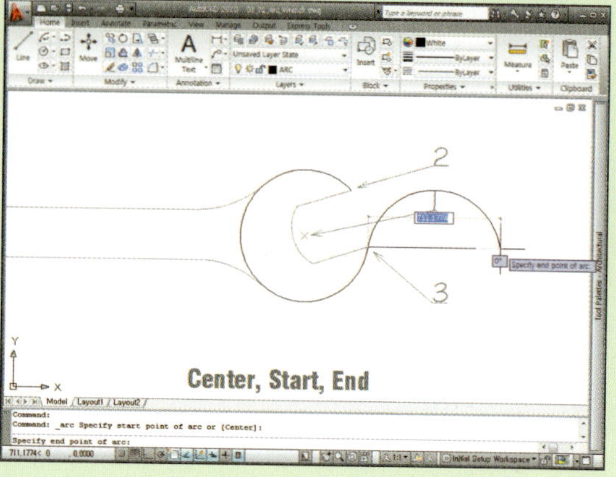

원(Circle)과 타원(Ellipse) 쉽게 배우기

원을 작성하는 방법은 크게 중심점과 길이(반지름, 지름)를 지정하는 방법, 점(두 점, 세 점)을 지정하는 방법 그리고, 접선을 이용하는 방법이 있습니다. 타원과 타원형 호를 그릴 수 있는 Ellipse 명령은 축(Axis)을 지정하거나, 점을 지정하는 방법으로 작성합니다. 타원은 두 개의 축이 있으며 축의 길이에 따라 장축과 단축으로 나눌 수 있습니다.

● 중심점(Center)과 반지름(Radius)으로 원 작성하기

중심점(Center)과 길이(반지름, 지름)를 지정하여 원을 작성할 수 있습니다. 이 때 좌표를 이용하거나 마우스 클릭으로 중심점과 반지름, 지름을 지정할 수도 있습니다.

⊙ Samples\03_01_Circle_CR.dwg

01 [Home] 탭의 [Draw] 패널에서 [Circle] 아이콘의 드롭다운 화살표를 클릭한 후 [Center, Radius](⊙) 아이콘을 클릭합니다.

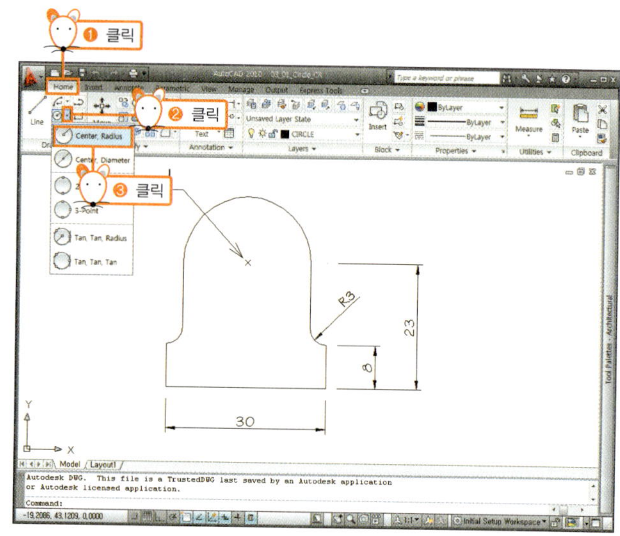

02 중심점을 묻는 질문에 그림과 같이 중심점(1)을 지정합니다.

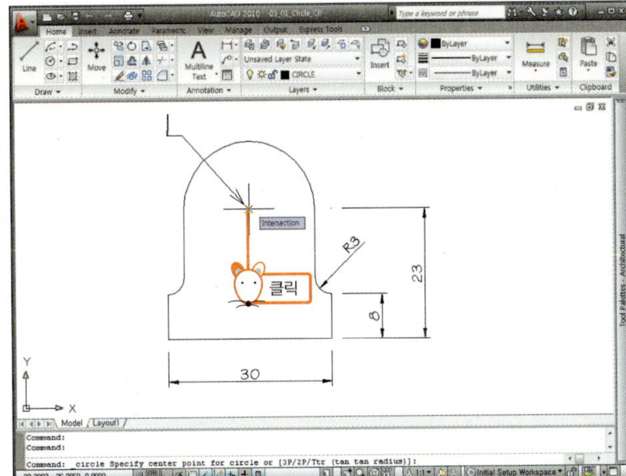

Specify center point for circle or[3P/2P/Ttr
(tan tan radius)]: (중심점 클릭)

03 반지름 값으로 '8'을 입력하고 **Enter** 를 누릅니다.

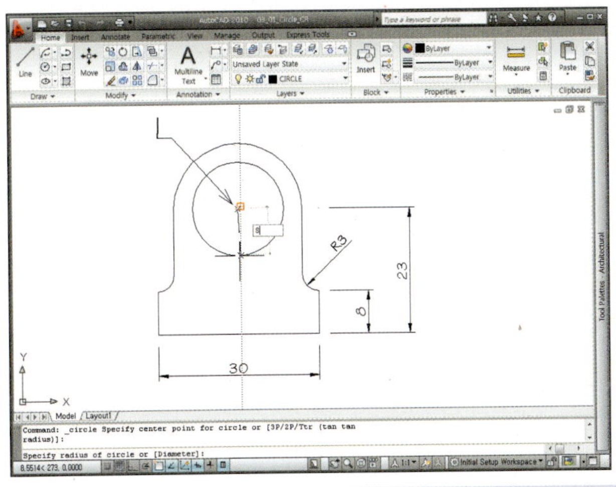

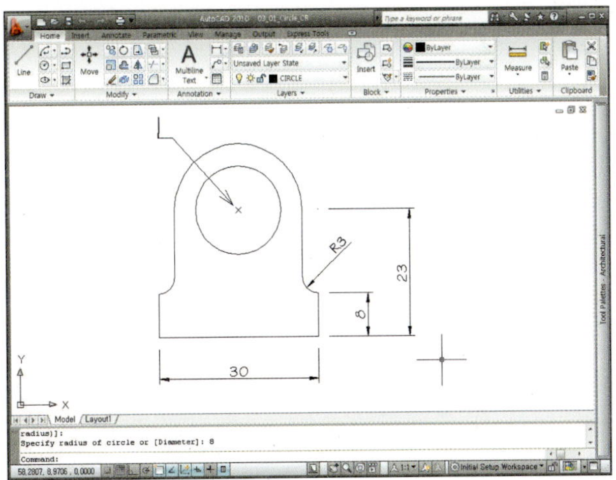

Specify radius for center or [Diameter]: 8 **Enter** (반지름 값 입력)

● 두 점(2-Point)을 지정하여 원 작성하기

원이 지나가는 두 점을 지정하여 원을 작성합니다.

◉ Samples\03_01_Circle_2P.dwg

01 [Home] 탭의 [Draw] 패널에서 [Circle] 아이콘의 드롭다운 화살표를 클릭한 후 [2-Point](◎) 아이콘을 클릭합니다.

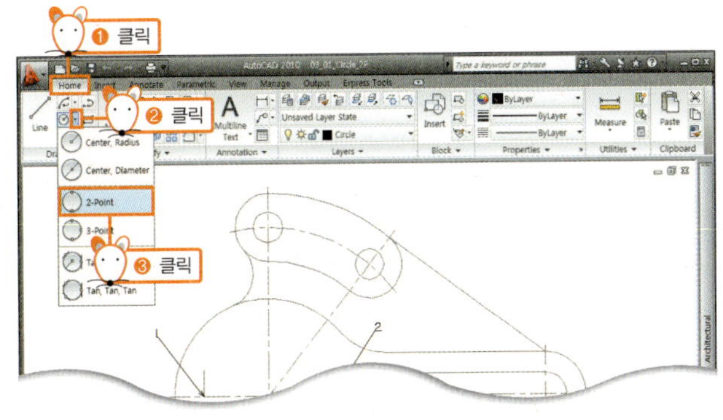

02 그림과 같이 원의 첫 번째 점을 지정합니다.

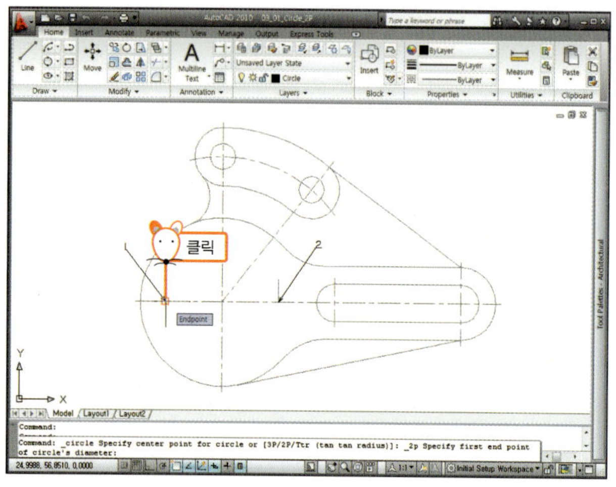

Specify first end point of circle's diameter: (첫 번째 점 클릭)

03 그림과 같이 원의 두 번째 점을 지정합니다.

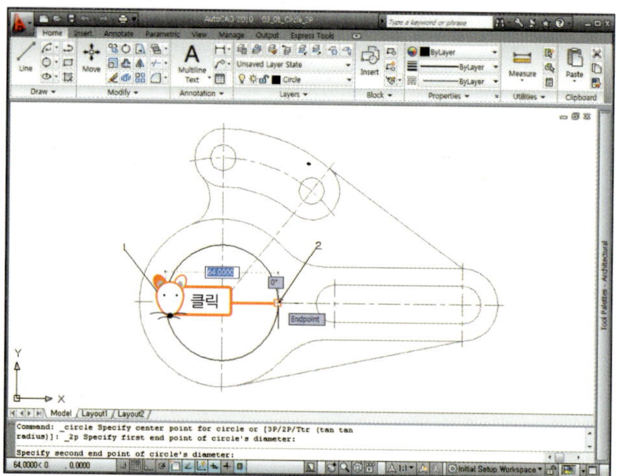

Specify second end point of circle's diameter: (두 번째 점 클릭)

● 두 개의 선분에 접(TTR)하는 원 작성하기

두 개의 선분에 접하는 원을 그리기 위해서는 차례로 선분을 지정하고, 반지름을 입력(또는 지정)해야 합니다. 그럼 두 개의 선분에 접하는 원을 작성하는 방법을 알아봅니다.

Samples\03_01_Circle_TTR.dwg

01 [Home] 탭의 [Draw] 패널에서 [Circle] 아이콘의 드롭다운 화살표를 클릭한 후 [Tan, Tan, Radius]( ) 아이콘을 클릭합니다.

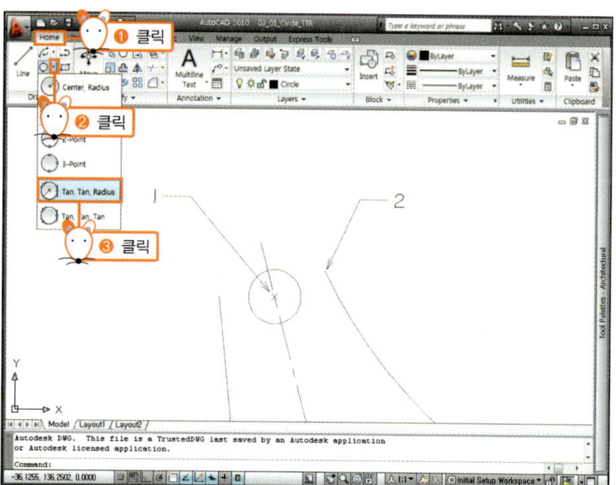

02 그림과 같이 첫 번째 원에 접하는 선분을 지정합니다.

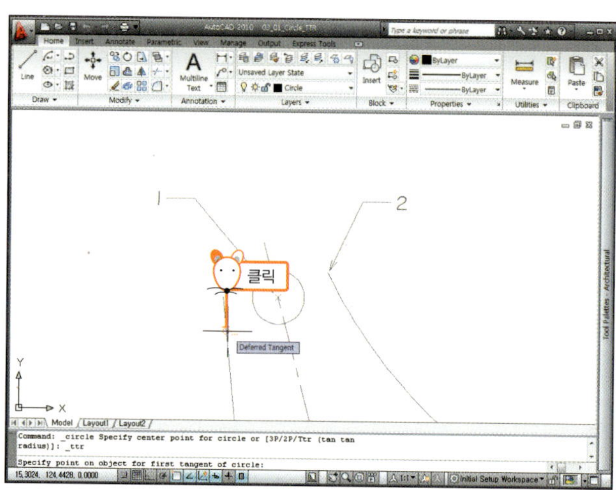

Specify point on object for first tangent of circle: (선분 지정)

03 그림과 같이 두 번째 원에 접하는 선분을 지정합니다.

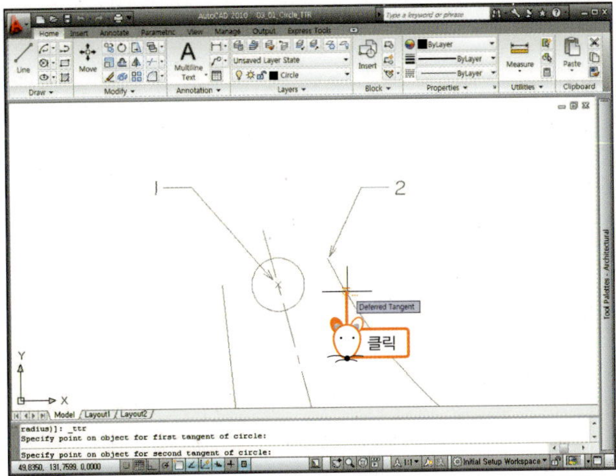

Specify point on object for second tangent of circle: (선분 지정)

04 반지름을 지정하기 위해 반지름의 첫 번째 점(1)을 지정합니다.

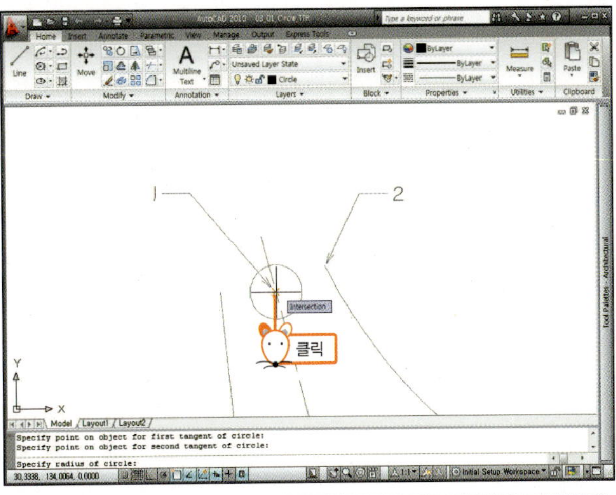

Specify radius of circle <16.0000>: (첫 번째 점 클릭)

주목

정확한 반지름을 모르는 경우에는 두 점을 지정하여 반지름을 입력할 수 있습니다.

05 반지름의 두 번째 점(2)을 지정하여 원을 작성합니다.

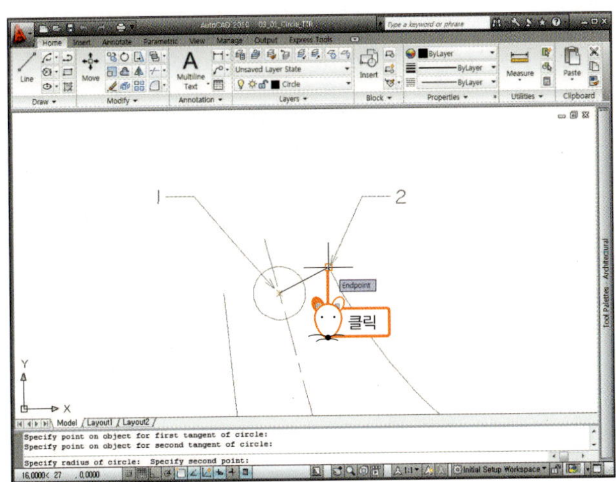

Specify second point: (두 번째 점 클릭)

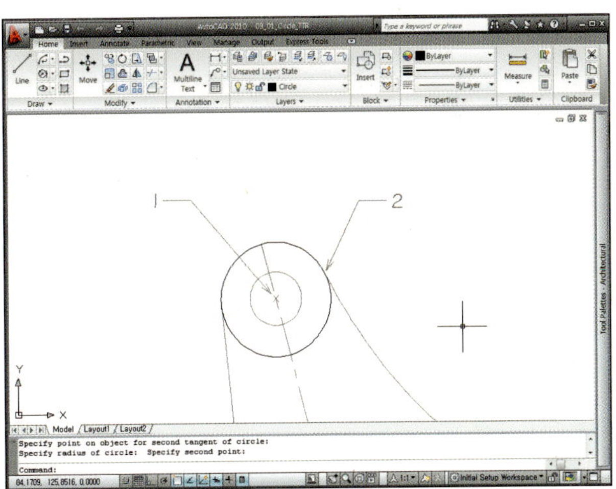

● 타원 작성하기

Ellipse 명령으로 장축과 단축을 지정하여 타원을 작성하는 방법을 알아봅니다.

◉ Samples\03_01_Ellipse.dwg

01 [Home] 탭의 [Draw] 패널에서 [Ellipse] 아이콘의 드롭다운 화살표를 클릭한 후 [Axis, End](◎) 아이콘을 클릭합니다.

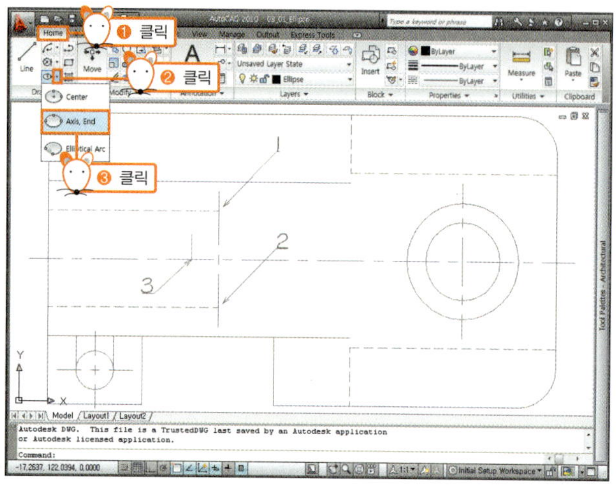

02 장축의 끝점을 지정하라는 질문에 그림과 같이 끝점 (1)을 지정합니다.

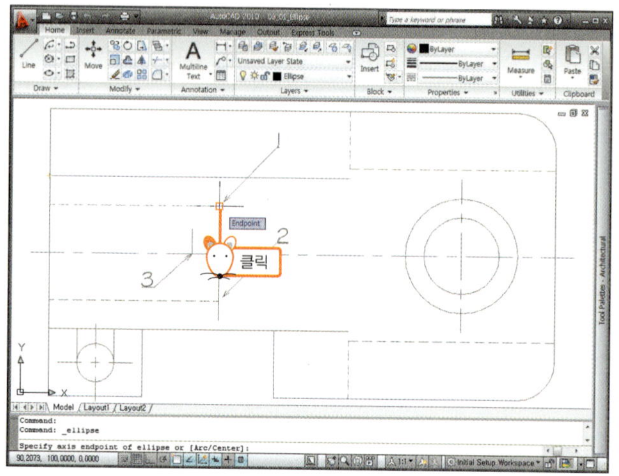


```
Specify axis endpoint of ellipse or
[Arc/Center]: (끝점 클릭)
```

03 장축의 다른 끝점을 지정하라는 질문에 그림과 같이 끝점(2)을 지정합니다.

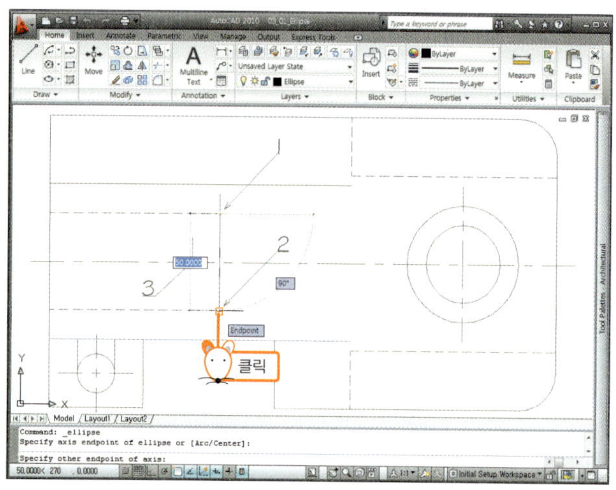


```
Specify other endpoint of ellipse:
(끝점 클릭)
```

04 두 개의 끝점을 지정하여 장축을 지정하였습니다. 그림과 같이 단축을 지정하여 타원을 작성합니다.

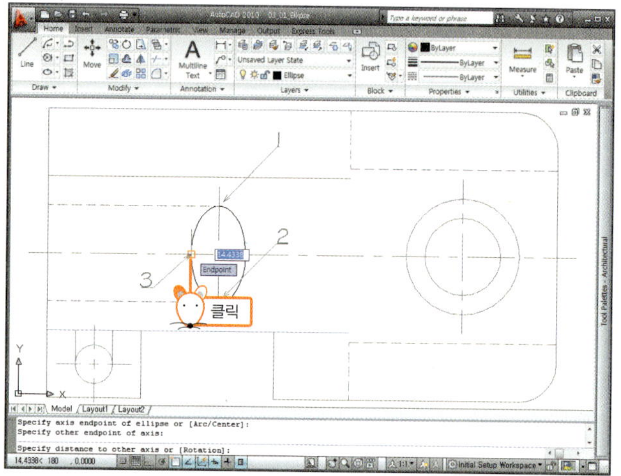


```
Specify distance to other axis or [Rotation]
: (단축의 끝점 클릭)
```

자유곡선(Spline) 쉽게 배우기

Spline 명령으로 자유곡선(Spline)을 작성하는 방법을 알아봅니다. 자유곡선은 지시선이나 바닥 패턴을 위한 경계선,
단면 상세의 재질 표현 등에 사용됩니다.

● 스플라인으로 경계선 작성하기

Spline 명령으로 패턴을 위한 경계선을 작성하는 방법을 알아봅니다.

Samples\03_01_Spline.dwg

01 [Home] 탭의 [Draw] 패널에서 [Spline](∿)아이콘
을 클릭합니다.

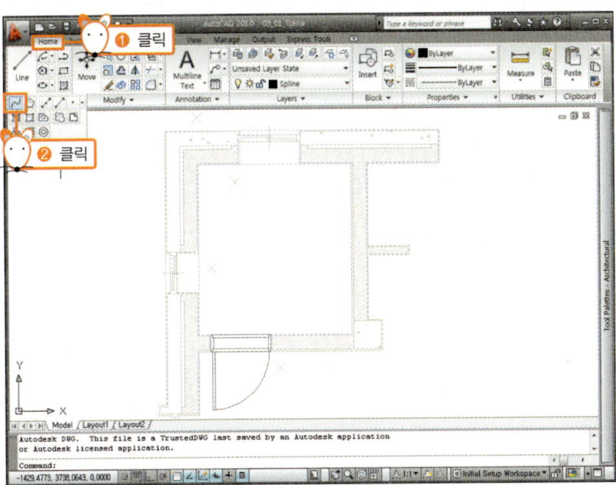

02 그림과 같이 각 점을 위에서 아래 방향으로 순서대로
지정합니다.

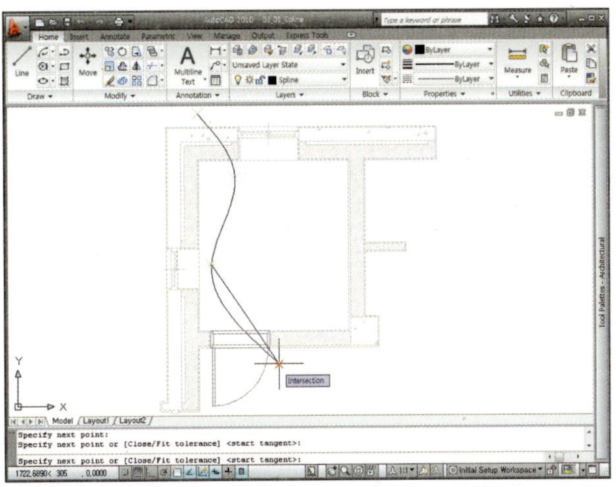

```
Specify next point : (점 클릭)
Specify first point or [Close/Fit tolerance]
<Start tangent>: (점 클릭)
Specify first point or [Close/Fit tolerance]
<Start tangent>: (점 클릭)
Specify first point or [Close/Fit tolerance]
<Start tangent>: (점 클릭)
```

03 마우스 오른쪽 단추를 클릭한 후 [Enter]를 선택합니
다. 두 번 연속으로 마우스 오른쪽 단추를 클릭(Start
Tangent와 End Tangent를 묻는 요청에 [Enter]를 선
택)합니다.

```
Specify Start Tangent :  Enter
Specify End Tangent :  Enter
```

주목

　Start, End Tarngent에서 [Enter]를 선택하는 것은 자유곡선
진행방향을 그대로 Tangent로 사용하겠다는 의미입니다.

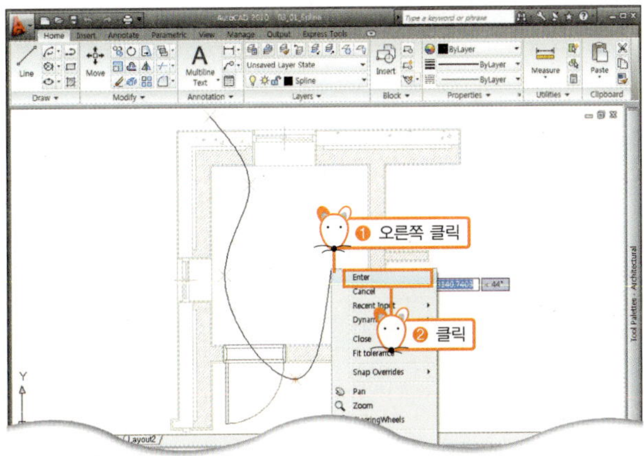

04 앞의 따라하기와 같은 방법으로 그림과 같이 자유곡선을 작성합니다.

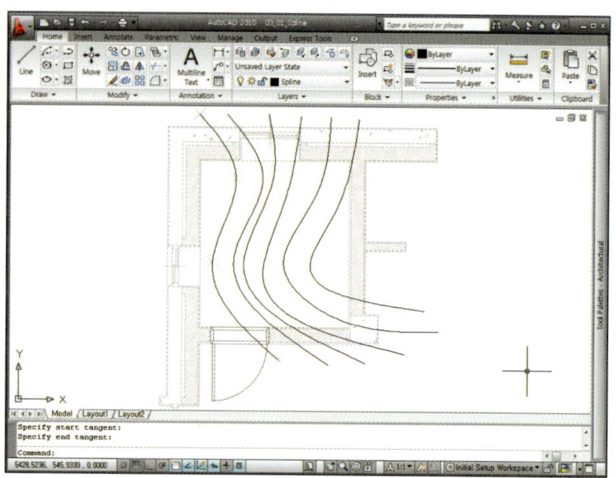

Spline 명령과 옵션 살펴보기

Spline 명령을 제대로 사용하기 위해서는 기본 명령과 제공되는 옵션에 관심을 가져야 합니다. 또한 자유곡선이 도면에서 어떻게 활용되는지를 미리 알아보는 것도 큰 도움이 될 것입니다.

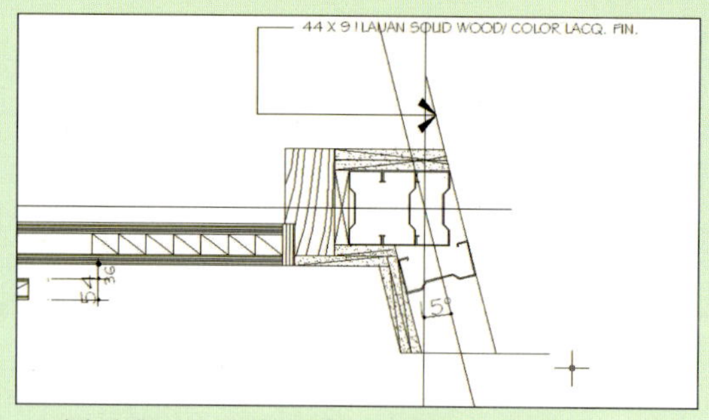

▲ 단면 상세도에서 재질을 표현할 때 사용하는 자유곡선

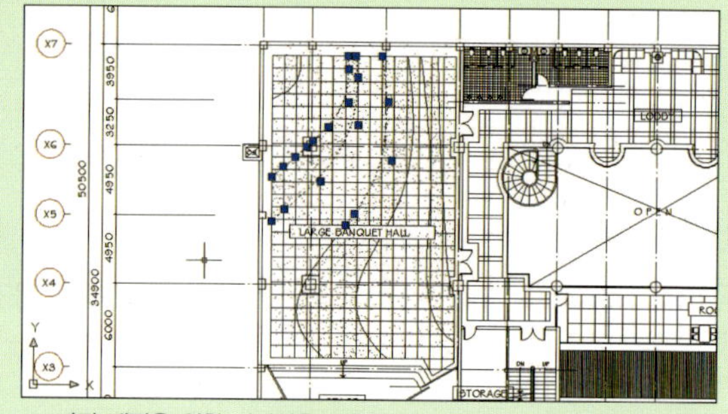

▲ 바닥 패턴을 위한 경계선을 표현할 때 사용하는 자유곡선

Spline 명령은 다음의 옵션을 사용하여 기능을 확장할 수 있습니다.

- **Specify first point or [Object]** : 자유곡선의 시작점 위치를 지정합니다. 시작점을 지정하면 두 번째 점을 지정하라고 요청합니다. 자유곡선은 최소한 세 개의 점으로 구성되어야 합니다.

- **Object** : 기존의 Spline-fit Polyline을 자유곡선으로 변환시킬 수 있습니다. 이 옵션을 선택하면 객체를 선택하라고 요청합니다.

- **Specify next point or [Close/Fit Tolerance](start tangent)** : 두 번째 점을 지정한 이후에 이 요청이 나타납니다. 기본 옵션은 작성하려는 자유곡선에 대한 추가적인 좌표를 계속해서 지정하는 것입니다.

- **Close** : 자유곡선의 시작과 끝점을 일치시켜 정점과 접선 정보를 공유하도록 만듭니다. 자유곡선을 닫을 때는 접선 정보를 한 번만 입력합니다.

- **Fit Tolerance** : 이 옵션은 자유곡선의 곡선이 좌표를 얼마나 근접하여 따를 것인지를 결정합니다.

- **Undo** : 이 옵션은 명령 입력창에 나타나지 않지만, 마지막에 지정한 객체들의 좌표를 취소하기 위해 언제든지 사용할 수 있습니다.

다중선(Multiline) 쉽게 배우기

다중선은 여러 겹의 나란한 선분을 한 번에 작성할 때 사용하면 효율적입니다. 다중선은 elements라고 하는 평행한 선(1~16개)으로 이루어진 객체로 정의됩니다. 다중선은 기본적으로 두 개의 선분으로 구성되는데, 다중선 스타일은 파일로 저장하고 필요할 때마다 사용할 수 있습니다.

● Multiline Style 설정하기

다중선은 기본적으로 두 개의 선으로 구성되어 있으며 각각 원점으로부터 '0.5' 만큼 떨어져 있습니다. 이것을 STANDARD Style이라고 하는데 크기(Scale)와 위치(Justification) 상태를 조정함으로써 STANDARD Multiline Style을 여러 가지 용도로 사용할 수 있지만, 그것은 단지 두 개의 선만을 가지기 때문에 Multiline Style 명령을 사용하여 사용자가 좀 더 다양한 다중선을 작성할 수 있도록 해 줍니다. 이번에는 Multiline Style을 설정하는 방법을 알아봅니다.

◉ Sample\03_01_Multiline.dwg

01 퀵 액세스 툴바의 화살표를 클릭해 [Show Menu Bar]를 선택합니다. [Format]-[Multiline Style] 메뉴를 클릭하여 [Multiline Style] 대화상자를 불러냅니다.

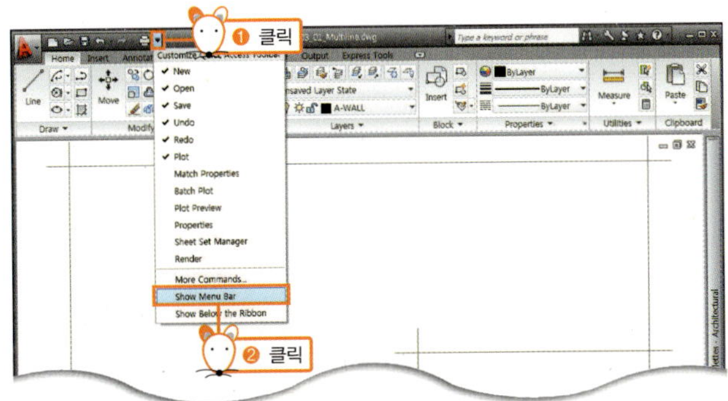

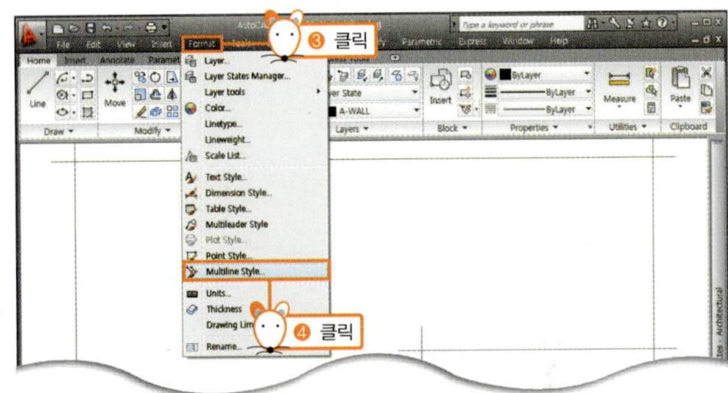

02 [Multiline Style] 대화상자의 [New] 단추를 클릭해 [Create New Multiline Style] 대화상자를 불러냅니다. 새로운 이름으로 'Concrete_Wall_200mm' 라고 입력하고 [Continue] 단추를 누릅니다.

03 [New Multiline Style] 대화상자의 [Description]에 '200mm 콘크리트 벽체' 를 입력하고 [Fill Color]에서 색상을 'Yellow' 로 설정합니다.

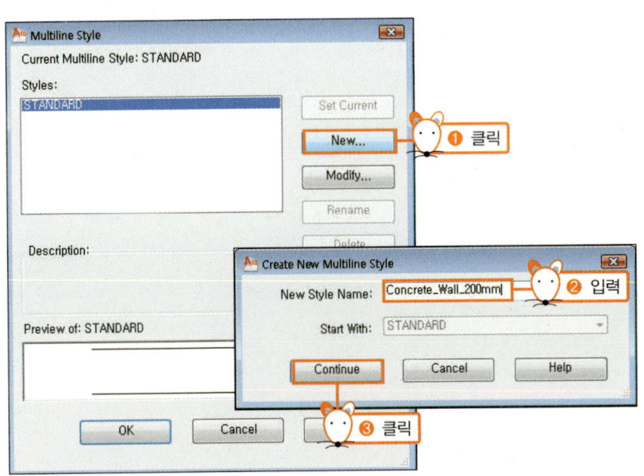

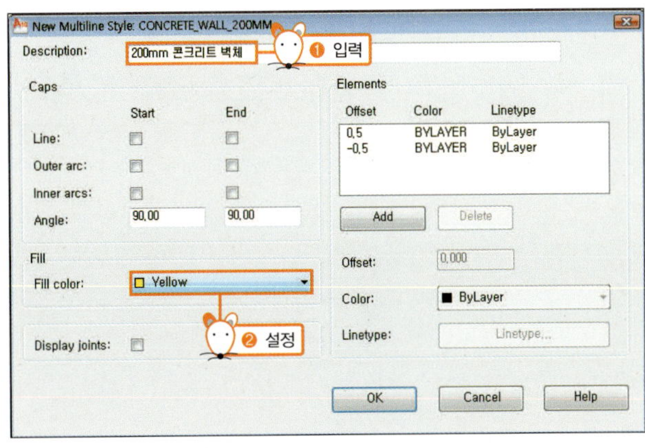

04 [Element] 영역에서는 Offset되는 선분의 간격을 설정합니다.

❶ 중심선에서부터 양옆으로 100mm만큼 떨어진(Offset) 두 선분이 필요하기 때문에 하나의 선분을 선택합니다.

❷ [Offset]에서 '100', '-100'을 입력합니다.

❸ 모두 설정되었으면 [OK] 단추를 클릭합니다.

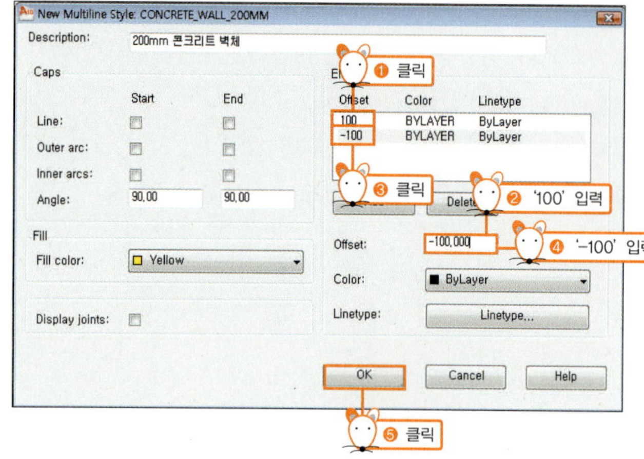

05 중간에 50mm만큼 공간이 비어 있는(중공 쌓기) 조적벽체를 위한 다중선을 설정합니다.

❶ [Multiline Style] 대화상자의 [New] 단추를 클릭해 [Create New Multiline Style] 대화상자를 불러냅니다.

❷ 새로운 이름으로 'Brick_Wall_350mm'라고 입력합니다.

❸ [Start with]에서 'STANDARD'를 선택하고 [Continue] 단추를 클릭합니다.

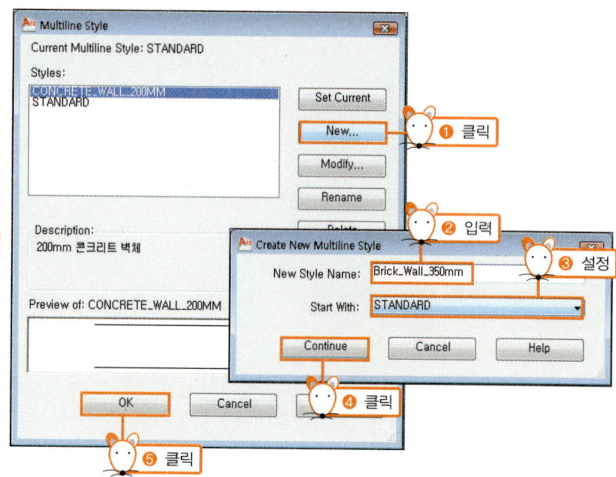

06 [New Multiline Style] 대화상자를 그림과 같이 설정합니다.

❶ [Description]에 '350mm 조적 벽체(중공 쌓기 50mm/1.0B+0.5B)'를 입력합니다.

❷ [Fill] 영역에서 색상을 'Green'으로 설정합니다.

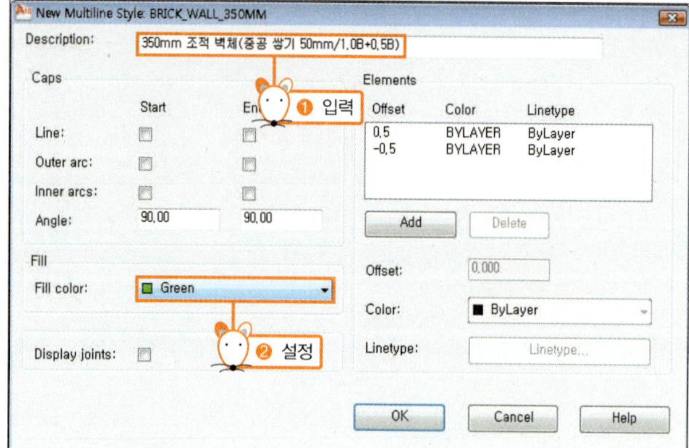

07 [Elements] 영역 하단의 [Add] 단추를 두 번 클릭해 선분을 네 개로 설정합니다.

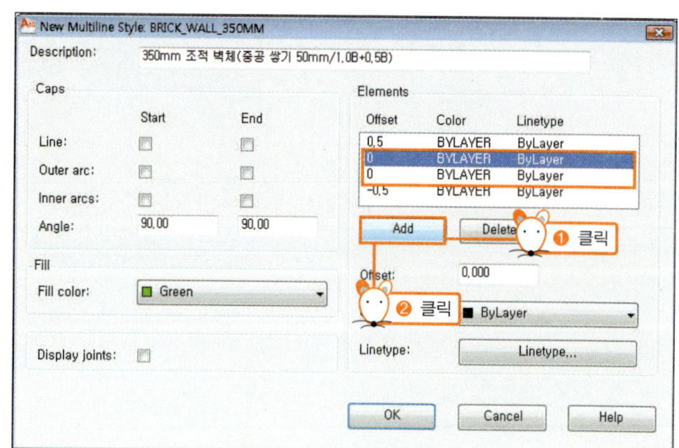

08 제일 위의 선분을 선택하고 Offset 수치를 '250' 으로 입력하고 나머지를 순서대로 '150', '100', '-100' 으로 설정합니다. 모두 설정되었으면 [OK] 단추를 클릭합니다.

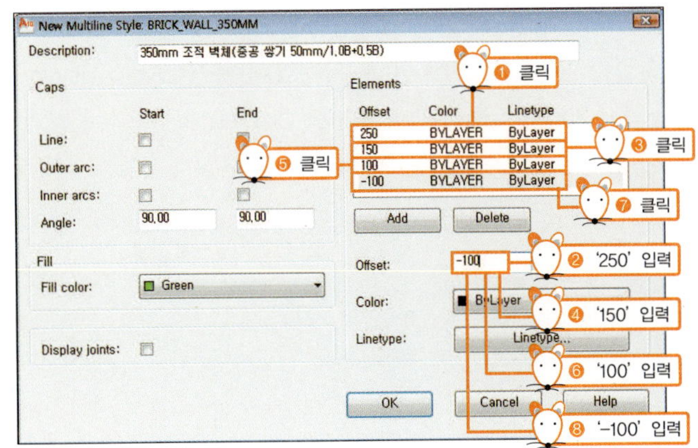

[Multiline Style] 대화상자 이해하기

[Multiline Style] 대화상자는 Multiline Style을 불러오고 다양한 방법으로 관리할 수 있습니다. Multiline Style을 저장하지 않으면, 그 Multiline Style은 현재의 도면에서만 사용할 수 있게 되므로 다른 도면에서도 사용하려면 파일로 저장하여야 합니다. Multiline Style은 'MLN' 확장자를 갖는 파일로 저장되며, 기본적으로 AutoCAD 2010의 [Support] 폴더에 저장됩니다.

❶ **Current Multiline Style** : 현재의 Multiline Style로 지정되어 있는 이름을 보여 줍니다.

❷ **Styles** : 로딩(Loading)되어 있는 Multiline Style들을 보여 줍니다.

❸ **Description** : 선택한 Multiline Style의 설명을 보여 줍니다.

❹ **Set Current** : 선택한 Multiline Style을 현재 사용할 Multiline Style로 지정합니다.

❺ **New** : 새로운 Multiline Style을 만들기 위해 [Create New Multiline Style] 대화상자를 불러옵니다.

❻ **Modify** : 선택한 Multiline Style을 수정할 수 있도록 [Modify Multiline Style] 대화상자를 불러옵니다.

❼ **Rename** : Multiline Style의 이름을 수정합니다.

❽ **Delete** : 선택한 Multiline Style을 삭제합니다.

❾ **Load** : [Load Multiline Style] 대화상자를 표시하며 선택한 라이브러리 파일(MLN)에서 사용할 Multiline Style을 올립니다.

❿ **Save** : 새로 작성하거나 변경된 Style의 설정을 파일로 저장합니다.

⓫ **Preview of** : 설정한 Multiline Style을 미리 보기로 확인할 수 있습니다.

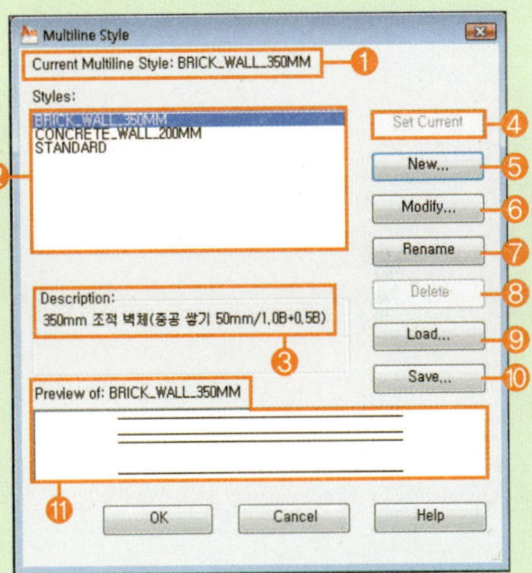

09 [Multiline Style] 대화상자의 미리 보기를 이용하여 설정한 Multiline Style을 확인합니다. 작성된 'Brick_ Wall_ 350mm'을 선택하고 [Set Current] 단추를 클릭합니다.

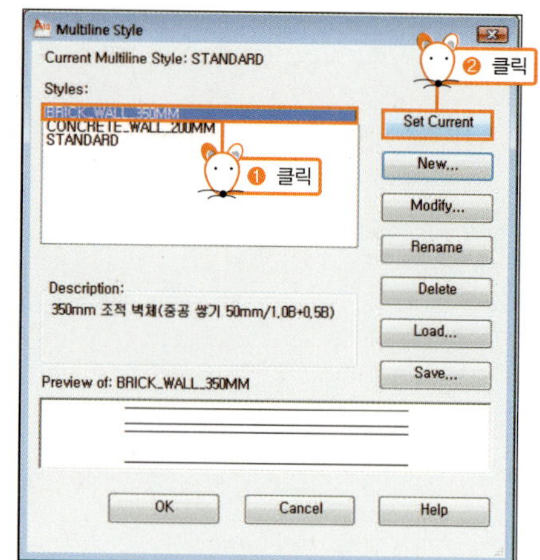

 **주목**

[Save] 단추를 클릭하면 파일로 저장할 수 있습니다.

● 다중선으로 한 번에 벽돌 벽체 만들기

다중선이 유용한 것은 여러 겹(다중)의 선분을 한 번에 작성할 수 있다는 것입니다. 특히 여러 겹의 조적 벽체의 경우 작업의 효율성을 높일 수 있습니다.

Samples\03_01_Multiline.dwg

01 메뉴 바의 [Draw]-[Multiline]을 선택합니다.

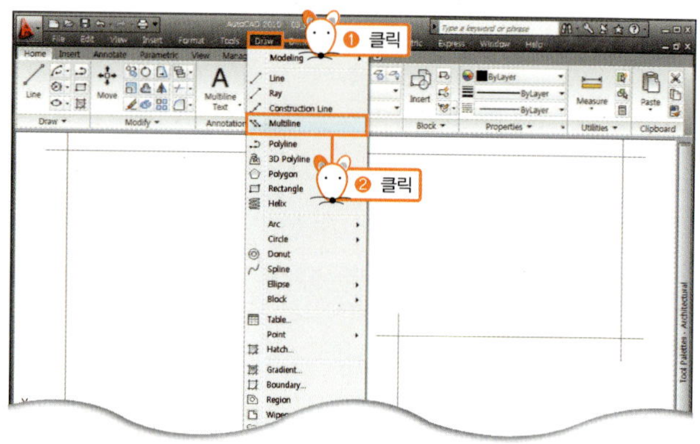

02 다중선이 위치하는 지점을 설정하기 위해 'J'를 입력하고 Enter 를 누릅니다.

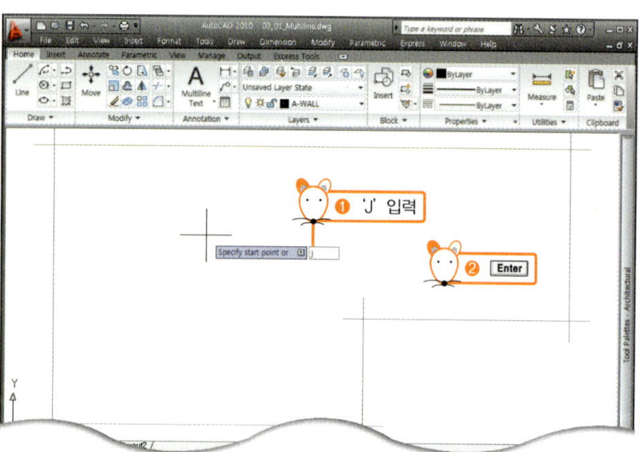

03 단축 메뉴에서 [Zero]를 선택합니다.

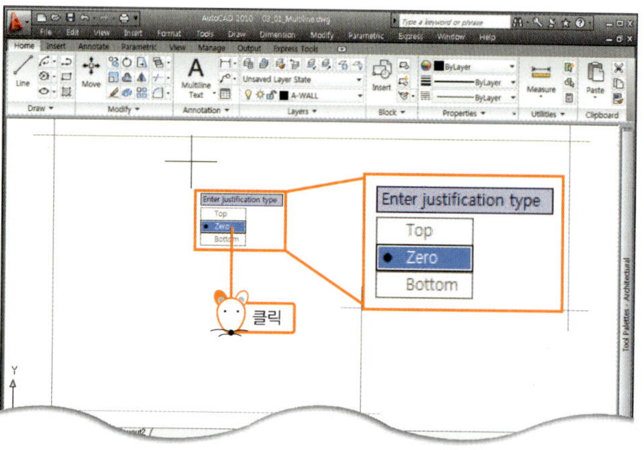

04 다시 다중선의 크기를 수정하기 위해 's'를 입력하고 Enter 를 누릅니다.

05 크기를 설정하기 위해 '1'을 입력하고 Enter 를 누릅니다.

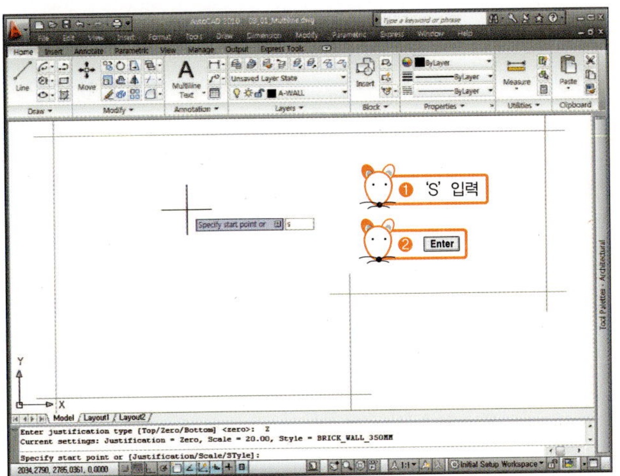

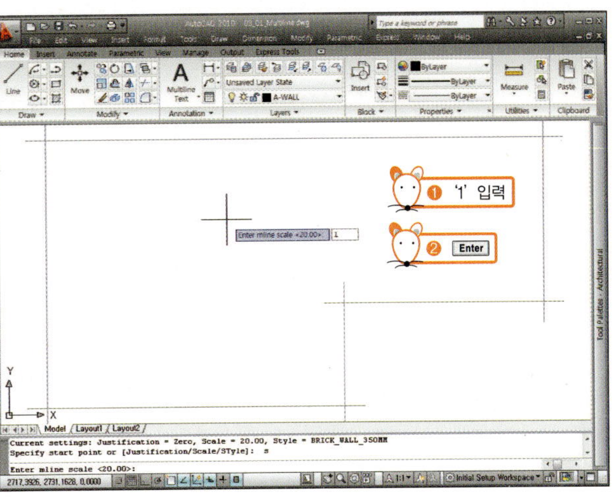

06 중심선이 교차하는 교차점을 차례로 지정하여 벽체를 작성합니다. 이때 시작점으로 다시 돌아와 벽체를 닫을 경우 'c'를 입력한 후 Enter 를 눌러 벽체를 완성합니다.

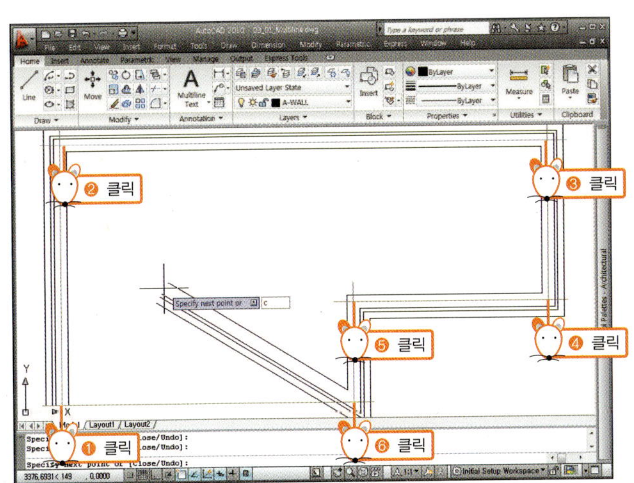

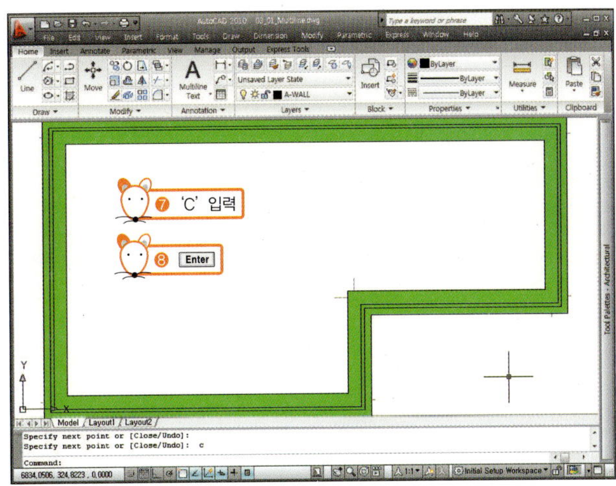

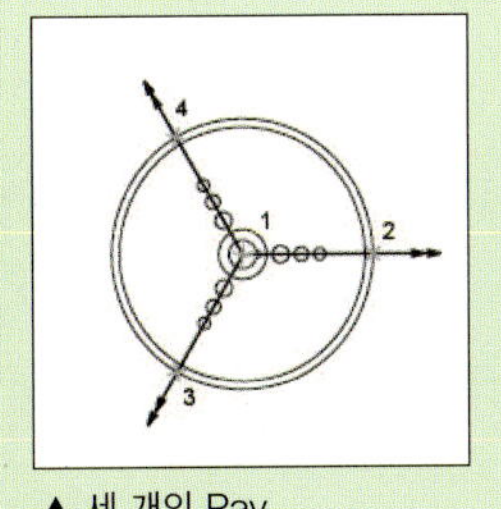

양방향 무한선(Construction Line)과 일방향 무한선(Ray)

무한선은 다른 객체를 작성하거나 특정 지점을 찾기 위한 보조선을 종종 사용됩니다. 형태로 양방향으로 무한 연장되는 양방향 무한선(Construction Line)과 일방향 무한선(Ray)이 있습니다.

▲ 세 개의 Ray

Multiline Style의 다른 옵션들

[Caps] 영역은 다중선의 양 끝단을 어떤 형태로 막을 것인가에 관한 설정입니다. [Display joints]는 다중선의 이음새에 관한 설정이며, 다중선에 색상을 채울 수 있는 부분은 [Fill] 영역입니다.

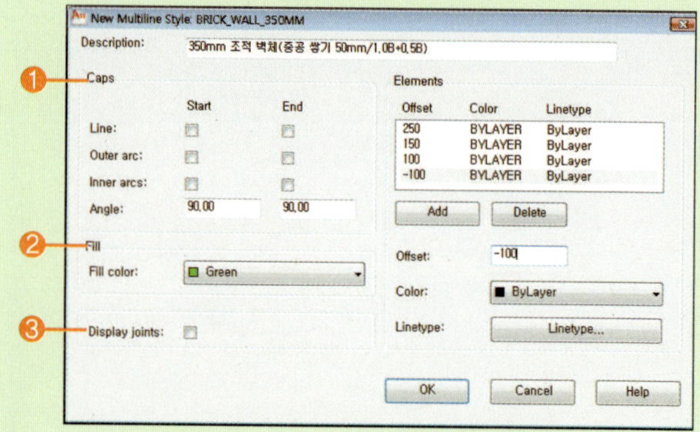

❶ **Caps** : 다중선의 시작점과 끝점의 형태를 설정합니다.

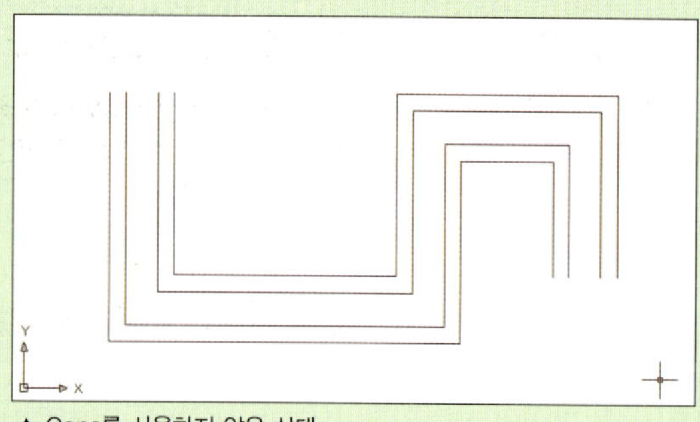

▲ Caps를 사용하지 않은 상태

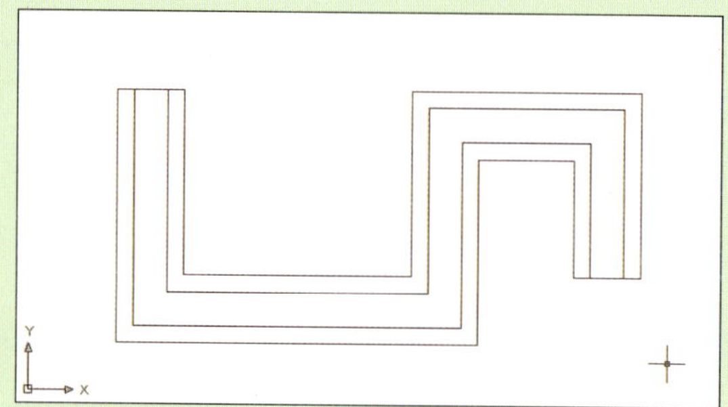

▲ Line Caps

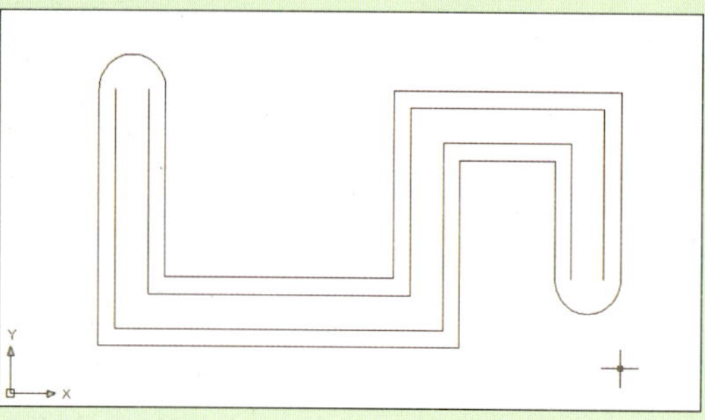

▲ Outer arc Caps

▲ Inner arc Caps

❷ **Fill** : 다중선의 안쪽에 색상을 채울 수 있습니다.

▲ Fill

❸ **Display joints** : 다중선 모서리의 결합 상태를 설정합니다.

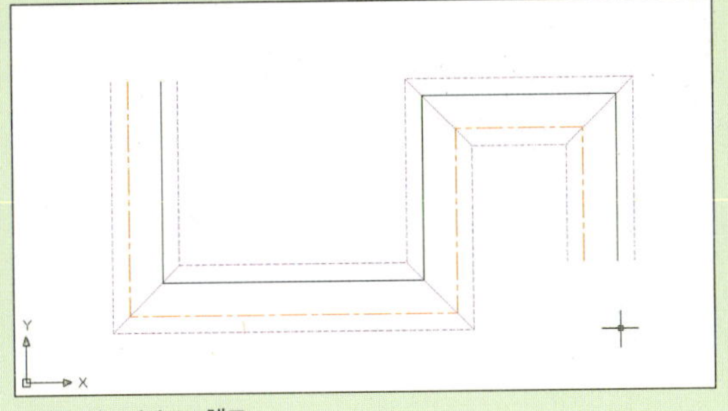

▲ Display joints 체크

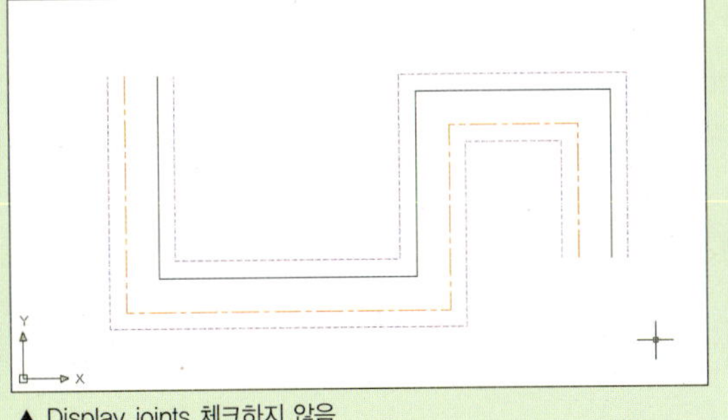

▲ Display joints 체크하지 않음

해치(Hatch) 쉽게 배우기

Hatch 명령을 통해 패턴을 작성하는 것은 또 다른 정보의 표현 방식입니다. 예를 들어 벽체를 까맣게 솔리드(Solid) 패턴을 적용하는 것은 공간인 보이드(Void)를 돋보이게 하고 공간 영역을 구분하는 데 도움을 줍니다. 또는, 실제 재질과 비슷한 재질 패턴을 적용시켜 대강의 재질감을 표현하는 경우도 좋은 도면 표현의 한 사례입니다.

● 패턴의 사례

지정한 영역을 강조하거나 다른 영역과 시각적으로 구별하고 해당 영역에 특정 정보를 전달하기 위해 색 또는, 패턴으로 채울 수 있습니다. Hatch 명령은 이러한 기능을 가능하도록 하며 여러 분야에서 해칭을 이용한 패턴은 폭넓게 적용시킬 수 있습니다.

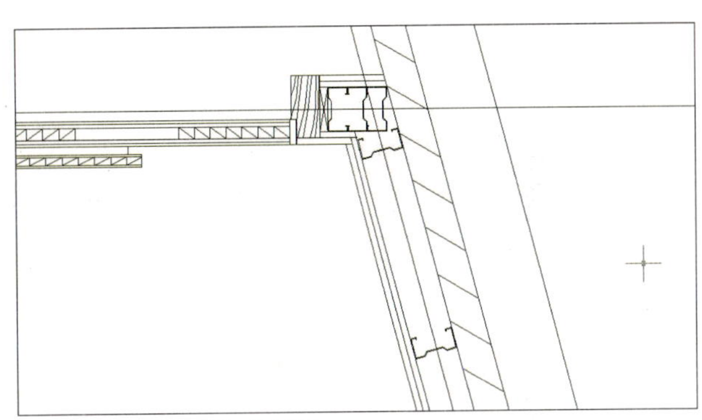

▲ 단면 재질 표현을 위한 패턴 표기

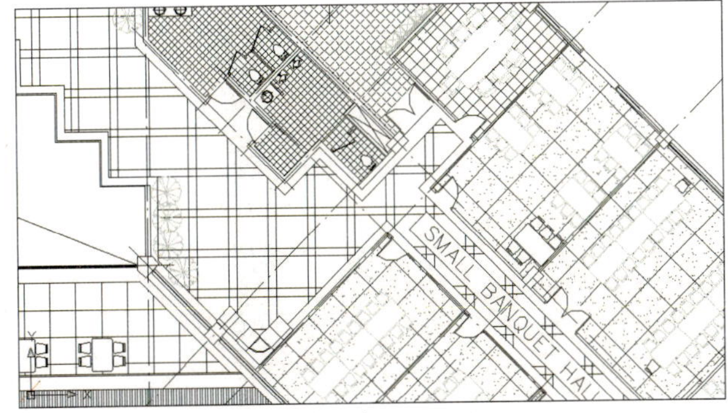

▲ 시각적인 영역 구분을 위한 패턴 표기

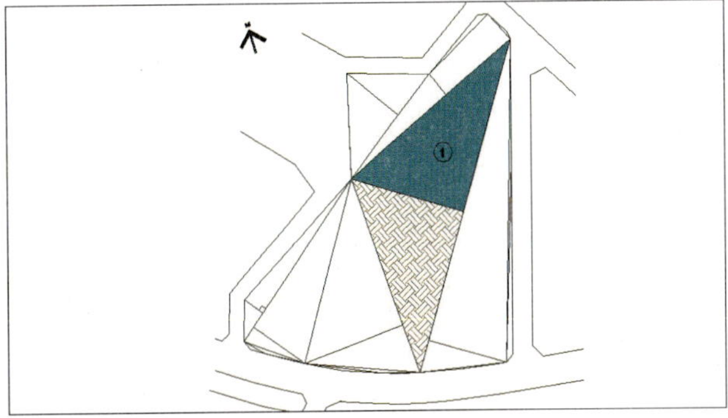

▲ 지정한 영역 강조를 위한 패턴 표기

● Pattern 정의하기

[Home] 탭의 [Draw] 패널에서 [Hatch] 아이콘을 클릭
해 [Hatch and Gradient] 대화상자를 불러냅니다. [Hatch
and Gradient] 대화상자는 [Hatch], [Gradient] 탭으로 구
성되어 있습니다.

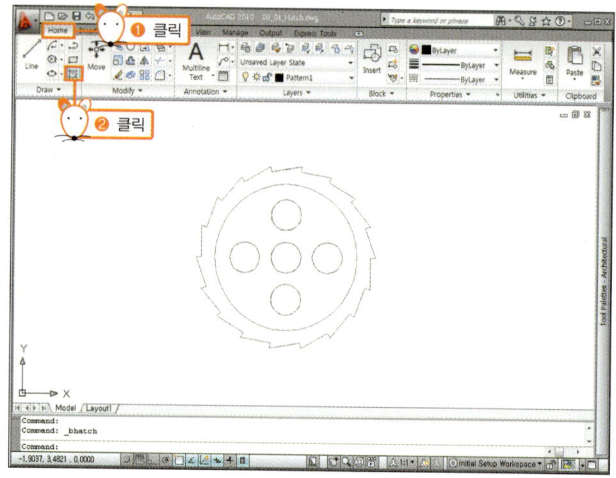

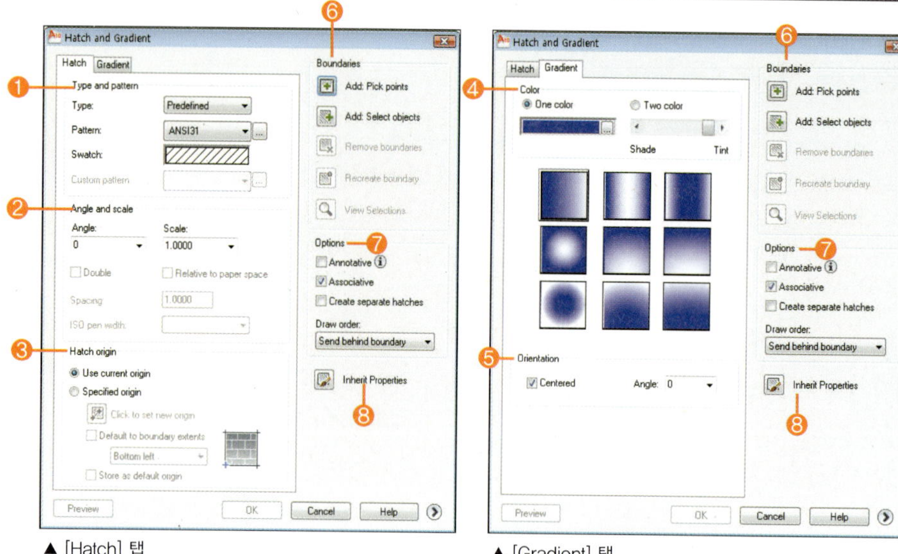

▲ [Hatch] 탭　　　　　　▲ [Gradient] 탭

❶ **[Type and pattern] 영역** : 패턴의 유형을 결정합니다. [Type]의 화살표 단추를
　눌러 'Predefined', 'User Defined', 'Custom'을 선택할 수 있습니다.
　'Predefined'는 오토데스크(Autodesk)사에서 등록해 놓은 패턴을 사용할 수 있
　는 것이고, 'User Defined'는 사용자가 직접 등록해 놓은 패턴을, 'Custom'은
　최근 사용한 6개의 항목을 확인하고 재사용할 수 있습니다. 패턴을 선택하는 방법

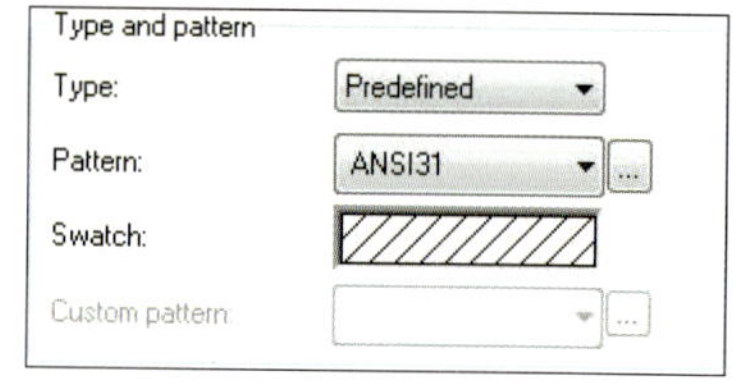

은 [Pattern]에서 드롭다운 화살표를 클릭해 패턴의 이름을 선택하는 방법과 [...] 단추나 [Swatch]
의 이미지를 클릭해서 [Hatch Pattern Palette] 대화상자를 불러내 선택하는 방법이 있습니다.

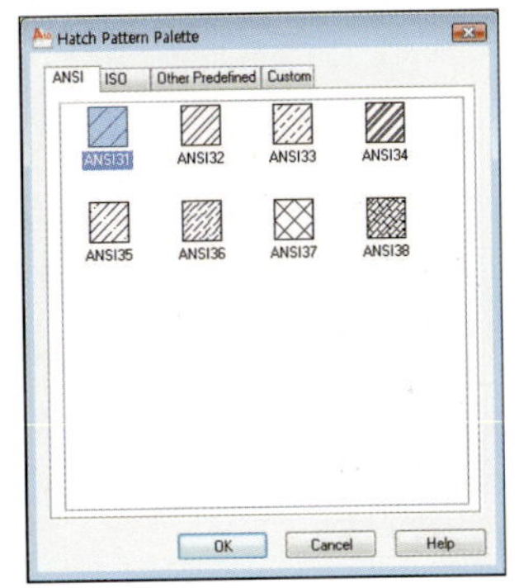

▲ [ANSI] 탭

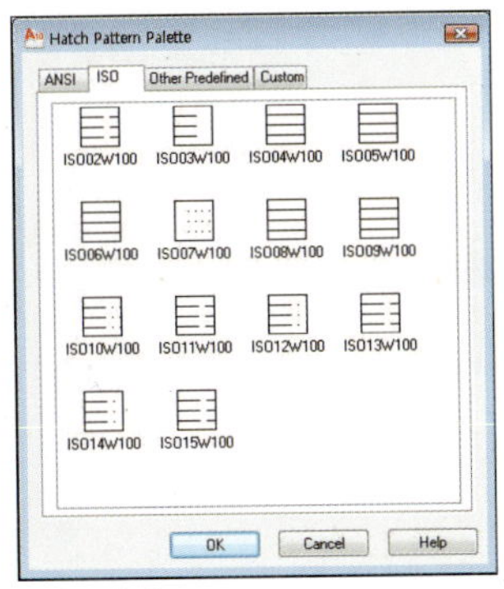

▲ [ISO] 탭

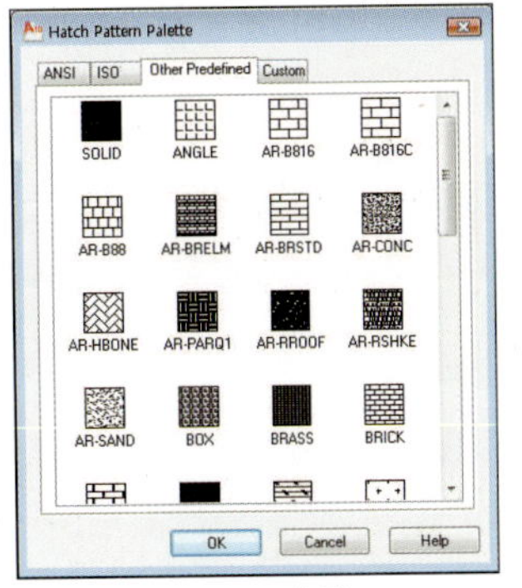

▲ [Other Predefined] 탭

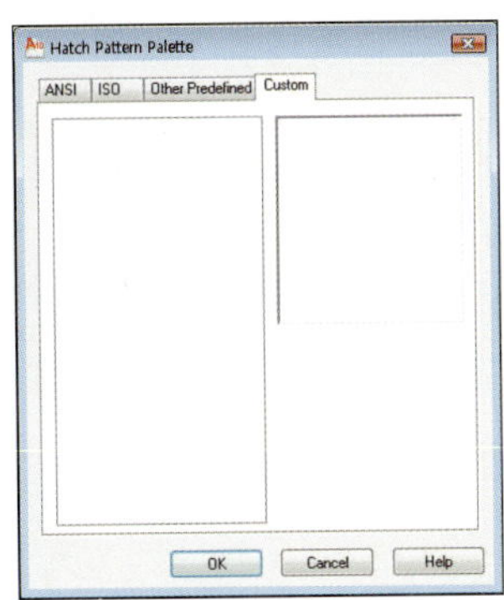

▲ [Custom] 탭

[Hatch Pattern Palette] 대화상자는 [ANSI], [ISO], [Other Predefined], [Custom] 탭으로 구성되어 있는데 탭은 [ANSI] 탭은 (American National Standard Institute)에서 정의한 것으로 북미대륙에서 널리 사용되고 있습니다. 탭은 [ISO] 탭은 (International Standard Organization)에서 설정한 패턴들로 ISO에서는 전기와 전자를 제외한 모든 분야의 도면 표준을 설정해 놓고 있습니다.

❷ **[Angle and scale] 영역** : 선택한 패턴의 회전 각도와 크기를 설정합니다.

ⓐ Angle : 선택한 패턴의 각도를 직접 입력하거나 미리 설정된 각도를 선택할 수 있습니다.

ⓑ Scale : 패턴의 크기를 직접 입력하거나 미리 설정된 크기를 선택할 수 있습니다.

ⓒ Double : [Pattern Type]을 'User defined'로 설정했을 경우에 활성화되며 체크하면 선택한 패턴이 직각으로 교차하는 이중 패턴으로 만들 수 있습니다.

ⓓ Relative to paper space : 모델 공간이 아닌 레이아웃 공간으로 선택되어 있을 경우 활성화되며 [Paper Space] 영역의 크기에 맞추어지게 됩니다.

ⓔ Spacing : [Pattern Type]을 'User defined'로 설정했을 경우 활성화되며, 패턴을 이루는 객체와 객체 간의 간격을 설정할 수 있습니다.

ⓕ ISO pen width : [Pattern Type]을 'ISO' 계열로 선택했을 경우에 활성화되며, 별도의 펜 두께를 선택할 수 있습니다.

❸ **[Hatch origin] 영역** : 패턴의 문양 위치를 임의의 기준으로 이동할 경우에 설정합니다.

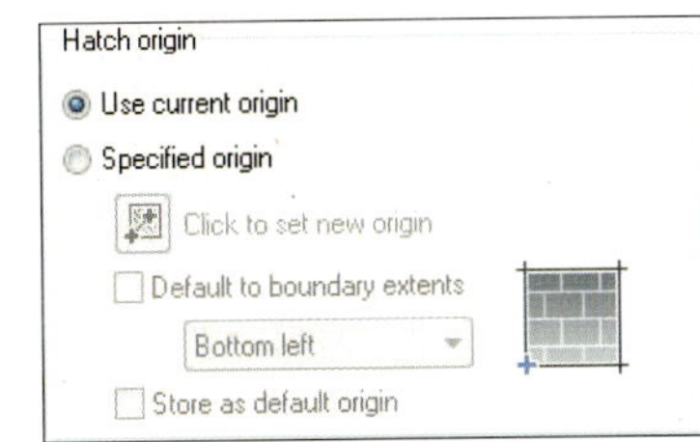

❹ **[Color] 영역** : 그레이디언트의 색상의 종류를 설정합니다. 한 가지 색상을 설정할 경우에도 [Shade-Tint] 슬라이드 바를 이용하여 하이라이트 부분을 조절할 수 있습니다.

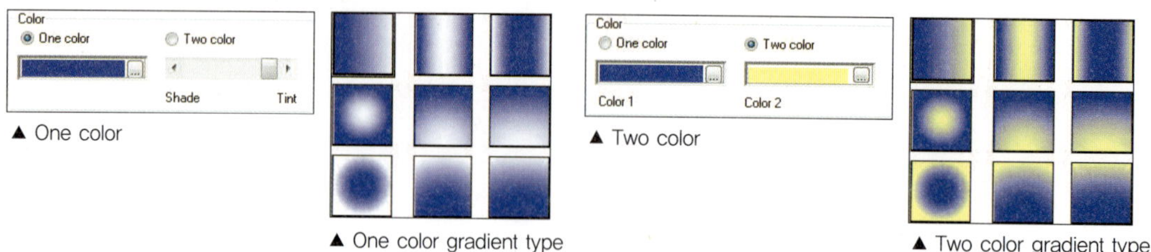

▲ One color

▲ One color gradient type

▲ Two color

▲ Two color gradient type

❺ **[Orientation] 영역** : 그레이디언트의 하이라이트 위치와 방향을 설정합니다.

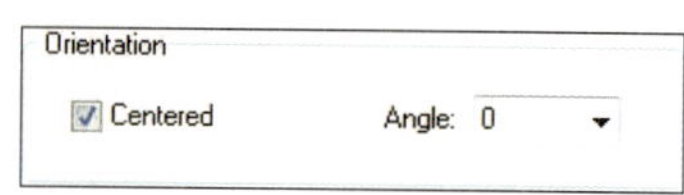

❻ **[Boundaries] 영역** : 경계를 지정하는 방법은 크게 두 가지가 있습니다. Pick Points 방식은 닫힌 영역의 안쪽을 클릭하여 자동으로 영역을 선택하는 방식이고, Select Objects 방식은 닫힌 영역을 이루는 객체를 선택해서 영역을 지정하는 방식입니다.

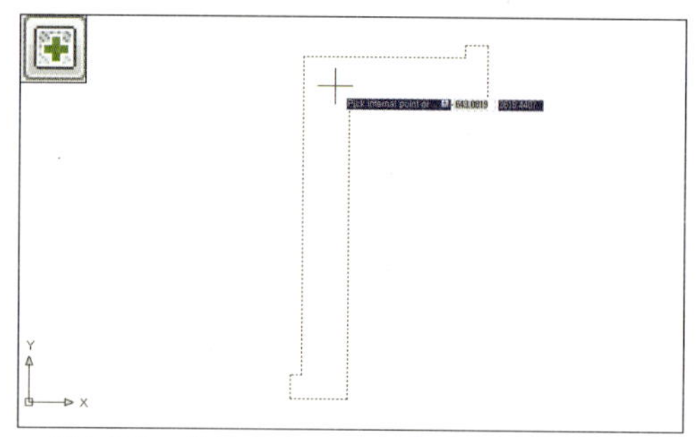

▲ Pick Points 방식

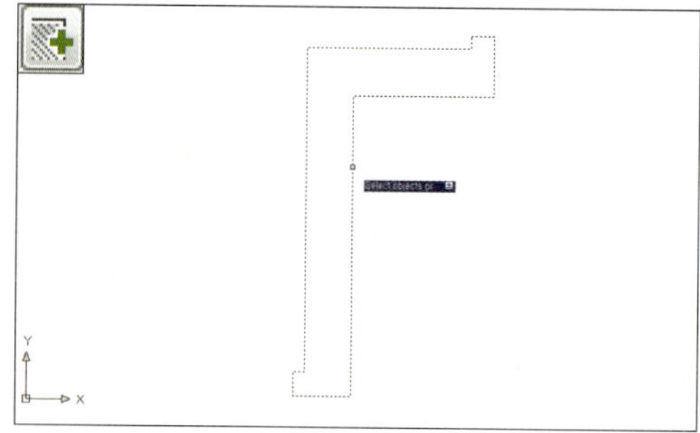

▲ Select Objects 방식

패턴 경계 정의에 실패하는 경우?

영역을 확실히 정의해 놓지 않으면 해칭 작업 중에 오류가 발생할 수 있습니다. 경계 정의에 실패하는 경우는 주로 영역이 닫혀 있지 않은 경우입니다.

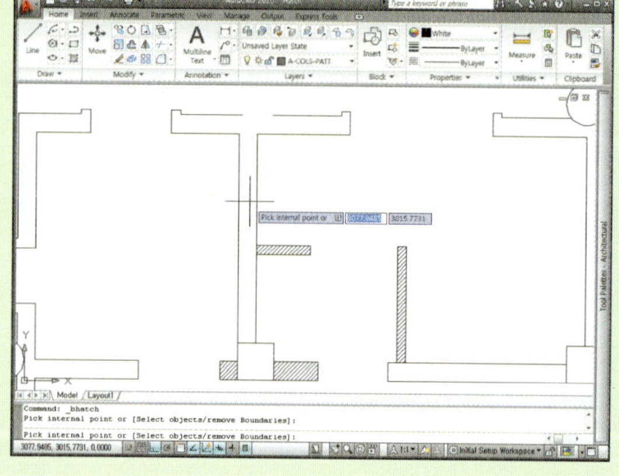

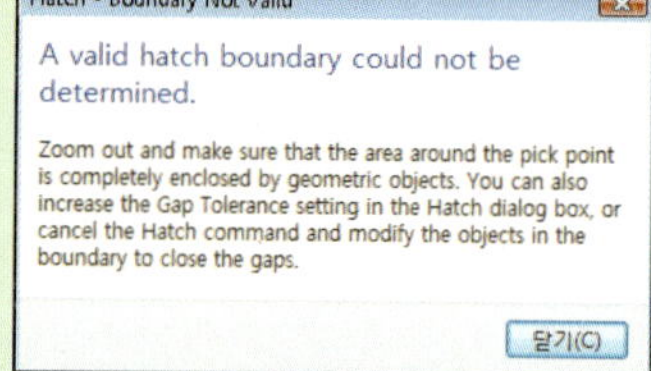

▲ 경계 정의에 실패했을 경우의 오류 메시지

◀ 닫혀있지 않은 경계에는 패턴이 적용되지 않습니다.

경계를 상세하게 설정하는 방법

화살표 단추를 클릭하면 확장되는 옵션을 이용하여 경계를 지정하는데 있어서 추가적으로 상세한 경계를 설정할 수 있습니다.

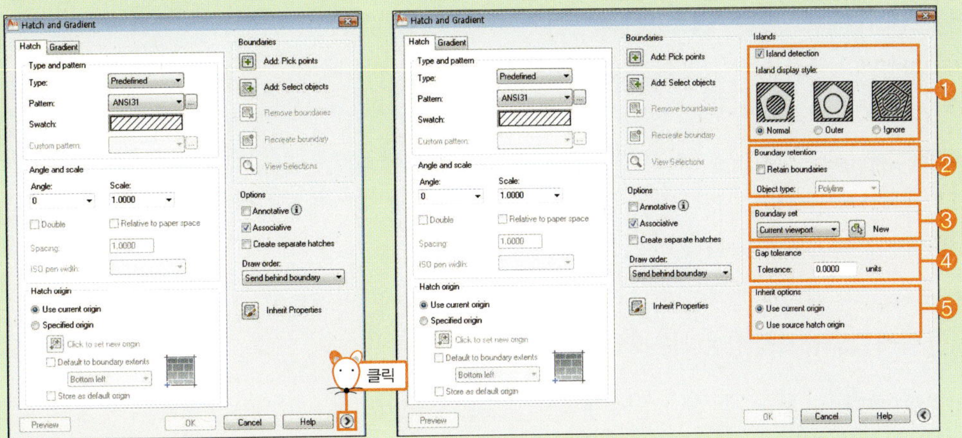

▲ 화살표 단추 클릭　　　　　　　　　　　　　　▲ 보다 상세한 경계 지정 옵션

❶ **Islands** : 지정한 경계 안에 또 다른 경계가 있는 경우 이곳에서 미리 경계의 정의를 설정합니다.

❷ **Boundary retention** : [Retain boundaries] 옵션을 체크하면 [Object type]의 형태(Polyline/Region)로 경계를 만들 수 있습니다. 이 기능은 매우 쓰임새가 많은 기능으로 객체로 둘러싸인 영역이 있다면 이 기능을 이용하여 한 번에 경계 형태의 폴리라인을 만들 수 있습니다.

❸ **Boundary set** : 지정된 경계의 특정 지점 기준으로 그룹으로 만들 수 있습니다. 큰 도면의 경계를 지정할 때 지정된 경계를 수정함으로써 매번 다시 지정해야 하는 수고로움을 덜 수 있습니다.

❹ **Gap tolerance** : [Tolerance]의 설정에 따라 경계를 정의할 때 닫혀져 있지 않은 영역이라도 무시하고 경계로 인식할 수 있습니다. 예를 들어 현재 단위가 'mm'라고 가정할 때 5mm 정도의 벌어진 틈이 있는 경계를 선택할 때 [Tolerance]를 '10'으로 설정하면 닫혀져 있는 것으로 인식하고 경계를 정의한다는 것입니다.

❺ **Inherit options** : 도면에서 이미 작성된 패턴의 설정을 그대로 복사해서 사용하는 경우, 원본의 기준을 그대로 사용할 것인지 패턴 소스의 기준을 사용할 것인지를 설정합니다.

❼ [Options] 영역

ⓐ Annotative : 패턴을 Annotation 객체로 간주하고 별도의 Annotation 툴들을 이용해서 크기를 관리할 수 있도록 합니다. 오른쪽 [i] 아이콘을 클릭하면 Help 기능의 Annotation에 관한 항목들을 표시합니다.

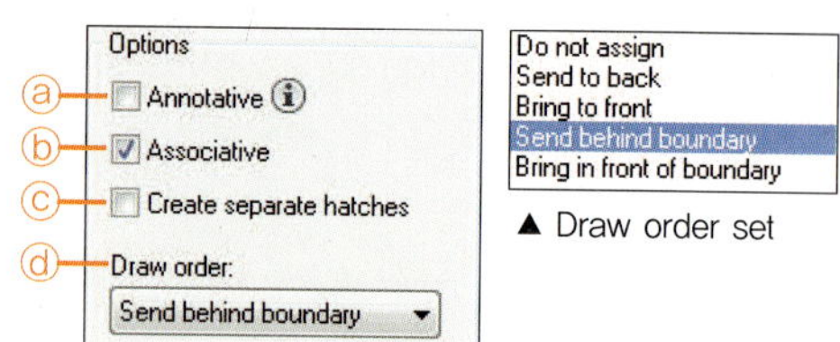
▲ Draw order set

ⓑ Associative : 체크해 놓으면 같은 종류의 패턴을 적용하였을 때 연속되는 문양으로 표현합니다.

ⓒ Create separate hatches : 여러 경계를 지정하여 한 번에 패턴을 적용하는 경우 하나의 패턴으로 인식하게 됩니다. 그러나, [Create separate hatch]를 체크해 놓으면 각 각의 경계마다 분리된 패턴을 얻을 수 있습니다.

ⓓ Draw order : 패턴과 경계와의 위계를 설정합니다. 예를 들어 패턴이 경계 위로 오게 되는지 또는, 아래로 오는지를 설정하는 것입니다.

❽ [Inherit properties] 단추 : 도면에 이미 패턴이 작성되어 있다면 별도의 패턴 정의를 하지 않고 해당 패턴을 선택하고 Boundary만 지정하면 됩니다.

● TooL Palettes를 이용한 패턴 적용 방법

Tool Palettes를 이용해 패턴을 손쉽게 적용하는 방법에 대하여 알아봅니다.

◉ Samples\03_01_Hatch_Toolpalettes.dwg

01 도면 영역 우측의 Tool Palettes Bar를 클릭하여 마우스 오른쪽 단추로 단축 메뉴를 불러내 펼친 후 [Annotation and Design]을 클릭합니다.

02 [Hatches and Fills] 탭을 클릭합니다.

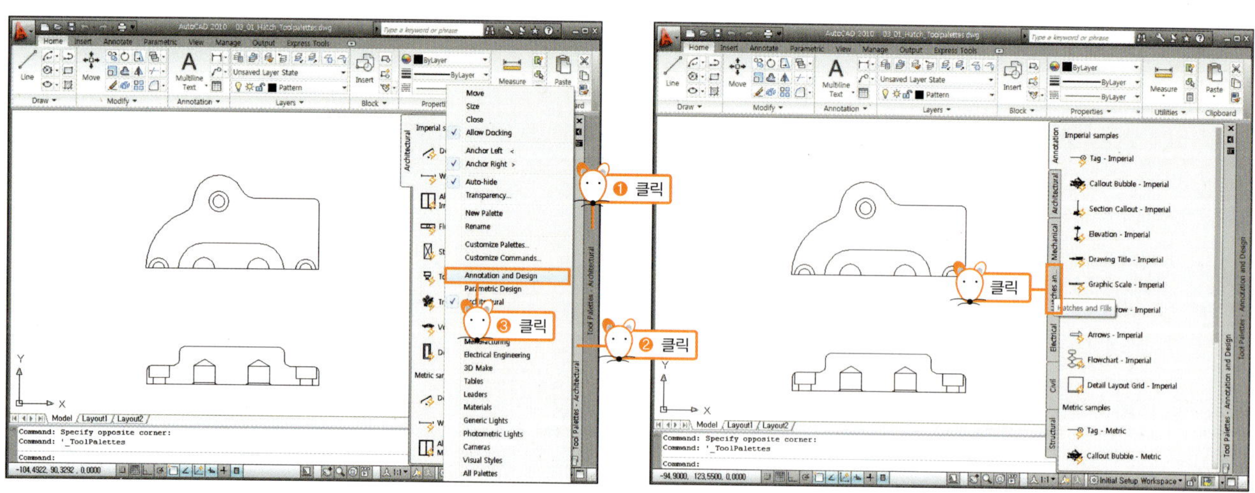

주목

Ctrl + 3 으로 쉽게 Tool Palettes를 켜고 끌 수 있습니다.

03 [Hatches and Fills] 탭의 [ISO Hatches] 영역에서 [Steel] 아이콘을 선택한 후 마우스 오른쪽 단추를 클릭하고 [Properties]를 선택합니다.

04 [Tool Properties] 대화상자의 [Pattern] 영역에서 [Scale]을 '2'로 설정하고 [OK] 단추를 클릭합니다.

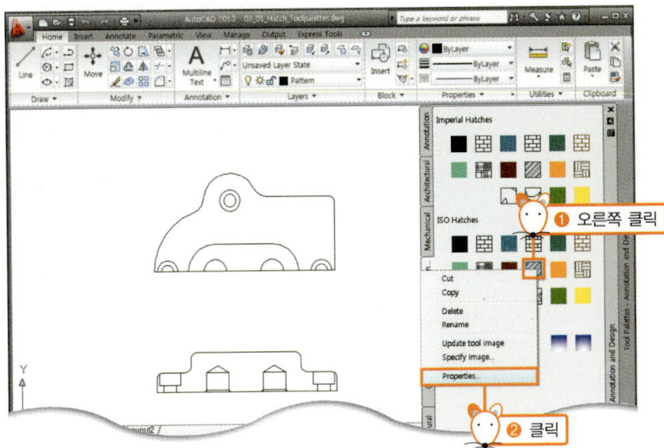

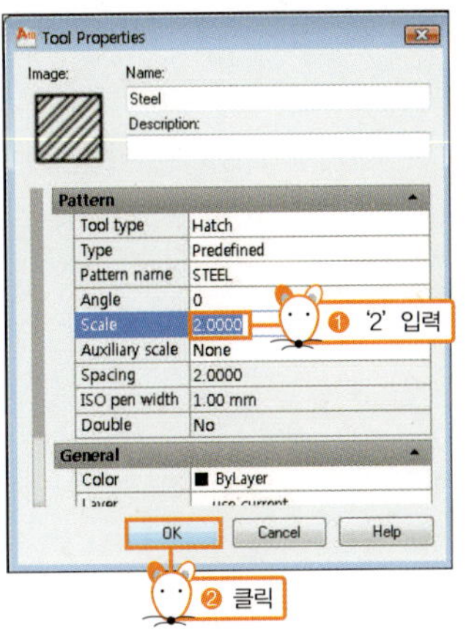

05 그림과 같이 패턴을 적용으로 드래그합니다.

06 이번에는 [Hatches and Fills] 탭의 [ISO Hatches] 영역에서 [Steel] 아이콘을 마우스 오른쪽 단추로 클릭한 후 [Properties]를 선택합니다.

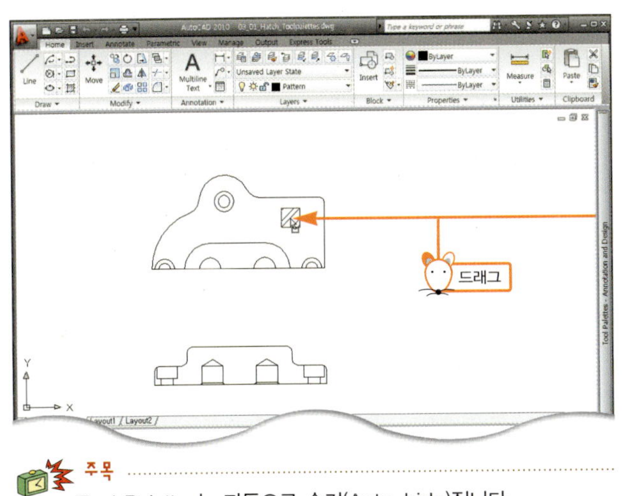

주목

Tool Palettes는 자동으로 숨겨(Auto-hide)집니다.

07 [Tool Properties] 대화상자의 [Pattern] 영역에서 [Scale]을 '1'로 설정하고 [OK] 단추를 클릭합니다.

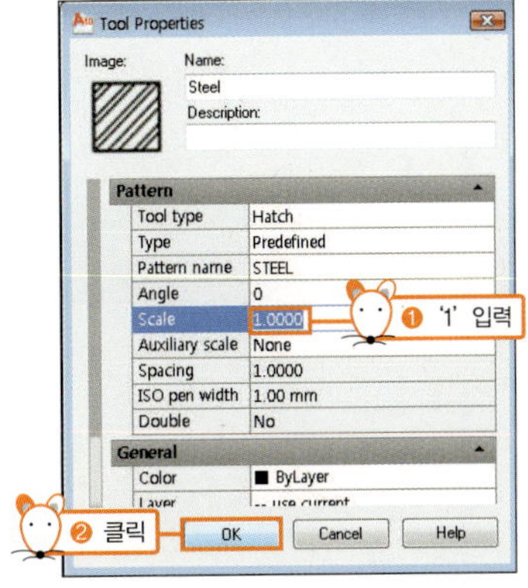

08 Tool Palettes의 [Steel] 아이콘을 그림과 같이 패턴을 적용할 영역으로 드래그합니다.

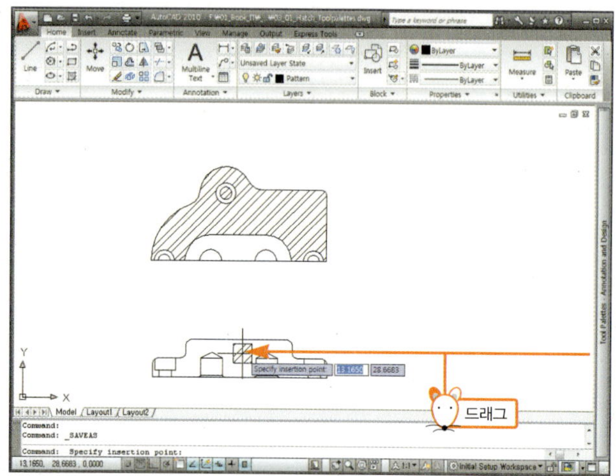

09 패턴이 적용된 것을 확인할 수 있습니다.

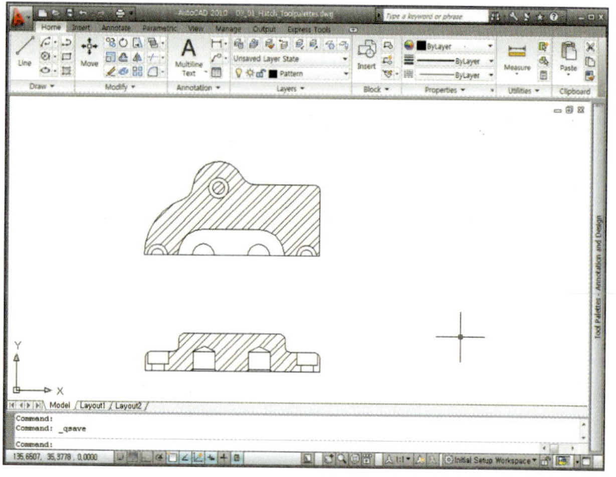

● Hatch 따라잡기

패턴을 적용하는 과정은 크게 패턴을 선택하고 속성을 수정하는 과정과 경계를 선택하고 패턴을 지정하는 과정으로 나눌 수 있습니다. 이번에는 예제를 이용하여 도면에 패턴을 적용하는 방법을 알아봅니다.

◉ Samples\03_01_Hatch.dwg

01 [Home] 탭의 [Draw] 패널에서 [Hatch]( ) 아이콘을 클릭해 [Hatch and Gradient] 대화상자를 불러냅니다.

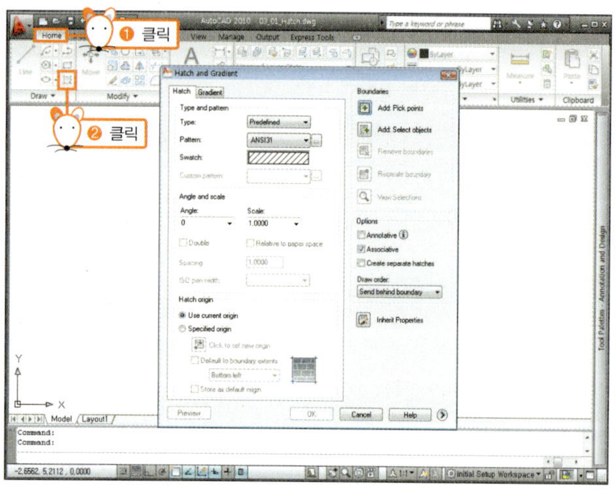

02 [Hatch and Gradient] 대화상자의 [Type and pattern] 영역에서 [Swatch]를 클릭해 [Hatch Pattern Palette] 대화상자를 불러냅니다.

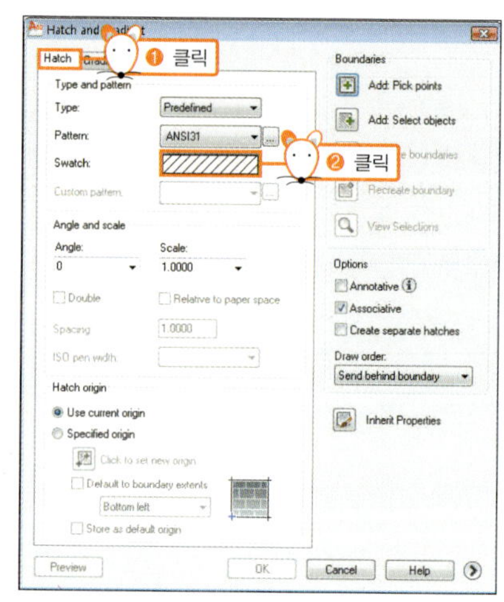

03 [Hatch Pattern Palette] 대화상자에서 [Other Predefined] 탭을 클릭하고 [Steel] 아이콘을 선택한 후 [OK] 단추를 클릭합니다.

04 [Hatch and Gradient] 대화상자를 그림과 같이 설정합니다.

❶ [Angle and scale] 영역에서 [Scale]을 '2'로 설정합니다.

❷ [Boundaries] 영역에서 [Add: Pick points]([+]) 아이콘을 클릭합니다.

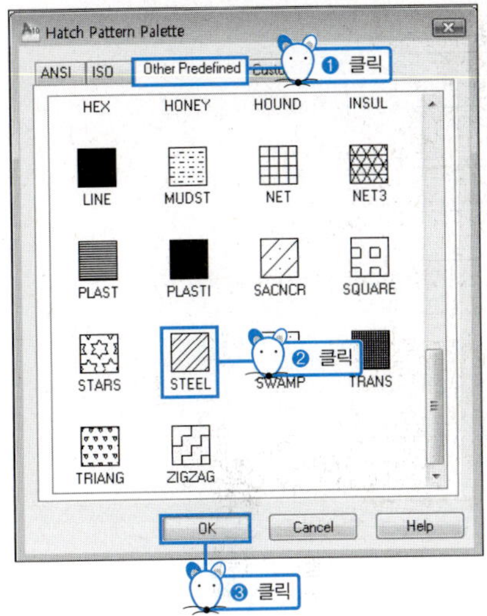

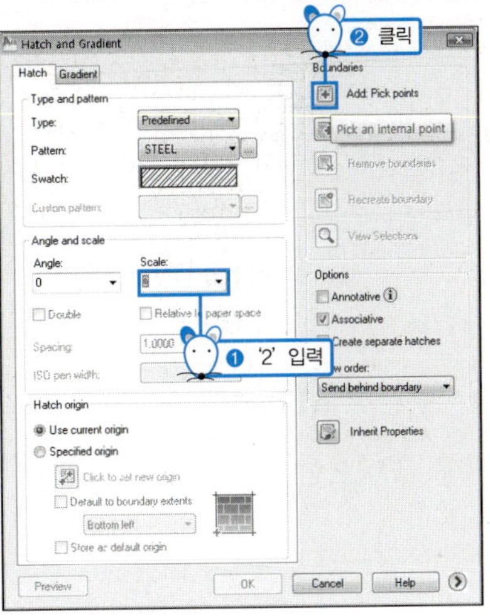

05 그림과 같이 패턴을 적용할 영역을 선택한 후 지정한 영역이 점선으로 하이라이트 되면 Enter 를 누릅니다.

06 [Hatch and Gradient] 대화상자에서 [OK] 단추를 클릭하여 패턴을 적용합니다.

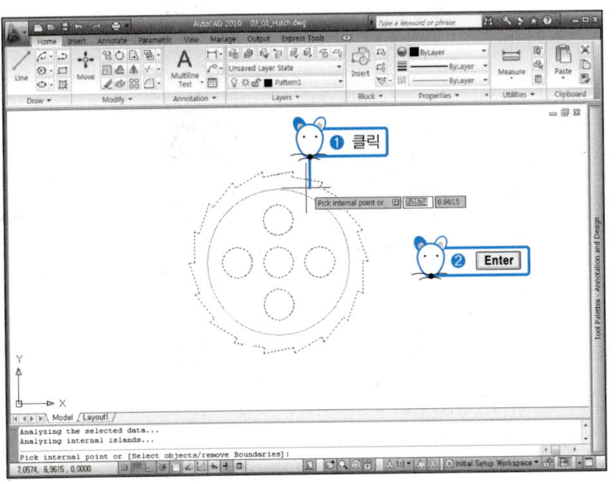

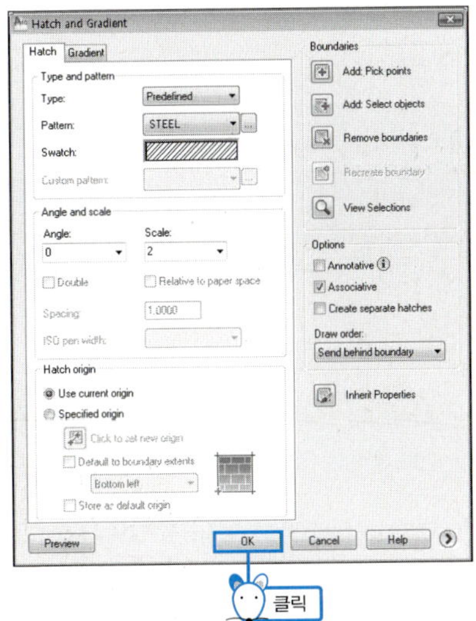

07 다시 Enter 를 눌러 Hatch 명령을 실행하고 [Hatch and Gradient] 대화상자에서 [Gradient] 탭을 클릭합니다.

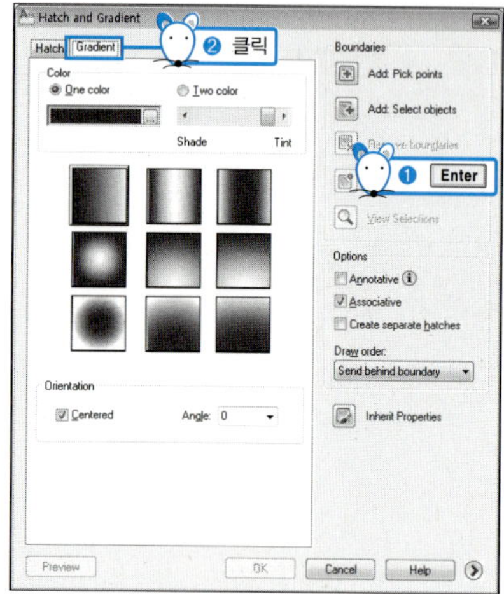

08 [Color] 영역에서 [Two color]를 체크하고 그림과 같이 [Color] 단추를 클릭해 [Color Select] 대화상자에서 색상을 선택합니다.

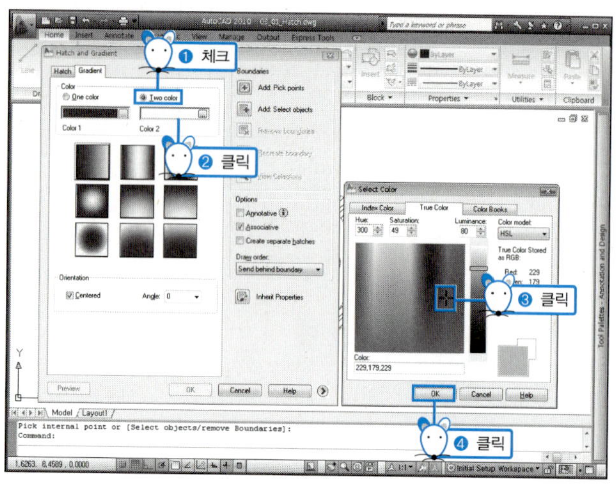

09 [Hatch and Gradient] 대화상자의 [Boundaries] 영역에서 [Add: Pick points](⊞) 아이콘을 클릭합니다.

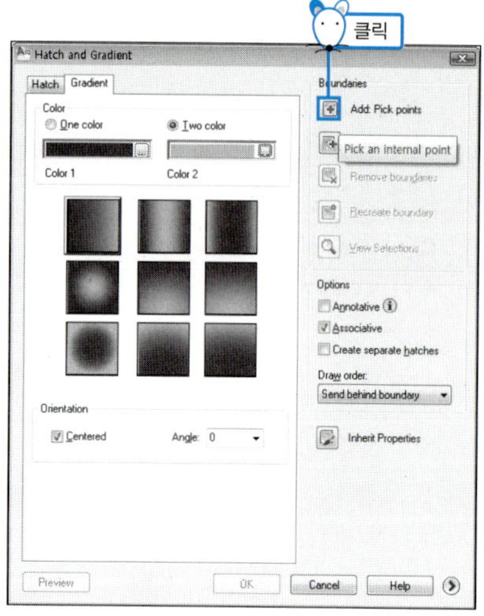

10 그림과 같이 패턴을 적용할 영역을 선택한 후 영역이 점선으로 표시되면 Enter 를 누릅니다.

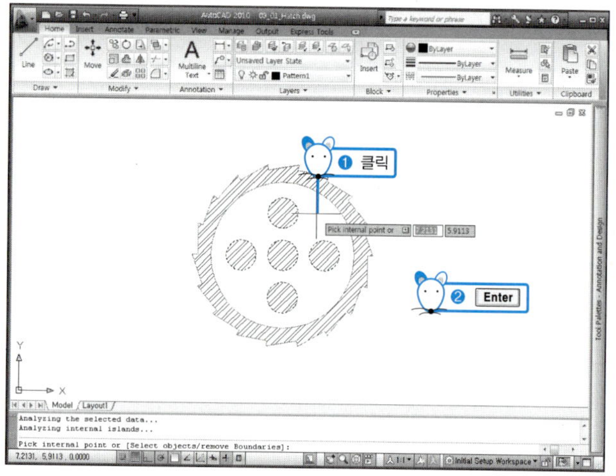

11 [Hatch and Gradient] 대화상자에서 [OK] 단추를 클릭해 패턴을 적용합니다.

클릭

공부하세요

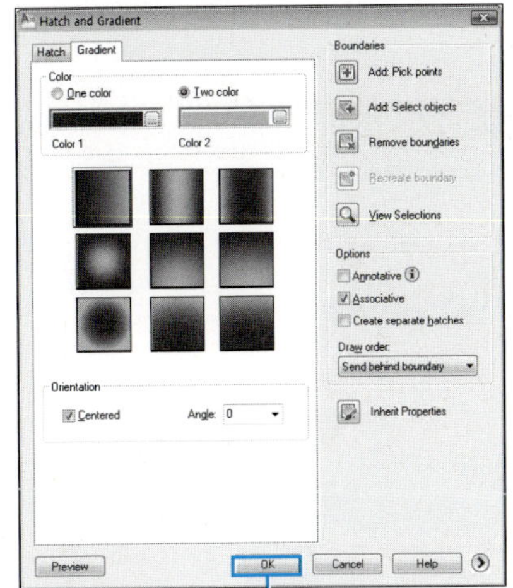

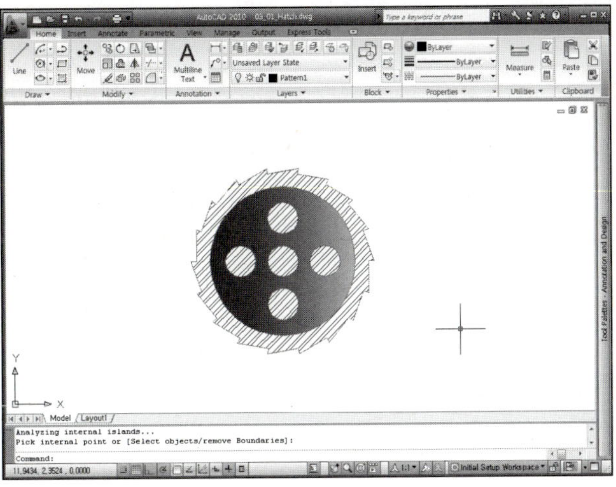

다양한 패턴의 적용 사례

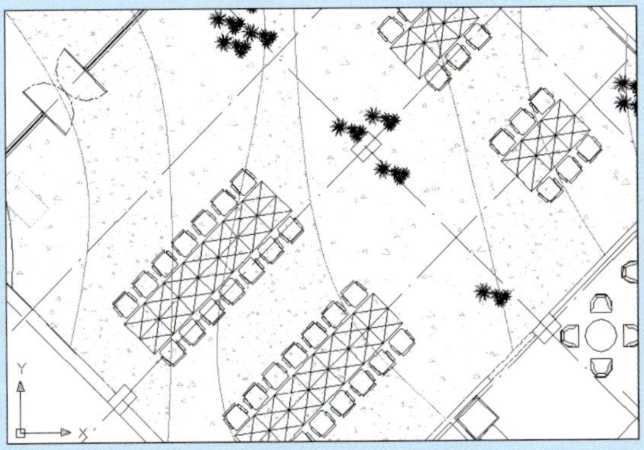

▲ 디자인이 적용된 바닥 패턴

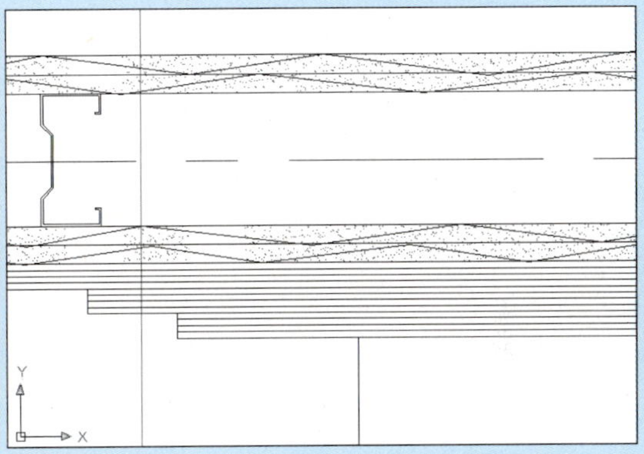

▲ 단면의 재질 표현

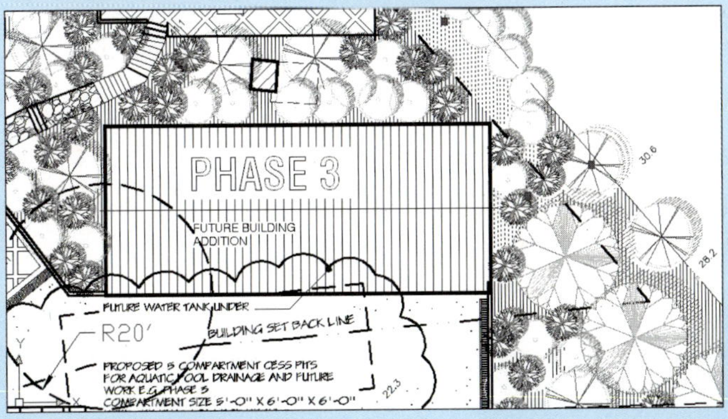

▲ 조경과 그림자의 표현

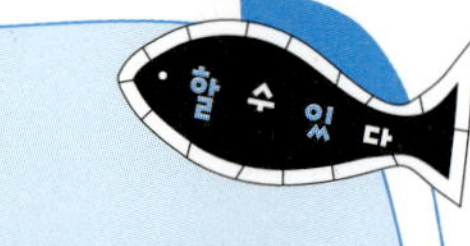

객체를 편집하여 창조하라! Modify

도면은 다양한 객체들로 구성되어 있지만 모두 따로따로 그려야 한다면 매우 비효율적인 작업이 될 것입니다. 그렇기 때문에 효율적인 도면 작업을 위해 응용 명령을 이용하여 도면 요소를 수정하고 또는, Grip을 이용하여 간단하게 변형하는 방법을 배워봅니다.

Lesson 02

복사하고 이동하는 Copy & Move

Copy 명령과 Move 명령은 원본 객체가 그대로 남아 있느냐(Copy) 삭제되느냐(Move)의 차이만 있으므로 같은 명령이라 볼 수 있습니다. 다음 예제를 통해서 Copy와 Move 명령을 배워봅니다.

⊙ Samples\03_02_Copy_Move.dwg

01 [Home] 탭의 [Modify] 패널에서 [Copy](🗐) 아이콘을 클릭합니다. 그림과 같이 선택 창을 열어 객체를 선택한 후 **Enter** 를 누릅니다.

02 기준점(①)을 지정합니다.

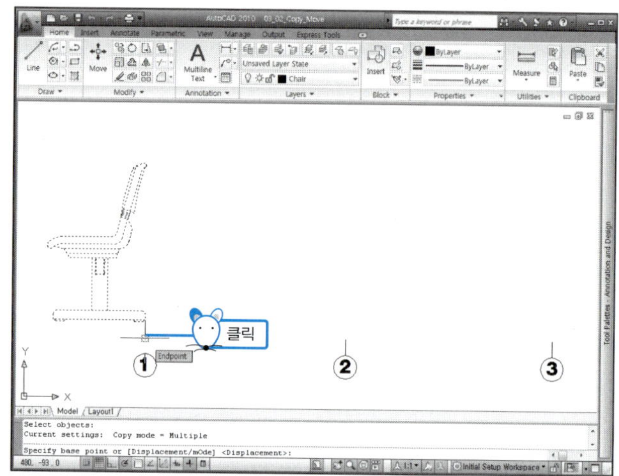

주목

객체를 선택할 때의 선택 창은 왼쪽을 열 때와 오른쪽으로 열 때를 잘 구분하여 사용합니다.

```
Specify base point or [Displacement/mOde]
<Displacement>: (기준점 클릭)
```

03 복사해 위치할 두 번째 점(②)을 지정합니다. 다음 점을 지정하라는 요청에 Enter 를 눌러 명령을 종료합니다.

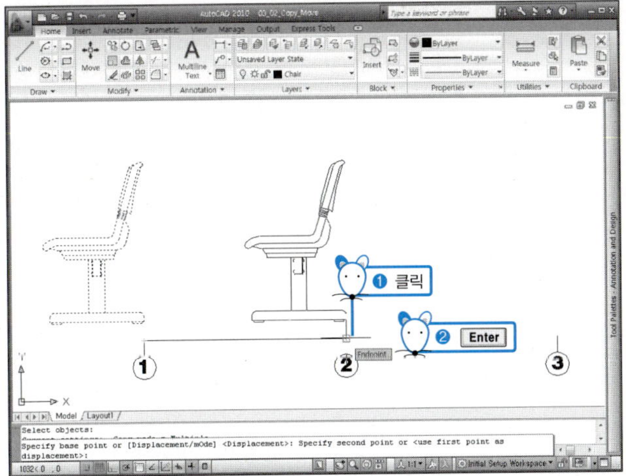

Specify second point of displacement or <use first point as displacement>: (두 번째 점 클릭)
Specify second point of displacement or [Exit/Undo]<Exit>: Enter (Copy 명령 종료)

04 [Home] 탭의 [Modify] 패널에서 [Move](✛) 아이콘을 클릭하고 객체를 선택한 후 Enter 를 누릅니다.

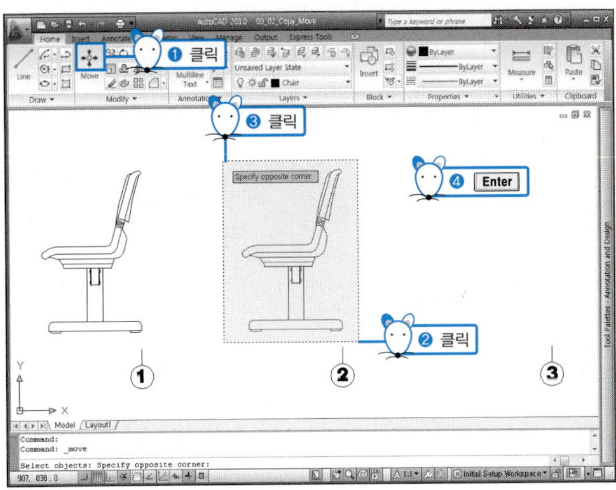

05 기준점(②)을 지정합니다.

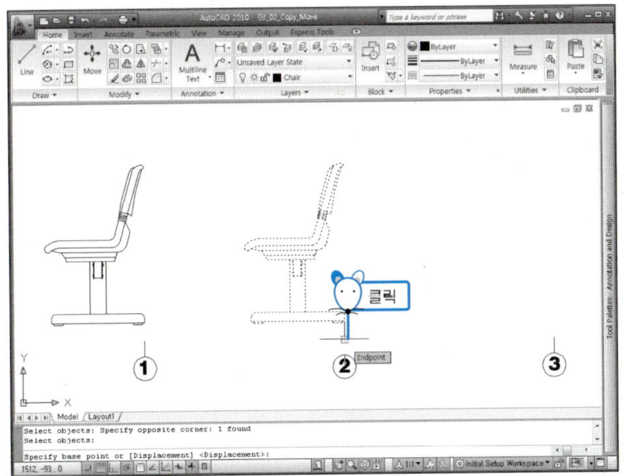

Specify base point or [Displacement] <Displacement>: (기준점 클릭)

06 객체를 이동시킬 두 번째 점(③)을 지정합니다.

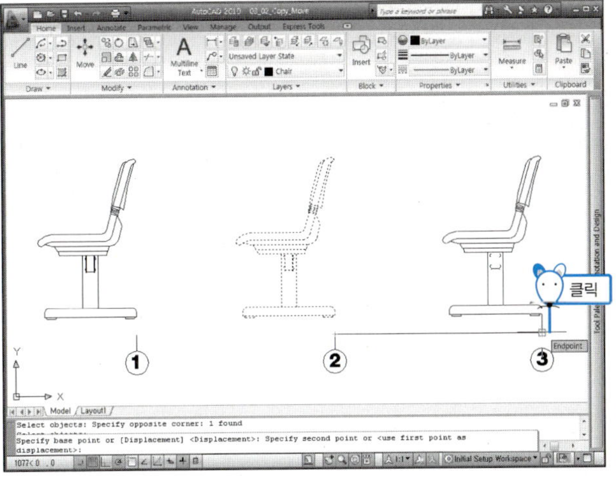

Specify second point of displacement or <use first point as displacement> : (두 번째 점 클릭)

07 Copy 명령은 연속적으로 계속 사용할 수 있는 명령인 것에 반해, Move 명령은 다음 점을 지정하는 순간 명령이 종료되는 것을 확인할 수 있습니다.

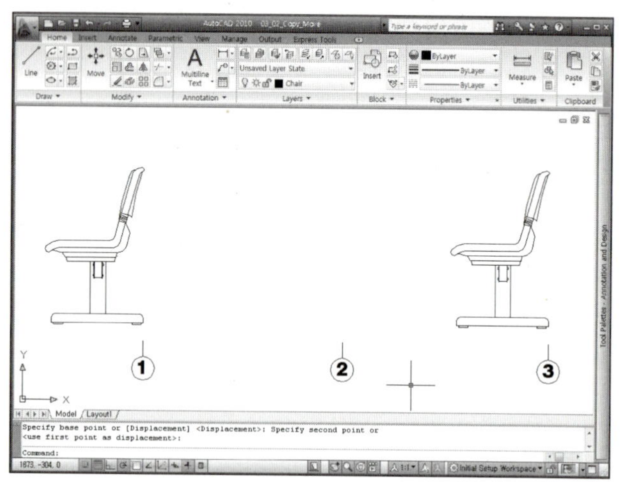

거울에 반사하듯 뒤집어 복사하는 Mirror

Mirror 명령은 매우 효율적인 명령입니다. 특히 좌·우 또는 상·하가 대칭되는 객체의 경우 어느 한 쪽만을 작성한 후 나머지 절반은 Mirror 명령으로 한 번에 대칭·복사하여 시간과 노력을 줄일 수 있습니다. 다음 예제를 통해서 Mirror 명령을 배워봅니다.

⊙ Samples\03_02_Mirror.dwg

01 [Home] 탭의 [Modify] 패널에서 [Mirror](▲) 아이콘을 클릭합니다. 그림과 같이 창을 열어 객체를 선택한 후 Enter 를 누릅니다.

02 Mirror Line의 첫 번째, 두 번째 끝점을 지정합니다.

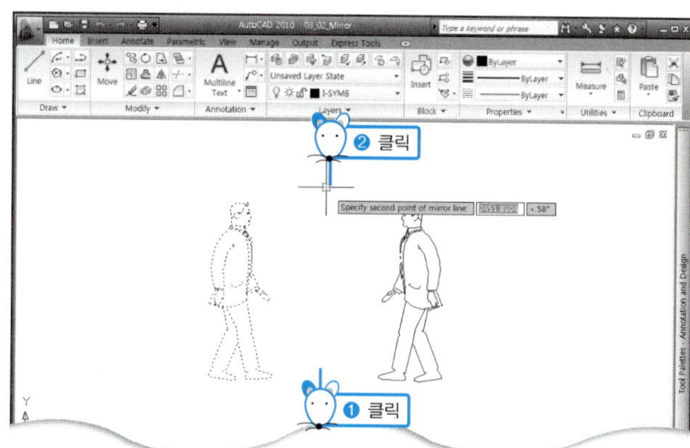


```
Specify first point of mirror line : (첫 번째 점
클릭)
Specify second point of mirror line : (두 번째
점을 클릭)
```

📦 **주목**

Mirror Line은 없어도 상관없으며 어느 쪽을 먼저 지정하는 지도 중요하지 않습니다.

03 원본 객체를 삭제할 것인지를 묻습니다. 기본으로는 '아니오〈No〉'로 되어있습니다. Enter 를 눌러 명령을 적용합니다.

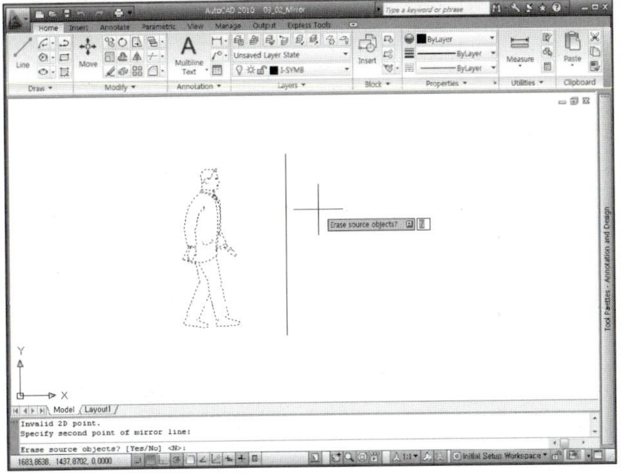

Erase source objects?[Yes/No]<N>: Enter (Mirror 명령 적용)

04 Mirror Line을 기준으로 새로운 객체가 대칭·복사되었습니다.

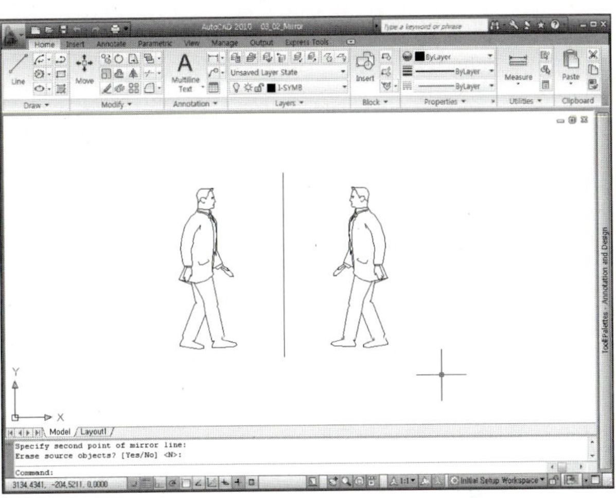

Mirror 명령의 막강한 효율성

Mirror 명령은 AutoCAD의 특징을 잘 말해 줍니다. 아파트 도면을 작성할 경우 하나의 평면만을 작성하고 이를 대칭시켜서 복사할 수 있기 때문에 반복되는 작업을 줄일 수 있습니다.

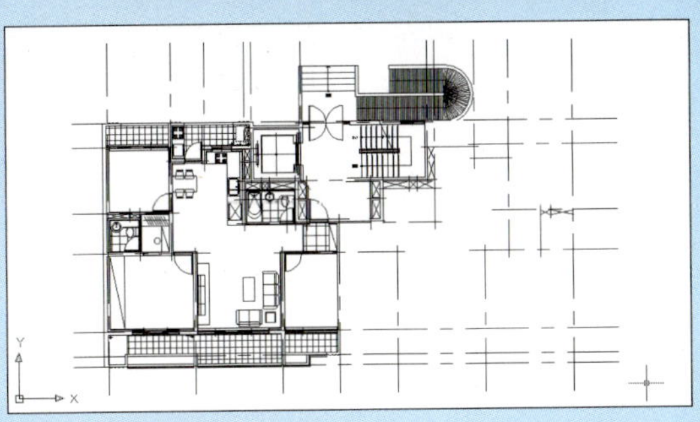

▲ Mirror 명령 적용 전

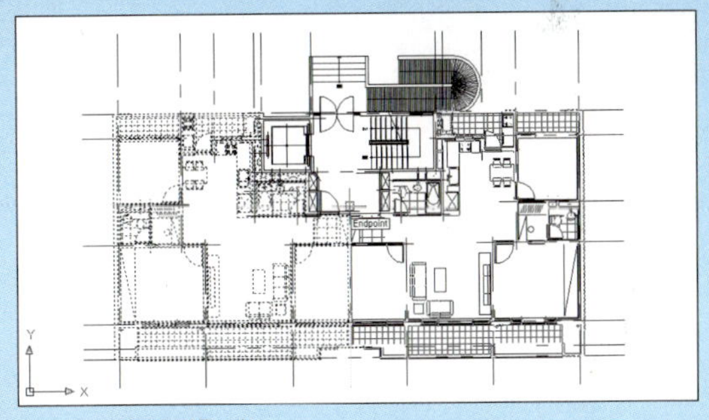

▲ Mirror 명령 적용 전

객체를 회전시키는 Rotate

객체를 회전시키는 Rotate 명령 역시 기준점을 중심으로 회전각만큼 이동하는 것이기 때문에 Copy 명령, Move 명령과 같은 명령이라고 할 수 있습니다. 다만 이 명령에서는 직접 회전각을 입력하는 것은 물론이고, 다른 객체가 가지고 있는 회전각을 사용할 수 있는 Reference 옵션에 주목해야 합니다. Reference 옵션은 회전시키려는 각도를 정확히 모르고 객체가 가지고 있는 회전각을 사용할 때 적절합니다. 다음 예제를 통해서 회전각을 입력하거나 객체가 가지고 있는 회전각을 적용하여 회전하는 Rotate 명령을 배워봅니다.

⊙ Samples\03_02_Rotate.dwg

01 [Home] 탭의 [Modify] 패널에서 [Rotate](⟳) 아이콘을 클릭하여 그림과 같이 창을 열어 객체를 선택한 후 Enter 를 누릅니다.

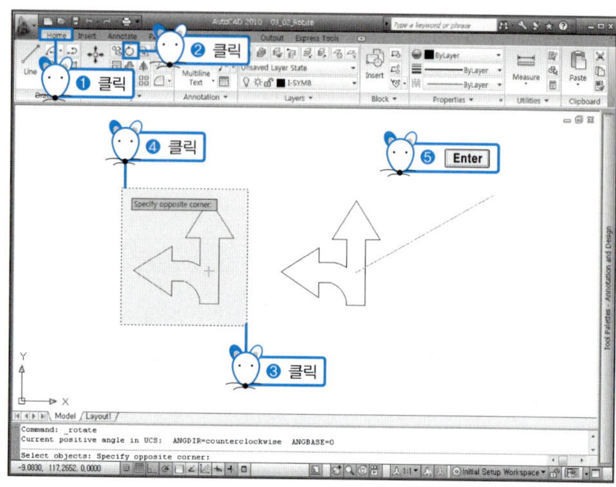

```
Command: Rotate(RO) Enter
Current positive angle in UCS : ANGDIR=
counterclockwise ANGBASE=0
Select objects: (객체 선택)
Select objects: Enter
```

02 그림과 같이 기준점을 지정합니다.

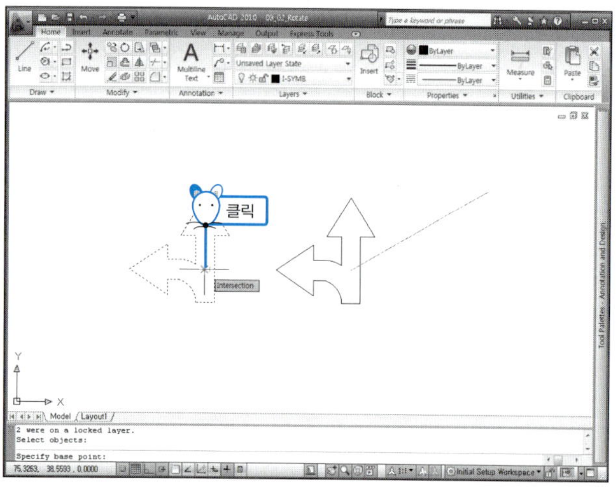

```
Specify base point: (기준점 클릭)
```

03 '45'를 입력하고 Enter 를 누릅니다.

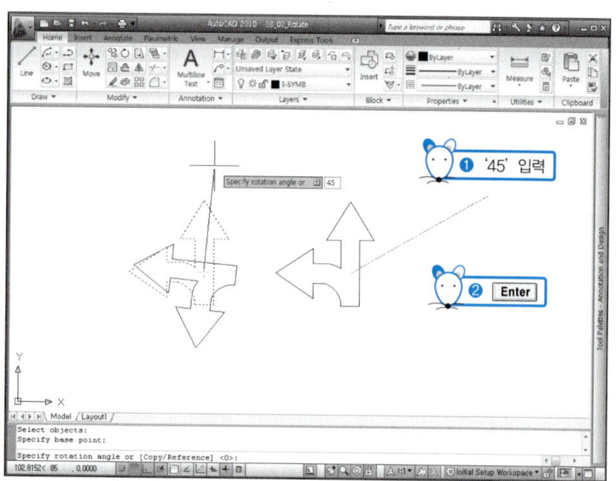

```
Specify rotation angle or [Reference]: 45 Enter
(회전각 설정)
```

04 다시 Rotate 명령을 반복하기 위해 [Enter]를 누릅니다. 그림과 같이 창(왼쪽에서 오른쪽으로)을 열어 객체를 선택합니다. 더 이상 선택할 객체가 없으므로 다시 [Enter]를 누릅니다.

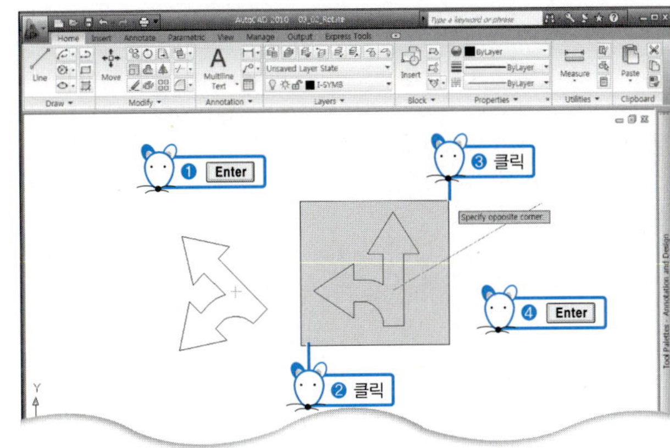

05 그림과 같이 기준점을 지정합니다.

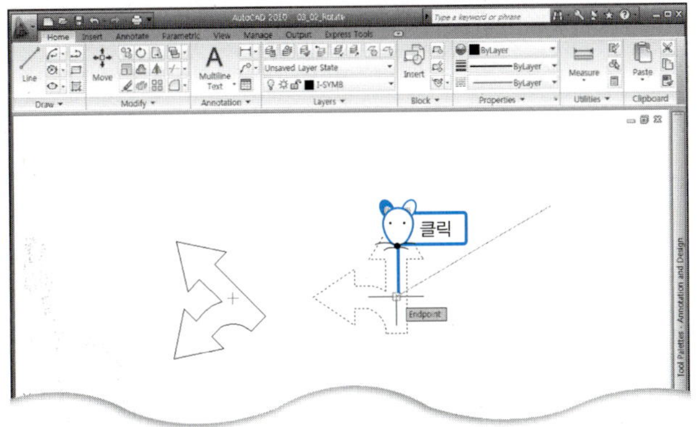


```
Specify base point: (기준점 클릭)
```

06 Reference 옵션을 위해 'r'을 입력한 후 [Enter]를 누릅니다.

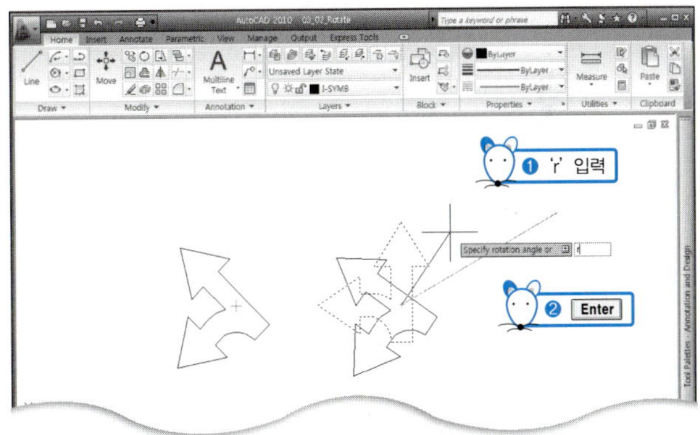


```
Specify rotation angle or [Copy/Reference]
<45>: r [Enter] (Reference 옵션 실행)
```

07 기준 각도를 물어보는 질문에 기준점과 화살표 끝점을 차례로 지정합니다.

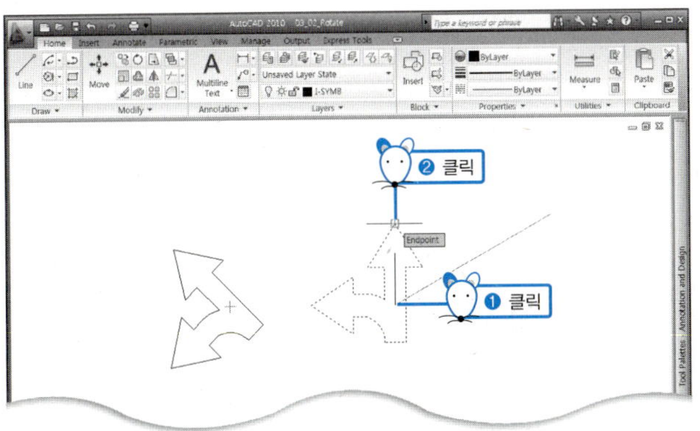


```
Specify the reference angle <0>: (기준점 클릭)
Specify second point: (화살표 끝점 클릭)
```

08 기울어진 선분의 끝점을 지정하여 새로운 각도를 적용합니다.

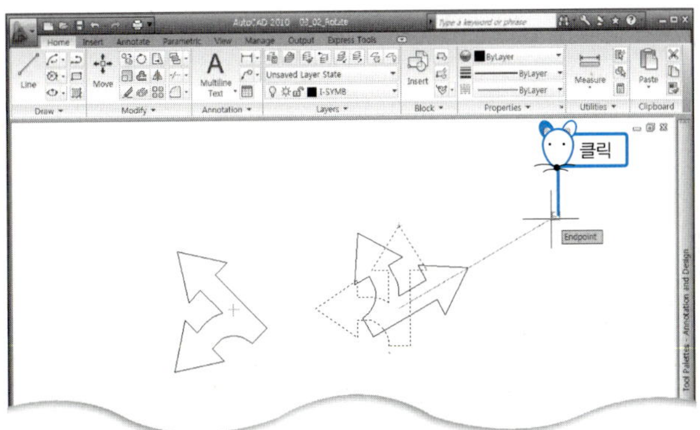


```
Specify the new angle or [Points] <0>: (끝점 클릭)
```

객체를 삭제하는 Erase

Erase 명령은 객체를 삭제할 때 사용하는 명령입니다. 하지만 객체를 삭제한다고 해도 나중에 배울 Undo 명령으로 삭제를 취소할 수 있습니다. 다음 예제를 통해서 Erase 명령을 배워봅니다.

⊙ Samples\03_02_Erase.dwg

01 [Home] 탭의 [Modify] 패널에서 [Erase](✎) 아이콘을 클릭(또는, Erase(E) 명령을 입력하고 Enter)하고 그림과 같이 선택 창을 열어 객체(휴지 걸이)를 선택합니다.

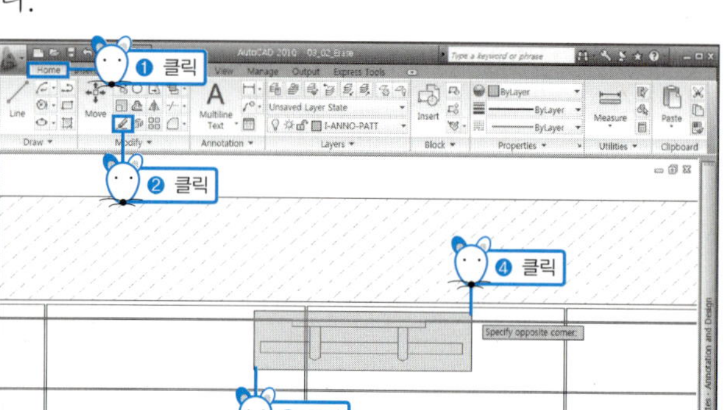

Command: Erase(E) Enter (Erase 명령 실행)
Select objects: (객체 선택)

02 선택된 선분은 점선으로 하이라이트 됩니다. 삭제될 객체를 모두 선택했으면 Enter 를 누릅니다.

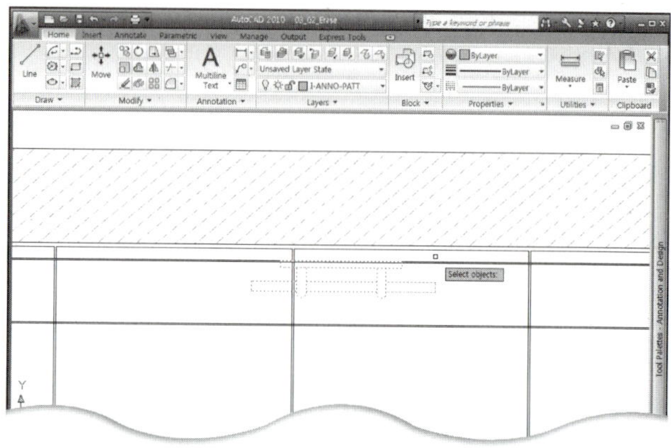

Select objects: Enter

03 이번에는 아무런 명령 입력 없이 삭제할 객체를 클릭합니다.

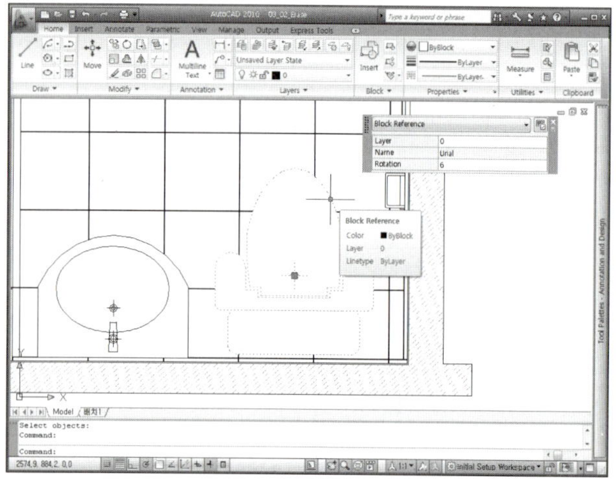

주목
파란색 Grip이 선택한 도면 요소에 표시되는 것을 확인할 수 있습니다.

04 Delete 를 눌러 선택한 객체를 삭제합니다.

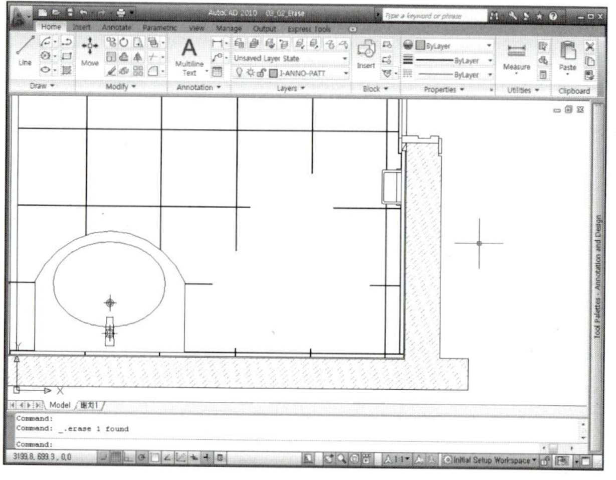

주목
아무런 명령 없이 객체를 선택한 후에 명령을 입력하여도 적용됩니다.

객체의 간격을 띄어서 복사하는 Offset

Offset 명령은 객체를 작성하고 편집하는데 있어서 매우 중요한 명령입니다. 작성한 객체에 거리를 입력하여 변위만
큼 떨어진 복사물을 작성할 수 있습니다. 다음 예제를 통해서 Offset 명령을 배워봅니다.

⊙ Samples\03_02_Offset.dwg

01 [Home] 탭의 [Modify] 패널에서 [Offset](⟋) 아이
콘을 클릭(또는, Offset(O) 명령을 입력하고 **Enter**)하고
얼마만큼 간격을 띄울지를 물어보면 '10' 을 입력한 후
Enter 를 누릅니다.

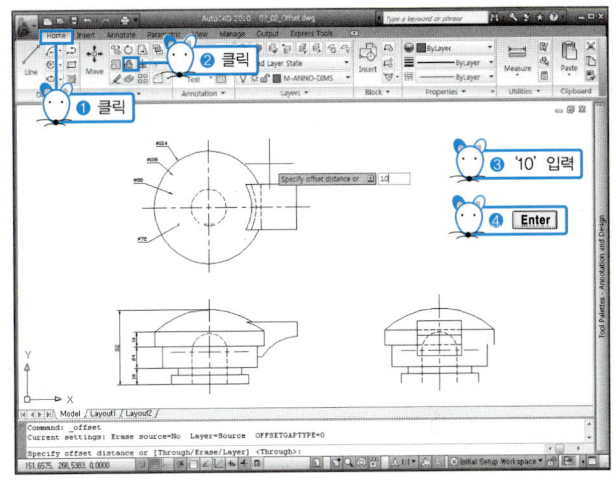

```
Command: Offset(O)  Enter  (Offset 명령 실행)
Current settings: Erase source=No   Layer=
Source  OFFSETGAPTYPE=0
Specify offset distance or [Through/Erase/
Layer] <Through>: 10  Enter  (간격 설정)
```

주목
질문의 순서에 유의하는 것이 좋습니다. 간격을 먼저 입력하면
나중에는 연속적으로 Offset 명령을 실행할 수 있습니다.

02 Pickbox를 이용해 Offset 명령을 실행할 객체를 클릭
합니다. 선택된 객체는 점선으로 하이라이트(Highlight)
됩니다.

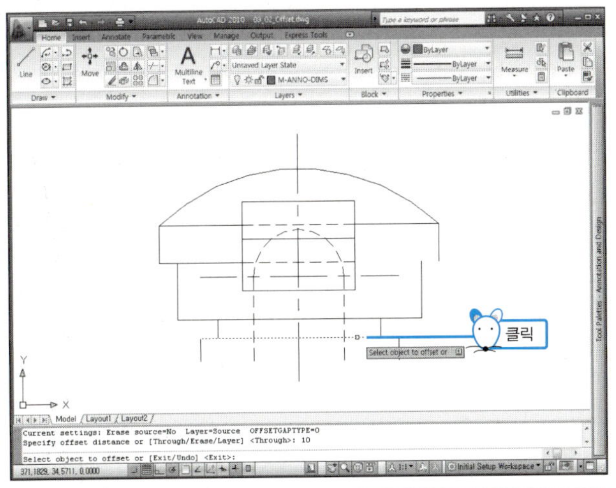

```
Select object to offset or [Exit/Undo]
<Exit> : (객체 클릭)
```

03 Offset할 방향을 클릭하여 지정합니다.

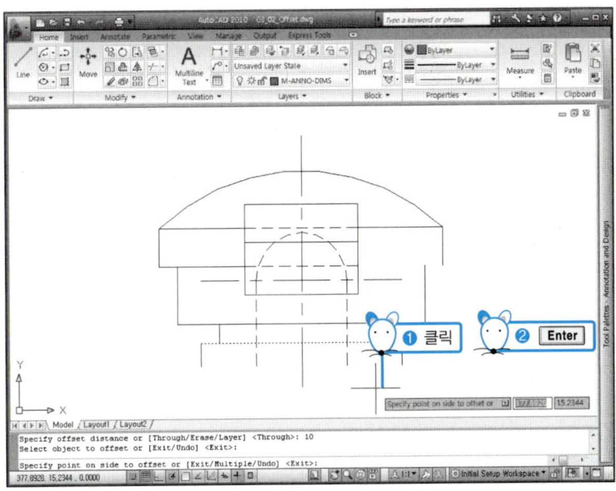

```
Specify point on side to offset or [Exit/
Multiple/Undo] <Exit>: (객체의 아래를 클릭)
```

주목
Offset 방향을 결정할 때 크로스 헤어(Cross-hair)가 선분에
걸리지 않도록 합니다. 객체에 걸린 상태로 Offset 명령을 실행하면
겹쳐져서 복제됩니다.

04 같은 방법으로 위쪽의 객체(Line)도 '16' 만큼 아래 방향으로 Offset 시킵니다.

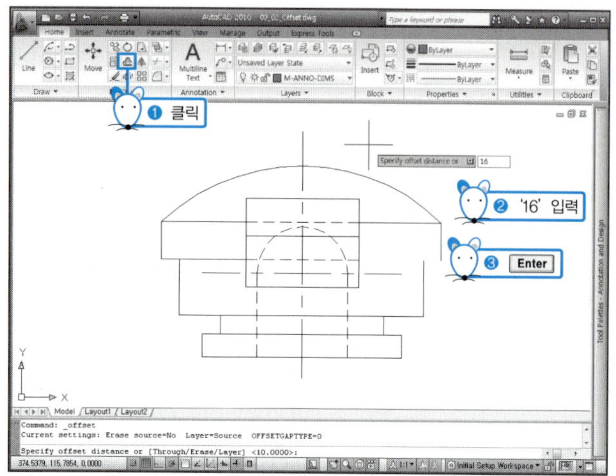

```
Command: _offset
Current settings: Erase source=No   Layer=
Source   OFFSETGAPTYPE=0
Specify offset distance or [Through/Erase/
Layer] <10.0000>: 16  Enter  (간격 설정)
Select object to offset or [Exit/Undo]
<Exit>: (객체 클릭)
Specify point on side to offset or [Exit/
Multiple/Undo] <Exit>: (객체의 아래를 클릭)
Select object to offset or [Exit/Undo]
<Exit>:  Enter  (offset 명령 종료)
```

주목

간격(Offset distance)의 변화가 없다면 객체를 선택하고 Offset시킬 방향만 클릭하면 됩니다.

05 이번에는 닫힌 객체에 Offset을 적용해 봅니다. [Home] 탭의 [Modify] 패널에서 [Offset](🔲) 아이콘을 클릭하고 얼마만큼 간격을 띄울 건지를 물어 보면 '18' 을 입력하고 Enter 를 누릅니다.

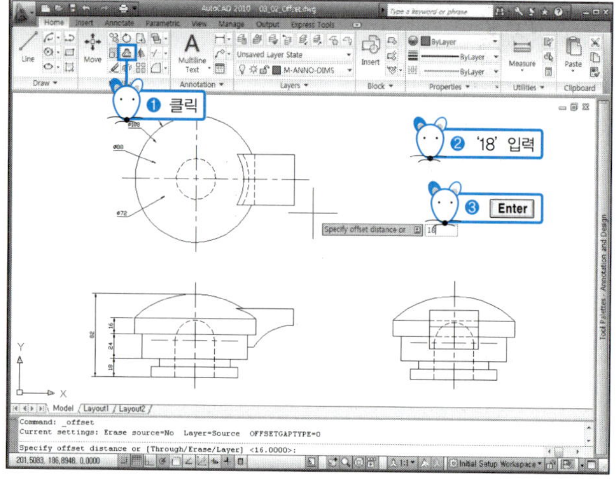

```
Command: _offset
Current  settings:   Erase   source=No
Layer=Source   OFFSETGAPTYPE=0
Specify offset distance or [Through/Erase/
Layer] <16.0000>: 18  Enter  (간격 설정)
```

06 그림과 같이 Pickbox를 이용해 Offset 명령을 실행할 객체를 선택합니다.

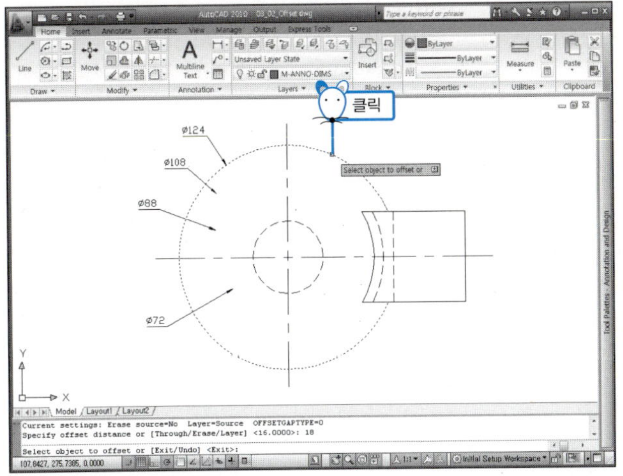

```
Select object to offset or [Exit/Undo]
<Exit>: (객체 클릭)
```

07 어느 방향으로 Offset할지를 클릭하여 지정합니다.

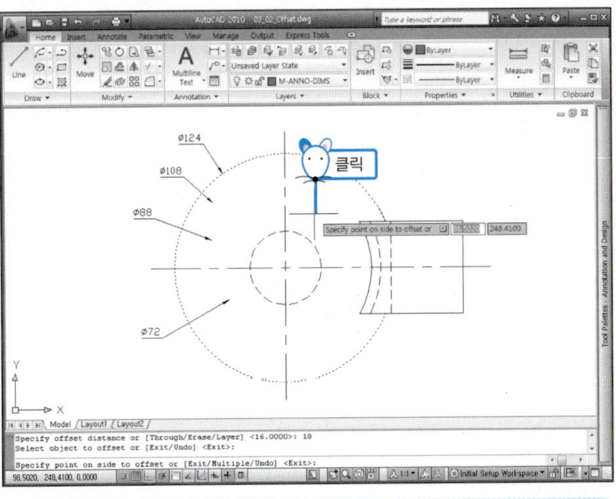

```
Specify point on side to offset or
[Exit/Multiple/Undo] <Exit>: (객체의 아래를 클릭)
```

08 명령을 종료하기 위해 마우스 오른쪽 단추를 클릭한 후 [Enter]를 선택합니다.

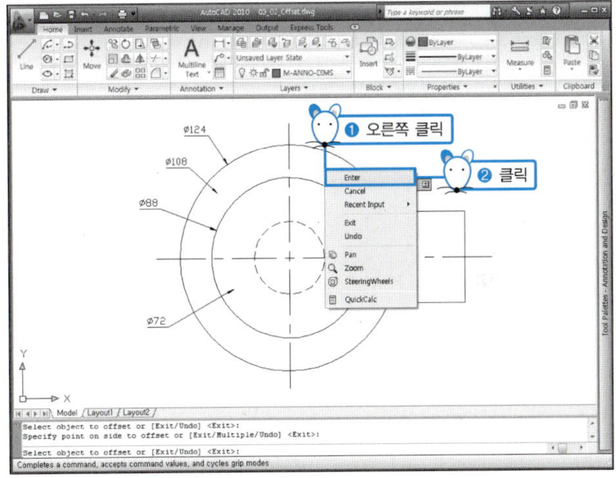

객체의 Offset과 속성

Offset 명령으로 객체의 간격을 띄어 복사했을 경우 객체의 속성도 복사됩니다. 현재 레이어를 'A'라고 가정하고 원본 객체의 레이어를 'B'라고 했을 때 원본 객체를 Offset 명령으로 복사하면 현재 레이어(A)와 상관없이 객체의 속성인 'B'를 가지게 됩니다.

객체의 일부분을 잘라내는 Trim

Trim 명령은 두 개 이상의 객체가 교차하는 경우 하나의 객체를 기준으로 넘어서는 어느 한 부분을 잘라내는 명령입니다. Trim 명령은 기준 객체와 객체의 자를 부분을 선택하는 것이 중요합니다. 다음 예제를 통해서 Trim 명령과 한 번에 여러 객체를 자를 수 있는 Fence 옵션에 대해 알아봅니다.

Samples\03_02_Trim.dwg

01 [Home] 탭의 [Modify] 패널에서 [Trim](⊬) 아이콘을 클릭(또는, Trim(TR) 명령을 입력하고 Enter)하고 그림과 같이 Trim의 기준 객체를 선택한 후 Enter 를 눌러 기준 객체의 선택을 종료합니다.

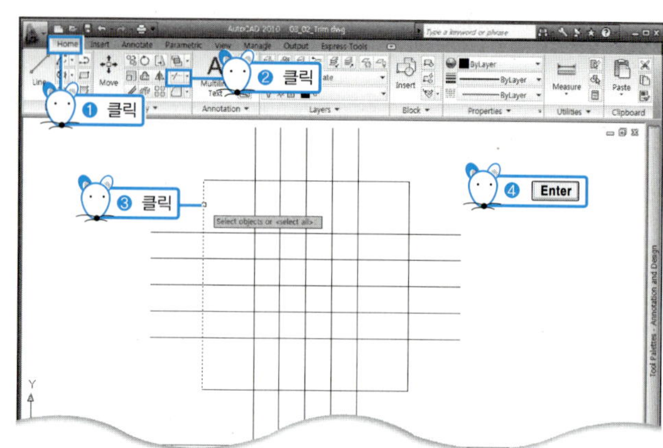


```
Command: Trim(TR) Enter (Trim 명령 실행)
Current Settings : Projection=UCS, EDGE=None
Select Cutting edges ...
Select objects or <select all>: (객체 클릭)
Select objects: Enter (객체 선택 종료)
```

02 그림과 같이 객체의 잘라낼 부분을 클릭하고 Enter 를 누릅니다.

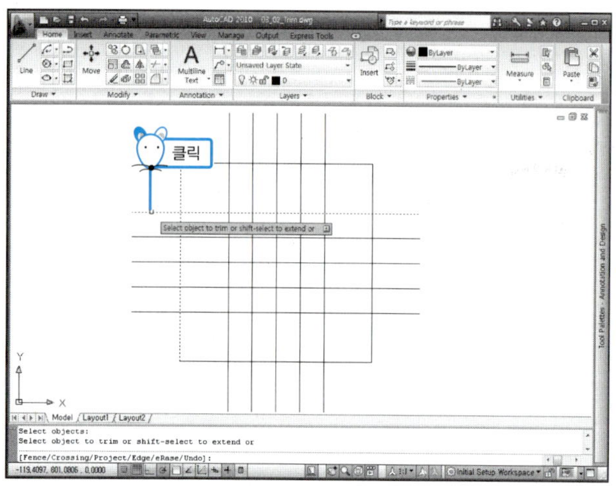


```
Select objects to trim or shift-select to
extend or [Fence/Crossing/Project/Edge/
eRase/Undo]: (객체 클릭)
Select objects to trim or shift-select to
extend or [Fence/Crossing/Project/Edge/
eRase/Undo]: Enter
```

주목

잘라낼 객체를 선택하는 것은 Enter 로 명령을 종료하기 전까지 계속해서 선택할 수 있습니다.

03 같은 명령(Trim)을 반복하기 위해 Enter 를 누릅니다. Trim의 기준 객체를 그림과 같이 선택합니다.

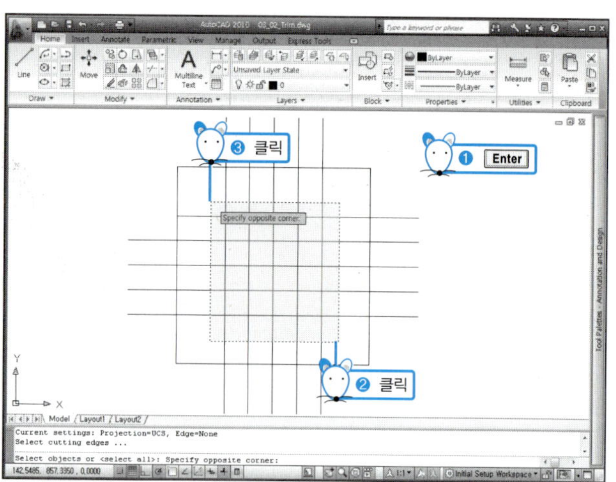


```
Command: Trim(TR) Enter
Current Settings : Projection=UCS, EDGE=None
Select Cutting edges ...
Select objects or <select all>: (객체 선택)
Select objects: Enter (객체 선택 종료)
```

주목

이때 창은 오른쪽에서 왼쪽으로 여는 Crossing Window(점선 하이라이트)가 되어야 합니다.

04 Enter 를 눌러 기준선의 선택을 종료하고 그림과 같이 Trim을 적용할 객체를 하나씩 선택합니다. Trim이 모두 끝났으면 Enter 를 누릅니다.

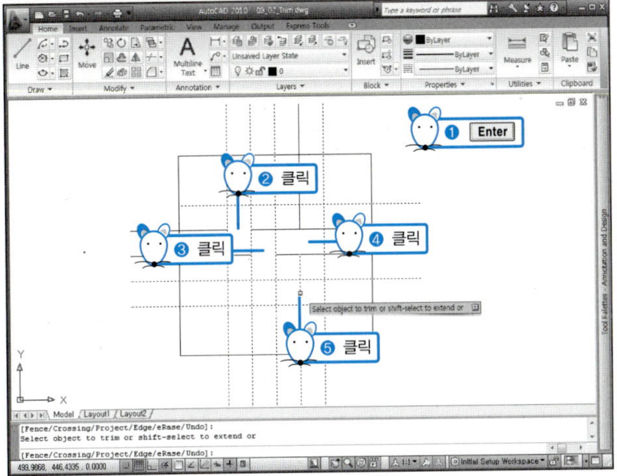


```
Select objects to trim or shift-select to
extend or [Fence/Crossing/Project/Edge/eRase/
Undo]: (객체 선택)
Select objects to trim or shift-select to
extend or [Fence/Crossing/Project/Edge/
eRase/Undo]: Enter
```

05 다시 한번 같은 명령(Trim)을 반복하기 위해 Enter 를 누릅니다. 그림과 같이 기준 객체를 선택하고 Enter 를 눌러 기준 객체의 선택을 종료합니다.

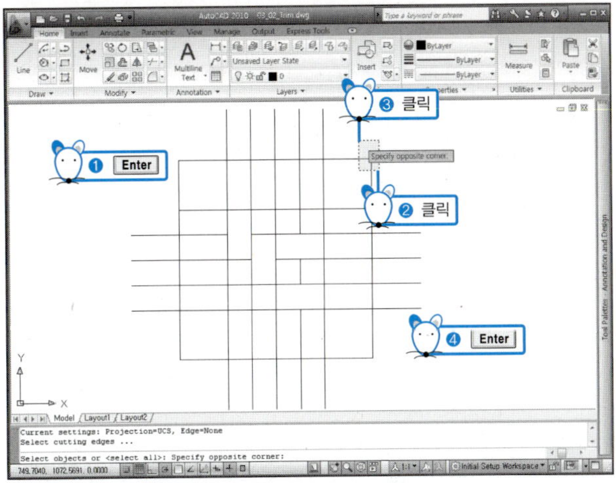


```
Command:   TRIM(TR) Enter
Current settings: Projection=UCS, Edge=None
Select cutting edges ...
Select objects or <select all>: (객체 선택)
Select objects: Enter (객체 선택 종료)
```

06 Trim 명령의 Fence 옵션을 사용하기 위해 'f'를 입력하고 Enter 를 누릅니다.

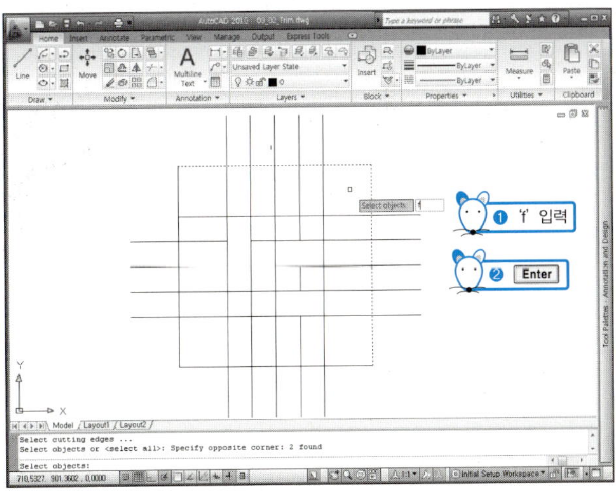


```
Select object to trim or shift-select to
extend or [Fence/Crossing/Project/Edge/
eRase/Undo]: f Enter (Fence 옵션 실행)
```

07 그림과 같이 Trim될 객체가 모두 교차될 수 있도록 Fence Line을 지정한 후 [Enter]를 누릅니다. Trim 명령을 종료하기 위해 [Enter]를 누릅니다.

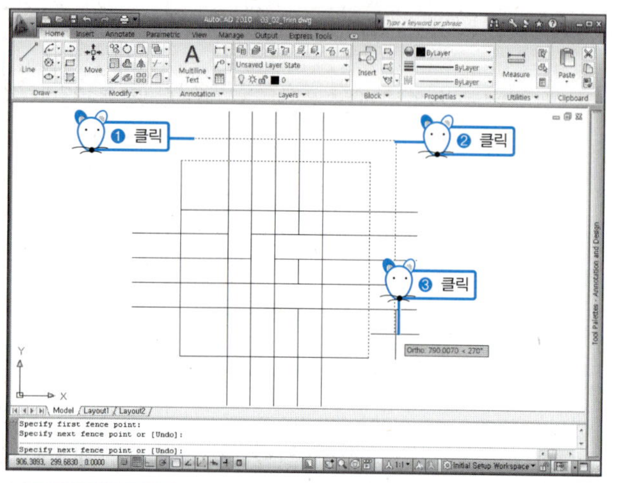
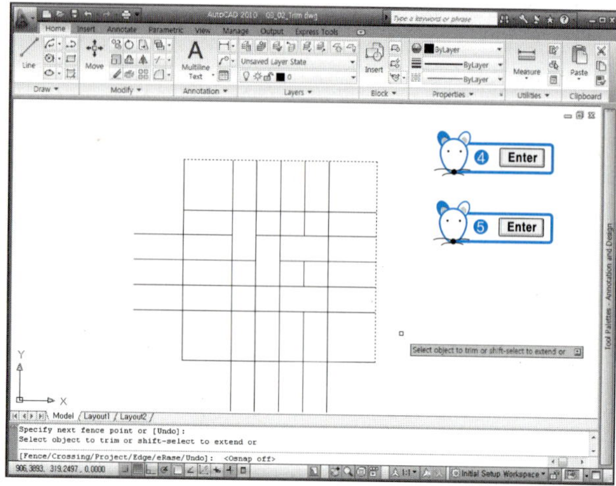

Specify first fence point: (Fence Line 지정)
Specify next fence point or [Undo]: (Fence Line 점 지정)
Specify next fence point or [Undo]: (Fence Line 점 지정)
Specify next fence point or [Undo]: [Enter]

객체와 객체를 연장하는 Extend

Extend 명령은 선택한 객체를 기준 객체까지 연장할 때 사용됩니다. 다음 예제를 통해서 Extend 명령과 한 번에 여러 객체를 Extend 할 수 있는 Fence 옵션에 대해 알아봅니다.

Samples\03_02_Extend.dwg

01 [Home] 탭의 [Modify] 패널에서 [Extend](─/) 아이콘을 클릭(또는, Extend(EX) 명령을 입력하고 [Enter])하고 그림과 같이 Extend의 기준 객체를 선택한 후 [Enter]를 눌러 선택을 종료합니다.

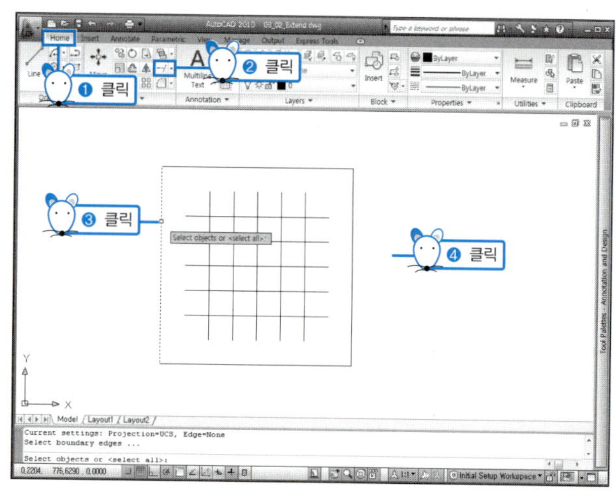

Command: Extend(EX) [Enter] (Extend 명령 실행)
Current Settings : Projection=UCS, EDGE=None
Select boundary edges ...
Select objects or <select all>: (객체 선택)
Select objects: [Enter]

02 그림과 같이 객체의 연장할 부분을 클릭하고 `Enter` 를 누릅니다.

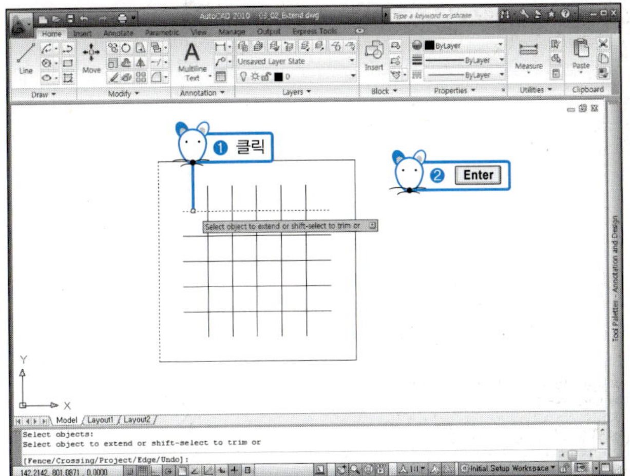

Select objects to extend or shift-select to trim or [Fence/Crossing/Project/Edge/Undo]: (객체 클릭)
Select objects to extend or shift-select to trim or [Fence/Crossing/Project/Edge /Undo]: `Enter` (선택 종료)

주목

연장할 객체를 선택할 때에는 반드시 연장할 방향으로 객체 일부분을 선택해야 합니다. 만약 객체의 반대 방향을 선택하면 명령이 적용되지 않습니다.

04 `Enter` 를 눌러 기준선 선택을 종료하고 그림과 같이 Extend를 적용할 객체를 하나씩 선택합니다. 선택이 모두 끝났으면 `Enter` 를 누릅니다.

Select objects to extend or shift-select to trim or [Fence/Crossing/Project/Edge/Undo]: (객체 선택)
Select objects to extend or shift-select to trim or [Fence/Crossing/Project/Edge/ Undo]: `Enter` (선택 종료)

03 같은 명령(Extend)을 반복하기 위해 `Enter` 를 누릅니다. Extend의 기준 객체를 선택하기 위해 그림과 같이 선택합니다.

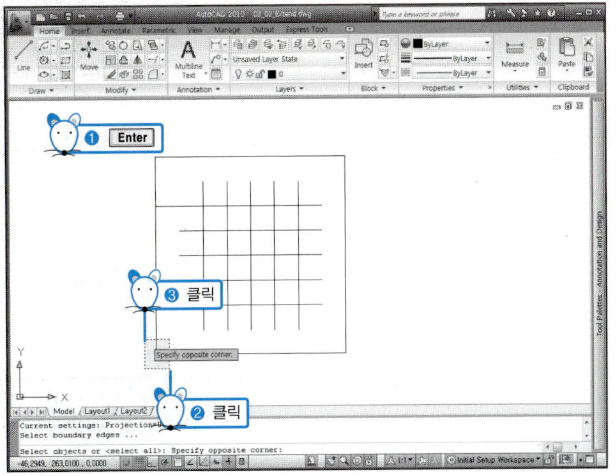

Command: Extend(EX) `Enter` (Extend 명령 실행)
Current Settings : Projection=UCS, EDGE=None
Select boundary edges ...
Select objects or <select all>: (객체 선택)
Select objects: `Enter` (선택 종료)

주목

이때 선택 창은 오른쪽에서 왼쪽으로 여는 Crossing Window(점선 하이라이트)가 되어야 합니다.

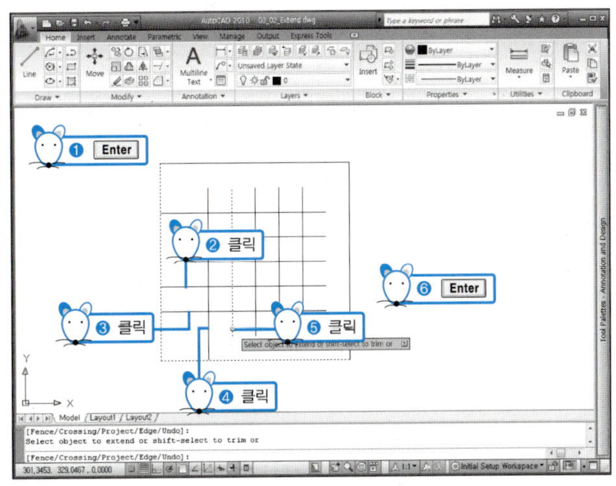

05 다시 한 번 같은 Extend 명령을 반복하기 위해 [Enter]를 누릅니다. 그림과 같이 기준 객체를 선택하고 [Enter]를 눌러 기준 객체의 선택을 종료합니다.

06 Extend 명령의 Fence 옵션을 사용하기 위해 'f'를 입력하고 [Enter]를 누릅니다.

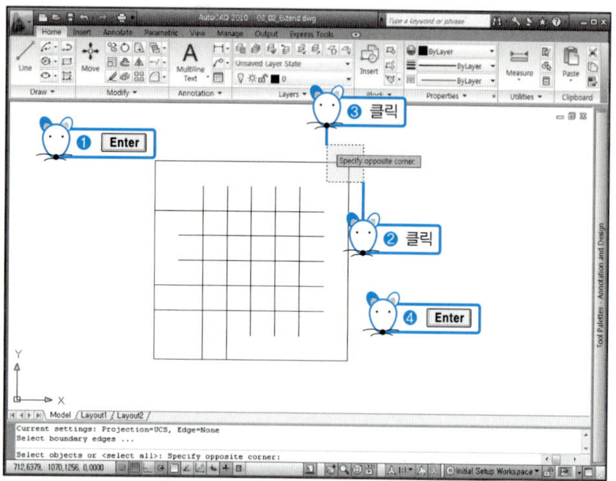

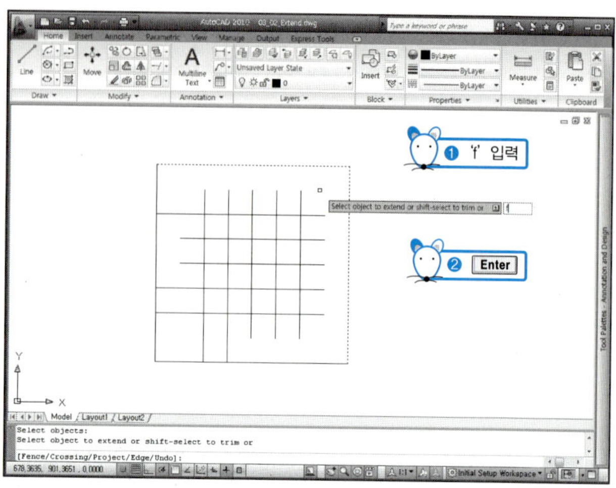


```
Command: Extend(EX) Enter (Extend 명령 실행)
Current Settings : Projection=UCS, EDGE=None
Select boundary edges ...
Select objects or <select all>: (객체 선택)
Select objects: Enter (선택 종료)
```

```
Select object to extend or shift-select to
trim or [Fence/Crossing/Project/Edge/Undo]:
f Enter (Fence 옵션 실행)
```

07 그림과 같이 Extend 될 객체가 모두 교차될 수 있도록 Fence Line을 지정한 후 [Enter]를 누릅니다. Extend 명령을 종료하기 위해 [Enter]를 누릅니다.

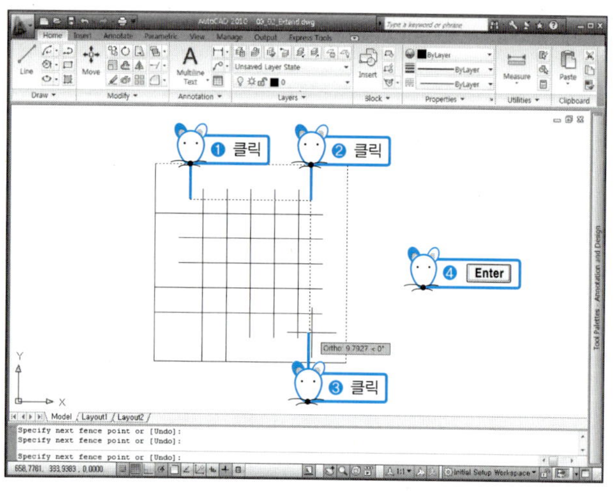

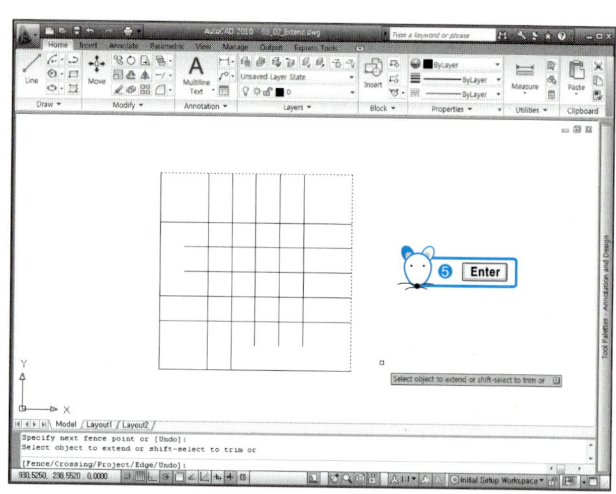


```
Specify first fence point: (Fence Line 점 클릭)
Specify next fence point or [Undo]: (Fence Line 점 클릭)
Specify next fence point or [Undo]: (Fence Line 점 클릭)
Specify next fence point or [Undo]: Enter (Fence 옵션 실행)
```

보조선 없이 선분을 연장하는 Lengthen

Lengthen 명령은 기준선 없이 객체를 연장하는 명령입니다. Trim 명령과 비교하면 Lengthen 명령은 기준 객체가 필요 없는 대신 늘어나야 하는 정확한 기준이 필요하고, Extend 명령은 정확한 기준 대신에 기준 객체를 필요하다 는 차이점이 있습니다. 다음 예제를 통해서 Lengthen 명령을 배워봅니다.

◉ Samples\03_02_Lengthen.dwg

01 [Home] 탭의 [Modify] 패널에서 [Lengthen](⬈) 아이콘을 클릭(또는, Lengthen(LEN) 명령을 입력하고 Enter)합니다.

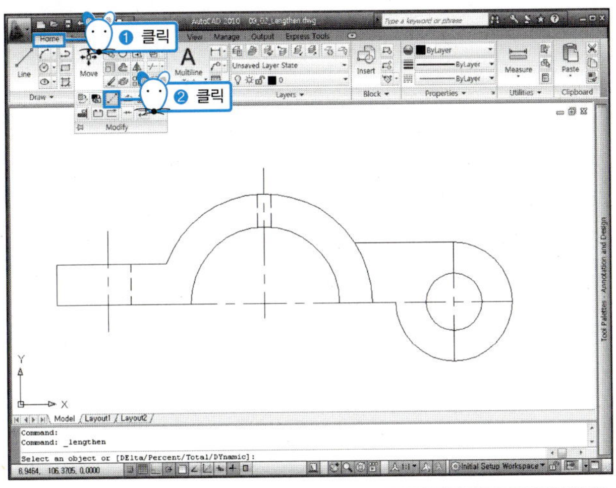

Command: Lengthen(LEN) Enter (Lengthen 명령 실행)

02 옵션의 'de'를 입력하고 Enter 를 누릅니다.

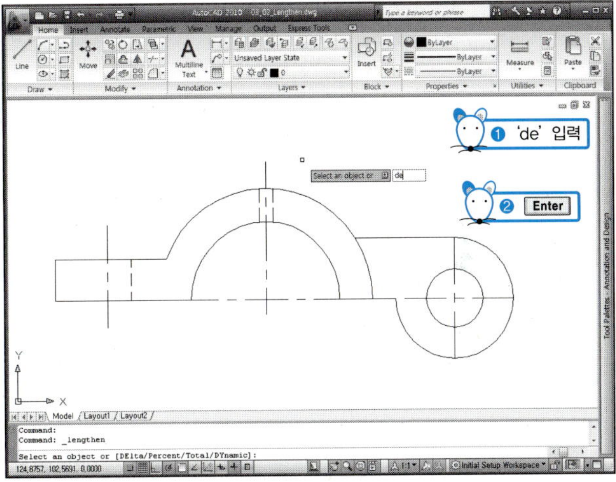

Select an Object or [DElta/Percent/Total/
DYnamic] : de Enter (Data 옵션 실행)

03 연장할 길이에 '13'을 입력한 후 Enter 를 누릅니다.

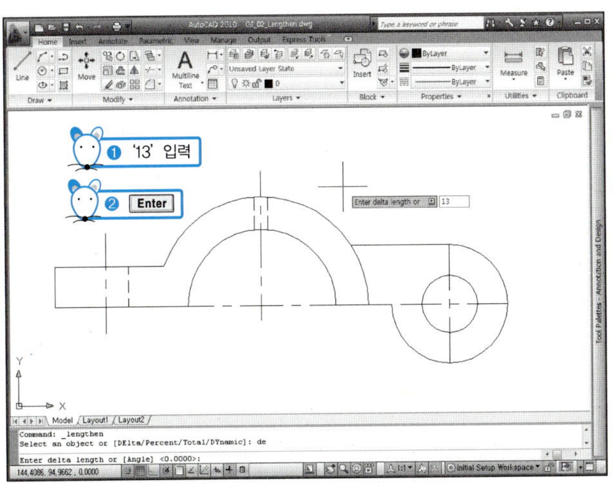

Enter delta length or [Angle] <0.0000>: 13 Enter
(연장할 길이 설정)

04 그림과 같이 연장할 객체의 끝단을 클릭합니다.

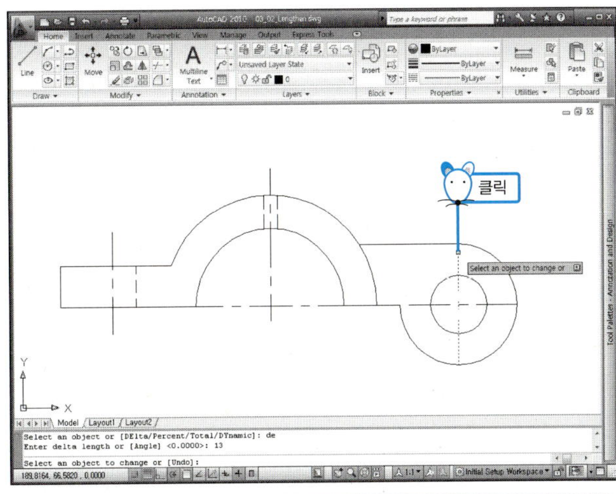

Select an object to change or [Undo]: (객체 클릭)

05 나머지 객체도 그림과 같이 끝단을 클릭하여 '13' 만큼 연장시킨 후 Enter 를 눌러 명령을 종료합니다.

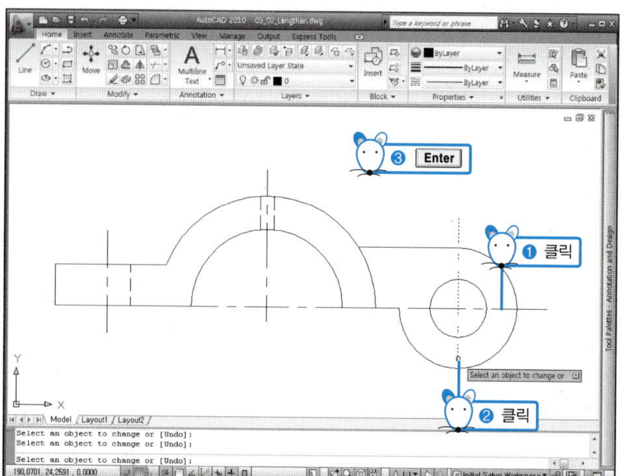

```
Select an object to change or [Undo]: (객체 클릭)
Select an object to change or [Undo]: (객체 클릭)
Select an object to change or [Undo]: Enter
```

Lengthen 명령의 옵션 이해하기

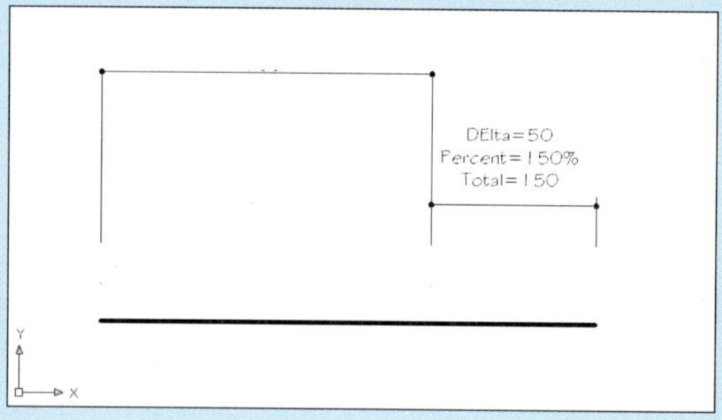

- **DElta** : 객체를 늘리거나 줄일 길이를 지정할 때 사용합니다. 객체를 늘이기 위해서는 양의 값을 입력하고, 줄이기 위해서는 음의 값을 입력합니다. 만약 객체가 호(Arc)라면 호의 길이 또는, 내각에 대한 새로운 값을 입력할 수 있는 옵션이 나타납니다.

- **Percent** : 백분율 단위를 사용하여 변경 작업을 할 때 사용합니다. 100보다 더 큰 값을 입력하면 객체가 커지고, 100보다 작은 값을 입력하면 작아집니다.

- **Total** : 객체에 적용되는 전체 길이를 알고 있을 경우에 사용합니다. 선택한 객체의 길이를 몰라도 원하는 결과를 얻기 위해 유용한 옵션입니다.

- **Dynamic** : 끝점을 요구하는 위치로 드래그하기 위해서는 이 옵션을 사용합니다. 객체의 끝점을 드래그할 때 객체의 정렬 상태는 바뀌지 않고 좌표를 입력하여 지정합니다.

객체의 모서리를 둥글려서 다듬는 Fillet

Fillet 명령은 두 개의 객체가 만나는 교차점을 둥글거나 직각의 모서리로 만드는 명령으로 두 객체가 만나지 않더라도 사용이 가능합니다. 이 경우 Fillet 명령은 두 선분의 간격을 지름으로 하는 반원의 모서리가 만들어집니다. 일반적인 경우 Fillet 명령은 반지름을 입력하여 둥근 모서리를 만들고, 반지름이 '0'인 경우에는 각이 진 모서리를 만들며, Radius 옵션의 수치는 마지막 수치가 기본으로 설정됩니다. 다음 예제를 통해서 Fillet 명령을 배워봅니다.

◉ Sample\03_02_Fillet.dwg

01 [Home] 탭의 [Modify] 패널에서 [Fillet](◻) 아이콘을 클릭(또는, Fillet(F) 명령을 입력하고 Enter)합니다.

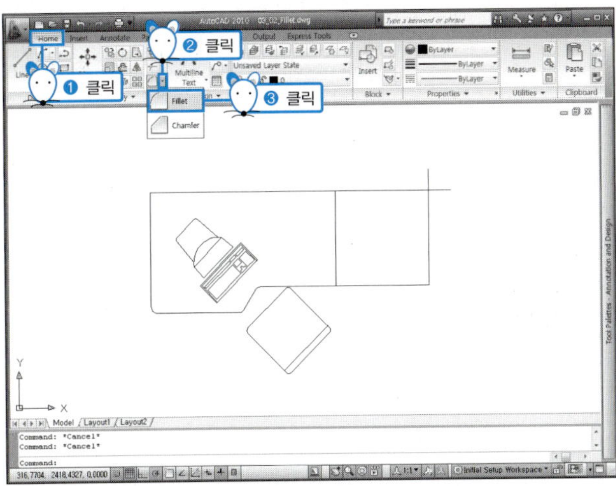


```
Command: Fillet(F) Enter  (Fillet 명령 실행)
Current settings: Mode = TRIM, Radius =
50.0000
```

주목

명령 입력창을 보면 현재 Fillet audfuml Radius 옵션이 '50'으로 설정되어 있는 것을 확인할 수 있습니다.

02 첫 번째 객체를 선택하라는 요청에 반지름(Radius) 옵션을 위해 'r'을 입력하고 Enter 를 누릅니다.

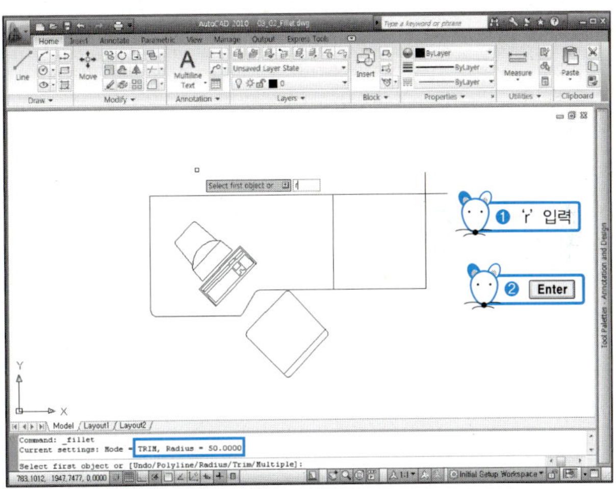


```
Select first object or [Undo/Polyline/Radius
/Trim/Multiple]: r  Enter  (Radius 옵션 실행)
```

03 Radius 값으로 '0'을 입력하고 Enter 를 누릅니다.

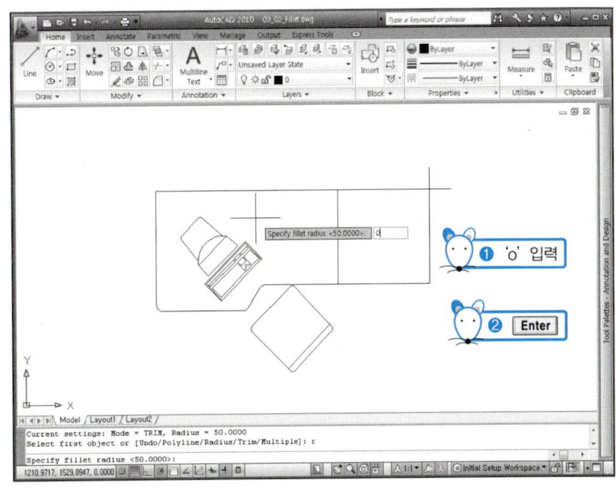


```
Specify fillet radius <50.0000>: 0  Enter  (반지
름값 설정)
```

04 첫 번째 객체와 두 번째 객체를 선택하라는 요청에 그림과 같이 모서리를 이루는 두 객체를 클릭합니다.

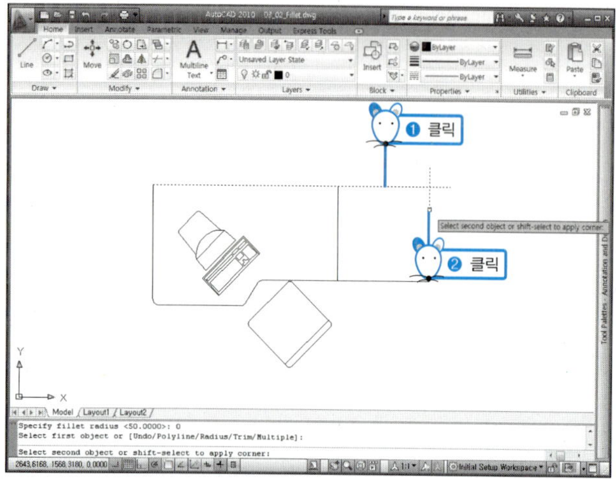


```
Select first object or [Undo/Polyline/Radius
/Trim/Multiple]: (객체 클릭)
Select second object or shift-select to
apply corner: (객체 클릭)
```

05 다시 한 번 같은 명령(Fillet)을 반복하기 위해 Enter 를 누릅니다. 첫 번째 객체를 선택하라는 요청에 반지름 (Radius) 옵션인 'r'을 입력하고 Enter 를 누릅니다.

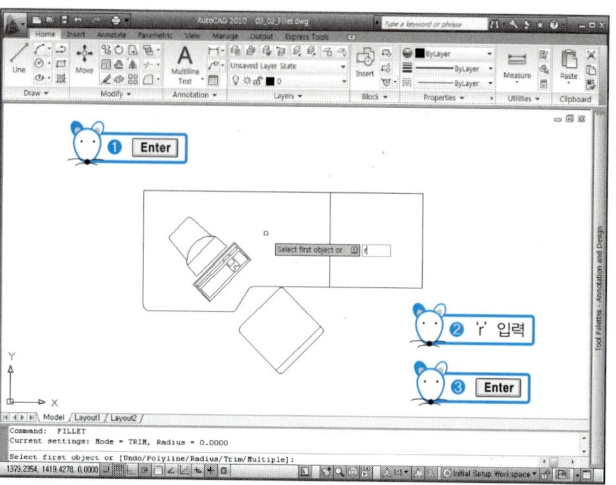


```
Command: _fillet  Enter  (Fillet 명령 재실행)
Current settings: Mode = TRIM, Radius =
50.0000
Select first object or [Undo/Polyline/Radius
/Trim/Multiple]: r  Enter   (Radius 옵션 실행)
```

06 Radius 값으로 '80'을 입력하고 Enter 를 누릅니다.

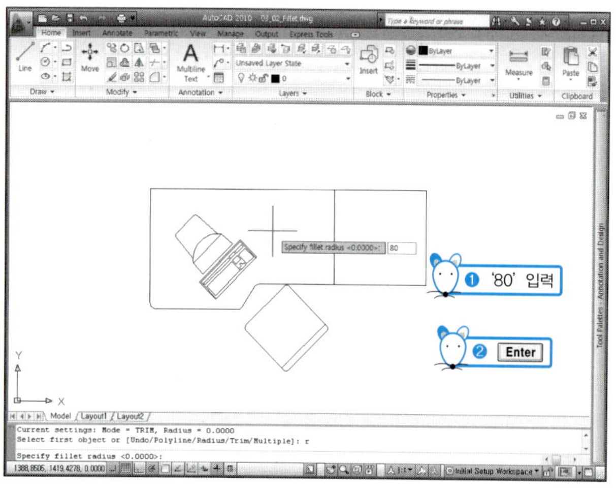


```
Spesify fillet radius <0.0000> : 80
              Enter   (반지름값 설정)
```

07 첫 번째 객체와 두 번째 객체를 선택하라는 요청에 그림과 같이 모서리를 이루는 두 객체를 클릭합니다.

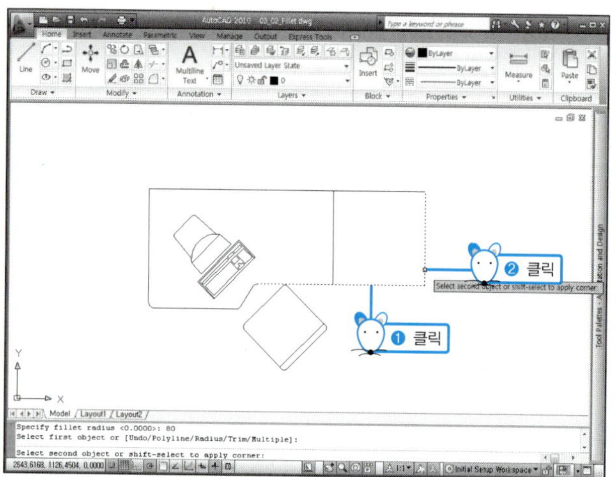


```
Select first object or [Undo/Polyline/Radius
/Trim/Multiple]: (객체 클릭)
Select second object or shift-select to
apply corner: (객체 클릭)
```

08 두 객체를 클릭하면 Fillet 명령이 적용됩니다.

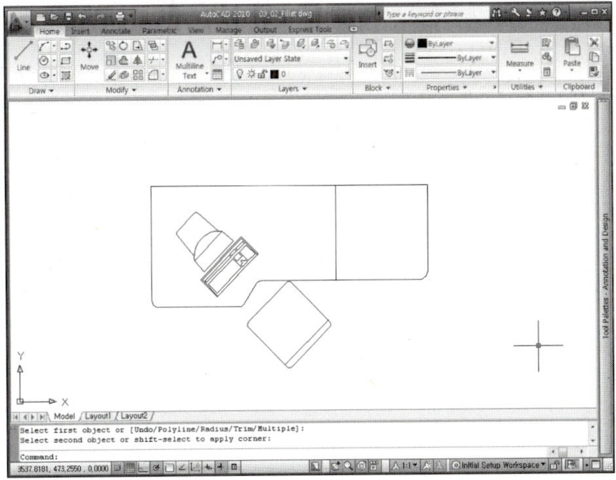

평행한 두 선분의 Fillet 명령 적용 방법

두 개의 평행한 선분에 Fillet 명령을 적용하면 두 선분 간의 거리를
지름으로 하는 반원이 끝점에 작성됩니다.

▲ 평행한 두 선분의 Fillet 적용 모습

객체의 모서리를 깎아서 다듬는 Chamfer

Chamfer 명령은 두 선분이 교차하는 모서리를 깎아서 다듬어야 하는 경우에 사용합니다. Chamfer 명령은 평행이
아닌 두 선분이 교차하는 부분에 경사진 모서리를 만듭니다. Chamfer 명령은 두 개의 거리를 지정해 모서리를 만
드는 방법과 Chamfer Line의 시작점(모서리의 거리)과 각도를 입력하는 방법이 있습니다.

● 거리(Distance)를 지정하는 Chamfer

선분이 교차되거나 연장되어 만날 모서리의 정점에서 X축
거리와 Y축 거리를 지정하면 그 거리만큼 떨어진 지점과 지
점을 연결하는 경사진 선분이 모서리에 작성됩니다.

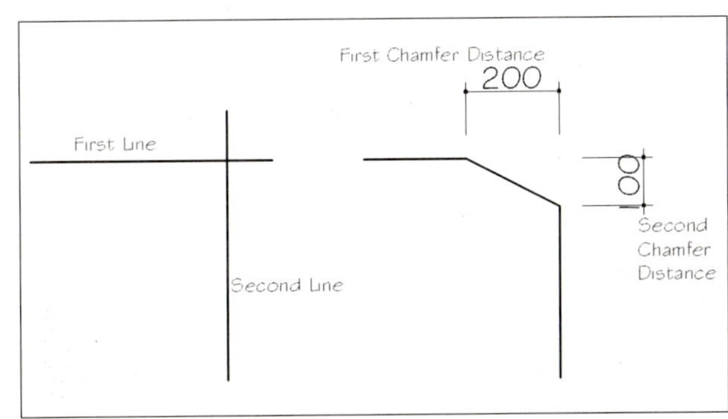

● 길이(Distance) 및 각도(Angle)를 지정하는 Chamfer

선분이 교차되거나 연장되어 만날 모서리의 정점에서 X축 거리(경사 선분의 시작점)와 경사각을 지정합니다. Chamfer 명령의 거리 옵션을 '0' 으로 하는 경우에는 Fillet 명령의 반지름 '0' 인 결과와 동일합니다. 다음 예제를 통해서 Chamfer 명령을 배워봅니다.

Samples\03_02_Chamfer.dwg

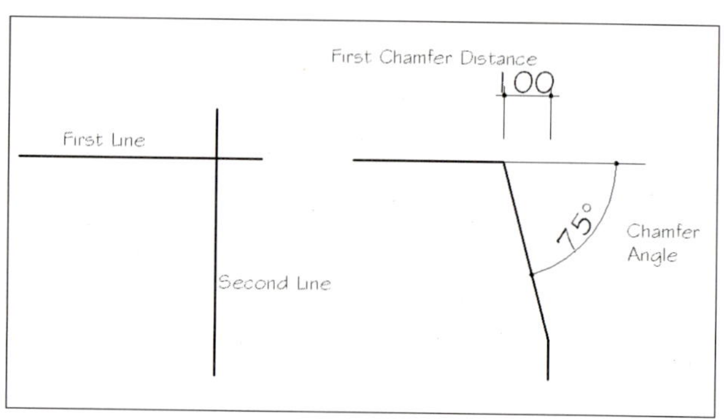

01 [Home] 탭의 [Modify] 패널에서 [Chamfer](⬜) 아이콘을 클릭(또는, Chamfer 명령을 입력하고 Enter)합니다.

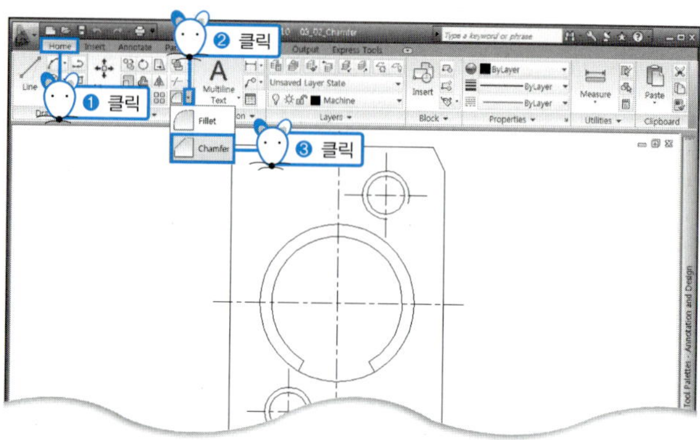


```
Command: Chamfer  Enter  (Chamfer 명령 실행)
(TRIM mode) Current chamfer Dist1 = 10.0000,
Dist2 = 20.0000
```

02 첫 번째 선분을 선택하라는 요청에 새로운 Chamfer Distance를 설정하기 위해 'd'를 입력하고 Enter 를 누릅니다.

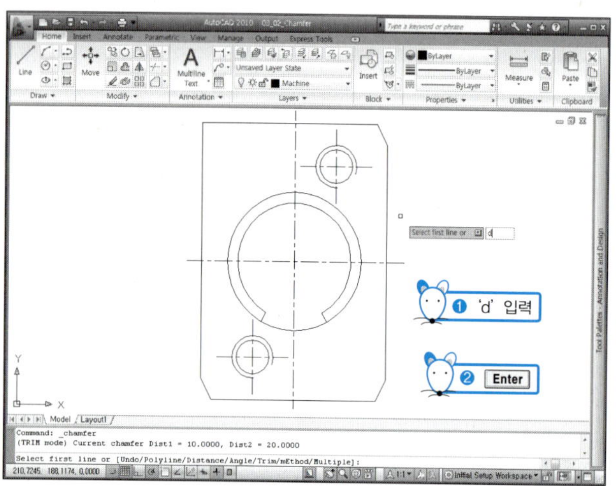


```
Select first line or [Undo/Polyline/Distance
/Angle/Trim/mEthod/Multiple] : d  Enter
(Distance 옵션 실행)
```

03 첫 번째 Chamfer 거리와 두 번째 Chamfer 거리를 각각 '20', '40' 으로 입력하고 Enter 를 누릅니다.

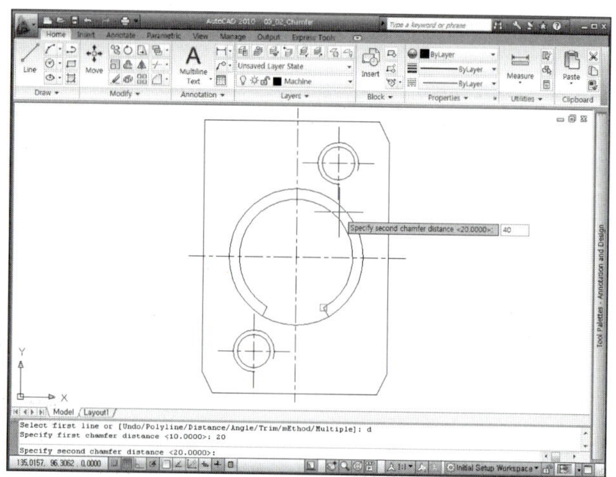


```
Specify first chamfer distance <10.0000>: 20
Enter  (첫 번째 Chamfer 거리 설정)
Specify second chamfer distance <20.0000>:
40  Enter  (두 번째 Chamfer 거리 설정)
```

04 그림과 같이 첫 번째 객체와 두 번째 객체를 차례로 클릭합니다.

05 처음 선택한 객체의 거리가 '20', 두 번째 선택한 객체의 거리가 '40'으로 Chamfer된 것을 확인할 수 있습니다.

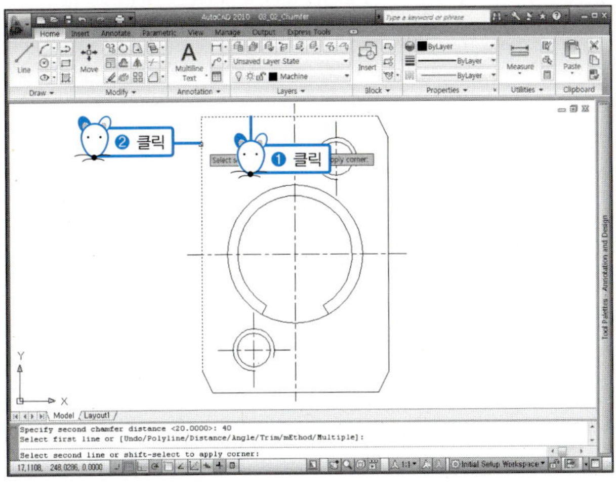

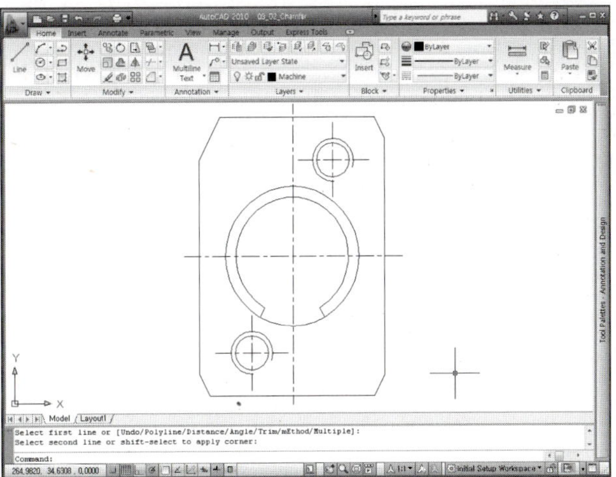

```
Select first line or [Undo/Polyline/Distance
/Angle/Trim/mEthod/Multiple]: (객체 클릭)
Select second line or shift-select to apply
corner: (객체 클릭)
```

열(Row)과 줄(Column)로 객체를 복사하는 Rectangular Array

Array 명령은 선택한 객체의 복사본을 여러 개 만들면서 행과 열(Rectangular 배열) 또는, 원형(Polar 배열)으로 정렬시킬 수 있습니다. Rectangular Array 명령은 객체를 지정한 X, Y축 거리로 지정한 개수만큼 복사하면서 정렬시킬 수 있습니다. 다음 예제를 통해서 Rectangular Array 명령을 배워봅니다.

◉ Samples\03_O2_Array_Rectangular.dwg

01 [Home] 탭의 [Modify] 패널에서 [Array](▦) 아이콘을 클릭하여 [Array] 대화상자를 불러냅니다.

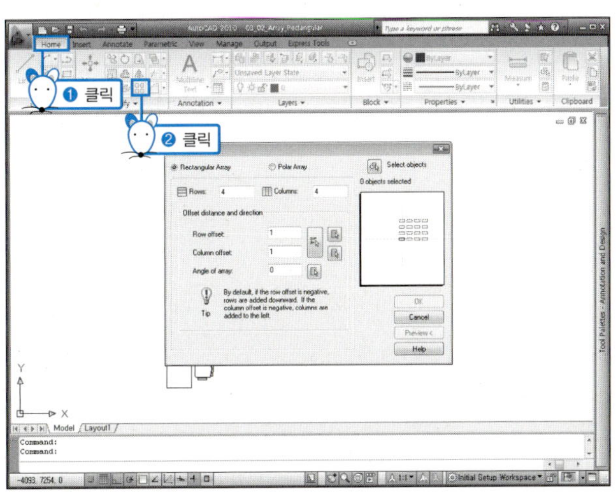

02 [Array] 대화상자의 [Rectangular Array]를 체크하고 [Select objects](🔧) 아이콘을 클릭합니다.

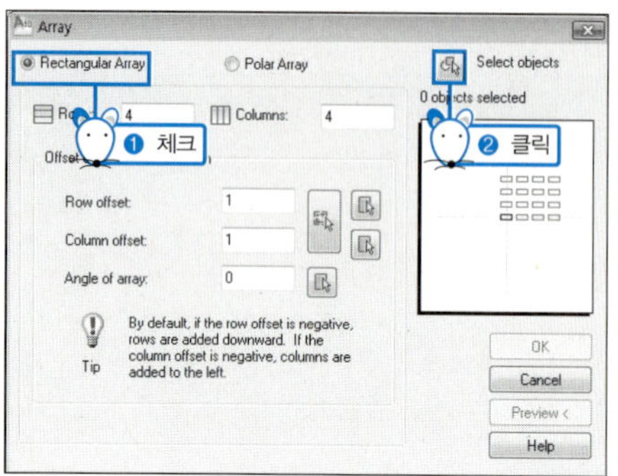

03 그림과 같이 객체를 선택한 후 Enter 를 누릅니다.

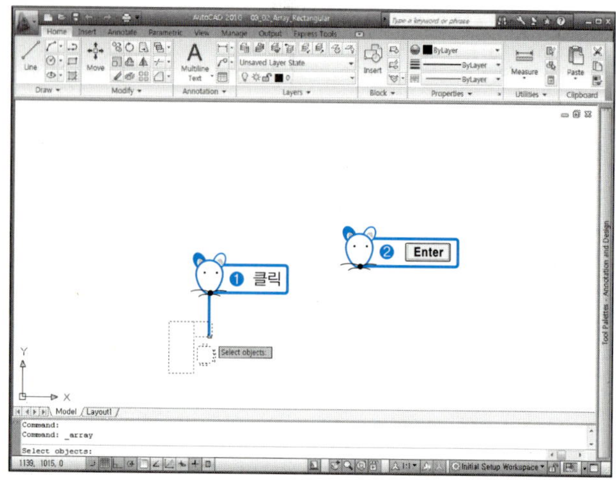

04 [Array] 대화상자를 그림과 같이 설정합니다.

❶ [Rows]와 [Columns]에 각각 '3, 4'를 입력합니다.

❷ [Offset distance and direction] 영역에서 [Row offset]은 '2100', [Column offset]은 '2100'을 입력합니다.

❸ [Preview] 단추를 클릭해 적용한 후의 결과를 미리 확인합니다.

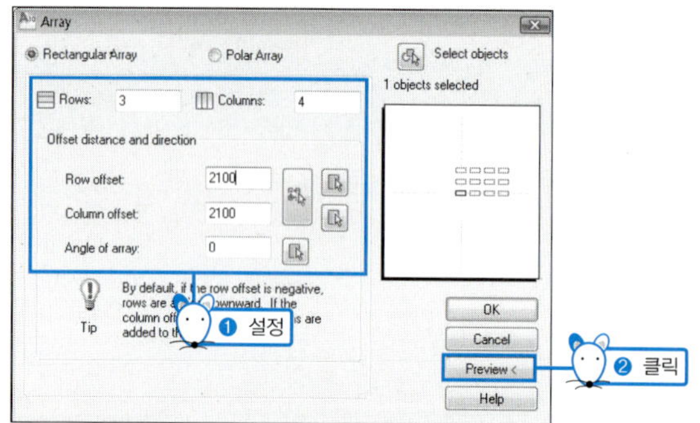

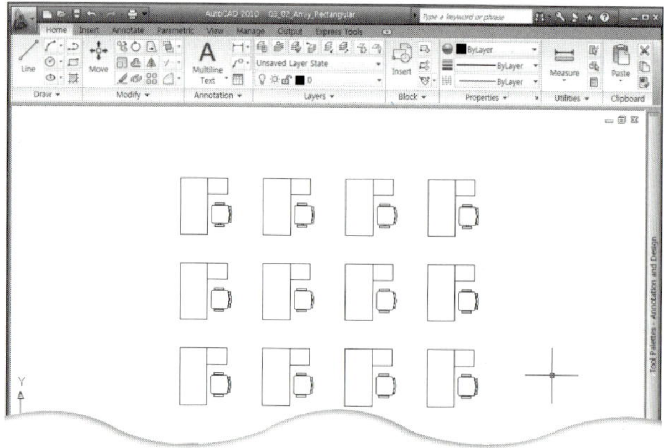

05 설정을 수정하기 위해 Esc 를 누르고 [Array] 대화상자를 다시 설정합니다.

❶ [Offset distance and direction] 영역에서 [Row offset]을 '2300'으로 수정한 후 [OK] 단추를 클릭합니다.

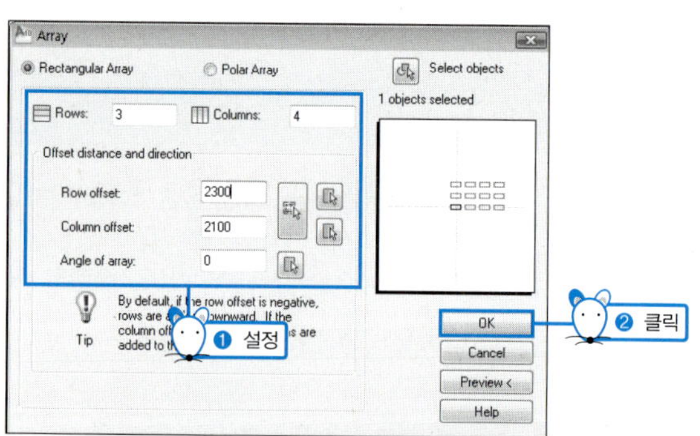

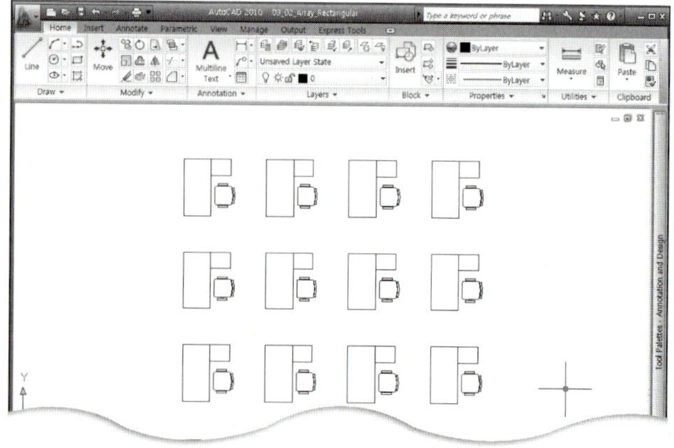

🎯 **주목**

미리 보기 화면에서 더 이상 수정할 내용이 없고 바로 적용하려면 마우스 오른쪽 단추를 클릭하여 명령을 바로 적용합니다.

객체를 원형으로 복사하며 줄 세우는 Polar Array

Polar Array 명령은 객체를 지정한 개수나 각도로 회전·복사하면서 정렬합니다. 가장 쉬운 예로는 원형 테이블을 중심으로 의자를 지정한 각도나 개수로 회전하면서 복사시키는 것입니다. 다음 예제를 통해서 Polar Array 명령을 배워 봅니다.

⊙ Sample\03_02_Array_Polar.dwg

01 [Home] 탭의 [Modify] 패널에서 [Array](⊞) 아이콘을 클릭하여 [Array] 대화상자를 불러냅니다.

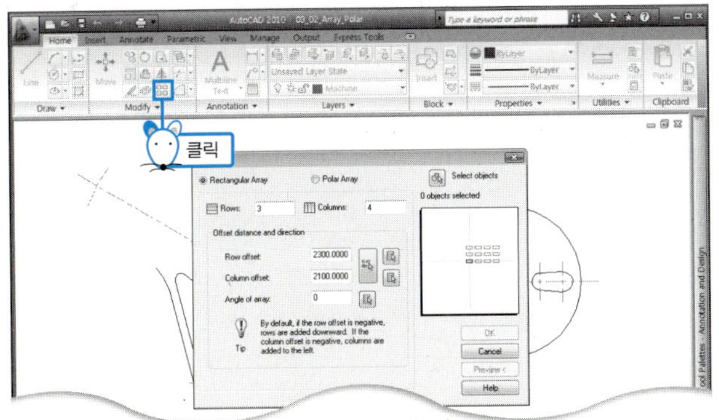

02 [Array] 대화상자의 [Polar Array]를 체크하고 [Select objects](🔍) 아이콘을 클릭합니다.

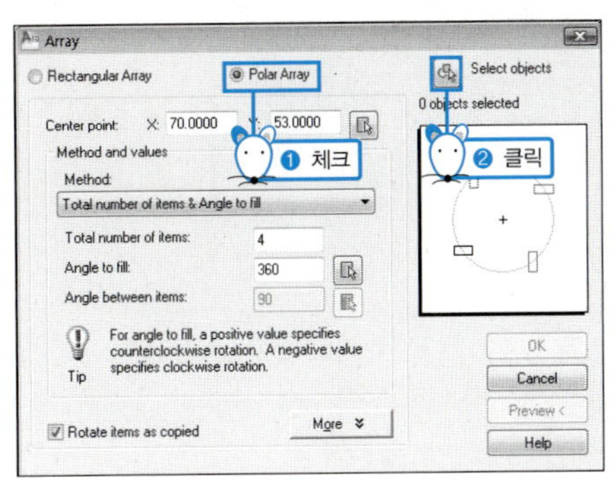

03 그림과 같이 창을 열어 객체를 선택한 후 Enter 를 누릅니다.

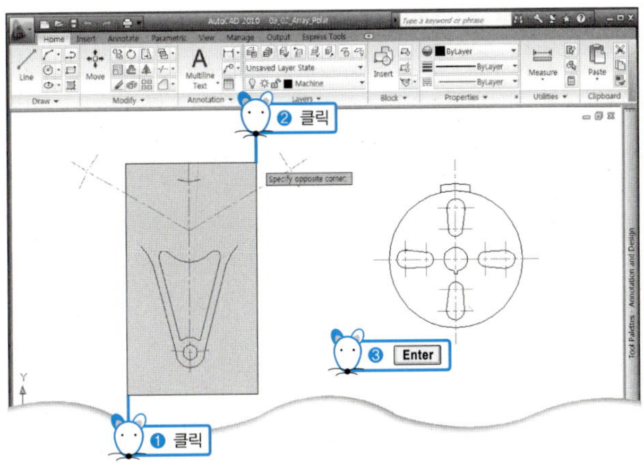

주목
중심선 객체는 잠겨있기 때문에 선택되지 않습니다.

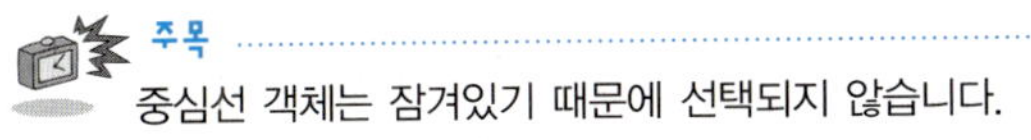

04 [Array] 대화상자에서 [Pick Center Point](🔍) 아이콘을 클릭하고 그림과 같이 중심점을 지정합니다.

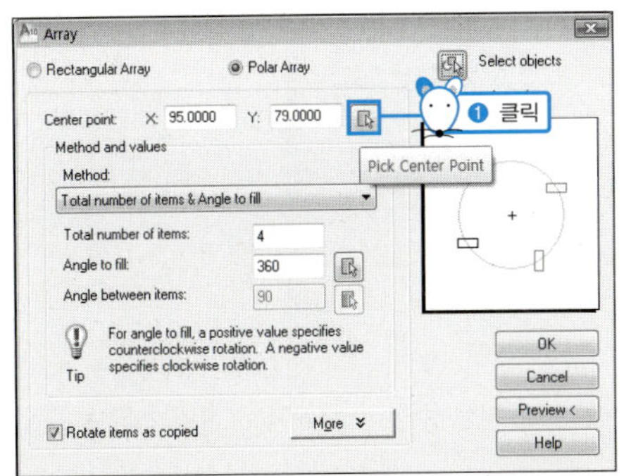

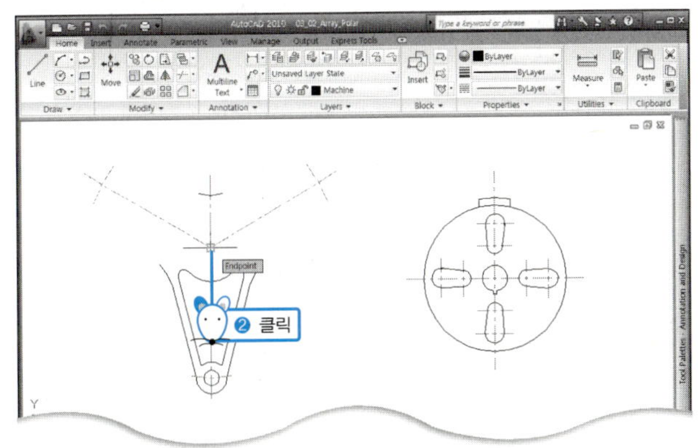

05 [Array] 대화상자를 그림과 같이 설정합니다.

❶ [Method and values] 영역에서 [Method]를 'Total number of items & Angle to fill' 로 설정합니다.

❷ [Total number of items]는 '3', [Angle to fill]은 '360' 으로 입력합니다.

❸ [Preview] 단추를 클릭해 적용한 후의 결과를 확인합니다.

❹ 미리 보기 화면에서 더 이상 수정할 내용이 없기 때문에 마우스 오른쪽 단추 클릭으로 명령을 적용합니다.

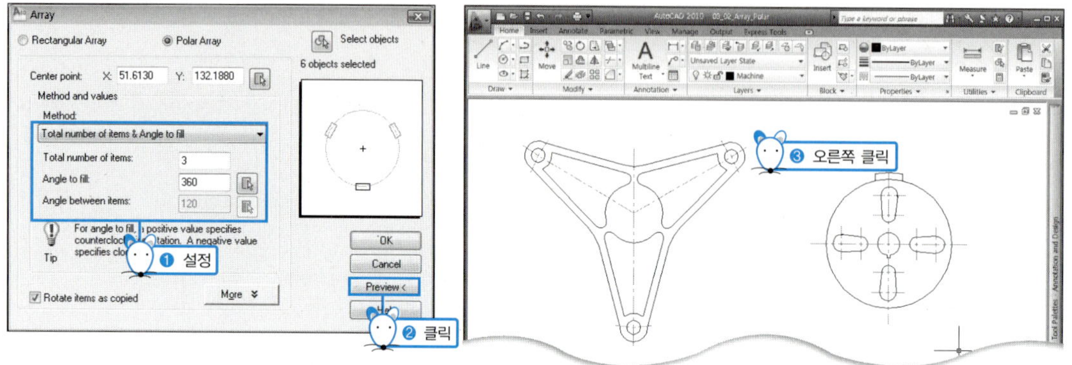

06 다시 Array 명령을 적용하기 위해 Enter 를 눌러 [Array] 대화상자를 불러낸 후 [Select objects]() 아이콘을 클릭합니다.

07 그림과 같이 선택 창을 열어 객체를 선택한 후 Enter 를 누릅니다.

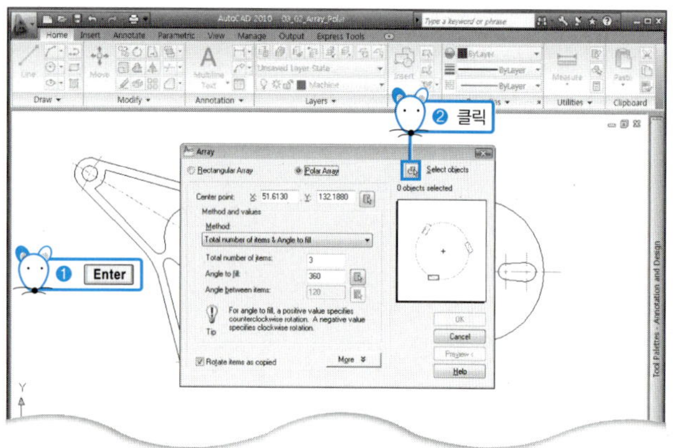

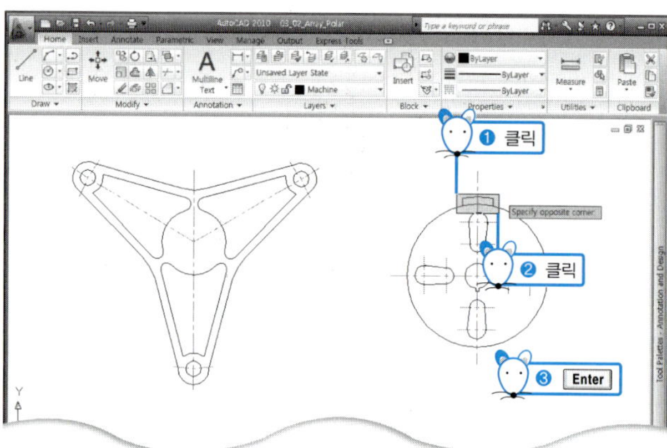

08 [Array] 대화상자에서 [Pick Center Point]() 아이콘을 클릭하고 그림과 같이 중심점을 지정합니다.

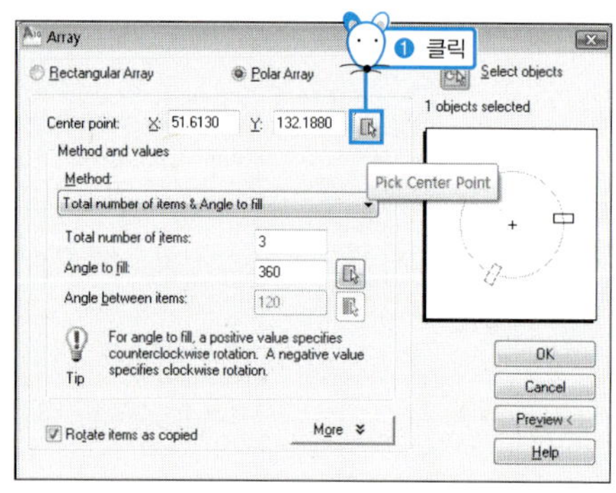

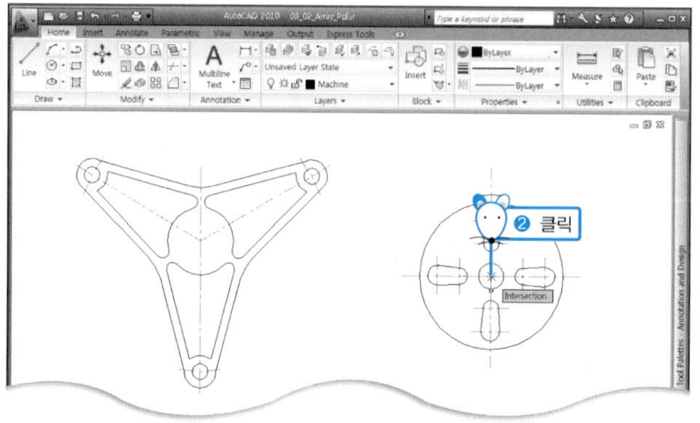

09 [Array] 대화상자를 그림과 같이 설정합니다. 설정을 수정하기 위해 Esc 를 누릅니다.

❶ [Method and values] 영역에서 [Method]를 'Angle to fill & Angle between items' 로 설정합니다.

❷ [Angle to fill]은 '360', [Angle between items]는 '36' 을 입력합니다.

❸ [Preview] 단추를 클릭해 적용한 후의 결과를 확인합니다.

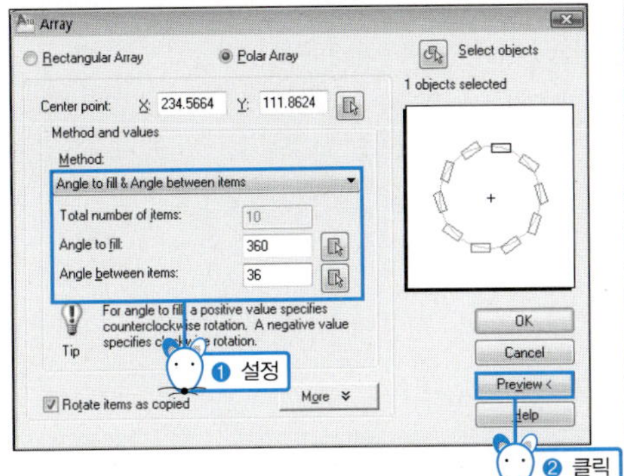
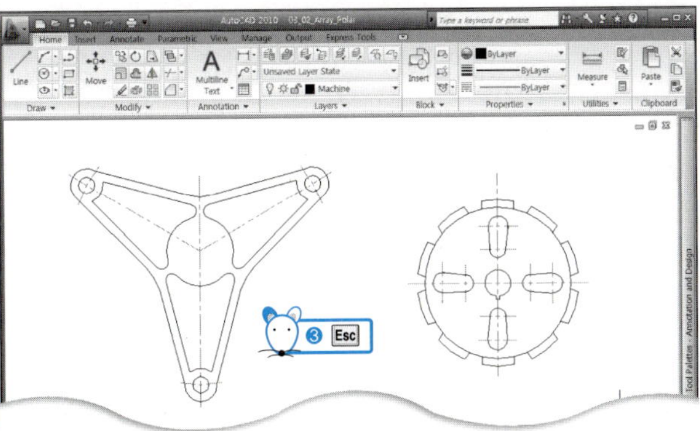

10 [Array] 대화상자를 다시 설정합니다.

❶ [Method and values] 영역에서 [Angle between items]를 '30' 으로 수정한 후 [OK] 단추를 클릭합니다.

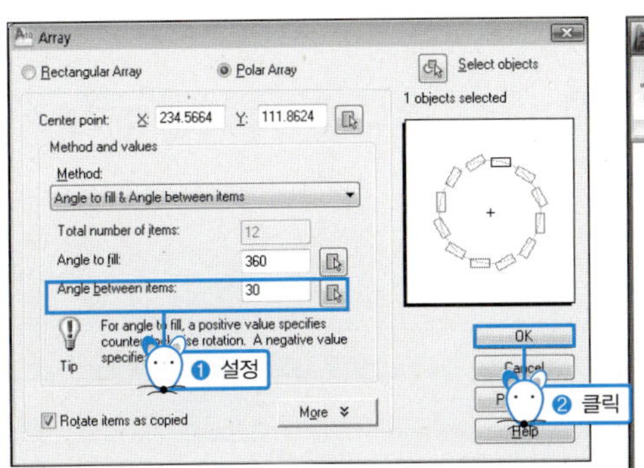
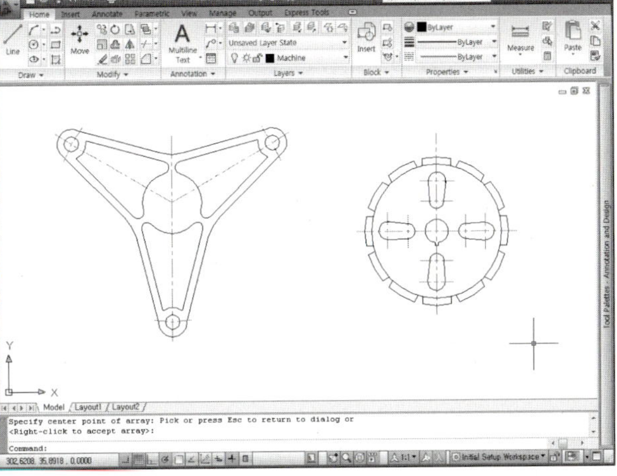

[Rotate items as copied] 옵션의 체크를 해제하면?

회전하면서 객체를 복사하는 Polar Array 명령과 같은 경우 [Rotate items as copied] 옵션을 체크하면 중심을 향하면서 회전·복사되고, 해제하면 객체의 방향성 그대로 회전·복사됩니다.

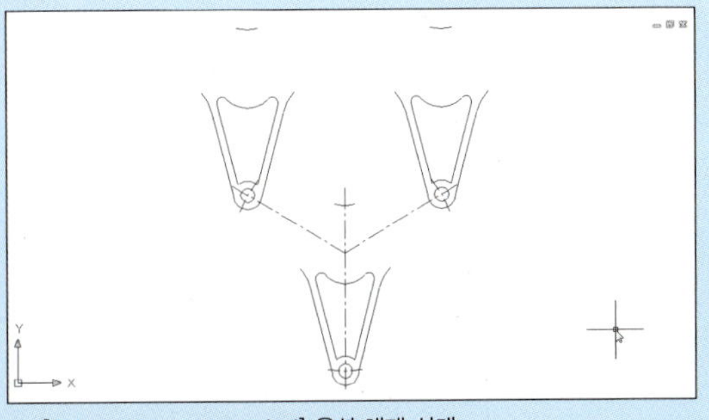

▲ [Rotate items as copied] 옵션 해제 상태

객체를 끊고 붙일 수 있는 Break & Join

Break 명령을 이용하면 기준 객체가 없이 두 점을 지정하여 객체를 잘라낼 수 있습니다. 또한, Break at Point 명령은 지정한 점을 기준으로 하나의 객체를 두 개의 객체로 나눌 수 있습니다. 이와 반대로 Join 명령은 나누어진 두 객체를 연결하여 하나로 만드는 명령입니다. 다음 예제를 통해서 Break 명령과 Break at Point 명령 그리고, Join 명령을 배워봅니다.

◉ Samples\03_02_Break_Join.dwg

01 [Home] 탭의 [Modify] 패널에서 [Break](□) 아이콘을 클릭(또는, Break(BX) 명령을 입력하고 **Enter**)합니다. 객체를 선택하라는 요청에 끊어낼 객체의 첫 번째 점을 지정합니다.

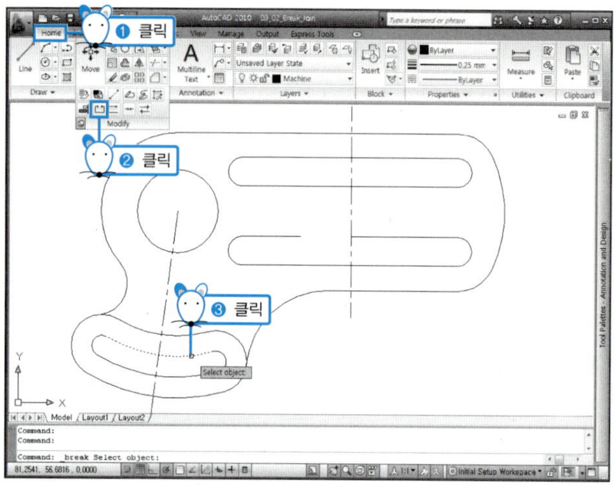

Command: Break(BR) **Enter** (Break 명령 실행)
Select object: (첫 번째 점 클릭)

02 끊어낼 객체의 두 번째 점을 지정합니다.

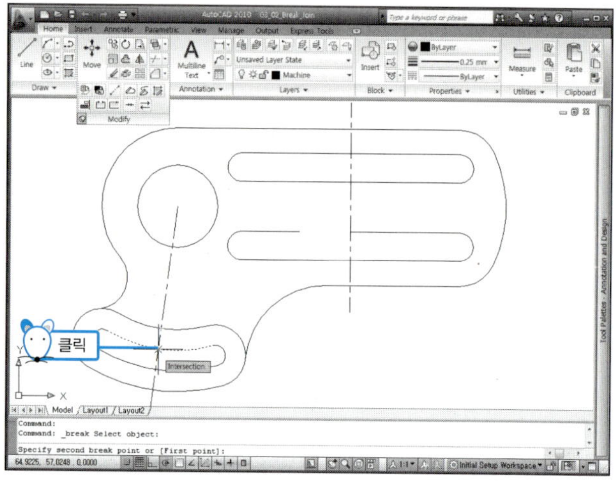

Specify second break point or [First point]:
(두 번째 점 클릭)

주목

객체가 원인 경우 첫 번째 점을 지정하면 반시계 방향(Counterclockwise)으로 두 번째 점까지 끊어지게 됩니다.

03 클릭한 두 점 사이가 끊어진 것을 확인할 수 있습니다. 이번에는 두 점 사이를 끊어내는 것이 아니라 하나의 객체를 두 개로 끊는 명령(Break at Point)을 따라해 봅니다. 단일 객체인 것을 확인하기 위해 아무런 명령 없이 객체를 선택하여 파란색의 Grip을 표시합니다.

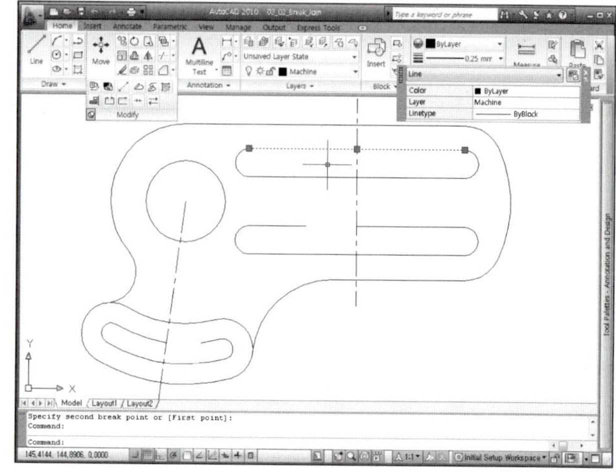

04 [Home] 탭의 [Modify] 패널에서 [Break at Point](□) 아이콘을 클릭합니다.

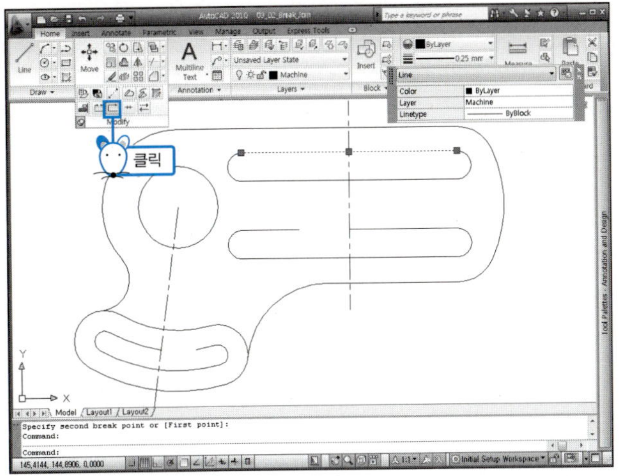

Command: _break (Break at Point 명령 실행)

05 끊을 객체를 묻는 질문에 그림과 같이 객체를 클릭합니다.

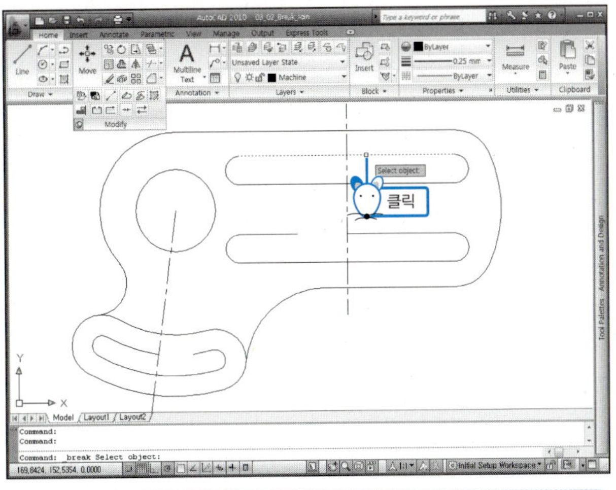

Select object: (객체 클릭)

06 Break Point를 묻는 요청에 그림과 같이 지정합니다.

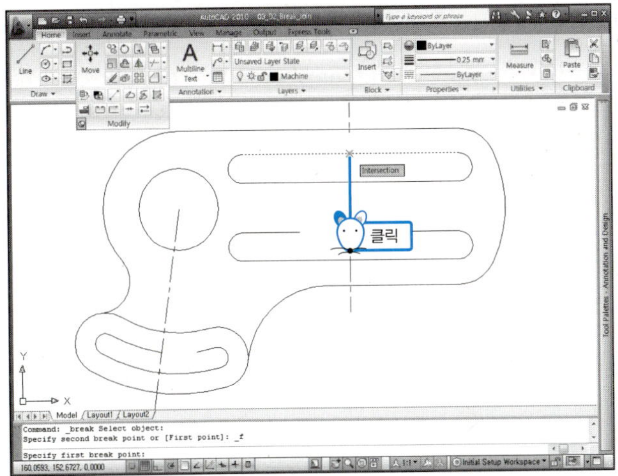

Specify first break point : (지점 클릭)

07 Break at Point 명령이 적용되었는지 확인하기 위해 명령 없이 객체를 클릭하여 Grip을 확인합니다. 지정한 점을 기준으로 두 개의 객체로 분리된 것을 확인할 수 있습니다.

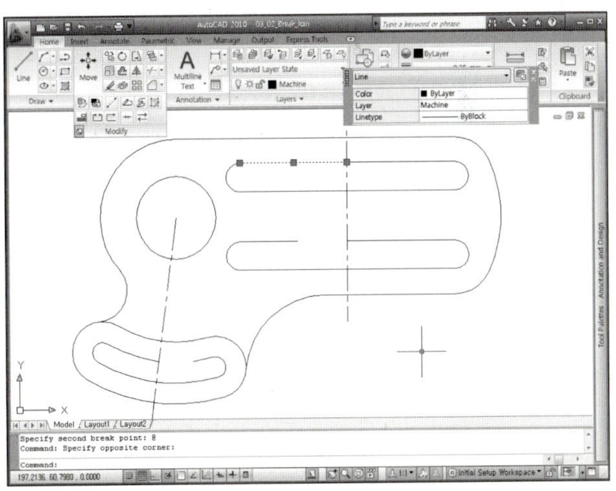

Break at Point 명령과 Break 명령의 이해

Break at Point 명령은 하나의 점을 기준으로 선택한 객체를 두 개로 분리하는 명령이고, Break 명령은 객체에 두 개의 점을 지정하여 그 사이의 부분을 잘라내는 명령입니다.

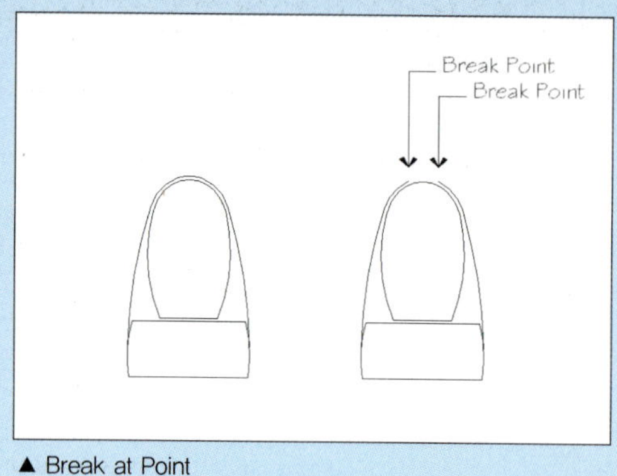

▲ Break at Point

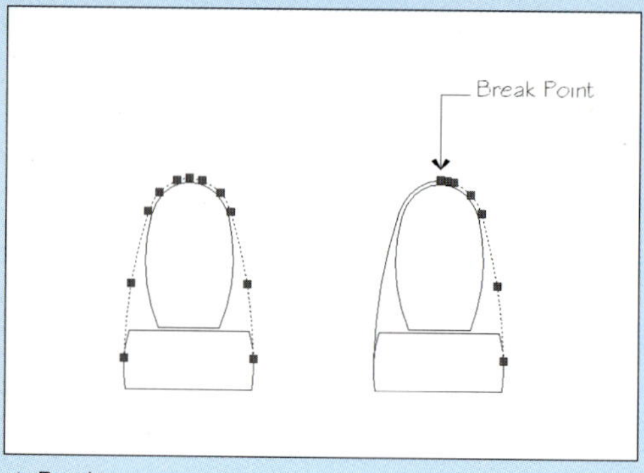

▲ Break

08 [Esc]를 눌러 선택을 해제한 후 다시 [Home] 탭의 [Modify] 패널에서 [Join]() 아이콘을 클릭합니다.

09 이어 붙일 원본 객체를 묻는 질문에 그림과 같이 객체를 클릭합니다.

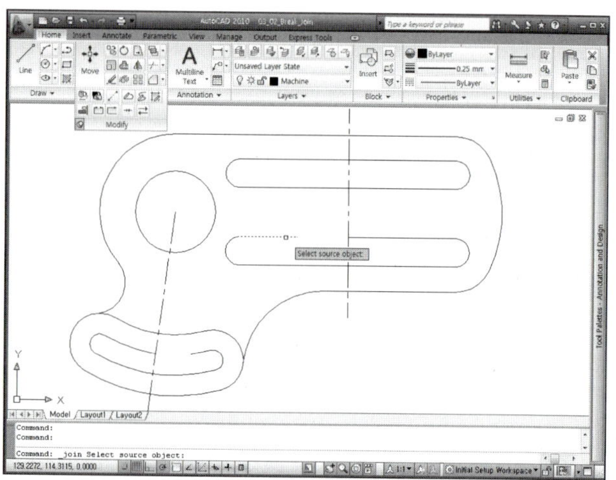

Select source object: (객체 클릭)

10 이어 붙일 객체를 묻는 질문에 그림과 같이 객체를 클릭한 후 Enter 를 누릅니다.

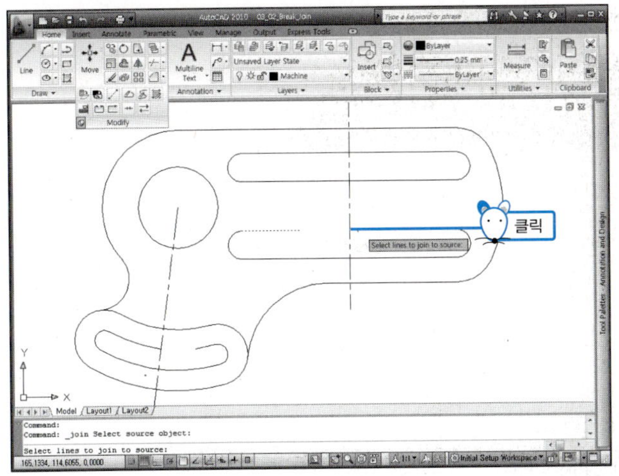

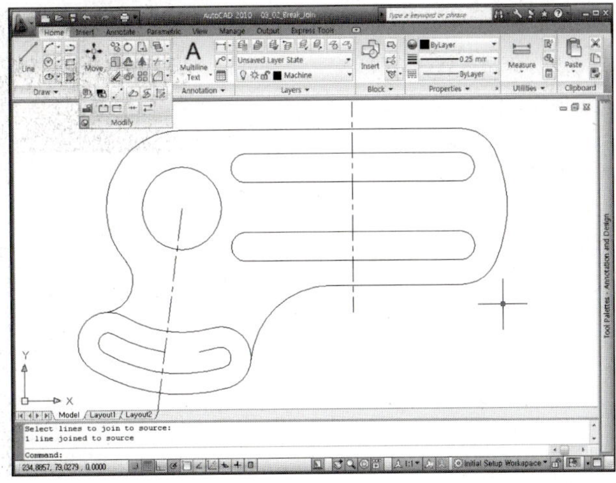

Select lines to join to source: (객체 클릭)

11 Join 명령으로 두 개의 객체가 적용되었는지 확인하기 위해 명령 없이 객체를 클릭하여 Grip을 확인합니다. 두 개의 객체가 하나로 합쳐진 것을 확인할 수 있습니다.

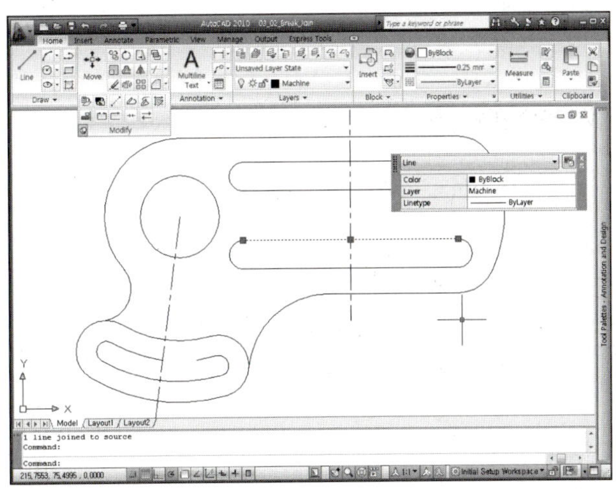

Break 명령의 First point 옵션

잘라낼 객체를 선택한 후 객체의 선택 지점을 잘라낼 첫 번째 지점으로 사용하지 않고 다시 지정할 때 First point 옵션을 사용합니다.

```
Command: Break  Enter  (Break 명령 실행)
Select objects: (객체 선택)  Enter
Specify second break point or [First point]: f  Enter  (First point 옵션 실행)
Specify first break point: (첫 번째 자르기 지점 클릭)
Specify Second break point: (두 번째 자르기 지점 클릭)
```

객체를 확대하고 축소시키는 Scale

Scale 명령은 객체를 일정한 비율로 확대·축소하거나, 정확한 비율을 모르는 경우 객체가 가지고 있는 속성을 참고(Reference)하여 확대·축소할 수 있습니다. 다음 예제를 통해서 Scale 명령과 Reference 옵션의 사용 방법에 대해 배워봅니다.

Samples\03_02_Scale.dwg

01 [Home] 탭의 [Modify] 패널에서 [Scale](🔲) 아이콘을 클릭(또는, Scale(SC) 명령을 입력하고 [Enter])한 후 그림과 같이 객체를 선택하고 [Enter]를 누릅니다.

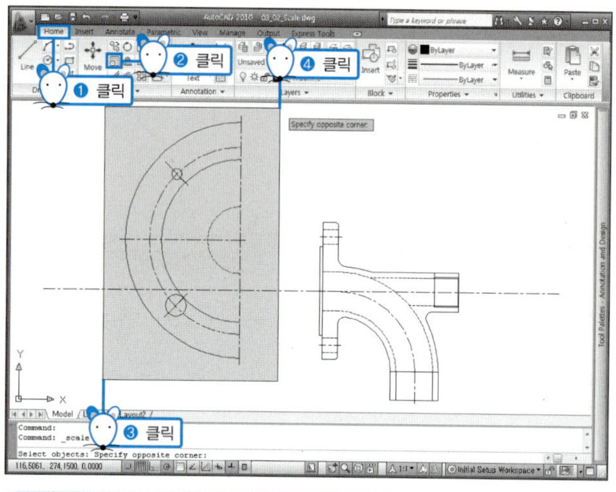

```
Command: Scale(SC) [Enter] (Scale 명령 실행)
Select objects: (객체 선택)
Select objects: [Enter]
```

02 기준점을 지정하라는 요청에 그림과 같이 기준점을 지정합니다.

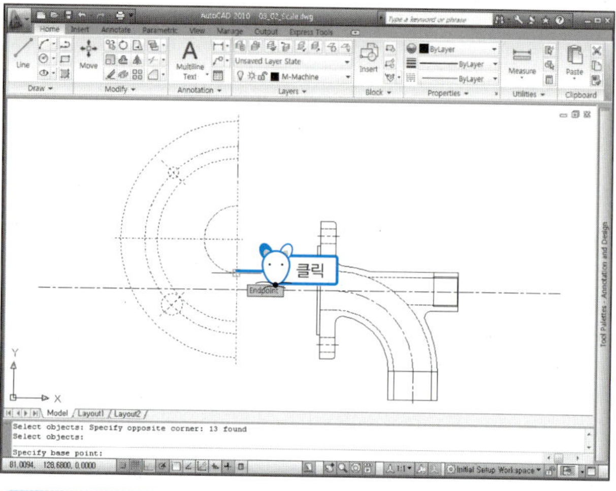

```
Specify base point: (기준점 클릭)
```

03 배율을 입력하라는 요청에 '0.5'를 입력하고 [Enter]를 누릅니다.

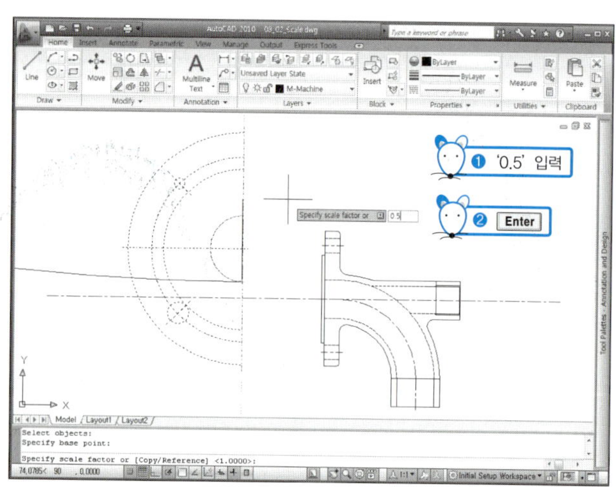

```
Specify scale factor or [Copy/Reference]
<Default>: 0.5 [Enter] (배율 설정)
```

주목

Copy 옵션을 사용하면 원본은 그대로 남아 있고 지정한 배율만큼의 새로운 객체가 만들어집니다.

04 이번에는 정확한 배율은 모르지만 객체를 참조하는 Scale 명령의 Reference 옵션을 배워봅니다. 객체를 이동시키기 위해 [Home] 탭의 [Modify] 패널에서 [Move] (✛) 아이콘을 클릭한 후 그림과 같이 객체를 선택하고 Enter 를 누릅니다.

05 그림과 같이 이동의 기준점과 다음 점을 지정합니다.

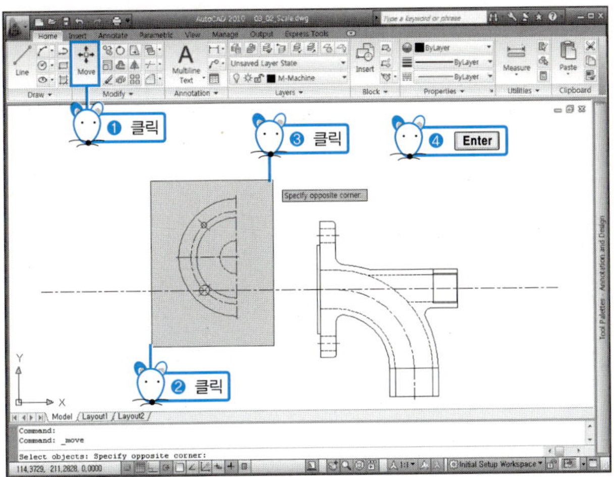

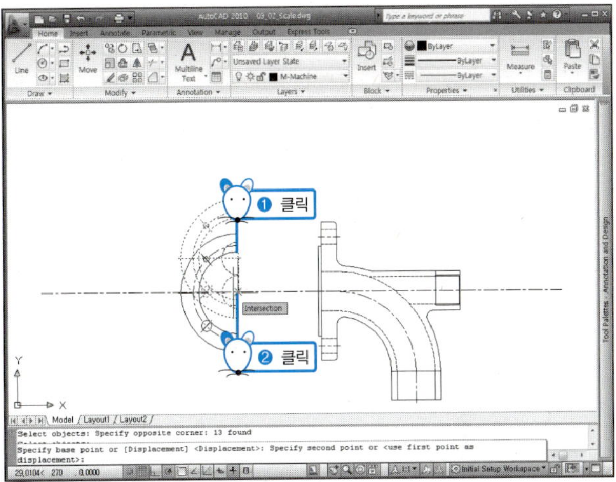

Command: Move(M) Enter (Move 명령 실행)
Select objects: (객체 선택)
Select objects: Enter (객체 선택 종료)

Specify base point or [Displacement]
<Displacement>: (기준점 클릭)
Specify second point or <use first point as displacement>: (다음 점 클릭)

06 [Home] 탭의 [Modify] 패널에서 [Scale](▣) 아이콘을 클릭하고 그림과 같이 객체를 선택한 후 Enter 를 누릅니다.

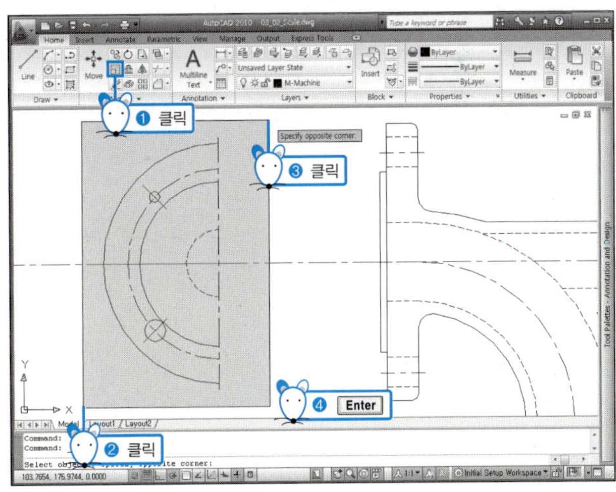

Command: Scale(SC) Enter (Scale 명령 실행)
Select objects: (객체 선택)
Select objects: Enter

07 그림과 같이 기준점을 지정합니다.

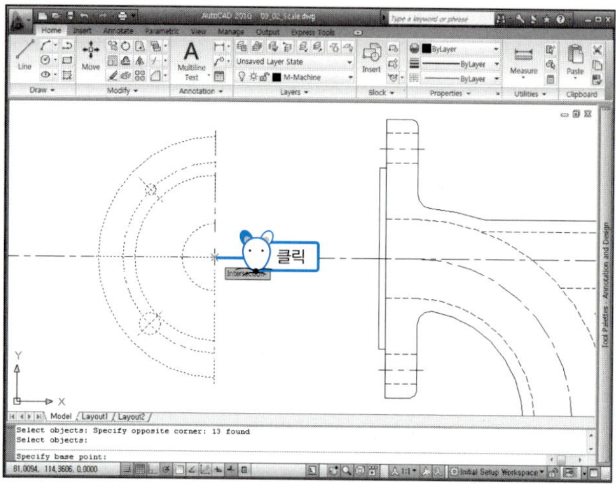

Specify base point: (기준점 클릭)

주목

Reference 옵션을 사용할 때에는 기준점의 위치가 매우 중요합니다. 기준점을 Reference Length를 지정하는 첫 번째 지점과 일치하는 것이 좋습니다.

09 Reference Length의 길이를 입력하거나 Reference Length의 첫 번째 지점을 지정합니다.

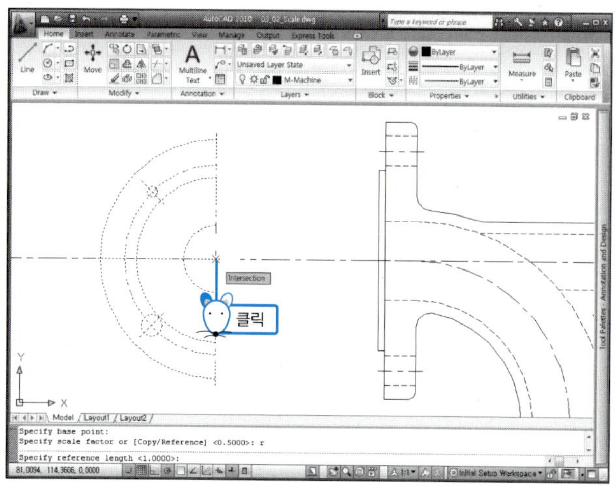

Specify reference length <1.0000>: (첫 번째 점 클릭)

08 배율을 입력하라고 요청할 때 Reference 옵션을 사용하기 위해 'r'을 입력하고 Enter를 누릅니다.

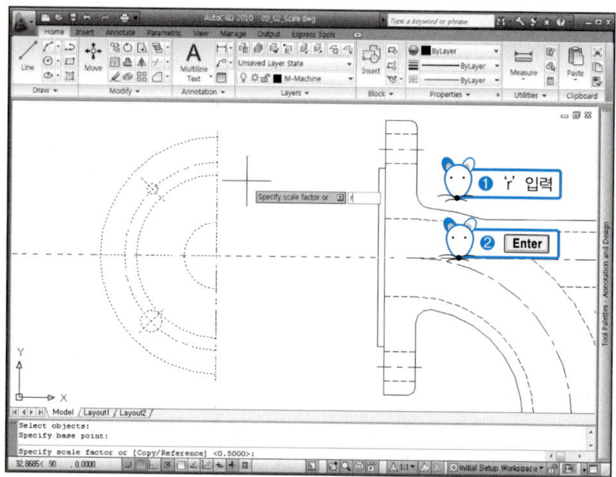

Specify scale factor or [Copy/Reference] <0.5000>: r Enter (Reference 옵션 실행)

10 그림과 같이 Reference Length의 두 번째 지점도 지정합니다.

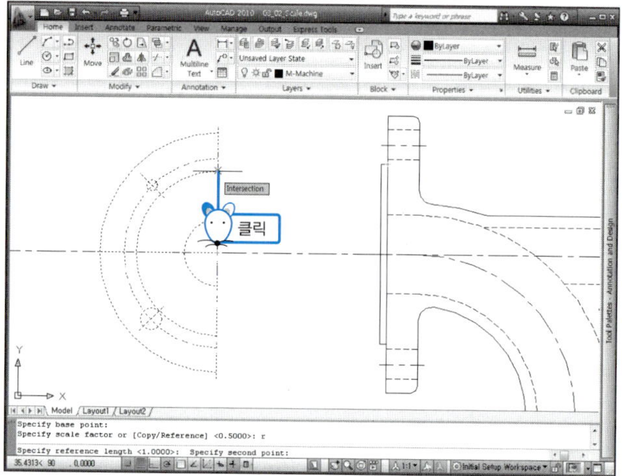

Specify second point: (두 번째 점 클릭)

11 새로운 길이 또는, 지점을 그림과 같이 선택합니다.

12 객체가 갖는 배율을 참조(Reference) 하여 Scale 명령이 적용된 것을 확인할 수 있습니다.

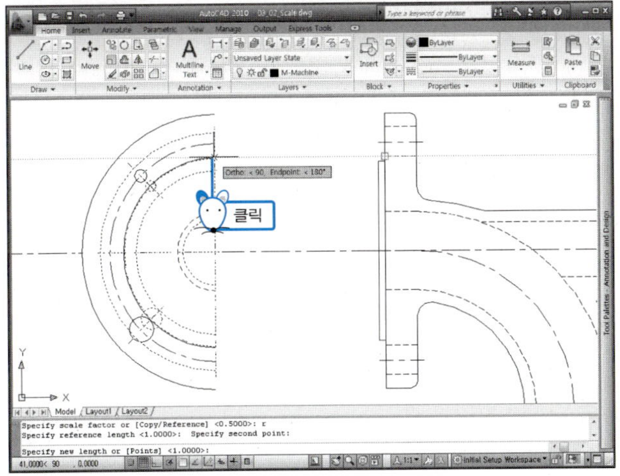

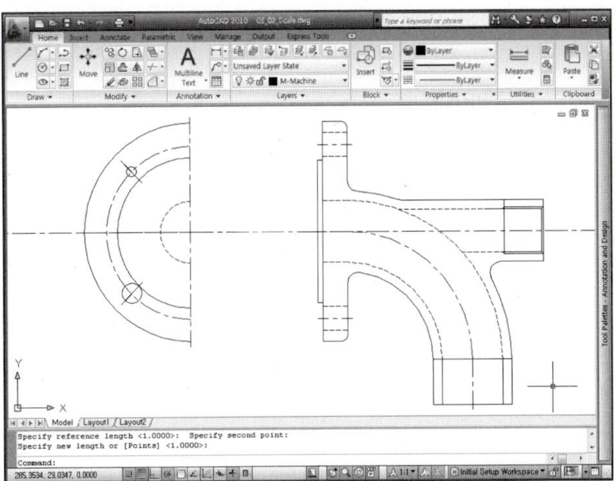

```
Specify new length or [Points] <1.0000>: (새로
운 점 클릭)
```

객체의 일부만 늘이고 줄이는 Stretch

Stretch 명령은 객체의 일부분을 늘이거나 줄이는 경우에 사용합니다. Stretch 명령으로 객체를 선택할 때에는 반드시 Cross Window 방식(선택 창을 오른쪽에서 왼쪽으로 여는 방식)을 사용해야 합니다. 또한, 원이나 타원의 경우에는 끝점이 없기 때문에 Stretch 명령을 사용할 수 없습니다. 그럼 다음 예제를 통해서 Stretch 명령을 배워봅니다.

⊙ Samples\03_02_Stretch.dwg

01 [Home] 탭의 [Modify] 패널에서 [Stretch](▣) 아이콘을 클릭(또는, Stretch(S) 명령을 입력하고 Enter)하고 그림과 같이 객체의 일부를 선택한 후 Enter 를 누릅니다.

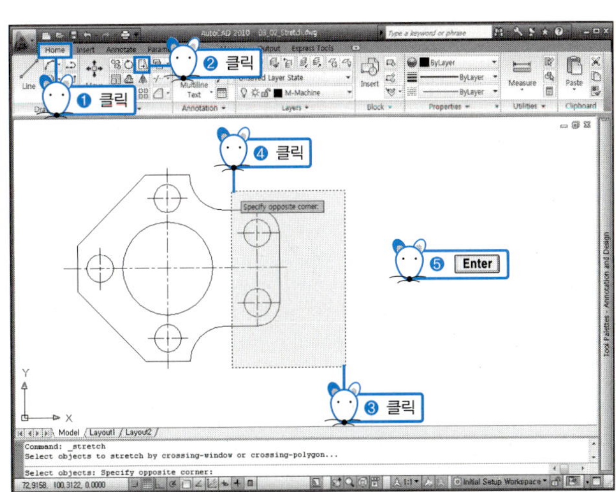


```
Command: Stretch(S)  Enter  (Stretch 명령 실행)
Select objects to stretch by crossing-window
or crossing-polygon...
Select objects: (객체 선택)
Select objects:  Enter
```

02 기준점을 지정하라는 요청에 객체의 옆에 빈 영역을 클릭합니다.

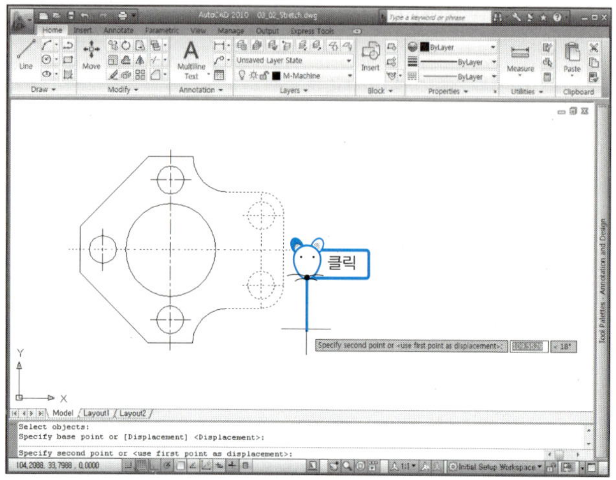


```
Specify base point or [Displacement]
<Displacement>: (기준점 클릭)
```

03 두 번째 점을 지정하라는 요청에 '@35,0'을 입력하고 Enter 를 누릅니다.

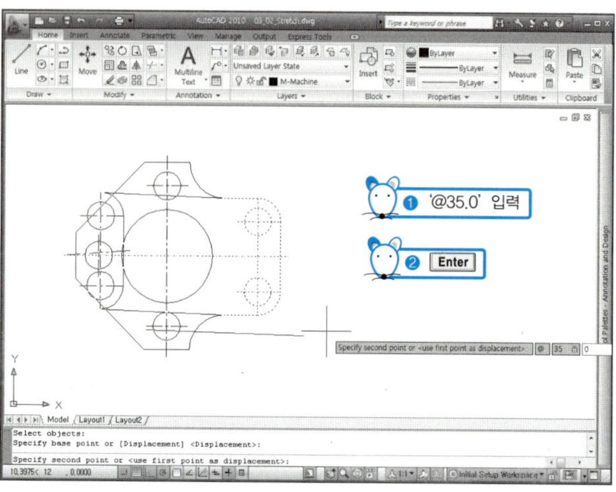


```
Specify second point or <use first point as
displacement>: @35,0 Enter (두 번째 지점 설정)
```

04 Stretch 선택 창에 걸쳐진 객체들은 지정한 거리만큼 늘어나고, 선택 창에 모두 포함되어 있던 객체들(두 개의 원과 중심선들)은 이동한 것을 확인할 수 있습니다.

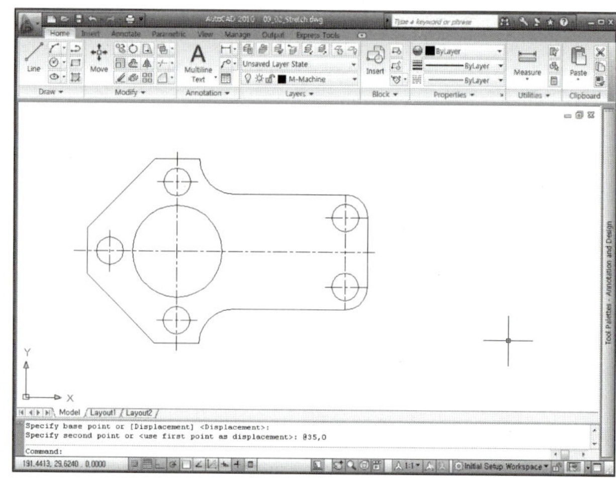

기준점 지정(Specify Base Point)

기준점을 지정하라는 요청 뒤에는 반드시 변위를 묻는 질문이 따라옵니다. 변위는 거리를 입력하거나 좌표를 지정하게 됩니다. 이럴 때 정확한 거리나 좌표를 입력하는 것도 좋지만 도면 작업을 효율적으로 하려면 변위를 갖는 객체를 이용하는 것이 좋습니다. 좌표를 입력하는 것보다는 아무래도 두 번의 클릭으로 변위를 입력하는 것이 더 신속하기 때문입니다.

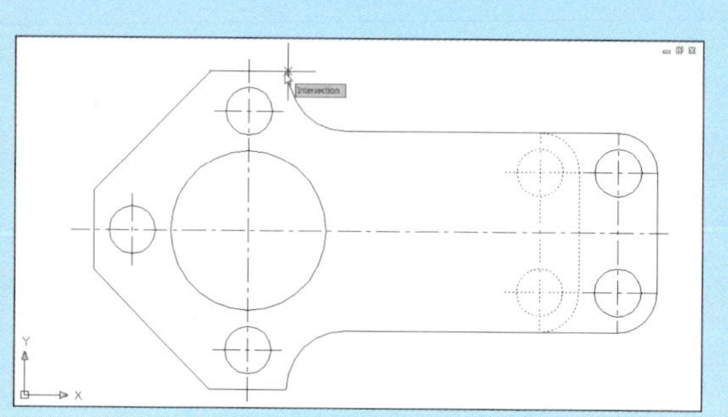

아무런 명령 없이 객체를 편집하는 Grip

아무런 명령을 적용하지 않고 객체를 선택하면 객체에 파란색의 Grip이 표시됩니다. 이런 Grip은 손쉽게 2D, 3D 객체를 편집할 수 있습니다. Grip을 이동시켜 Stretch시킬 수도 있고, Grip을 한 번 더 클릭한 후 붉은색으로 하이 라이트되면 마우스 오른쪽 단추 클릭으로 단축 메뉴를 불러내 여러 가지 편집 명령을 사용할 수도 있습니다. 다음 예제를 통해서 Grip을 이용해 객체를 손쉽게 사용하는 방법과 단축 메뉴를 불러내 사용할 수 있는 명령들에 대해 배워봅니다.

◉ Samples\03_02_Grips.dwg

01 그림과 같이 객체를 선택해서 Grip이 표시되는 것을 확인합니다.

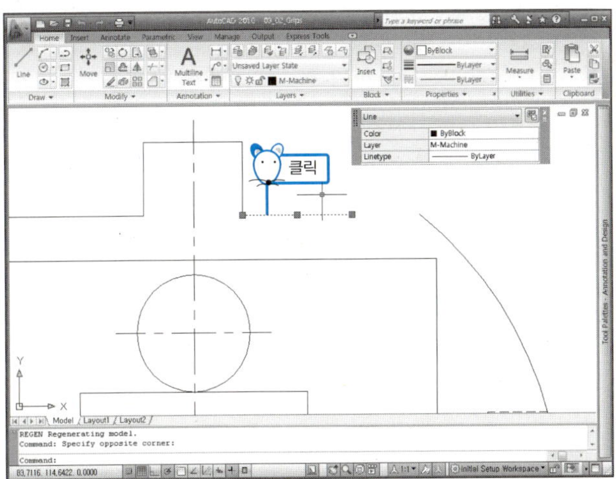

02 그림과 같이 파란색의 Grip을 하나 선택합니다.

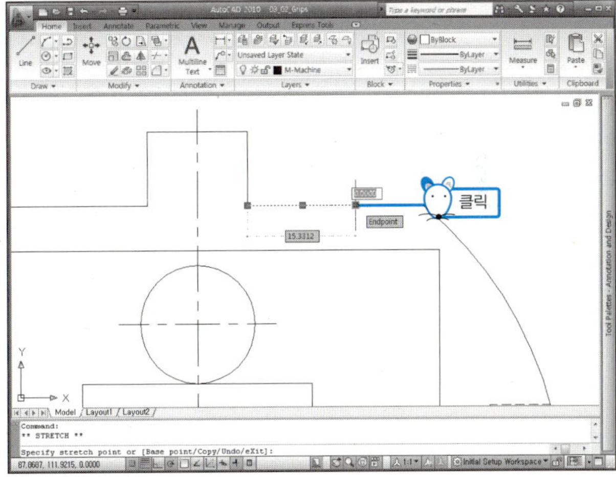

03 붉은색으로 하이라이트 된 Grip이 이동할 다음 점을 클릭합니다.

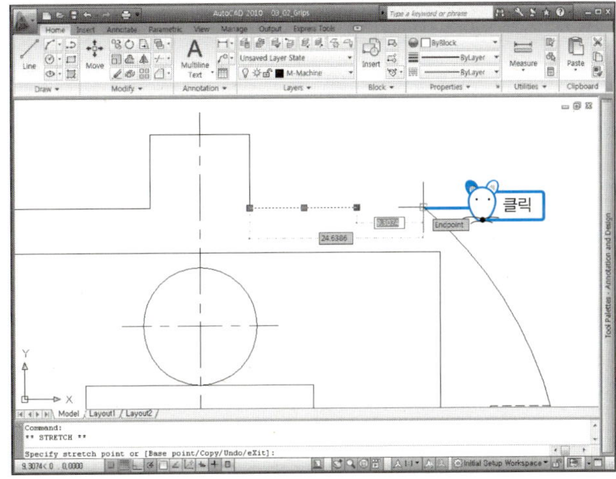

04 Esc를 누른 후 같은 방법으로 아래 객체도 Grip을 이용하여 Stretch를 적용합니다.

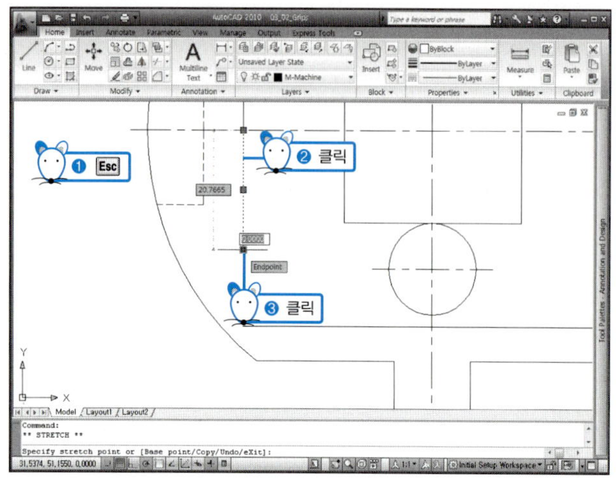

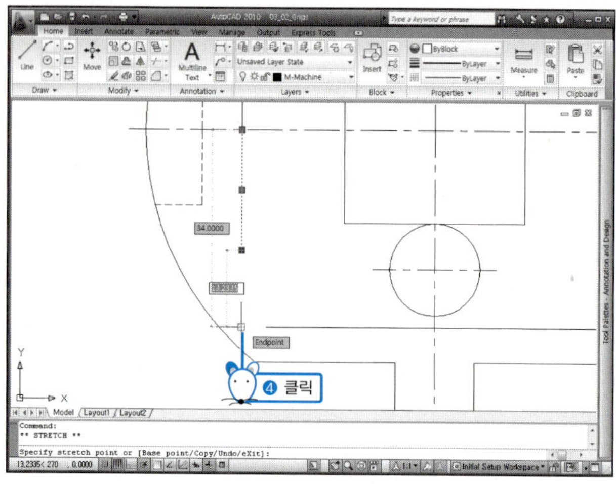

05 Esc를 누른 후 다시 그림과 같이 객체를 선택하여 Grip을 표시합니다.

06 마우스 오른쪽 단추를 클릭한 후 [Copy Selection]을 선택합니다.

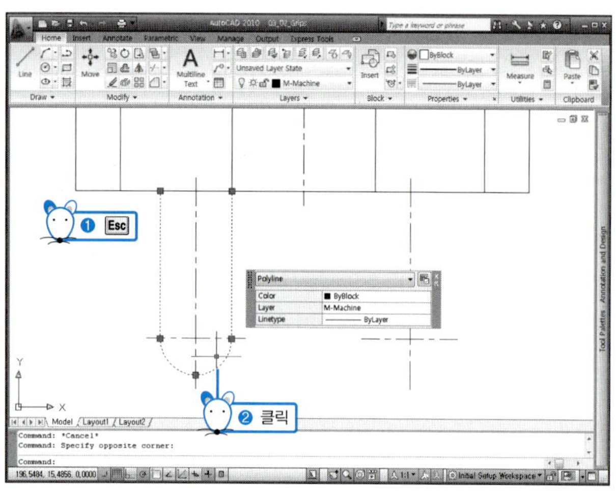

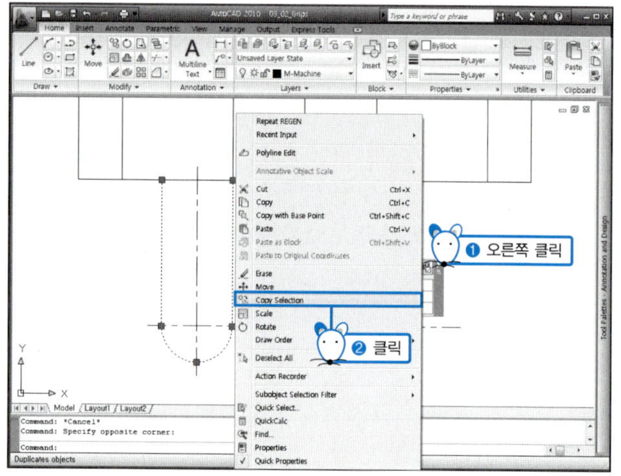

07 복사할 객체의 기준점을 지정합니다.

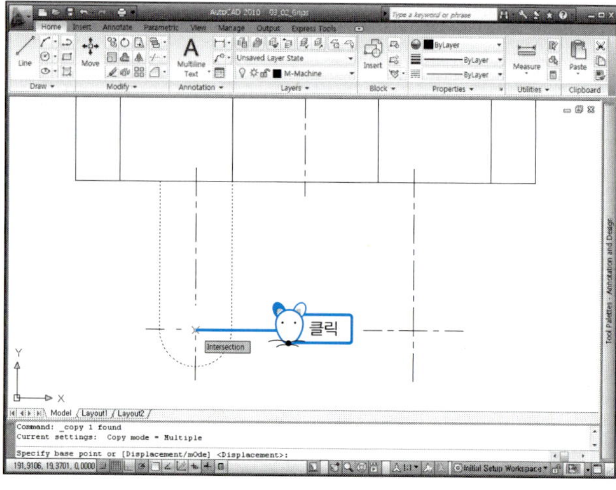

08 복사된 객체가 위치될 점을 지정합니다.

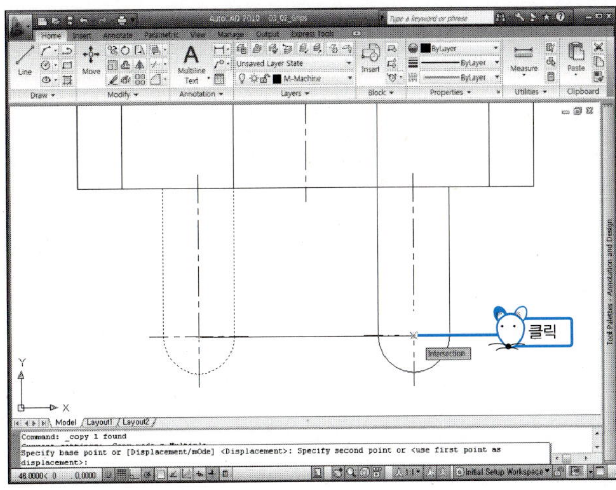

붉은색 Grip에 숨겨진 편집 명령들

붉은색 Grip은 각 편집 명령의 기준 포인트(Base Point)가 됩니다. 물론 기준 지점 역시 새로 지정할 수 있습니다.

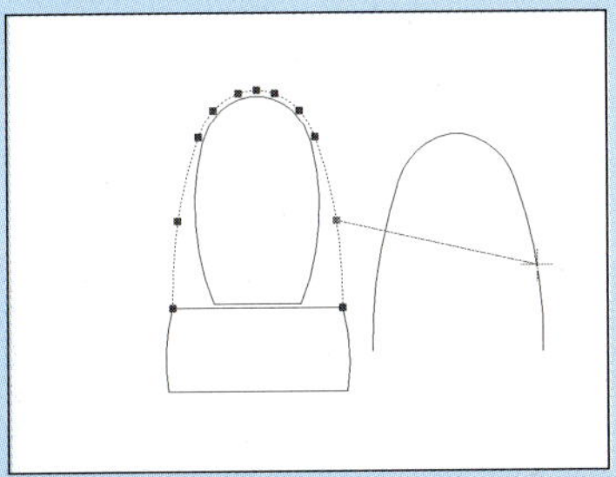

▲ Move

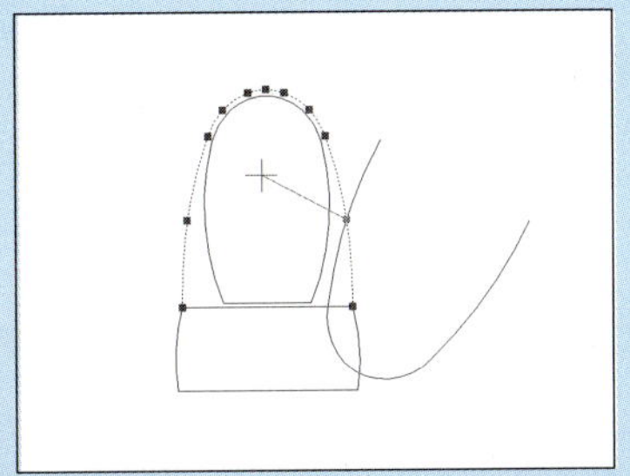

▲ Rotate

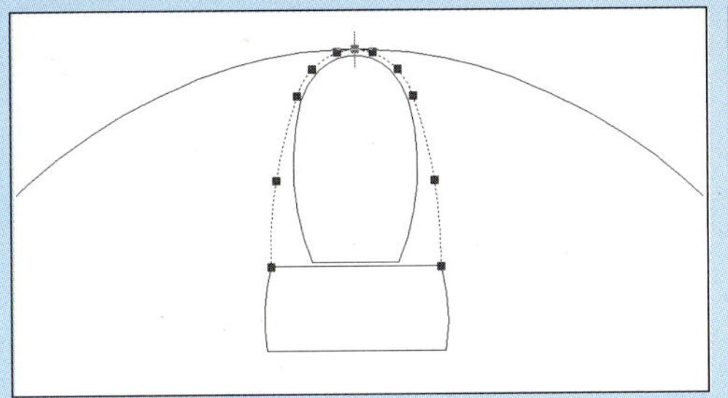

▲ Scale

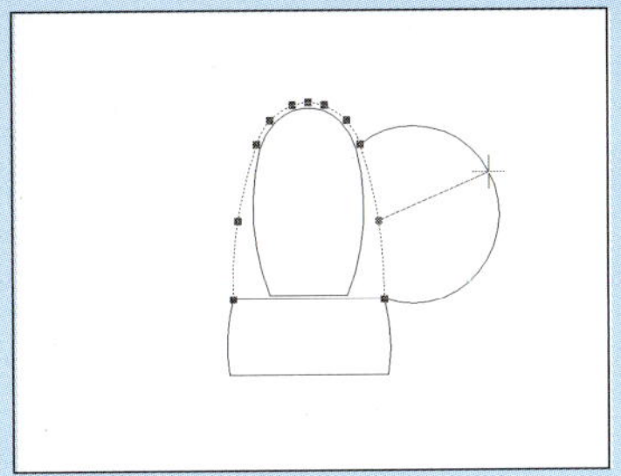

▲ Stretch

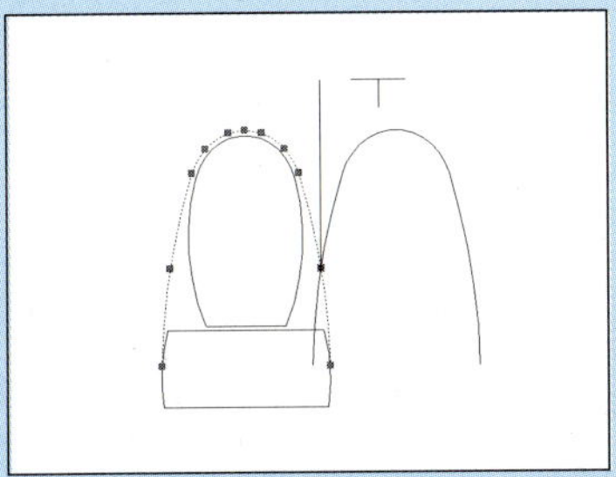

▲ Mirror

객체에 적용한 명령을 취소하고 되돌리는 Undo & Redo

실행한 명령을 취소(Undo)하고 또 취소한 명령을 다시 되돌리는(Redo) 명령을 배워봅니다. 기본 설정을 이용하면
파일을 열어서 마지막 작업 내용까지 모두 되돌릴 수 있습니다.

◉ Samples\03_02_Undo_Redo.dwg

01 [Home] 탭의 [Modify] 패널에서 [Erase](✎) 아이콘을 클릭하고 그림과 같이 상단의 치수선을 선택한 후 [Enter]를 눌러 Erase 명령을 실행합니다.

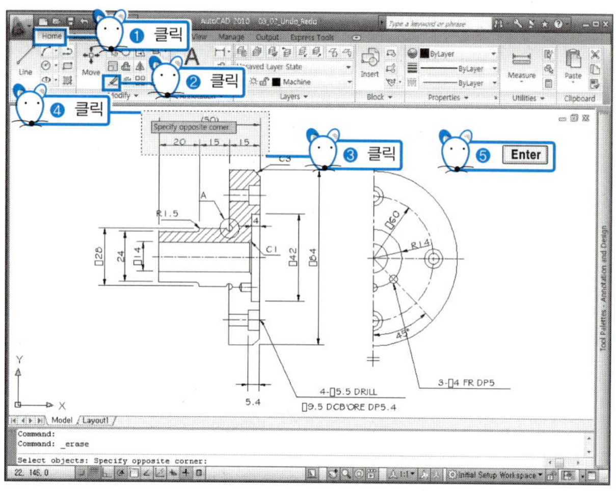

02 [Enter]를 눌러 Erase 명령을 다시 실행합니다. 그림과 같이 객체(단면 패턴)를 선택하고 [Enter]를 눌러 Erase 명령을 실행합니다.

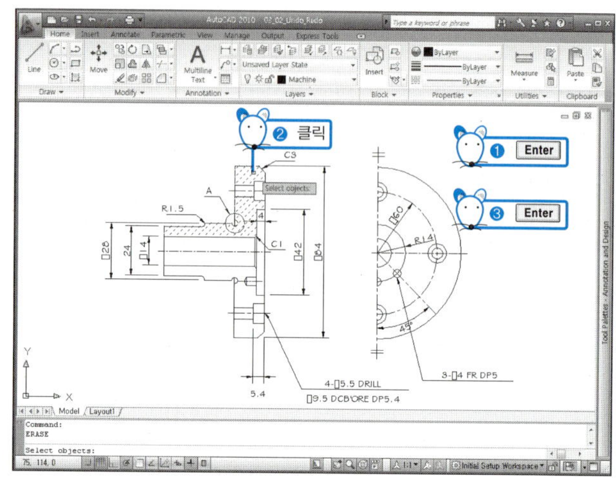

03 [Enter]를 눌러 Erase 명령을 다시 실행합니다. 그림과 같이 객체(중심선)를 선택하고 [Enter]를 눌러 Erase 명령을 실행합니다.

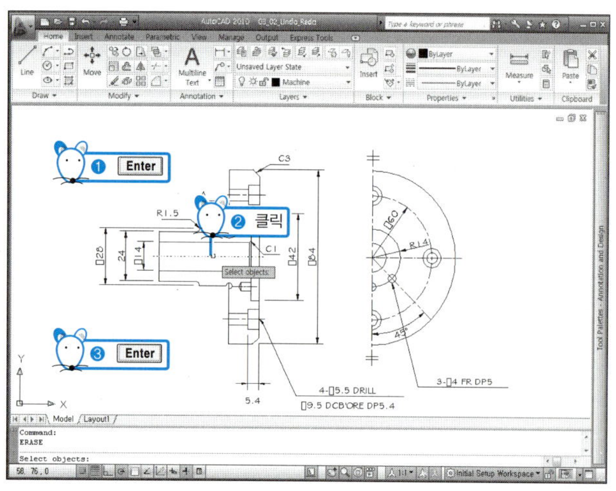

04 치수선, 단면 패턴, 중심선의 순서로 객체를 삭제하였습니다. 퀵 액세스 툴바의 [Undo](↶) 아이콘을 클릭하거나 [Ctrl]+[Z]를 눌러 중심선 삭제 명령을 취소합니다.

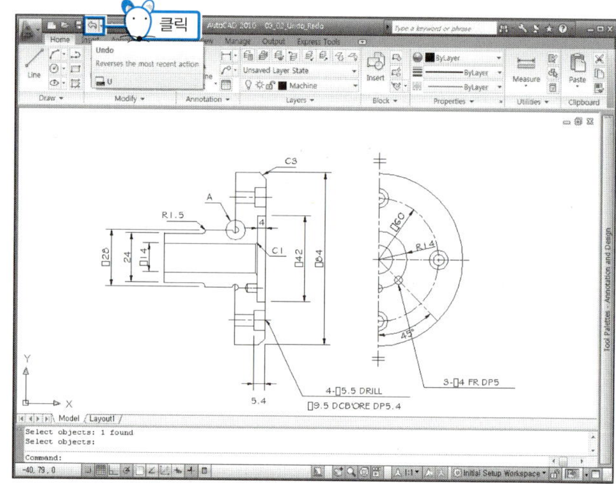

05 다시 한 번 퀵 액세스 툴바의 [Undo](⬅) 아이콘을 클릭하거나 단축키 `Ctrl`+`Z`를 눌러 단면 패턴 삭제 명령을 취소합니다.

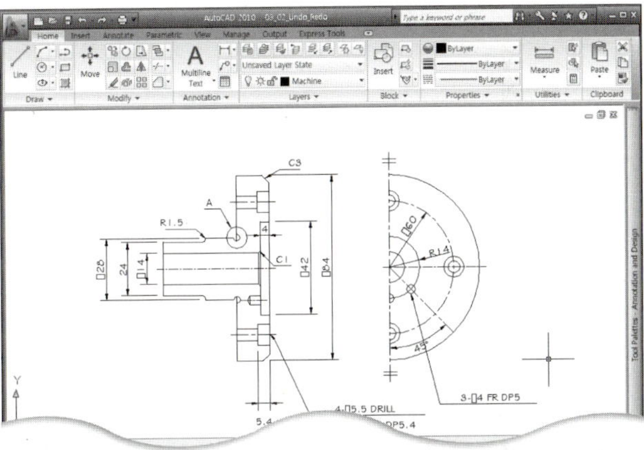

주목

명령 입력창에서 Undo 명령을 입력해도 명령을 취소할 수 있으며 여러 가지 유용한 옵션을 사용할 수도 있습니다. 단, 단축키 'U'를 사용하면 1회의 Undo 명령만을 사용할 수 있습니다.

06 Undo 명령으로 취소되었던 명령을 다시 되돌릴 수 있습니다. 퀵 액세스 툴바의 [Redo](➡) 아이콘을 클릭하거나 `Ctrl`+`Y`를 눌러 취소했던 단면 패턴 삭제 명령을 되돌립니다.

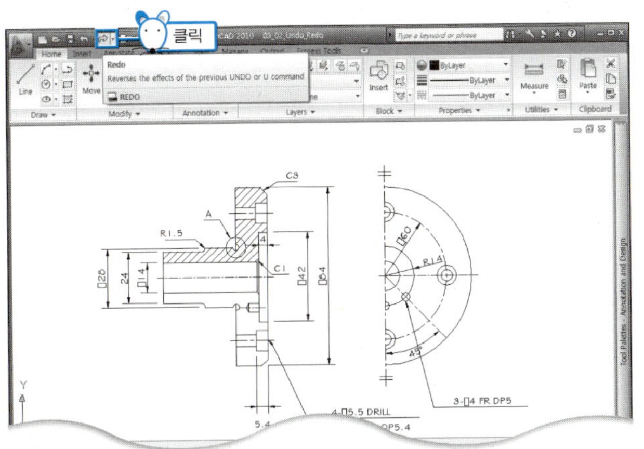

Undo 명령의 옵션 이해하기

```
Command: UNDO  Enter
Current settings: Auto = On, Control = All, Combine = Yes, Layer = Yes
Enter the number of operations to undo or [Auto/Control/BEgin/End/Mark/Back]<1>:  Enter
```

- **〈N〉** : 입력한 횟수만큼 역순으로 실행한 명령을 취소합니다.
- **Auto** : 메뉴 선택을 하나의 U 명령으로 취소할 수 있는 단일 명령으로 취급합니다.
- **Control** : Enter an UNDO control option [All/None/One]에서 'All'을 선택하면 Undo 기능을 가능하게 하거나 제한합니다. 'One'은 한 번 사용할 수 있고, 'None'은 Undo 명령을 사용할 수 없습니다.
- **BEgin** : Group으로 동작을 하나로 묶을때 시작을 알리는 옵션입니다. 그룹을 정의 중이면 새로운 그룹을 정의합니다.
- **End** : Undo를 그룹으로 사용하며 그룹의 끝을 지정합니다.
- **Mark** : Undo 명령이 되돌아갈 위치를 표시합니다.
- **Back** : Mark 옵션으로 표시한 위치까지 작업을 되돌립니다.

객체 구속 조건 Geometric Constraint

독립된 매개변수(Parametric)를 설정하여 객체에 구속 조건(Constraint)을 부여하는 편집에 대해 배워봅니다. 예를 들어 두 객체 간에 '평행(Parallel)' 이라는 매개변수를 적용하면 다른 편집이 적용되더라도 두 객체는 지속적으로 '평행(Parallel)' 하도록 '구속(Constraint)' 하는 것입니다.

Samples\03_02_Parametric_Geometric.dwg

01 리본 메뉴 [Parametric] 탭의 [Geometric] 패널에서 [Coincident](▣) 아이콘을 클릭하고 그림과 같이 좌측의 객체와 우측의 1번 박스를 클릭합니다. 이 때 지정하는 객체의 마우스 포인터 주변에 표시되는 심벌이 일치(Coincident)할 지점이 됩니다.

02 두 객체의 지정한 지점이 일치(Coincident) 되었습니다. 다시 [Collinear](◉) 아이콘을 클릭하고 그림과 같이 좌측의 객체와 우측의 1번 박스를 클릭합니다.

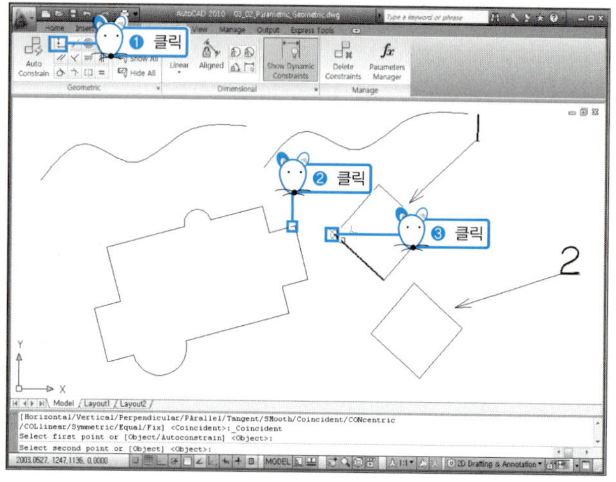

주목
예제의 객체들은 Polyline으로 작성되었습니다.

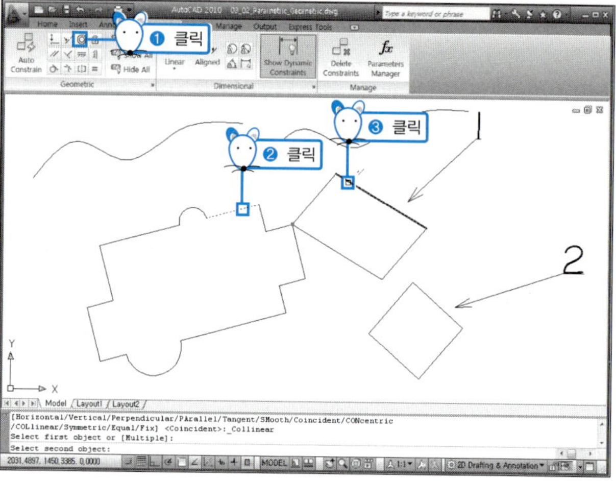

주목
일치한 지점에 파란색 Grip이 표시되며 마우스 포인터를 가져가면 Coincident 심벌이 표시됩니다.

03 처음 선택한 객체를 기준으로 나중에 지정한 객체가 동일선(Collinear) 상에 위치하게 되었습니다. 다시 [Parallel](▱) 아이콘을 클릭하고 그림과 같이 우측의 1번 박스의 두 지점을 클릭합니다.

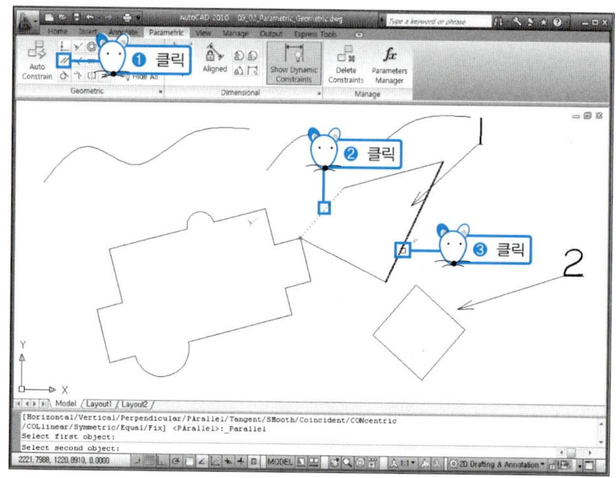

여러 구속 조건 바(Constraint bar)를 구분하는 방법

객체에 여러 매개변수가 적용되어 구속 조건 바가 뒤섞여 표시되어 있을 때에는 객체 간에 어떤 구속 조건이 적용되어 있는지 구분하기 힘듭니다. 이런 경우 객체 위에 마우스 포인터를 가져가면 해당 객체에 적용된 구속 조건 바가 하이라이트 되고, 구속 조건 바 위에 마우스 포인터를 가져가면 서로 연관된 구속 조건 바를 하이라이트로 알려줍니다.

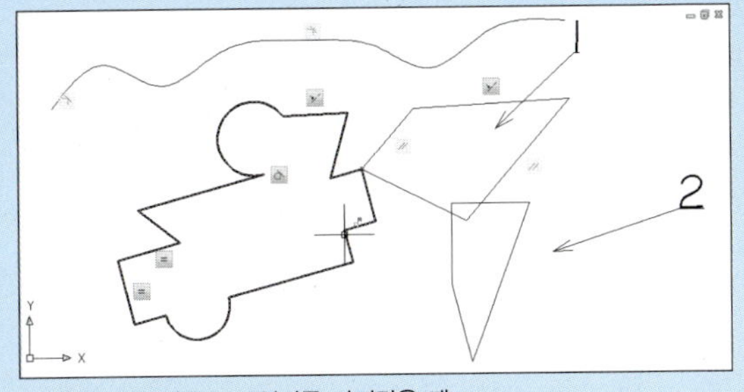

▲ 객체 위에 마우스 포인터를 가져갔을 때

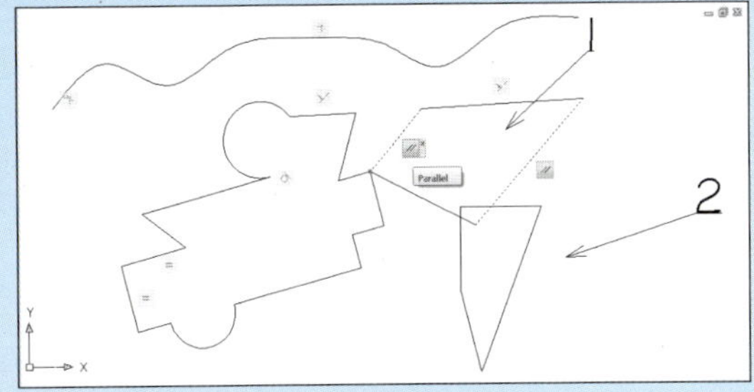

▲ 구속 조건 바 위에 마우스 포인터를 가져갔을 때

04 처음 선택한 객체를 기준으로 나중에 지정한 객체가 평행(Parallel)하게 위치하였습니다. 이 때 두 객체가 평행하게 되면서 먼저 적용했던 매개변수인 동일선(Collinear) 상의 구속 조건에 따라 좌측의 객체 역시 변형된 것을 확인할 수 있습니다. 다시 [Perpendicular] 아이콘을 클릭하고 그림과 같이 좌측의 객체와 우측의 2번 박스를 클릭합니다.

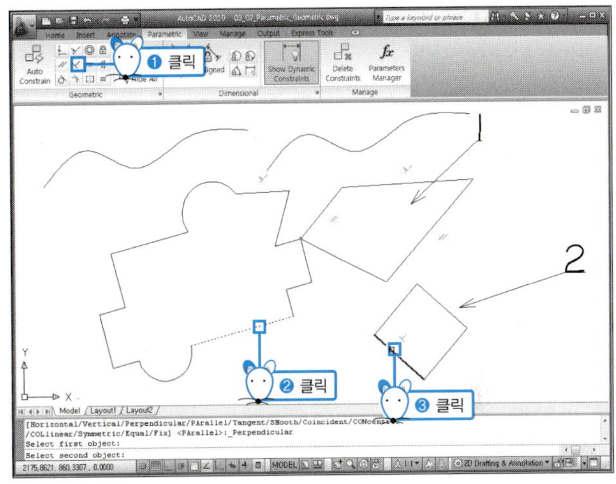

05 처음 선택한 객체에 나중에 선택한 객체가 수직(Perpendicular)하게 위치하였습니다. 다시 [Horizontal] 아이콘을 클릭하고 그림과 같이 우측의 2번 박스를 클릭하면 객체가 수평 (Horizontal)하게 구속됩니다.

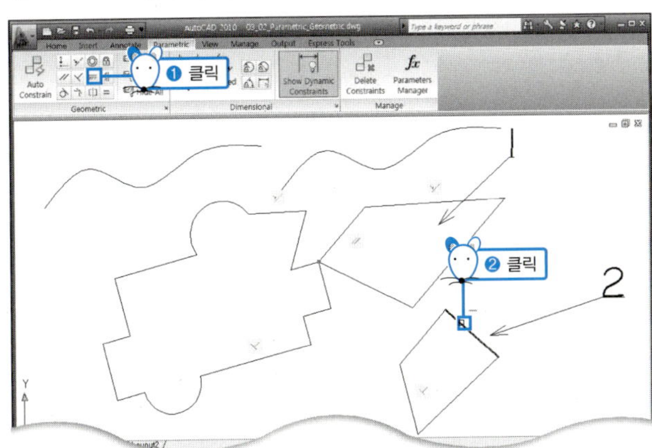

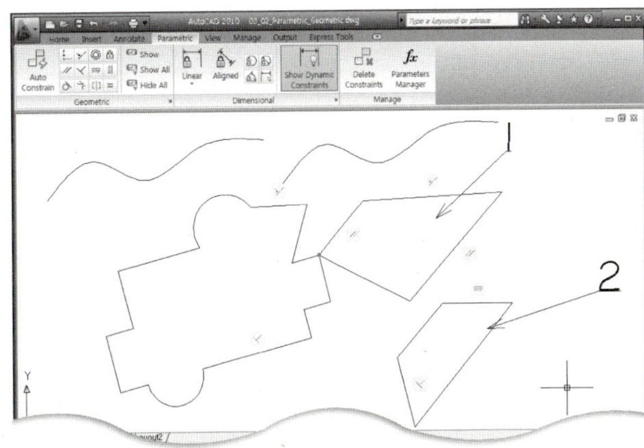

06 [Vertical]( ) 아이콘을 클릭하고 그림과 같이 우측의 2번 박스를 클릭하면 객체가 수직
(Vertical)하게 구속됩니다.

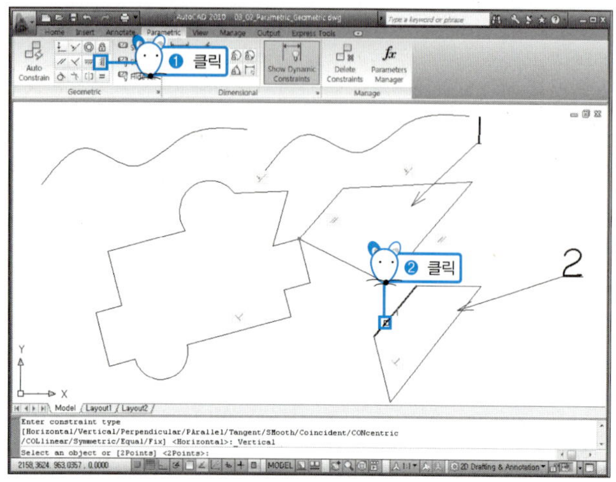
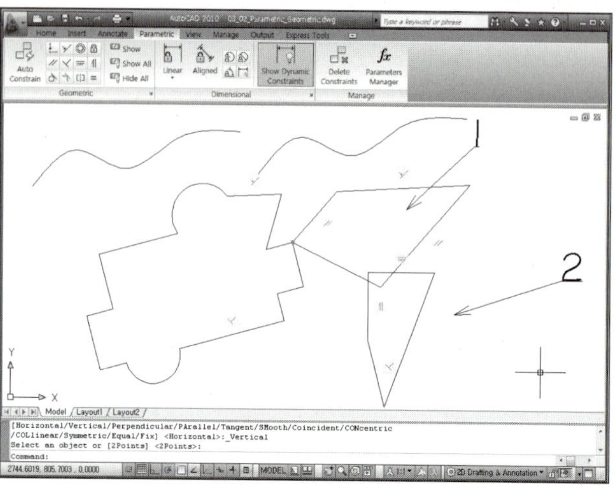

07 [Equal]( ) 아이콘을 클릭하고 그림과 같이 좌측의 객체를 클릭합니다.

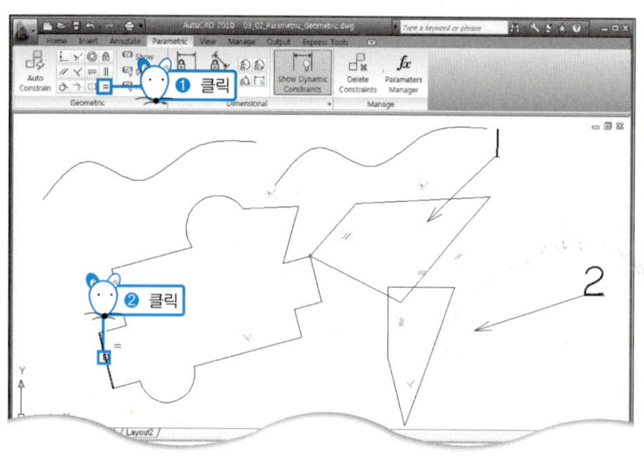
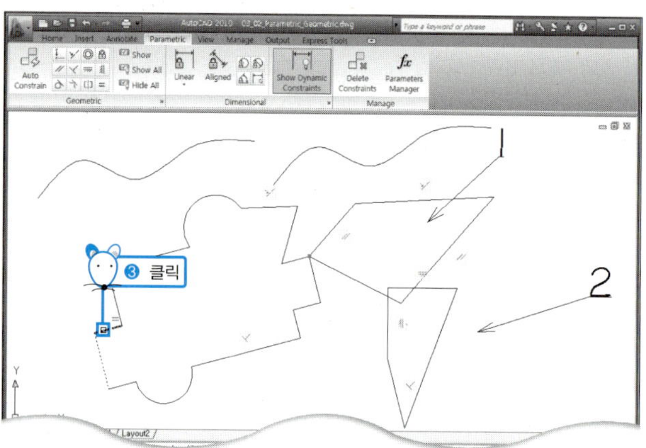

08 선택한 두 객체가 같은(Equal) 길이로 구속되었습니다. 다시 [Tangent]( ) 아이콘을 클릭하
고 그림과 같이 좌측의 객체를 클릭합니다.

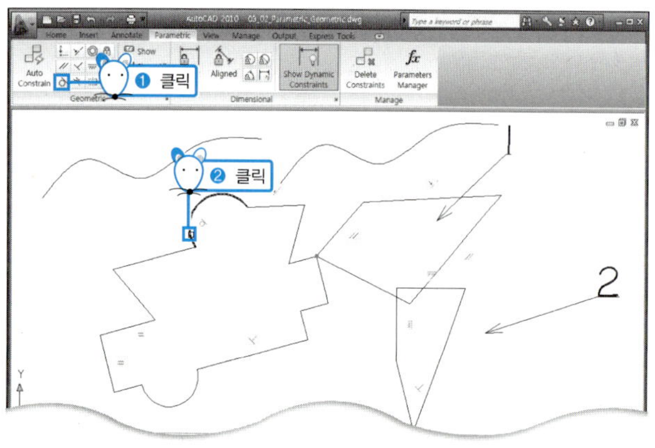
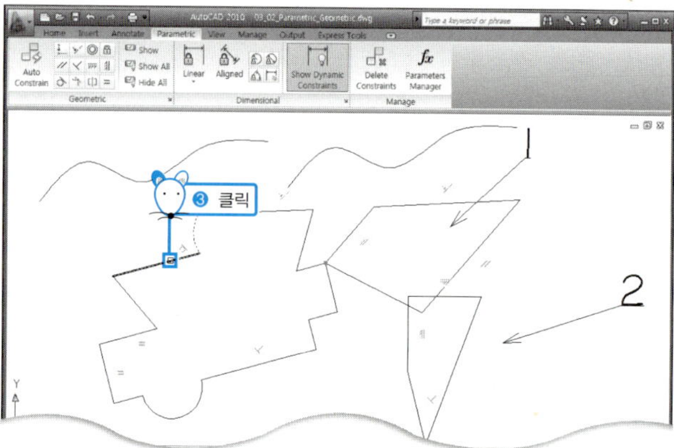

Concentric 구속 조건과 Symmetric 구속 조건

Concentric 구속 조건은 선택한 두 개의 객체 '중심을 일치(Concentric)' 시키고, Symmetric 구속 조건은 두 객체를 '대칭 · 일치(Symmetric)' 시킵니다.

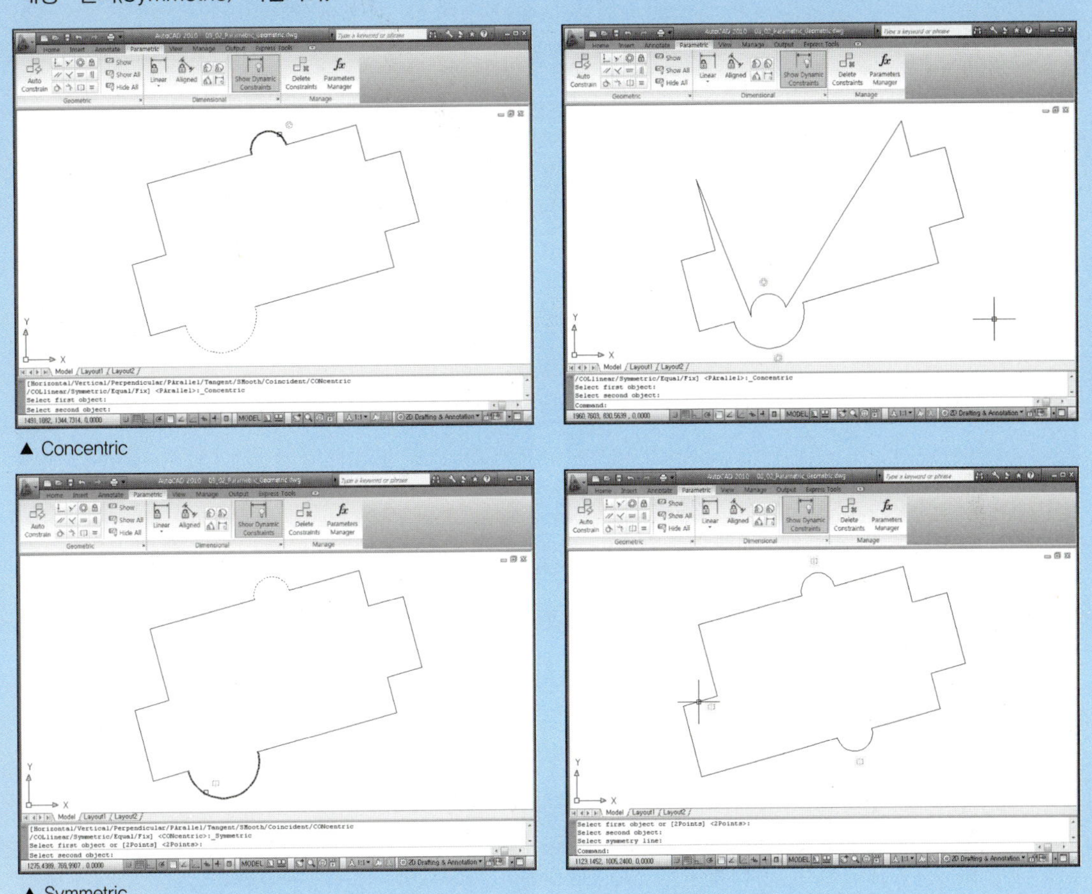

▲ Concentric

▲ Symmetric

09 처음 선택한 객체에 나중에 선택한 객체가 접(Tangent)하게 구속되었습니다. 다시 [Smooth] (▣) 아이콘을 클릭하고 그림과 같이 상단의 스플라인을 클릭합니다.

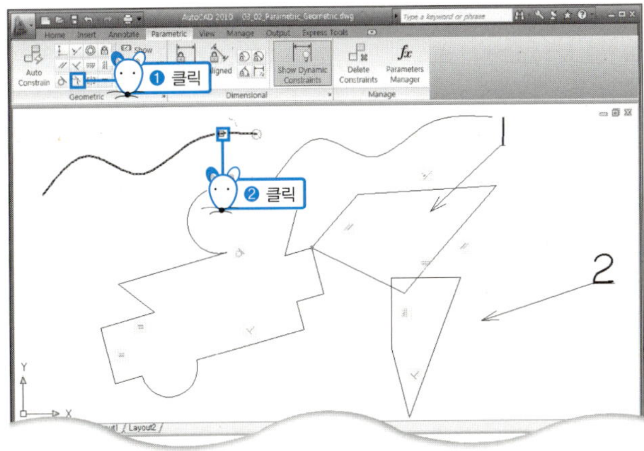

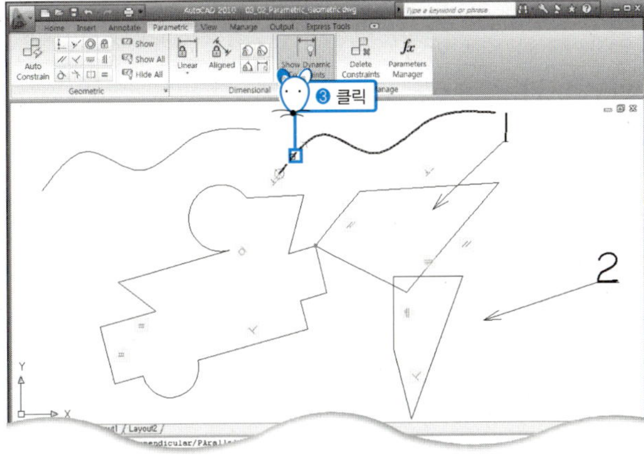

10 두 객체가 같은 곡률로 연속되도록 구속되었습니다. [Hide All](이미지) 아이콘을 클릭하여 적용
된 매개변수(Parametric) 심벌을 모두 숨깁니다.

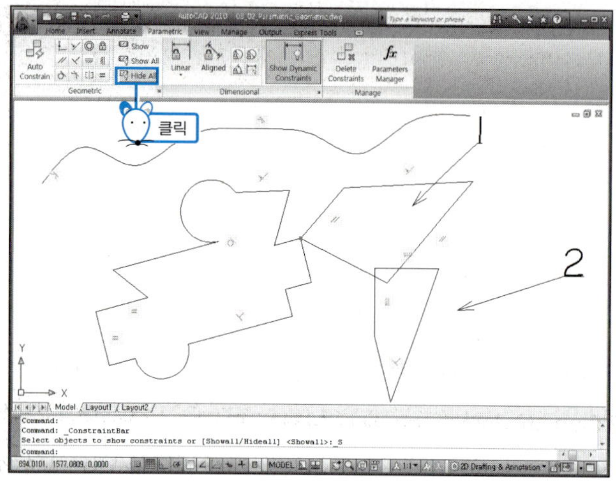 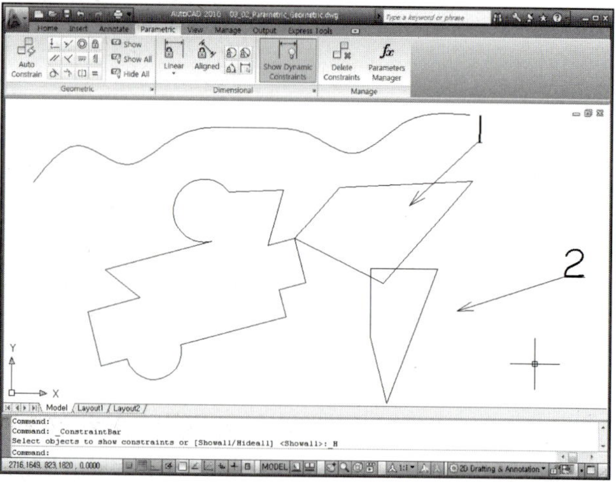

11 [Show](이미지) 아이콘을 클릭하여 그림과 같이 객체를 클릭한 후 [Enter]를 누릅니다. 선택한 객
체에 적용된 매개변수 심벌을 표시합니다.

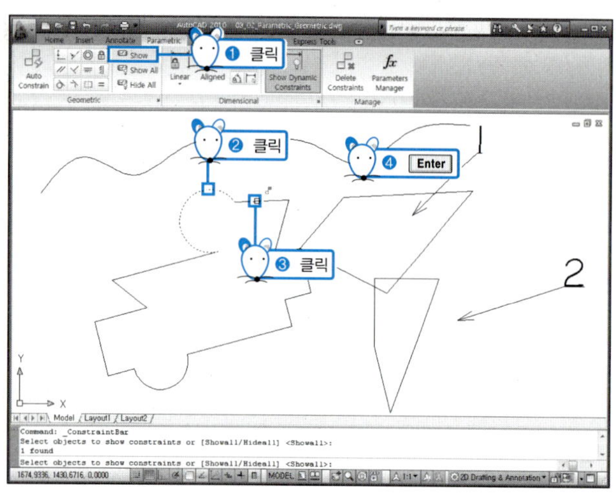 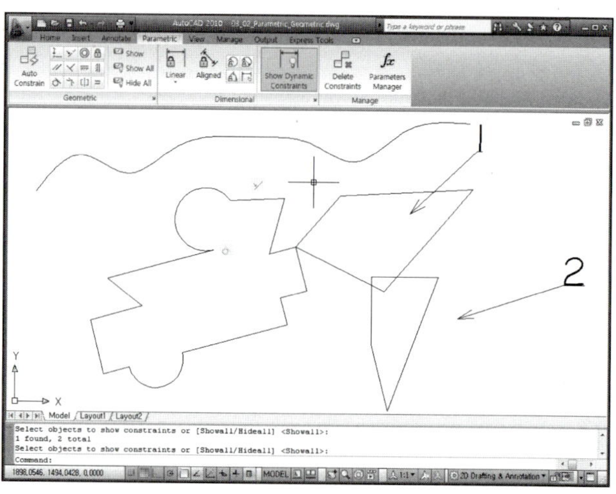

12 [Show All](이미지) 아이콘을 클릭하여 매개변수 심벌을
모두 표시합니다.

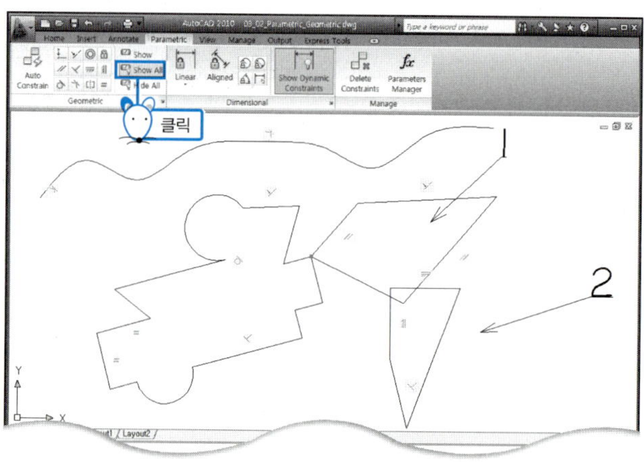

13 [Manage] 패널의 [Delete Constraints](아이콘) 아이콘을 클릭하여 그림과 같이 2번 박스를 선택
한 후 Enter 를 눌러 적용된 구속 조건을 모두 삭제합니다.

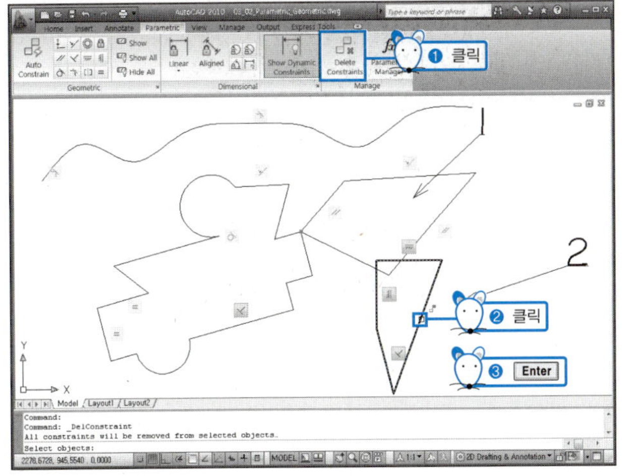

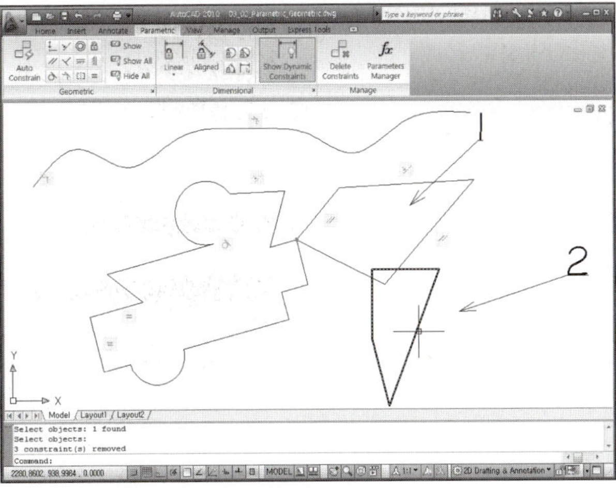

주목

구속 조건을 삭제하기 위해서는 해당 매개변수 심벌을 위로 마우스 포인터를 가져가서 닫기 표시를 클릭해도
됩니다.

Auto Constrain 적용 방법

[Geometric] 패널의 [Constraint Settings] 단추를 클릭하여 [Constraint Settings] 대화상자를 불러낸 후 [Auto
Constrain] 탭에서 필요한 구속 조건을 체크합니다. [Geometric] 패널의 [Auto Constrain](아이콘) 아이콘을 클릭한 후
객체를 선택하고 Enter 를 누르면 자동으로 객체에 구속 조건이 적용됩니다.

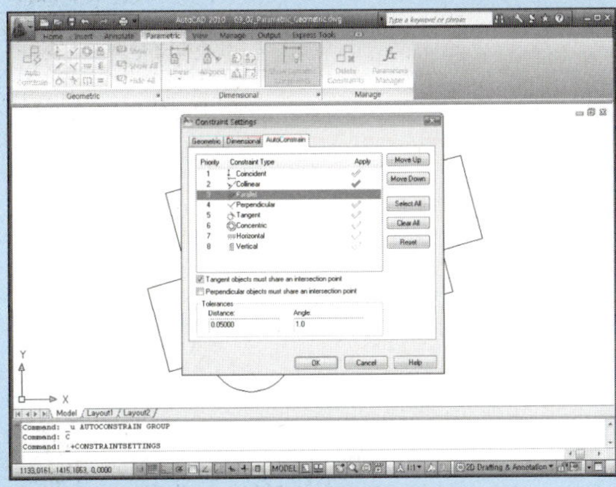

▲ [Constraint Settings] 대화상자의 [Auto Constrain] 탭

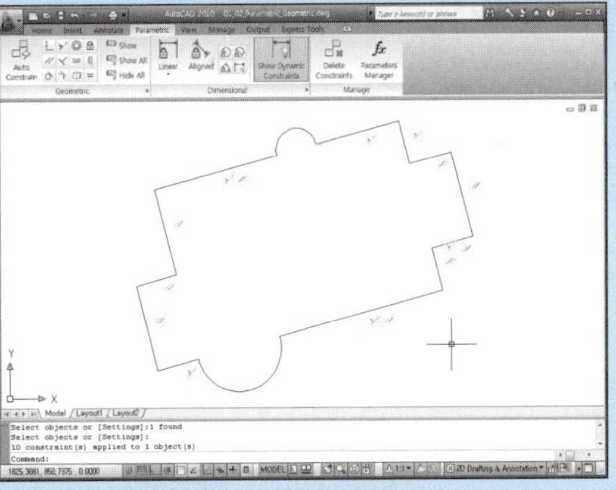

▲ Apply Auto Constrain(Collinear & Parallel)

실전 예제로 실력 굳히기

앞서 배운 명령들을 간단한 예제를 통해 좀 더 숙련할 수 있도록 합니다. 이번에 학습할 내용은 단일 명령을 잘 이해하고 사용하는 것에서 더 나아가 사용자가 작업할 환경에서의 응용력을 배양하기 위한 연습입니다.

Lesson 03

1인용 책상을 2인용으로 수정하는 Stretch와 Copy

Stretch와 Copy 명령으로 1인용 책상과 의자 세트를 2인용으로 수정해 봅니다.

Samples\03_03_Example_01.dwg

01 [Home] 탭의 [Modify] 패널에서 [Stretch](□) 아이콘을 클릭(또는, Stretch(S) 명령을 입력하고 Enter)하고 그림과 같이 Cross Window 방식으로 선택 창을 만들어 객체의 일부를 선택한 후 Enter 를 누릅니다.

02 기준점을 지정하라는 요청에 객체의 옆에 빈 영역을 클릭합니다.

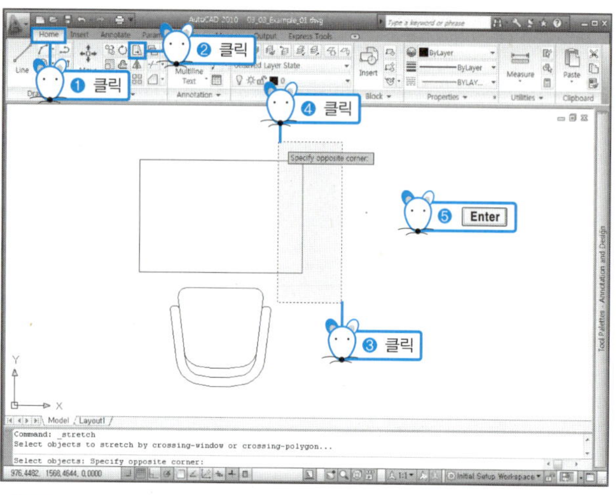


```
Command: Stretch(S) Enter (Stretch 명령 실행)
Select objects to stretch by crossing-window
or crossing-polygon...
Select objects: (객체 선택)
Select objects: Enter
```

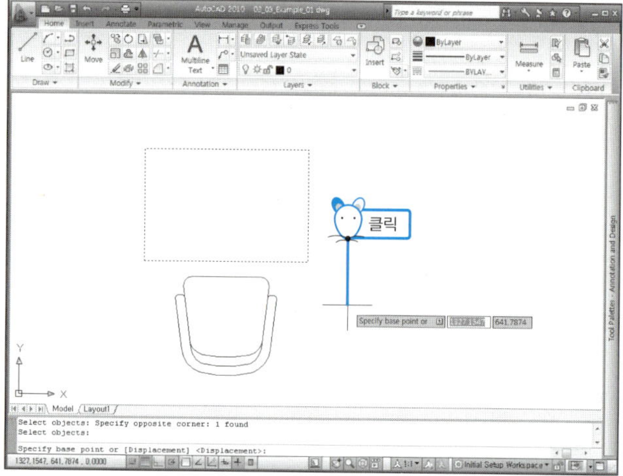


```
Specify base point or [Displacement]
<Displacement>: (기준점 클릭)
```

03 두 번째 점을 지정하라는 요청에 '@900,0'을 입력하고 Enter 를 누릅니다.

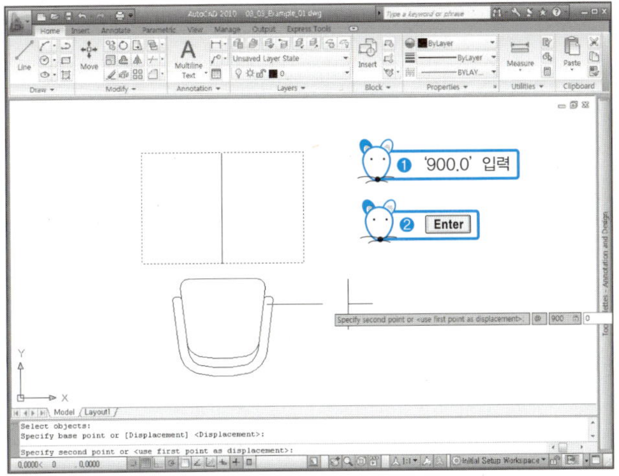

Specify second point or <use first point as displacement>: @900,0 Enter (두 번째 지점 지정)

04 책상의 폭이 Stretch 명령에 의해 두 배가 되었습니다. 다시 의자를 복사 · 배치하기 위해 [Home] 탭의 [Modify] 패널에서 [Copy](🗐) 아이콘을 클릭(또는, Copy (CO) 명령을 입력하고 Enter)하고 그림과 같이 객체를 선택한 후 Enter 를 누릅니다.

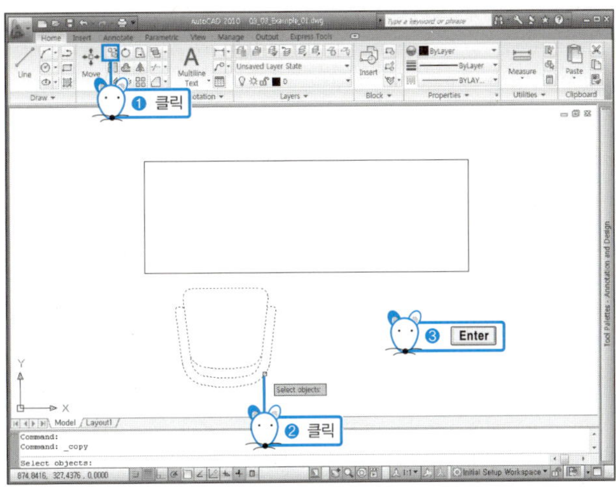

Command: Copy(CO) Enter (Copy 명령 실행)
Select Objects: (객체 선택) Enter

05 도면 영역의 빈 영역을 클릭하여 기준점을 지정합니다.

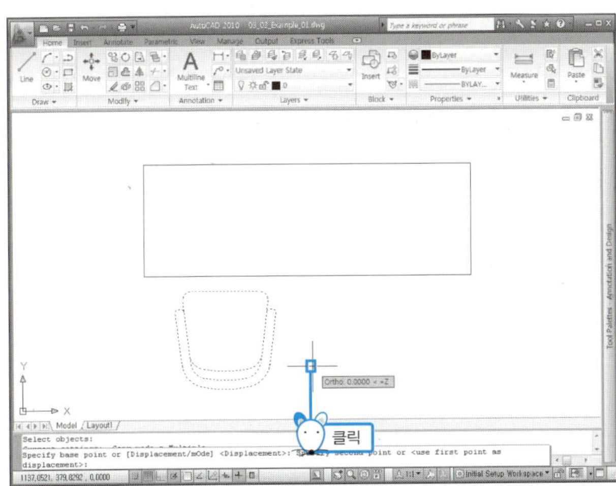

Specify base point or [Displacement/mOde] <Displacement>: (기준점 클릭)

06 복사해서 위치시킬 두 번째 점을 지정하기 위해 '@900 ,0'을 입력하고 Enter 를 누릅니다. 다음 점을 지정하라는 요청에 Enter 를 눌러 명령을 종료합니다.

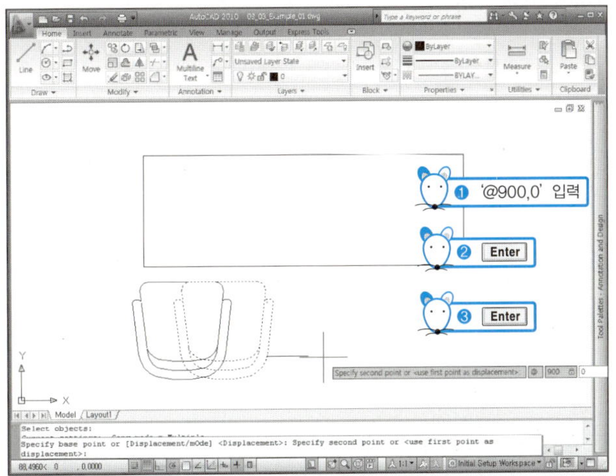

Specify second point of displacement or <use first point as displacement>: @900,0 Enter (두 번째지점 지정)
- Specify second point of displacement or [Exit/Undo]<Exit>: Enter (Copy 명령 종료)

07 1인용 책상과 의자가 2인용 책상과 의자로 수정된 것을 확인할 수 있습니다.

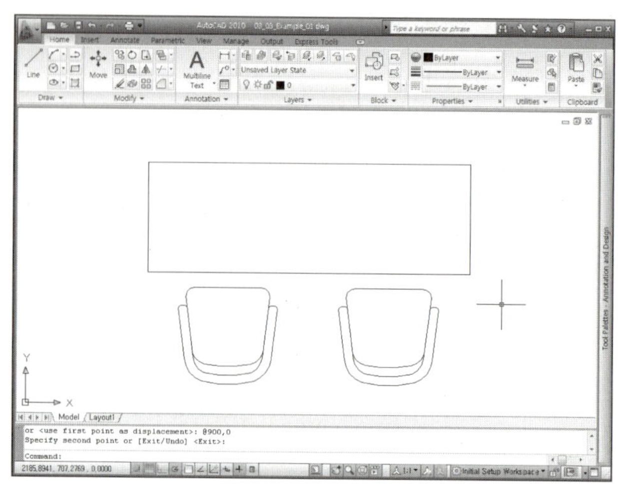

2인용 책상을 4인용으로 수정하는 Stretch와 Mirror

Stretch와 Mirror 명령으로 2인용 책상과 의자 세트를 4인용으로 수정해 봅니다.

⊙ Samples\03_03_Example_02.dwg

01 [Home] 탭의 [Modify] 패널에서 [Stretch](□) 아이콘을 클릭(또는, Stretch(S) 명령을 입력하고 Enter)하고 그림과 같이 Cross Window 방식으로 객체의 일부를 선택한 후 Enter 를 누릅니다.

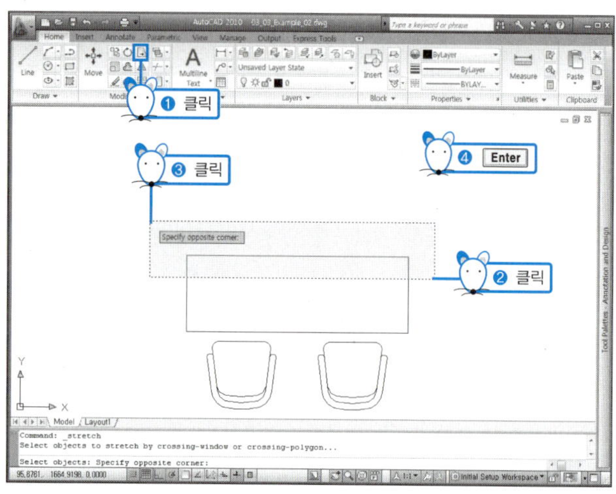

02 기준점을 지정하라는 요청에 객체의 옆에 빈 영역을 클릭합니다.

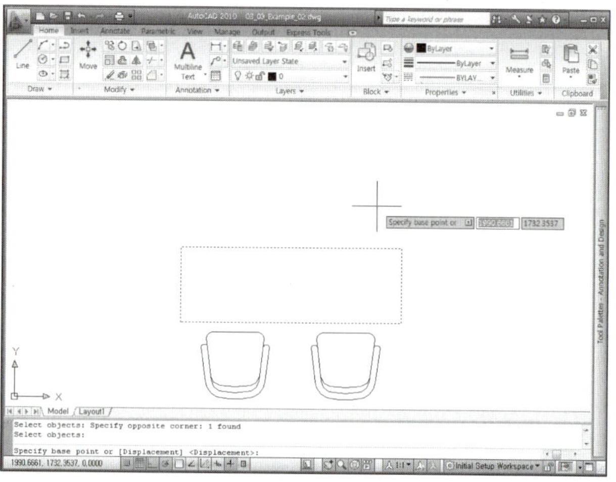


```
Command: Stretch(S) Enter  (Stretch 명령 실행)
Select objects to stretch by crossing-window
or crossing-polygon...
Select objects: (객체 선택)
Select objects: Enter
```

```
Specify  base  point  or  [Displacement]
<Displacement>: (기준점 클릭)
```

03 두 번째 점을 지정하라는 요청에 '@0,300'을 입력하고 Enter 를 누릅니다.

04 다시 반대편으로 의자를 복사·배치하기 위해 [Home] 탭의 [Modify] 패널에서 [Mirror](▲) 아이콘을 클릭(또는, Mirror(MI) 명령을 입력하고 Enter)하고 그림과 같이 객체를 선택한 후 Enter 를 누릅니다.

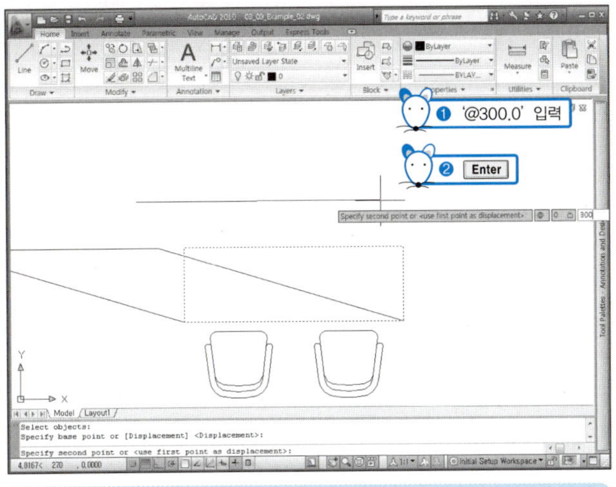

```
Specify second point or <use first point as
displacement>: @0,300 Enter (두 번째 점 지정)
```

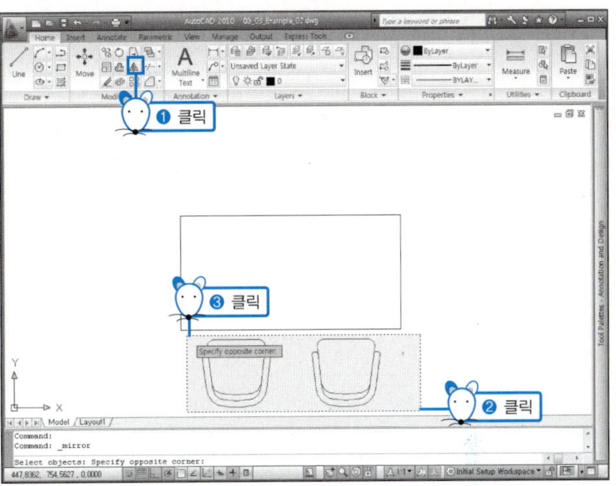

```
Command: Mirror(MI) Enter (Mirror 명령 실행)
Select Object: (객체 선택)
Select Object: Enter
```

05 Mirror Line의 첫 번째, 두 번째 끝점을 지정합니다. 만약 Osnap의 중간점(Midpoint)이 설정되어 있지 않아 책상의 중간에서 삼각형 심벌이 보이지 않으면 상태 표시줄의 [Object Snap](▣) 아이콘 위에서 마우스 오른쪽 단추를 클릭한 후 [Midpoint]를 체크합니다.

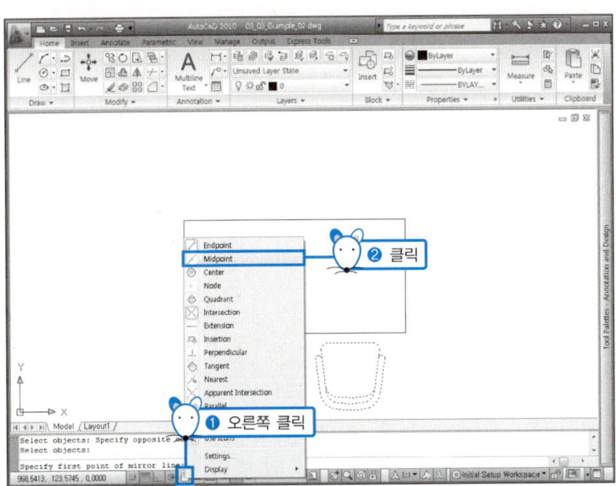

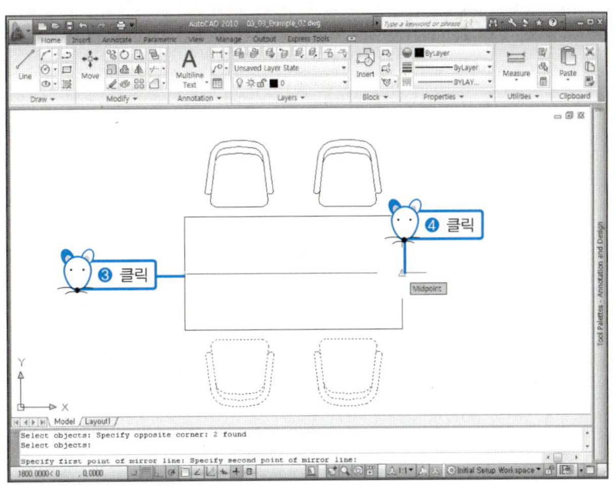

```
Specify first point of mirror line : (첫 번째 점 지정)
- Specify second point of mirror line : (두 번째 점 지정)
```

06 원본 객체를 삭제할 것인지를 묻습니다. 기본으로는 '아니오〈No〉'로 되어있습니다. Enter 를 눌러 명령을 적용합니다.

07 2인용 책상과 의자가 4인용 책상과 의자로 수정된 것을 확인할 수 있습니다.

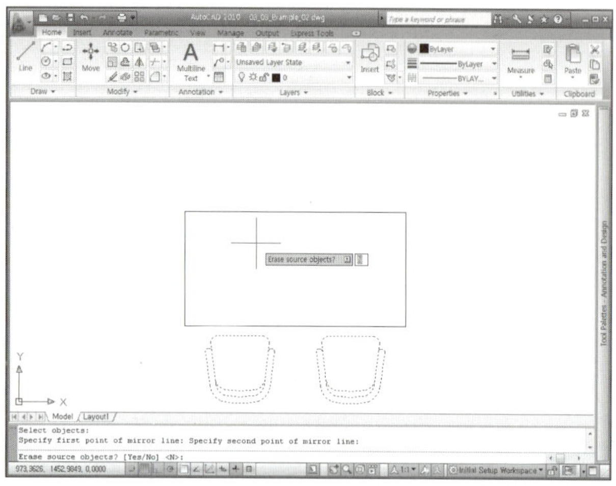

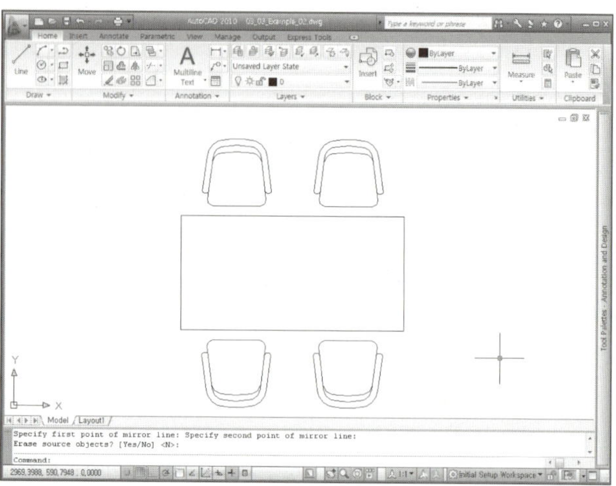

Erase source objects?[Yes/No]<N>: Enter (No 옵션실행)

테이블 모서리를 둥글게 수정하는 Fillet

Fillet 명령으로 책상의 모서리를 둥글게 수정해 봅니다.

⊙ Samples\03_03_Example_03.dwg

01 [Home] 탭의 [Modify] 패널에서 [Fillet](⬚) 아이콘을 클릭(또는, Fillet(F) 명령을 입력하고 Enter)합니다. 반지름(Radius) 설정을 위해 'r'을 입력한 후 Enter 를 누릅니다.

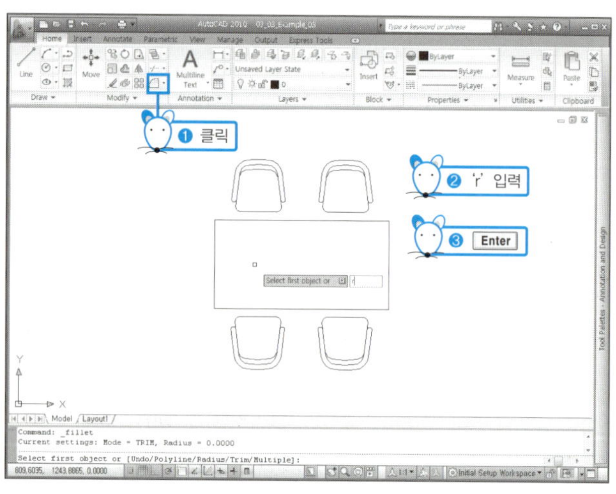

Command: Fillet(F) Enter (Fillet 명령 실행)
Current settings: Mode = TRIM, Radius = 0.0000
Select first object or [Undo/Polyline/Radius/Trim/Multiple]: r Enter (Radius 옵션 실행)

02 Radius 값으로 '50'을 입력하고 Enter 를 누릅니다.

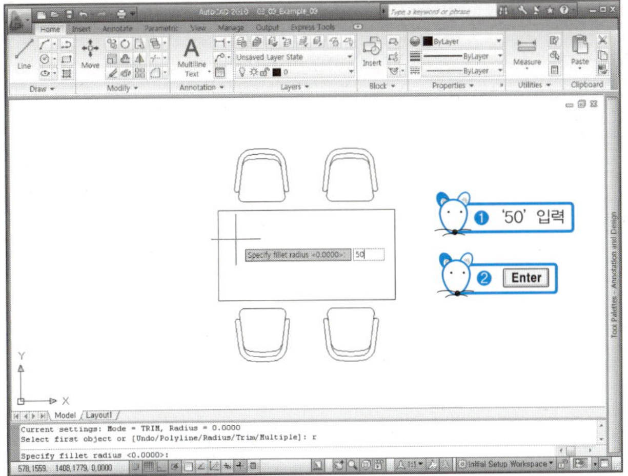

> Specify fillet radius <50.0000>: 50 Enter (반지름 값 설정)

03 첫 번째 객체와 두 번째 객체를 선택하라는 요청에 그림과 같이 모서리를 이루는 두 객체를 클릭합니다.

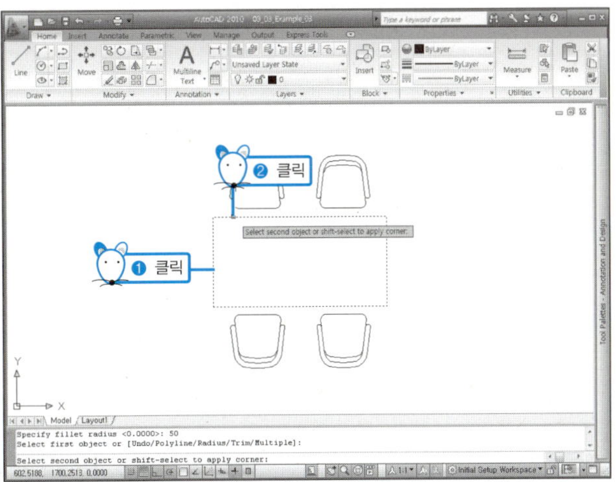

> Select first object or [Undo/Polyline/Radius/Trim/Multiple]: (객체 클릭)
> Select second object or shift-select to apply corner: (객체 클릭)

05 다시 한 번 같은 명령(Fillet)을 반복하기 위해 Enter 를 누릅니다. 책상의 아래 부분도 같은 방법으로 Fillet 명령을 적용합니다.

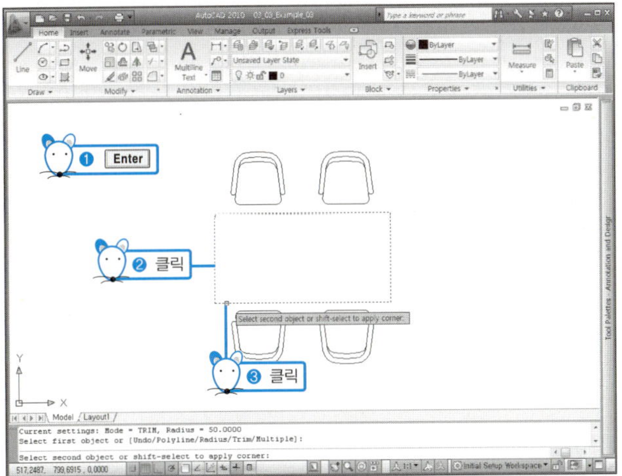

> Command: _fillet Enter (Fillet 명령 재실행)
> Current settings: Mode = TRIM, Radius = 50.0000
> Select first object or [Undo/Polyline/Radius/Trim/Multiple]: (객체 클릭)
> Select second object or shift-select to apply corner: (객체 클릭)

06 다시 한 번 같은 Fillet 명령을 반복하기 위해 Enter 를 누릅니다. 이번에는 책상의 마주보는 변을 클릭하여 Fillet 명령을 적용합니다.

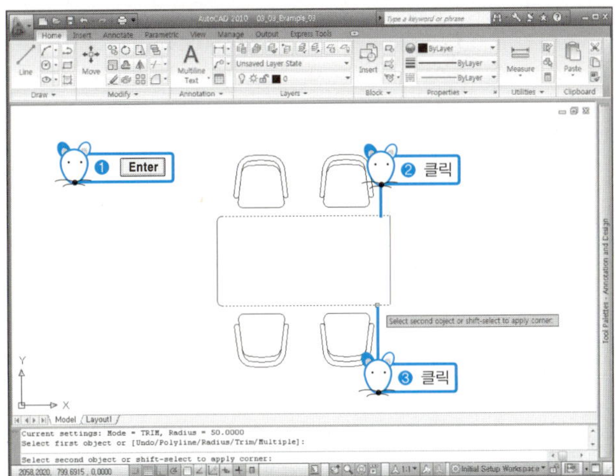

> Command: _fillet Enter (Fillet 명령 재실행)
> Current settings: Mode = TRIM, Radius = 50.0000
> Select first object or [Undo/Polyline/Radius/Trim/Multiple]: (객체 클릭)
> Select second object or shift-select to apply corner: (객체 클릭)

07 첫 번째 객체와 두 번째 객체의 모서리가 반원 모양으로 정리된 것을 확인할 수 있습니다.

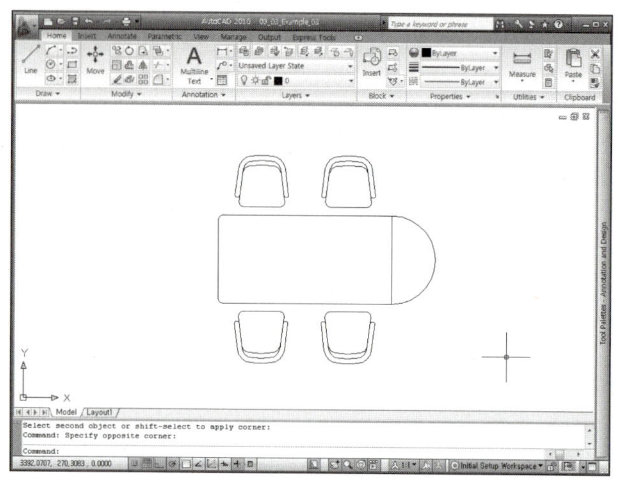

책상과 의자를 한 세트로 순식간에 교실에 배치하는 Rectangular Array

Rectangular Array 명령으로 책상을 여러 세트 만들면서 행과 열(Rectangular 배열)로 정렬해 봅니다.

⊙ Samples\03_03_Example_04.dwg

01 [Home] 탭의 [Modify] 패널에서 [Array](▦) 아이콘을 클릭하여 [Array] 대화상자를 불러냅니다.

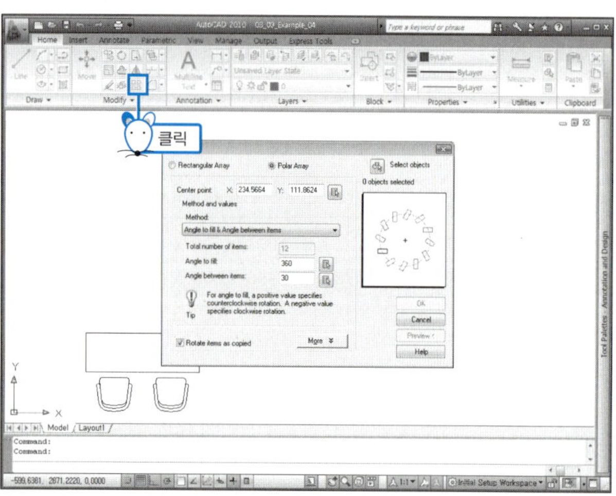

02 [Array] 대화상자의 [Rectangular Array]를 체크하고 [Select objects](⬚) 아이콘을 클릭합니다.

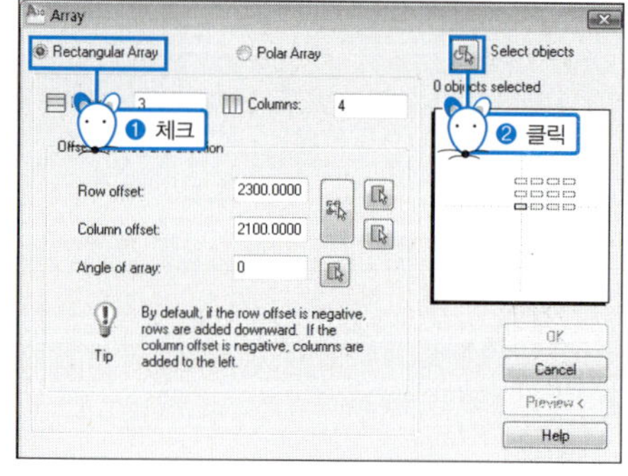

03 그림과 같이 객체를 선택한 후 [Enter]를 누릅니다.

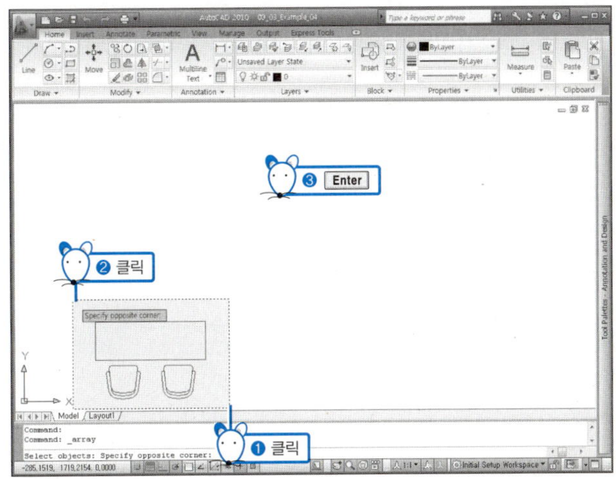

04 [Array] 대화상자를 그림과 같이 설정한 후 [Preview] 단추를 클릭해 적용한 결과를 미리 확인합니다.

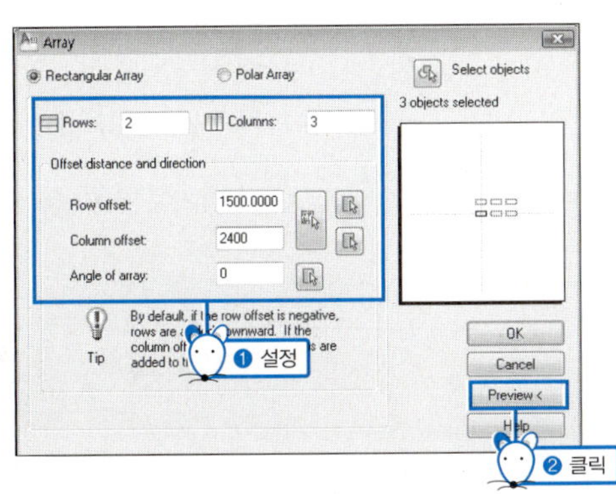

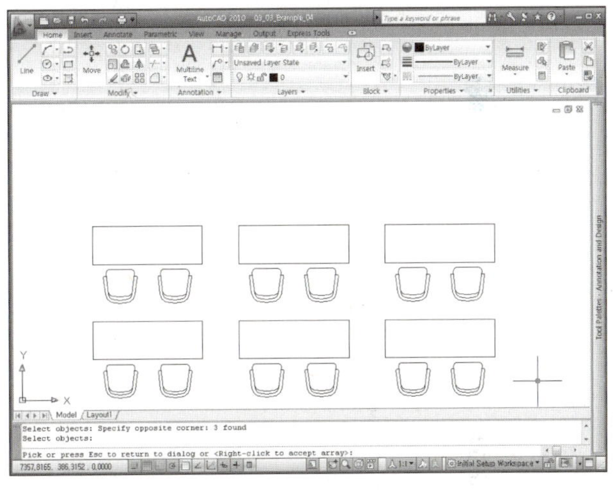

05 설정을 수정하기 위해 [Esc]를 눌러서 [Array] 대화상자로 돌아갑니다. [Array] 대화상자의 [Rows]를 '2'로 수정한 후 [OK] 단추를 클릭합니다.

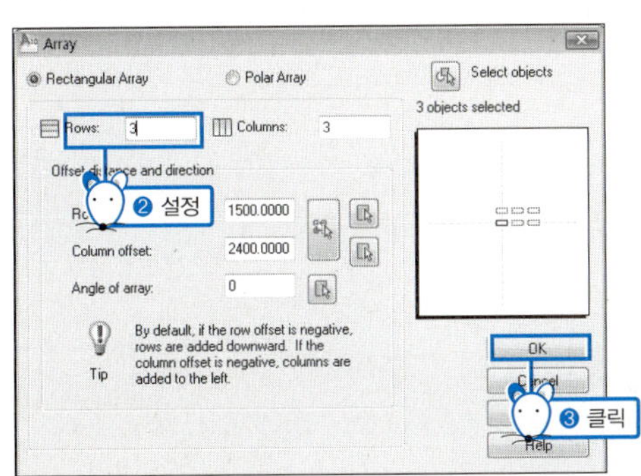

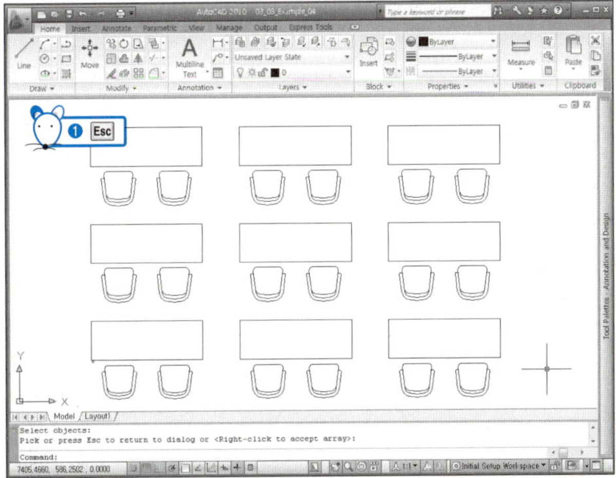

책상과 의자를 한 세트로 둥글게 배치하는 Polar Array

Polar Array 명령으로 책상을 여러 세트 만들면서 둥글게 정렬해 봅니다.

◉ Samples\03_03_Example_05.dwg

01 [Home] 탭의 [Modify] 패널에서 [Array](◫) 아이콘을 클릭하여 [Array] 대화상자를 불러냅니다.

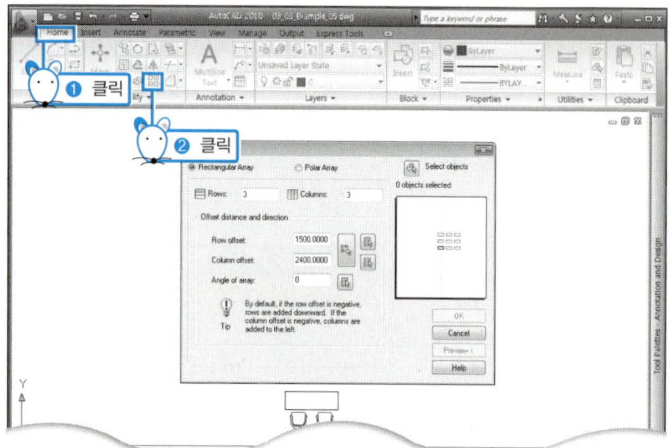

02 [Array] 대화상자의 [Polar Array]를 체크하고 [Select objects](◱) 아이콘을 클릭합니다.

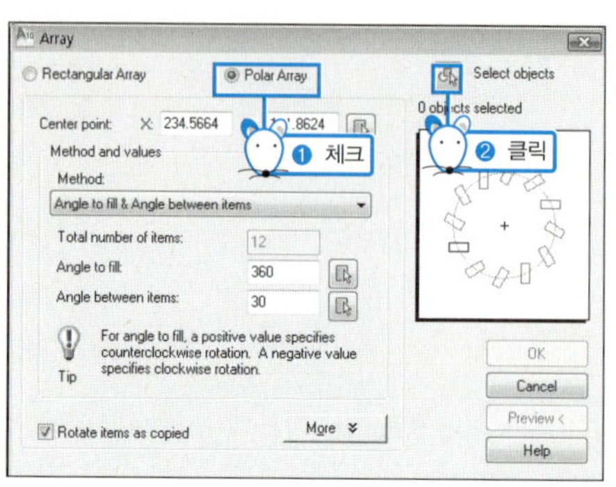

03 그림과 같이 선택 창을 열어 객체를 선택한 후 Enter 를 누릅니다.

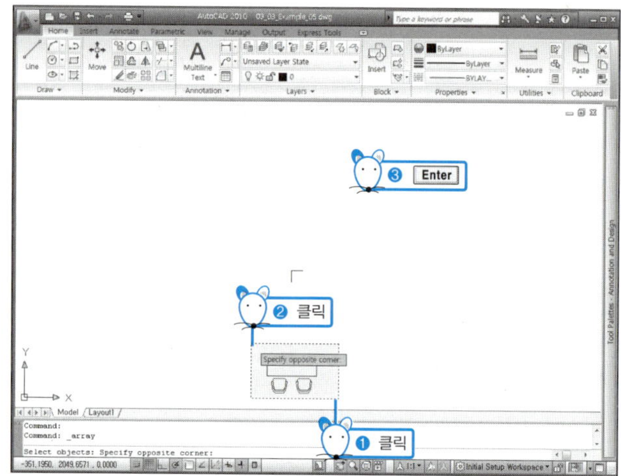

Total number of items & Angle between items

Polar Array의 정의를 '총 복사될 객체의 개수와 각 객체 간의 각도(Total number of items & Angle between items)'로 설정합니다.

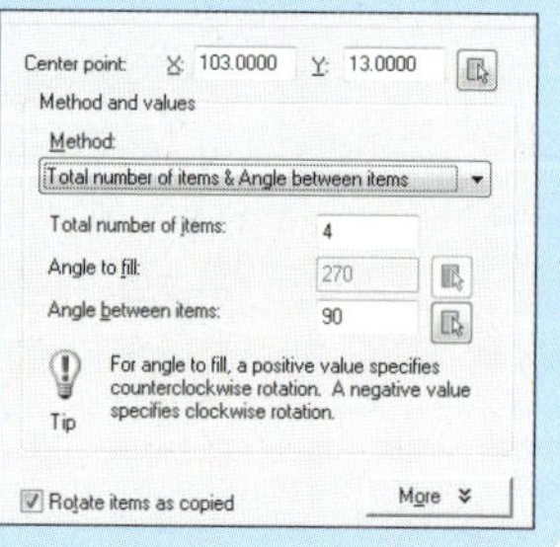

04 [Array] 대화상자에서 [Pick Center Point]( ) 아 이콘을 클릭하고 그림과 같이 중심점을 지정합니다.

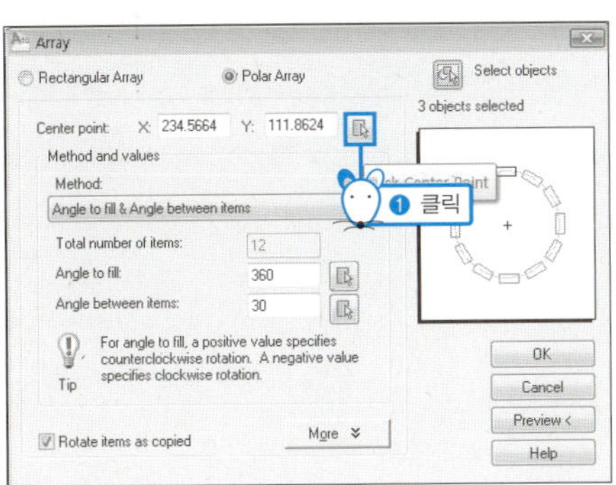

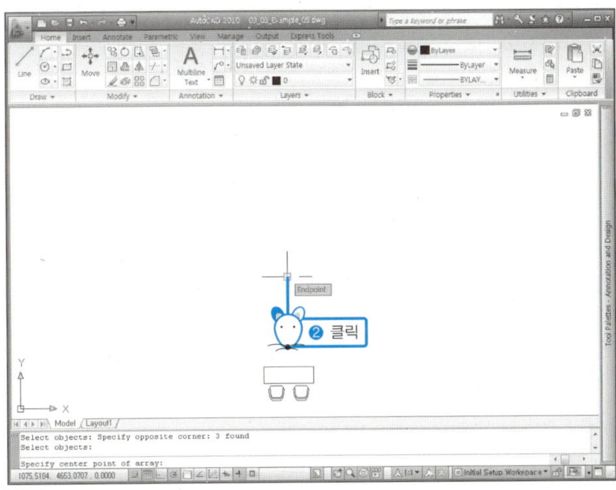

05 [Array] 대화상자를 그림과 같이 설정합니다.

❶ [Method and values] 영역에서 [Method]를 'Total number of items & Angle to fill'로 설정합니다.

❷ [Total number of items]를 '8', [Angle to fill]을 '270'으로 입력합니다.

❸ [Preview] 단추를 클릭해 적용한 결과를 확인합니다.

❹ 미리 보기 화면에서 더 이상 수정할 내용이 없으면 마우스 오른쪽 단추를 클릭하여 명령을 적용합니다.

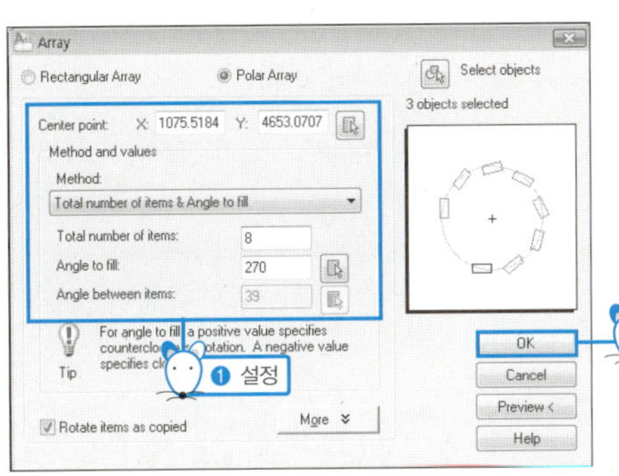

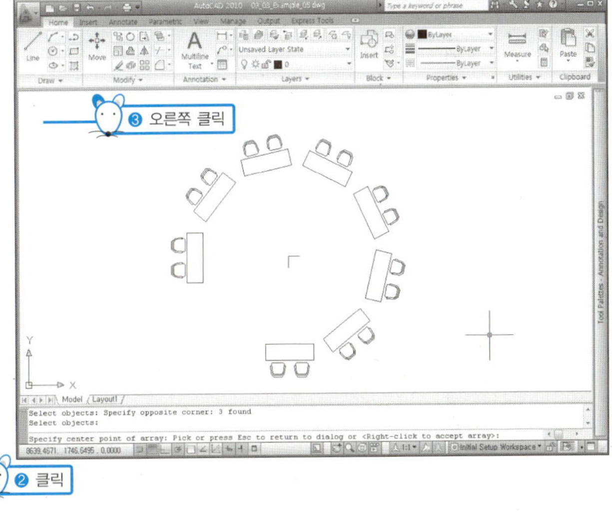

Angle to fill & Angle between items

Polar Array의 정의를 '총 복사될 각도와 각 객체 간의 각도(Angle to fill & Angle between items)'로 설정합니다.

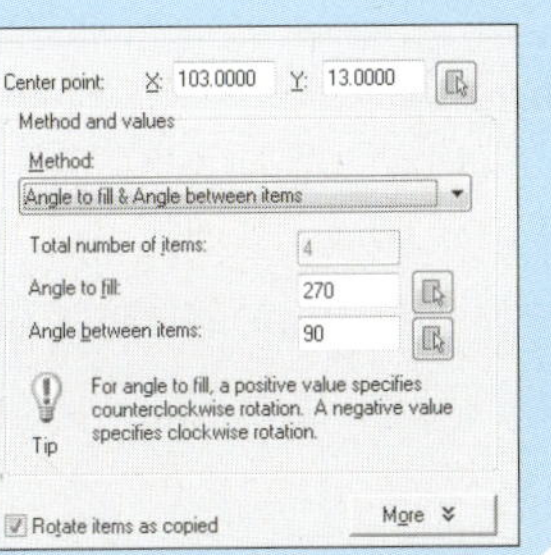

도면에는 많은 정보가 포함되어 있으며 각각의 객체에 정보를 담으려면 속성(Properties)을 부여해야 합니다. 사람으로 따지자면 개성이 되는 셈입니다. AutoCAD 2010에서 제공하는 빠른 속성 패널(Quick Properties Palettes)을 이용하면 누구나 쉽게 객체에 속성을 부여하고 간단하게 편집할 수 있습니다. 이번에는 객체가 갖추어야 할 속성들에 관한 모든 것을 알아봅니다.

도면을 도면답게 만드는 객체의 속성 (Properties)과 편집

도면 객체에 적합한 속성(Properties)을 적용하여 도면을 보다 도면답게 작성할 수 있습니다. 객체의 속성과 편집 방법에 대해 알아보고 또, 도면 작성에 필수적인 레이어(Layer) 기능과 객체와 도면 파일 자체의 정보를 확인·편집하는 방법에 대해 배워봅니다.

객체의 속성(Properties)과 설정

객체의 공통 속성 중 선 종류(Linetype), 선 종류 크기(Linetypescale), 선 두께(Lineweight)를 이해하고 편집하는 방법에 대해 알아봅니다.

● 선 종류(Linetype)

객체가 갖는 정보에 맞게 선 종류(Linetype)를 로딩(Loading)한 후 적용합니다.

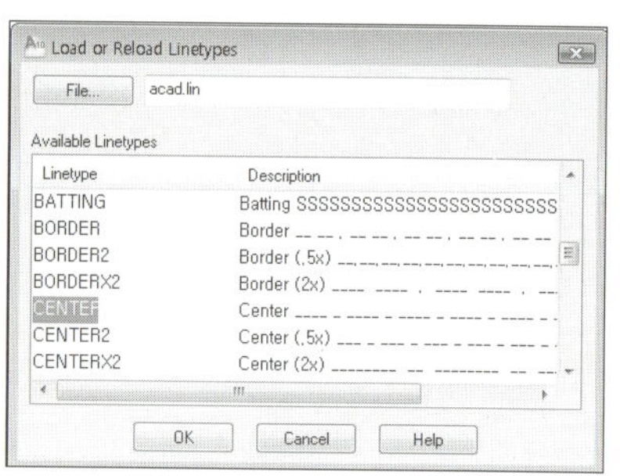

● 선 종류 크기(Linetypescale)

도면 축척에 맞게 객체의 선 종류 크기(Linetypescale)를 적용합니다.

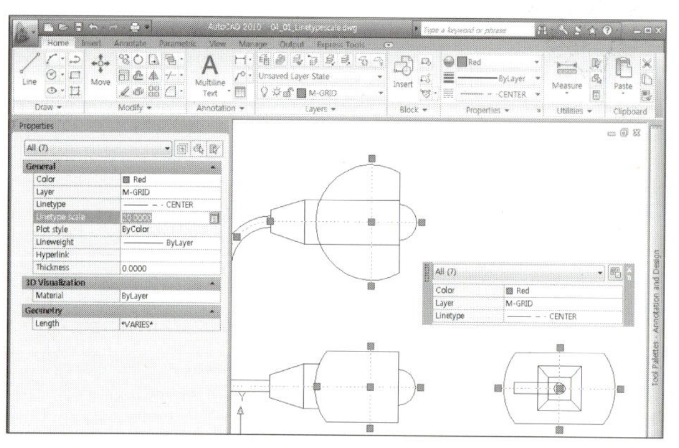

● 선 두께(Lineweight)

객체가 갖는 정보에 맞게 선 두께(Lineweight)를 적용합니다.

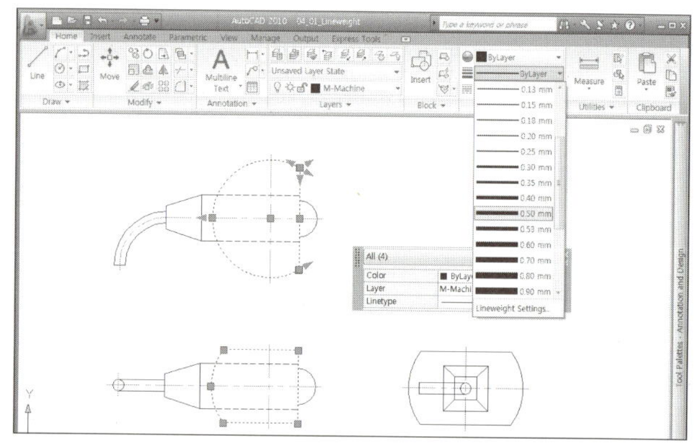

복잡해질수록 더욱 힘이 되는 레이어

도면에 필요한 많은 객체를 요소별로 구분하여 작성할 수 있도록 하여 도면 편집에 효율을 부여하는 기능이 레이어(Layer)입니다. 레이어의 원리를 이해하고 편집 명령을 하나씩 배워나간다면 아무리 복잡한 도면이라도 손쉽게 편집할 수 있습니다. 그리고 레이어 기능을 쉽게 설정할 수 있도록 하는 것이 Layer Properties Manager Palettes입니다.

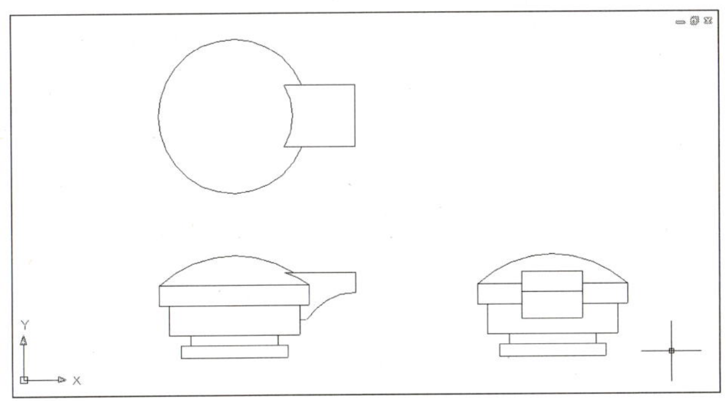

▲ 객체 입면선 레이어

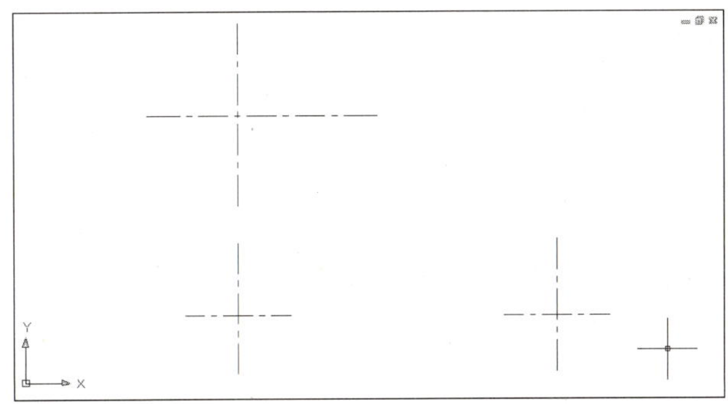

▲ 중심선 레이어

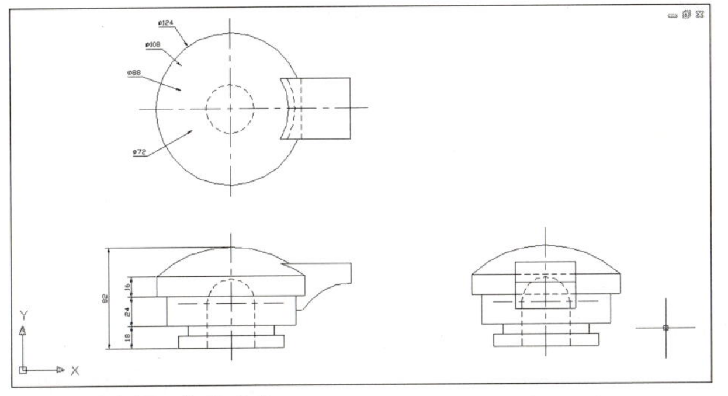

▲ 모든 레이어를 켜놓은 상태

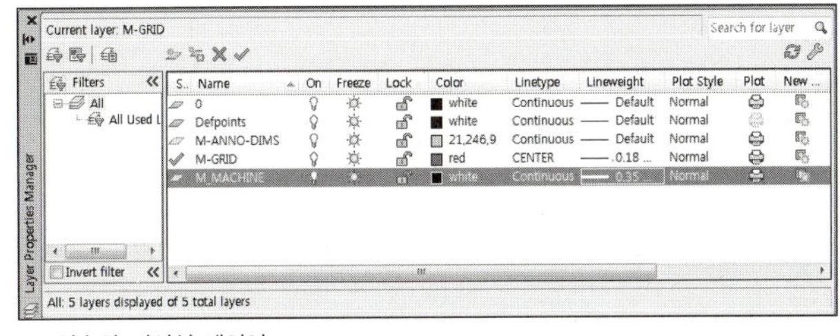

▲ 치수와 지시선 레이어

객체의 속성을 쉽게 설정할 수 있는 Properties Palettes

모든 객체들이 갖는 속성(Properties)은 도면의 중요한 정보입니다. AutoCAD 2010에서는 객체의 속성을 손쉽고 신속하게 설정해 주는 Quick Properties Panel과 디테일한 속성들도 한눈에 확인하며 편집할 수 있는 Properties Palettes 기능을 제공합니다.

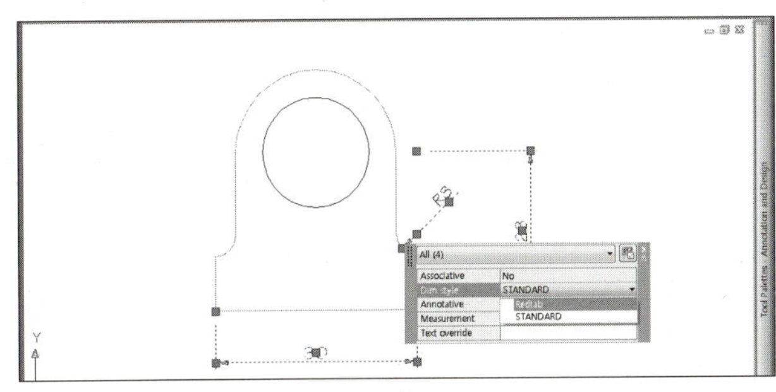

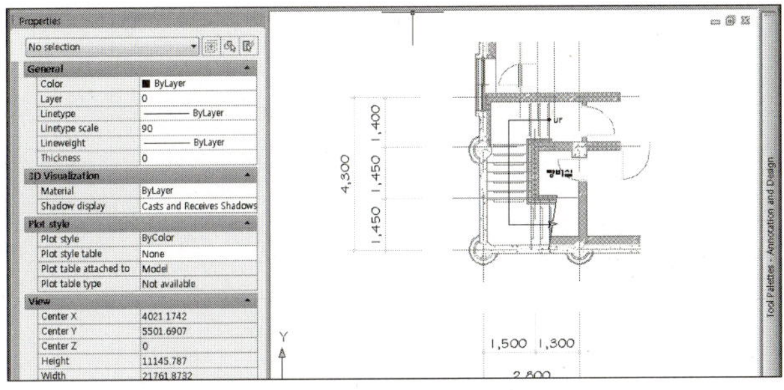

도면의 객체는 물론이고 도면 파일의 정보 검색

작성 중인 객체에 대한 정보를 파악하는 것은 도면을 정확하게 작성하는데 매우 중요합니다.
또한 작업 중인 도면 파일의 속성을 확인하고 정확한 데이터를 부여하여 체계적으로 프로젝트
를 관리하는 것 역시 매우 중요한 과정입니다.

● List 명령으로 객체의 일반적인 데이터 알아보기

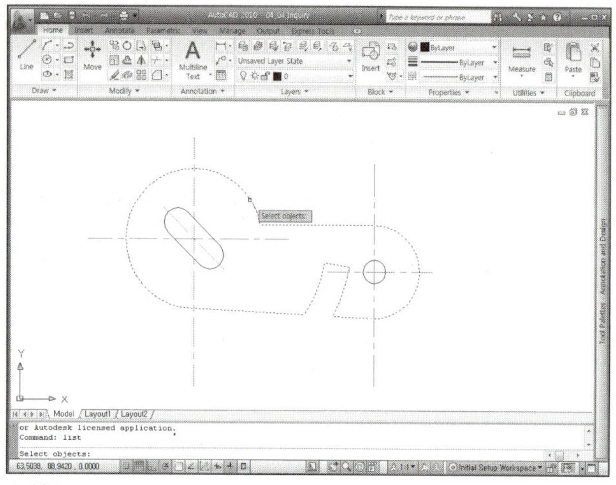

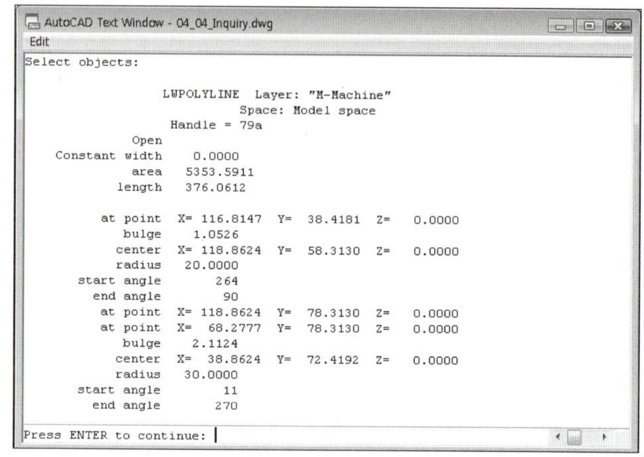

▲ List

● Distance 명령으로 두 점 간의 거리 알아보기

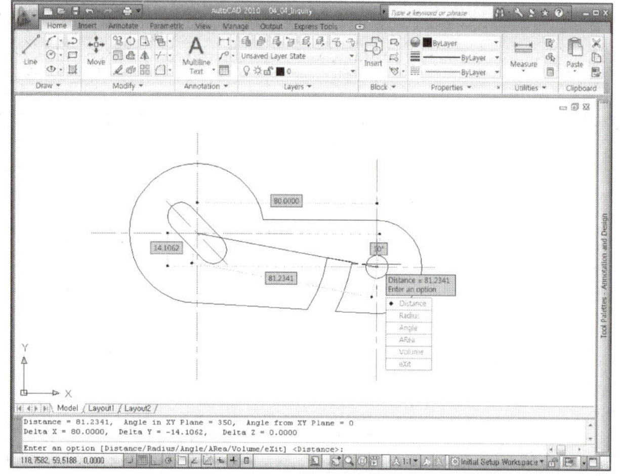

▲ Distance

● Area 명령으로 면적 알아보기

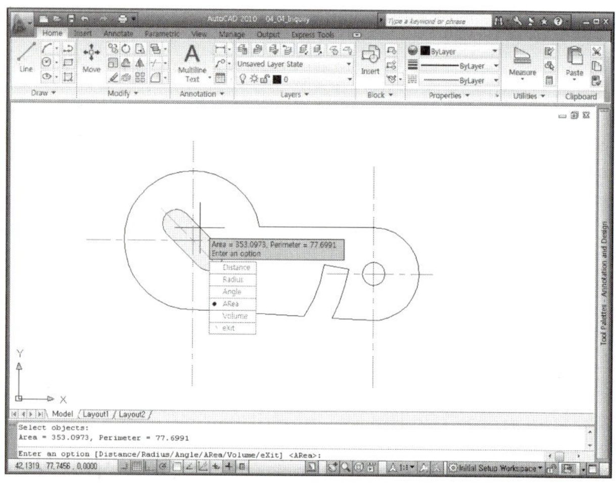

▲ Area

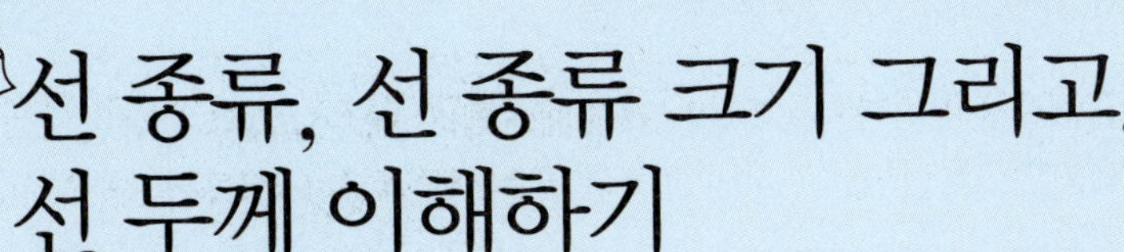

선 종류, 선 종류 크기 그리고, 선 두께 이해하기

도면에 있어서 객체를 작성하는 것만큼이나 중요한 것은 선 종류나 그 유형에 맞는 적당한 선 종류 크기입니다. 도면을 살펴보면 대부분 Line, Circle, Arc, Spline 등의 객체로 이루어져 있습니다. 이런 객체를 실선으로 할 것인지 점선으로 할 것인지 또는, 크기를 적절하게 결정하는 것이 보다 정확한 도면 정보를 전달해 줍니다.

Lesson 01

선 종류(Linetype)의 이해와 적용

선 종류를 지정하는 방법은 크게 두 가지가 있습니다. 하나는 Layer Properties Manager Palettes를 이용하여 전체적인 선 종류를 지정하는 방법이고, 또 다른 하나는 Linetype 명령이나 Change Properties 명령을 이용해 객체를 개별적으로 설정하는 방법입니다. 이번에는 Linetype 명령을 이용해 선 종류를 설정하는 방법을 알아봅니다.

⊙ Samples\04_01_Linetype.dwg

01 [Format]-[Linetype] 메뉴를 클릭하거나, [Home] 탭의 [Properties] 패널에 있는 [Select a Linetype]에서 [Other]를 선택합니다.

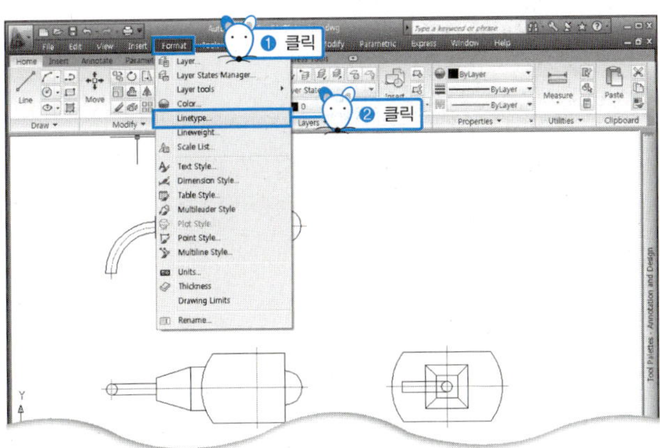
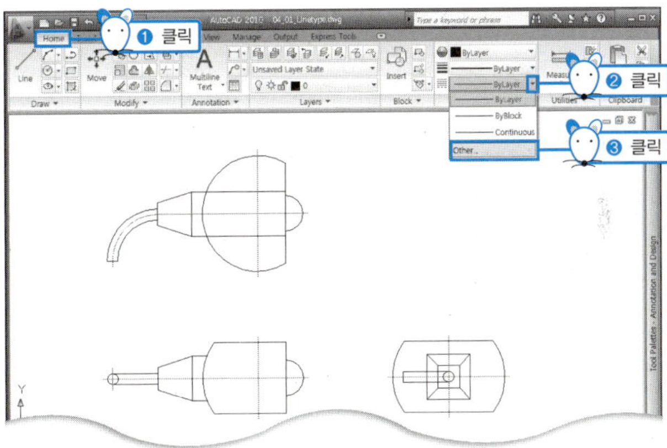

메뉴 바(Menu Bar)를 켜고 끄는 방법

퀵 액세스 툴바(Quick Access Toolbar)의 드롭다운 화살표를 클릭한 후 [Show Menu Bar]를 선택합니다.

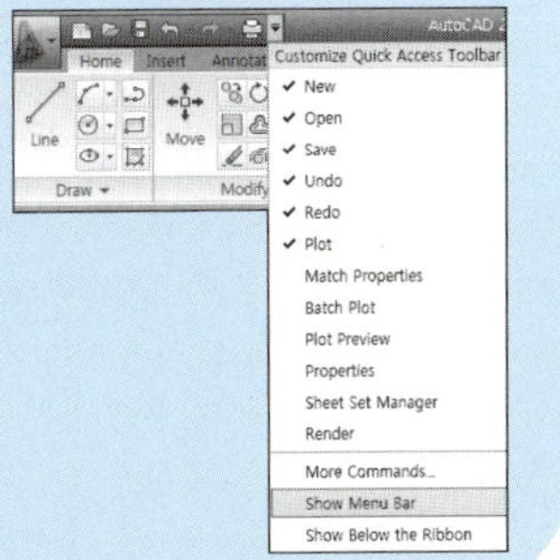

02 [Linetype Manager] 대화상자는 현재 사용하는 선 종류를 보여 줍니다. [Linetype Manager] 대화상자에서 [Load] 단추를 클릭하여 [Load or Reload Linetypes] 대화상자를 불러옵니다.

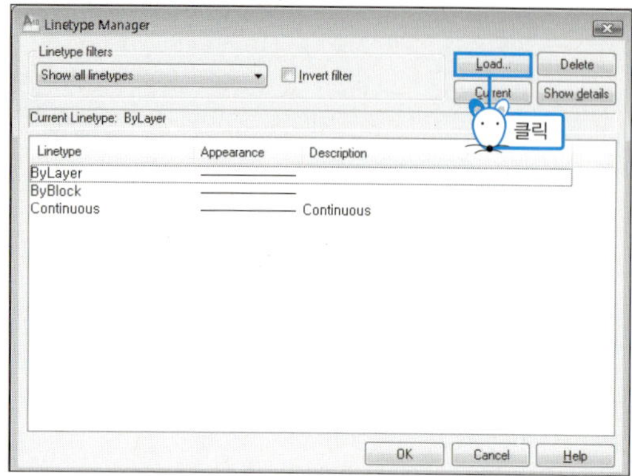

04 [Linetype Manager] 대화상자에 'CENTER' 선 종류가 들어온 것을 확인할 수 있습니다. 'CENTER' 선 종류를 선택한 후 [OK] 단추를 클릭합니다.

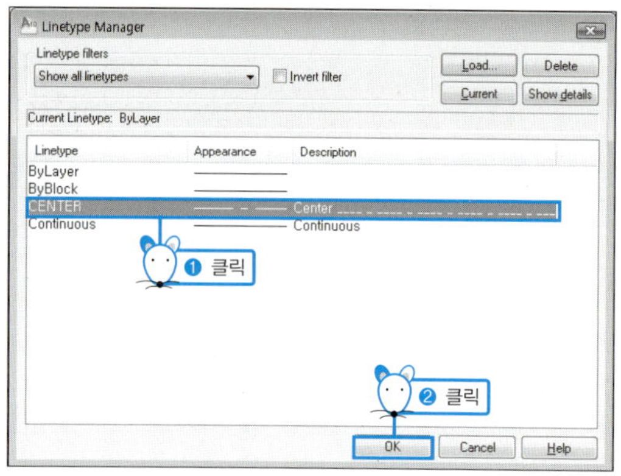

06 [Home] 탭의 [Properties] 패널에 있는 [Linetype]에서 'CENTER' 선 종류를 선택합니다.

03 AutoCAD 2010은 다양한 선 종류들이 정의되어 있습니다. 적당한 선 종류를 선택한 후에 [OK] 단추를 클릭하면 필요한 선 종류를 사용할 수 있습니다. 'CENTER' 선 종류를 선택하여 활성화시킨 후 [OK] 단추를 클릭합니다.

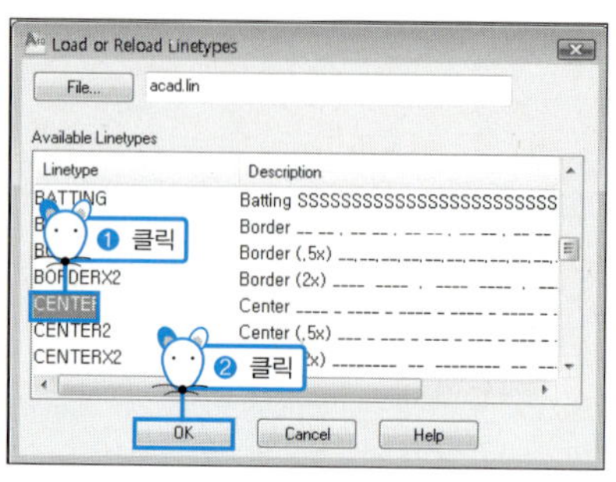

주목

중요한 것은 여기서 선 종류의 지정이 끝난 것이 아니라는 것입니다. 지금까지의 과정은 하나의 선 종류를 불러오는 것입니다.

05 그림과 같이 선 종류를 새롭게 적용할 선분을 선택하여 파란색의 Grip을 표시합니다.

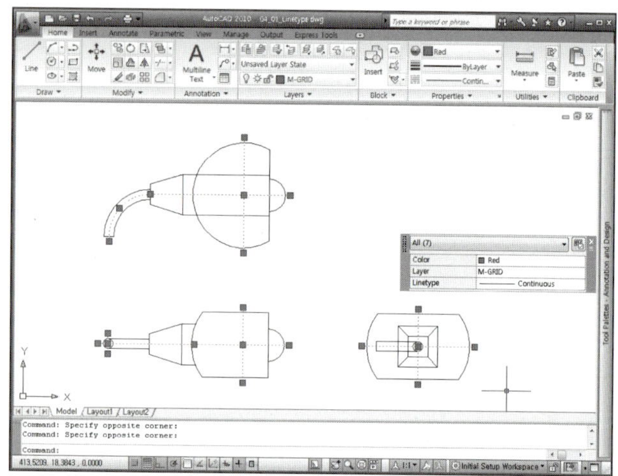

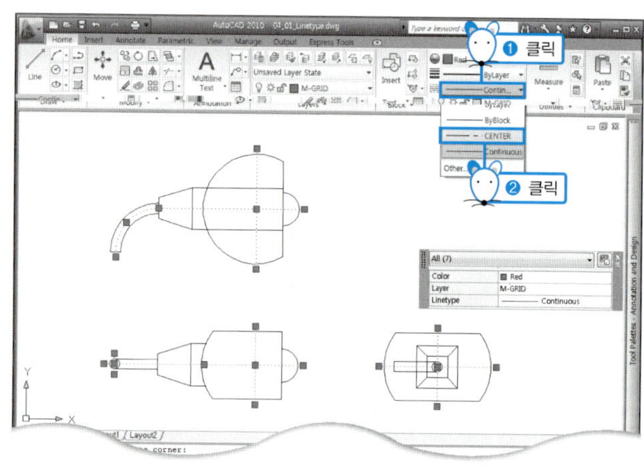

07 다시 객체를 선택해 빠른 속성 패널(Quick Properties Panel)의 [Linetype]을 보면 객체의 선 종류가 변경된 것을 확인할 수 있습니다.

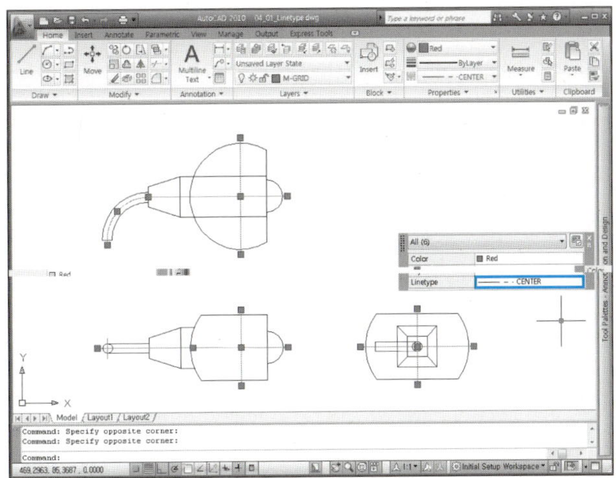

주목

아직 선 종류 크기가 적용되지 않아서 도면 영역에서는 선 종류의 변경 상태를 확인하는 것이 어려운 것은 당연한 것입니다. 뒤에서 배울 선 종류 크기를 학습하면 선 종류가 변경된 것을 명확하게 알 수 있습니다.

선 종류를 도면마다 일일이 불러오는(Loading) 이유는?

선 종류를 불러오는 과정이 불필요해 보이지만 도면에 사용되는 선 종류에 따라 도면 데이터 값이 달라지기 때문에 꼭 필요한 작업입니다. 도면에 사용하지도 않는 선 종류를 불러온다면 당연히 도면의 데이터가 커지기 때문에 그때그때 필요한 선 종류만 불러와 사용하는 것입니다.

선 종류 크기(Linetypescale)의 이해와 적용

객체에 선 종류를 지정하였다면 Linetypescale 명령을 이용해 선 종류 크기를 변경할 수 있습니다. 선 종류 크기의 기준은 디폴트(Default) 화면인 420mm×297mm에 맞추어져 있기 때문에 화면의 크기가 100배(42,000mm×29,700mm)가 되었다면 선 종류 축척 역시 100배로 설정해야 제대로 된 모양으로 표시됩니다. 다음 예제를 이용하여 선 종류 크기를 설정하는 방법을 배워봅니다.

⊙ Samples\04_01_Linetypescale.dwg

01 'CENTER' 선 종류가 적용된 객체를 선택하여 파란색의 Grip을 표시한 후 [Home] 탭의 [Properties] 패널에서 [Properties](▣) 단추를 클릭하거나, CH 명령을 입력하고 Enter 를 누릅니다.

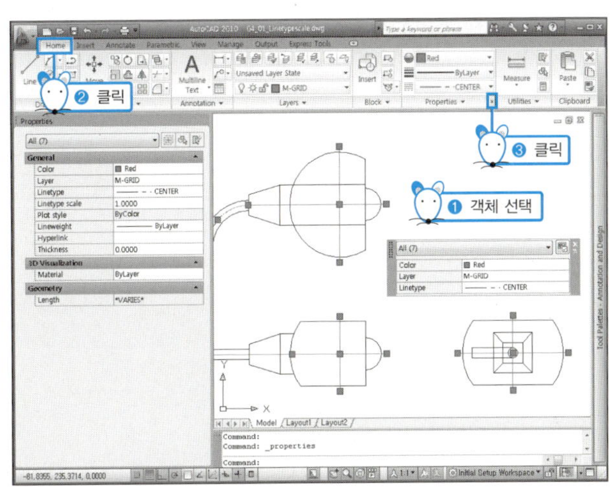

02 Properties Palettes의 [Linetype scale]에 '20'을 입력하고 **Enter** 를 누릅니다. **Esc** 를 눌러
선택을 해제하면 선택한 선 종류 크기가 변경된 것을 확인할 수 있습니다.

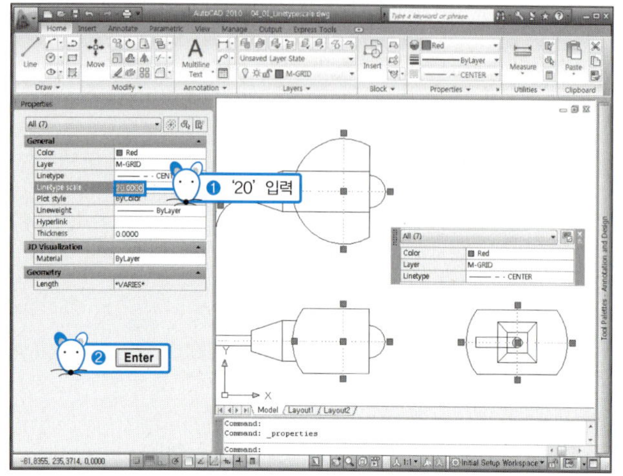

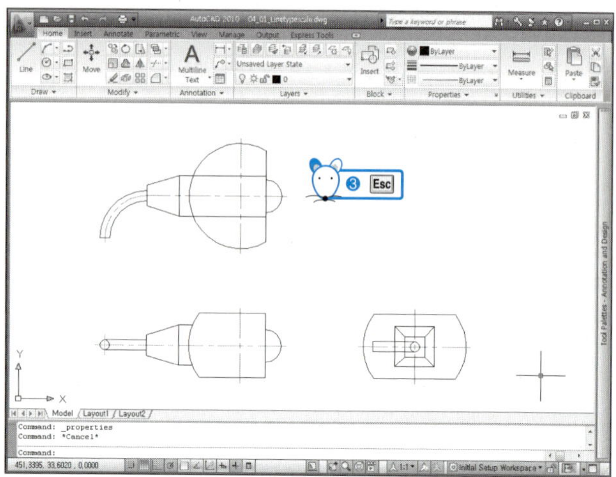

선 종류 크기(Linetype scale)의 이해

선 종류 크기를 조절한다는 것은 점선은 보다 점선답게,
일점 쇄선은 보다 일점 쇄선답게 조절하는 것을 말합니
다. 다시 말해서 도면을 더욱 도면답게 만드는 것입니
다. 그 '정도'라는 것은 사용자의 환경에 따라 조금씩
차이가 있습니다. AutoCAD 2010에서는 420mm×
297mm 크기의 화면에 알맞게 선 종류(Linetype)가 정
의되어 있습니다. 따라서 사용자의 화면 환경이
4200mm×2970mm라면 선 종류 크기 역시 10 배로
조절하는 것이 선 종류에 알맞게 표시할 수 있다는 것을
의미합니다. 그래서 [Linetype scale]에는 계산기 아이
콘이 달려 있습니다.

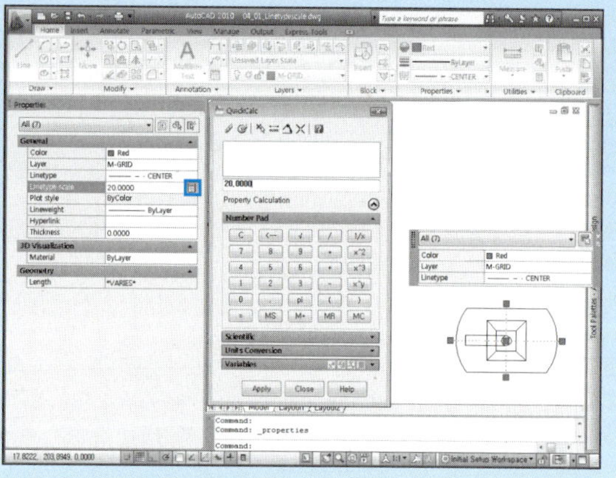

선 두께(Lineweight)의 이해와 적용

절단된 선분 또는, 입면 요소에 따라서 선분의 두께를 구별해야 더욱 좋은 도면이 될 수 있습니다. 예를 들어 단면 도에서 절단된 기둥은 두껍게 표현하고, 절단되지 않는 바닥의 패턴은 보다 얇게 표현하는 것입니다. 그렇기 때문에 Lineweight 명령을 통해 객체에 출력될 선 두께를 지정할 수 있습니다. 주로 사용되는 방법은 객체마다 두께를 다르게 적용하는 방식(STB)이 아닌 색상별로 두께를 지정하는 방식(CTB)입니다. Properties Plaettes를 이용하여 선 두께를 설정하는 방법을 알아봅니다.

⊙ Samples\04_01_Lineweight.dwg

01 객체를 선택한 후에 파란색의 Grip이 나타나면 [Home] 탭의 [Properties] 패널에 있는 [Lineweight]에서 '0.5mm'를 선택합니다.

02 선택한 객체에 선 두께가 적용되었지만 현재 도면 영역에서 확인할 수 없습니다. 선 두께를 확인하기 위해 상태 표시줄의 [Show/Hide Lineweight](⊞) 아이콘을 마우스 오른쪽 단추로 클릭한 후 [Settings]를 선택하거나 Lineweight 명령을 입력하고 **Enter** 를 누릅니다.

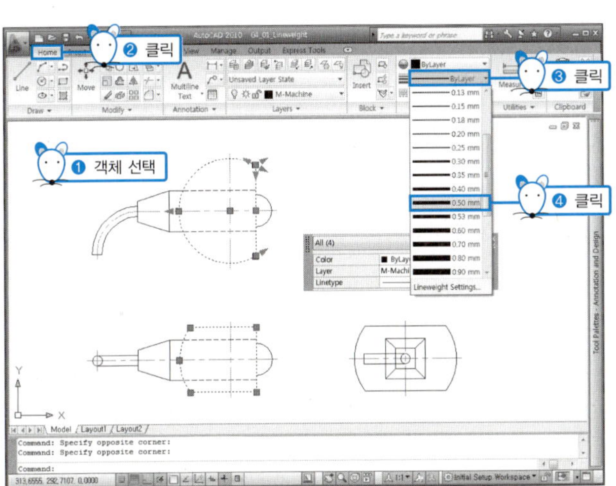

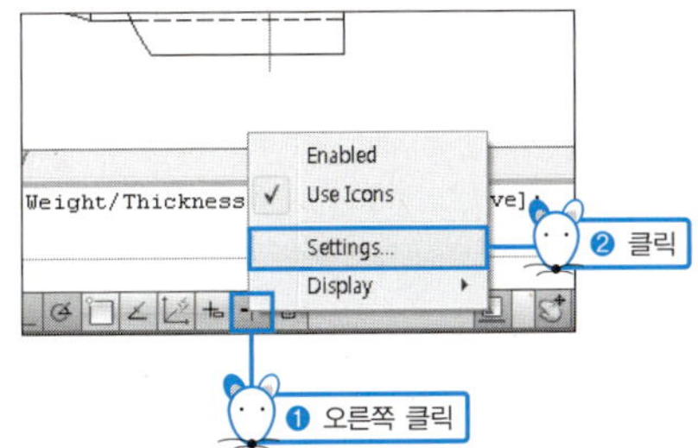

03 [Lineweight Settings] 대화상자의 [Display Lineweight] 옵션을 체크하면 도면 영역에서 적용한 선 두께를 확인할 수 있습니다.

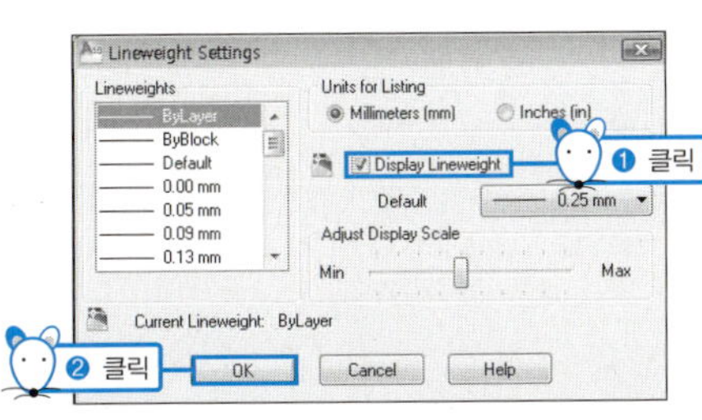

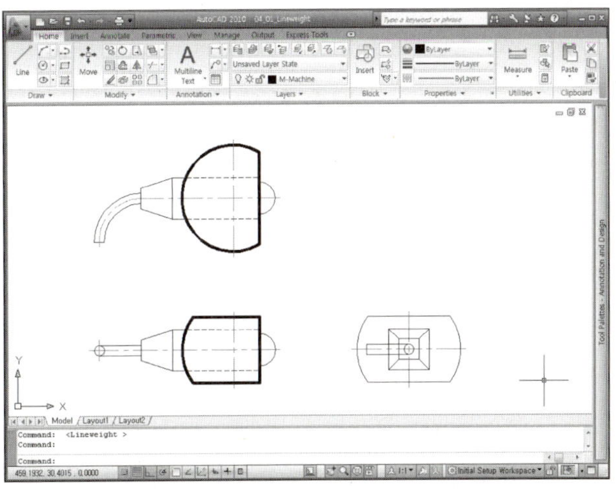

주목

[Default]에 설정된 값이 도면 영역에서 선 두께를 표시하는 기준이 됩니다.

레이어(Layer)로 도면 작업 효율 높이기

실제로 제작이 가능한 실무 도면은 많은 내용의 정보를 가지는 것과 비례하여 많은 종류의 객체를 갖습니다. 이로 인해 도면을 작성해야 하는 디자이너의 경우 객체의 작성 및 편집 작업에 많은 어려움이 있습니다. 이러한 어려움을 해결할 수 있는 기능이 바로 레이어(Layer)입니다. 레이어는 100% 투명한 종이이라고 생각하도 좋겠습니다. 객체를 유형별로 분류해서 각각의 투명한 종이(레이어)에 작성하면 편집 작업이 필요한 부분(레이어)만을 표시하고 싶은 경우 해당 레이어만을 켜 놓고 작업하면 됩니다.

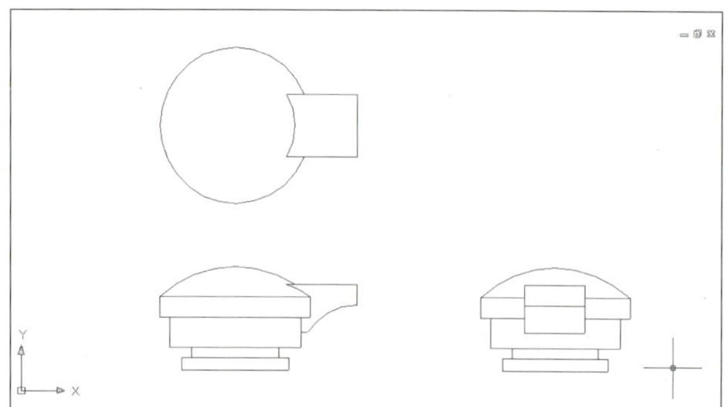

▲ 입면선 레이어

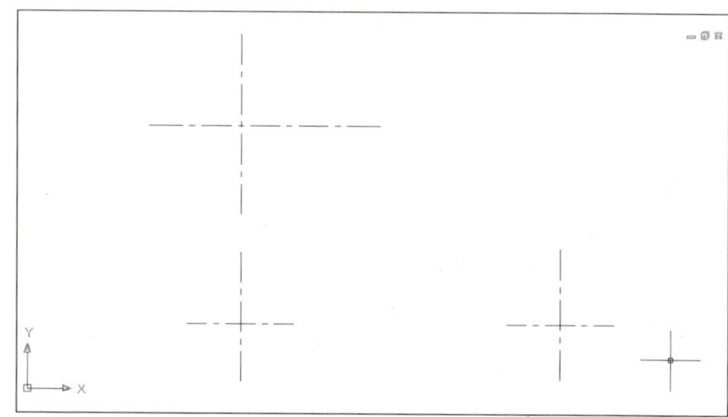

▲ 중심선 레이어

▲ 숨은 선 레이어

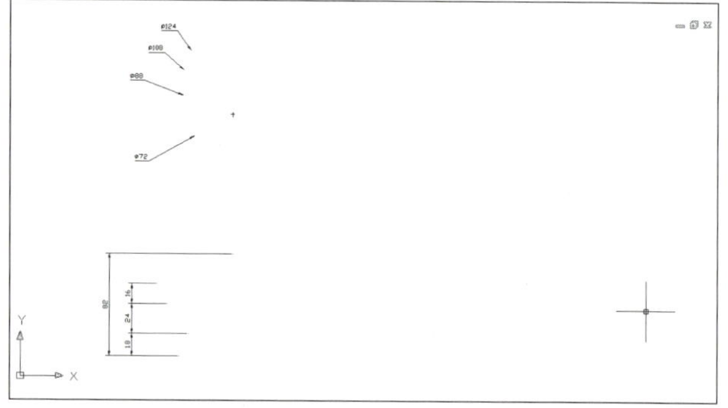

▲ 치수와 지시선 레이어

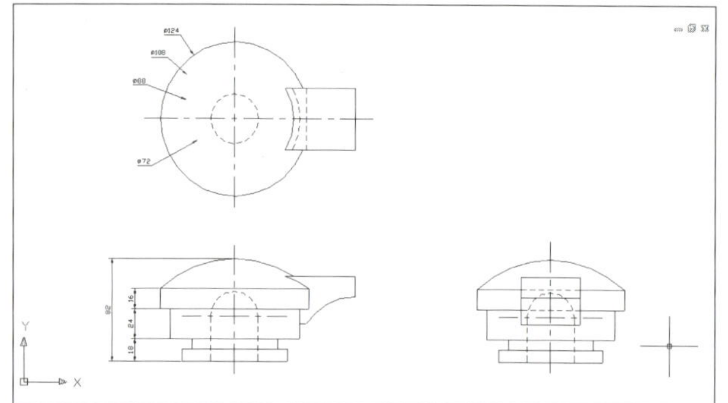

▲ 모든 레이어를 켜 놓은 상태

Layer Properties Manager Palettes의 이해

Layer Properties Manager Palettes는 사용자가 레이어를 새로 작성하거나 속성을 관리할 때 사용합니다. 특히 AutoCAD 2009 이후부터는 Layer Properties Manager Palettse에서 설정한 내용을 곧바로 도면 영역에 확인할 수 있게 되었습니다. [Home] 탭의 [Layers] 패널에서 [Layer Properties](🖺) 아이콘을 클릭하여 Layer Properties Manager Palettes를 불러냅니다.

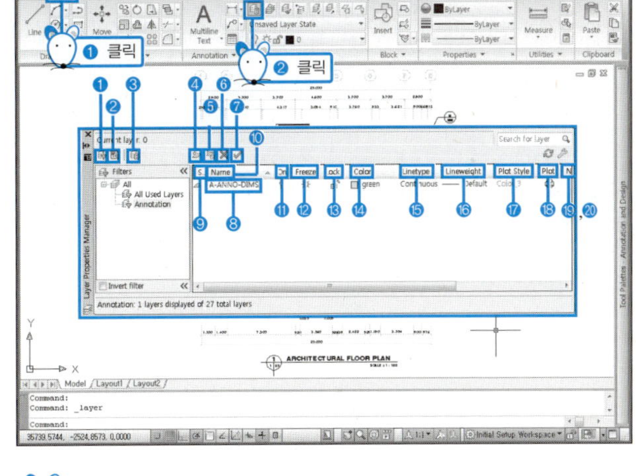

❶ **New Property Filter(`Alt`+`P`)** : 사용자가 레이어의 속성에 따라 레이어의 검색 조건을 만들 수 있습니다. 미리 만들어 놓은 레이어 필터를 클릭하면 해당하는 레이어만을 볼 수 있습니다. [Layer Filter Properties] 대화상자는 필터의 이름을 입력하고 어떠한 조건으로 레이어를 찾을 것인지를 설정해 줍니다.

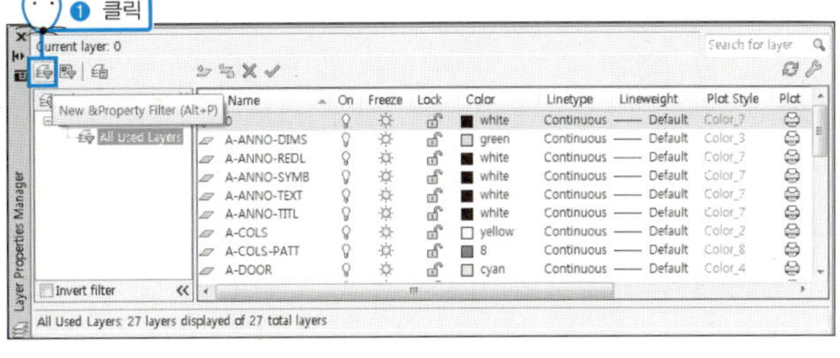

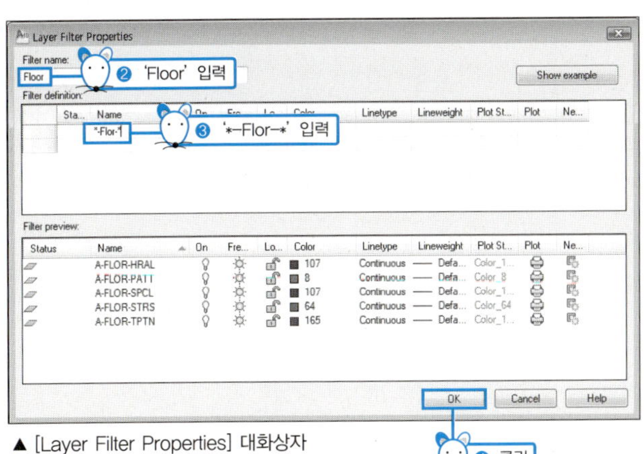

▲ [Layer Filter Properties] 대화상자

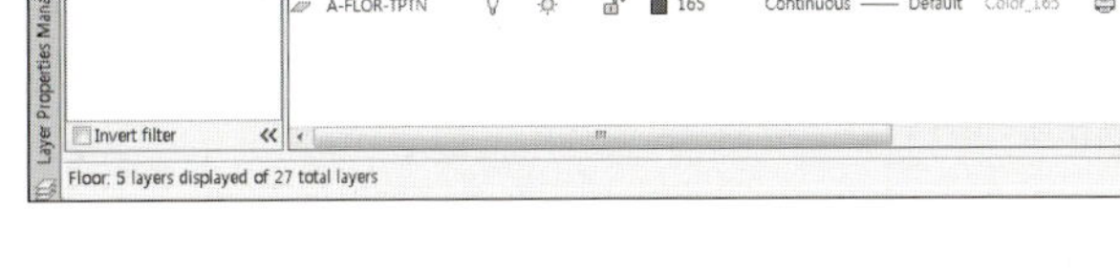

❷ **New Group Filter(Alt + G)** : 도면 영역에서 선택한 객체의 레이어를 그룹으로 관리할 수 있습니다. 속성이 일치하지 않아도 사용자가 임의로 선택할 수 있으며 [New Group Filter](📄) 아이콘을 클릭하여, 그룹 필터의 이름을 입력하고 이름 위에서 마우스 오른쪽 단추를 클릭한 후 [Add]를 선택합니다. 그러면 도면 영역에서 사용자가 직접 객체를 클릭하여 그루핑(Grouping)할 수 있습니다.

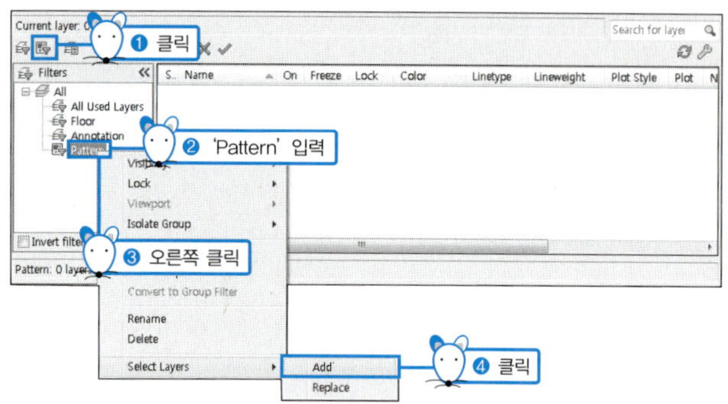

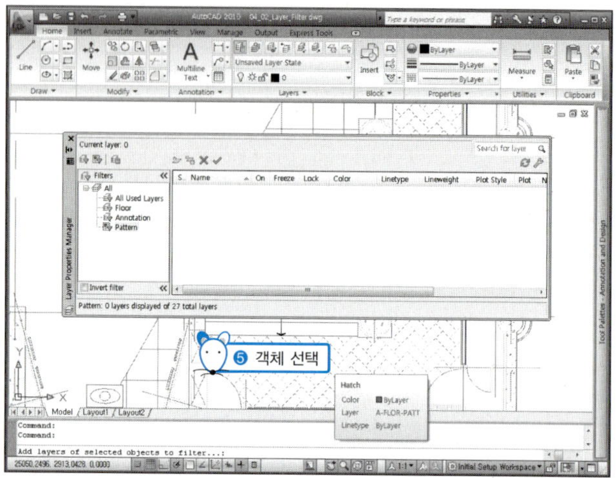

❸ **Layer States Manager(Alt + S)** : 레이어 상태 즉 오른쪽 레이어 세부 항목에 대한 설정을 별도로 저장하고 불러와서 사용할 수 있습니다. *.las 형식의 파일로 불러오거나 내보낼 수 있습니다.

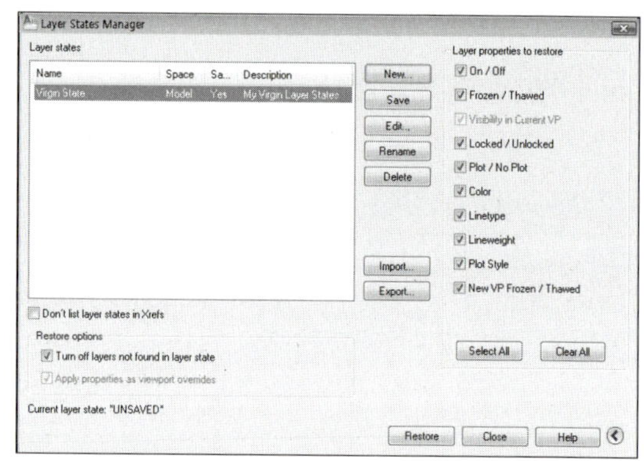

❹ **New Layer(Alt + N)** : 새로운 레이어를 만들 수 있습니다.

❺ **New Layer VP Frozen in All Viewports** : 새로운 레이어를 만들고 모든 레이아웃 뷰포트에서는 Freeze시킵니다. 이 단추는 모델 공간이나 레이아웃 공간 모두에서 적용할 수 있습니다.

❻ **Delete Layer(Alt + D)** : 레이어를 삭제할 수 있습니다.

❼ **Set Current(Alt + C)** : 선택한 레이어를 현재 레이어로 설정합니다.

❽ **Current Layer** : 현재 레이어의 이름을 보여 줍니다.

❾ **Status** : 현재 레이어의 상태를 보여 줍니다.

❿ **Name** : 레이어의 이름을 보여 줍니다.

⓫ **On/Off** : 선택한 레이어를 켜거나(On) 끌(Off) 수 있습니다. 레이어를 끄면 도면 영역에서 해당 레이어의 객체는 보이지 않습니다. 그러나 보이지 않는 것이지 삭제된 것은 아닙니다.

⑫ **Freeze** : 선택한 레이어를 Freeze시키거나 Thaw시킬 수 있습니다. 결과는 On/Off 기능과 비슷하지만 Freeze시킨 객체는 도면 영역에 표시되지도 않고 프로세싱 과정에서 읽어들이지 않습니다. 도면이 매우 복잡하여 읽어 들일 데이터가 많은 경우 편집 대상이 아닌 객체는 Freeze시키는 것이 효율적입니다.

On/Off와 Freeze/Thaw 기능 이해하기

레이어의 On/Off와 Freeze/Thaw기능은 비슷한 결과를 갖습니다. 그러면 AutoCAD는 왜 같은 기능을 중복되게 가질까? 이 두 가지 방법을 제공하는 데에는 매우 중요한 이유가 있습니다. 레이어가 꺼져 있을 때 해당 레이어에 있는 객체들은 화면에 보이지 않지만 AutoCAD는 보이지 않는 레이어의 객체들에 대해서 여전히 확대/축소와 다시 그리는 (Regen) 경우에 계산을 수행합니다. 반면, 레이어를 얼려 놓으면(Freeze) AutoCAD는 확대/축소나 다시 그리는 (Regen) 과정에서 이들을 계산에 포함하지 않습니다.

⑬ **Lock** : 선택한 레이어를 잠글 수 있습니다. 도면 영역에는 보이지만 편집할 수는 없습니다.

⑭ **Color** : 선택한 레이어의 색상을 설정합니다.

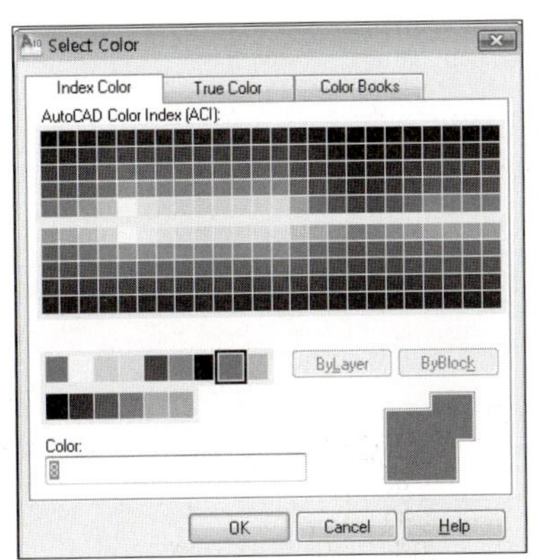

▲ [Index Color] 탭

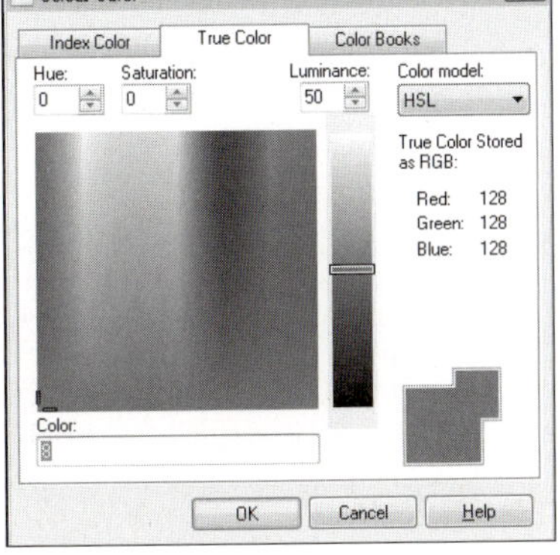

▲ [True Color] 탭

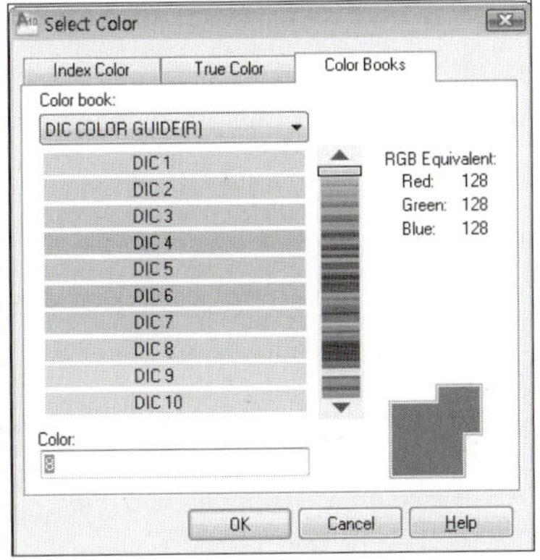

▲ [Color Books] 탭

⑮ **Linetype** : 선택한 레이어의 선 종류(Linetype)를 설정합니다.

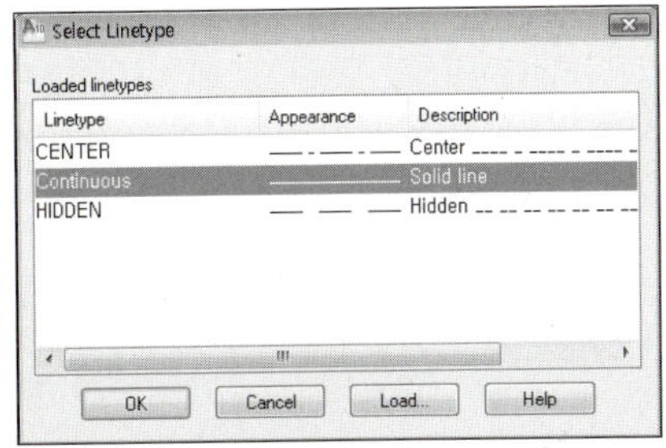

▲ [Select Linetype] 대화상자

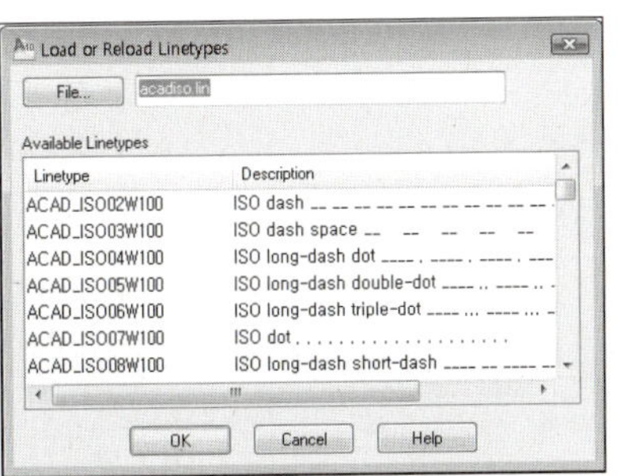

▲ [Load or Reload Linetypes] 대화상자

⑯ **Lineweight** : 선택한 레이어의 선 두께(Lineweight)를 설정합니다. 색상으로 구별하지 않더라도 선 두께만으로 출력할 수 있습니다.

⑰ **Plot Style** : 선택한 레이어를 어떤 유형으로 출력할 것인지를 설정합니다.

⑱ **Plot** : 선택한 레이어의 출력 유·무를 설정합니다. 체크해서 출력 해제 상태가 되면 해당 레이어의 객체는 출력되지 않습니다.

⑲ **New VP Freeze** : 새로운 레이아웃 뷰포트에서 선택된 레이어를 Freeze시킵니다.

⑳ **Description** : 레이어의 상세한 설명을 입력할 수 있습니다.

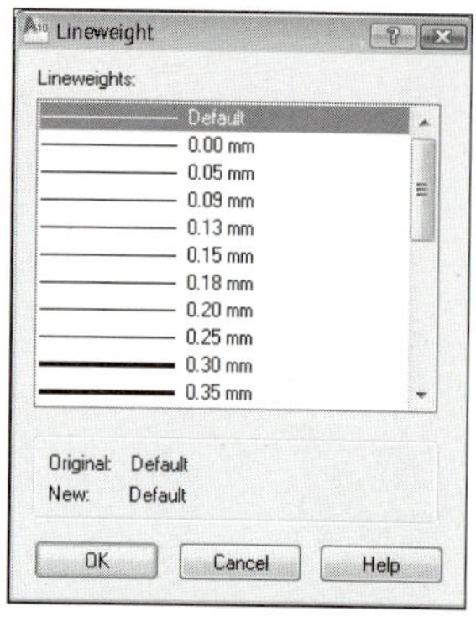

Layer Properties Manager Palettes를 이용하여 새로운 레이어 만들기

AutoCAD 2010을 실행하면 기본적으로 '0' 레이어가 만들어져 있습니다. 여기에 여러 개의 레이어를 추가하여 객체를 분류할 수 있습니다. 필요에 따라 레이어를 추가하고, 속성을 설정하면 복잡해지는 도면을 보다 효율적으로 관리할 수 있습니다. 다음 예제를 통해서 Layer Properties Manager Palettes를 이용해 레이어를 만드는 방법을 알아봅니다.

⊙ Samples\04_02_Layer_Make.dwg

01 [Home] 탭의 [Layers] 패널에서 [Layer Properties](🔲) 아이콘을 클릭해 Layer Properties Manager Palettes를 불러냅니다.

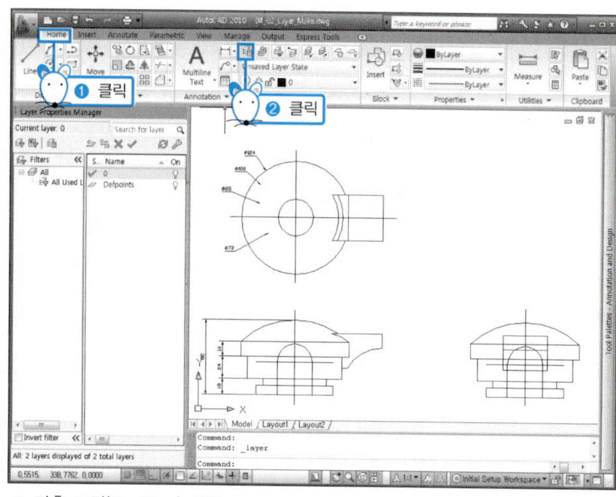

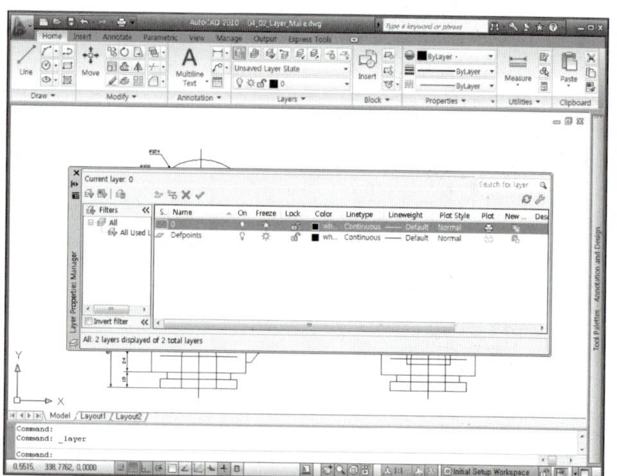

▲ 좌측 도킹(Docking) 상태

02 새로운 레이어의 이름을 설정합니다.

❶ [New Layer](🔲)(Alt+N) 아이콘을 클릭합니다.

❷ 새로운 레이어의 이름을 지정할 수 있도록 'Layer1'이란 이름으로 커서가 대기합니다.

❸ 'M-GRID'라고 이름을 입력하고 Enter를 누릅니다.

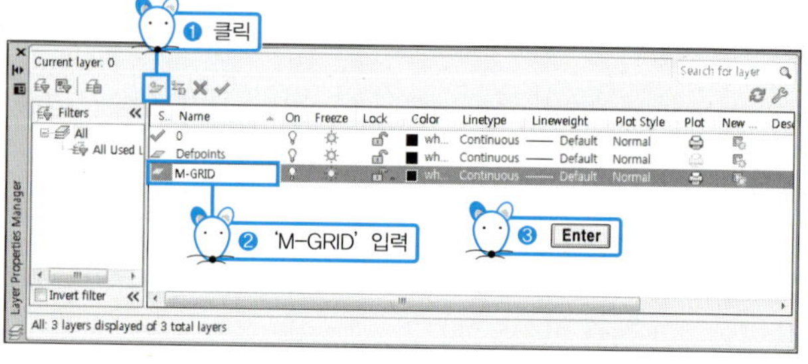

03 다시 새로운 레이어를 만듭니다.

❶ [New Layer](⬚)(Alt + N) 아이콘을 클릭합니다.

❷ 새로운 레이어의 이름을 'M-ANNO-DIMS' 로 입력하고 Enter 를 누릅니다.

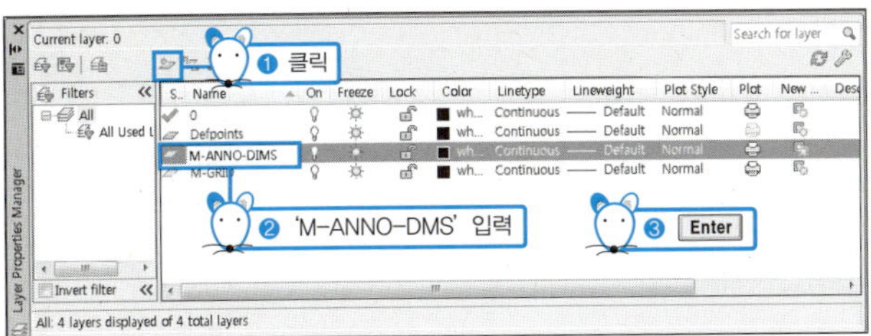

04 같은 방법으로 'M-Machine' 라는 이름의 레이어를 만듭니다.

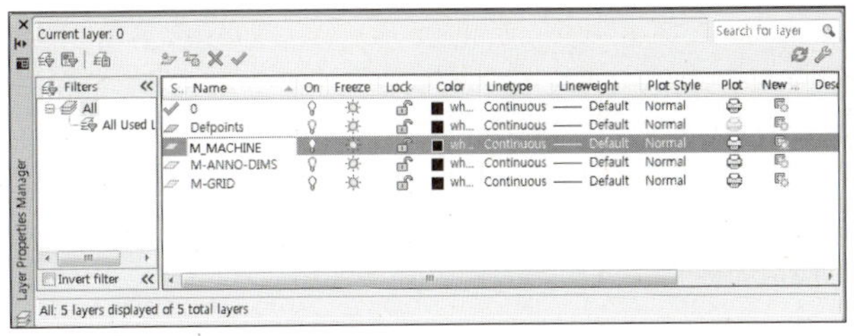

05 'M-GRID' 레이어를 현재 레이어로 설정합니다.

❶ 'M-GRID' 레이어를 선택하고 [Set Current](✓)(Alt + C) 아이콘을 클릭합니다.

❷ 레이어 상태(Status)에 선택한 레이어가 현재 레이어로 변경되었음을 표시하는 심벌(✓)이 보입니다.

❸ [닫기] 단추를 클릭하여 Layer Properties Manager Palettes를 종료합니다.

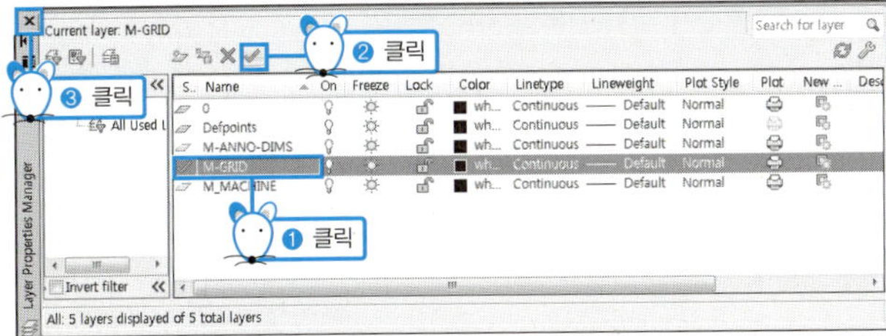

06 [Home] 탭의 [Layers] 패널에서 현재 레이어가 'M-GRID' 로 설정되어있는 것을 확인할 수 있습니다.

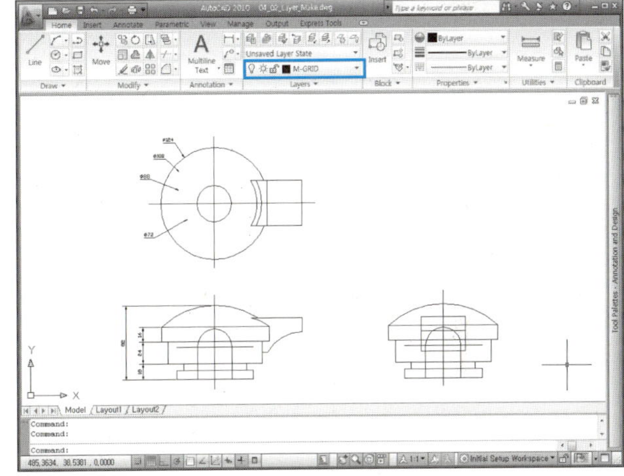

주목

[Layers] 패널의 [Filter Applied]은 아무런 객체가 선택되어 있지 않은 경우에는 현재 레이어를 표시하고, 객체가 선택되어 있다면 해당 레이어가 표시됩니다.

공부하세요

'O' 레이어

AutoCAD의 기본 레이어는 'O' 레이어입니다. 새로운 레이어를 작성하기 위해 [New Layer](⬚) 아이콘을 클릭하면 'O' 레이어에서 새로운 레이어가 만들어 집니다. 'O' 레이어는 삭제하거나 이름을 바꿀 수 없습니다.

레이어의 색상 설정하기

레이어의 색상을 설정하면 해당 레이어에서 새로 작성되는 객체는 설정된 색상이 적용됩니다. 이를 위해서는 객체
의 색상 적용 상태가 'By Layer'로 설정되어 있어야 합니다.

◉ Samples\04_02_Layer_Color.dwg

01 'M-GRID' 레이어의 색상을 바꿔봅니다.

❶ [Home] 탭의 [Layers] 패널에서 [Layer Properties](▣) 아이콘을 클릭해 Layer Properties Manager Palettes를 불러냅니다.

❷ 현재의 색상은 '7번 흰색(White)'로 설정되어 있습니다. 'M-GRID' 레이어의 색상 아이콘을 클릭합니다.

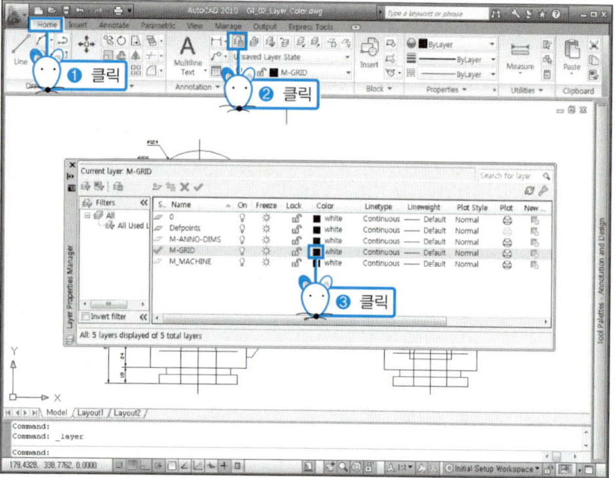

02 [Select Color] 대화상자를 그림과 같이 설정합니다.

❶ [Index Color] 탭을 클릭하고 [AutoCAD Color Index(ACI)]에서 'Red(1)' 색상을 선택합니다.

❷ 선택한 색상은 아래 [Color]에 표시됩니다. [OK] 단추를 클릭해 선택한 색상을 적용합니다.

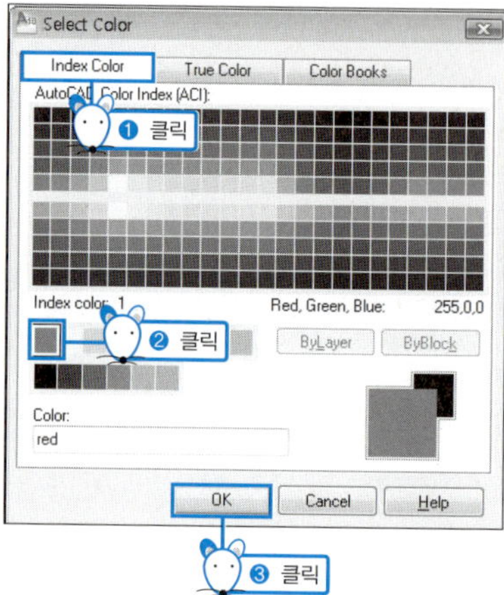

> **주목**
>
> '7번 흰색(White)'는 도면 영역의 색상에 따라 흰색(White) 또
> 는, 검은색(Black)으로 보입니다.

03 Layer Properties Manager Palettes에서 'M-Grid' 레이어의 색상이 선택한 색상(Red, 1)으로 변경된 것을 확인할 수 있습니다.

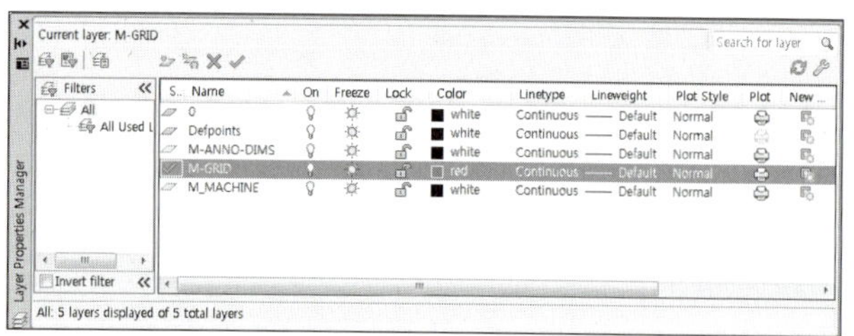

04 'M-ANNO-DIMS' 레이어의 색상을 바꾸기 위해 'M-ANNO-DIMS' 레이어의 색상 아이콘을 클릭합니다.

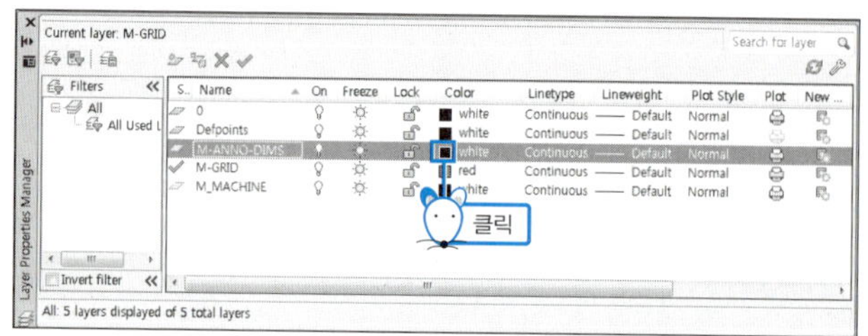

05 [Select Color] 대화상자의 [True Color] 탭을 클릭하고 적당한 색상을 선택합니다. 선택한 색상은 [Color]에 표시됩니다. [OK] 단추를 클릭하여 선택한 색상을 적용합니다.

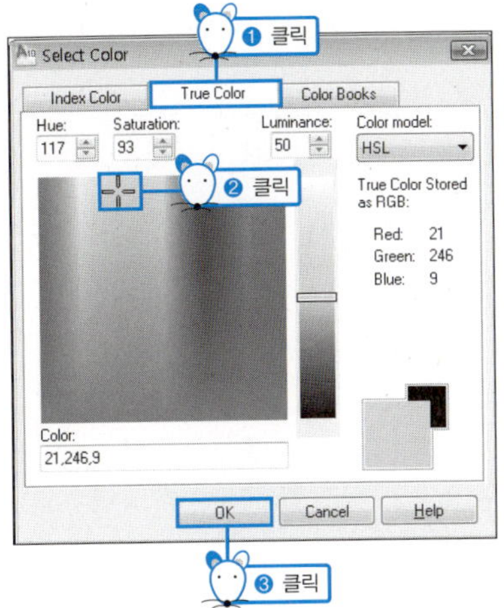

06 Layer Properties Manager Palettes에서 'M-ANNO-DIMS' 레이어의 색상이 선택한 색상으로 변경된 것을 확인한 후 [닫기] 단추를 클릭하여 Layer Properties Manager Palettes를 종료합니다.

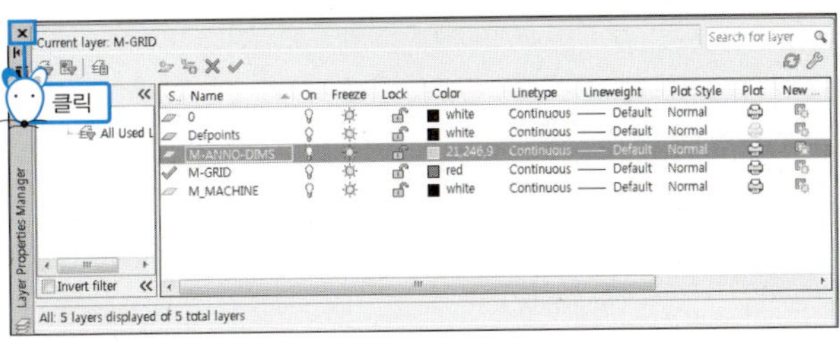

주목

AutoCAD 2010의 Layer Properties Manager Palettes에서 레이어의 속성을 수정하는 즉시 도면 영역에서 해당 사항이 변경되는 것을 확인할 수 있습니다.

레이어의 선 종류(Linetype) 설정하기

Layer Properties Manager Palettes에서 해당 레이어에 선 종류를 설정하여 레이어에서 작업하는 모든 객체들에 설정한 선 종류를 적용하는 방법을 알아봅니다.

Samples\04_02_Layer_Linetype.dwg

01 'M-GRID' 레이어의 선 종류를 설정해 봅니다.

❶ [Home] 탭의 [Layers] 패널에서 [Layer Properties](📄) 아이콘을 클릭해 Layer Properties Manager Palettes를 불러냅니다.

❷ Layer Properties Manager Palettes에서 'M-GRID' 레이어를 선택합니다.

❸ 'Continuous' 선 종류를 선택합니다.

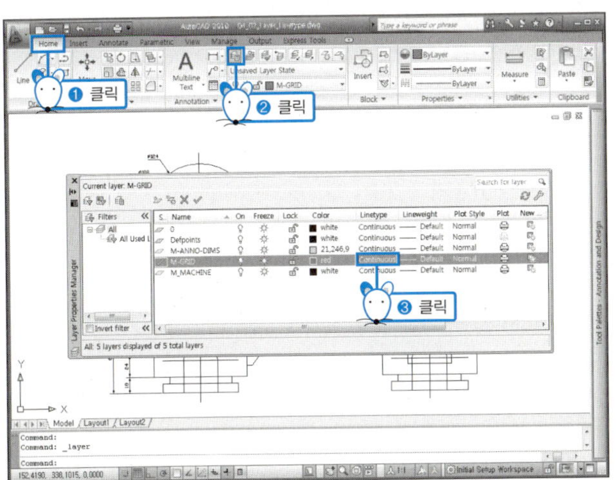

02 [Select Linetype] 대화상자가 나타나며 현재 도면에 사용되는 선 종류들이 보입니다. 새로운 선 종류를 가져오기 위해 [Load] 단추를 클릭합니다.

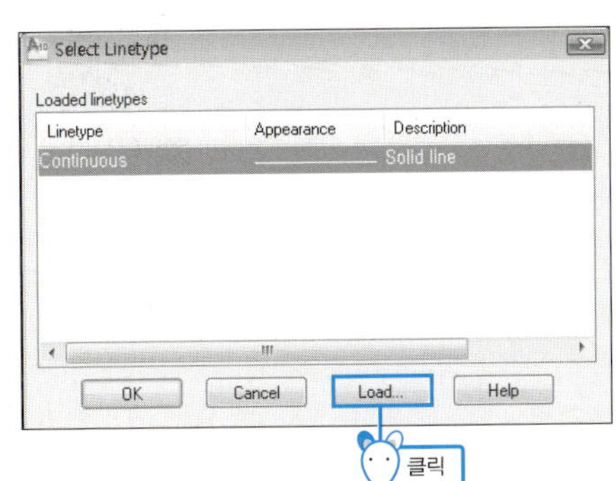

03 [Load or Reload Linetypes] 대화상자에서 'CENTER' 선 종류를 선택하고 [OK] 단추를 클릭합니다.

04 [Select Linetype] 대화상자에 'CENTER' 선 종류가 들어온 것을 확인할 수 있습니다. [Select Linetype] 대화상자에서 'CENTER' 선 종류를 선택하고 [OK] 단추를 클릭합니다.

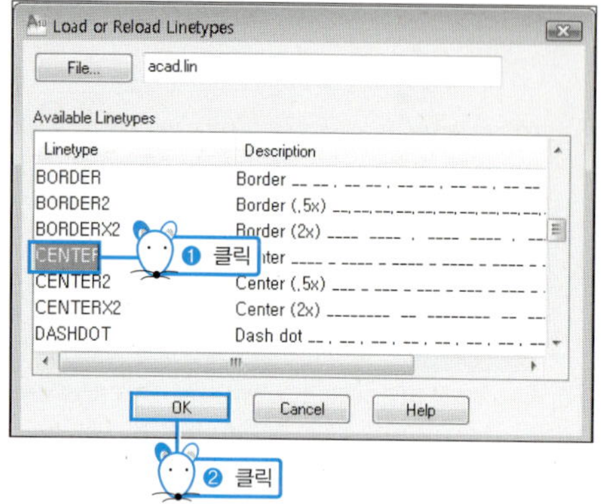

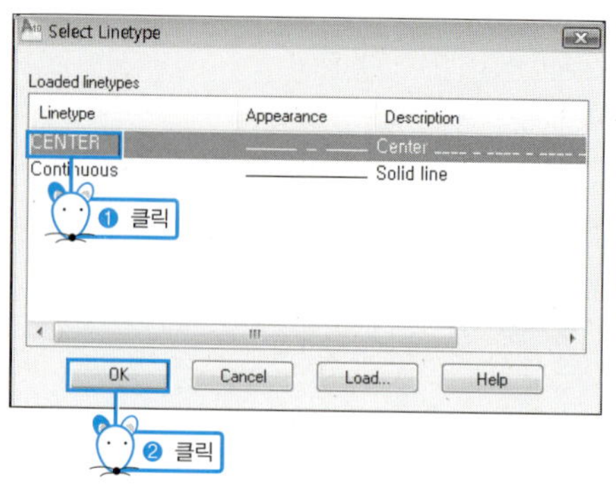

05 Layer Properties Manager Palettes를 보면 'M-Grid' 레이어가 'CENTER' 선 종류로 수정된 것을 확인할 수 있습니다.

06 'M-Grid' 레이어에서 새로 작성한 객체는 'Red' 색상에 'CENTER' 선 종류로 작성됩니다.

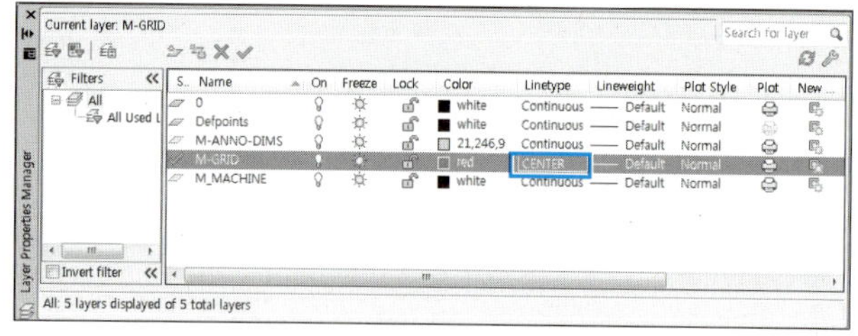

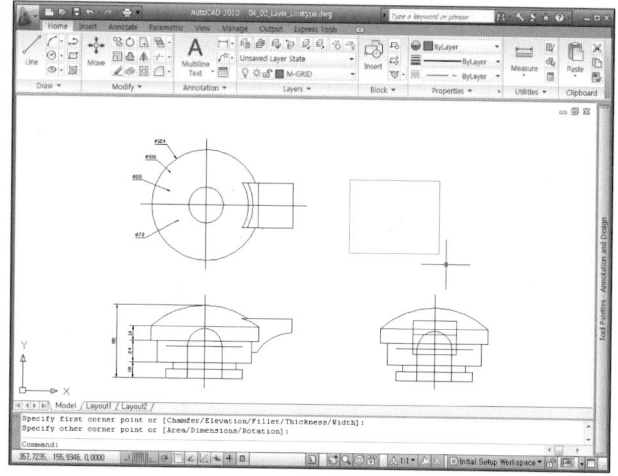

레이어의 선 두께(Lineweight) 설정하기

객체의 선 두께를 조절한다는 것은 선 종류와 마찬가지로 객체에 새로운 정보를 부여하는 것입니다. 선 두께를 부여하는 일반적인 방법은 색상에 선 두께를 적용하고 같은 색상의 객체는 같은 두께를 갖도록 하는 것입니다. 이러한 방식을 'CTB' 라고 합니다. 이번에는 레이어에 선 두께를 설정하는 방법을 알아봅니다.

⊙ Samples\04_02_Layer_Lineweight.dwg

01 'M-GRID' 레이어의 선 두께를 설정해 봅니다.

❶ [Home] 탭의 [Layers] 패널에서 [Layer Properties]([]) 아이콘을 클릭해 Layer Properties Manager Palettes를 불러냅니다.

❷ Layer Properties Manager Palettes에서 'M-GRID' 레이어의 'Default' 선 두께를 클릭하여 [Lineweight] 대화상자를 불러냅니다.

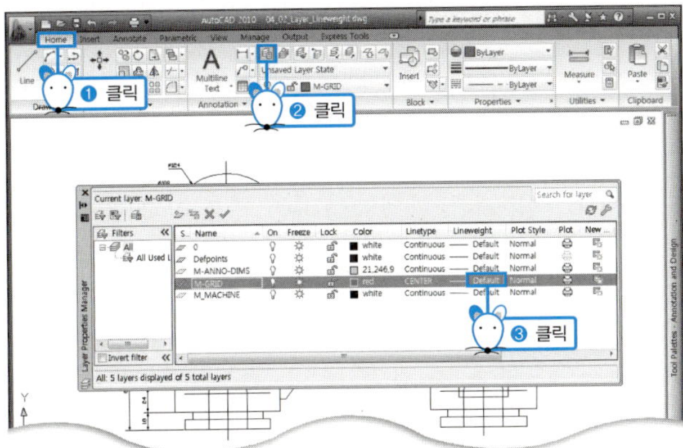

02 [Lineweight] 대화상자에서 '0.18mm' 를 선택하고 [OK] 단추를 클릭합니다.

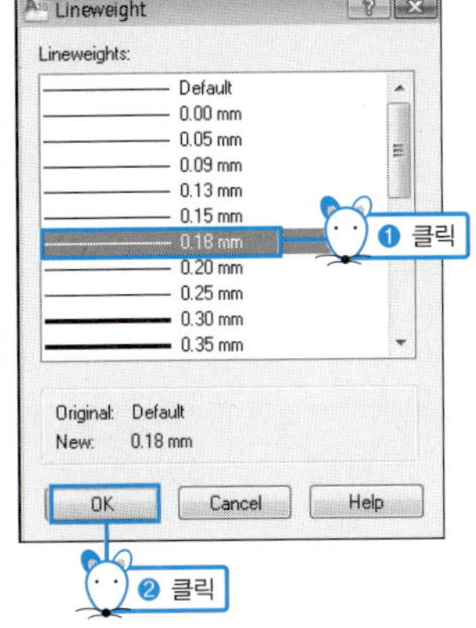

03 'M-GRID' 레이어의 선 두께가 '0.18mm' 로 바뀐 것을 확인할 수 있습니다.

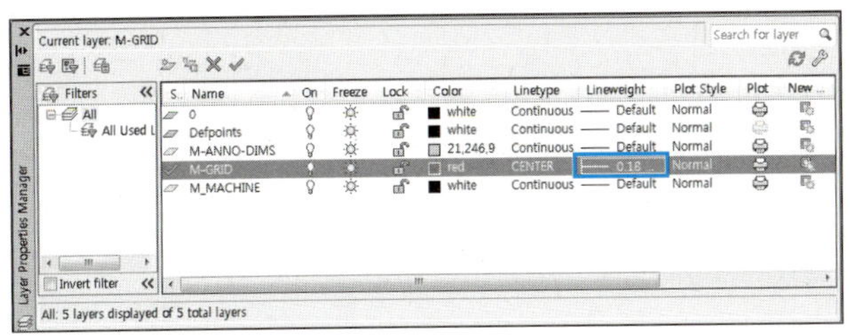

04 이번에는 'M-MACHINE' 레이어의 선 두께를 바꾸기 위해 'M-MACHINE' 레이어의 'Default' 선 두께를 클릭합니다.

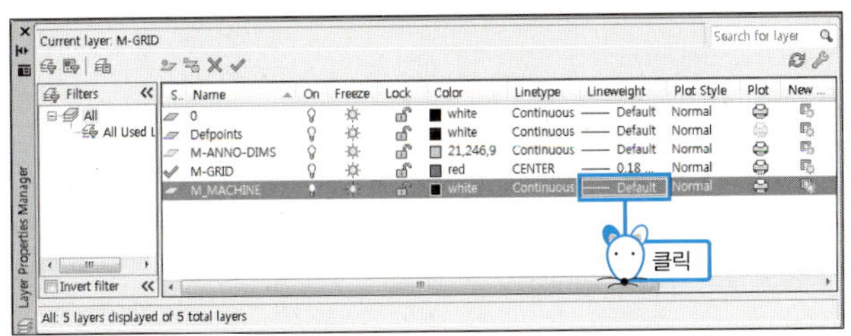

05 [Lineweight] 대화상자에서 '0.35mm' 를 선택하고 [OK] 단추를 클릭합니다.

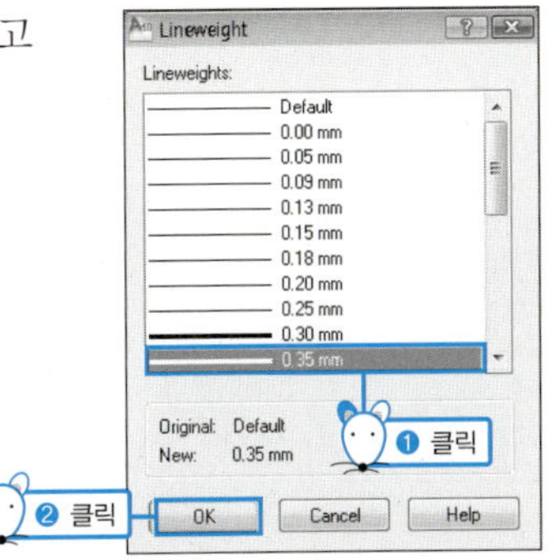

06 'M-MACHINE' 레이어의 선 두께가 '0.35mm' 로 바뀐 것을 확인할 수 있습니다. [닫기] 단추를 클릭하여 Layer Properties Manager Palettes를 닫습니다.

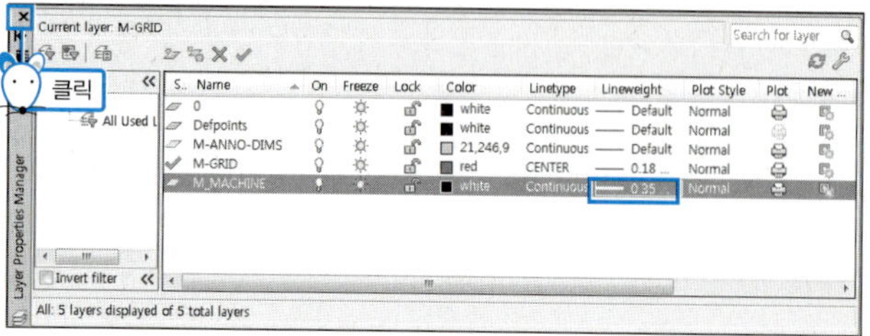

07 선 두께를 비롯해 레이어 속성이 제대로 설정되었는지 확인하기 위해서 객체에 레이어를 적용해 봅니다. 그림과 같이 명령 없이 객체('M-GRID' 레이어가 됨)를 선택해 Grip을 나타냅니다.

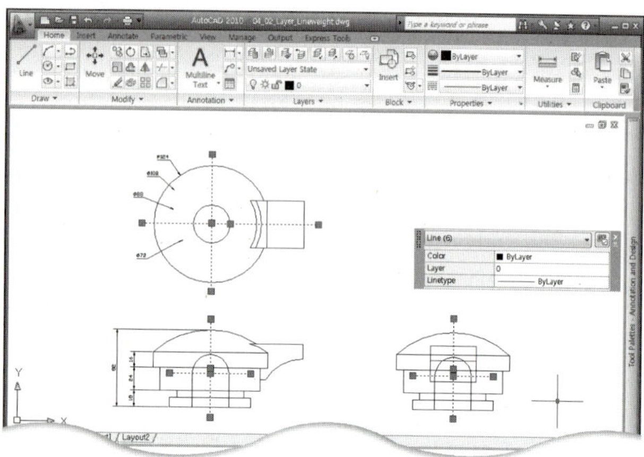

08 [Home] 탭의 [Layers] 패널에서 'M-GRID' 레이어를 선택하거나, 빠른 속성 패널에서 'M-Grid' 레이어를 클릭해 객체를 지정한 레이어로 설정합니다.

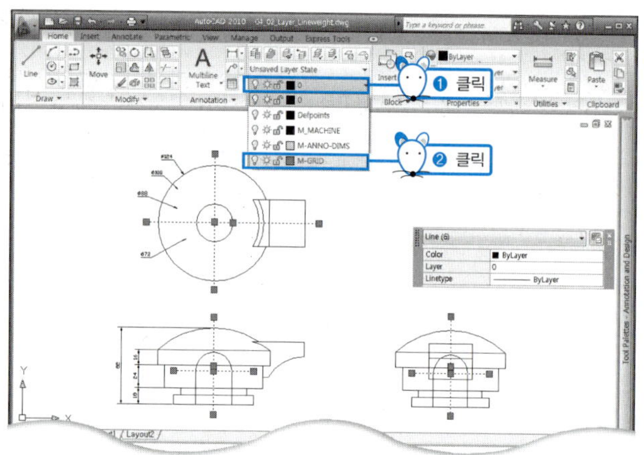

▲ [Layers] 패널

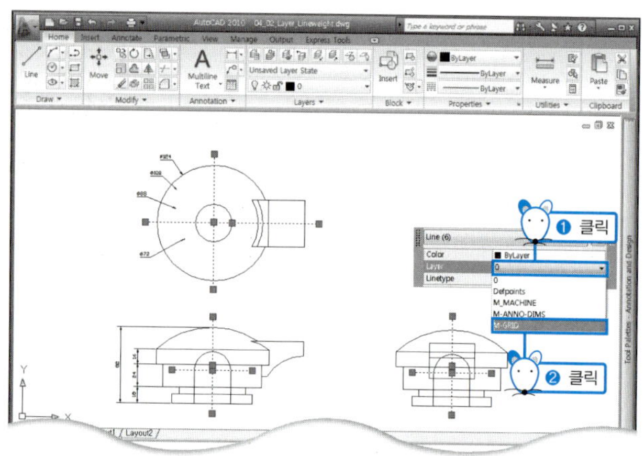

▲ 빠른 속성 패널

09 Esc를 눌러 선택을 해제한 후 다시 그림과 같이 명령 없이 객체('M-ANNO-DIMS' 레이어가 됨)를 선택해 Grip을 나타냅니다.

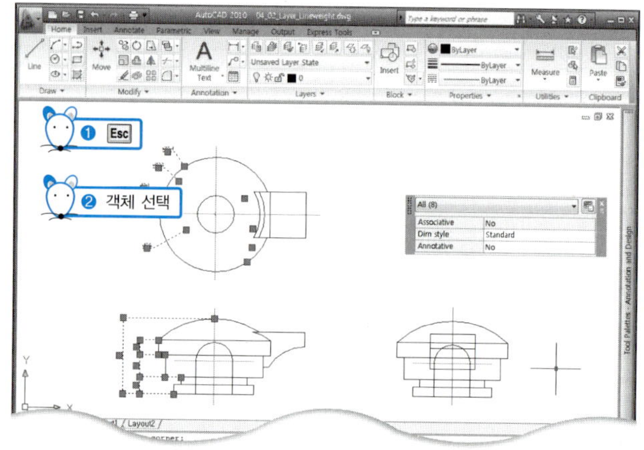

10 [Home] 탭의 [Layers] 패널에서 'M-ANNO-DIMS' 레이어를 선택하여 지정한 레이어로 설정합니다.

11 Esc 를 눌러 선택을 해제한 후 다시 그림과 같이 명령 없이 나머지 객체('M-MACHINE' 레이어가 될)를 선택해 Grip을 나타냅니다.

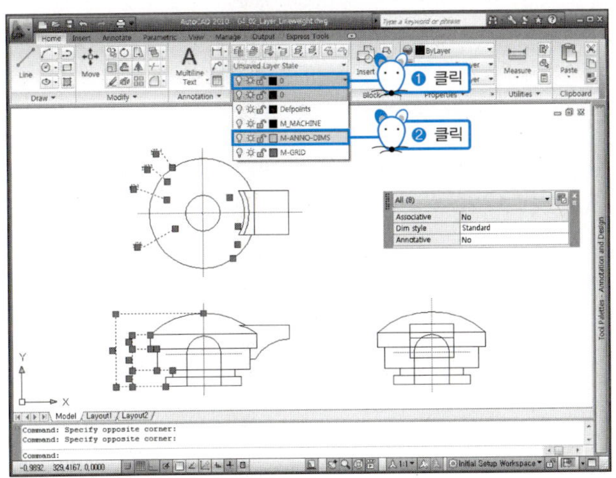

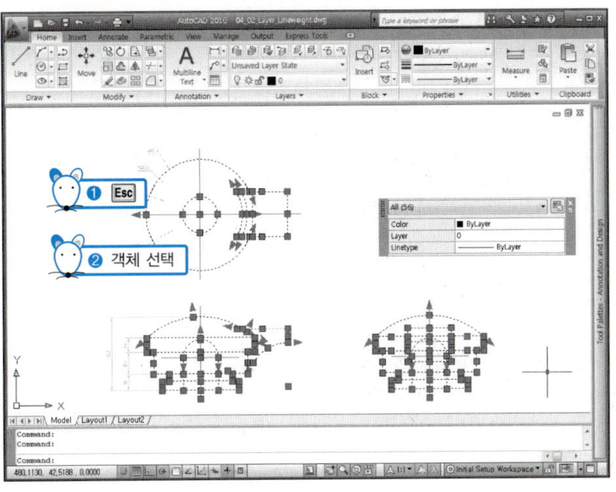

12 빠른 속성 팔레트에서 'M-MACHINE' 레이어를 클릭해 지정한 레이어로 설정합니다.

13 Esc 를 눌러 선택을 해제한 후 상태 표시줄의 [Show/Hide Lineweight](+) 아이콘을 클릭하여 선 두께를 비롯한 다른 레이어의 속성이 객체에 적용된 것을 확인합니다.

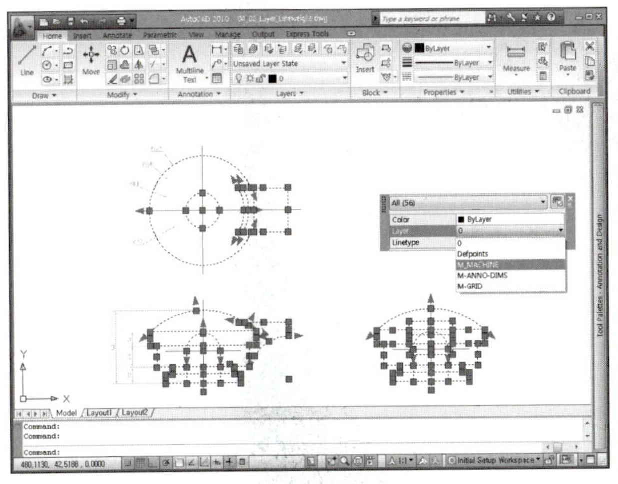

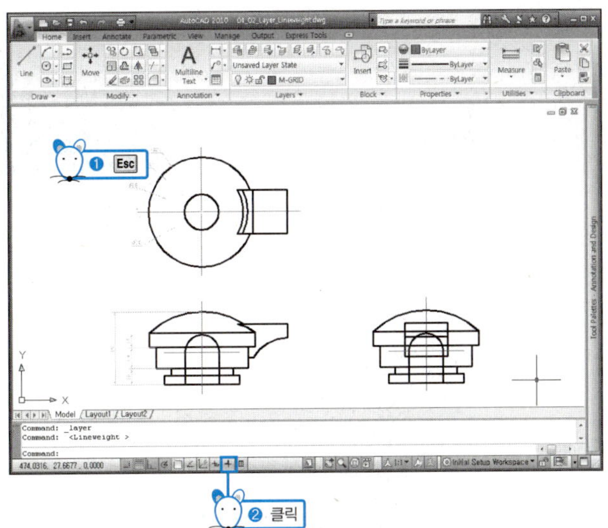

레이어를 파일처럼 저장하고 불러오기

도면에는 많은 객체 유형이 있습니다. 대부분의 경우 매번 그 유형만큼의 레이어를 만들어야 합니다. 그러나 레이어를 작업 때마다 만들어야 한다면 매우 비효율적인 작업이 될 것입니다. 한 번 만들어진 레이어와 그 속성들을 파일 형태로 저장하고 필요할 때마다 가져와서 사용하는 방법을 알아봅니다.

◉ Samples\04_02_Layer_States.dwg

01 [Home] 탭의 [Layers] 패널에서 [Layer Properties](🖿) 아이콘을 클릭하여 [Layer Properties Manager Palettes가 나타나면 [Layer States Manager](🖿)(**Alt**+**S**) 아이콘을 클릭합니다.

02 [Layer States Manager] 대화상자에서 [New] 단추를 클릭합니다.

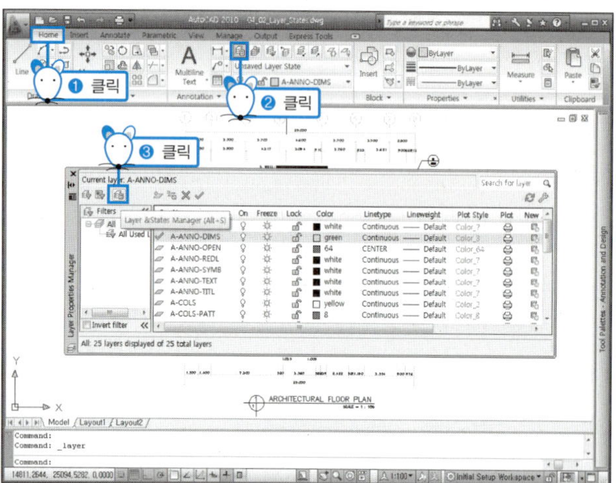

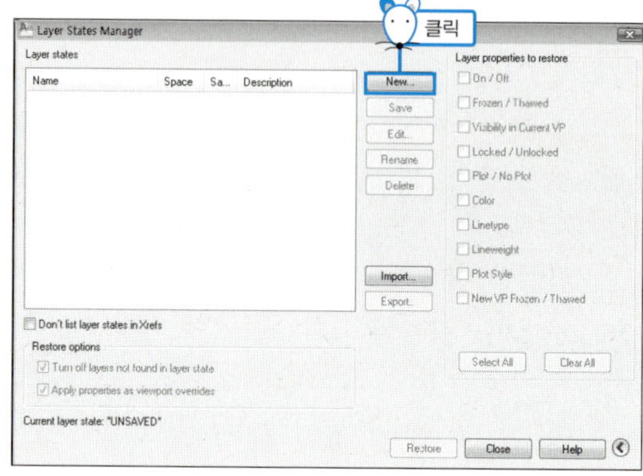

03 [New Layer State to Save] 대화상자를 그림과 같이 설정합니다.

❶ 저장할 레이어 형식 파일의 이름을 'MyLayer_AIA'로 입력합니다.

❷ [Description]에 간단한 설명으로 '레이어를 파일처럼 저장하고 불러오기'로 입력한 후 [OK] 단추를 클릭합니다.

04 [Layer states]에서 'MyLayer_AIA'를 선택한 후 [Export] 단추를 클릭합니다.

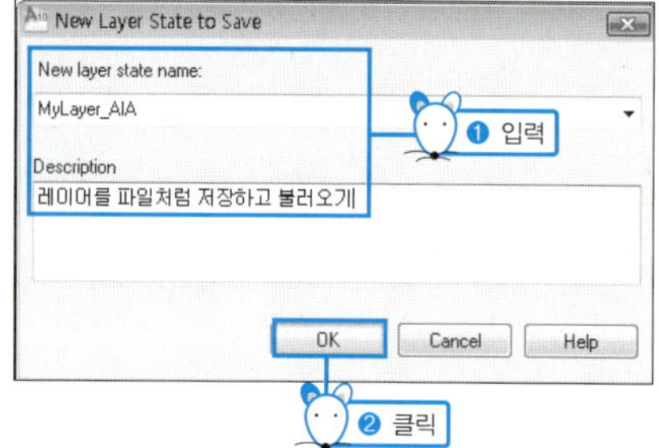

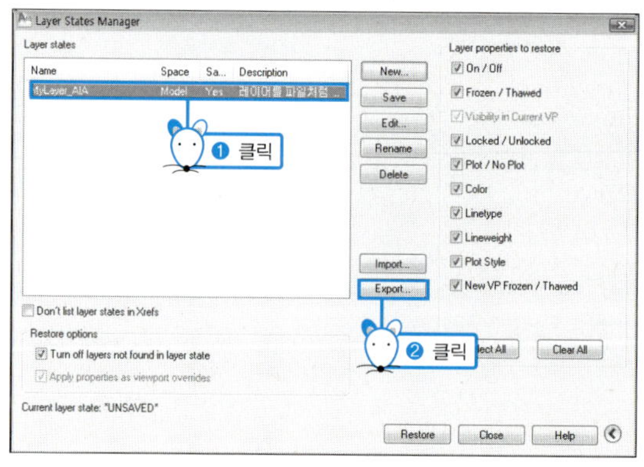

05 [Export layer state] 대화상자에서 저장될 파일의 경로를 지정하고 [Save] 단추를 클릭합니다.

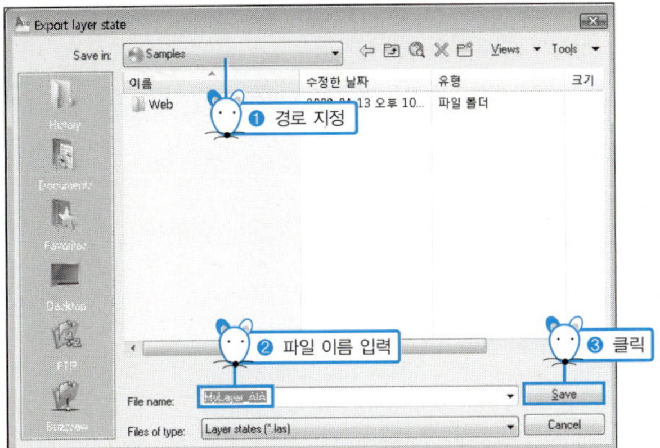

06 [Layer State Manager] 대화상자에서 [Close] 단추를 클릭하여 설정을 종료합니다.

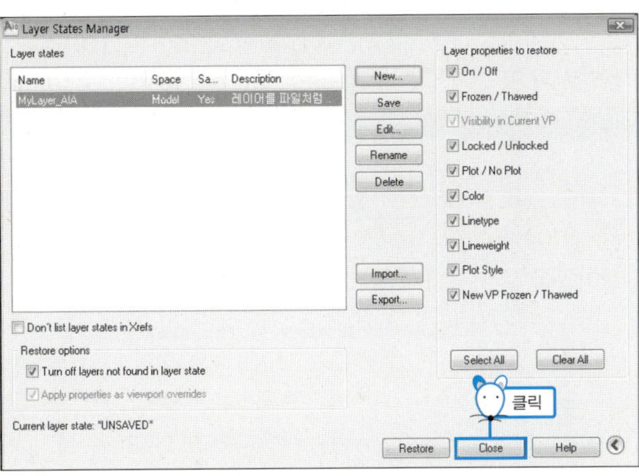

07 Layer Properties Manager Palettes의 [닫기] 단추를 클릭해 설정을 종료합니다.

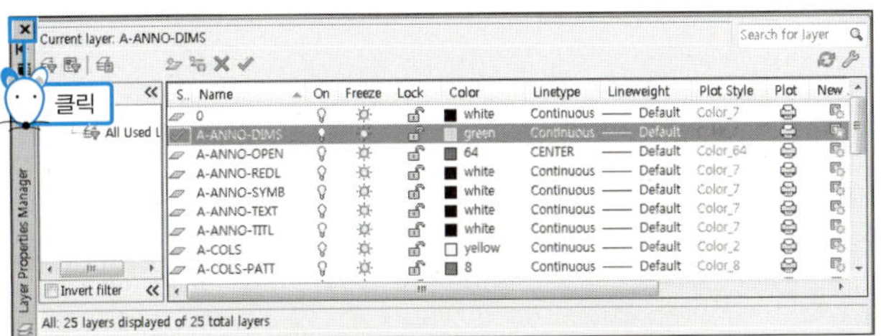

08 퀵 액세스 툴바의 [New](□) 아이콘을 클릭하여 [Select Template] 대화상자에서 'acadiso.dwt' 파일을 선택하고 [Open] 단추를 클릭합니다.

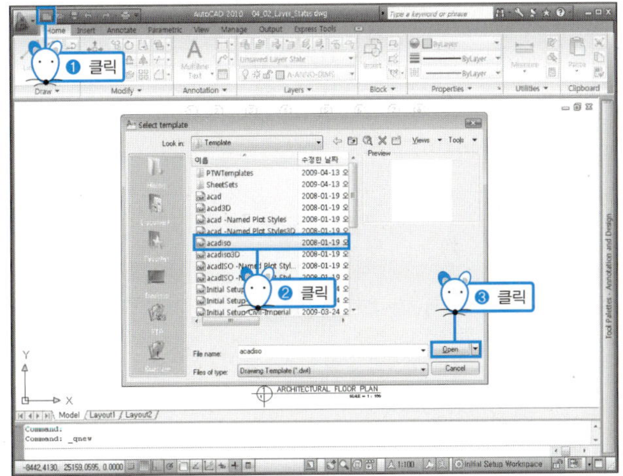

Template을 적용하지 않고 새로운 파일 열기

[Select Template] 대화상자에서 [Open] 단추 옆에 화살표를 클릭한 후 [Open with no Template - Metric]을 선택합니다.

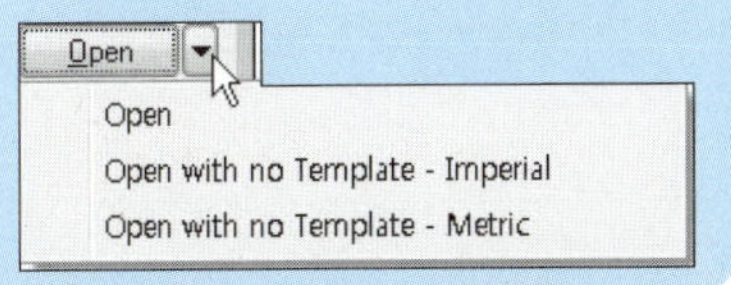

09 [Home] 탭의 [Layers] 패널에서 [Layer Properties] (📇) 아이콘을 클릭하여 Layer Properties Manager Palettes가 나타나면 [Layer States Manager](📇)(Alt+S) 아이콘을 클릭합니다.

10 [Layer States Manager] 대화상자에서 [Import] 단추를 클릭합니다.

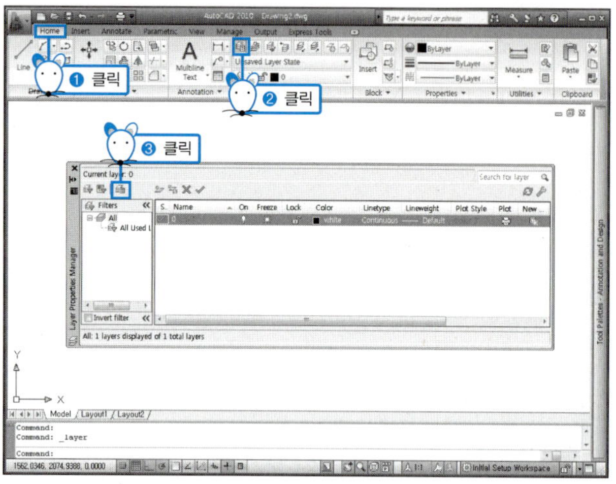

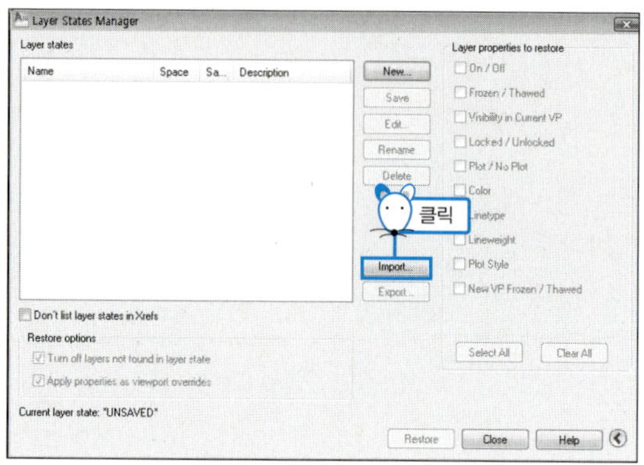

11 [Import layer state] 대화상자에서 'MyLayer_AIA.las' 파일을 선택한 후 [Open] 단추를 클릭해 선택한 레이어 형식을 불러옵니다.

Samples\MyLayer_AIA.las

12 '새로운 도면에는 선 종류(Linetype)가 로딩되어 있지 않으므로 모든 선 종류를 복원(Restore) 할 수 없다'는 메시지가 나타나면 [확인] 단추를 클릭합니다. 레이어 형식을 성공적으로 불러왔다는 메시지가 표시되고 불러들인 레이어를 적용하겠냐는 질문에 [Restore States] 단추를 클릭합니다.

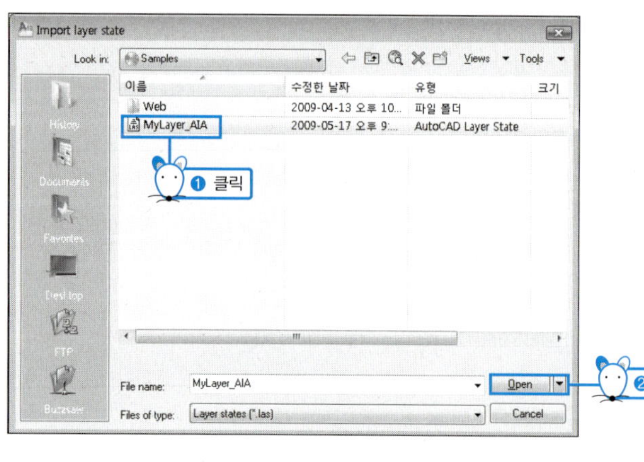

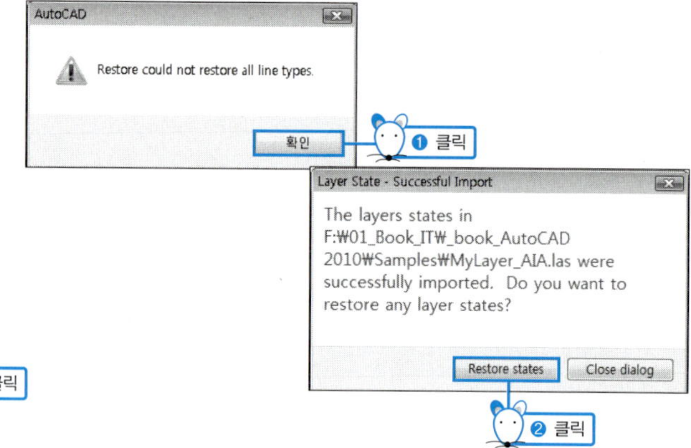

13 선 종류(Linetype)를 제외하고 불러온 레이어 형식이 그대로 반영된 것을 확인할 수 있습니다.

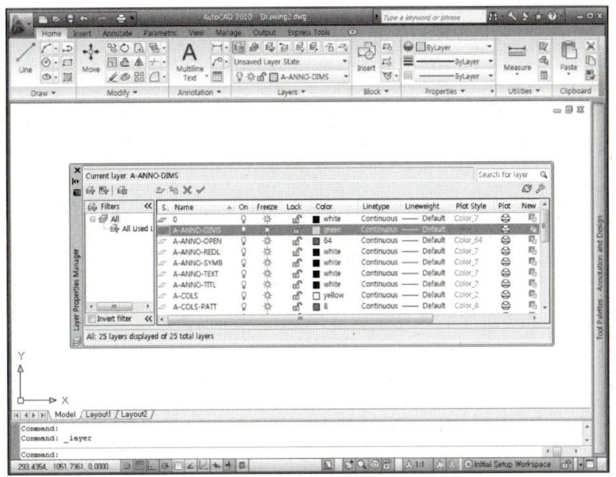

[Layer Translator] 대화상자로 레이어 대체하기

사용자에 따라 각자 사용하는 레이어 환경이 다를 수 있습니다. 이러한 경우 일일이 레이어를 대체 · 변경하는 것은 매우 번거로운 작업이 될 수 있습니다. 하지만 Layer Translator 기능을 이용하면 다른 도면의 레이어나 새로 만든 레이어를 현재 도면의 레이어로 빠르게 대체 · 변경시킬 수 있습니다.

 Samples\04_02_Layer_Translator.dwg

01 [Home] 탭의 [Layers] 패널에서 Layer 컨트롤 박스를 눌러 현재 도면에 설정된 레이어를 확인합니다.

02 [Manage] 탭의 [CAD Standards] 패널에서 [Layer Translator](⊡) 아이콘을 클릭합니다.

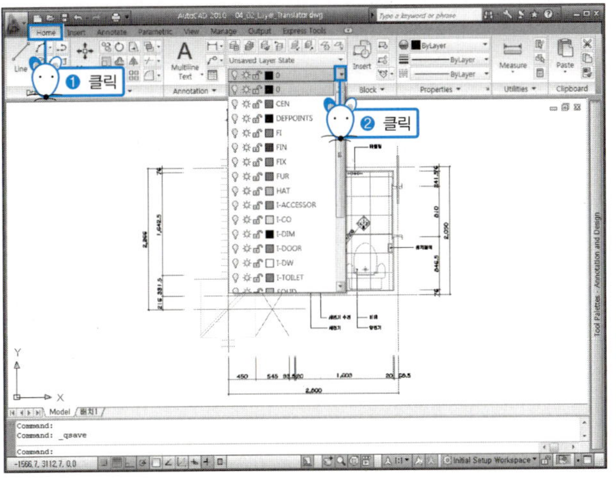

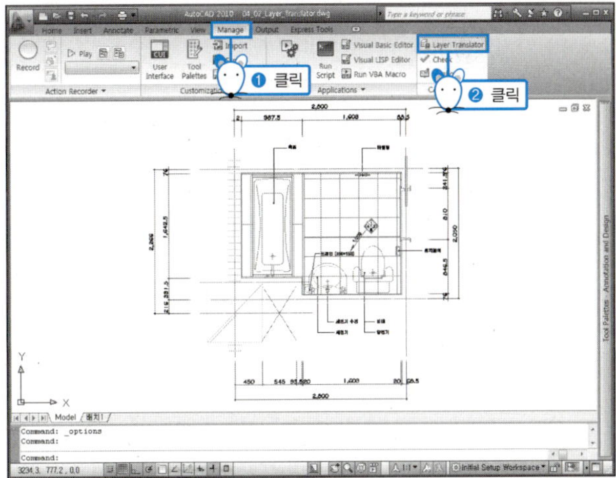

03 [Layer Translator] 대화상자를 그림과 같이 설정합니다. 왼쪽 [Translate From] 영역에서 변경될 레이어를 선택하고, 오른쪽 [Translate To] 영역에서 새로운 레이어를 선택합니다. [Translate] 단추를 클릭하면 레이어가 변환되는 것입니다. 새로운(대체될) 레이어를 만들기 위해 [New] 단추를 클릭해 [New Layer] 대화상자를 불러냅니다.

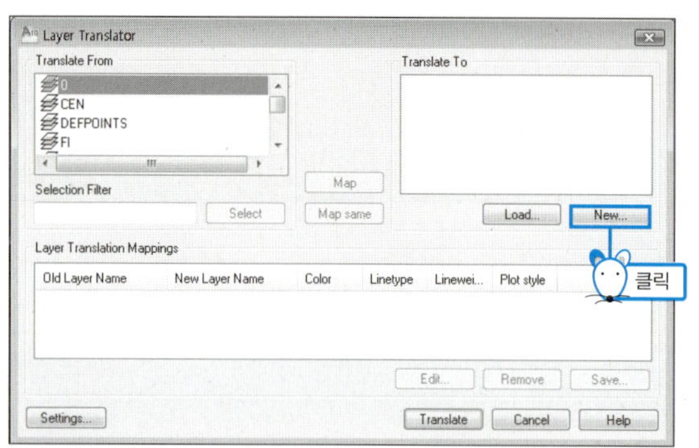

주목

[Load] 단추는 도면 파일을 선택해 해당 파일에 설정되어 있는 레이어를 불러올 수 있습니다.

04 [New Layer] 대화상자를 그림과 같이 설정합니다.

❶ 레이어의 이름을 'I-FURN' 이라고 입력합니다.

❷ 선 종류는 'Continuous', 선 색상은 'Red' 그리고, 선 두께는 '0.18mm'로 설정하고 [OK] 단추를 클릭합니다.

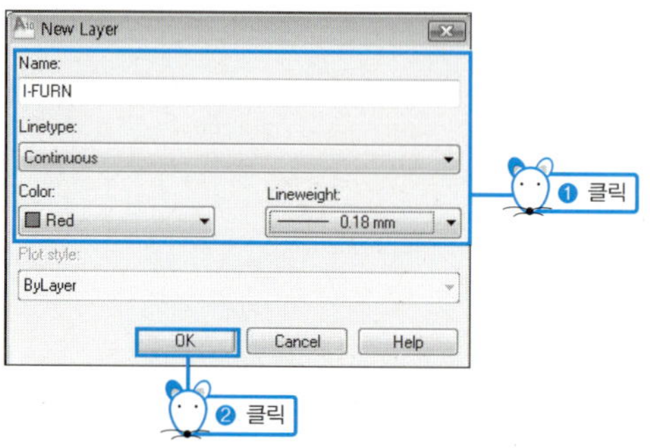

05 [Layer Translator] 대화상자를 그림과 같이 설정합니다.

❶ [Translate From] 영역에서 'FUR' 레이어를 선택하고, [Translate To] 영역에서 새로 만든 'I-FURN' 레이어를 선택합니다.

❷ 선택한 두 개의 레이어를 대체하기 위해 [Map] 단추를 클릭합니다.

❸ 레이어의 이름과 속성을 포함시켜 [Layer Translation Mappings] 영역에 변경될 사항이 표시됩니다.

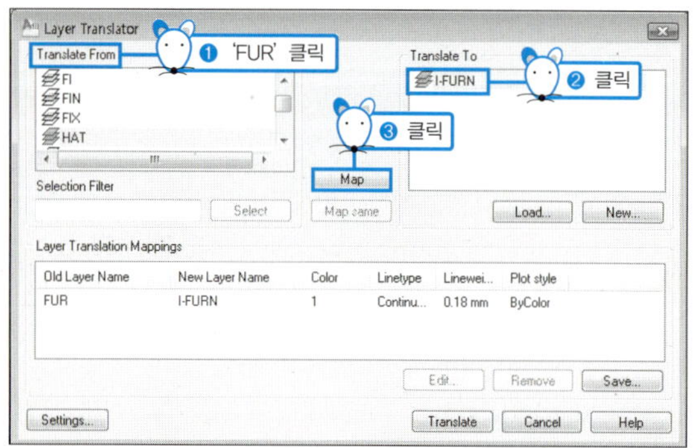

주목

[Map] 단추를 클릭하는 순간 [Translate From] 영역의 'Fur'는 항목에서 사라집니다.

06 [Layer Translator] 대화상자에서 [Translate] 단추를 클릭하면 변경한 정보를 파일로 저장할 것인지를 묻는 대화상자가 나타납니다. 저장하지 않으려면 [Translate only]를 클릭합니다.

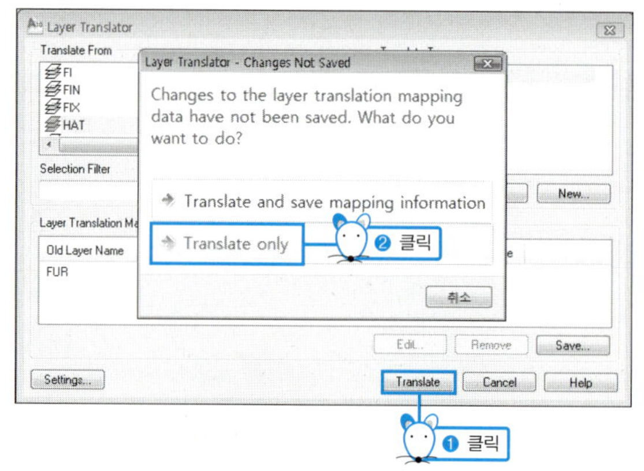

07 Layer 컨트롤 박스를 살펴보면 'FUR' 레이어가 'I-Furn' 레이어로 대체·변경된 것을 확인할 수 있습니다.

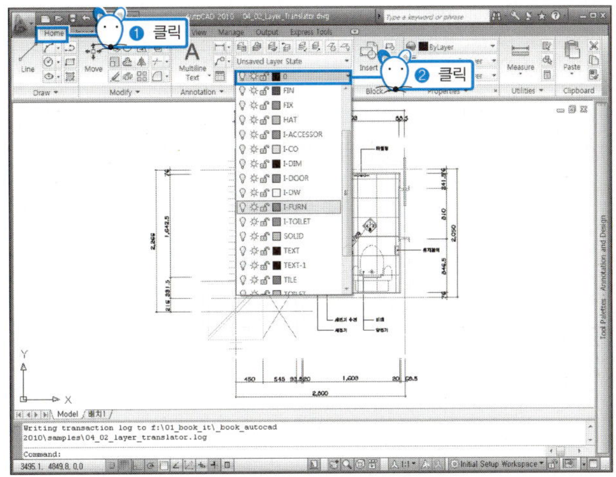

레이어 검색 조건 만들기

도면을 작성하다 보면 상당히 많은 레이어들을 만들어야 합니다. 이러한 경우 각 레이어의 속성을 인덱스(Index)로 검색하는 것이 작업의 효율성을 높일 수 있습니다. Layer Properties Manager Palettes에서 현재 도면의 레이어를 속성별 검색 조건으로 작성하여 편리하게 레이어를 검색하는 방법을 알아봅니다.

🔵 Samples\04_02_Layer_Filter.dwg

01 [Home] 탭의 [Layers] 패널에서 [Layer Properties] (📇) 아이콘을 클릭하여 Layer Properties Manager Palettes가 나타나면 [New Property Filter](📇)(**Alt** + **P**) 아이콘을 클릭합니다.

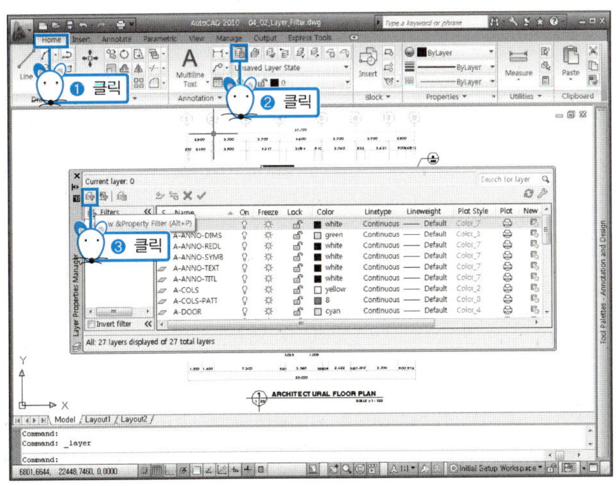

02 [Layer Filter Properties] 대화상자를 그림과 같이 설정합니다.

❶ [File name]에 'Annotation' 이라고 입력합니다.
❷ [Filter definition]의 [Name]에 '*-ANNO-*' 이라고 입력합니다.
❸ [Filter preview] 영역에 조건에 맞는 레이어들이 표시됩니다.

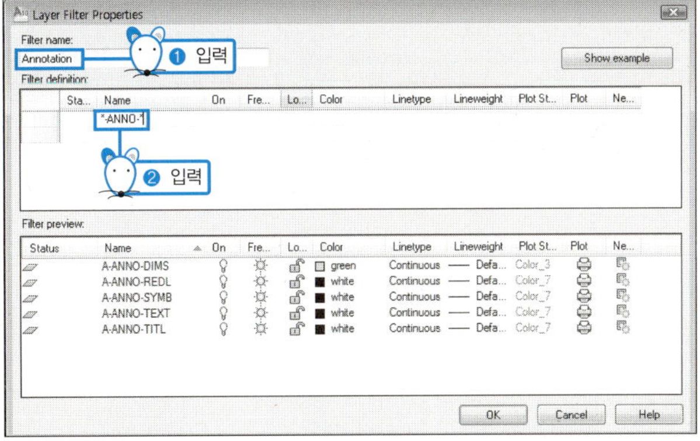

03 [Filter definition] 영역의 [Color] 부분을 클릭합니다. 작은 아이콘이 생기면 클릭하여
[Select Color] 대화상자에서 'Green(3)'을 선택하고 [OK] 단추를 클릭합니다.

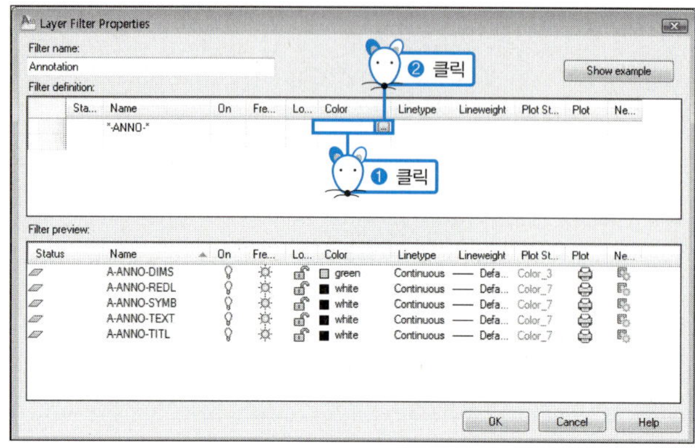

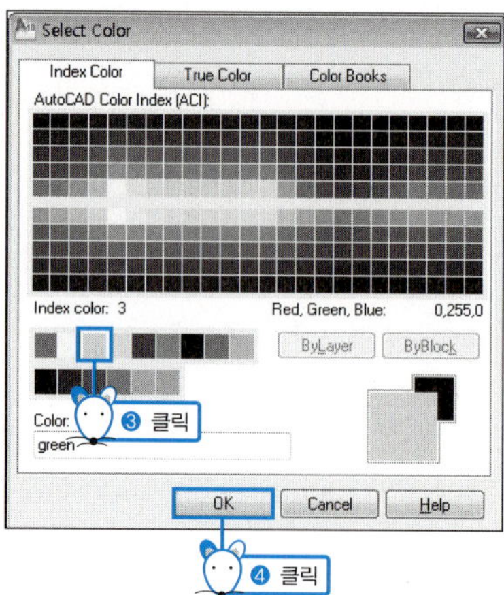

04 [Filter definition] 영역의 조건에 해당하는 레이어가 [Filter preview] 영역에 표시됩니다.
[OK] 단추를 클릭하면 Layer Properties Manager Palettes의 좌측 [Filters]에는 검색 필터인
[Annotation] 항목이 추가되고 우측에는 그 결과가 표시됩니다.

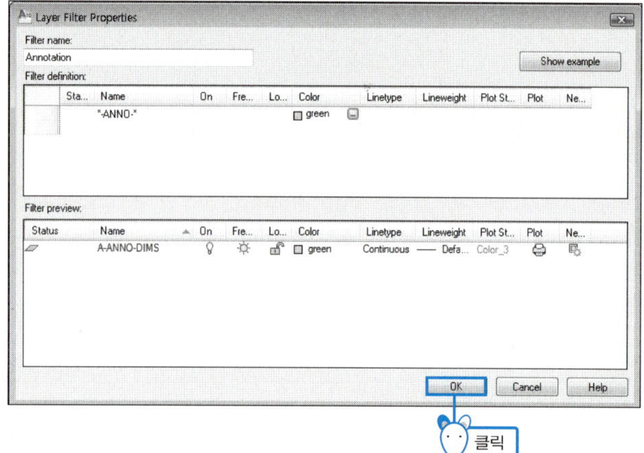

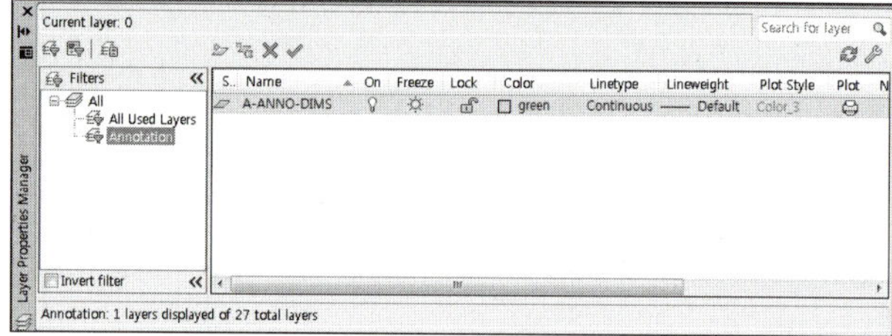

Properties Palettes를 이용하여 객체의 속성 편집하기

Lesson 03

모든 객체들은 각각의 속성(Properties)을 가지고 있습니다. 각기 다르기는 하지만 기본적으로 형태, 레이어, 색상, 선 종류 등의 속성을 가집니다. 예를 들어 선분은 중요한 데이터로 두 끝점을 가지지만, 원이나 호는 중심점과 반지름을 가집니다. 이렇듯 객체가 갖는 속성은 그 객체의 특성이 되며 편집 및 출력 결과에 큰 영향을 미칩니다. 이번에는 속성을 지정하고 바꿔주는 방법 중에 Properties Palettes를 이용하는 방법을 알아봅니다.

Quick Properties Panel을 이용한 신속한 속성 편집

AutoCAD 2009부터 추가된 Quick Properties Panel은 사용자가 선택한 객체를 가장 신속하게 편집할 수 있도록 도와줍니다. 단축키(**Ctrl**+**Shift**+**P**)를 이용하여 Quick Properties Panel을 켜고 끌 수 있으며 다른 메뉴와 같이 사용자가 원하는 항목을 자유롭게 구성할 수 있습니다.

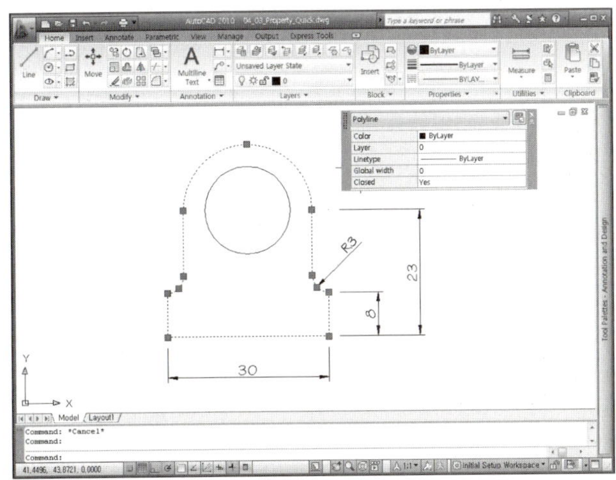

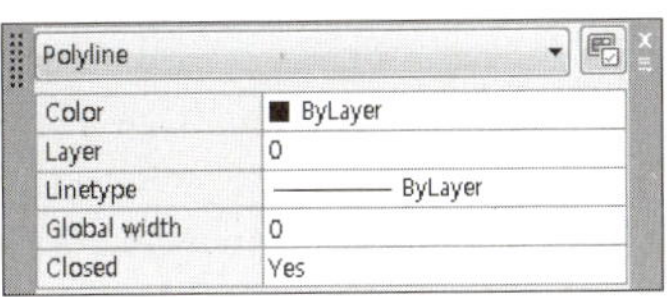

▲ Quick Properties Panel

Quick Properties Panel의 [Customize] 아이콘을 클릭하면 [Customize User Interface] 창이 나타납니다. 대화상자의 우측에는 현재 선택한 객체의 유형(Polyline)에 대한 항목들을 구성할 수 있는 리스트들이 나열되어 있습니다. 이 리스트들을 통해 Quick Properties Panel에 표시되는 항목들을 사용자 편의에 맞춰 재구성할 수 있는 것입니다.

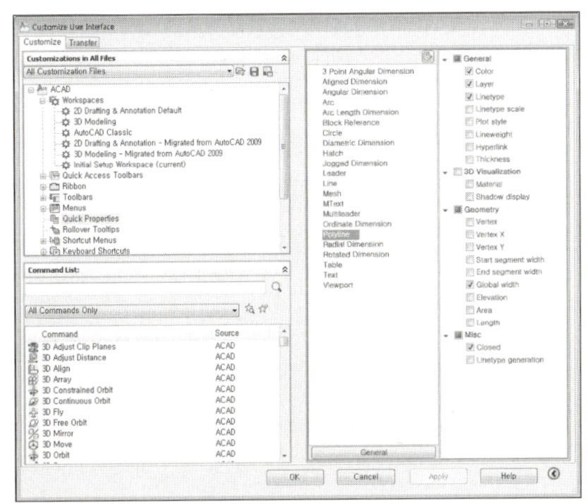

▲ [Customize User Interface] 창

또한, Quick Properties Panel의 [닫기] 단추 밑에 [Options]( ) 아이콘을 클릭한 후 [Settings]를 선택하면 Quick Properties Panel의 속성을 편집할 수 있습니다. Quick Properties Panel의 Settings 기능을 이용하기 위해서는 상태 표시줄의 [Quick Properties]( ) 아이콘 위에서 마우스 오른쪽 단추를 클릭한 후 [Settings]를 선택합니다. [Drafting Settings] 대화상자를 불러내 [Quick Properties] 탭을 클릭해도 같은 결과를 얻을 수 있습니다.

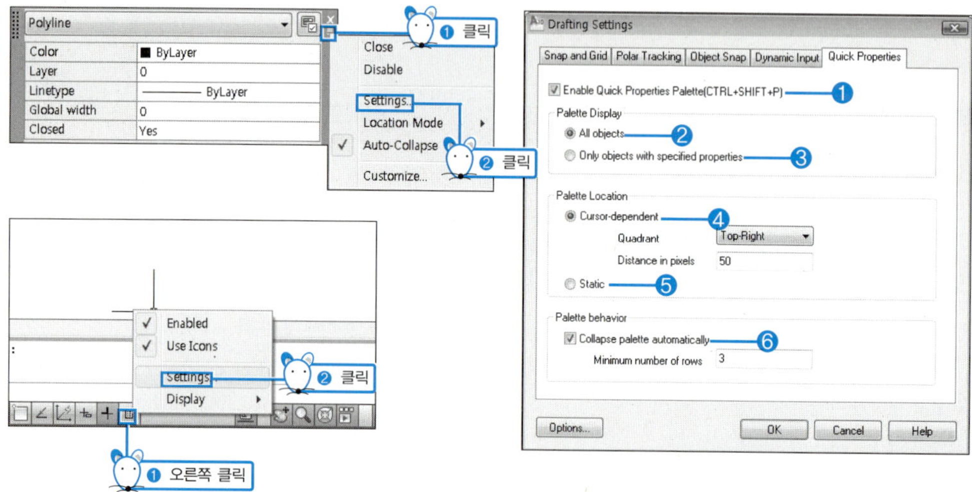

❶ **Enable Quick Properties Palette(Ctrl + Shift + P)** : 체크하면 Quick Properties Panel 기능을 사용할 수 있습니다.

❷ **All objects** : 어떤 객체를 선택하더라도 Quick Properties Panel을 표시합니다.

❸ **Only objects with specified properties** : 특정 객체에 대해서만 Quick Properties Panel에 표시 합니다.

❹ **Cursor-dependent** : 마우스 포인터 위치 주변에 Quick Properties Panel이 표시됩니다. [Quadrant] 항목으로 마우스 포인터를 중심으로 위치할 곳을 지정하며, [Distance in pixels] 항목으로는 마우스 포인터로부터의 거리를 입력할 수 있습니다.

❺ **Static** : 마우스 포인터의 위치와 상관없이 일정한 위치에 Quick Properties Panel을 표시합니다.

❻ **Collapse palette automatically** : Quick Properties Panel의 크기를 설정합니다. 옵션이 체크되어 있으면, Quick Properties Panel에 마우스 포인터를 가져가면 모든 항목을 보여줄 수 있도록 확장되며, 마우스 포인터가 Quick Properties Panel 밖에 있으면 항목의 아래에서 지정한 열 높이(Default Height Row)의 크기로 줄여서 표시할 수 있습니다. 체크를 해제하면 항상 모든 항목을 표시할 수 있도록 확장된 Quick Properties Panel을 표시합니다.

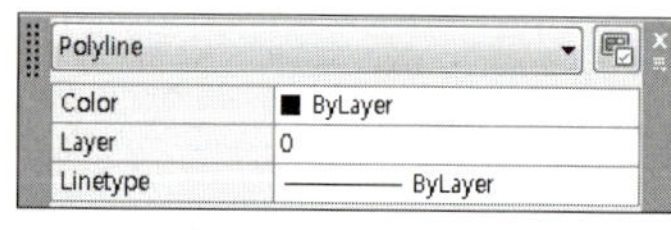

▲ 3 Row 표시된 Quick Properties Panel

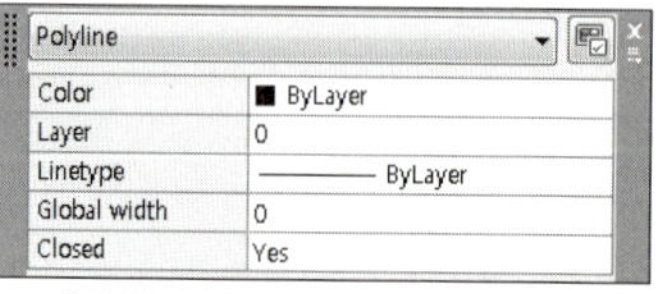

▲ 전체 항목이 표시된 Quick Properties Panel

다음 예제를 통해서 Quick Properties Panel을 이용해 객체의 속성을 신속하게 편집하는 방법을 배워봅니다.

⦿ Samples\04_03_Property_Quick.dwg

01 명령 없이 객체를 선택하여 Grip을 표시합니다. 마우스 포인터의 우측 상단에 Quick Properties Panel이 표시됩니다.

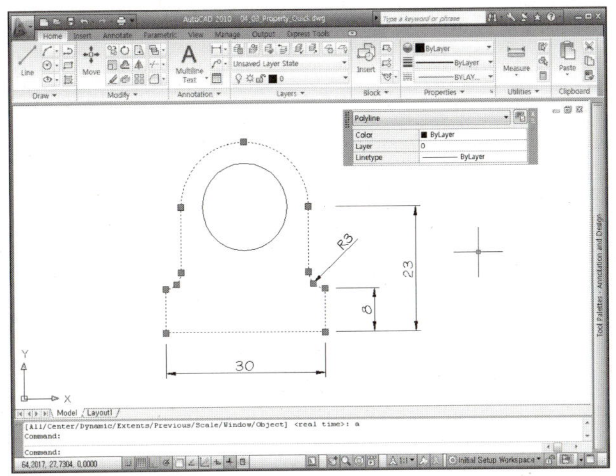

02 Quick Properties Panel의 [Layer]를 클릭해서 'M-MACHINE' 레이어를 선택합니다.

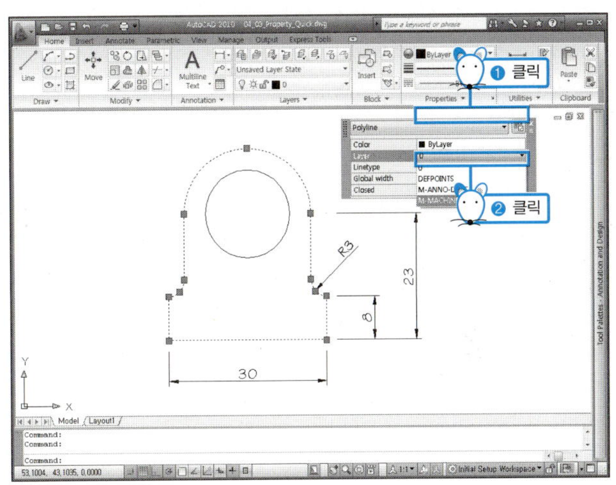

03 Esc를 눌러 선택을 해제한 후 다시 치수선 객체를 선택하여 Quick Properties Panel을 불러냅니다.

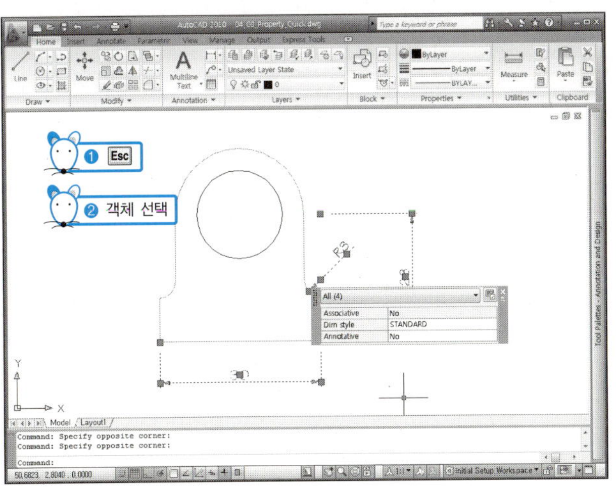

04 Quick Properties Panel의 [Dim style]을 클릭해서 'Redtab' 스타일을 선택합니다.

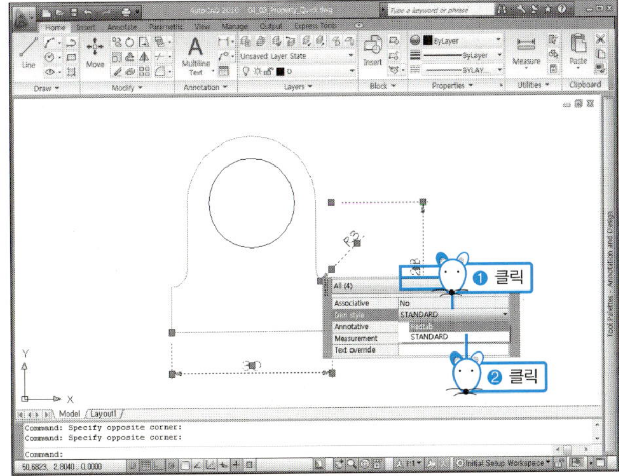

05 [Esc]를 눌러 선택을 해제하면 객체의 레이어와 치수선 스타일이 편집된 것을 확인할 수 있습니다.

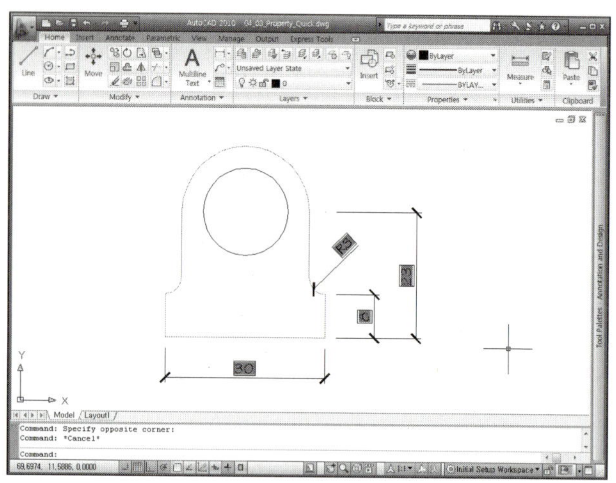

Properties Palettes를 이용한 정밀한 속성 편집

Properties Palettes는 선택한 객체의 모든 속성을 표시합니다. 따라서 객체의 전체적인 정보를 보고 속성을 수정할 수 있습니다. Properties Palettes는 Quick Properties Panel보다 더욱 자세한 객체 정보를 표시함으로써 사용자의 이해를 높이는 데 도움을 주며, 특정한 편집 명령을 실행하지 않고 객체를 바로 선택한 후 수정할 수 있습니다. [Home] 탭의 [Properties] 패널에서 [Properties]( ) 단추를 클릭하거나, CH 명령을 입력하고 [Enter]를 누릅니다.

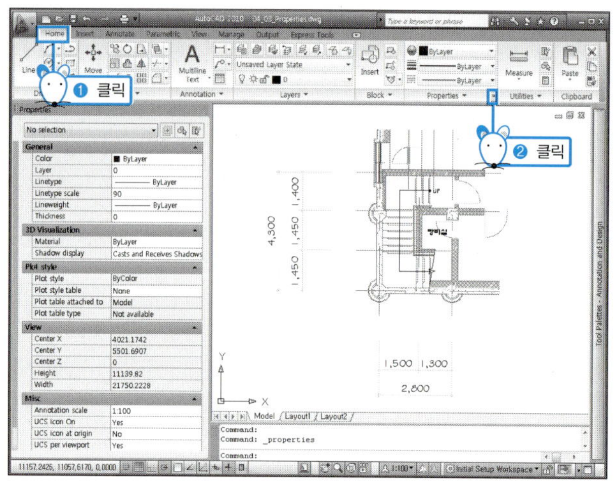

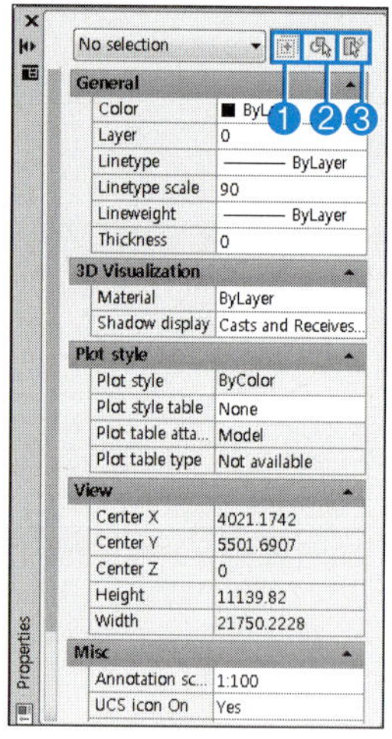

❶ **Toggle value of PICKADD sysvar( )** : 객체를 누적해서 선택할 수 있습니다. 누적된 객체의 속성이 표시되지만 선택된 객체들의 속성이 다를 경우에는 '＊VARIES＊' 라고 표시됩니다.

Toggle value of PICKADD sysvar( ) : 객체를 누적해서 선택할 수 없고, 새롭게 선택하는 하나의 객체 속성만을 표시합니다.

❷ **Select Objects** : [Select Objects]( ) 아이콘을 클릭하면 Properties Palettes의 내용들이 모두 초기화(Reset) 됩니다. 그리고, 마우스 포인터는 Pickbox 형태로 변하면서 도면 영역에서 객체를 선택할 수 있습니다.

❸ **Quick Select** : [Quick Select] 대화상자를 이용해 객체를 일괄적으로 신속하게 선택할 수 있습니다.

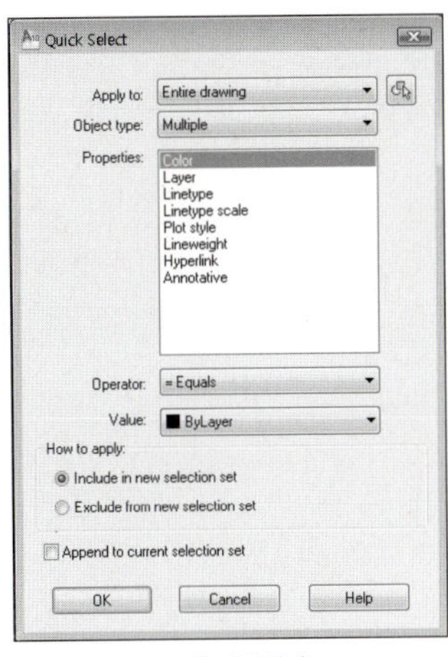

▲ [Quick Select] 대화상자

다음 예제를 통해서 Properties Palettes를 이용해 객체의 속성을 편집하는 방법을 배워봅니다.

◉ Samples\04_03_Properties.dwg

01 [Home] 탭의 [Properties] 패널에서 [Properties](🔲) 단추를 클릭하거나, CH 명령을 입력하고 **Enter** 를 누릅니다.

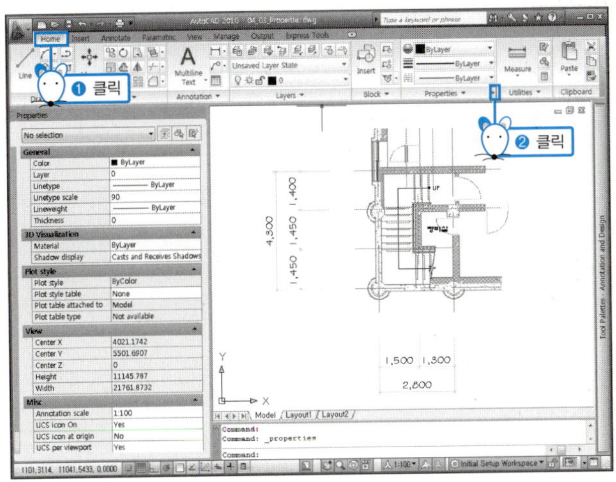

02 Properties Palettes의 [Select Object](🔲) 아이콘을 클릭한 후 객체를 선택하고 **Enter** 를 누릅니다.

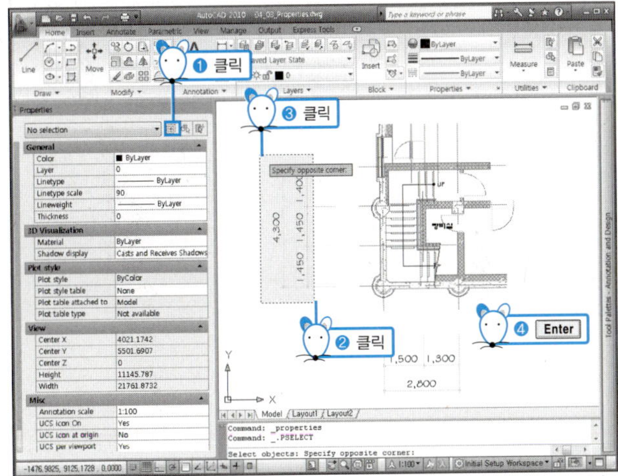

03 Properties Palettes의 [Color]를 눌러 'White' 색상을 선택합니다.

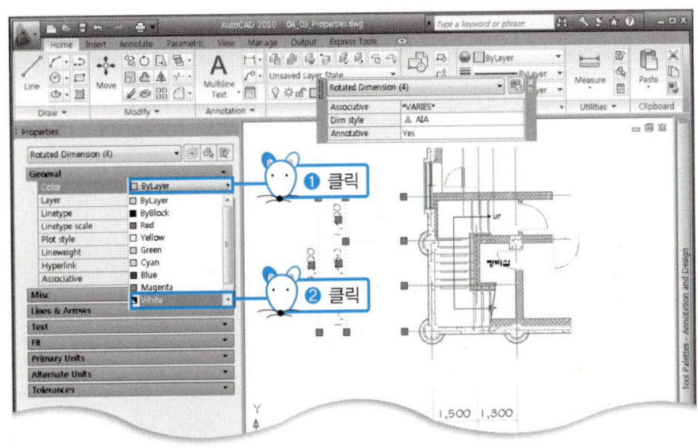

04 `Esc`를 눌러 선택을 해제하고 Properties Palettes의 [Quick Select](📄) 아이콘을 클릭합니다.

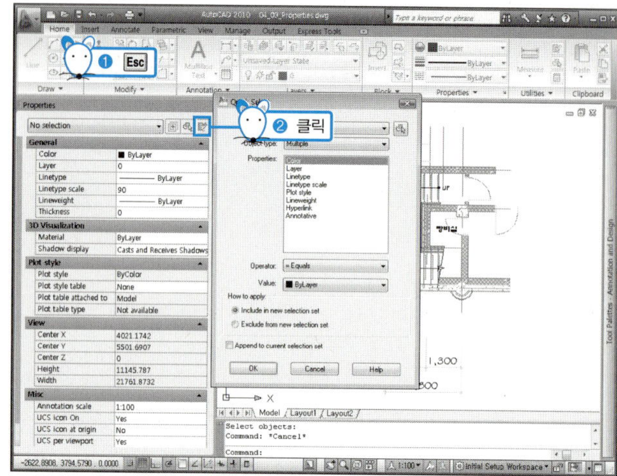

05 [Quick Select] 대화상자를 그림과 같이 설정합니다.

❶ [Apply to]는 'Entire drawing'로 설정합니다.
❷ [Object type]은 'Line'으로 설정합니다.
❸ [Properties]와 [Operator]는 각각 'Layer, Equals'로 설정합니다.
❹ [Value]는 'A-GRID'로 설정합니다.
❺ [OK] 단추를 클릭하여 Quick Select를 실행합니다.

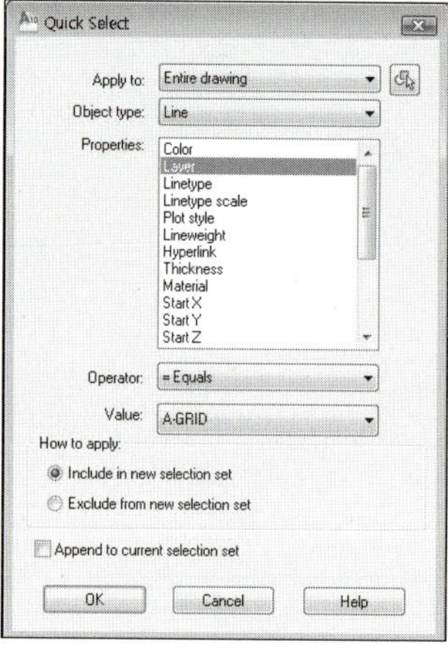

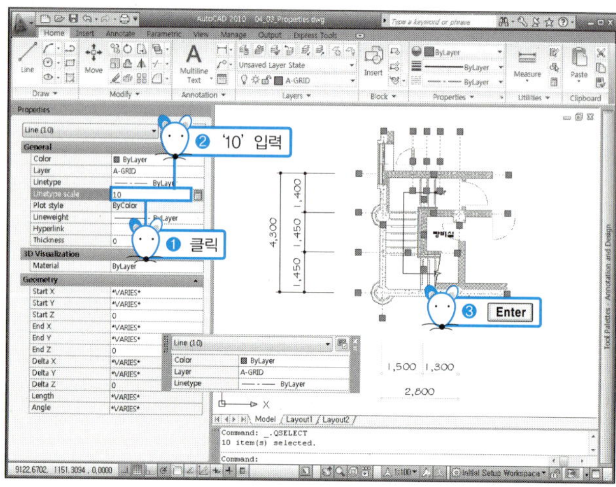

06 Properties Palettes의 [Linetype scale]을 클릭하여 입력 창을 활성화하고 '10'을 입력한 후 `Enter`를 누릅니다.

07 객체의 색상과 'A-GRID' 레이어의 선 종류 크기가 변경된 것을 확인할 수 있습니다.

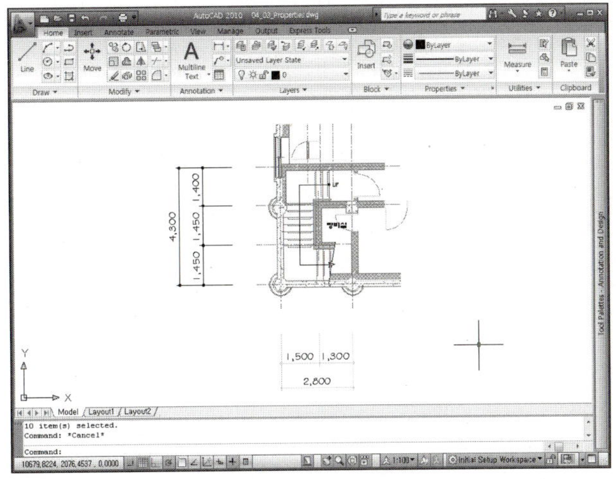

Match Properties로 속성을 다른 객체에 복사하기

Match Properties 명령은 원본 객체(Source Object)를 선택하고 나중에 선택한 객체(Target Object)에 원본의 속성들을 덮어 씌어 일치(Match)시키는 명령입니다. 복사할 속성은 사용자가 [Property Settings] 대화상자에서 설정할 수 있습니다.

● Sample\04_03_Property_Match.dwg

01 [Home] 탭의 [Clipboard] 패널에서 [Match Properties](📋) 아이콘을 클릭합니다. 그림과 같이 원본 객체를 선택합니다.

02 'S'를 입력하고 Enter 를 눌러 [Property Settings] 대화상자를 불러냅니다.

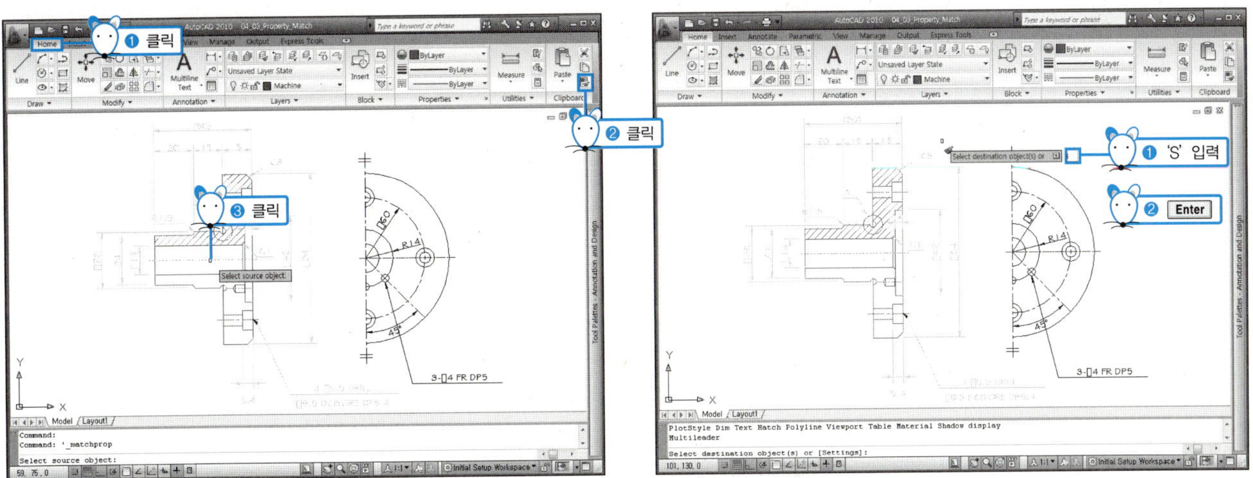

279

03 [Property Settings] 대화상자에서 그림과 같이 속성을 설정하고 [OK] 단추를 클릭합니다.

04 속성을 덮어씌울 대상 객체(중심선 객체)를 선택합니다. Match Properties 명령은 원본 객체를 선택한 후 계속적으로 대상 객체를 선택할 수 있습니다. 명령을 종료하기 위해서 Enter 를 누릅니다.

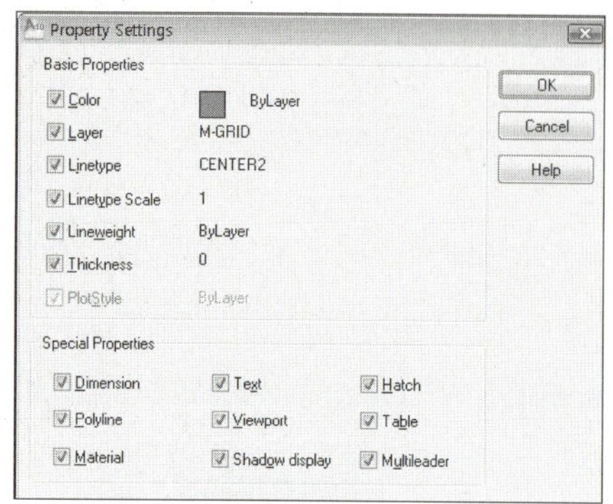

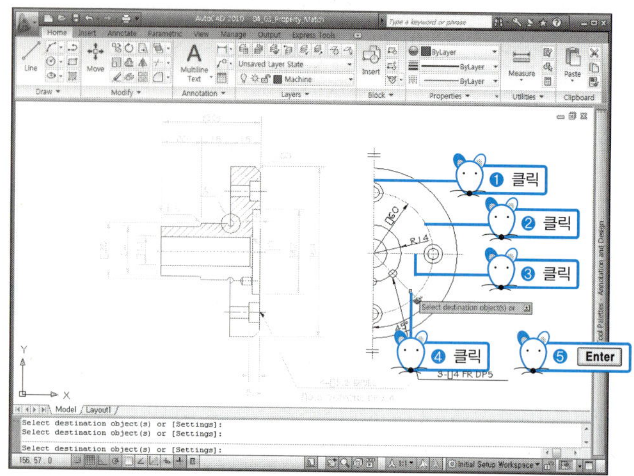

[Property Settings] 대화상자 이해하기

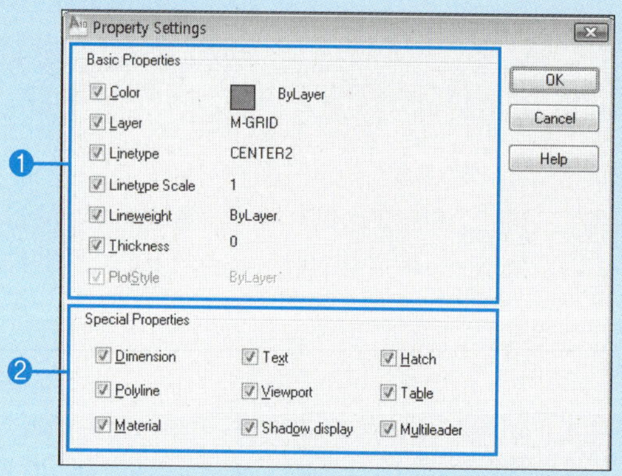

❶ **[Basic Properties] 영역** : 객체의 모든 속성들 즉, 색상(Color), 레이어(Layer), 선 종류(Linetype), 선 종류 크기(Linetype Scale), 선 두께(Lineweight) 등을 선택할 수 있습니다. 사용자가 적용하고 싶은 속성을 선택하여 Match Properties 명령을 적용할 수 있습니다.

❷ **[Special Properties] 영역** : 객체를 작성하는 Draw 명령을 살펴보면 하나의 객체가 블록의 형식으로 그려지는 명령이 있습니다. 예를 들어 치수를 구성하는 화살표, 치수선, 치수 보조선 등이 하나의 객체로 인식되며 문자나 패턴도 마찬가지로 블록 형식으로 그려집니다. 이러한 객체의 속성을 복사하여 적용할 수 있습니다.

Change로 객체의 속성 편집하기

Change 명령을 사용하면 객체의 속성을 편집할 수 있습니다. 편리함으로 따지자면 Properties Palette와 비교할 수
없지만, 보고 싶은 또는, 필요한 속성만을 변경할 수 있다는 점에서 사용자의 편의대로 판단해서 사용해야 합니다.

◉ Samples\04_03_Property_Change.dwg

01 Change 명령을 입력하고 Enter 를 누릅니다.

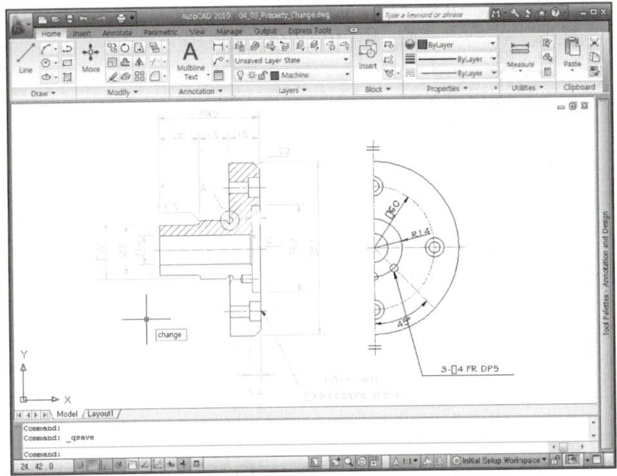

Command: Change Enter (Change 명령 실행)

02 Pickbox로 변한 마우스 포인터를 이용해 객체(지시
선과 치수선 객체)를 선택합니다. Enter 를 눌러 선택을
종료합니다.

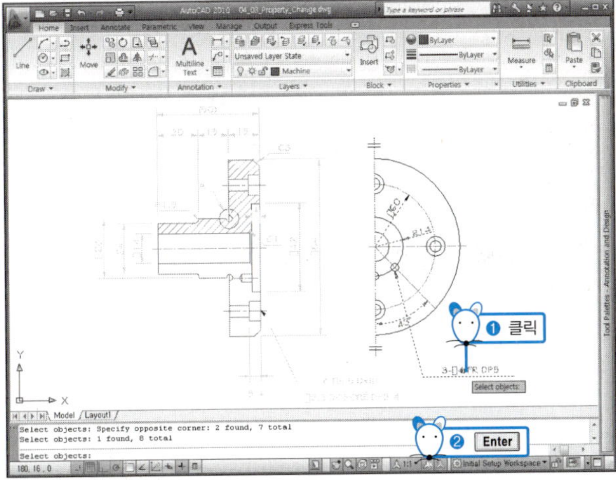

Select objects: (객체 클릭)
Select objects: Enter

03 마우스 오른쪽 단추를 클릭한 후 [Properties]를 선
택합니다.

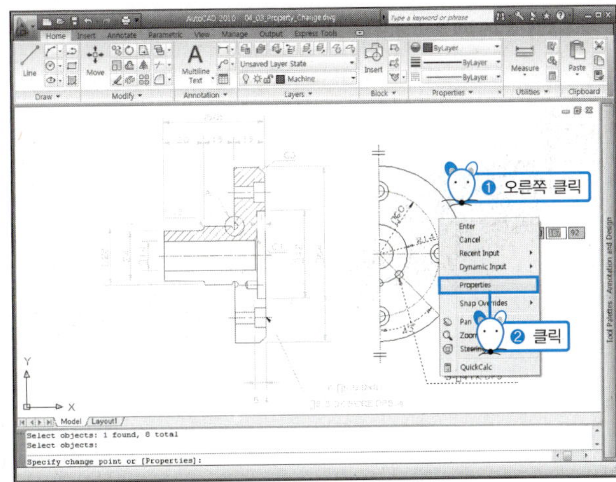

04 단축 메뉴에서 [LAyer]를 선택합니다.

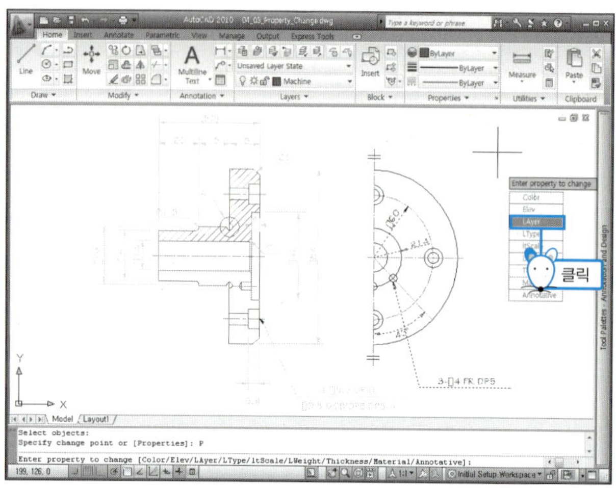

Enter property to change [Color/ Elev/LAyer/
LType/ltScale/LWeight/Thickness/Material/Ann
otative]: LA [Enter] (Layer 옵션 실행)

05 수정할 레이어인 'M-ANNO-DIMS'를 입력하고
[Enter]를 누릅니다. 다른 객체를 선택하라는 요청에 다시
한 번 [Enter]를 누릅니다.

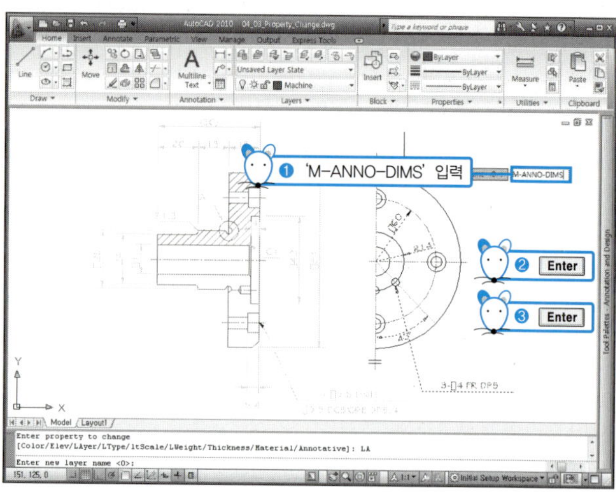

Enter new layer name <0>: M-ANNO-DIMS [Enter]
Enter property to change [Color/Elev/LAyer/
LType/ltScale/LWeight/Thickness/Material/Ann
otative] : [Enter]

06 선택한 객체의 속성이 편집된 것을 확인할 수 있습
니다.

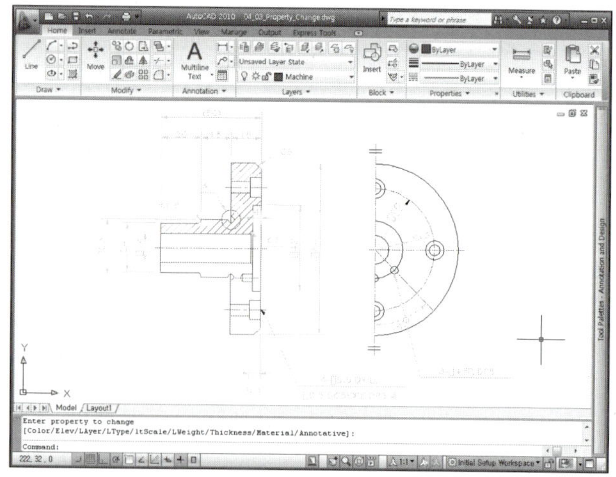

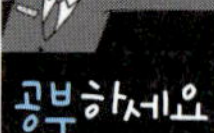

외적인 속성과 내적인 속성의 이해

객체의 속성은 크게 외적인 속성과 내적인 속성으로 구분할 수 있습니다. 모든 객체는 종류에 따라 다른 속성들을 가
지고 있습니다. 원은 중심점의 좌표와 반지름 또는, 지름으로 설명할 수 있으며 선분은 시작점과 끝점으로 설명할 수
있습니다. 이렇듯 겹치지만 않으면 유일한 속성이 바로 외적인 속성입니다. 이러한 속성들은 외적인 편집 명령 즉,
Move, Rotate, Stretch 등의 명령으로 조절할 수 있습니다. 상대적으로 내적인 속성들 즉 색상이나 레이어, 플롯 스
타일, 선 종류 등은 내적인 편집 명령인 즉, Match Properties로 속성을 복제하거나 Properties Palettes로 속성을
조절할 수 있습니다. 이와 같은 속성을 파악하여 '도면을 보다 도면답게' 작업해야 할 것입니다.

Inquiry 명령으로 객체 정보 알아보기

도면을 작성하다 보면 작업 초반에 작성하다 보면 객체의 길이를 잊었거나 두 지점 간의 간격을 알아야 할 경우가 종종 있습니다. 객체에 관한 정보라면 Properties 명령을 통해서 알 수 있지만 두 지점 간의 거리나 선택한 객체의 면적을 알고 싶을 때는 Inquiry 명령을 사용합니다. Inquiry 명령은 객체의 위치 및 면적 등을 알아볼 수 있으며, 도면 파일에 대한 작성 시간 등의 정보를 보여주기 때문에 설계자에게 도면을 검토하는 과정에서 쉽게 문제점을 발견할 수 있습니다.

List로 객체 정보 알아보기

List 명령을 이용하여 선택한 객체의 속성 정보를 확인하는 방법을 알아봅니다.

⊙ Samples\04_04_Inquiry.dwg

01 List 명령을 입력하고 Enter 를 누릅니다.

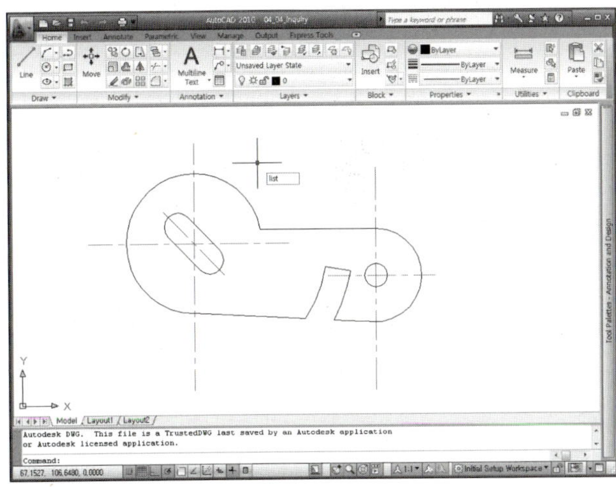

Command: List(LI) Enter (List 명령 실행)

02 객체를 선택하고 Enter 를 누릅니다.

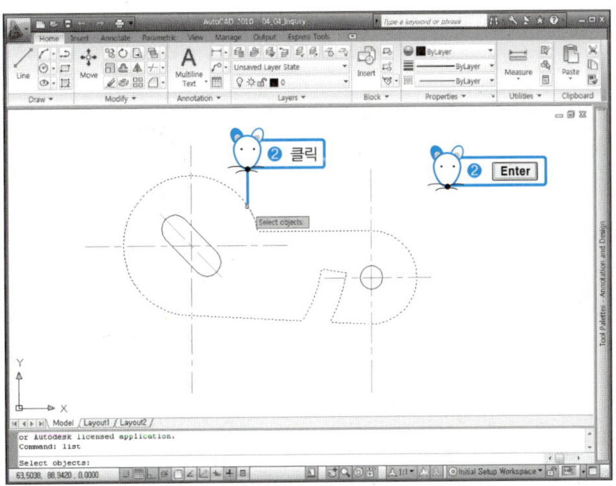

Select objects: (객체 선택)
Select objects: Enter

03 [AutoCAD Text Window] 창에 선택한 객체의 속성 정보가 표시됩니다.

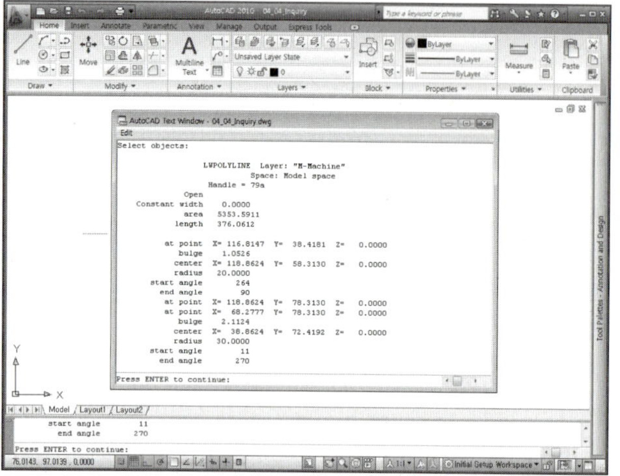

04 선택한 객체에 따라 저마다 특별한 정보를 가지고 있습니다. 따라하기에서 호와 선분들로 조합된 객체를 선택하였기 때문에 중심점의 좌표, 반지름, 각도, 면적, 원주 등의 정보가 표시됩니다.

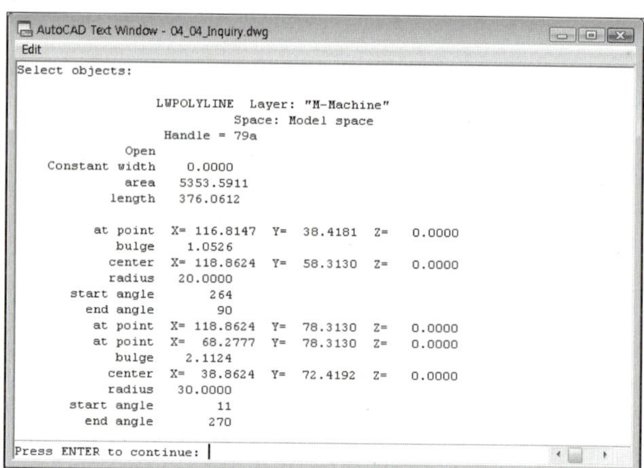

주목

Inquiry 명령이 아닌 다른 명령 중에 [AutoCAD Text Window] 창을 표시해야 하는 경우에 F2 를 누르면 됩니다.

Dist로 두 지점 간의 간격 알아보기

객체를 선택하고 Properties Palettes를 통해서도 알 수 없는 것이 바로 두 점 간의 간격입니다. 그렇기 때문에 이번에는 Dist 명령으로 지정한 두 점 간의 간격을 알아봅니다.

🔵 Samples\04_04_Inquiry.dwg

01 [Home] 탭의 [Utilities] 패널에서 [Distance]() 아이콘을 클릭합니다.

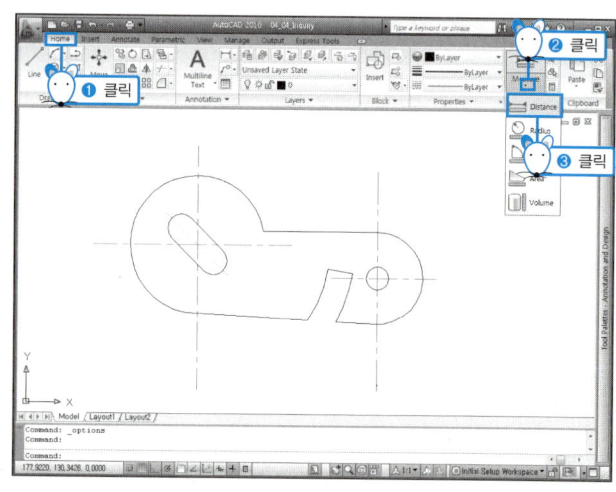

```
Command: Dist(DI) Enter (Dist 명령 실행)
```

02 두 점을 클릭하여 지정합니다. 두 번째 점을 클릭하자마자 두 점간의 거리가 표시됩니다.단축
메뉴를 통해 바로 다른 lugiry 명령을 실행할 수도 있습니다.

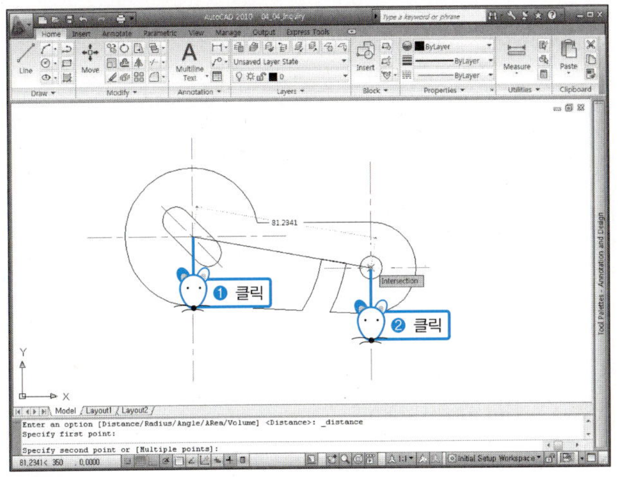

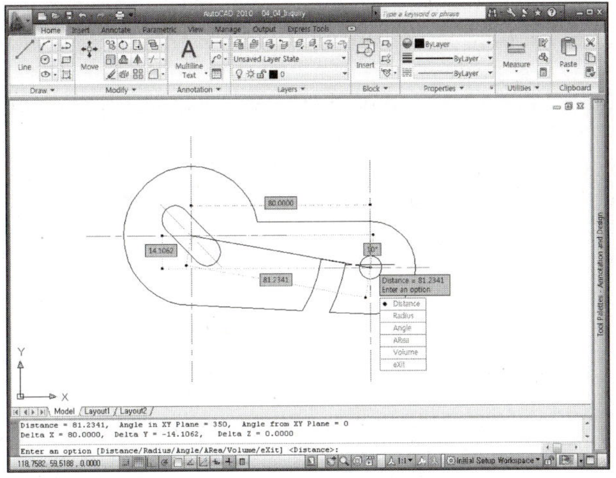

Area로 면적 알아보기

Area 명령은 선택한 객체의 면적 정보를 알려줍니다. 하지만 Object 옵션으로 객체를 선택해서 면적을 측정할 때
반드시 닫혀 있는 폴리라인으로 이루어진 객체어야 합니다.

Samples\04_04_Inquiry.dwg

01 [Home] 탭의 [Utilies] 패널에서 [Area]() 아이콘
을 클릭합니다.

02 마우스 오른쪽 단추를 클릭한 후 [Object]를 선택합
니다.

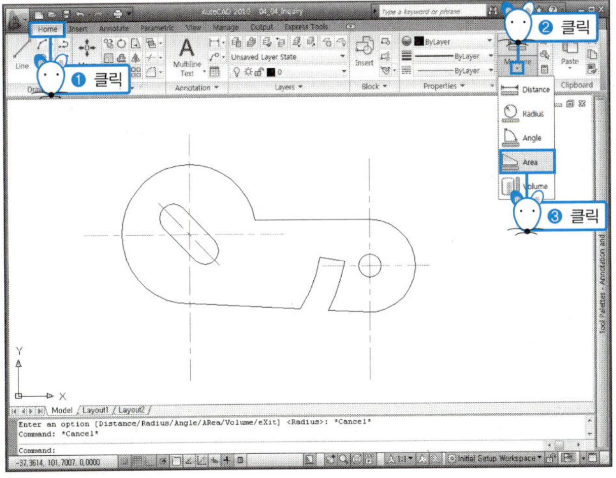

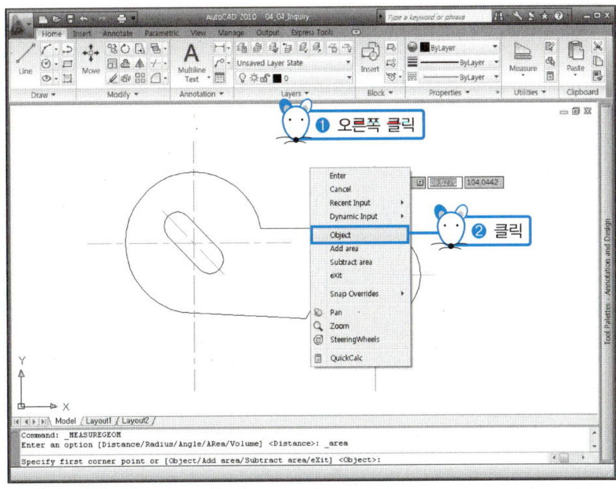

```
Specify first corner point or [Object/Add/
Subtract]: o  Enter  (Object 옵션 선택)
```

03 Pickbox로 닫힌 객체를 선택합니다. 선택과 동시에 면적이 표시됩니다.

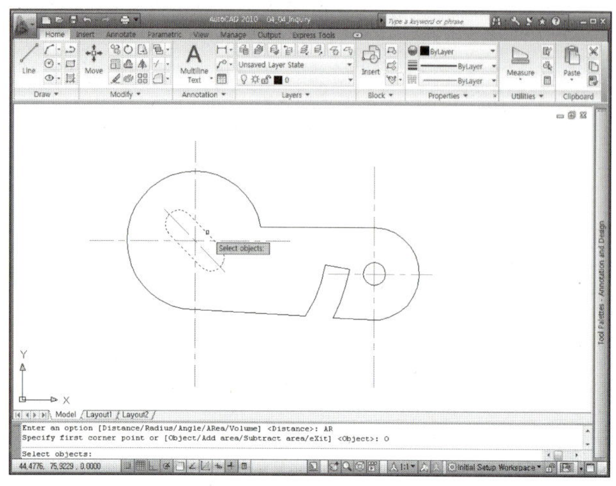 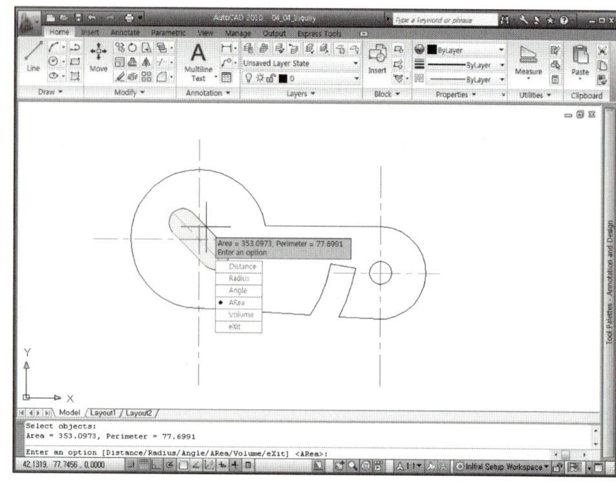

```
Select objects: [Enter]
Area = 5353.5911, Length = 376.0612
```

Inquiry 명령의 액세서리들

[Tools]–[Inquiry] 메뉴에는 Measure 명령과 함께 도면의 다른 정보를 확인할 수 있는 명령들이 있습니다.

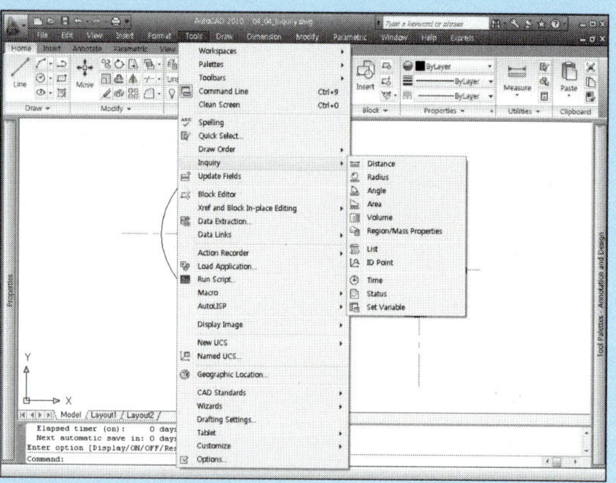

- **ID Point** : 원점(Origin Point)을 기준으로 현재 마우스 포인터가 있는 위치의 좌표를 표시합니다.
- **Time** : [AutoCAD Text Window] 창이 표시되면서 현재 도면과 관련된 시간을 표시합니다.
- **Status** : [AutoCAD Text Window] 창이 표시되면서 현재 설정값을 표시합니다.

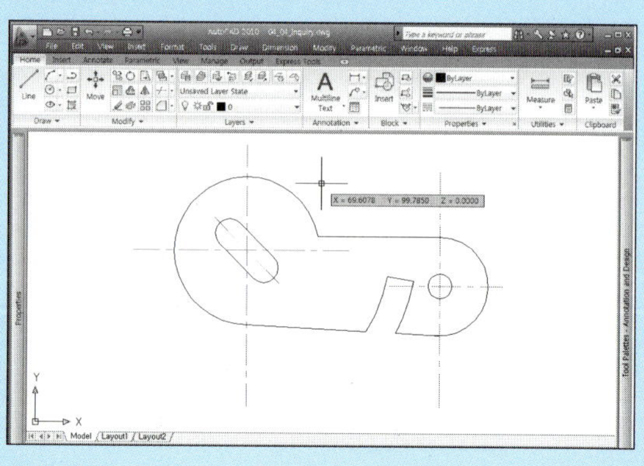

▲ ID Point

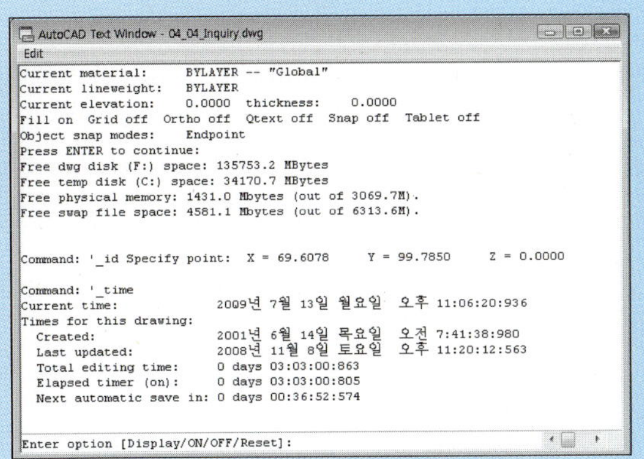

▲ Time

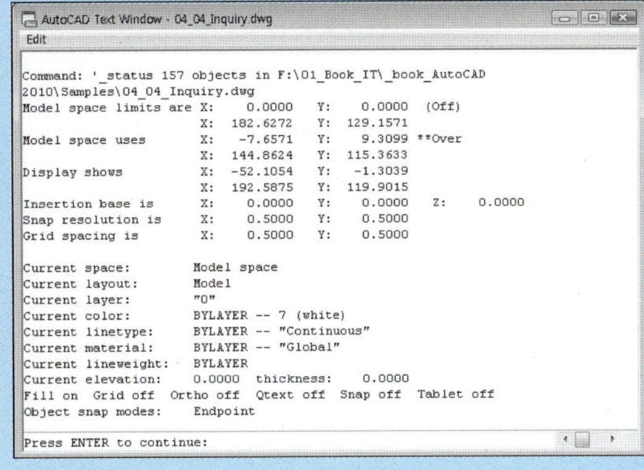

▲ Status

작업 중인 도면 파일과 관련된 정보(Drawing Properties) 알아보기

메뉴 브라우저의 [Drawing Utilities]-[Drawing Properties]는 도면 객체에 관한 정보가 아닌 작업 중인 도면 파일에 관한 정보를 확인하고 입력할 수 있습니다.

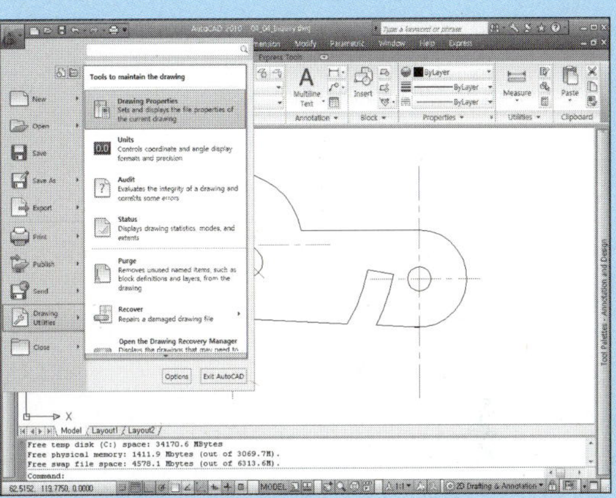

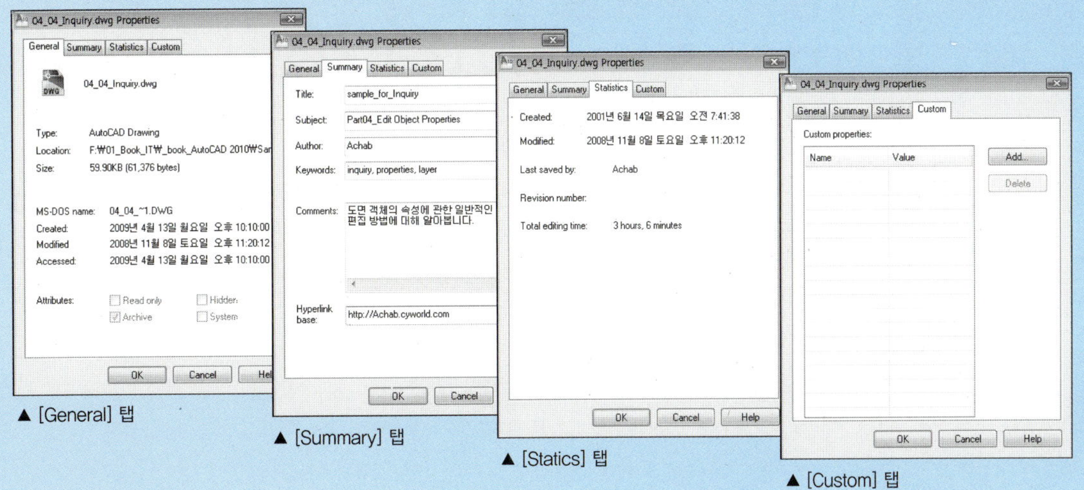

▲ [General] 탭

▲ [Summary] 탭

▲ [Statics] 탭

▲ [Custom] 탭

객체를 블록(Block)으로 만들어 작업의 효율을 높입니다!

블록은 각각의 객체들을 좀 더 큰 하나의 객체로 그룹(Grouping)지어 반복해서 사용할 수 있도록 한 것입니다. 또한, 블록은 여러 객체들이 모여 하나의 객체를 이루는 경우 예를 들어, 여러 선분들이 모여 하나의 의자를 이루고 있을 때 각각의 객체가 아닌 하나의 객체로 정의하기 때문에 선택의 측면에서도 매우 유용합니다. 뿐만 아니라 도면의 일부분을 별도의 DWG 파일로 저장해서 다른 도면에 적용할 수 있는 점도 도면 작업에 매우 효율적입니다. 그리고, 블록에 속성을 부여하면 보다 함축적으로 만들 수 있으며, 블록에 위계를 부여해 협업(Co-Work)에 필수적인 Xref 기능도 사용이 가능합니다.

객체를 저장했다가 불러와서
다시 쓰는 블록

블록은 소면의 전체 또는, 객체를 별도의 파일로 저장하여 언제든지 다시 사용할 수 있고, 복잡한 객체를 하나로 그룹지어 사용할 수도 있습니다. 이번에는 블록을 정의하고 도면에 삽입하는 방법을 알아봅니다.

블록 사용의 완벽한 2단계

블록의 기본적인 구성은 블록을 정의하는 Block, Wblock 명령과 만들어진 블록을 도면에 삽입할 수 있는 Insert 명령으로 이루어져 있습니다. 그리고 DesignCenter를 사용하면 정의된 블록이나 도면(또는, 도면에 삽입 되어 있는 블록)을 눈으로 확인하면서 드래그 방식으로 간단하게 작업 중인 도면으로 가져올 수 있습니다.

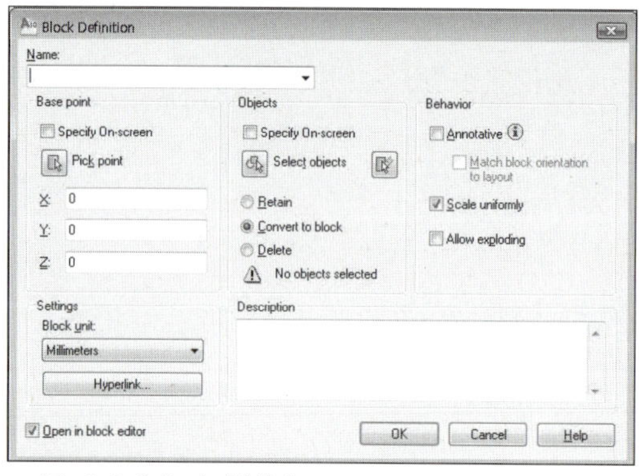

▲ [Block Definition] 대화상자

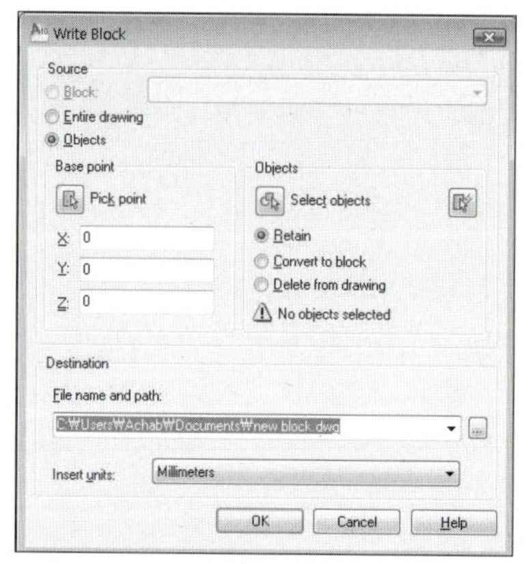

▲ Divide

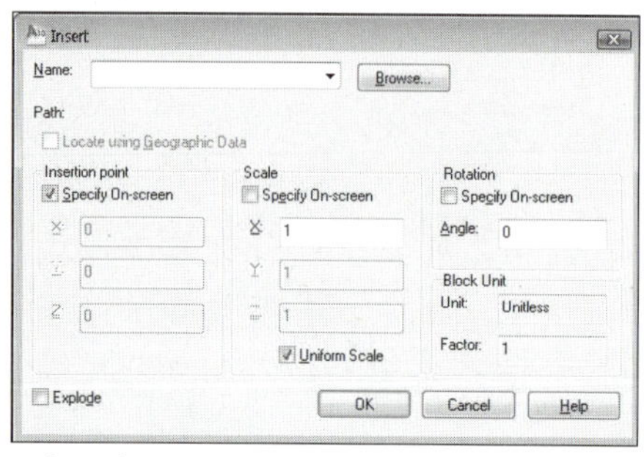

▲ [Insert] 대화상자

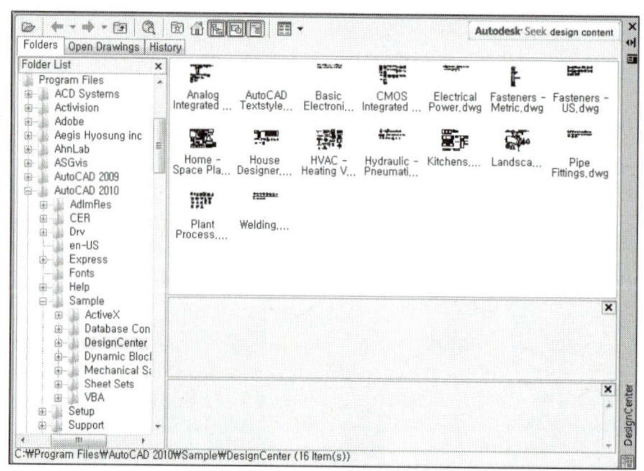

▲ DesignCenter

블록을 응용한 정렬·복사

블록을 응용하여 블록을 정렬하며 복사(Minsert)하거나 객체를 분할하면서 지정한 개수만큼
복사(Divide)하는 방법에 대해서 알아봅니다.

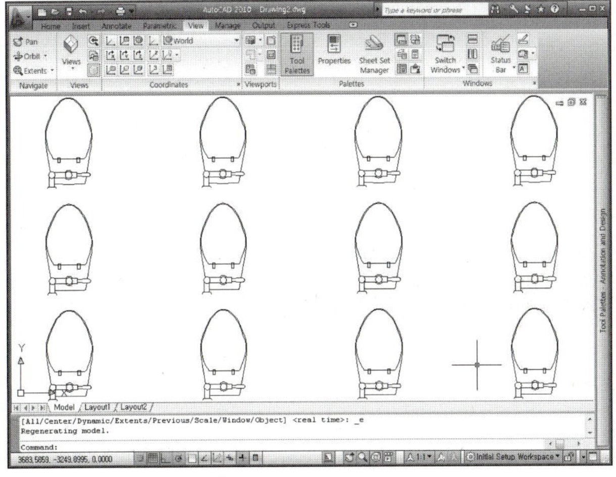

▲ Minsert

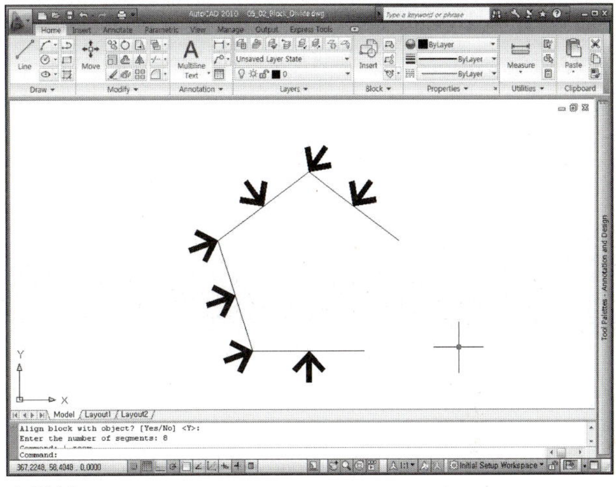

▲ Divide

블록에 속성(Attribute) 정의하고 편집하기

블록을 확실하게 식별하고 관리할 수 있도록 한 속성(Attribute)을 정의하고 편집하는 방법에
대해서 알아봅니다.

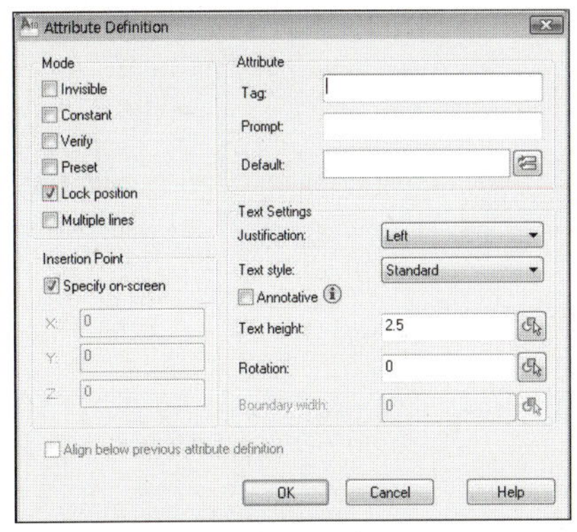

▲ [Attribute Definition] 대화상자

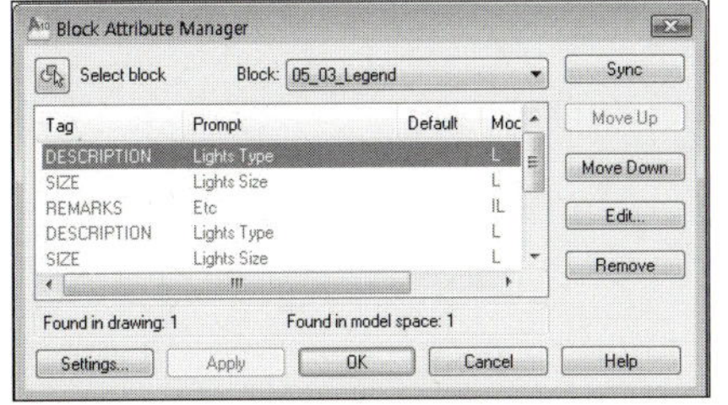

▲ [Block Attribute Manager] 대화상자

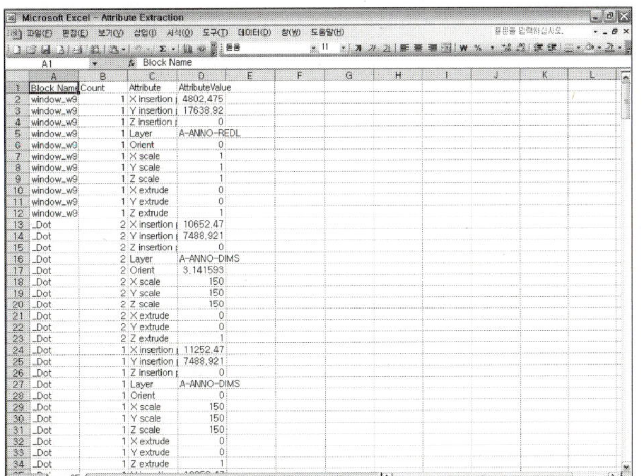

▲ 도면에서 추출한 엑셀 형식의 데이터

협업(Co-Work)을 위한 Xref

신뢰성 있는 정보 공유의 측면에서 원본 정보를 편집해도 파생된 변형 데이터가 함께 실시간으로 수정되는 커뮤니케이션의 일치를 이룰 수 있는 Xref에 대해서 알아봅니다.

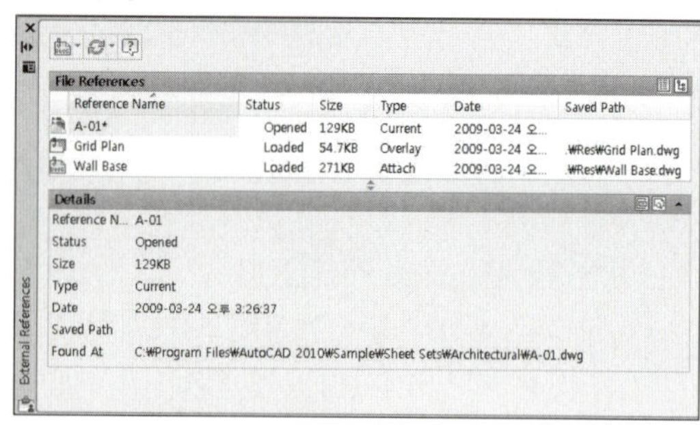

▲ External Reference Palettes

가변성 블록, 동적 블록(Dynamic Block)

동적 블록(Dynamic Block)은 기존의 블록에 '가변성'을 부여한 블록입니다. 예상되는 편집 매개 변수를 미리 삽입하여 블록을 정의하기 때문에 블록을 다양한 쓰임새로 사용할 수 있는 동적 블록에 대해 알아봅니다.

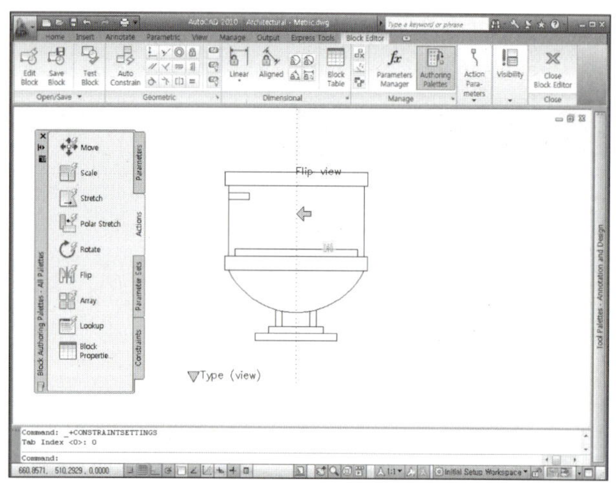

▲ 동적 블록 편집 모드

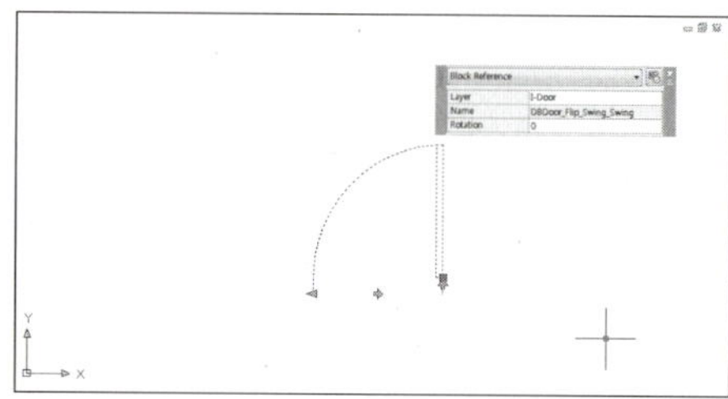

▲ Horizontal Flip

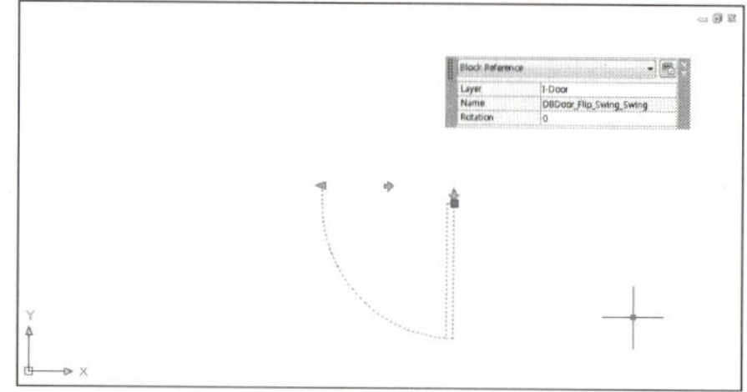

▲ Vertical Flip

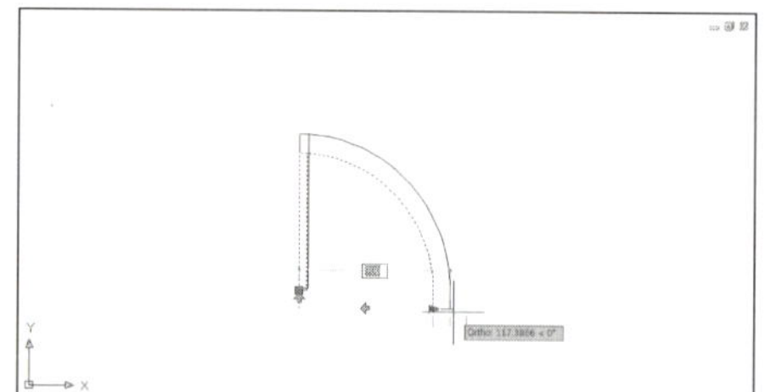

▲ 800mm, 100mm 간격의 줄눈

블록을 내 것으로 만드는 완벽한 2단계 방법

블록의 기본적인 구성은 블록을 정의하는 Block, Wblock 명령과 만들어진 블록을 도면에 삽입할 수 있는 Insert 명령으로 이루어져 있습니다. 이번에는 블록을 사용하기 위해 알아야 하는 내용들을 학습합니다.

Lesson 01

블록의 정의 이해하기

블록을 정의할 때는 기준점(Base Point), 블록이 되는 객체 그리고, 블록 정의 후의 객체 상태를 지정해야 합니다.

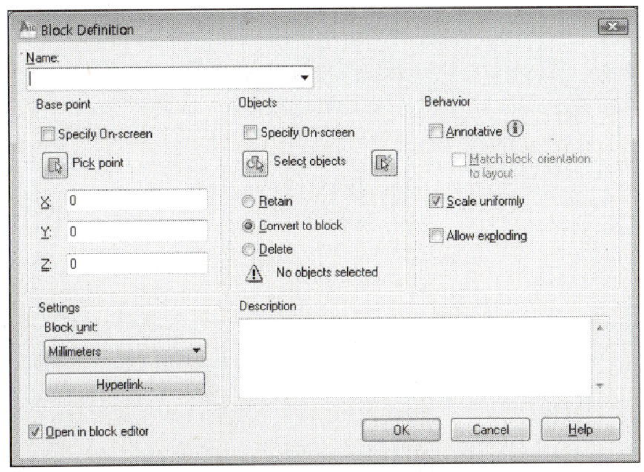

▲ [Block Definition] 대화상자

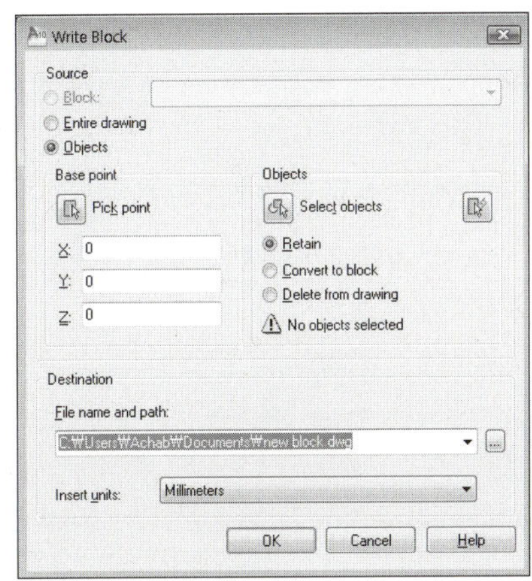

▲ [Write Block] 대화상자

블록의 삽입 방법

Insert 명령이나 AutoCAD 2010의 DesignCenter를 사용하면 정의한 블록이나 전체 도면(Entire Drawing)을 삽입할 수 있습니다. 블록을 삽입할 경우 블록의 삽입 지점과 회전 각도, 크기를 지정하면 됩니다.

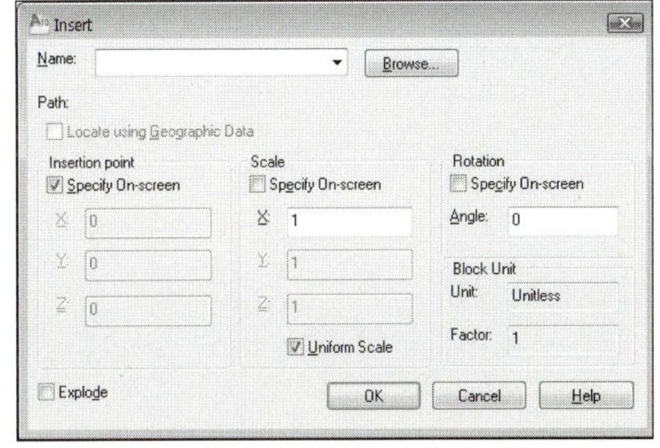

▲ [Insert] 대화상자

블록의 객체는 물론이고 도면 작성을 위해 사용된 문자 스타일
(Text Style), 치수 스타일(Dimension Style), 레이아웃
(Layout), 레이어(Layer) 등을 저장하고 있습니다.

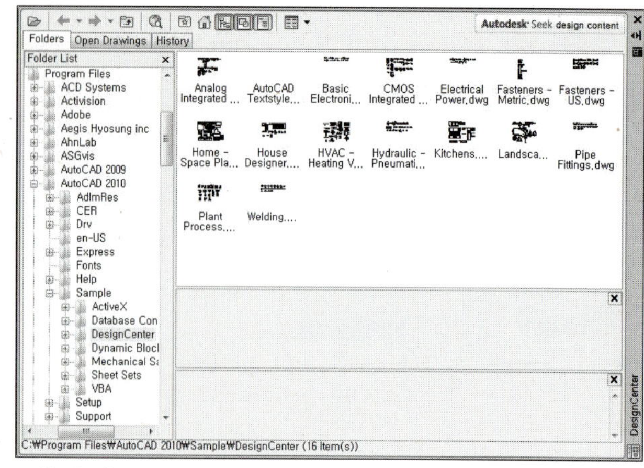

▲ DesignCenter

DesignCenter를 구성하는 탭

DesignCenter의 탭은 도면을 찾는 방식에 따라 [Folders], [Open Drawings], [History] 탭으로 구성되어 있습니다.

- **[Folders] 탭** : 폴더나 파일을 직접 검색
- **[Open Drawings] 탭** : 현재 열려있는 도면을 검색
- **[History] 탭** : AutoCAD 2010을 사용했던 기록을
  통해서 도면을 검색

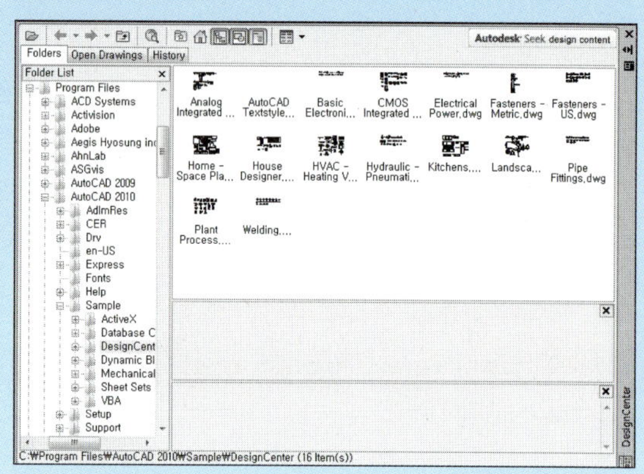

▲ [Folders] 탭

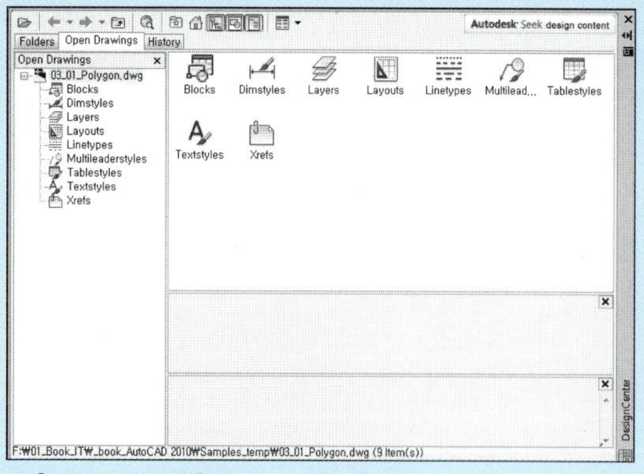

▲ [Open Drawings] 탭

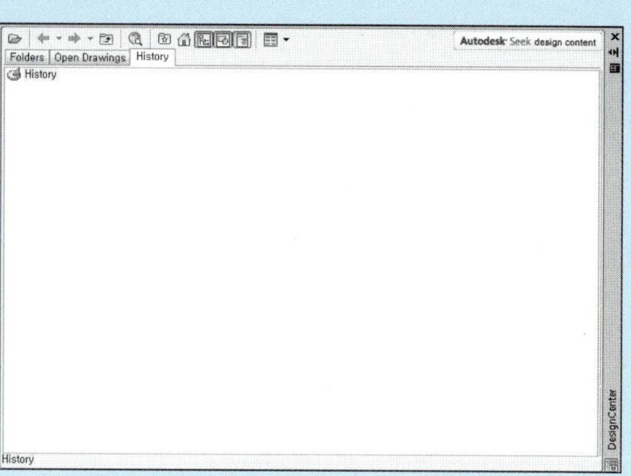

▲ [History] 탭

객체를 블록으로 만들어 사용하기

블록의 효용성은 크게 두 가지로 볼 수 있습니다. 하나는 도면을 전체 또는, 부분으로 별도의 파일로 저장해서 언제든지 다시 사용할 수 있다는 것이고, 또 다른 하나는 복잡한 객체를 하나로 그룹지어 준다는 것입니다. 자주 사용하는 기호나 심벌을 저장했다가 필요할 때마다 꺼내서 사용한다면 작업의 효율은 배가 될 것입니다. 블록을 정의하고 도면에 삽입하는 방법에 대해 배워봅니다.

Lesson 02

객체를 블록으로 정의하기

Block 명령을 이용해서 객체를 블록으로 정의하는 방법에 대하여 알아봅니다.

⊙ Samples\05_01_Block_Define.dwg

01 [Home] 탭의(또는, [Insert] 탭) [Block] 패널에서 [Create](🖳) 아이콘을 클릭하여 [Block Definition] 대화상자를 불러냅니다.

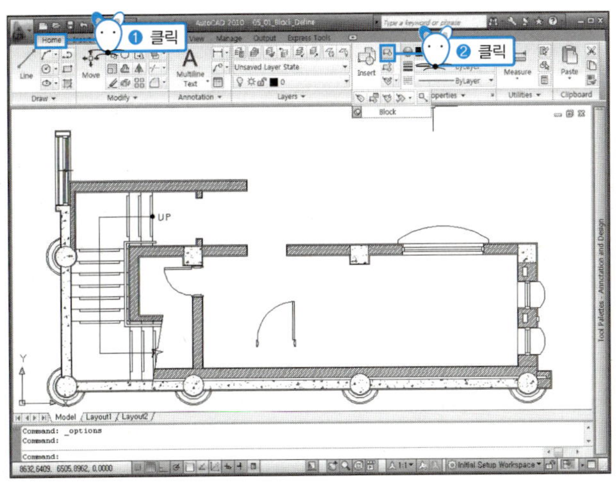
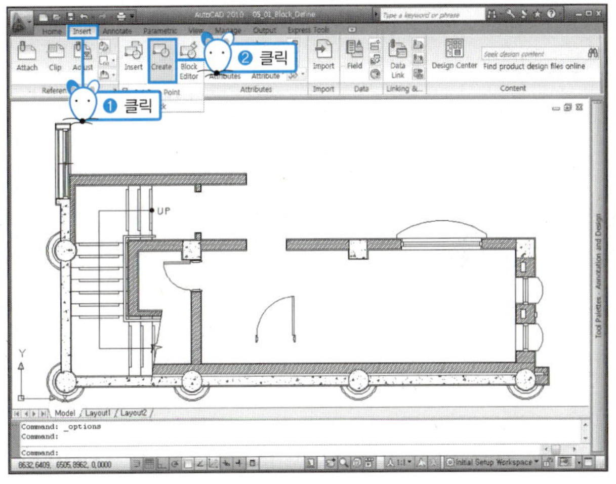

02 [Block Definition] 대화상자의 [Name]에 'Door'를 입력하고 [Base Point] 영역의 [Pick point](🖳) 아이콘을 클릭합니다.

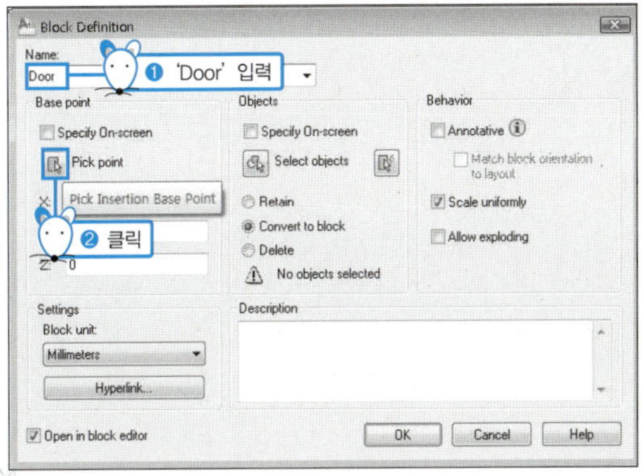

03 도면 영역에서 그림과 같이 기준점(Base Point)을 지정합니다.

04 지정한 객체를 블록으로 정의한 후 현재 도면에서 블록으로 그룹화 될 수 있도록 [Objects] 영역에서 [Convert to block]를 체크한 상태에서 [Select objects]([icon]) 아이콘을 클릭합니다.

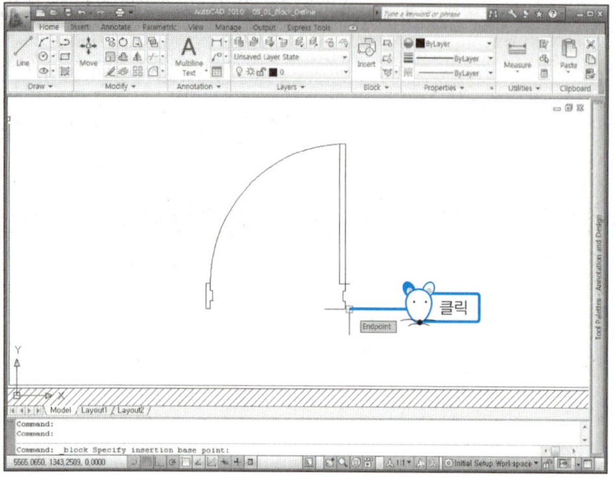

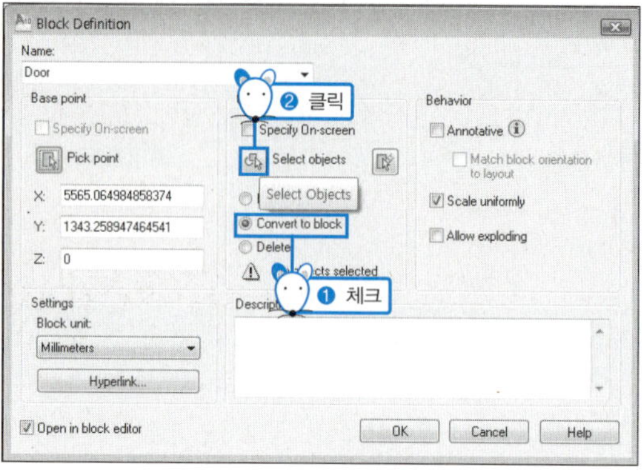

주목

블록 정의 후에도 각각의 객체로 유지하려면 [Retain] 체크, 삭제하려면 [Delete]를 체크합니다.

05 블록으로 정의할 객체를 선택하고 `Enter` 를 누릅니다.

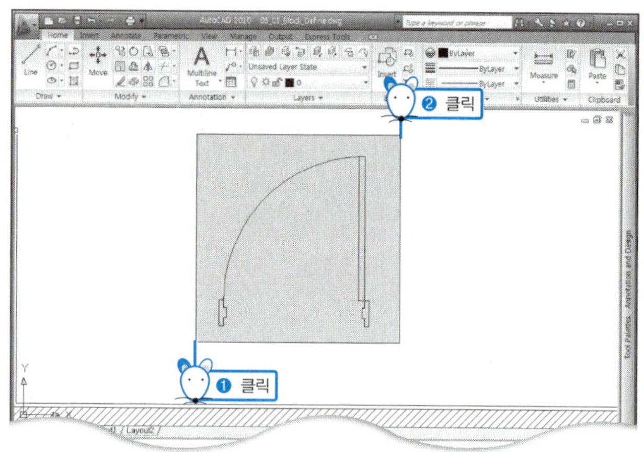

블록을 선택하기 위한 [Quick Select] 대화상자

블록 정의를 위해 객체를 선택할 때 클릭이나 선택 창을 열어 객체를 선택하는 방식 이외에도 [Quick Select] 대화상자를 이용하여 객체의 속성을 신속하고 정확하게 선택할 수 있습니다.

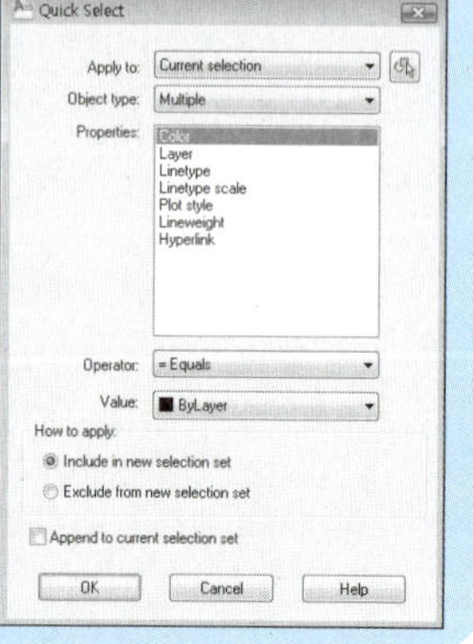

06 정의한 블록에 대한 설명을 입력하고 [OK] 단추를 클릭해 블록 정의를 종료합니다.

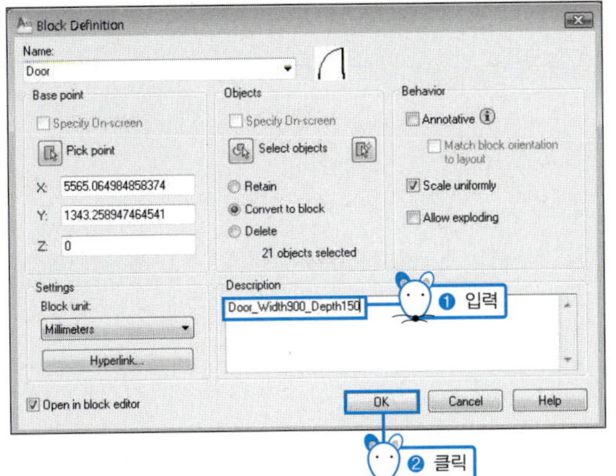

07 선택한 객체가 블록으로 정의되었습니다. 블록으로 정의된 문이 하나의 객체로 인식되는 것을 확인할 수 있습니다.

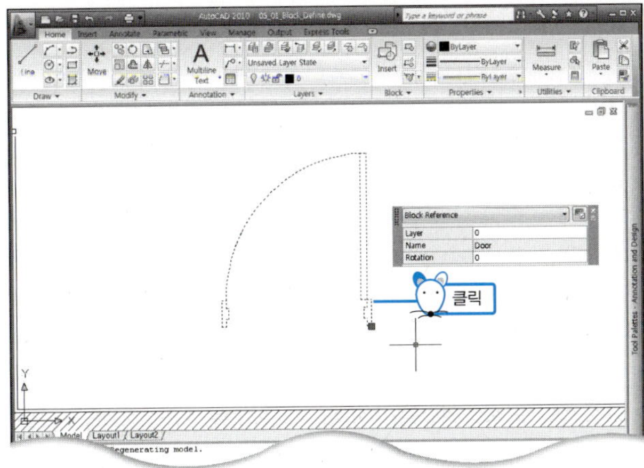

[Block Definition] 대화상자의 기타 설정 이해하기

- **[Behavior] 영역**

❶ **Annotative** : 정의된 블록을 Annotation 객체로 만들려면 옵션을 체크합니다. 블록 역시 Annotation 객체로 만들어 지정한 축척을 적용하면 최적화된 크기로 출력할 수 있습니다.

❷ **Match block orientation to layout** : [Annotative] 옵션이 체크되어야 활성화됩니다. 이 옵션을 체크하면 블록이 출력 레이아웃 방향에 맞춰 출력 방향을 자동으로 설정하게 됩니다.

❸ **Scale uniformly** : 이 옵션을 체크하면 블록의 크기를 변경할 때 가로·세로가 동일한 비율로 변경됩니다.

❹ **Allow exploding** : 블록을 불러오는 과정이나 도면 편집 과정에서 블록이 분해될 수 있도록 합니다.

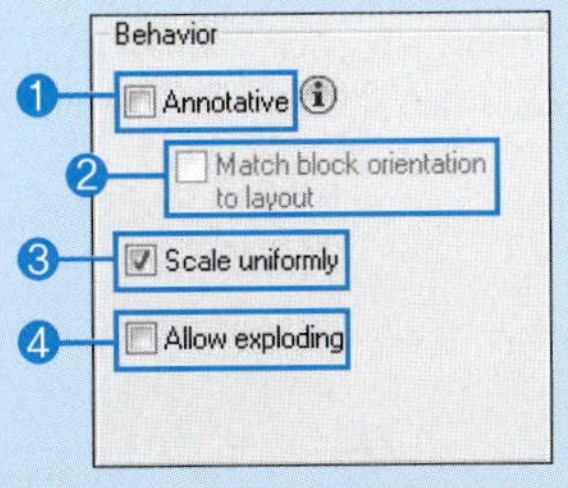

- **[Settings] 영역**

❶ **Block unit** : 블록의 단위를 설정합니다.

❷ **Hyperlink** : Insert 명령으로 삽입한 블록에 하이퍼링크 기능을 설정하면 지정된 경로의 웹 페이지나 도면으로 연결할 수 있습니다.

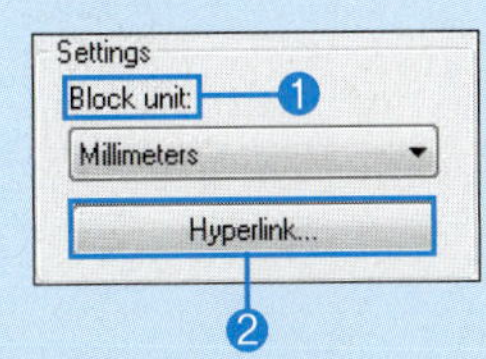

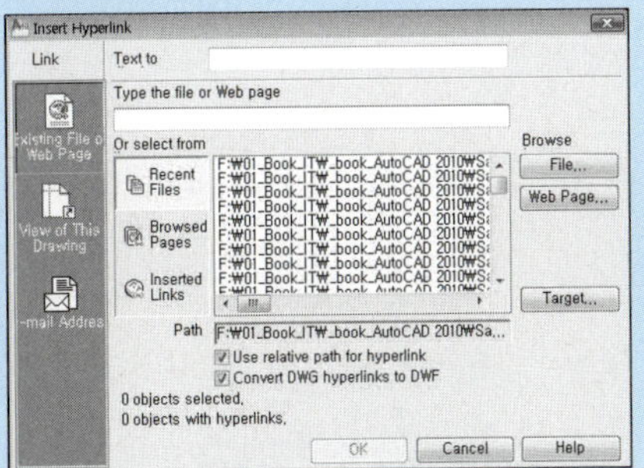

Insert 명령으로 블록 삽입하기

Insert 명령을 사용해서 블록이나 도면 전체를 작업 중인 도면에 삽입할 수 있습니다. 다음 예제를 통해서 Insert 명령으로 정의된 블록을 도면에 삽입하는 방법을 배워봅니다.

⊙ Samples\05_01_Block_Insert.dwg

01 [Home] 탭(또는, [Insert] 탭)의 [Block] 패널에서 [Insert](⬚) 아이콘을 클릭하여 [Insert] 대화상자를 불러냅니다.

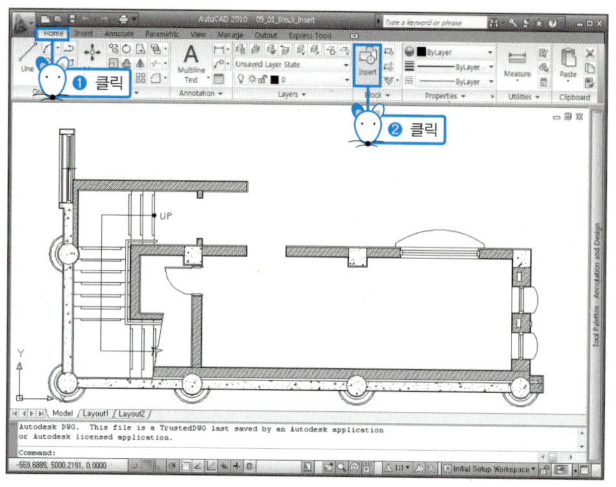
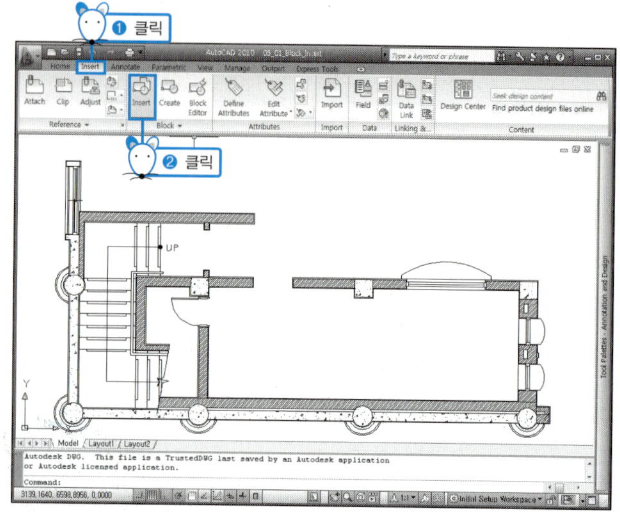

02 [Name]에서 선택할 블록으로 'Door'를 선택한 후 [OK] 단추를 클릭합니다.

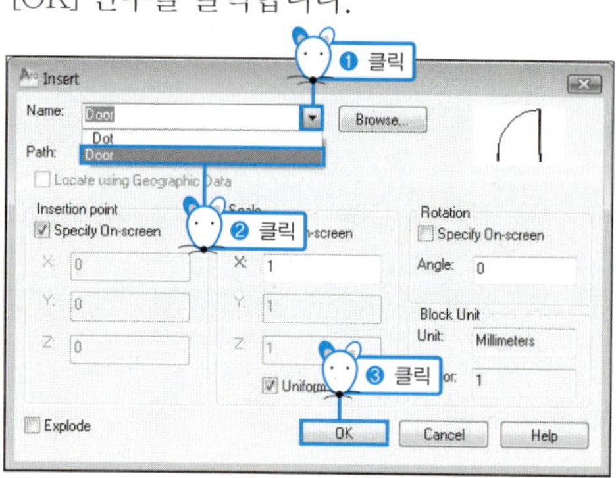

03 그림과 같이 삽입 지점을 클릭합니다.

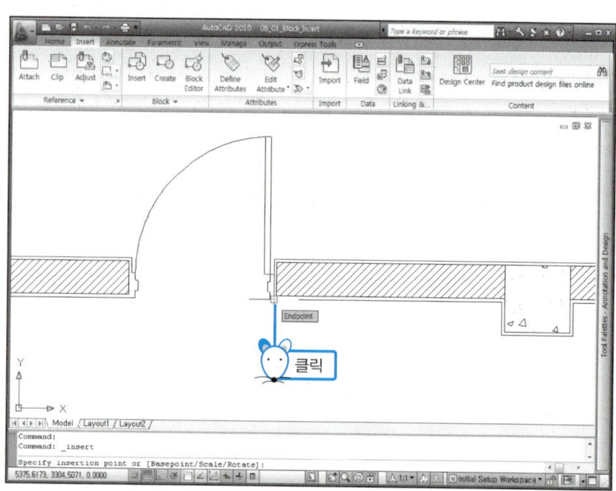

🎁 **주목**

[Insertion point] 영역의 [Specify On-screen] 옵션이 체크되어 있는 상태이므로 삽입 지점을 도면 영역에서 직접 설정할 수 있습니다.

04 **Enter** 를 눌러 다시 한 번 Insert 명령을 실행합니다.

❶ [Insert] 대화상자에 그림과 같이 [Rotation]의 [Angle]을 '-90'으로 입력합니다.

❷ 좌측 하단에 있는 [Explode] 옵션을 체크한 후 [OK] 단추를 클릭합니다.

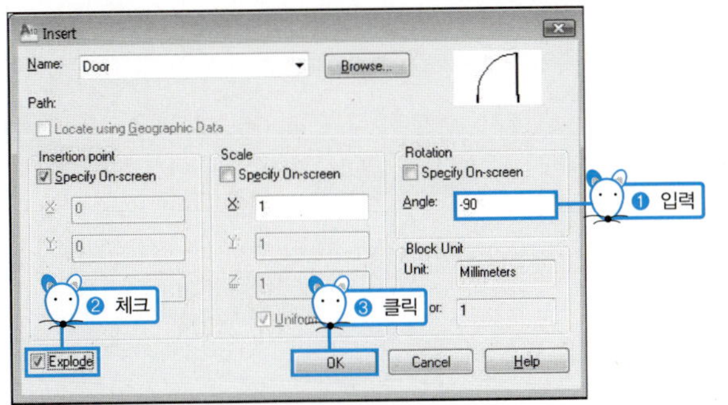

주목

명령 입력창을 보면 알 수 있듯이 [Insert] 대화상자에서 삽입 기준점이나 크기, 회전각을 별도로 설정하지 않았어도 삽입 시에 지정할 수 있습니다.

06 삽입된 블록은 설정한 것과 같이 삽입 지점으로부터 -90°(270°) 회전되어 분해(Explode) 되었습니다.

주목

여러 개의 객체를 하나의 객체로 그룹지어 정의하는 것이 블록이고, 블록을 다시 여러 개의 객체로 분해하는 것이 바로 [Explode] 옵션입니다. 블록을 편집하려면 우선 각각의 객체를 분해한 후에 편집을 해야 합니다.

05 그림과 같이 삽입 지점을 클릭합니다.

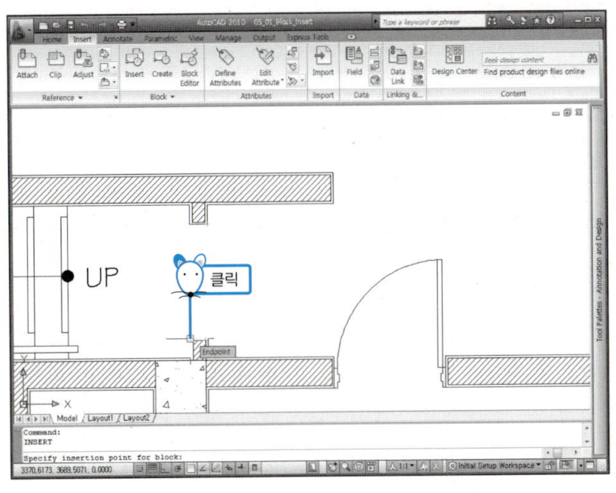

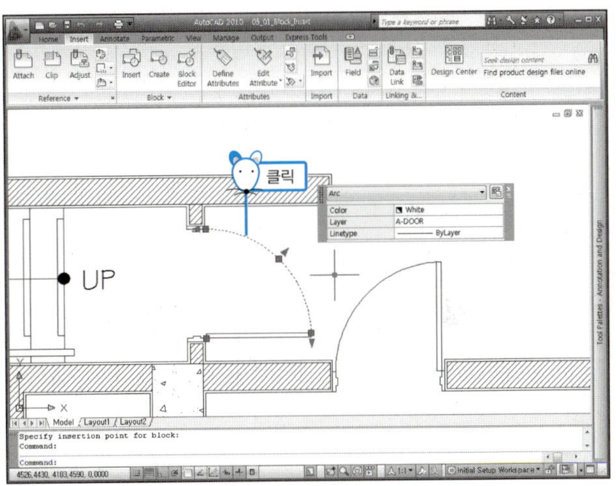

Wblock을 이용하여 블록을 도면 파일로 저장하고 사용하기

Block 명령으로 정의된 블록이 도면 파일 내에 저장되어 있는 것이라면, Wblock 명령으로 정의된 블록은 Block 명령과 사용 과정은 거의 동일하나 파일 형태(*.dwg)로 저장되어 독립적으로 이용할 수 있다는 장점이 있습니다. 이번에는 저장된 블록 파일로 간단한 사용자 라이브러리를 만들어서 도면 작업에 효율성을 높이는 방법을 알아봅니다.

Lesson 03

Wblock 정의하기

Wblock 명령은 Block 명령을 사용하는 방법과 크게 다르지 않지만 저장 경로를 지정하는 [Destination] 항목이 추가되었다는 점에서 주목해야 합니다. 다음 예제를 통해서 독립적인 사용이 가능한 Wblock을 정의하는 방법을 배워 봅니다.

⊙ Samples\05_02_Block_Write.dwg

01 Wblock(W) 명령을 입력하고 **Enter** 를 눌러 [Write Block] 대화상자를 불러옵니다.

02 [Write Block] 대화상자를 그림과 같이 설정합니다.

❶ [Source] 영역에서 도면 내의 일부 객체만을 선택하기 위해 [Objects]를 체크합니다.

❷ [Base point] 영역에서 [Pick point](📵) 아이콘을 클릭합니다.

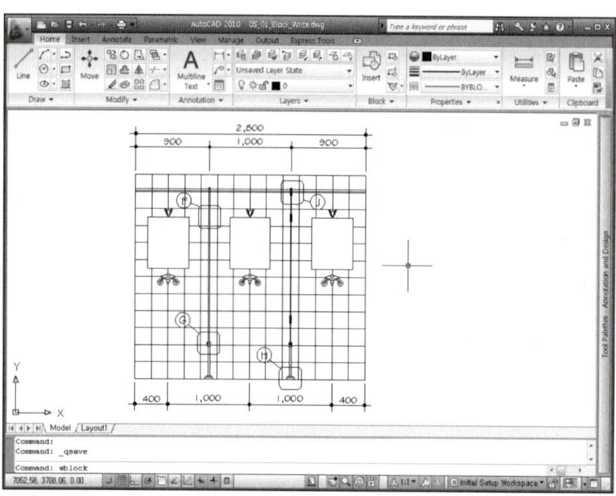

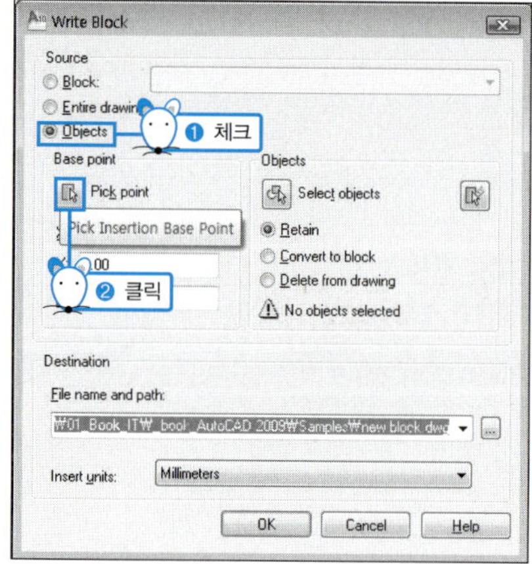

Command: Wblock(W) **Enter** (Wblock 명령 실행)

03 그림과 같이 거울의 중앙 하단을 기준점으로 지정하면 [Write Block] 대화상자에서 자동으로
기준점의 좌표가 입력된 것을 확인할 수 있습니다.

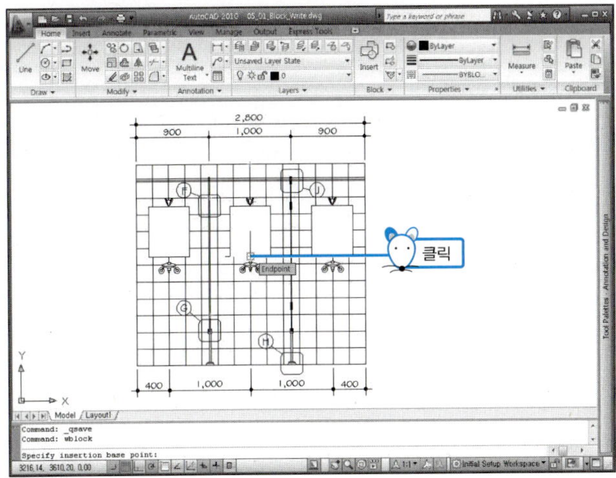

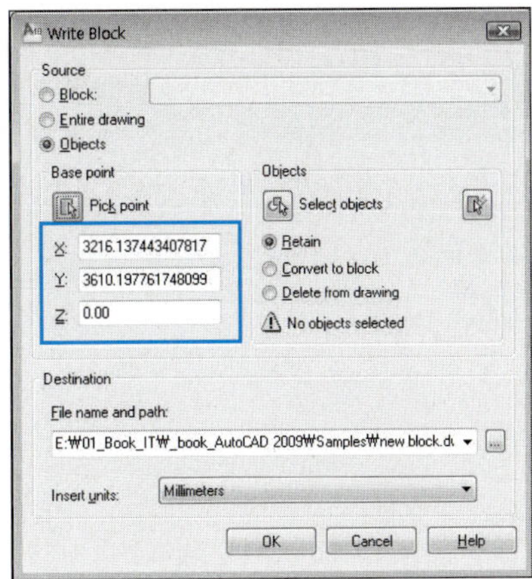

04 선택한 객체를 블록으로 변환합니다.

❶ [Convert to block]을 체크하고 [Select Objects](🔲) 아이콘을 클릭합니다.

❷ 도면 영역에서 선택할 객체를 왼쪽에서 오른쪽으로 선택 창을 열어 선택합니다.

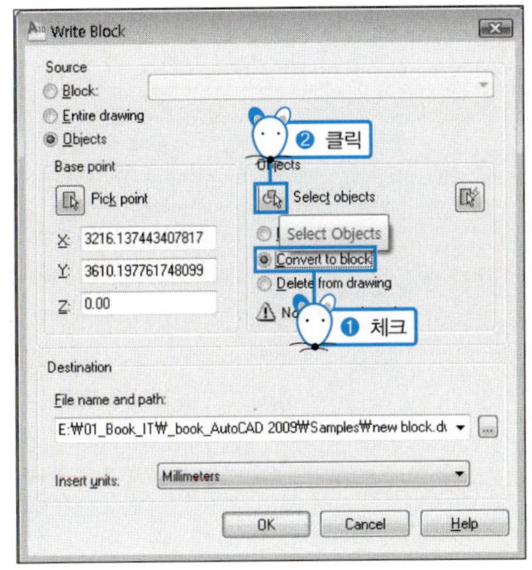

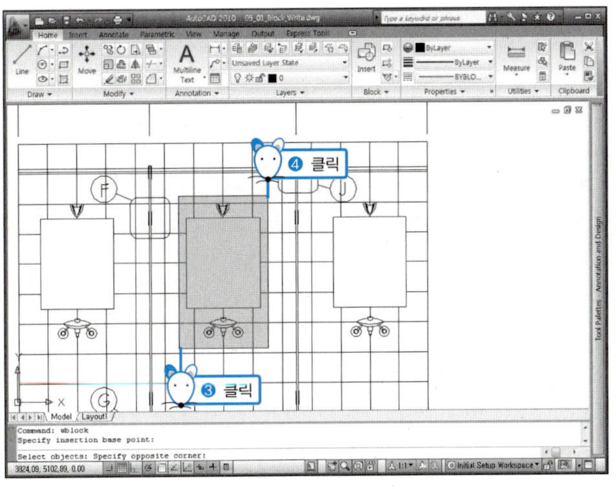

05 선택 내용 중 필요 없는 일부 객체를 제외시킵니다.

❶ 'r'을 입력한 후 Enter 를 눌러 명령 중에 Remove objects 옵션을 실행합니다.

❷ 거울의 상·하의 타일 패턴을 클릭하여 선택에서 제외합니다.

❸ 선택 과정을 모두 마쳤으면 Enter 를 눌러 선택을 종료합니다.

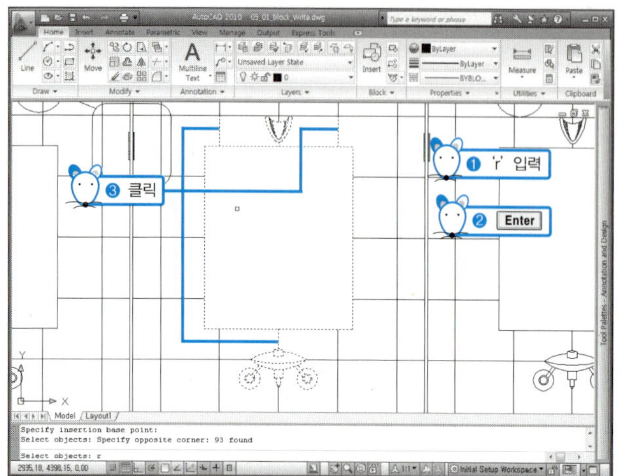

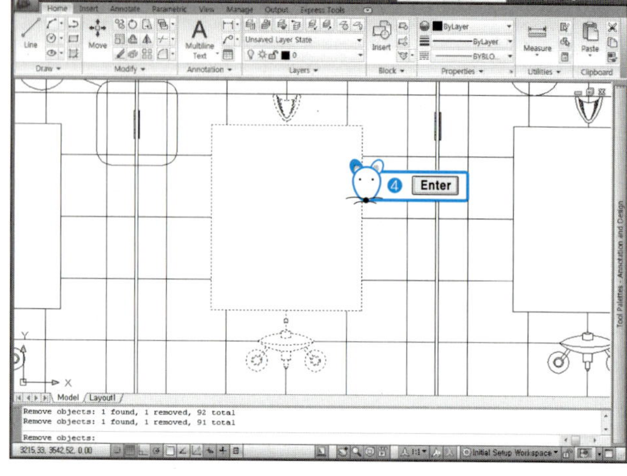

06 [Destination] 영역을 그림과 같이 설정합니다.

❶ 블록을 저장할 경로와 파일명을 지정합니다.

❷ 삽입 단위를 'Millimeters'로 선택한 후 [OK] 단추를 클릭합니다.

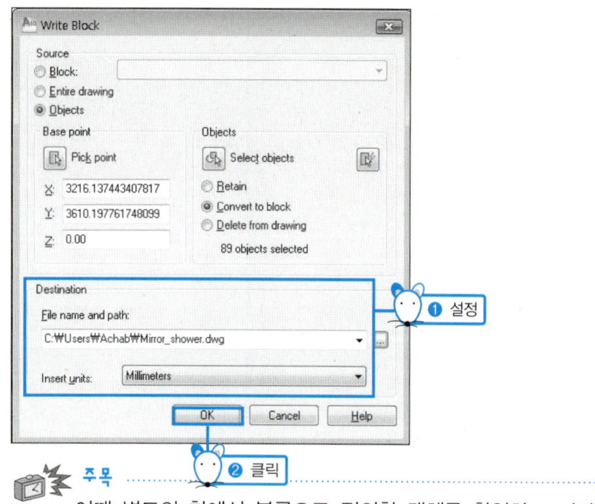

주목

이때 별도의 창에서 블록으로 정의한 객체를 확인하고 저장합니다.

07 블록을 정의한 후의 객체 위로 마우스 포인터를 가져가 보면 객체가 [Convert to block]으로 된 것을 확인할 수 있습니다.

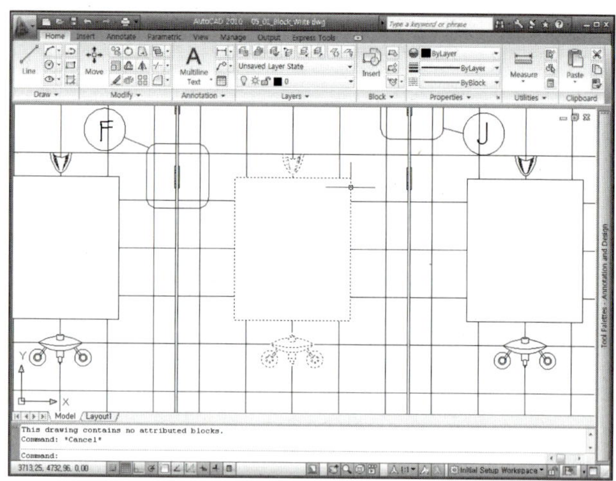

도면 파일 통째로 블록으로 삽입하기

Insert 명령을 이용하면 도면 파일(*.dwg)을 작업 중인 도면에 삽입할 수 있습니다. 다음 예제를 통해서 현재 작업 중인 도면에 다른 도면 파일을 통째로 삽입하는 방법을 배워봅니다.

⊙ Samples\05_02_Insert_Entire_Drawing.dwg

01 [Home] 탭의 [Block] 패널에서 [Insert](📦) 아이콘을 클릭하여 [Insert] 대화상자를 불러냅니다.

02 삽입할 파일을 찾기 위해 [Browse] 단추를 클릭하여 '05_02_Sheet.dwg' 파일을 선택합니다.

⊙ Samples\05_02_Sheet.dwg

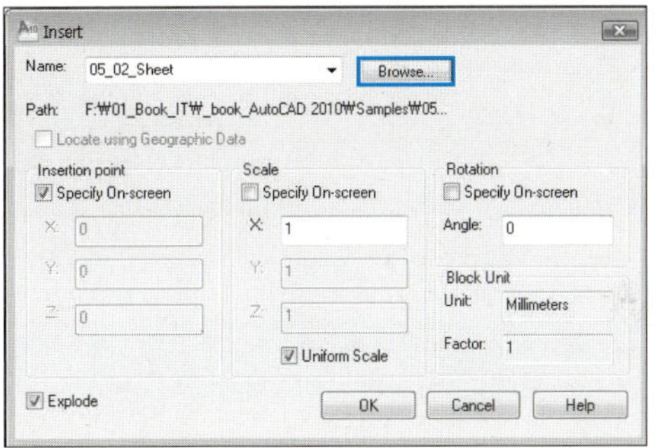

03 블록의 삽입 지점을 도면 영역에서 직접 지정하기 위해 [Insertion point] 영역에서 [Specify On-screen] 옵션을 체크한 후 [OK] 단추를 누릅니다.

주목

[Scale] 영역과 [Rotation] 영역의 [Specify on-screen] 옵션을 체크하지 않은 이유는 블록(또는, 도면)의 원래 크기와 회전각을 그대로 사용하겠다는 설정입니다.

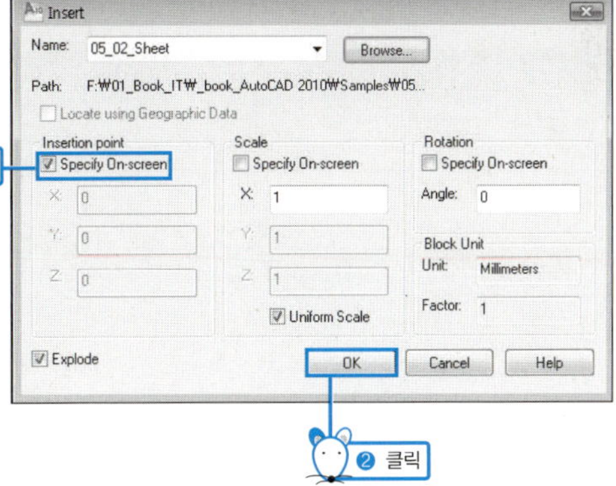

04 도면 영역에서 블록이 삽입될 지점을 지정하면 현재 작업 중인 도면에 다른 도면 파일이 블록
으로 삽입된 것을 확인할 수 있습니다.

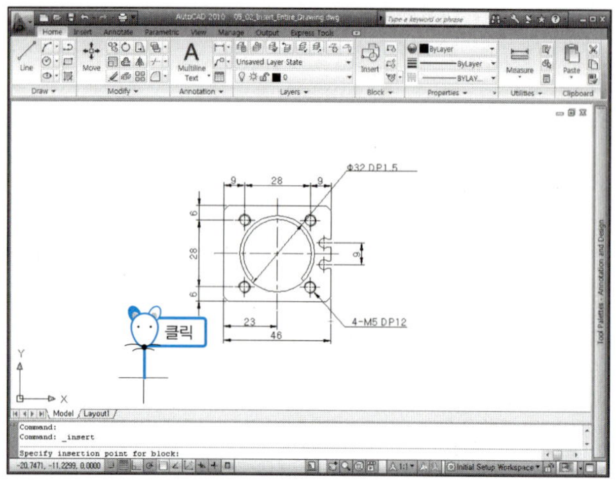 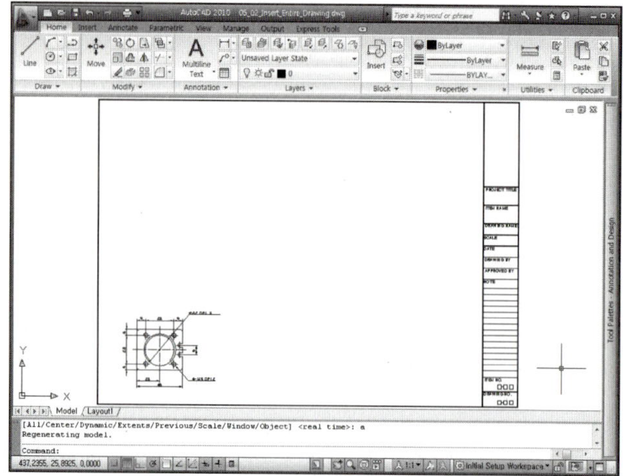

Minsert로 블록을 정렬하여 삽입하기

Minsert 명령은 블록을 삽입하는 것과 동시에 Array 옵션을 사용하여 필요한 개수만큼 지정한 규칙대로 정렬시킬
수 있습니다. 다음 예제를 통해서 Minsert 명령을 배워봅니다.

01 Minsert 명령을 실행합니다.

❶ Minsert 명령을 입력하고 [Enter]를 누릅니다.

❷ 블록의 이름을 묻는 요청에 대화상자를 표시하기 위해 '~'를 입력한 후
[Enter]를 누릅니다.

02 삽입할 블록으로 '05_02_Urinal.dwg' 파일을 선택
하고 [Open] 단추를 클릭합니다.

● Samples\05_02_Urina.dwg

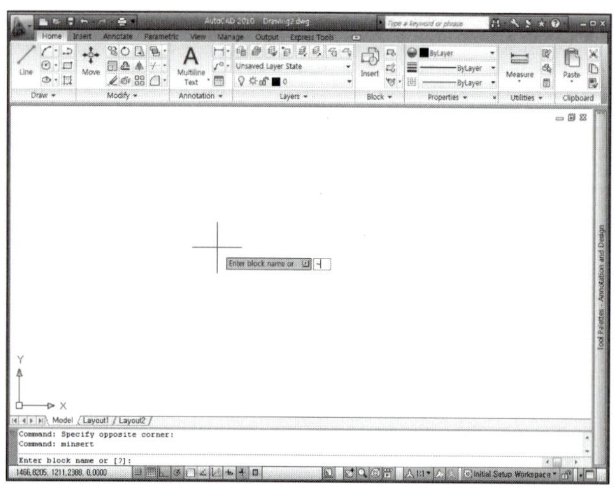 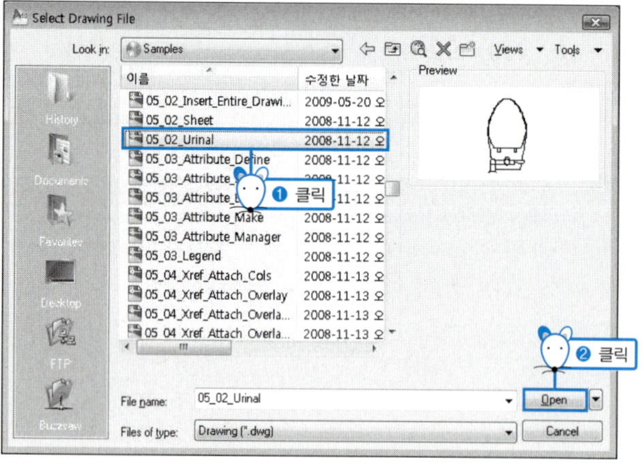

> **Command: Minsert** [Enter] (Minsert 명령 실행)
> **Enter block name or [?]: ~** [Enter] (~ 옵션 실행)

주목
현재 도면에서 정의된 블록이라면 블록의 이름을 바로 입력해
도 됩니다.

03 삽입할 블록의 삽입 지점을 도면 영역에서 클릭합니다.

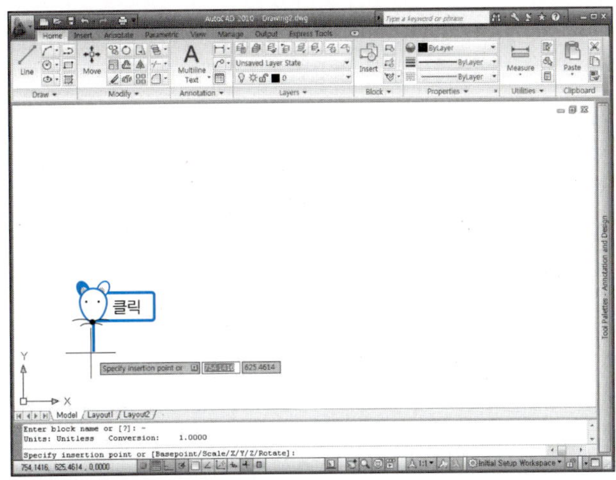

Specify insertion point or [Scale/X/Y/Z/
Rotate/PScale/PX/PY/PZ/PRotate] : (삽입 지점 지정)

04 X, Y 방향에 대한 척도를 지정하고, 회전 각도를 설정하기 위해 요청하는 질문에 Enter 를 누릅니다. 그리고 열(Row)과 행(Column)에 대한 블록의 개수와 간격을 설정합니다.

Enter X scale factor, specify opposite corner, or [Corner/XYZ] <1> : Enter (X축 척도 설정)
Enter Y scale factor <use X scale factor> : Enter (Y축 척도 설정)
Specify rotation angle <0> : Enter (회전 각도 설정)
Enter number of rows (——) <1> : 3 Enter (Row 개수 설정)
Enter number of columns (|||) <1> : 4 Enter (Column 개수 설정)
Enter distance between rows or specify unit cell (——) : 800 Enter (Row 간격 설정)
Specify distance between columns (|||) : 1200 (Column 간격 설정)

05 [View] 탭의 [Navigate] 패널에서 [Zoom] 아이콘의 드롭다운 화살표를 클릭한 후 [Extents](🔍) 아이콘을 클릭하여 전체 뷰 환경을 확인합니다.

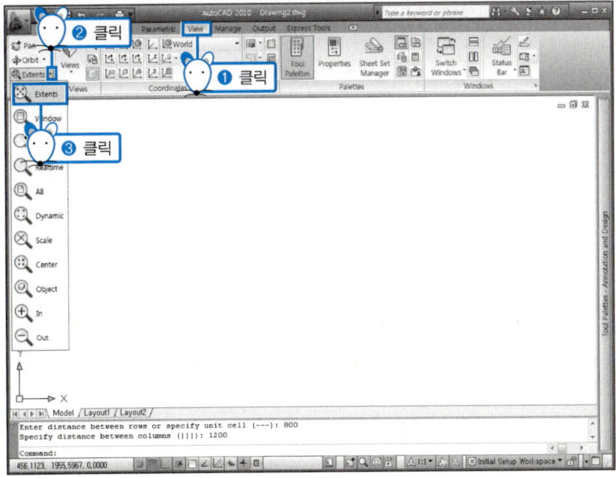

06 지정한 간격과 개수만큼의 블록이 삽입된 것을 확인할 수 있습니다.

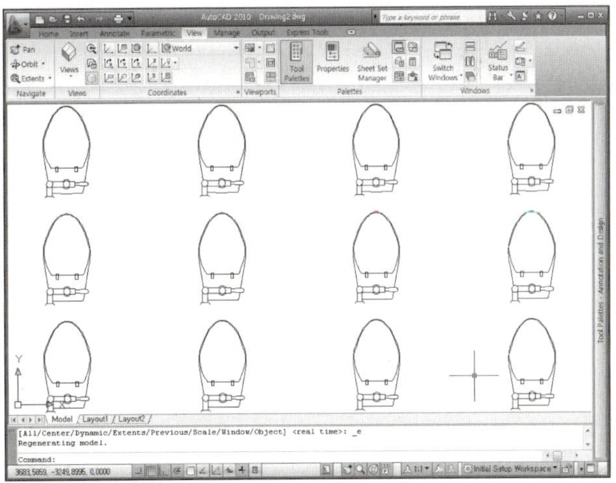

Divide로 블록을 횟수만큼 삽입하기

Divide 명령은 선, 호, 폴리라인 등을 따라서 블록을 지정한 횟수만큼 삽입할 수 있습니다. 또한, Divide 명령에서
블록을 지정하지 않는 경우에는 지정한 개수만큼 점으로 선택한 객체를 나눌 수도 있습니다. 다음 예제를 통해서
Divide 명령을 배워봅니다.

◉ Samples\05_02_Block_Divide.dwg

01 [Home] 탭의 [Draw] 패널에서 [Divide]를 클릭하거나, Divide 명령을 입력하고 **Enter** 를 누릅니다.

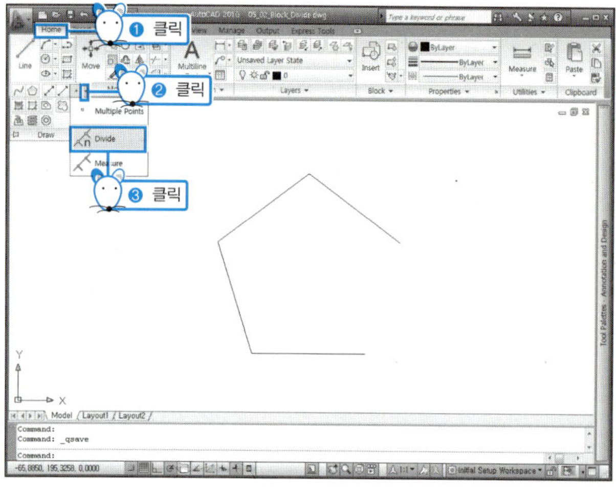

Command: _divide (또는, Divide **Enter**) (Divide 명령 실행)

02 분할(Divide)할 객체를 선택합니다.

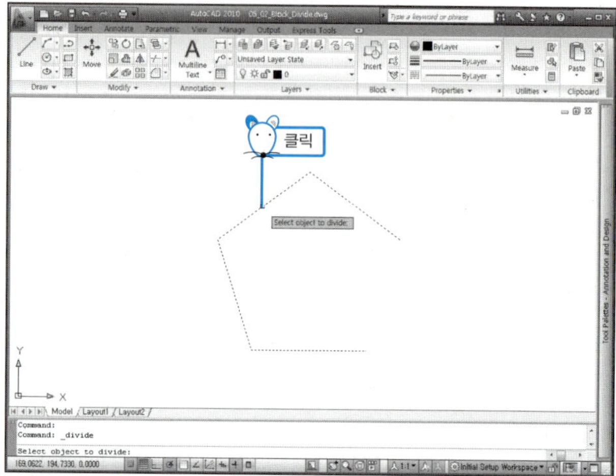

Select object to divide: (객체 선택 지정)

03 선택한 객체의 분할 지점에 블록을 삽입하기 위해 마우스 오른쪽 단추를 클릭한 후 [Block]을 선택합니다.

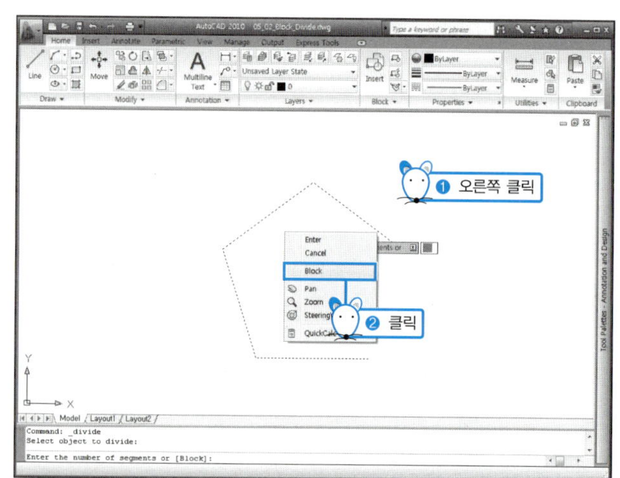

Enter the number of segments or [Block]: b
Enter (Block 옵션 실행)

04 삽입할 블록의 이름(Arrow)을 입력한 후 선택한 객체에 나란히 정렬하겠느냐는 질문에 기본
값인 '네(Y)'를 적용하기 위해 **Enter** 를 누릅니다.

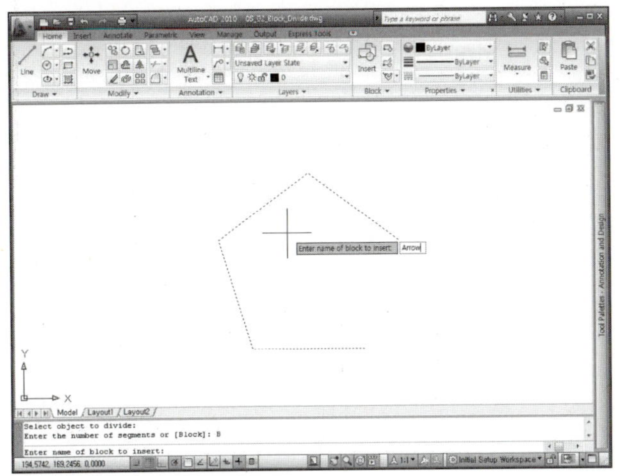 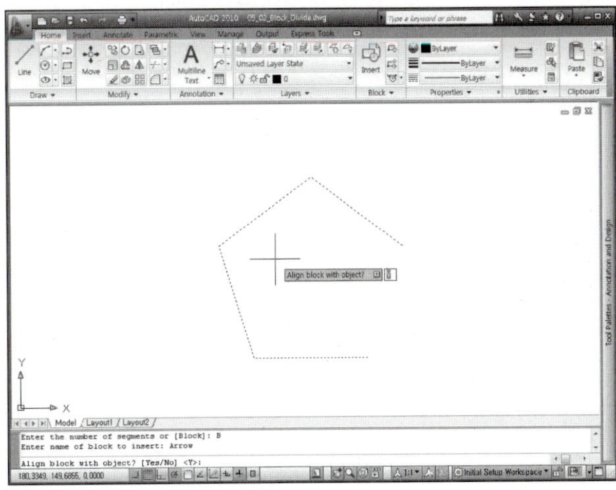

Enter name of block to insert : Arrow **Enter** (블록의 이름 입력)
- Align block with object? [Yes/No] <Y>: **Enter** (정렬 방법 선택)

05 선택한 객체를 몇 개로 분할할 것인지 개수를 설정합
니다. '8'을 입력하고 **Enter** 를 누릅니다.

06 선택한 객체가 8개로 분할되고, 블록은 객체가 분할
된 지점에서 7개가 삽입되었습니다.

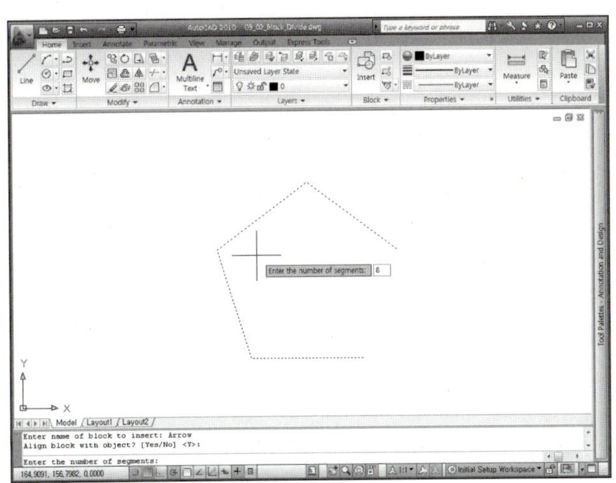 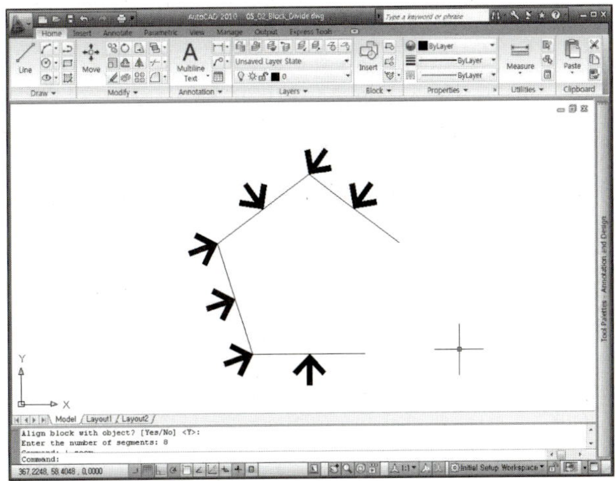

Enter the number of segments: 8 **Enter** (분할 개
수 설정)

주목

'몇 개로 나눌 것인가' 하는 것이지 '몇 개가 복사되어 정렬될
것인가'가 아닙니다. 따라서 본 예제에서 블록이 7개가 생기는 것에
주목해야 합니다.

객체를 정렬시키지 않는다면?

정렬시키겠냐는 질문에 '아니오(N)'를 선택하면 객체는 대상 객체의 방향과는 상관없이 제 모양대로 객체를 정렬됩니다.

```
Align block with object? [Yes/No] <Y>: N  Enter
```

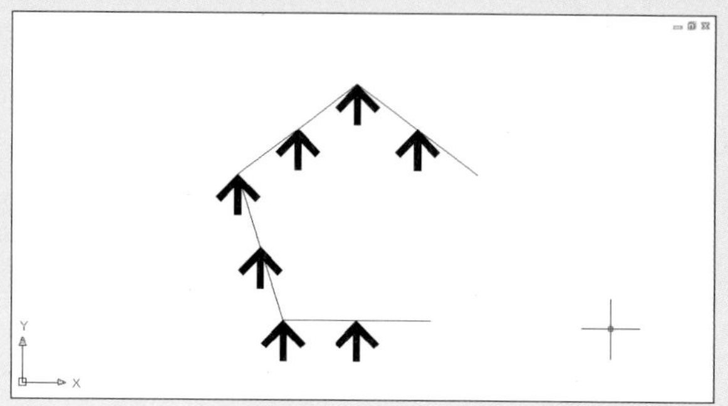

Divide 명령과 매우 비슷한 Measure 명령

Divide 명령과 Measure 명령은 선분, 호, 원, 폴리라인 등을 따라서 점이나 블록을 주어진 횟수만큼 같은 간격으로 삽입할 수 있습니다. 차이점은 Divide 명령은 지정한 개수만큼 간격을 나누어 삽입하고, Measure 명령은 블록이 삽입될 블록과 블록의 간격을 지정한다는 것입니다.

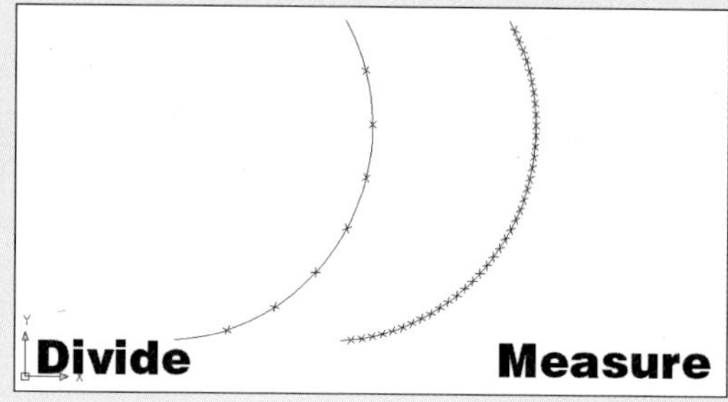

- Divide 명령

```
Command: Divide  Enter  (Dvide 명령 실행)
Select object to divide: (객체 지정)
Enter the number of segments or [Block]: b  Enter  (Black 명령 실행)
Enter name of block to insert: Dot (블록 이름)
Align block with object? [Yes/No] <Y>:  Enter  (정렬 방법 실행)
Enter the number of segments: 8 (나눌 개수 지정)
```

- Measure 명령

```
Command: Measure  Enter  (Measure 명령 실행)
Select object to measure: (객체 지정)
Specify length of segment or [Block]: b  Enter  (Block 옵션 실행)
Enter name of block to insert: Dot (블록 이름)
Align block with object? [Yes/No] <Y>:  Enter  (정렬 방법 선택)
Specify length of segment: 800 (블록 간의 간격 지정)
```

블록 속성(Attribute)을 만들어 달고 편집·추출하기

블록을 보다 확실하게 구별하고 관리할 수 있으려면 각 블록마다 독특한 식별표가 필요합니다. 블록을 특징 지어줄 속성들은 블록을 식별하는 데이터 이외에도 도면 작업의 중요한 정보로도 사용할 수 있는 특별한 데이 터를 포함합니다. 블록에 부여할 속성(Attribute)을 설정한 후 편집하는 방법을 알아보고 설정한 속성을 역으로 추출하는 방법도 알아봅니다.

Lesson 04

블록 속성(Attribute)이란?

블록 속성에는 태그(속성을 식별하는 이름표), 블록을 삽입할 때 표시되는 프롬프트, 수치 정보, 문자 스타일, 위치 및 기타 선택 사항 모드(숨기기, 상수, 검증 및 사전 설정)가 포함됩니다. 블록 속성(Attribute)이 블록에 적용되면 블 록을 삽입할 때마다 속성에 대해 지정한 문자열과 함께 프롬프트 됩니다. 우선 속성을 작성하려면 먼저 해당 객체를 설명하는 속성 정의(Attribute Definition)를 해야 합니다.

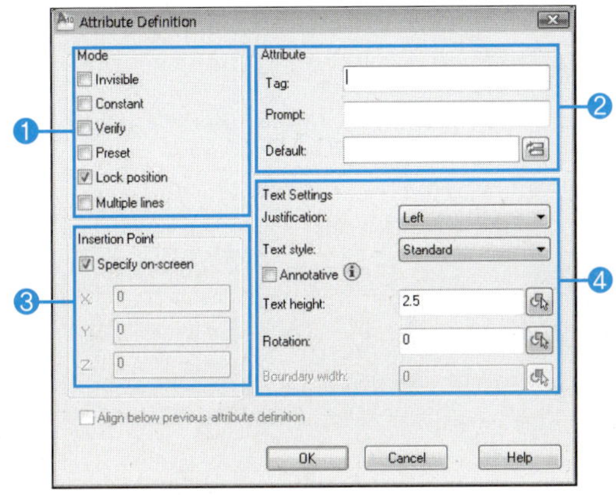

▲ [Attribute Definition] 대화상자

❶ [Mode] 영역

- Invisible : 블록이 삽입될 때 표시되지 않도록 합니다.
- Constant : 삽입될 때 속성에 지정된 값을 부여하며 이 값은 수정되지 않습니다.
- Verify : 삽입할 때 속성을 확인합니다.
- Preset : 블록을 삽입할 때 초기값으로 설정합니다.
- Lock position : 삽입할 위치를 고정합니다.
- Multiple lines : 다중선으로 표현합니다.

❷ [Attribute] 영역

- Tag : 도면에서 블록 속성을 식별하는 속성 꼬리표(Attribute Tag)를 설정합니다. 꼬리표는 빈

칸과 느낌표(!)를 제외한 모든 문자를 포함할 수 있습니다.

- Prompt : 속성 정의가 포함되어 있는 블록을 삽입할 경우에 표시되는 속성 프롬프트를 지정합니다. 프롬프트 영역이 비어 있을 경우 꼬리표 항목이 프롬프트로 사용됩니다.
- Default : 기본으로 입력할 문자를 입력합니다. [Insert field] 아이콘을 클릭하면 기본 입력할 문자의 카테고리를 선택할 수 있습니다.

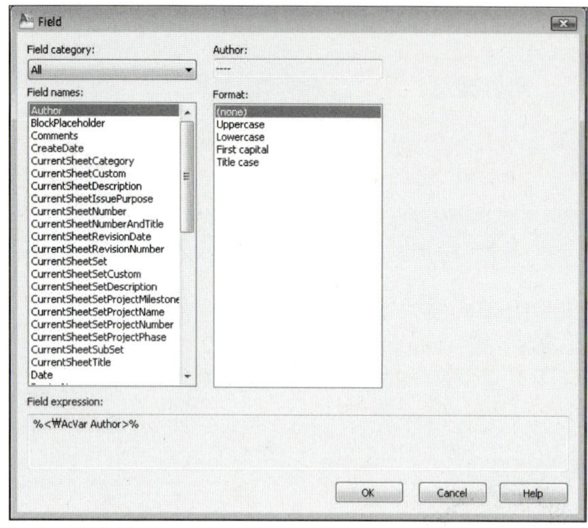

▲ [Field] 대화상자

❸ [Insertion Point] 영역

- Specify On-screen : 블록 속성을 삽입할 위치를 사용자가 도면 영역에서 지정할 수 있습니다.

❹ [Text Settings] 영역

- Justification : 문자의 정렬 위치를 지정합니다.
- Text style : 문자 스타일(Text style)을 지정합니다.
- Annotative : 체크하면 블록에 삽입될 속성 문자가 Annotation 요소로 됩니다.
- Text height : 속성 문자의 크기를 지정합니다. 우측의 아이콘을 클릭하면 도면 영역에서 직접 문자의 크기를 지정할 수 있습니다.
- Rotation : 속성 문자의 회전 각도를 지정합니다. 우측의 아이콘을 클릭하면 도면 영역에서 직접 문자의 회전각을 지정할 수 있습니다.
- Align below previous attribute definition : 이 옵션은 속성이 이미 삽입되어 있어야 사용할 수 있습니다. 속성 꼬리표를 이미 작성된 속성 아래에 정렬합니다.

Define Attributes로 블록 속성 정의하기

도면에 블록 속성을 설정하고 삽입할 위치를 지정합니다. 삽입되는 블록 속성 꼬리표(Attribute Tag)에 사용될 문자
스타일(Text Style, Heights)을 설정하고 도면에 속성이 어떻게 표시될 것인지 조정합니다.

◉ Samples\05_03_Attribute_Define.dwg

01 블록 속성을 정의하기 위해 [Insert] 탭의 [Attributes] 패널에서 [Define Attributes]( ) 아이콘을 클릭합니다.

02 [Attribute Definition] 대화상자를 그림과 같이 설정합니다.

❶ [Attribute] 영역의 [Tag]와 [Prompt]에 각각 'Description, Lights Type' 를 입력합니다.

❷ [Text Settings] 영역의 [Justification]와 [Text style]를 각각 'Middle left, Contents' 로 설정한 후 [OK] 단추를 클릭합니다.

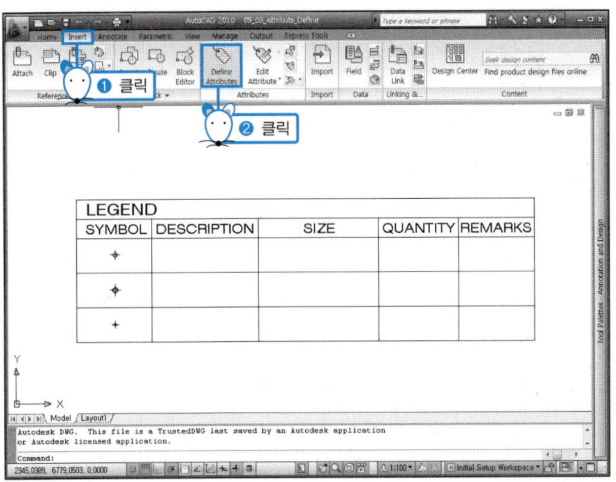

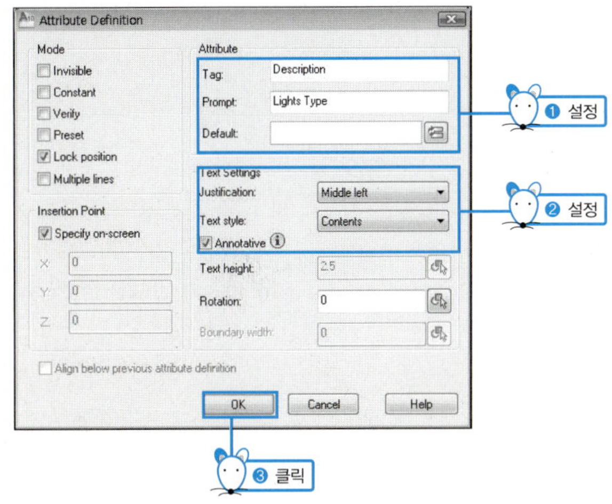

> **주목**
> [Home] 탭의 [Block] 패널에서 [Define Attributes]( ) 아이콘을 클릭해도 블록 속성을 정의할 수 있습니다.

03 도면 영역에서 문자의 정렬 위치(Justification)가 좌측 중앙(Middle left)라고 설정해 놓았던 것을 감안하여 블록 속성의 삽입 지점을 클릭합니다.

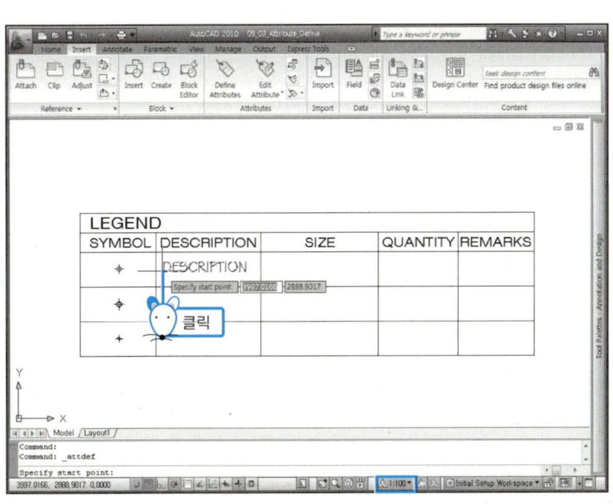

> **주목**
> 문자 스타일(Contents)이 1:100 Annotative 요소로 설정되어 있기 때문에 상태 표시줄의 [Annotation Scale]이 1:100으로 설정되어 있어야 문자가 적당한 크기로 표시됩니다.

04 마우스 오른쪽 단추를 클릭한 후 [ATTDEF]를 선택합니다.

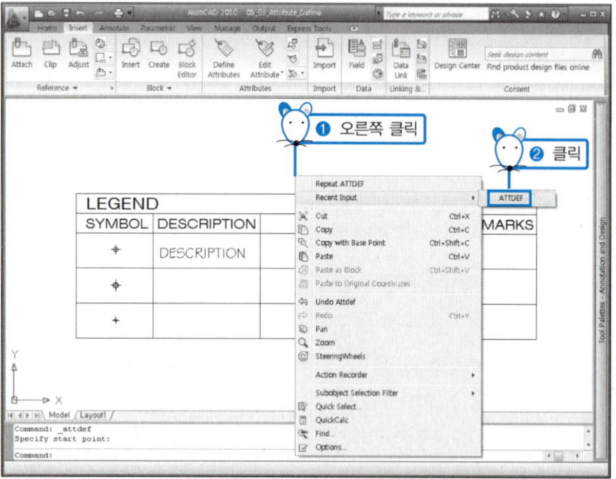

주목

단축 메뉴의 [Recent Input]은 최근 입력한 명령을 역순으로 보여주며 해당 명령을 클릭하면 재사용할 수 있습니다.

06 도면 영역에서 문자의 정렬 위치(Justification)가 좌측 중앙(Middle left)라고 설정해 놓았던 것을 감안하여 블록 속성의 삽입 지점을 클릭합니다.

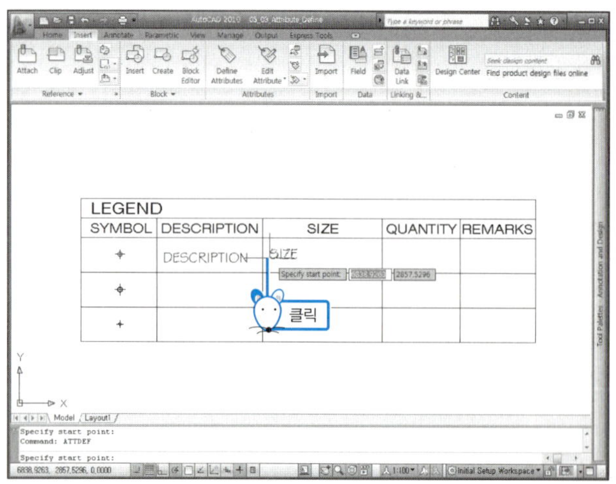

05 [Attribute Definition] 대화상자를 그림과 같이 설정합니다.

❶ [Attribute] 영역의 [Tag]와 [Prompt]에 각각 'Size, Lights Size'를 입력합니다.

❷ [Text Settings] 영역에서 [Justification]과 [Text style]을 각각 'Middle left, Contents'로 설정한 후 [OK] 단추를 클릭합니다.

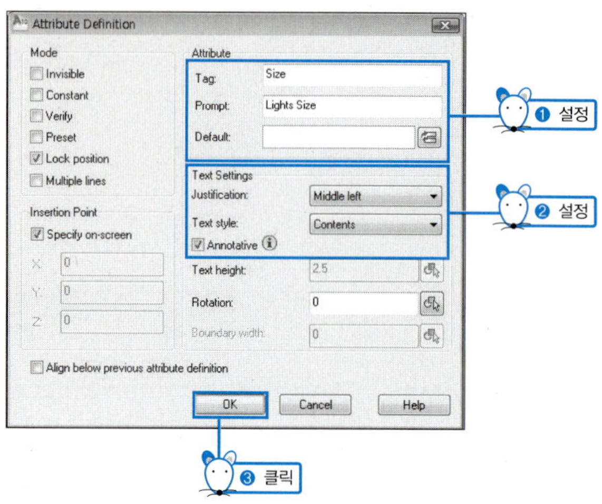

07 Enter 를 눌러 [Attribue Definition] 대화상자를 불러낸 후 그림과 같이 설정합니다.

❶ [Mode] 영역에서 [Invisible] 옵션을 체크한 후 [Tag]와 [Prompt]에 각각 'Remarks'와 'Etc'를 입력합니다.

❷ [Text Settings] 영역에서 [Justification]과 [Text style]을 각각 'Middle left'와 'Contents'로 설정한 후 [OK] 단추를 클릭합니다.

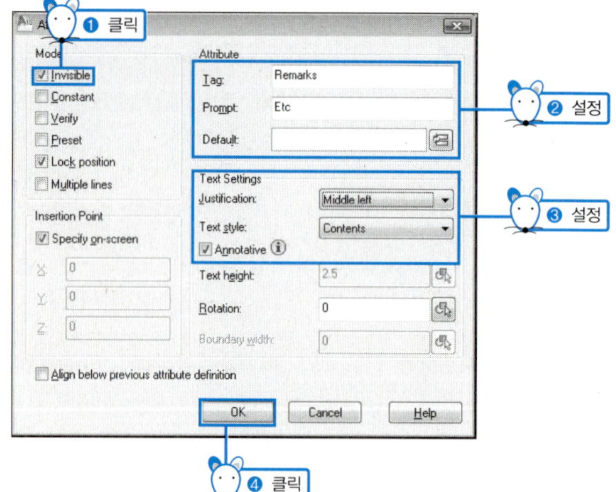

08 도면 영역에서 문자의 정렬 위치(Justification)가 좌측 중앙(Middle left)라고 설정해 놓았던 것을 감안하여 블록 속성의 삽입 지점을 클릭합니다.

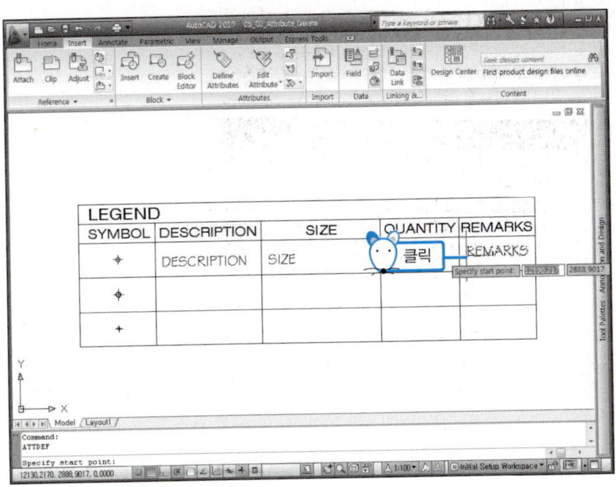

09 블록 속성이 정의되고 표에 알맞게 위치된 것을 확인할 수 있습니다.

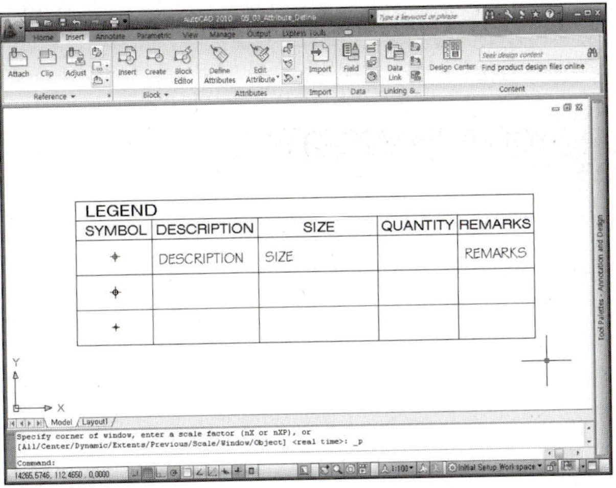

Make로 블록에 속성 부착하기

블록 속성이 적용된 블록을 삽입하면 자동으로 블록의 속성을 묻게 되고 그에 알맞은 속성을 입력하면 속성이 적용된 블록이 삽입됩니다. 블록을 작성할 때 속성을 선택하는 순서에 따라 블록을 삽입할 때 표시되는 프롬프트의 순서가 변경됩니다. 다음 예제를 통해서 블록 속성이 적용된 블록을 삽입하는 방법을 배워봅니다.

⊙ Samples\05_03_Attribute_Make.dwg

01 상태 표시줄의 [Annotation Scale]을 '1:100' 으로 설정합니다.

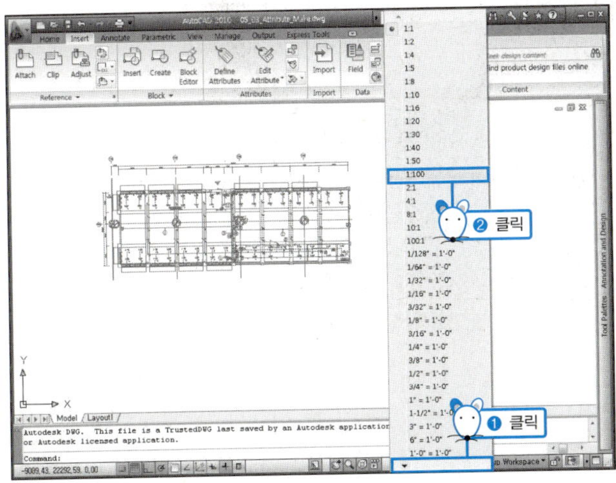

02 [Insert] 탭의 [Block] 패널에서 [Insert](⊞) 아이콘을 클릭합니다.

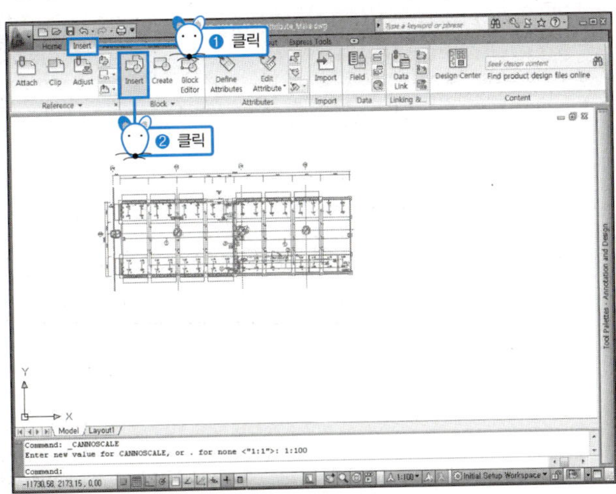

📷 **주목**

불러올 도면(블록)의 [Annotation Scale]이 '1:100' 으로 설정되어 있기 때문에 화면에 문자가 표시되게 하려면 [Annotation Scale] 역시 '1:100' 으로 설정해야 합니다.

03 [Insert] 대화상자에서 삽입할 파일을 지정한 후 그림과 같이 설정하여 [OK] 단추를 클릭합니다.

Samples\05_03_Legend.dwg

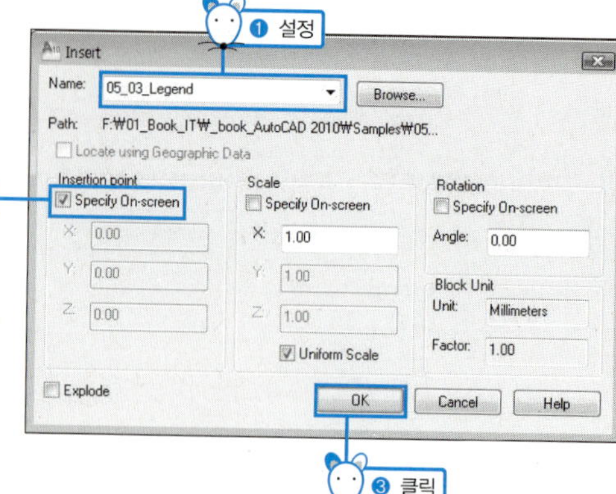

주목

[Explode] 옵션이 체크 해제된 상태어야 블록 속성(Attribute) 편집이 가능합니다.

04 도면 영역에서 삽입 점을 지정하고 [Attribute Value]를 입력하라는 요청에 다음과 같이 입력하고 Enter 를 누릅니다. 속성이 부착된 블록이 삽입되었습니다.

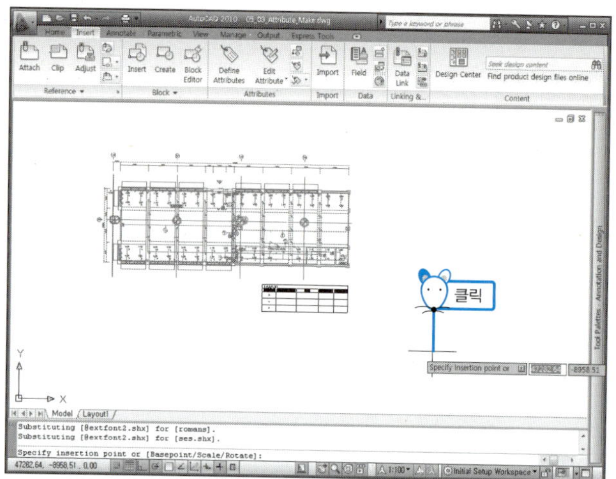

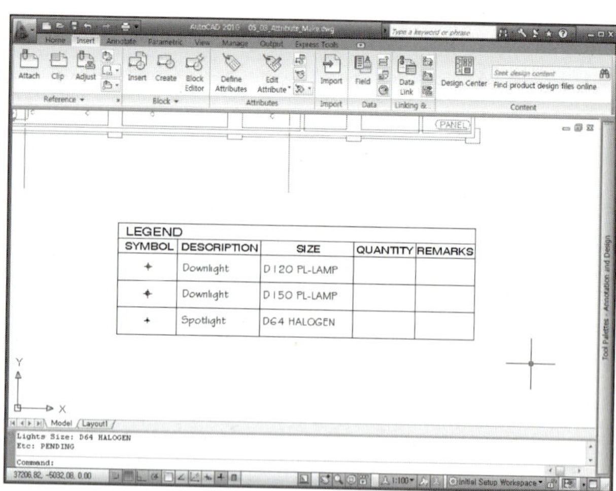


```
Specify insertion point or [Basepoint/Scale/X/Y/Z/Rotate] : (삽입 지점 클릭)
Enter attribute values
Lights Type: Down Light  Enter  (Attribute lights Type 입력)
Lights Size: D120 PL-LAMP  Enter  (Attribute size Type 입력)
Etc: PENDING  Enter  (Attribute Etc Type 입력)
Lights Type: Down Light  Enter  (Attribute lights Type 입력)
Lights Size: D150 PL-LAMP  Enter  (Attribute size Type 입력)
Etc: PENDING  Enter  (Attribute Etc Type 입력)
Lights Type : Spot Light  Enter  (Attribute lights Type 입력)
Lights Size: D64 HALOGEN  Enter  (Attribute size Type 입력)
Etc: PENDING  Enter  (Attribute Etc Type 입력)
```

05 블록 속성에 입력한 내용이 적용되었지만 [Remarks]를 'Invisible'로 설정했기 때문에 보이지 않습니다. [Insert] 탭의 [Attributes] 패널에서 [Display All](🔲) 아이콘을 클릭합니다.

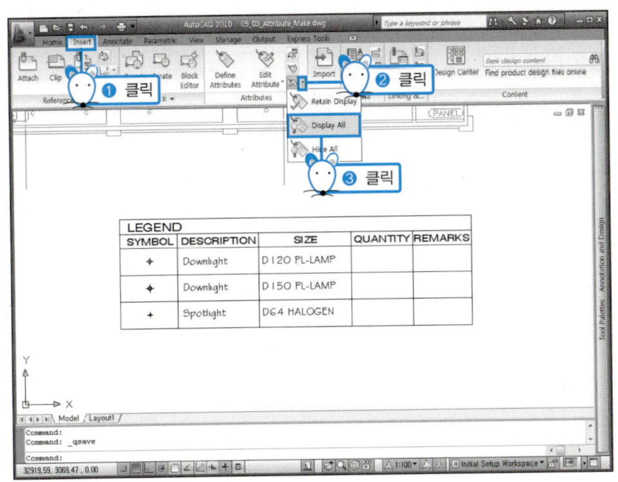
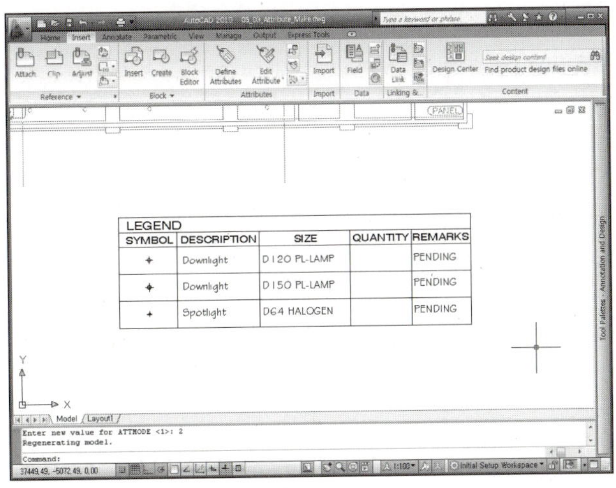

06 작성된 블록을 더블클릭하여 [Enhanced Attribute Editor] 대화상자를 불러냅니다. 이곳에서 입력한 속성값(Value)을 확인 · 수정할 수 있습니다.

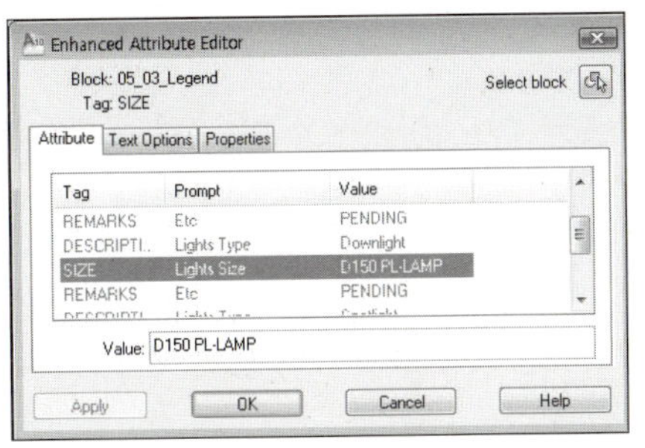

주목
리스트의 문자가 붉은색인 것은 같은 이름의 태그들이 있기 때문입니다.

[Block Attribute Manager] 대화상자를 이용한 블록 속성 관리의 이해

삽입된 블록 속성은 [Block Attribute Manager] 대화상자를 이용하여 쉽게 편집할 수 있으며 데이터 파일로 저장하여 자유롭게 관리할 수도 있습니다.

● [Block Attribute Manager] 대화상자의 이해

[Block Attribute Manager] 대화상자를 이용하면 블록 속성을 제거하거나 재 정렬하고 기존의 블록 참조를 업데이트(Update)할 수 있으며 속성 태그 이름, 프롬프트 문자열, 기본값, 모드, 문자 설정 또는, 특성 까지도 변경할 수 있습니다. 변경 사항은 기존에 삽입된 블록에 반영됩니다.

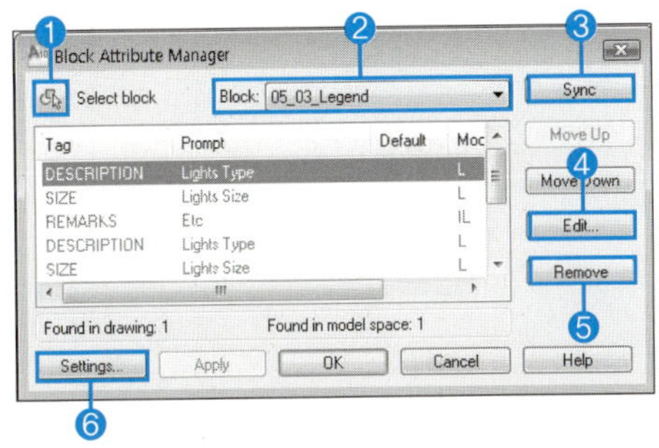

❶ **Select block** : Pickbox를 이용해 현재 도면에서 속성이 적용된 블록을 선택할 수 있습니다. 선택된 블록은 속성 정보가 리스트에 표시됩니다.

❷ **Block** : 현재 선택된 블록을 표시합니다.

❸ **Sync** : 리스트에 표시된 블록에 대한 기존의 모든 참조가 테이블 정의에 맞춰 업데이트 됩니다.

❹ **Edit** : [Edit Attribute] 대화상자가 나타납니다. [Edit Attribute] 대화상자는 3개의 탭으로 구성되어 있으며 Attribute Define 과정에서 설정했던 모든 설정값을 재정의할 수 있습니다.

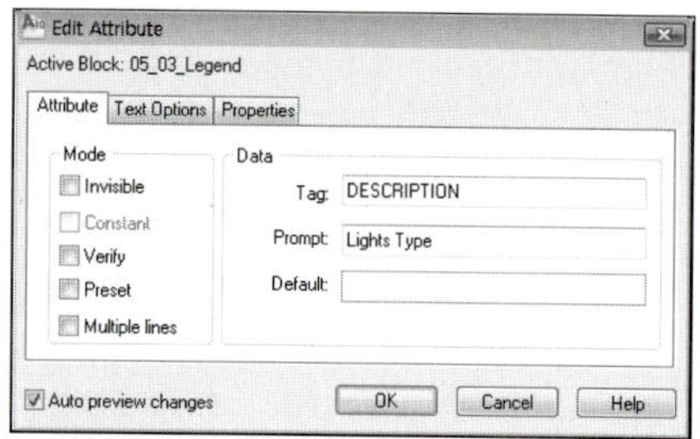
▲ [Attribute] 탭

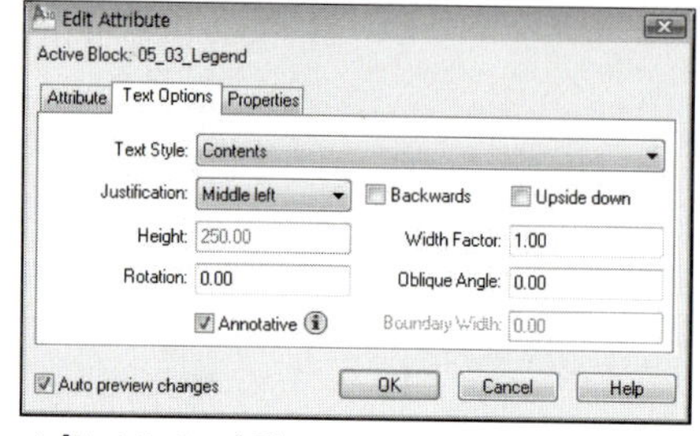
▲ [Text Options] 탭

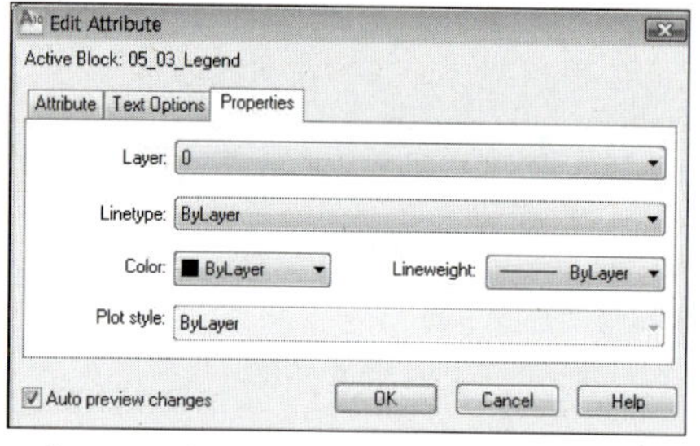
▲ [Properties] 탭

❺ **Remove** : 선택한 블록 속성 항목을 삭제할 수 있습니다.

❻ **Settings** : [Block Attribute Settings] 대화상자가 나타나며 [Block Attribute Manager] 대화상자에 표시되는 블록 속성의 정보를 조정합니다.

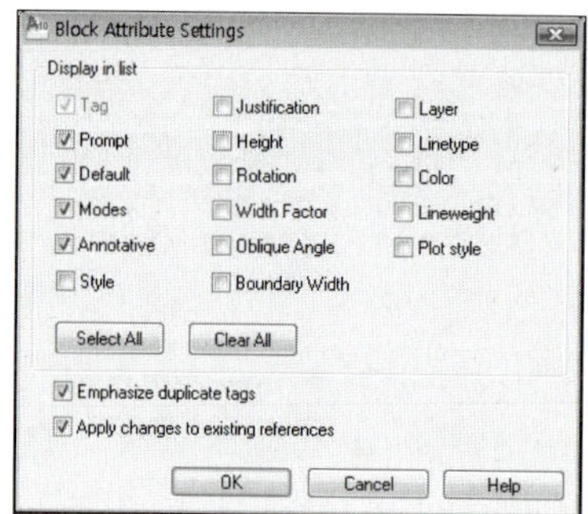

● 블록 속성 추출(Attribute Extraction)

블록 속성 추출(Attribute Extraction) 마법사 기능을 사용하여 여러 도면과 Xref에서 블록 속성을 추출할 수 있습니다. 그러면 Excel과 같은 외부 응용프로그램으로 데이터를 내보내 재료 명세서나 기타 업무 도구를 작성할 수 있습니다.

이 데이터들을 문자 파일(TXT), 쉼표 구분 문자(CSV), Micro soft Excel(XLS) 및 Microsoft Access(MDB) 형식으로 쉽게 추출할 수 있습니다.

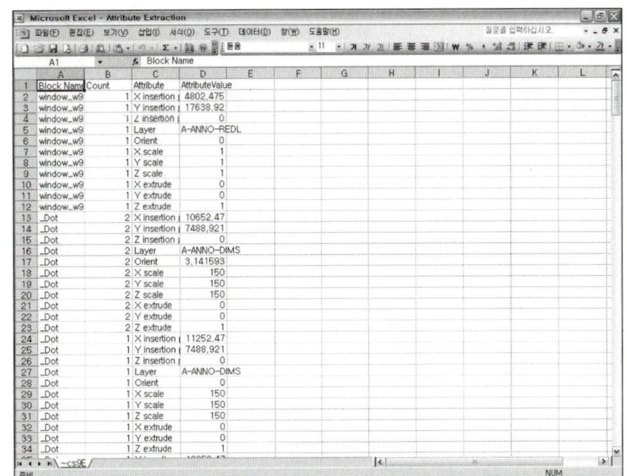

▲ 도면에서 추출한 액셀 형식의 데이터

블록 속성 편집하기

Edit Attributes 명령을 실행하면 선택한 블록 속성을 편집할 수 있습니다. [Enhanced Attribute Editor] 대화상자의 [Attribute], [Text Options], [Properties] 탭에서 속성의 수치와 문자 스타일, 레이어 등의 속성을 변경합니다. 다음 예제를 통해서 블록 속성을 편집하는 방법을 배워봅니다.

⊙ Samples\05_03_Attribute_Edit.dwg

01 [Insert] 탭의 [Attributes] 패널에서 [Edit Attributes] 아이콘의 드롭다운 화살표를 클릭한 후 [Edit Single Attribute](🖑) 아이콘을 클릭합니다.

02 편집할 블록을 선택합니다.

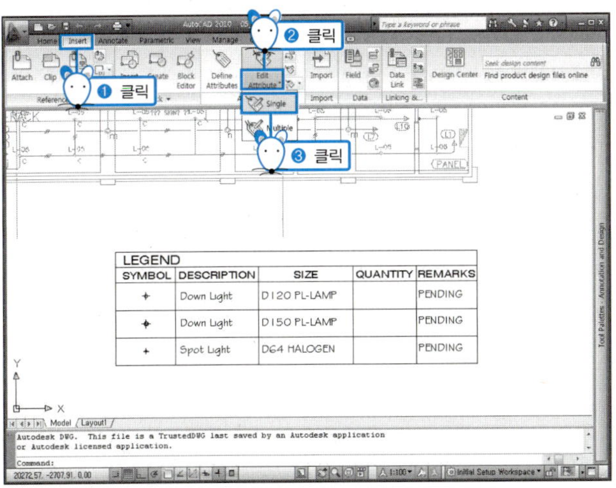

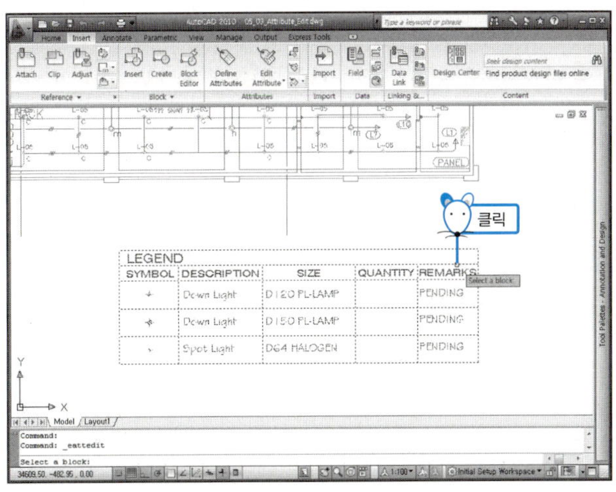

주목

블록을 더블클릭해도 [Enhanced Attribute Editor] 대화상자를 불러낼 수 있습니다.

03 [Enhanced Attribute Editor] 대화상자를 그림과 같이 설정합니다.

❶ [Attribute] 탭을 클릭하고 위에서 두 번째에 있는 'SIZE' 항목을 선택합니다.

❷ [Value]를 'D120 PL-LAMP 13W×2'로 수정합니다.

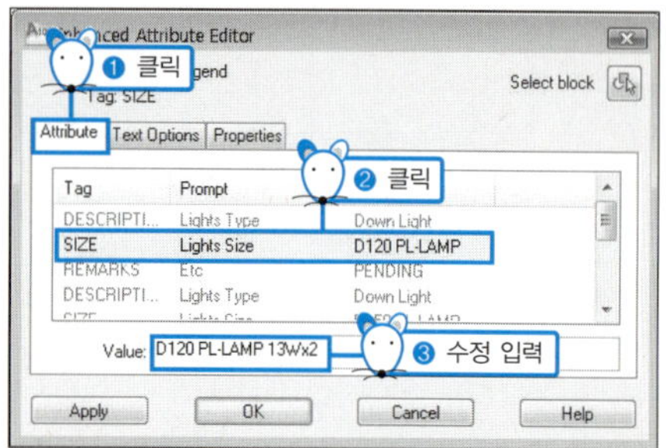

04 [Text Options] 탭을 그림과 같이 설정합니다.

❶ [Width Factor]를 '0.75'로 수정합니다.

❷ [Apply]와 [OK] 단추를 클릭하여 명령을 종료합니다.

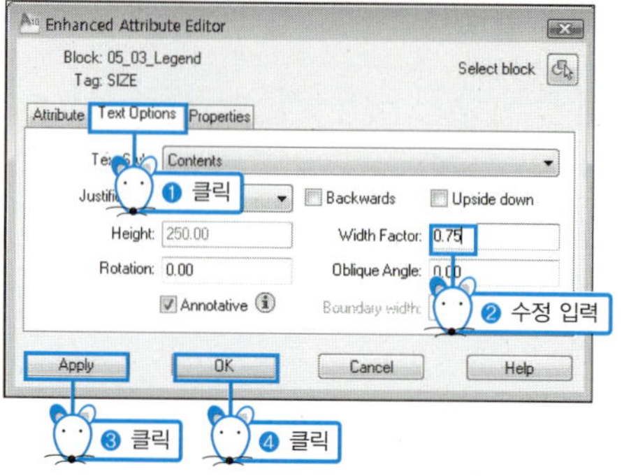

05 선택한 블록 속성이 편집된 것을 확인할 수 있습니다.

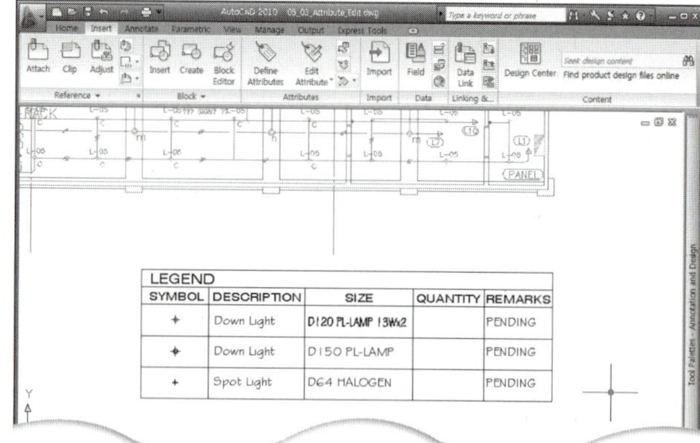

[Block Attribute Manager] 대화상자를 이용한 블록 속성 편집하기

[Block Attribute Manager] 대화상자를 이용하면 블록 속성의 태그와 프롬프트는 물론이고 다른 블록 속성을 편집할 수 있습니다. 다음 예제를 통해서 [Block Attribute Manager] 대화상자로 블록 속성을 편집하는 방법을 배워봅니다.

◉ Samples\05_03_Attribute_Manager.dwg

01 [Insert] 탭의 [Attributes] 패널에서 [Manage Attribute](🖼) 아이콘을 클릭하여 [Block Attribute Manager] 대화상자를 불러냅니다.

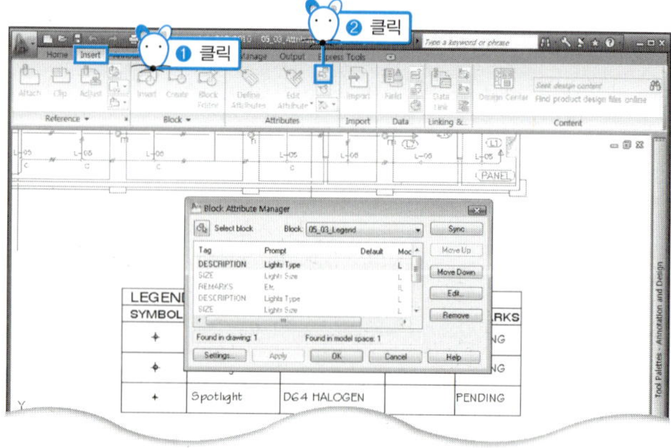

02 [Tag]를 수정하기 위해 리스트의 첫 번째 항목을 선택한 후 우측의 [Edit] 단추를 클릭합니다.

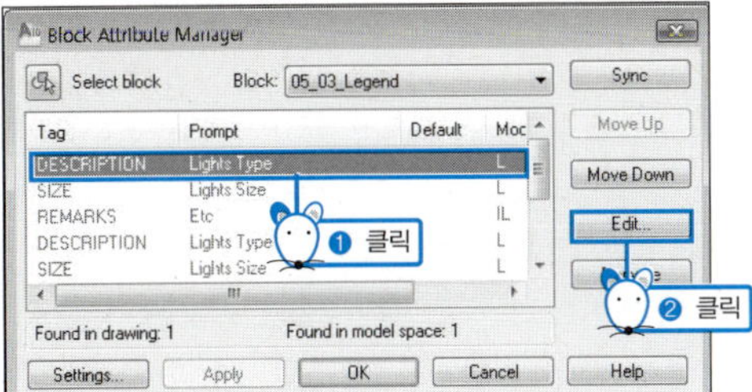

03 [Edit Attribute] 대화상자를 그림과 같이 설정합니다.

❶ [Attribute] 탭을 클릭한 후 [Data] 영역에서 [Tag]를 'DESCRIPTION_ R1' 로 입력한 후 [OK] 단추를 클릭합니다.

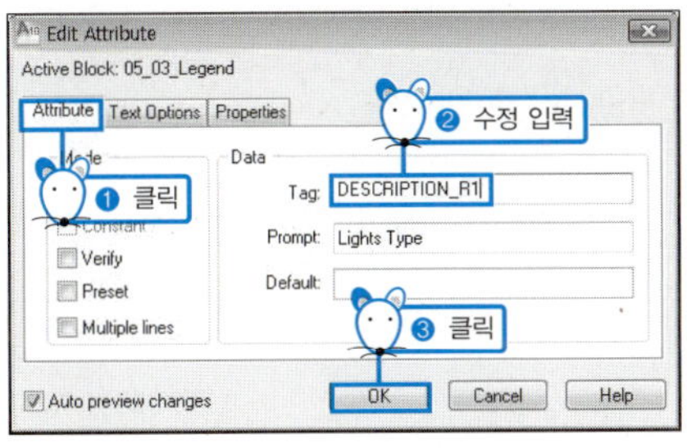

주목

블록 첫 번째 열(Row)의 [Description]이라는 의미에서 'R1'을 붙여준 것입니다.

04 같은 방법으로 블록 첫 번째 열(Row)의 [Description, Size, Remarks]는 뒤에 'R1', 두 번째 열은 'R2', 세 번째 열은 'R3' 으로 편집합니다.

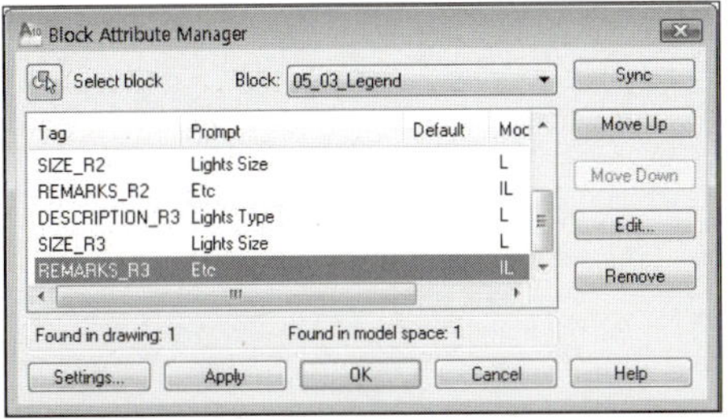

주목

리스트 항목의 문자가 붉은색에서 검은색으로 수정되었습니다. 이는(붉은색 문자) 같은 이름의 태그들이 있어 수정을 필요로 하는 항목에 대한 표시입니다.

05 리스트에서 [REMARKS_R1]을 클릭한 후 [Edit] 단추를 클릭합니다.

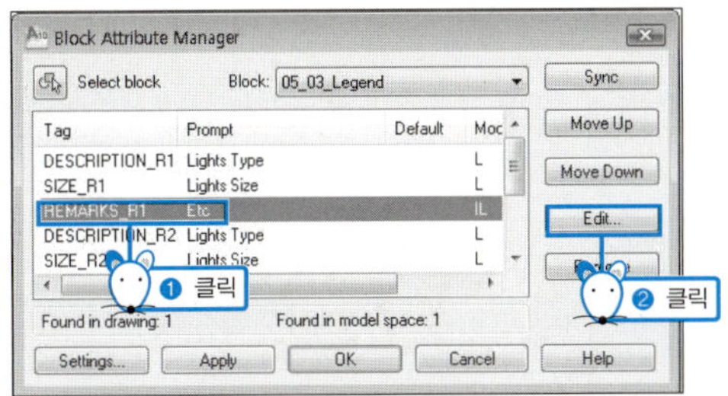

06 [Edit Attribute] 대화상자의 [Attribute] 탭을 클릭한 후 [Data] 영역에서 [Prompt]를 'Pending or App.' 로 입력하고 [OK] 단추를 클릭합니다.

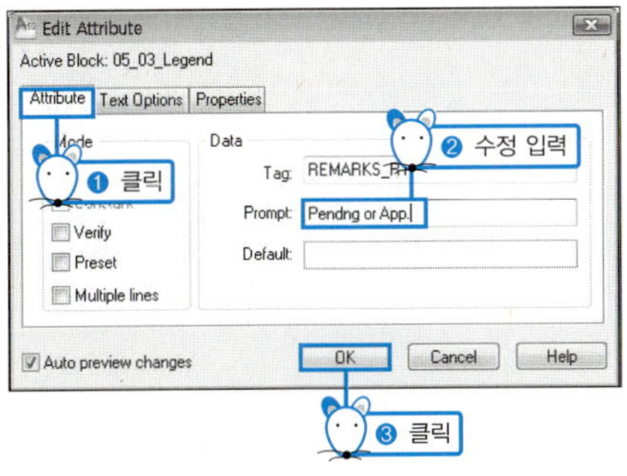

07 같은 방법으로 'REMARK' 의 모든 [Prompt]를 'Pending or App.' 로 편집합니다.

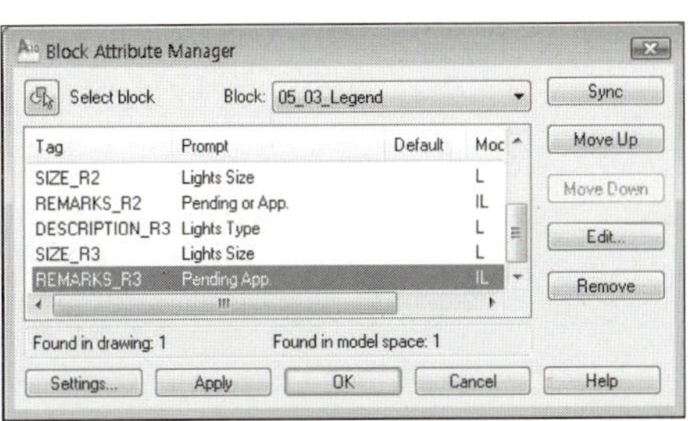

블록 속성 추출(Attribute Extraction)하기

블록 속성 정보는 데이터처럼 쉼표 구분 문자(CSV), Microsoft Excel(XLS) 및 Microsoft Access(MDB) 형식으로
쉽게 추출하여 관리할 수 있습니다. 이번에는 블록 속성을 추출하는 방법에 대하여 알아봅니다.

Samples\05_03_Attribute_Extract.dwg

01 [Insert] 탭의 [Linking & Extraction] 패널에서
[Extract Data](📇) 아이콘을 클릭하여 [Data Extraction]
대화상자를 불러냅니다.

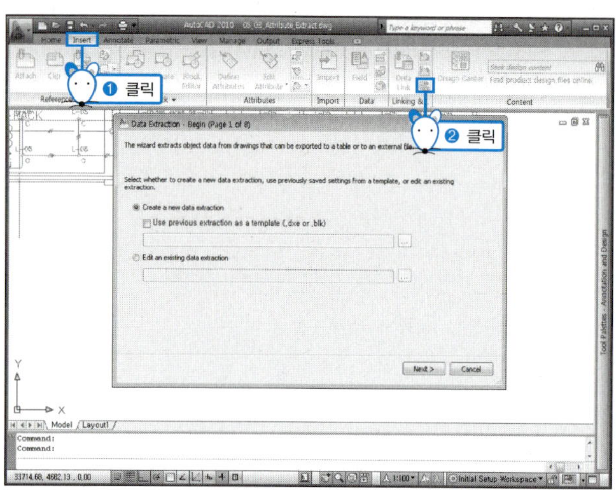

02 [Data Extraction – Begin] 대화상자에서 속성을 추
출할 대상을 선택합니다. 새로운 데이터를 추출하기 위해
[Create a new data extraction]을 체크하고 [Next] 단
추를 클릭합니다.

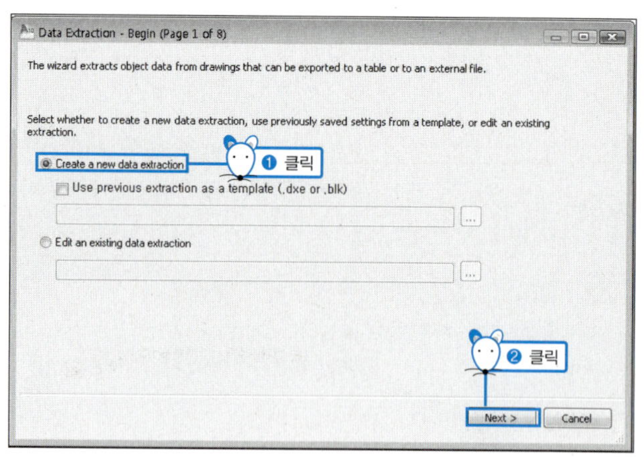

03 추출된 데이터가 저장될 경로와 파일 이름을 설정한
후 [Save] 단추를 클릭합니다.

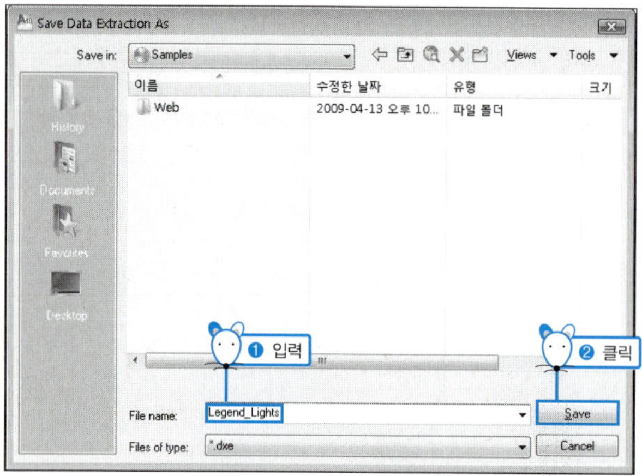

04 [Data Extraction – Define Data Source] 대화상
자의 [Settings] 단추를 클릭합니다.

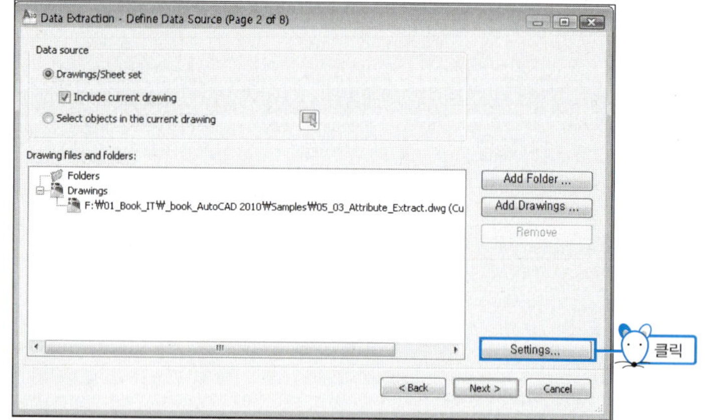

주목

현재 도면의 일부 블록에서만 데이터를 추출할 경우 [Data
Source] 영역의 [Select objects in the current drawing]를 체크
한 후 도면 영역에서 블록을 선택합니다.

05 [Data Extraction – Additional Settings] 대화상자의 [Extraction settings] 영역에서 [Extract objects from blocks] 옵션을 체크한 후 [OK] 단추를 클릭합니다.

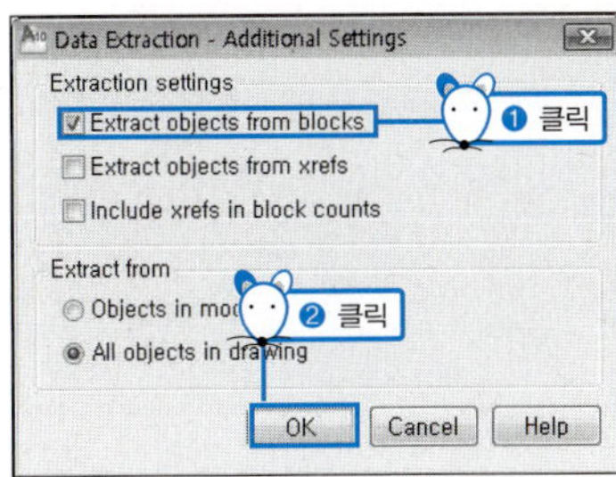

06 [Data Extraction – Define Data Source] 대화상자의 [Next] 단추를 클릭하면 데이터가 추출되는 과정을 거칩니다.

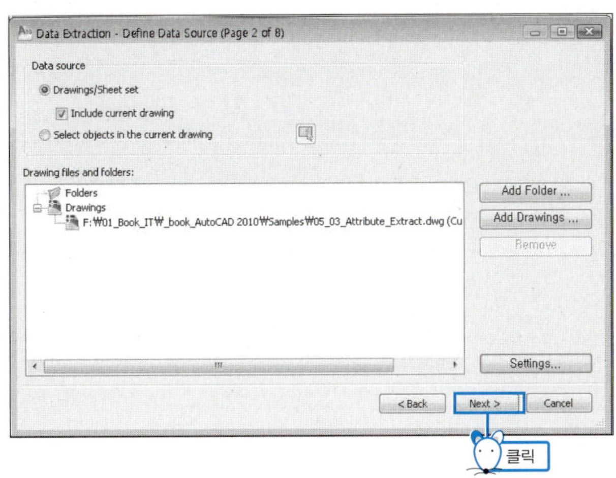

07 [Data Extraction – Select Objects] 대화상자의 [Objects]에서 [05_03_Legend]를 체크한 후 [Next] 단추를 클릭합니다.

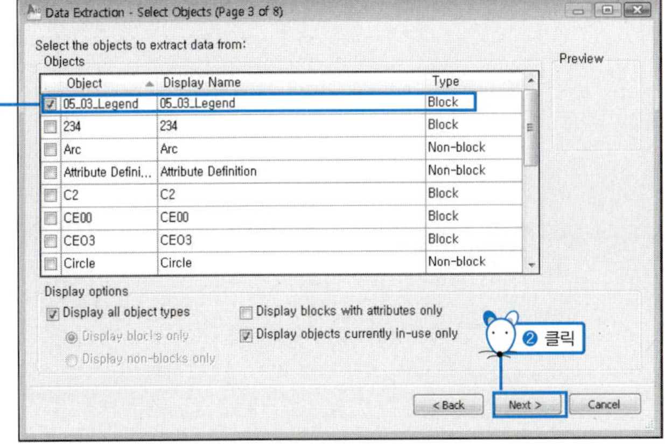

08 [Data Extraction – Select Properties] 대화상자의 [Category filter] 영역에서 [Attribute] 옵션만을 체크한 후 [Next] 단추를 클릭합니다.

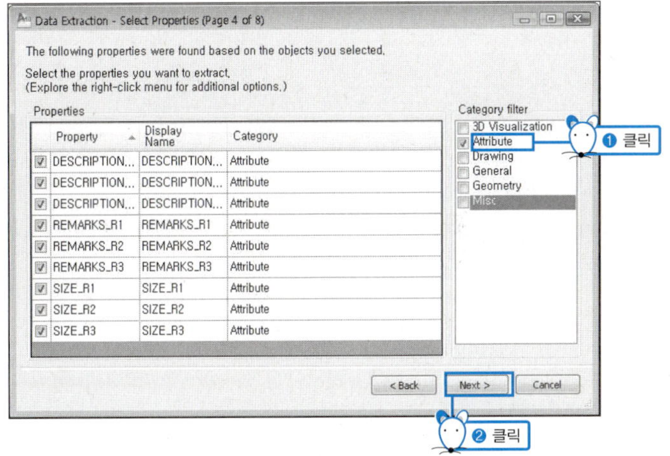

09 [Data Extraction – Refine Data] 대화상자의 [Full Preview] 단추를 클릭하여 추출될 데이터를 미리 확인합니다.

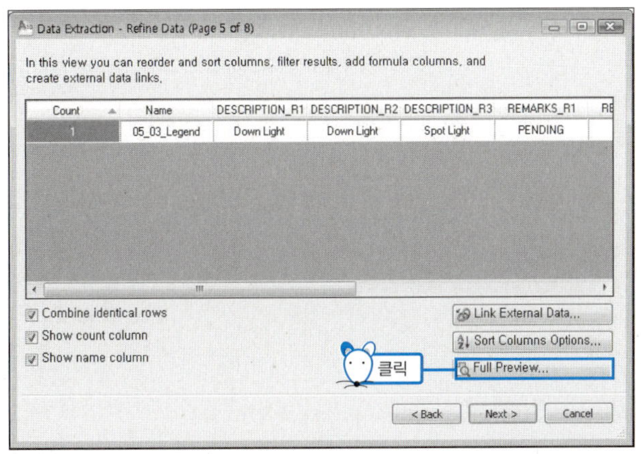

10 미리 보기 창을 확인한 후 [닫기] 단추를 클릭하여 종료하고 [Data Extraction - Refine Data] 대화상자의 [Next] 단추를 클릭합니다.

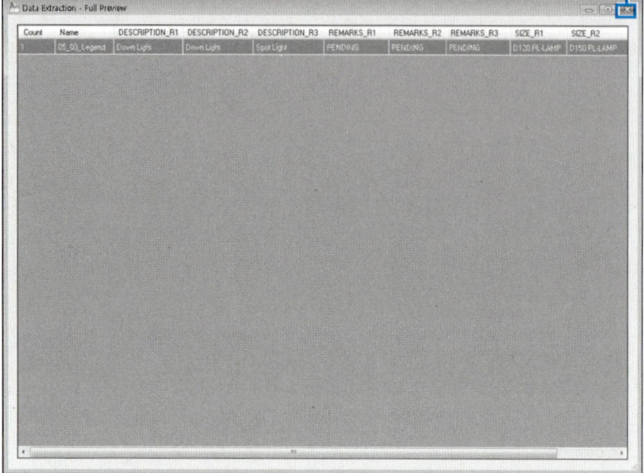
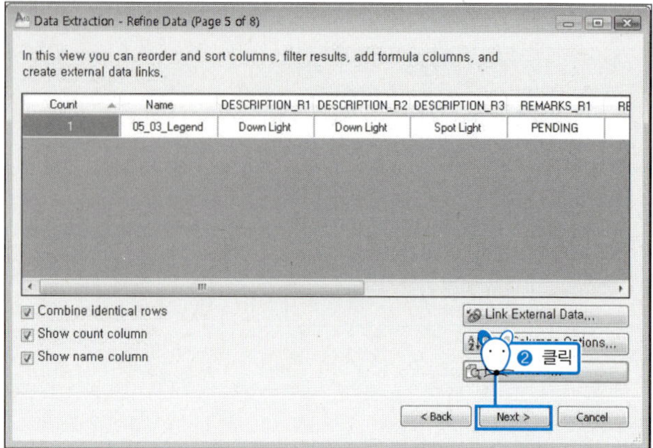

11 [Data Extraction - Choose Output] 대화상자에서 [Output data to external file] 옵션에 체크한 후 [...] 단추를 클릭합니다.

12 데이터를 저장할 파일 이름과 경로를 설정합니다. 이때 파일 형식을 다양하게 저장할 수 있습니다. [Save] 단추를 클릭합니다.

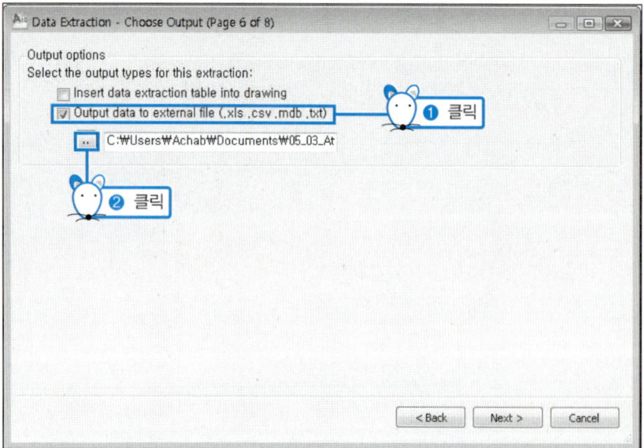

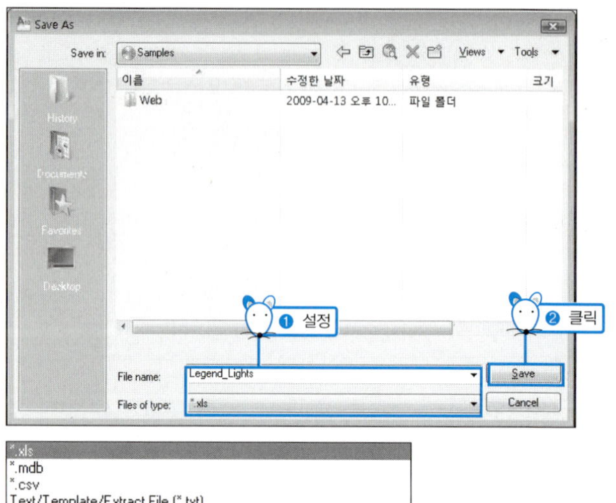

▲ 저장할 수 있는 파일 형식

13 [Data Extraction – Choose Output] 대화상자의 [Next] 단추를 클릭한 후 [Data Extraction – Finish] 대화상자의 [Finish] 단추를 클릭합니다.

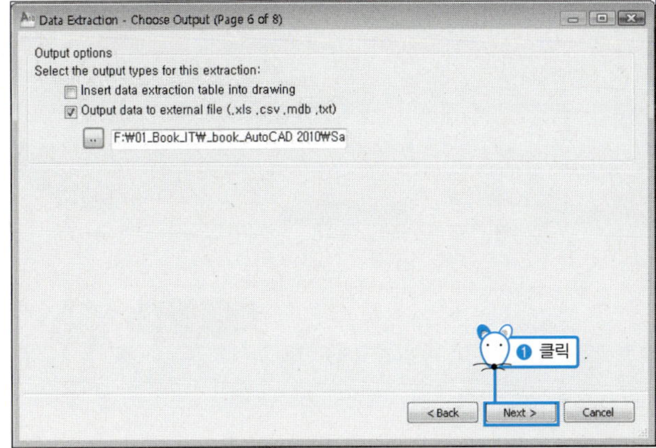

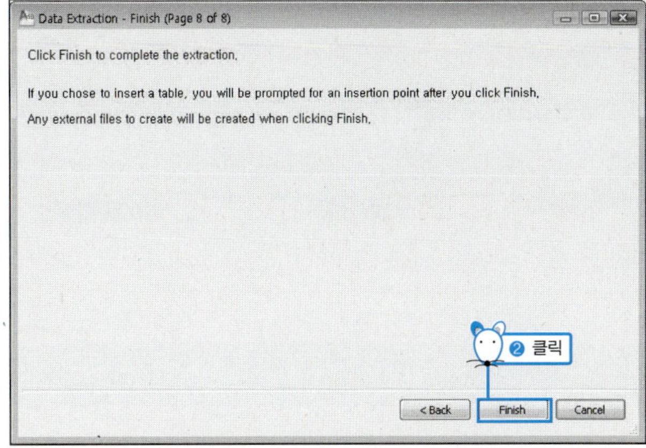

14 저장된 파일(Legend_Lights.xls)을 선택하면 도면에서 추출한 데이터가 액셀 형식으로 저장된 것을 확인할 수 있습니다.

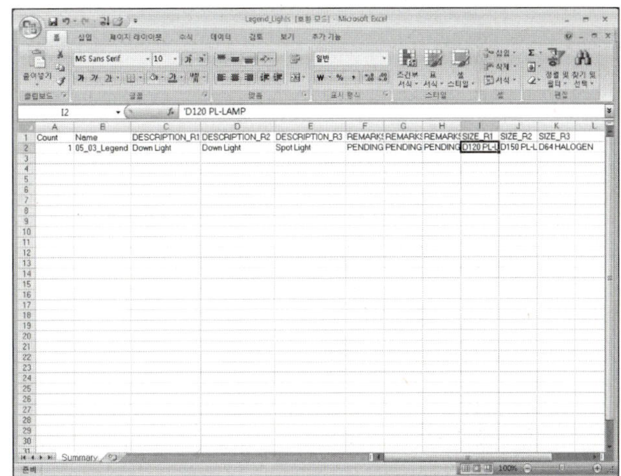

CSV(comma separated value) 이해하기

CSV 형식의 파일은 데이터베이스나 표 계산 프로그램의 데이터를 보존하는 파일 형식입니다. 각 항목이나 판매 내용마다 쉼표(comma)로 구분하여 기록하며 문자 파일 형태로 저장하기 때문에 문서 처리기나 편집기에서 편집할 수 있습니다. 수많은 애플리케이션에서 취급하는 범용 형식이기 때문에 PDA(personal digital assistant)와 컴퓨터 사이에 주소록이나 데이터를 주고받을 때에도 데이터 파일을 CSV 형식으로 변환해서 송수신하는 경우가 많습니다.

공동 작업을 위한
Xref(External Reference)

협업은 신뢰성 있는 정보 공유를 통해 커뮤니케이션이 일치하는 것이 가장 중요합니다. 정보 공유의 측면에서 원본 정보의 수정에도 파급되는 변형 데이터가 함께 수정되는 커뮤니케이션의 일치를 Xref 기능이 제공합니다. 이번에는 공동 작업에 필수라고 할 수 있는 Xref 기능의 사용 방법을 알아봅니다.

Lesson 05

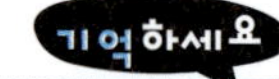

Xref의 개요 이해하기

Xref(External Reference, 외부 참조) 기능은 협업을 위한 AutoCAD의 강력한 기능입니다. Xref 기능은 블록 명령과 비슷하게 사용됩니다. 하지만 블록이 현재 도면 안에 지속적으로 삽입되는 반면에, Xref는 단지 하나의 도면에 일시적으로 삽입된다는 것이 다릅니다. 따라서 Xref를 사용하면 도면 파일의 용량을 크게 증가시키지 않으면서 도면을 작성할 수 있습니다. Xref를 사용하면 다음과 같은 작업을 할 수 있습니다.

- 도면 작성 중에 다른 도면을 실시간으로 참조하여 다른 사용자에 의해 변경되는 사항을 계속 반영함으로써 자신의 작업을 다른 작업자의 작업과 조화시킬 수 있습니다.
- 도면을 열거나 플로팅할 때 AutoCAD가 각 Xref를 자동으로 로딩(Loading)하므로 참조된 도면의 가장 최신 상태를 화면에 표시할 수 있습니다.
- 레이어, 치수 스타일, 문자 스타일 및 도면의 기타 요소를 참조한 도면의 것과 별도로 유지할 수 있습니다.
- 작업이 완료되고 기록할 준비가 되면, 부착된 Xref를 사용자의 도면에 지속적으로 합칠 수 있습니다.

● External References Palettes에서의 Xref 관리 방법

Xref를 사용할 때의 장점은 Xref가 상대적으로 작은 파일 용량을 가지면서 그와 동시에 업데이트하기 쉬운 복합 도면을 작성할 수 있다는 것입니다. External References Palettes에서는 Xref의 이름, 현재 상태, Attach(부착)인지 Overlay(중첩)되어 있는지의 여부, Xref의 파일 용량, 마지막으로 수정된 날짜 등과 같은 관련 데이터를 보여줍니다. External References Palettes는 표시하는 방식에 따라 List View 방식과 Tree View 방식이 있습니다.

● List View 방식

List View에서는 현재 도면에 있는 Xref의 리스트가 알파벳 순으로 표시되며, 각 Xref는 [Reference Name](이름), [Status](상태), [Size](파일 크기), [Type](Xref 형태), [Date](파일 작성 날짜), [Saved Path](저장 경로)의 속성을 보여줍니다.

[Status] 항목에는 도면에 있는 Xref 정의 상태나 대화상자가 닫혔을 때 취해지는 동작이 표시됩니다. 다음과 같은 내용이 [Status]에 표시됩니다.

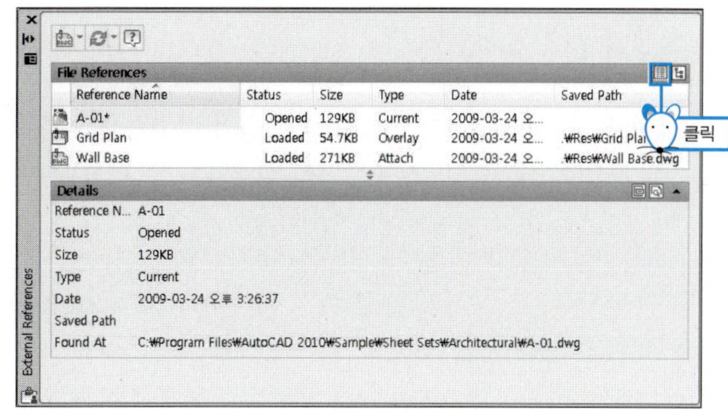

- **Loaded** : 현재 도면에 Xref가 적용되었음을 나타냅니다.

- **Unloaded** : 현재 도면에 Xref가 적용되지 않았음을 나타냅니다.

- **Unreferenced** : 도면에 Xref가 된 도면이 내려지거나 발견되지 않았음을 나타냅니다.

- **Not Found** : 도면이 열리거나 다시 올렸을 때 Xref가 발견되지 않았음을 나타냅니다.

- **Unresolved** : Xref가 발견되었지만 읽을 수 없음을 나타냅니다.

[Type] 항목은 Xref의 [Attach](부착) 또는, [Overlay](중첩) 여부를 알려주며 [Attach] 또는, [Overlay] 상태로 전환할 수 있습니다. [Date] 열에는 참조된 파일의 마지막 수정 날짜를 보여 줍니다. [Found At] 항목은 선택된 Xref의 저장 경로를 나타냅니다.

● Tree View 방식

Tree View에서는 Xref의 위계가 표시되며 Tree View 상위 단계부터 알파벳순으로 나열됩니다. 표시된 Xref 정보에는 Xref가 어떻게 포함되어 있는지 아이콘의 모양으로 표현합니다. Tree View에는 Xref 간의 관계만 표시됩니다.

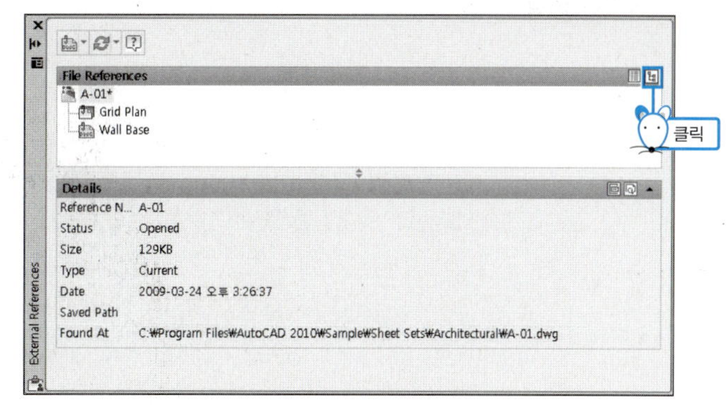

- **Attach** : 현재 도면에 Xref를 부착합니다. Xref는 일종의 블록이지만 블록 정의와 블록의 내용이 현재 도면에 저장되는 일반적인 블록과는 달리 Xref의 정의만 도면에 부착됩니다.

- **Detach** : 현재 도면의 Xref를 분리합니다. Detach 명령을 이용해 도면에서 Xref를 분리하면 Xref의 모든 사본이 지워지며 Xref 정의가 삭제됩니다.

- **Reload** : Xref를 다시 적용합니다. Xref를 재적용할 경우 가장 최근에 저장된 Xref가 도면으로 읽혀지고 Xref가 업데이트됩니다.

- Unload : Xref를 삭제하지는 않고 도면에서 적용 해제합니다. Xref 정의는 도면에서 해제되지만 Xref에 대한 포인터는 남아있게 되며, Reload를 사용하여 재적용하면 모든 정보를 다시 복원할 수 있습니다.

- Bind : Xref를 도면에 지속적으로 결합합니다. Xref를 도면에 결합한다는 것은 Xref를 외부 참조된 도면이 아닌 도면의 지속적인 한 부분으로 만드는 것을 말합니다. Xref가 결합(Bind)된 경우에는 참조 도면이 변경되어도 업데이트되지 않습니다.

● **Xref의 삽입 방법**

Xref를 현재 도면에 영구적으로 삽입하는 경우가 있습니다. 예를 들어 영구 보관을 위해 파일들을 정리하거나, 다른 기술자들에게 파일을 전달할 때 Xref를 현재 도면에 완전히 붙여 넣으면 모든 도면의 데이터가 하나의 파일에 저장될 수 있기 때문입니다. Bind 옵션을 사용하면 전체 Xref를 도면에 포함시킬 수 있습니다.

현재 도면에 포함시키고자 하는 Xref를 선택하면 Bind 옵션과 Insert 옵션 중에 하나를 선택하라는 프롬프트가 나타납니다. Bind 옵션을 선택하면 Xref를 현재 도면에 삽입하고, 모든 객체들의 이름 앞에 Xref 도면의 이름이 붙게 됩니다. 그러므로 레이어, 블록, 문자 스타일 등은 Xref 도면 이름이 접두어로 붙어서 현재 도면에 삽입됩니다. 그러나 Insert 옵션을 선택하면 도면을 일반적인 블록으로 삽입하며, Xref 도면 이름을 접두어로 붙이지 않습니다. 이름이 중복된 모든 객체들은 무시되며 현재 도면에 있는 객체들이 우선권을 갖게 됩니다.

Xref 기능을 이해하기 위한 시나리오

- 빌딩을 설계하는 사무실에서 협업 작업이 이루어지고 있다고 가정합니다. 도면의 전체적인 디자인을 맡은 팀장(Chief)이 기본 설계를 하고 이를 CAD 도면(원본 도면)으로 만들었습니다. 이 도면을 넘겨받아서 구조설계 디자이너, 설비 설계 디자이너, 전기 설계 디자이너, 소방 설비 설계 디자이너 및 기타 부분 업무를 담당하는 디자이너들이 추가로 도면 작업을 하였습니다. 한 예로 설비 설계 디자이너가 팀장의 도면을 기준으로 각 층을 담당하는 냉 · 난방 설비와 환기 설비 및 기타 위생 설비의 파이프 배관을 복잡하게 디자인하고 설계하였습니다. 이러한 과정을 밟고 있을 즈음에 건축주의 요청으로 도면의 몇 군데가 디자인 수정되는 일이 벌어졌습니다. 당연히 팀장은 디자이너들에게 이러한 설계 변경 사항을 공지해야 합니다. 그런데 만약 이 과정에서 가장 신속하게 의사소통의 오류 없이 디자이너들에게 전달하고 작업을 진행할 수 있는 방법은 어떤 것이 있을까요?

- 이러한 경우 Xref 기능을 이용하여 팀장의 원본 도면만을 수정하면 됩니다. 원본 도면에서 파생된 나머지 도면은 모두 자동으로 최근의 변경 사항을 적용한 도면으로 수정됩니다.

Overlay와 Attachment를 이용하여 외부 참조하기

Xref를 Attachment(부착)와 Overlay(중첩)의 두 가지 방법으로 현재 도면에 포함시킬 수 있습니다. 두 옵션 모두 외부 참조된 도면의 레이어를 On, Off, Freeze, Unfreeze시킬 수 있습니다. 또한, 레이어의 색상, 선 종류, 선 두께를 모두 변경시킬 수도 있습니다. 두 가지 방법 간의 큰 차이점은 Attachment로 Xref를 붙여 넣으면 중첩되어 있는 다른 Xref 도면에서도 볼 수 있지만, Overlay로 붙여 넣은 경우는 볼 수 없다는 것입니다.

◉ Samples\05_04_Xref_Attach_Overlay.dwg

01 [Insert] 탭의 [Reference] 패널에서 [Attach](🗐) 아이콘을 클릭하여 [Select Reference File] 대화상자를 불러냅니다.

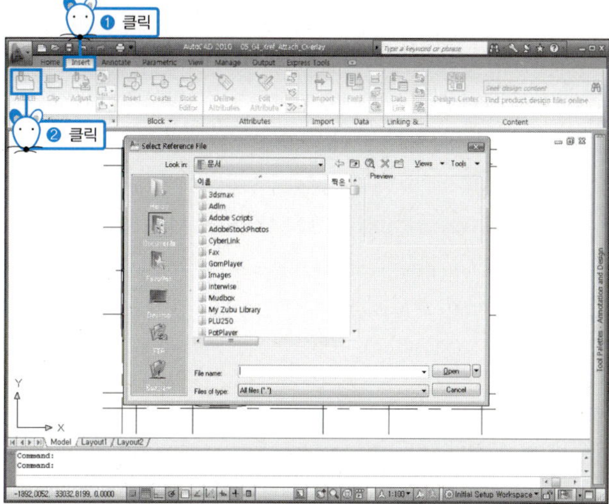

02 [Select Reference File] 대화상자가 나타나면 경로에서 Attach할 파일을 선택하고 [Open] 단추를 클릭합니다.

◉ Samples\05_04_Xref_Overlay_Dims.dwg

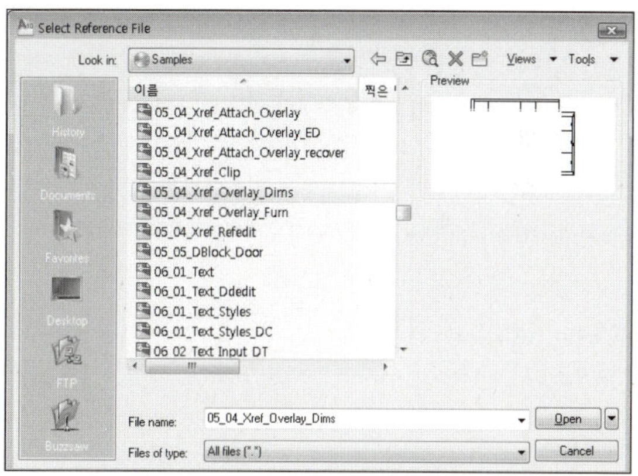

> **주목**
>
> [Attach] 아이콘의 드롭다운 화살표를 클릭하면 [Attach DWG, Attach Image, Attach DWF, Attach DGN] 아이콘이 숨어있습니다.

03 [Attach External Reference] 대화상자를 그림과 같이 설정합니다.

❶ [Reference Type] 영역에서 [Overlay]를 체크합니다.

❷ [Path type]에서 'No path'를 선택합니다.

❸ [Insertion Point]에서 [Specify On-screen] 옵션의 체크를 해제하고 [OK] 단추를 클릭합니다.

> **주목**
>
> [Specify On-screen] 옵션을 체크 박스를 해제하는 이유는 도면 영역에서 직접 삽입 지점을 지정하는 것이 아니라 불러올 블록을 정확한 좌표로 삽입하겠다는 의미입니다

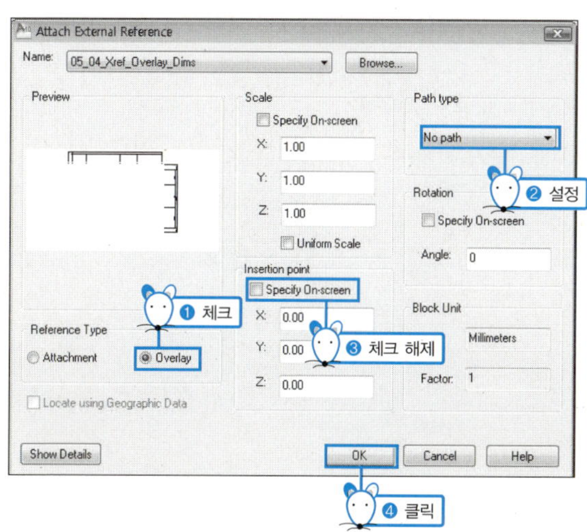

04 선택한 파일이 현재 도면에 Overlay된 것을 확인할 수 있습니다.

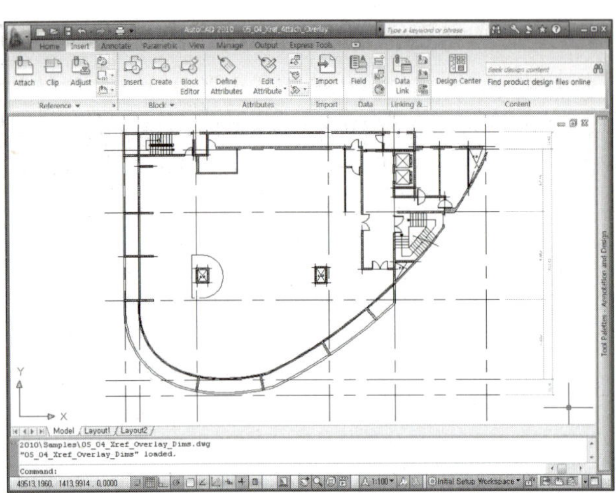

05 [Insert] 탭의 [Reference] 패널에서 [Attach](📋) 아이콘을 클릭하여 [Select Reference File] 대화상자를 불러낸 후 경로에서 Attach할 파일을 선택하고 [Open] 단추를 클릭합니다.

◉ Samples\05_04_Xref_Attach_Cols.dwg

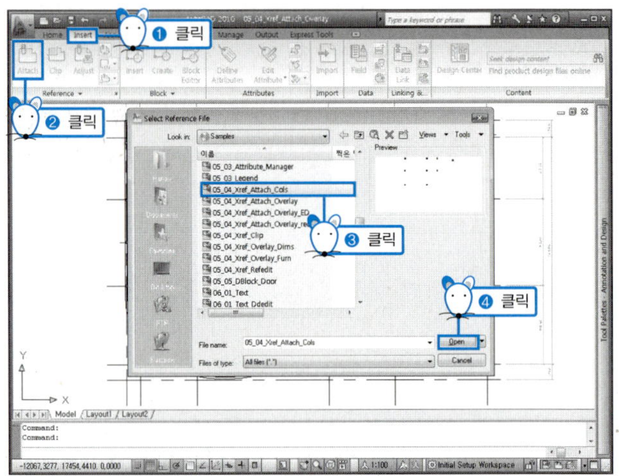

06 [Attach External Reference] 대화상자의 [Reference Type] 영역에서 [Attachment]를 체크한 후 [OK] 단추를 클릭합니다.

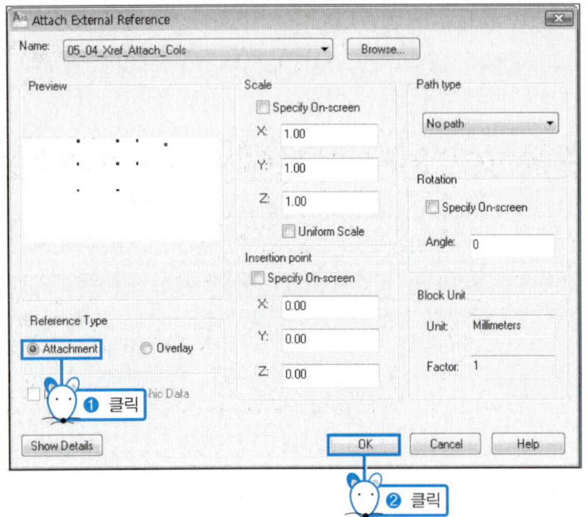

07 선택한 파일이 현재 도면에 Attach되었습니다.

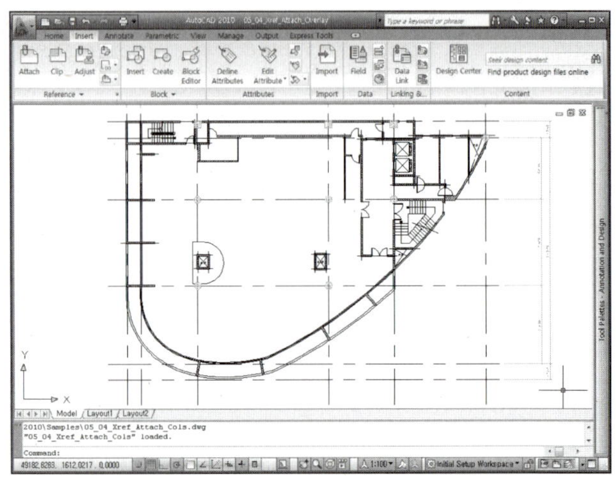

08 메뉴 브라우저의 [Save As]-[AutoCAD Drawing]를 선택한 후 다른 이름으로 저장합니다.

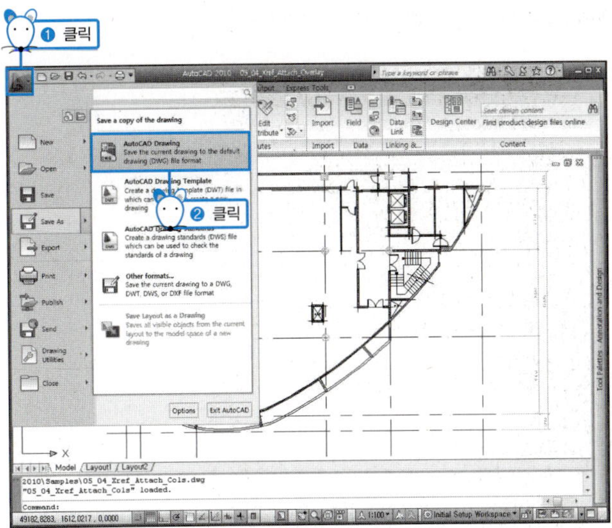

09 지정한 경로에 파일 이름을 '05_04_Xref_Attach_Overlay_ED.dwg'로 설정합니다.

⊙ Samples\05_04_Xref_Attach_Overlay_ED.dwg

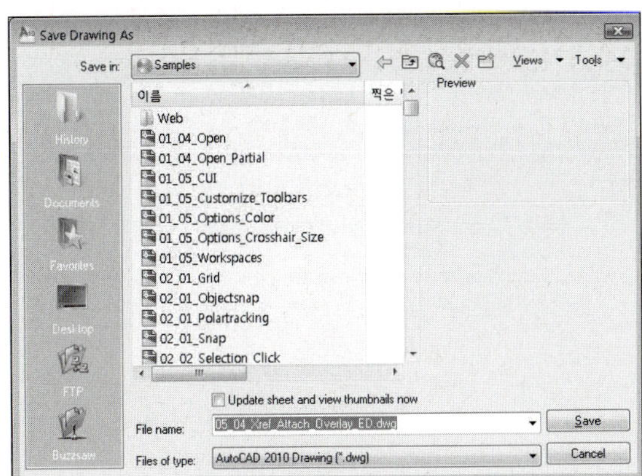

10 메뉴 브라우저의 [Close]-[Current Drawing]을 클릭하여 현재 열려있는 도면을 닫습니다.

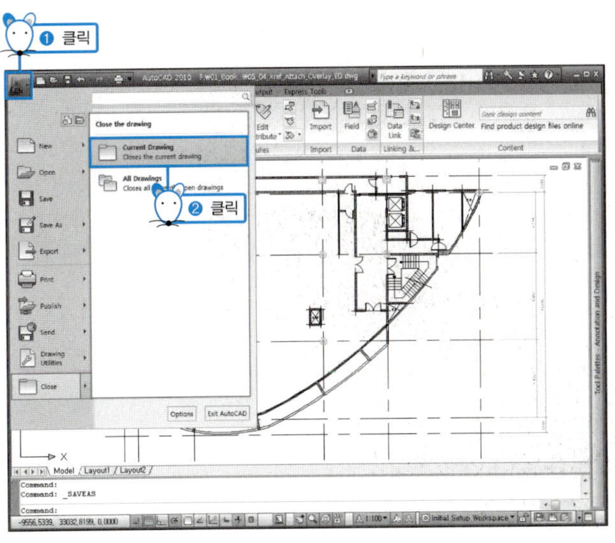

11 퀵 액세스 툴바의 [Open]( ) 아이콘을 클릭하여 '05_04_Xref_Overlay_Furn.dwg' 파일을 불러옵니다.

⊙ Samples\05_04_Xref_Overlay_Furn.dwg

12 [Insert] 탭의 [Reference] 패널에서 [External Reference](▣) 단추를 클릭하여 External References Palettes가 나타나면 [Attach DWG](▣) 아이콘을 클릭합니다.

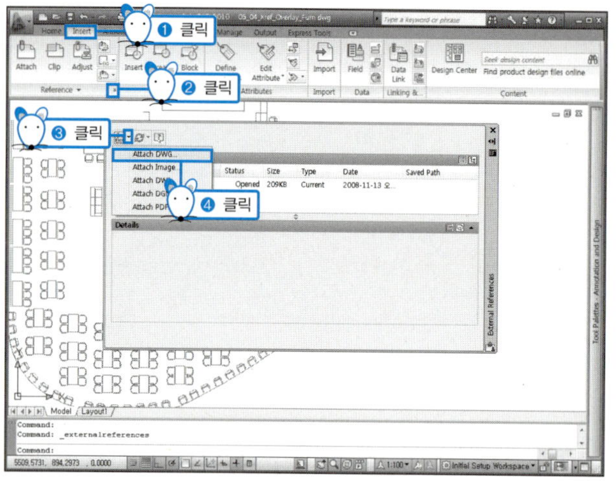

주목

External References Palettes에서 [Attach DWG](▣) 아이콘을 클릭하는 것과 같은 방법입니다.

14 [Attach External Reference] 대화상자의 [Reference Type] 영역에서 [Attachment]를 체크한 후 [OK] 단추를 클릭합니다.

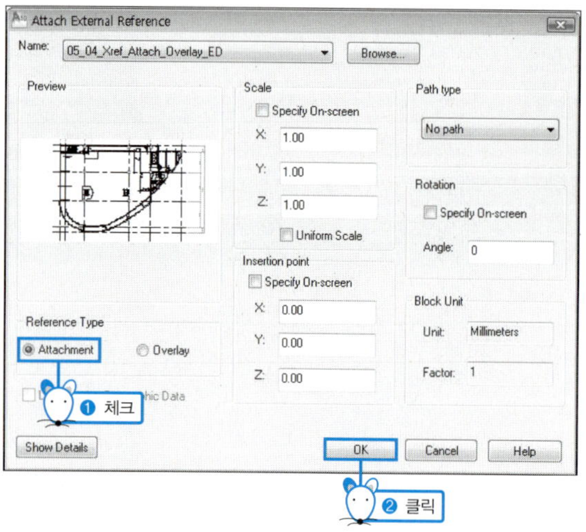

13 [Select Reference File] 대화상자에서 '05_04_Xref_Attach_Overlay_ED.dwg' 파일을 선택합니다.

Samples\05_04_Xref_Attach_Overlay_ED.dwg

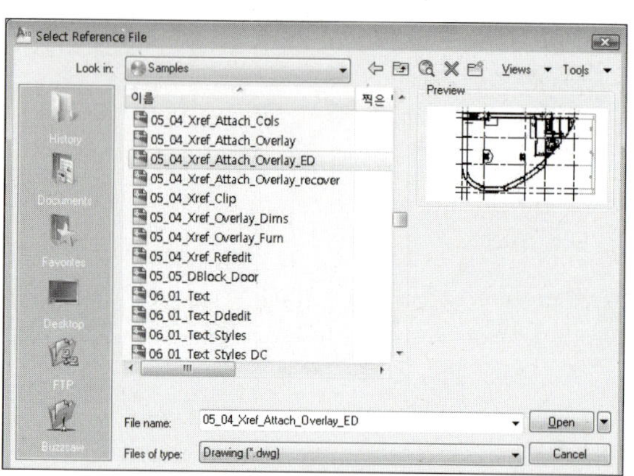

15 External References Palettes를 좌측으로 도킹(Docking)시킵니다. Attachment된 객체(기둥)는 계속해서 남아있는 반면 Overlay된 객체(치수선)는 사라진 것을 확인할 수 있습니다.

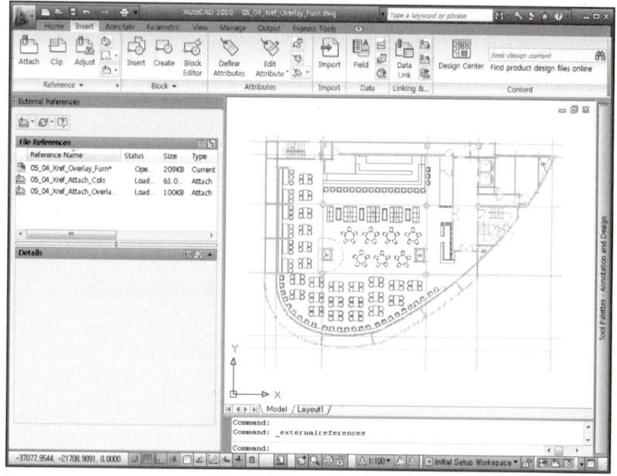

블록 및 Xref 자르기

도면을 Xref로 Attach시키거나 블록을 삽입한 후 도면 작업에서 필요 없는 부분을 잘라낼 수 있습니다. Xref 또는, 블록은 자른 후에도 자르지 않은 Xref나 블록과 똑같이 편집하거나 이동/복사를 할 수 있습니다. Xref 객체에 직사 각형 형태의 경계를 작성하며 경계선 밖의 Xref 객체를 잘라내고 자르기 된 부분에 경계선을 표시하는 방법을 알아 봅니다.

⊙ Samples\05_04_Xref_Clip.dwg

01 [Insert] 탭의 [Reference] 패널에서 [Clip](📋) 아 이콘을 클릭합니다.

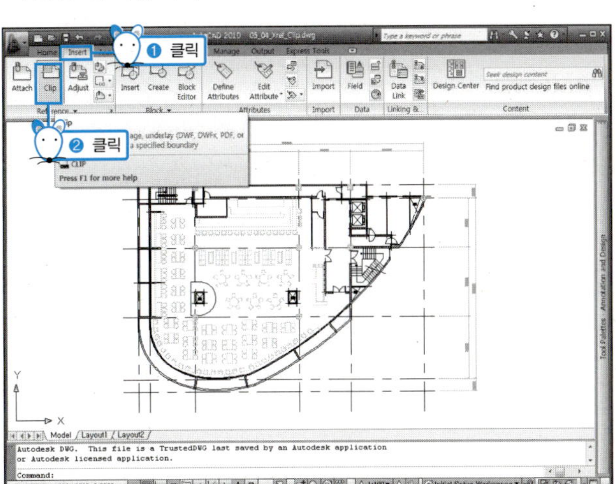

02 자르기 할 Xref 객체를 선택하고 Enter 를 누릅니다.

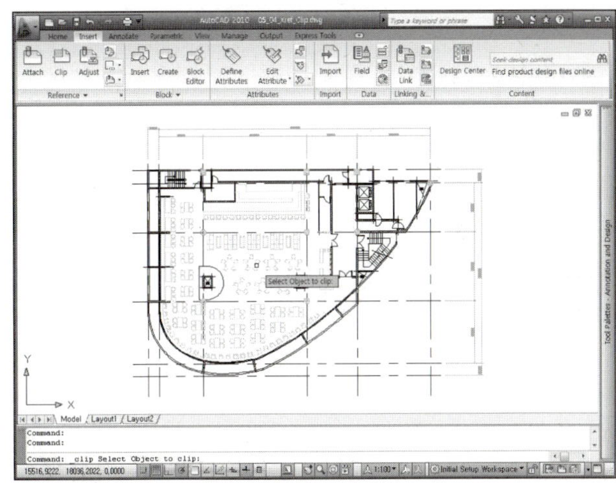

03 단축 메뉴에서 [New boundary]를 선택합니다.

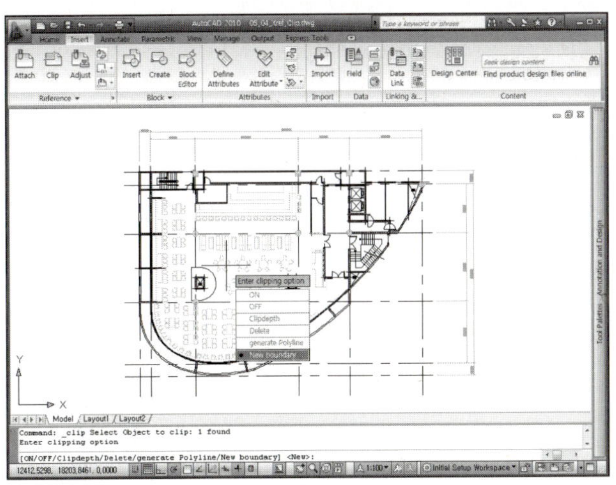

04 단축 메뉴에서 [Rectangular]를 선택합니다.

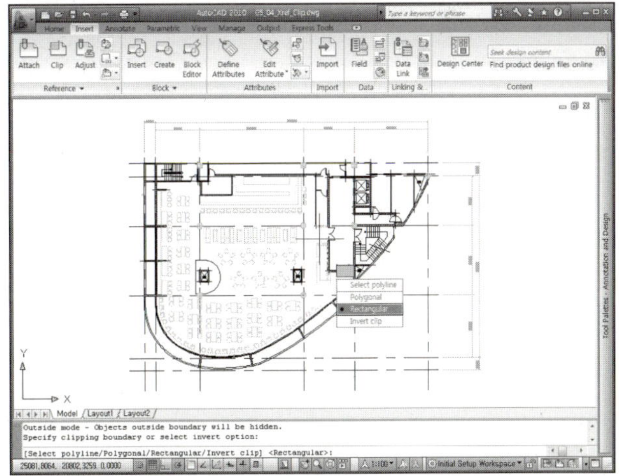

05 그림과 같이 사각형 모양의 경계를 지정합니다.

06 사용자가 지정한 영역을 기준으로 이미지를 잘라 Xref 객체를 삭제합니다.

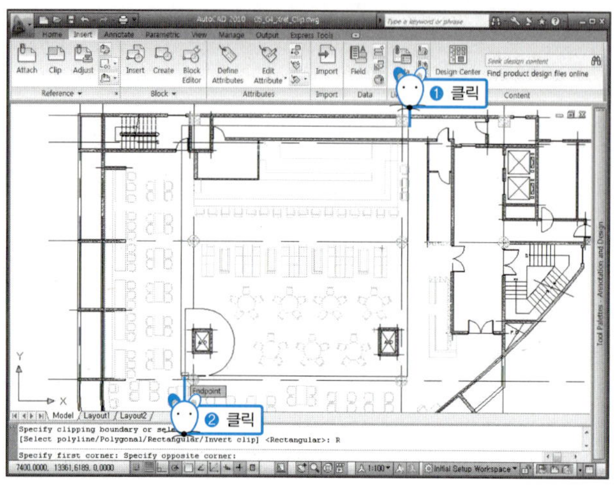

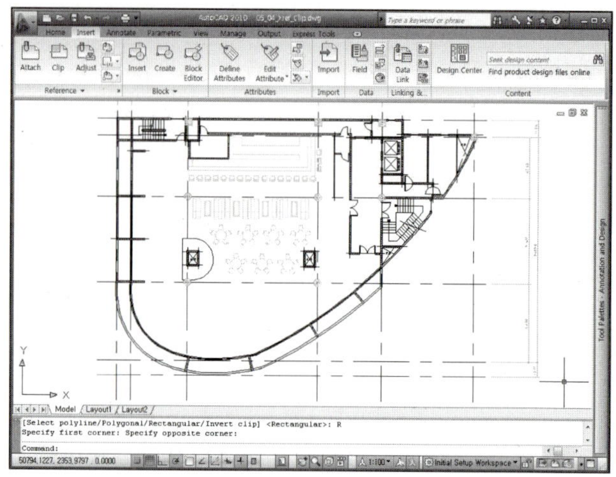

블록 및 Xref 편집하기

Xref는 제거하거나 또는, 추가할 수 있으며 변경된 내용을 저장할 수도 있습니다. Xref를 수정할 경우 내부 참조(In-Place Reference) 편집을 사용하여 작업하려는 Xref를 선택하고 객체를 수정한 다음 변경 사항을 참조 도면에 다시 저장할 수 있으므로 사소한 변경 작업이 필요할 때 도면 사이를 왔다갔다할 필요 없이 변경할 수 있습니다. 편집하는 동안 작업 세트에 객체를 추가하거나 삭제할 수도 있습니다. 내부 편집하는 중에 새로운 객체를 작성하는 경우, 대부분 자동으로 작업 세트에 추가됩니다. 작업 세트에 추가되지 않은 객체는 흐리게 표시됩니다.

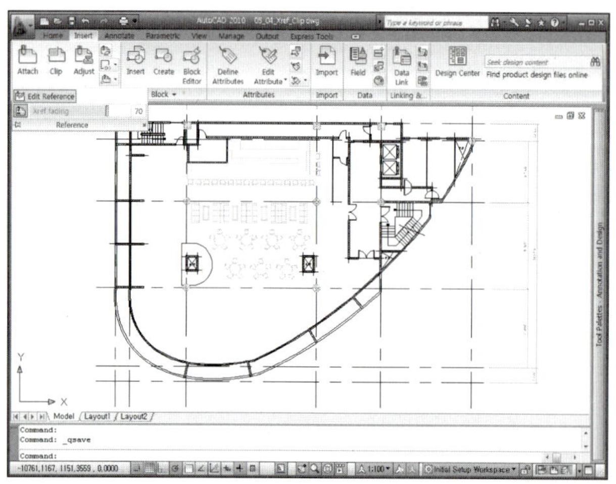

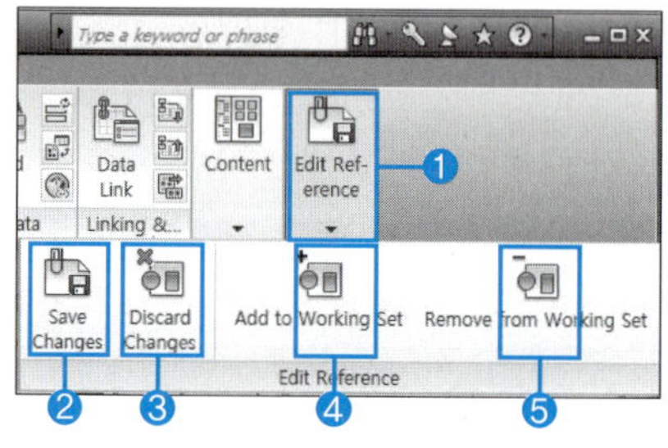

▲ 편집 중에 새로 생긴 [Edit Reference] 패널

❶ **Edit Reference** : 편집할 블록이나 Reference 객체를 선택할 수 있습니다. 블록이나 Reference 객체를 선택하여 [Reference Edit] 대화상자를 불러낸 후 선택한 객체를 보다 세밀하게 설정할 수 있습니다.

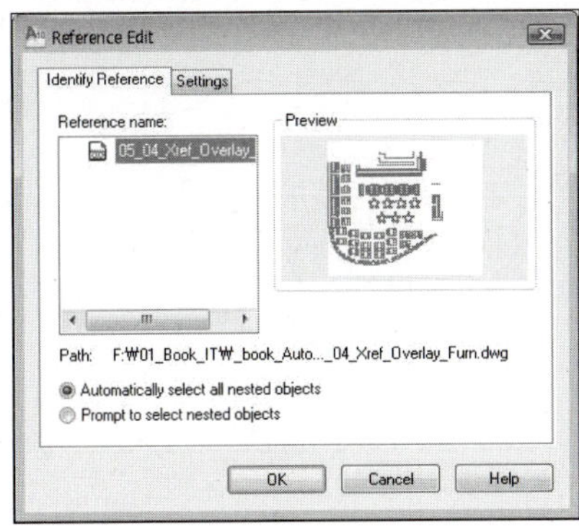

▲ [Identify Reference] 탭

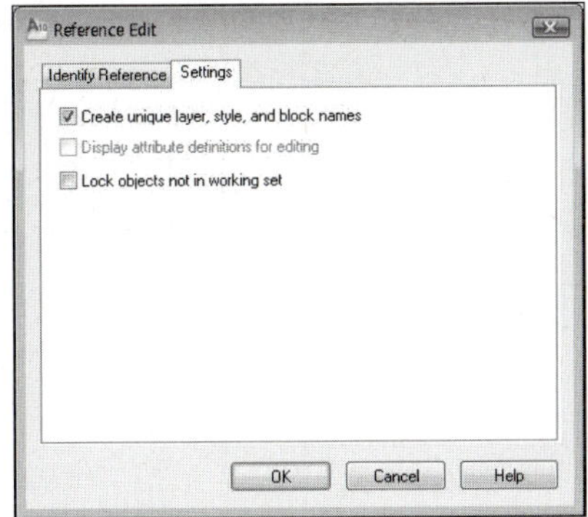

▲ [Settings] 탭

❷ **Save Changes** : Reference 객체에 적용된 편집 내용을 저장합니다.

❸ **Discard Changes** : Reference 객체 편집 모드를 변경된 내용을 저장하지 않고 종료합니다.

❹ **Add to Working set** : 작업 세트에 새로운 Reference 객체를 추가할 수 있습니다.

❺ **Remove from Working set** : 작업 세트에서 선택한 Reference 객체를 제거합니다.

Reference 객체 편집하기

[Edit Reference] 패널을 사용하여 Reference 객체에서 일부 객체를 제거하여 블록을 재정의하는 방법을 알아봅니다.

⊙ Samples\05_04_Xref_Refedit.dwg

01 블록을 삽입하기 위해 [Insert] 탭의 [Block] 패널에서 [Insert](圖) 아이콘을 클릭한 후 삽입할 블록(Legend_Lights)을 지정합니다.

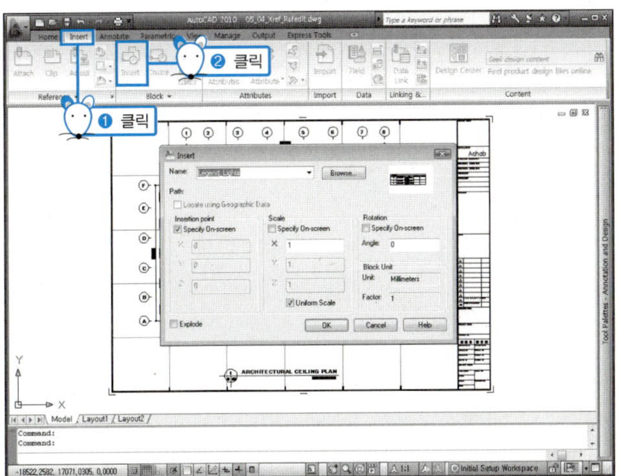

02 [Insert] 대화상자의 [Insertion point] 영역에서 [Specify On-screen] 옵션을 체크한 후 [OK] 단추를 클릭합니다.

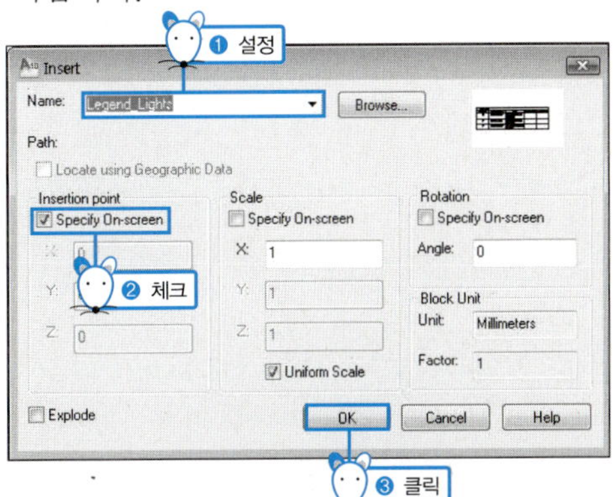

03 도면 영역에서 블록의 삽입 지점을 클릭하여 현재 도면에 블록을 삽입합니다.

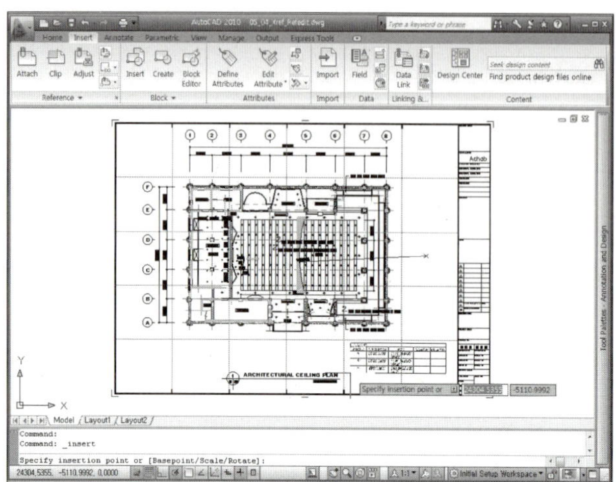

04 삽입한 블록 참조를 편집하기 위해 [Reference] 패널에서 [Edit Reference](📷) 아이콘을 클릭합니다.

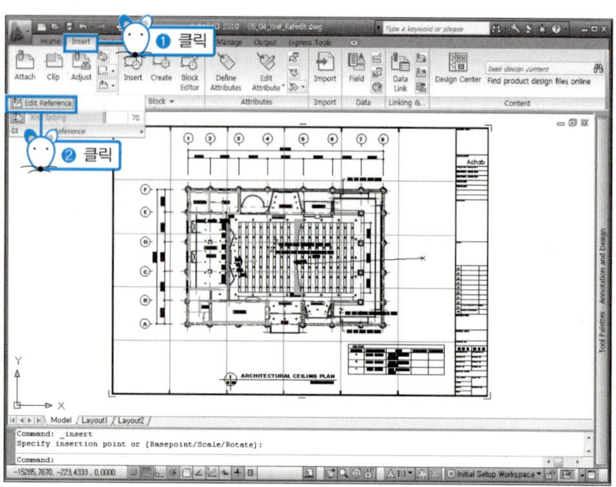

05 편집할 블록을 선택합니다.

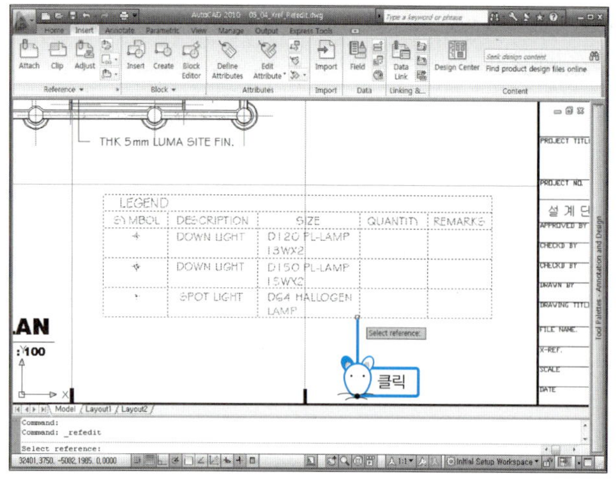

06 [Reference Edit] 대화상자에서 편집할 Reference를 선택하고 [OK] 단추를 클릭합니다.

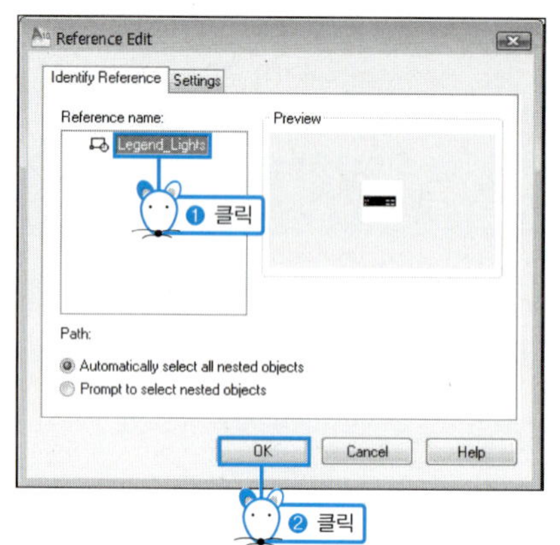

07 [Edit Reference] 패널이 표시됩니다. [Edit Reference] 패널에서 [Remove from Working set](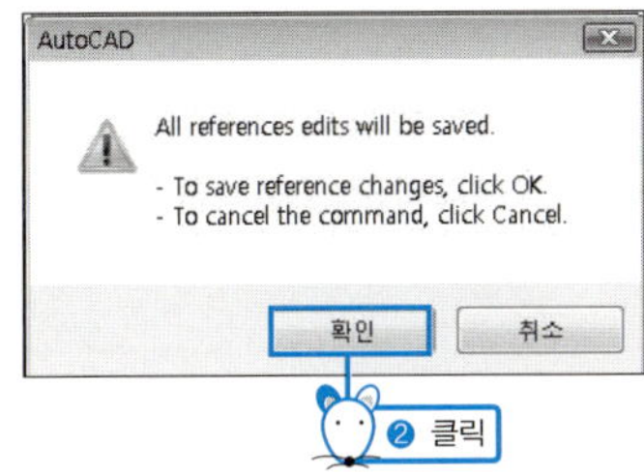) 아이콘을 클릭한 후 Size 행의 텍스트를 선택 창으로 선택하고 **Enter** 를 누릅니다.

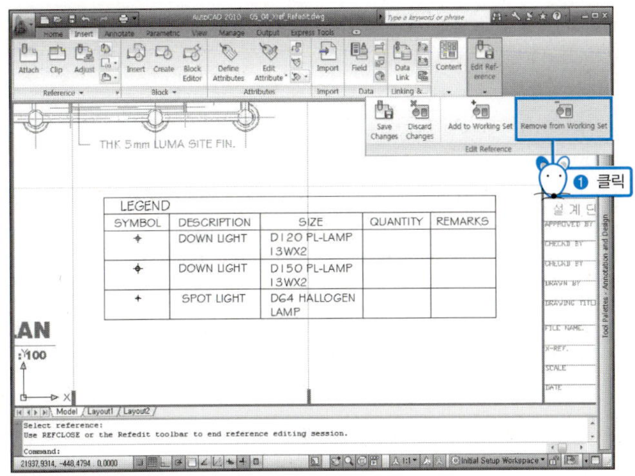
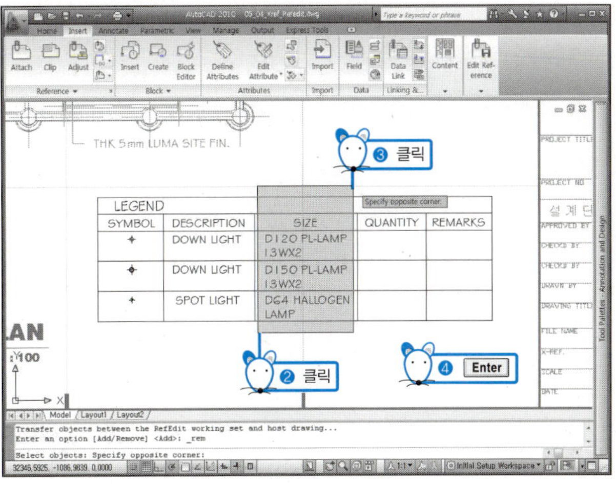

08 선택한 객체가 흐려지면서 편집 대상에서 제외되는 것을 확인할 수 있습니다. [Edit Reference] 패널에서 [Save Changes]() 아이콘을 클릭하여 재정의된 Reference를 저장합니다. AutoCAD 경고 창이 나타나면 [확인] 단추를 클릭합니다.

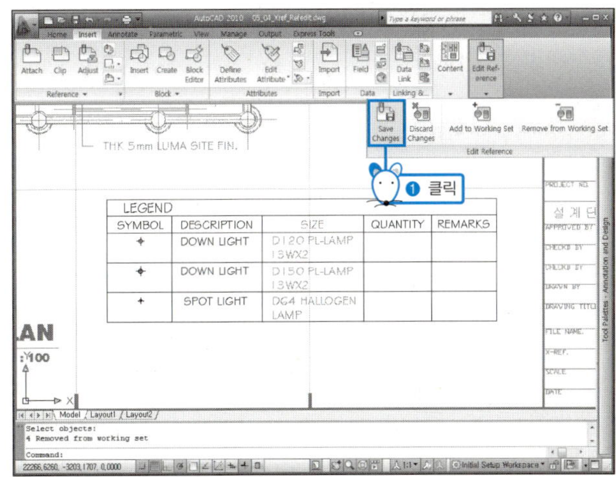

09 재정의된 Reference를 확인하기 위해 [Insert] 탭의 [Block] 패널에서 [Insert](아이콘) 아이콘을 클릭해 같은 블록(Legend_Lights)을 삽입합니다.

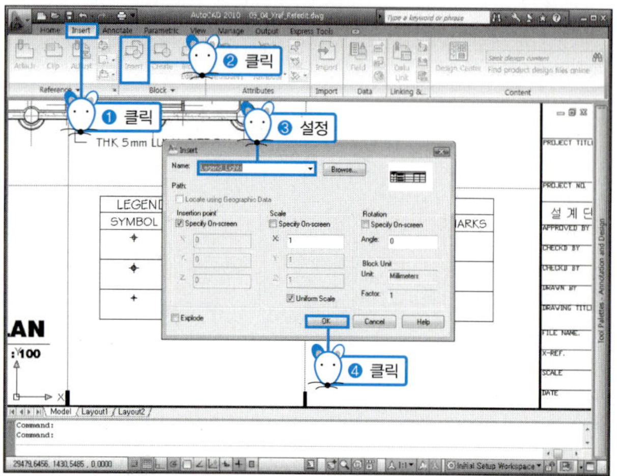

10 블록의 삽입 지점을 클릭하여 도면 영역에 블록을 삽입합니다.

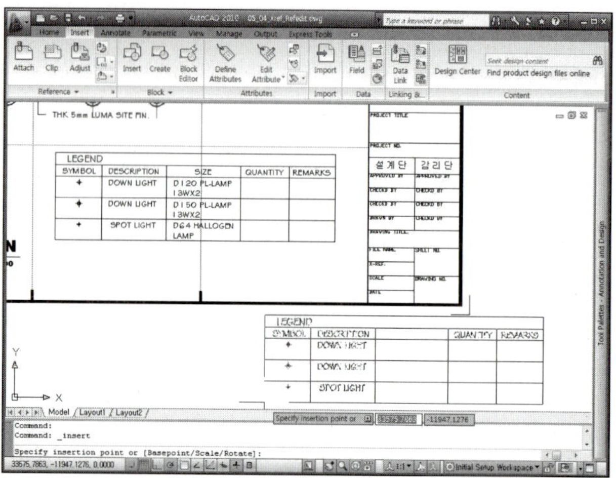

11 새롭게 정의된 블록이 삽입된 것을 확인합니다.

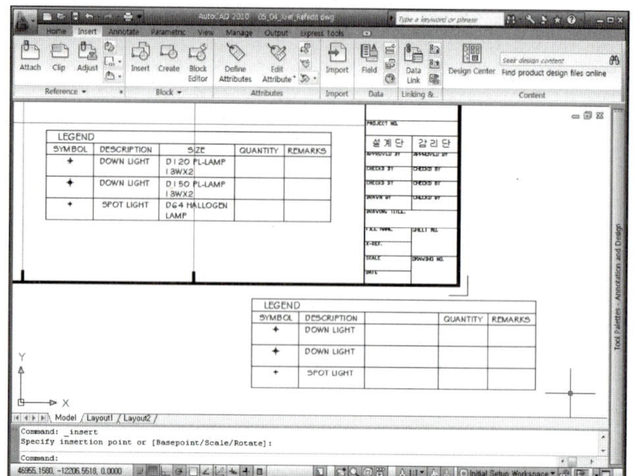

동적 블록(Dynamic Block)으로 만능 라이브러리 만들기

동적 블록(Dynamic Block)은 기존의 블록에 '가변성'을 부여한 블록입니다. 블록은 수정이 필요할 경우 분해(Explode)해서 편집해야 하지만 동적 블록은 예상되는 편집 매개 변수를 미리 삽입하여 블록을 정의하기 때문에 블록을 다양한 쓰임새로 사용할 수 있습니다.

Lesson 06

동적 블록의 구조 이해하기

객체를 블록으로 정의하는 이유는 '자주 사용하기' 때문입니다. 블록의 효율을 보다 크게 하기 위해서 미리 쓰임새를 파악하고 융통성을 고려해 블록에 미리 적용시켜 놓을 수 있습니다. 이때 블록에 적용시킬 수 있는 쓰임새와 융통성은 파라미터(Parameters)와 액션(Actions)의 조합으로 설정할 수 있습니다.

● 파라미터(Parameters)

파라미터는 블록의 가변 특성을 정의합니다. 파란색 화살표 심벌로 표시되면 종류에 따라서 심벌의 형태도 다양합니다.

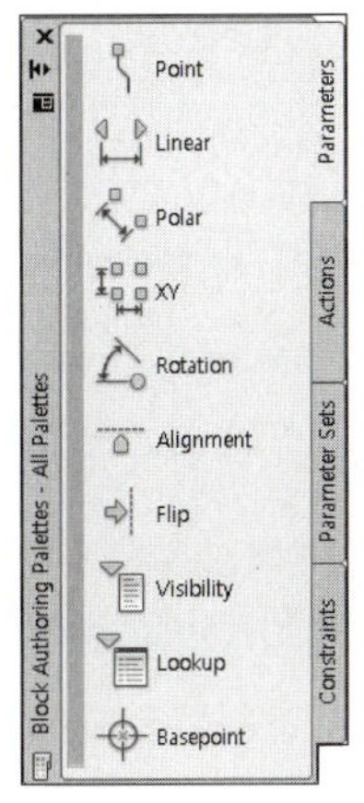

● 액션(Actions)

액션은 블록이 어떻게 반응할 것인가에 관한 속성 설정입니다. 번개 모양의 심벌로 표시합니다.

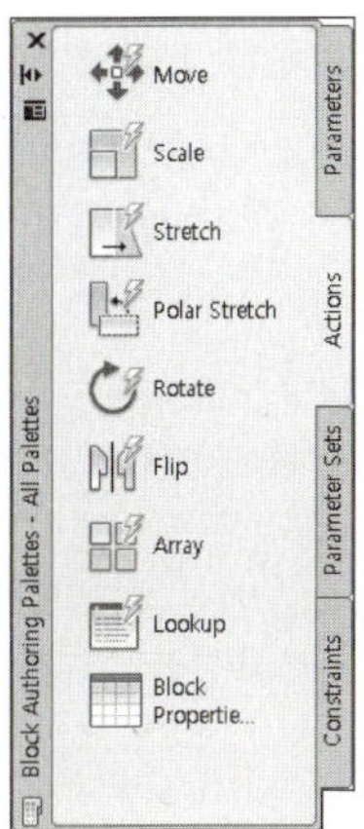

● 파라미터 세트(Parameter Sets)

두 개 이상의 파라미터와 액션을 조합한 파라미터 세트를 정의합니다.

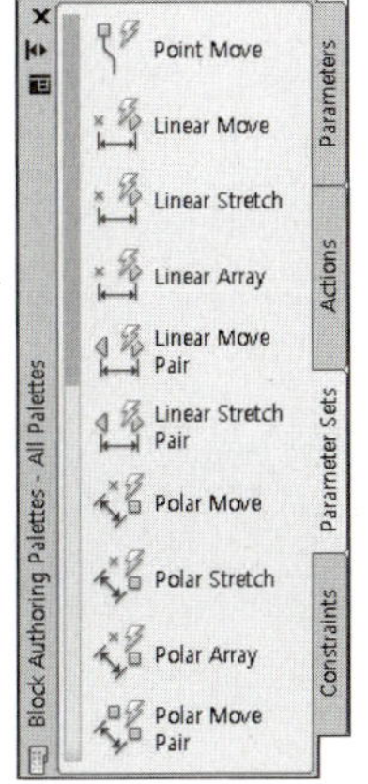

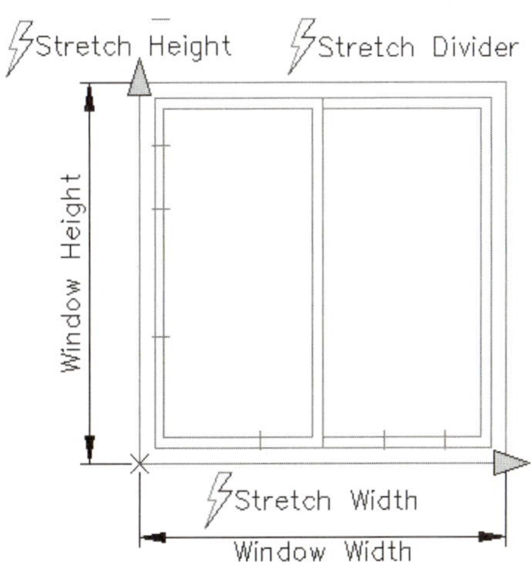

동적 블록 편집 모드 이해하기

도면 영역 전체를 동적 블록으로 만들고 편집할 수 있는 작업 환경을
동적 블록 편집 모드라고 합니다.

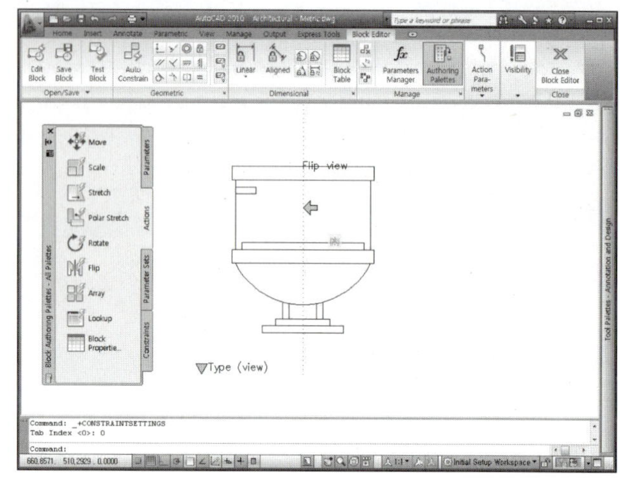

● [Open/Save] 패널

동적 블록의 변경된 내용을 업데이트 하거나 편집한 블록을
저장합니다. 또는 동적 블록을 테스트해 볼 수 있는 명령이
AutoCAD 2010에 처음 선보입니다.

- **Edit Block** : 동적 블록에 변경된 내용을 업데이트 합
  니다.
- **Save Block** : 다른 이름으로 동적 블록을 저장합니다.
- **Test Block** : 편집 중인 동적 블록을 테스트해 볼 수 있
  습니다.

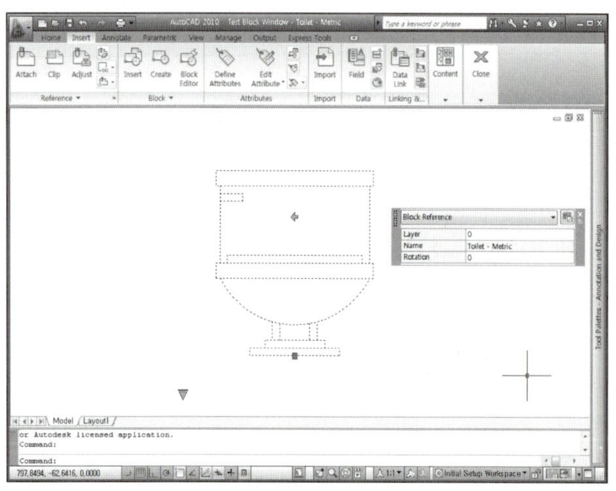

▲ Test Block Window

● [Geometric] 패널

파라메트릭 기능을 이용하여 객체 간에 영구적인 관계를
설정할 수 있습니다.

● [Dimensional] 패널

[Geometric] 패널과 같이 치수에 파라메트릭 콘스트레인
기능을 설정할 수 있습니다.

● [Manage] 패널

동적 블록을 편집하는 데 필요한 환경을 관리할 수 있습니다.

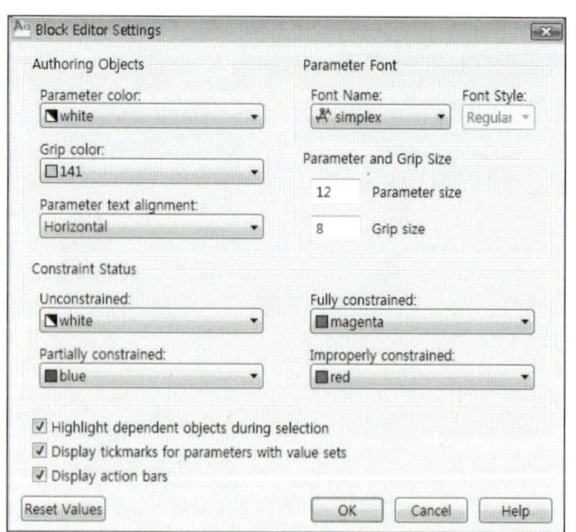

- **Parameters Manager** : Black Authoring Palettes를 꺼놓은 경우 명령 입력창에 옵션을 입력하거나 마우스 오른쪽 단추를 클릭으로 옵션을 불러내 파라미터의 유형을 신속하게 선택할 수 있습니다.

- **Authoring Palettes** : Block Authoring Palettes를 켜고 끌 수 있습니다.

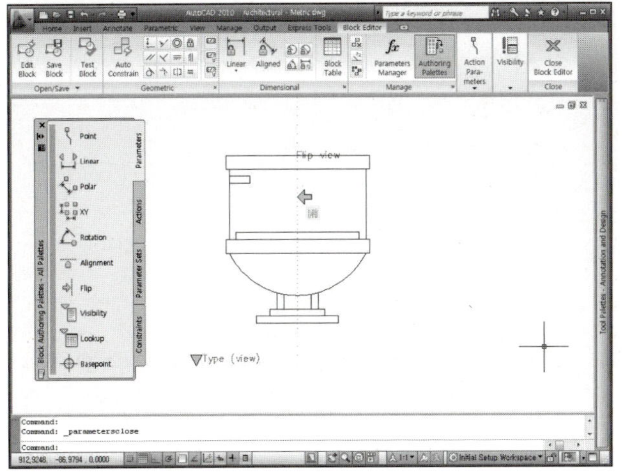

▲ Block Authoring Palettes On

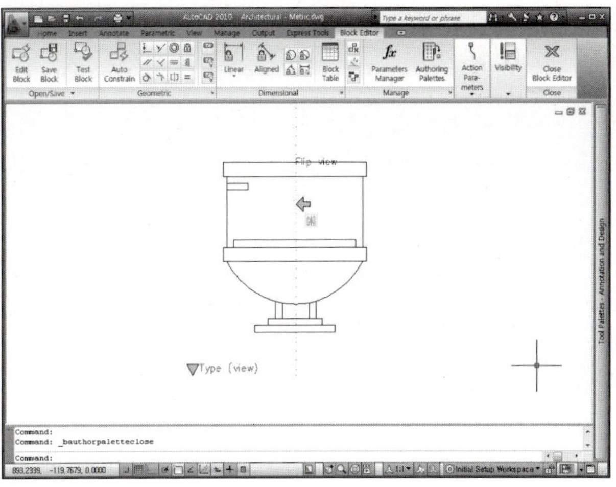

▲ Block Authoring Palettes Off

● [Action Parameters] 패널

Block Authoring Palettes에 있는 Action과 Parameter를 적용할 수 있고 블록의 Attribution을 정의할 수 있으며 Action을 보이거나 감출 수도 있습니다.

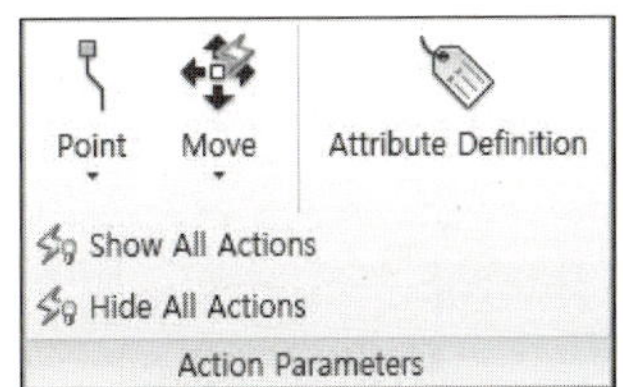

- **Attribute Definition** : [Attribute Definition] 대화상자를 불러내 블록의 속성을 정의할 수 있습니다.

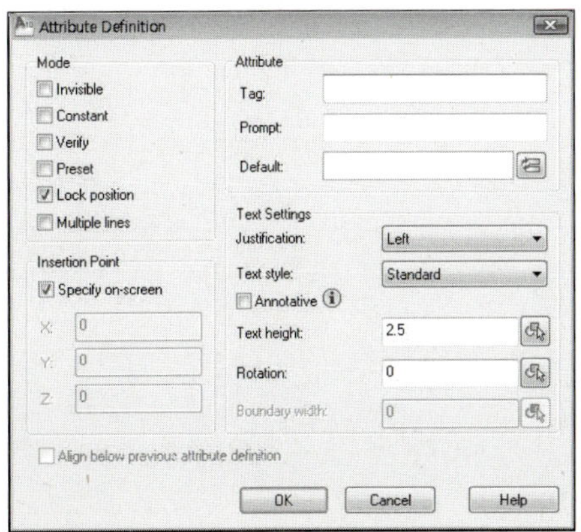

• **Show All Actions & Hide All Actions** : Action을 보이거나 숨길 수 있습니다.

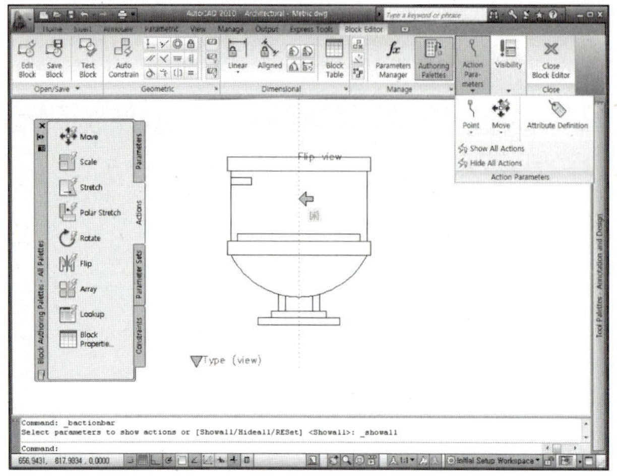

▲ Show All Actions

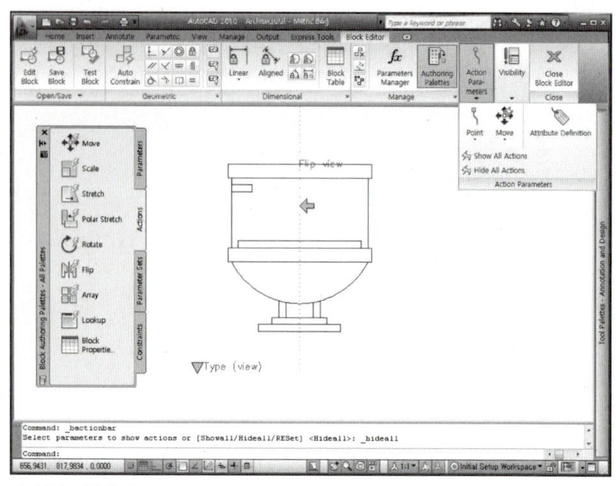

▲ Hide All Actions

● [Visibility] 패널

동적 블록의 표시 패턴을 설정합니다.

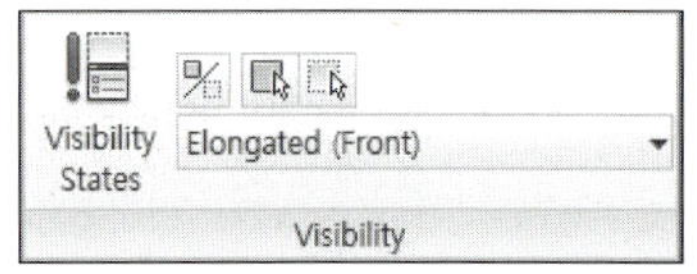

• **Visibility States** : [Visibility States] 대화상자를 불러내
보일 창을 추가하거나 삭제하고 이름 등을 설정합니다.

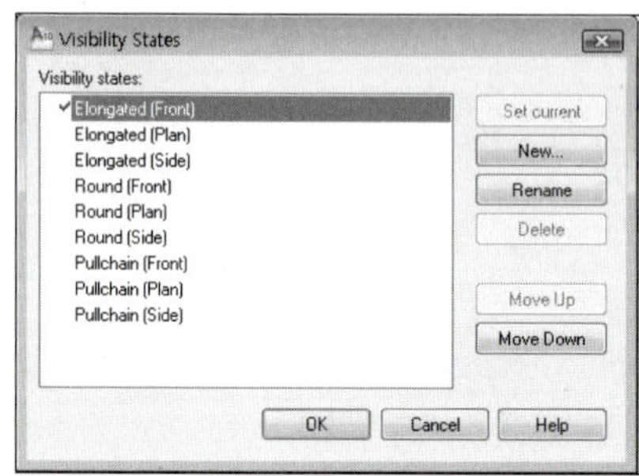

• **Visibility Mode** : 가시성 파라미터에만 적용되며 숨겨진 블록을 보여주거나 감춥니다.

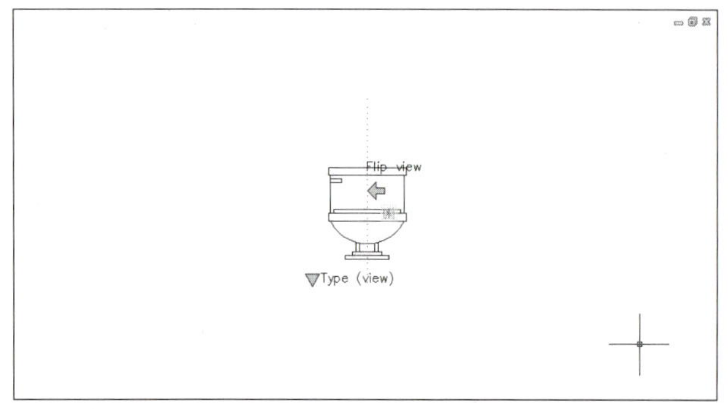

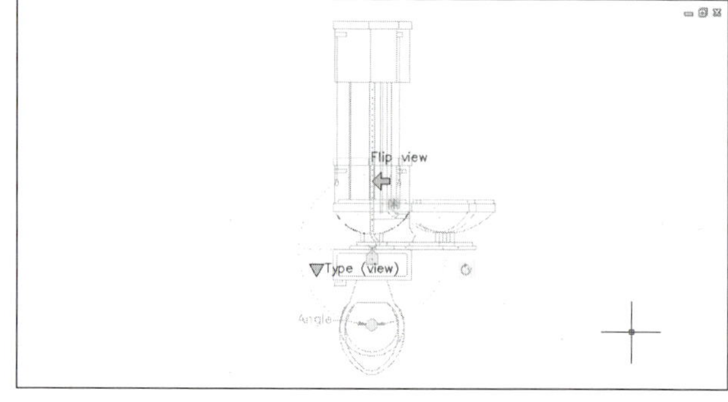

- **Make Visible** : 현재 창에서 보여줄 객체 및 Parameter와 Action을 선택합니다.

- **Make Invisible** : 현재 창에서 감출 객체 및 Parameter와 Action을 선택합니다.

- **Selects a block visibility state** : 현재 보일 창을 선택합니다.

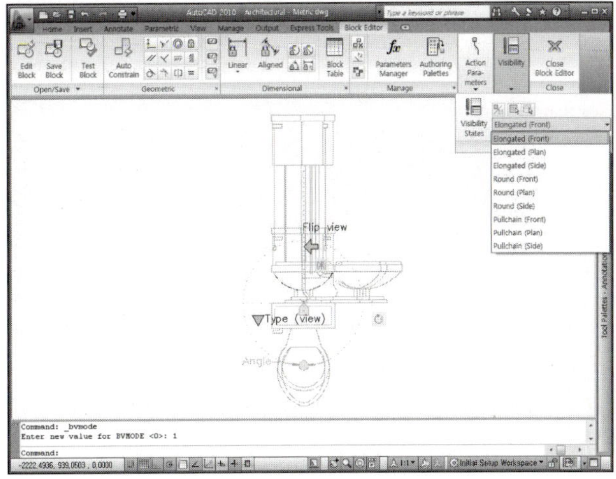

동적 블록 출입문(Door) 만들기

작성한 출입문(Door) 객체에 몇 가지 치수를 매개변수로 넣어 블록을 정의한다면 도면에서의 쓰임새는 더욱 커질 것입니다. 다음 예제를 통해 출입문 블록에 앞·뒤·좌·우로 열리는 매개변수를 적용하고 800, 900, 1000mm로 손쉽게 크기가 변하는 동적 블록을 만들어 봅니다.

Samples\05_05_DBlock_Door.dwg

01 800mm 출입문(Door) 객체를 블록으로 정의하기 위해 [Insert] 탭의 [Block] 패널에서 [Create]() 아이콘을 클릭하여 [Block Definition] 대화상자를 불러냅니다.

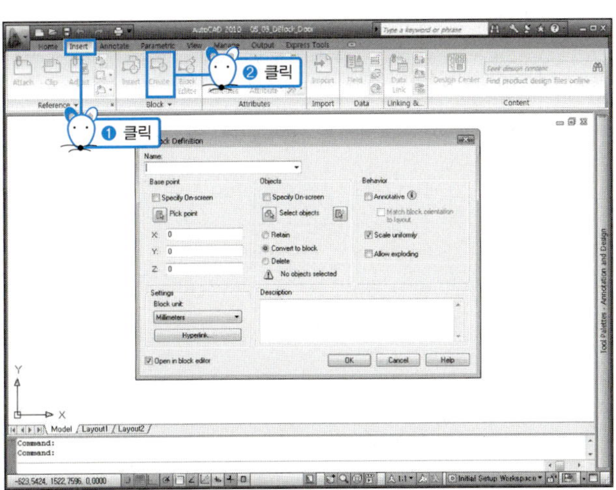

02 [Block Definition] 대화상자에 블록 이름을 입력한 후 [Base point] 영역의 [Pick point](📐) 아이콘을 클릭합니다.

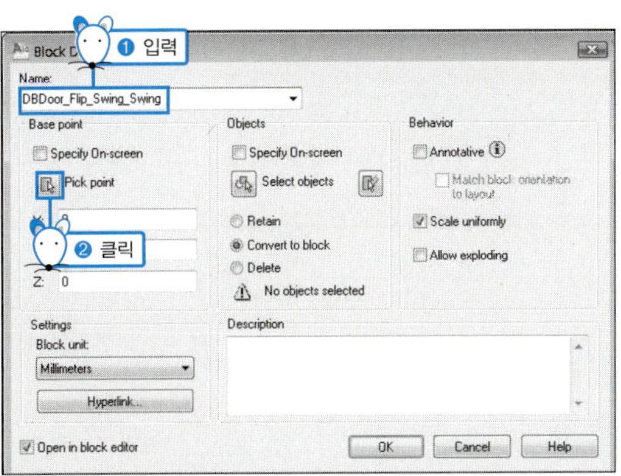

03 도면 영역에서 그림과 같이 블록의 기준 지점(Base point)을 지정합니다.

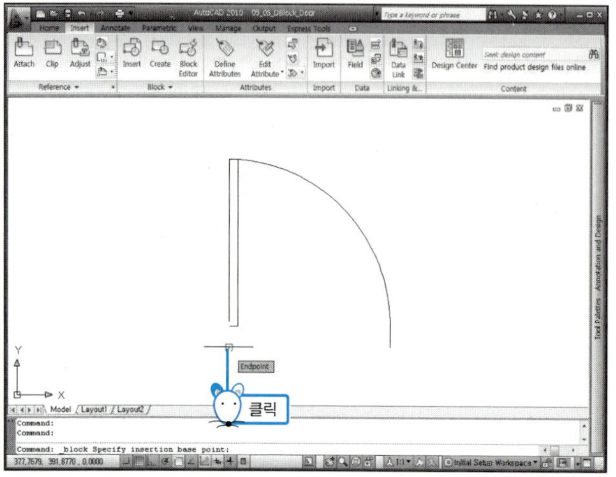

04 [Block Definition] 대화상자 [Objects] 영역에서 [Select objects]($\text{\scriptsize ▣}$) 아이콘을 클릭합니다.

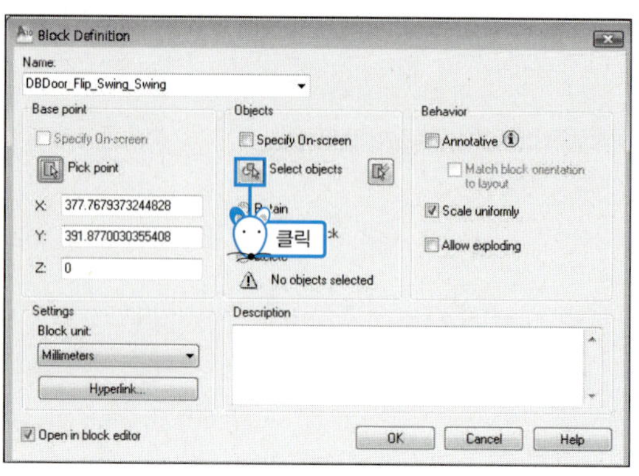

05 도면 영역에서 그림과 같이 모든 객체를 선택한 후 Enter 를 누릅니다.

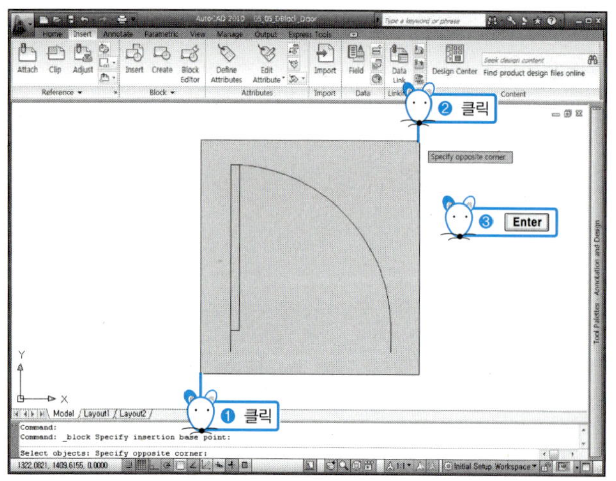

06 블록 정의를 마치고 동적 블록 편집 모드로 넘어가 동적 블록 설정을 하기 위해 [Description] 영역에 상세한 내용을 입력한 후 [Open in block editor] 옵션을 체크한 후 [OK] 단추를 클릭합니다.

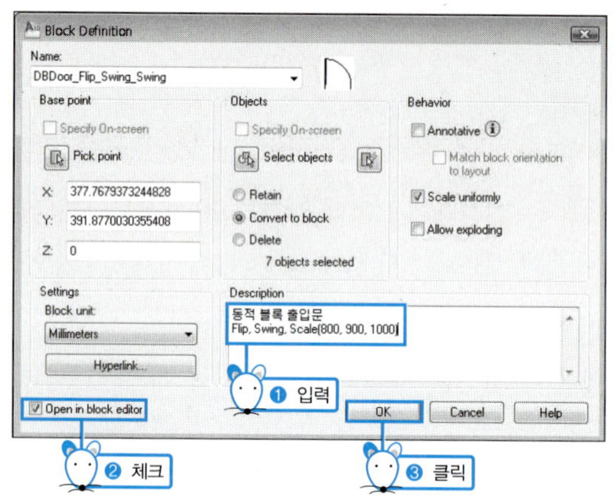

07 Block Authoring Palettes의 [Parameters] 탭에서 [Linear Parameter] 아이콘을 클릭한 후 그림과 같이 객체에 파라미터를 정의하기 위해 시작점과 끝점 그리고, 레이블(Lable)의 위치를 지정합니다.

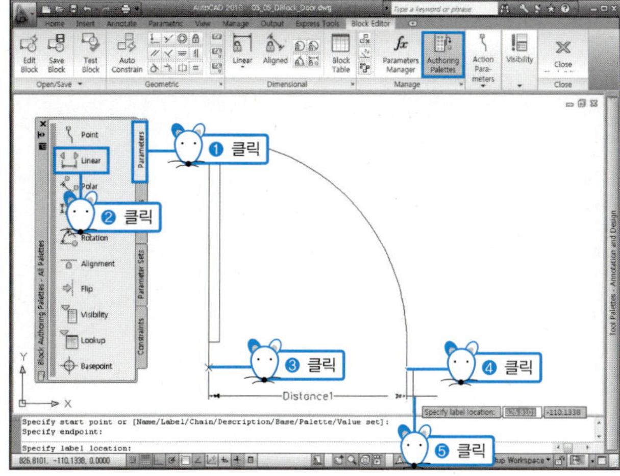

08 적용된 Linear 파라미터를 선택한 후 Ctrl + 1 을 눌러 Properties Palettes를 불러냅니다. [Misc] 영역의 [Number of Grips]에서 '1'을 선택합니다.

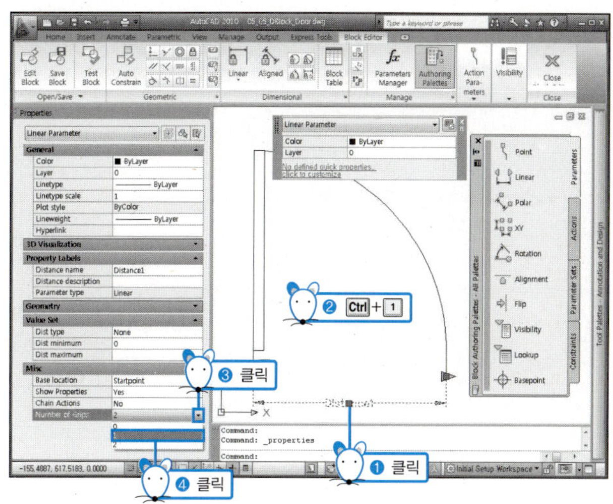

09 Esc 를 눌러 선택을 해제한 후 Block Authoring Palettes의 [Parameters] 탭에서 [Flip Parameter] 아이콘을 클릭한 후 출입문틀의 중간과 중간을 잇는 시작점과 끝점 그리고, 레이블(Lable)의 위치를 지정합니다.

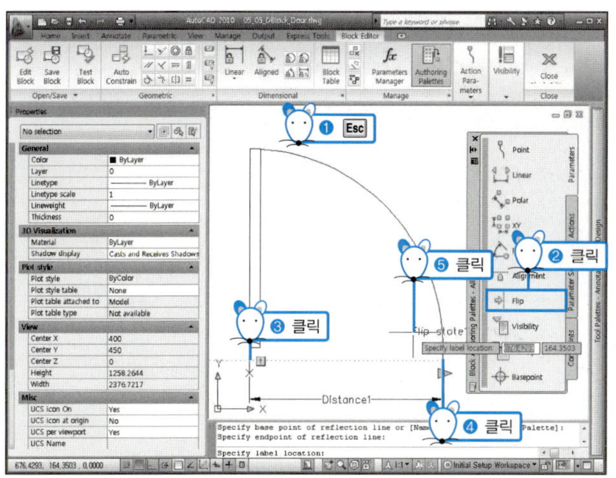

10 세로 Flip Line을 지정하기 위해 Line 명령으로 출입문에 보조선을 작성합니다.

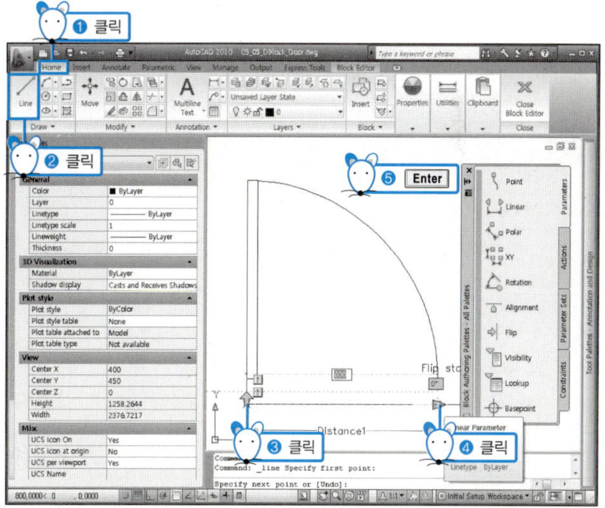

11 Block Authoring Palettes의 [Parameters] 탭에서 [Flip Parameter] 아이콘을 클릭한 후 세로 Flip Line을 지정한 후 레이블(Lable)의 위치를 설정합니다.

12 보조선을 선택한 후 Delete를 눌러 삭제합니다.

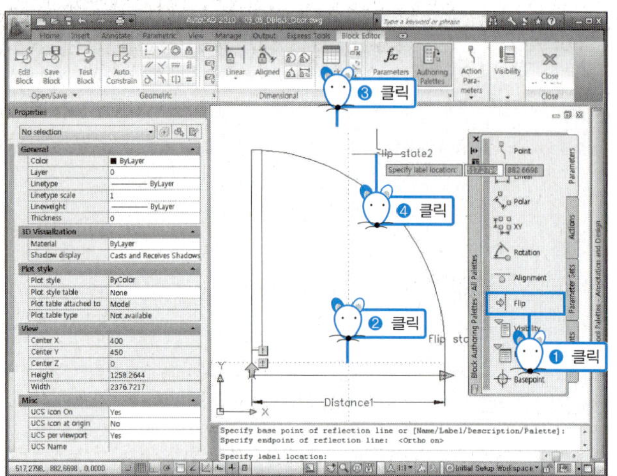

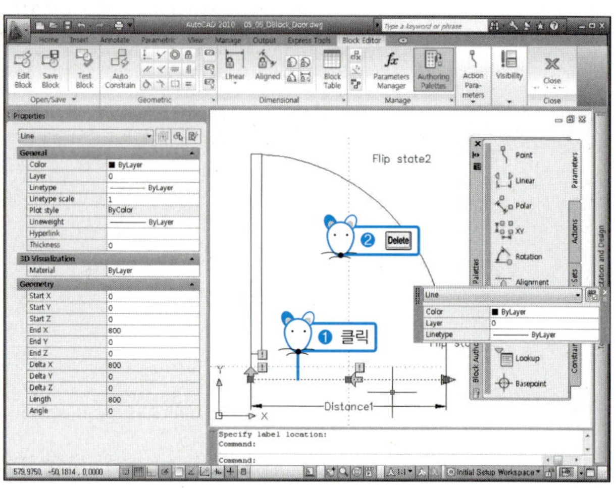

주목

정확하게 수직 Flip Line을 작성해야 하기 때문에 Ortho(F8) 기능을 켜놓은 상태에서 Flip Line을 지정하는 것이 좋습니다.

13 Block Authoring Palettes의 [Parameters] 탭에서 [Basepoint Parameter] 아이콘을 클릭한 후 기준점을 클릭합니다.

14 적용된 파라미터에 액션을 적용하기 위해서 Block Authoring Palettes의 [Actions] 탭을 클릭하고 [Flip] 아이콘을 클릭한 후 Flip state 1 파라미터를 클릭합니다. 객체를 모두 선택한 후 Enter 를 누릅니다.

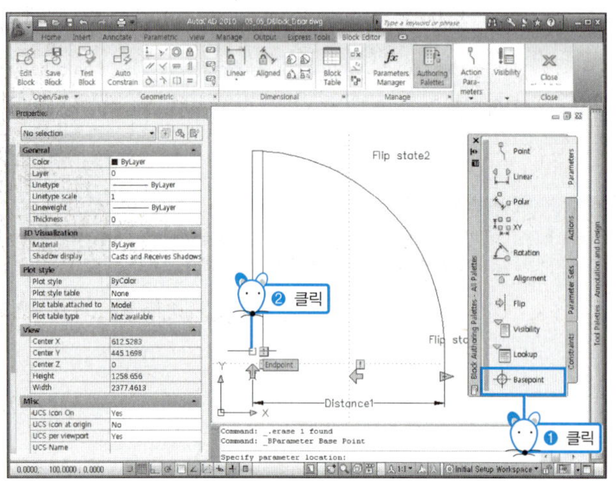

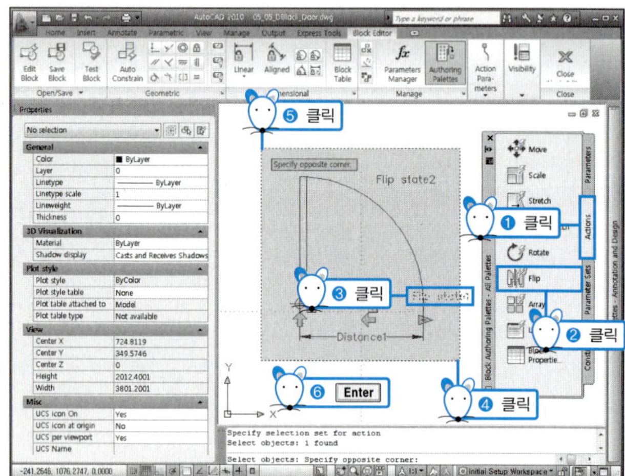

15 Flip Action의 심벌을 위치 지정합니다.

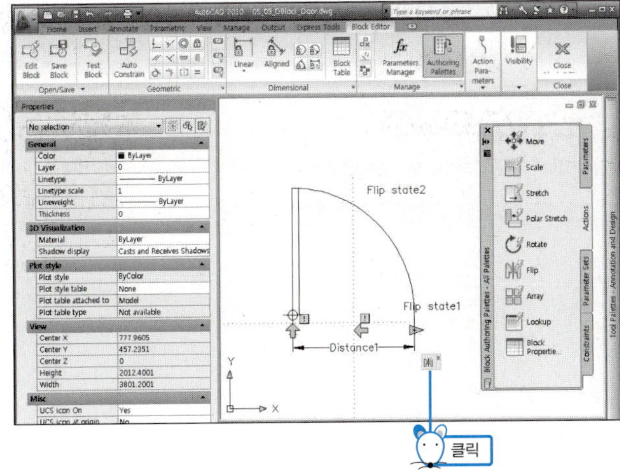

16 같은 방법으로 Flip state 2 파라미터에도 Flip 액션을 적용합니다.

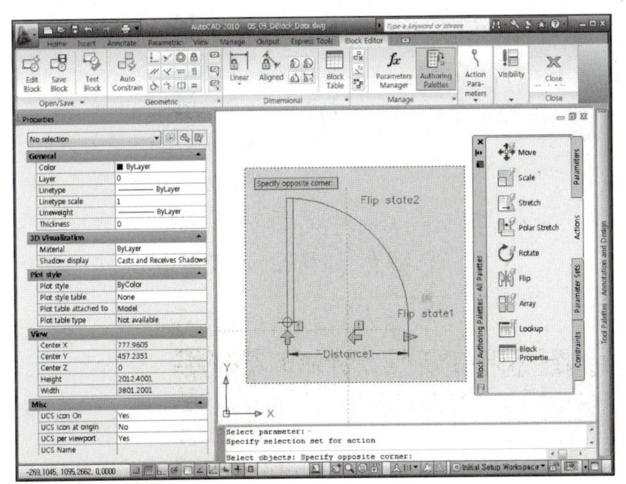

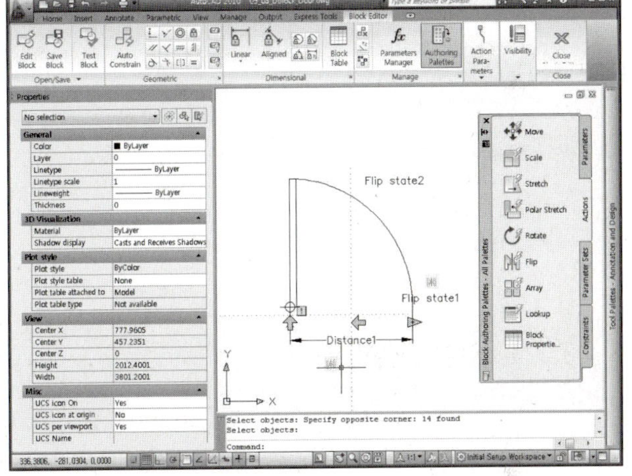

17 [Actions] 탭의 [Scale Action] 아이콘을 클릭한 후 Distance 파라미터를 클릭합니다. 객체를 전체 선택한 후 **Enter** 를 누릅니다.

18 Scale Action의 심벌을 위치 지정합니다.

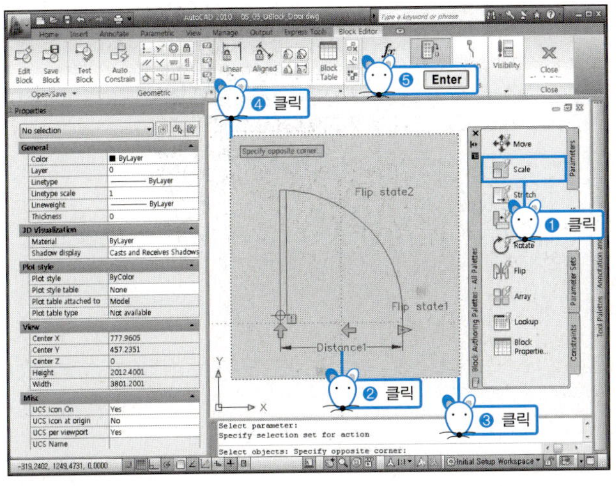

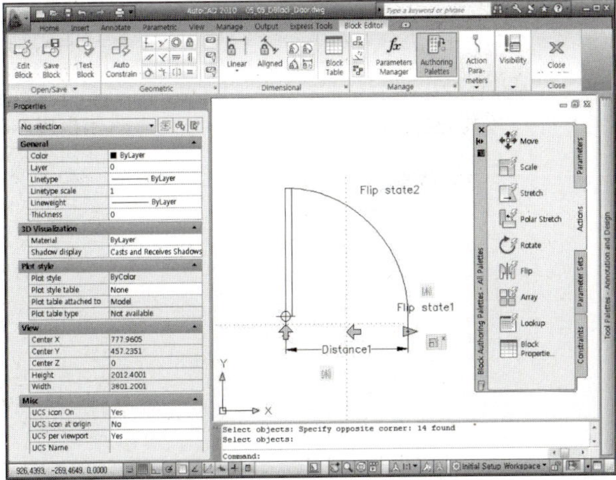

19 Distance 파라미터를 선택하고 Properties Palettes 를 그림과 같이 설정합니다.

❶ [Value Set] 영역에서 [Dist type]를 'Increment' 로 설정합니다.

❷ [Dist increment]를 '100' 으로, [Dist minimum]을 '800' 으로, [Dist Maximum]을 '1000' 으로 설정합니다.

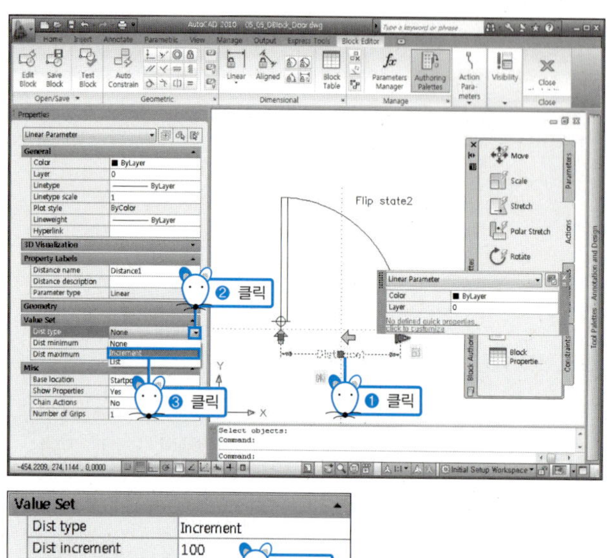

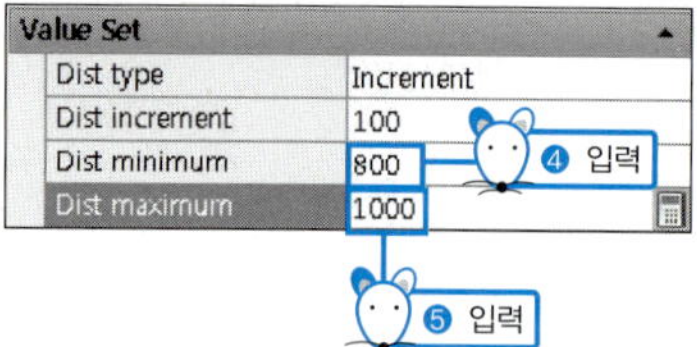

20 Esc 를 눌러 선택을 해제한 후 [Block Editor] 탭의 [Close] 패널에서 [Close Block Editor] 아이콘을 클릭하 여 동적 블록 편집 모드를 종료합니다.

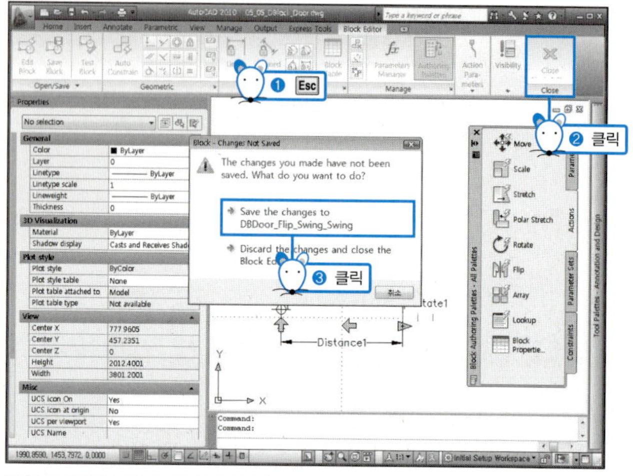

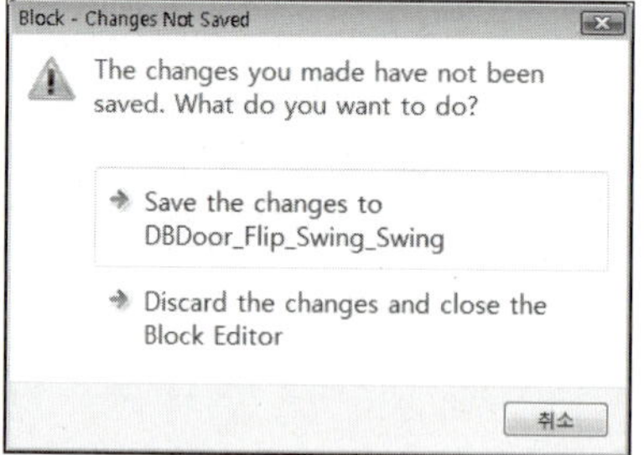

21 800mm 크기 출입문에 앞·뒤·좌·우로 열릴 수 있는 가변 매개변수를 적용하고 800mm, 900mm, 1000mm로 크기를 선택할 수 있는 동적 블록 적용이 끝났습니다.

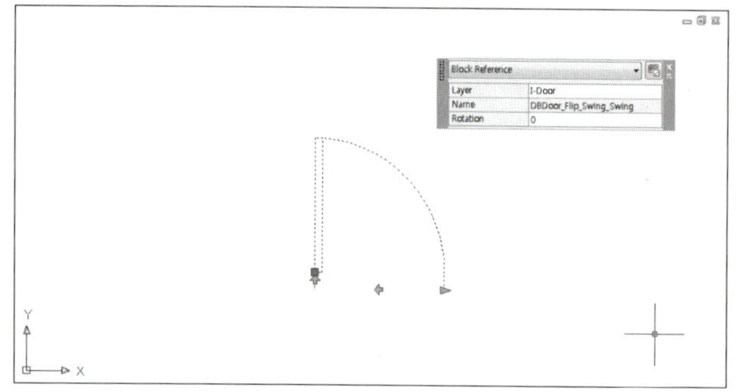

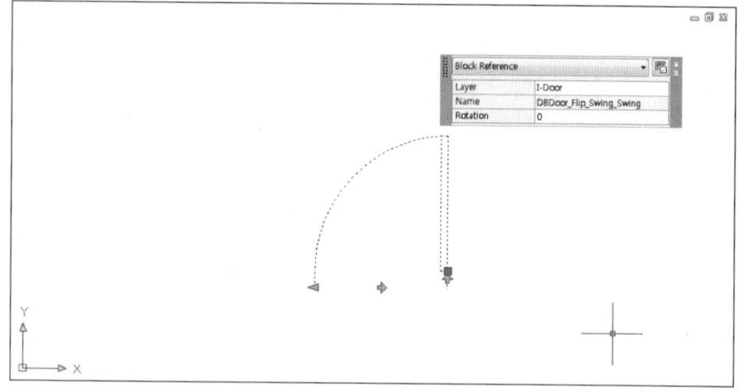

▲ Horizontal Flip

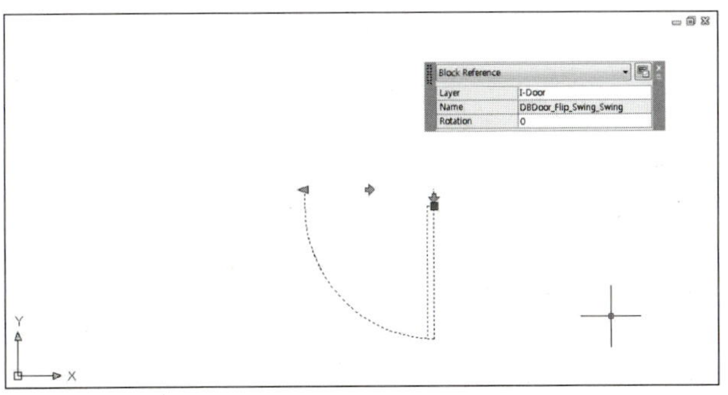

▲ Vertical Flip

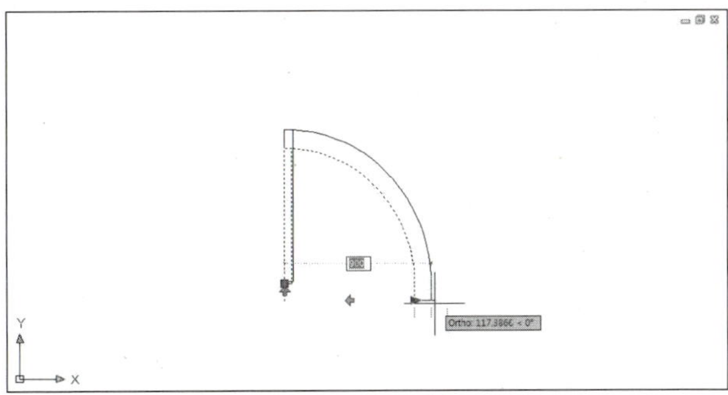

▲ 800mm, 100mm 간격의 줄눈

재미가 쏠쏠한 동적 블록 라이브러리

AutoCAD 2010을 설치할 때 [Sample] 폴더를 설치했다면 AutoCAD 2010이 설치된 경로(C:\Program Files\AutoCAD 2010\)의 [Sample] 폴더에는 [Dynamic Blocks] 폴더가 생성되어 있습니다. 이 폴더 안에는 Imperial 단위와 Metric 단위의 동적 블록 라이브러리가 다수 포함되어 있습니다. DesignCenter를 이용하면 각 분야 (Annotation, Architectural, Civil, Electrical, Mechanical, Multileader, Structural)의 기본적인 동적 블록 라이브러리를 사용자의 작업 도면에 사용할 수 있습니다.

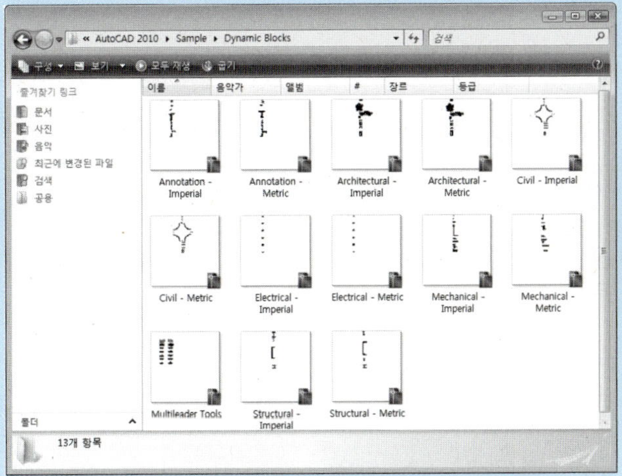

▲ [Dynamic Blocks] 폴더의 동적 블록 라이브러리

도면의 많은 정보 가운데 사용자에게 가장 직접적으로 정보를 전달하는 객체가 문자입니다. 도면의 완성도를 높이기 위해서는 문자의 역할이 매우 중요합니다. 그렇기 때문에 문자 스타일을 만들고 저장하며, 선택한 스타일의 문자를 입력하고 수정하는 효율적인 방법에 대해서 배워봅니다.

Intro 문자를 작성하는 3단계 방법
Lesson 01 도면에 최적화된 문자 스타일(Text Style) 설정하기
Lesson 02 도면에 문자(Text) 입력하기
Lesson 03 도면에 입력한 문자(Text) 수정하기
Lesson 04 표(Table) 작성하고 편집하기

문자를 작성하는 3단계 방법

AutoCAD 2010에서 도면 요소로써의 문자 작성 방법은 문서를 전문적으로 작성하는 워드프로세서 프로그램과 거의 같습니다. 문자를 먼저 입력한 후 나중에 스타일을 적용하거나, 먼저 스타일을 작성한 후 스타일이 적용된 문자를 입력하면 되는 것입니다. 그러나, 도면 요소로써의 문자는 도면 작성의 규칙에 맞도록 작성해야 하며 문자 역시 중요한 데이터의 가치를 갖는 다는 것을 명심하는 것이 좋습니다.

 ## 문자 스타일을 설정합니다!

도면에 포함되는 문자는 몇 가지 스타일이 있습니다. 예를 들어 타이틀(Title), 치수 문자(Dimension Text), 기술/주석(Description), 재료 표기 등의 스타일로 나누어 볼 수 있습니다.

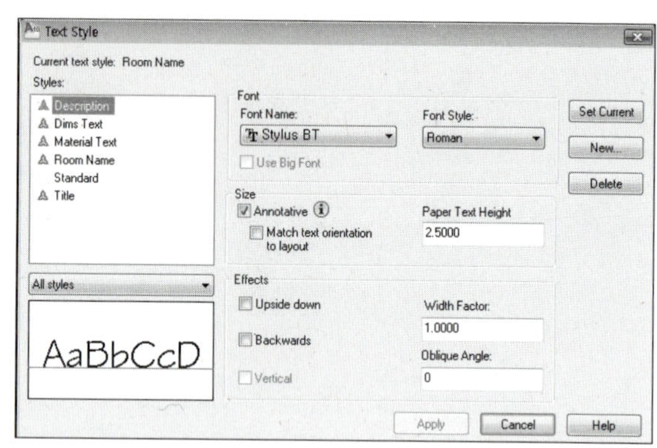

▲ [Text Style] 대화상자

 ## 문자를 입력합니다!

문자의 속성을 설정한 후에 문자를 입력하라는 요청에 키보드를 이용하여 입력합니다. 문자를 입력한다는 것은 문자의 위치와 크기 그리고, 회전각을 지정하는 과정이 필요합니다. 문자의 위치는 마우스로 지정하며 문자의 삽입 지점은 Justify 옵션을 이용해서 다양하게 적용할 수 있습니다. 문자의 삽입 위치에 따라 Grip이 나타나므로 수정 또는, 삽입 시에 용이하게 사용할 수 있습니다. 또한, 문자의 크기는 스타일에서 설정했다면 생략할 수도 있습니다. 문자의 회전 각은 문자를 경사지도록 할 때 각도를 입력해 설정할 수 있습니다.

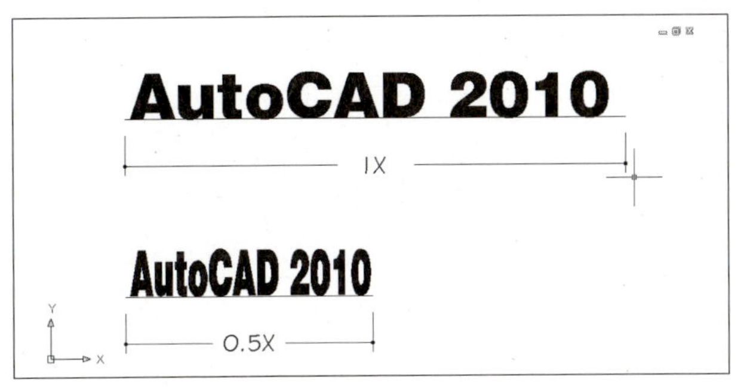

▲ Width Factor

▲ Rotation Angle & Oblique

 **문자를 수정합니다!**

문자를 입력한 후 도면 환경에 맞도록 스타일을 수정하거나 또는, 변경된 내용을 수정하여 완성합니
다. 문자의 입력 방식은 크게 단일행 문자(Single Line Text)와 다중행 문자(Multiline Text)로 구분
할 수 있으며 문자를 수정할 때는 각각의 수정 모드로 문자를 수정하면 됩니다.

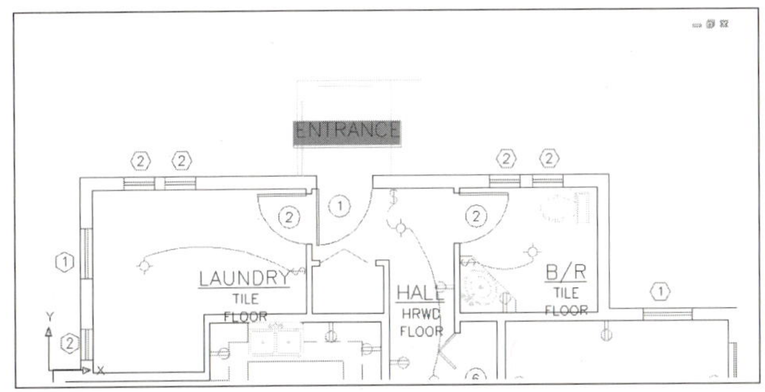

▲ 단일행 문자(Single Line Text)로 입력한 문자를 수정하는 경우의 모습

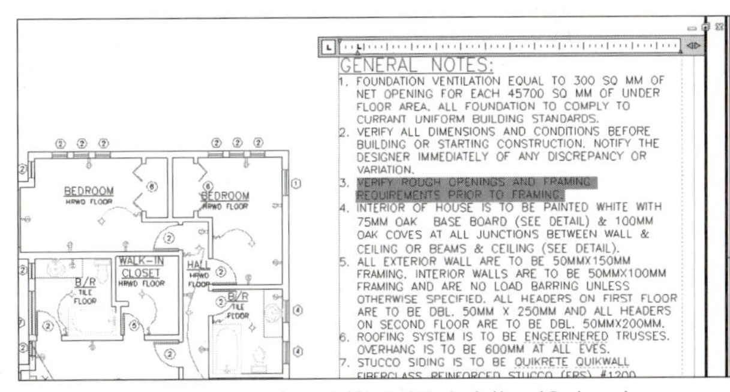

▲ 다중행 문자(Multiline Text)로 입력한 문자를 수정하는 경우의 모습

 **표(Table)를 작성하고 수정합니다!**

도면에 포함되는 일람표(Index)나 범례(Legend)와 같은 정보는 표(Table) 객체를 기반으로 하는 도
면 요소입니다. 기존의 데이터는 물론이고 엑셀(Excel)과 같은 스프레드시트의 데이터를 연동하여 표
를 작성하는 방법은 도면 작성에 효율을 가져올 수 있으며 다양한 정보 표현이 가능합니다.

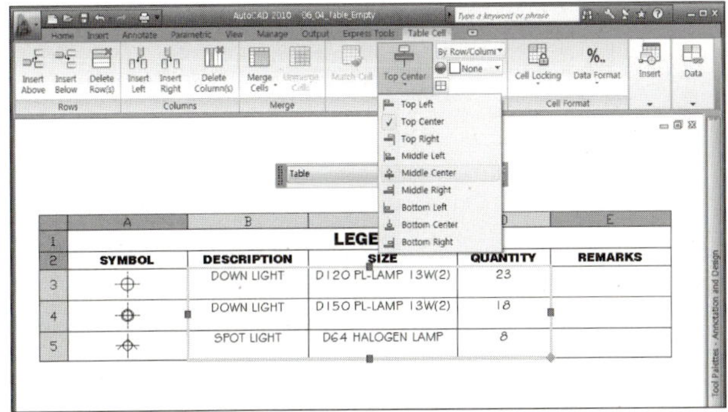

▲ Start from empty table

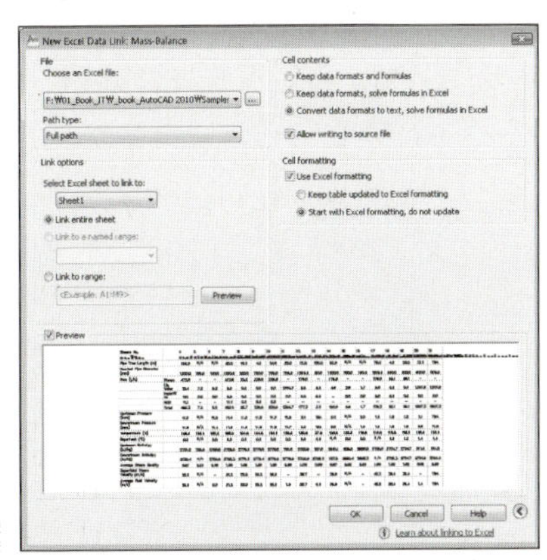

▲ Table from a data link

도면에 최적화된 문자 스타일(Text Style) 설정하기

도면에 작성되는 문자는 정보의 유형에 따라 다른 스타일을 갖습니다. 예를 들어 치수 문자와 도면 타이틀의 스타일을 다르게 설정하여 도면을 더욱 도면답게 가치를 부여하는 것입니다. 문자 스타일에서는 글꼴(Font)과 기울임(Oblique), 폭(Width) 등에 관한 옵션을 설정할 수 있습니다. 이러한 설정을 하나의 묶음(Style)으로 저장해 놓으면 원하는 문자를 스타일만 바꿔서 빠르게 작성할 수 있는 것입니다.

Lesson 01

새로운 문자 스타일 만들고 수정하기

하나의 완성된 도면에는 다양한 문자 스타일이 있습니다. 각 스타일마다 속성을 달리하는 문자 스타일을 만들어서 작업하면 도면 문자에 속성을 부여해야 하는 번거로움을 없애는 것은 물론 도면 작업에 효율도 높일 수 있습니다.

01 [Annotate] 탭의 [Text] 패널의 [Text Style]( ) 단추를 클릭하여 [Text Style] 대화상자를 불러냅니다.

02 [Text Style] 대화상자에서 새로운 문자 스타일을 만들기 위해 [New] 단추를 클릭하여 [New Text Style] 대화상자를 불러냅니다.

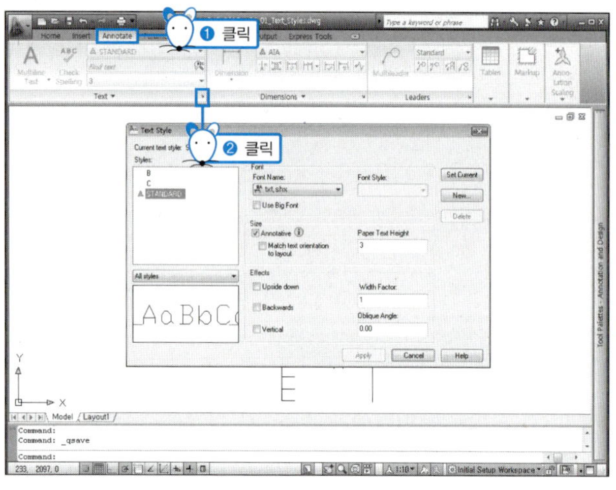

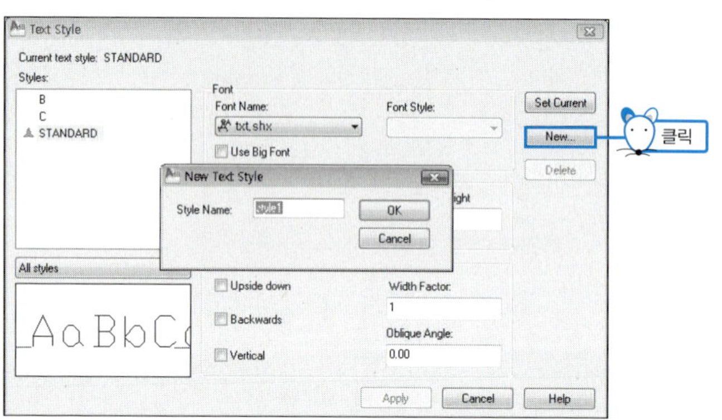

03 [New Text Style] 대화상자에 'Description'이라고 새로운 문자 스타일의 이름을 입력하고 [OK] 단추를 클릭합니다.

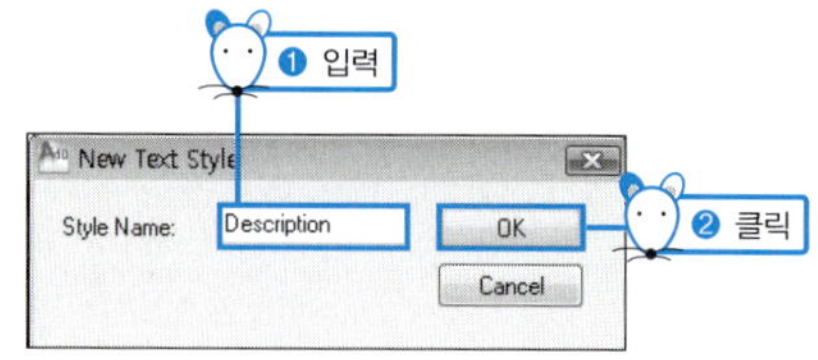

04 'Description' 문자 스타일이 만들어지면, 문자 스타일을 수정하기 위해 [Font] 영역의 [Font Name]에서 '굴림'을 선택합니다.

05 문자의 크기를 설정하기 위해 그림과 같이 설정합니다.

❶ [Size] 영역에서 [Annotative] 옵션을 체크합니다.

❷ [Paper Text Height]에 '3'을 입력합니다.

❸ 미리 보기 화면을 확인한 후 [Apply] 단추를 클릭하여 설정한 문자 스타일을 저장합니다.

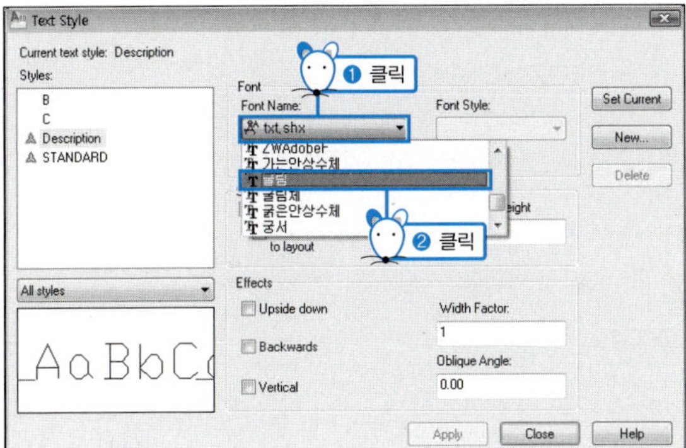

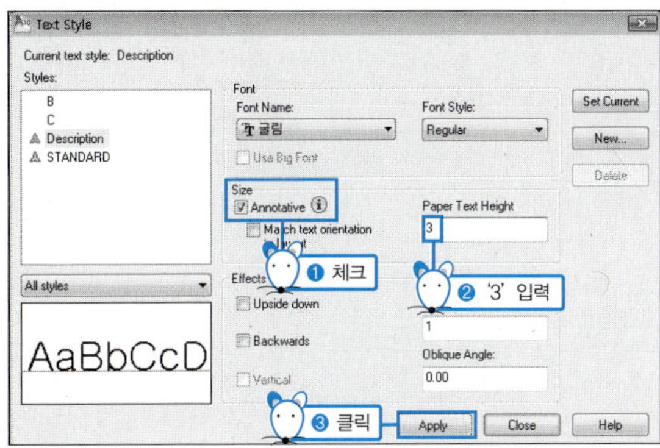

주목

   [Annotative] 옵션을 체크하면 나중에 출력 축척을 원하는 크기로 조절할 수 있습니다. [Paper Text Height]는 출력했을 때의 문자 크기를 '3mm'로 하겠다는 것입니다. [Match text orientation to layout] 옵션에 체크하면 출력(레이아웃) 방향에 따라 문자를 돌려서 수평으로 위치시킬 수 있습니다.

06 [Text Style] 대화상자의 [Styles] 영역에서 'B'를 마우스 오른쪽 단추로 클릭한 후 [Rename]을 선택합니다.

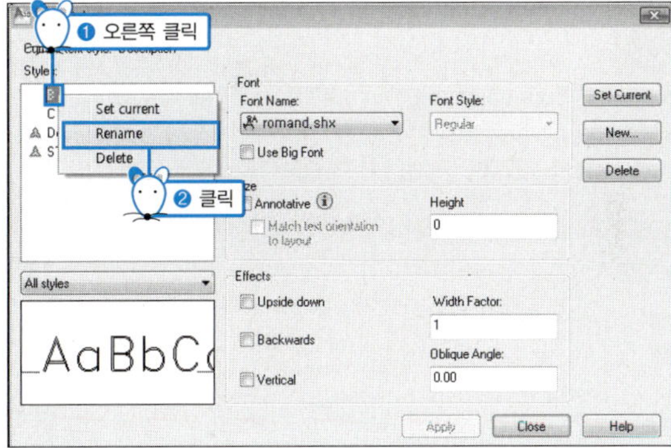

[Use Big Font] 옵션 이해하기

[Use Big Font] 옵션을 체크하면 [Font] 영역에 [SHX Font]와 [Big Font]가 새롭게 보이고 내용들도 새롭게 바뀝니다.

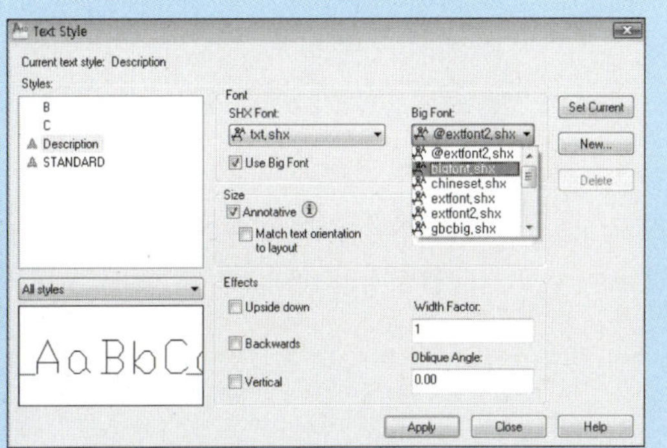

07 [Text Style] 대화상자의 설정을 그림과 같이 변경합니다.

❶ 스타일 이름을 'Dimension'으로 입력한 후 [Font]를 'Stylus BT'로 설정합니다.

❷ [Size] 영역에서 [Annotative] 옵션을 체크한 후 [Paper Text Height]에 '3'을 입력합니다.

❸ 미리 보기 화면을 확인한 후 [Apply] 단추를 클릭하여 설정한 문자 스타일을 저장합니다.

08 앞에서와 같은 방법으로 'C' 스타일을 변경합니다.

❶ 'C' 스타일의 이름을 'Material'로 변경하고, [Font]를 '바탕'으로 설정합니다.

❷ [Size] 영역에서 [Annotative] 옵션을 체크한 후 [Paper Text Height]에 '3'을 입력합니다.

❸ 미리 보기 화면을 확인한 후 [Apply] 단추와 [Close] 단추를 차례로 클릭해 변경한 문자 스타일을 저장하고 종료합니다.

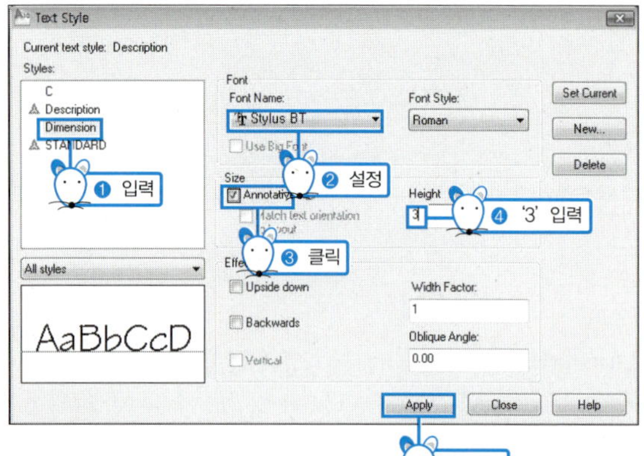

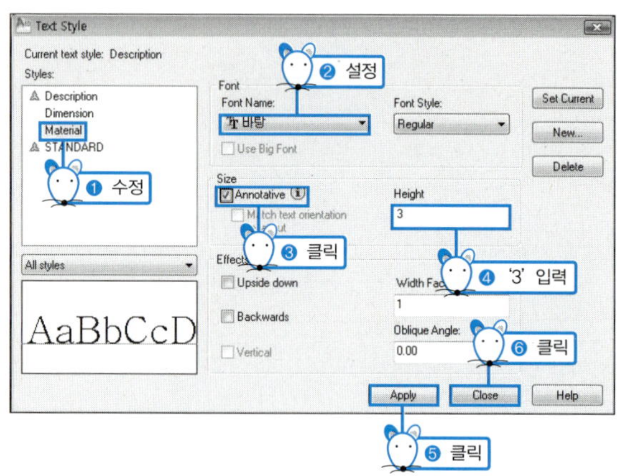

공부하세요

[Text Style] 대화상자의 옵션 살펴보기

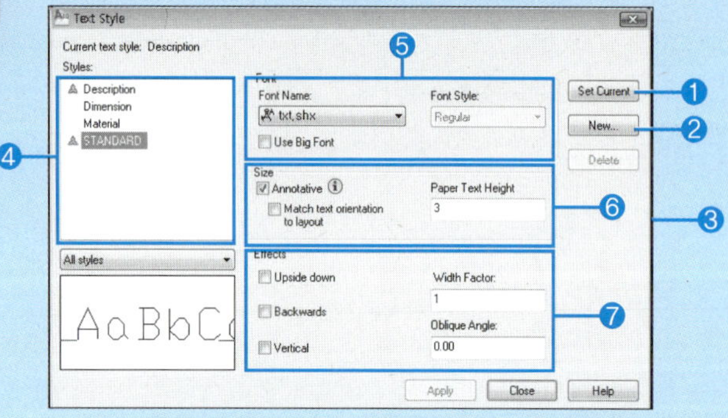

❶ **[Set Current] 단추** : 선택한 문자 스타일을 현재 문자 스타일로 설정합니다.

❷ **[New] 단추** : 새로운 문자 스타일을 만듭니다.

❸ **[Delete] 단추** : 기존의 문자 스타일을 삭제합니다. 단 현재 문자 스타일로 설정되어 있으면 삭제할 수 없습니다.

❹ **Styles** : 현재 만들어져 있는 문자 스타일을 표시합니다.

❺ **Font** : 글꼴을 설정합니다.

- **Font Name** : 글꼴의 이름을 나타냅니다. 다른 글꼴을 지정할 때는 드롭다운 리스트에서 선택합니다.
- **Font Style** : 글꼴 유형을 선택합니다.
- **Use Big Font** : 한글이 지원되는 큰 글꼴을 사용하는 경우에는 [Use Big Font] 옵션을 체크합니다.

❻ **Size** : 문자의 크기를 설정하며 Annotation 요소로 전환할 것인지를 설정합니다.

- **Annotative** : 체크하면 선택한 스타일의 문자는 Annotation 요소가 됩니다.
- **Match text orientation to layout** : [Annotative] 옵션이 체크되어야 활성화됩니다. 체크하면 문자의 방향이 출력 레이아웃을 기준으로 회전합니다.
- **Height(Paper Text Height)** : 문자의 크기를 설정합니다. 다만 [Annotation] 옵션이 체크되었을 때에는 [Paper Text Height]를 입력하는데 이 크기의 기준은 출력했을 때의 크기가 되는 것입니다.

❼ Effects : 문자에 효과를 줍니다.

- **Upside down** : 문자를 거꾸로 뒤집어서 입력합니다.
- **Backwards** : 문자를 오른쪽에서 왼쪽으로 입력합니다.
- **Vertical** : 문자를 세로로 입력합니다.
- **Width Factor** : 문자의 가로·세로 비율을 조절합니다.
- **Oblique Angle** : 문자가 기울어지는 각도를 조절합니다.

▲ Upside down

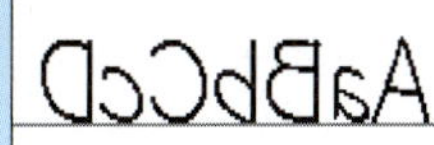

▲ Backwards

▲ Width Factor(0.5)

▲ Oblique Angle(30)

DesignCenter를 이용하여 문자 스타일 불러오기

DesignCenter를 사용하면 다른 도면의 문자 스타일을 가져와서 사용할 수 있습니다. DesignCenter는 문자 스타일 이외에 레이어는 물론이고 블록, 치수 스타일 등의 속성 설정도 공유할 수 있습니다.

◉ Samples\06_01_Text_Styles_DC.dwg

01 [Insert] 탭의 [Content] 패널에서 [Design Center](▦) 아이콘을 클릭하여(Ctrl + 2) DesignCenter를 실행합니다.

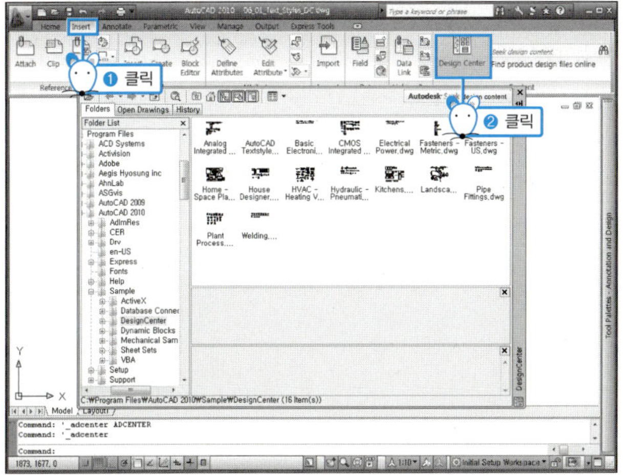

02 DesignCenter가 나타나면 [Folder List] 영역에서 '06_01_Text.dwg' 파일을 선택합니다. 그리고, 오른쪽에서 [Textstyles]를 더블클릭합니다.

◉ Samples\06_01_Text.dwg

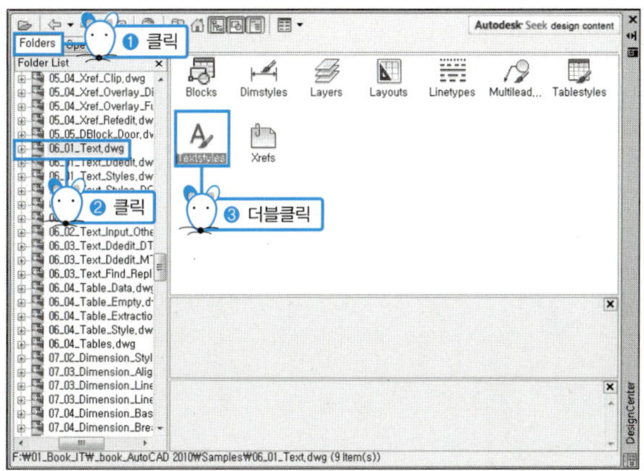

DesignCenter에서 문자 스타일을 가져오는 방법

'06_01_Text.dwg' 파일에 설정된 문자 스타일이 표시됩니다. 현재의 도면에 문자 스타일을 가져오는 방법은 두 가지가 있습니다. 하나는 원하는 문자 스타일을 드래그하여 현재의 도면 영역으로 끌고 오는 방법이고, 또 다른 하나는 원하는 문자 스타일 위에서 마우스 오른쪽 단추를 클릭한 후 [Add Text Style(s)]를 선택하는 방법입니다.

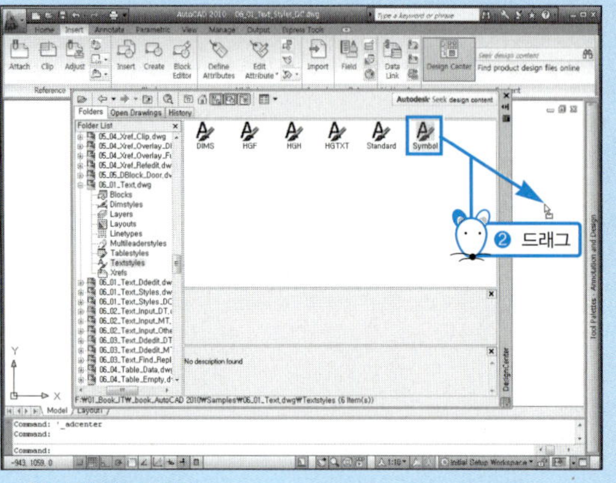

▲ 문자 스타일 드래그

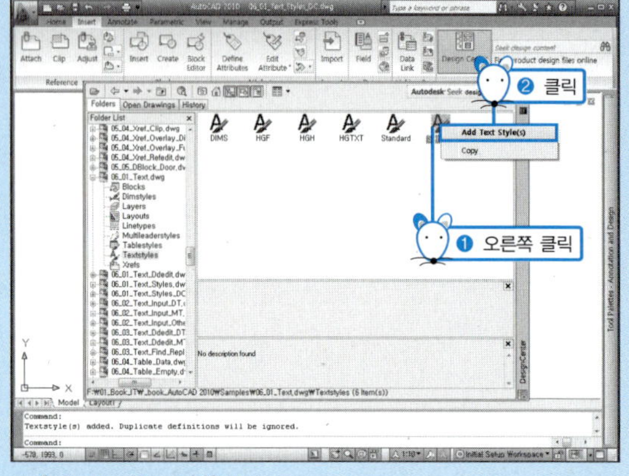

▲ [Add Text Style(s)] 선택

04 DesignCenter의 제목 표시줄 부분을 끌어서 도면 영역의 우측으로 도킹(Docking)시키고 [Annotate] 탭의 [Text] 패널에서 [Text Style](▣) 단추를 클릭합니다.

05 [Text Style] 대화상자의 [Styles] 영역에서 'Symbol' 문자 스타일이 제대로 추가되었는지 확인합니다. 이런 방법으로 다른 도면에 있는 문자 스타일을 현재의 도면으로 가져와 사용할 수 있습니다.

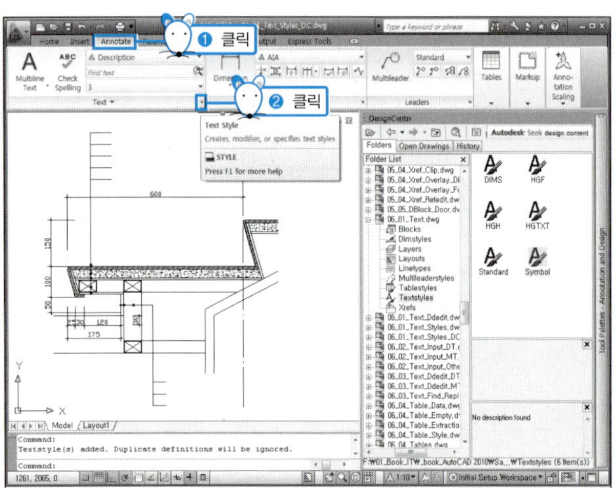

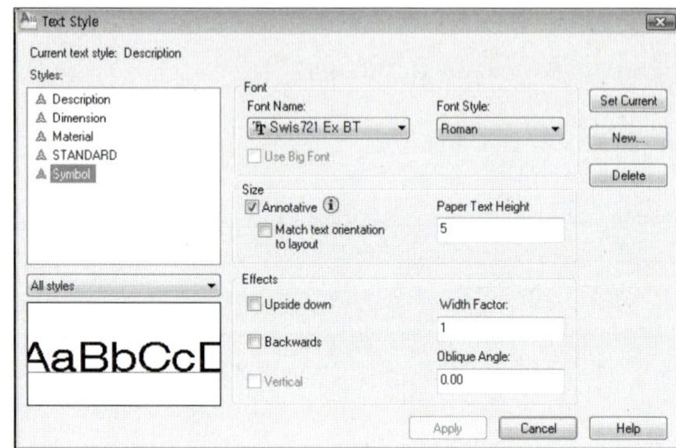

도면에서의 문자 스타일

도면에는 다양한 문자가 사용되며 대표적으로 다음과 같은 문자 스타일이 있습니다.

● 표제/Title

표제 블록에 들어가는 문자는 기술식(Description)의 문자를 포함하여 도면명이나 도면 번호, 담당자 서명, 검증 확인, 작성 날짜 등의 내용이 들어갑니다.

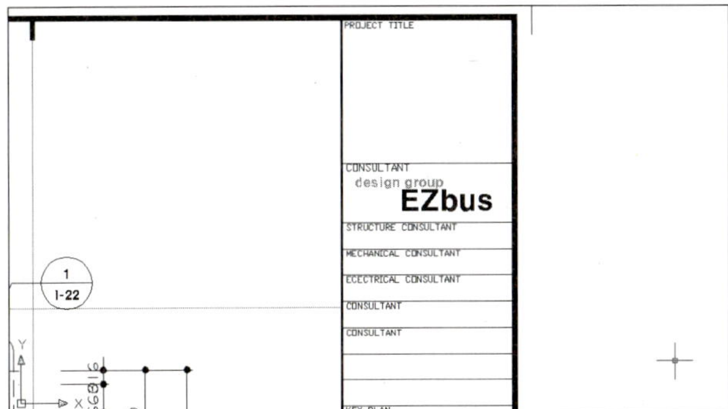

▲ 표제(TITLE)

● 도면 제목/Drawing Title

한 장의 시트에는 여러 개의 도면이 들어갈 수 있습니다. 이때 각 도면을 표시하는 도면 이름이 필요합니다. 시트에서 가장 크고 두꺼운 설정이 필요합니다.

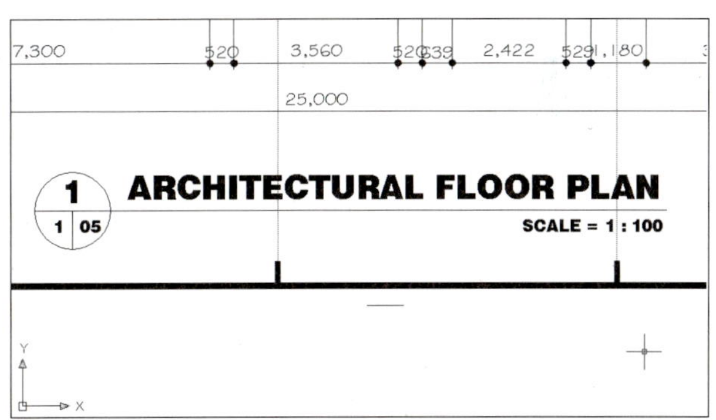

▲ 도면 제목(Drawing Title)

● 치수 문자/Dimension Text

치수 문자는 다른 문자와 마찬가지로 식별성이 특히나 중요합니다. 크기는 어느 도면에서나 일정하게 출력하는 것을 기준으로 2.5~3mm 정도가 적당합니다.

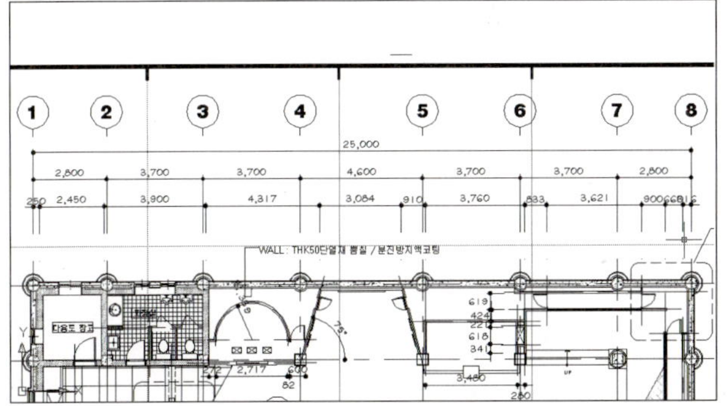

▲ 치수 문자(Dimension Text)

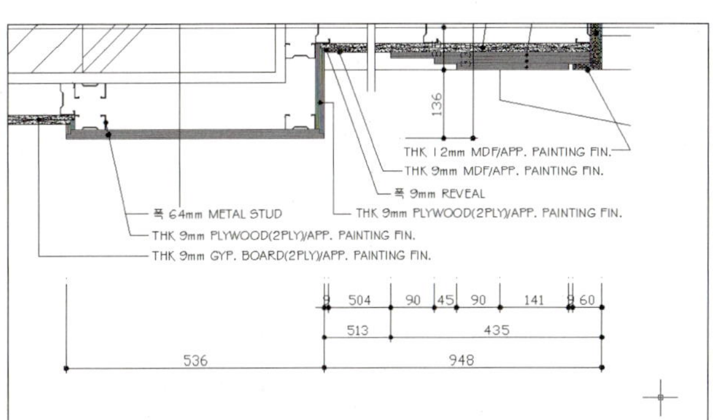

▲ 치수 문자(Dimension Text)

● 실명/Room Name

도면에 실명을 표시할 경우 일반적으로 BOX로 둘러싸인 문자로 표시합니다.

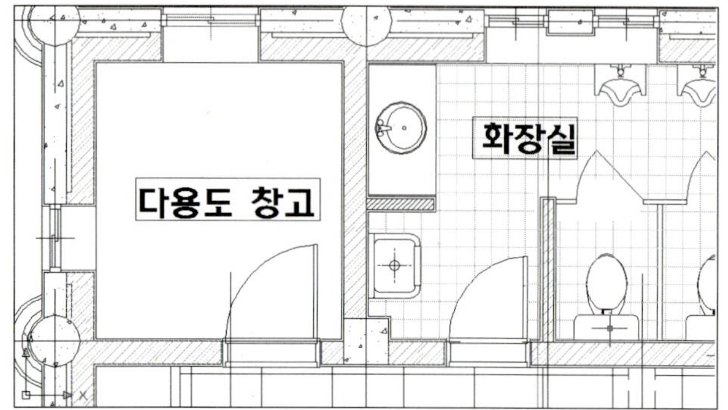

▲ 실명(Room Name)

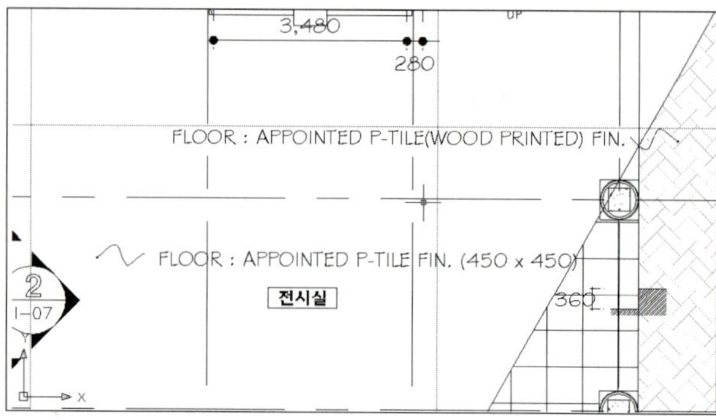

▲ 실명(Room Name)

● 재료 기입/Material

재료의 기입은 도면에서 매우 중요합니다. 일관성 있는 방식으로 재료를 기입해야 하며 재료 표시 방법도 간결하고 명확하게 하는 것이 좋습니다.

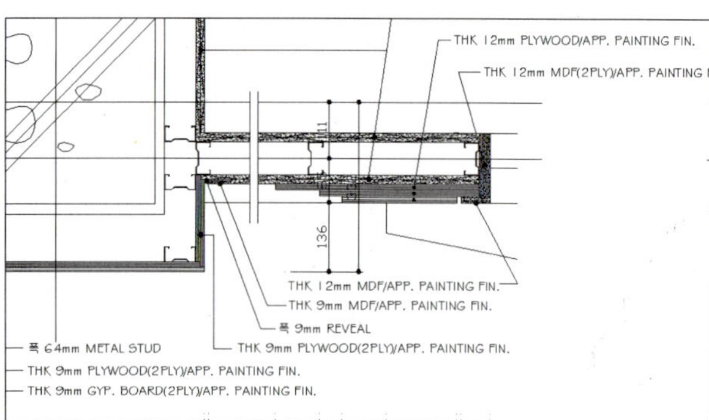

▲ 재료 기입(Material)

● 심벌/Symbol

여러 가지의 심벌이 있지만 그래픽 심벌과 함께 사용하는 문자를 심벌에 포함시킵니다.

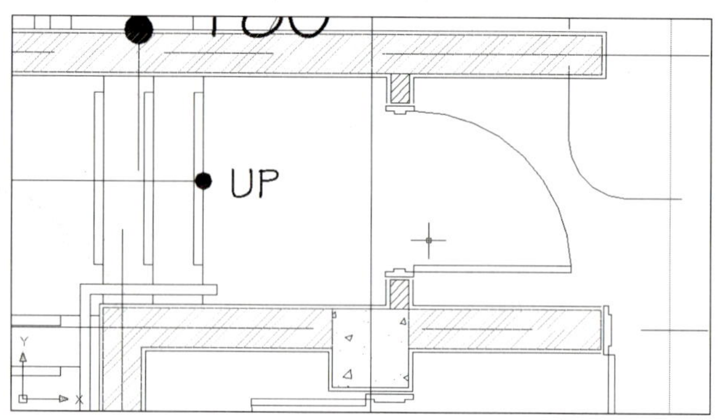

▲ 심벌(Symbol)

도면에 문자(Text) 입력하기

문자를 입력하는 방법은 크게 DText(단일행 문자 입력)와 MText(다중행 문자 입력)가 있습니다. 문자를 입력하는 과정에서는 스타일, 삽입 지점, 크기(Size), 회전각과 문자의 내용을 정확히 입력하는 것이 좋습니다. 이번에는 도면에 다양한 방법으로 문자를 입력하는 방법을 알아봅니다.

Lesson 02

단일행 문자(Single Line Text) 입력하기

간단하고 짧막한 문자를 입력하기 위해서는 단일행 문자(Single Line Text)가 매우 유용합니다. 특히 평면도에서 각 방의 이름을 입력하는 경우에는 하나의 단일행 문자를 입력하고 각각의 위치에 복사한 후 수정하는 방법이 효율적입니다. 다음 예제를 통해서 단일행 문자를 입력하는 방법을 배워봅니다.

⊙ Samples\06_02_Text_Input_DT.dwg

01 [Annotate] 탭의 [Text] 패널에서 [Text style] 컨트롤 박스를 클릭하고 'Material' 문자 스타일을 선택합니다.

02 Single Line Text(DT) 명령으로 문자를 입력합니다. [Annotate] 탭의 [Text] 패널에서 [Single Line Text](Ａ) 아이콘을 클릭하거나, Dtext(DT) 명령을 입력하고 Enter 를 누릅니다.

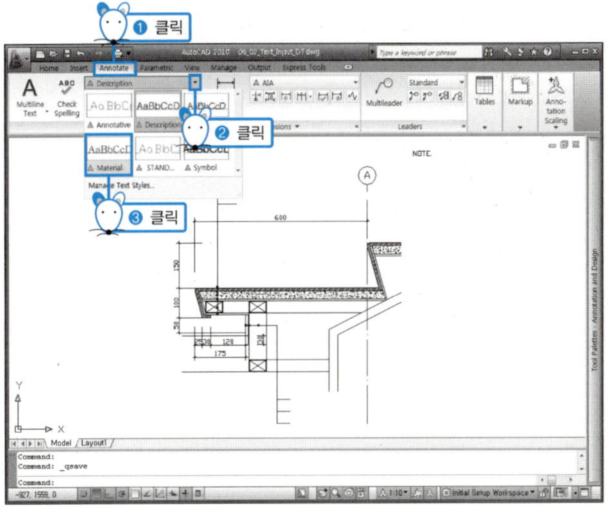

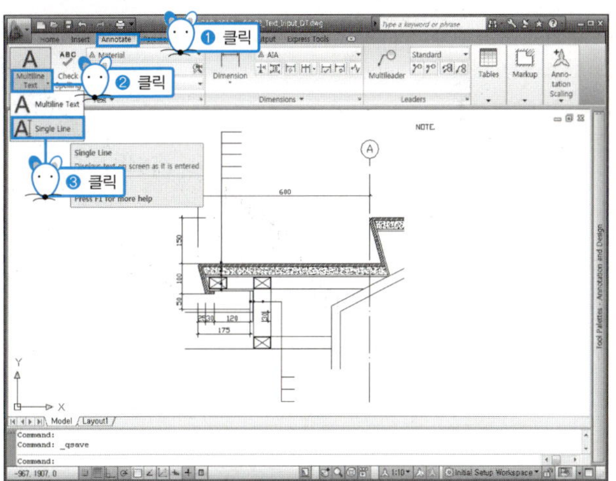

Command: Dtext(DT) Enter (Dtext 명령 실행)

03 마우스 오른쪽 단추를 클릭한 후 [Justify]를 선택합니다. 다시 마우스 오른쪽 단추를 클릭한 후 [ML]을 선택합니다.

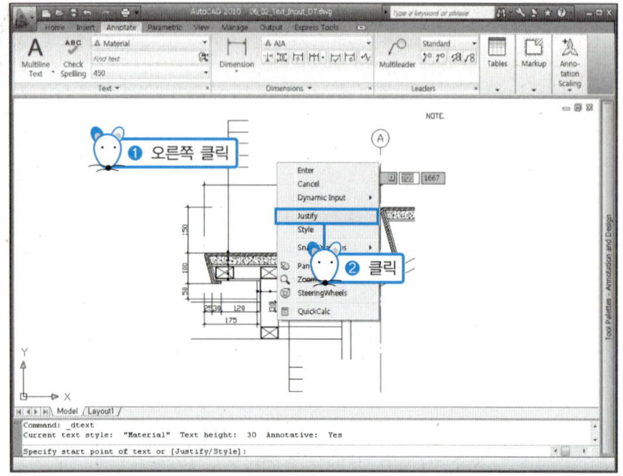

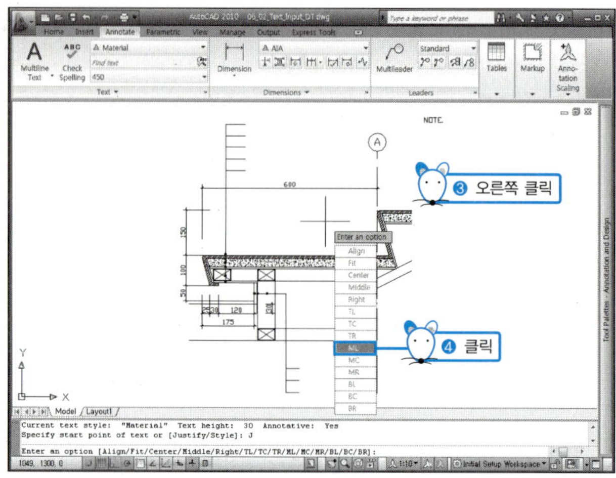

Specify start point of text or [Justify/Style]: j [Enter] (Justify 옵션 실행)
Enter an option [Align/Fit/Center/Middle/Right/TL/TC/TR/ML/MC/MR/BL/BC/BR]: ML [Enter] (ML 옵션 실행)

04 Middle Left 지점을 클릭합니다.

05 문자의 회전각을 물어보는 질문에 [Enter]를 눌러 기본값(0.00)을 입력한 후 'THK. 10mm 지정 ROLL CARPET(CT-3)'을 입력하고 [Enter]를 두 번 누릅니다.

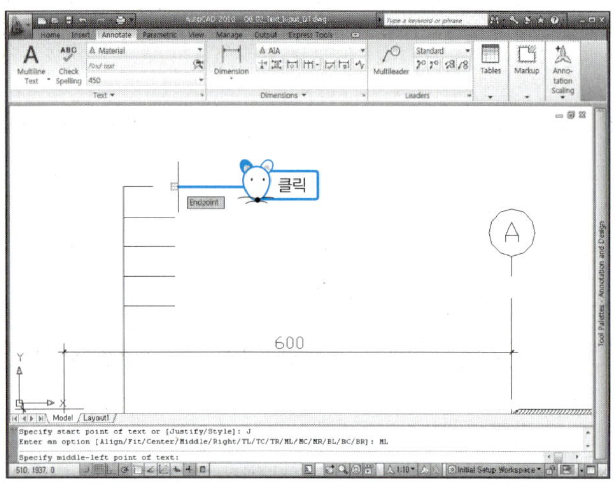

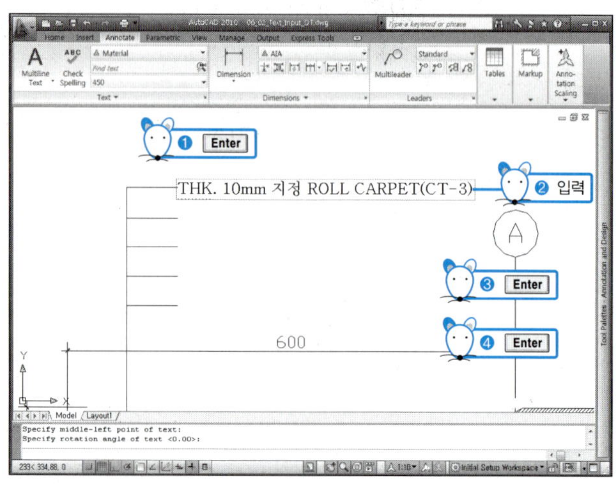

Specify middle-left point of text: (좌측 중간점 지정)

Specify rotation angle of text <0.00>: [Enter] (기본값 설정)
Command: [Enter]

주목

[Enter]를 두 번 누르는 이유는 처음의 [Enter]는 줄 바꿈이고, 두 번째의 [Enter]는 명령 종료의 의미가 있습니다.

문자의 삽입 지점(Insert Point)을 지정하는 위치 옵션 이해하기

문자의 삽입 지점을 지정하는 데에는 여러 가지 옵션이 있습니다.

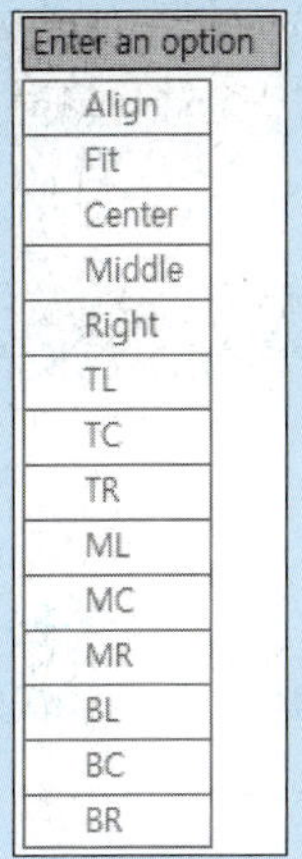

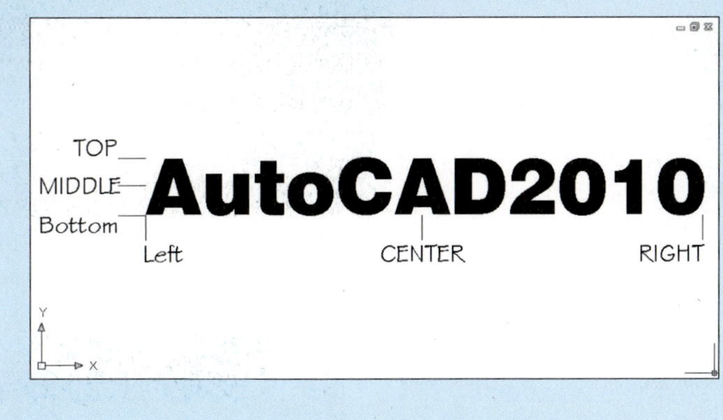

- **Align** : 두 점을 클릭하면 문자의 크기와 상관없이 행의 길이에 맞게 크기를 변경합니다.
- **Fit** : 두 점을 클릭하면 문자의 높이는 그대로이며 행의 길이에 따라 문자의 자간이 바뀝니다.
- **Center** : 문자를 입력할 때 밑줄의 중심부터 삽입합니다.
- **Middle** : 문자의 높이와 행의 길이 중간에서부터 삽입합니다.
- **Right** : 오른쪽 정렬로 문자를 입력합니다.
- **TL(Top Left)** : 삽입점이 문자열의 맨 위 왼쪽에 삽입됩니다.
- **TC(Top Center)** : 삽입점이 문자열의 맨 위 중심에 삽입됩니다.
- **TR(Top Right)** : 삽입점이 문자열의 맨 위 오른쪽에 삽입됩니다.
- **ML(Middle Left)** : 삽입점이 문자열의 가운데 왼쪽에 삽입됩니다.
- **MC(Middle Center)** : 삽입점이 문자열의 가운데 중심에 삽입됩니다.
- **MR(Middle Right)** : 삽입점이 문자열의 가운데 오른쪽에 삽입됩니다.
- **BL(Bottom Left)** : 삽입점이 문자열의 맨 아래 왼쪽에 삽입됩니다.
- **BC(Bottom Center)** : 삽입점이 문자열의 맨 아래 중심에 삽입됩니다.
- **BR(Bottom Right)** : 삽입점이 문자열의 맨 아래 오른쪽에 삽입됩니다.

다중행 문자(Multiline Text) 입력하기

다중행 문자(Multiline Text)는 문자 입력창을 통해 마치 워드 프로그램과 유사한 속성 편집 기능을 이용할 수 있기 때문에 단일행 문자(Single Line Text)보다 워드프로세스에 가까운 다양한 기능을 사용할 수 있습니다. 다음 예제를 통해서 다중행 문자를 입력하는 방법을 배워봅니다.

⊙ Samples\06_02_Text_Input_MT.dwg

01 [Annotate] 탭의 [Text] 패널에서 [Text style] 컨트롤 박스를 클릭해 'Descriptin' 문자 스타일을 선택합니다.

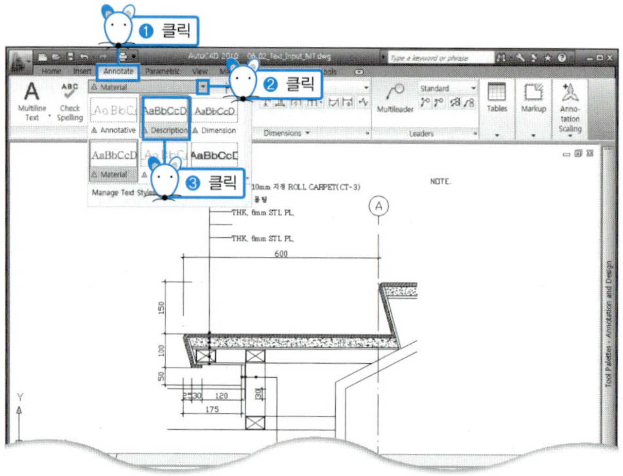

02 Multiline Text(MT) 명령으로 문자를 입력하기 위해 [Annotate] 탭의 [Text] 패널에서 [Multiline Text](A) 아이콘을 클릭하거나, Mtext(MT) 명령을 입력하고 Enter 를 누릅니다.

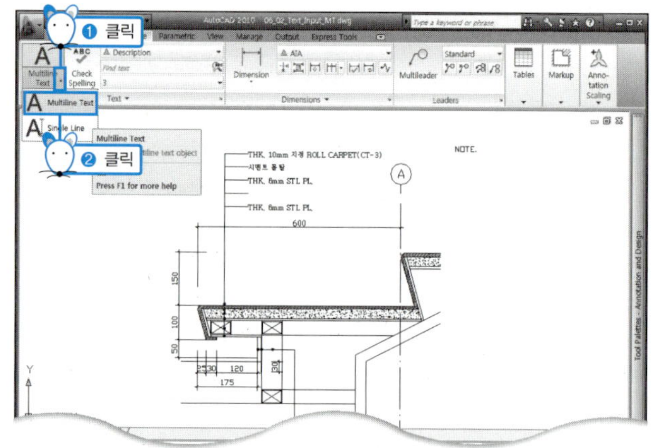

03 MText 명령은 문자가 입력될 상자의 크기를 설정해야 합니다. 그림과 같이 박스를 설정합니다.

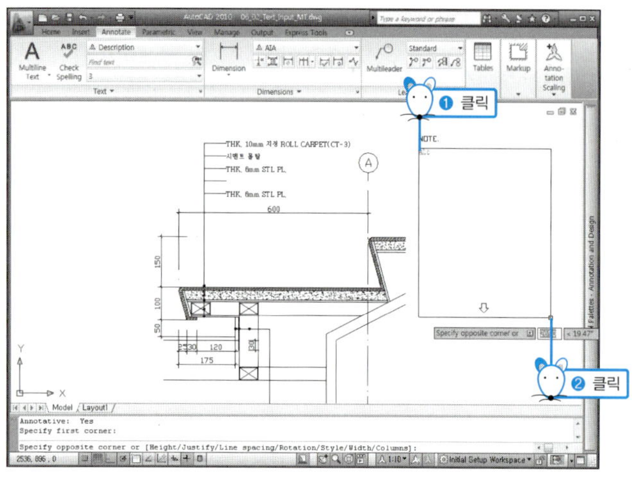

04 문자 입력창이 나타나면서 [Text Editor] 탭이 표시되며 그 밑으로 다중행 문자의 속성을 편집할 수 있는 다양한 패널들을 확인할 수 있습니다. 문자 입력창에 다음과 같이 문자를 입력합니다.

⊙ Samples\06_02_Text_Note.txt

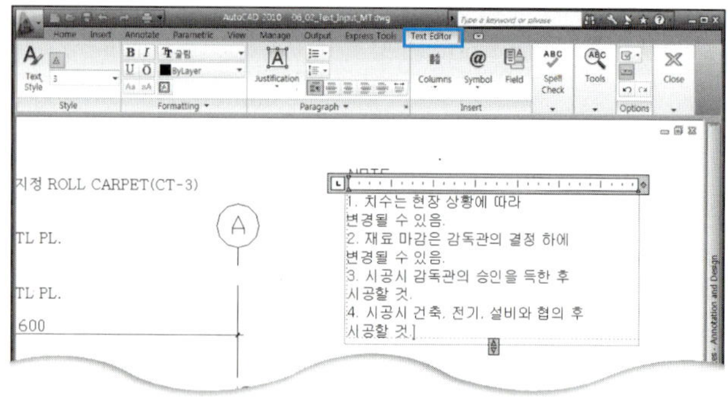

05 [Text Editor] 탭의 [Close] 패널에서 [Close Text Editor](🗙) 아이콘을 클릭하여 다중행 문자 입력을 완성합니다.

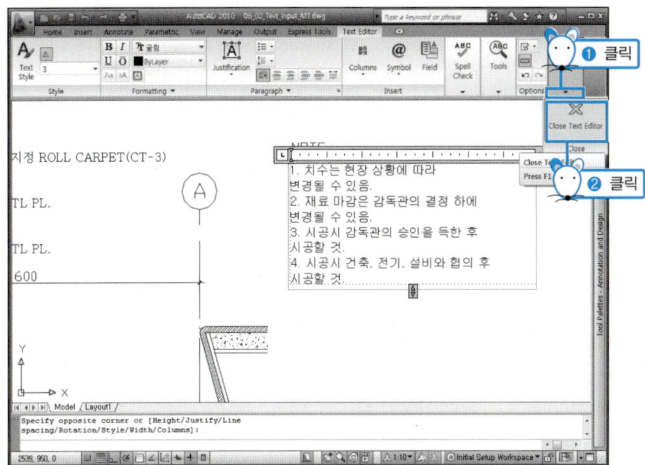
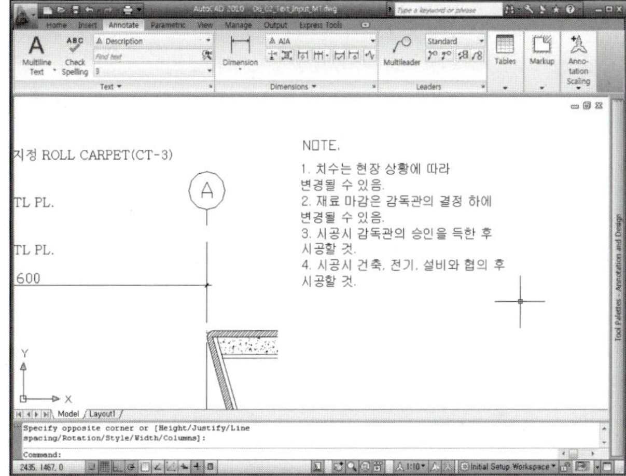

키보드에 없는 특수 문자 입력하기

키보드에 없는 문자를 입력해야 하는 경우 Uni 코드 또는, ASCII 코드를 이용한 자판 배열에 따라 입력해야 합니다. 다중행 문자(MText)의 경우 [Text Editor] 탭의 [Insert] 패널에서 [Symbol](@) 아이콘을 이용하여 도면에서 자주 사용하는 특수 문자를 쉽고 신속하게 입력할 수 있으며 사용하려는 문자가 리스트에 없으면 문자표를 이용하면 됩니다. 그러나 단일행 문자의 경우에는 단축키로 사용할 수 있는 특수 문자를 제외하고는 Windows에 있는 문자표를 이용해야 합니다. 다음 예제를 통해서 문자표를 이용하여 특수 문자를 입력하는 방법을 배워봅니다.

⊙ Samples\06_02_Text_Input_Other.dwg

01 [Annotate] 탭의 [Text] 패널에서 [Single Line Text](A) 아이콘을 클릭하거나, Dtext(DT) 명령을 입력하고 **Enter** 를 누릅니다.

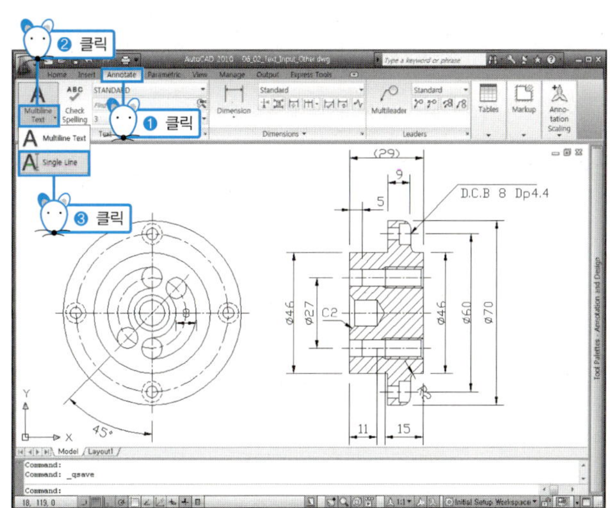

Command: Dtext(DT) **Enter** (Dtext 명령 실행)

02 문자의 시작점을 그림과 같이 지정하고 문자의 크기와 회전각을 입력하라는 요청에 Enter 를 누릅니다.

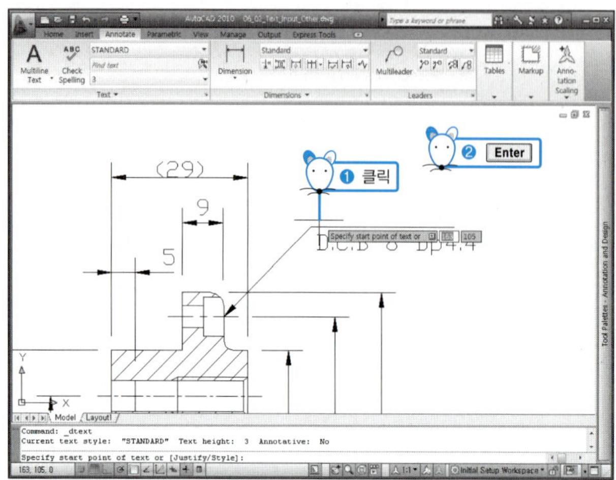

Specify start point of text or [Justify/ Style]: (시작점 지정)
Specify height <3.0000>: Enter (문자 크기 설정)
Specify rotation angle of text <0>: Enter (문자 회전각 설정)

03 문자를 입력하라는 요청에 '4-Ø45 Drill'을 입력해야 하는데 키보드에는 'Ø'가 없습니다. 이런 경우 Windows의 문자표를 사용합니다. Windows의 [시작] 단추를 클릭해 [모든 프로그램]–[보조프로그램]–[시스템 도구]–[문자표]를 클릭하여 [문자표] 창을 불러냅니다.

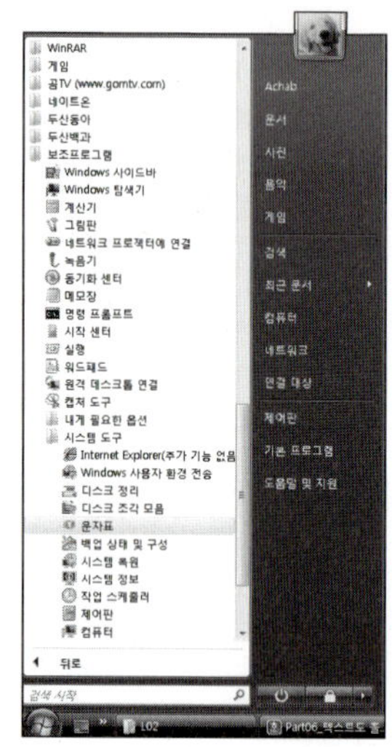

04 [문자표] 창에서 'Ø(파이)' 특수 문자를 찾아 선택하고 [선택] 단추를 클릭한 후 [복사] 단추를 클릭합니다. [닫기] 단추를 클릭하여 [문자표] 창을 닫습니다.

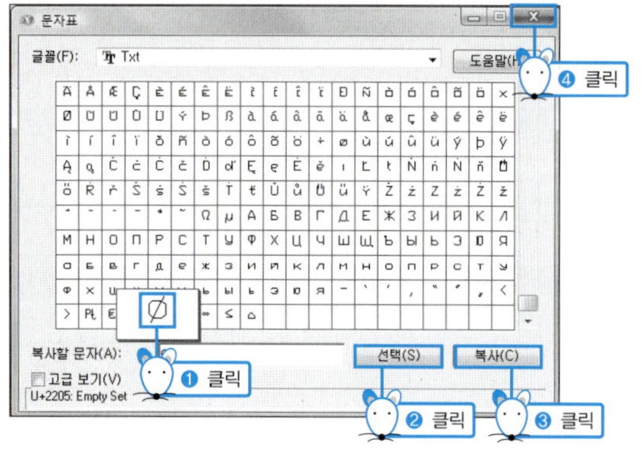

05 문자 입력을 요청하는 커서를 가져가서 Ctrl+V (붙여넣기)로 복사된 특수 문자를 붙여 넣습니다. 나머지 문자를 입력하고 Enter 를 두 번 누릅니다.

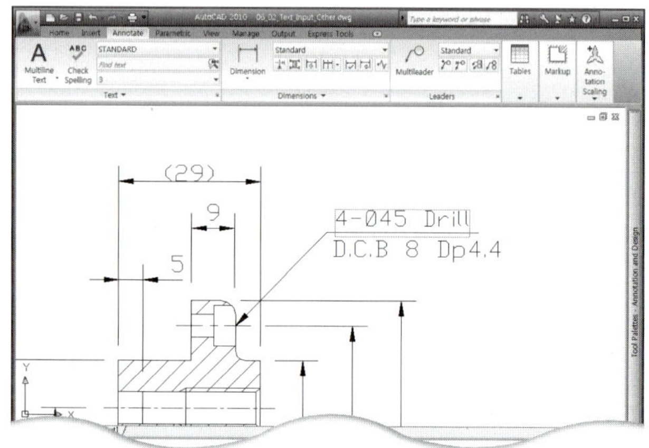

문자표 없이도 키보드로 사용할 수 있는 몇 가지 특수 문자

문자 입력을 요청할 때 문자를 조합 입력하여 특수 문자를 표시할 수 있습니다.

- **Degrees(°)** : 직접 '%%d'를 입력합니다.
- **Plus/Minus(±)** : 직접 '%%p'를 입력합니다.
- **Diameter(Ø)** : 직접 '%%c'를 입력합니다.

리본 메뉴의 [Text Editor] 탭 이해하기

Mtext 명령은 [Text Editor] 탭을 제공하며 그 아래에 [Style], [Formatting], [Paragraph], [Insert], [Spell Check], [Tools], [Options], [Close]의 8개 패널을 포함하고 있습니다. 이번에는 AutoCAD 2010에서 제공하는 [Text Editor] 탭에 대하여 알아봅니다.

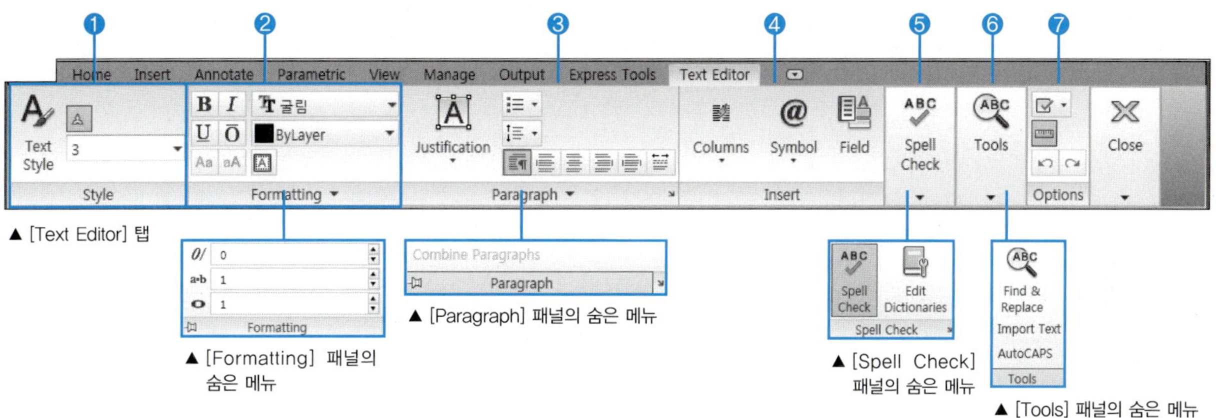

▲ [Text Editor] 탭

▲ [Formatting] 패널의 숨은 메뉴

▲ [Paragraph] 패널의 숨은 메뉴

▲ [Spell Check] 패널의 숨은 메뉴

▲ [Tools] 패널의 숨은 메뉴

❶ [Style] 패널

- **Text Style Control** : 만들어진 문자 스타일을 지정할 수 있습니다.
- **Annotative** : 입력하는 문자를 Annotation으로 설정할 수 있습니다.
- **Font Size Control** : 문자의 크기를 설정할 수 있습니다.

❷ [Formatting] 패널

- **Bold** : 선택한 문자를 두껍게 표시합니다.
- **Italic** : 선택한 문자를 이탤릭체로 표시합니다.
- **Underline** : 선택한 문자에 밑줄을 긋습니다.
- **Overline** : 선택한 문자에 윗줄을 긋습니다.
- **Make Uppercase** : 첫 문자만 대문자 나머지는 소문자로 설정할 수 있습니다.
- **Make Lowercase** : 첫 문자만 소문자 나머지는 대문자로 설정할 수 있습니다.
- **Select a font for the text** : Multiline Text의 글꼴(Font)을 설정할 수 있습니다.
- **Select a color for the text** : 선택한 문자의 색상을 설정할 수 있습니다.
- **Background Mask** : 문자의 배경에 마스크 효과를 설정할 수 있습니다.
- **Oblique Angle** : 문자를 기울일 수 있으며 직접 각도를 입력할 수도 있습니다.
- **Tracking** : 문자 자간 간격을 조절할 수 있습니다.
- **Width Factor** : 문자의 가로 · 세로 비율을 조절할 수 있습니다.

❸ **[Paragraph] 패널**

- **Justification** : 다양한 정렬 방식을 제공합니다.

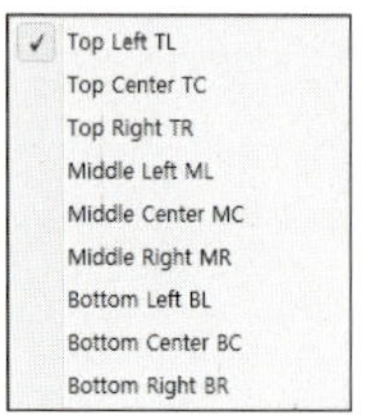

- **Bullets and Numbering** : 세 가지 넘버링 방식을 제 공합니다. 숫자(Numbered), 문자(Lettered), 사각점 (Bulleted)으로 문장을 시작할 수 있습니다.

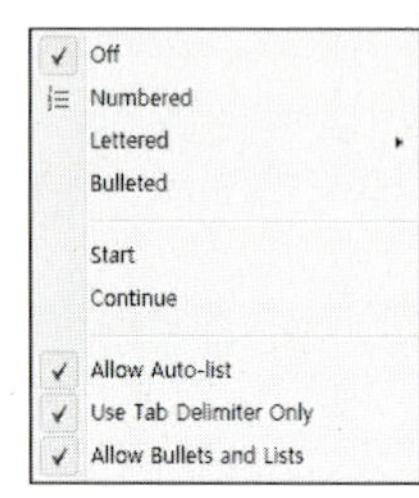
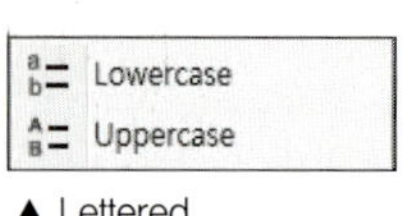

▲ Lettered

- **Line Spacing** : 행간 간격을 설정합니다.

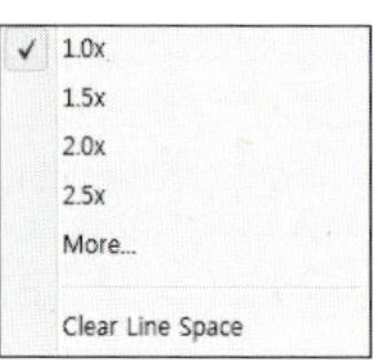

- **Default, Left, Center, Right, Justify, Distribute** : 문단의 정렬 방식을 설정합니다.
- **Combine Paragraphs** : 문장을 합칠 수 있습니다.

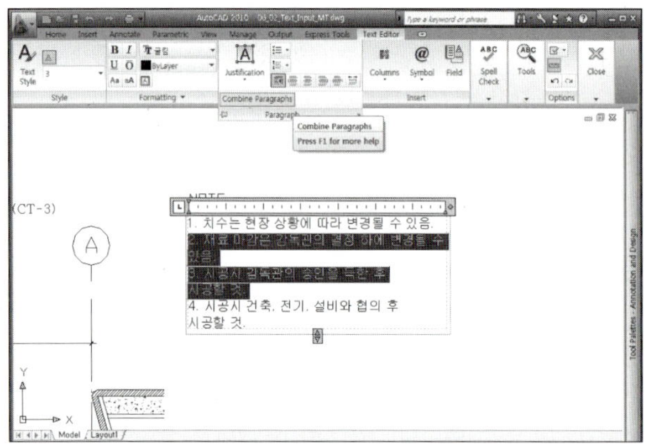

▲ Combine Paragraphs 실행 전

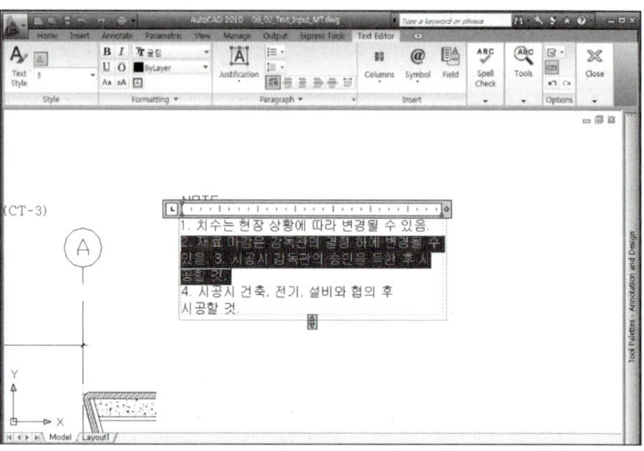

▲ Combine Paragraphs 실행 후

- **Paragraph** : 문단 형식을 설정할 수 있습니다.

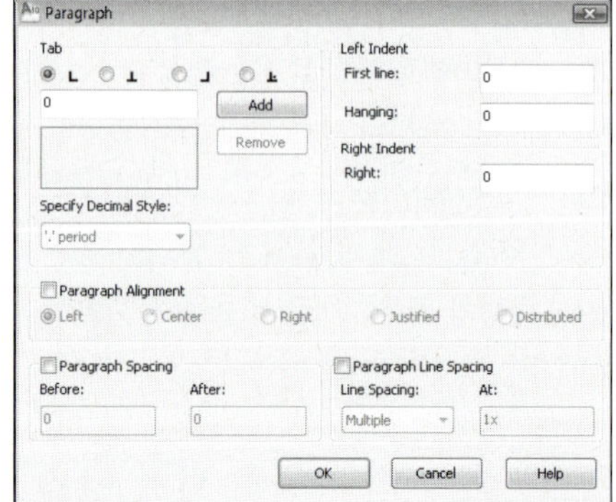

❹ [Insert] 패널

- **Columns** : 입력한 문장에 다단 기능을 제공합니다.

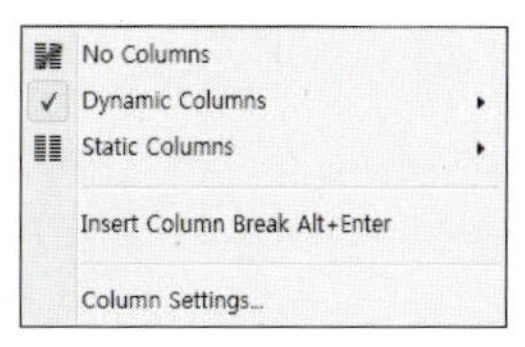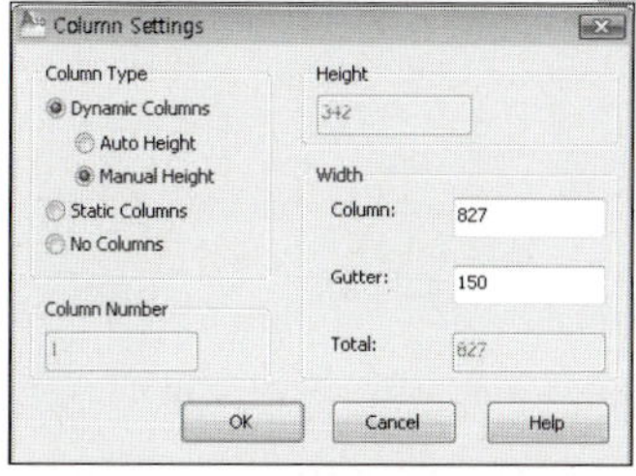

- **Symbol** : 다양한 심벌 및 특수 문자를 삽입할 수 있습니다. [Other]를 선택하면 [문자표] 창을 불러올 수 있습니다.

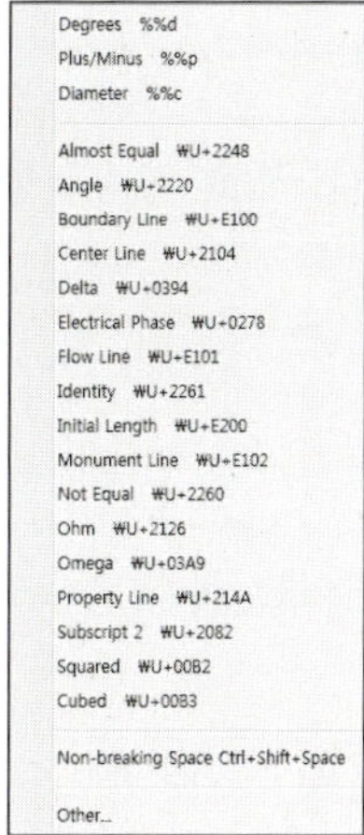

- **Insert Field** : 도면 파일의 메타 데이터를 삽입할 수 있습니다.

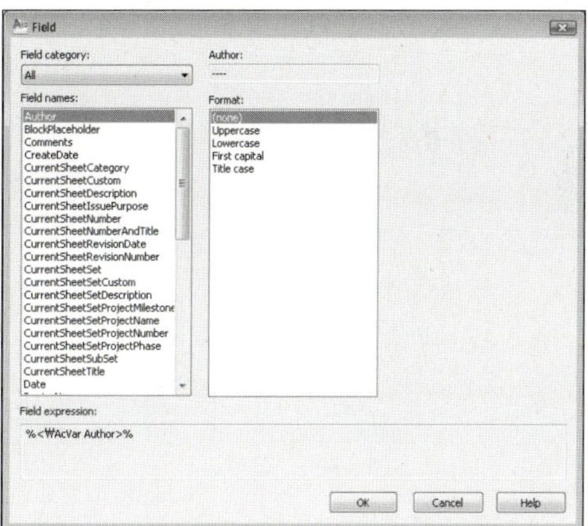

❺ [Spell Check] 패널

- **Spell Check** : 문자의 맞춤법을 검사합니다.

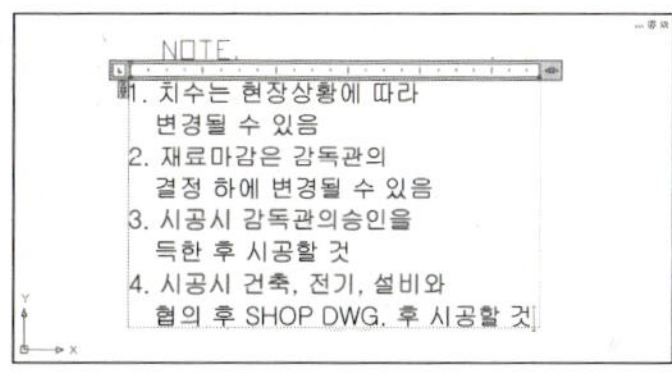

▲ [Spell Check] 체크

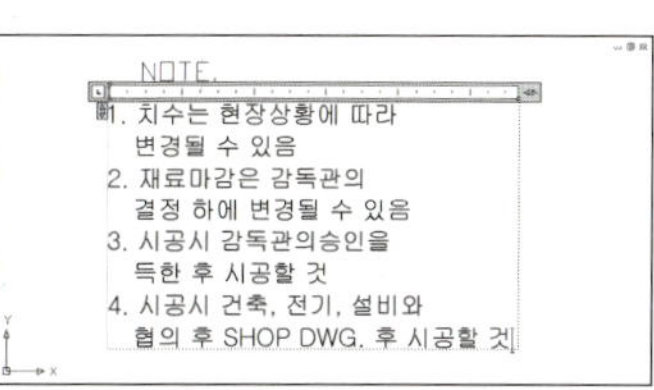

▲ [Spell Check] 체크 해제

- **Edit Dictionaries** : AutoCAD의 사전 설정을 편집합니다.

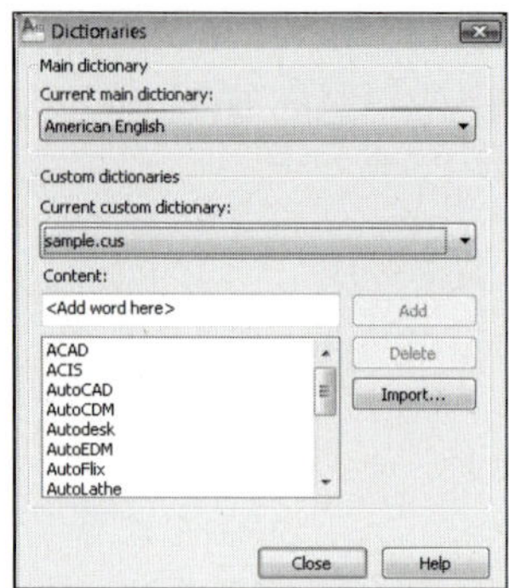

⑥ [Tools] 패널

- **Find & Replace** : 찾으려는 단어나 구문을 찾아내 원하는 단어나 구문으로 대체·수정합니다.

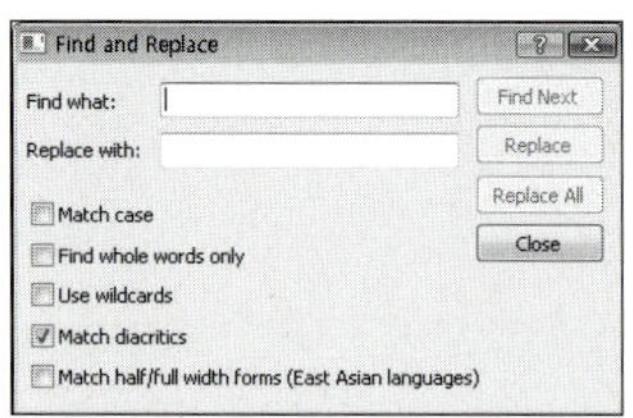

- **Import Text** : TXT 파일 또는, RTF 형식의 문서를 가져올 수 있습니다.
- **AutoCAPS** : 대문자로 문자를 작성할 수 있습니다.

⑦ [Options] 패널

- **More** : 기타 다양한 옵션 기능을 제공합니다.

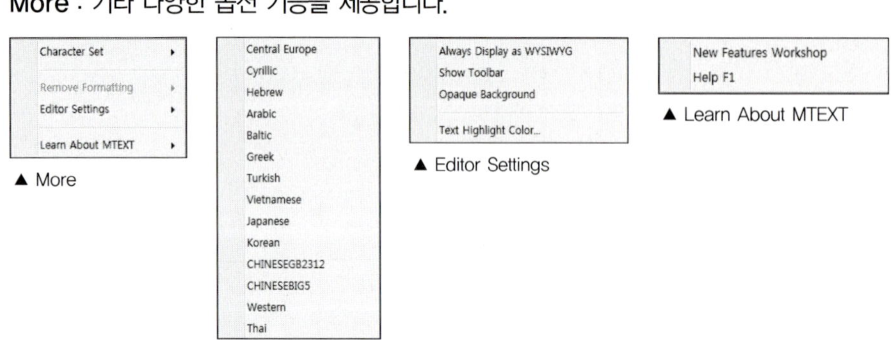

▲ More

▲ Character Set

▲ Editor Settings

▲ Learn About MTEXT

- **Ruler** : 문자 입력창에 줄자(Ruler)를 표시합니다.

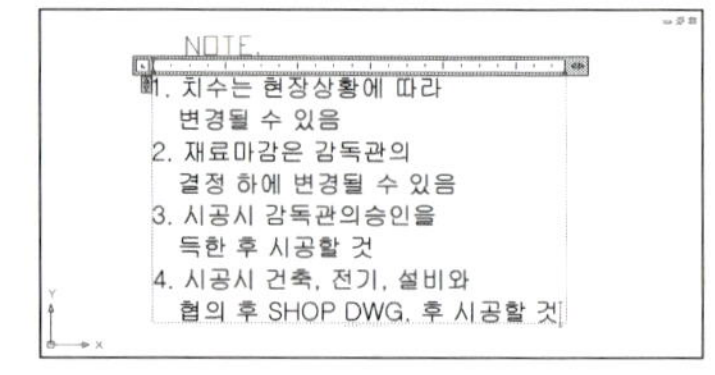

▲ [Ruler] 체크

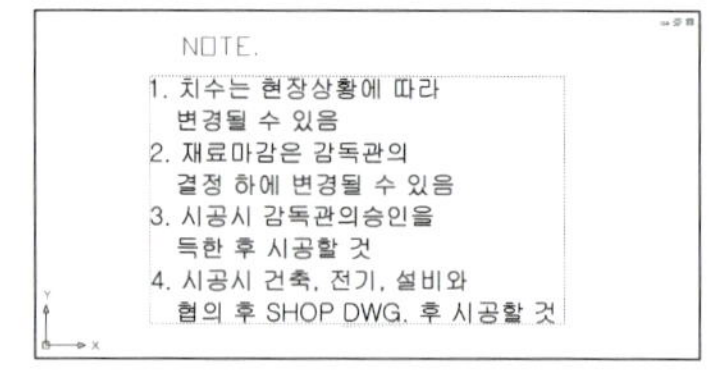

▲ [Ruler] 체크 해제

- **Undo/Redo** : 문자의 입력을 취소하거나 재입력하기도 합니다.

⑧ [Close] 패널

- **Close Text Editor** : 문자의 입력을 적용하고 문자 편집 모드를 종료합니다.

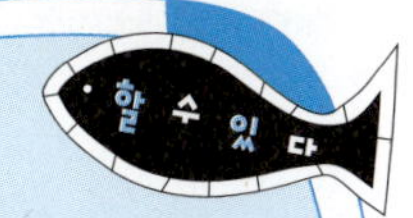

도면에 입력한 문자(Text) 수정하기

문자를 더블클릭하거나 Ddedit 명령을 이용하면 입력한 문자를 수정할 수 있습니다. DText 명령으로 입력한
단일행 문자(Single Line Text)와 MText 명령으로 입력한 다중행 문자(Multiline Text)는 각각의 수정 모드가
표시됩니다.

Lesson 03

단일행 문자(Single Line Text) 수정하기

입력한 문자를 더블클릭하거나 Ddedit 명령을 이용하여 문자를 수정하고 다른 문자 스타일을 적용하는 방법에 대
해 알아봅니다.

● Samples\06_03_Text_Ddedit_DT.dwg

01 그림과 같이 이미 작성된 문자를 더블클릭하여 마우
스 포인터가 표시되는 수정 모드를 변경합니다.

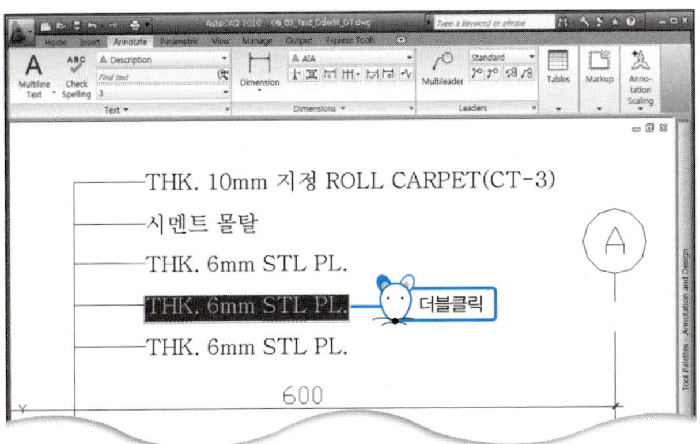

02 '40×60×2.3 STL PIPE@1,000' 으로 수정한 후
Enter 를 두 번 누릅니다.

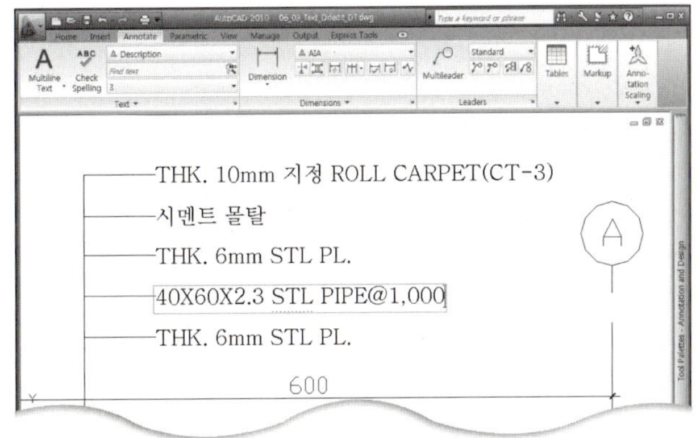

03 이번에는 Ddedit 명령을 입력하고 Enter 를 누릅니다.

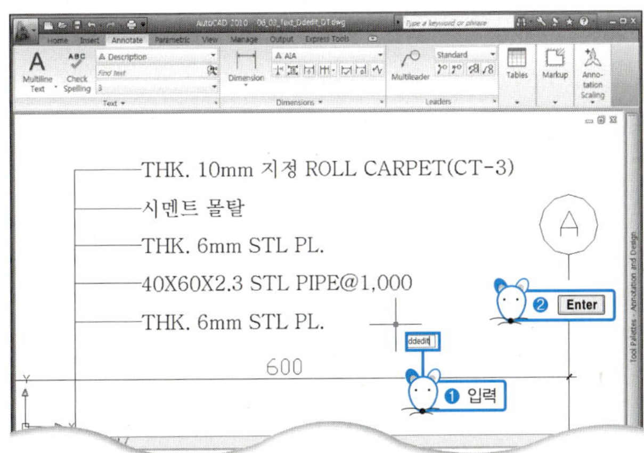

Command: Ddedit Enter (Ddedit 명령 실행)

04 수정해야 하는 문자를 선택합니다.

05 'THK. 10mm 지정 ROLL CARPET(CT-2)'로 수정한 후 **Enter** 를 두 번 누릅니다.

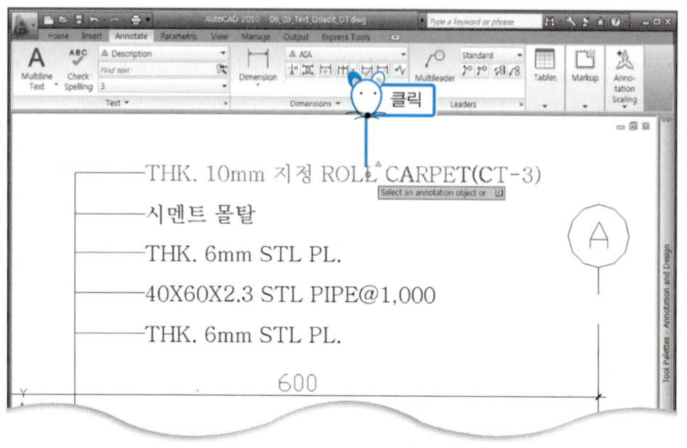

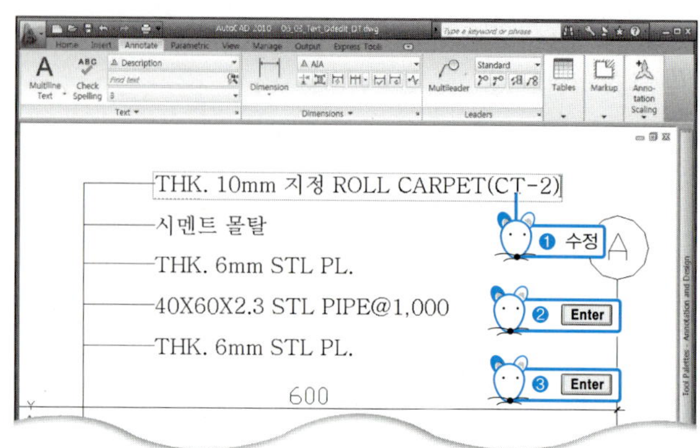

06 그림과 같이 입력한 문자를 선택합니다.

07 [Annotate] 탭의 [Text] 패널에서 [Text style] 컨트롤 박스를 클릭하거나 Quick Properties Panel의 [Style]에서 'Symbol' 문자 스타일을 선택합니다.

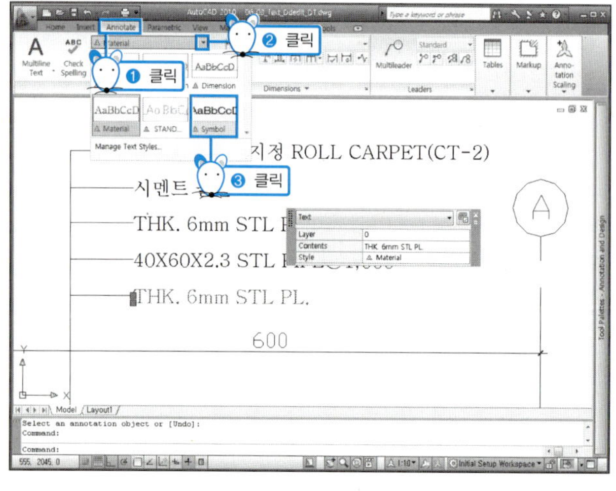

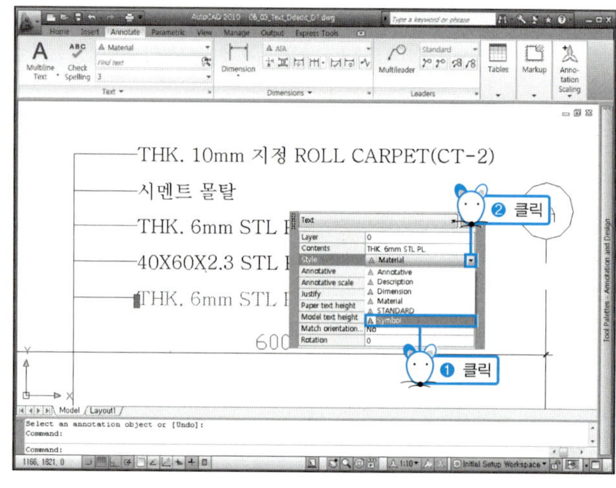

08 선택한 문자에 'Symbol' 문자 스타일이 적용된 것
을 확인할 수 있습니다.

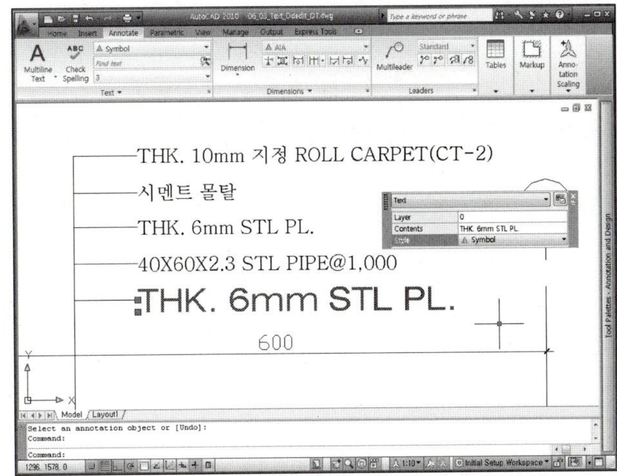

Grip을 이용한 손쉬운 문자의 이동(Move)

특별한 명령 없이 문자를 선택하면 파란색(기본)의 Grip이 표시되는데 Grip을 잡고 이동하면 손쉽게 문자를 이동시킬
수 있습니다. 다만 박스(Rectangle)나 원(Circle)과 같은 문자 이외의 다른 객체들은 Stretch 명령이 적용됩니다.

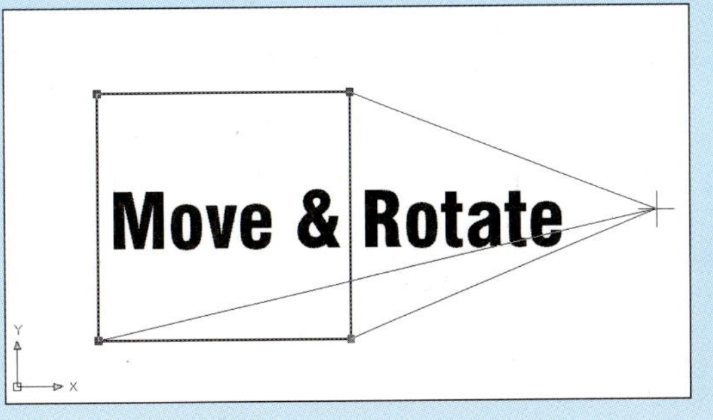

다중행 문자(Multiline Text) 수정하기

단일행 문자(Single Line Text)를 수정하는 것은 단지 입력한 문자만을 수정하는 것이지만, 다중행 문자(Multiline Text)를 수정하는 경우에는 입력된 문자는 물론이고 문자의 속성까지 함께 수정할 수 있습니다.

Samples\06_03_Text_Ddedit_MT.dwg

01 그림과 같이 이미 작성된 문자를 더블클릭하여 문자 입력창을 표시합니다.

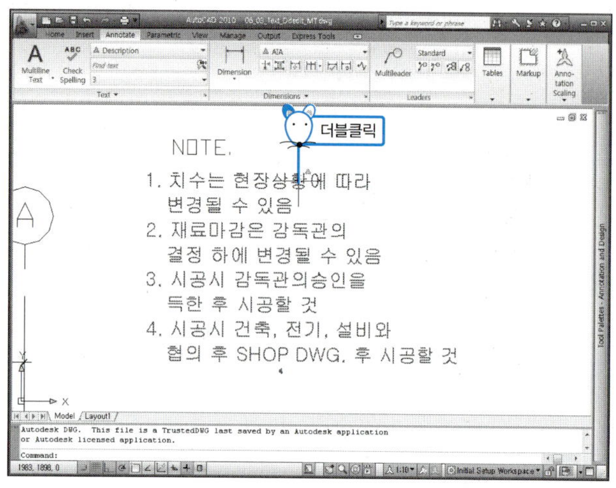
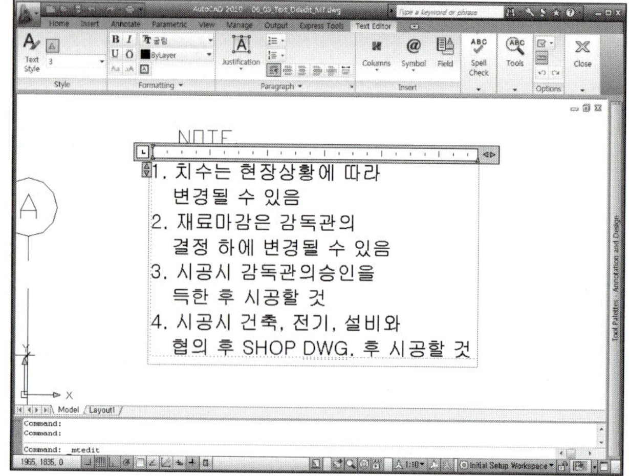

02 그림과 같이 문자를 수정·입력합니다.

 **주목**

　　1. 치수는 현장 상황에 따라
변경될 수 있음.
2. 재료 마감은 감독관의 결정 하에
변경될 수 있음.
3. 시공시 감독관의 승인을 득한 후
시공할 것.
4. 시공시 건축, 전기, 구조와 협의 후
시공할 것.

주목

　　문장을 선택할 때에는 누적 선택이 되지 않으니 여러 번 선택과 재지정을 반복해서 수정합니다.

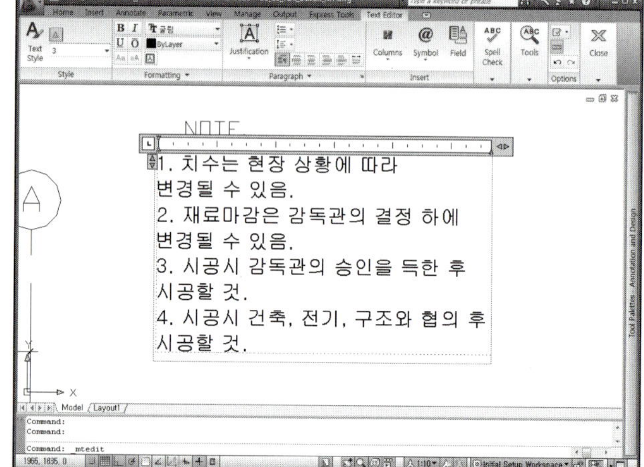

03 그림과 같이 문자를 드래그하여 선택합니다.

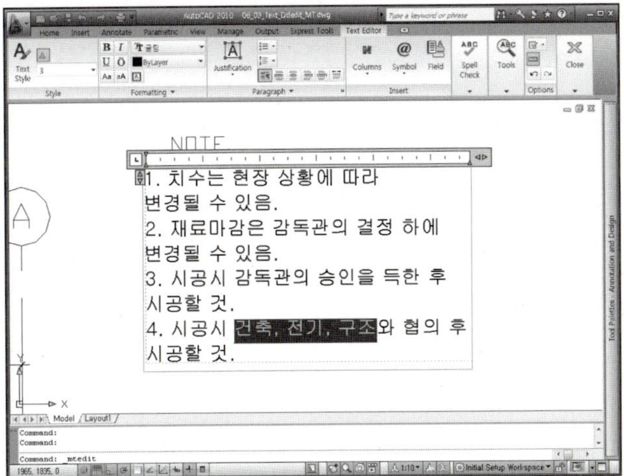

04 [Text Editor] 탭 [Formatting] 패널의 [Bold](B) 아이콘을 클릭한 후 [Underline](U) 아이콘을 클릭합니다.

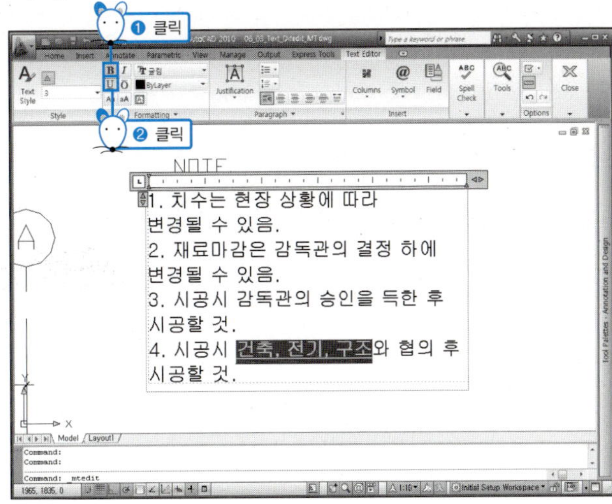

05 [Text Editor] 탭의 [Close] 패널에서 [Close Text Editor](X) 아이콘을 클릭하여 문자 수정을 종료합니다.

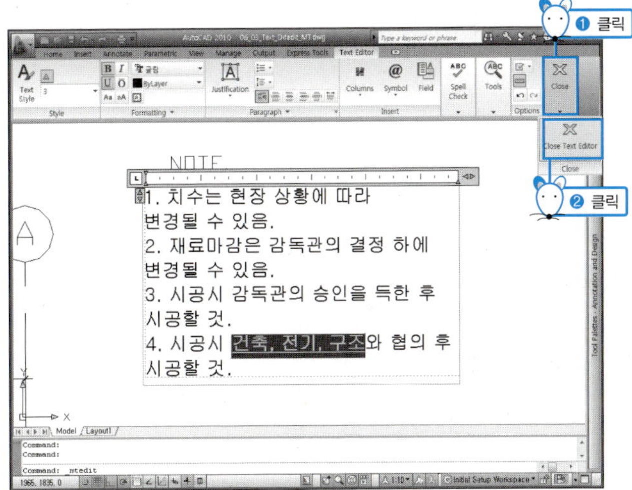

도면 내 문자의 역할

도면은 선분과 같은 객체와 심벌 및 기호 등의 언어를 비롯하여 필요한 모든 방법을 동원해서 디자인을 전달해야 합니다. 가장 간단한 방법은 문자입니다.

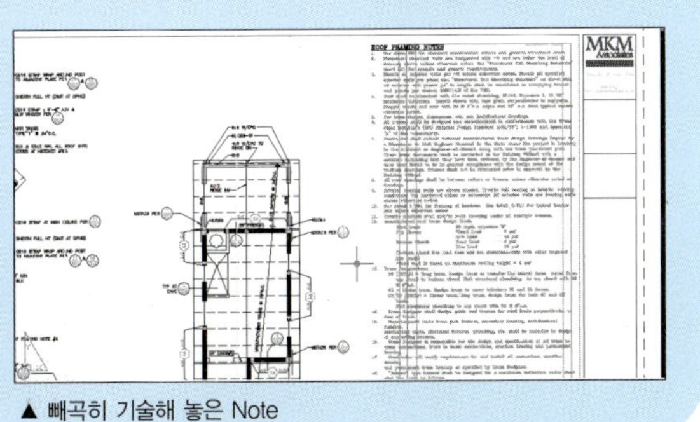

▲ 빼곡히 기술해 놓은 Note

다중행 문자(Multiline Text)에서 단어 교체하기

MText 명령으로 많은 내용의 문자를 입력하였을 때 특정 단어나 문장을 일괄적으로 다른 내용으로 대체해야 할 경우에 Find/Replace 명령을 사용합니다. 선택한 문자열에서 Find 옵션으로 지정한 단어를 찾아 Replace 옵션으로 대체할 단어로 대체시켜 줍니다.

⊙ Samples\06_03_Text_Find_Replace.dwg

01 다중행 문자(Multiline Text)의 일부 단어를 찾아 다른 단어로 교체하기 위해 다중행 문자를 더블클릭합니다.

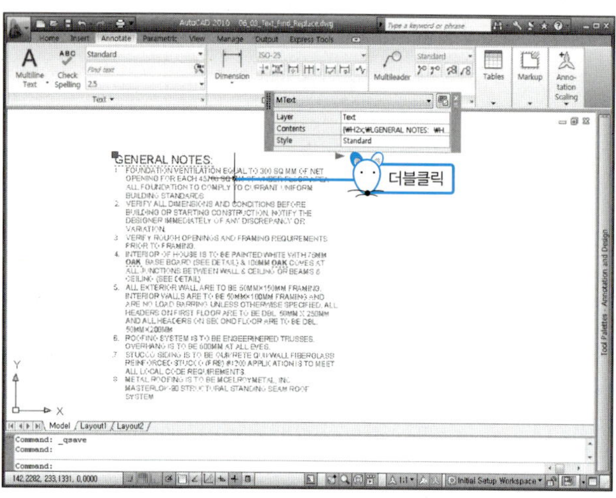

02 [Text Editor] 탭의 [Tools] 패널에서 [Find & Replace](ABC) 아이콘을 클릭합니다.

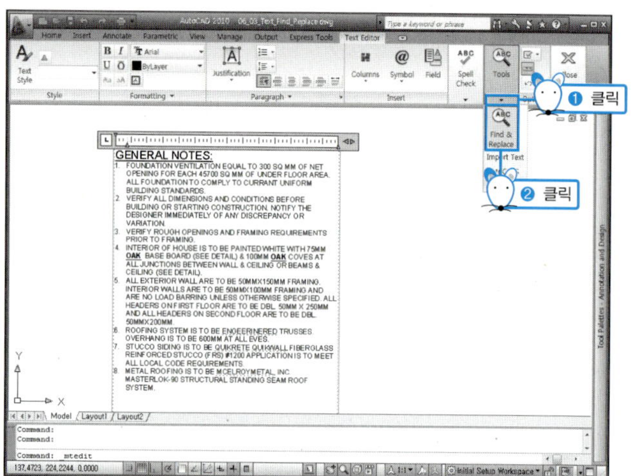

03 [Find and Replace] 대화상자를 그림과 같이 설정합니다.

❶ [Find what]에 'OAK'를 입력합니다.

❷ [Replace with]에 'MAPLE'을 입력하고 [Find Next] 단추를 클릭합니다.

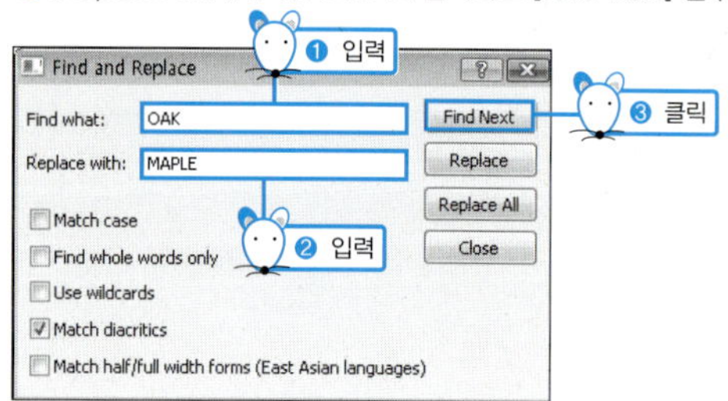

04 조건에 맞는 문자를 찾아 [Context] 영역에 표시합니다. 올바르게 찾았다면 [Replace] 단추를 클릭하여 교체합니다.

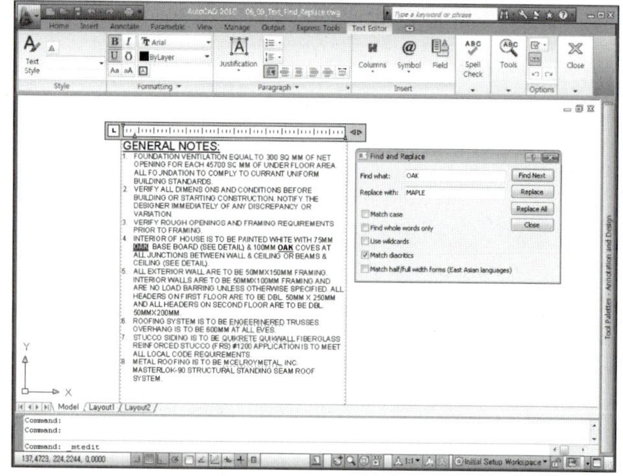

05 [Replace] 단추를 클릭하여 문자를 교체하면 자동으로 다음 문자를 찾습니다. 역시 [Replace] 단추를 클릭해 문자를 교체합니다. 모든 조건에 맞게 문자가 교체되면 'Finished searching' 라고 더 이상 찾는 문자가 없다는 경고 창이 나타납니다.

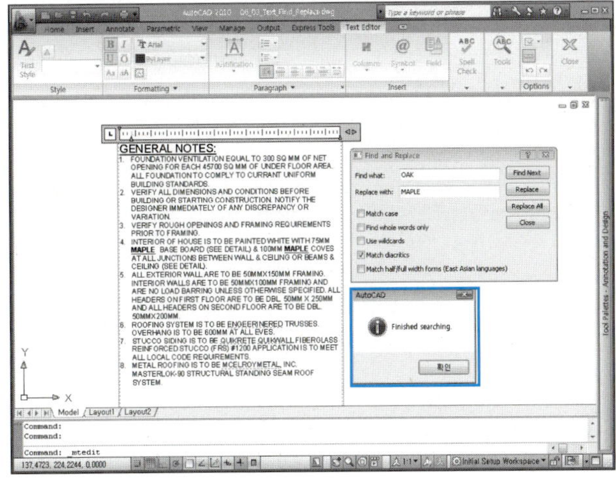

시트의 크기(Sheet Size)

1992년 1월 1일부터 미국 정부는 국제 Unit System과 SI System, General Metric System 등에 사용하도록 미국 국제 표준 규약(ANSI)의 종이 크기를 건설 문서로 적용할 것을 의무화했으며, 국제적인 호응을 얻어 현재 통용되고 있습니다. 아래의 표는 국제적으로 통용되는 표준 시트 크기와 용도입니다.

ASNI		ISO		Architectural		Typical User
Mark	Size	Mark	Size	Mark	Size	
A	216 x 279 (8.5 x 11)	A4	(8.3 x 11.7)	A	229 x 305 (9 x 12)	• Project book • Supplemental Drawings • Mock-up sheet
B	279 x 432 (11 x 17)	A3	297 x 420 (11.7 x 16.5)	B	304 x 457 (12 x 18)	• Reduced drawing from "D" size and "A1" originals • Supplemental Drawings • Mock-up sheets
C	432 x 559 (17 x 22)	A2	420 x 594 (16.5 x 23.4)	C	457 x 610 (18 x 24)	• Small Projects accommodating preferred plan scale
D	559 x 864 (22 x 34)	A1	594 x 841 (23.4 x 33.1)	D	610 x 914 (24 x 36)	• Projects accommodating preferred plan • Government Project
E	864 x 1118 (34 x 44)	A0	841 x 1189 (33.1 x 46.8)	E	914 x 1219 (36 x 48)	• Large projects accommodating preferred plan scale • Mapping and GIS
–	–	–	–	F	762 x 1067 (30 x 42)	• Alternate size for projects accommodating preferred plan scale

표(Table) 작성하고 편집하기

도면에 포함되는 일람표나 범례와 같은 정보는 표(Table) 객체를 기반으로 하는 도면 요소입니다. 기존의 데이터는 물론이고 엑셀(Excel)과 같은 스프레드시트의 데이터를 연동하여 표를 작성하는 방법은 도면 작성에 효율을 가져올 수 있으며 정보의 가치를 높일 수 있습니다.

Lesson 04

Start from empty table을 이용하여 빈 칸의 표 만들기

아무런 내용 없이 칸만 있는 표를 만들어 내용을 입력해 봅니다. 가장 일반적이고도 간단한 표를 작성할 때 사용하는 표의 형태가 될 것입니다.

⊙ Samples\06_04_Table_Empty.dwg

01 [Annotate] 탭의 [Tables] 패널에서 [Table](▦) 아이콘을 클릭합니다.

02 [Insert Table] 대화상자를 그림과 같이 설정합니다.

❶ [Insert options] 영역에서 [Start from empty table]을 체크합니다.

❷ [Insertion behavior] 영역에서 [Specify insertion point]가 체크되었는지 확인합니다.

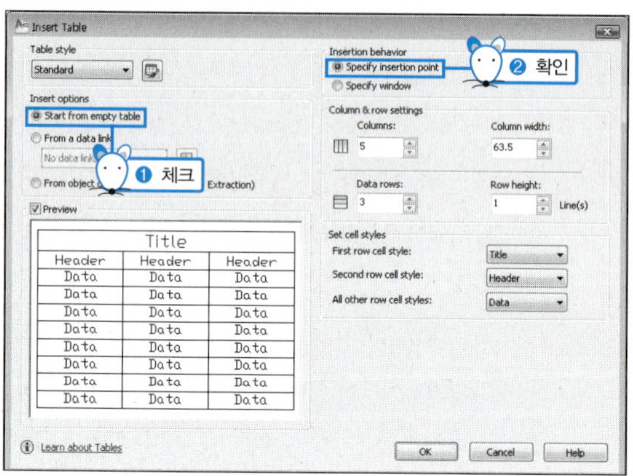

[Insertion behavior] 영역의 이해

- **Specify insertion point** : 표의 행(Column)과 열 (Row)의 개수 그리고, 크기를 미리 설정한 후 표의 삽 입 지점을 클릭하여 표를 작성합니다.

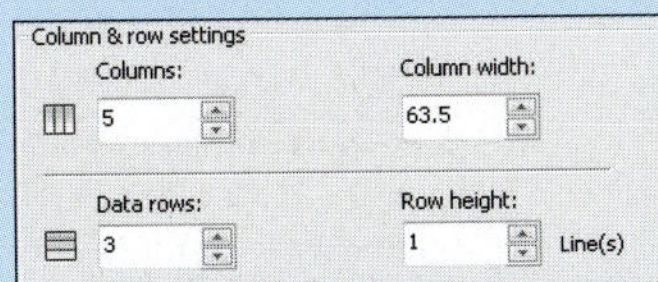

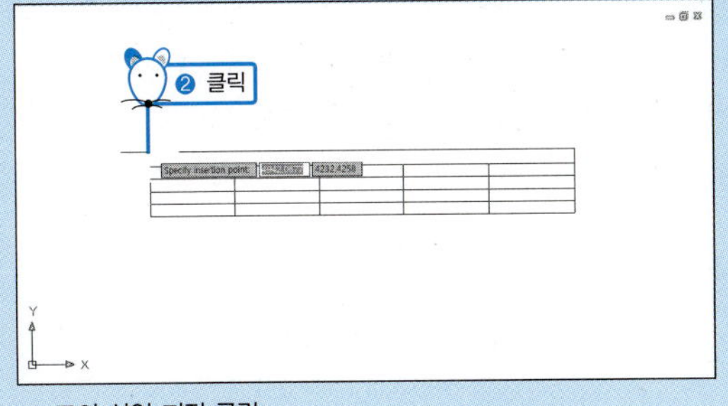

▲ 표의 삽입 지점 클릭

- **Specify window** : 표의 행 개수와 열의 크기를 설정 한 후 마우스 드래그로 표의 크기를 임의로 설정하여 작성합니다.

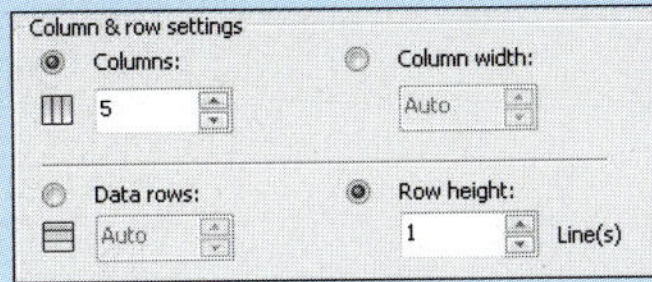

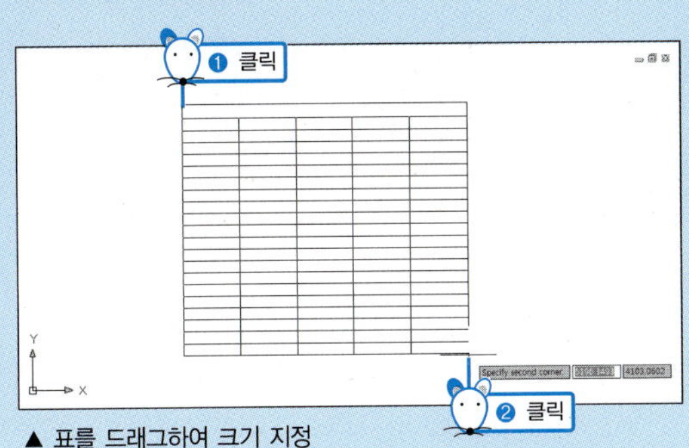

▲ 표를 드래그하여 크기 지정

03 [Column & row settings] 영역을 그림과 같이 설정 한 후 [OK] 단추를 클릭합니다.

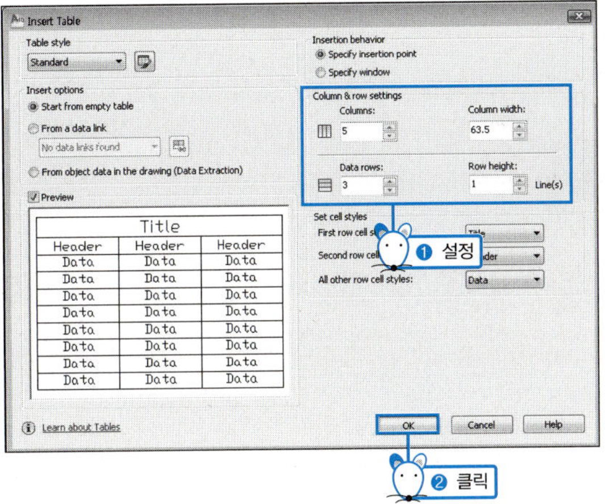

[Column & row settings] 영역의 이해

- **Columns** : 표의 행(Column) 개수를 설정합니다.

- **Columns width** : 표의 행(Column) 크기를 설정합니다. 이때 크기는 한 행의 크기를 의미합니다.

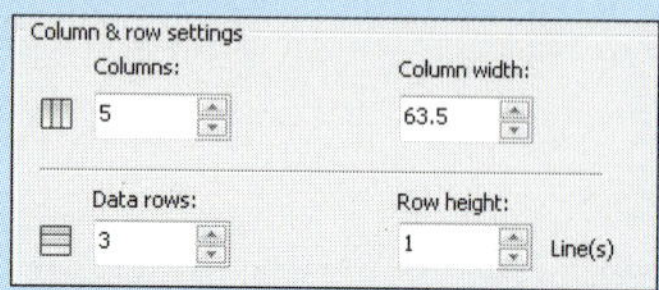

▲ Column & row settings

- **Data rows** : 데이터 열(Row)의 개수를 설정합니다. 이때 중요한 것은 오직 데이터 열의 개수를 의미한다는 것입니다. [Set cell styles] 영역의 설정처럼 Title, Header 열이 설정되어 있다면 '데이터 열의 개수+2'가 전체 표의 열(Row) 개수가 됩니다.

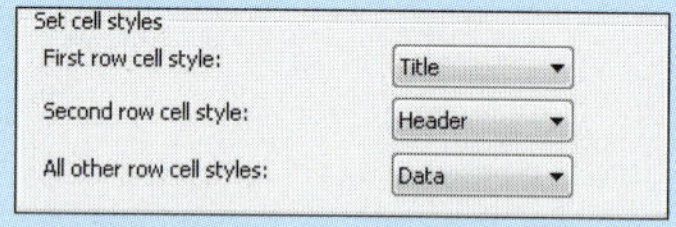

▲ Set cell styles

- **Row height** : 열(Row)의 크기를 설정합니다. 이때 크기를 '1'로 설정했다는 것은 '문자의 크기+위 여백+아래 여백'을 의미합니다. 기본 설정처럼 문자의 크기가 '4.5', 위·아래 여백이 각각 '1.5'라면 'Row height(1)=7.5'를 의미하는 것입니다.

---

04 그림과 같이 표의 좌측·상단을 클릭합니다.

05 [Title] 셀(Cell, 표의 한 칸)에는 'Table Title' 문자 스타일을, [Header] 셀에는 'Table Header' 문자 스타일을, [Data] 셀에는 'Table Data' 문자 스타일로 설정한 후 그림과 같이 입력합니다.

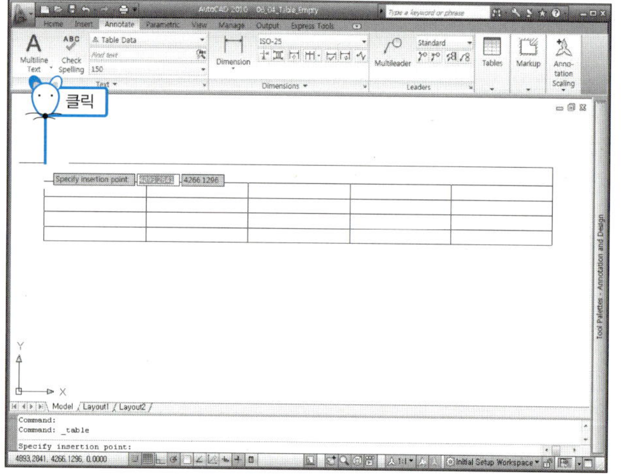

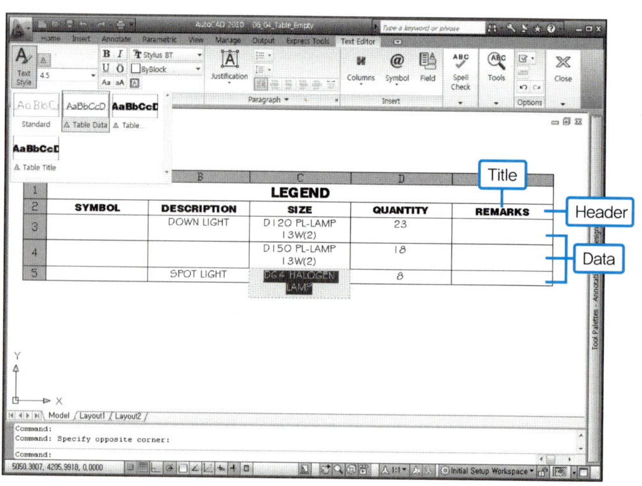

🔖 **주목**

새로운 셀에 문자를 입력하기 위해서는 해당 셀을 더블클릭합니다.

06 B3 셀을 선택한 후 마우스 오른쪽 단추를 클릭하고 [Copy]를 선택합니다.

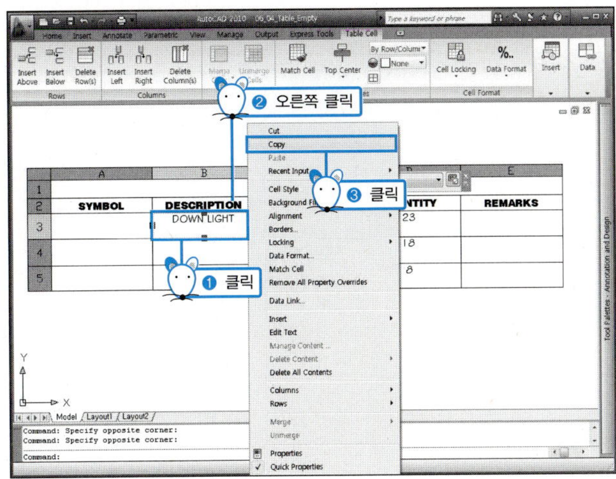

07 그림과 같이 아래의 빈 셀을 선택한 후 마우스 오른쪽 단추를 클릭하고 [Paste]를 선택합니다.

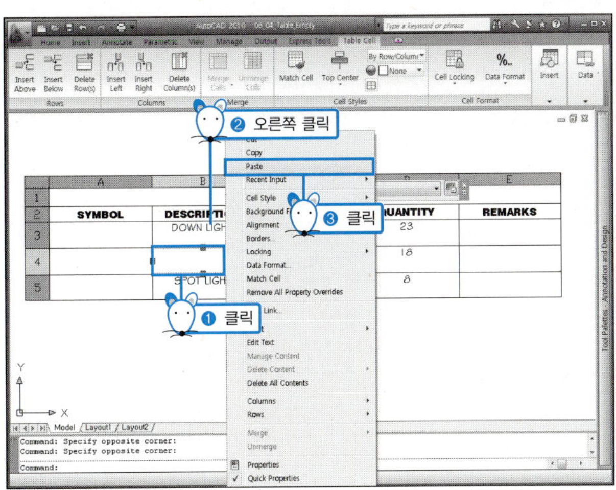

08 빈 셀을 선택한 후 [Table Cell] 탭의 [Insert] 패널에서 [Block](⬚) 아이콘을 클릭합니다.

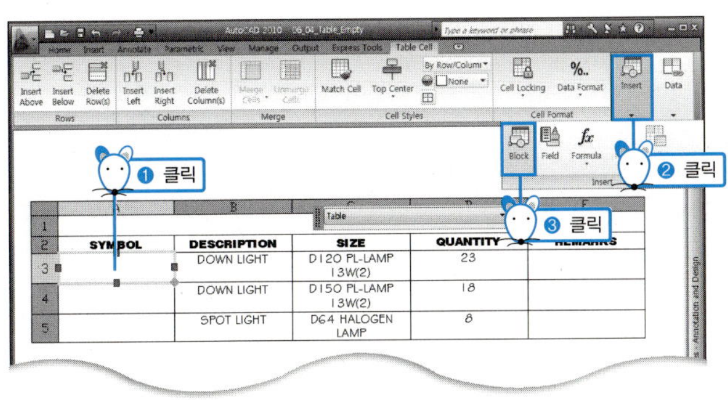

09 [Insert a Block in a Table Cell] 대화상자를 그림과 같이 설정합니다.

❶ 'D120' 블록을 선택한 후 [Overall cell alignment]에서 'Middle Center'를 선택합니다.

❷ [OK] 단추를 클릭합니다.

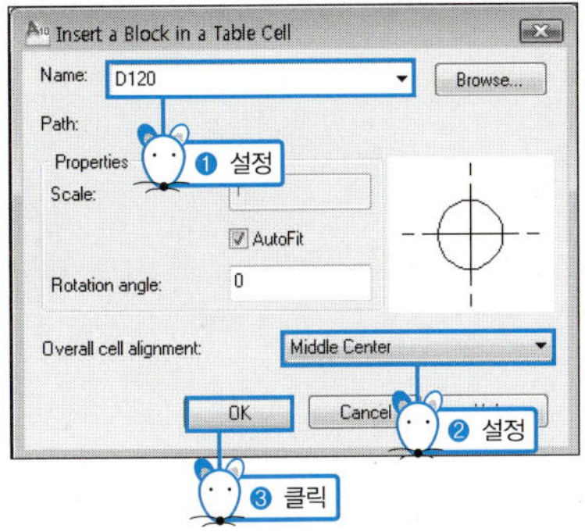

10 A4 셀에는 'D150' 블록을, A5 셀에는 'D64' 블록을 각각 삽입합니다.

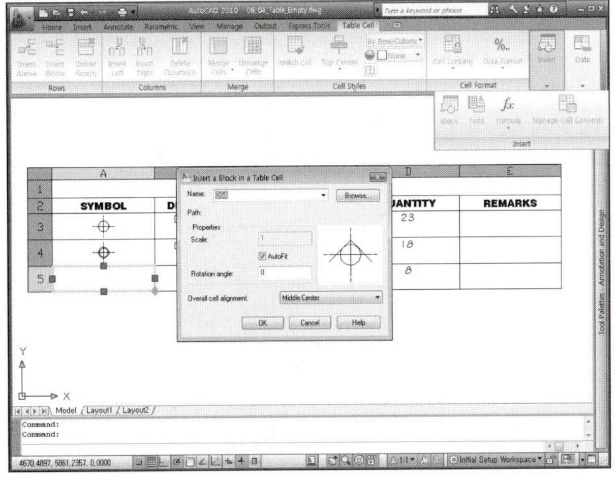

11 표를 선택하여 Grip을 표시합니다. [SIZE] 행과 [QUANTITY] 행 사이의 Grip을 클릭하여 붉은색으로 변경한 후 드래그하여 [SIZE] 행의 간격을 넓힙니다.

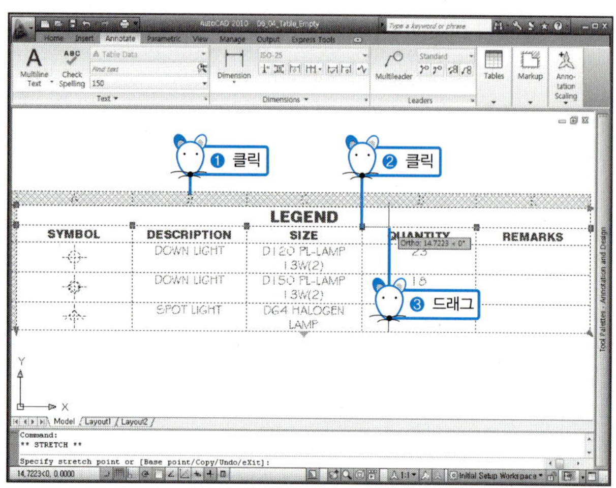

12 B3 셀을 선택한 후 Shift 를 누른 상태로 D5 셀을 선택하여 사이에 속한 9개의 셀을 모두 선택합니다.

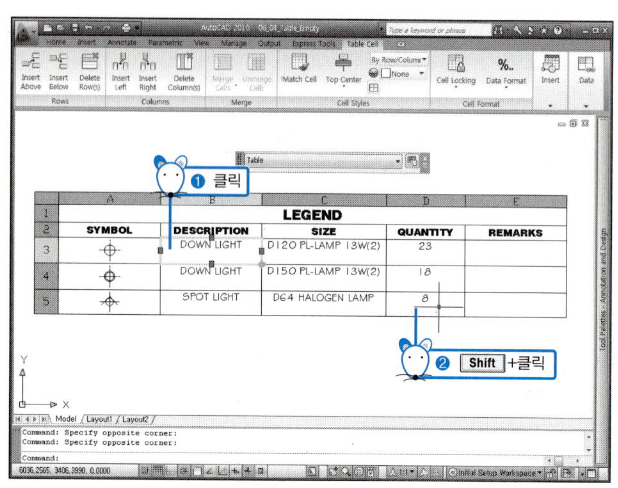

주목

Osnap 설정을 해제(F3)한 후 작업하는 것이 수월합니다.

13 [Table Cell] 탭의 [Cell Styles] 패널에서 [Middle Center](🖫) 아이콘을 클릭합니다.

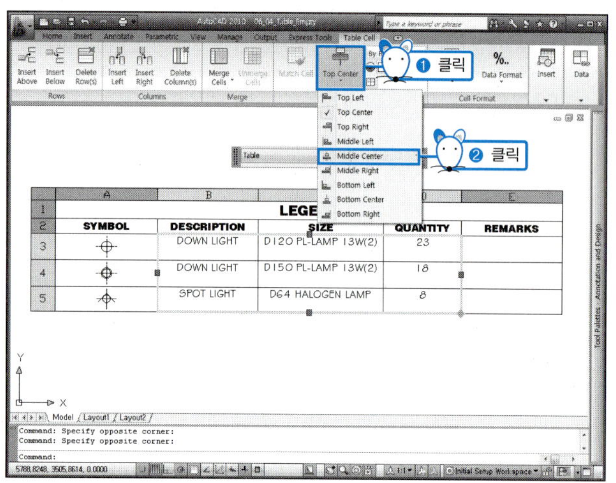

14 작성한 표를 확인하고 작업을 마무리합니다.

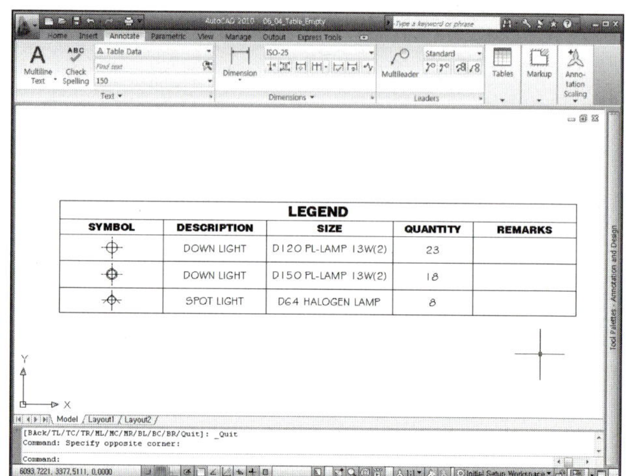

From a data link를 이용하여 데이터로 표 만들기

엑셀(Excel)과 같은 스프레트시트 프로그램으로 만든 데이터 파일을 이용하여 표를 만드는 방법을 알아봅니다.

⊙ Samples\06_04_Table_Data.dwg

01 [Annotate] 탭의 [Tables] 패널에서 [Table](▦) 아이콘을 클릭합니다.

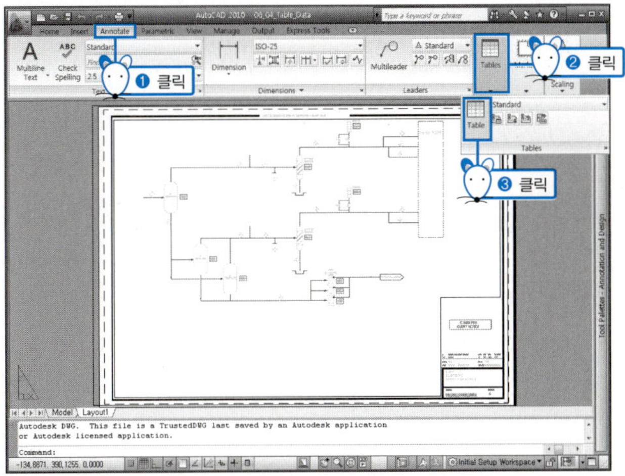

02 [Insert options] 영역에서 [From a data link]를 체크한 후 [Launch the Data Link Manager dialog](▧) 아이콘을 클릭합니다.

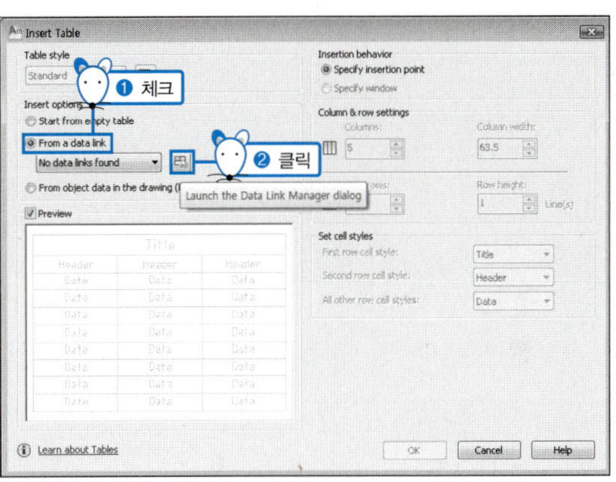

주목

선택할 데이터 파일의 행과 열을 그대로 사용하므로 행과 열의 개수나 크기를 설정할 필요가 없습니다. 따라서, 드래그로 열의 개수를 지정하는 [Specify window] 옵션도 활성화되지 않습니다.

03 [Select a Data Link] 대화상자의 [Links] 영역에서 'Create a new Excel Data Link' 링크를 선택합니다.

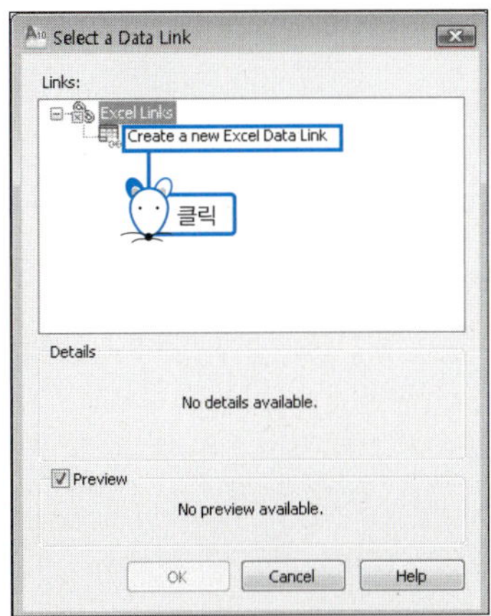

04 [Enter Data Link Name] 대화상자를 그림과 같이 설정합니다.

❶ [Name]에 'Mass-Balance'를 입력한 후 [OK] 단추를 클릭합니다.

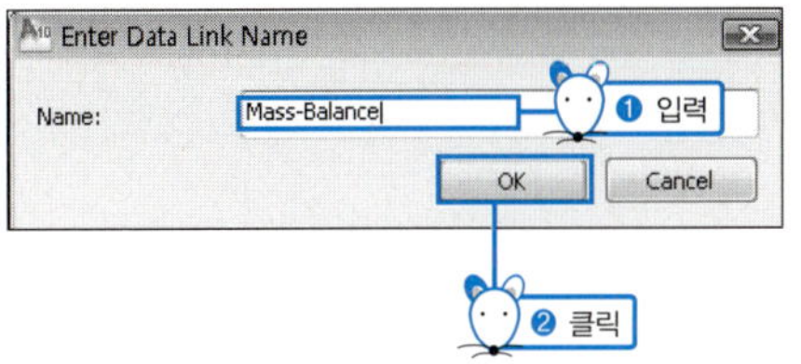

05 [New Excel Data Link] 대화상자에서 [Browser for a file]의 [...] 단추를 클릭합니다.

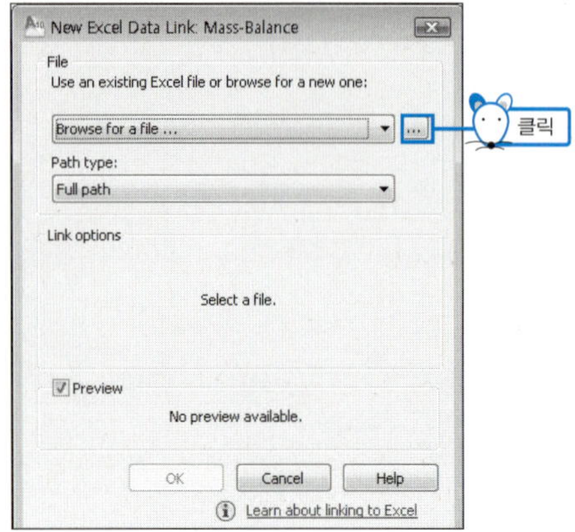

06 부록 CD에서 '06_04_Excel.xls' 파일을 선택한 후 [Open] 단추를 클릭합니다.

ⓞ Samples\06_04_Excel.xls

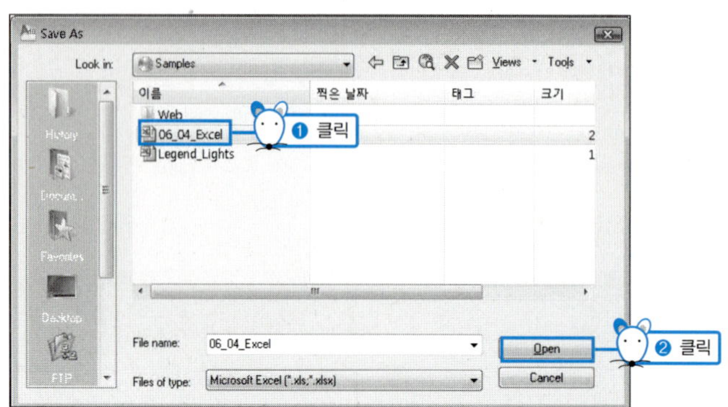

07 [New Excel Data Link] 대화상자에서 링크될 데이터를 확인한 후 [OK] 단추를 누릅니다.

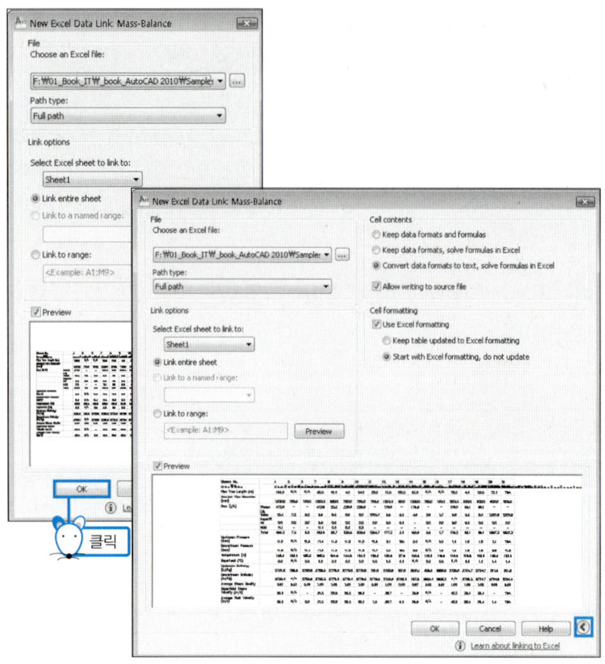

▲ 확장된 [New Excel Data Link] 대화상자

08 [Select a Data Link] 대화상자의 [Links] 영역에서 'Mass-Balance' 링크가 새롭게 만들어진 것을 확인한 후 [OK] 단추를 클릭합니다.

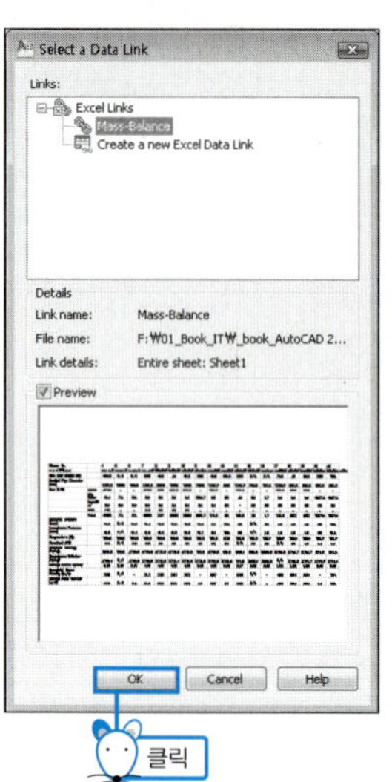

09 [Insert Table] 대화상자의 미리 보기 화면을 확인하고 [OK] 단추를 클릭합니다.

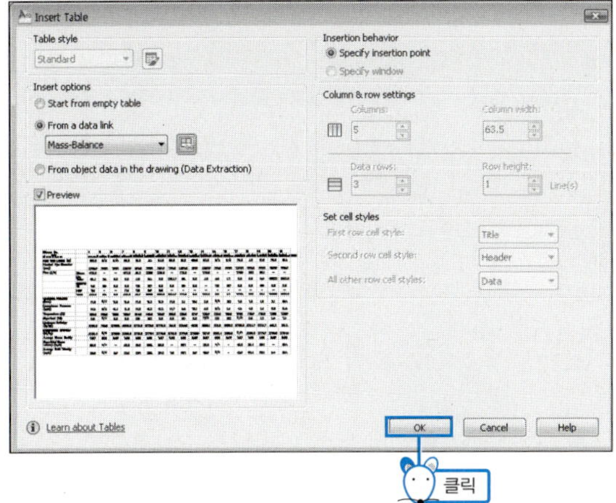

10 그림과 같이 레이아웃 영역에 표의 좌측상단을 클릭하면 데이터에서 가져온 표가 완성됩니다.

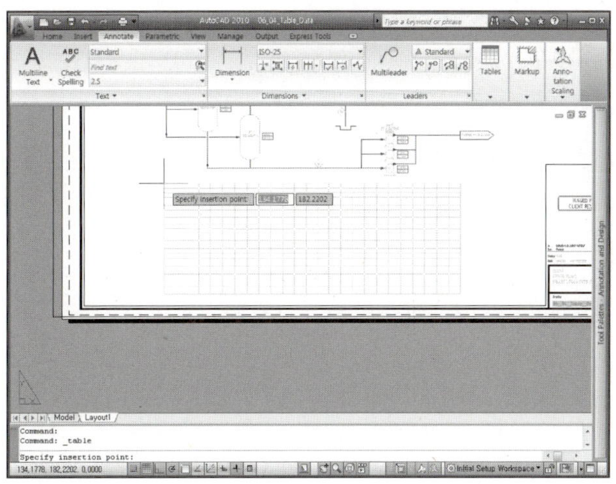

주목

표의 크기가 레이아웃에 적당하지 않지만 이 내용은 표 스타일을 설정하는 부분에서 수정하겠습니다.

데이터를 추출하여 표 만들기

따라해 보세요

도면에서 직접 데이터를 추출하여 표(table)를 만듭니다.

◉ Samples\06_04_Table_Extraction.dwg

01 [Annotate] 탭의 [Tables] 패널에서 [Table](▦) 아이콘을 클릭합니다.

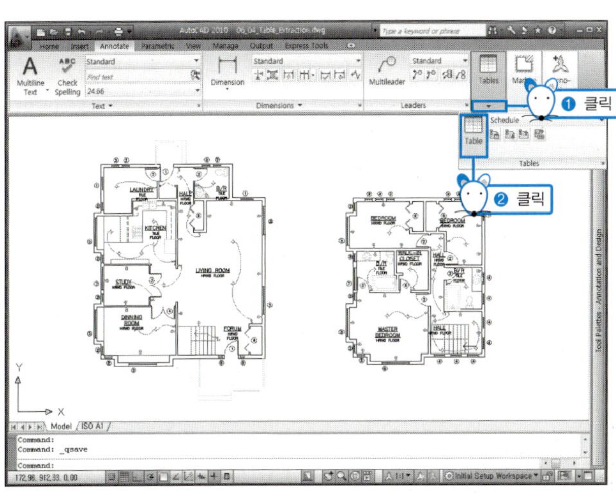

02 [Insert options] 영역에서 [From object data in the drawing(Data Extraction)]을 체크한 후 [OK] 단추를 클릭합니다.

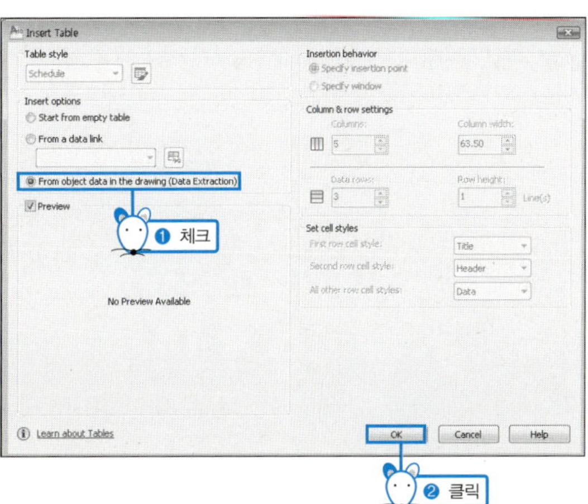

03 데이터 추출 마법사인 [Data Extraction – Begin] 대화상자의 [Create a new data extraction]를 체크한 후 [Next] 단추를 클릭합니다.

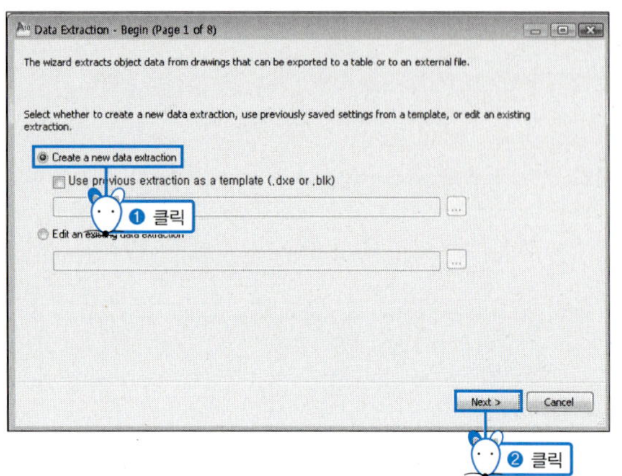

04 [Save Data Extraction As] 대화상자에 추출할 데이터의 이름을 'Data Extraction'로 입력한 후 [Save] 단추를 클릭합니다.

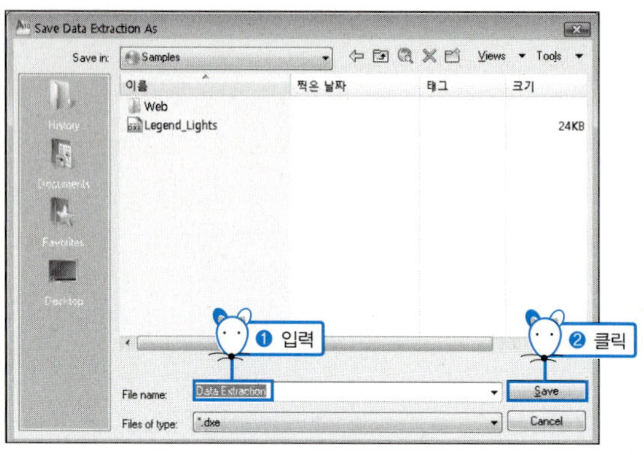

05 [Data Extraction – Define Data Source] 대화상자에서 저장되는 파일의 경로를 확인한 후 [Next] 단추를 클릭합니다.

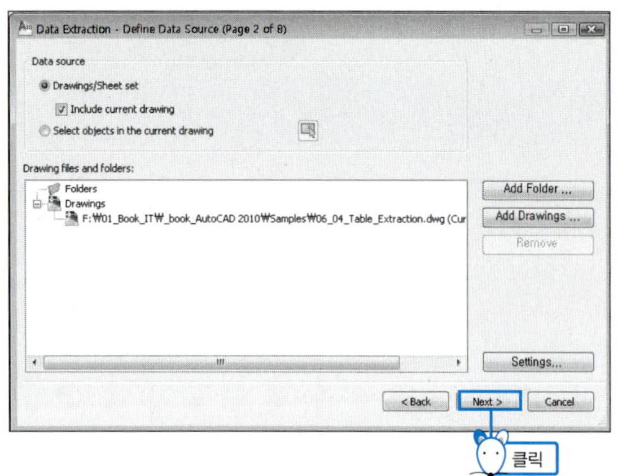

06 [Data Extraction – Select Objects] 대화상자에서 추출할 객체를 체크한 후 [Next] 단추를 클릭합니다.

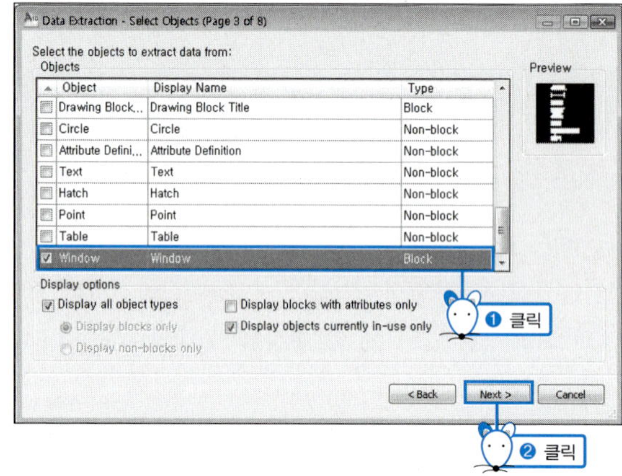

07 [Data Extraction – Select Properties] 대화상자에서 추출할 속성을 체크한 후 [Next] 단추를 클릭합니다.

주목

여기에서는 'COST', 'HEIGHT', 'MANUFACTURER', 'Window Width'만을 체크합니다.

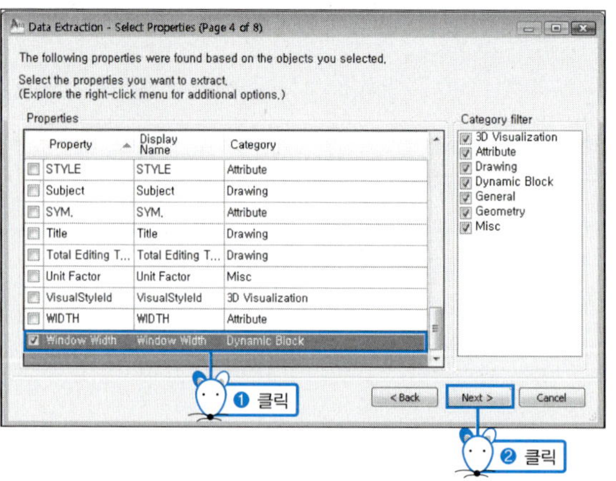

08 [Data Extraction – Refine Data] 대화상자에서 행(Column)의 새로운 순서나 결과물을 새롭게 필터링합니다. 또한, 공식을 추가하고 외부 참조 데이터를 만들어 줍니다. 그림과 같이 설정한 후 [Next] 단추를 클릭합니다.

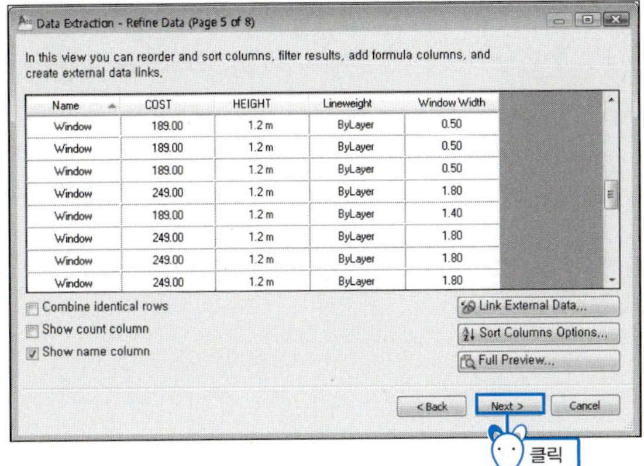

09 [Data Extraction – Choose Output] 대화상자를 그림과 같이 설정합니다.

❶ [Insert data extraction table into drawing]과 [Output data to external file] 옵션을 모두 체크합니다.

❷ 저장될 파일(external file)의 경로를 설정하고 [Next] 단추를 클릭합니다.

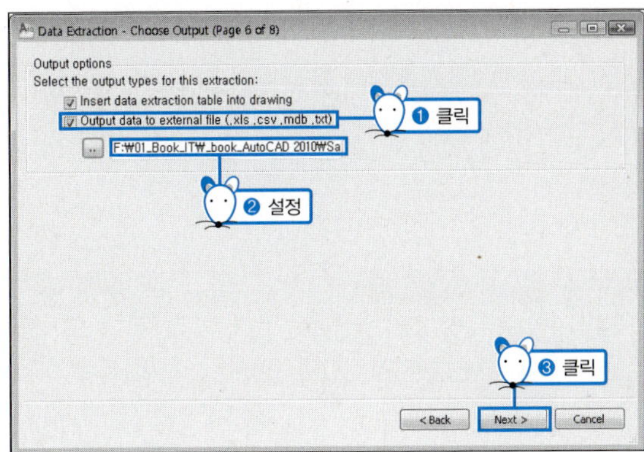

10 [Data Extraction – Table Style] 대화상자에서 그림과 설정한 후 [Next] 단추를 클릭합니다.

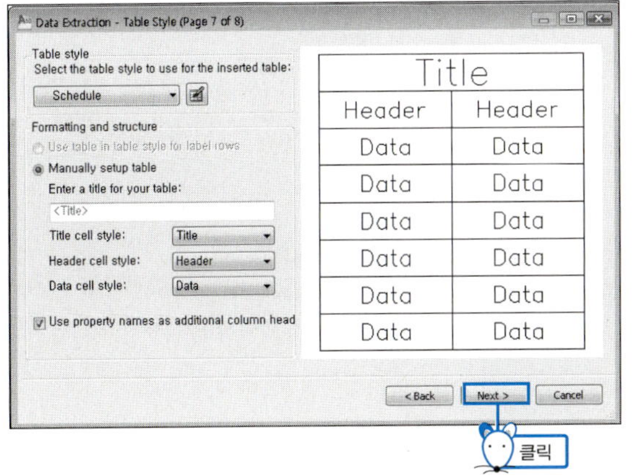

11 [Data Extraction – Finish] 대화상자에서 [Finish] 단추를 클릭합니다.

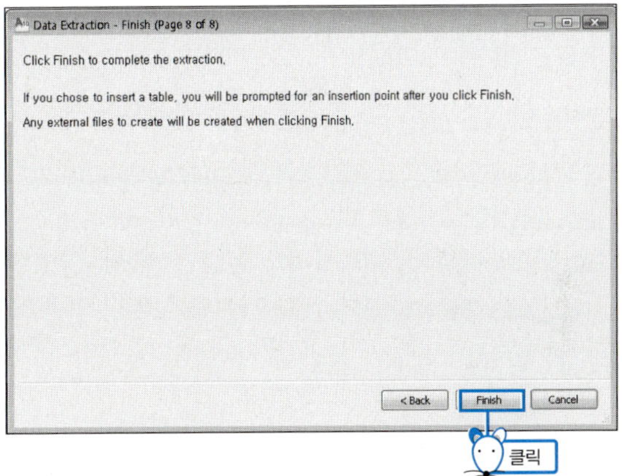

12 그림과 같이 도면 영역에 데이터를 추출한 표의 위치를 클릭합니다.

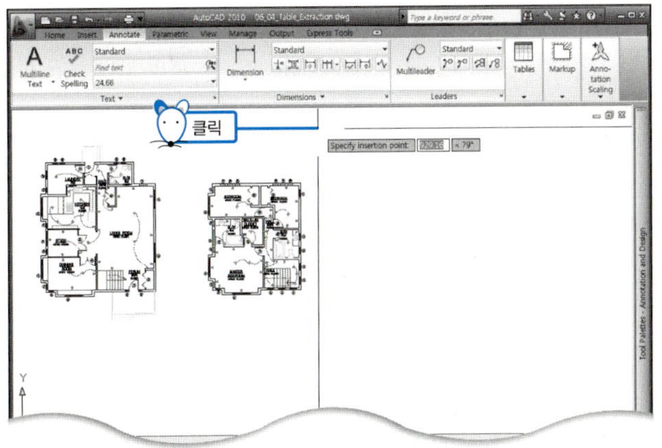

13 도면에서 데이터를 추출(Extraction)하여 표로 만들어 레이아웃 영역에 위치한 것을 확인합니다.

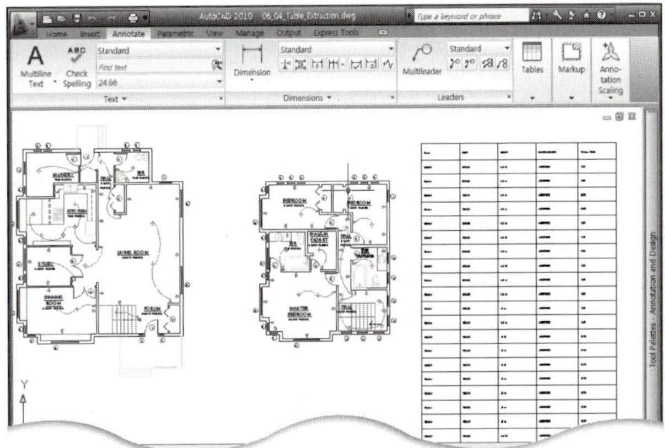

표 스타일 만들기

표 역시 스타일을 만들어 도면에 포함되는 표의 스타일을 일정하게 꾸미는 것이 도면을 통일성 있게 작성하는 방법
입니다. 다음 예제를 통해서 표 스타일을 작성하는 방법을 배워봅니다.

◉ Samples\06_04_Table_Style.dwg

01 [Annotate] 탭의 [Tables] 패널에서 [Table style](▼) 단추를 클릭하여 [Table Style] 대화상자를 불러냅니다.

02 [Table Style] 대화상자에서 [New] 단추를 클릭한 후 [Create New Table Style] 대화상자에서 새로운 이름 'Table_Legend'로 설정하고 [Continue] 단추를 클릭합니다.

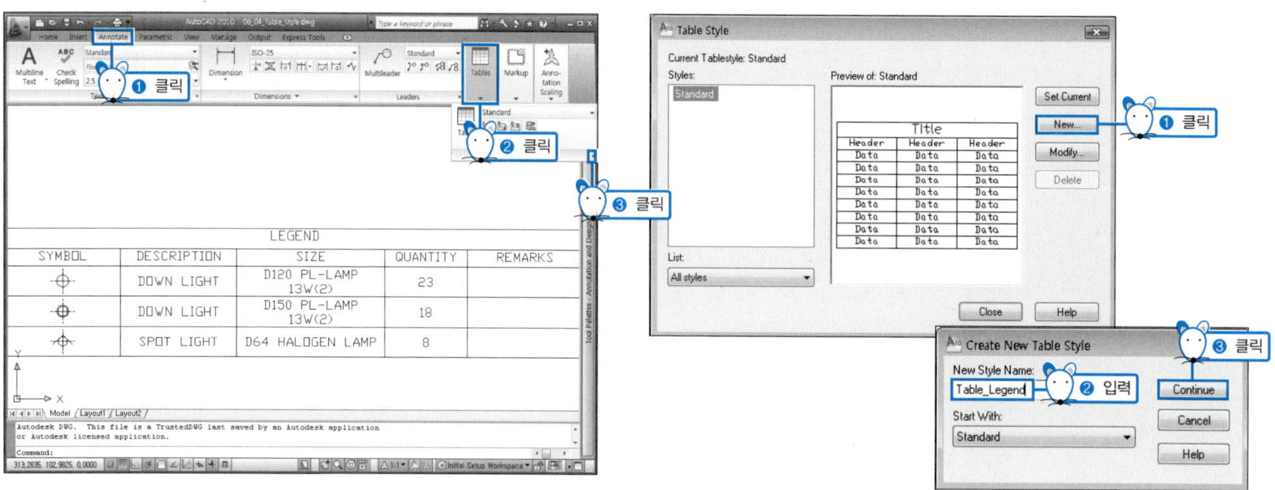

03 [New Table Style] 대화상자의 [Cell styles] 영역에서 'Title'을 선택한 후 하위 [General], [Text], [Border] 탭을 그림과 같이 설정합니다.

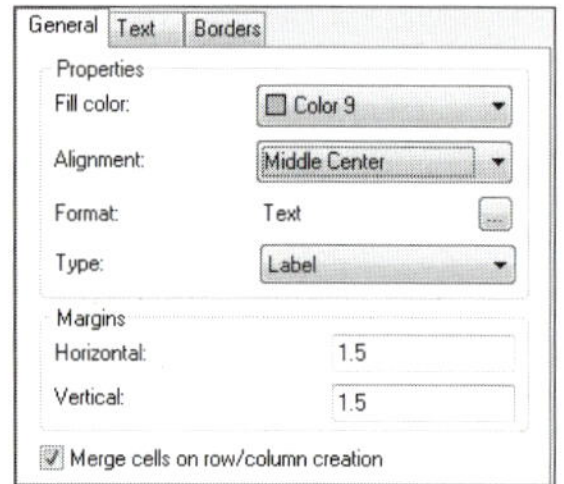
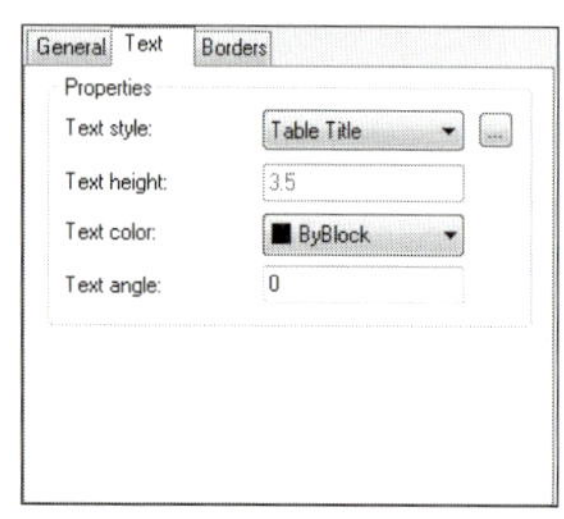
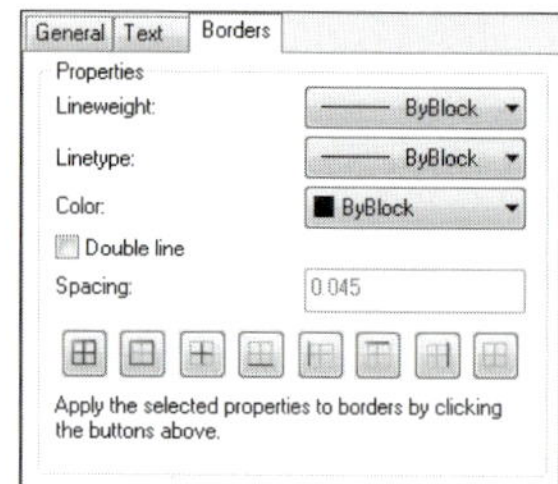

04 [Cell styles] 영역에서 'Header'를 선택한 후 하위 [General], [Text], [Border] 탭을 그림과 같이 설정합니다.

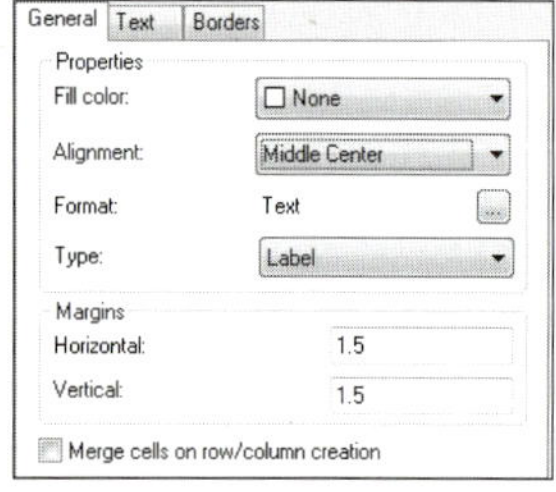

05 [Cell styles] 영역에서 'Data'를 선택한 후 하위 [General], [Text], [Border] 탭을 그림과 같이 설정합니다.

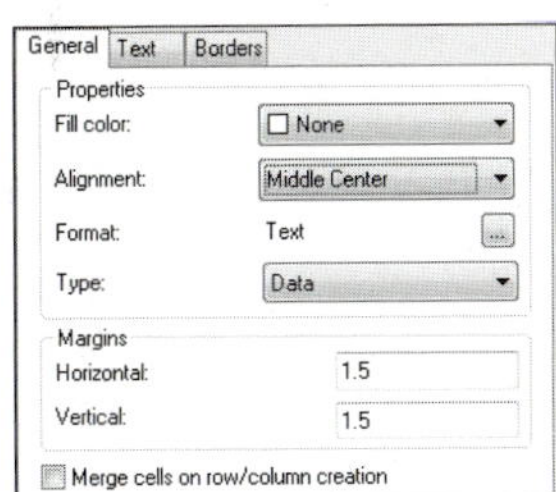 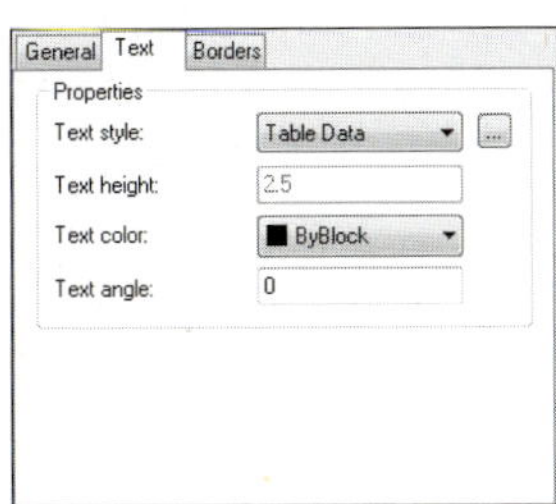 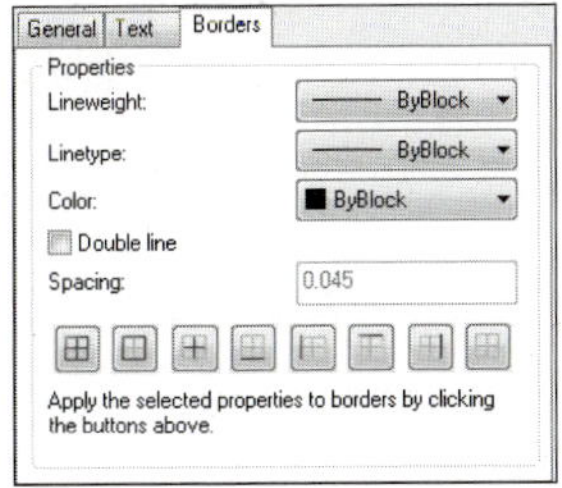

06 [New Table Style] 대화상자의 [OK] 단추를 클릭한 후 [Table Style] 대화상자 [Close] 단추를 클릭합니다.

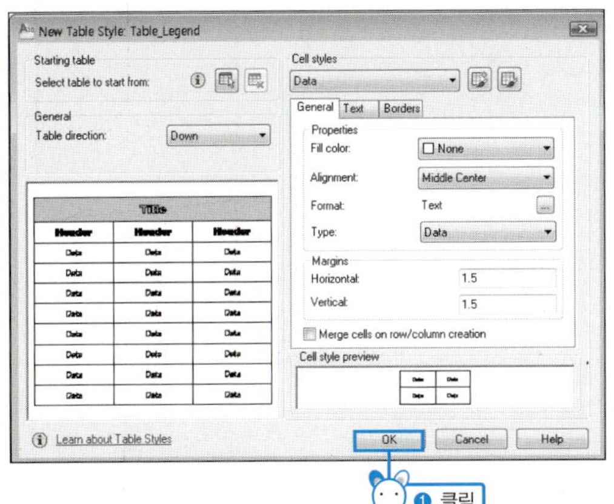

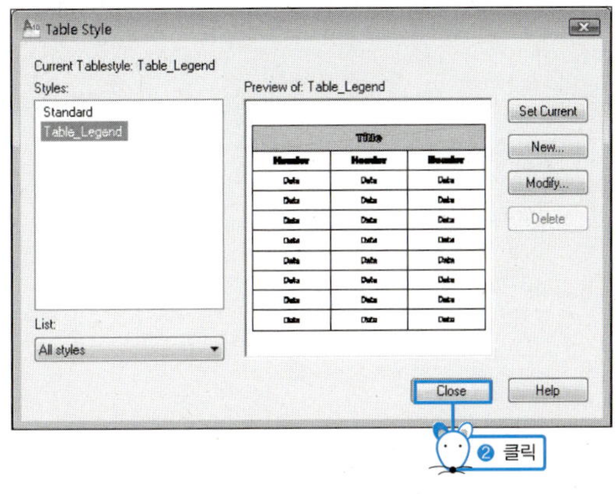

07 표를 선택하여 Grip이 나타나면 [Annotate] 탭의 [Tables] 패널에서 'Table_Legend' 표 스타일을 선택합니다.

08 Esc 를 눌러 선택을 해제하면 새로운 표 스타일이 적용된 것을 확인할 수 있습니다.

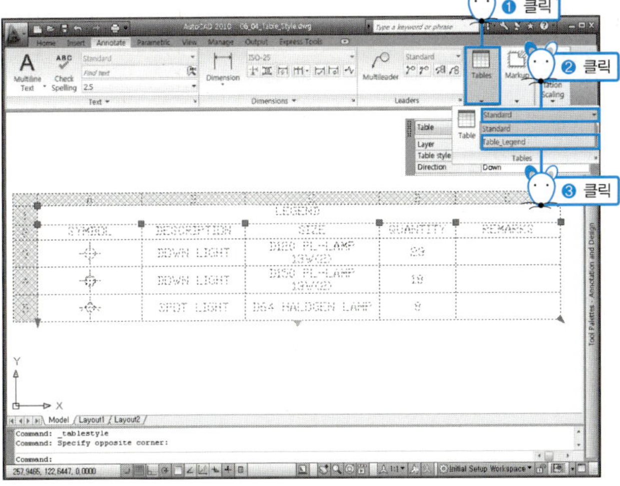

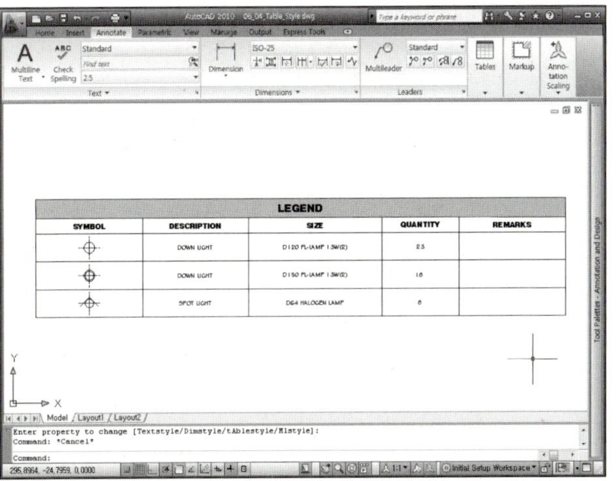

07 치수(Dimension)는 도면의 인상을 좌우합니다!

도면의 모든 요소가 중요하지만 치수(Dimension)는 문자와 함께 도면의 인상을 크게 좌우합니다. 뿐만 아니라 부정확한 치수는 공사에 큰 차질을 가져오기 때문에 지속적인 치수의 검토가 이루어져야 합니다. 특히 강화된 Annotation Scale 기능을 이용하면 치수 역시 출력과 도면 작업에 최적화된 환경으로 설정할 수 있습니다. Part 07에서는 이러한 내용을 세세히 알아봅니다.

프로페셔널 도면을 위한 치수 작성

치수(Dimension)는 도면의 인상을 크게 좌우합니다. 그럴 뿐만 아니라 식별이 명확하고 정확한 치수는 제품 제작에 결정적인 요인이 됩니다. 특히 강화된 Annotation Scale 기능을 통해 올바른 치수 작성에 대해 알아봅니다.

치수 기입의 기본

치수는 정확하게 작성하는 것과 명확한 식별성을 갖는 것이 중요합니다. 따라서 다양한 치수 기입 방식에 따라 적합한 스타일을 적용해야 합니다. 치수의 각 부 명칭과 치수를 기입하는 기준에 대해 알아봅니다.

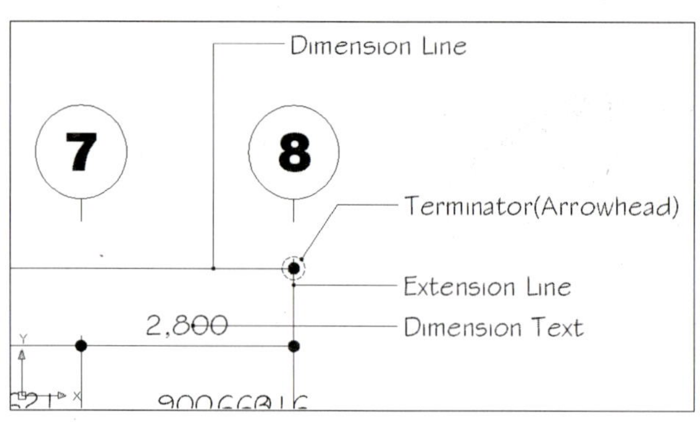

▲ 치수 각 부의 명칭

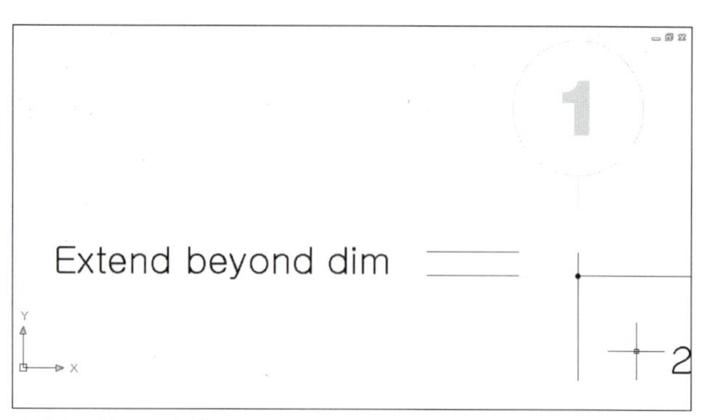

▲ Extend beyond dim

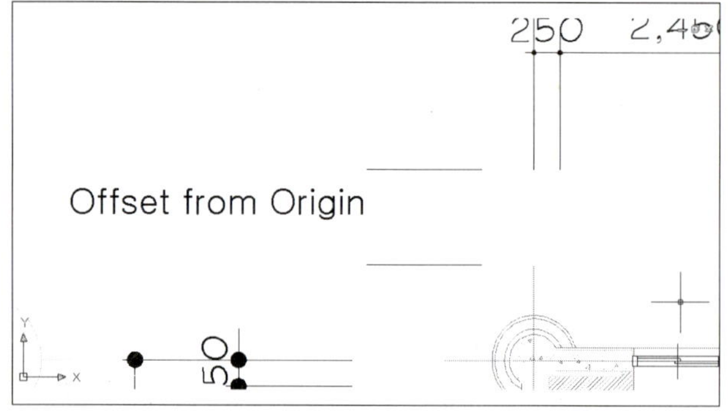

▲ Offset from Origin

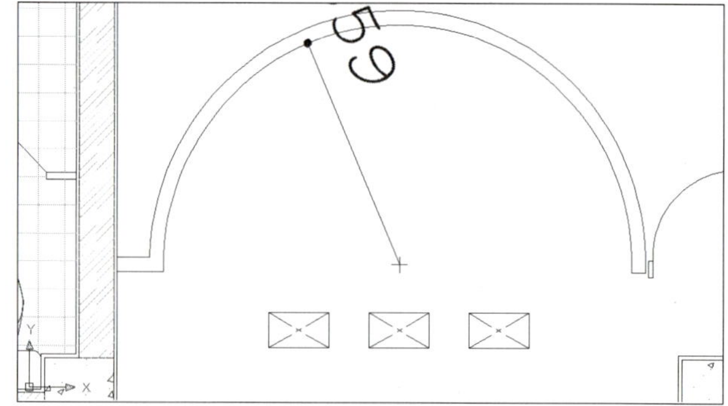

▲ Center Mark

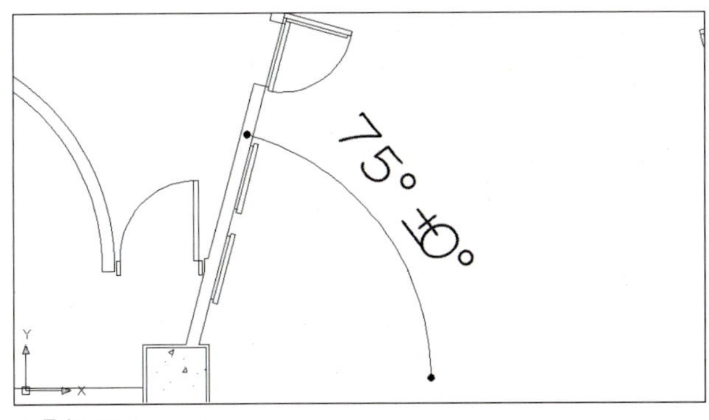

▲ Tolerance

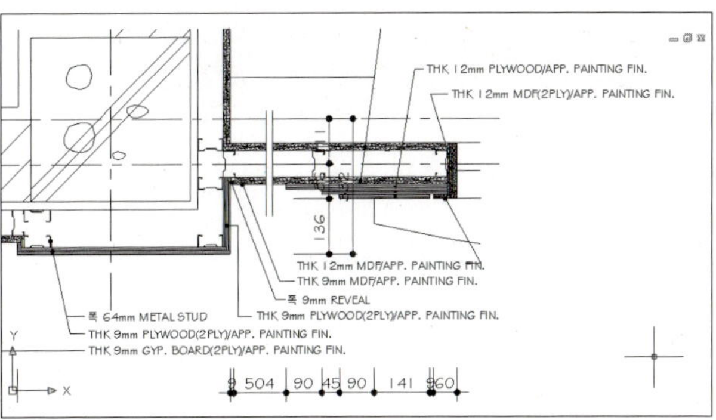

▲ Multileader

 치수의 스타일

치수의 스타일은 표준을 따라야 합니다. 기본으로 제공되는 'ISO-25' 스타일과 작성하는 도면의 목적에 맞는 스타일을 설정하고 해당 스타일을 적합하게 치수에 적용시키는 방법에 대해서 알아봅니다.

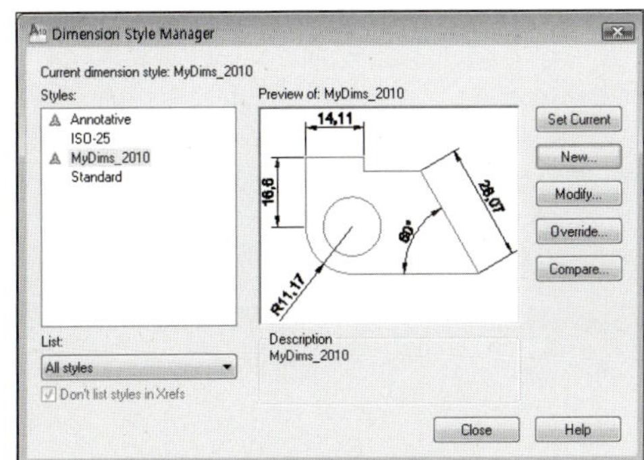

▲ [Dimension Style Manager] 대화상자

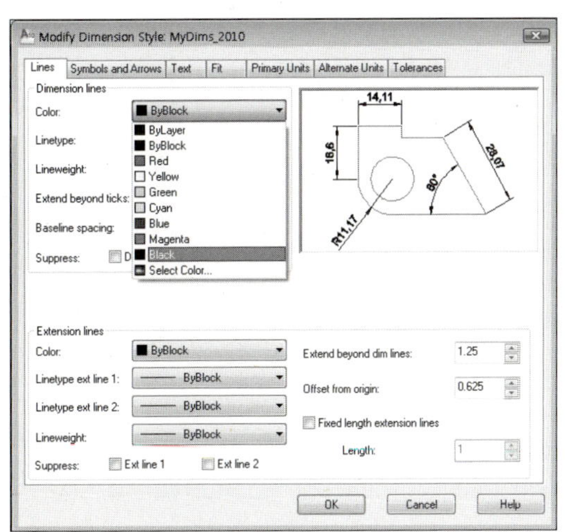

▲ [Modify Dimension Style] 대화상자

다양한 치수 기입하기

기입하려는 치수의 형태에 따라서 다양한 치수 기입 방식이 제공됩니다. 치수 기입의 규준에
의거하여 정확한 치수 작성 방식에 대해 알아봅니다.

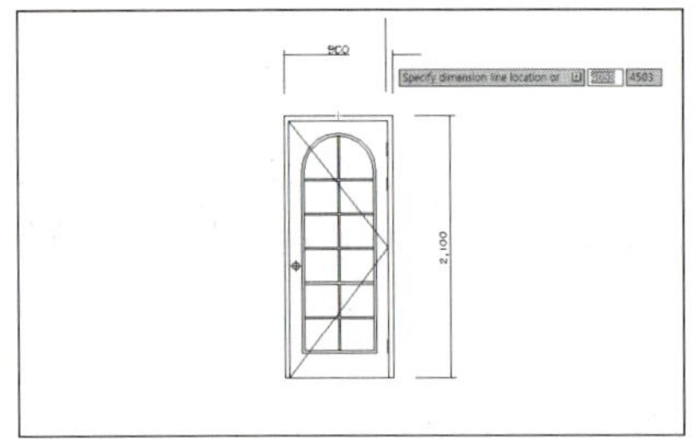

▲ Linear Dimension

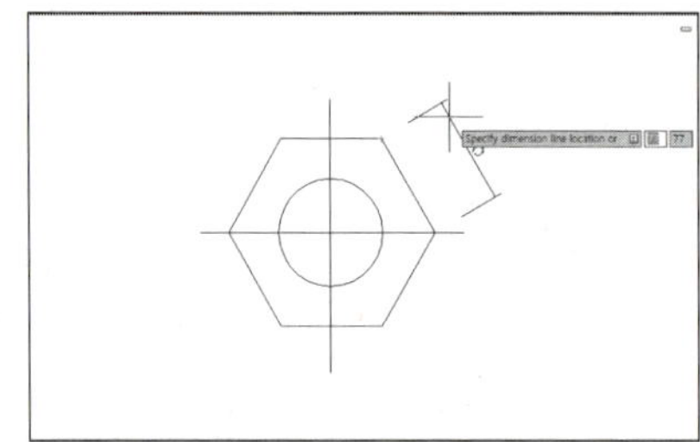

▲ Aligned Dimension

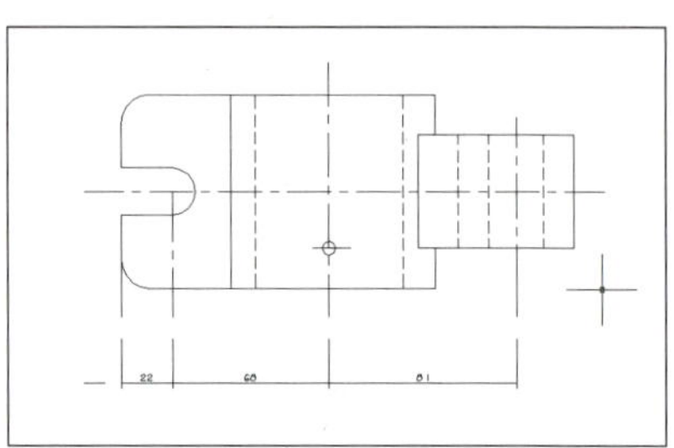

▲ Continue Dimension

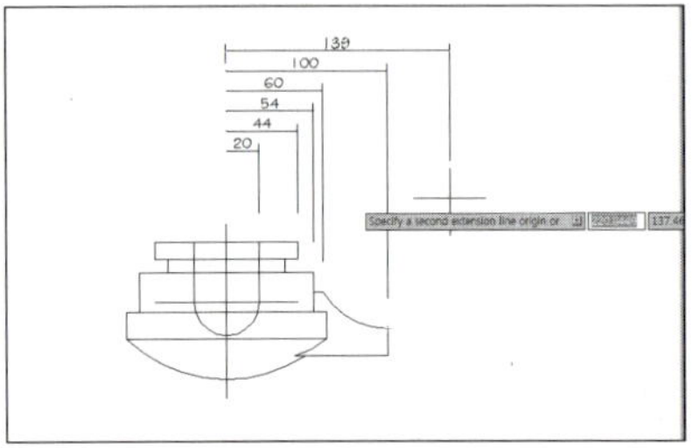

▲ Baseline Dimension

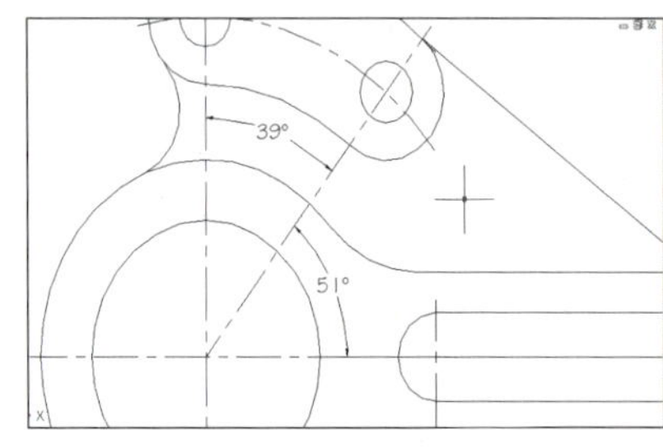

▲ Angular Dimension

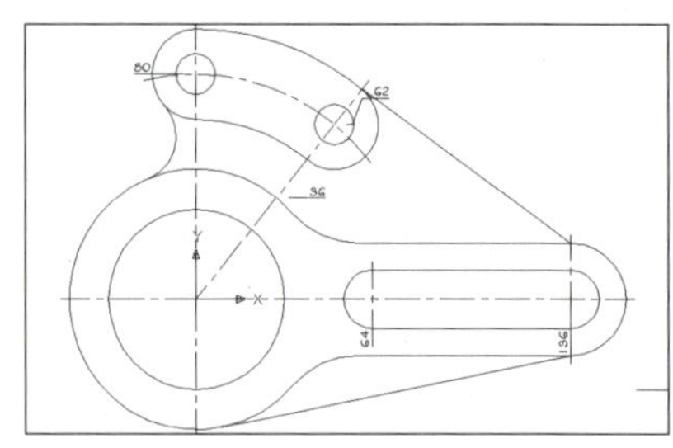

▲ Ordinate Dimension

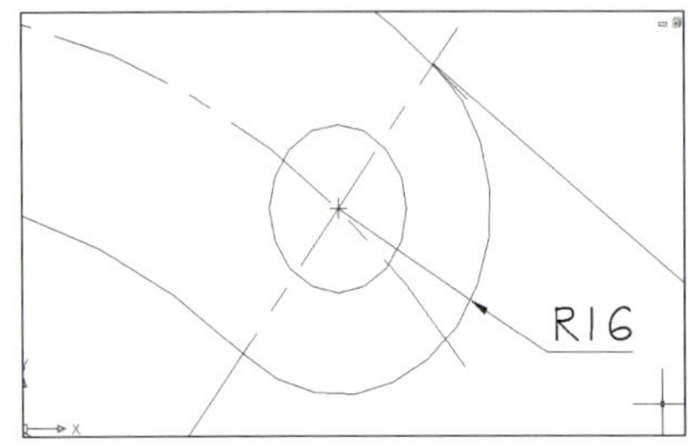

▲ Radius Dimension

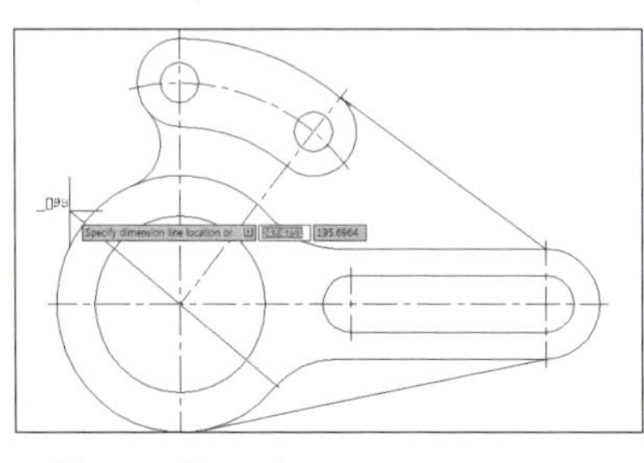

▲ Diameter Dimension

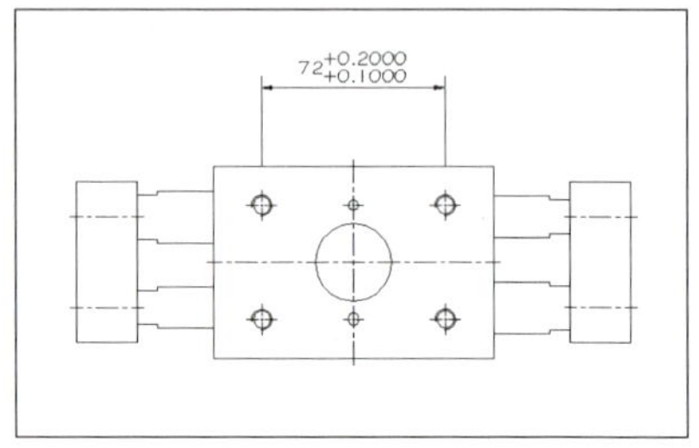

▲ Tolerance

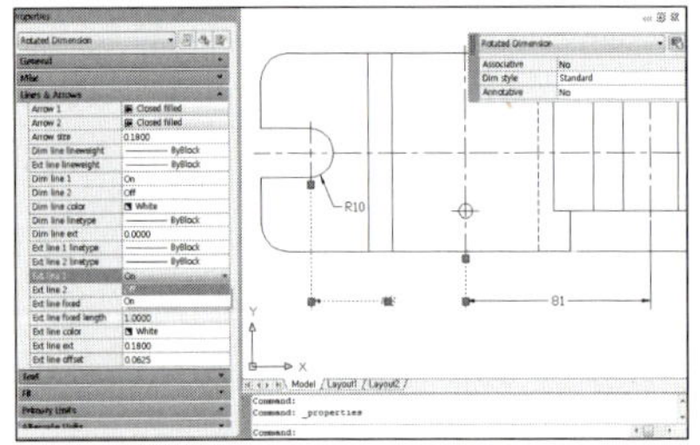

▲ Properties Palettes를 이용한 치수 편집

다중 지시선(Multileader)으로 도면 정보 입력하기

지시하는 부분 또는, 객체의 재질이나 규격, 기술(Description)을 표시하기 위해 지시선
(Leader)을 사용합니다. 지시선을 통하여 도면에 더욱 세련되고 풍부한 정보를 입력하는 방법
에 대해 알아봅니다.

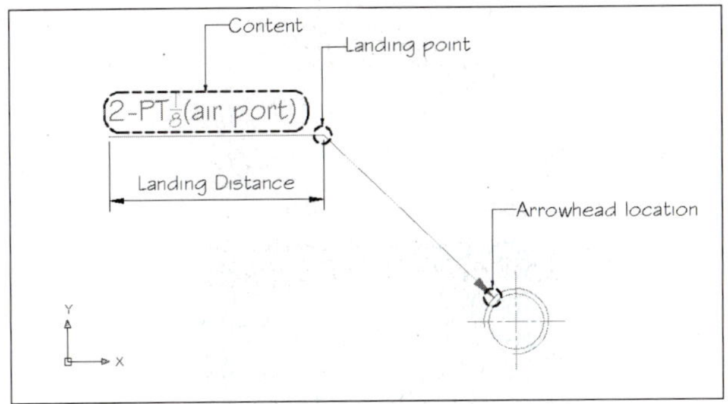

▲ 지시선 각 부의 명칭

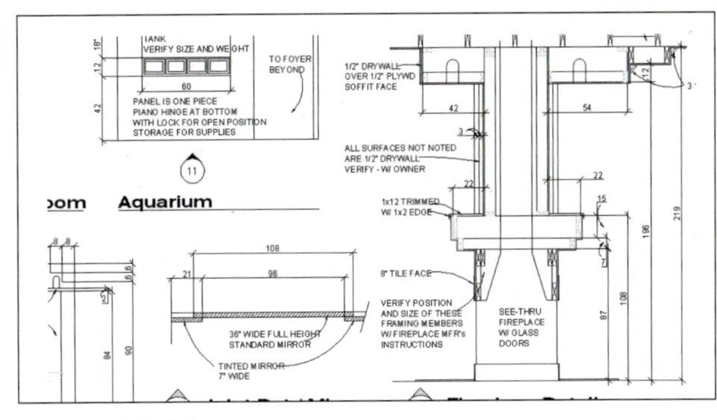

▲ 지시선 적용 사례

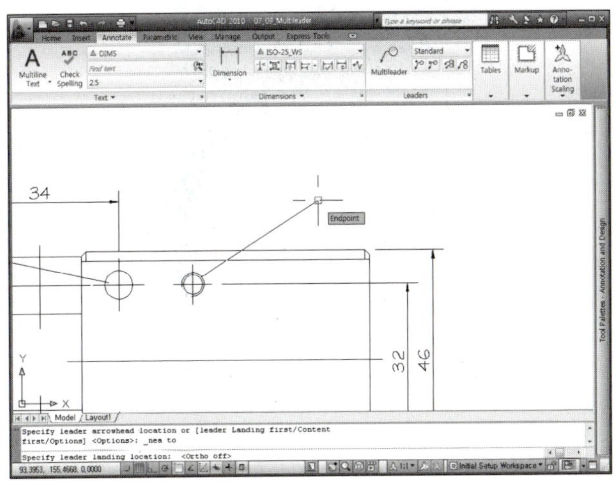

▲ 다중 지시선의 작성

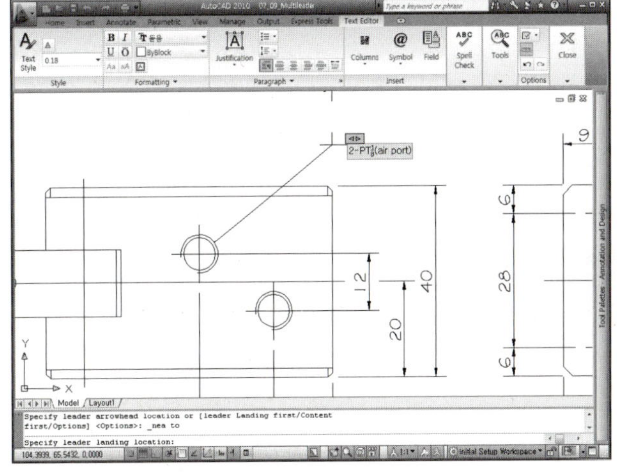

▲ 지시선 적용 시에 표시되는 [Text Editor] 탭

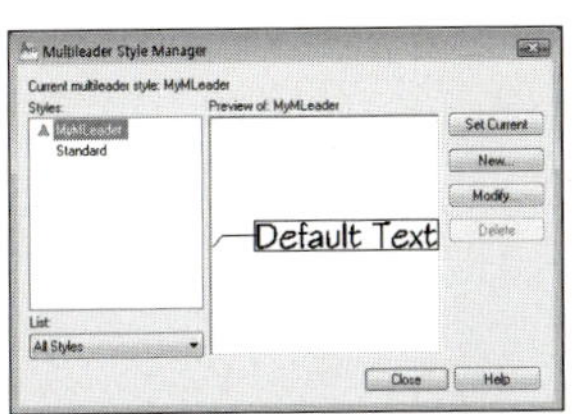

▲ [Multileader Style Manager] 대화상자

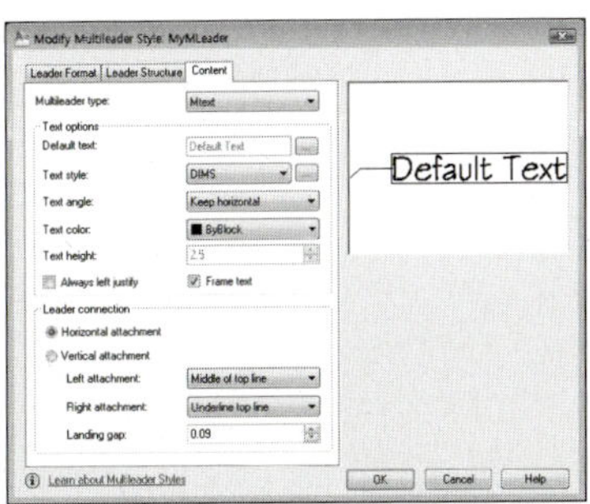

▲ [Modify Multileader Style] 대화상자의 [Content] 탭

치수 입력의 용어와 규칙 이해하기

치수를 입력할 경우에는 사용자 그룹이나 개인적으로도 일관되고 통일된 규준에 의해 이루어져야 합니다. 치수는 중심선이나 기타 고정된 벤치 마크로부터 연속되어야 하며 중복된 치수 입력은 치수의 식별에 오류를 불러 일으키는 요인이 됩니다. 치수 입력에 충분한 여유가 없을 경우에는 무리해서 치수를 입력하는 것보다는 별도의 도면으로 여유를 만들어 치수를 입력하는 것이 바람직합니다.

Lesson 01

치수 입력에 사용되는 용어들

치수를 입력하고 스타일을 변경하는 데 있어서 가장 기본적인 요소들의 명칭을 알아봅니다.

● 치수선(Dimension Line)

치수의 범위를 나타냅니다. 치수선의 끝에는 보통 치수의 시작점과 끝점을 나타내는 심벌 (Terminator, Arrowhead)이 있습니다. 일부가 생략된 도면의 경우에는 Jogged Linear Dimension Line으로 치수선의 일부를 생략할 수 있습니다.

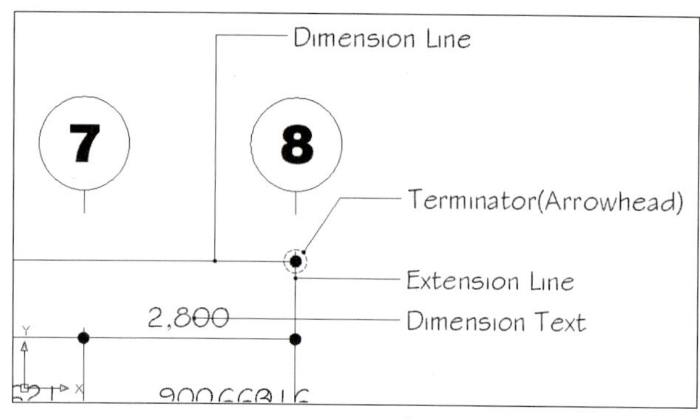

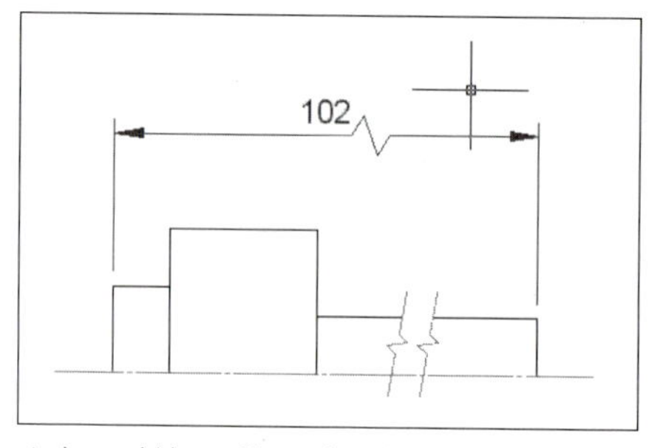

▲ Jogged Linear Dimension Line

● 터미네이터(Terminator, Arrowhead)

치수선의 양 끝단에 정확한 지점을 표시하기 위해 다양한 모양의 심벌로 표시합니다. 출력 시 1mm 전후의 크기를 갖는 것이 적당합니다.

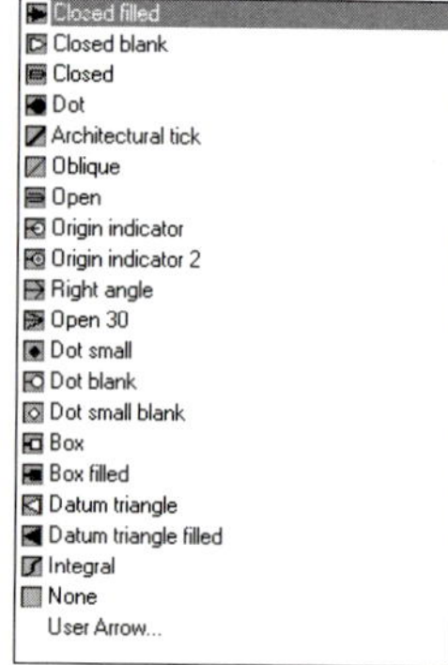

● 치수 보조선(Extension Line)

치수를 입력하는 객체에서 치수선까지 그려집니다. 일반적으로 중심선에서부터 치수 보조선이 연장되어 나오지만 내측 치수인지 외측 치수인지에 따라서도 치수 보조선의 위치가 다를 수 있습니다. 또한, 객체에서 나오는 치수 보조선은 일정한 거리를 두고(Offset from origin) 위치하는 것이 일반적입니다.

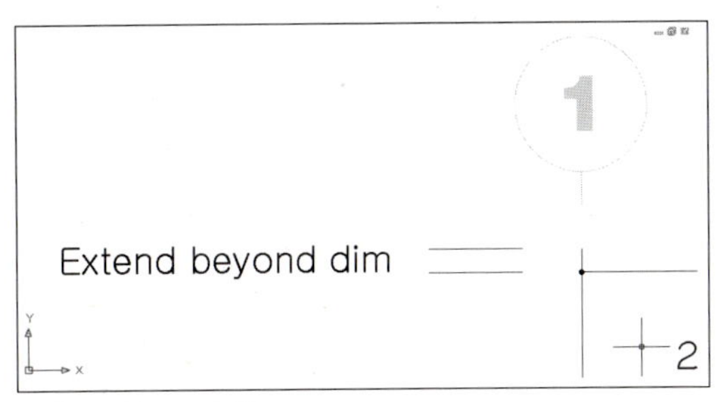

▲ Extend beyond dim

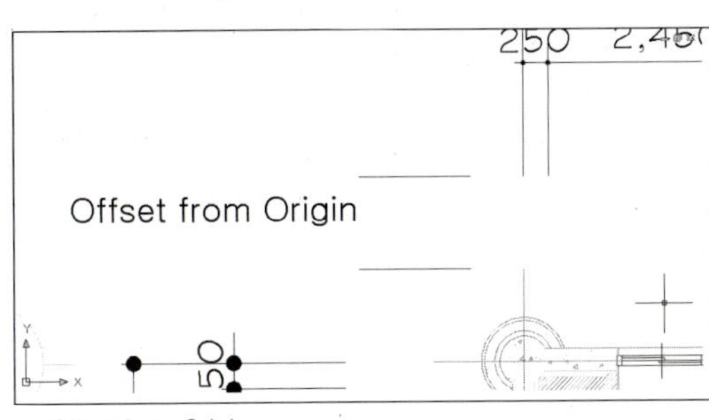

▲ Offset from Origin

● 치수 문자(Dimension Text)

치수를 문자로 표시합니다. 자동으로 측정된 치수를 사용하거나 사용자가 직접 문자를 입력할 수 있습니다. 또는, 전혀 문자를 표시하지 않을 수도 있습니다. 자동 생성된 문자를 사용할 경우에도 양수(+) 또는 음수(−), 머리말 및 꼬리말을 덧붙일 수도 있습니다.

● 중심 표식(Center Mark)

원이나 호의 중심을 표시합니다. 중심선은 중심 표식에서 연장되며 중심 표식만 사용하거나 중심 표식과 중심선을 함께 사용할 수도 있습니다.

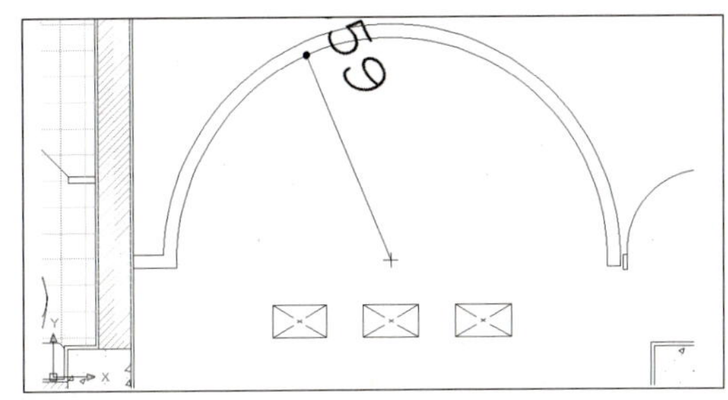

● 공차(Tolerance)

치수 문자의 뒤에 오는 숫자로써 제품을 가공할 때 필요한 상한값과 하한값을 표시하며, 기계 분야에서 주로 사용합니다.

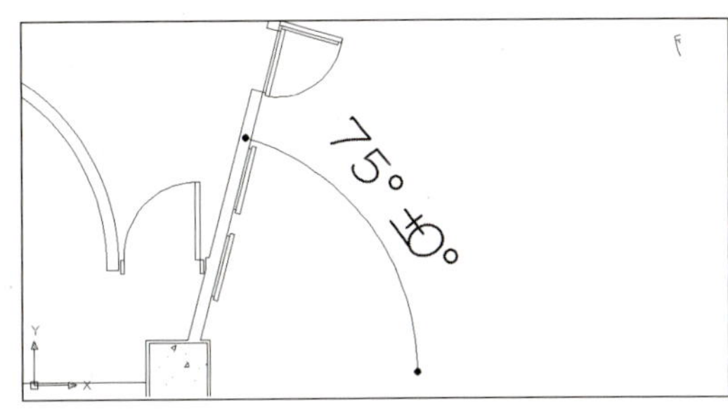

● 지시선

치수를 표시할 때 객체가 작거나 치수와 치수선을 함께 표시할 수 없을 때 적당한 위치로 끌어내서 표
시하는 선입니다. 재료를 표기해야 하거나 부가적인 설명이 필요한 부분에 사용합니다.

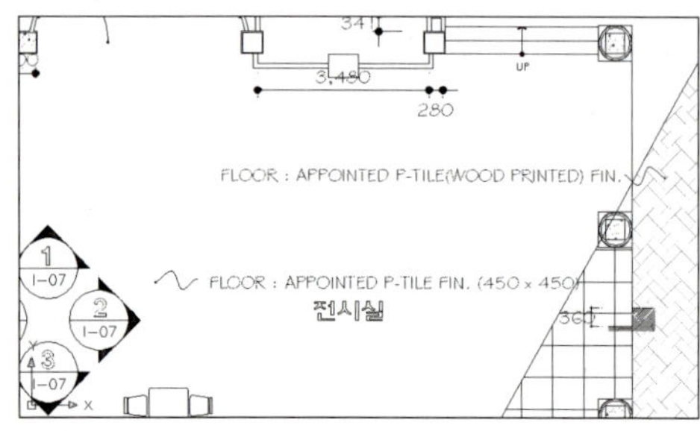

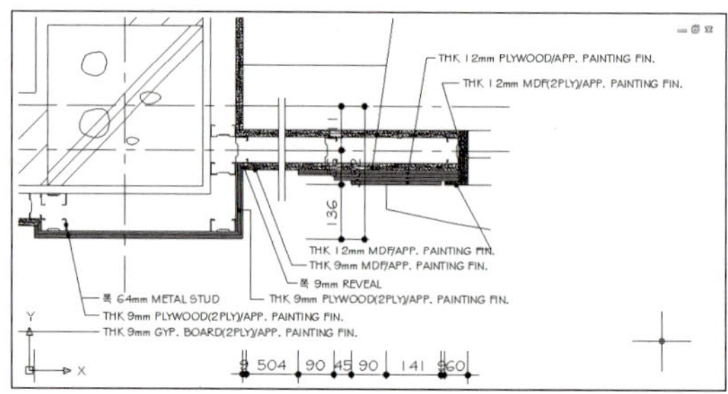

치수 입력의 규칙 이해하기

치수를 입력하는 기준은 시공이 가능하도록 정확한 치수로 식별성을 높여야 합니다. 이러한 목적을 위해 치수를 입
력할 경우에는 몇 가지 규칙이 필요합니다.

• 기본적으로 치수는 우측과 상단에 몰아서 입력합니다.

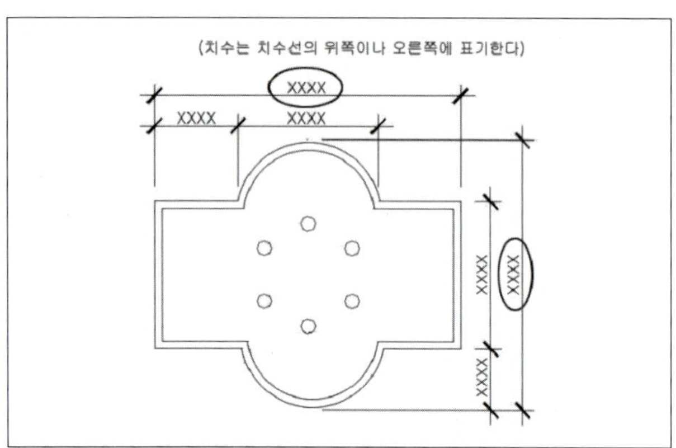

• 인테리어의 치수 표기는 연속되는 치수선 내에서 배열
합니다.

• 일반적으로 중심선 치수는 평면도 밖에 나타냅니다.

혼란을 최소화하고 다른 도면과 중첩되지 않게 하기 위함
입니다. 치수와 객체와의 거리는 특별한 문제가 없는 한
9~10mm를 기준으로 합니다. 치수는 평면도나 다른 도면
내부에서 표시될 때 명확성과 일관성을 위해서 한 줄로 나
타내야 합니다.

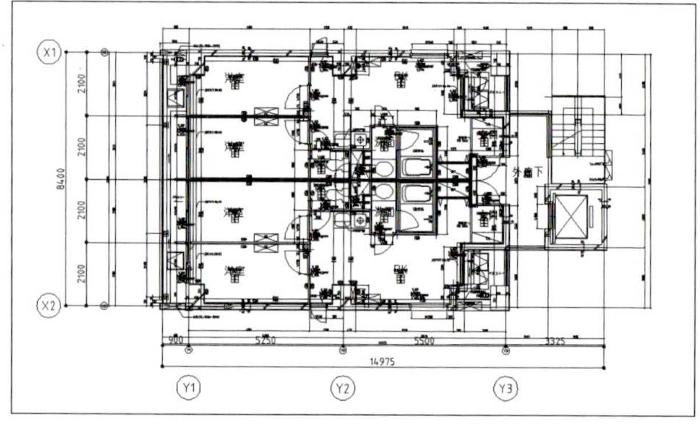

- 터미네이터는 치수선과 치수 보조선 사이의 접합 지점을 의미합니다. 일반적으로 이러한 끝점들은 직경 0.9~1.0mm 크기로 설정합니다.

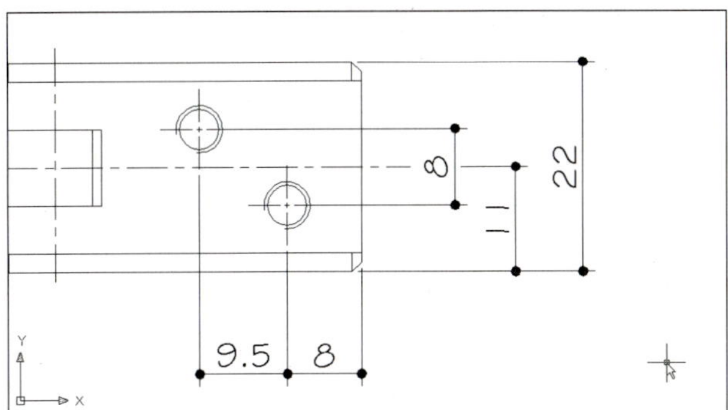

- 치수 문자의 크기는 도면 내 재질 표시 문자의 크기(출력 시 2.5~3mm)와 동일하게 합니다.

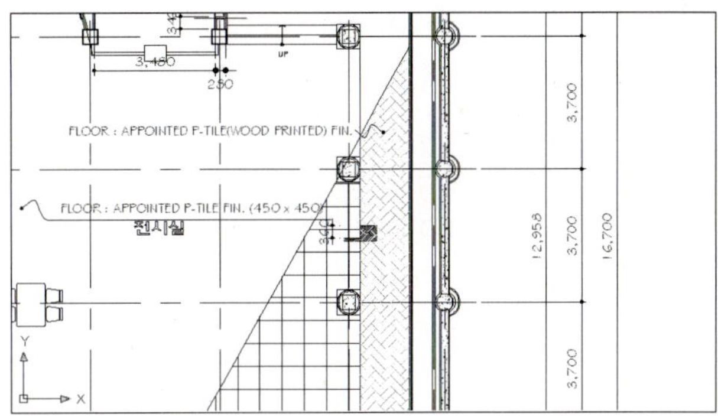

- 가능한 숫자는 치수선의 맨 위 중앙에 있어야 합니다.

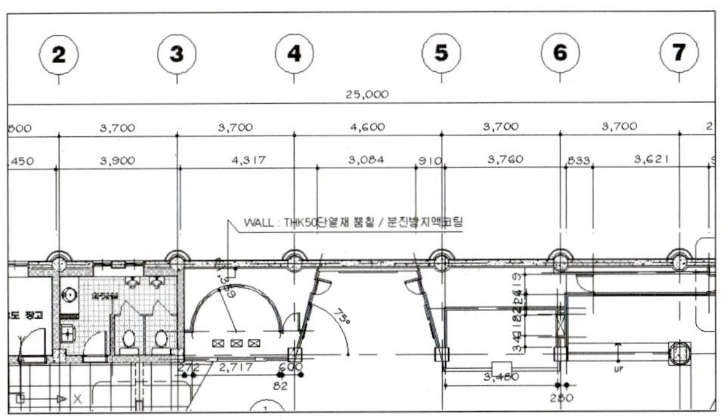

- 치수선과 치수 문자는 0.9mm의 간격을 유지하여 치수선과 너무 붙지도 떨어지지 않도록 합니다.

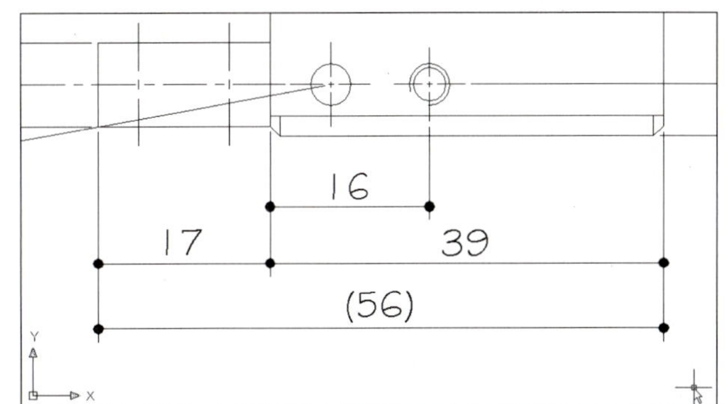

● 치수 표현의 위계

치수는 일반적인 것과 특별한 용도에 쓰이는 것 등으로 분류합니다. 먼저 구조 중심선이나 층고 같은 건축물의 전체적인 거리의 치수를 표시합니다. 그에 덧붙여 창문과 칸막이벽 등 여러 가지 건물 요소들의 높이 같은 특별한 정보가 추가적으로 표현됩니다. 건물에서부터 치수선까지 이르는 보조선은 예외적으로 중심선을 통과하는 경우가 있습니다. 이러한 경우 혼란을 줄이기 위해 한쪽을 일부분 절단합니다.

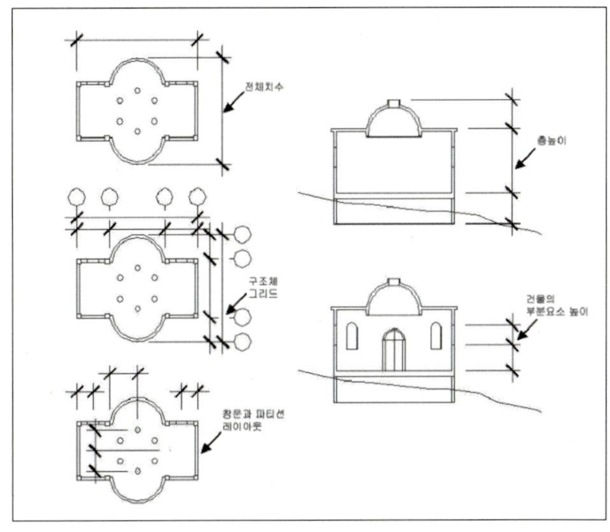

● 평면도의 치수 입력

치수를 측정하기 위한 최상위의 기준이 어디부터 어디까지 인가 하는 것은 구조와 직접적인 관련을 갖습니다. 철골 구조와 철근콘크리트 구조 건물들은 대부분 기둥 중심에서 기둥 중심까지 거리를 입력합니다. 경우에 따라서 완성된 건축물 표면까지의 추가적인 길이를 입력하는 경우도 있습니다. 구조벽, 비 구조벽들과 중심선으로 이루어진 중심선에 치수를 측정하는 데는 세 가지 다른 방법을 사용합니다.

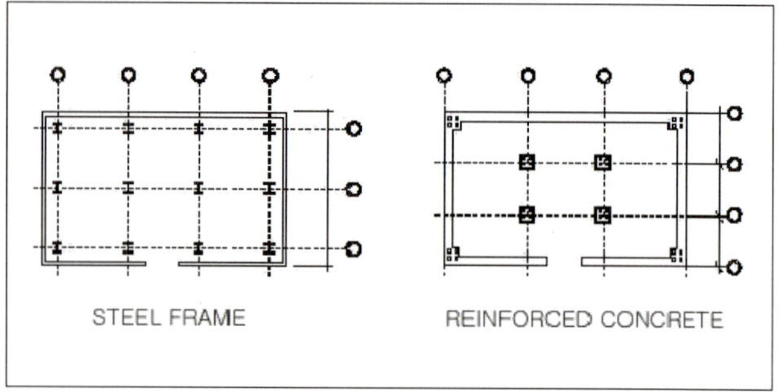

- **콘크리트나 조적 · 칸막이벽의 치수 입력** : 치수는 좌측 또는, 하단 끝에서 반대편으로 입력하는 것을 원칙으로 합니다. 한 줄로 입력하는 치수는 그 위치의 편차를 빼고 다른 줄들의 넓이에 순위를 매기기 위해 오차를 허용할 수 있습니다.

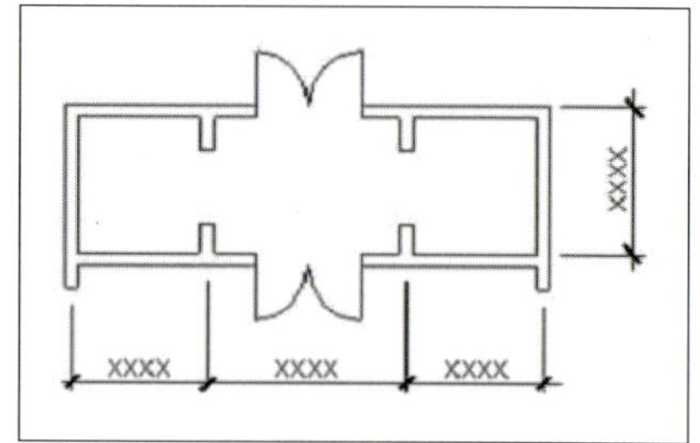

- **중심선상의 구조 벽체 치수 입력** : 구성 요소들의 정확한 치수가 제도나 구조 설계 과정에서 변화할 때에 얼마 간의 유연성을 줄 수 있기 때문에 벽, 칸막이, 개구부 등의 모든 치수들과 문이나 창호 등의 위치를 표시할 때 가장 중요한 기준점이 됩니다.

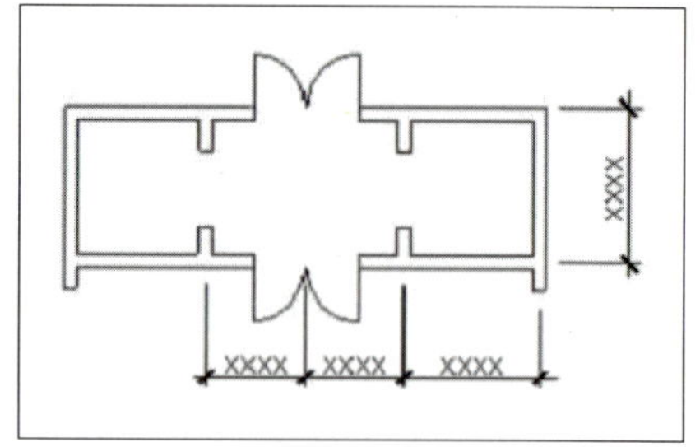

- **벽체 마감면의 치수 입력** : 이것은 마감의 규격이 일반적으로 알려져 있거나 (예 : 1.5B 치장벽돌 쌓기 등) 인테리어 공사 등 주로 외곽면의 치수와 모듈이 중요 시 되는 경우에 사용하면 유리합니다. 이 방식은 칸막이벽을 계획할 때 최종 마감된 벽의 규격과 관련한 정확한 설비계열 설계자와 시공, 자재업자의 정확한 지식이 요구됩니다.

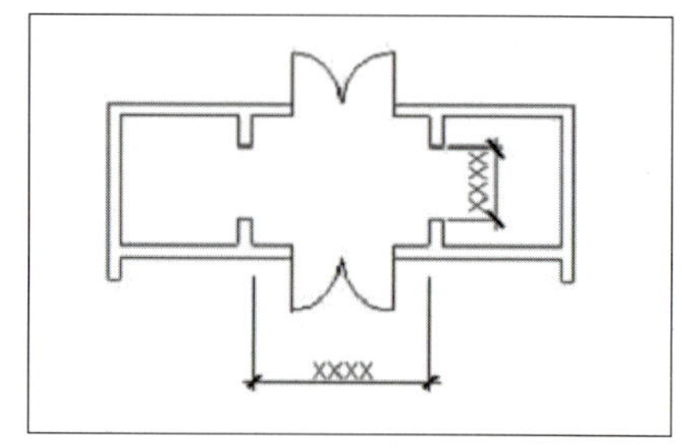

● 단면도과 입면도의 치수 입력

단면도와 입면도에서 작성한 객체는 물론이고 중심선 등과
도 치수선은 서로 겹치지 않도록 입력해야 합니다. 치수 보
조선에 의해서 나타나는 치수를 전 층에 모두 입력하며, 경
우에 따라서 토목 도면을 참조하고 연결된 고정 수직 기준
면으로부터 다른 모든 층의 위치를 표기할 수도 있습니다.

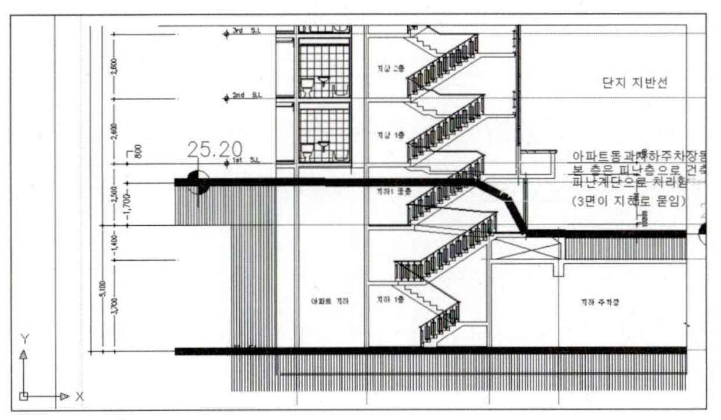

● 기타 치수 입력의 규칙

수치를 분배해서 사용할 경우 도면상에서 요구되는 최소한
의 수치인 1.5mm보다 작게 하면 안 됩니다. 문 폭이 동일
한 1.58m의 양 여닫이문의 경우에는 치수선에 전체 폭을
쓰고 아래 치수선에 788mm처럼 각 양쪽에 라벨을 붙이기
보다 양쪽에 ‘eq’ 부호를 적습니다. 또한, 치수선이 너무
짧아서 치수를 넣기 힘든 경우에는 옆에 치수를 입력하며
치수선의 길이가 절대치의 수치에 일치하지 않는다면 치수
에 가까이 NTS(Not To Scale)를 표시합니다.

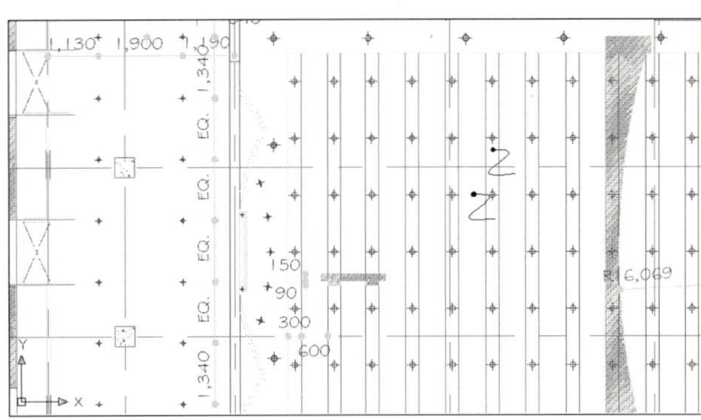

치수 입력에 사용되는 보조 기호들

제도 규약에서는 객체의 크기를 지시하는 수치(치수 문자)에 부가하여 그 치수의 의미를 명확히 하기 위하여 보조 기호들을 사용합니다.

구분	기호	읽기	설명
지름	Φ	파이	지름 치수의 문자 앞에 붙입니다.
반지름	R	알	반지름 치수의 문자 앞에 붙입니다.
구의 지름	SΦ	에스파이	구의 지름 치수의 문자 앞에 붙입니다.
구의 반지름	SR	에스알	구의 반지름 치수의 문자 앞에 붙입니다.
정사각형의 변	□	사각	정사각형의 한 변의 치수 문자 앞에 붙입니다.
판의 두께	t	티	판 두께의 치수 문자 앞에 붙입니다.
원호의 길이	⌒	원호	원호의 길이 치수의 치수 문자 앞에 붙입니다.
45° 모따기	C	시	45° 모따기 치수의 치수 문자 앞에 붙입니다.
이론적으로 정확한 치수	▭	테두리	이론적으로 정확한 치수 문자에 사용합니다.
참고 치수	( )	괄호	참고 치수를 괄호 안에 치수 문자가 포함되도록 입력합니다.

치수 입력에 사용되는 특수 문자의 입력

윈도우에는 기본적으로 키보드에 없는 특수 문자를 입력하는 방법이 있습니다. [시작]–[모든 프로그램]–[보조프로그램]–[시스템 도구]–[문자표]를 선택하면 나타나는 [문자표] 창을 이용하면 됩니다.

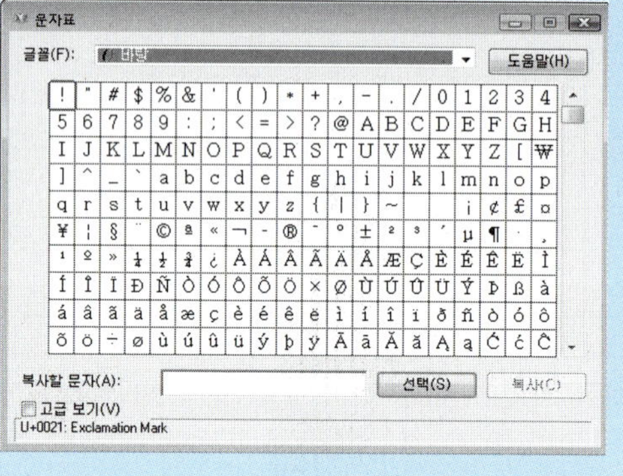

규격에 맞는 치수 스타일 (Dimension Style) 만들기

치수선이 정확한 모양을 가지려면 치수 스타일(Dimension Style)을 설정해야 합니다. 치수 문자의 크기라든지 치수선에서 얼마만큼 치수 문자를 떨어트려 위치시키는가 하는 등의 설정이 바로 그것입니다. 치수 스타일 역시 다른 많은 설정들과 같이 여러 스타일들을 만들어 놓고 선택적으로 사용할 수 있습니다.

치수 스타일(Dimension Style) 설정하기

치수선의 스타일은 구분이 쉬워야 하는 것은 물론 그 자체로 여러 가지 정보를 담고 있어야 합니다. 치수선 역시 적용되는 분야나 경우에 따라 다양한 종류를 가집니다. 이번에는 치수를 쉽게 입력할 수 있도록 도와주는 치수 스타일의 설정 방법을 알아봅니다.

01 [Annotate] 탭의 [Dimensions] 패널에서 [Dimension Style](▣) 단추를 클릭합니다. [Dimension Style Manager] 대화상자에서 새로운 치수 스타일을 만들기 위해 [New] 단추를 클릭합니다.

02 [Create New Dimension Style] 대화상자를 그림과 같이 설정합니다.

❶ 치수 스타일을 이름을 'MyDims_2010' 이라고 입력합니다.

❷ [Annotative] 옵션을 체크한 후 [Continue] 단추를 클릭합니다.

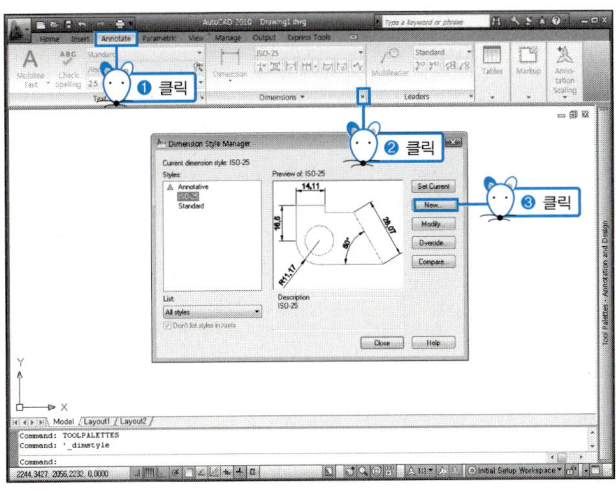

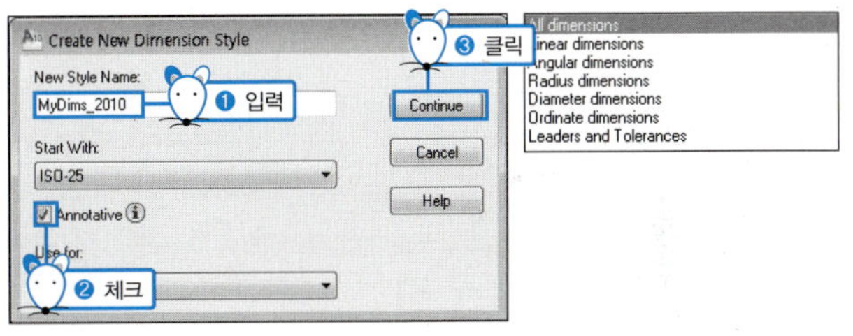

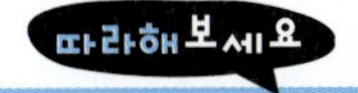

주목

[Start With]는 어떤 치수 스타일을 복사해서 새로운 치수 스타일을 만들 것인지를 설정합니다. [Annotative] 옵션을 체크하는 것은 새로운 치수 스타일을 Annotation 요소로 만드는 것이고, [Use for]는 어떤 치수 명령에서 현재 설정하는 치수 스타일을 사용할 것인지를 설정하는 것입니다.

[Dimension Style Manager] 대화상자와 첫인사하기

[Dimension Style Manager] 대화상자의 화면 구성에서도 알 수 있듯이 좌측은 만들어진 치수 스타일을 확인할 수 있으며, 우측의 [New] 단추와 [Modify] 단추로 새로운 치수 스타일을 관리할 수 있습니다. 또한, 가운데 미리 보기 화면은 치수 스타일을 수정하고 그 내용을 미리 확인할 수 있는 곳입니다.

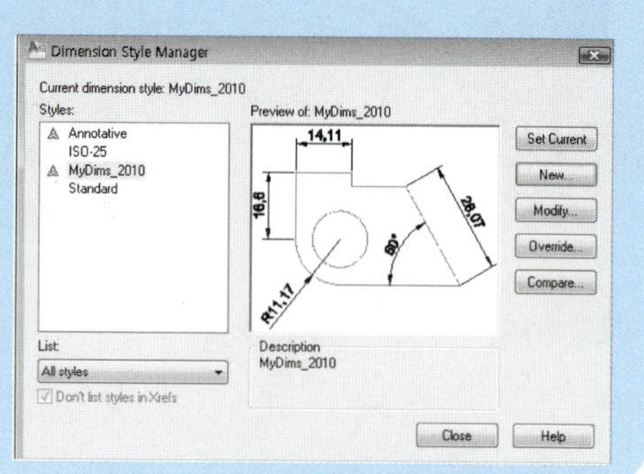

치수선, 치수 보조선, 화살표 등의 모양과 크기 설정하기

[Lines] 탭과 [Symbols and Arrows] 탭에서는 치수선과 치수 보조선, 화살표 심벌들의 속성을 설정할 수 있습니다. 주목해야 할 점은 입력되는 수치는 모두 출력될 때의 실제 치수라는 것입니다. 치수 스타일 설정 과정에서 [Annotative] 옵션을 체크했기 때문에 모든 수치를 실제 치수로 입력하고 출력 축척만을 설정하면 됩니다.

01 [Modify Dimension Style] 대화상자의 [Lines] 탭에서 치수선의 색상을 설정하기 위해 [Color]를 'White'로 설정합니다.

02 치수선의 기준선 거리인 [Baseline spacing]을 '6'으로 설정합니다.

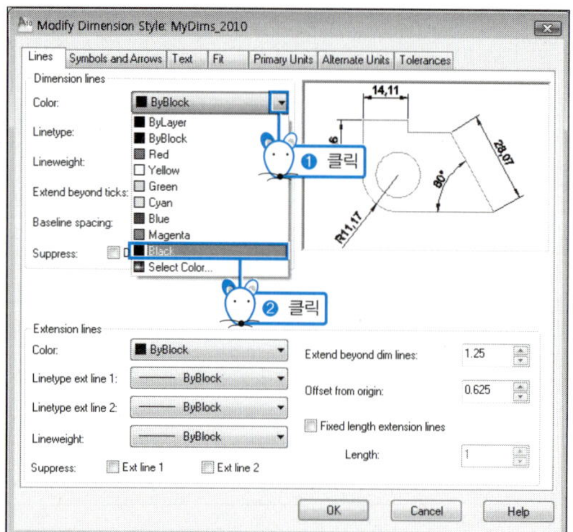

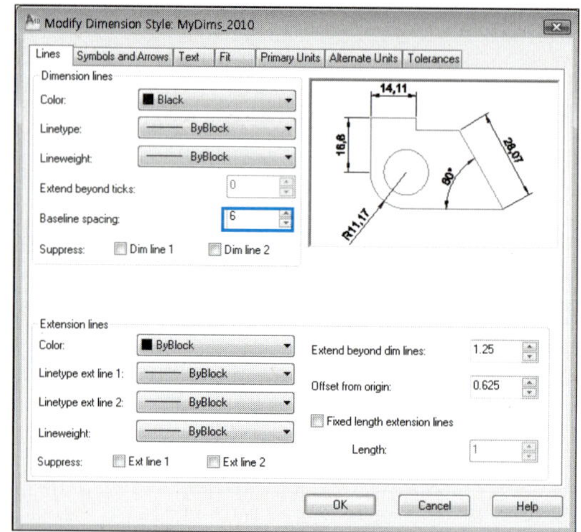

주목

치수선의 색상을 선택하는 것은 단지 눈에 보이는 색상을 선택하는 의미를 넘어서 이후에 'White(7)=0.18mm'라는 색상별 선 두께를 지정하기 위한 설정입니다. 그리고, 배경색이 검은색(기본)일 경우에는 흰색(White)이 7번이고, 배경색이 흰색인 경우에는 검은색(Black)이 7번이기 때문에 같은 설정이라고 생각하면 됩니다.

주목

기준선 거리(Baseline spacing)는 기준선 치수(Baseline Dimension)를 입력할 경우의 거리입니다. 'Lesson 04 연속되는 치수 입력하기'를 참고하세요

03 치수 보조선의 색상과 연장 길이 그리고, 떨어지는 간격을 각각 설정합니다.

❶ 색상(White)을 설정합니다.
❷ 치수선을 넘어서는 치수 보조선의 연장 길이인 [Extend beyond dim lines]를 '2.15'로 설정합니다.
❸ 원점에서 떨어지는 간격인 [Offset from origin]은 '9'로 설정합니다.

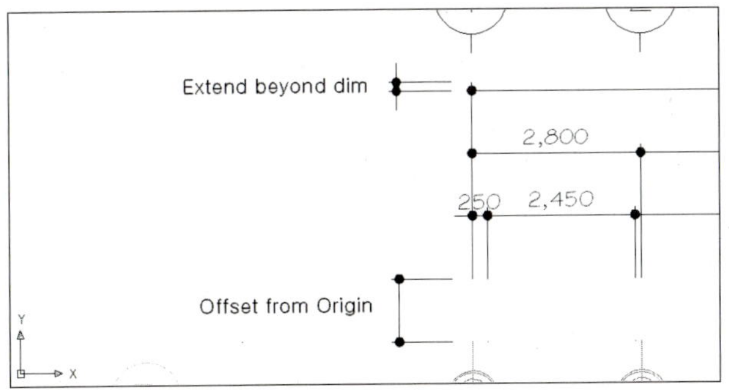

▲ Extend beyond dim lines & Offset from origin

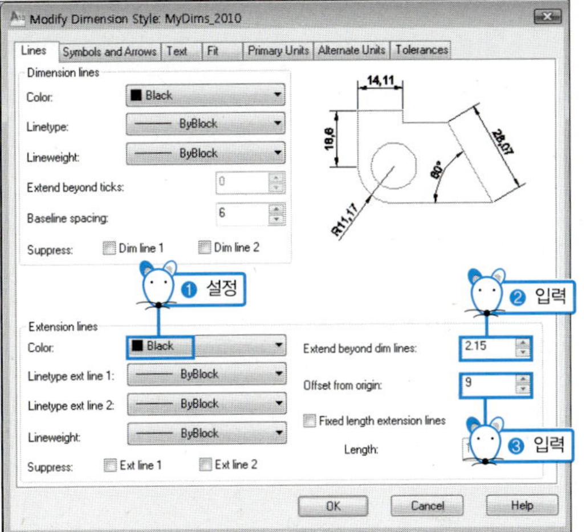

> **주목**
> [Offset from origin]에서 'Origin'(원점)은 좌표의 원점을 의미하는 것이 아니라 치수를 입력하기 위해 클릭하는 두 점의 위치를 의미합니다.

04 [Symbols and Arrows] 탭을 그림과 같이 설정합니다.

❶ [Arrowheads] 영역에서 [First]를 'Dot small'로 설정하면 자동으로 [Second]의 모양도 'Dot small'로 설정됩니다.
❷ [Leader]의 모양은 그대로 'Closed filled'로 하고 [Arrow size]는 '0.9'로 설정합니다.

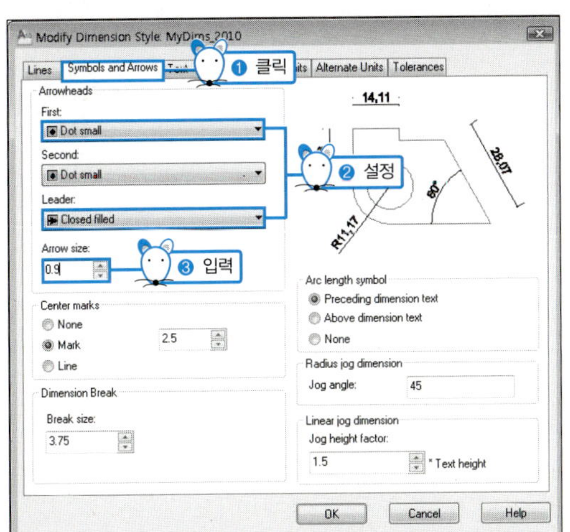

05 기타 나머지 설정을 입력합니다.

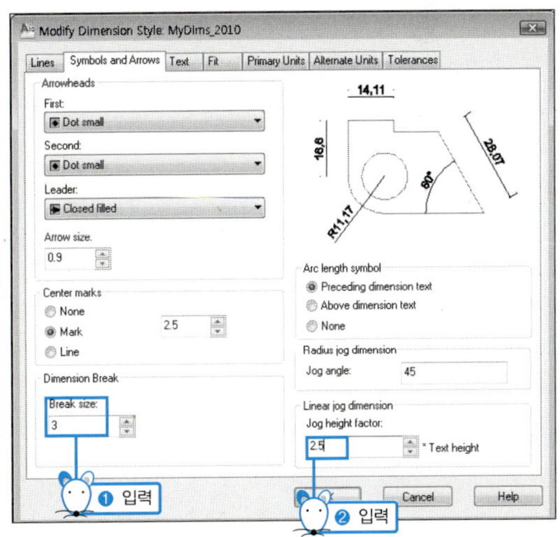

[Symbols and Arrows] 탭의 Jog dimension 이해하기

- **Radius jog dimension** : 호(Arc)의 곡률이 완만하여 호의 중심점과 거리가 먼 경우에 위치를 표시하기 힘들면 지시선을 단축시켜 표시할 수 있습니다. 이때 단축된 치수선은 한 번 꺾어서(jog) 표시하게 되는데 그 꺾이는 각도를 설정할 수 있습니다.

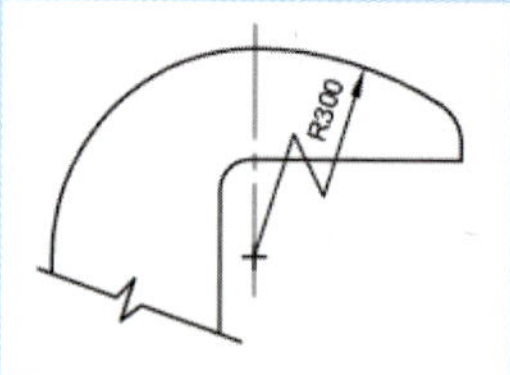
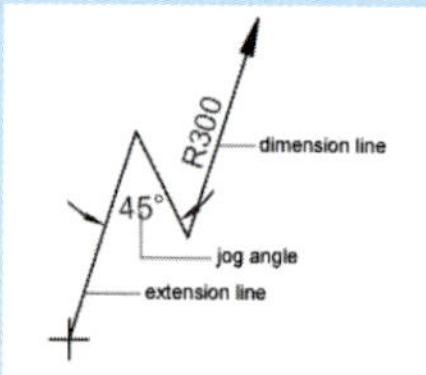

- **Linear jog dimension** : 치수를 입력할 객체가 길어서 일부를 생략하는 경우에 단축되는 치수선을 한 번 꺾어서(Jog) 표시하게 되는데 그 꺾이는 크기를 설정할 수 있습니다.

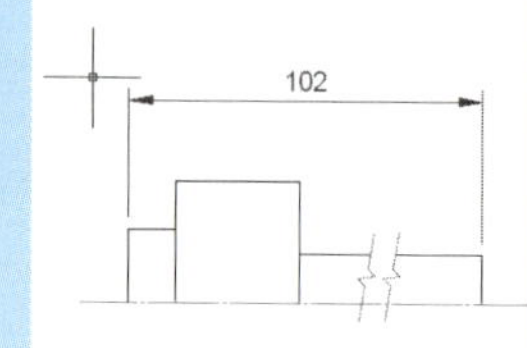
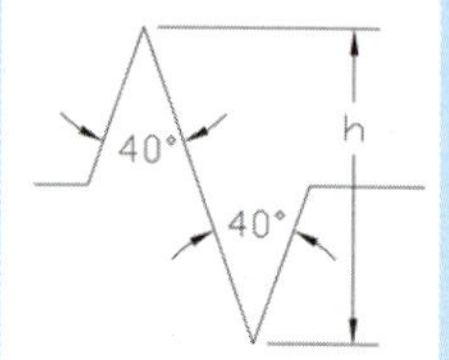

치수 문자의 스타일과 크기 및 위치 설정하기

[Text] 탭은 치수 문자의 모든 스타일과 형식을 설정하는 탭입니다. [Text appearance] 영역에서는 치수 문자의 스타일과 색상 그리고, 크기를 설정할 수 있습니다. [Text placement] 영역에서는 치수 문자의 위치를 설정할 수 있습니다.

01 [Text] 탭을 클릭한 후 문자 스타일에 대한 옵션을 설정하기 위해 [Text Style]의 [...] 단추를 클릭합니다.

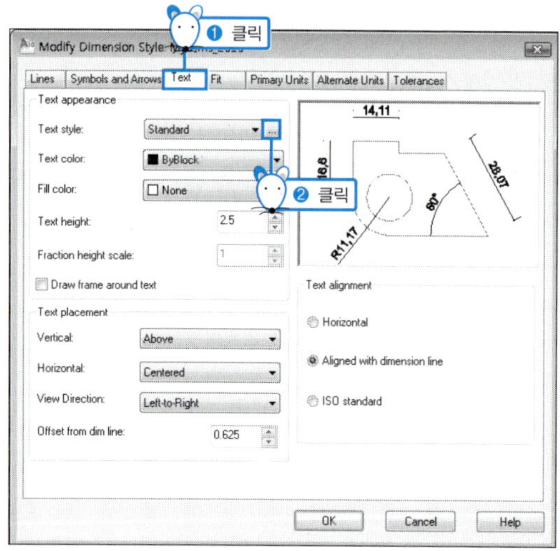

02 [Text Style] 대화상자에서 [New] 단추를 클릭하고 새로운 문자 스타일의 이름으로 'Dims'를 입력한 후 [OK] 단추를 클릭합니다.

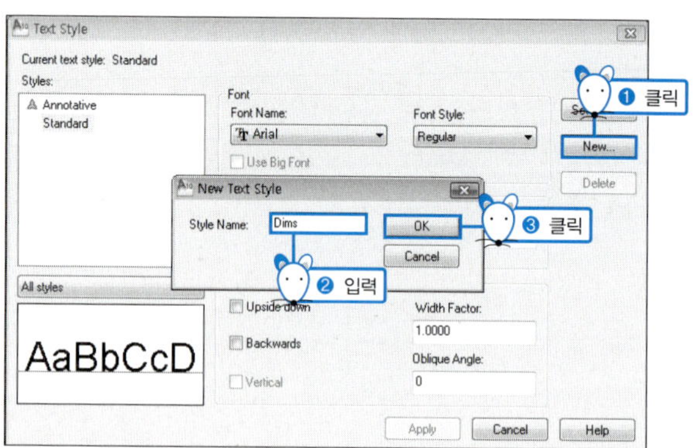

03 [Font] 영역의 [Font Name]에서 치수 문자에 적용할 글꼴을 'Stylus BT'로 설정합니다.

04 [Size] 영역에서 [Annotative] 옵션을 체크한 후 [Paper Text Height]를 '3'으로 설정하고 [Apply] 단추와 [Close] 단추를 차례로 클릭합니다.

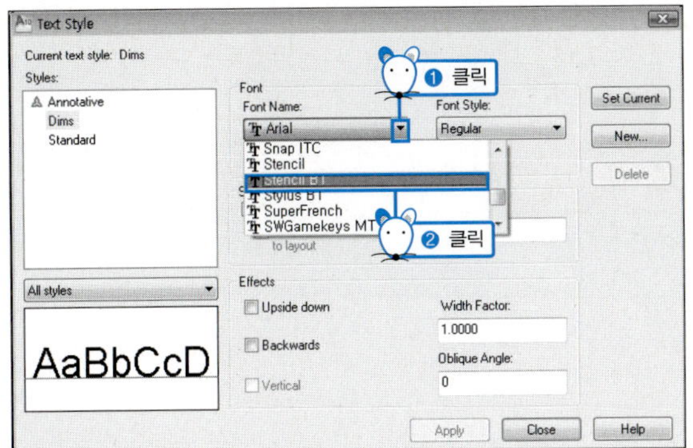

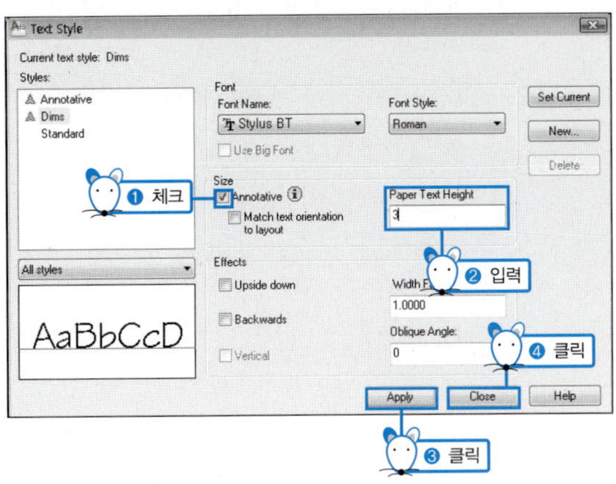

주목

'Stylus BT' 글꼴을 선택하기 위해서는 아래 [Use Big Font] 옵션의 체크가 해제되어 있어야 합니다.

05 [Text style]을 'Dims'로 설정한 후 치수 문자의 색상은 'Cyan'으로 설정합니다.

06 [Text placement]와 [Text alignment] 영역을 그림과 같이 설정합니다.

❶ [Text Placement] 영역의 [Vertical]을 'Above'로 선택한 후 [Offset from dim line]에 '0.9'를 입력합니다.

❷ [Text alignment] 영역의 [ISO standard]를 체크합니다.

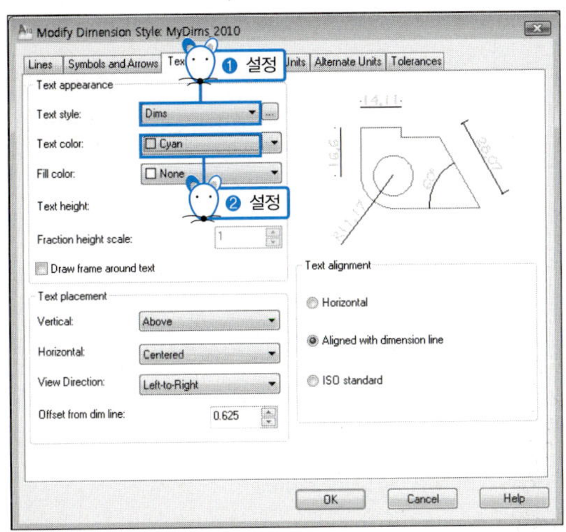

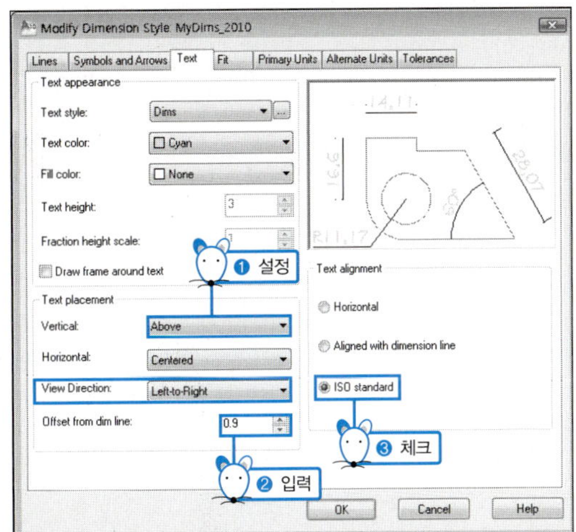

주목

[Fill color]에서 색상을 설정하면 치수 문자를 지정한 색상으로 표시되는 효과를 얻으며, [Draw frame around text] 옵션을 체크하면 문자의 주변에 박스가 만들어집니다.

주목

AutoCAD 2010에서 처음 선보이는 [View Direction]은 'Left-to-Right'를 유지합니다. 이는 치수 문자를 읽는 방향에 대한 설정입니다. [Offset from dim line]은 치수선에서 얼마만큼 띄어서 치수 문자를 배치할 것인가에 관한 설정입니다.

[Text alignment] 영역 이해하기

[Text alignment] 영역은 치수 문자의 정렬 방식을 결정하는데, 미리 보기 화면을 보고 비교하면 이해가 쉽습니다.

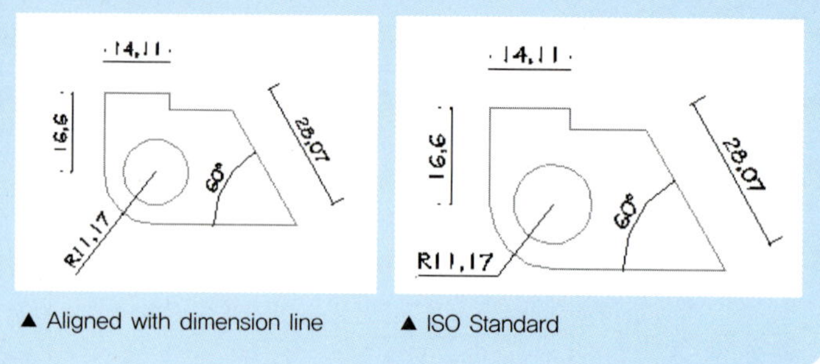

▲ Aligned with dimension line   ▲ ISO Standard

치수 요소의 위치 지정과 도면의 측정/대체 단위 조정하기

[Fit] 탭을 이용하여 치수 문자의 위치와 축척의 기준을 설정하는 방법을 알아봅니다.

01 치수 문자가 항상 치수 보조선 사이에 위치할 수 있도록 [Fit] 탭을 그림과 같이 설정합니다.

❶ [Fit options] 영역에서 [Always keep text between ext lines]를 체크합니다.

❷ [Text placement] 영역에서 [Beside the dimension line]을 체크합니다.

❸ [Fine tuning] 영역의 [Draw dim line between ext lines] 옵션을 체크합니다.

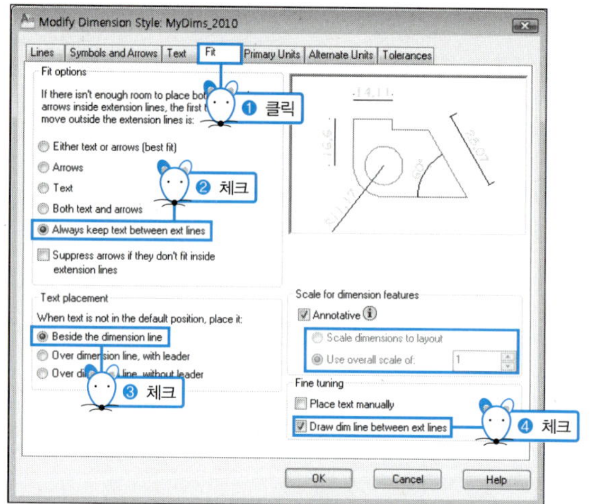

주목

만약 [Scale dimensions to layout]을 체크했다면 모든 치수 요소들의 크기를 도면의 크기에 맞게 됩니다. 예를 들어 치수 문자를 출력했을 때 '2.5mm'가 되도록 하고 싶은데 도면의 출력 크기가 '1/100'이라면 위와 같은 경우에는 설정에서는 치수 문자의 크기를 '250'으로 설정한다는 것입니다. 그리고, [Use overall scale of]를 체크했다면 '1/100'이라는 출력 크기를 미리 입력해 놓고, 다른 치수 요소들의 크기를 출력했을 경우의 크기를 '2.5'로 설정해야 합니다.

02 [Primary Units] 탭을 클릭한 후 [Linear dimensions] 영역의 [Unit format]에서 'Windows Desktop'을 선택합니다.

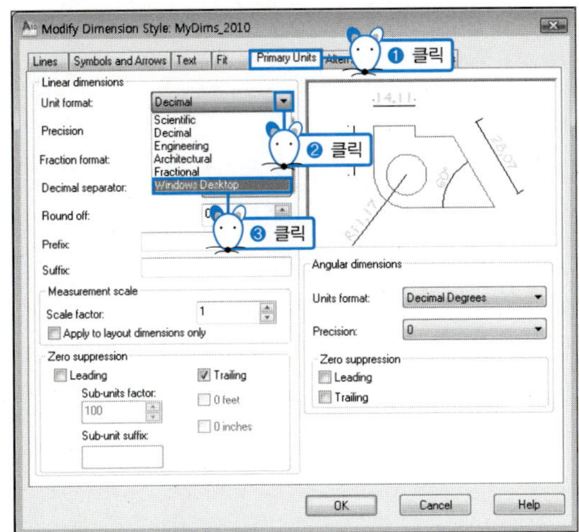

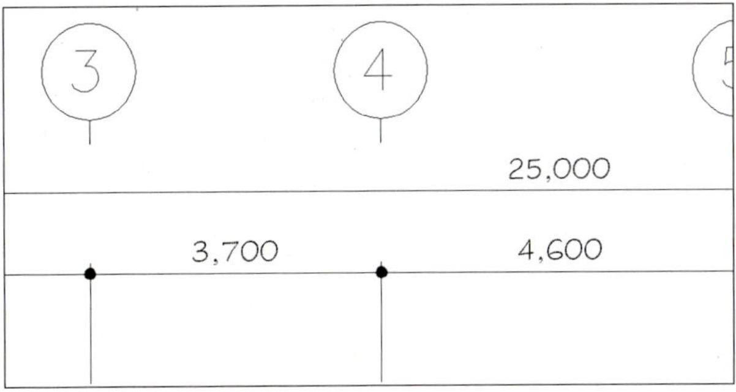

▲ 'Windows Desktop'은 콤마(,)로 천 단위를 표현합니다.

03 [Precision]을 '0'으로 설정한 후 치수에서 소수점 뒤에 있는 '0'을 없애기 위해 [Zero suppression] 영역에서 [Trailing] 옵션을 체크합니다.

04 [Alternate Units] 탭을 클릭하고 [Display alternate units] 옵션을 체크한 후 [OK] 단추를 클릭합니다.

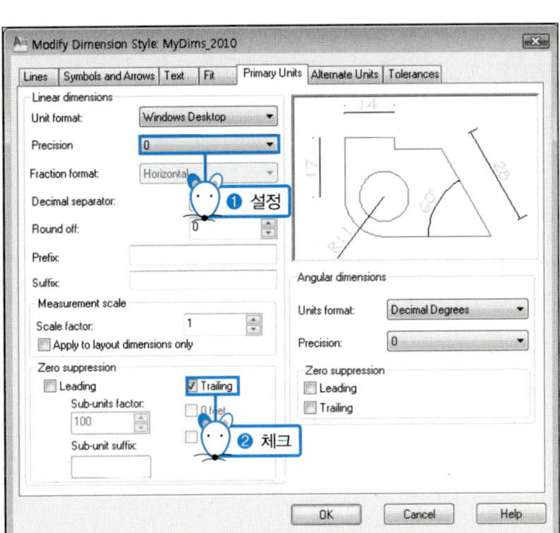

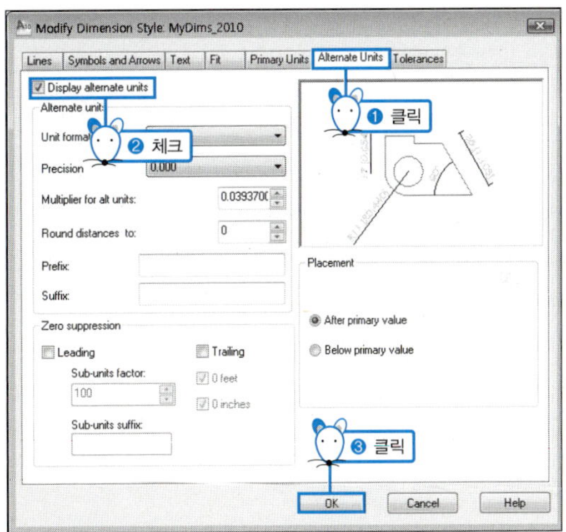

05 새로 작성한 치수 스타일을 현재 도면에 적용하기 위해 'MyDims-2010'을 선택하고 [Set Current] 단추를 클릭한 후 [Close] 단추를 클릭합니다.

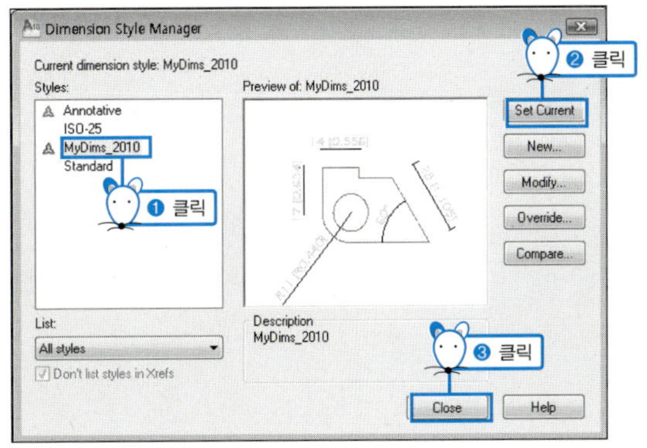

도면의 첫인상을 좌우하는 치수와 치수 요소의 크기

같은 도면에서 치수나 문자를 잘 입력하는 것만으로도 큰 신뢰를 제공할 수 있습니다. 도면은 올바른 정보를 제공하기 위해서라도 각 정보들이 서로 혼동없이 정돈되어야 합니다. 치수를 잘 입력하기 위한 가장 좋은 방법을 잘 정돈된 도면을 자주 접하는 것이라고 생각합니다.

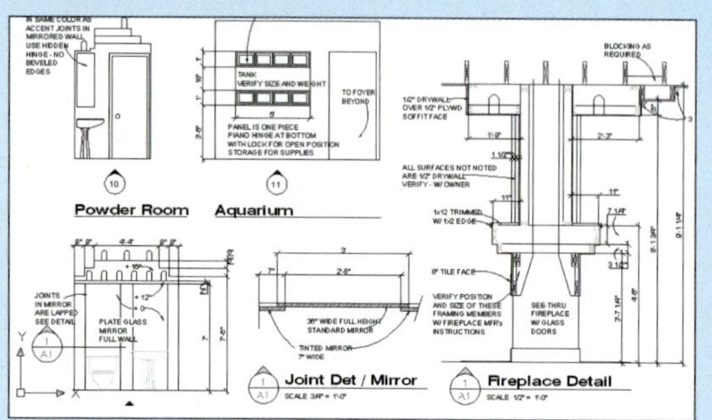

▲ 잘 정돈된 치수 입력의 사례

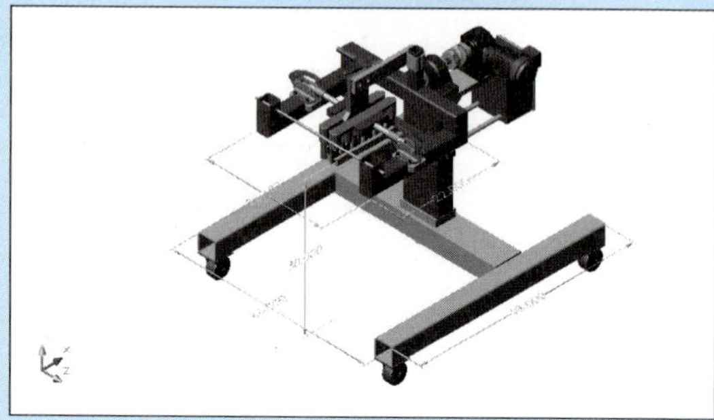

▲ 3D 객체에 입력된 치수

• 치수 요소의 크기

치수는 명확한 식별성을 이유로 통일된 규격이 있어야 합니다. 다음은 출력을 기준으로 치수의 권장 크기를 명시한 것입니다.

No	치수 각부 명칭	치수 스타일 명칭	크기(mm)
①	치수 문자	Text	2.5~3
②	치수 보조선의 연장 길이	Extend beyond dim	2.15~2.5
③	치수선과 치수 선간의 간격	·	9~10
④	터미네이터(Terminator)	Arrow Head	0.9~1.0
⑤	객체와 치수 보조선 간의 간격	Offset from origin	9~10
⑥	치수 문자와 치수선 간의 간격	Offset from dimension line	0.9~1.0

선형 치수 입력하기
(Linear, Aligned Dimension)

도면에 치수를 입력할 때 가장 일반적으로 많이 사용하는 방법이 바로 Linear와 Aligned Dimension입니다.
이번에는 기본에 충실하게 Linear와 Aligned Dimension 방식의 치수 입력 방법을 알아봅니다.

Lesson **03**

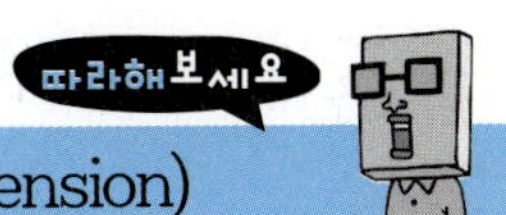

수평(Horizontal), 수직(Vertical) 방향으로 치수 입력하기(Linear Dimension)

선형 치수는 현재 두 점 사이의 지점을 클릭하거나 객체를 선택하여 치수를 입력할 수 있습니다. 수평, 수직으로 선
형 치수를 입력하는 방법을 알아봅니다.

○ Samples\07_03_Dimension_Linear.dwg

01 상태 표시줄에 있는 [Annotation Scale]을 클릭한 후 '1:20'을 선택합니다.

02 [Annotate] 탭의 [Dimensions] 패널에서 [Linear] (□) 아이콘을 클릭한 후 그림과 같이 첫 번째 지점을 클릭합니다.

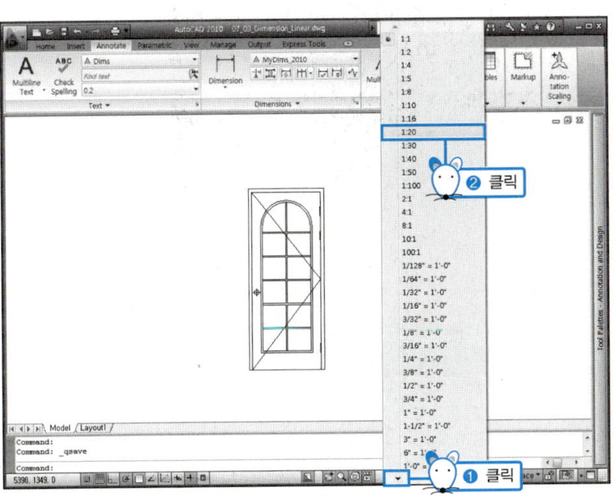
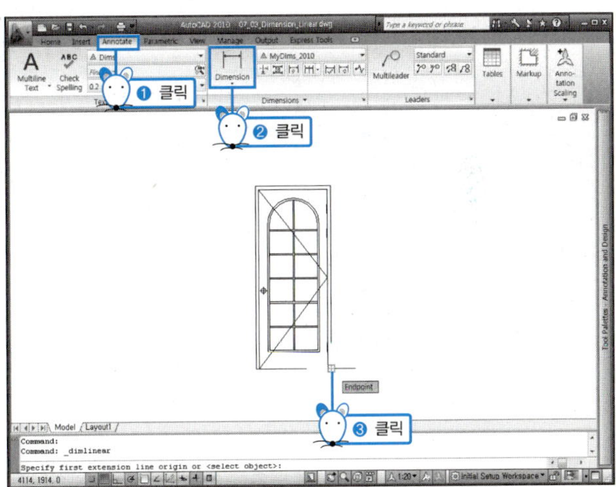

주목

현재 치수 스타일인 'MyDims_2010'은 [Annotative] 옵션이 체크되어 있습니다. 따라서 [Annotation Scale]을 적용해야 출력했을 때의 크기를 확인하면서 작업을 진행할 수 있습니다.

03 두 번째 점(치수 보조선의 두 번째 원점)을 클릭합니다.

04 지정한 두 지점에 대한 수치가 표시되면 마우스 포인터를 움직여서 치수선의 위치를 클릭합니다.

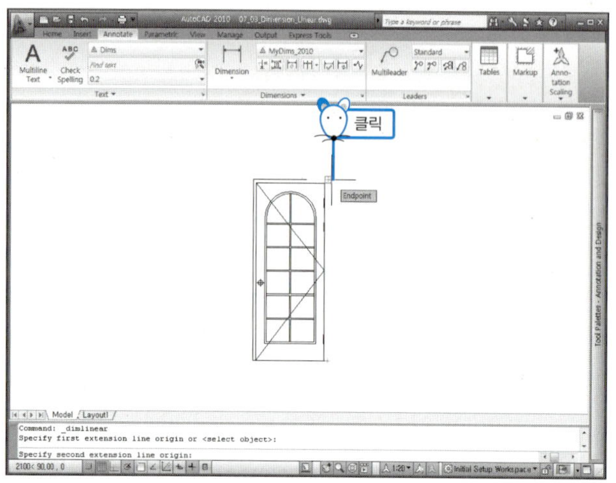

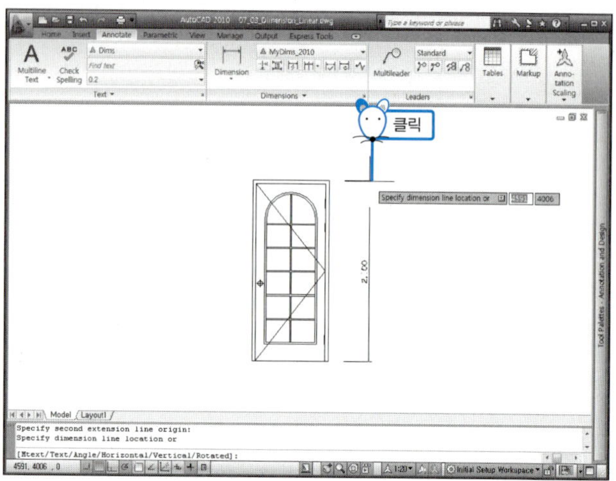

객체를 선택하여 치수 입력하기

선형 치수를 입력하는 또 다른 방법으로는 객체를 선택하여 치수를 표시하는 방법이 있습니다. 객체의 시작과 끝은 치수 보조선의 원점으로 지정되어 치수를 입력하게 됩니다.

 Samples\07_03_Dimension_Linear.dwg

01 [Annotate] 탭의 [Dimensions] 패널에서 [Linear] (▥) 아이콘을 클릭합니다. 치수 보조선의 첫 번째 지점을 클릭하라는 요청이 나오면 마우스 오른쪽 단추를 클릭하여 Pickbox로 변경한 후 치수를 입력할 객체를 선택합니다.

02 치수선의 위치를 클릭하여 치수를 입력합니다.

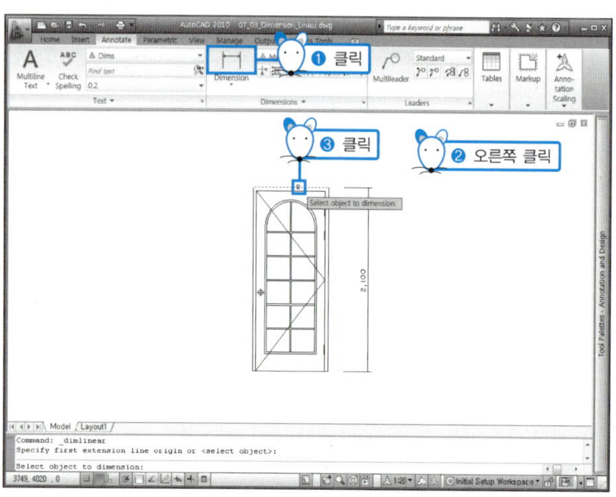

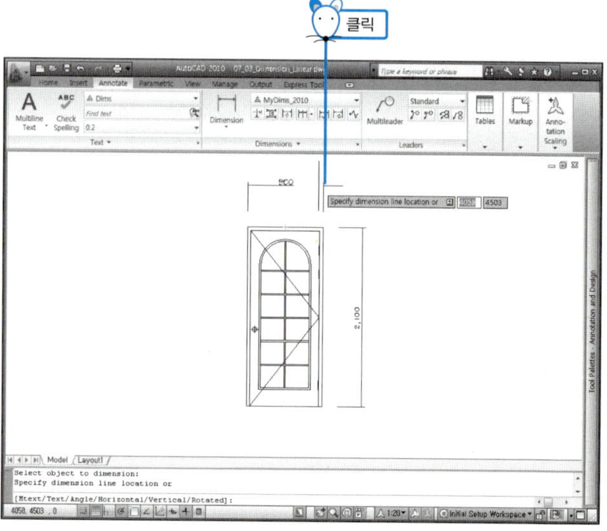

기울어진 객체에 치수 입력하기(Aligned Dimension)

Aligned Dimension을 이용하면 기울어진 객체의 경사면에 간단하게 치수를 입력할 수 있습니다.

◉ Samples\07_03_Dimension_Aligned.dwg

01 [Annotate] 탭의 [Dimensions] 패널에서 [Aligned] (아이콘) 아이콘을 클릭합니다.

02 현재 치수 스타일이 Annotative로 설정되어 있기 때문에 도면 영역의 Annotation Scale을 묻는 대화상자가 표시됩니다. '1:1' 설정을 그대로 유지하기 위해 [OK] 단추를 클릭합니다.

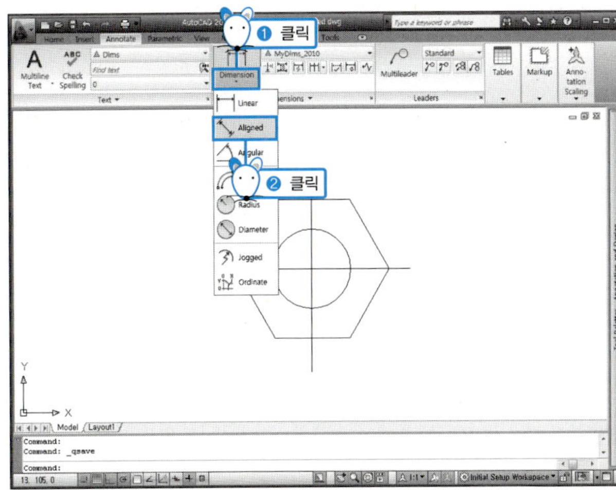

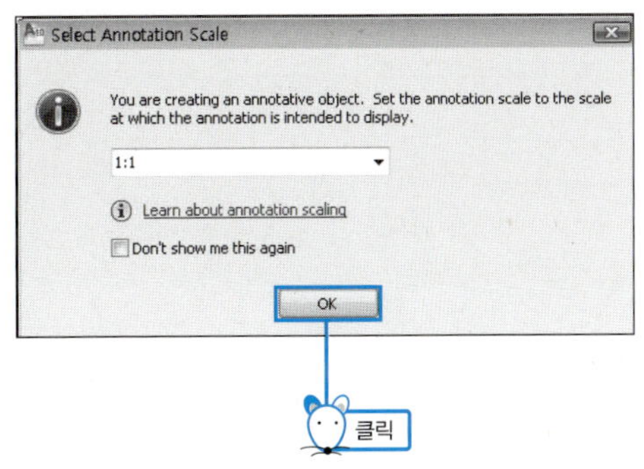

03 그림과 같이 첫 번째 지점을 클릭합니다.

04 두 번째 지점을 클릭한 후 치수선의 위치를 선택하여 치수를 입력합니다.

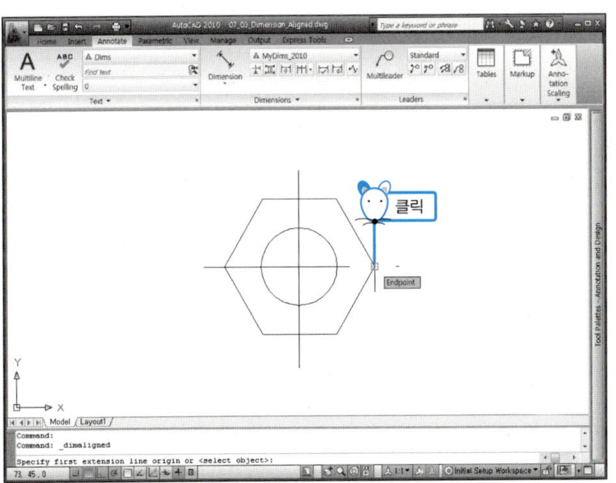

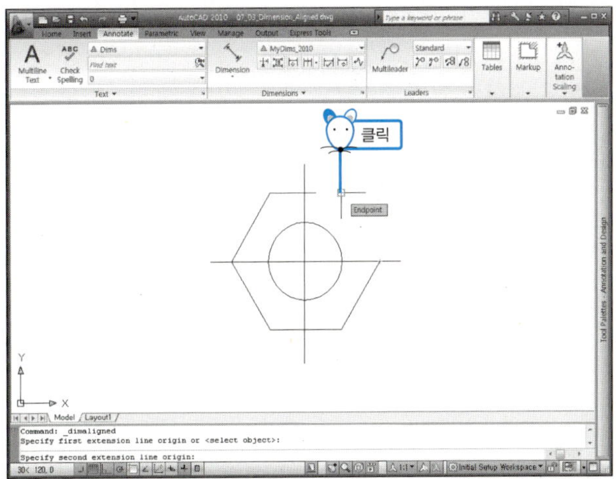

치수에 절단 심벌(Jogged Linear) 삽입하기

Jogged Linear를 이용하면 생략된 객체에 절단 심벌을 삽입할 수 있습니다.

Samples\07_03_Dimension_Linear_Jog.dwg

01 [Annotate] 탭의 [Dimensions] 패널에서 [Dimjogline]( ) 아이콘을 클릭한 후 그림과 같이 치수 선을 클릭합니다.

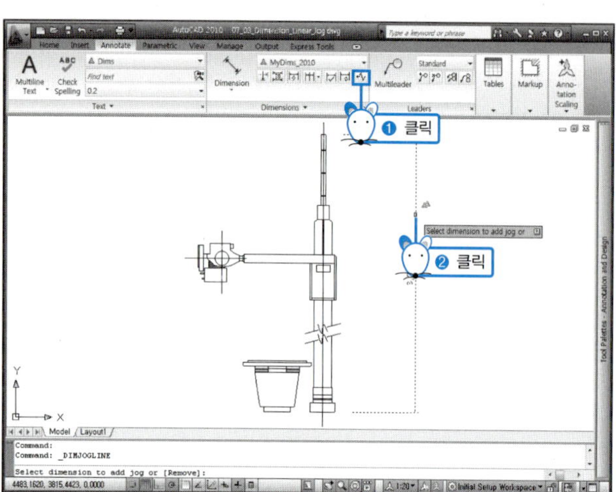

02 그림과 같이 절단 심벌의 위치를 클릭합니다.

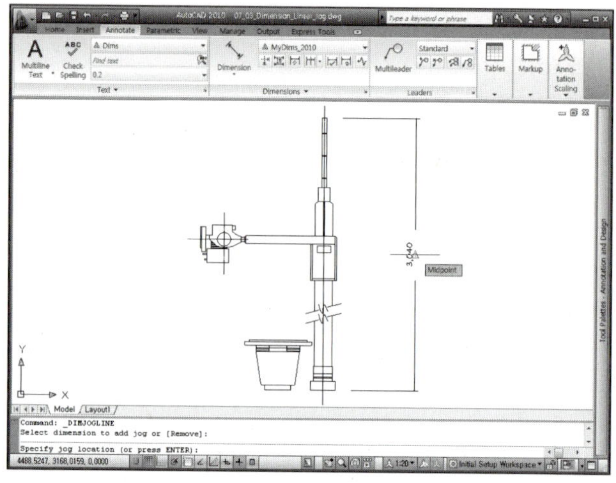

03 입력된 절단 심벌을 선택하여 Grip으로 표시합니다.

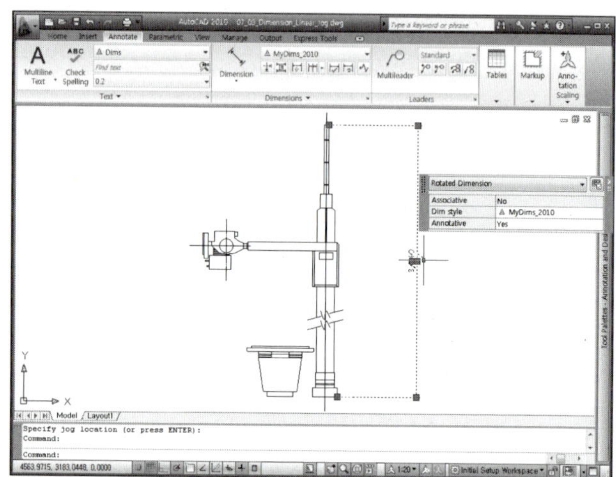

04 절단 심벌의 Grip을 선택하여 붉은색으로 변하면 적당한 위치를 클릭하여 새로운 위치를 지
정합니다.

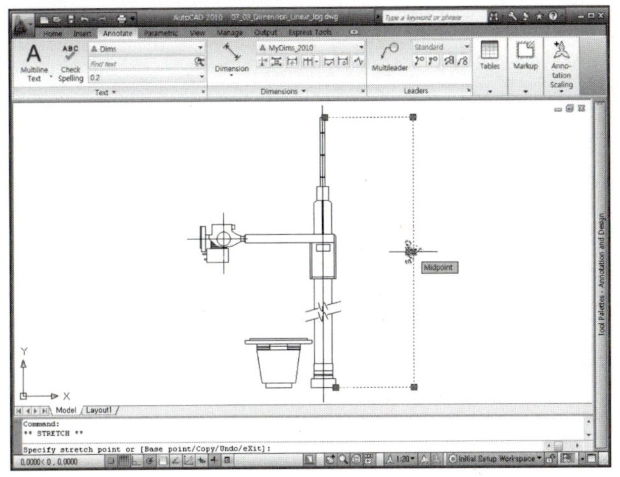 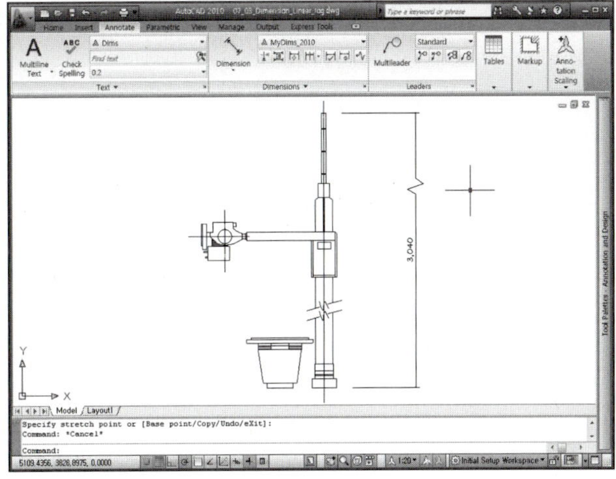

생략 치수(Jogged Dimension)의 사용 기준

치수를 작성하는 데 있어서 가장 중요한 기준은 식별성입니다. 모든 치수를 빠짐없이 중복되지 않게 작성하는 것은
오히려 도면을 복잡하게 만들어 치수를 식별하기 어렵게 만들 수 있습니다. 이런 경우 단조로운 치수를 간단하게 생
략하여 도면을 더욱 식별하기 좋도록 만드는 것은 바람직한 도면 작성 방법인 것입니다. 다음은 생략 치수와 관련된
[Modify Dimension Style] 대화상자의 설정 내용입니다.

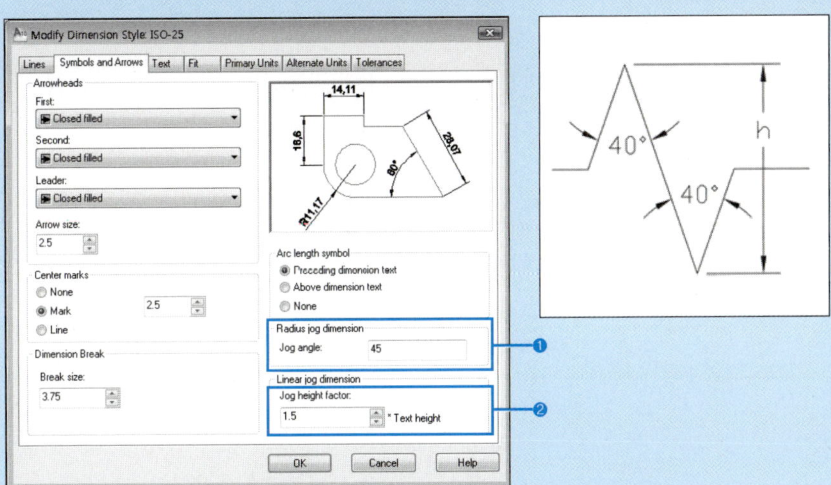

❶ **Radius jog dimension/Jog angle** : 생략 심벌의 꺾인 각을 설정합니다.

❷ **Linear jog dimension/Jog height factor** : 생략 심벌의 높이를 설정합니다.

연속되는 치수 입력하기 (Continue, Baseline Dimension)

도면 작업을 하다 보면 같은 기준선에 연속되는 치수를 입력해야 하는 경우가 있습니다. 이러한 경우 Continue Dimension을 이용하여 하나의 기준 치수선을 작성한 후 연속적으로 기준점만 지정하면 연속되는 치수선을 작성할 수 있습니다. 또한, 총치수를 이루는 몇 개의 치수를 작성해야 하는 경우 Baseline Dimension을 사용합니다.

줄지어 연속되는 치수 입력하기(Continue Dimension)

기준이 되는 치수를 먼저 설정하고 다음 치수선부터 차례로 지점을 선택하면 치수를 입력할 수 있습니다. 매번 치수선의 시작점과 끝점을 선택할 필요 없이 처음 치수선의 끝점이 자동으로 다음 치수선의 시작점이 되는 방식입니다.

⊙ Samples\07_04_Dimension_Continue.dwg

01 [Annotate] 탭의 [Dimensions] 패널에서 [Linear] (⊢⊣) 아이콘을 클릭한 후 그림과 같이 첫 번째 지점과 두 번째 지점 그리고, 치수선의 위치를 차례대로 클릭합니다.

02 [Dimensions] 패널에서 [Continue](⊢⊢⊢) 아이콘을 클릭한 후 두 번째 치수 보조선의 원점을 클릭합니다.

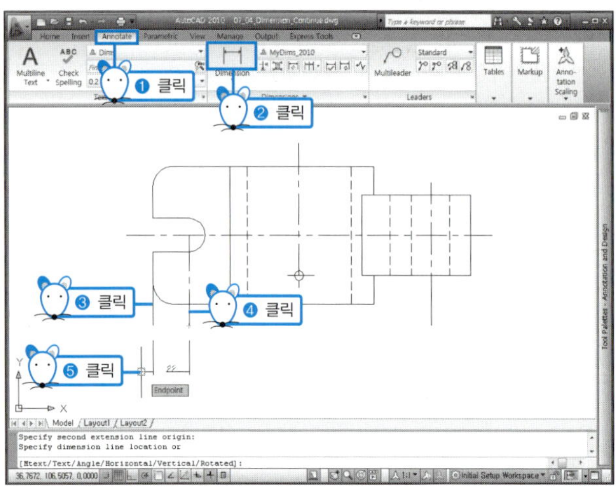

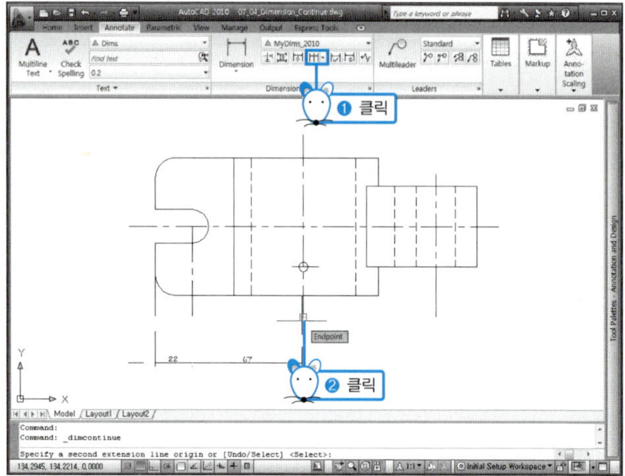

03 필요한 만큼 두 번째 치수 보조선의 원점을 계속해서 선택할 수 있습니다. 마우스 오른쪽 단추를 클릭한 후 [Enter]를 선택하여 명령을 종료합니다.

04 다시 한 번 마우스 오른쪽 단추를 클릭하여 명령을 종료합니다.

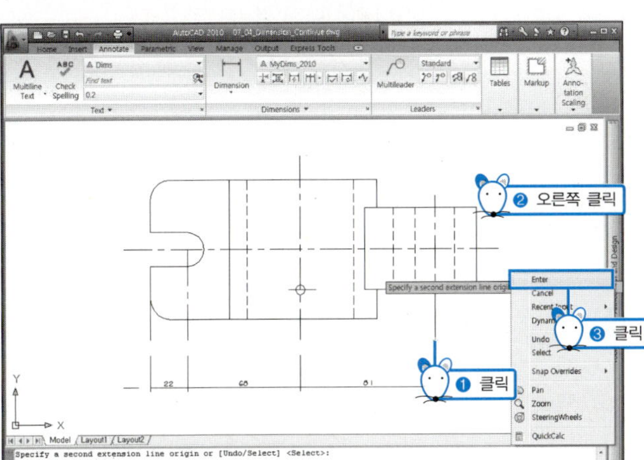

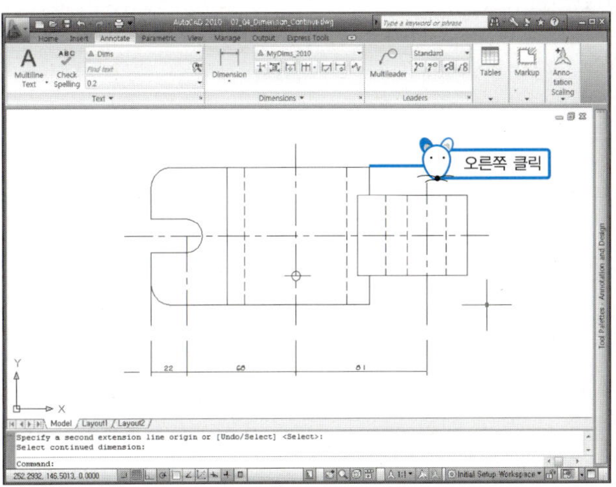

기준점을 공유하는 다단계 치수 입력하기(Baseline Dimension)

다단계 치수 입력 방법은 동일한 치수 기준점을 선택하고 다음 치수선부터는 치수 기준점을 공유하고 끝점만 다른 치수선으로 입력하게 됩니다.

Samples\07_04_Dimension_Baseline.dwg

01 상태 표시줄에 있는 [Annotation Scale]을 클릭한 후 '1:2'를 선택합니다.

02 [Annotate] 탭의 [Dimensions] 패널에서 [Linear] (▦) 아이콘을 클릭한 후 그림과 같이 첫 번째 지점과 두 번째 지점 그리고, 치수선의 위치를 클릭합니다.

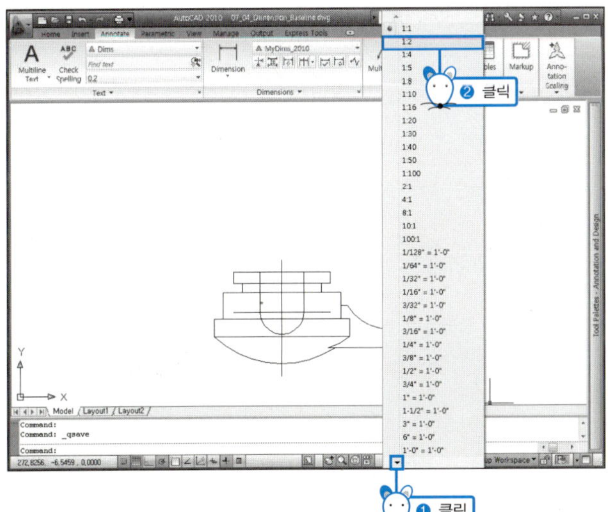

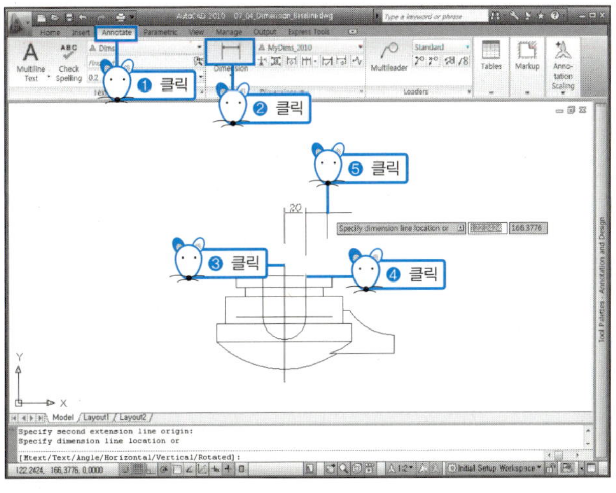

03 [Dimensions] 툴바에서 [Baseline](□) 아이콘을 클릭한 후 치수 보조선의 다음 기준점을 클릭합니다.

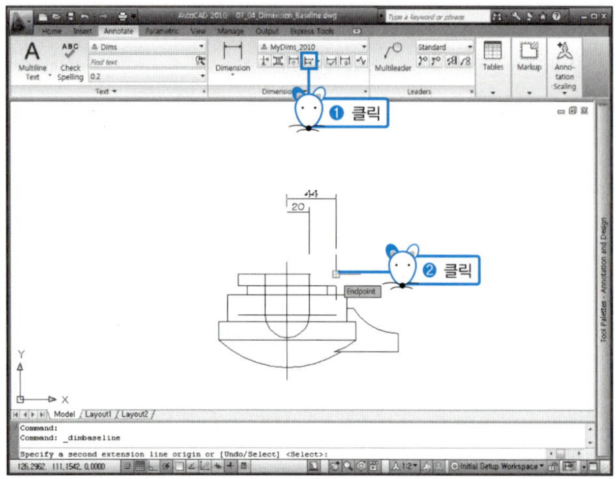

04 다음 치수 보조선의 원점을 클릭합니다. 필요한 만큼 치수를 입력하고 **Enter** 를 두 번 눌러 명령을 종료합니다.

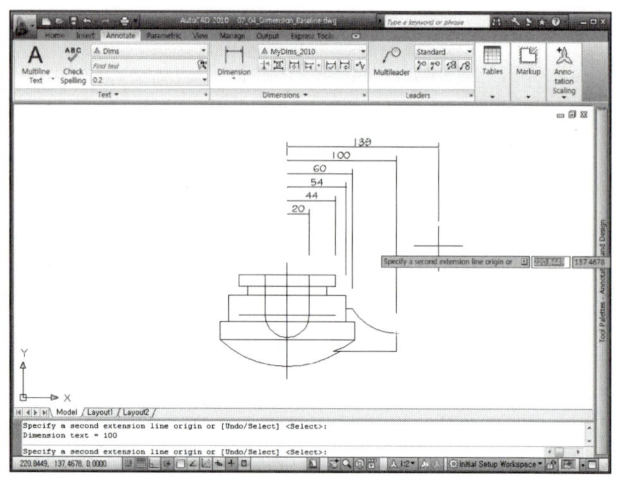

주목

다단계 치수의 치수선 간격은 [Modify Dimension Style] 대화상자의 [Lines] 탭에 있는 [Baseline spacing] 설정에 따라 달라집니다.

주열 번호(Column Number)를 입력하는 원칙

주열 번호는 주로 치수선의 외부에 기둥 넘버를 매기는 경우에 사용합니다. 또한, 도면의 일부분을 상세하게 표현할 때도 전체 도면에서 위치를 알려주기 위해 사용합니다. 주열 번호를 입력하는 일반적인 원칙은 다음과 같습니다.

- 치수선의 외부에 입력합니다.
- 수평으로는 좌측부터 아라비아 숫자로 입력합니다.
- 수직으로는 위부터 알파벳 대문자로 입력합니다.
- 원의 크기는 출력 기준으로 12mm, 원에 달린 선분은 5mm 전후의 위치에 입력합니다.

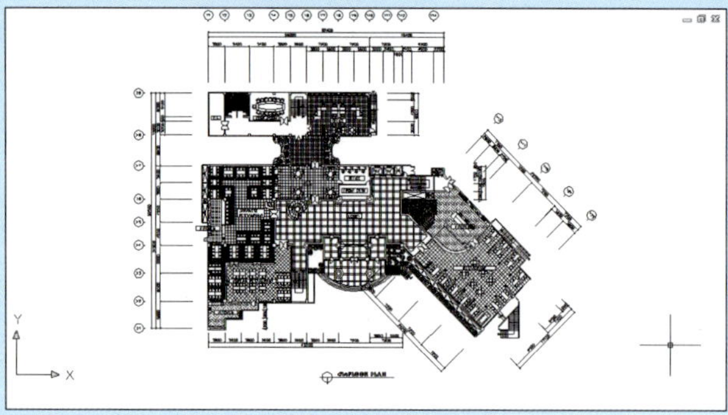

▲ 주열 번호의 사례

치수선 간의 불규칙한 간격 정리하기(Dimension Space)

겹쳐져 있는 치수선 간의 간격을 일정하게 정리하여 치수의 식별성을 높이는 방법을 알아봅니다.

◉ Samples\07_04_Dimension_Space.dwg

01 [Annotate] 탭의 [Dimensions] 패널에서 [Adjust Space](▦) 아이콘을 클릭한 후 기준이 되는 치수선을 선택합니다.

02 기준 치수선에서 가까운 순서대로 간격을 정리할 치수선을 하나씩 선택한 후 **Enter** 를 누릅니다.

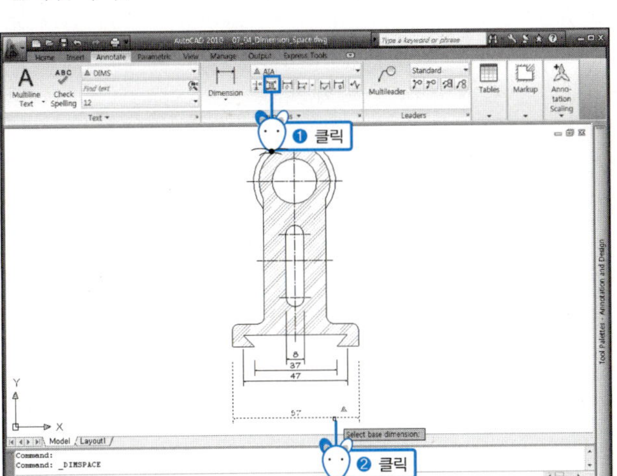

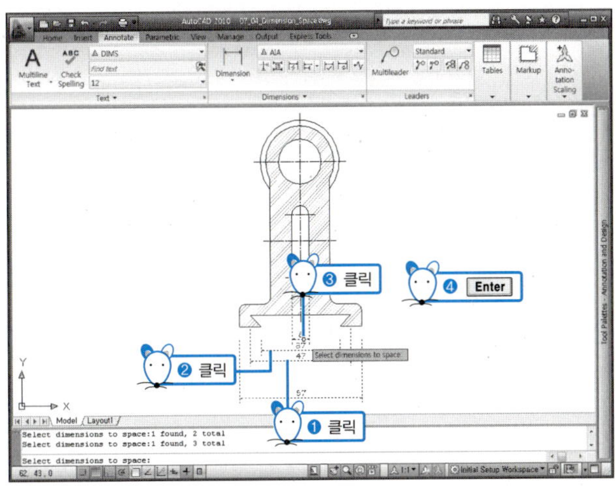

03 수치를 입력하라는 물음에 [Auto]를 선택합니다.

04 치수선의 간격들이 조정된 것을 확인할 수 있습니다.

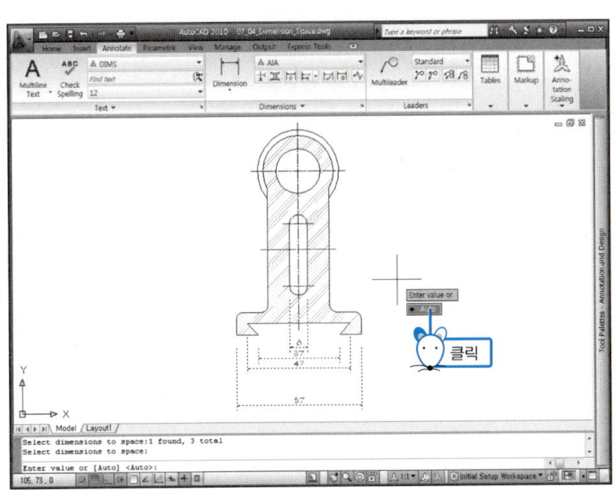

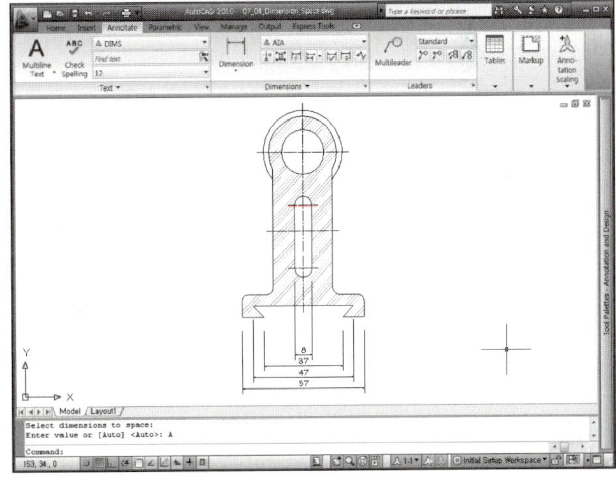

객체와 교차하는 치수 보조선 끊기(Dimension Break)

객체 깊숙한 곳의 치수를 바깥으로 빼내는 경우 치수 보조선이 객체와 교차하는 경우가 종종 있습니다. 이런 경우
객체와 치수 보조선을 구별하기 힘들기 때문에 치수 보조선을 일정한 간격만큼 끊는 것이 좋습니다.

◉ Samples\07_04_Dimension_Break.dwg

01 [Annotate] 탭의 [Dimensions] 패널에서 [Dimension Style](✍) 단추를 클릭해 [Dimension Style Manager] 대화상자를 불러낸 후 [Modify] 단추를 클릭합니다.

02 [Modify Dimension Style] 대화상자를 그림과 같이 설정합니다.

❶ [Symbols and Arrows] 탭을 클릭합니다.

❷ [Dimension Break] 영역의 [Break size]에 '3'을 입력한 후 [OK] 단추를 클릭합니다.

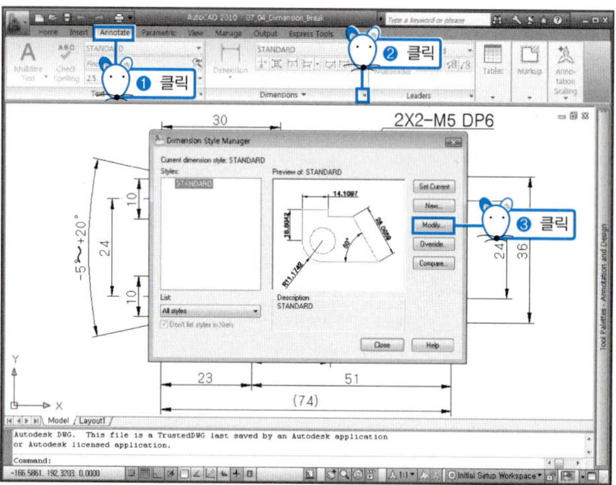

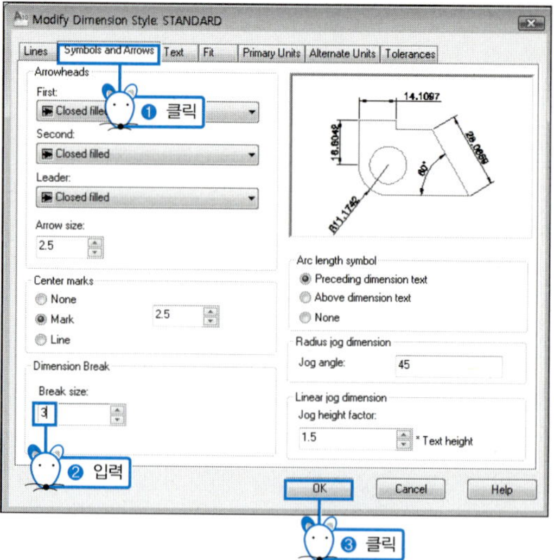

03 [Dimension Style Manager] 대화상자의 [Close] 단추를 클릭합니다.

04 [Annotate] 탭의 [Dimensions] 패널에서 [Break](▦) 아이콘을 클릭한 후 끊어 낼 치수선을 선택합니다.

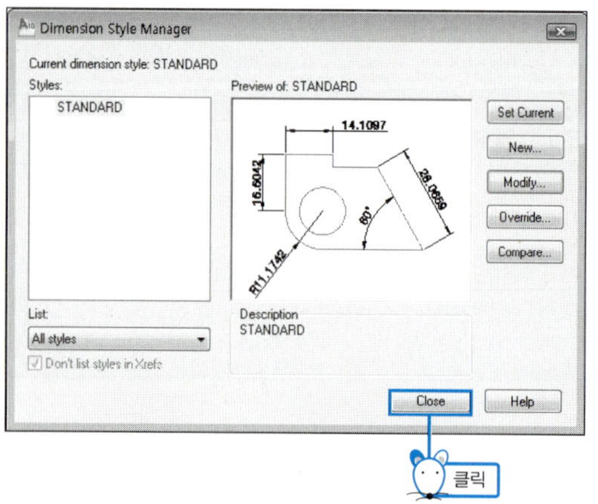

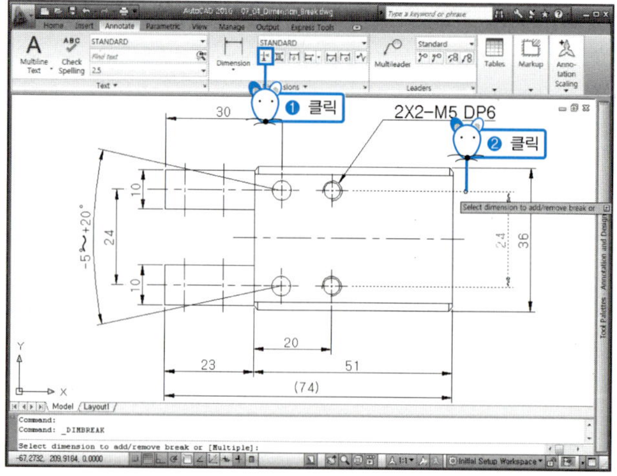

05 교차되는 객체를 그림과 같이 선택합니다.

06 교차되는 부분을 중심으로 설정한 '3' 간격으로 객체가 분리됩니다. 더 교차되는 부분이 없으면 `Enter` 를 누릅니다.

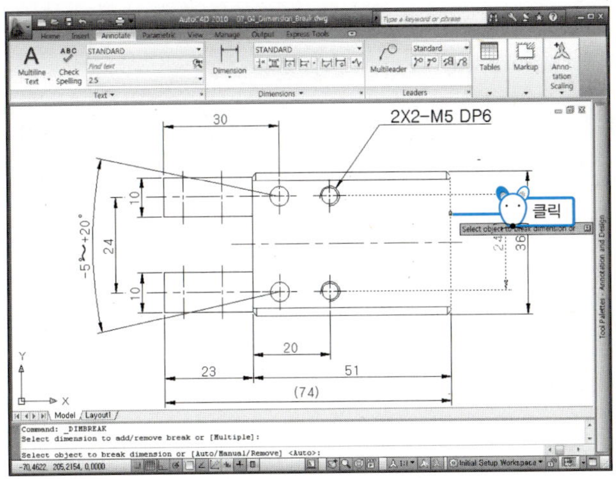

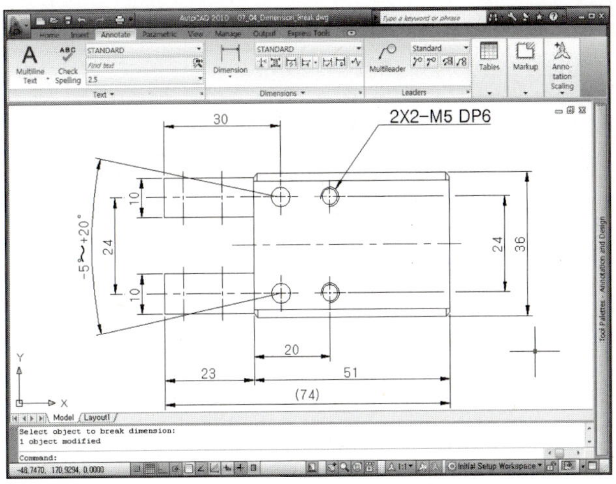

주목

교차되는 객체를 선택하지 않고 `Enter` 를 누르면 기본값인 Auto 기능이 실행되기 때문에 선택한 치수선과 교차되는 객체들을 분리하게 됩니다.

곡률이 있는 객체에 치수를 기입하는 원칙

도면에 치수를 기입할 때 어느 정도까지 치수를 기입해야 할까? 고민되는 경우가 종종 있습니다. 곡률이 있는 객체 즉, 원(Circle), 타원(Ellipse), 호(Arc), 자유 곡선(Spline)은 모두 외적인 속성이 있습니다. 중심점의 좌표, 반지름 또는 지름, 곡률의 시작점과 끝점 등입니다. 시공을 위해 정확한 도면이 되기 위해서는 이 모든 요소가 표현되어야 합니다. 단, 중복되는 치수는 없는지, 다른 요소의 치수로 인해 해당 객체의 치수가 유추될 수 있는 지를 상세히 검토하고 판단해야 합니다.

각도 치수 입력하기
(Angular Dimension)

Angular Dimension을 이용하면 객체와 객체가 이루는 각도 또는, 세 점이 이루는 각도를 측정하여 치수선을 입력할 수 있습니다.

Lesson 05

객체 간의 각도 치수 입력하기

다음 예제를 이용하여 평행하지 않는 객체 간의 각도 치수를 입력하는 방법을 알아봅니다.

⊙ Samples\07_05_Dimension_Angular.dwg

01 [Annotate] 탭의 [Dimensions] 패널에서 [Angular] (△) 아이콘을 클릭한 후 각도 치수를 입력할 첫 번째 객체를 선택합니다.

02 각도 치수를 입력할 두 번째 객체를 선택합니다.

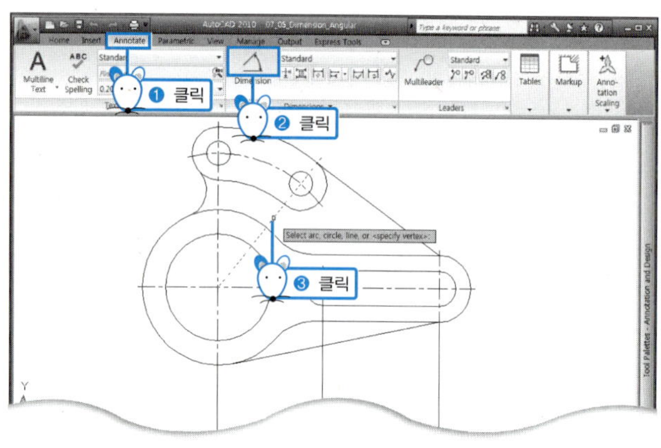

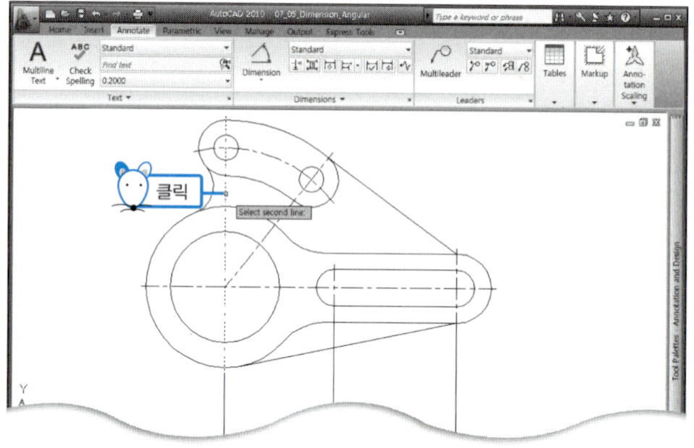

03 치수선의 위치를 클릭하면 객체 간에 각도 치수가 입력된 것을 확인할 수 있습니다.

주목

반시계 방향으로 각도가 측정된다는 것을 생각하고 객체를 선택해야 합니다.

세 점을 지정하여 각도 치수 입력하기

원하는 각도 치수를 입력할 수 없는 경우에는 각도 치수의 Specify Vertex 옵션을 이용하여 치수를 입력하는 방법
을 알아봅니다.

◉ Samples\07_05_Dimension_Angular.dwg

01 [Annotate] 탭의 [Dimensions] 패널에서 [Angular] (△) 아이콘을 클릭한 후 원점을 선택하기 위해 **Enter** 를 누르고 각도의 원점을 클릭합니다.

02 각도를 측정할 첫 번째 지점과 두 번째 지점을 클릭 합니다.

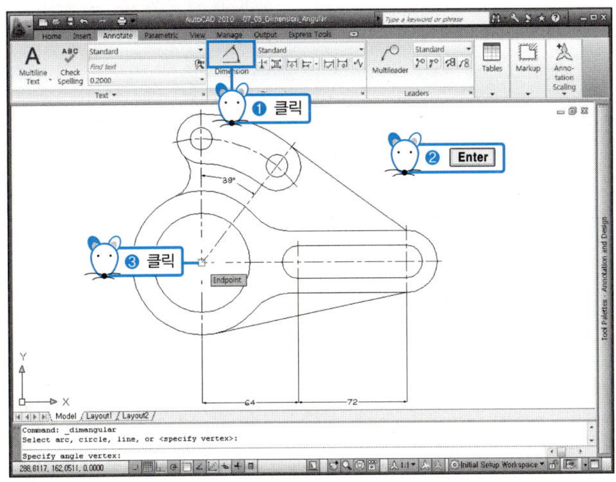

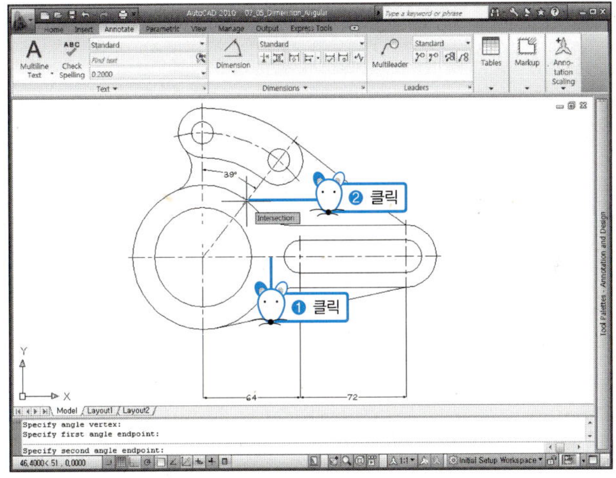

03 치수선의 위치를 클릭하면 각도 치수의 입력이 마무리됩니다.

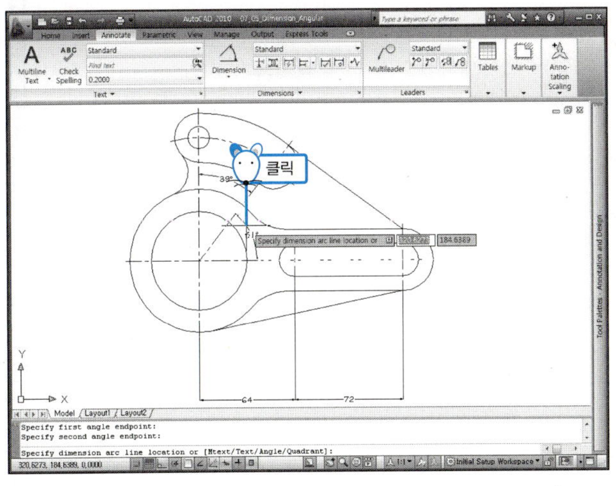

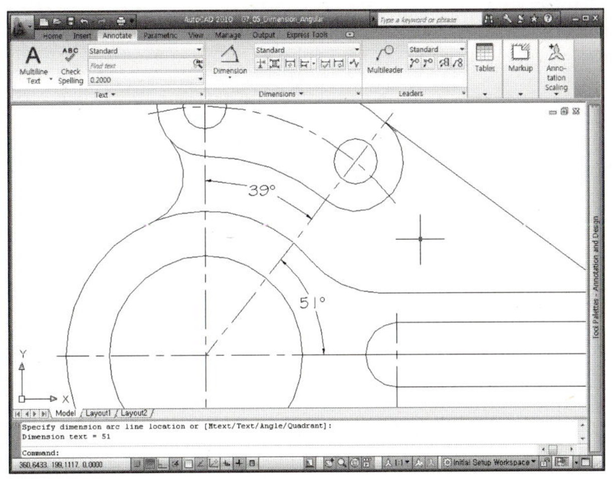

🔖 **주목**

마우스 포인터의 위치에 따라 치수는 반대쪽에 표시할 수도 있으며 두 번째 지점의 클릭은 치수가 생기는 방향을 지정해주는 것으로 정확한 지점을 클릭할 필요는 없습니다.

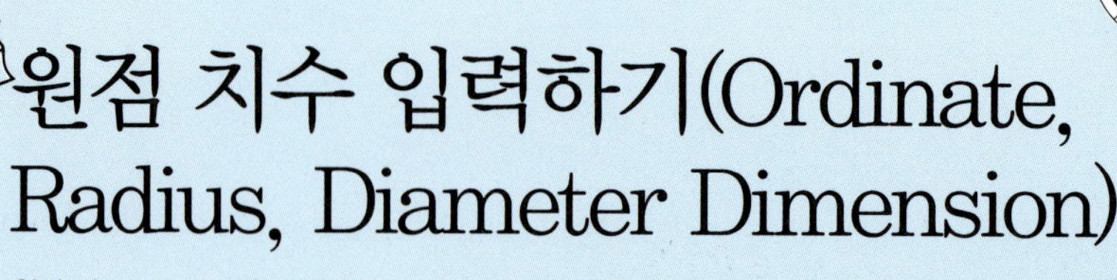

원점 치수 입력하기(Ordinate, Radius, Diameter Dimension)

원점 치수는 기준점을 기준으로 XY축 방향의 좌표를 거리로 환산하여 표시합니다. 모든 곡률을 가진 객체들은 중심점을 가지기 때문에 기준점(Bench Mark)으로 부터의 좌표가 필요합니다. 이런 경우 원점 치수의 사용이 빛을 발할 수 있습니다.

Lesson 06

원점(Origin Point)을 설정하고 원점 치수 입력하기

원점 치수의 기준이 되는 원점(Origin Point)을 새롭게 정의하여 객체의 새로운 기준점(Bench Mark)으로 원점 치수를 입력하는 방법을 알아봅니다.

◉ Samples\07_06_Dimension_R.dwg

01 [View] 탭의 [Coordinates] 패널에서 [Origin](⊾) 아이콘을 클릭하고 그림과 같이 새로운 원점(Origin Point)을 지정합니다.

02 원점 치수를 작성하기 위해 [Annotate] 탭의 [Dimensions] 패널에서 [Ordinate](⊞) 아이콘을 클릭한 후 그림과 같이 지점을 클릭합니다.

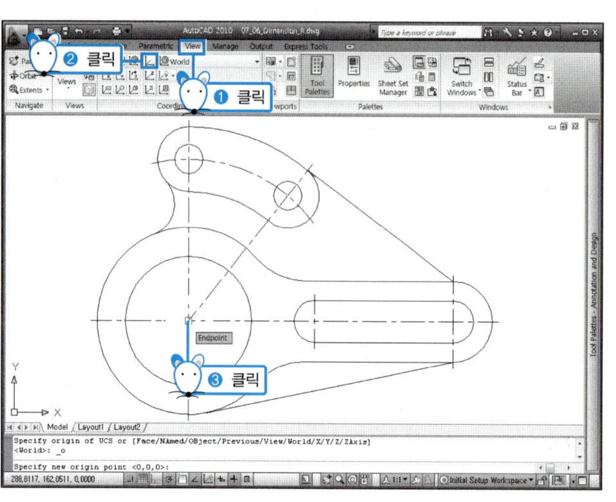

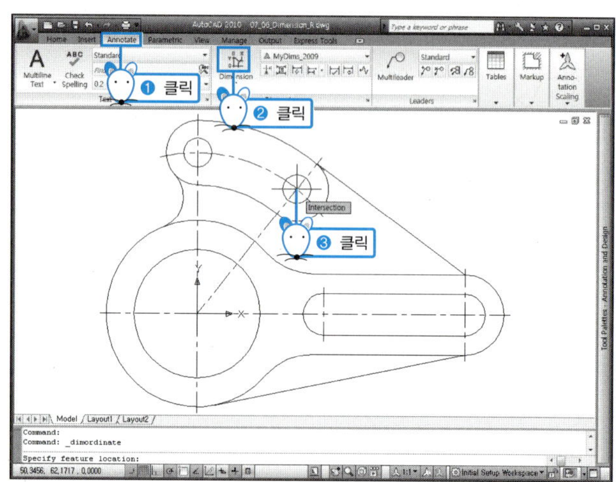

03 선택한 위치에서 마우스 포인터를 이동시켜 좌표가 위치할 적당한 위치를 클릭합니다.

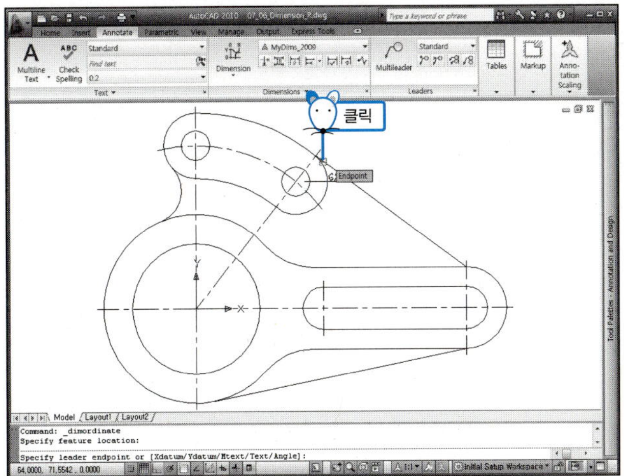

04 다시 원점 치수를 입력하기 위해 [Ordinate]() 아이콘을 클릭하고 치수를 측정할 지점을 클릭합니다.

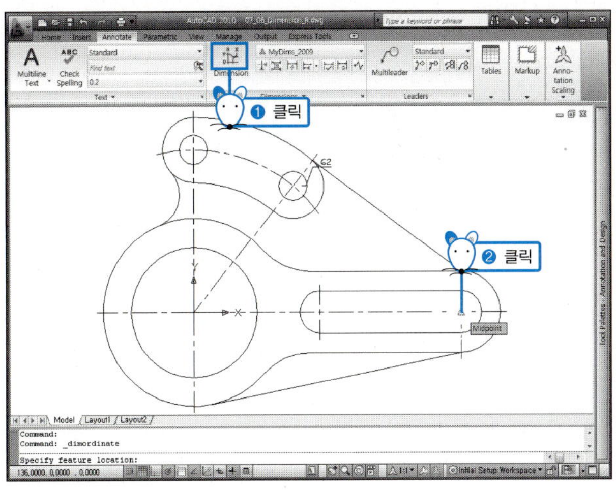

05 선택한 위치에서 마우스 포인터를 이동시켜 좌표가 위치할 적당한 지점을 클릭합니다.

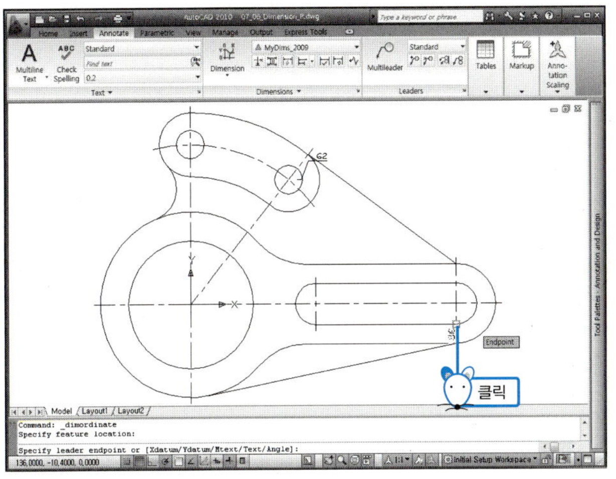

06 같은 방법으로 여러 지점의 원점 치수를 입력합니다.

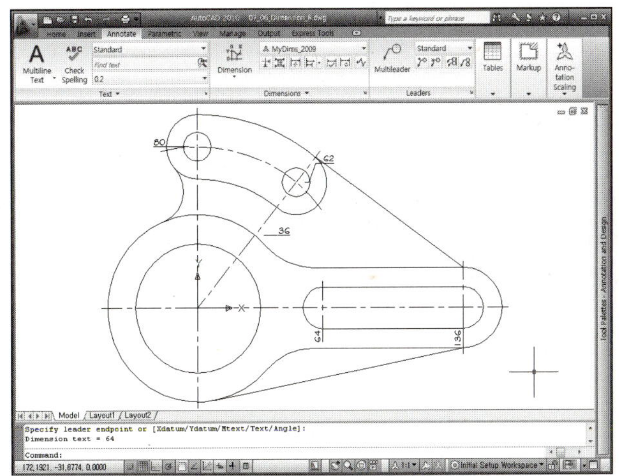

반지름 치수 입력하기(Radius Dimension)

치수선의 위치를 지정하고 중심 표식을 넣어 반지름 치수를 입력하는 방법을 알아봅니다.

◉ Samples\07_06_Dimension_R.dwg

01 [Annotate] 탭의 [Dimensions] 패널에서 [Dimension Style](▣) 단추를 클릭한 후 다음과 같이 'MyDims_2010' 치수 스타일의 설정을 변경합니다.

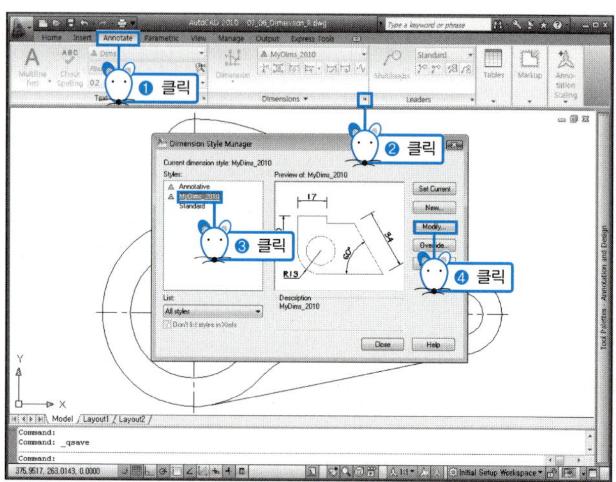

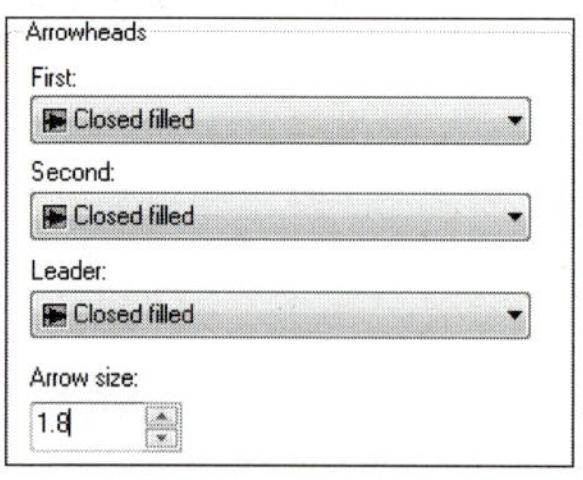

▲ [Symbols and Arrows] 탭의 [Arrowheads] 영역 설정 모습

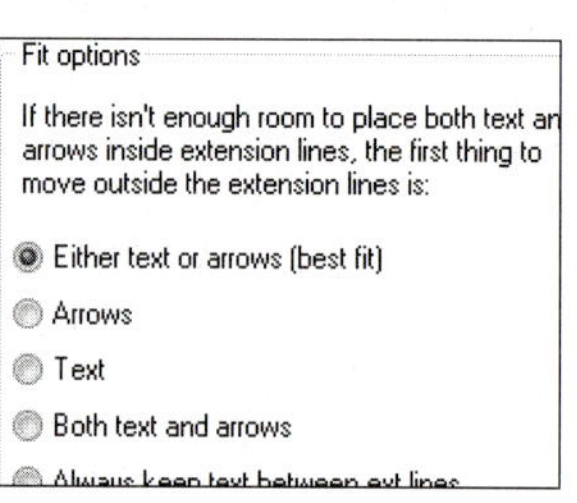

▲ [Fit] 탭의 [Fit Options] 영역 설정 모습

02 [Annotate] 탭의 [Dimensions] 패널에서 [Radius](◎) 아이콘을 클릭하고 치수를 입력할 호를 선택합니다.

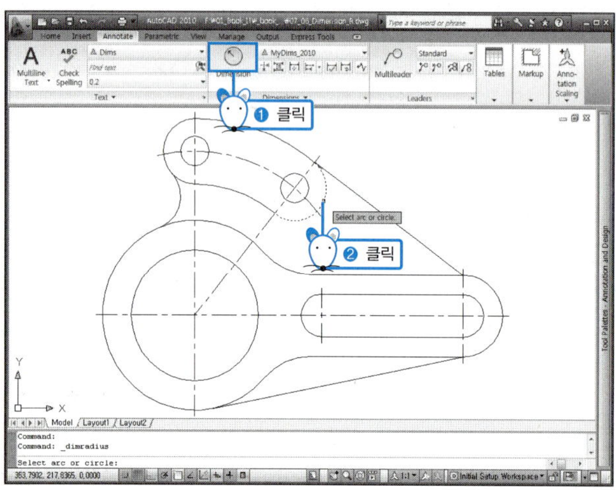

03 치수선의 위치를 그림과 같이 클릭합니다.

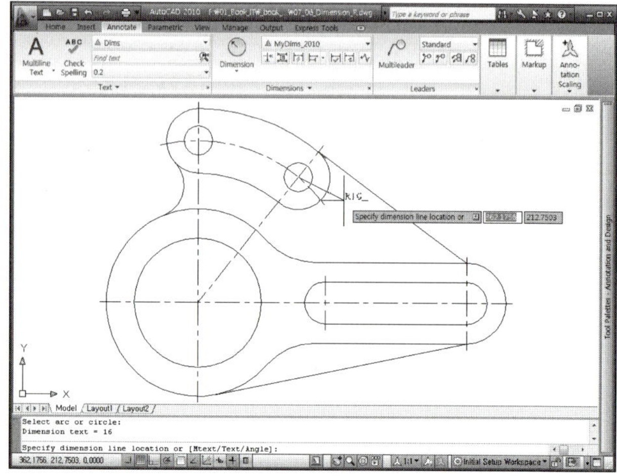

04 치수를 입력할 호에 중심 표식(Center Mark)을 삽입하기 위해 [Annotate] 탭의 [Dimensions] 패널에서 [Center Mark](◉) 아이콘을 클릭하고 호를 선택합니다.

05 호의 중심에 중심 표식이 삽입된 것을 확인할 수 있습니다.

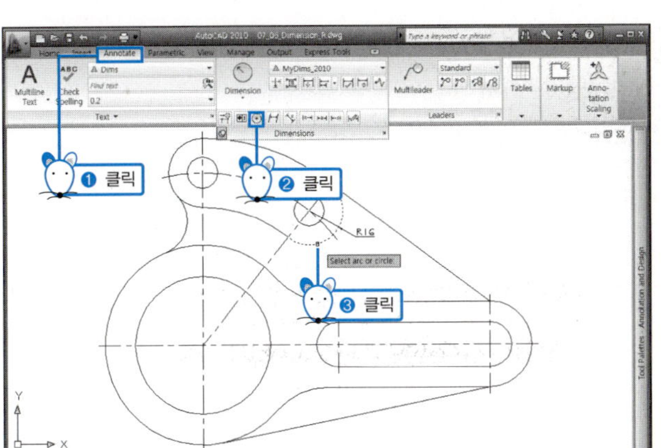

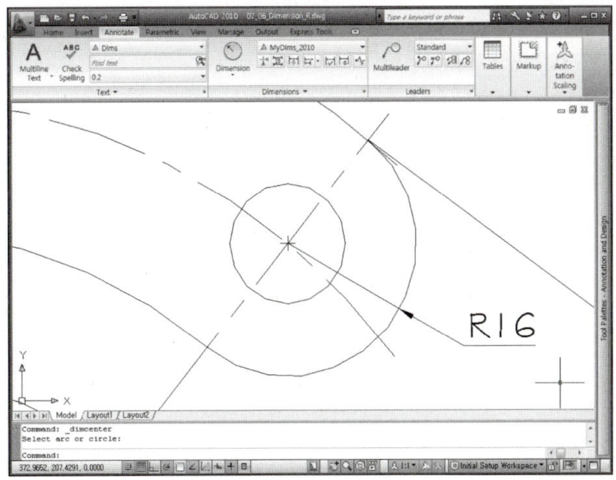

지름 치수 입력하기(Diameter Dimension)

객체에 지름 치수를 입력하는 방법은 반지름 치수를 입력하는 방법과 동일합니다.

◉ Samples\07_06_Dimension_R.dwg

01 지름 치수를 입력하기 위해 [Annotate] 탭의 [Dimensions] 패널에서 [Diameter](◉) 아이콘을 클릭하고 지름 치수를 입력할 객체를 선택합니다.

02 객체를 선택하면 치수가 표시되면서 마우스 포인터의 움직임에 따라 치수가 변하는 것을 확인할 수 있습니다. 치수선이 위치할 지점을 클릭합니다.

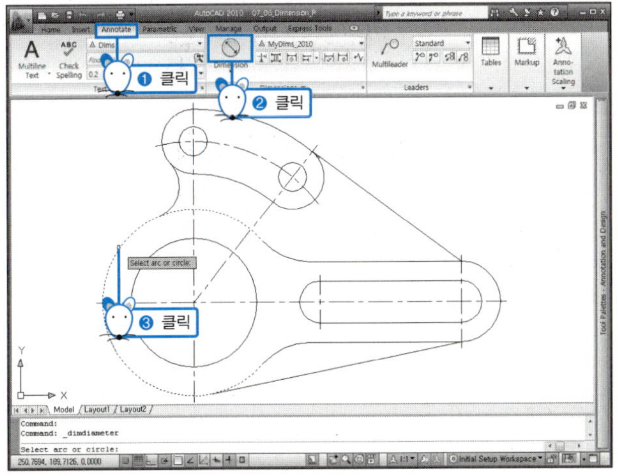

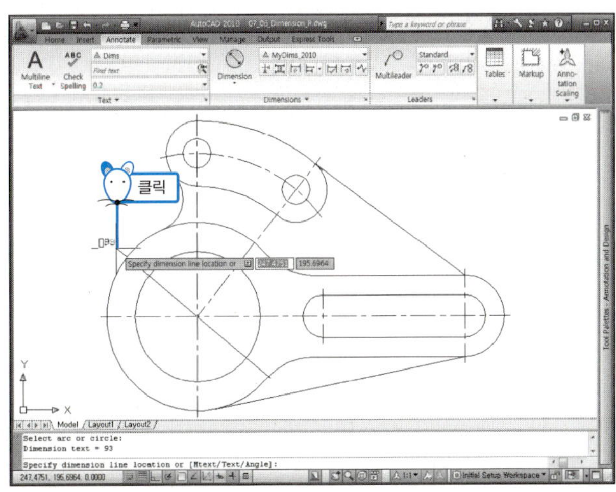

03 치수 문자가 '⌀93' 이라고 표시되어야 하지만 치수 문자의 글꼴(Stylus BT)이 '⌀'를 표시할 수 없기 때문에 글꼴을 수정해야 합니다.

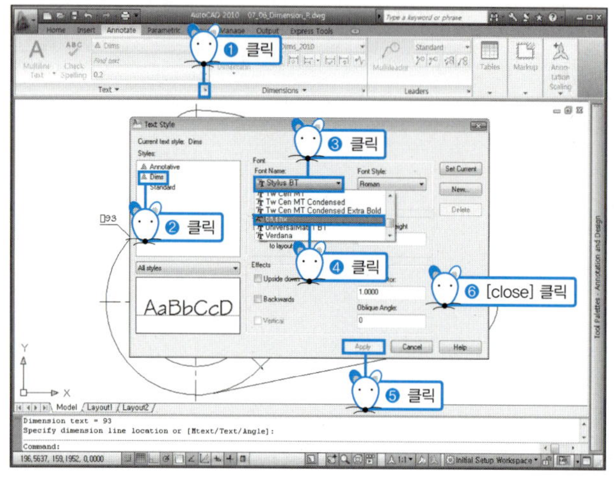

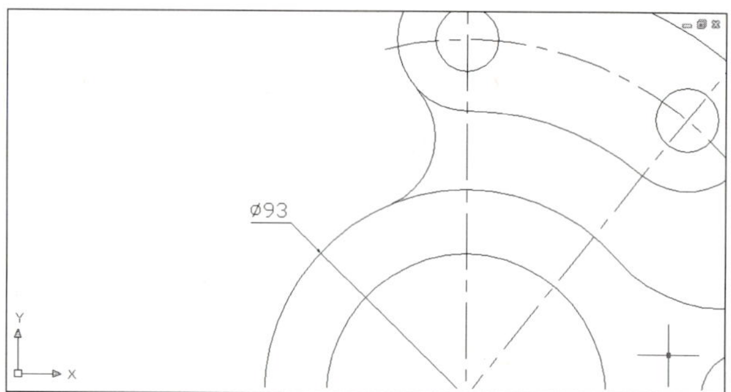

중심 표식(Center Mark)의 설정 방법

[Modify Dimension Style] 대화상자의 [Center marks] 영역에서 중심 표식(Center mark)의 형태와 크기를 설정할 수 있습니다.

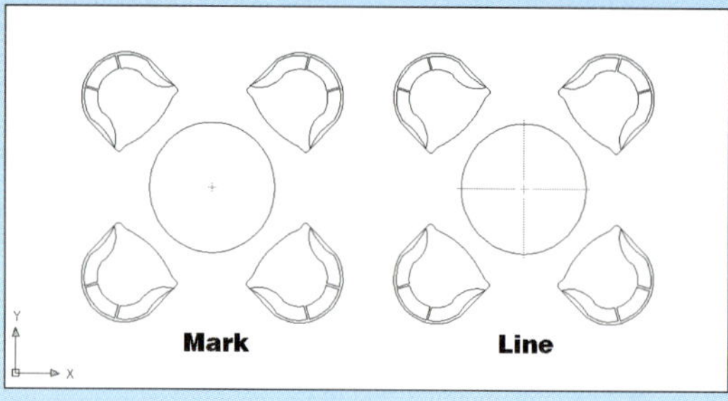

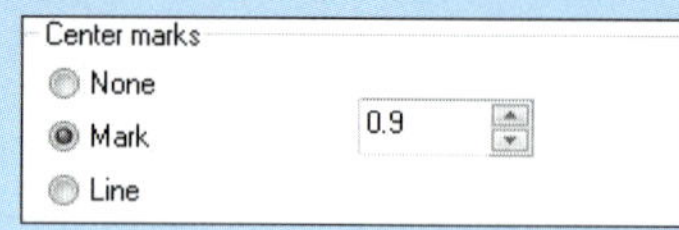

공차 치수 입력하기 (Tolerance Dimension)

공차(Tolerance)는 기계 분야에서 주로 사용하는 치수 입력 방법으로써 객체의 허용 가능한 오차 범위를 표시하는 기하 공차와 치수 공차, 끼워 맞춤 등이 있습니다. 기하 공차는 Tolerance 명령이나 Quick Leader 명령으로 입력할 수 있으며 치수 공차와 끼워 맞춤은 일반 치수 입력 명령을 이용합니다.

Lesson 07

공차(Tolerance)의 정의

공차(Tolerance)란 제품을 가공할 때 발생할 수 있는 오차의 범위(허용 가능한)를 말하는 것입니다. 예를 들어 지름이 50mm인 볼트를 만들 때 '한 치의 오차도 없이' 50mm가 되게 만든다는 것은 실제의 제조 과정에서는 불가능하므로 약간의 오차 범위를 지정하는 데 이러한 범위를 공차라고 합니다. 예를 들어 '50±0.03' 이라고 한다면 제품의 치수는 49.97mm~50.03mm 사이가 되면 정상 제품으로 판단하는 것을 말합니다.

● [Dimension Style Manager] 대화상자 이해하기

[Dimension Style Manager] 대화상자의 [Tolerance] 탭에서 공차를 설정할 수 있습니다. 허용 오차는 치수들을 위치시킬 때 자동적으로 치수 문자에 추가됩니다.

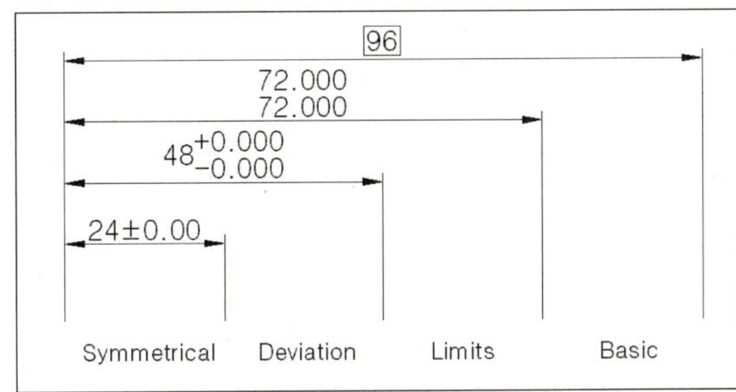

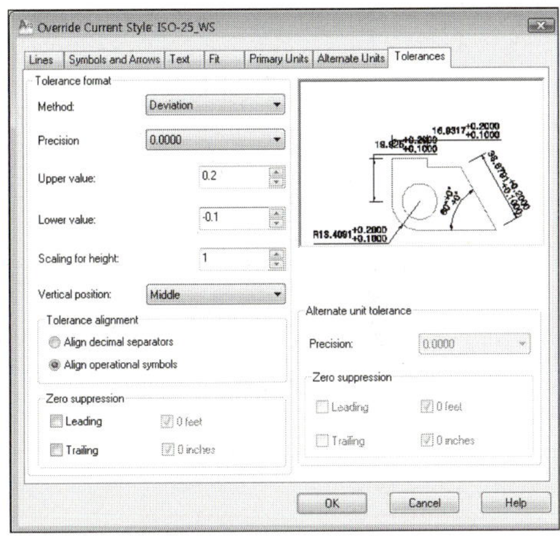

● [Geometric Tolerance] 대화상자 이해하기

[Geometric Tolerance] 대화상자에서는 1차와 2차의 값을 지정하거나 반올림 심벌 등의 상태를 설정할 수 있습니다. 재질 조건, 조건에 대한 값 등 세 가지 종류의 데이터(Datum)까지 설정할 수 있습니다. 또한, 높이(Height)와 예상되는 공차 구역(Projected Tolerance Zone)의 심벌과 데이터 인식자 등도 설정할 수도 있습니다.

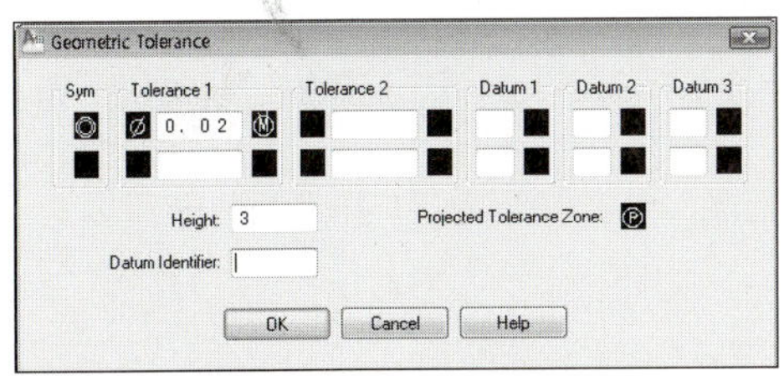

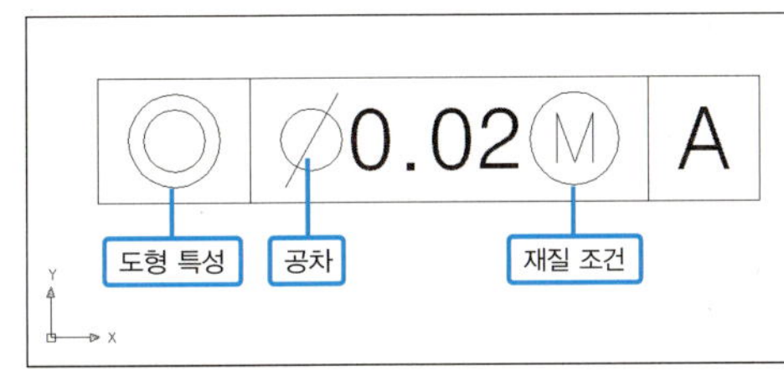

[Dimension Style Manager] 대화상자에서 공차 치수 설정하기

[Dimension Style Manager] 대화상자의 [Tolerance] 탭을 설정하여 치수에 공차를 입력하는 방법에 대해 배워봅
니다.

◉ Samples\07_07_Dimension_Tolerance.dwg

01 [Annotate] 탭의 [Dimensions] 패널에서 [Dimension Style](⊡) 단추를 클릭한 후 [Dimension Style Manager] 대화상자에서 [Override] 단추를 클릭합니다.

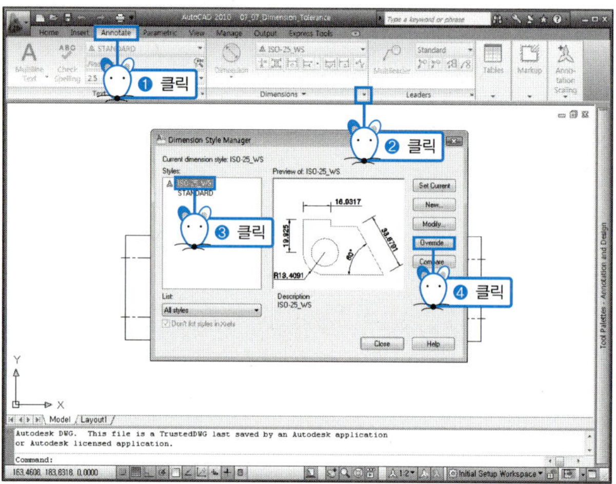

02 [Override Current Style] 대화상자에서 [Tolerances] 탭을 설정합니다.

❶ [Tolerance format] 영역의 [Method]를 'Deviation'으로 설정합니다.

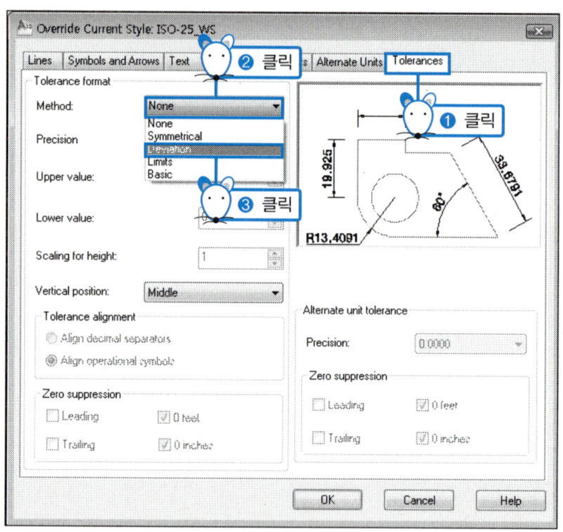

03 그림과 같이 공차 치수를 설정합니다.

❶ 상한값을 설정하는 [Upper value]를 '0.2'로 설정합니다.
❷ 하한값을 설정하는 [Lower value]를 '-0.1'로 설정합니다.
❸ 공차의 높이와 위치를 설정한 후 [OK] 단추를 클릭합니다.

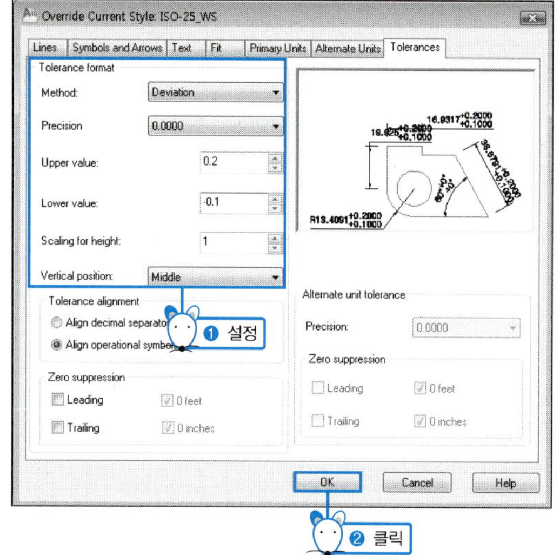

04 현재 치수 유형에 '〈Style Overrides〉'라고 표시되어 치수 스타일이 재지정된 것을 확인합니다. [Description] 에서는 재지정된 옵션들이 나타납니다. [Close] 단추를 클릭하여 재지정된 스타일을 사용합니다.

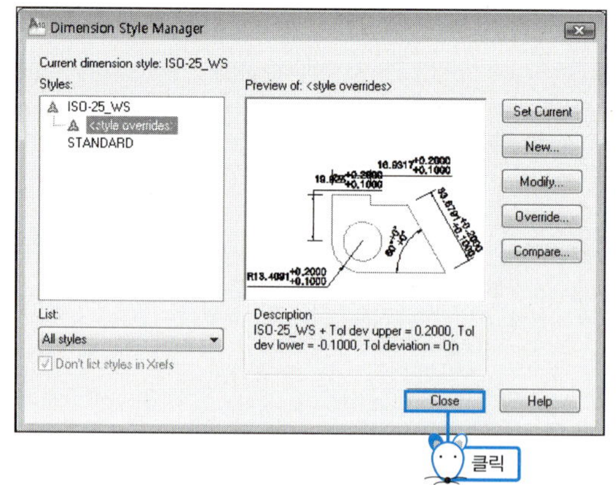

05 [Dimension] 툴바에서 [Linear](⊢) 아이콘을 클릭한 후 그림과 같이 첫 번째와 두 번째 치수 보조선의 원점을 클릭합니다.

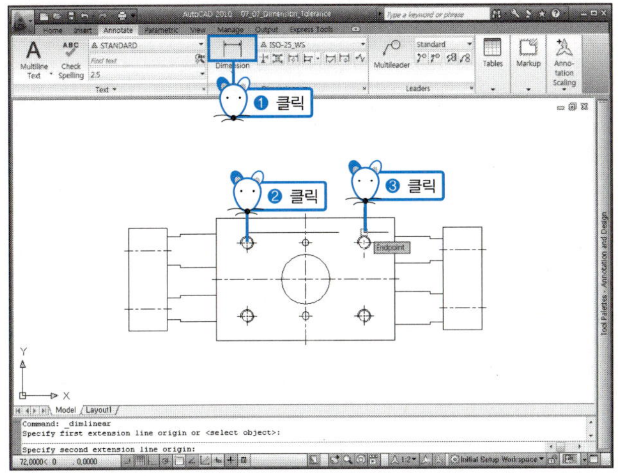

06 선형 치수가 입력되면 공차도 같이 나타나는 것을 확인할 수 있습니다. 그림과 같이 치수선의 위치를 클릭하여 지정합니다.

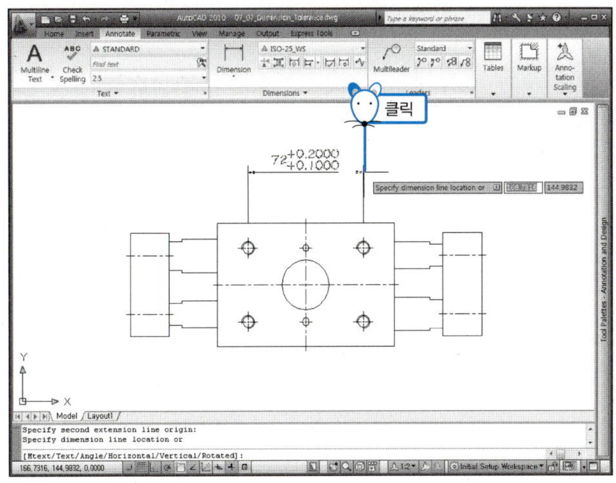

07 양수의 공차만을 가진 공차 치수가 입력된 것을 확인할 수 있습니다.

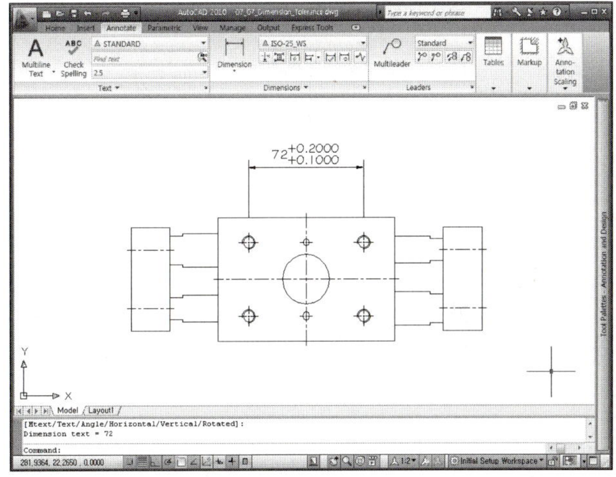

공차(Tolerance)의 종류(Method)

공차의 5가지 종류를 간단히 소개하면 다음과 같습니다.

- **None** : 치수선에 공차를 사용하지 않습니다.
- **Symmetrical(대칭)** : 동일한 상한/하한값을 갖는 공차를 사용합니다. 예를 들어 1.00+/−0.1은 'Symmetrical' 공차의 예입니다.
- **Deviation(편차)** : 상한과 하한의 공차가 다를 수 있는 경우에 사용합니다. 객체를 허용 한계 내에서 제조해야 하는 경우에 사용합니다.
- **Limits(한계)** : 공차가 치수를 대신하여 나타납니다. 객체를 허용 한계 내에서 제조해야 하는 경우에 사용합니다.
- **Basic(기본)** : 공차를 사용하지 않습니다. 그러나 치수 문자에 상자가 나타나서 치수를 강조해 줍니다.

Properties Palettes에서 공차 치수 수정하기

Properties Palettes를 이용해서 입력된 공차 치수를 손쉽게 수정하는 방법에 대하여 알아봅니다.

⊙ Samples\07_07_Dimension_Tolerance_P.dwg

01 이미 기입된 치수에 공차를 부여하기 위해 공차를 적용할 치수를 선택하고 [Home] 탭의 [Properties] 패널에서 [Properties](□) 단추를 클릭합니다.

02 Properties Palettes에서 [Tolerances]를 클릭합니다.

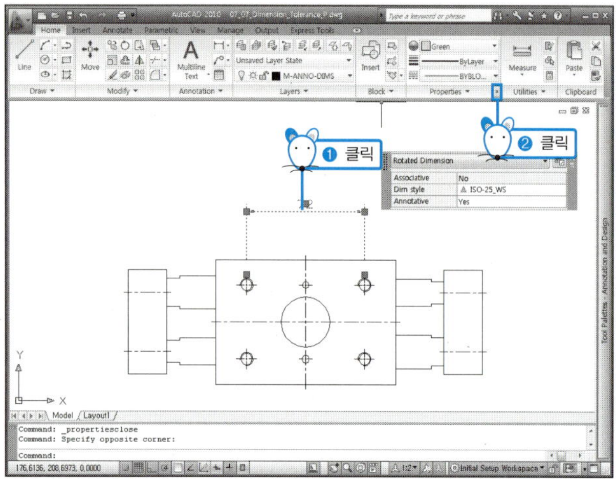

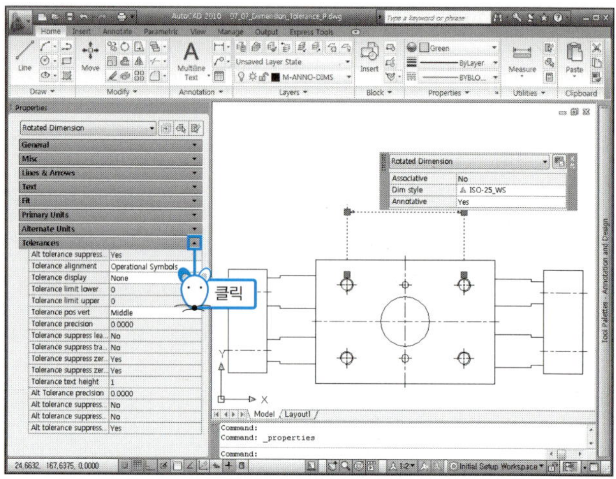

03 [Tolerance display]를 선택하고 'Symmetrical'로 설정합니다.

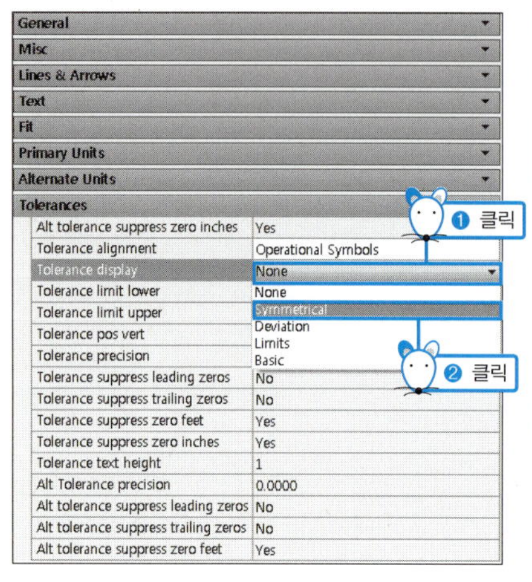

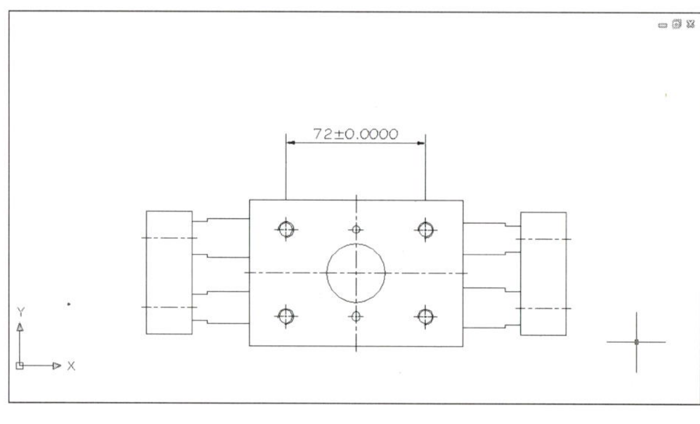

04 [Tolerance limit upper]를 선택하고 공차(0.1)를 입력합니다. 자동으로 [Tolerance limit lower]도 같은 수치로 설정됩니다. 그리고, [Tolerance text height]를 '0.7'로 설정합니다.

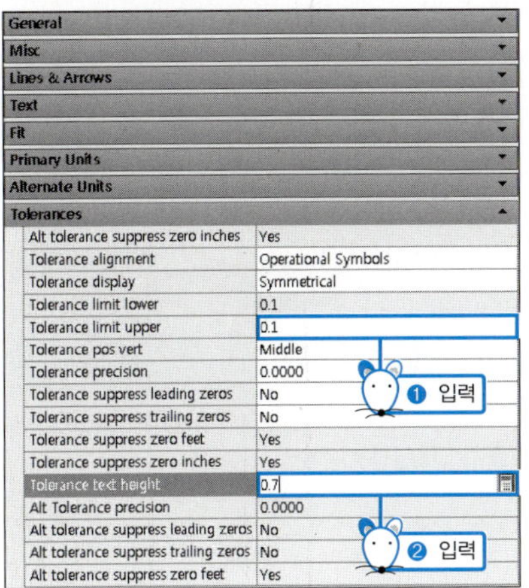

05 그림과 같이 공차가 적용되어 치수가 변경된 것을 확인할 수 있습니다.

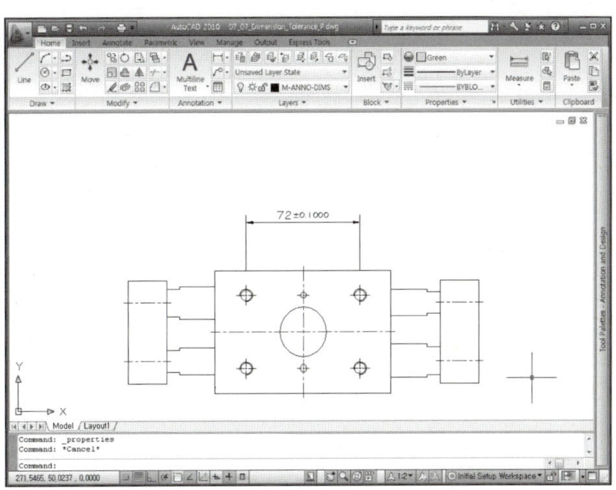

공차 치수(Tolerance)가 반영된 도면 사례

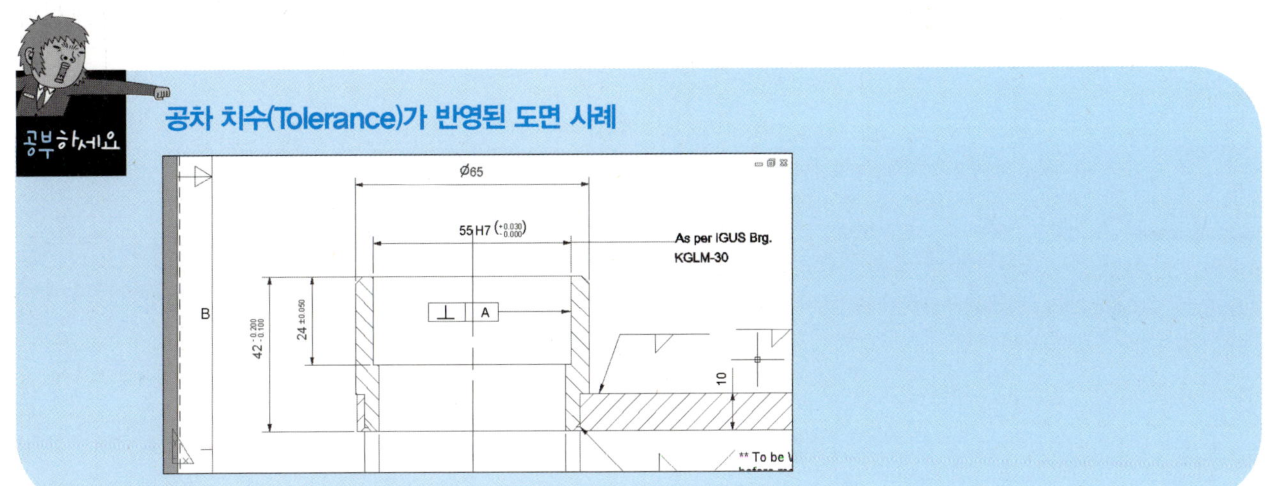

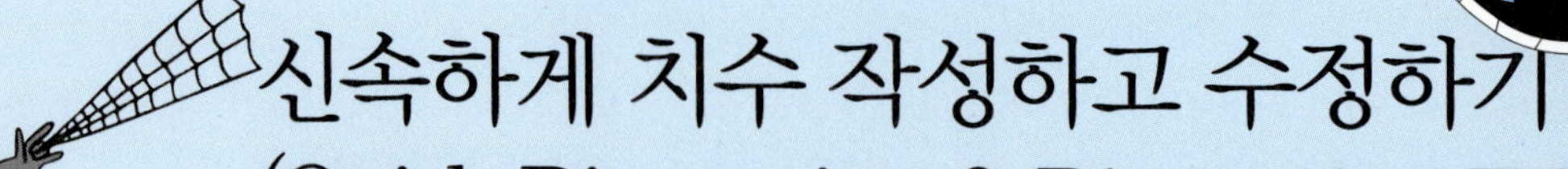

신속하게 치수 작성하고 수정하기 (Quick Dimension & Dimension Edit)

Quick Dimension을 이용하면 신속하게 치수를 입력할 수 있습니다. Quick Dimension은 지금까지 사용했던 치수 명령을 대체하며 치수 요소를 배치하는 데 필요한 선택의 횟수를 줄여 줍니다. 이번에는 Quick Dimension을 이용하여 신속하게 치수를 작성하고 수정하는 방법에 대하여 알아봅니다.

Lesson 08

치수 신속하게 작성하기(Quick Dimension)

Quick Dimension을 이용하여 다양한 치수의 형태를 간단하게 입력할 수 있습니다. 다음 예제를 통해서 Quick Dimension을 이용하는 방법을 알아봅니다.

◉ Samples\07_08_Dimension_Quick.dwg

01 [Annotate] 탭의 [Dimensions] 패널에서 [Quick Dimension]() 아이콘을 클릭한 후 그림과 같이 측정할 객체를 선택하고 Enter 를 누릅니다.

02 마우스 오른쪽 단추를 클릭한 후 [Continuous]를 선택합니다.

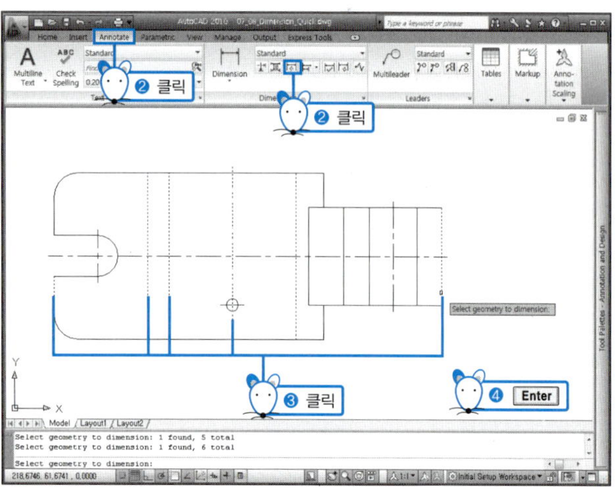

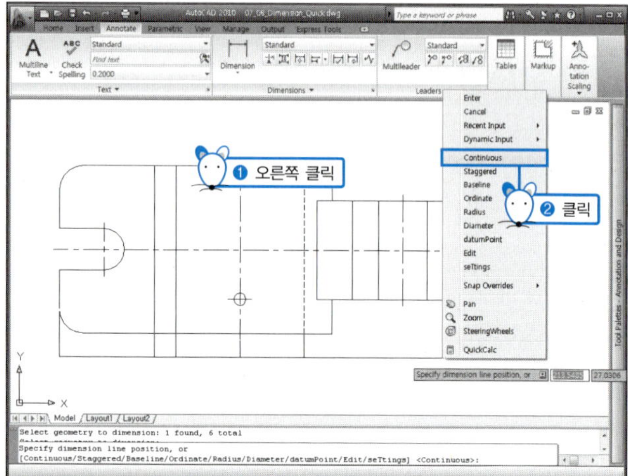

03 치수선이 마우스 포인터의 움직임에 따라 이동하는 것을 확인한 후 적당한 위치를 클릭합니다.

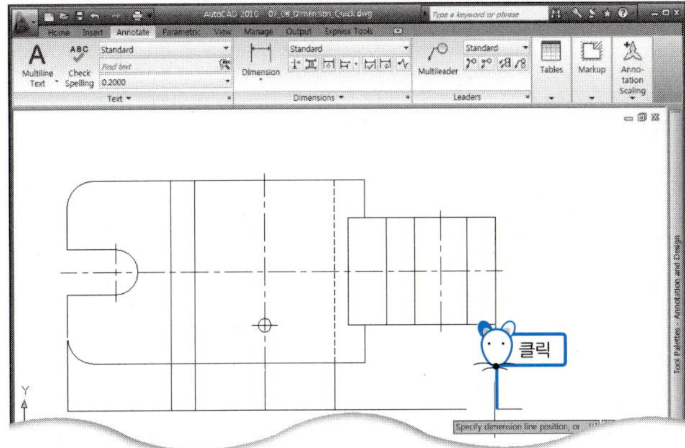

04 다시 [Quick Dimension](　) 아이콘을 클릭하고 그림과 같이 측정할 객체를 선택한 후 Enter 를 누릅니다.

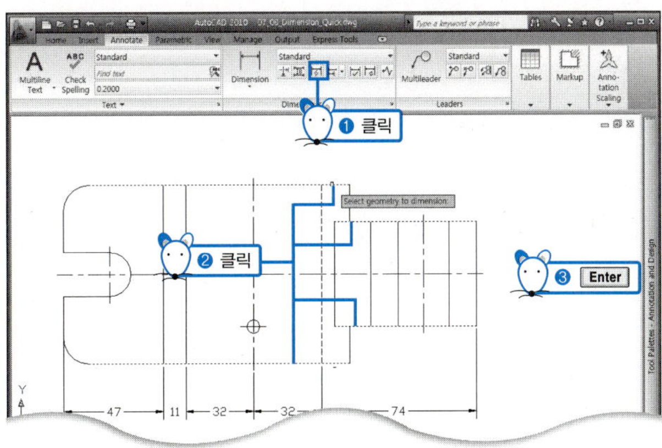

05 마우스 오른쪽 단추를 클릭한 후 [Staggered]를 선택합니다.

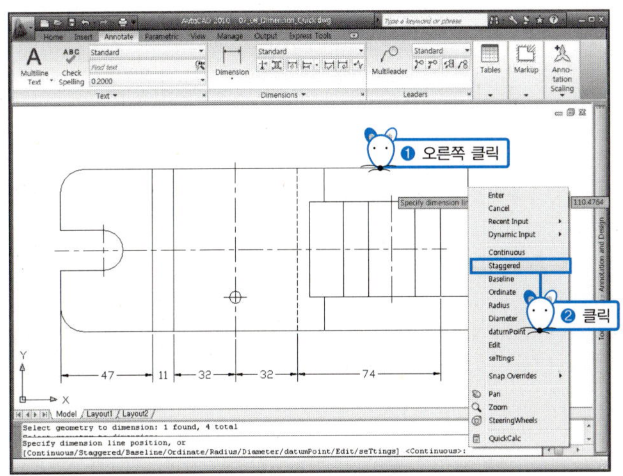

06 치수선이 위치할 지점을 클릭합니다.

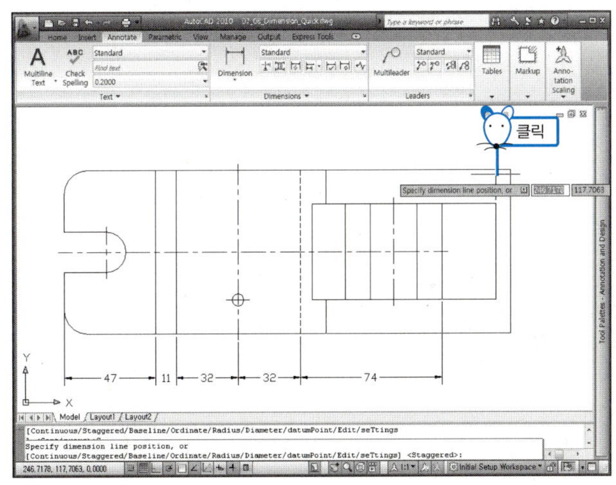

07 Quick Dimension을 이용한 치수선이 작성된 것을 확인할 수 있습니다.

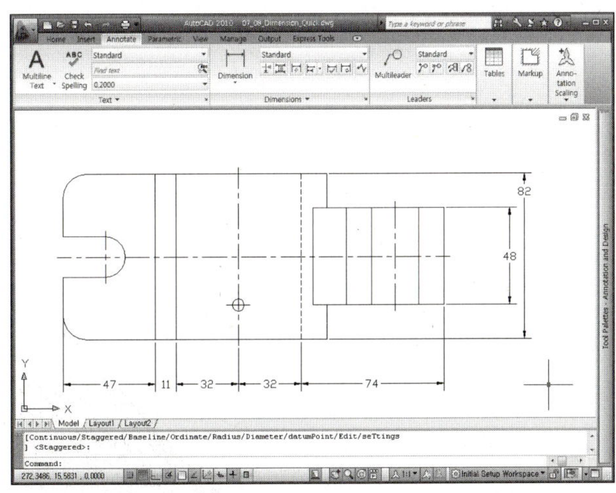

도면에 입력한 치수 편집하기(Dimension Edit)

치수 입력의 양이 많아질수록 치수와 치수가 겹치거나 객체와 문자가 중복되어 정보를 전달하기 어려운 경우가 있습니다. 이런 경우에는 Dimension Edit를 이용하여 치수의 위치를 재조정할 필요가 있습니다.

⦿ Samples\07_08_Dimension_Dimedit.dwg

01 치수의 형태와 치수 문자를 편집하기 위해 [Annotate] 탭의 [Dimensions] 패널에서 [Oblique]([H]) 아이콘을 클릭한 후 편집할 치수를 선택하고 Enter 를 누릅니다.

02 선택한 치수에 대한 기울기(Oblique) 각도로 '-30'을 입력하고 Enter 를 누릅니다.

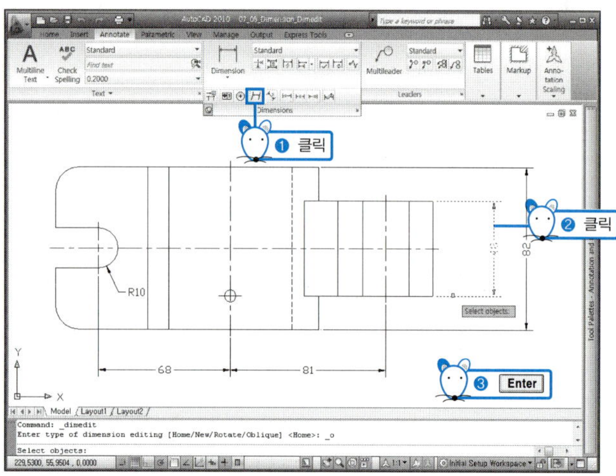

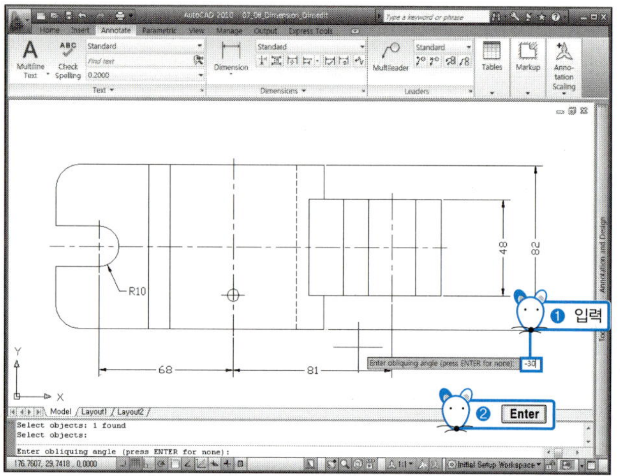

03 설정한 각도에 맞게 치수선이 기울어진 것을 확인할 수 있습니다.

04 다시 속성을 편집할 치수를 선택합니다. 마우스 오른쪽 단추를 클릭하고 [Properties]를 선택하여 Properties Palettes를 불러옵니다.

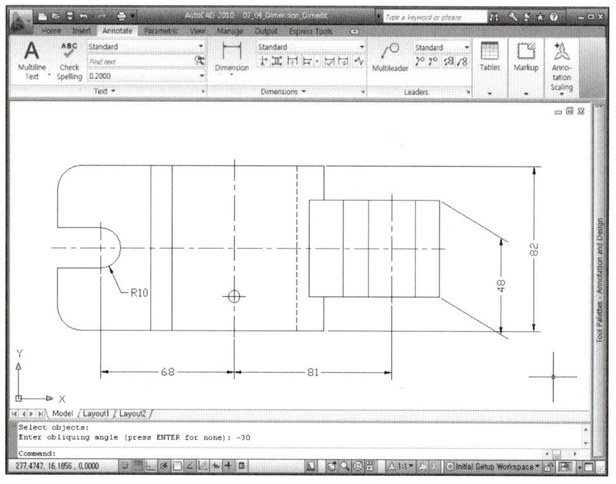

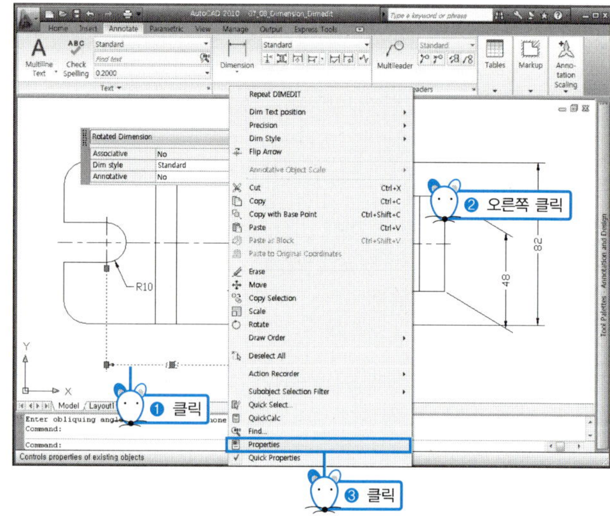

주목

치수 보조선이 기울어지면 치수선과 치수 문자도 같이 이동합니다.

05 Properties Palettes의 [Lines and Arrows]를 선택합니다.

06 [Dim line 2]을 'Off'로 설정합니다. 그러면 두 번째 치수선이 끊겨서 표시됩니다.

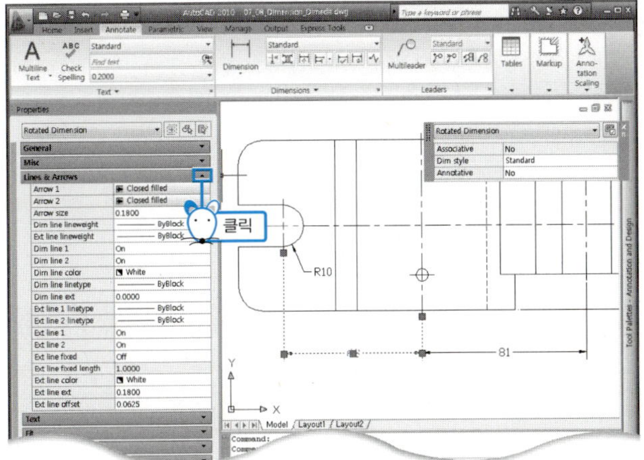

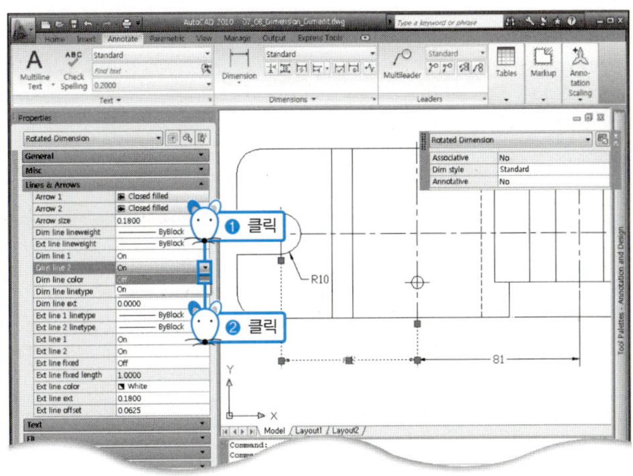

07 [Ext line 1]을 'Off'로 설정됩니다. 그러면 두 번째 치수 보조선이 표시되지 않습니다.

08 선택한 치수의 두 번째 치수선과 치수 보조선이 변경된 것을 확인할 수 있습니다.

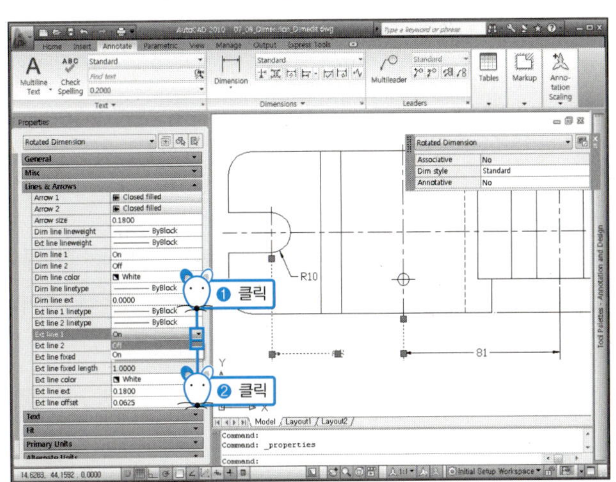

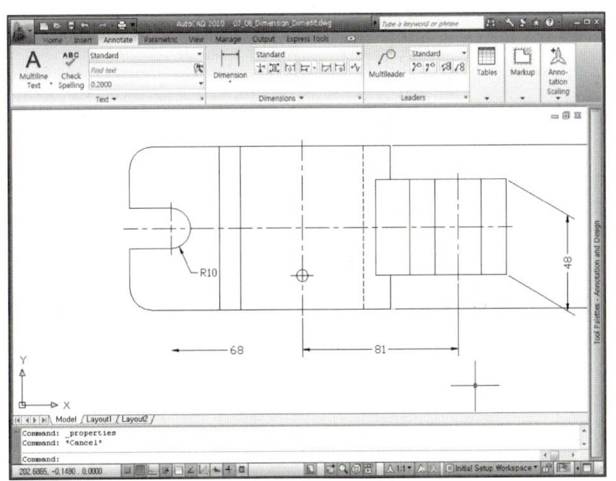

치수 스타일을 변경했는데도 도면에 적용이 되지 않는다면?

치수 스타일을 편집하고도 도면 영역의 치수에 변경된 스타일이 적용되지 않는 경우가 종종 있습니다. 이런 경우 [Annotate] 탭의 [Dimensions] 패널에서 [Update]() 아이콘을 클릭한 후 해당 치수 객체를 클릭하면 변경된 스타일을 재설정할 수 있습니다.

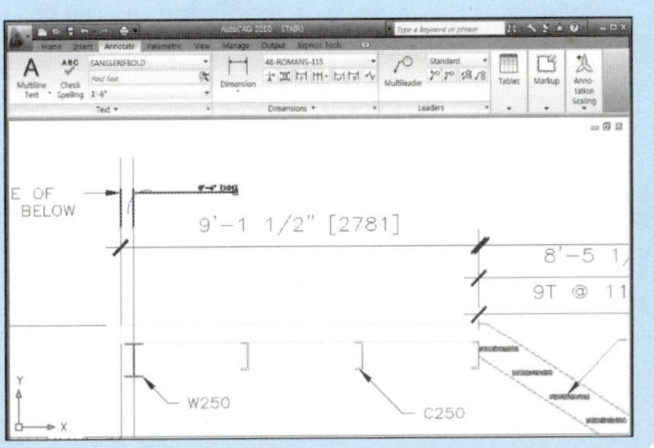

치수 구속 조건(Dimensional Constraint)

독립된 매개변수(Parametric)를 설정하고 치수 객체에 구속 조건(Constraint)을 부여하는 편집에 대해 배워봅니다.
예를 들어 객체에 '선형 치수(Linear Dimension)'라는 매개변수를 적용하면 이후에 치수의 매개변수를 이용하여
길이를 수정하더라도 객체의 길이가 함께 '구속(Constraint)'되어 변경되는 것입니다.

⊙ Samples\07_08_Parametric_Dimensional.dwg

01 [Parametric] 탭의 [Dimensional] 패널에서 [Linear](🔒) 아이콘을 클릭하고 치수 매개변수
를 적용할 객체의 두 지점을 클릭한 후 치수 매개변수의 위치를 지정합니다. 이때 지정하는 객체의
마우스 포인터 주변에 표시되는 심벌이 치수의 입력 지점이 됩니다. 매개변수가 활성화되어 새로
운 내용 입력을 기다릴 때 도면 영역의 빈 부분을 클릭합니다.

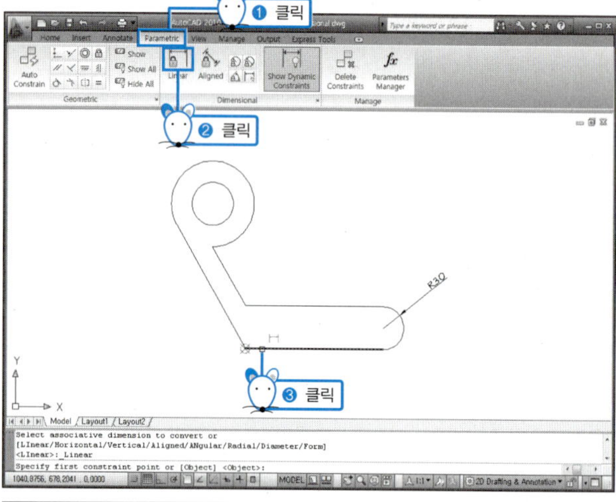

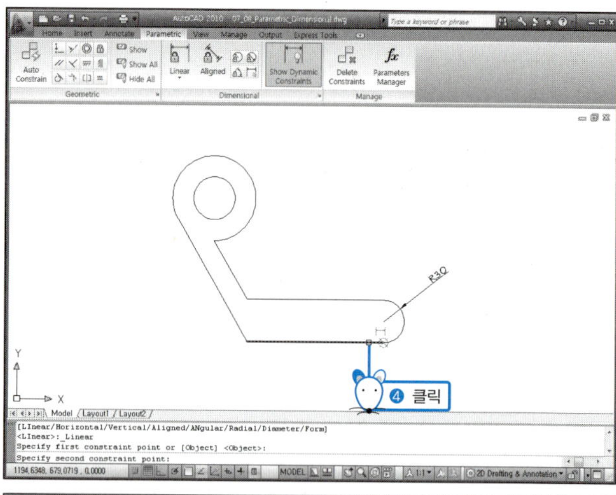

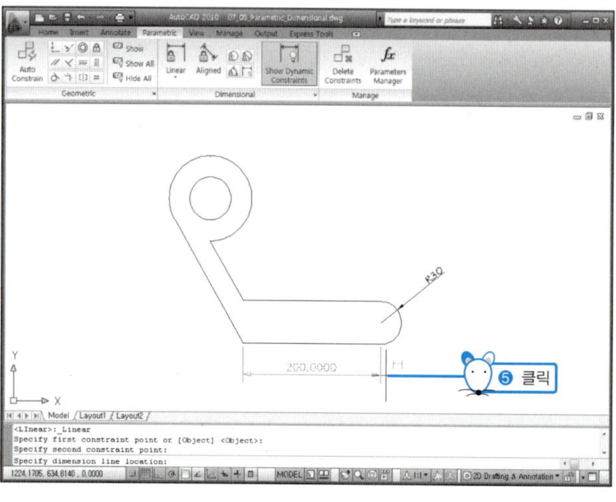

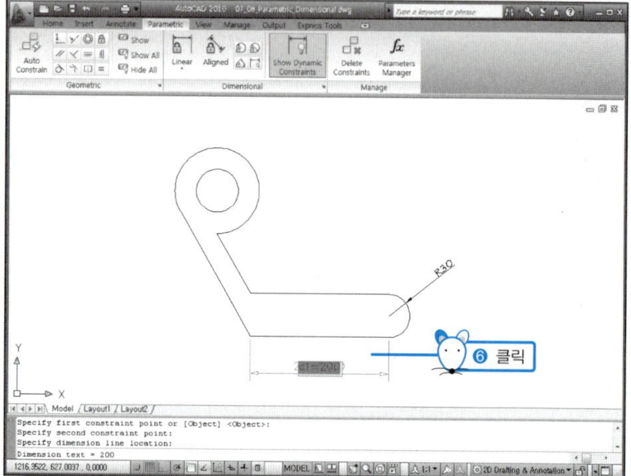

 **주목**

예제의 객체들은 폴라라인(Polyline)으로 작성되었습니다.

02 같은 방법으로 [Aligned]( ) 아이콘을 클릭하고 치수 매개변수를 적용할 객체의 두 지점을
클릭한 후 치수 매개변수의 위치를 지정합니다. 매개변수가 활성화되어 새로운 내용 입력을 기다
릴 때 도면 영역의 빈 부분을 클릭합니다.

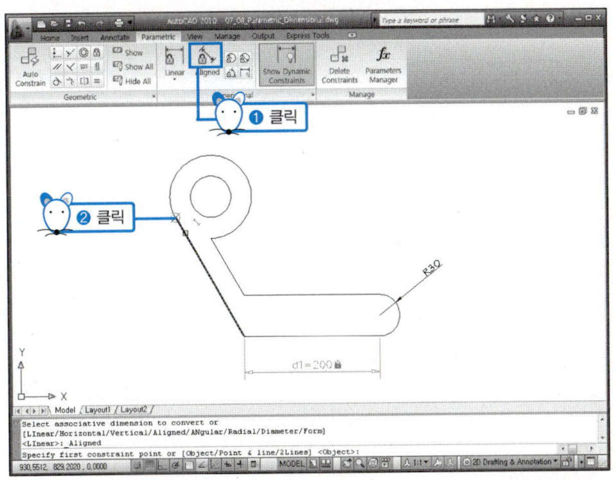

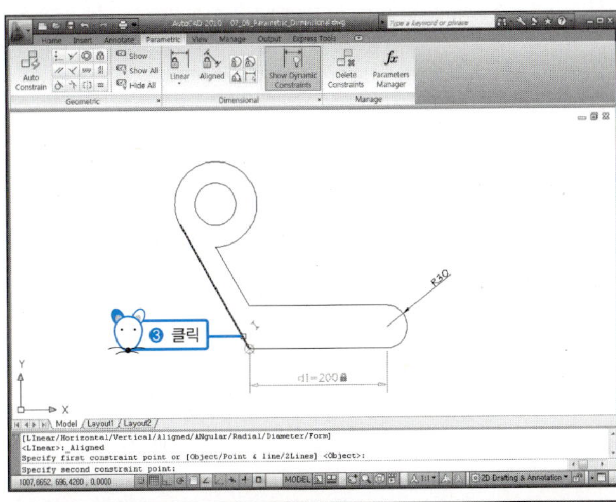

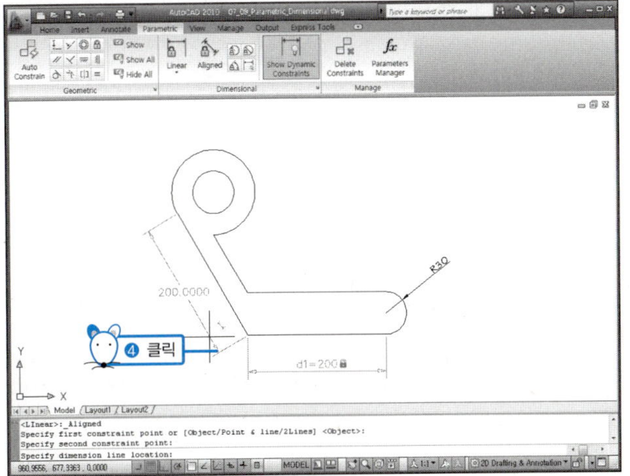

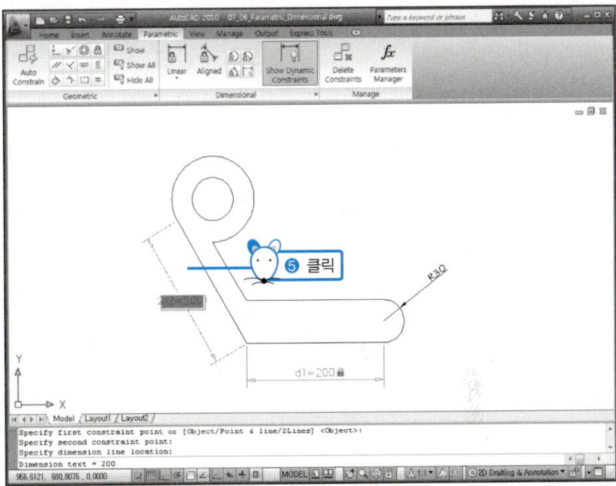

치수 매개변수의 표현 포맷(Dimensional constraint format)

[Geometric] 패널의 [Constraint Settings]( ) 단추를 클릭해
[Constraint Settings] 대화상자를 불러낸 후 [Dimensional] 탭을 클
릭하고 [Dimensional constraint format] 영역에서 치수 이름 포맷을
변경할 수 있습니다.

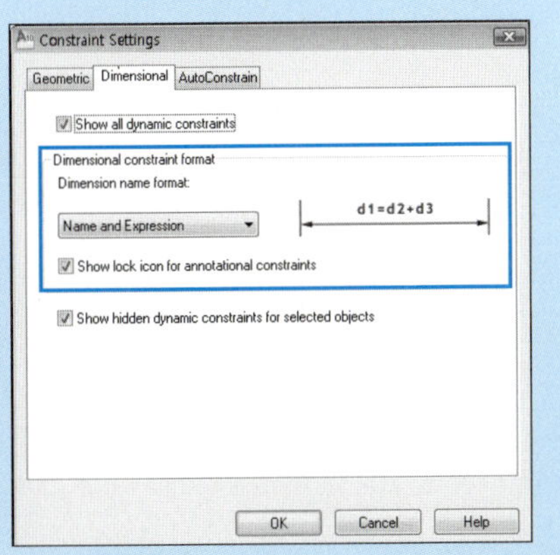

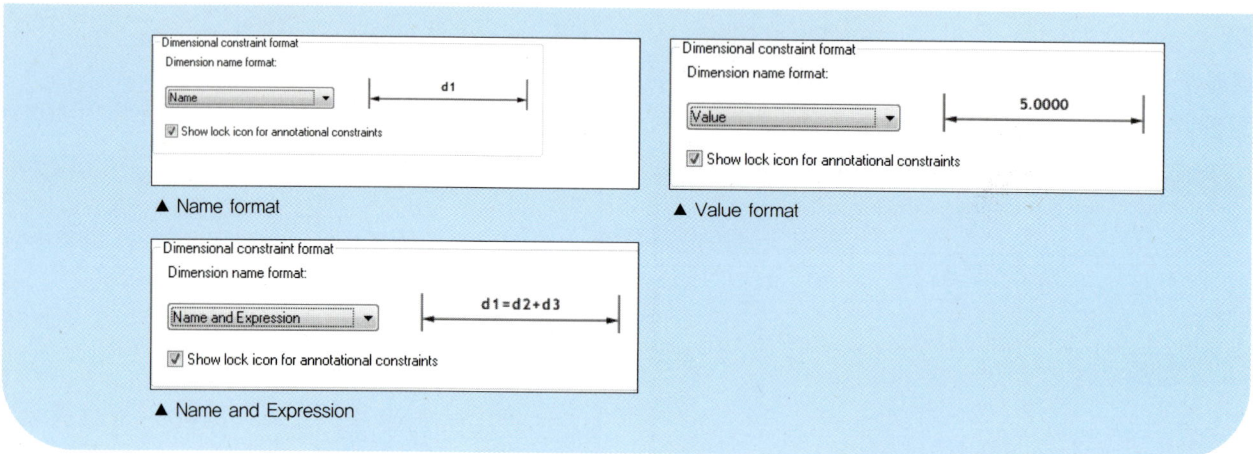

▲ Name format

▲ Value format

▲ Name and Expression

03 [Radial]([icon]) 아이콘을 클릭하고 치수 매개변수를 적용할 객체(작은 원)를 클릭한 후 치수 매개변수의 위치를 지정합니다. 매개변수가 활성화되어 새로운 내용 입력을 기다릴 때 도면 영역의 빈 부분을 클릭합니다.

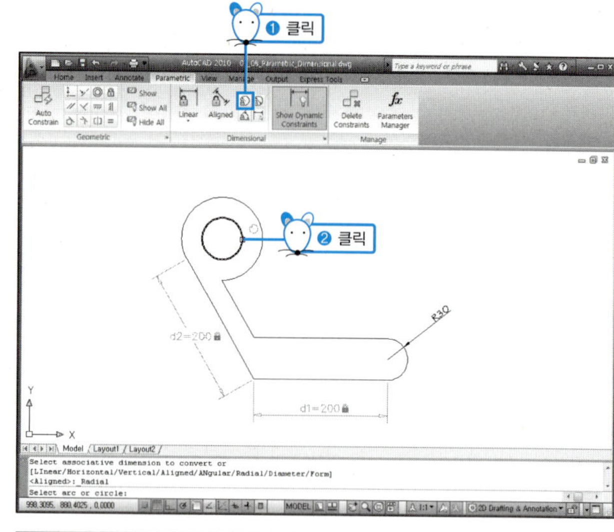

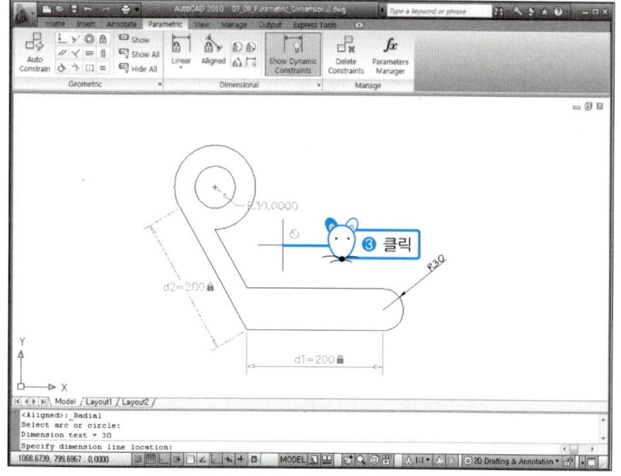

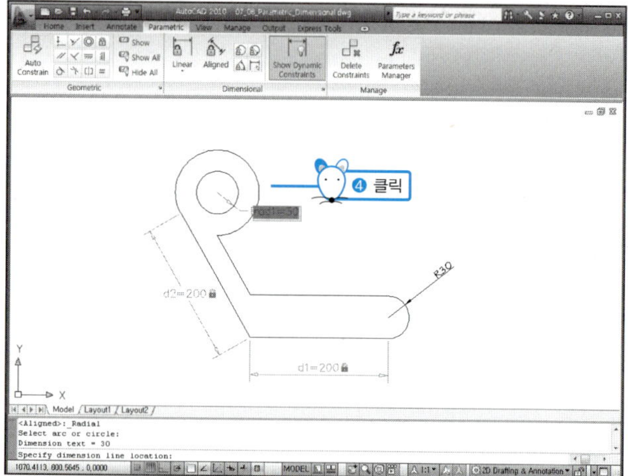

04 [Diameter](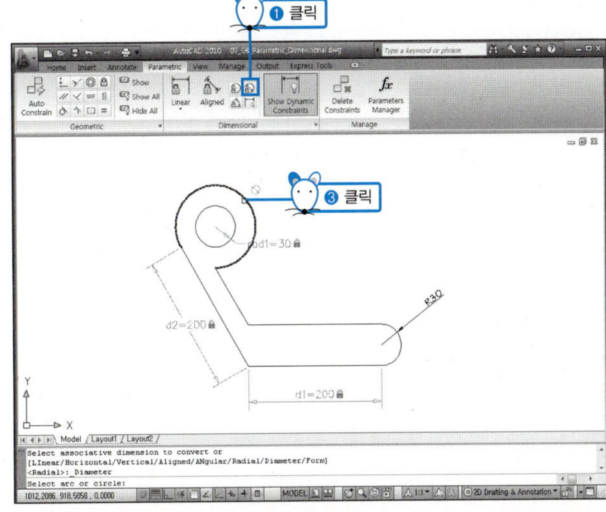) 아이콘을 클릭하고 치수 매개변수를
적용할 객체(큰 원)를 클릭한 후 치수 매개변수의 위치를
지정합니다. 매개변수가 활성화되어 새로운 내용 입력을
기다릴 때 도면 영역의 빈 부분을 클릭합니다.

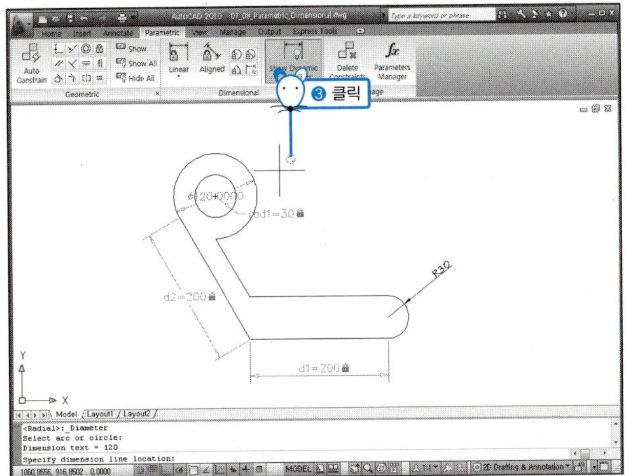

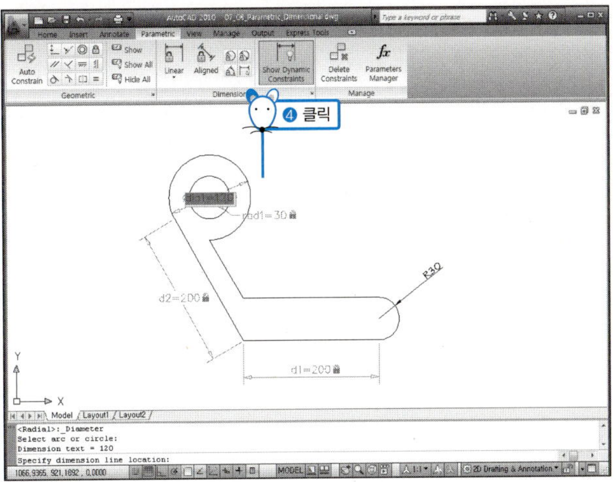

05 [Angular](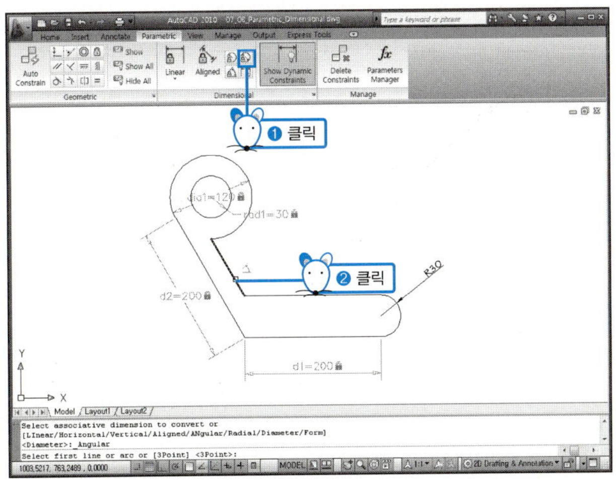) 아이콘을 클릭하고 치수 매개변수를 적용할 객체의 두 지점을 클릭한 후 치수
매개변수의 위치를 지정합니다. 매개변수가 활성화되어 새로운 내용 입력을 기다릴 때 도면 영역
의 빈 부분을 클릭합니다.

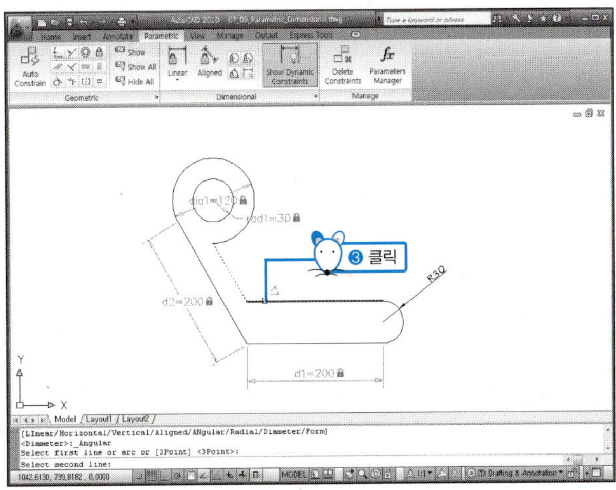

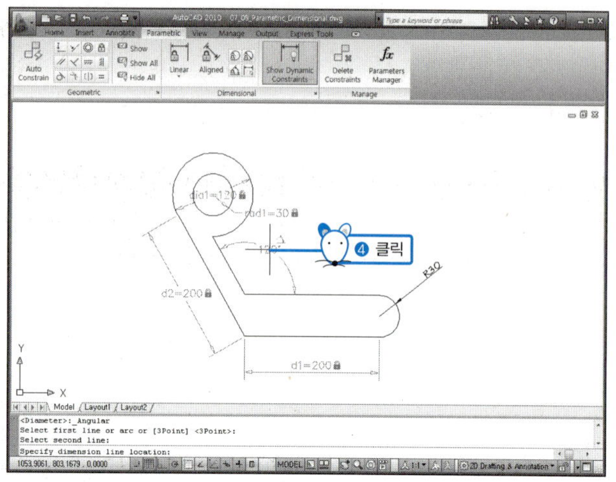

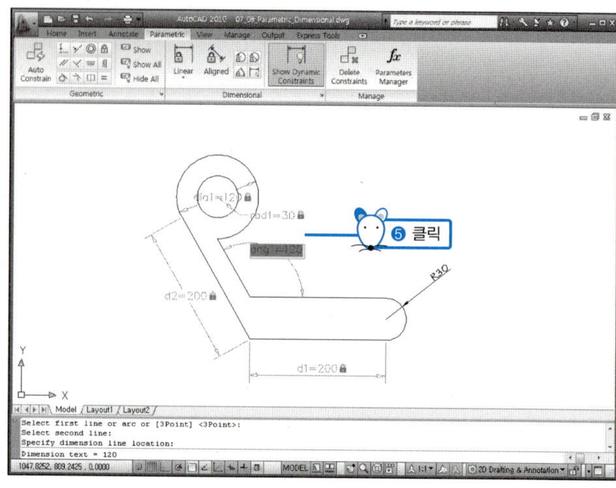

06 [Manage] 패널의 [Parameters Manager](fx) 아이콘을 클릭해 Parameters Manager Palettes를 불러냅니다.

07 매개변수 'd1'의 [Expression]을 '250'으로 수정합니다. 수정된 매개변수에 의해 객체가 구속·변경되었습니다.

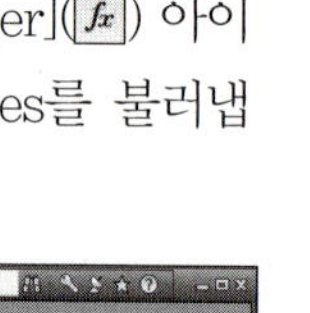

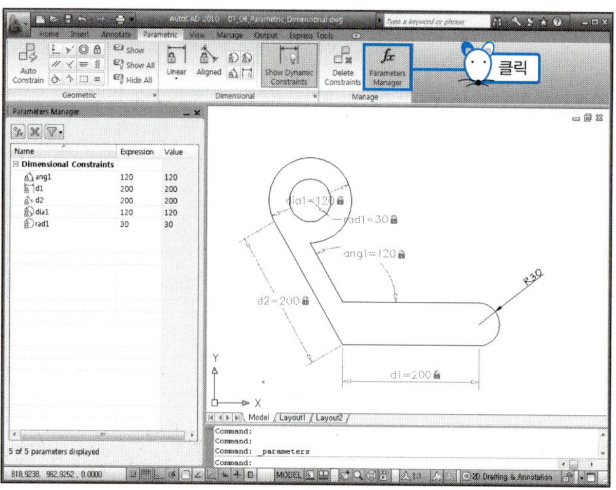

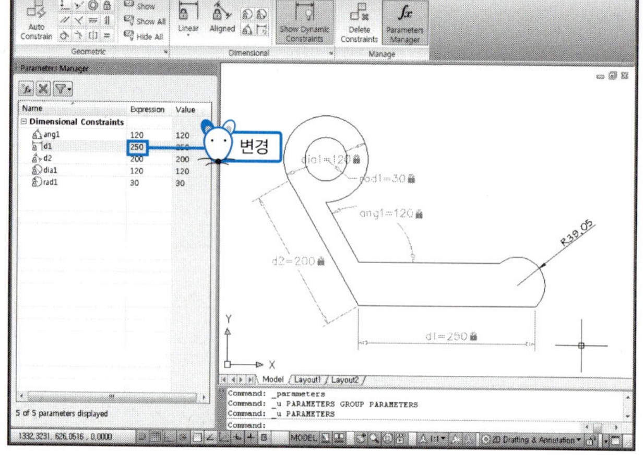

08 매개변수 'rad1'의 [Expression]을 '50'으로 수정합니다. 수정된 매개변수에 의해 객체가 구속·변경되었습니다.

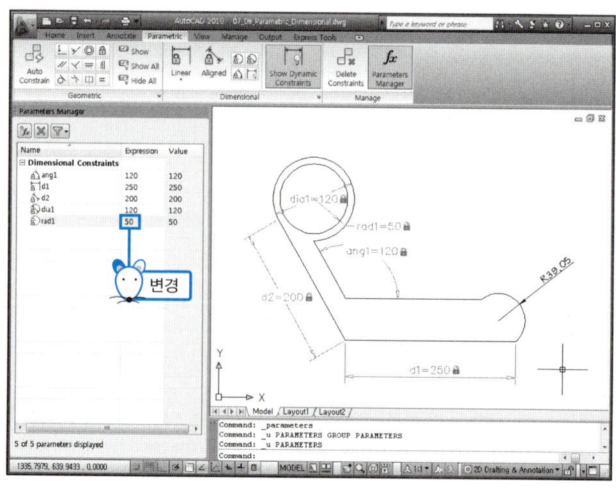

09 매개변수 'ang1'의 이름을 'Angle'로 수정 · 입력하고 [Expression]을 '90'으로 수정합니다. 수정된 매개변수에 의해 객체가 구속 · 변경되었습니다.

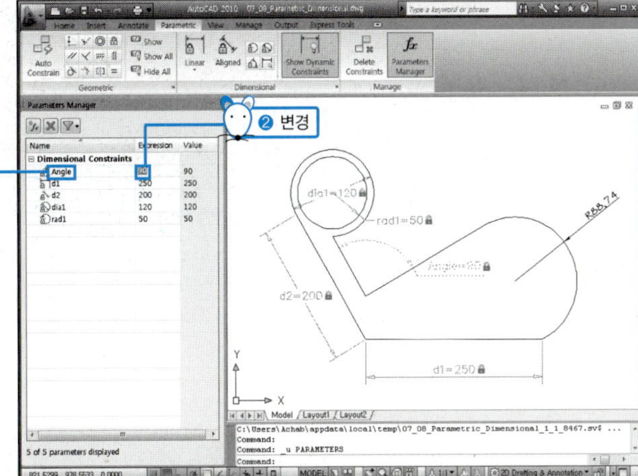

10 [Convert]( ) 아이콘을 클릭하고 일반 치수선을 클릭합니다. 매개변수가 활성화되어 새로운 내용 입력을 기다릴 때 도면 영역의 빈 부분을 클릭합니다. 기존의 치수선이 구속 조건을 갖는 치수로 변환(Convert)되었습니다.

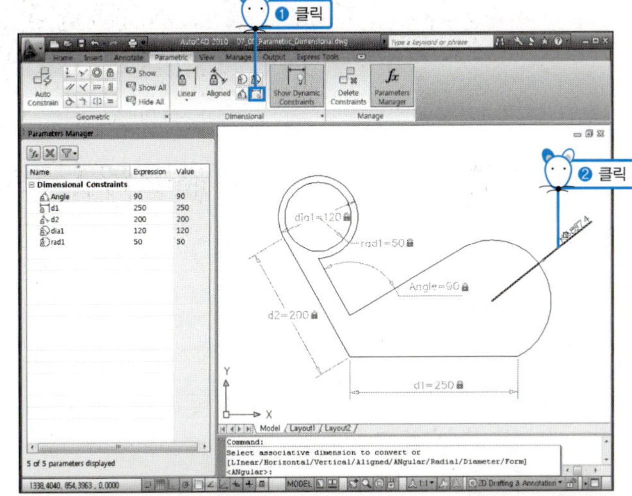

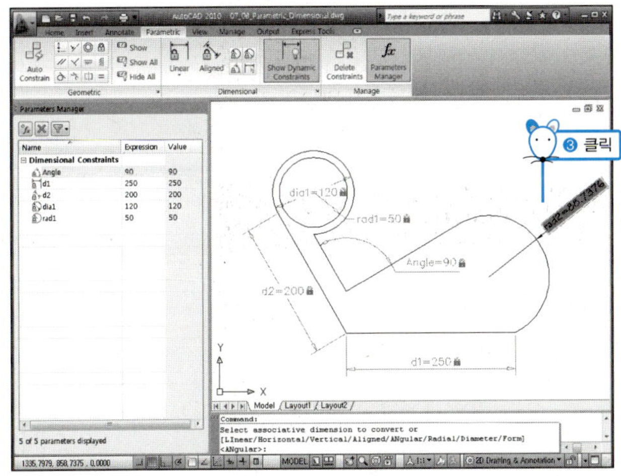

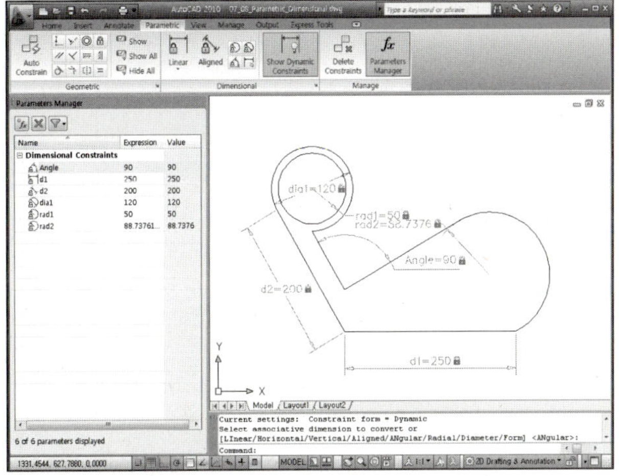

다중 지시선(Multileader)을 사용하여 정보 입력하기

지시하는 부분이나 객체의 재질 또는 규격, 기술(Description)을 표시하기 위해 AutoCAD에서는 지시선 (Leader)을 사용합니다. AutoCAD 2008부터는 기존의 지시선(Leader) 기능이 다중 지시선(Multileader)으로 통합되어 스타일 설정과 지시선의 정렬이 매우 편리해 졌습니다.

Lesson 09

다중 지시선(Multileader) 적용하기

다음 예제를 통해서 신속하게 다중 지시선을 작성하는 방법을 알아봅니다.

🔘 Samples\07_09_Multileader.dwg

01 [Annotate] 탭의 [Leaders] 패널에서 [Multileader] (🖊️) 아이콘을 클릭한 후 마우스 오른쪽 단추를 클릭하고 [Nearest]를 선택합니다.

02 Nearest Osnap 모드를 이용하여 호의 45° 정도에 지시선의 화살표 지점를 클릭합니다.

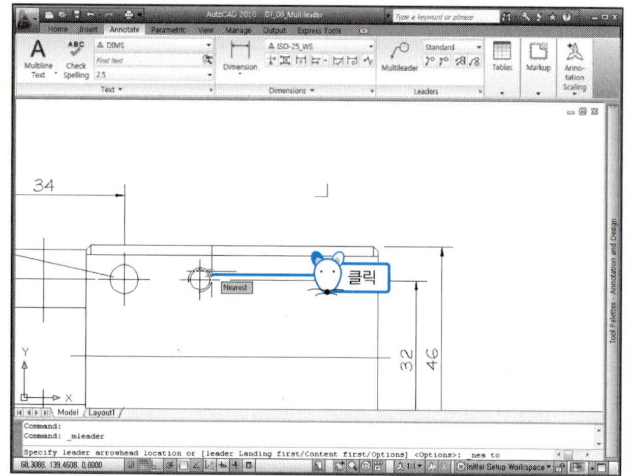

주목

모든 지점을 설정하기 전에 마우스 오른쪽 단추를 클릭하면 Osnap 모드를 일시적으로 사용할 수 있습니다.

03 그림과 같이 지시선의 꺾이는 지점(Landing Point)을 클릭합니다.

04 '2×2-M5 DP10'을 입력한 후 [Text Editor] 탭의 [Close] 패널에서 [Close Text Editor](⊠) 아이콘을 클릭합니다. 아직은 지시선 스타일이 설정되지 않은 다중 지시선의 입력이 완성되었습니다.

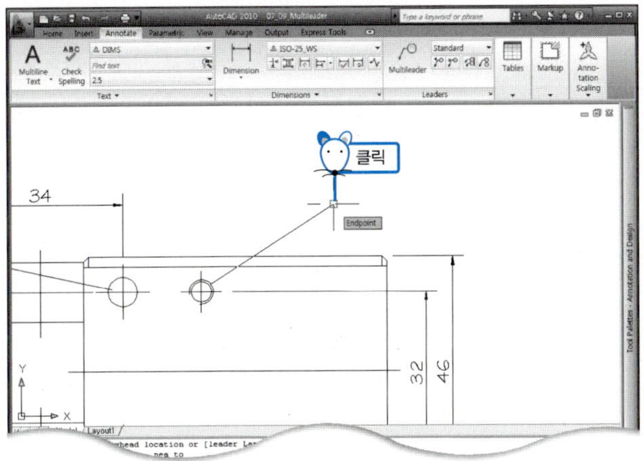

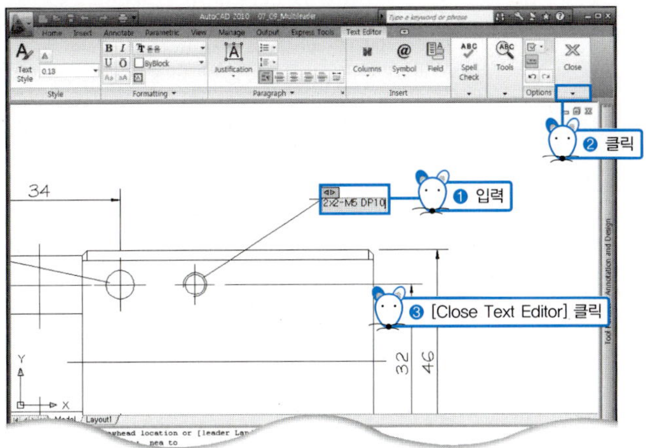

05 다시 아래의 도면으로 이동한 후 [Leaders] 패널의 [Multileader](⌖) 아이콘을 클릭하고 마우스 오른쪽 단추를 클릭한 후 [Options]를 선택합니다.

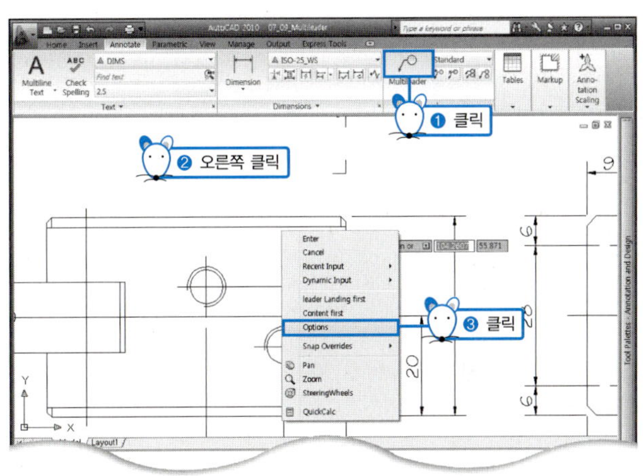

06 [Leader type]와 [Straight]를 각각 선택합니다.

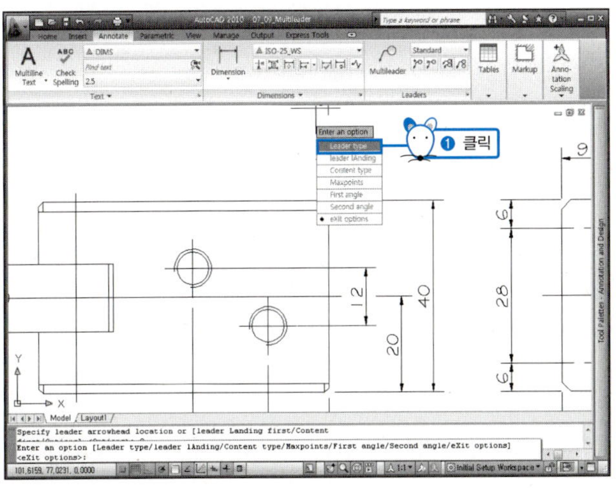

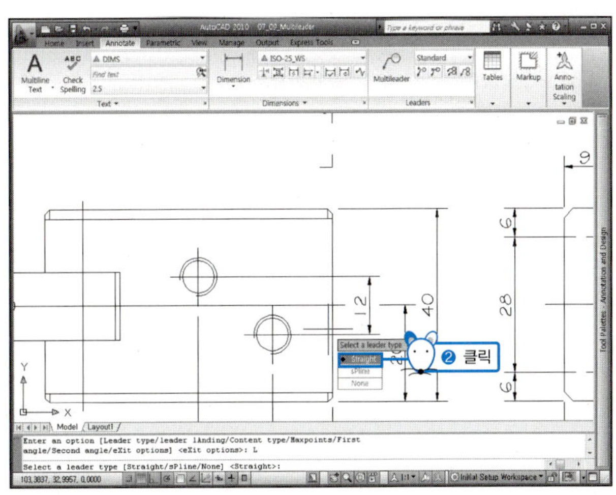

07 [leader lAnding]과 [Yes]를 선택한 후 [Landing Distance]에 '3.6'을 입력하고 **Enter** 를 누릅니다.

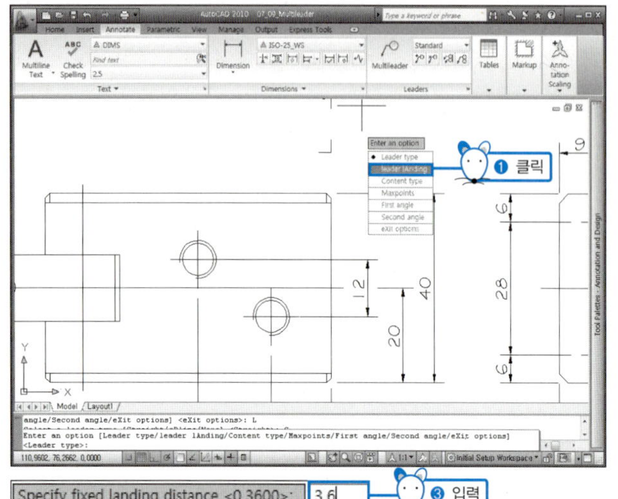
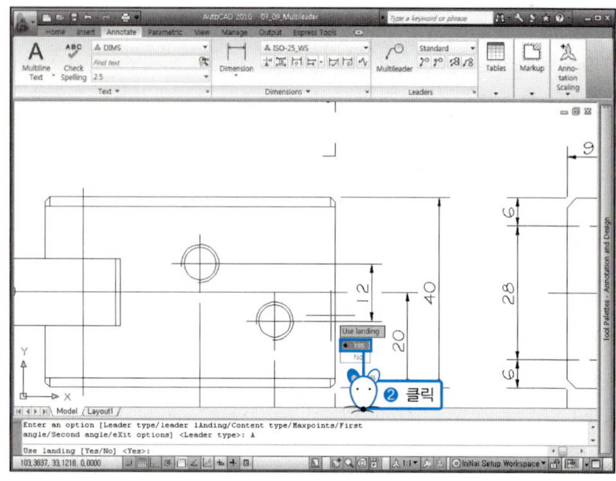

08 [Content type]과 [Mtext]를 선택한 후 [eXit options]를 클릭해서 설정을 마무리합니다.

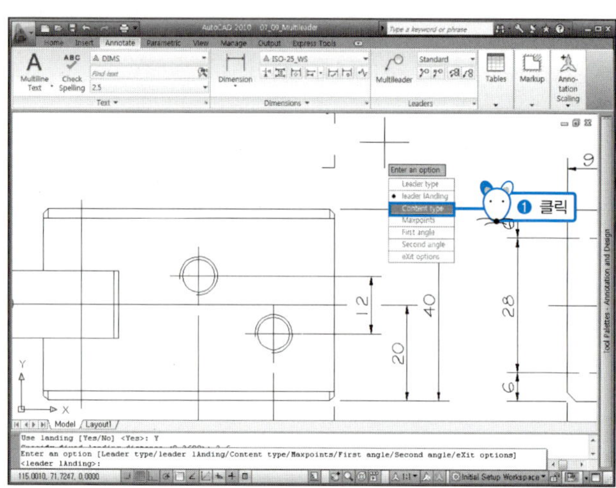

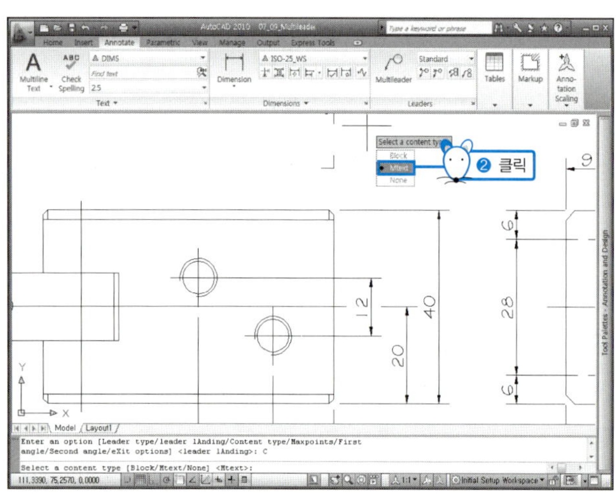
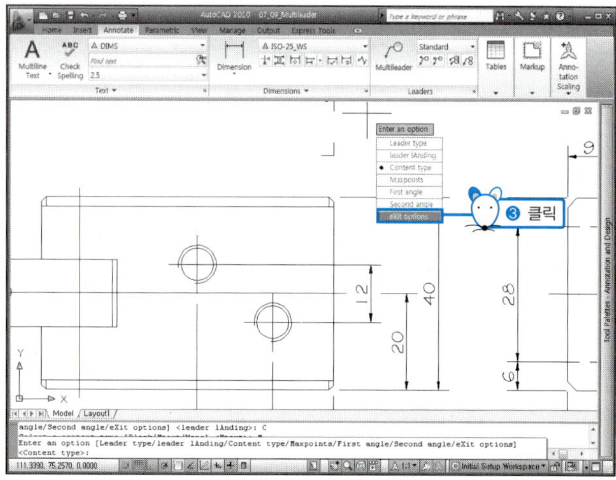

09 그림과 같이 원호에 Nearest 심벌이 나타나면 지시선의 시작점을 클릭합니다.

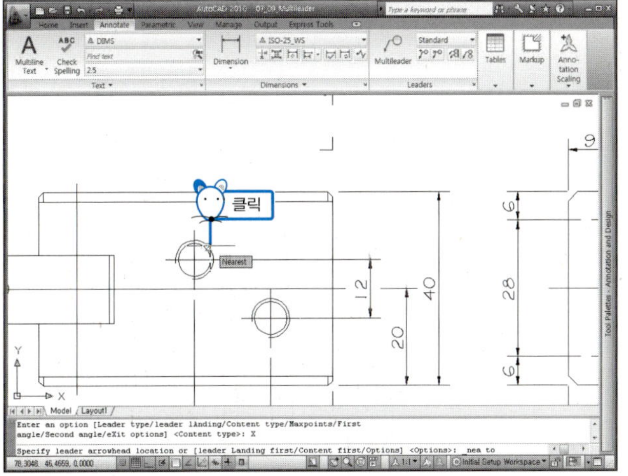

10 그림과 같이 지시선의 꺾이는 포인트(Landing Point)를 클릭합니다.

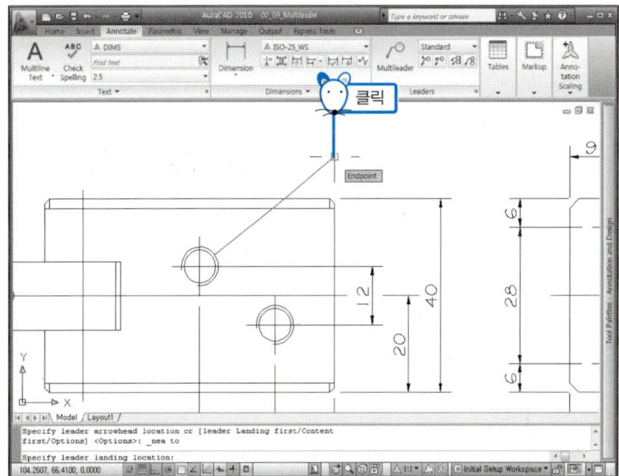

주목

Osnap의 설정에 Nearest 설정을 위해서 마우스 오른쪽 단추를 클릭하고 [Snap Overrides]–[Nearest]를 체크한 후 진행합니다.

11 '2-PT1/8(air port)'를 입력한 후 [Text Editor] 탭의 [Close] 패널에서 [Close Text Editor](⊠) 아이콘을 클릭하여 지시선을 완성합니다.

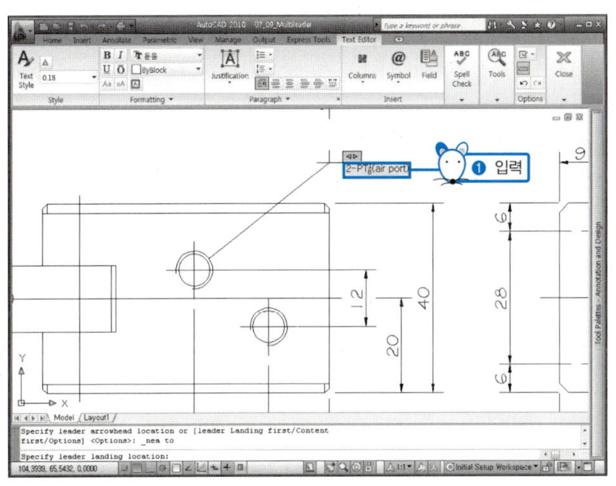

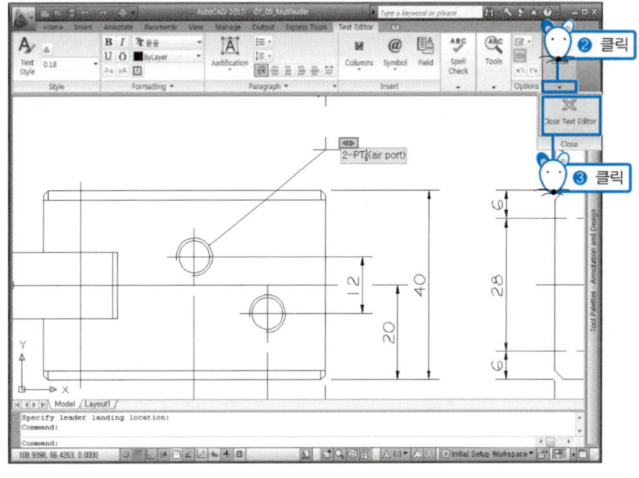

주목

'1/8'이라고 입력하면 자동으로 분수 형태인 '⅛'로 입력됩니다.

다중 지시선(Multileader)의 스타일 설정하기

다중 지시선 역시 치수 스타일이나 문자 스타일과 같이 스타일을 설정하고 다른 도면 파일에서도 사용할 수 있습니다. 이번에는 이미 만들어진 다중 지시선에 새로운 스타일을 설정하는 방법을 알아봅니다.

⊙ Samples\07_09_Multileader_Style.dwg

01 [Annotate] 탭의 [Leaders] 패널에서 [Multileader Style Manager](☑) 단추를 클릭하여 [Multileader Style Manager] 대화상자가 나타나면 [New] 단추를 클릭합니다.

02 [Create New Multileader Style] 대화상자를 그림과 같이 설정합니다.

❶ [New style name]에 'MyMLeader' 라고 새로운 이름을 입력합니다.
❷ [Annotative] 옵션을 체크하고 [Continue] 단추를 클릭합니다.

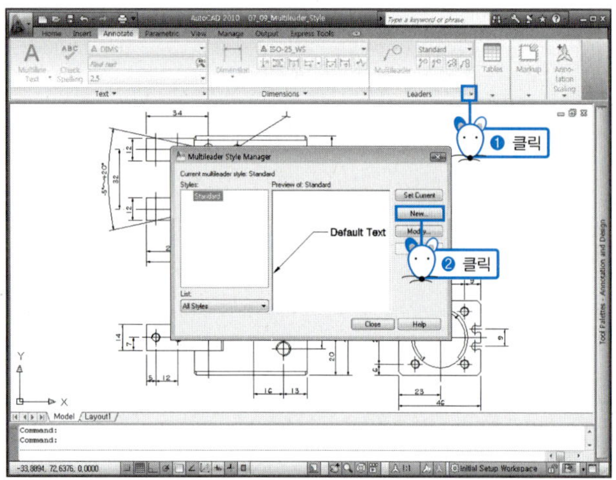

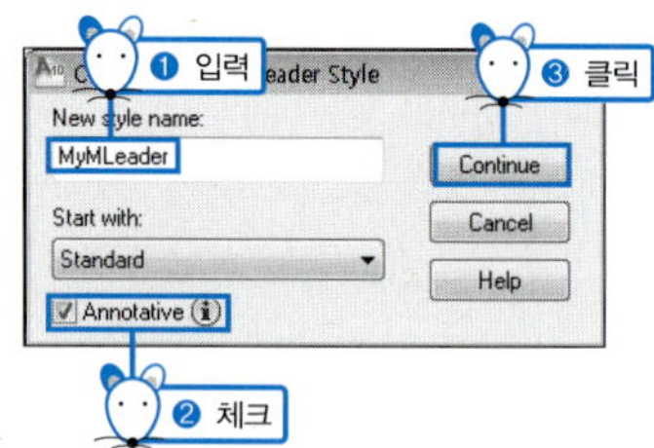

03 [Modify Multileader Style] 대화상자의 [Leader Format] 탭을 설정합니다.

❶ [Arrowhead] 영역의 [Size]에 '1.5'를 입력합니다.
❷ [Leader break] 영역의 [Break size]에 '1'을 입력합니다.

04 [Modify Multileader Style] 대화상자의 [Leader Structure] 탭을 설정합니다.

❶ [Landing settings] 영역의 [Set landing distance]에 '3.6'을 입력합니다.
❷ [Scale] 영역의 [Annotative] 옵션에 체크가 되어 있는지 확인합니다.

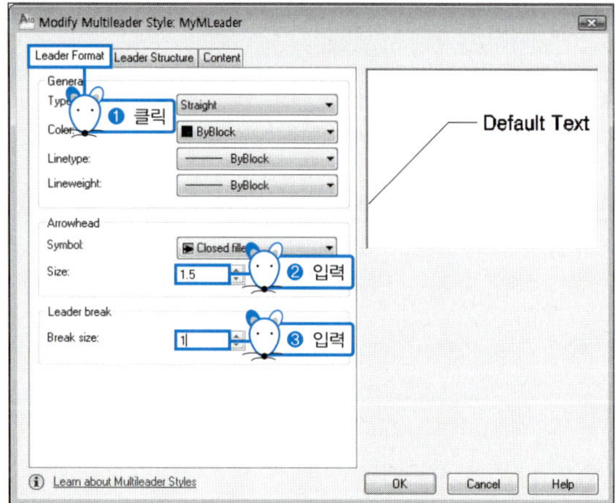

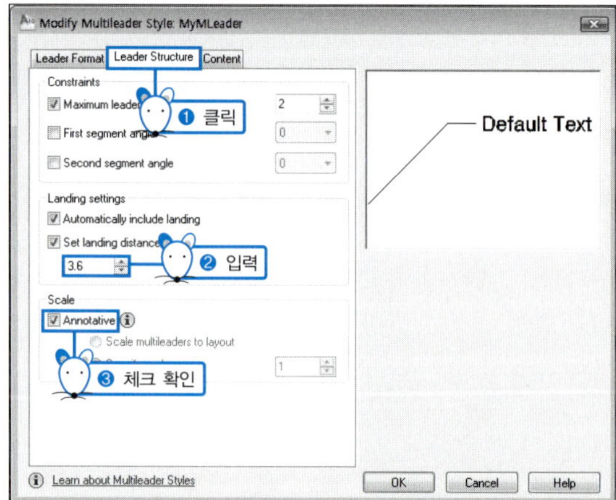

05 [Modify Multileader Style] 대화상자의 [Content] 탭을 설정합니다.

❶ [Text options] 영역의 [Text style]을 'DIMS'로 설정합니다.

❷ [Frame text] 옵션을 체크한 후 [OK] 단추를 클릭합니다.

06 [Modify Multileader Style] 대화상자를 그림과 같이 설정합니다.

❶ [Set Current] 단추를 클릭하여 'MyMLeader' 스타일을 현재 스타일로 설정합니다.

❷ [Close] 단추를 클릭하여 다중 지시선의 스타일 설정을 종료합니다.

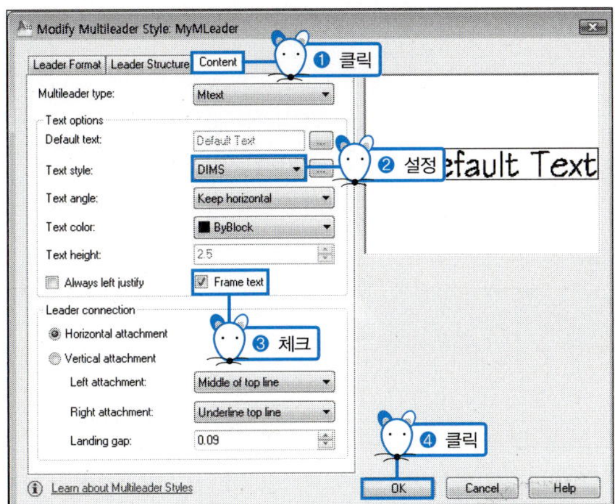

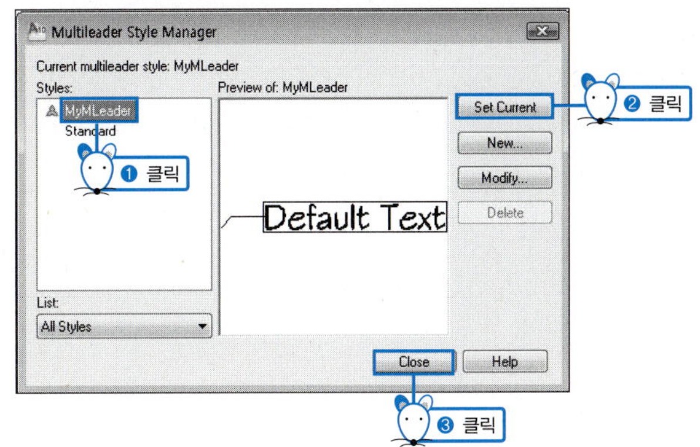

07 그림과 같이 입력된 다중 지시선을 선택하여 Grip을 표시합니다. Multileaders Panel에서 'MyM Leader'을 선택합니다.

08 Esc를 눌러 선택을 해제한 후 설정한 다중 지시선을 확인합니다.

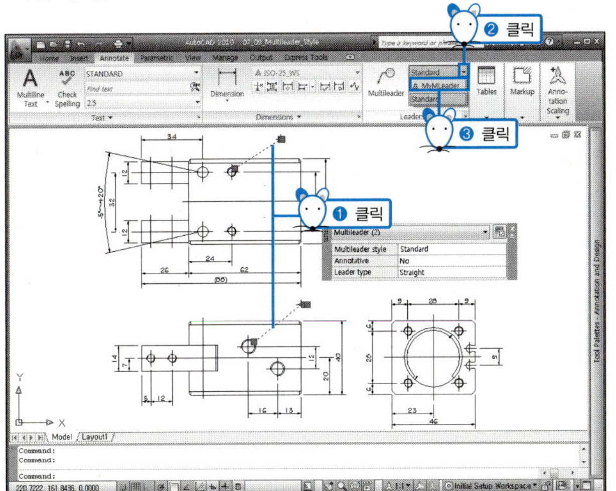

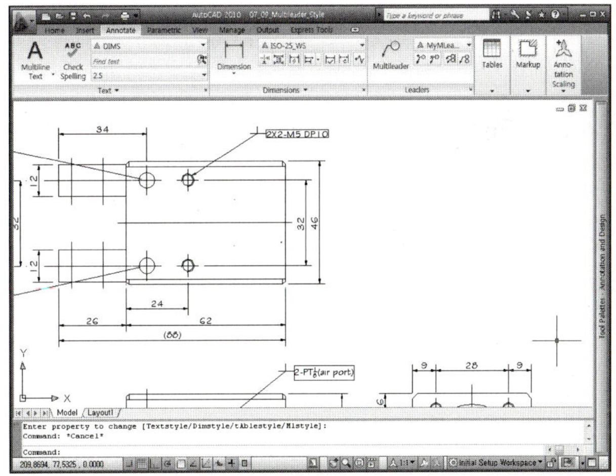

지시선(Leader)의 입력

지시선의 쓰임새는 다양합니다. 객체의 치수에 관해 상세한 설명을 추가하거나 재질을 입력할 때에도 사용하며, 디자이너가 시공자에게 주의 사항을 표시할 때나 상세도의 번호를 입력하는 경우에도 사용합니다.

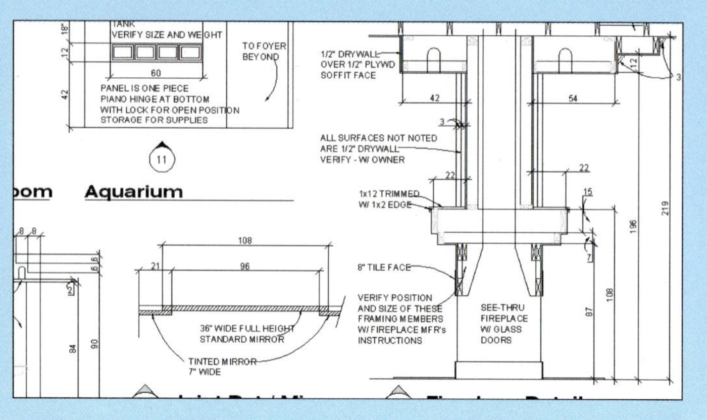

다중 지시선(Multileader) 추가와 삭제하기

다중 지시선 역시 치수 스타일이나 문자 스타일과 같이 다른 도면에서도 사용할 수 있습니다. 이번에는 이미 만들어진 다중 지시선에 새로운 스타일을 만들어서 적용하는 방법을 알아봅니다.

Samples\07_09_Multileader_Add_Delete.dwg

01 [Annotate] 탭의 [Leaders] 패널에서 [Add Leader] (🖉) 아이콘을 클릭하고 그림과 같이 이미 만들어진 다중 지시선을 선택합니다.

02 그림과 같이 다중 지시선의 화살표 위치를 클릭합니다. 더 이상 추가할 지시선이 없을 경우에는 Enter 를 눌러 지시선 추가 명령을 마무리합니다.

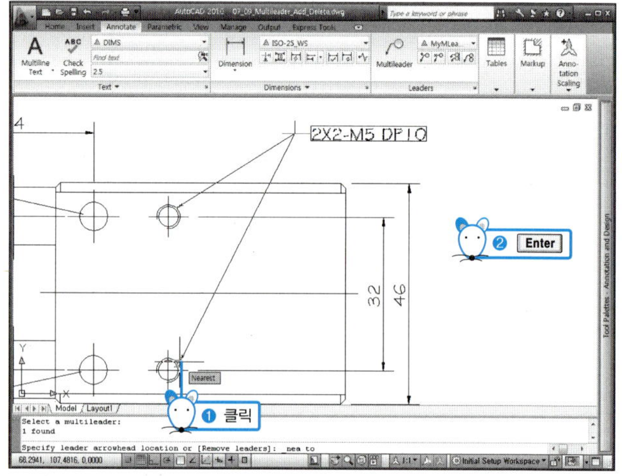

03 다시 [Leaders] 패널의 [Remove Leader](아이콘)을 클릭하고 삭제할 다중 지시선을 선택합니다.

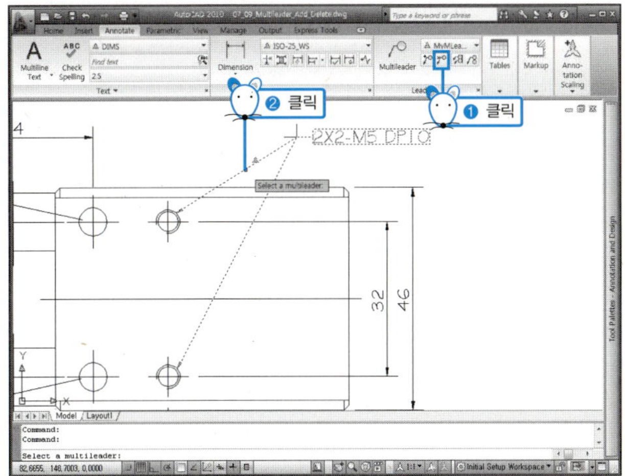

04 선택한 다중 지시선 중에서 삭제할 지시선을 선택한 후 Enter 를 눌러 선택을 종료하고 명령을 실행합니다.

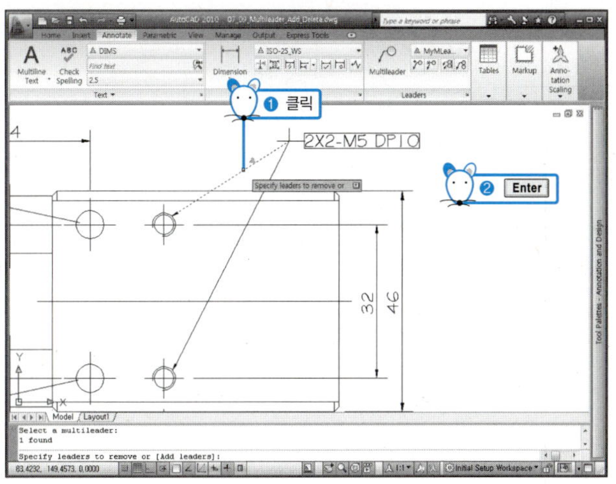

05 다중 지시선의 일부가 삭제된 것을 확인할 수 있습니다.

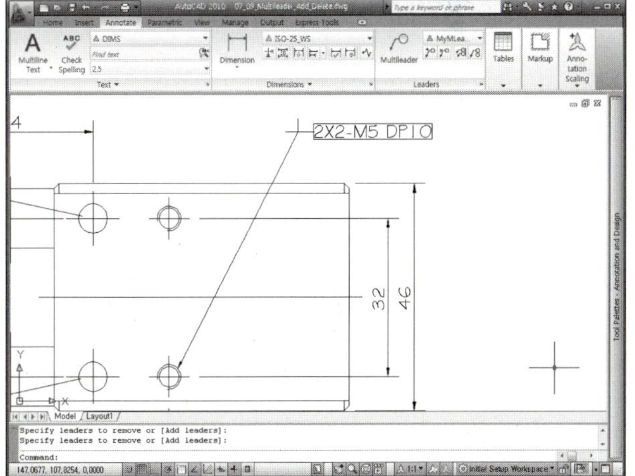

다중 지시선(Multileader) 각 부의 명칭

지시선의 쓰임새는 다양합니다. 객체의 치수에 관해 상세한 설명을 달거나, 재질을 기입할 때에도 사용됩니다. 지시선의 각 부 명칭을 명확하게 아는 것은 지시선의 스타일을 정확하게 설정하는 데 필요합니다.

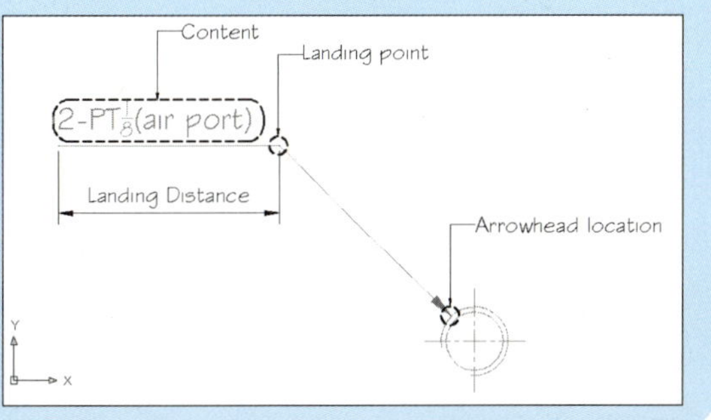

다중 지시선(Multileader) 정렬하기

도면을 작성하는 도중에 필요에 의해서 임의로 만들어 놓은 지시선들을 정렬시키면 도면의 식별성을 높일 수 있습니다. 다음 예제를 이용하여 지시선을 정렬하는 방법을 알아봅니다.

Samples\07_09_Multileader_Align.dwg

01 [Annotate] 탭의 [Leaders] 패널에서 [Align](图) 아이콘을 클릭합니다. ①, ②, ③번 순서로 선택한 후 Enter 를 누릅니다.

02 선택한 지시선들이 재정렬될 기준 지시선을 선택합니다.

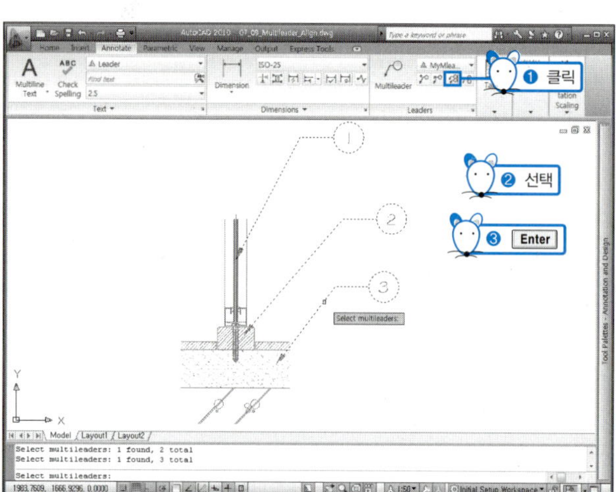

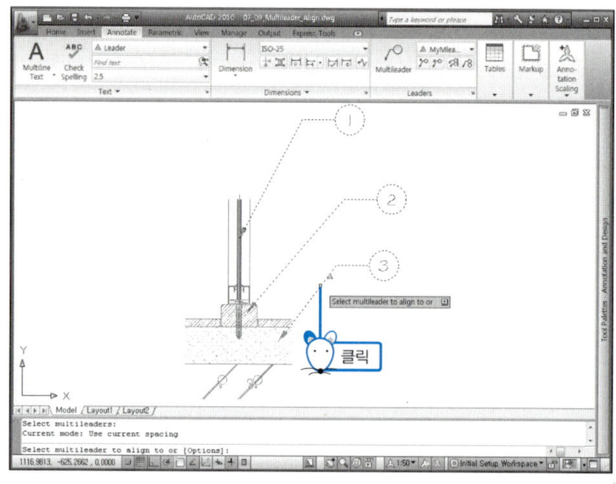

03 다중 지시선이 재정렬될 방향을 선택합니다.

04 선택한 지시선들이 기준 지시선을 지정한 방향으로 일정하게 정렬된 것을 확인할 수 있습니다. 다시 [Multileaders] 패널의 [Align](图) 아이콘을 클릭하고 그림과 같이 ③, ②, ①번 순서대로 선택한 후 Enter 를 누릅니다.

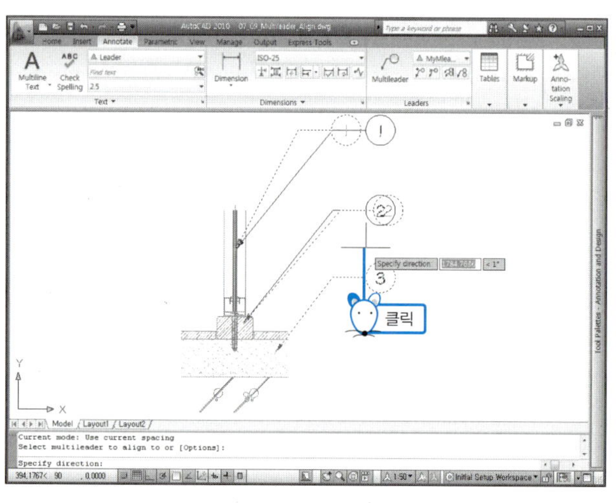

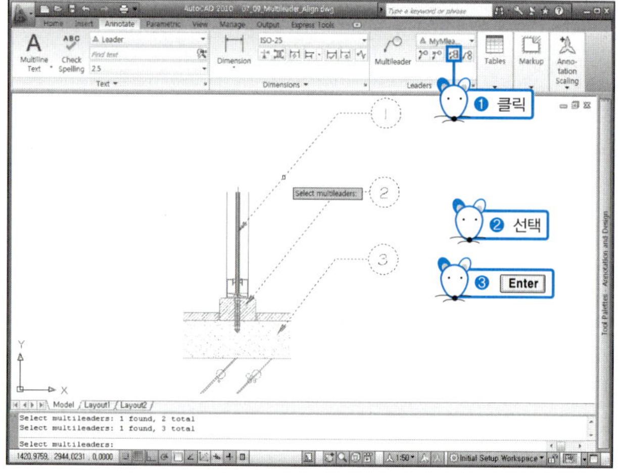

05 마우스 오른쪽 단추를 클릭한 후 [Options]를 선택합니다.

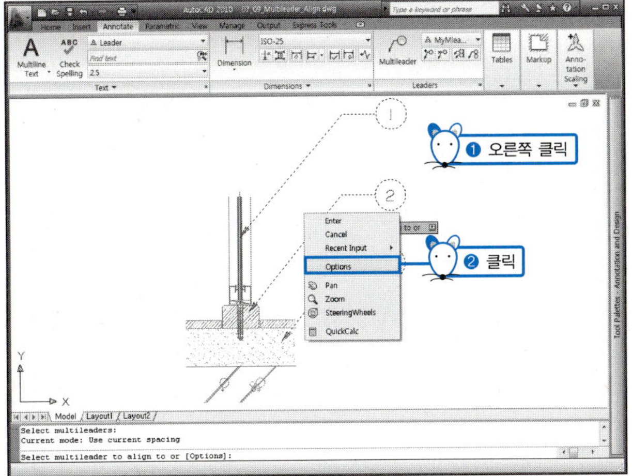

06 다시 [make leader segments Parallel]을 선택합니다.

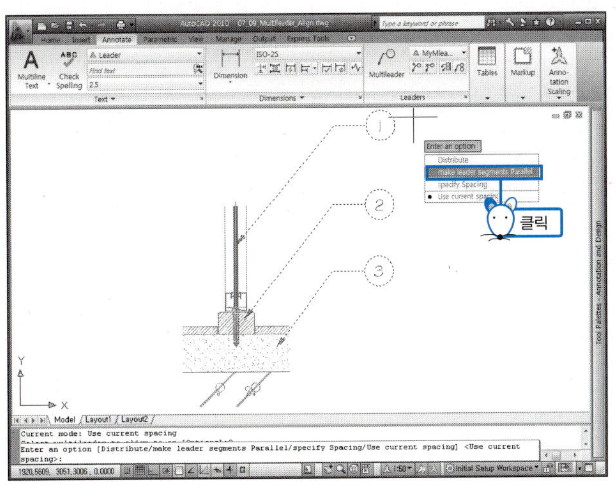

주목

[make leader segments Parallel]은 선택하는 치수선을 평행하게 정렬시키는 옵션입니다.

07 ②번 치수선을 선택합니다.

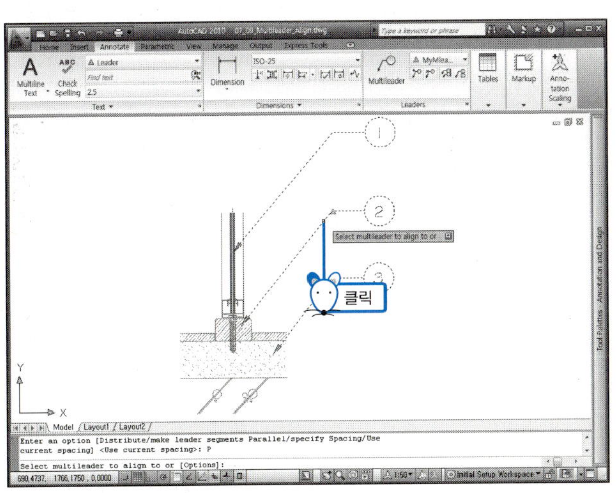

08 선택한 ②번 치수선에 나란하게 나머지 치수선들이 정렬되는 것을 확인할 수 있습니다.

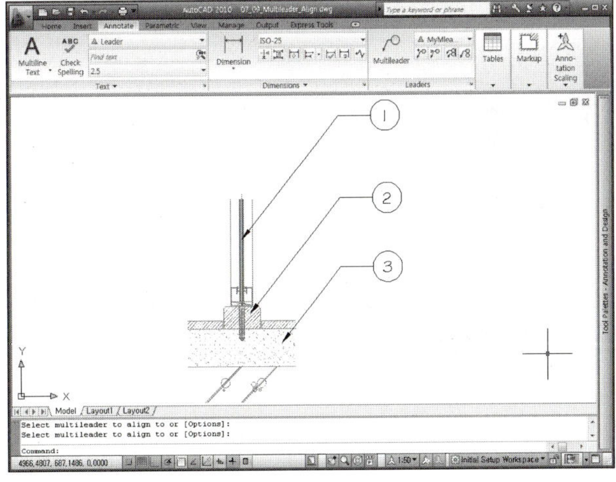

다중 지시선(Multileader) 하나로 합치기

도면을 작성하는 도중에 임의로 만들어 놓은 치수선들은 하나로 합쳐서 도면의 식별성을 높일 수 있습니다. 다음 예
제를 통해서 여러 개의 지시선을 하나로 합치는 방법을 알아봅니다.

⊙ Samples\07_09_Multileader_Collect.dwg

01 [Annotate] 탭의 [Leaders] 패널에서 [Collect](🔲)
아이콘을 클릭하고 그림과 같이 ①, ②, ③번 순서대로
선택한 후 Enter 를 누릅니다.

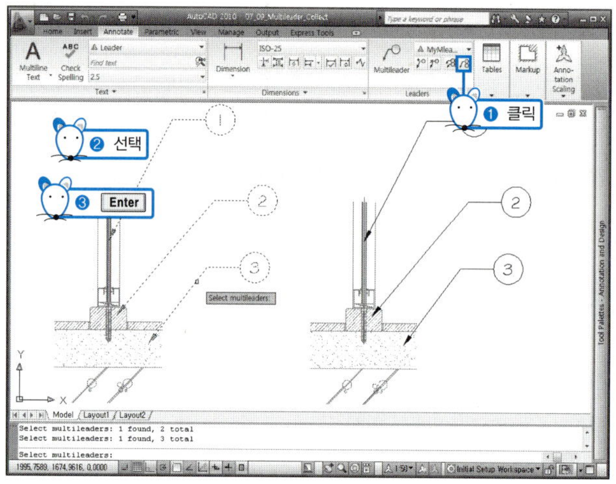

02 하나로 합쳐져 위치할 새로운 지점을 클릭합니다.

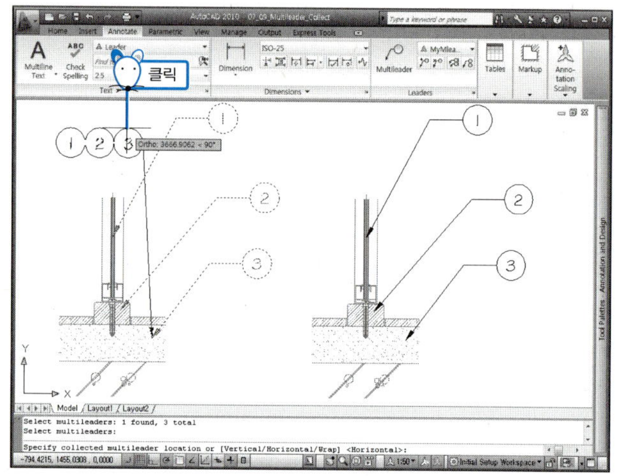

📷 **주목**
지시선은 마지막에 클릭한 지시선으로 합쳐지는 것을 확인할
수 있습니다.

03 다시 [Leaders] 패널의 [Collect](🔲) 아이콘을 클릭
하고 그림과 같이 ③, ②, ①번 순서대로 지시선을 선택
한 후 Enter 를 누릅니다.

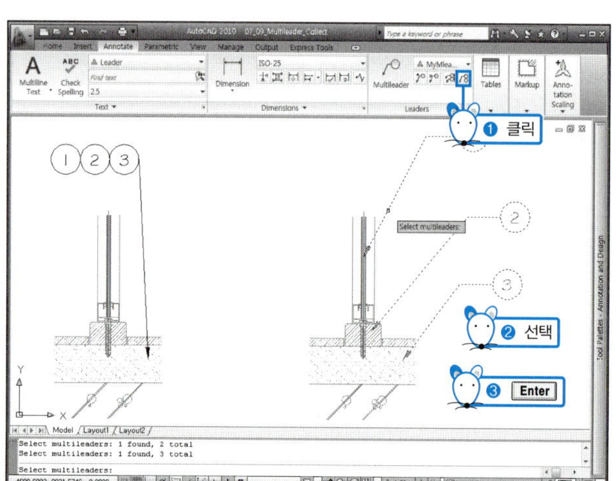

04 마우스 오른쪽 단추를 클릭한 후 [Vertical]을 선택
합니다.

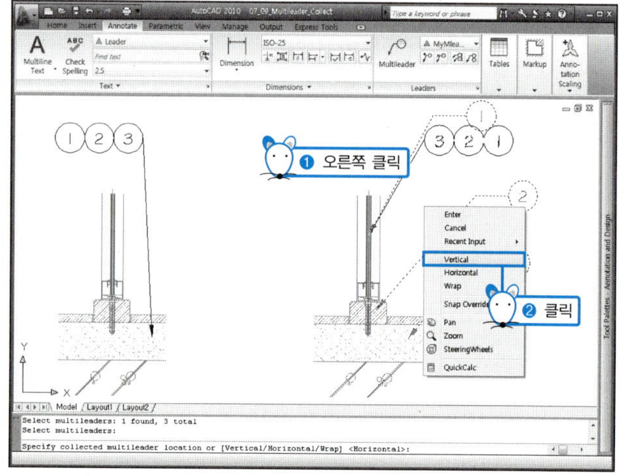

05 다중 지시선을 하나로 합쳐서 위치시킬 새로운 지점을 클릭합니다.

06 선택한 다중 지시선들이 수직으로 합쳐진 것을 확인할 수 있습니다.

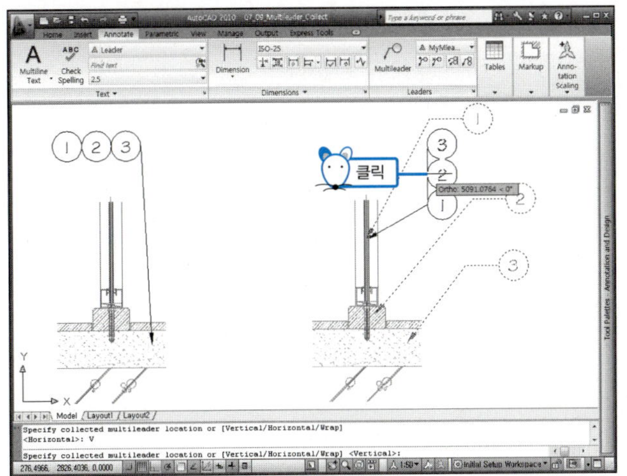

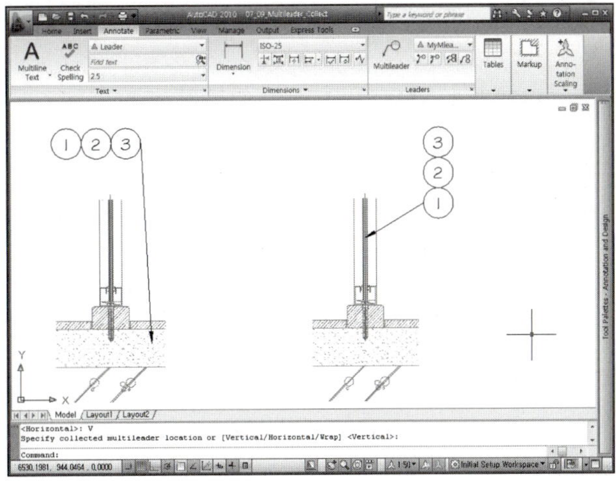

다중 지시선(Multileader)의 구성

일반적으로 지시선 객체는 화살촉, 선택적 수평 연결선, 지시선 또는, 곡선, 여러 줄 문자 객체 또는 블록으로 구성됩니다. 도면의 그림이나 모든 점에서 지시선을 작성할 수 있으며 사용자가 그리면서 그 모양을 조정할 수 있습니다. 지시선은 직선 세그먼트 또는, 부드러운 스플라인 곡선일 수 있습니다.

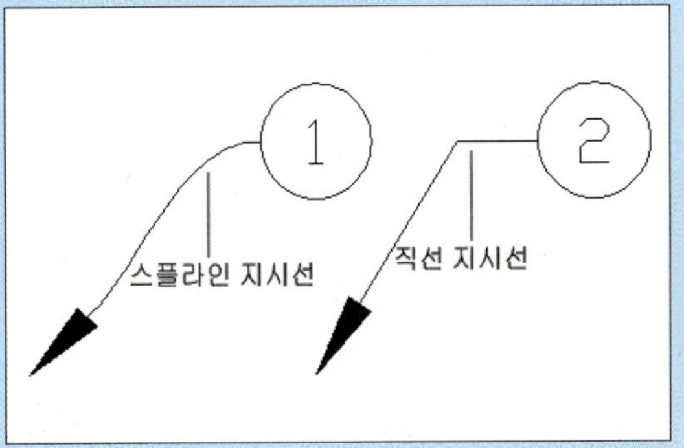

레이아웃(Layout)과 플로팅(Plotting) 이해하기

일반적으로 AutoCAD 작업은 크게 도면을 작성하는 과정과 플로팅(출력)하는 과정으로 나눌 수 있습니다. 그만큼 플로팅은 AutoCAD 작업에서 큰 부분을 차지합니다. 이에 따라 도면 영역은 크게 두 성격을 가지게 됩니다. 하나는 도면을 작성할 수 있는 모델 공간(도면 공간)이고, 또 다른 하나는 플로팅을 위한 레이아웃(Layout) 공간입니다. 사용자는 두 공간을 자유롭게 넘나들 수 있으며 출력을 위한 레이아웃은 원하는 만큼 추가할 수도 있습니다.

레이아웃으로 스타일 있는 출력하기

AutoCAD로 작성한 도면은 플로팅(출력, Plotting)됨으로써 새로운 가치를 갖습니다. 반드시 종이로 플로팅되는 것만을 의미하지는 않습니다. 최근 들어서는 파일로 플로팅 한다든지 인터넷에 이미지로 게시되는 경우가 강조되고 있습니다. 이번에는 레이아웃을 통해 스타일이 살아있는 플로팅에 대해 배워봅니다.

레이아웃이란?

레이아웃이란 플로팅될 실제 용지(Sheet)에 '도면이 어떻게 위치할 것인가' 하는 기본 정보는 물론이고 기타 플로팅에 관한 세부 사항들을 설정하는 것입니다.

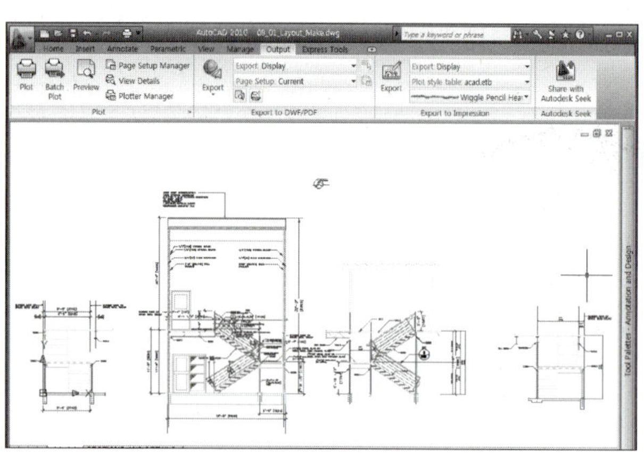

▲ 모델 공간

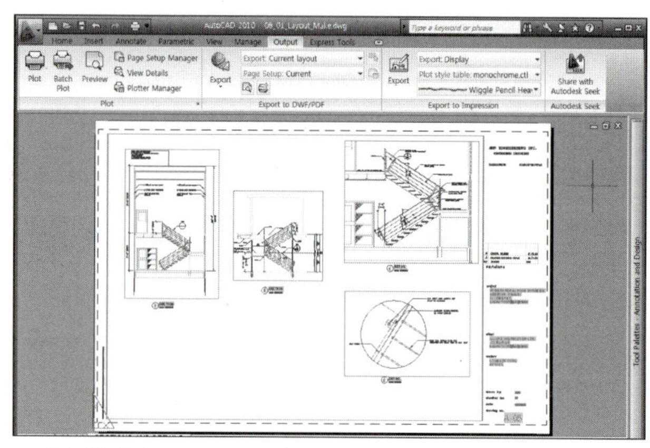

▲ 레이아웃 공간

레이아웃 설정하기

레이아웃을 위한 설정은 [Page Setup] 대화상자에서 설정합니다. 설정은 별도의 파일 형식을 통해 저장하여 같은 환경에서 통일성 있는 작업을 할 수 있도록 합니다. 레이아웃의 기본적인 설정에 대해서 알아봅니다.

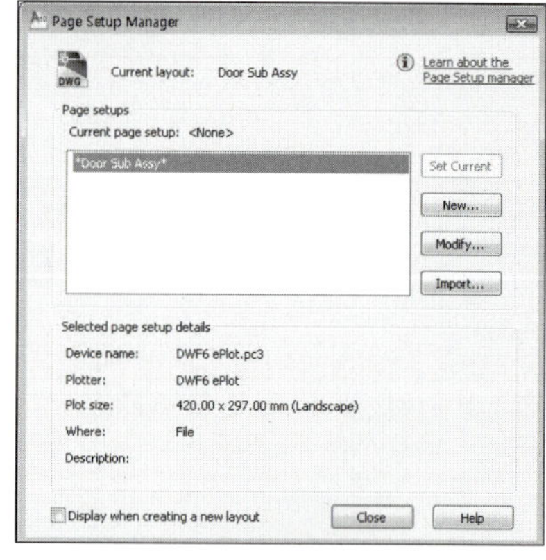

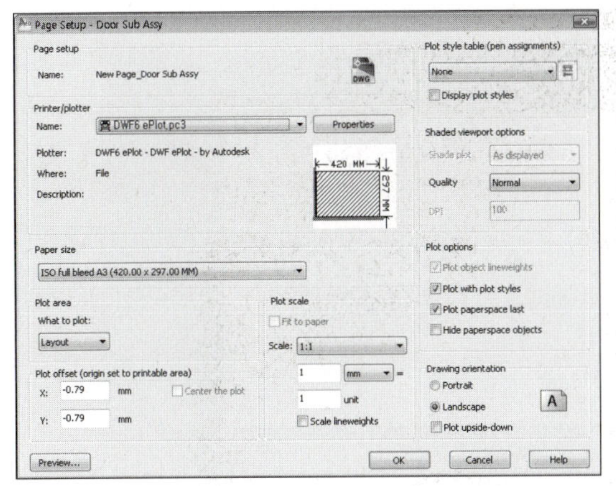

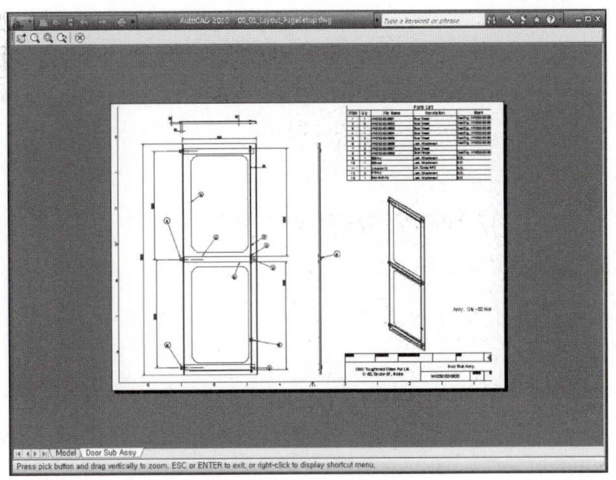

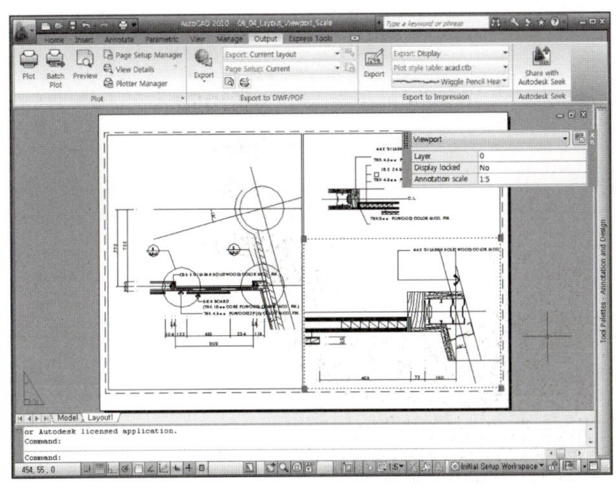

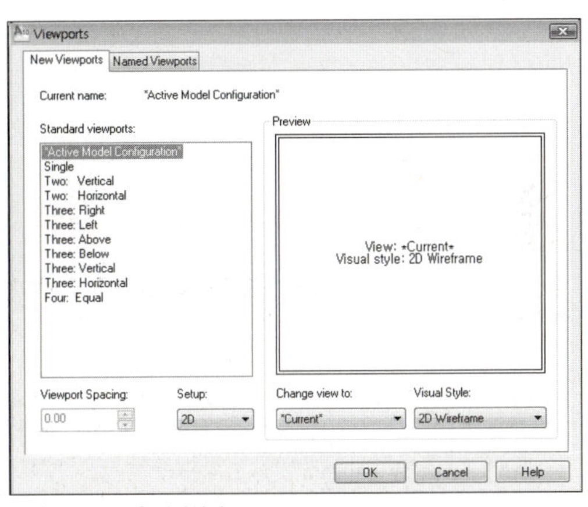

▲ [Viewports] 대화상자

뷰포트(Viewport)는 레이아웃에 있는 여러 개의 도면 창이라고 이해할 수 있습니다. 도면 영역(Model)은 객체를 1:1의 크기로 작성하는 곳이고, 레이아웃은 작성된 객체를 출력하기 위해 페이지를 설정하는 곳입니다. 뷰포트를 작성하고 편집하는 다양한 방법에 대해서 알아봅니다.

Polygonal 명령으로 비정형의 다각형 뷰포트 경계를 정의하는 방법과 일반적인 Draw 명령을 이용하여 닫힌 객체를 만든 후 Convert Object to Viewport 명령을 이용하여 뷰포트로 전환하는 방법으로 뷰포트를 만들 수 있습니다.

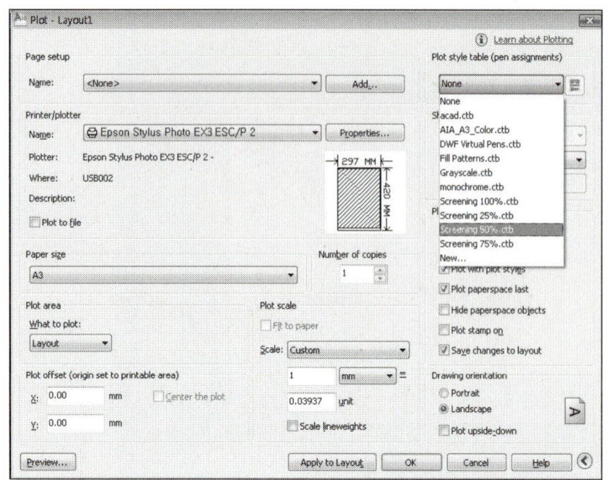

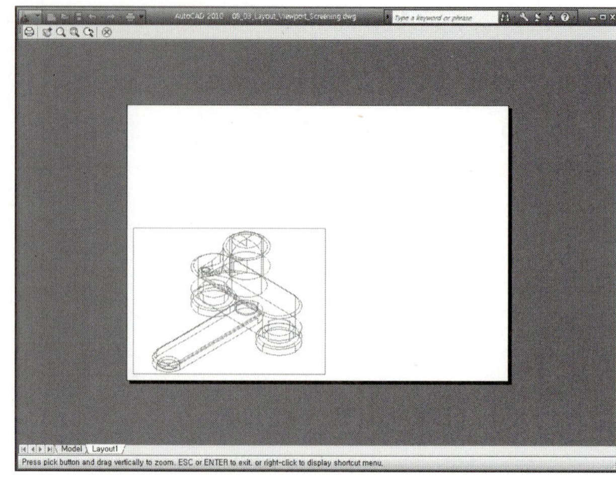

▲ Screening 설정

기존에 정의한 뷰포트를 사용자가 새로운 경계로 재지정할 수 있으며 닫힌 경계를 지정해 잘
라낼 수도 있습니다.

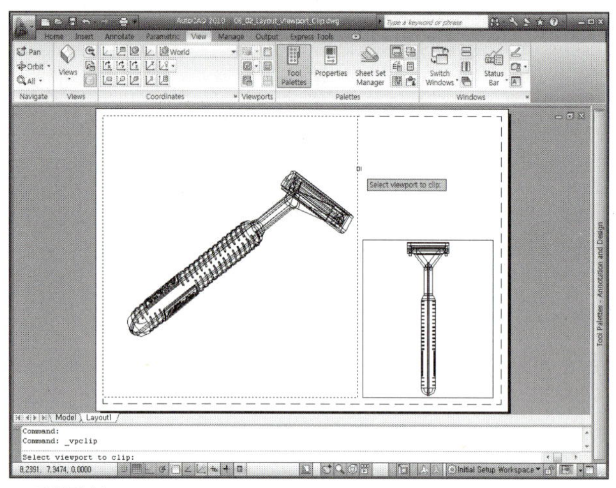

▲ 작성된 뷰포트

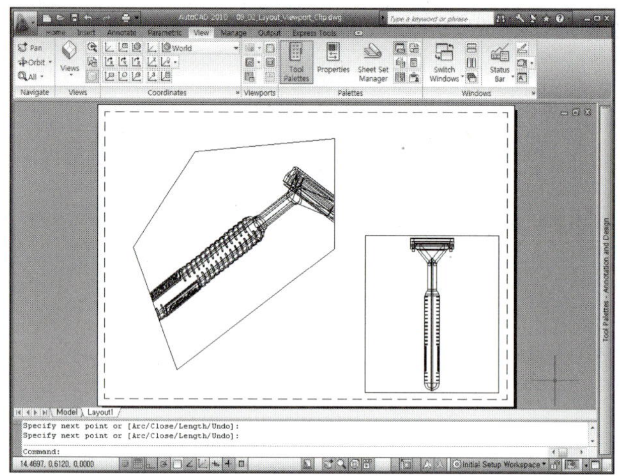

▲ Viewport Clipping

뷰포트 속성 설정하기

레이아웃에서 뷰포트 속성을 이용해 특정한 뷰포트만을 숨기거나, 3D 객체의 경우 숨은선
(Hidden Line)을 가리고 플로팅하는 등의 속성 설정에 대해 알아봅니다.

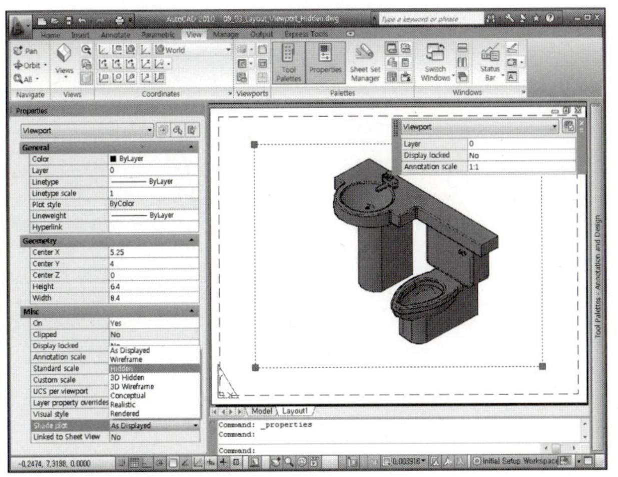

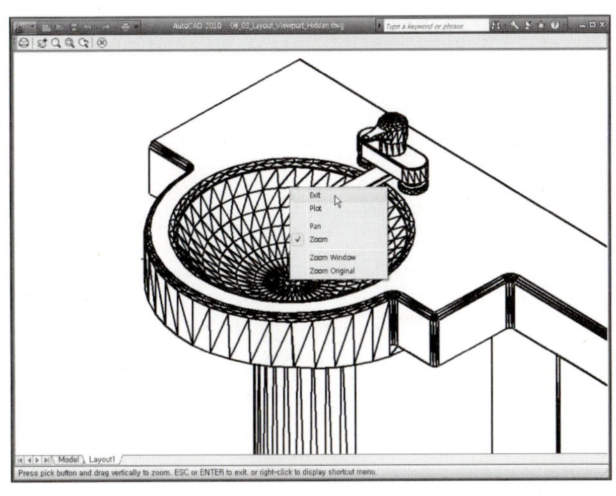

▲ Hidden Line 설정

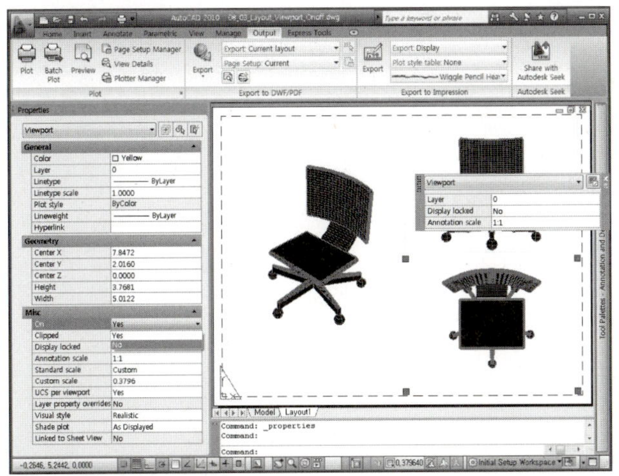

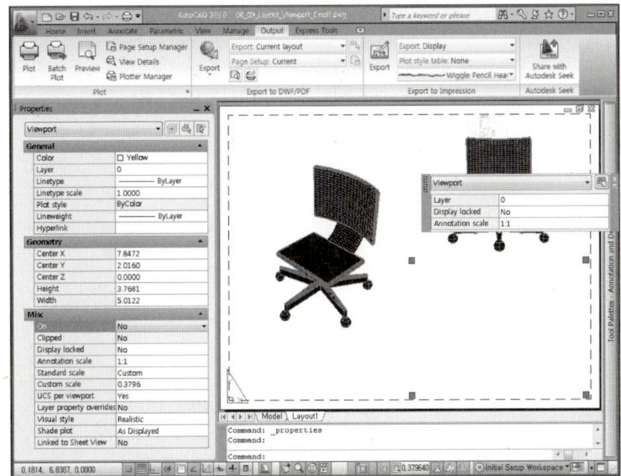

▲ Viewport Display 설정

뷰포트에서 객체 편집하기

레이아웃의 뷰포트에서도 객체를 직접 편집할 수 있습니다. 특히 각 뷰포트의 출력 축척을 다르게 설정하는 것은 하나의 시트에 다양한 도면 즉, 평면도와 상세도와 같이 축척이 다른 도면을 함께 출력할 수 있다는 점에서 표현의 폭을 넓힐 수 있습니다. 뷰포트 내에서 직접 객체를 편집하고 플롯 환경을 설정하는 방법에 대해서 알아봅니다.

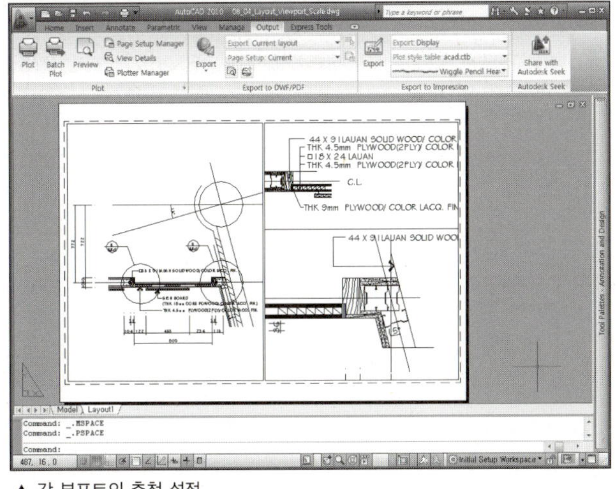

▲ 각 뷰포트의 축척 설정

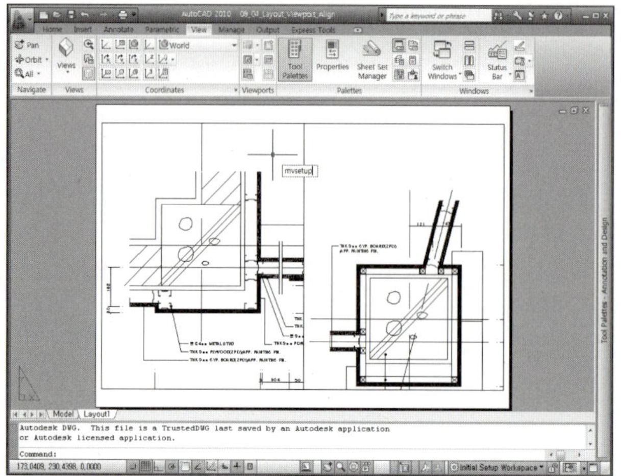

▲ 뷰포트 객체 Align 전

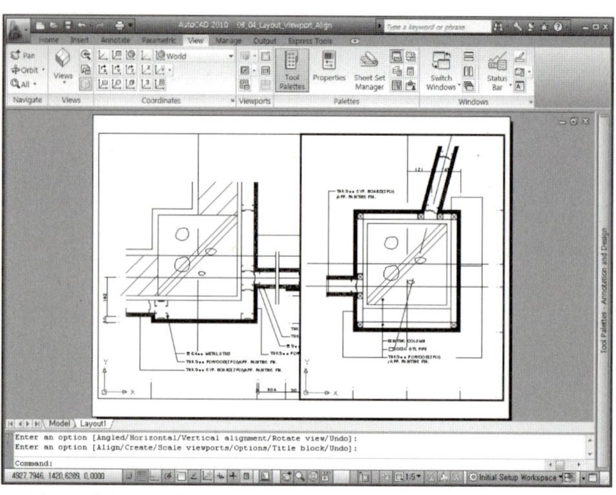

▲ 뷰포트 객체 Align 후

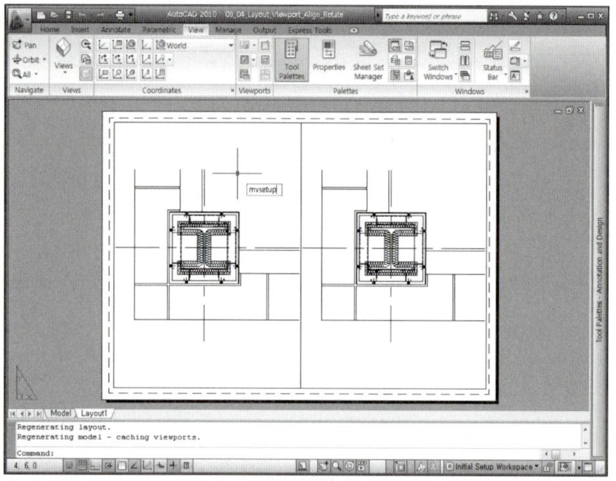

▲ 뷰포트 객체 회전 전

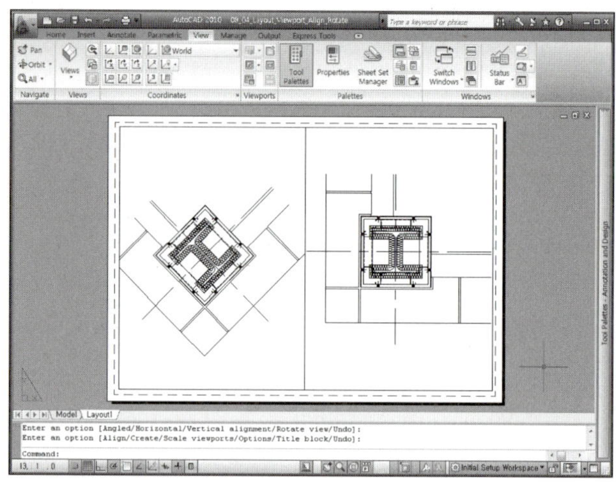

▲ 뷰포트 객체 회전 후

플롯 장치와 스타일 적용하기

도면을 출력하는 데 있어서 사용자 간의 변수가 있다면 바로 플로터일 것입니다. [Plotter Manager]를 이용해 사용자의 플로터를 추가하고 설정·변경하는 일련의 과정에 대해서 알아봅니다. 또한, 플롯 스타일을 만들고 작성한 플롯 스타일 테이블(Plot Style Table)을 도면에 적용하는 방법에 대해서 알아봅니다.

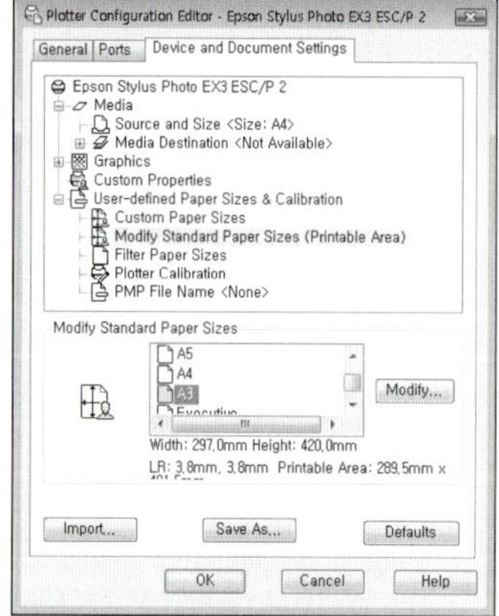

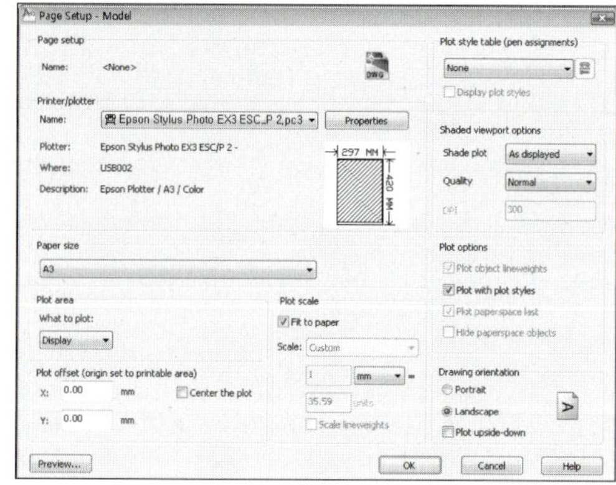

플롯 스타일은 크게 두 가지가 있습니다. 하나는 색상별(Color)로 도면 공간과 레이아웃 공간에 플롯 환경을 적용하는 방식(CTB)이고, 또 다른 하나는 객체나 레이어별로 플롯 환경을 적용할 수 있는 방식(STB)입니다. 플롯 스타일 관리자(Plot Style Table Editor)는 플롯 환경을 별도의 파일로 저장하여 일관된 플롯 환경을 갖도록 합니다.

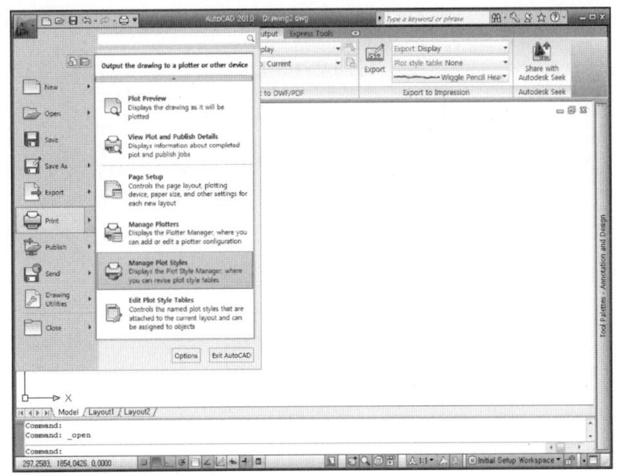

▲ Manage Plot Styles

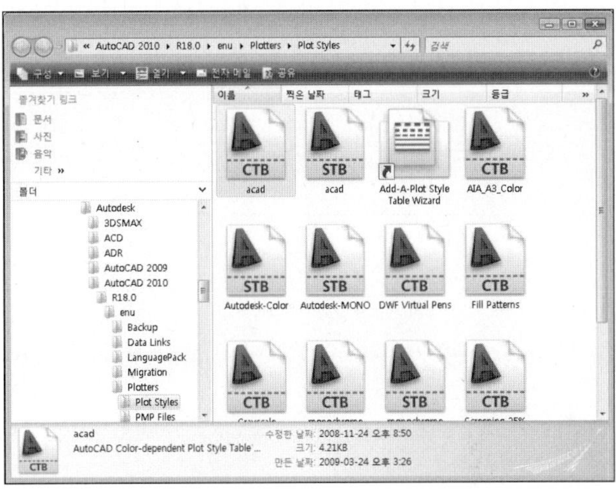

▲ CTB & STB Plot Styles

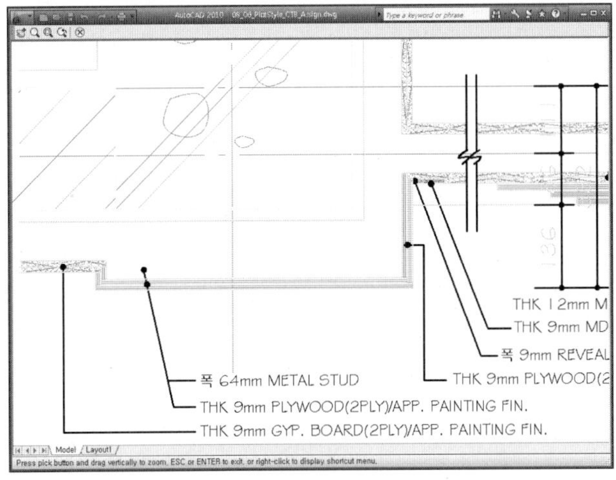

▲ CTB 플롯 스타일 적용 미리보기

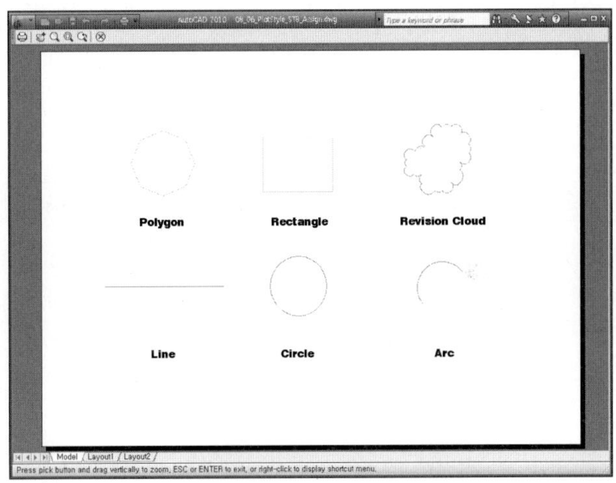

▲ STB 플롯 스타일 적용 미리보기

파일 및 래스터 이미지 플로팅

AutoCAD 2010은 도면을 다양한 형식의 파일로 내보내 한 번 작성한 도면(*.dwg)을 여러 형식의 파일로 출력(Plot to file)할 수 있기 때문에 여러 관련 프로그램에서 사용할 수 있습니다. AutoCAD 2010에서 내보낼 수 있는 다양한 형식의 파일들과 목적에 맞는 올바른 내보내기 방법에 대해서 알아봅니다.

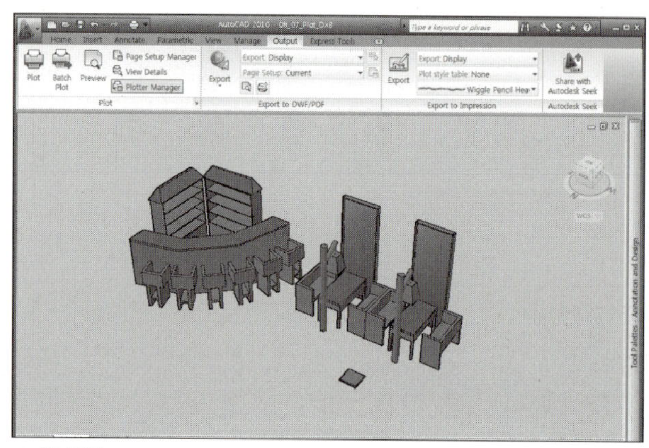

▲ 3D 객체

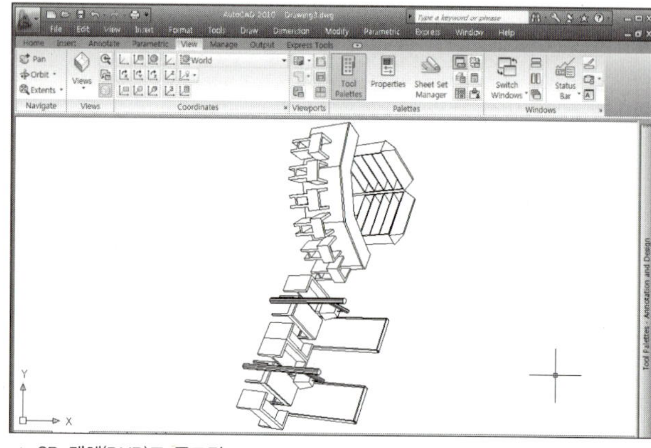

▲ 2D 객체(DXB)로 플로팅

도면을 비트맵 형식의 이미지 형식으로도 플로팅할 수 있습니다. AutoCAD는 여러 래스터 파일 형식을 지원하며 해상도도 조정할 수 있습니다.

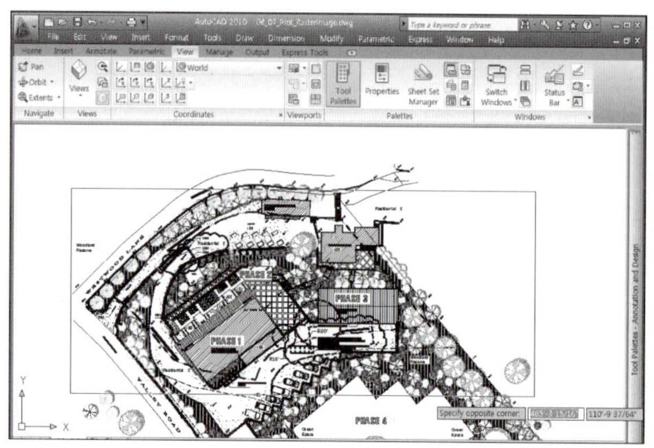

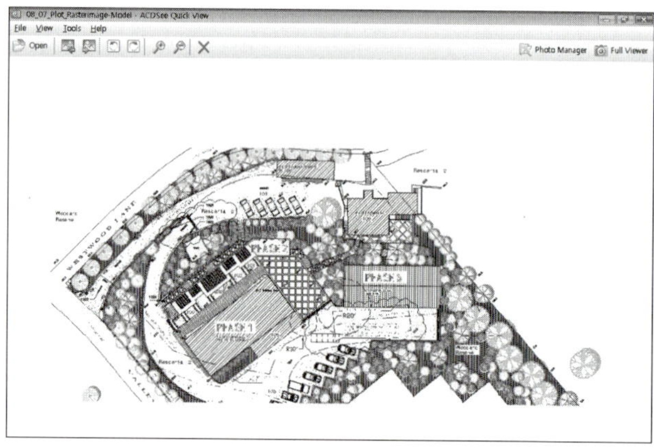

레이아웃(Layout) 작성하고 편집하기

도면 레이아웃(Layout)에 대해 이해한 후 새로운 레이아웃을 만들고 삭제하거나 위치를 편집하는 방법에 대해 알아봅니다.

Lesson 01

레이아웃(Layout)이란?

레이아웃이란 플로팅될 실제 용지(Sheet)에 도면이 위치할 기본 정보는 물론이고 기타 플로팅에 관한 세부 사항들을 설정하는 것입니다. 레이아웃에는 뷰포트를 작성하고 위치시킬 수 있으며, 타이틀 블록(Title Block)이나 기타 객체 및 형상을 추가할 수도 있습니다.

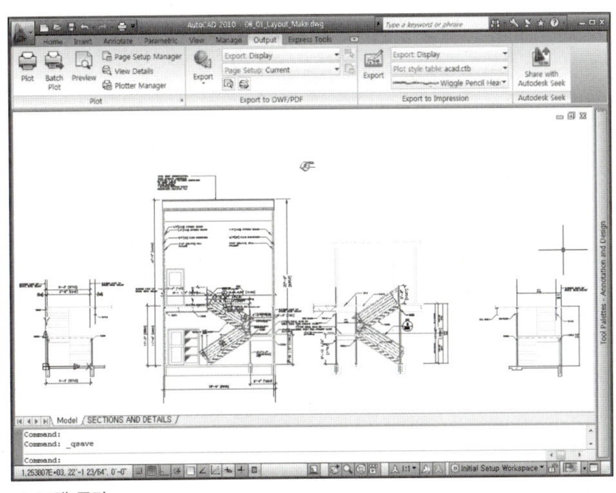

▲ 모델 공간

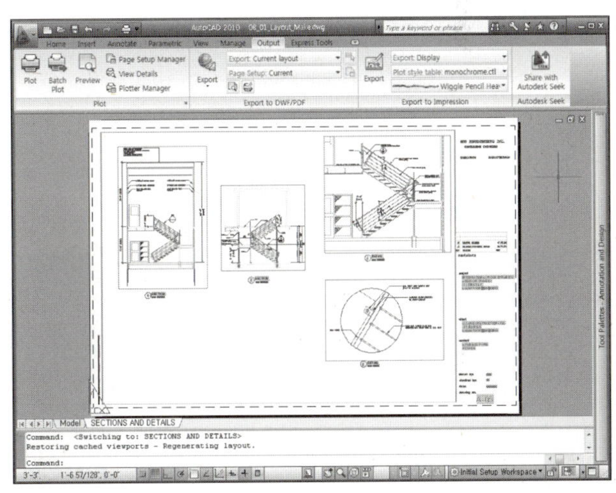

▲ 레이아웃 공간

기본적으로 새로운 도면은 두 개의 [Layout] 탭(Layout1, Layout2)을 가지며 템플릿 파일에 따라 기본 레이아웃이 다를 수 있습니다. 레이아웃은 레이아웃 마법사(Layout Wizard)를 사용하거나 템플릿 도면에서 가져올 수 있습니다.

▲ [Layout and Model] 탭

레이아웃의 화면 구성(Interface)을 살펴보면 다음과 같습
니다.

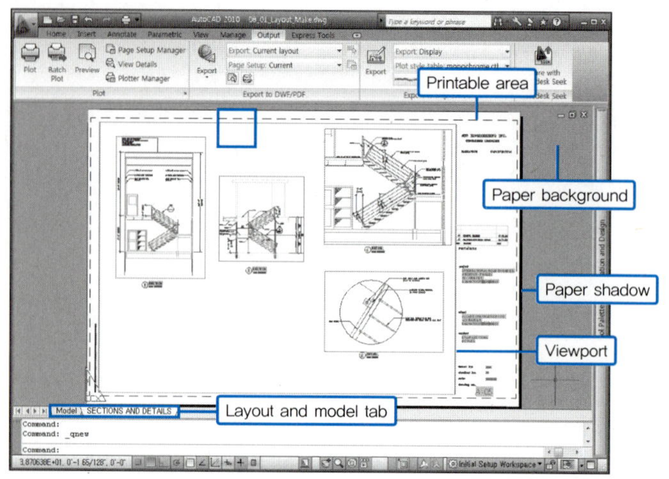

▲ 레이아웃의 화면 구성

우선 레이아웃의 화면 구성은 시트(Sheet)에 플로팅할 도면의 배치와 기타 뷰포트가 어떻게 위치하
는지를 보여 줍니다. 용지 내(점선 안쪽)에서 표시된 여백은 용지의 인쇄 가능 영역을 나타내는 것으
로 용지 크기와 달리 실제 출력되는 공간입니다. 뷰포트(실선 안쪽)는 사용자가 임으로 변경할 수 있
는 객체입니다. 뷰포트는 한 개가 될 수도 있고 수십 개가 될 수 있으며 각각의 뷰포트를 이동시키거
나 도면에서 표시하지 않을 수도 있습니다. 이러한 레이아웃의 속성을 설정하려면 [Output] 탭의
[Plot] 패널에서 [Page Setup Manager](⬚) 아이콘을 클릭하면 나타나는 [Page Setup Manager]
대화상자에서 설정할 수 있습니다.

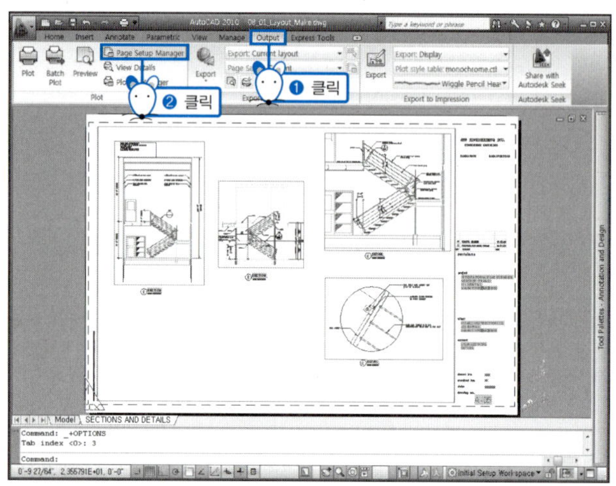

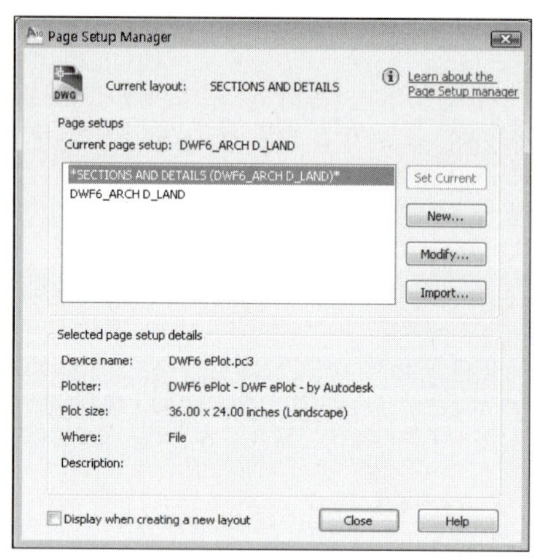

▲ [Page Setup Manager] 대화상자

레이아웃 공간의 화면 구성(Interface) 설정하기

도면 영역에서 마우스 오른쪽 단추를 클릭한 후 [Options]를 선택하면 나타나는 [Options] 대화상자의 [Display] 탭에서 레이아웃 공간의 화면 구성을 설정할 수 있습니다.

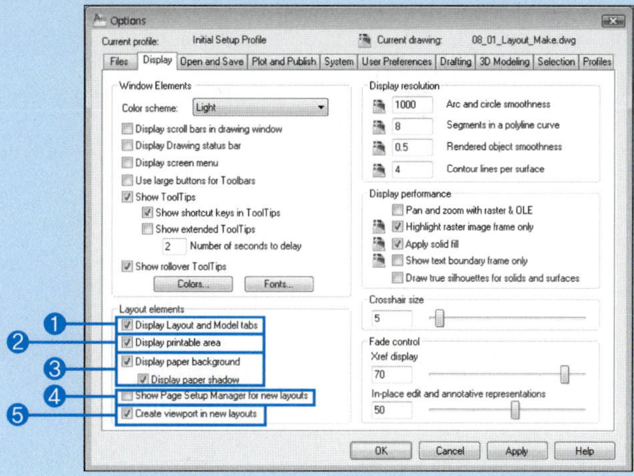

❶ **Display Layout and Model tabs** : 도면 영역 하단에 있는 [Model], [Layout] 탭의 활성화 유무를 설정합니다.

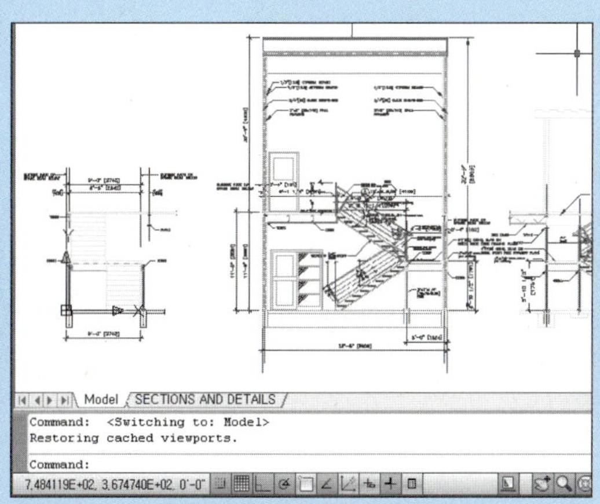

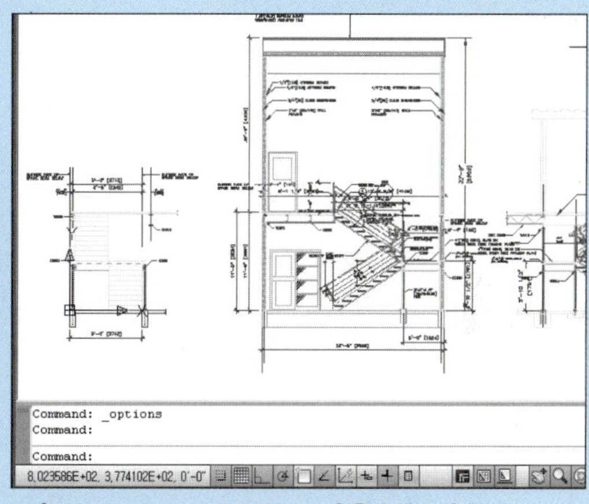

▲ [Display Layout and Model tabs] 옵션 체크(기본)　　　▲ [Display Layout and Model tabs] 옵션 체크 해제

❷ **Display printable area** : 인쇄 가능 영역(점선)의 표시 유무를 설정합니다.

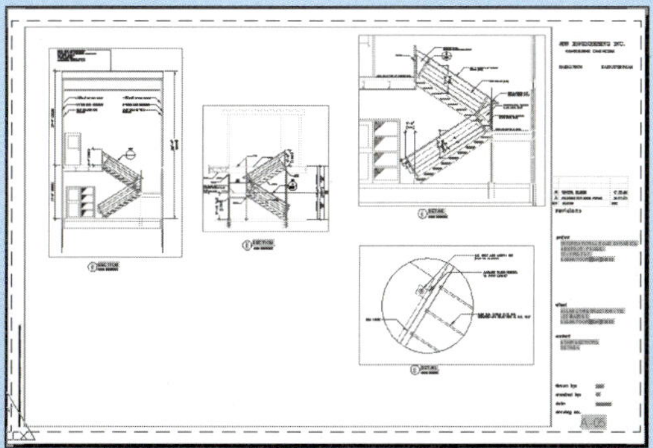

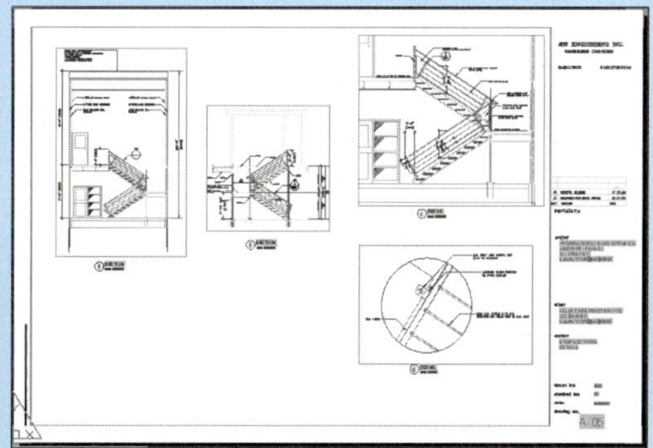

▲ [Display printable area] 체크(기본)　　　▲ [Display printable area] 체크 해제

❸ **Display Paper back background** : 용지의 배경 표시 유무를 설정합니다.

- **Display paper shadow** : 용지에 그림자의 표
시 유무를 설정합니다.

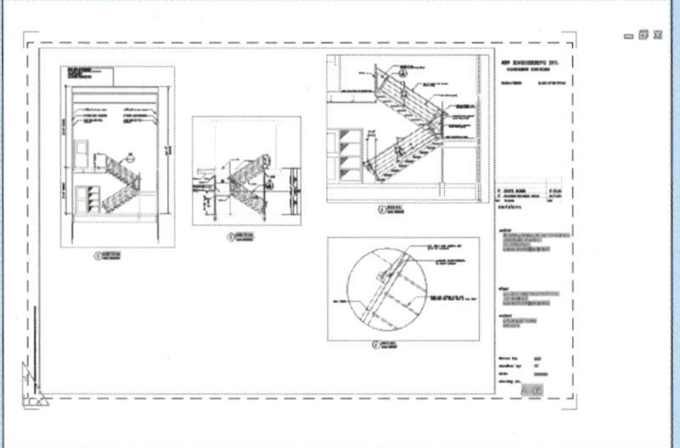

▲ [Display Paper back background] 옵션 체크 해제

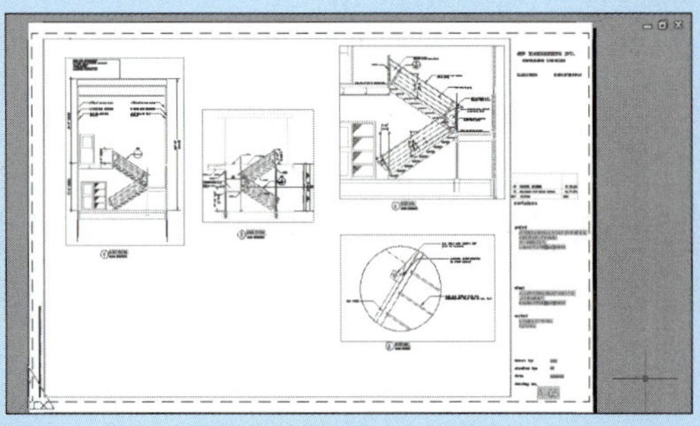

▲ [Display paper shadow] 옵션 체크

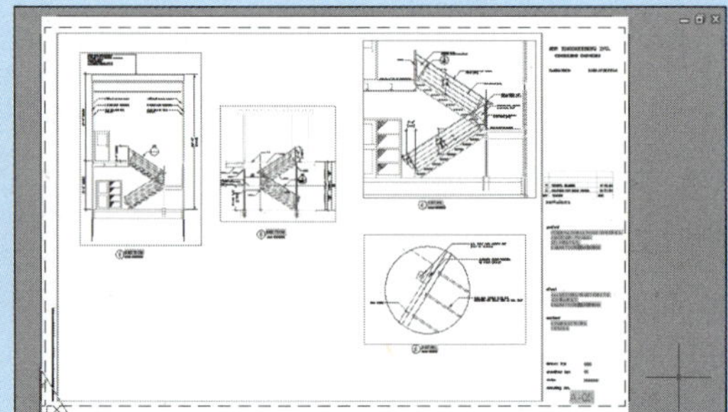

▲ [Display paper shadow] 옵션 체크 해제

❹ **Show Page Setup Manager for new layouts** : 레이아웃 공간에서 새롭게 작업을 시작할 경우 [Page Setup Manager] 대화상자의 표시 유무를 설정합니다.

❺ **Create viewport in new layouts** : 새로운 레이아웃을 선택했을 경우에 단일 뷰포트가 자동으로 생성되어 모델 공간에 있는 객체들을 표시합니다. 만약 단일 뷰포트를 자동으로 생성시키지 않으려면 체크를 해제합니다.

새로운 레이아웃(Layout)을 만들고 편집하기

새로운 레이아웃을 만들어 보고 만들어진 레이아웃의 이름을 수정하는 방법과 편집하는 방법에 대하여 알아봅니다.

Samples\08_01_Layout_Make.dwg

01 상태 표시줄에서 [Quick View Layouts](⬚)을 클릭한 후 [New Layout](⬚) 아이콘을 클릭하여 새로운 레이아웃을 만듭니다.

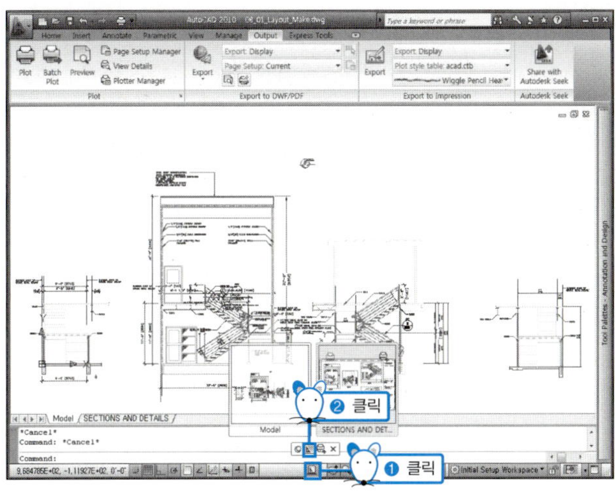

주목

Quick View Layouts 미리 보기 화면이 자동으로 숨겨지지 않게 하려면 [Pin](⬚) 아이콘을 클릭하여 고정시키면 됩니다.

02 새롭게 만든 'Layout1' 레이아웃의 미리 보기 화면에서 마우스 오른쪽 단추를 클릭하고 [Rename]을 선택합니다.

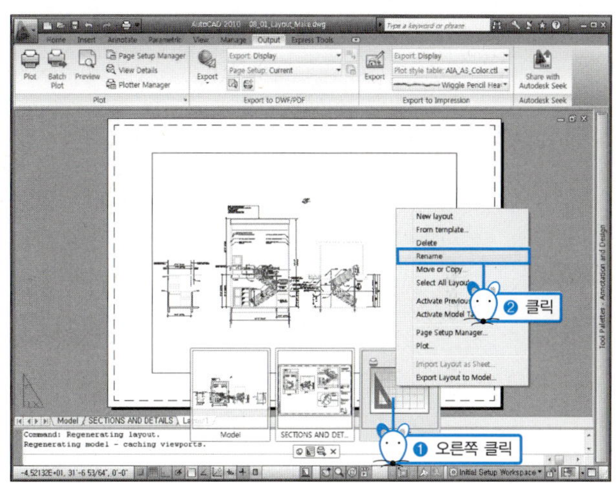

03 새로운 레이아웃의 이름을 'Prototype'으로 입력하고 **Enter** 를 누릅니다.

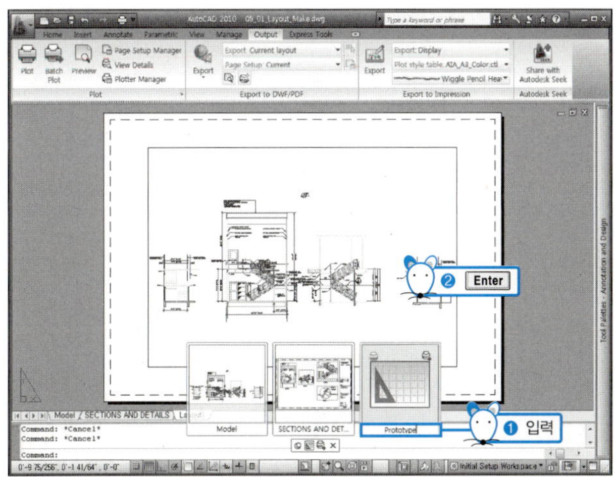

04 레이아웃 영역에서 마우스 오른쪽 단추를 클릭한 후 [Options]를 선택합니다.

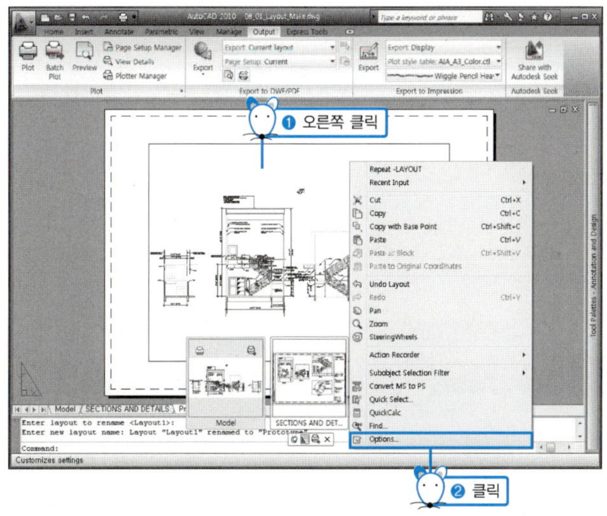

05 [Options] 대화상자를 그림과 같이 설정합니다.

❶ [Display] 탭을 클릭한 후 [Layout elements] 영역에서 [Display Layout and Model tabs] 옵션을 체크합니다.

❷ [Apply]와 [OK] 단추를 차례대로 클릭합니다.

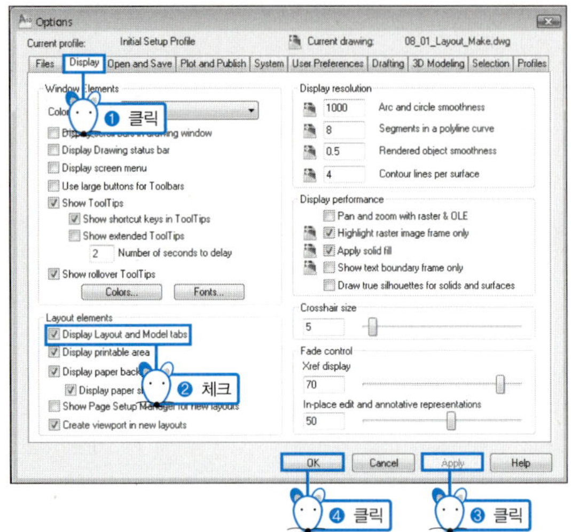

06 [Close Quick View Layouts]([×]) 아이콘을 클릭합니다.

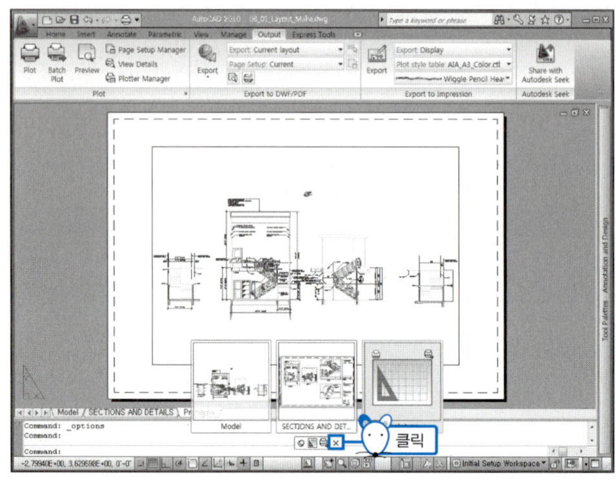

주목

[Layout and model] 탭이 표시되어 있지 않은 사용자를 위한 설정입니다.

07 레이아웃 탭의 순서를 변경하기 위해 [Prototype] 탭에서 마우스 오른쪽 단추를 클릭한 후 [Move or Copy]를 선택합니다.

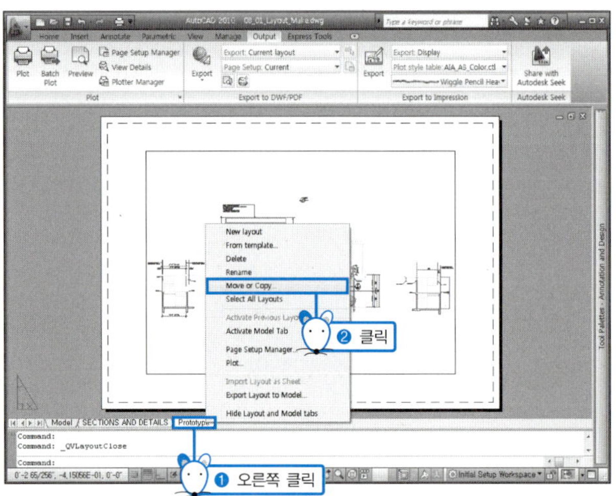

08 [Move or Copy] 대화상자에서 'SECTIONS AND DETAILS' 레이아웃을 선택한 후 [OK] 단추를 클릭합니다. [Prototype] 탭이 [SECTIONS AND DETAILS] 탭 앞으로 이동한 것을 확인할 수 있습니다.

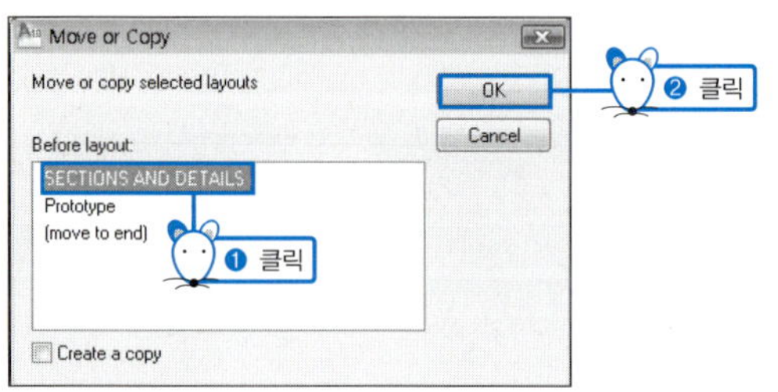

주목

[Move or Copy] 대화상자에서 [Create a copy] 옵션을 체크하면 선택한 레이아웃 탭은 그 위치에 고정되고 복사한 레이아웃이 설정한 위치로 이동합니다.

09 다시 [Prototype] 탭에서 마우스 오른쪽 단추를 클릭한 후 [New layout]을 선택하여 새로운 레이아웃을 만듭니다.

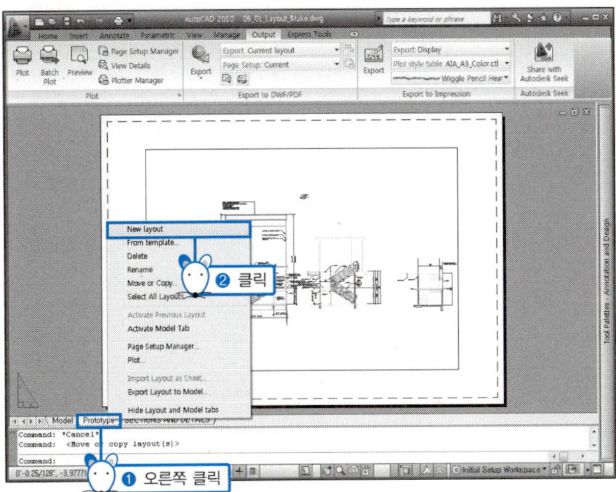

10 새롭게 만든 [Layout1] 레이아웃 탭을 선택합니다. 마우스 오른쪽 단추를 클릭한 후 [Delete]를 선택합니다.

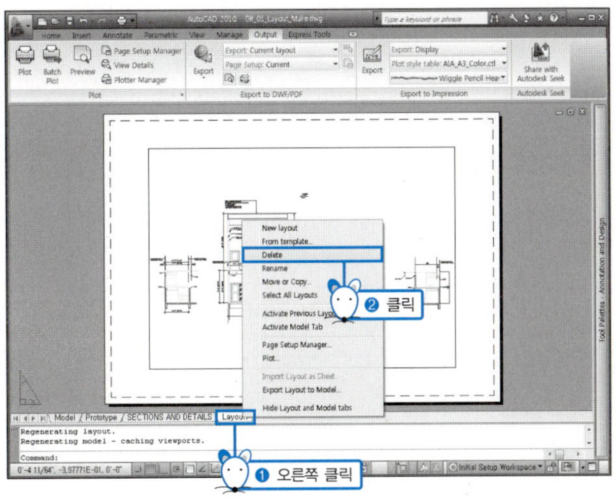

11 AutoCAD 경고 창이 나타나면 [확인] 단추를 클릭하여 선택한 레이아웃을 삭제합니다.

주목

모든 레이아웃을 삭제 하더라도 AutoCAD 2010은 기본 레이아웃인 'Layout1' 레이아웃을 자동으로 만들게 됩니다.

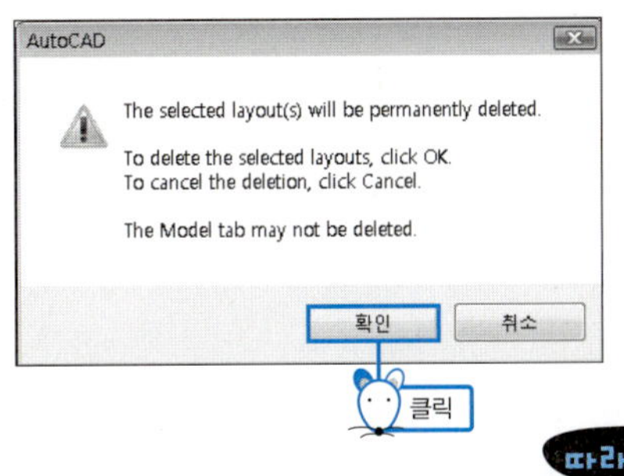

레이아웃(Layout)을 모델 공간으로 보내기

AutoCAD 2010에서는 선택한 레이아웃을 모델 공간으로 내보낼(Export) 수 있습니다. 그렇게 되면 레이아웃이 전부 모델 공간으로 이동되며 새로운 파일이 만들어집니다.

Samples\08_01_Layout_Export_to_Model.dwg

01 상태 표시줄에서 [Quick View Layouts]( ) 아이콘을 클릭합니다. 'Door Sub Assy' 레이아웃의 미리 보기 화면에서 마우스 오른쪽 단추를 클릭한 후 [Export Layout to Model]을 선택합니다.

주목

도면 영역에 모델과 레이아웃 탭이 표시되어 있다면 레이아웃 탭 위에서 마우스 오른쪽 단추를 클릭하고 [Export Layout to Model]을 선택해도 됩니다.

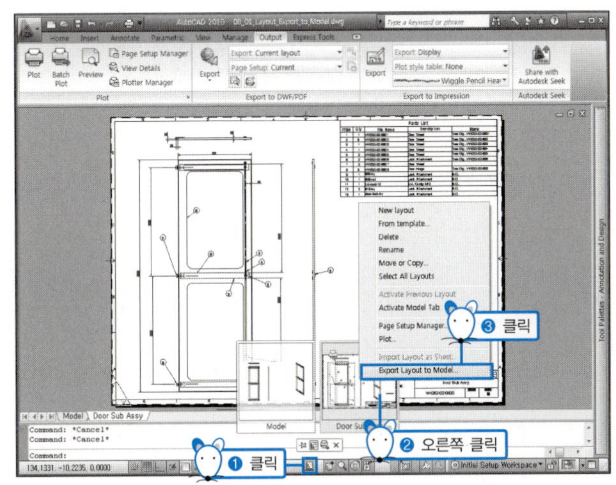

02 [Export Layout to Model Space Drawing] 대화상자에서 내보내려는 레이아웃의 파일 이름과 경로를 설정한 후 [Save] 단추를 클릭합니다.

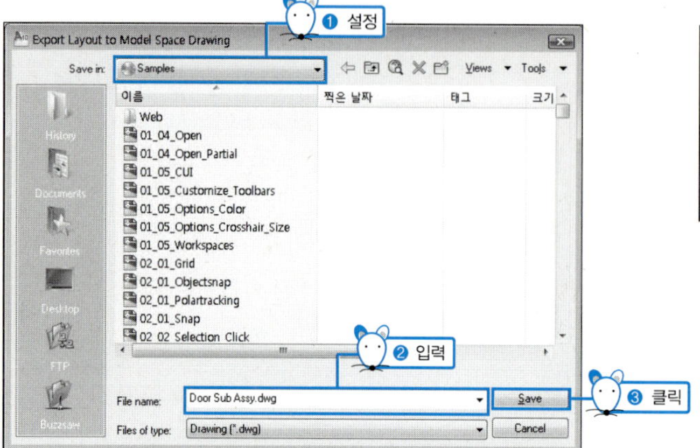

03 선택한 레이아웃이 성공적으로 모델 공간으로 내보내졌다는 대화상자가 나타나면 [Open] 단추를 클릭합니다.

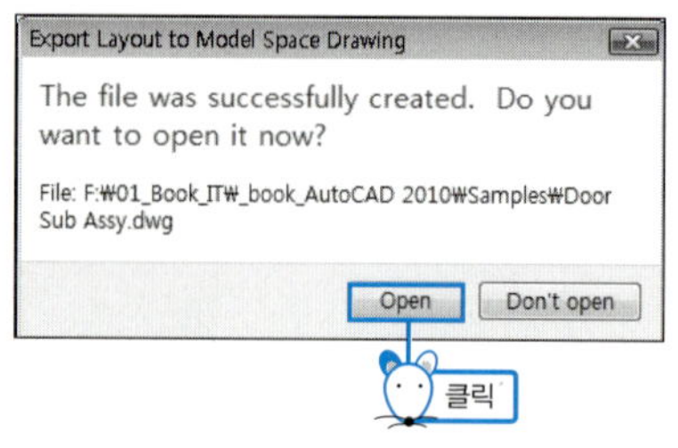

04 모델 공간으로 새로 열린 파일의 레이아웃 객체들이 들어온 것을 확인할 수 있습니다.

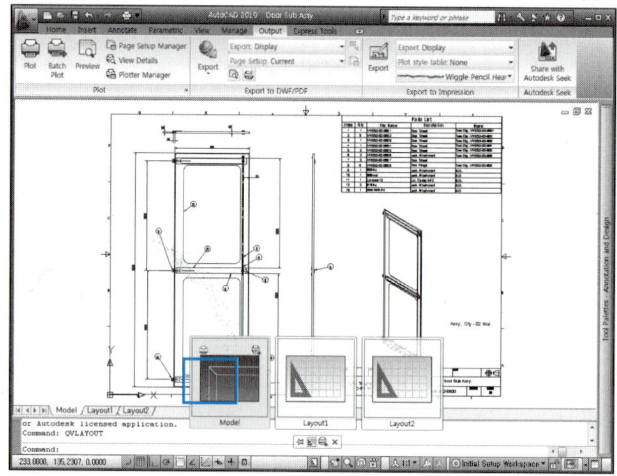

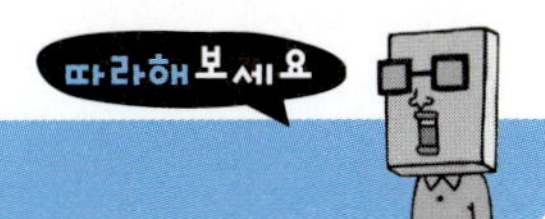

[Page Setup] 대화상자를 이용하여 플로팅 옵션 설정하기

레이아웃을 위한 플로팅 설정은 [Page Setup] 대화상자를 이용합니다. 이러한 설정값들은 별도의 파일 형식으로 저장할 수 있기 때문에 일괄성 있는 작업을 진행할 수 있습니다. 이번에는 [Page Setup] 대화상자를 이용하여 플로팅 옵션을 설정하는 방법을 알아봅니다.

⊙ Samples\08_01_Layout_PageSetup.dwg

01 상태 표시줄에서 [Quick View Layouts](▣) 아이콘을 클릭합니다. 'Door Sub Assy' 레이아웃의 미리 보기 화면에서 마우스 오른쪽 단추를 클릭하고 [Page Setup Manager]를 선택합니다.

02 [Page Setup Manager] 대화상자는 현재 선택한 레이아웃 이름과 그 세부 설정들을 항목별로 알려 줍니다. [Page Setup Manager] 대화상자에서 [New] 단추를 클릭합니다.

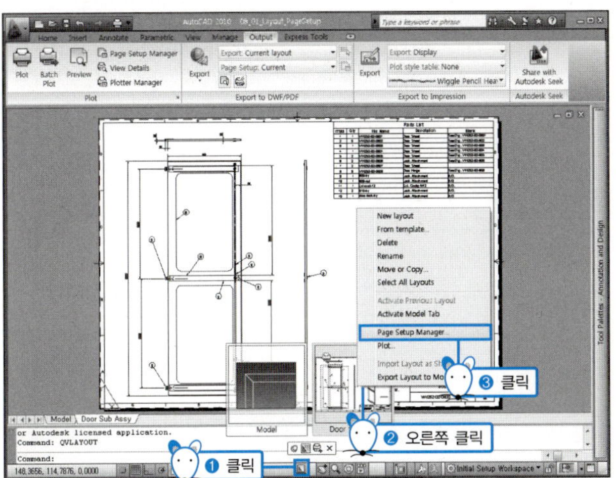

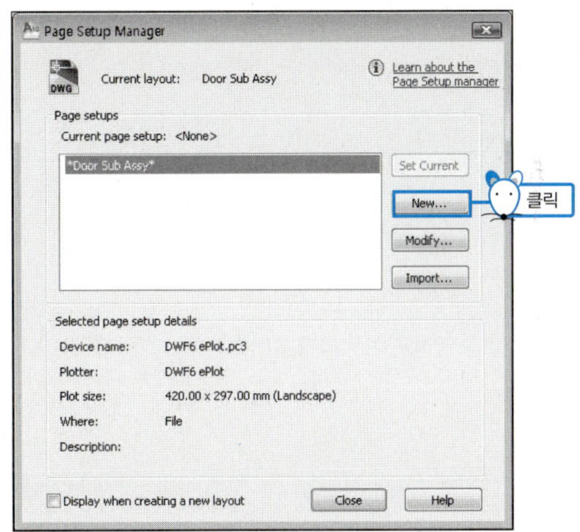

> **주목**
> 도면 영역에 모델과 레이아웃 탭이 표시되어 있다면 레이아웃 탭에서 마우스 오른쪽 단추를 클릭한 후 [Page Setup Manager]를 선택해도 됩니다.

03 [New Page Setup] 대화상자에서 'New Page_Door Sub Assy'라고 입력하고 [OK] 단추를 클릭해 새로운 페이지를 만듭니다.

> **주목**
> [Start with]는 아무런 설정이 없는 상태에서 새로운 페이지를 만드는 〈None〉, 기본 시스템 플로터/프린터의 설정에서 새로운 페이지를 만드는 〈Default output device〉로 구성되어 있습니다.

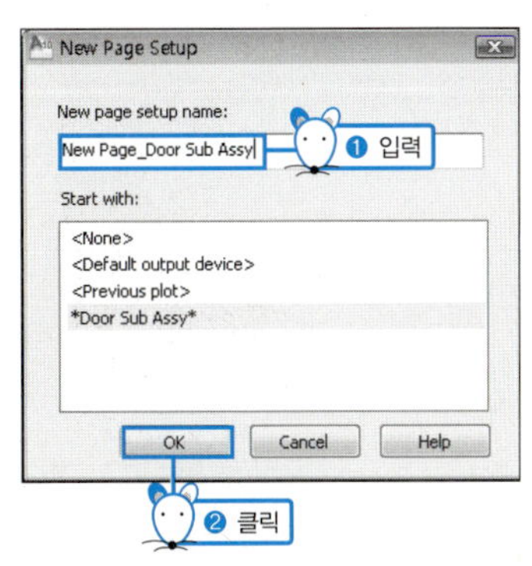

04 설정을 수정할 수 있는 [Page Setup] 대화상자는 총 10개의 영역으로 구성되어 있습니다. 하나씩 설정을 수정합니다. 우선 [Page setup] 영역에서 설정하려는 페이지의 이름을 확인합니다.

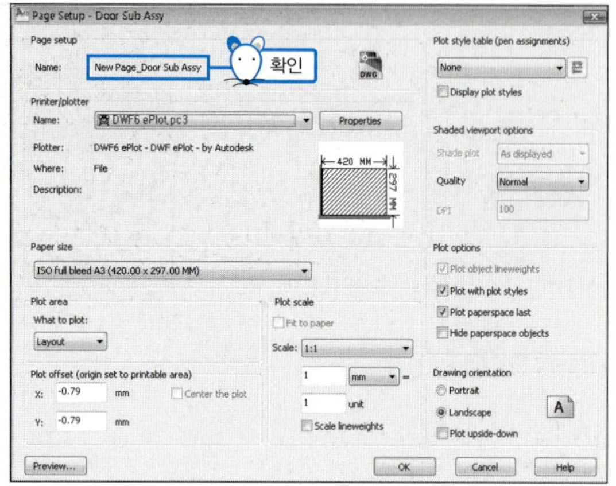

05 [Printer/plotter] 영역에서 해당 플로터를 선택합니다.

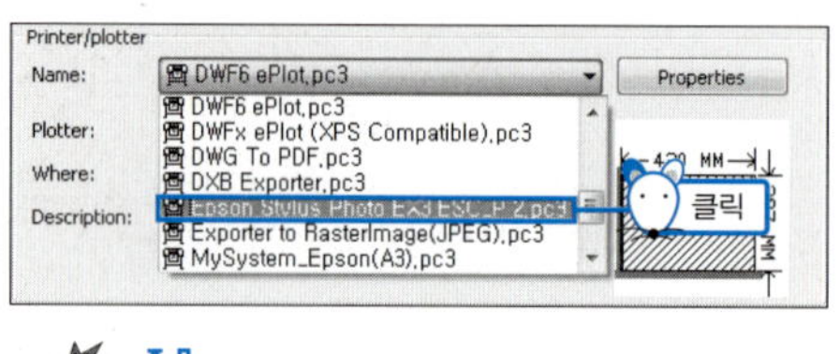

주목
사용자 시스템에 연결된 프린터를 선택합니다.

06 [Paper size] 영역에서 'A3'를 선택합니다.

주목
사용자 시스템에 연결된 프린터가 지원하는 용지의 크기를 설정합니다.

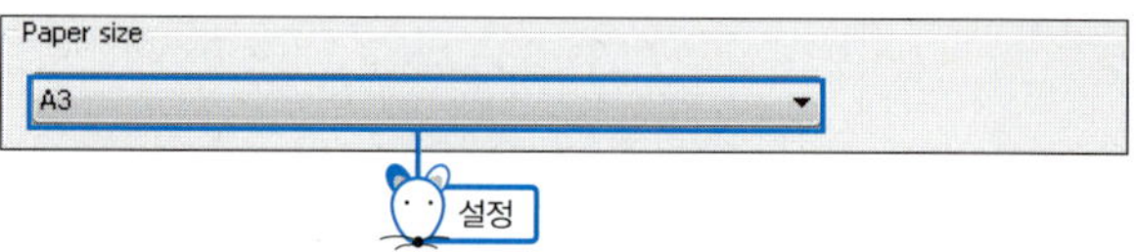

07 출력하는 도면에 대한 척도를 설정하고 현재 출력하려는 대상(What to plot)이 'Layout'인지 확인한 후 [Preview] 단추를 클릭합니다.

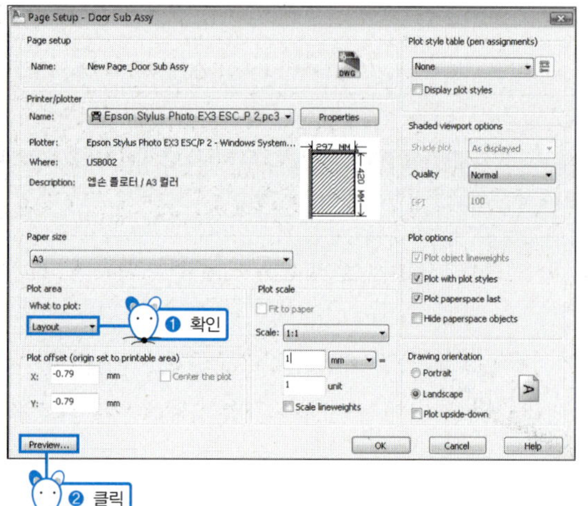

08 미리 보기 화면에서 설정된 내용을 확인합니다. [Close Preview Window](⊗) 아이콘을 클릭하거나 Esc 를 눌러 미리 보기 화면을 종료합니다.

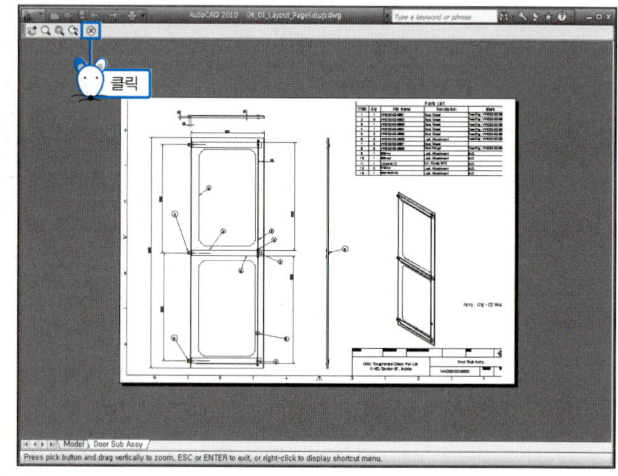

09 [Page Setup] 대화상자의 [OK] 단추를 클릭하여 설정을 저장합니다.

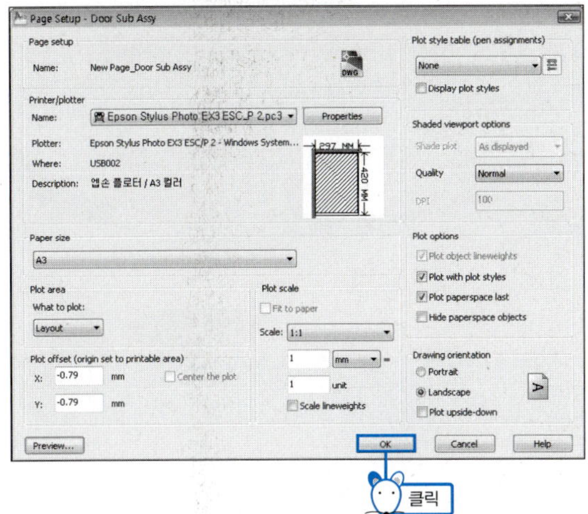

10 [Page Setup Manager] 대화상자의 [Close] 단추를 클릭합니다.

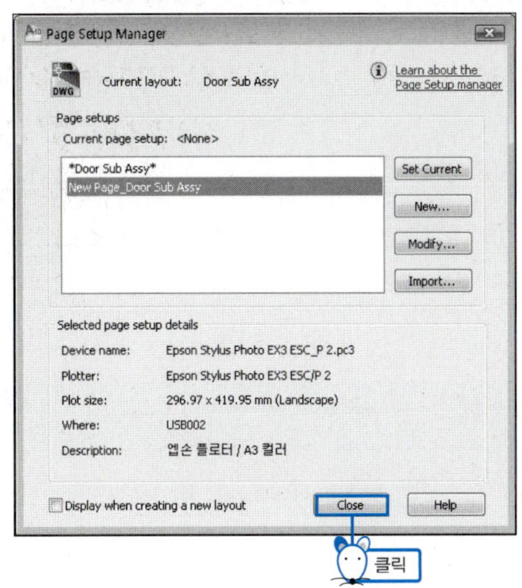

이런 실수 꼭 한다! Pickbox가 객체를 비켜나가 객체가 선택되지 않습니다!

Pickbox가 객체를 비켜서 선택 위치로 고정되지 않는 경우입니다. Pickbox가 선분의 좌·우에서 끊기듯이 움직이며 선택할 객체 위로 위치되지 않는데 이런 경우는 도면 작성 환경에서 Snap 환경이 설정되어 있어서 그렇습니다. 상태 표시줄의 [Snap Mode]를 Off시키면 문제를 해결할 수 있습니다.

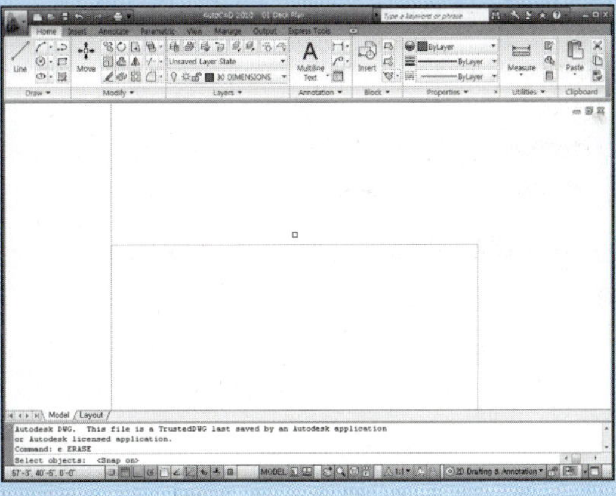

레이아웃 공간에서 뷰포트(Viewport) 작성하기

레이아웃 공간에 여러 개의 뷰포트(Viewport)를 작성하고 뷰포트마다 다른 객체, 다른 크기의 뷰를 삽입할 수 있습니다. 또한, 사각형 모양의 정방형 뷰포트뿐만 아니라 다각형의 뷰포트도 만들 수 있습니다. 이번에는 레이아웃 공간에서 뷰포트를 활용하여 플로팅 표현의 한계를 더욱 확장하는 방법에 대하여 알아봅니다.

Lesson 02

뷰포트(Viewport)란?

뷰포트(Viewport)는 레이아웃 공간에 있는 여러 개의 레이아웃이라고 이해해도 좋겠습니다. 모델 공간은 객체를 1:1 의 크기로 작성하는 곳이고 레이아웃 공간은 작성한 객체를 출력하기 위해 페이지를 설정하는 곳이라고 설명했었습니다.

뷰포트는 레이아웃 공간에서 여러 개의 도면 창을 두어 하나의 객체를 다양한 시점으로 보여주기도 하고 다른 크기로 표현하기도 합니다. 예를 들어 한 장의 출력 시트에 여러 크기의 도면이 표현되어야 한다면 어떻게 해야 할까요? 이런 경우에 레이아웃의 뷰포트 설정 기능을 이용하는 것이 좋습니다.

뷰포트의 형식은 사용자가 설정할 수 있지만 기본적으로 제공되는 뷰포트의 종류는 다음과 같습니다.

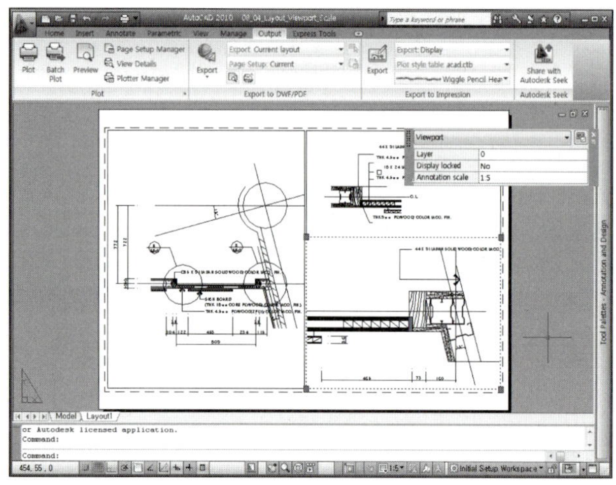

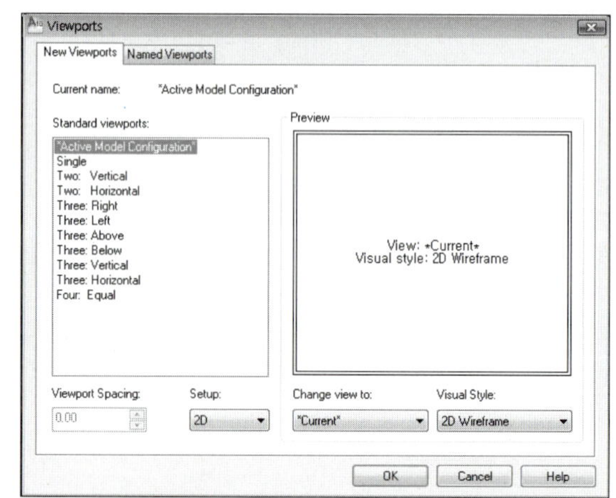

▲ [Viewports] 대화상자

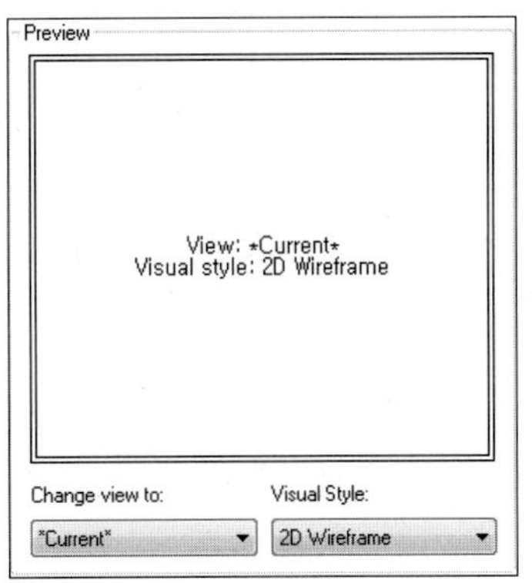

▲ Single

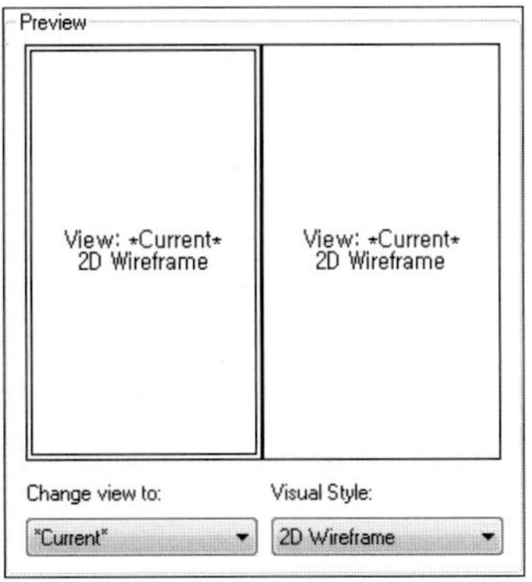

▲ Two : Vertical

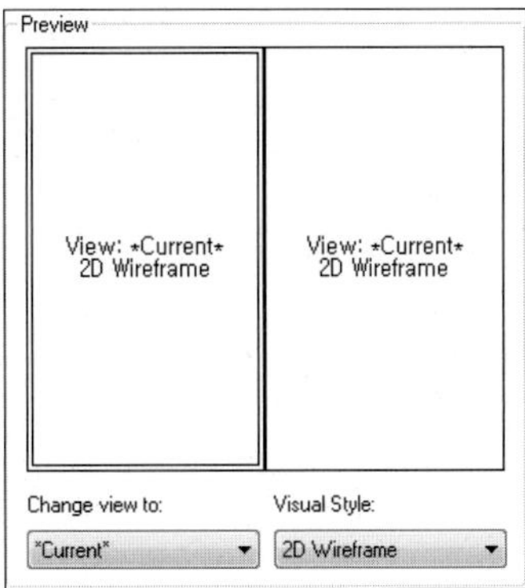

▲ Two : Horizontal

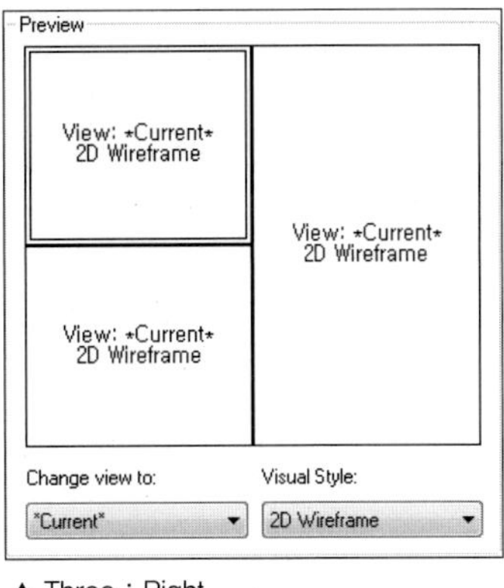

▲ Three : Right

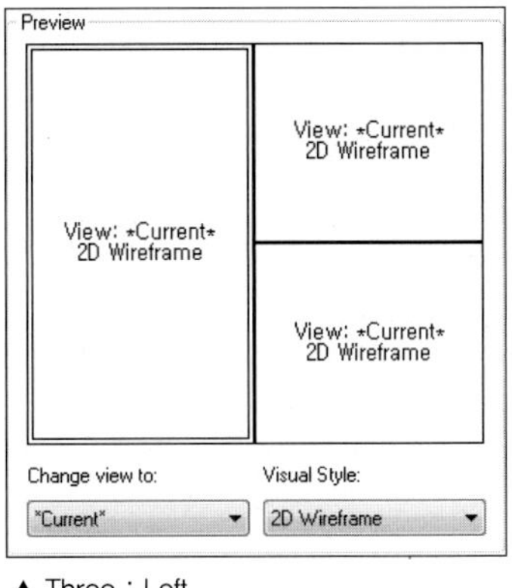

▲ Three : Left

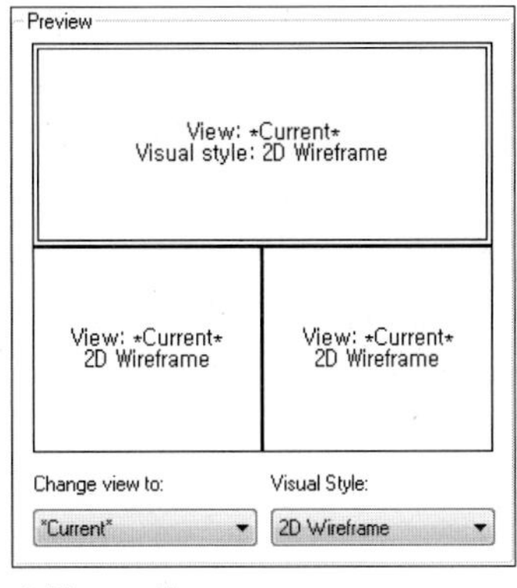

▲ Three : Above

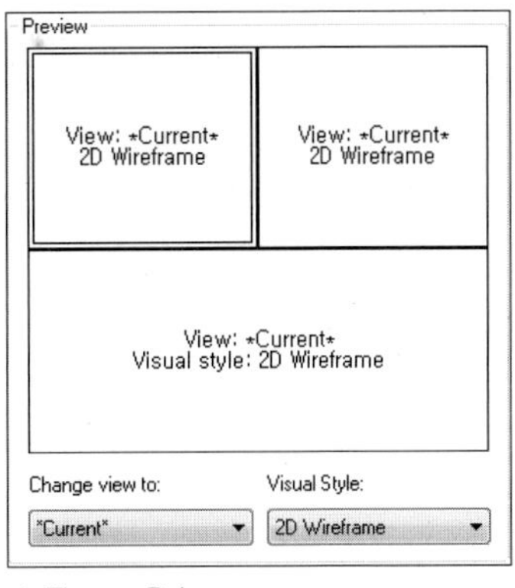

▲ Three : Below

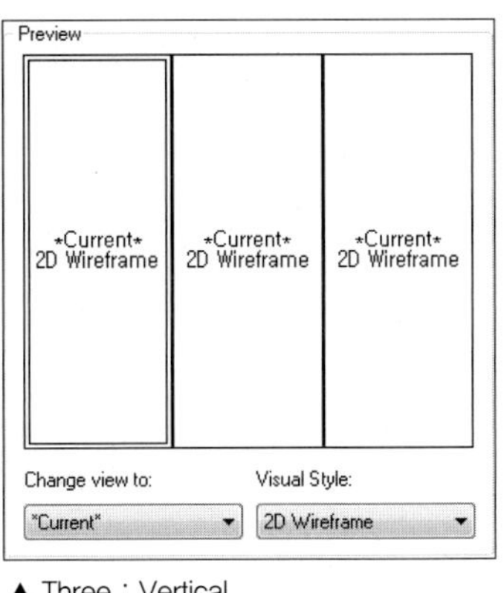

▲ Three : Vertical

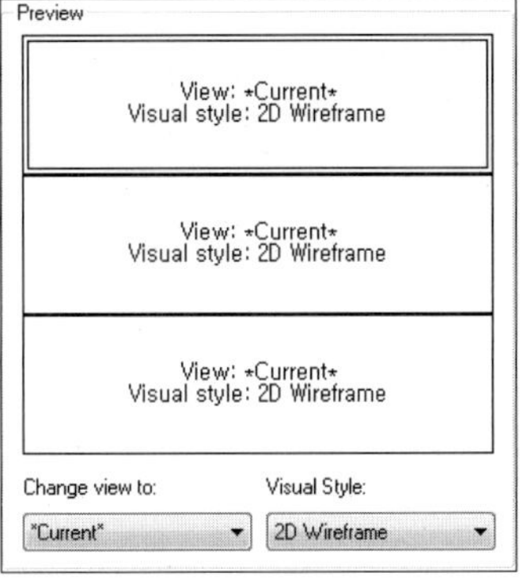

▲ Three : Horizontal

▲ Four : Equal

뷰포트(Viewport) 작성하기

레이아웃에 여러 개의 뷰포트를 만들어 각각의 뷰포트에서 여러 개의 뷰를 설정하는 방법에 대하여 알아봅니다.

Samples\08_02_Layout_Viewport_Make.dwg

01 상태 표시줄에서 [Quick View Layouts](🗔) 아이콘을 클릭한 후 'Layout1' 레이아웃의 미리 보기 화면을 선택합니다.

02 새로운 뷰포트를 만들기 위해서 [View] 탭의 [View ports] 패널에서 [New](🖼) 아이콘을 클릭합니다.

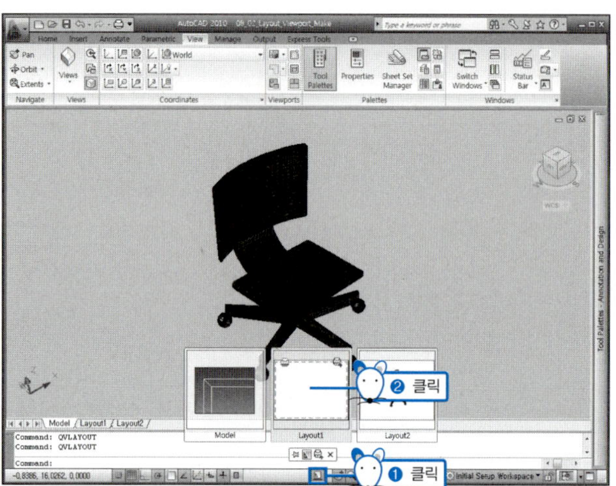
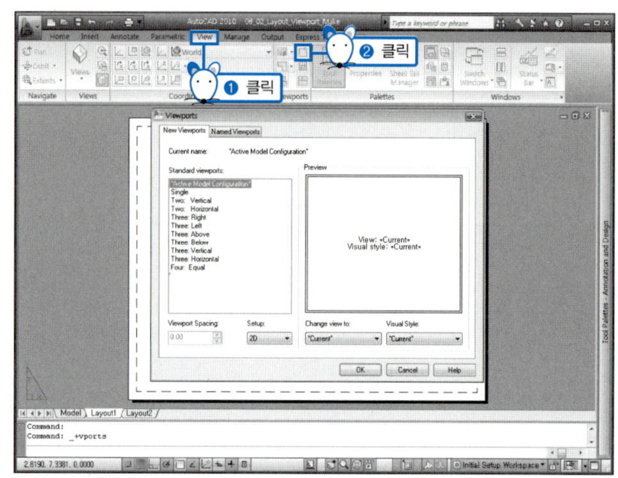

03 [Viewports] 대화상자를 그림과 같이 설정합니다.

❶ [New Viewports] 탭을 클릭하고 [Standard viewports] 영역에서 'Three : Left'를 선택합니다.

❷ [Setup]에서 '3D'를 선택합니다.

04 [Viewports] 대화상자의 나머지 부분을 그림과 같이 설정합니다.

❶ [Viewport Spacing]에 '0.2'를 입력합니다.

❷ 세 부분으로 구성된 뷰포트에서 해당 뷰포트를 선택합니다.

❸ [Change view to]에서 새로운 뷰를 지정하고, [Visual Style]에서 비주얼 스타일을 선택합니다.

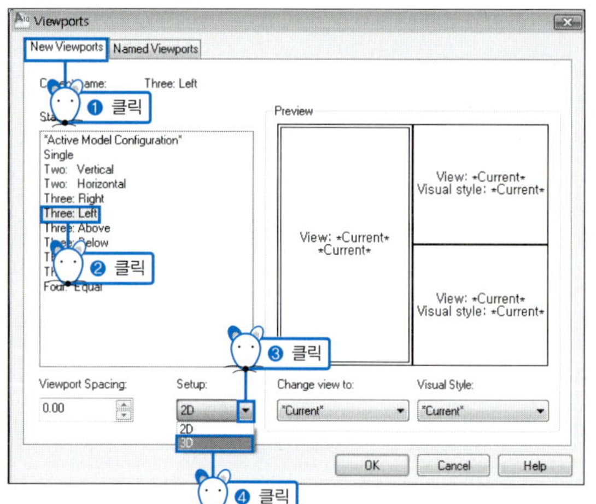
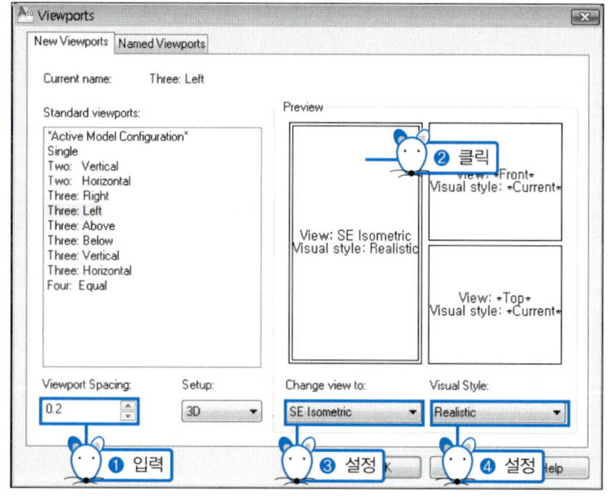

주목
선택된 뷰포트는 두 개의 선으로 하이라이트 됩니다.

05 그림과 같이 새로운 뷰포트의 뷰와 스타일을 설정했으면 [OK] 단추를 클릭합니다.

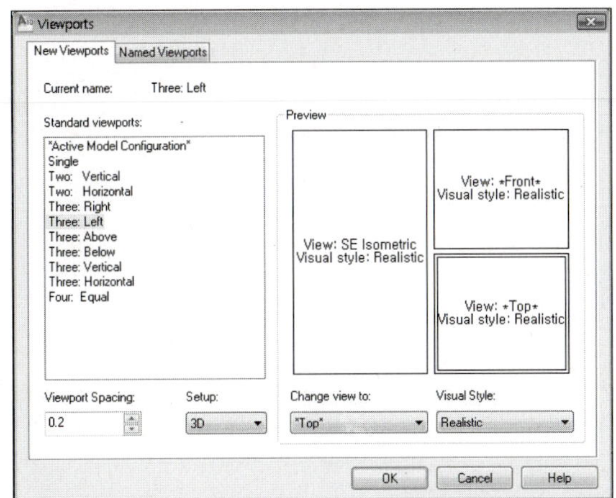

06 레이아웃 공간에서 점선 안쪽으로 새로 구성한 뷰포트의 위치를 설정합니다.

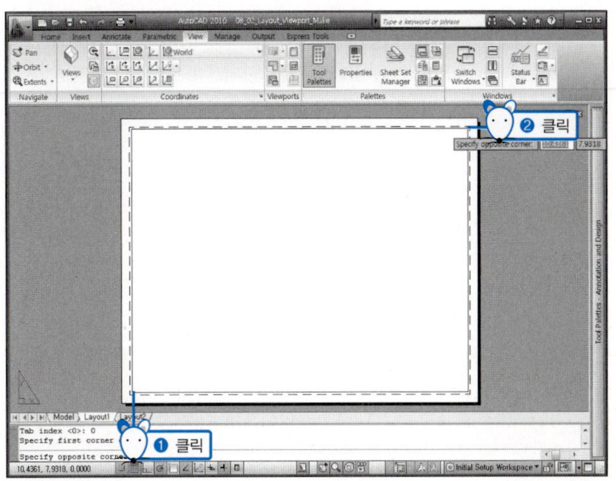

07 선택한 위치에 3등분으로 분할된 뷰포트가 들어간 것을 확인할 수 있습니다.

다각형 뷰포트(Polygonal Viewport) 작성하기

사용자는 임의의 비정형 다각형 뷰포트를 만들어 삽입할 수 있습니다. Polygonal 명령으로 다각형 뷰포트의 경계를
정의하는 방법과 일반적인 Draw 명령을 이용하여 닫힌 객체를 만들고 Convert Object to Viewport 명령을 이용
하여 뷰포트로 전환하는 방법을 알아봅니다.

● Samples\08_02_Layout_Viewport_Polygonal.dwg

01 [Layout2] 탭을 클릭하고 기존의 뷰포트를 선택한 후 Grip이 나타나면 Delete 를 눌러 삭제합니다.

02 [View] 탭의 [Viewports] 패널에서 [Create Polygonal](▦) 아이콘을 클릭한 후 뷰포트의 경계를 작성하기 위해 그림과 같은 지점을 클릭합니다.

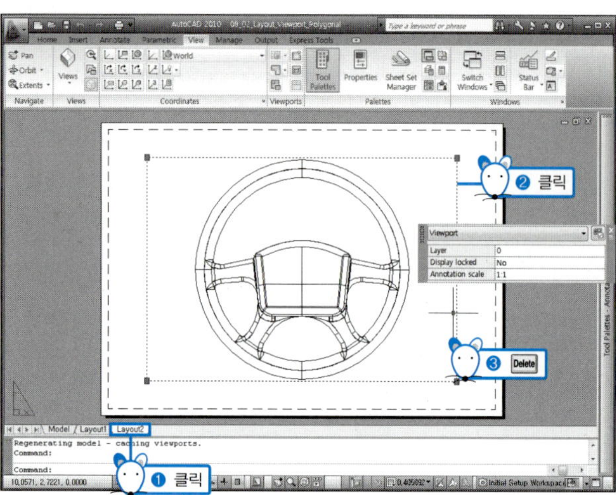

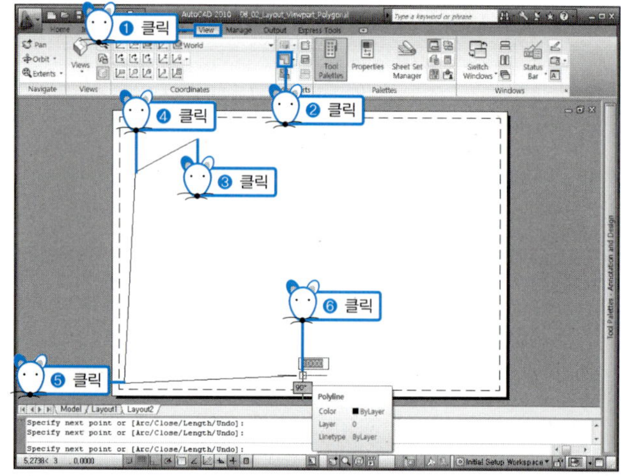

주목

상태 표시줄의 [ORTHO] 탭을 클릭하여 Off시켜서 자유로운 다각형을 작성합니다.

03 마우스 오른쪽 단추를 클릭한 후 [Arc]를 선택합니다.

04 그림과 같은 지점을 클릭하여 뷰포트 경계의 일부를 호로 만듭니다.

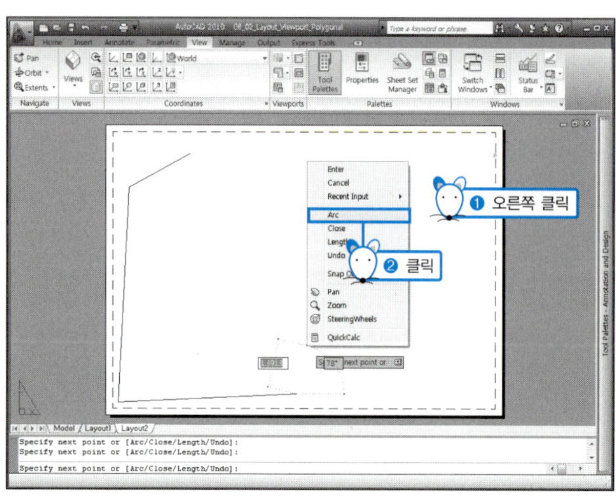

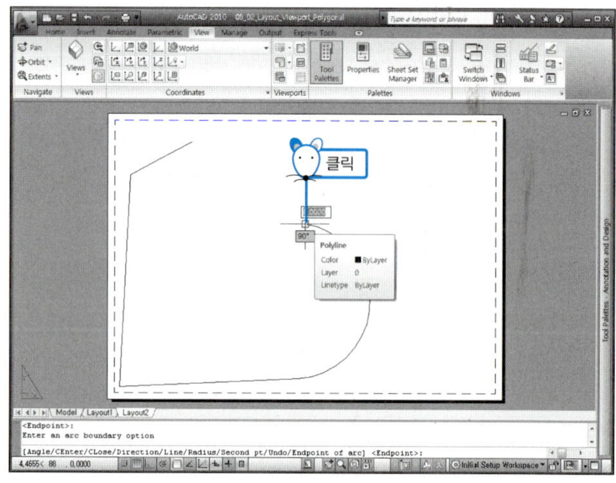

05 다시 마우스 오른쪽 단추를 클릭한 후 [Line]을 선택합니다.

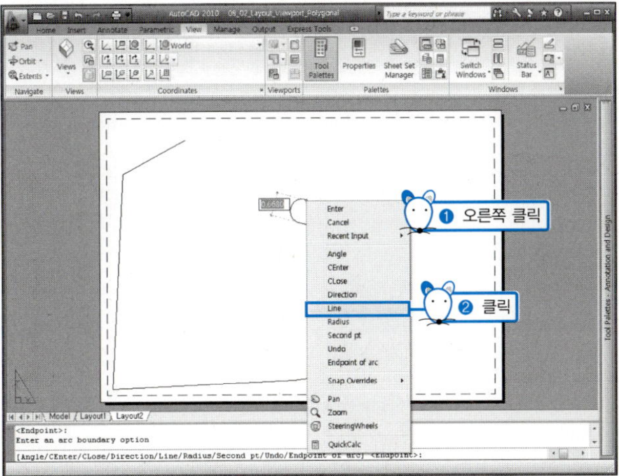

06 뷰포트 경계의 시작점을 클릭하여 객체를 닫습니다.

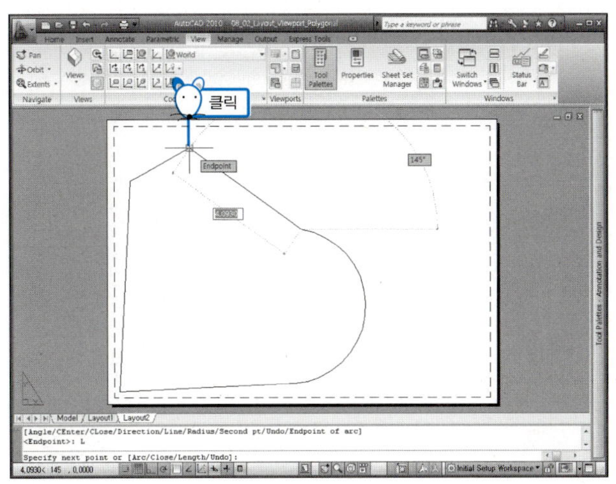

> **주목**
>
> 상태 표시줄의 [Ortho]와 [Osnap] 아이콘을 이용하여 끝점을 정확하게 클릭합니다.

07 마우스 오른쪽 단추를 클릭한 후 [Enter]를 선택합니다.

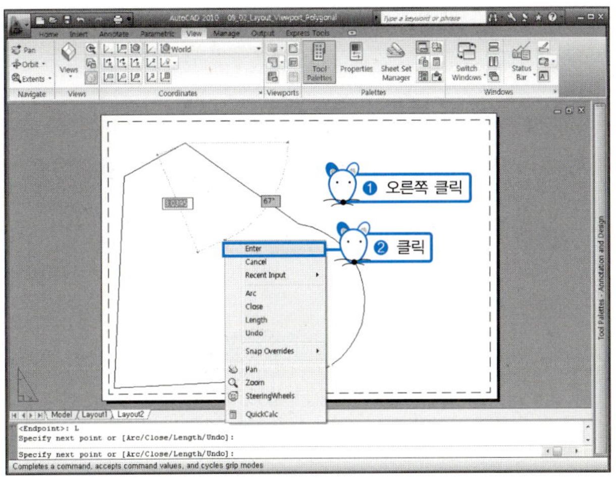

08 비정형 다각형 뷰포트가 완성되면서 모델 공간의 객체가 뷰포트 안에 나타납니다.

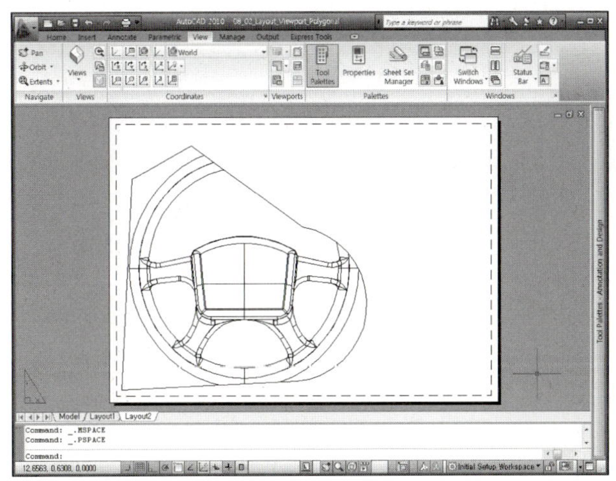

09 새로운 뷰포트의 안쪽을 더블클릭하여 편집 모드로 전환합니다.

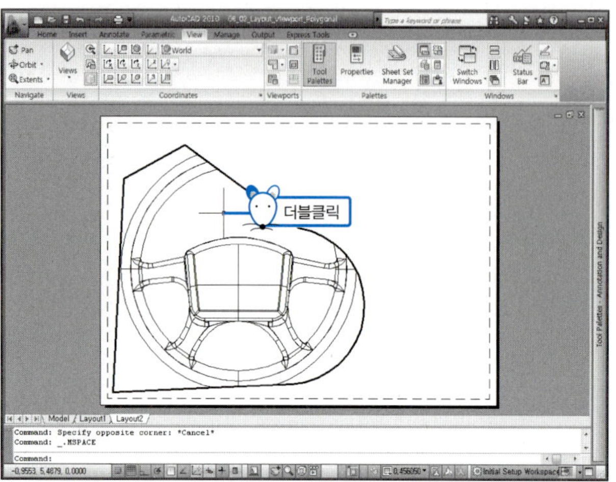

10 마우스 휠을 굴려 뷰포트 안의 객체를 확대합니다. 레이아웃 공간의 빈 여백을 더블클릭 합니다.

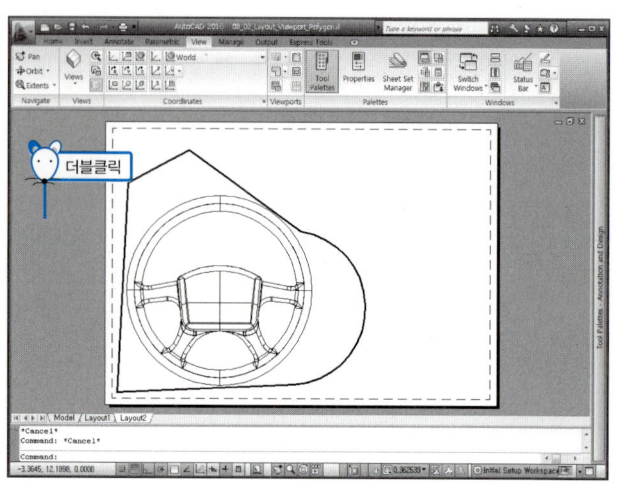

11 새로운 뷰포트를 작성하기 위해 [Home] 탭의 [Draw] 패널에서 [Circle](◎) 아이콘을 클릭한 후 원을 작성합니다.

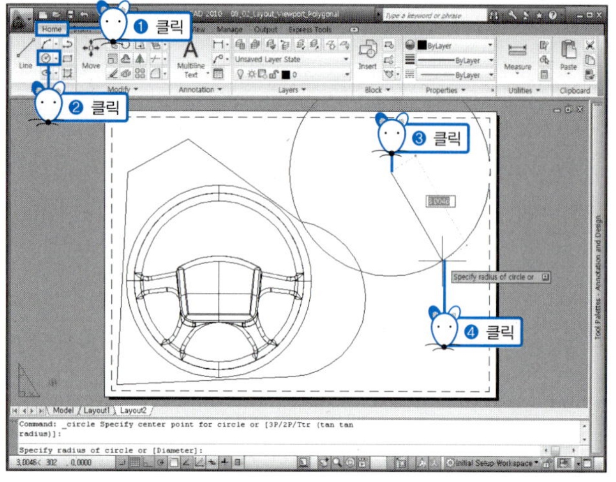

12 [View] 탭의 [Viewports] 패널에서 [Convert Object to Viewport](▣) 아이콘을 클릭한 후 작성한 원을 선택 합니다.

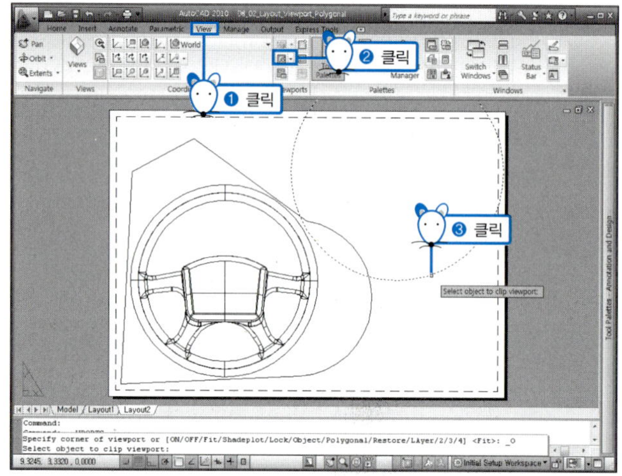

13 선택한 원이 뷰포트로 전환되면서 객체가 나타납니다.

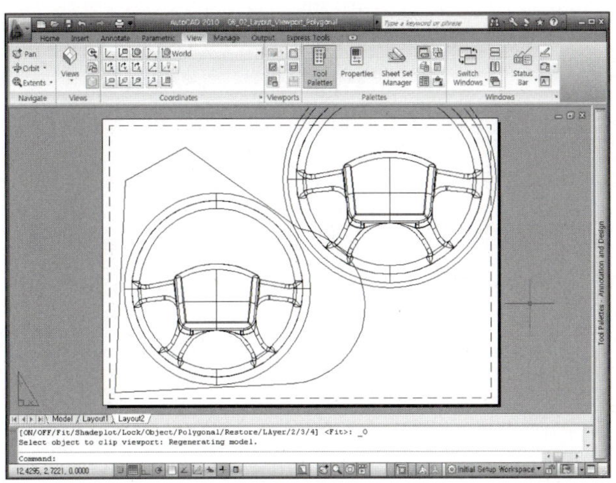

14 원으로 작성한 뷰포트의 경계 내부를 더블클릭한 후 [View] 탭의 [Views] 패널에서 [SE Isometric](⬡) 아이콘을 선택합니다.

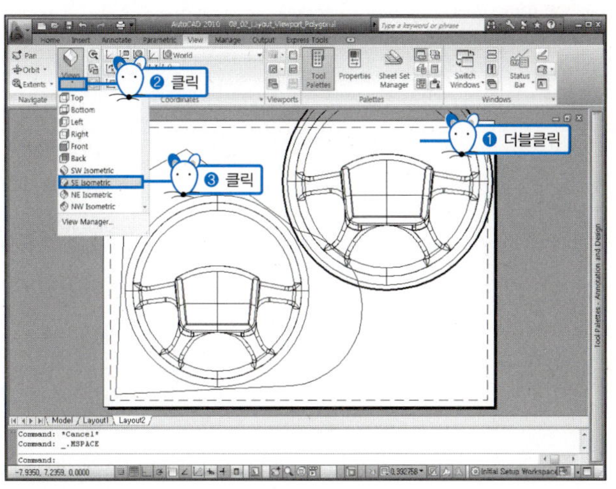

15 뷰포트에 지정한 3D View로 수정된 것을 확인할 수 있습니다.

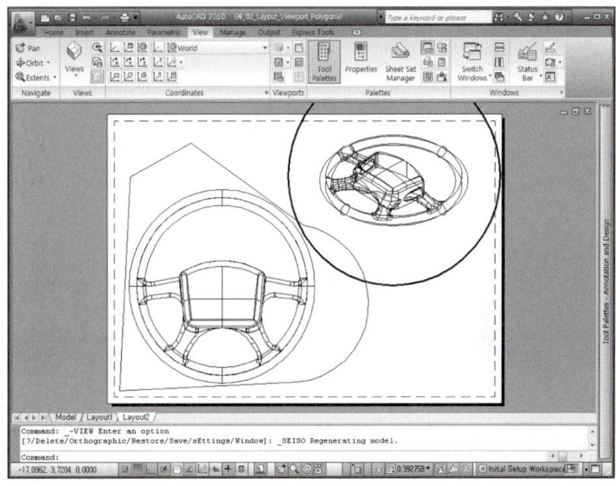

MVIEW 명령으로 다각형 뷰포트(Polygonal Viewport) 작성하기

Mview 명령의 다각형(Polygonal) 옵션을 이용하면 다각형 뷰포트를 작성할 수 있습니다. 프롬프트는 외부 참조 (xref)에 대한 다각형 자르기 경계를 지정할 때 표시되는 프롬프트와 유사하지만 다각형 뷰포트 경계를 작성할 때는 호를 지정할 수 있습니다.

뷰포트(Viewport) 잘라내기

기존에 정의한 뷰포트를 사용자가 새로운 경계로 재지정하는 방법에 대하여 알아봅니다.

● Samples\08_02_Layout_Viewport_Clip.dwg

01 [Layout1] 탭을 선택한 후 [View] 탭의 [Viewports] 패널에서 [Clip](▣) 아이콘을 클릭합니다. 잘라낼 뷰포트의 경계를 선택하고 **Enter**를 누릅니다.

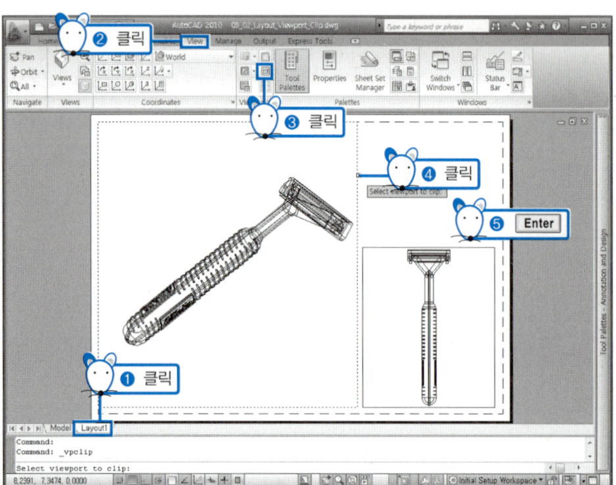

02 새로운 경계를 지정하고 해당 지점을 다시 클릭하여 경계를 닫습니다.

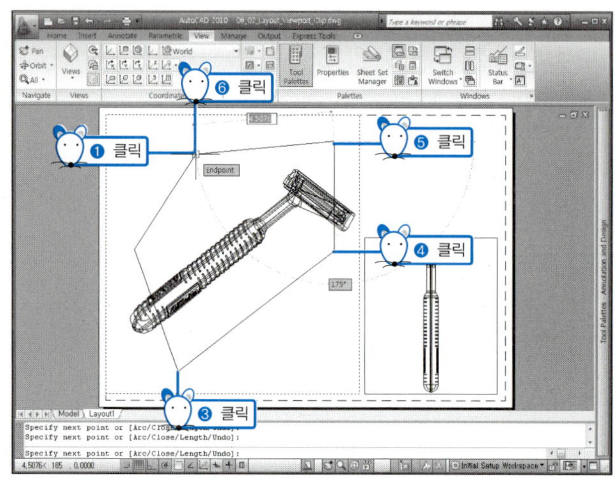

03 마우스 오른쪽 단추를 클릭한 후 [Enter]를 선택합니다.

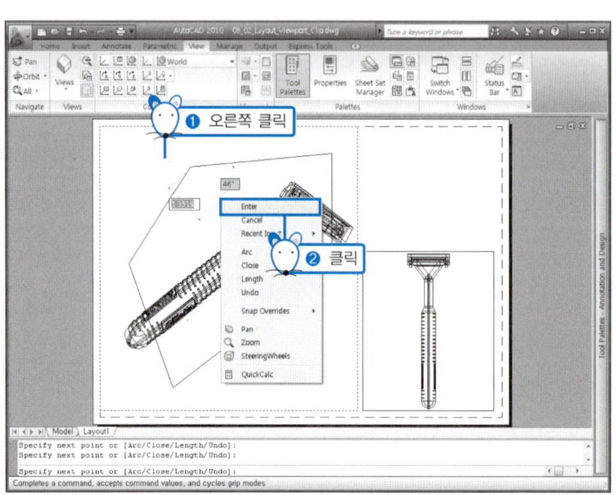

04 선택한 뷰포트가 재지정한 뷰포트의 경계에 재지정된 것을 확인할 수 있습니다.

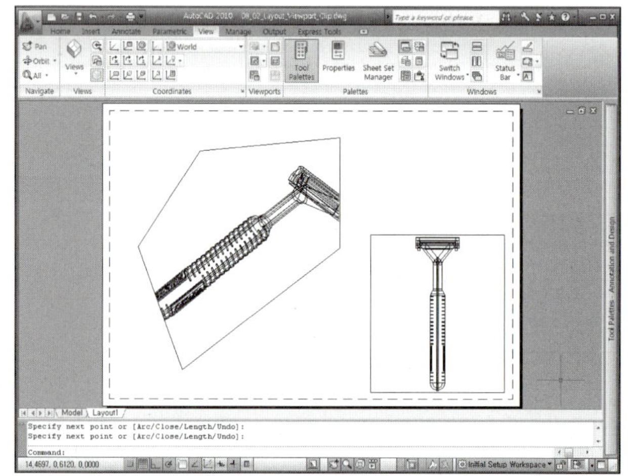

레이아웃 마법사(Layout Wizard)로 뷰포트 설정하기

레이아웃 마법사를 이용하여 손쉽게 레이아웃을 작성하면서 플로터(Plotter)나 플로터의 설정 및 용지 크기를 지정
하고 새로운 뷰포트를 만드는 방법에 대하여 알아봅니다.

⊙ Samples\08_02_Layout_Viewport_Wizard.dwg

01 레이아웃 마법사를 이용하여 새로운 레이아웃을 작성하기 위해 퀵 액세스 툴바의 화살표 아이
콘을 클릭하여 단축 메뉴를 표시한 후 [Show Menu Bar]를 선택합니다. 그리고, [Insert]-
[Layout]-[Create Layout Wizard] 메뉴를 선택합니다.

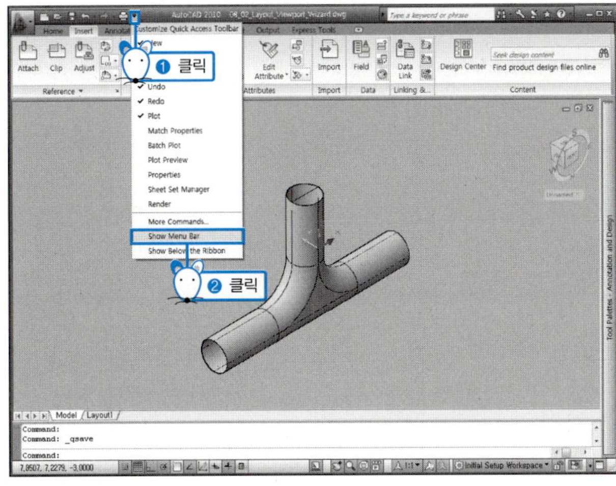

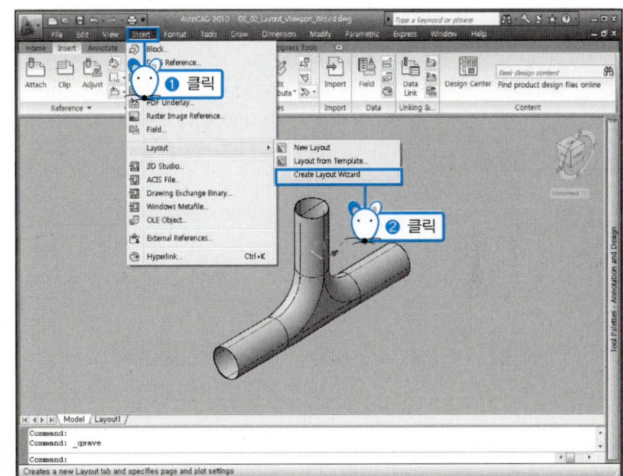

▲ Show Menu Bar

02 새로 작성되는 레이아웃의 이름을 'T Valve'로 입
력하고 [다음] 단추를 클릭합니다.

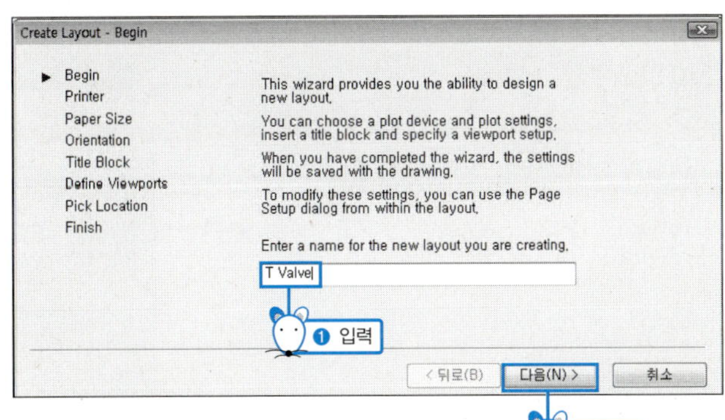

03 새로운 레이아웃에 사용할 플로터를 선택한 후 [다
음] 단추를 클릭합니다.

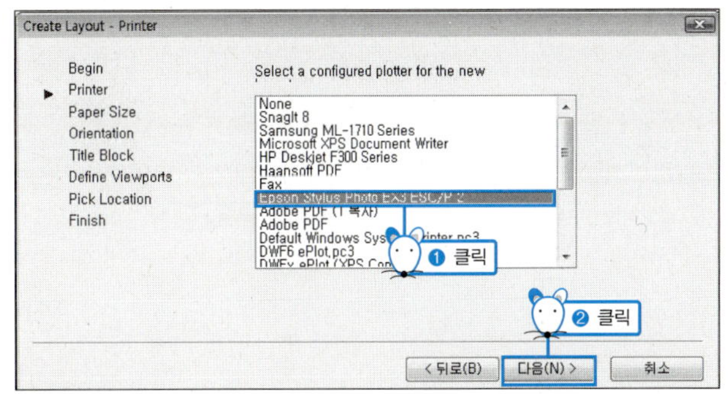

🗎 **주목**

따라하기에서는 필자의 프린터인 'EPSON Stylus Photo
EX3'을 예로 들겠습니다. 사용자는 사용자 환경에 연결되어 있는 프
린터를 선택하면 됩니다.

04 레이아웃을 위한 용지 크기와 단위를 설정하고 [다음] 단추를 클릭합니다.

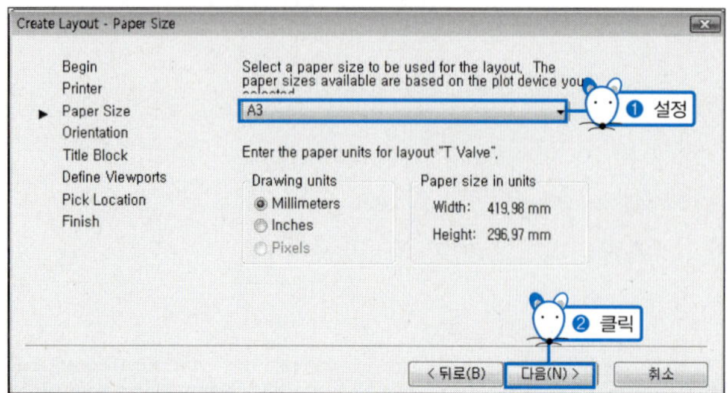

05 선택한 용지의 도면 방향(Orientation)을 설정한 후 [다음] 단추를 클릭합니다.

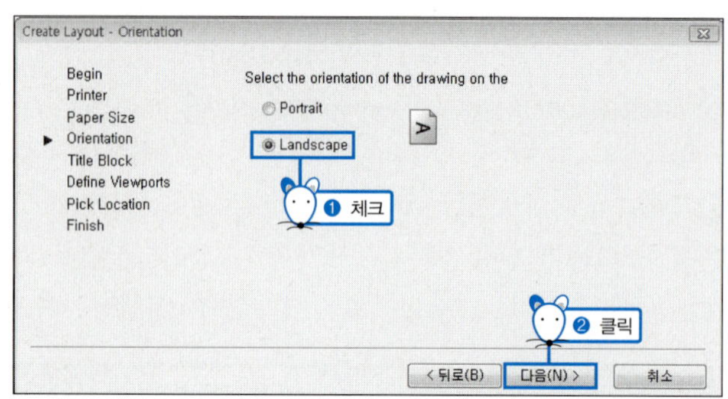

06 레이아웃에 삽입할 [Title Block]을 선택하고 삽입 형태를 설정한 후 [다음] 단추를 클릭합니다.

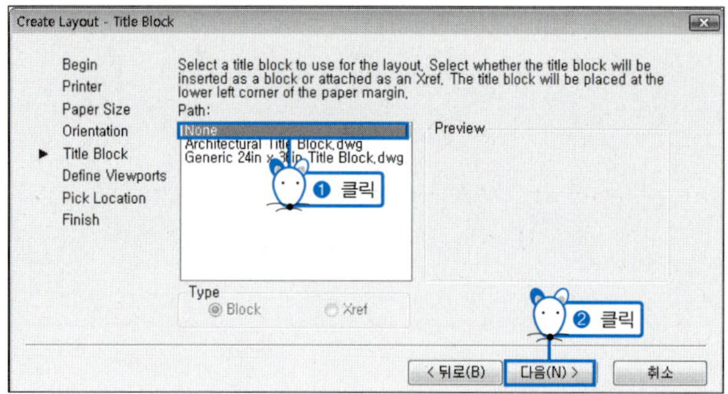

07 레이아웃에 구성할 뷰포트를 설정합니다.

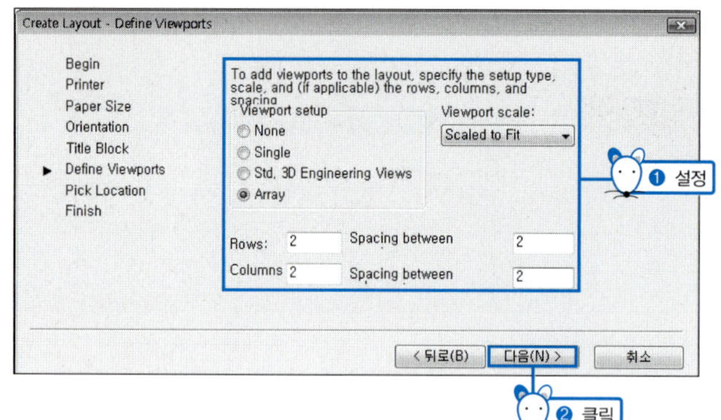

08 도면에서 뷰포트의 영역을 지정하기 위해 [Select Location] 단추를 클릭합니다.

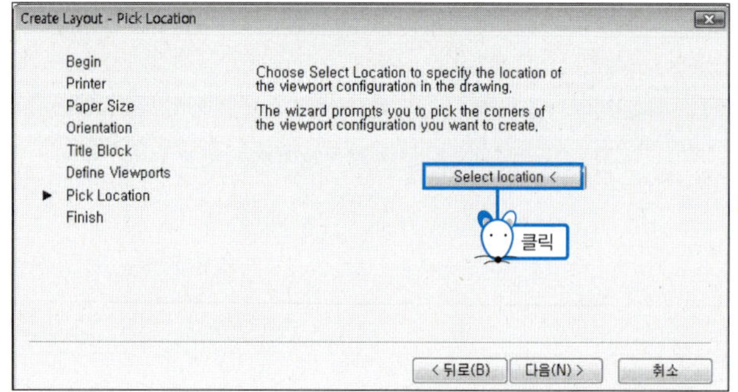

09 레이아웃의 영역을 설정합니다.

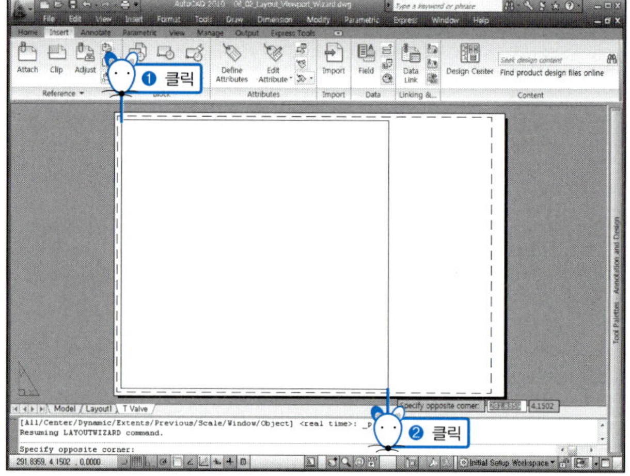

10 [마침] 단추를 클릭하면 사용자가 지정한 설정에 따라 새로운 레이아웃이 만들어집니다.

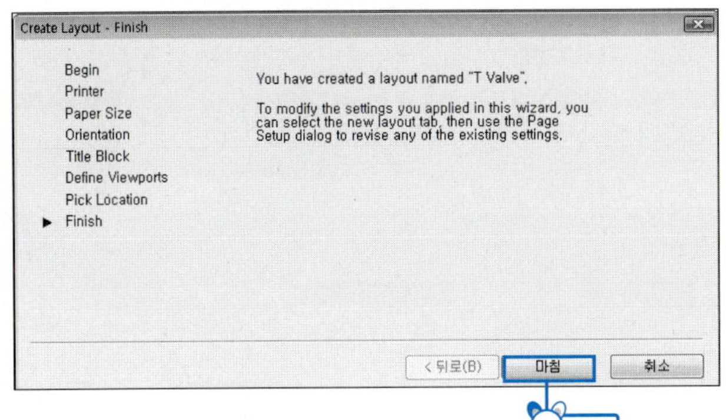

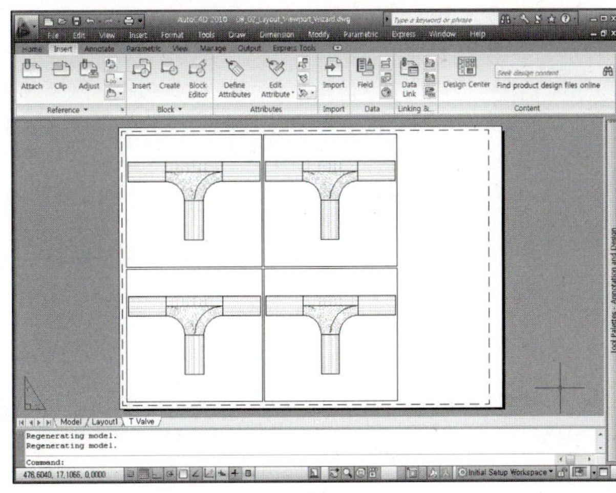

객체가 선택은 되는데 수정되지 않습니다

객체를 선택할 수는 있지만 그 후에 어떠한 편집도 적용되지 않는 경우가 있습니다. 대개의 경우 해당 객체의 레이어가 잠겨있는 경우입니다. 명령 입력창이나 객체를 선택할 때의 마우스 포인터의 모양을 자세히 보면 방지할 수 있는 실수입니다.

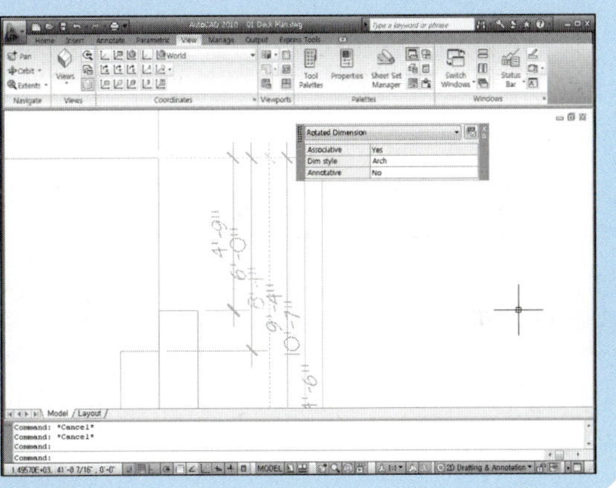

뷰포트 플로팅 속성(Viewport Plotting Properties) 설정하기

뷰포트 플로팅 속성을 이용하여 레이아웃에서 특정한 뷰포트는 숨기고 플로팅하거나 또는, 3D 객체의 경우 숨은선(Hidden Line)을 가리고 플로팅하는 방법 등을 알아봅니다.

뷰포트 객체의 스크리닝(Screening) 조정하기

스크리닝(Screening)이란 객체를 진하게 플로팅할 것인지 흐리게 플로팅할 것인지를 조절합니다. 상대적으로 진하게 플로팅된 객체는 더욱 돋보이고 강조되기 때문에 도면 내에서 어느 객체의 농담을 조절하는 것은 또 다른 정보를 가지게 됩니다.

Samples\08_03_Layout_Viewport_Screening.dwg

01 [Layout1] 탭을 선택하고 [View] 탭의 [Viewports] 패널에서 [New](▣) 아이콘을 클릭하여 [Viewport] 대화상자를 불러냅니다.

02 [Viewport] 대화상자의 [New Viewport] 탭을 클릭한 후 그림과 같이 설정하고 [OK] 단추를 클릭합니다.

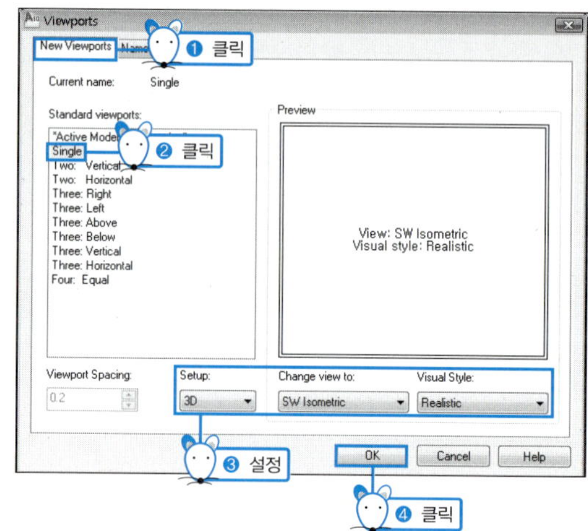

03 레이아웃 공간에서 새로운 뷰포트 영역을 설정합니다.

04 새로운 뷰포트 경계의 안쪽을 더블클릭한 후 마우스 휠을 굴려 뷰 환경을 확대합니다.

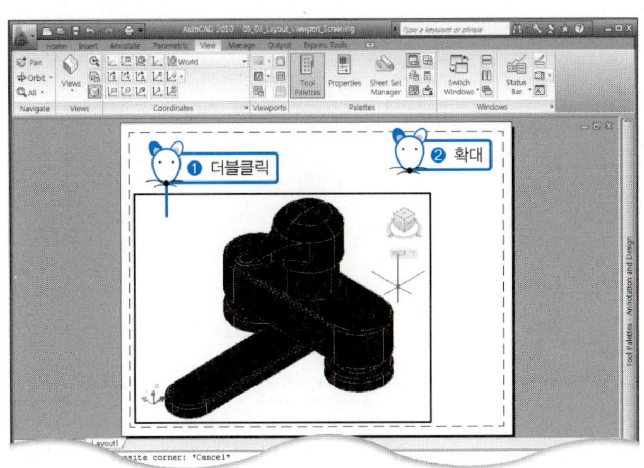

05 퀵 액세스 툴바의 화살표 아이콘을 클릭하여 단축 메뉴를 표시한 후 [Show Menu Bar]를 선택합니다. [View]-[Visual Styles]-[3D Wireframe] 메뉴를 선택한 후 다시 뷰포트의 바깥 영역을 더블클릭하여 편집 모드를 종료합니다.

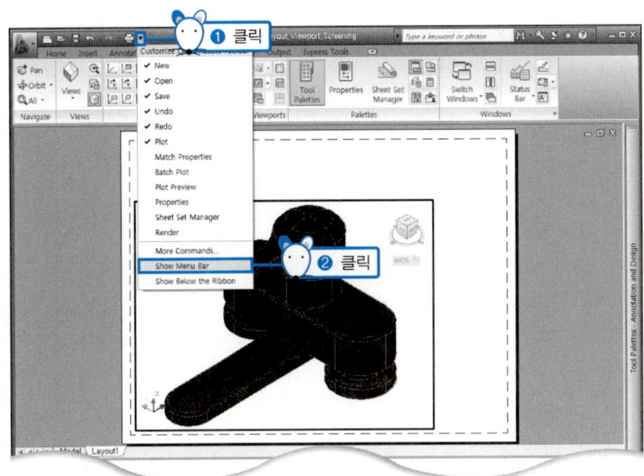

▲ Show Menu Bar

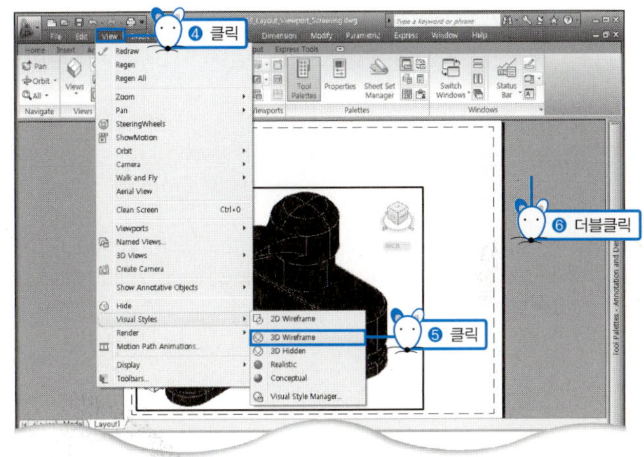

06 뷰포트의 스크리닝(Screening)을 설정하기 위해 퀵 액세스 툴바의 [Plot](🖶) 아이콘을 클릭합니다.

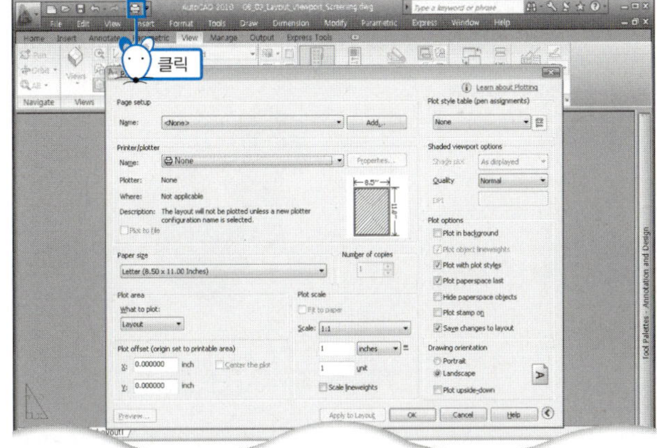

07 [Plot] 대화상자를 그림과 같이 설정합니다.

❶ 플로터와 시트의 크기 및 축척을 설정합니다.
❷ [Plot options] 영역의 [Save changes to layout] 옵션을 체크합니다.
❸ [Plot style table] 영역에서 'Screening 50%.ctb'를 선택합니다.
❹ 설정을 확인하기 위해 [Plot] 대화상자의 [Preview] 단추를 클릭합니다.

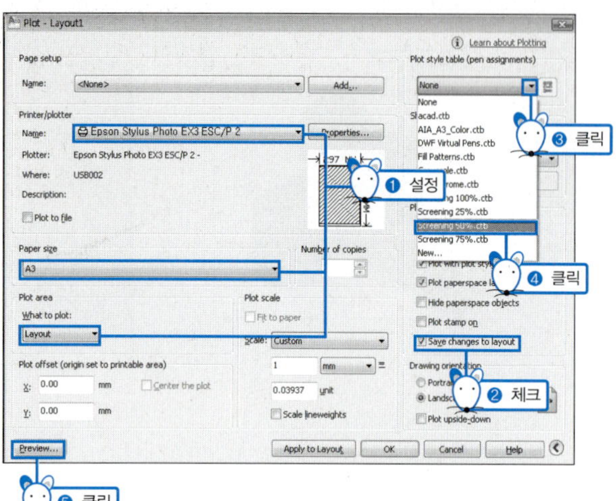

08 미리 보기 창에서 'Screening 50%.ctb'를 적용한 결과를 확인할 수 있습니다. [Plot](🖨) 아이콘을 클릭하면 결과물을 플로팅할 수 있습니다.

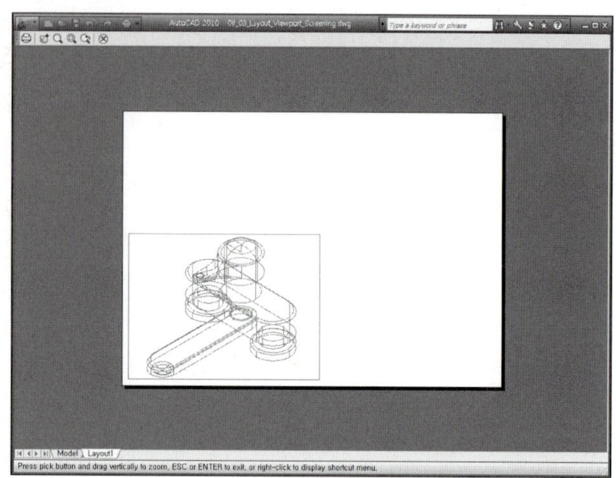

뷰포트 플로팅에서 숨은선(Hidden Line) 가리기

3D 객체를 플로팅할 때 솔리드(Solid) 상태의 결과물이 필요한 경우가 있고 와이어프레임(Wireframe) 상태의 결과물이 필요한 경우도 있습니다. 와이어프레임(Wireframe) 상태의 결과물이 필요한 경우에는 가려서 보이지 않는 숨은선(Hidden Line)이 나타나며 매우 복잡하게 보입니다. 그렇기 때문에 이번에는 숨은선을 가리는 방법에 대하여 알아봅니다.

◉ Samples\08_02_Layout_Viewport_Hidden.dwg

01 [Layout1] 탭을 선택하고 뷰포트의 숨은선(Hidden Line)을 설정하기 위해 Ctrl + 1 을 눌러 Properties Palettes를 불러냅니다.

02 뷰포트를 선택한 후 Properties Palettes에서 [Shade Plot]을 숨은선(Hidden)으로 설정한 후 [닫기] 단추를 클릭합니다.

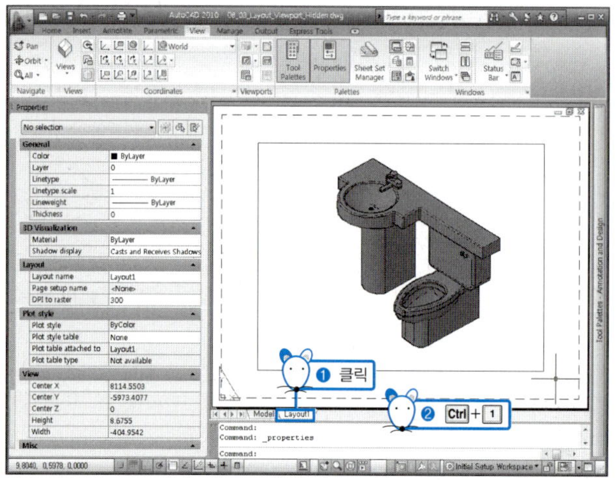

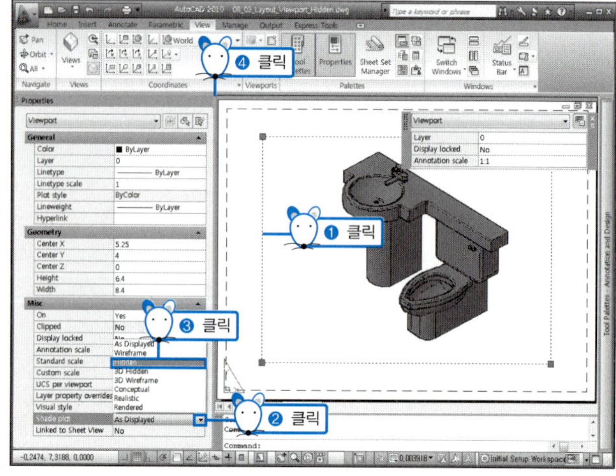

03 Esc 를 눌러 뷰포트 선택을 해제한 후 설정된 환경을 확인하기 위해 [Output] 탭의 [Plot] 패널에서 [Preview]( ) 아이콘을 클릭합니다.

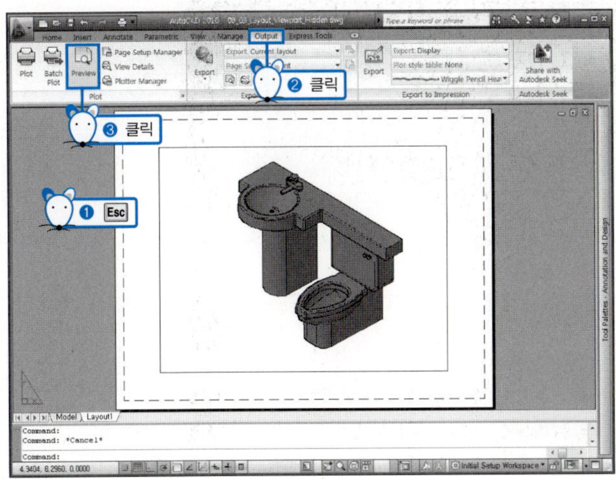

04 미리 보기 창에서 객체가 숨은선(Hidden Line)으로 처리된 것을 확인할 수 있습니다.

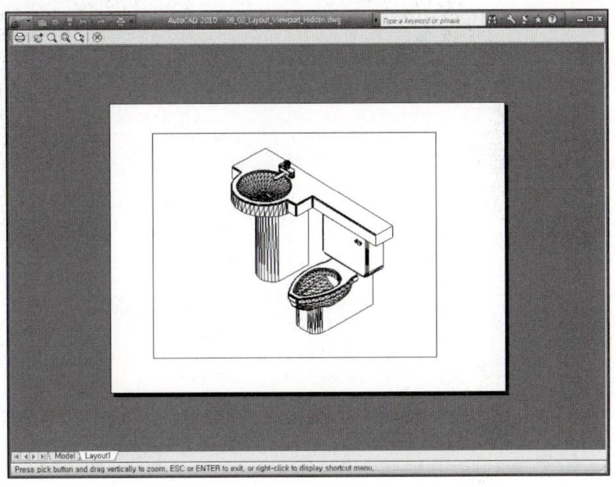

05 자세히 확인하기 위해서 [Zoom Window]( ) 아이콘을 클릭하고 특정 부분을 확대합니다.

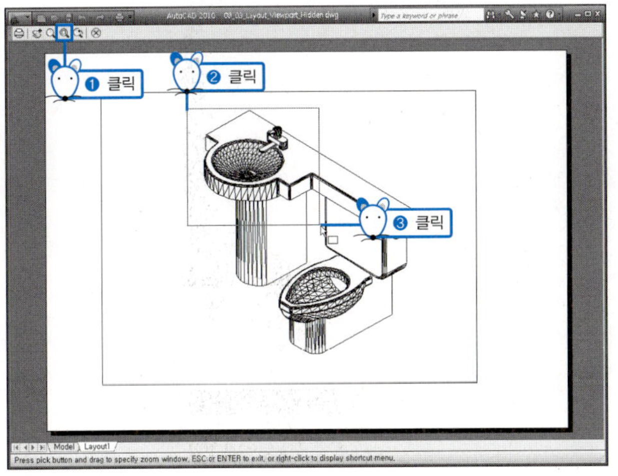

06 숨은선이 확실히 가려진 것을 확인한 후 마우스 오른쪽 단추를 클릭하고 [Exit]를 선택하여 원래의 레이아웃으로 돌아갑니다.

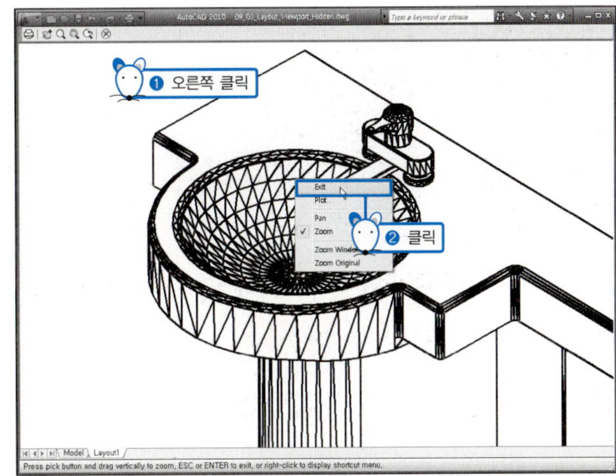

뷰포트를 켜고 끄거나 최대화/최소화하기

하나의 레이아웃에 여러 뷰포트를 구성하였다면 현재 작업하는 뷰포트 이외의 다른 뷰포트는 잠시 꺼두어서 작업의
효율을 높일 수 있습니다. 또한, 작업할 뷰포트를 최대화(Maximize)하여 작업의 효율성을 높일 수도 있습니다. 이번
에는 이렇게 뷰포트를 작동시키는 다양한 방법을 알아봅니다.

Samples\08_02_Layout_Viewport_OnOff.dwg

01 [Layout1] 탭을 선택한 후 뷰포트의 속성을 변경하기 위해 Ctrl+1을 눌러 Properties Palettes를 불러냅니다.

02 편집할 뷰포트를 선택한 후 Properties Palettes의 [On]을 'No' 로 설정합니다.

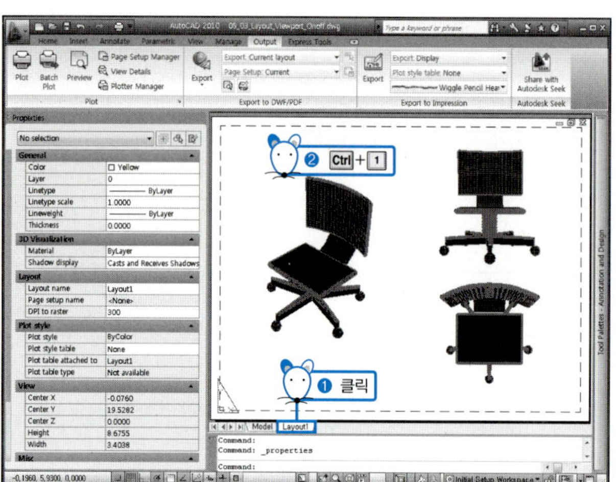

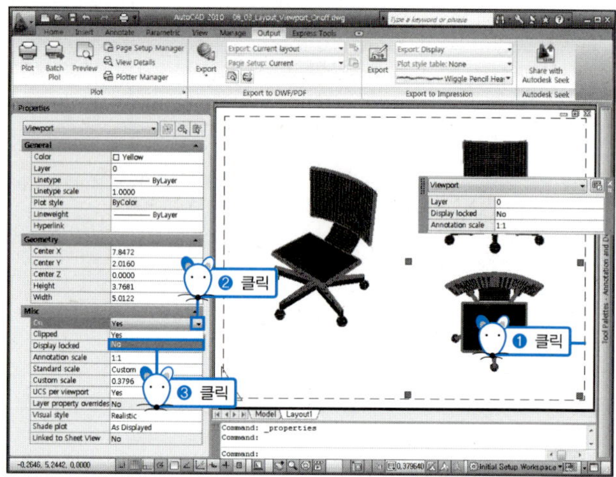

03 Properties Palettes의 [닫기] 단추를 클릭하고 Esc를 누르면 뷰포트에 객체가 표시되지 않는 것을 확인할 수 있습니다.

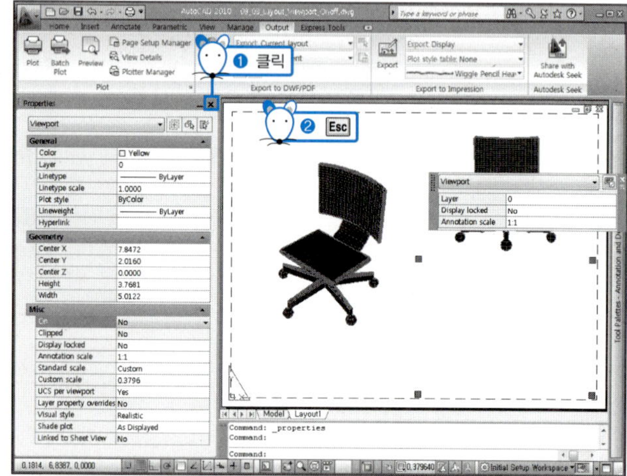

04 상태 표시줄의 [Maximize Viewport](圖) 아이콘을 클릭해서 레이아웃의 뷰포트를 최대화합니다. 이는 모델 공간으로 전환한 것이 아니고 레이아웃 공간에서 선택한 뷰포트를 최대화시켜 편집 작업 환경을 최적화시키기 위해서입니다.

05 최대화(Maximize)된 상태에서 [Maximize Viewport](圖) 아이콘 좌·우에 [Maximize Previous Viewport]와 [Maximize Next Viewport] 화살표 심벌이 나타나면 레이아웃에 있는 뷰포트들을 이동시킬 수 있습니다. 상태 표시줄의 [Minimize Viewport](圖) 아이콘을 클릭해 원래의 뷰포트 상태로 돌아갑니다.

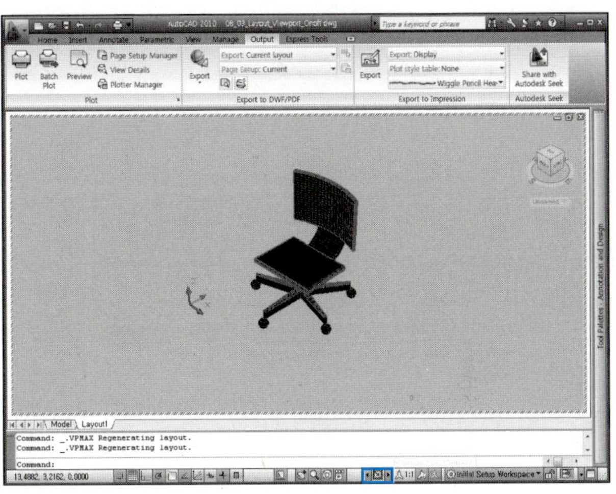

주목

뷰포트와 뷰포트 사이를 이용할 경우에 뷰포트의 상태를 'Off'로 설정한 뷰포트는 나타나지 않습니다.

06 다시 레이아웃 모드로 돌아옵니다.

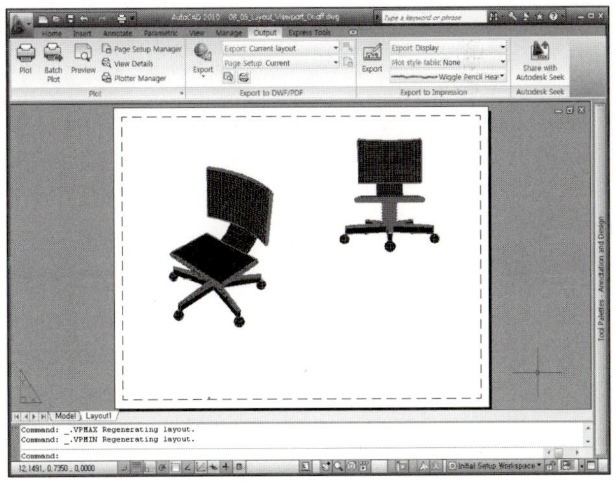

뷰포트(Viewport)에서 객체 편집하기

레이아웃 공간의 뷰포트에서도 객체를 직접 편집할 수 있습니다. 특히 각 뷰포트의 출력 크기를 다르게 설정하는 것은 평면도와 상세도 같이 축척이 다른 도면을 함께 출력할 수 있다는 점에서 표현의 폭을 넓힐 수 있습니다.

Lesson 04

뷰포트의 크기를 다르게 설정하기

하나의 시트에 여러 축척의 도면을 출력하기 위해서는 별도의 축척을 갖는 뷰포트가 반드시 필요합니다. 다음 예제를 통해서 1:1 축척의 도면을 여러 개의 뷰포트로 나누어 다른 축척으로 구성하는 방법을 알아봅니다.

◉ Samples\08_02_Layout_Viewport_Scale.dwg

01 예제 파일의 치수와 문자들은 Annotation 요소로 설정되어 있고 도면 영역의 [Annotation Scale]은 '1:10' 으로 설정되어 있습니다.

02 [Layout1] 탭을 클릭하고 이미 만들어진 뷰포트를 그림과 같이 선택합니다. Ctrl + 1 을 눌러 Properties Palettes를 불러냅니다.

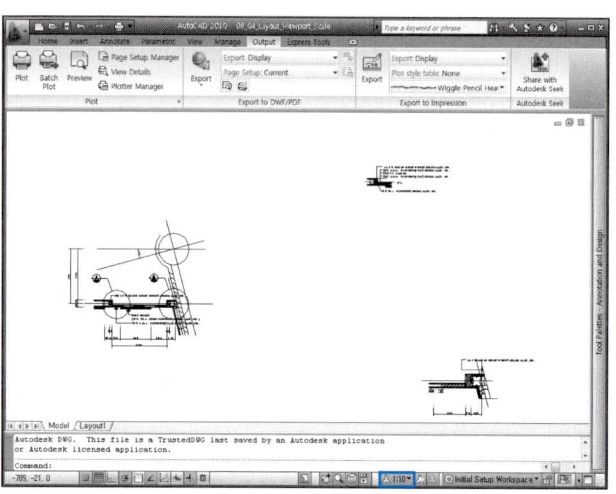

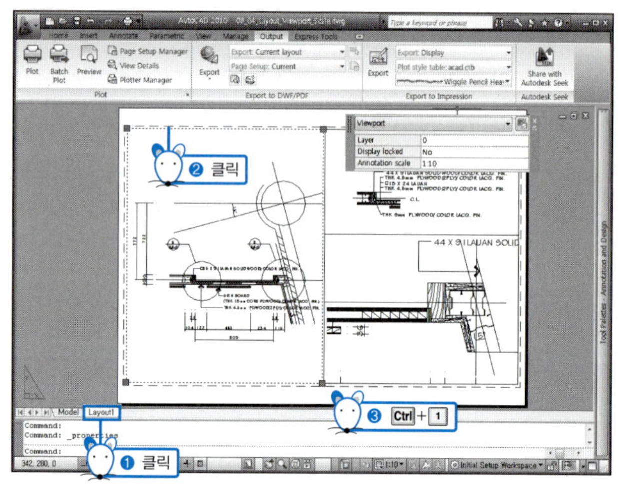

03 [Standard scale]을 '1:10'로 설정합니다.

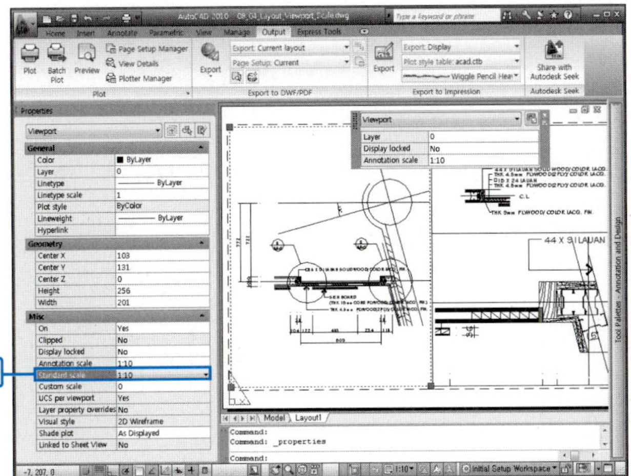

04 같은 방법으로 나머지 두 개의 뷰포트는 모두 뷰포트를 선택한 후 [Standard scale]은 '1:5'로 설정합니다.

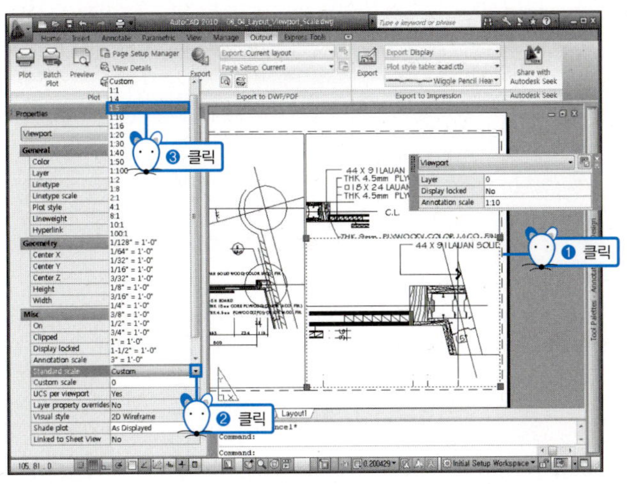

05 Properties Palettes를 닫고 각 뷰포트의 중앙에 도면이 위치하지 못한 경우에는 뷰포트 안쪽을 더블클릭한 후 마우스 휠을 이용하여 가운데 위치시킵니다.

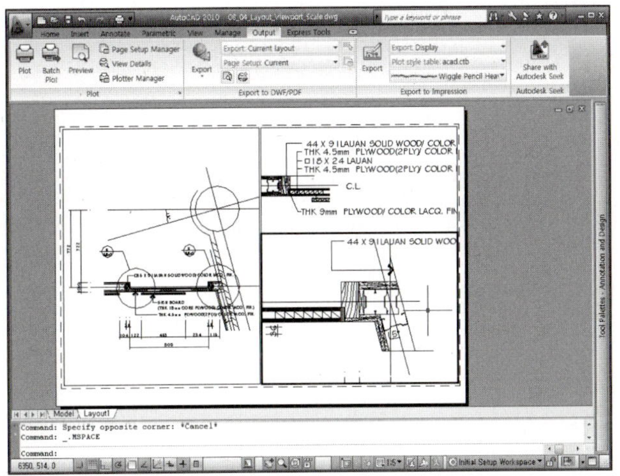

06 위와 같은 방법으로 세 개의 뷰포트에 다른 축척을 적용하여 도면들을 배치했습니다.

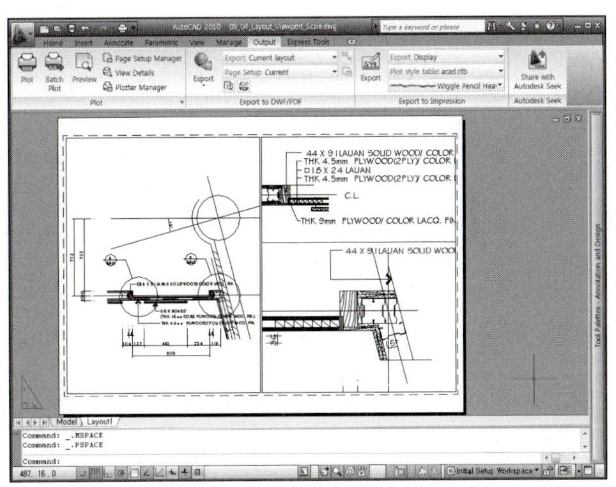

뷰포트에서 뷰 정렬(View Align)시키기

Mvsetup 명령을 이용하여 서로 다른 뷰포트에 있는 객체들을 정렬시키는 방법을 알아봅니다.

Samples\08_04_Layout_Viewport_Align.dwg

01 [Layout1] 탭을 선택하고 'Mvsetup'을 입력한 후 Enter 를 누릅니다.

02 단축 메뉴에서 [Align]을 선택합니다.

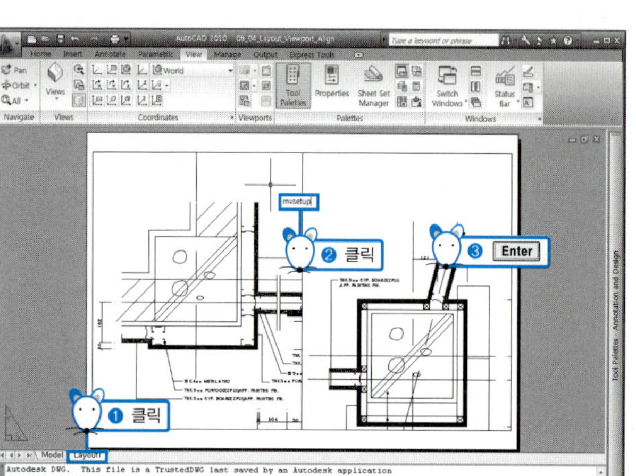

Command: Mvsetup Enter (Mvsetup 명령 실행)

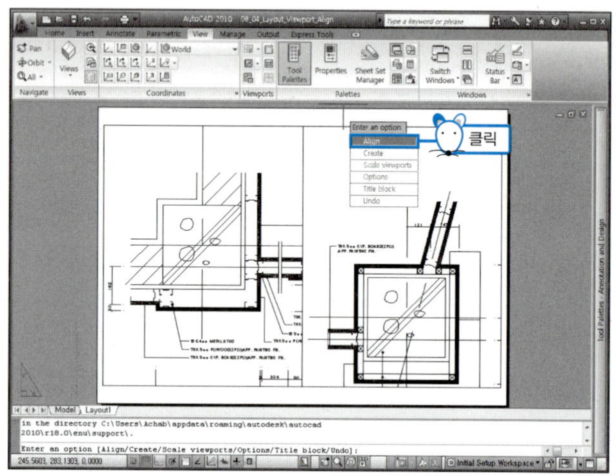

03 정렬시키는 방향을 설정하는 옵션에서 수평으로 정렬시키기 위해 [Horizontal]을 선택합니다.

04 뷰포트를 정렬할 기준을 지정하기 위해 상태 표시줄의 [Object Snap]( ) 아이콘을 마우스 오른쪽 단추로 클릭한 후 [Endpoint]를 체크합니다.

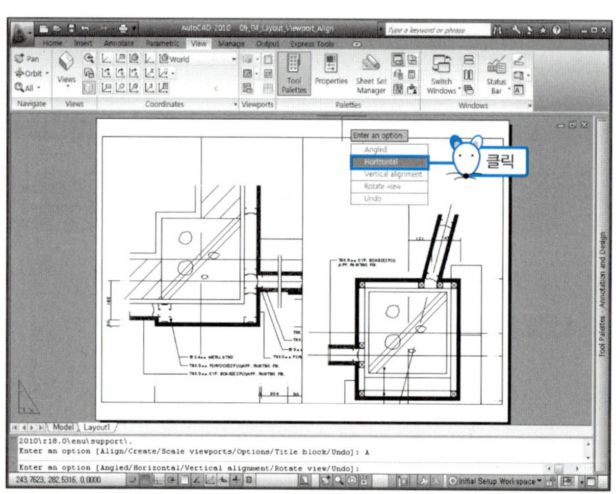

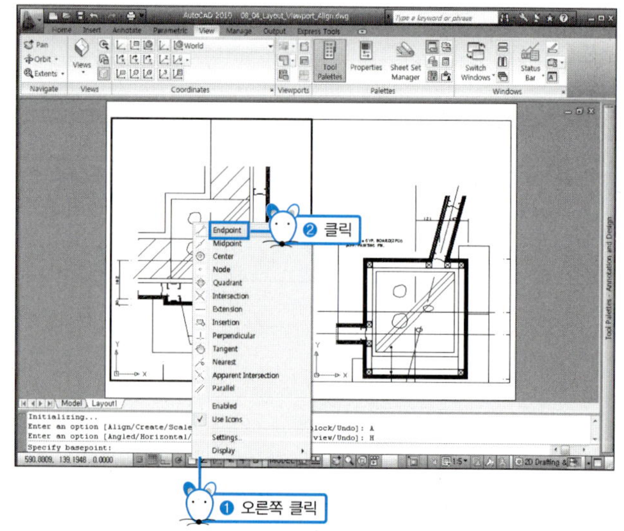

05 모델 공간으로 전환된 뷰포트에서 기준점을 클릭한 후 정렬시켜야 하는 뷰포트의 기준을 클릭하고 Enter 를 누릅니다.

06 두 뷰포트 간의 객체가 정렬되면 Enter 를 눌러 명령을 종료합니다.

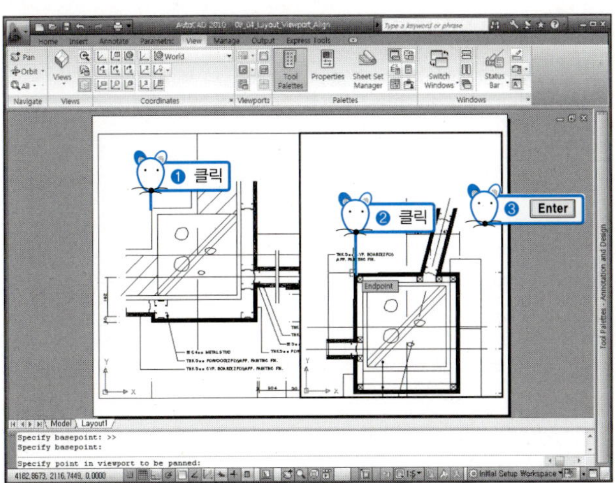

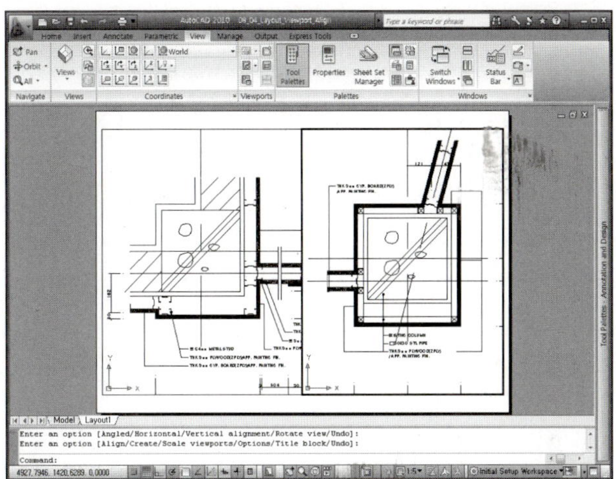

뷰포트에서 뷰 회전(View Rotate)시키기

모델 공간의 객체는 그대로 두고 레이아웃 공간의 뷰포트에서 사용자가 지정하는 만큼 뷰를 회전시키는 방법에 대하여 알아봅니다.

⊙ Samples\08_04_Layout_Viewport_Align_Rotate.dwg

01 [Layout1] 탭을 선택하고 'Mvsetup' 명령을 입력한 후 Enter 를 누릅니다.

02 단축 메뉴에서 [Align]을 선택합니다.

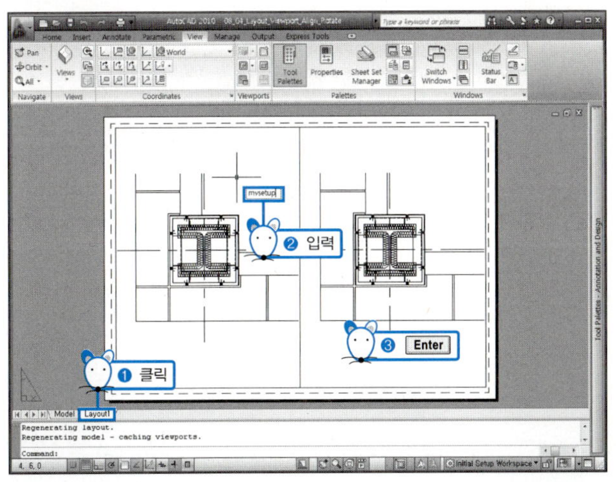

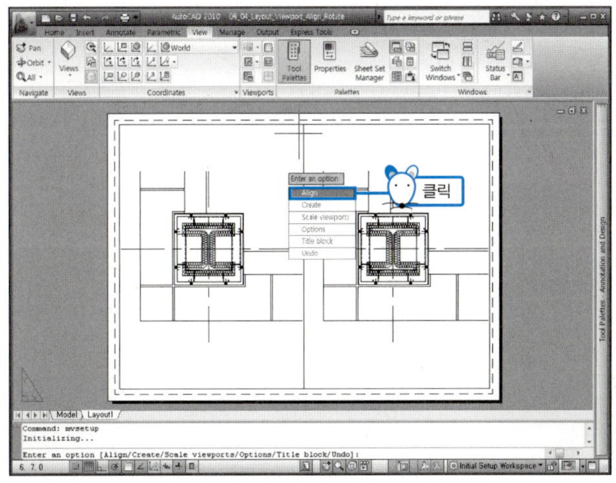

Command: Mvsetup Enter (Mvestup 명령 실행)

03 회전(Rotate) 옵션을 이용하기 위해 [Rotate view]를 선택합니다.

04 회전시킬 뷰포트를 선택합니다.

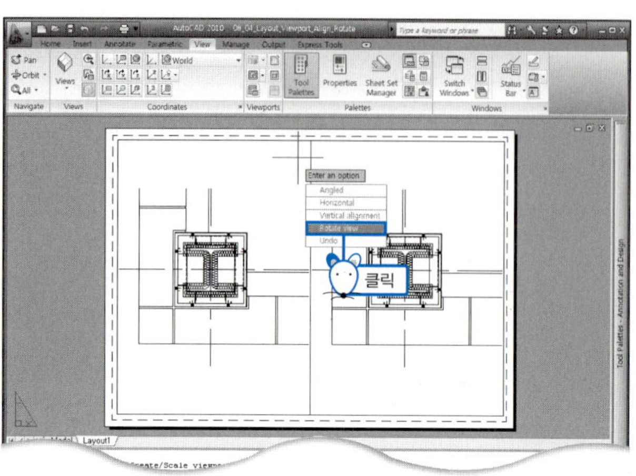

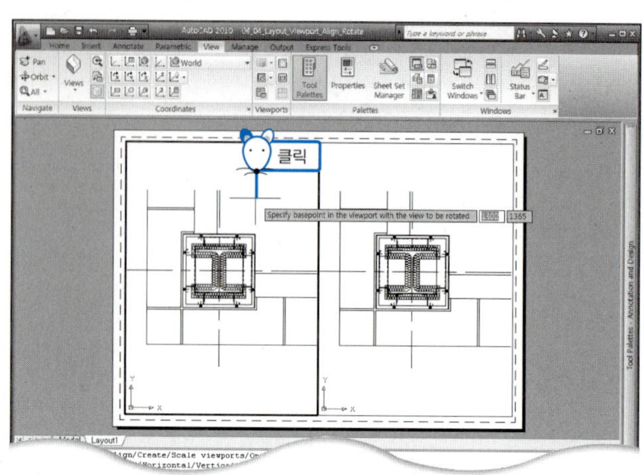

05 선택한 뷰포트에서 회전시킬 기준점을 클릭하고 기준점에 대한 회전각 '45'를 입력한 후 Enter 를 누릅니다.

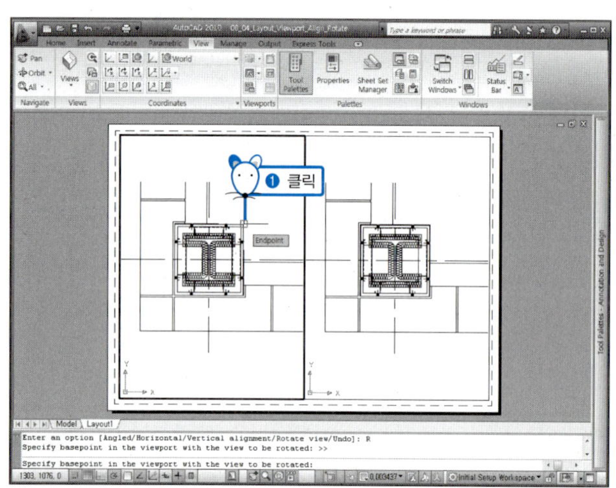

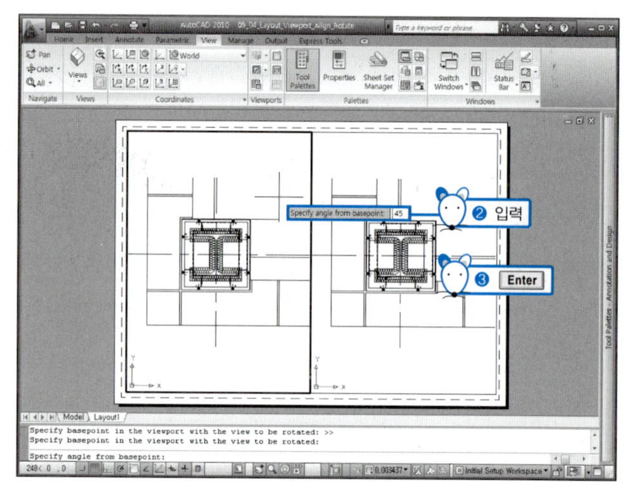

06 단축 메뉴에서 [Enter]를 눌러 명령을 종료하면 뷰가 지정한 각도만큼 회전된 것을 확인할 수 있습니다.

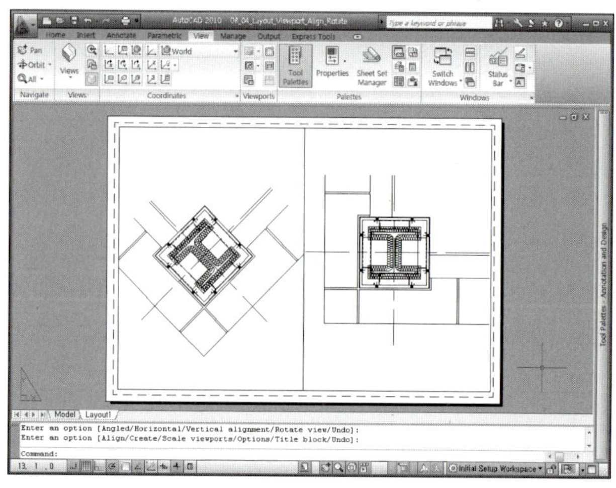

플롯 장치(Plot Device) 설정하기

도면을 작성하고 이를 출력하는 데 있어서 사용자마다 다른 작업 환경이 있다면 바로 플로터일 것입니다. 그렇기 때문에 Plotter Manager를 이용해 사용자가 직접 플로터를 추가하고 설정을 변경하는 과정을 알아봅니다.

Lesson 05

플로터 매니저(Plotter Manager)에서 플롯 장치(Plot Device) 추가하기

플로터 매니저를 이용해 사용자 시스템에 연결되어 있는 플로터를 추가하고 설정해 봅니다. 시스템에 연결되어 있는 플로터를 추가하기 전에 AutoCAD에서 기본적으로 제공하는 플로터는 웹 파일을 플로팅할 수 있는 가상의 플로터들입니다.

● Samples\08_05_Plotter_Adding.dwg

01 [Output] 탭의 [Plot] 패널에서 [Plotter Manager] (📇) 아이콘을 클릭합니다.

02 플로터를 추가하기 위해 [Plotters] 창에서 [Add-A-Plotter Wizard] 아이콘을 더블클릭합니다.

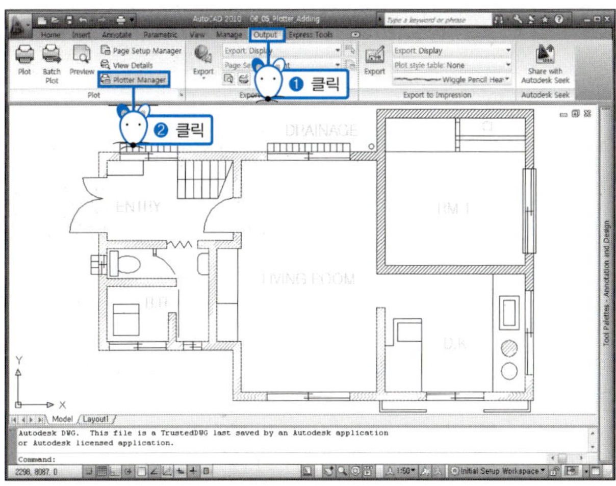

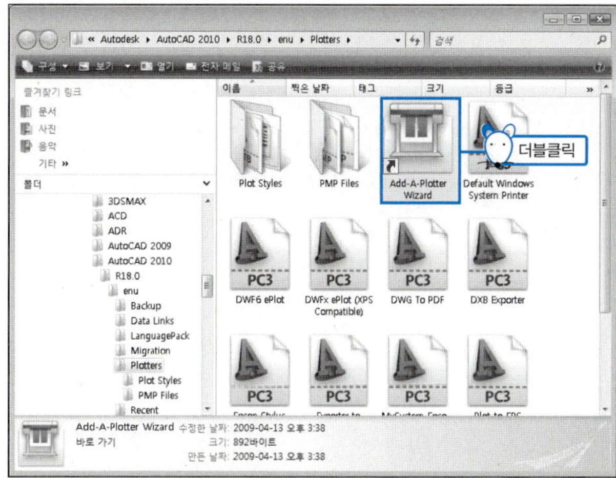

03 [Add Plotter - Introduction Page] 대화상자에서는 윈도우 시스템 플로터가 있든 없든 간에 플롯 설정을 도와줄 드라이브를 설치할 수 있다는 내용이 나옵니다. 내용을 확인한 후 [다음] 단추를 클릭합니다.

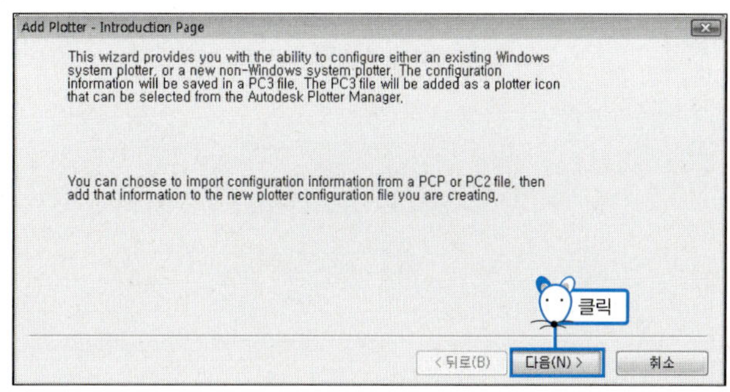

04 [Add Plotter – Begin] 대화상자에서는 새로운 플로터를 구성할 방식을 선택합니다. 시스템에 연결되어 있는 플로터를 선택하기 위해 [System Printer]를 체크하고 [다음] 단추를 클릭합니다.

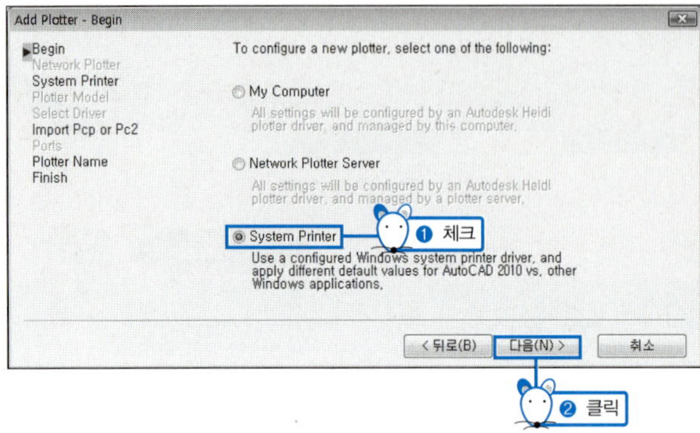

05 [Add Plotter – System Printer] 대화상자에서는 현재 시스템에 연결되어 있는 플로터들이 나타납니다. 'EPSON Stylus Photo EX3'을 선택하고 [다음] 단추를 클릭합니다.

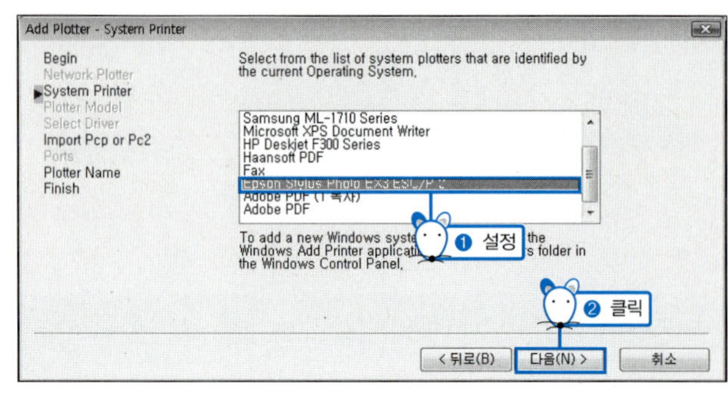

주목

사용자들은 사용자들의 시스템에 연결되어 있는 플로터를 선택합니다.

06 [Add Plotter – Import Pcp or Pc2] 대화상자에서는 이전 버전의 PCP나 PC2 파일의 사용 유무를 결정합니다. [다음] 단추를 클릭합니다.

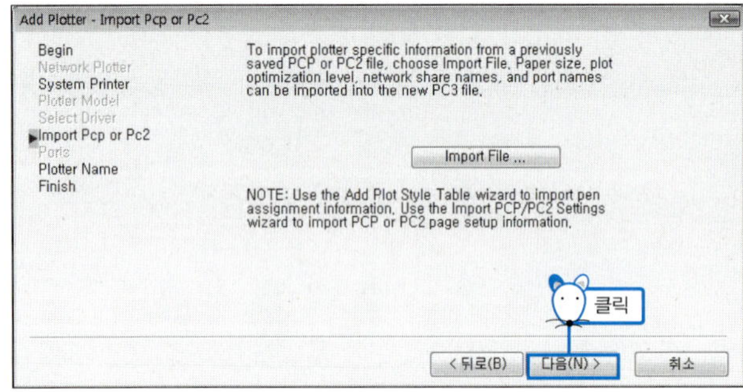

07 [Add Plotter – Plotter Name] 대화상자에서는 플로터의 이름을 입력하고 [다음] 단추를 클릭합니다.

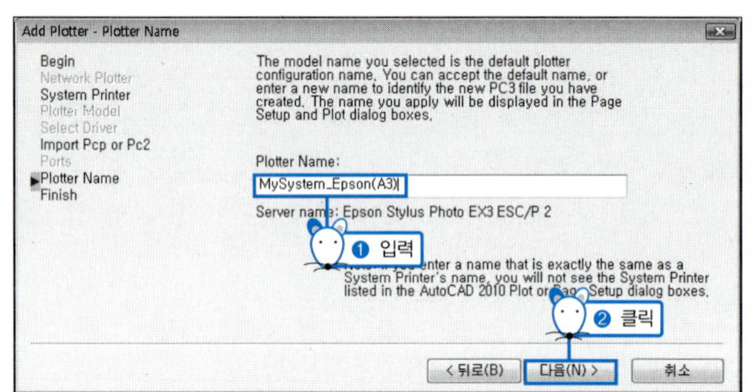

08 [Add Plotter – Finish] 대화상자에서는 만들어진 플로터의 설정을 변경하려면 [Calibrate Plotter] 단추를 클릭합니다.

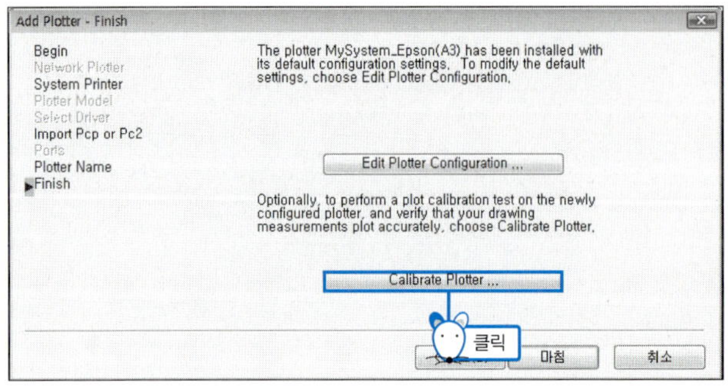

09 [Calibrate Plotter – Begin] 대화상자의 [Paper Size]에는 선택한 플로터에서 플로팅이 가능한 용지가 표시됩니다. 'A3'를 선택하고 [다음] 단추를 클릭합니다.

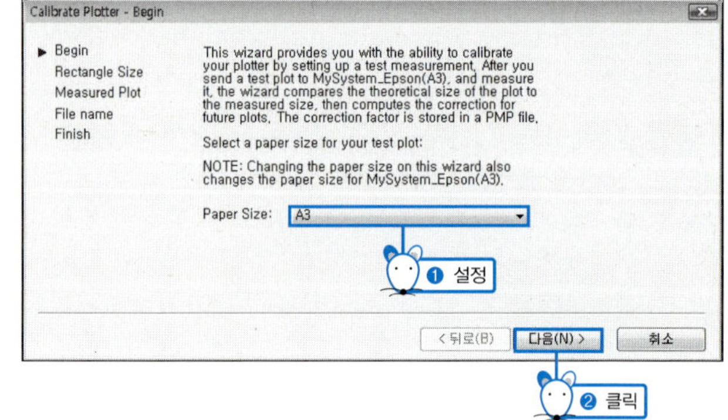

10 [Calibrate Plotter – Rectangle Size] 대화상자에서는 플로팅 가능한 영역을 측정하기 위한 사각형의 크기를 설정합니다. [다음] 단추를 클릭하면 지정한 플로터의 실제 플로팅 영역을 테스트하게 됩니다.

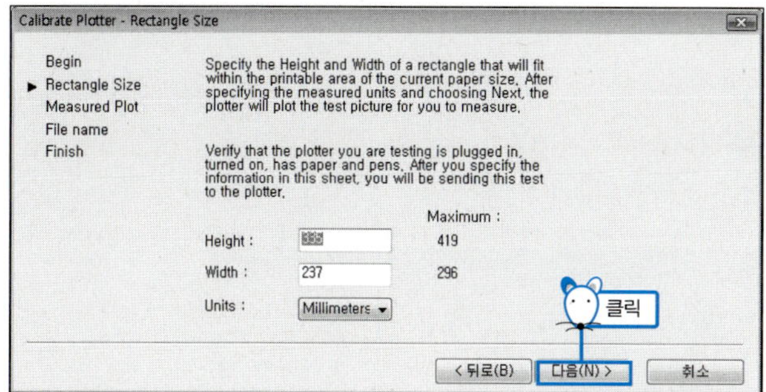

11 [Calibrate Plotter – Measured Plot] 대화상자에서는 플로팅된 사각형을 측정하여 실제 길이와 폭을 입력합니다.

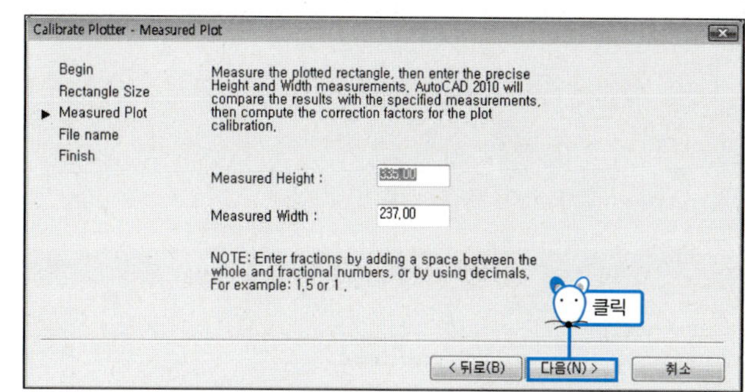

12 [Calibrate Plotter – File Name] 대화상자에서는 플로팅 정보를 저장할 파일의 이름(PMP)을 입력합니다.

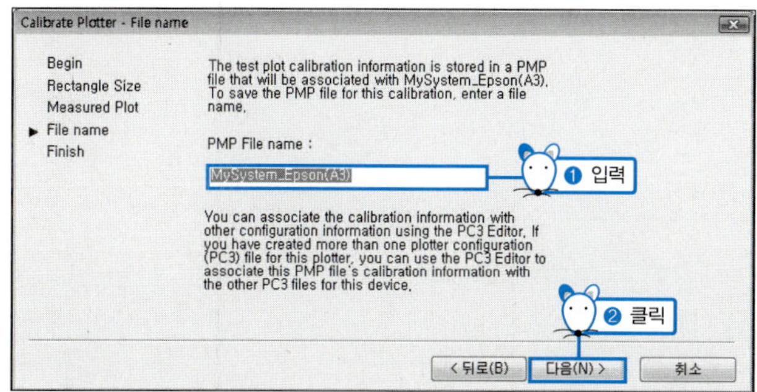

13 [Calibrate Plotter – Finish] 대화상자에서는 [마침] 단추를 클릭하여 설정을 마무리합니다.

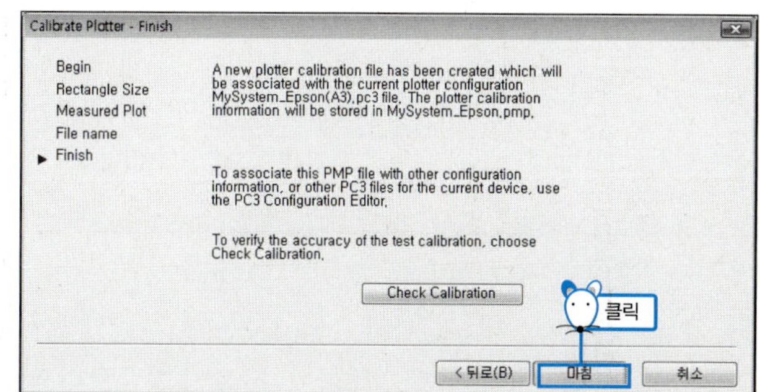

14 [Add Plotter – Finish] 대화상자에서는 [마침] 단추를 클릭하여 플로터 추가를 마무리합니다.

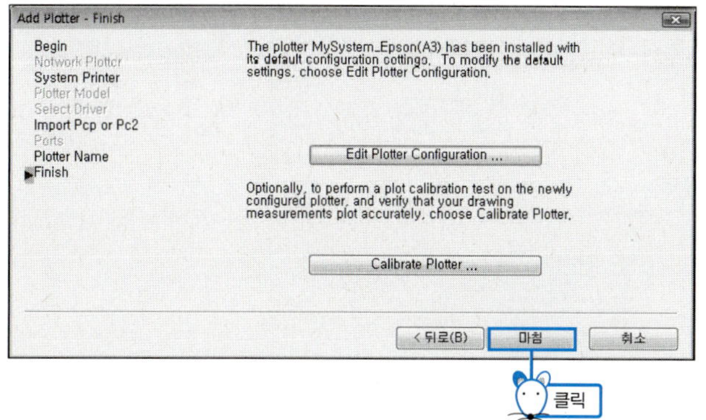

15 [Plotters] 창에 추가한 플로터가 나타납니다.

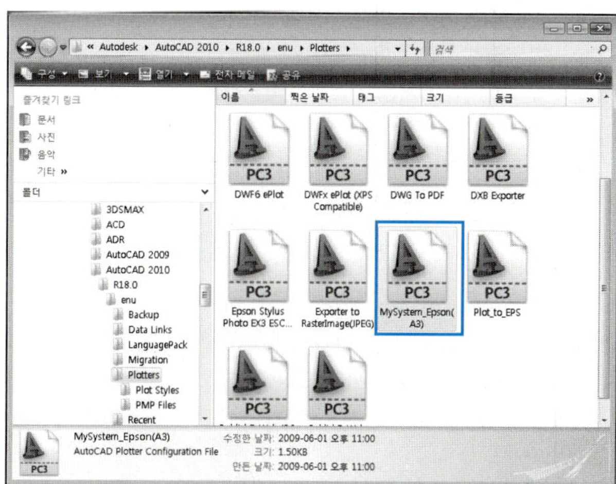

플로터 속성(Plotter Properties) 편집하기

구성된 플로터의 세부 사항을 편집하기 위해서 [Plotter Configuration Editor] 대화상자를 이용합니다. 이번에는 [Plotter Configuration Editor] 대화상자를 이용하여 용지나 포트를 변경하는 등의 세부적인 설정을 편집하는 방법에 대하여 알아봅니다.

Samples\08_05_Plotter_Properties.dwg

01 [Output] 탭의 [Plot] 패널에서 [Page Setup Manager](📄) 아이콘을 클릭합니다.

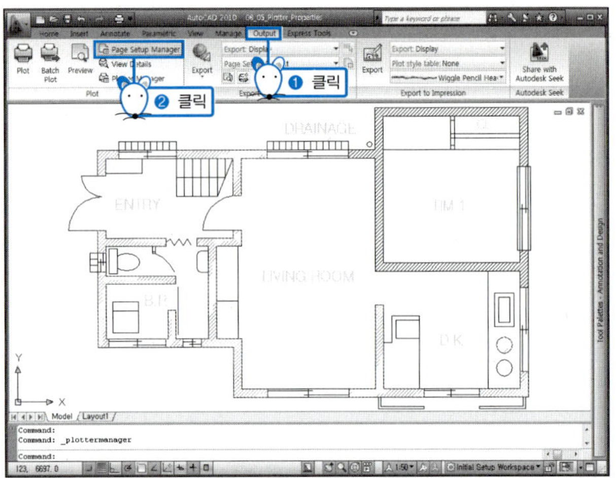

02 [Page Setup Manager] 대화상자에서 [Modify] 단추를 클릭합니다.

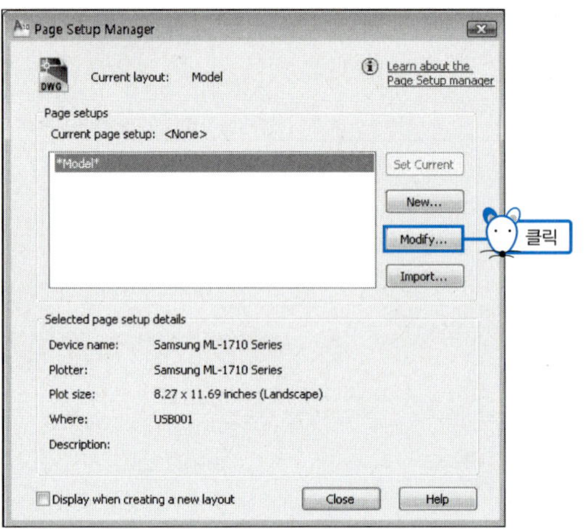

03 [Page Setup] 대화상자의 [Printer/plotter] 영역에서 사용자의 개인 프린터를 선택합니다. 그리고 플로터의 속성을 편집하기 위해 [Properties] 단추를 클릭합니다.

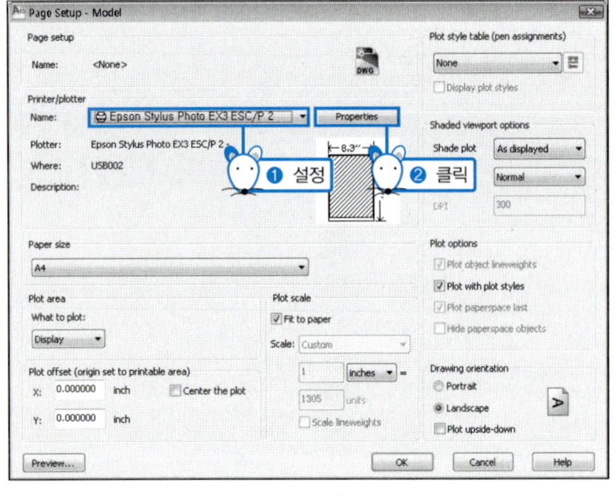

04 [Plotter Configuration Editor] 대화상자에서 [General] 탭을 클릭하고 [Description]에 플로터에 대한 설명을 입력합니다.

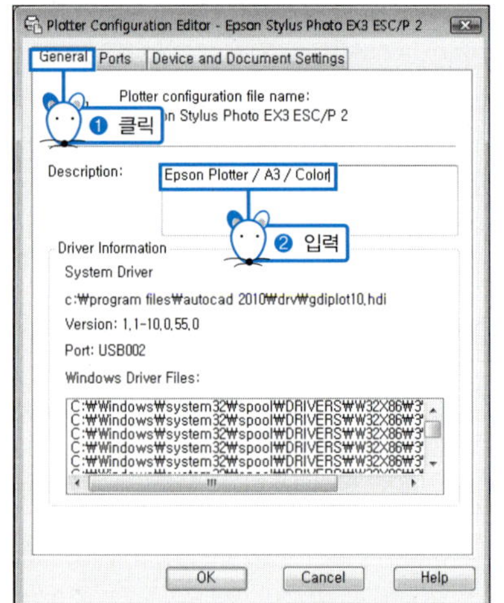

주목

사용자는 사용자 시스템에 연결되어 있는 플로터/프린터를 선택하면 됩니다.

05 [Device and Document Settings] 탭을 클릭한 후 용지의 크기를 설정하기 위해 [Modify Standard Paper Sizes(Printable Area)]에서 'A3'를 선택하고 [Modify] 단추를 클릭합니다.

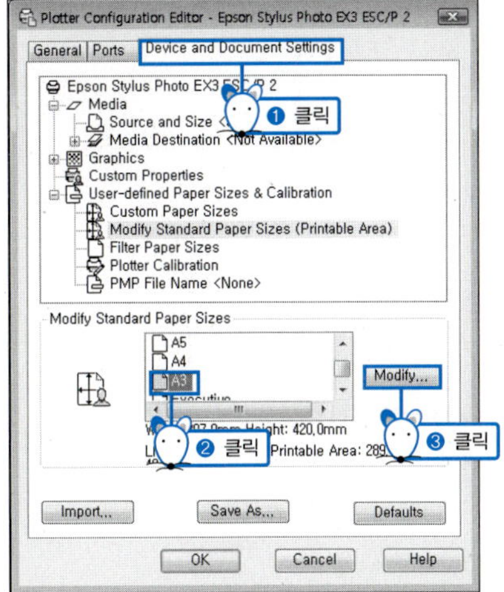

06 [Custom Paper Size – Printable] 대화상자에서 상하 · 좌우의 여백을 설정한 후 [다음] 단추를 클릭합니다.

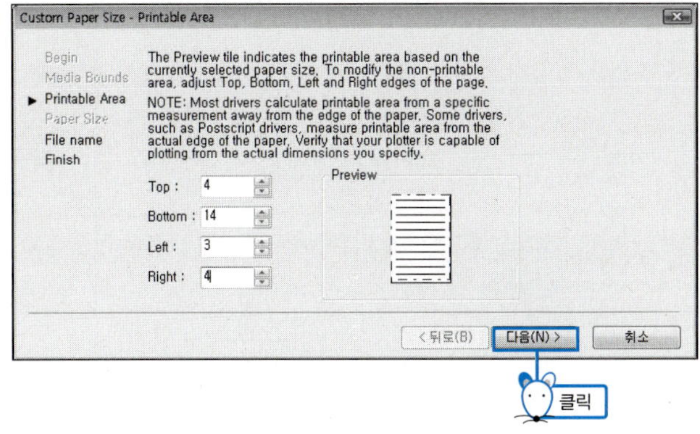

07 [Custom Paper Size – Printable] 대화상자에서 PMP 파일의 이름을 입력합니다. [다음] 단추를 클릭합니다.

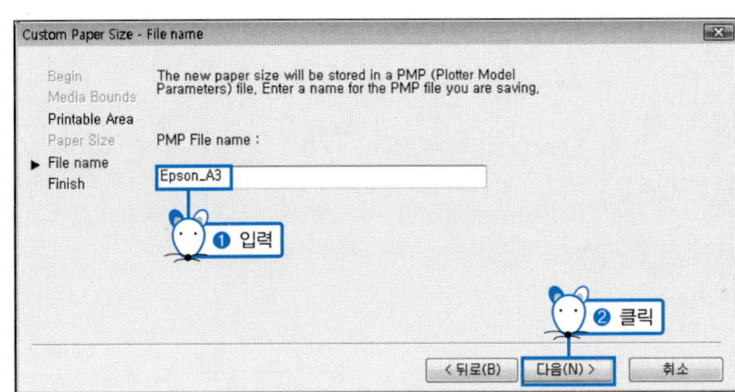

08 [마침] 단추를 클릭해서 용지 설정을 마무리합니다.

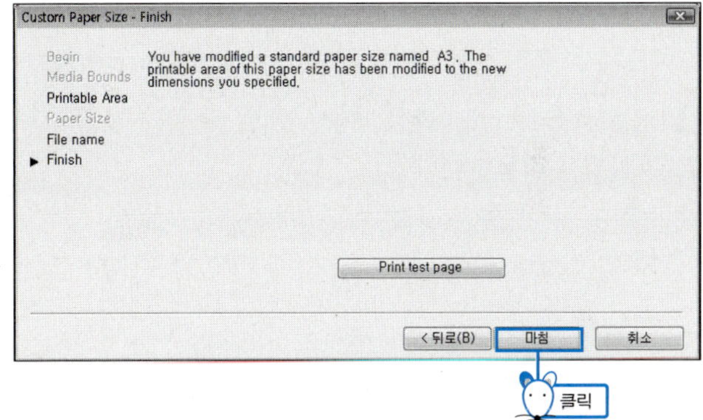

09 [Plotter Configuration Editor] 대화상자에서 설정한 내용을 저장하기 위해 [Save As] 단추를 누릅니다.

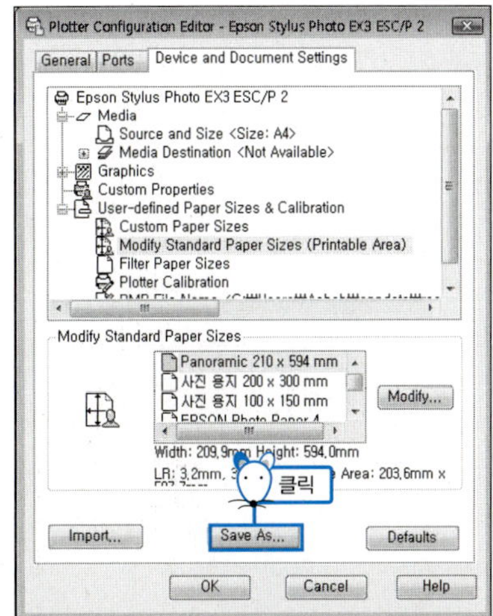

10 저장할 PC3 파일의 이름을 입력하고 [저장] 단추를 클릭합니다.

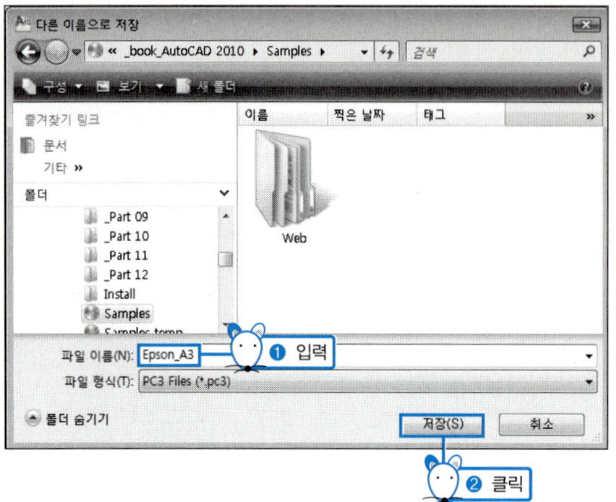

12 시스템 플로터의 설정이 변경되었고 파일 형태로 저장된 것을 확인합니다.

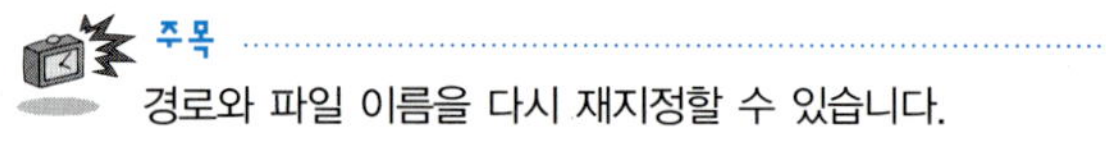

주목
경로와 파일 이름을 다시 재지정할 수 있습니다.

13 [Page Setup] 대화상자에서 [OK] 단추를 클릭하여 모든 설정을 적용합니다.

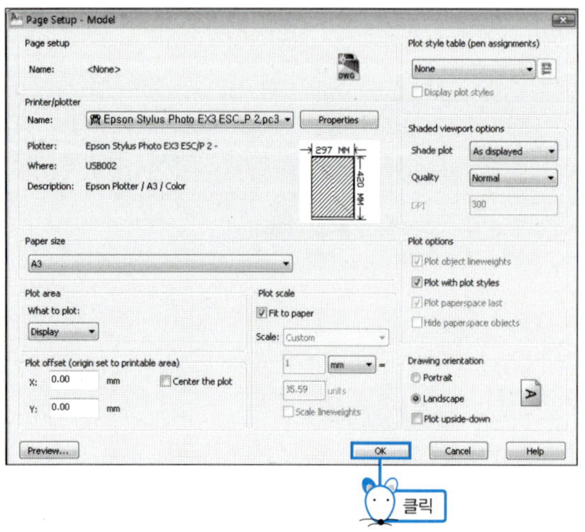

11 [Plotter Configuration Editor] 대화상자에서 [OK] 단추를 클릭하여 설정을 마무리합니다.

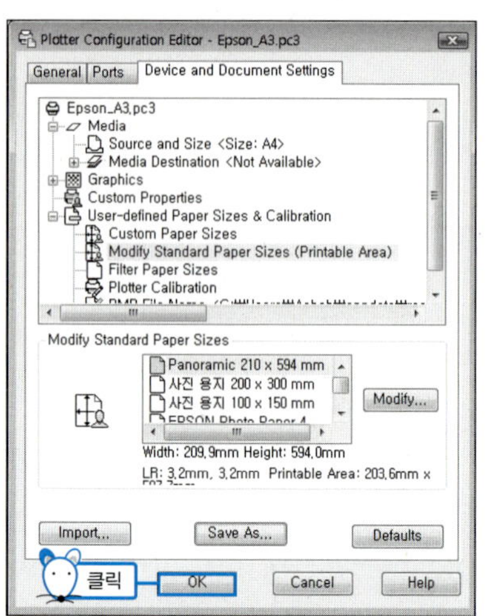

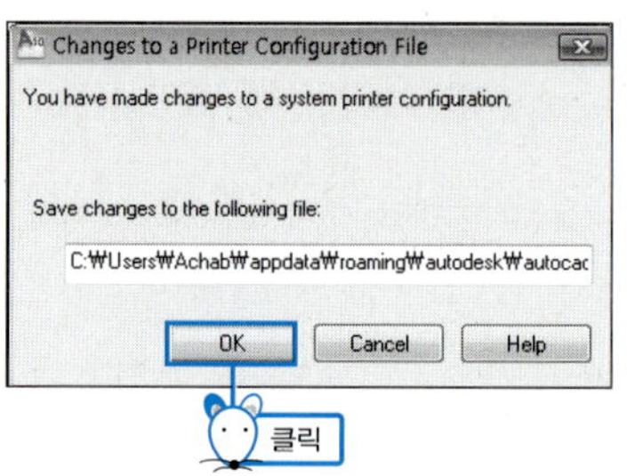

14 [Page Setup Manager] 대화상자의 [Close] 단추를 클릭합니다.

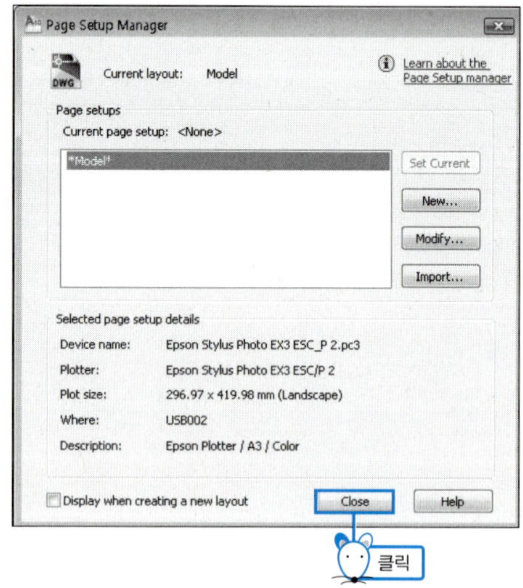

15 레이아웃 공간에 변경한 플로팅 설정이 적용되어 나타납니다.

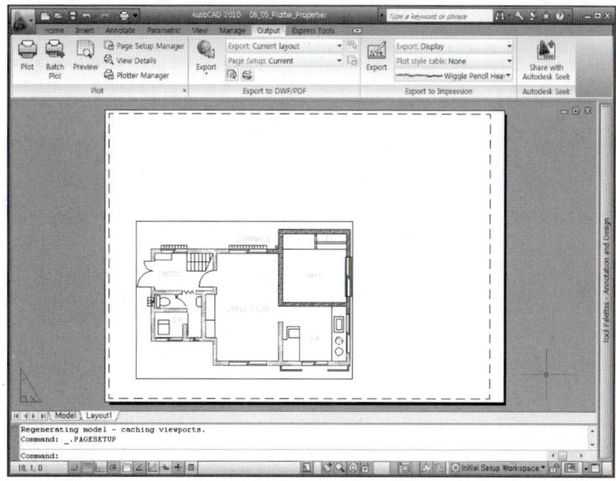

플로터 속성과 AutoSpool

AutoSpool 기능을 사용하면 옵션 대화상자에서 지정한 폴더에 자동으로 생성된 파일 이름으로 플로팅할 수 있습니다. AutoSpool을 사용하여 네트워크 프린터와 플로터로 인쇄하지 않더라도, 다른 네트워크의 사용자 및 AutoSpool 메커니즘을 사용하여 플로팅할 때 다른 응용프로그램을 시작하려고 하는 사용자가 AutoSpool을 사용할 수 있습니다. 다음은 AutoSpool에 대한 배치 파일의 작성 예제입니다. 이런 배치 파일은 대상 하드카피 장치를 결정하고 운영 체제의 Copy 명령을 통해 인쇄 작업을 전송한 다음 AutoCAD에서 작성한 임시 플롯 파일을 삭제합니다.

장치 이름 및 연결 설명	서버	네트워크 공유 이름	AutoCAD 구성 이름
로컬 레이저 프린터			my_laser
네트워크에 부착된 플로터	milana	₩₩milana	₩hp755cmhp755cm
네트워크에 부착된 레이저	kilo	₩₩kilo₩laser	net_laser
프린터			

```
Rem PLOT.BAT
@echo off
Rem determine the destination
if %2 == my_laser goto PlotA
if %2 == hp755cm goto PlotB
if %2 == net_laser goto PlotC
Rem trap for undefined devices
echo *******************Warning*********************
echo %2 is not defined to the Plot Script, PLOT.BAT
echo The plot job has been canceled.
echo ************************************************
pause
goto END
Rem send the job
:PlotA
copy %1 /b LPT1
goto END
:PlotB
copy %1 /b ₩₩milana₩hp755cm
goto END
:PlotC
copy %1 /b ₩₩kilo₩laser
goto END
Rem clean up and exit
:END
erase %1
exit
```

플롯 스타일 테이블(Plot Style Table) 추가하고 적용하기

플롯 스타일 테이블에는 크게 두 가지가 있습니다. 하나는 색상별(Color)로 모델 공간과 레이아웃 공간에 플롯 환경을 적용하는 *.CTB 형태이고, 다른 하나는 객체나 레이어별로 플롯 환경을 적용할 수 있는 *.STB 형태입니다. 이번에는 플롯 스타일을 만들고 도면에 적용하는 모든 방법을 알아봅니다.

Lesson 06

[Plot Style Table Editor] 대화상자의 이해

[Plot Style Table Editor] 대화상자는 크게 [General], [Table View], [Form View] 탭으로 구성되어 있습니다. 메뉴 브라우저의 [File]–[Plot Style Manager]를 선택한 후 폴더 창에서 'acad.ctb' 파일을 더블클릭하면 [Plot style table Editor] 대화상자를 불러낼 수 있습니다.

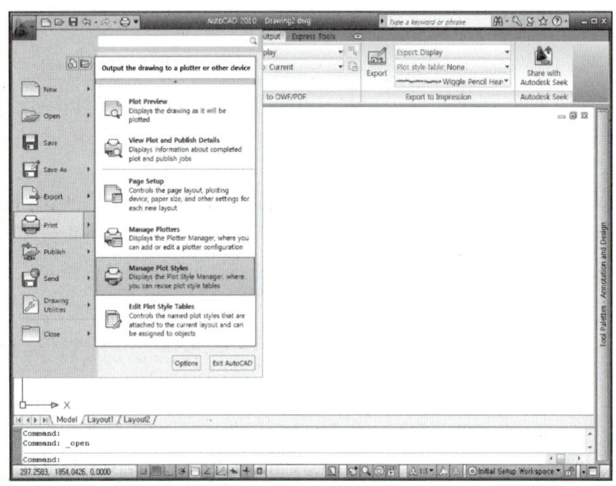
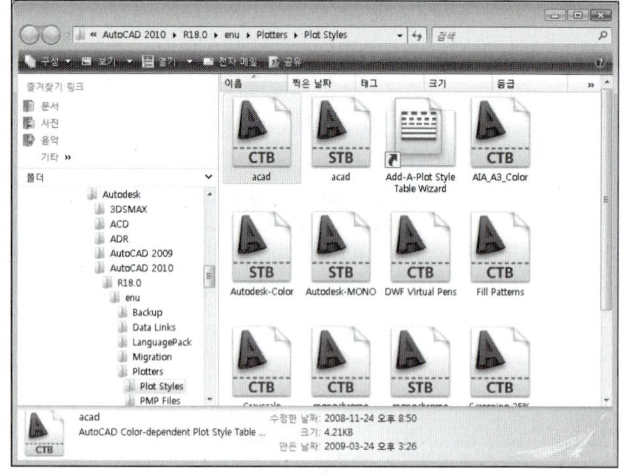

● [General] 탭

[General] 탭은 플롯 스타일 테이블에 설명을 입력하거나 파일 정보를 보여 줍니다. 선 종류(Linetype)와 선 종류 크기(Linetype Scale)도 설정할 수 있습니다. 선 종류 크기를 설정하려면 [Apply global scale factor to non-ISO linetypes] 옵션에 체크하고 해당 도면의 축척을 입력하면 됩니다.

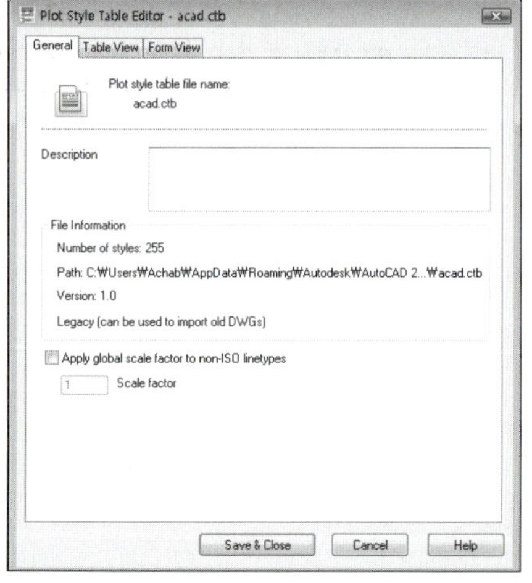

● [Table View] 탭

각 색상에 따른 설정을 알려주며 엑셀 문서처럼 각 항목이 일목요연하게 표시되어 있습니다.

● [Form View] 탭

[Form View] 탭은 [Table View] 탭과 같은 내용을 보여줍니다. 여러 개의 색상을 선택하는 경우에는 Ctrl 이나 Shift 와 같이 Windows 기본 키를 사용할 수 있습니다.

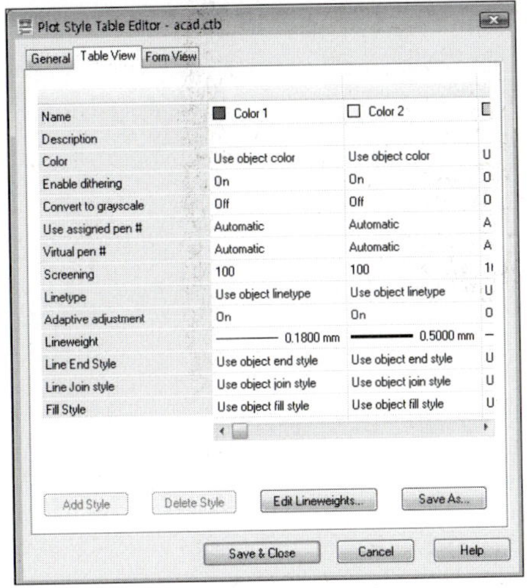

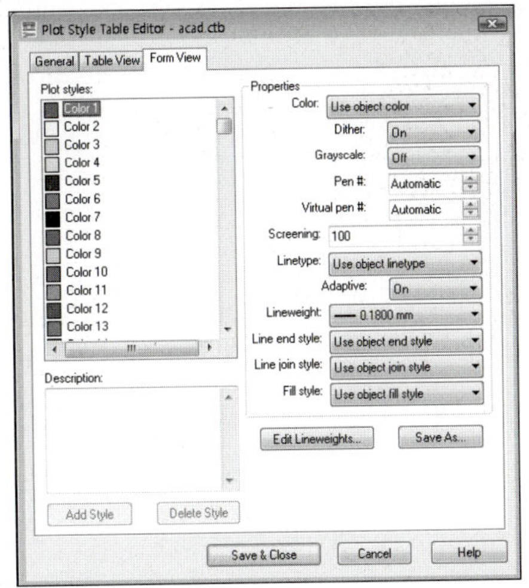

색상별 플롯 스타일 테이블(CTB Plot Style Table) 작성하기

색상별 플롯 스타일 테이블(CTB Plot Style Table)은 색상별(Color)로 모델 공간과 레이아웃 공간에 플롯 환경을 적용하는 방식의 *.CTB의 형태로 저장됩니다. 다음 예제를 통해서 색상별 플롯 스타일 테이블을 작성하는 방법을 배워 봅니다.

◉ Samples\08_06_PlotStyle_CTB.dwg

01 CTB 플롯 스타일은 색상별로 선 두께를 적용하는 방식입니다. 메뉴 브라우저의 [Print]-[Manager Plot Styles]를 선택합니다.

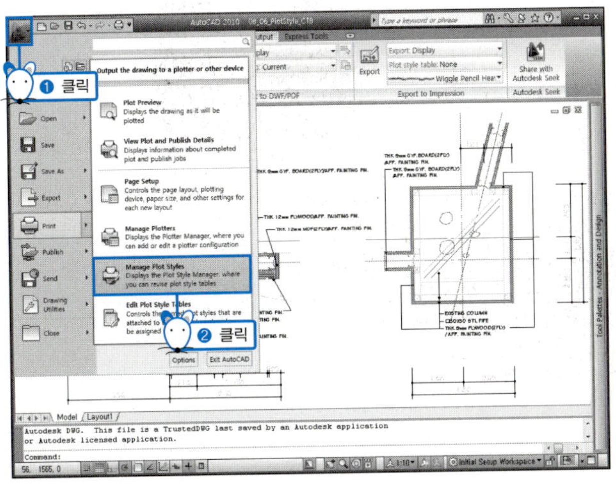

02 [Plot Styles] 창에서 'Add-A-Plot Style Table Wizard' 파일을 더블클릭합니다.

03 [Add Plot Style Table] 대화상자가 나타나면 플롯 스타일에 대한 간단한 설명과 쓰임새에 대해 설명을 확인한 후 [다음] 단추를 클릭합니다.

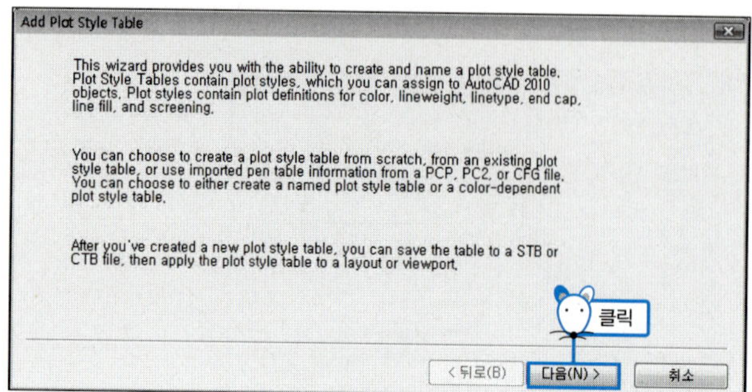

04 [Add Plot Style Table – Begin] 대화상자에서는 [Start from scratch]를 체크하고 [다음] 단추를 클릭합니다.

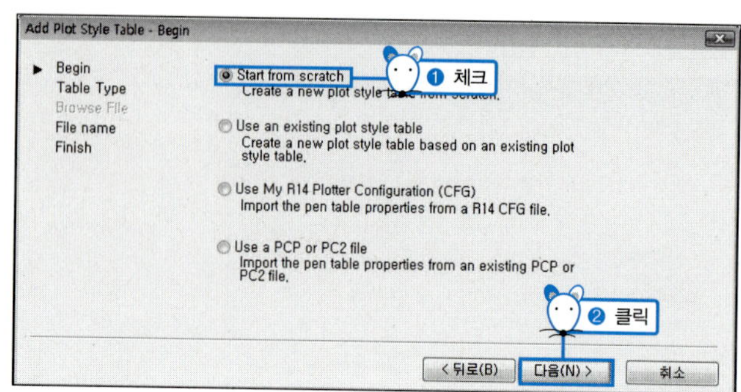

05 [Add Plot Style Table – Pick Plot Style Table] 대화상자에서는 [Color-Dependent Plot Style Table]을 체크하고 [다음] 단추를 클릭합니다.

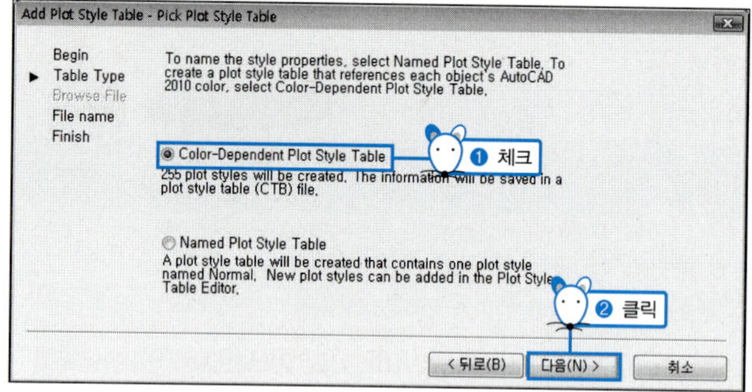

06 [Add Plot Style Table – File Name] 대화상자에서는 사용자가 확인할 수 있는 플롯 스타일의 이름을 입력한 후에 [다음] 단추를 클릭합니다.

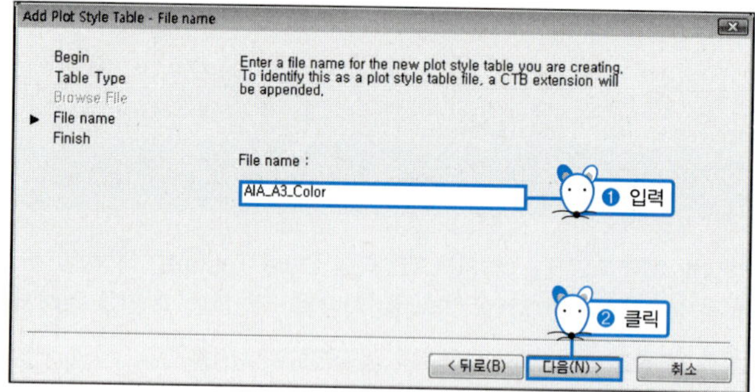

07 [Add Plot Style Table – Finish] 대화상자에서는 플롯 스타일의 세부 항목을 설정하기 위해서 [Plot Style Table Editor] 단추를 클릭합니다.

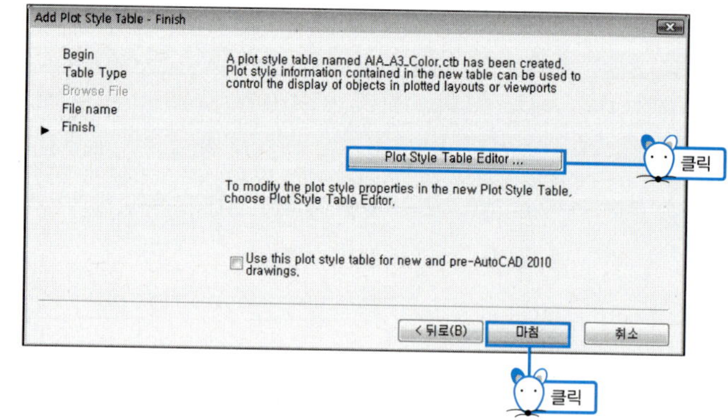

08 [Plot Style Table Editor] 대화상자가 나오면 색상별 선 두께 및 기타 환경을 설정하고 [Save & Close] 단추를 클릭합니다.

color #	Lineweight (mm)	color #	Lineweight (mm)
1	0.18	11	0.25
2	0.50	16	0.10
3	0.35	31	0.25
4	0.25	35	0.18
5	0.25	64	0.18
6	0.25	107	0.18
7	0.35	165	0.18
8	0.10	237	0.18
9	0.10		

09 [Add Plot Style Table – Finish] 대화상자에서 현재 작업하던 도면에 플롯 스타일을 적용하려면 [Use this plot style table for new and pre-AutoCAD 2010 drawings] 옵션에 체크한 후 [마침] 단추를 클릭합니다.

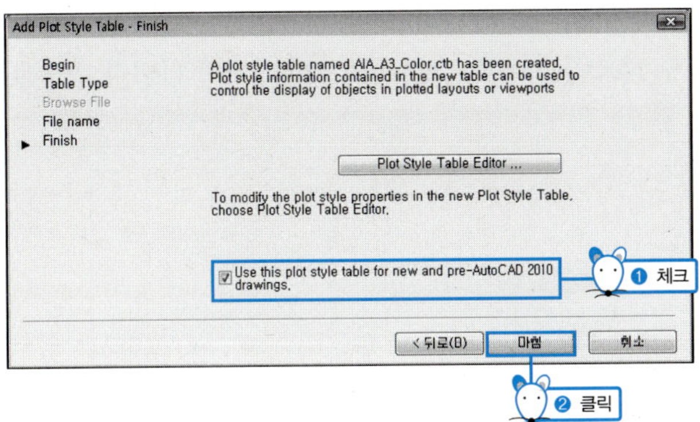

10 [Plot Styles] 창에서 새로운 플롯 스타일을 확인합니다.

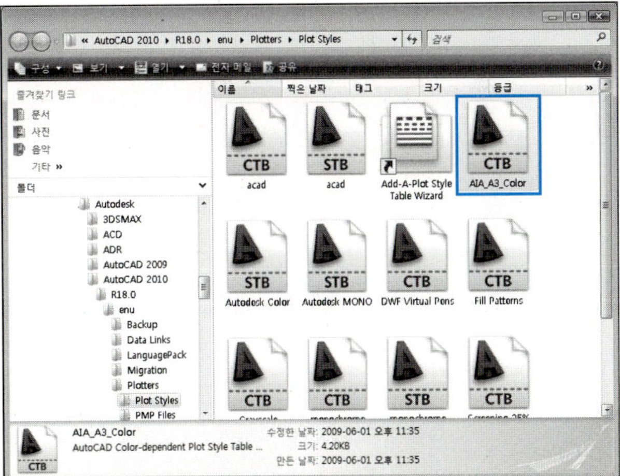

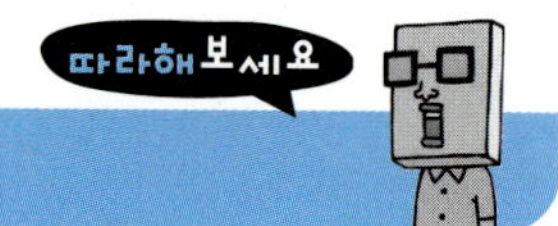

색상별 플롯 스타일 테이블(CTB Plot Style Table) 적용하기

색상별 플롯 스타일 테이블(CTB Plot Style Table)을 이용하여 플로팅하면 같은 색상인 모든 객체는 같은 선 두께 및
속성으로 플로팅 됩니다. 다음 예제를 통해서 색상별 플롯 스타일 테이블을 플로팅에 적용하는 방법을 배워봅니다.

⊙ Samples\08_06_PloStyle_CTB_Assign.dwg

01 리본 메뉴 [Output] 탭의 [Plot] 패널에서 [Page
Setup Manager](▣) 아이콘을 클릭합니다.

02 [Page Setup Manager] 대화상자에서 [Modify] 단
추를 클릭합니다.

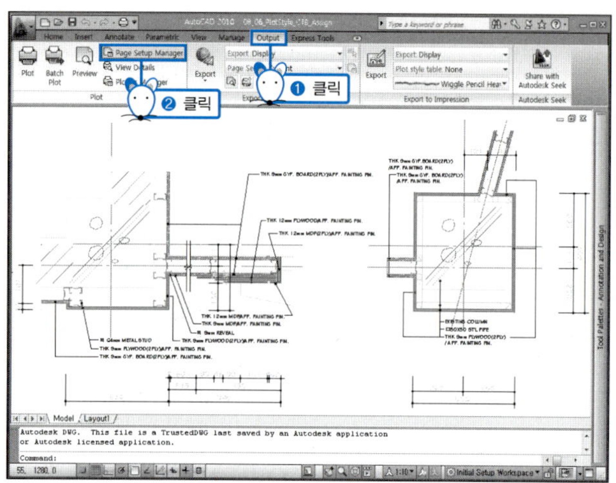

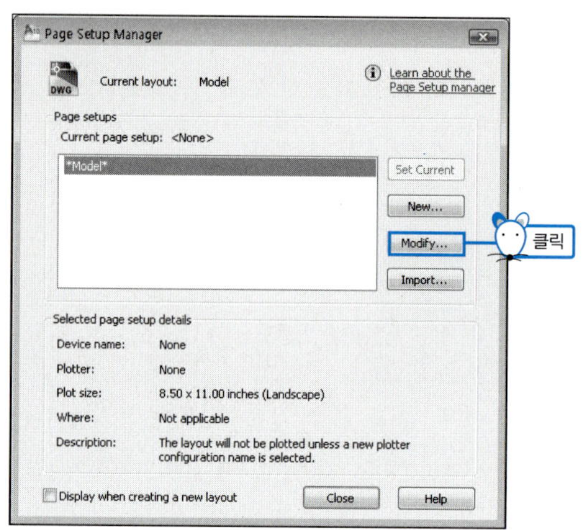

03 [Page Setup] 대화상자의 [Plot style table] 영역에서
'AIA_A3_Color.ctb' 플롯 스타일 테이블을 선택합니다.

04 [Plot options] 영역의 [Plot with plot styles] 옵션
을 체크한 후 [Page Setup] 대화상자의 나머지 설정을
그림과 같이 설정하고 [Preview] 단추를 클릭합니다.

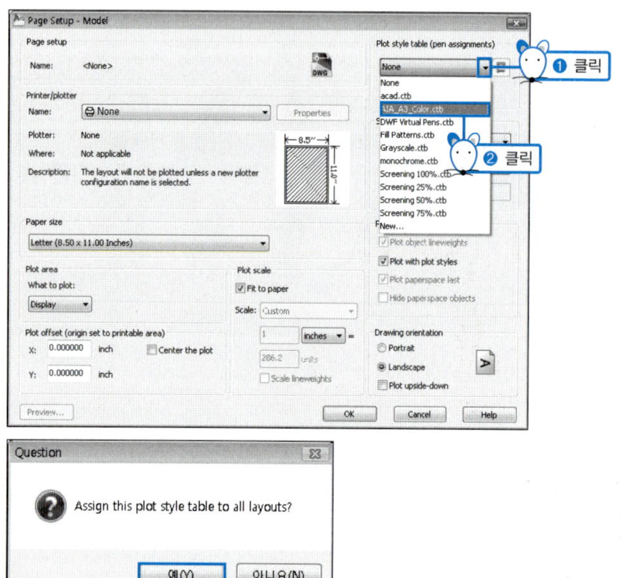

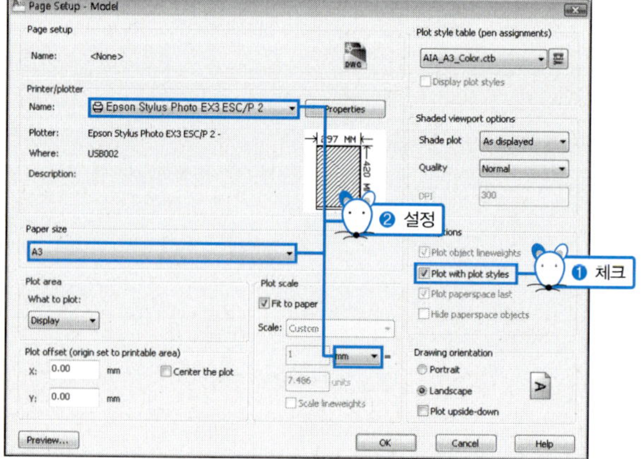

05 플롯 스타일이 제대로 적용되었는지 확인하면 2번 색상(Yellow, 0.5mm)과 8번 색상(Gray, 0.1mm)의 두께가 명확하게 구분되는 것을 알 수 있습니다.

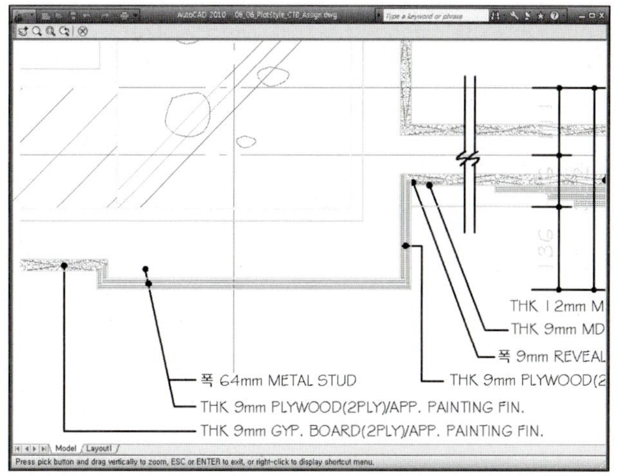

객체별 플롯 스타일 테이블(STB Plot Style Table) 작성하기

객체별 플롯 스타일 테이블(STB Plot Style Table)은 객체나 레이어별로 플롯 환경을 적용하는 방식의 *.STB 형태로 저장됩니다. 다음 예제를 통해서 객체별 플롯 스타일 테이블을 작성하는 방법을 배워봅니다.

Samples\08_06_PlotStyle_STB.dwg

01 메뉴 브라우저의 [Print]-[Manager Plot Styles]를 선택합니다.

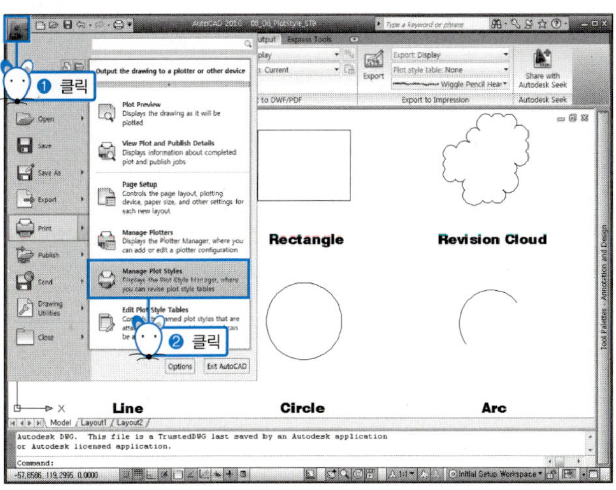

02 [Plot Styles] 창에서 'Add-A-Plot Style Table Wizard' 파일을 더블클릭합니다.

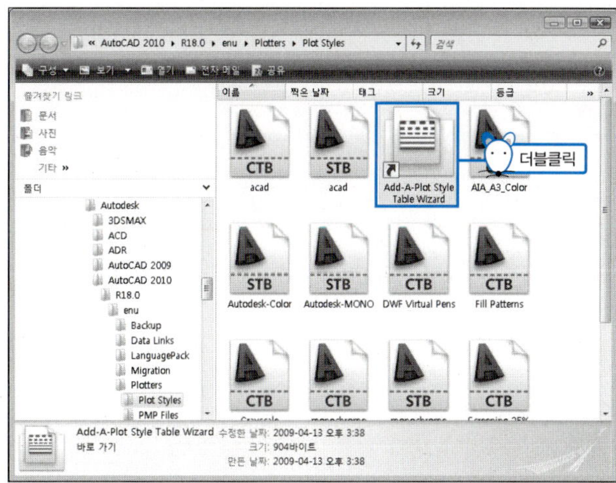

03 [Add Plot Style Table] 대화상자에서 플롯 스타일에 대한 간단한 설명과 쓰임새에 대해 설명을 확인한 후 [다음] 단추를 클릭합니다.

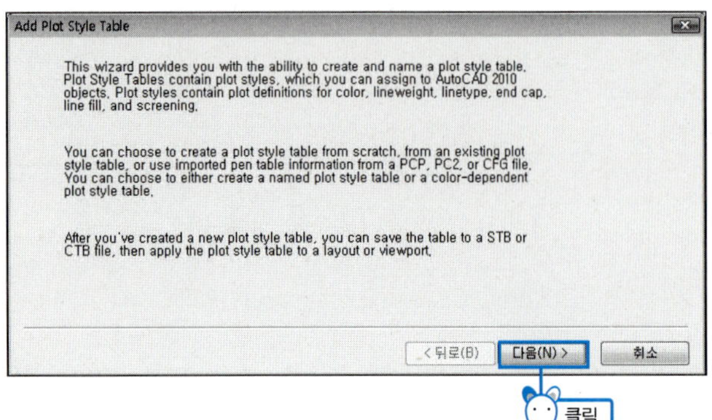

04 [Add Plot Style Table – Begin] 대화상자에서는 [Start from scratch]를 체크하고 [다음] 단추를 클릭합니다.

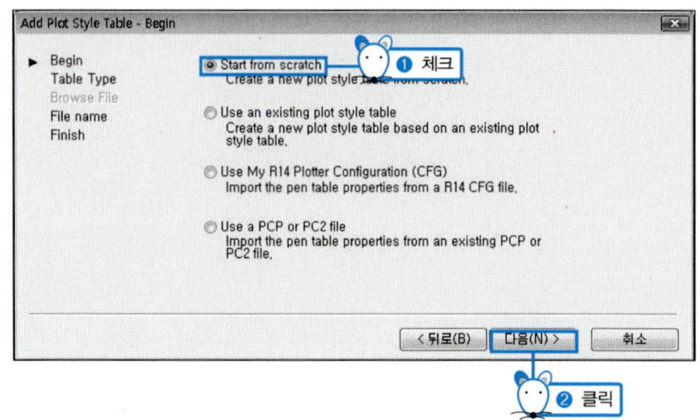

05 [Add Plot Style Table – Pick Plot Style Table] 대화상자에서는 [Named Plot Style Table]를 체크하고 [다음] 단추를 클릭합니다.

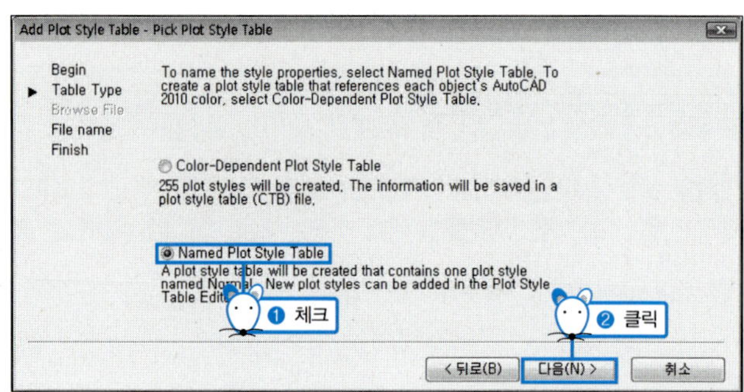

06 [Add Plot Style Table – File Name] 대화상자에서는 사용자가 확인할 수 있는 플롯 스타일의 이름을 입력한 후 [다음] 단추를 클릭합니다.

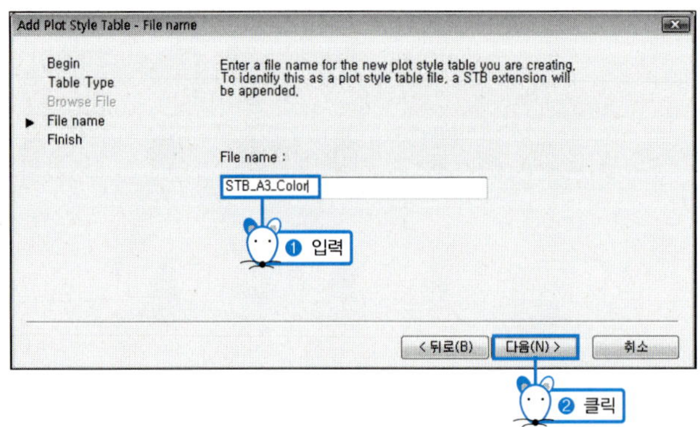

07 [Add Plot Style Table – Finish] 대화상자에서는 플롯 스타일의 세부 항목을 설정하기 위해서 [Plot Style Table Editor] 단추를 클릭합니다.

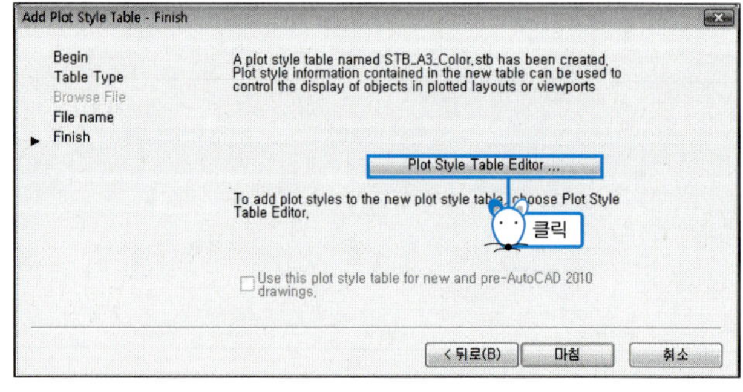

08 [Plot Style Table Editor] 대화상자의 [Form View] 탭에서 [Add Style] 단추를 클릭하고 새로운 스타일 이름을 입력합니다. 선 두께(lineweight)를 적용한 후에 [Save & Close] 단추를 클릭합니다.

Plot styles	Color #	Lineweight(mm)	Description
Normal	–	–	–
Circular	6	0.50	Circle, Arc, Revision Cloud
Linear	1	0.18	Line, Construction, Ray
Text	7	0.35	–
Polygonal	3	0.35	Rectangle, Polygon

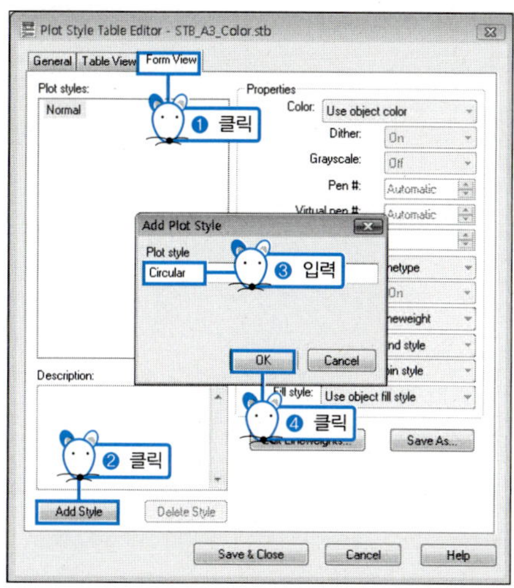

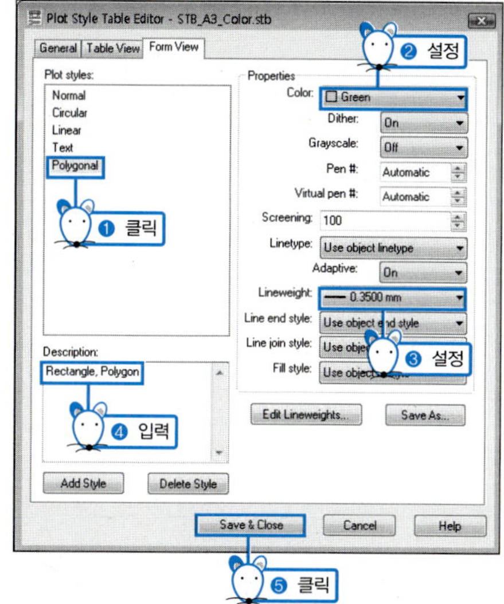

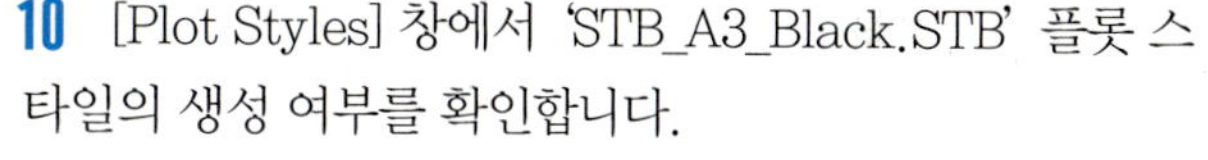

09 [Add Plot Style Table – Finish] 대화상자에서는 [마침] 단추를 클릭하여 STB 플롯 스타일을 추가하는 과정을 마무리합니다.

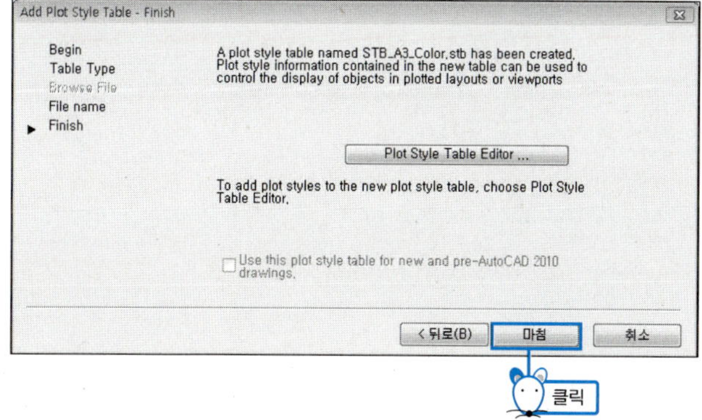

10 [Plot Styles] 창에서 'STB_A3_Black.STB' 플롯 스타일의 생성 여부를 확인합니다.

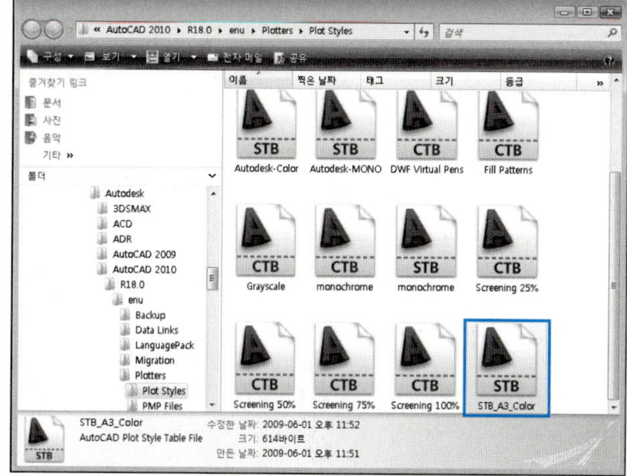

객체별 플롯 스타일 테이블(STB Plot Style Table) 적용하기

객체별 플롯 스타일 테이블(STB Plot Style Table)을 이용하여 플로팅하면 같은 스타일의 모든 객체 또는, 레이어
는 같은 선 두께 및 속성으로 플로팅 됩니다. 또한, 별도의 파일로 저장할 수 있으므로 사용자에게는 여러 형식을
만들어 다양하게 활용할 수 있습니다. 다음 예제를 통해서 객체별 플롯 스타일 테이블을 플로팅에 적용하는 방법을
배워봅니다.

⊙ Samples\08_06_PlotStyle_STB_Assign.dwg

01 사각형을 선택하고 Grip이 표시되면 Ctrl + 1 을 눌
러 Properties Palettes를 불러냅니다.

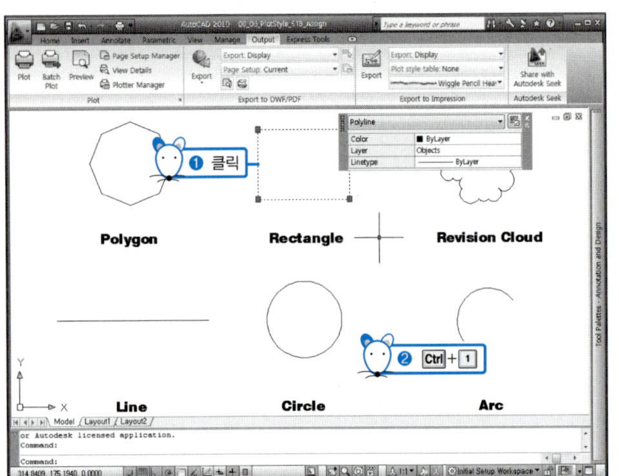

02 [Plot style]에서 'Other'를 선택하여 [Select Plot
Style] 대화상자를 불러냅니다.

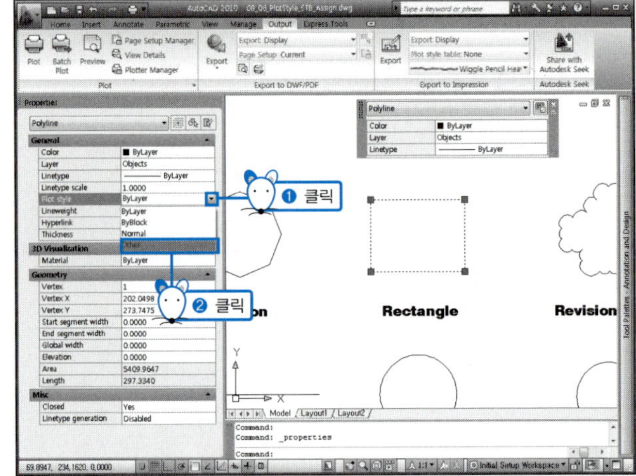

03 [Active plot style table]을 'STB_A3_Black.stb'로
선택한 후 [Plot styles] 영역에서 'Polygonal'을 선택하
고 [OK] 단추를 클릭합니다.

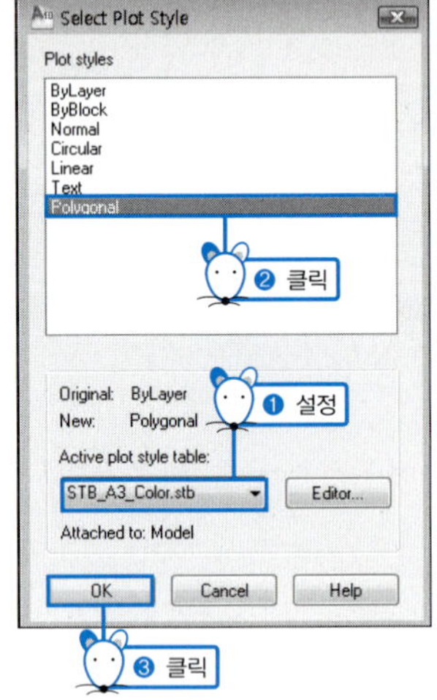

04 같은 방법으로 다른 객체에도 해당하는 플롯 스타일
테이블을 적용합니다.

Lineweight	Object
Normal	–
Circular	Circle, Arc, Revision Cloud
Linear	Line, Construction, Ray
Text	–
Polygonal	Rectangle, Polygon

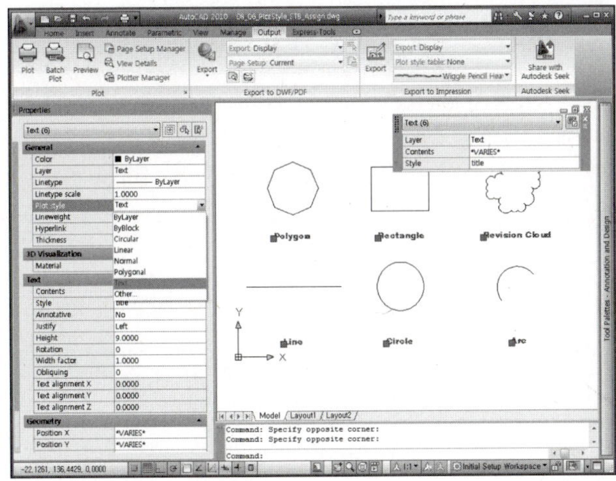

05 [Output] 탭의 [Plot] 패널에서 [Preview](🔍) 아이
콘을 클릭하여 플롯 스타일이 적용되었는지 확인합니다.

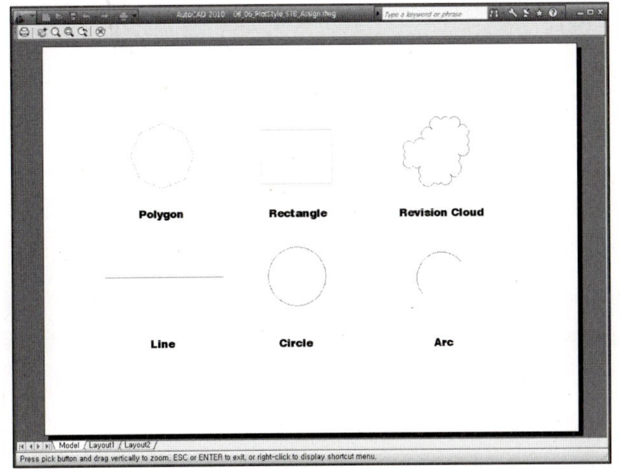

06 [Home] 탭의 [Layers] 패널에서 [Layer Properties]
(🗂) 아이콘을 클릭한 후 Layer Properties Manager
Palettes에서 [Plot styles]을 변경합니다.

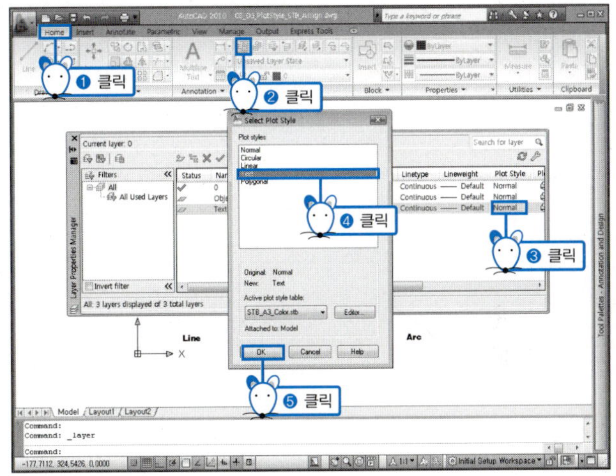

플롯 스타일(Plot Style) 설정하기

플로팅 과정은 [Plot] 대화상자의 인터페이스를 살피는 것부터 시작합니다. 플로팅 과정은 크게 두 과정을 거칩니다.
플로팅할 플로터(Plotter)의 설정과 플로팅될 도면 설정의 과정입니다. 다음 예제를 통해서 플롯 스타일 테이블을 도
면에 적용하고 플롯 스타일을 설정하는 방법을 배워봅니다.

Samples\08_06_PlotStyle_Setup.dwg

01 [Output] 탭의 [Plot] 패널에서 [Plot](🖨) 아이콘을 클릭하여 [Plot] 대화상자를 불러옵니다.

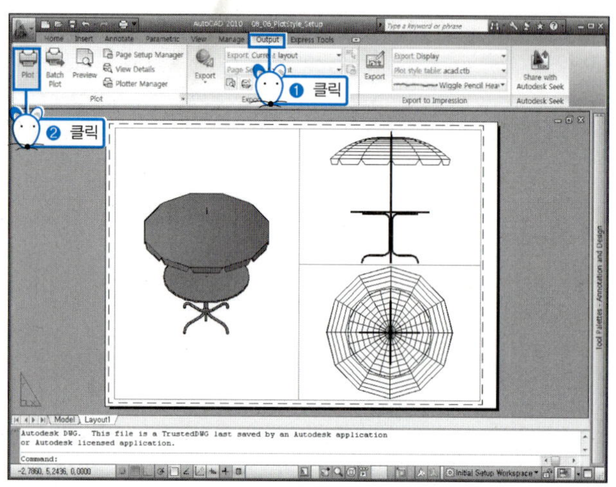
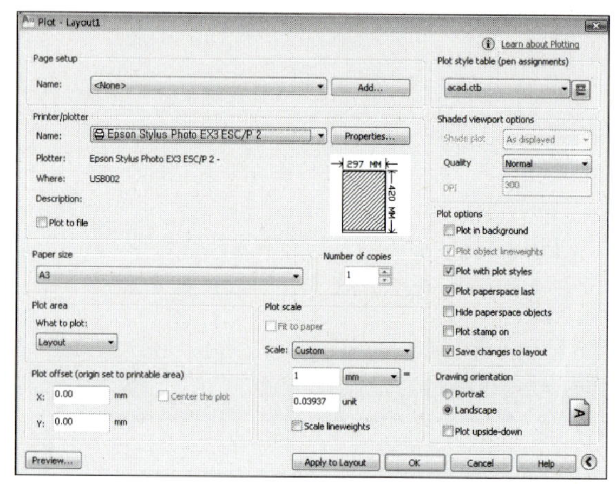

02 [Plot] 대화상자는 11개의 영역으로 구성되어 있습니다. 이 11개의 영역으로 플로팅 환경을 설정합니다. [Page Setup] 영역에서 플롯 스타일을 확인합니다.

03 [Print/plotter] 영역은 플로팅할 플로터를 설정하는 부분입니다. 현재 컴퓨터에 연결되어 있는 하드웨어(실제의 프린터나 플로터)나 아니면 PC3 드라이버(가상의 플로터)들을 설정합니다. 해당 플로터를 설정하면 우측의 [Properties] 단추가 활성화되는데 이는 플로터의 드라이버나 세부 성능을 확인할 수 있습니다.

주목

현재 플로 스타일은 〈None〉으로 되어있습니다. 'Import'를 선택하여 다른 도면에 포함되어 있는 플롯 스타일을 가져오거나, 'Previous plot'으로 바로 전의 플로팅 환경을 사용할 수 있습니다.

주목

[Name]에는 현재 설정 가능한 플로터가 나열되어 있습니다. 플로터를 선택하면 [Plotter]에 플로터 드라이버의 이름이 표시되고, [Where]에 어느 경로(Port)에 연결되는지가 표시됩니다. 또한, 오른쪽 미리 보기에서는 선택한 플로터의 기본 용지 크기가 표시됩니다.

04 [Paper size] 영역에서는 플로팅할 용지의 크기를 설정합니다. [Paper size]에 표시되는 용지는 지정한 플로터에서 플로팅이 가능한 용지로 선택합니다.

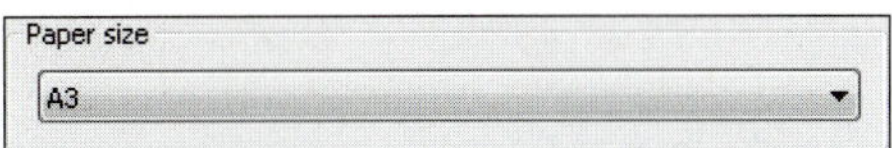

05 [Plot area] 영역에서는 플로팅할 도면의 영역을 설정합니다. 따라하기에서는 'Layout' 으로 설정합니다.

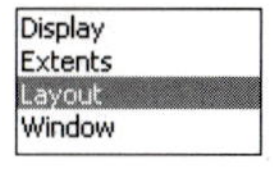

주목
- Display : 현재 화면에 보이는 도면 영역을 플로팅합니다.
- Extents : 현재 파일에서 작성된 모든 객체를 플로팅합니다.
- Layout : 레이아웃 공간을 플로팅합니다.
- Window : [Plot] 대화상자가 사라지고 도면 공간 또는, 레이아웃 공간에서 직접 플로팅 범위를 드래그해서 설정할 수 있습니다.

06 [Plot offset] 영역에서는 플로팅 공간의 여백에 따른 도면의 위치를 이동시킬 수 있습니다. 현재 설정이 'Layout' 이기 때문에 이미 여백이 지정되어 있으므로 활성화되지 않습니다.

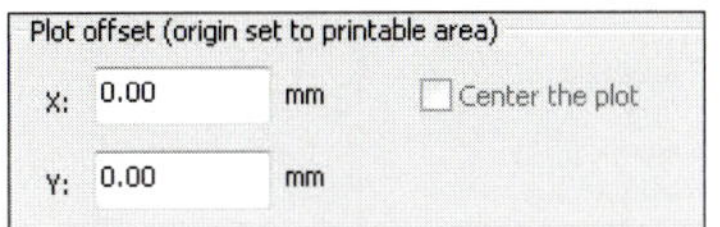

07 [Number of copies] 영역에서는 출력할 양을 설정하며, [Plot scale] 영역에서는 도면을 플로팅 할 축척을 설정합니다.

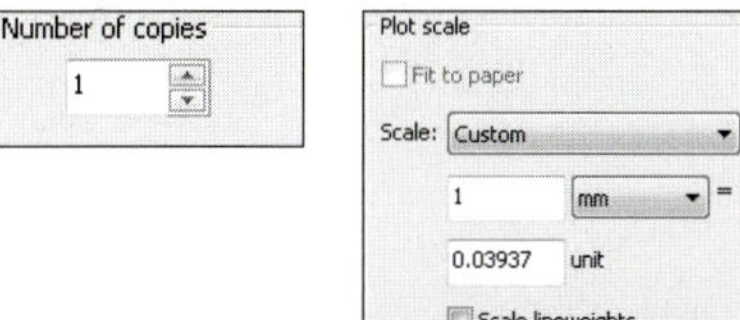

주목
플로팅은 플로터 자체에 설정된 여백에 영향을 받습니다. 플로터마다 여백이 모두 다르기 때문에 이 영역에서 플로팅의 X축과 Y축의 Offset 값을 입력하여 위치를 결정하게 됩니다. [Center the plot] 옵션을 체크하면 플로터가 지원하는 용지의 중앙에 플로팅됩니다.

주목
설정한 용지에 꽉 차게 출력하려면 [Fit to paper] 옵션을 체크하고, 선 두께(Lineweight)에도 크기를 적용하려면 [Scale lineweights] 옵션을 체크합니다.

08 [Plot style table] 영역에서는 플로팅할 도면에 플롯 스타일 테이블을 설정합니다.

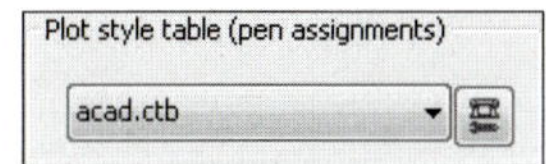

플롯 스타일 테이블의 종류 다시 확인하기

종류	파일 이름	적용 대상
Color plot style table	*.CTB	모델 공간, 레이아웃 공간 전체
Named plot style table	*.STB	각 객체와 레이어

CTB는 객체의 색상에 적용하는 플롯 스타일 테이블이고, STB는 객체의 형태나 도면 레이어에 적용하는 플롯 스타일 테이블입니다.

Plot style table	용도
acad.ctb	일반적인 컬러 플로팅
Fill Patterns.ctb	개체의 영역 채우기 기능
Grayscale.ctb	256단계의 음영 단계를 조절
monochrome.ctb	흑백 플로팅, 흑백 레이저 프린터
Screening 100%.ctb	불투명도 100%로 플로팅
Screening 25%.ctb	불투명도 25%로 플로팅
Screening 50%.ctb	불투명도 50%로 플로팅
Screening 75%.ctb	불투명도 75%로 플로팅
acad.stb	개체, 레이어에 적용하며 일반적인 컬러 플로팅
monochrome.stb	개체, 레이어에 적용하며 흑백 플로팅
DWF virtual pens.ctb	웹에 적용시키기 위한 가상 선두께 사용

09 'acad.ctb' 플롯 스타일 테이블을 선택한 후 [Edit] 단추를 클릭합니다. [Plot style table Editor] 대화상자의 [Form View] 탭을 클릭하고 그림과 같이 설정을 변경합니다.

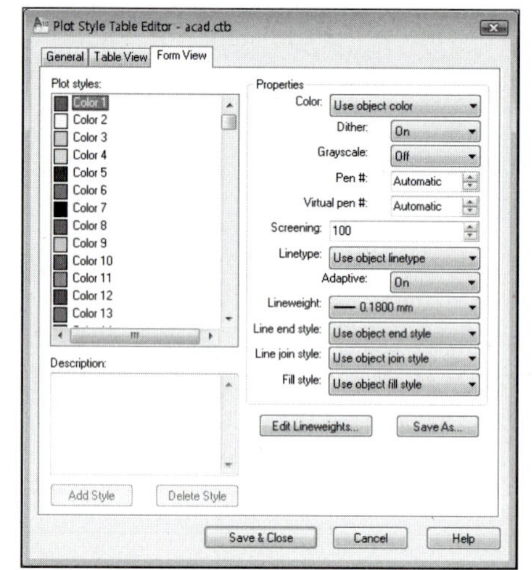

색상에 대한 속성(Properties)들로 구성되어 있습니다. 색상의 선 두께를 바꾸려면 [Lineweight] 부분을 변경하면 됩니다. 다음은 모범적인 선 두께 사례를 표로 만들었습니다.

색상 (color)	선 두께 (Lineweight)	색상 (color)	선 두께 (Lineweight)
001	0.18	030	0.18
002	0.50	031	0.25
003	0.35	035	0.18
004	0.25	060	0.18
005	0.25	064	0.18
006	0.25	072	0.18
007	0.35	107	0.18
008	0.10	165	0.18
009	0.10	237	0.18
011	0.25	252	0.10
016	0.10	253	0.10

10 [Shaded viewport options] 영역에서는 쉐이드된 모델의 플로팅 정도(Quality)를 설정할 수 있습니다.

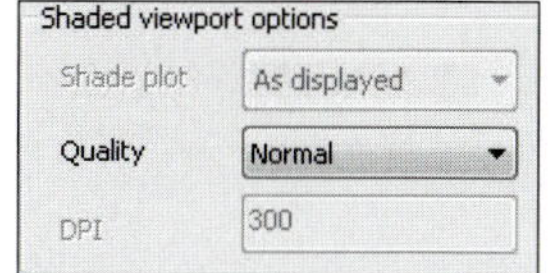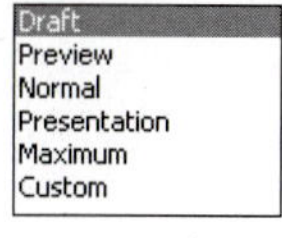

🎒 **주목**

'Draft, Preview, Normal, Presentation, Maximum, Custom' 중에서 선택할 수 있습니다. 'Custom'을 선택하면 [DPI](Dot per Inch) 항목이 활성화되어 직접 DPI를 입력할 수 있습니다.

11 [Plot options] 영역에서는 플롯 스타일의 기타 세부 사항을 설정합니다.

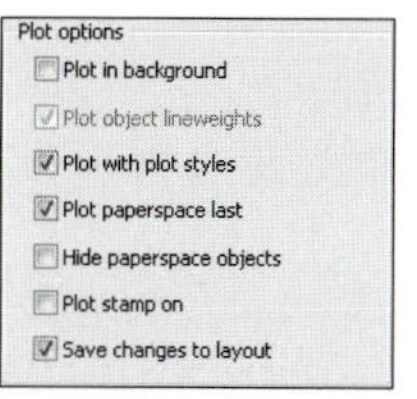

🎒 **주목**

- Plot in background : 배경을 플로팅합니다.
- Plot object lineweights : 객체에 선 두께를 적용하여 플로팅합니다.
- Plot with plot styles : 플롯 스타일로 플로팅합니다.
- Plot paperspace last : 종이 부분을 마지막에 플로팅합니다.
- Hide paperspace objects : 종이 부분의 객체를 숨기고 플로팅합니다.
- Plot stamp on : 스탬프를 적용시켜 플로팅합니다.
- Save changes to layout : 변경된 내용을 레이아웃에 저장합니다.

12 [Drawing orientation] 영역에서는 플로팅할 방향을 설정합니다. 용지의 상황을 판단해서 가로 방향(Landscape)으로 플로팅할 것인지, 세로 방향(Portrait)으로 플로팅할 것인지를 설정합니다.

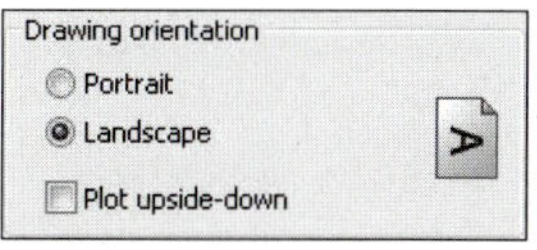

🎒 **주목**

[Plot upside-down] 옵션을 체크하면 도면을 뒤집어서 플로팅할 수 있습니다.

13 모든 설정이 완료되면 [Preview] 단추를 클릭하여 플로팅될 상황을 미리 확인합니다. 모두 확인되었다면 [Plot](🖫) 아이콘을 클릭하여 플로팅을 실행합니다.

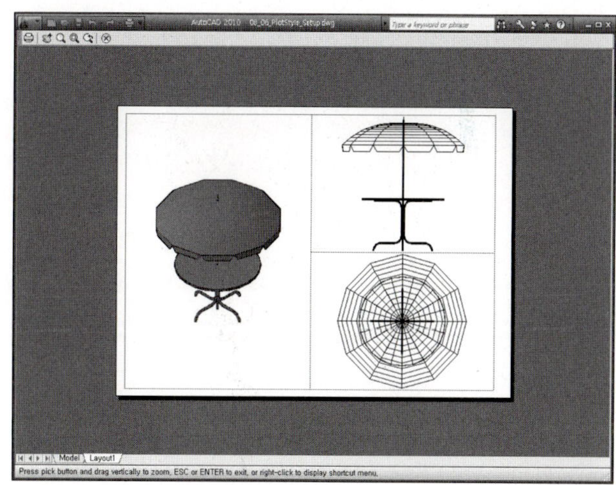

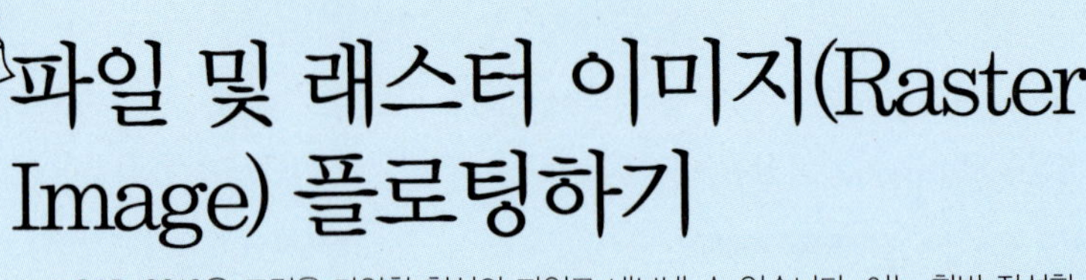

파일 및 래스터 이미지(Raster Image) 플로팅하기

AutoCAD 2010은 도면을 다양한 형식의 파일로 내보낼 수 있습니다. 이는 한번 작성한 도면(*.dwg)을 여러 형식의 파일로 출력(Plot to file)하여 관련 프로그램에서 사용할 수 있도록 하는 매우 효율적인 기능입니다.

Lesson 07

DXB 파일 형식으로 플로팅하기

DXF 파일은 3D 도면을 2D 도면으로 변환하여 플로팅할 수 있습니다. 이 파일 형식은 AutoCAD Dxbin 명령 및 이전 AutoCAD 릴리즈와 함께 제공되는 ADI DXB 드라이버와 호환됩니다.

◉ Samples\08_07_Plot_DXB.dwg

01 DXB 파일을 플로팅할 플로터를 추가합니다.

❶ [Output] 탭의 [Plot] 패널에서 [Plotter Manager](🖶) 아이콘을 클릭합니다.

❷ 'Add-A-Plotter Wizard' 파일을 더블클릭합니다.

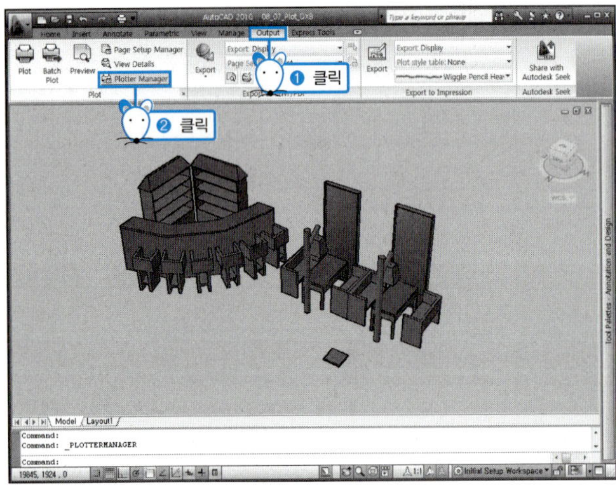

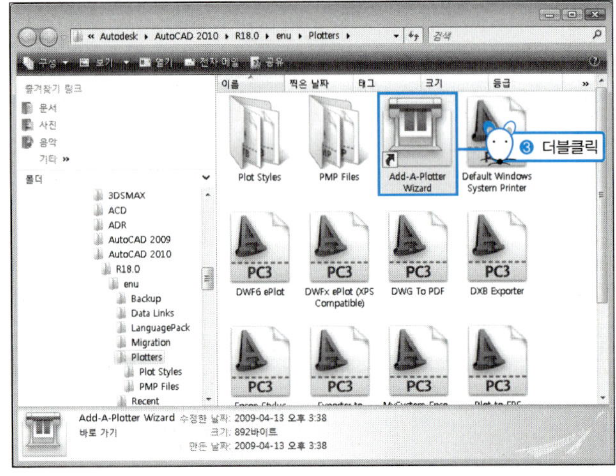

02 [Add Plotter - Introduction Page] 대화상자에서는 윈도우 시스템에 플로터가 연결되어 있지 않아도 플로팅 설정을 도와줄 수 있는 드라이브를 설치할 수 있다고 알려줍니다. [다음] 단추를 클릭합니다.

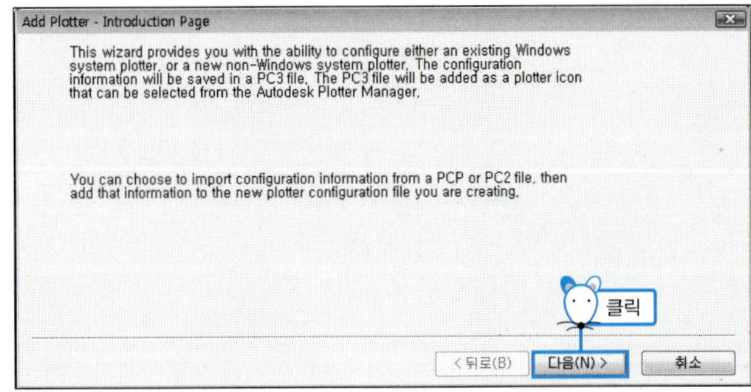

03 [Add Plotter - Begin] 대화상자에서는 [My Computer]를 체크한 후 [다음] 단추를 클릭합니다.

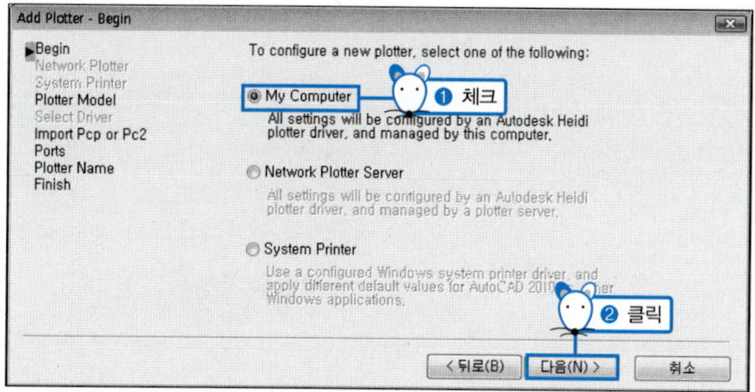

04 [Add Plotter - Plotter Model] 대화상자의 [Manufactures]에서 'AutoCAD DXB File'를, [Models]에서는 'DXB File'을 선택한 후 [다음] 단추를 클릭합니다.

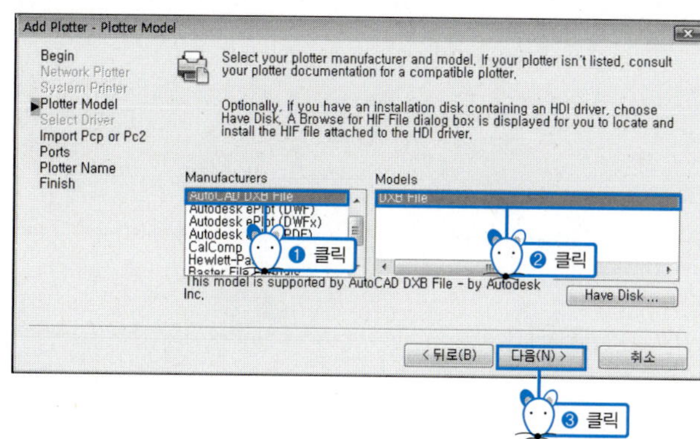

05 [Add Plotter - Import Pcp or Pc2] 대화상자에서는 [다음] 단추를 클릭합니다. 기존에 설정된 Pcp나 Pc2 파일이 있는 경우에는 [Import File] 단추를 클릭하여 경로를 지정해 줍니다.

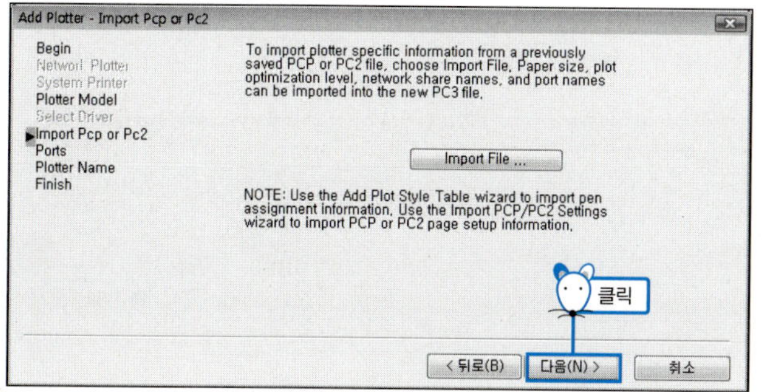

06 [Add Plotter - Ports] 대화상자에서는 Port를 설정합니다. [Plot to File]에 체크한 후 [다음] 단추를 클릭합니다.

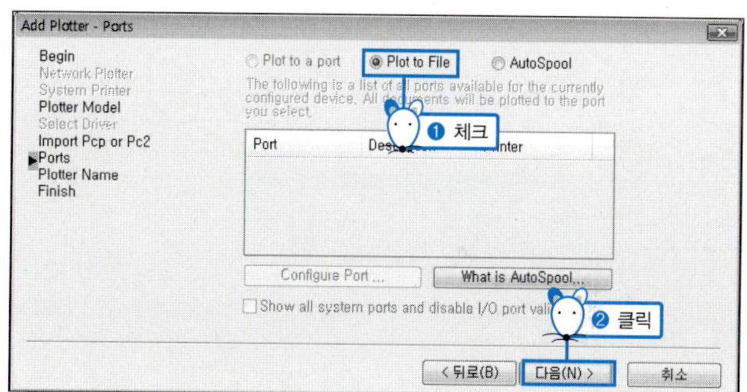

07 [Add Plotter - Plotter Name] 대화상자에서는 설정된 환경을 사용자가 알아볼 수 있도록 플로터의 이름을 입력한 후 [다음] 단추를 클릭합니다.

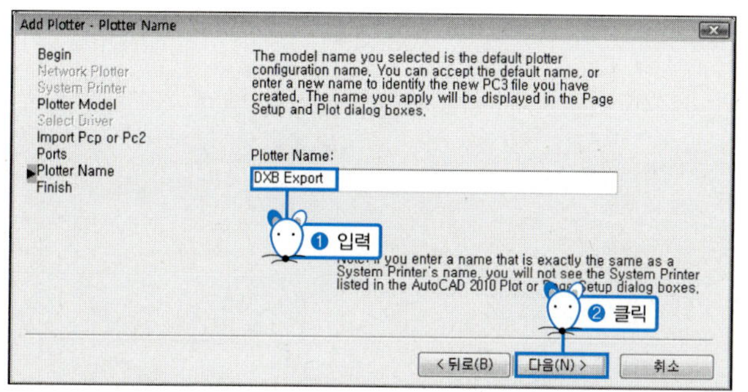

08 [Add Plotter - Finish] 대화상자에서는 만들어진 플로터의 설정을 변경하려면 [Edit Plotter Configuration] 단추를 클릭해서 [Plotter Configuration Editor] 대화상자를 불러냅니다. 설정이 마무리되면 [마침] 단추를 클릭합니다.

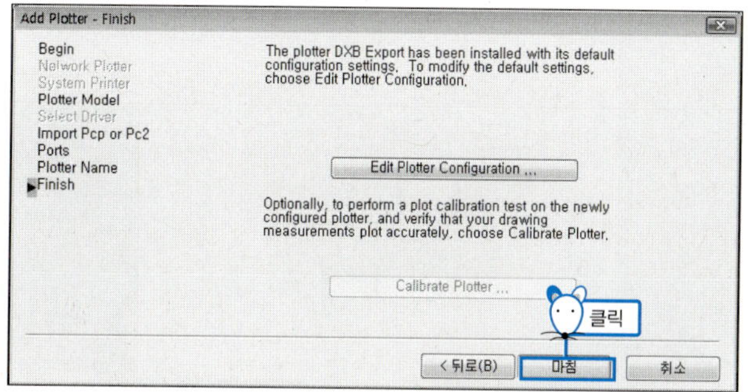

09 DXB 파일 형식으로 플로팅하기 위해 Plot 명령을 실행하기 위해 퀵 액세스 툴바의 [Plot](🖨) 아이콘을 클릭합니다.

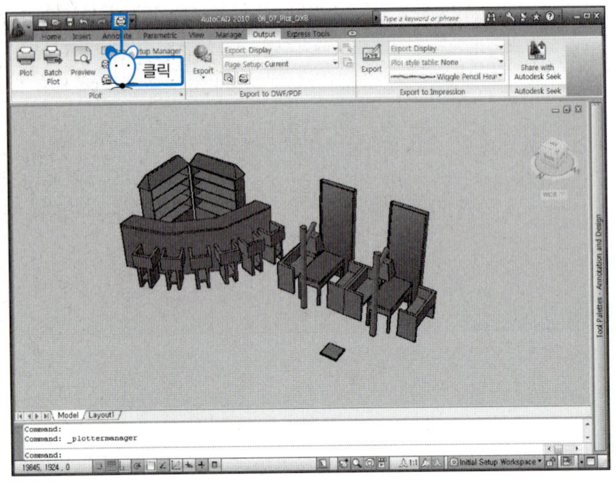
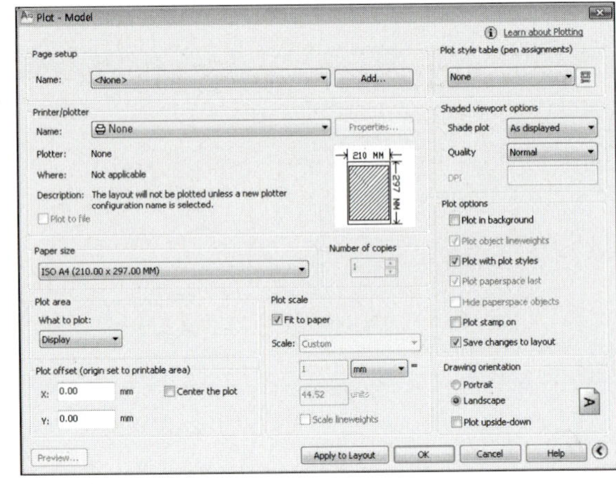

10 [Printer/plotter] 영역에서 'DXB Exporter'를 선택합니다.

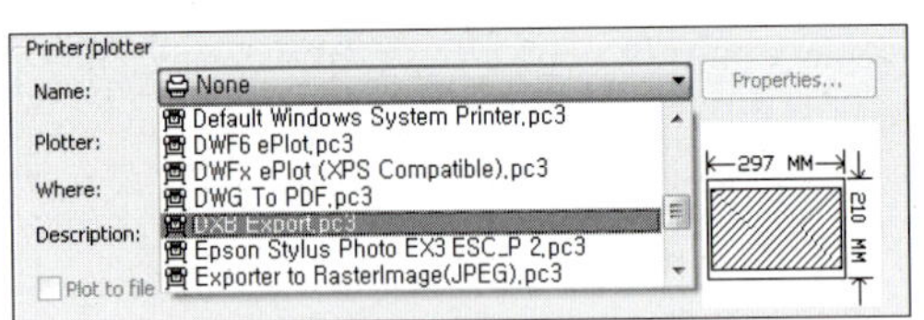

11 DXB는 모노 톤으로 플로팅되므로 플롯 스타일 테이블을 설정할 필요가 없습니다.

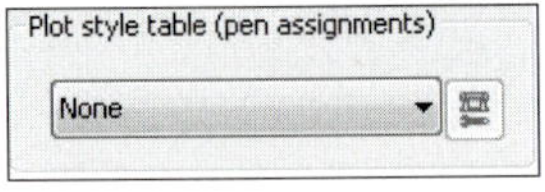

12 플로팅할 용지의 크기를 사용자의 플로터 환경에 알맞게 설정합니다.

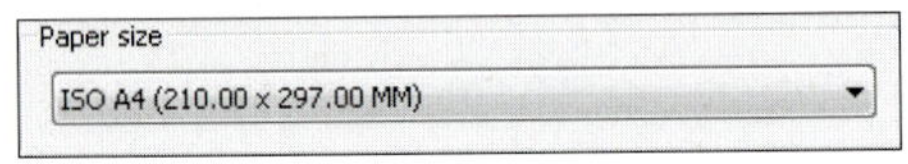

13 [Shaded viewport options] 영역에서 'Hidden'을 선택하고 [Preview] 단추를 클릭하여 미리 보기로 확인합니다. 플로팅할 내용을 확인한 후 [닫기] 단추를 클릭합니다.

14 [Plot] 대화상자의 [Plot offset] 영역에서 [Center the plot] 옵션을 체크하고 체크한 후 [OK] 단추를 누릅니다.

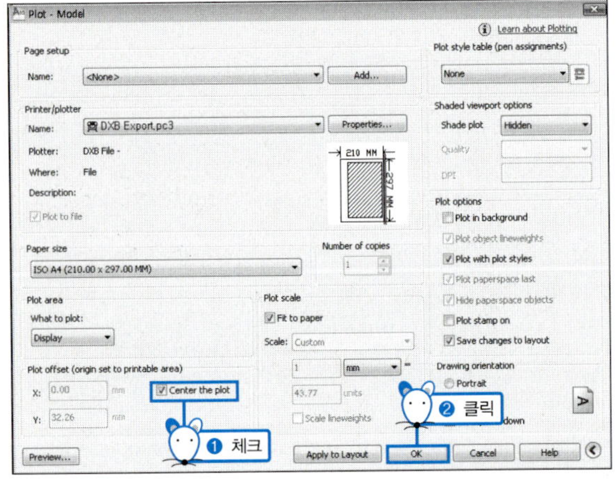

15 플로팅할 경로와 파일 이름을 입력하고 [Save] 단추를 클릭합니다.

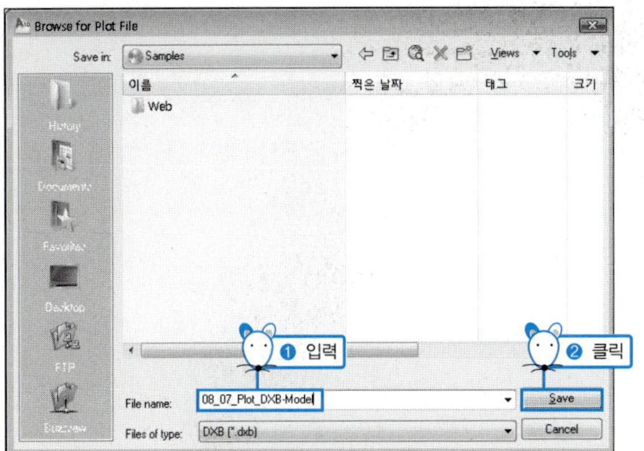

16 퀵 액세스 툴바의 [QNew](　) 아이콘을 클릭하여 새로운 도면을 만듭니다.

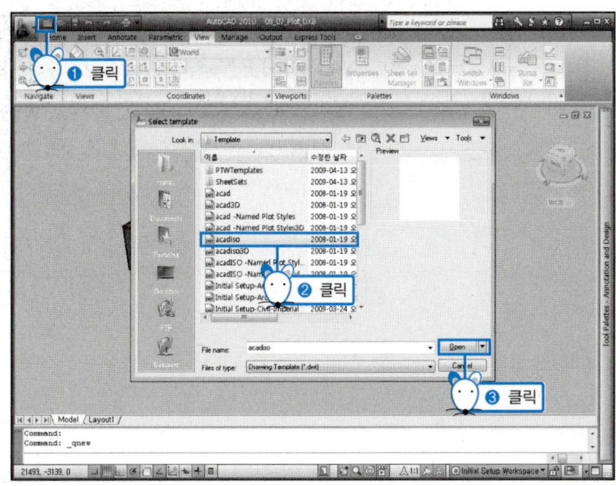

17 새로운 도면에 DXB 파일을 삽입합니다.

❶ 퀵 액세스 툴바의 화살표 아이콘을 클릭하고 단축 메뉴를 불러내 [Show Menu Bar]를 선택합니다.

❷ [Insert]-[Drawing Exchange Binary] 메뉴를 선택하고 경로의 파일을 선택합니다.

◉ Samples\08_07_Plot_DXB-Model.dxb

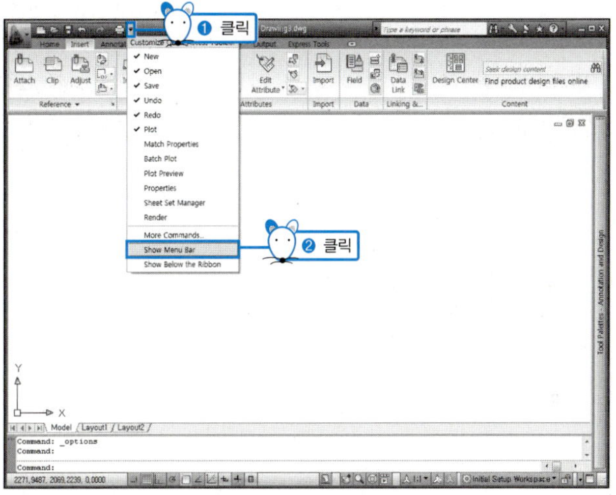

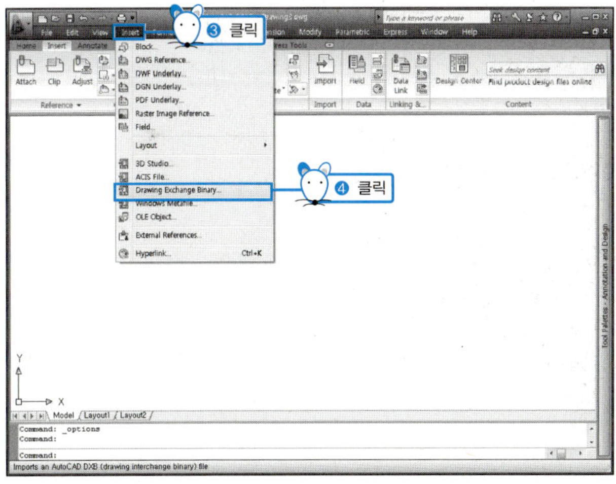

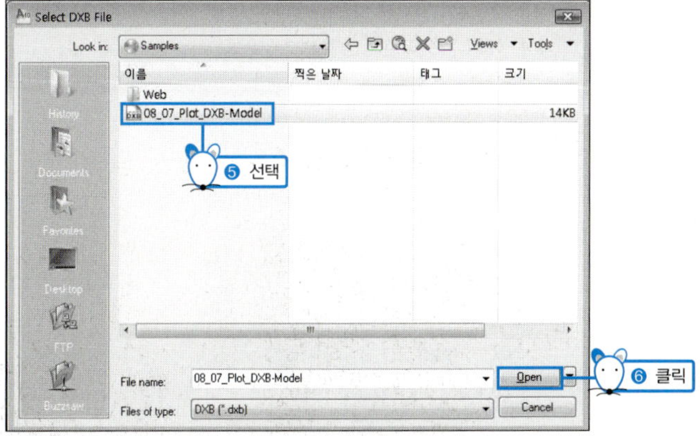

18 DXB 파일이 삽입되고, 파일이 보이지 않으면 Zoom Extents 명령으로 확대합니다.

19 3D 객체 도면이 2D 객체로 삽입된 것을 확인할 수 있습니다.

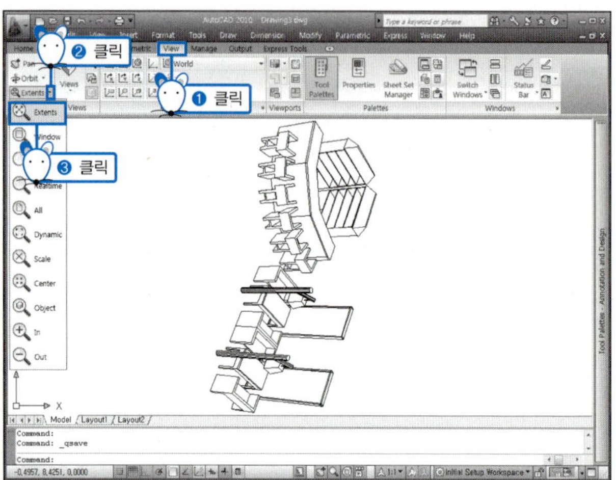

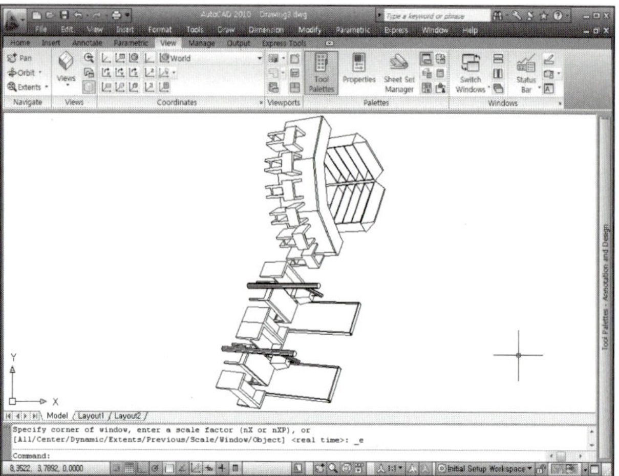

래스터 이미지(Raster Image)로 플로팅하기

AutoCAD에서는 도면을 비트맵 형식의 이미지 형식으로 플로팅할 수 있습니다. 또한, 여러 종류의 래스터 파일 형식을 지원하며 해상도도 조정할 수도 있습니다. Plot 명령으로 래스터 이미지를 얻는다는 것은 임의의 영역을 지정할 수 있고 방향을 변경할 수도 있다는 것을 의미합니다.

⊙ Samples\08_07_Plot_RasterImage.dwg

01 도면을 래스터 파일 형식으로 플로팅할 수 있는 플로터를 추가합니다.

❶ 퀵 액세스 툴바의 화살표 아이콘을 클릭하고 단축 메뉴를 불러내 [Show Menu Bar]를 선택합니다.

❷ [Tools]-[Wizards]-[Add Plotter] 메뉴를 선택합니다.

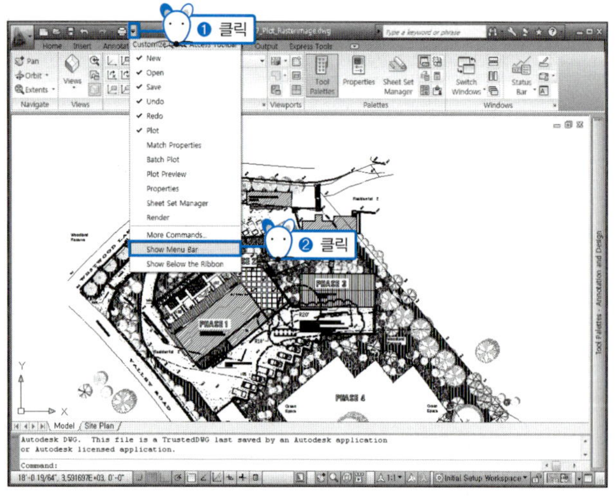

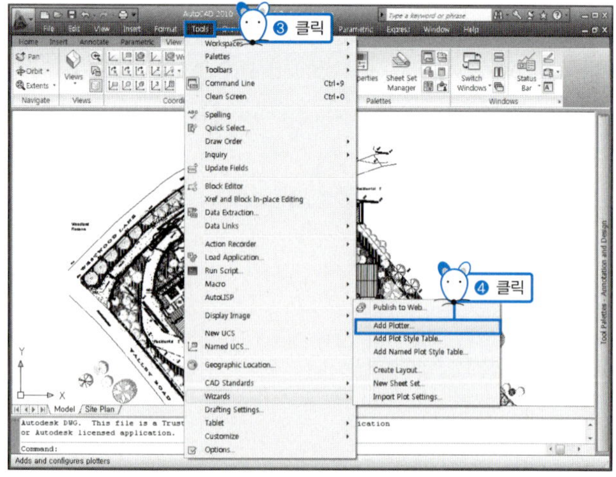

02 [Add Plotter – Introduction Page] 대화상자에는 윈도우 시스템에 연결된 플로터가 없어도 플로팅 설정을 도와줄 수 있는 드라이브를 설치할 수 있다는 내용을 알려줍니다. [다음] 단추를 클릭합니다.

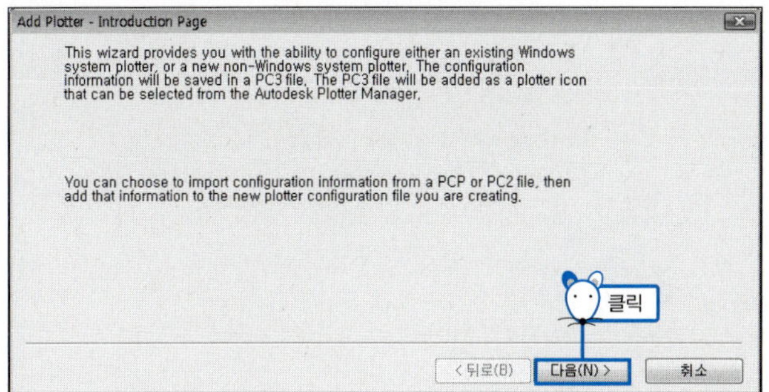

03 [Add Plotter – Begin] 대화상자에서는 [My Computer]를 체크한 후에 [다음] 단추를 클릭합니다.

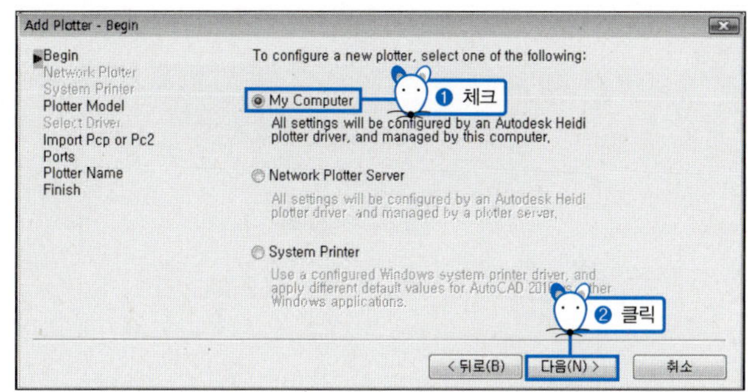

04 [Add Plotter – Plotter Model] 대화상자를 그림과 같이 설정합니다.

❶ [Manufactures]를 'Raster File Formats'로 설정합니다.

❷ [Models]는 'Independent JPEG Group JFIF(JPEG Compression)'로 설정하고 [다음] 단추를 클릭합니다.

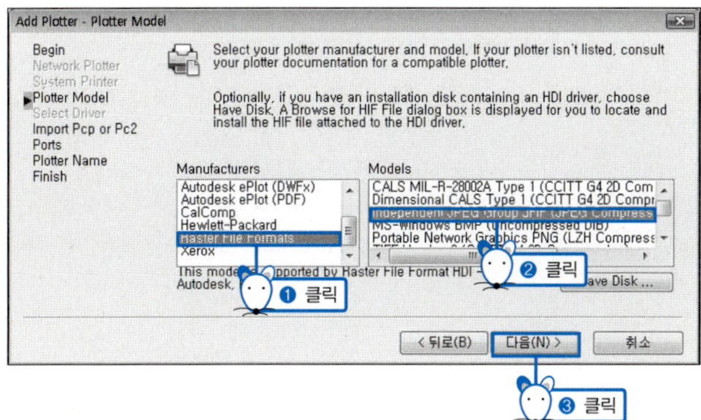

05 [Add Plotter – Import Pcp or Pc2] 대화상자에서는 [다음] 단추를 클릭합니다. 기존에 설정된 Pcp나 Pc2 파일이 있는 경우에는 [Import File] 단추를 클릭하여 경로를 지정해 줍니다.

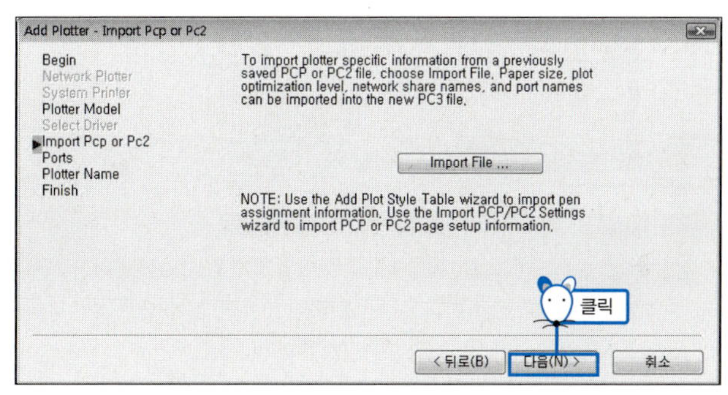

06 [Add Plotter – Ports] 대화상자에서는 Port를 설정합니다. [Plot to File]을 체크한 후 [다음] 단추를 클릭합니다.

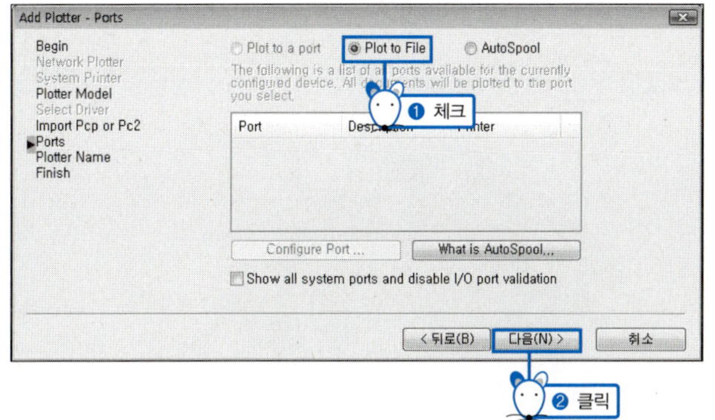

07 [Add Plotter – Plotter Name] 대화상자에서는 설정된 환경을 사용자가 알아볼 수 있도록 플로터의 이름을 입력하고 [다음] 단추를 클릭합니다.

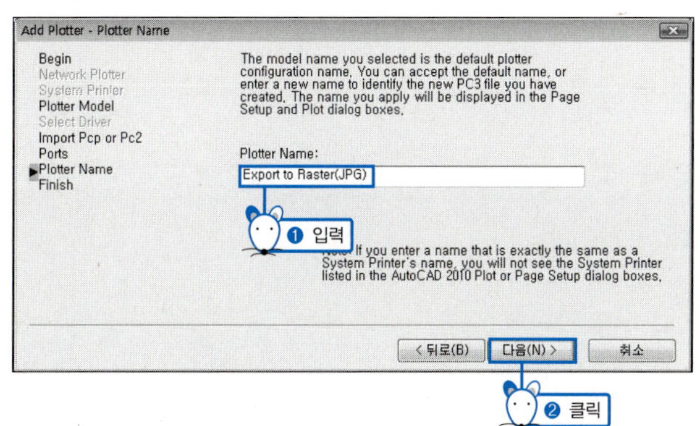

08 [Add Plotter - Finish] 대화상자에서는 만들어진 플로터의 설정을 변경하려면 [Edit Plotter Configuration] 단추를 클릭해서 [Plotter Configuration Editor] 대화상자를 불러냅니다. 설정이 마무리되면 [마침] 단추를 클릭합니다.

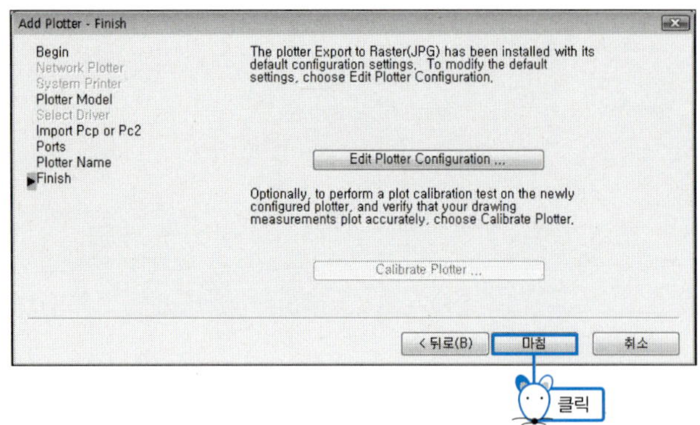

09 래스터 파일을 작성하기 위한 Plot 명령을 실행하기 위해 퀵 액세스 툴바의 [Plot](🖫) 아이콘을 클릭합니다.

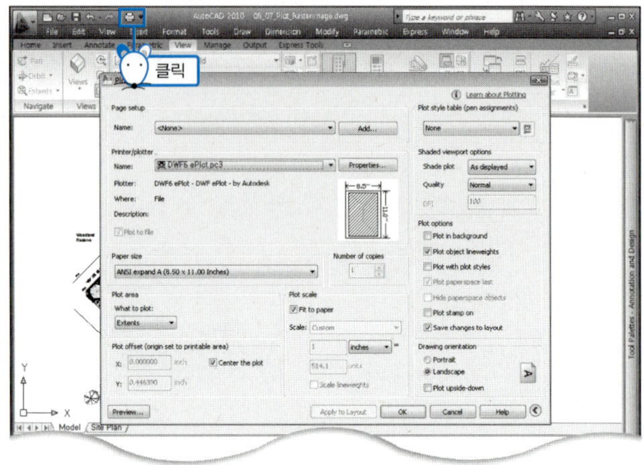

10 래스터 파일을 작성하기 위해 추가할 래스터 플로터를 선택한 후 설정된 용지의 크기가 맞지 않는다는 경고 창이 나타나면 [Use a custom paper size]를 클릭합니다.

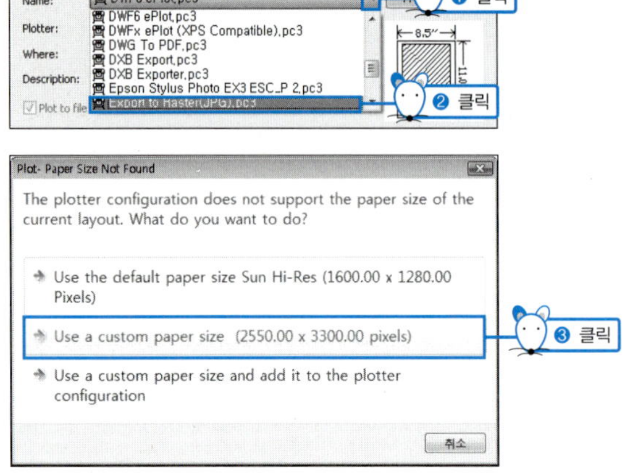

11 래스터 이미지를 플로팅할 화소를 설정합니다.

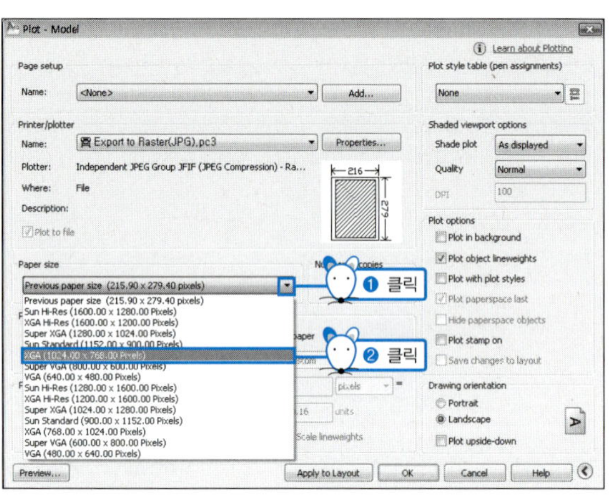

12 래스터 이미지의 영역을 설정하기 위해 [Plot area] 영역에서 'Window'를 선택한 후 도면 영역에서 플로팅할 영역을 지정합니다.

주목

영역을 재설정하기 위해서는 활성화된 [Window] 단추를 다시 클릭하면 됩니다.

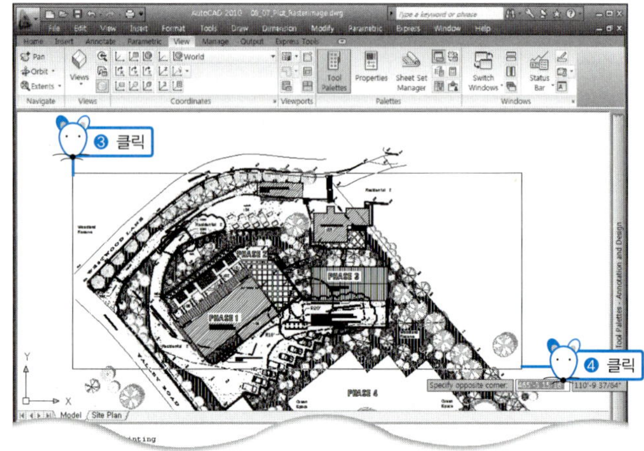

13 [Preview] 단추를 클릭하여 플로팅 상황을 미리 확인하고 미리 보기 창에서 [Plot](🖶) 아이콘을 클릭합니다.

14 저장할 경로와 파일명을 입력하고 [Save] 단추를 클릭합니다.

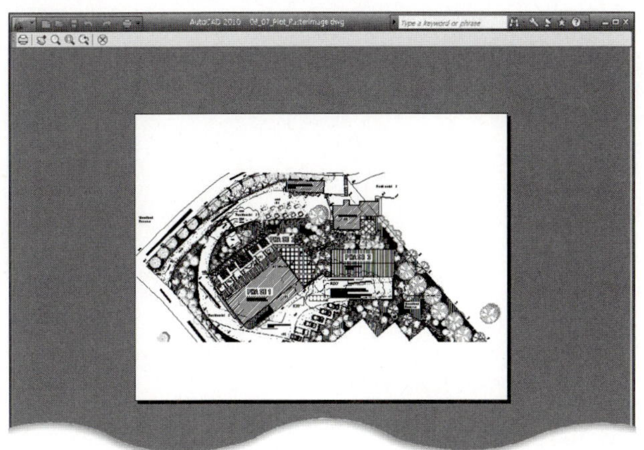

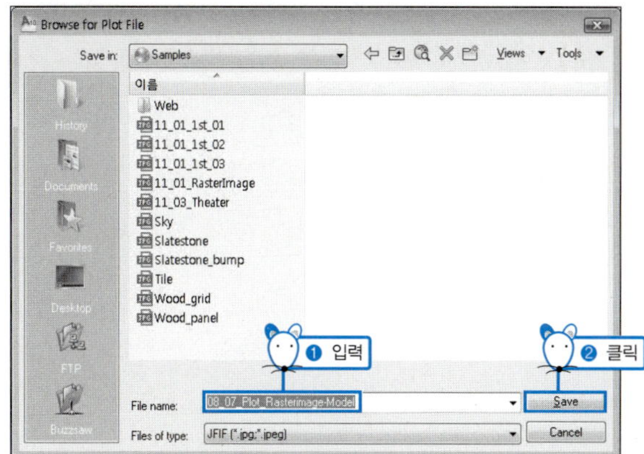

15 도면이 래스터 이미지로 플로팅되는 것을 확인할 수 있습니다.

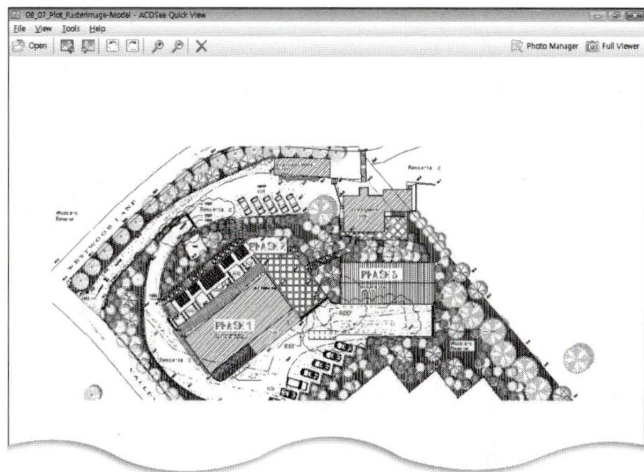

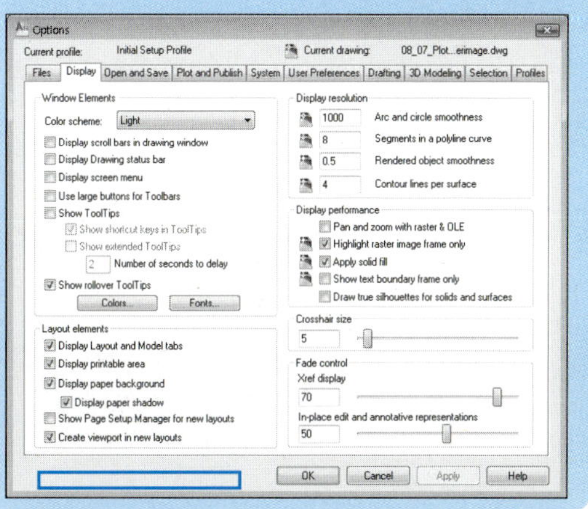

새로운 레이아웃을 시작할 때 자동으로 [Page Setup Manager] 대화상자가 표시되도록 설정하는 옵션

[Options] 대화상자의 [Display] 탭에서 [Layout elements] 영역을 확인해보면 [Show Page Setup Manager for new layouts] 옵션이 있습니다. 이 옵션을 체크하면 새로운 레이아웃을 시작할 때 자동으로 [Page Setup Manager] 대화상자가 나타납니다.

상상하는 무엇이든 그대로 디자인할 수 있습니다!

AutoCAD 2010에서는 무엇을 상상하든 그대로 디자인할 수 있습니다. 뷰큐브(ViewCube)와 스티어링휠(SteeringWheel)로 3D 뷰 환경을 컨트롤하는 것이 더욱 쉬워졌으며 면, 모서리, 점 등을 직관적으로 밀고 당기기만 해도 복잡한 형태를 만들 수 있게 되었습니다. 모델링뿐만 아니라 재질과 빛을 적용하는 등의 렌더링 이미지에 관련된 작업 역시 더욱 편리해져 작업에 효율을 가져올 수 있습니다. 최종 프레젠테이션 작업 역시 간단한 작업을 통해 전문가와 같은 결과물을 만들어 3D 객체를 더욱 사실적으로 보여줄 수 있습니다. 3D 작업이란 무엇인가 하는 기초적인 이해에서부터 직접 3D 모델링을 하고 빛과 재질을 적용하여 렌더링 이미지를 얻는 일련의 과정을 고스란히 알아보겠습니다.

Intro   상상하는 그대로의 3D 모델링
Lesson 01   3D 작업을 위한 AutoCAD 2010의 이해
Lesson 02   솔리드(Solid) 만들기
Lesson 03   서페이스(Surface) 만들기
Lesson 04   3D 객체(솔리드+서페이스) 편집하기

상상하는 그대로의 3D 모델링

3D 작업이란 무엇인가 하는 기초적인 이해에서부터 직접 다양한 방식으로 3D 모델링을 작성하는 일련의 과정을 알아봅니다.

AutoCAD에서의 3D 작업과 환경

3D 작업은 빛을 반사할 수 있는 면을 만들어 주는 작업입니다. 그래서 2D 작업의 기본 객체가 선분이라면 3D 작업은 면이라고 말할 수 있습니다. 그리고 3D 작업과 UCS 환경의 이해, 작업을 수월하게 해줄 3D 작업 환경 등에 대해 알아봅니다.

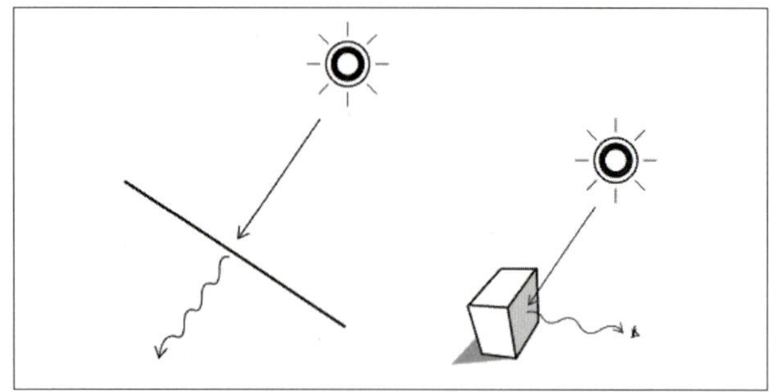

▲ 빛이 면에 반사되어 돌아오는 정보를 우리 망막에서 인식할 때 '보인다' 라고 합니다.

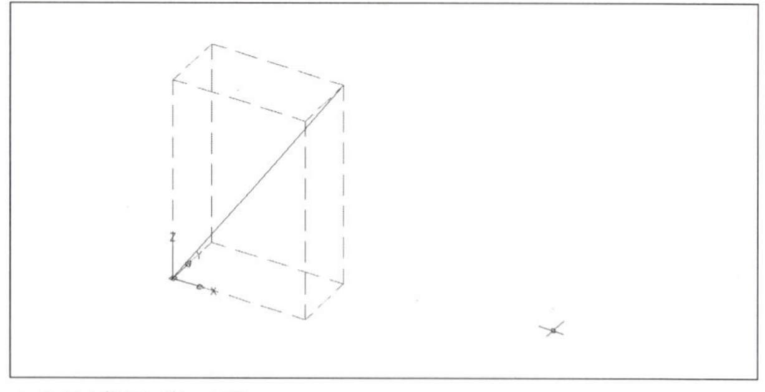

▲ XYZ 좌표를 갖는 선분

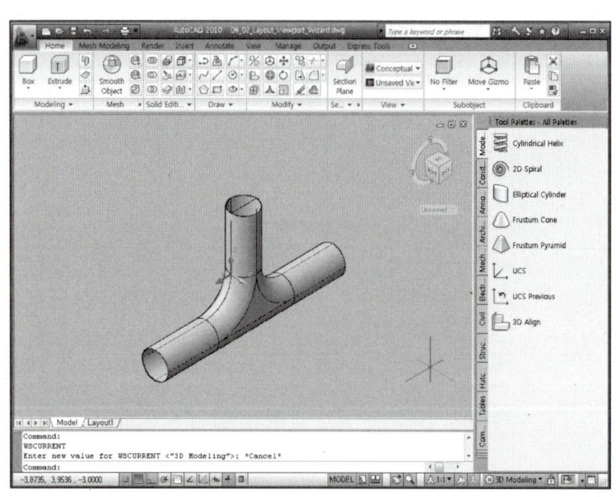

▲ Workspaces : 3D Modeling

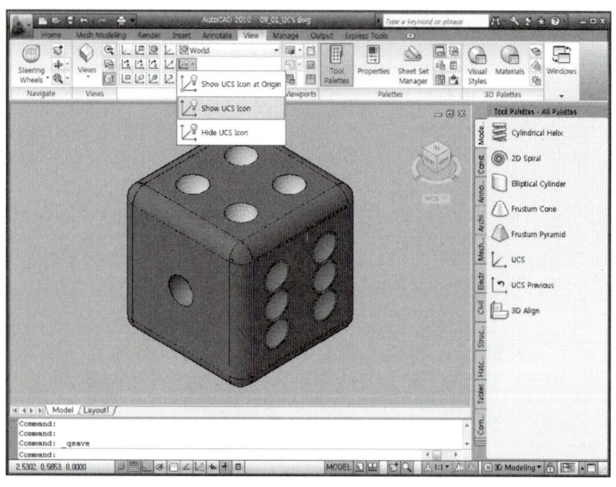

▲ UCS 환경 설정

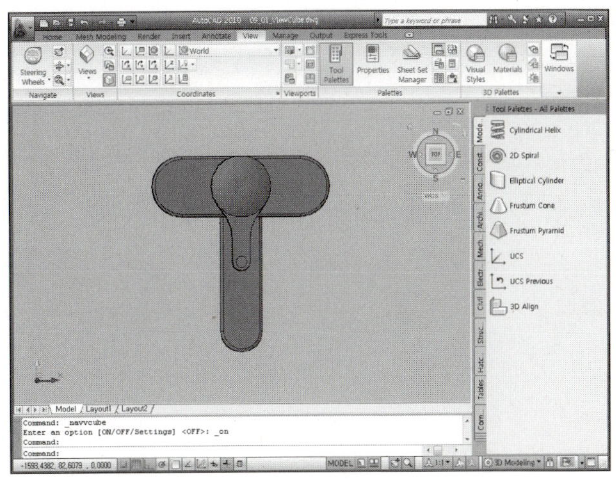

▲ 뷰 큐브를 이용한 뷰 환경 설정

솔리드(Solid)의 작성

솔리드는 몇 번의 과정을 거쳐 하나의 완성된 3D 객체를 얻어내는 결과물이며 편집 명령도 서
페이스의 그것과 구분됩니다. 솔리드의 장단점을 이해하여 사용자에게 필요한 객체를 만들어
낼 수 있는 것이 중요합니다.

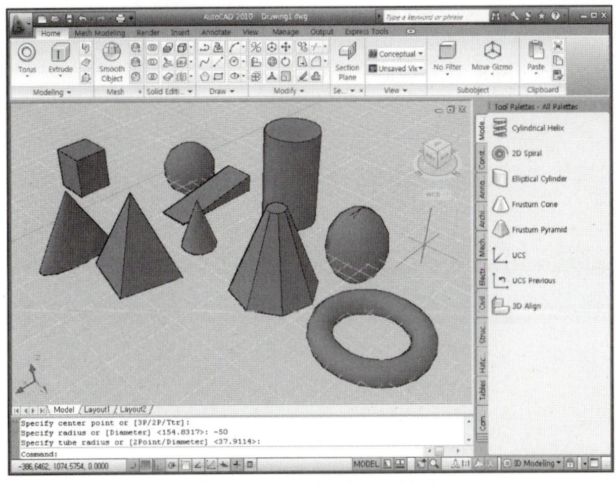

▲ Box, Wedge, Cone, Sphere, Cylinder, Pyramid, Torus

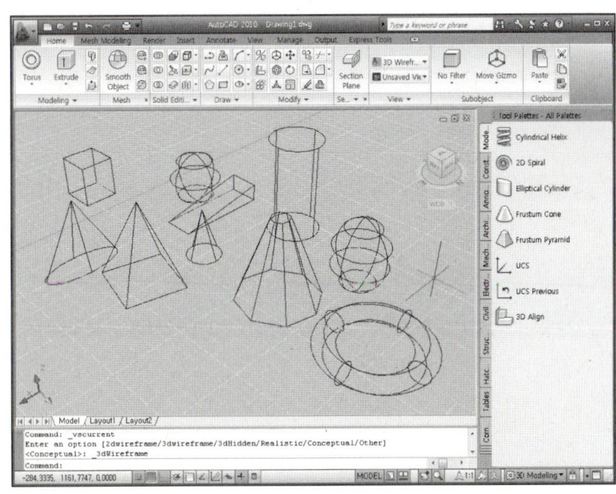

▲ 3D Wireframe 모드

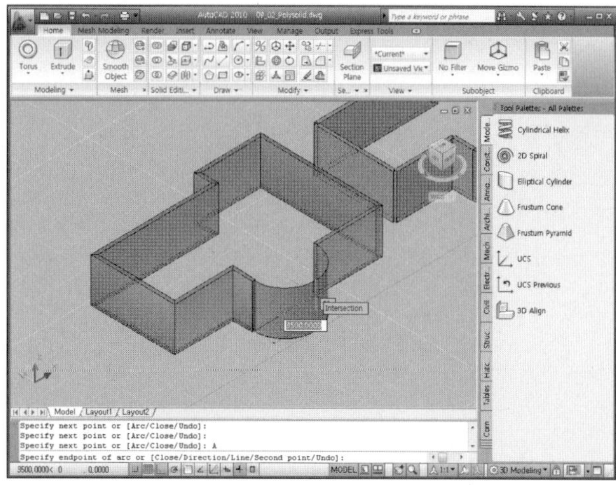

▲ Polysolid 명령으로 벽체 작성

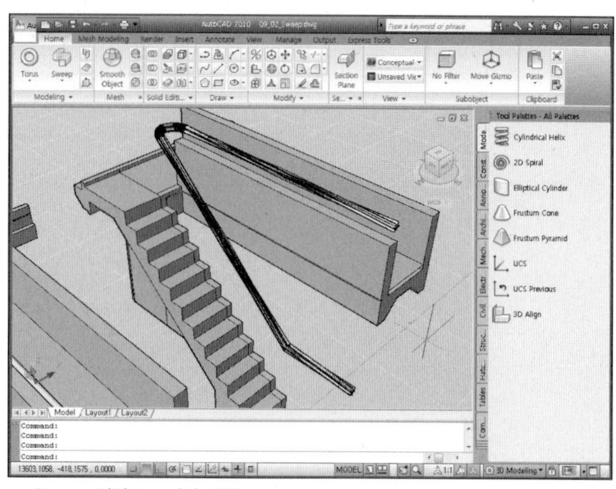

▲ Sweep 명령으로 난간 작성

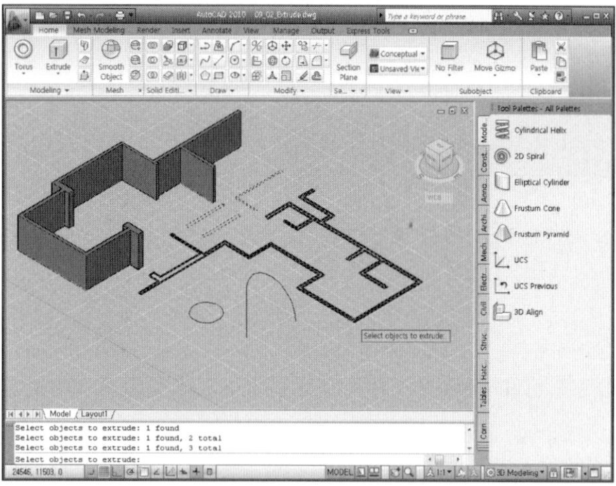

▲ Extrude 명령으로 벽체 작성

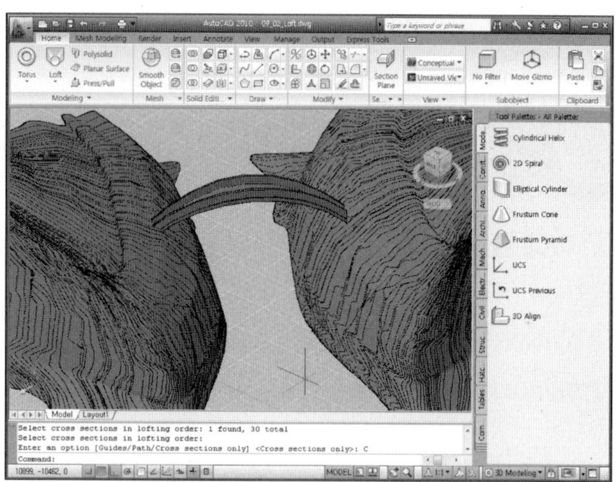

▲ Loft 명령으로 대지와 다리 작성

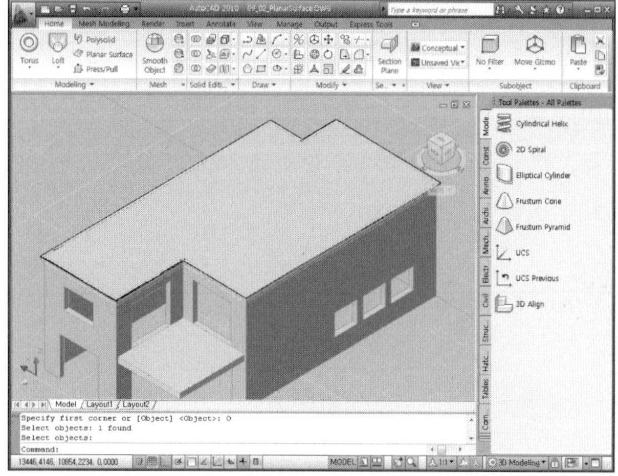

▲ Planar Surface 명령으로 면 작성

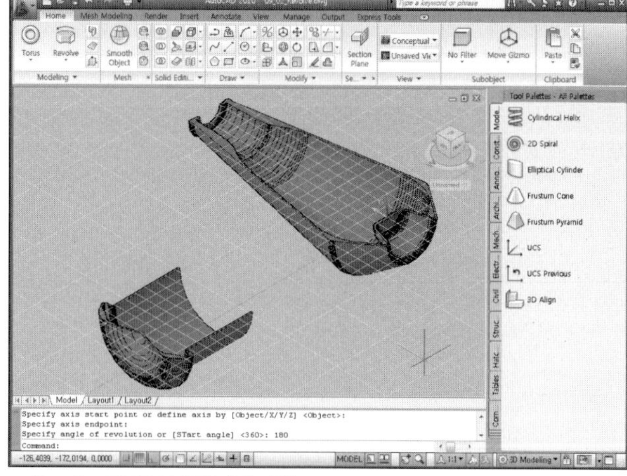

▲ Revolve 명령으로 회전 객체 작성

서페이스(Surface)의 작성

다양한 방식으로 만들어진 서페이스(Surface)는 Stretch 명령으로 늘리고 줄이는 등의 일반 편집이 가능하기 때문에 AutoCAD의 3D Modeling에서 매우 빈번하게 사용되어지고 있습니다. 서페이스를 만드는 방식은 크게 Tabulated Surface, Edged Surface, Ruled Surface, Revolved Surface와 3D Surface의 방식이 있습니다.

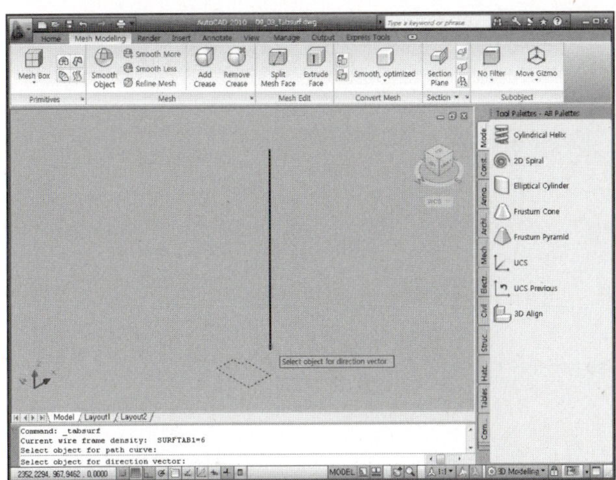

▲ Tabsurf 명령을 위한 단면과 벡터

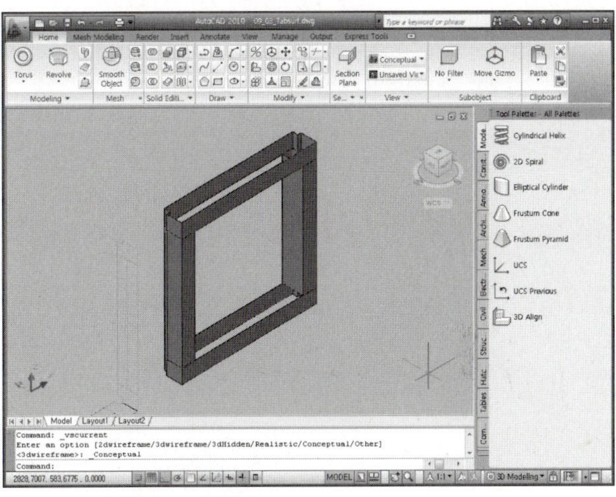

▲ Tabsurf 명령으로 작성한 창문틀

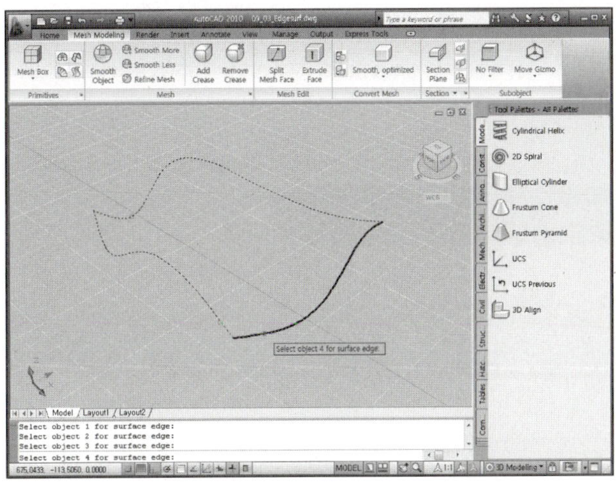

▲ Edgesurf 명령을 위한 객체

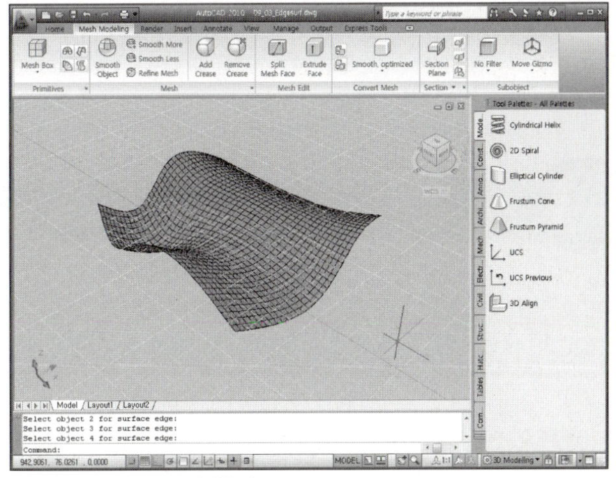

▲ Edgesurf 명령으로 작성한 면

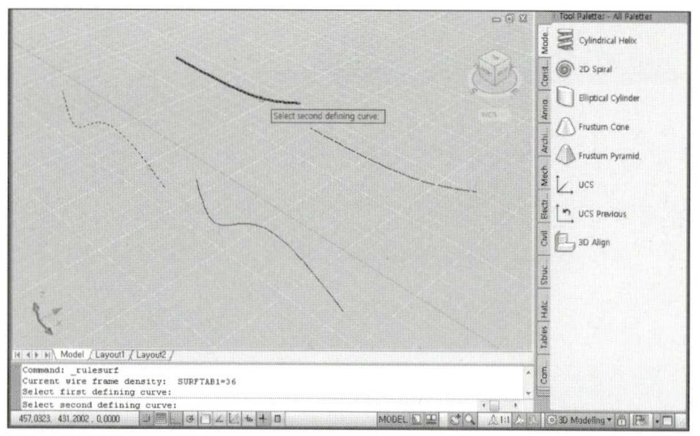
▲ Rulesurf 명령을 위한 객체

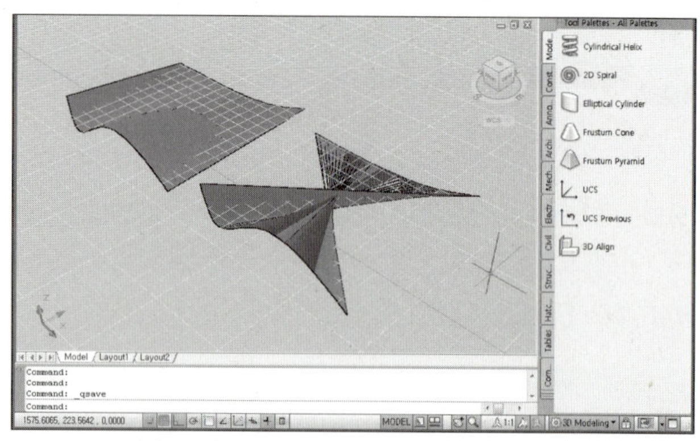
▲ Rulesurf 명령으로 작성한 면

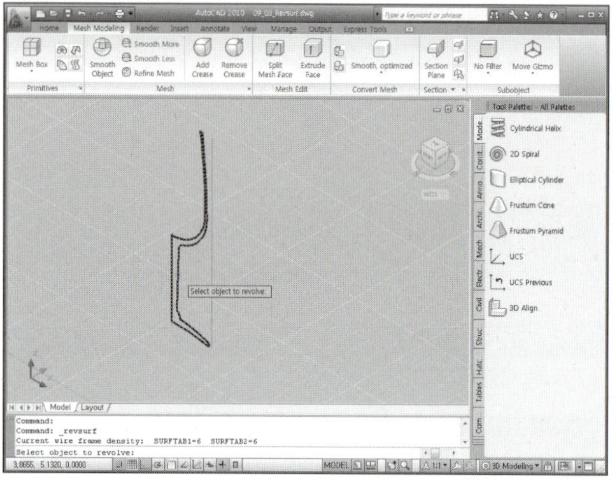
▲ Revsurf 명령을 위한 단면과 축

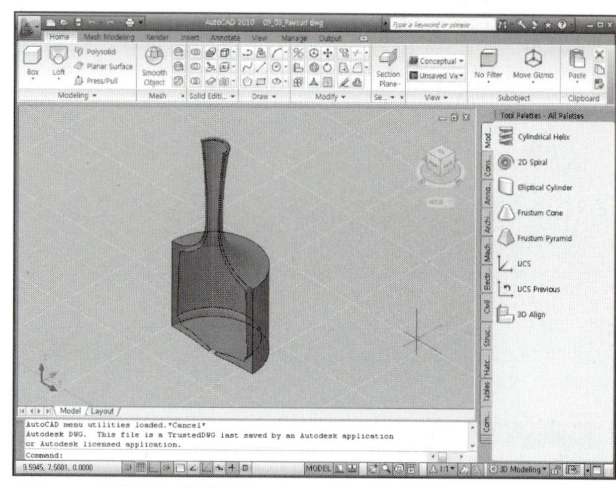
▲ Revsurf 명령으로 작성한 면

3D 객체(솔리드+서페이스)의 편집 방법

솔리드와 서페이스를 모두 포함하는 3D 객체를 편집하는데 있어서 주의를 요하는 키포인트는 UCS를 이용하여 작업 평면을 정의하는 것과 솔리드와 서페이스에 적당한 편집 명령을 사용하는 것, 그리고 작업 뷰 환경을 적절하게 설정하는 것입니다.

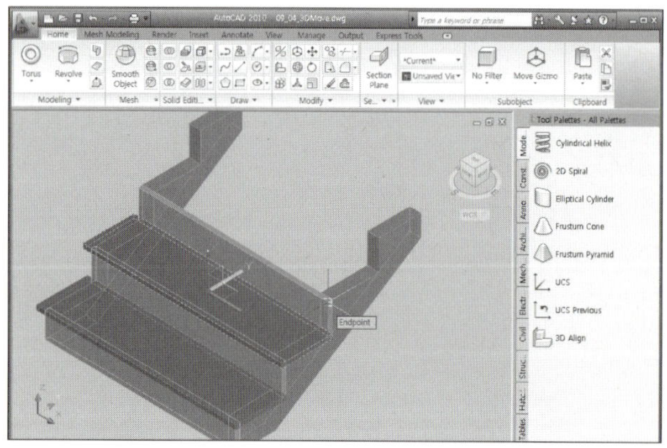
▲ 3D 이동 툴

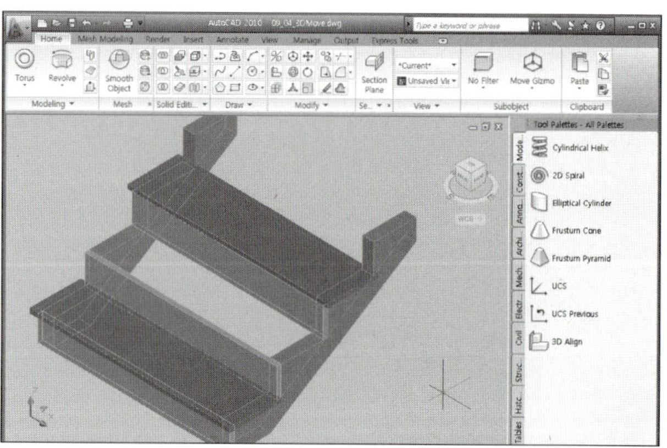
▲ 3D Move

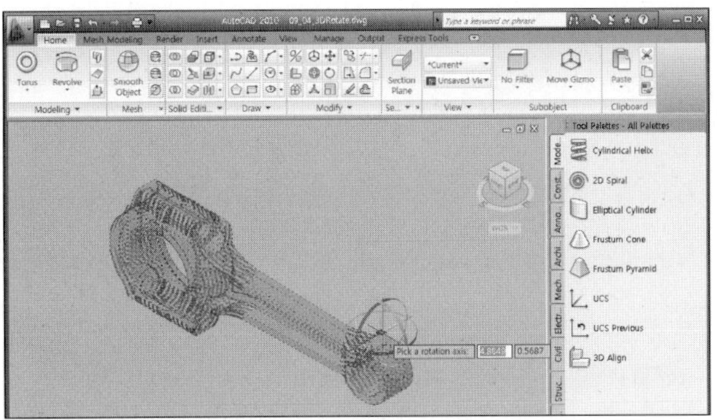

▲ 3D 회전 툴

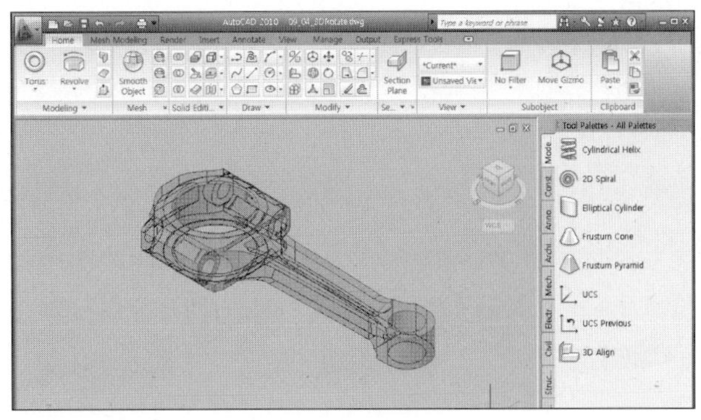

▲ 3D Rotate

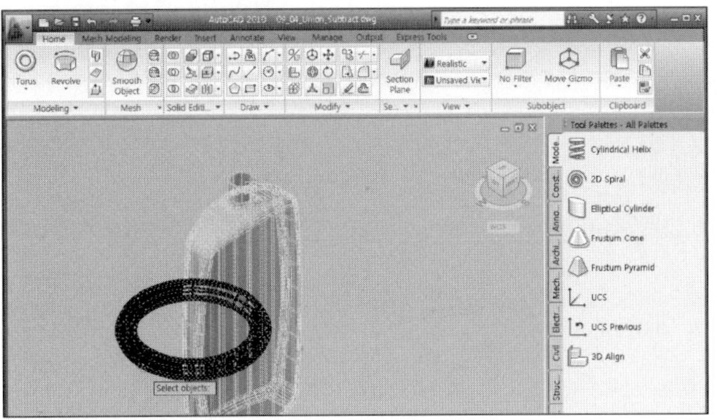

▲ 객체 간의 더하기(Union)

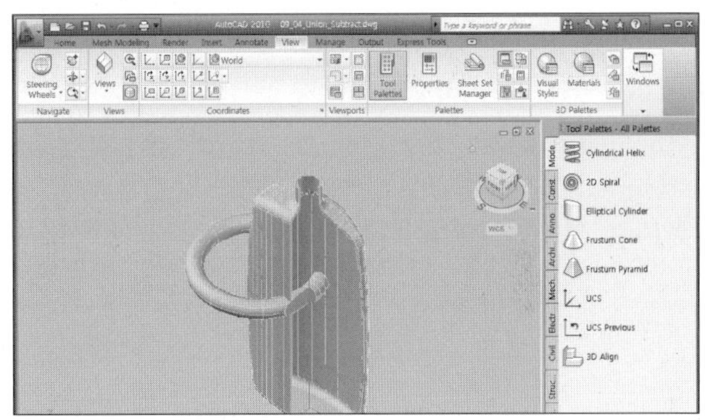

▲ 객체 간의 빼기(Subtract)

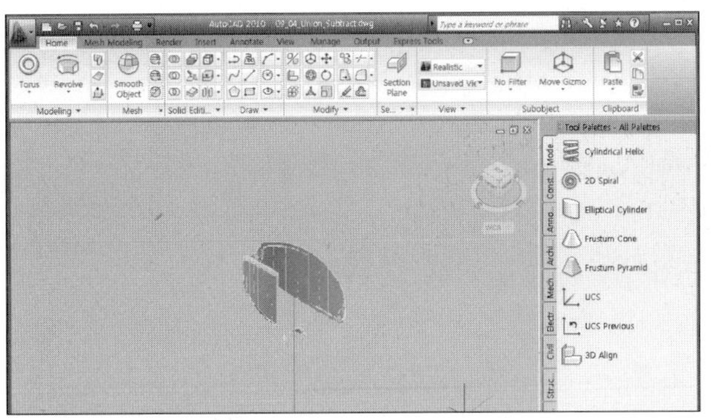

▲ 객체 간의 교집합(Intersect)

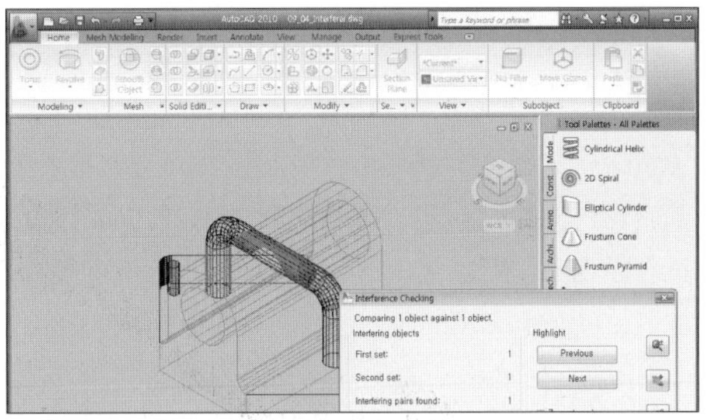

▲ 교집합을 새로운 객체로(Interfere)

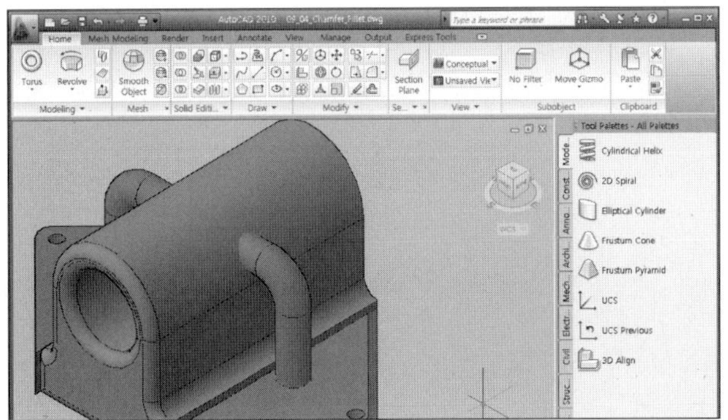

▲ 객체의 Chamfer와 Fillet

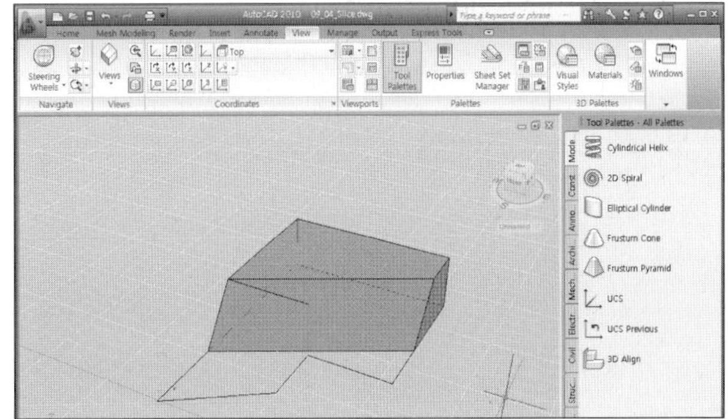

▲ 객체의 자르기(Slice)

3D 작업을 위한 AutoCAD 2010의 이해

AutoCAD 2010에서 3D 객체를 만들기 위해서 기본적인 3D 작업과 UCS 환경의 이해 그리고 작업을 수월하게 해줄 3D 작업 환경 등을 확실히 알아두는 것이 좋습니다. 그렇기 때문에 이번에는 3D 작업을 위해 AutoCAD 2010에서 반드시 알아야 하는 기본적인 내용들을 알아봅니다.

Lesson 01

3D 작업의 이해

2D의 기본 요소인 선분은 벡터 데이터로써 시작점과 끝점 그리고, 속성(Properties)을 갖는 데이터로 인식됩니다. 따라서 선분의 몸체는 점으로 이루어진 것이 아닌 허상(Illusion)이라고 볼 수 있습니다. 그렇기 때문에 그림자가 반영될 수 있는 3D 객체를 만들기 위해서는 2D 작업과는 다른 과정이 필요합니다.

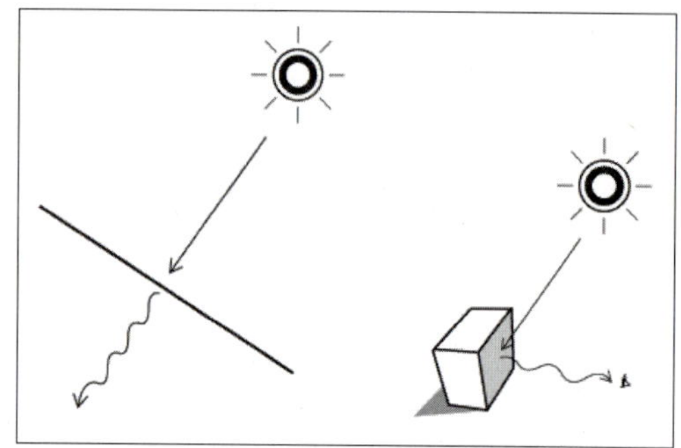

▲ 빛이 면에 반사되어 돌아오는 정보를 우리 망막에서 인식할 때 '보인다' 라고 합니다.

'보인다는 것' 은 빛이 물체에 반사되어 되돌아와서 우리 망막에 맺히는 이미지를 인식하는 것입니다. 선분이 주된 요소인 2D 도면은 빛을 반사해 낼 수 없으므로 재질을 입히거나(Mapping), 렌더링(Rendering)을 할 수 없습니다. 3D 작업은 빛을 반사할 수 있는 면을 만드는 작업이라고 생각하면 쉽습니다. 따라서 2D 작업의 기본 객체가 선분이라면 3D 작업은 면이라고 할 수 있는 것입니다.

3D 좌표를 입력하는 방법

3D 좌표를 입력하는 방법은 2D 좌표를 입력하는 방법과 동일합니다. 다만 2D 좌표와는 달리 X값과 Y값을 입력하고 추가로 Z값을 입력합니다.

좌표로 '10, 20, 40' 을 입력하면 X축으로 '10' , Y축으로 '20' , Z축으로 '40' 인 좌표를 정의하게 됩니다. 2D 좌표와 마찬가지로 좌표 앞에 '@(at)'를 붙이면 상대 좌표를 표시합니다.

Line 명령을 이용하여 시작점을 '0,0,0' (Origin Point)으로 입력하고, 끝점을 '40,20,60' 을 입력하여 선분을 작성합니다. 그러면 선분의 끝점 위치는 0,0,0 지점에서부터 X축으로 40, Y축으로 20, Z축으로 60으로 정의된 지점이 됩니다.

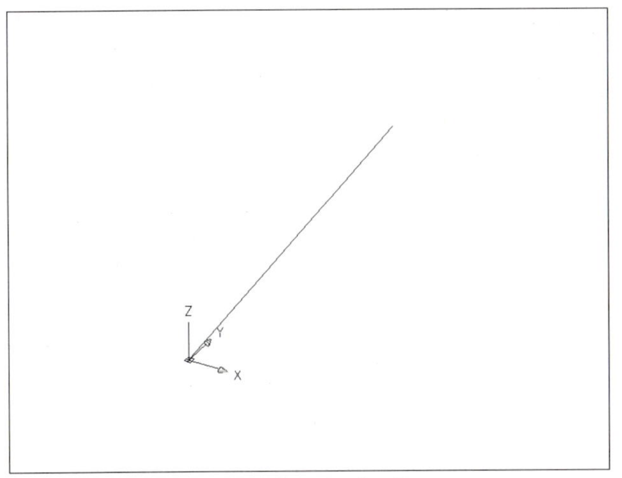

▲ 원점(0,0,0)에서부터 '40, 20, 60' 좌표를 갖는 선분

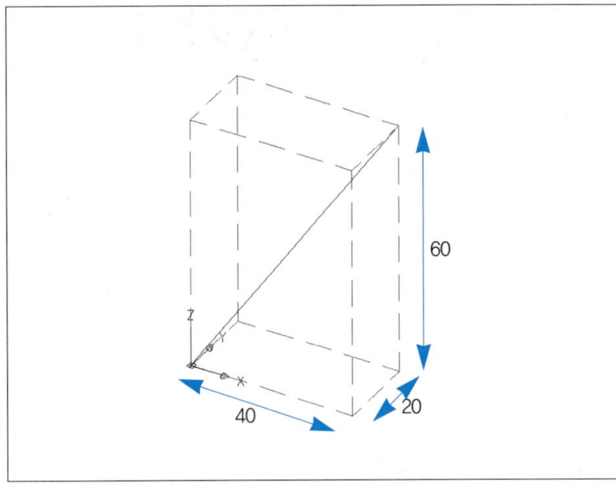

▲ 끝점의 좌표를 확인하기 쉽게 점선으로 표시한 모습

```
Command: LINE(L) [Enter] (Line 명령 실행)
Specify first point: 0,0,0 [Enter] (원점 좌표 입력)
Specify next point or [Undo]: 40,20,60 [Enter] (두 번째 좌표 입력))
Specify next point or [Undo]: [Enter] (Line 명령 종료)
```

3D 작업 환경을 바꿉시다! Workspaces : 3D Modeling

AutoCAD 2010에서는 도면 작업의 성격을 구분하여 가장 최적화된 작업 환경(Workspaces)을 제공하고 있습니다. 그 중에서 3D 작업에 최적화된 환경인 '3D Modeling' 작업 환경은 사용자가 AutoCAD를 이용하여 표현하고 싶은 3D의 모든 기능을 사용할 수 있습니다.

01 상태 표시줄의 [Workspace Switching]을 클릭한 후 '3D Modeling'을 선택합니다.

02 리본 메뉴와 패널의 내용이 3D 작업에 필요한 항목으로 교체되고 Tool Palettes도 표시되면서 3D 작업 환경으로 변경됩니다.

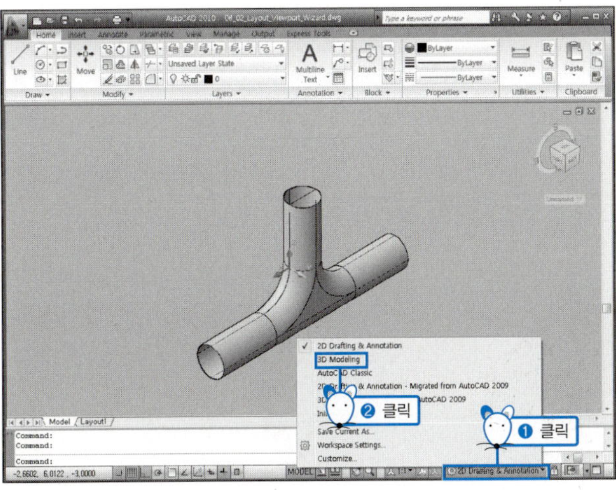

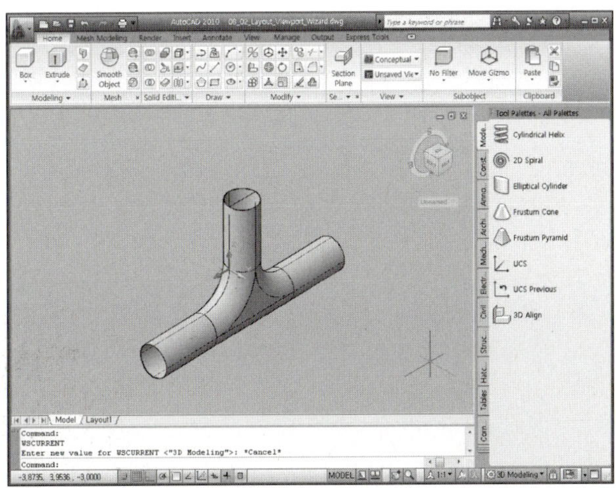

사용자 좌표계(UCS) 설정하기

3D 작업을 하는 과정에서 반드시 이해하고 있어야 할 것이 UCS 환경입니다. 2D 작업의 객체 편집은 기본적으로 XY 평면에서 이루어지지만 3D 작업의 객체 편집은 사용자가 XY, YZ, ZX 평면을 결정한 후 작업을 진행해야 합니다. 때에 따라서는 기존의 축과 평면이 아닌 사용자 정의 축과 평면을 설정할 수도 있습니다. 바로 이러한 일련의 환경이 UCS 환경입니다. 다음 예제를 통해서 UCS 환경을 설정하는 방법을 알아봅니다.

● Samples\09_01_UCS.dwg

01 [View] 탭의 [Coordinates] 패널에서 [Show UCS Icon](🔲) 아이콘을 클릭하여 도면 영역에 UCS 아이콘을 표시합니다.

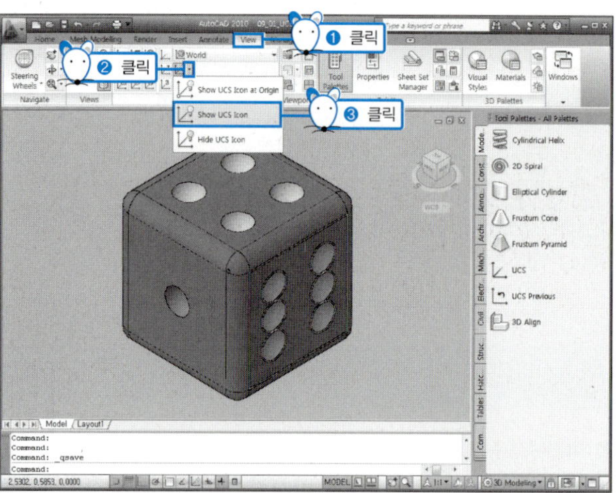

02 다시 [View] 탭의 [Coordinates] 패널에서 [Show UCS Icon at Origin](🔲) 아이콘을 클릭하여 UCS 아이콘이 원점(Origin Point)에 위치할 수 있도록 합니다.

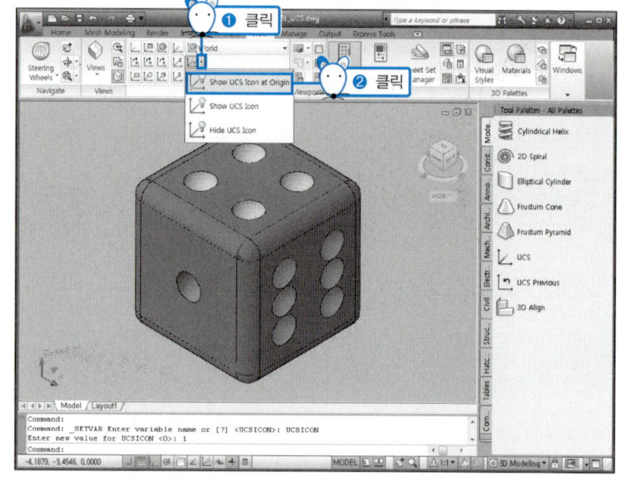

주목

[Origin]의 체크를 해제하면 UCS 아이콘은 원점과 상관없이 항상 화면의 좌측 하단에 위치하게 됩니다.

03 [View] 탭의 [Coordinates] 패널에서 [Origin](🔲) 아이콘을 클릭한 후 그림과 같이 새로운 원점의 위치를 지정합니다.

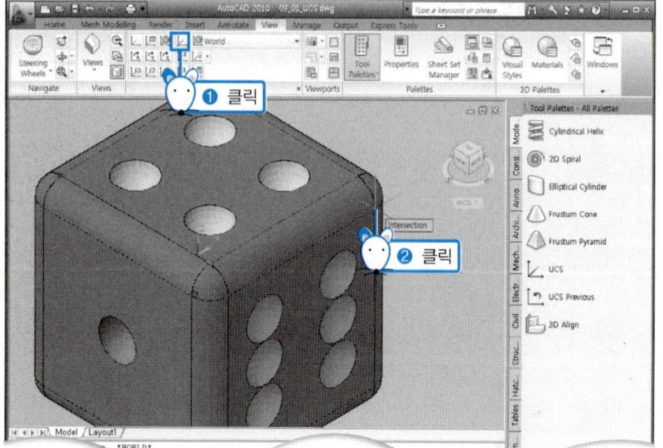

04 새로운 원점 위치로 UCS 아이콘이 이동한 것을 확인할 수 있습니다.

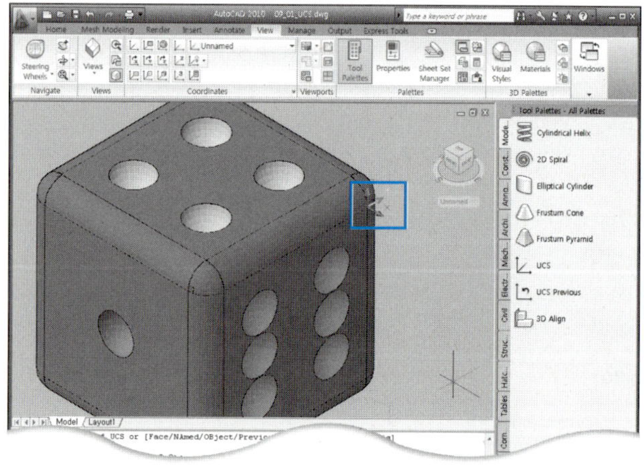

05 지정한 축을 기준으로 UCS 환경을 회전시키기 위해 [View] 탭의 [Coordinates] 패널에서 [X](아이콘) 아이콘을 클릭한 후 '-90'을 입력합니다.

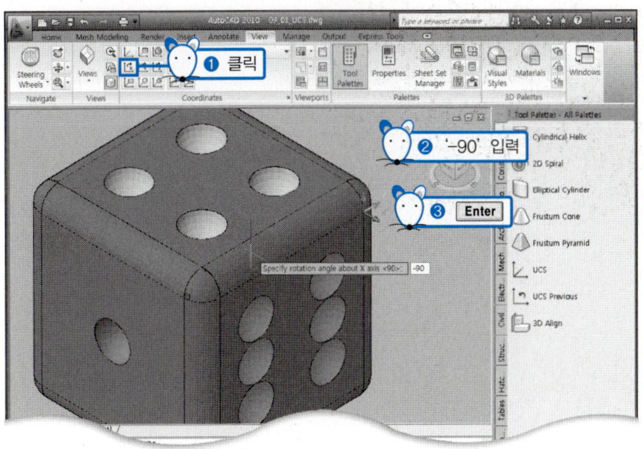

06 X축을 기준으로 UCS 아이콘이 시계 방향(Clock wise)으로 90° 회전되는 것을 확인할 수 있습니다.

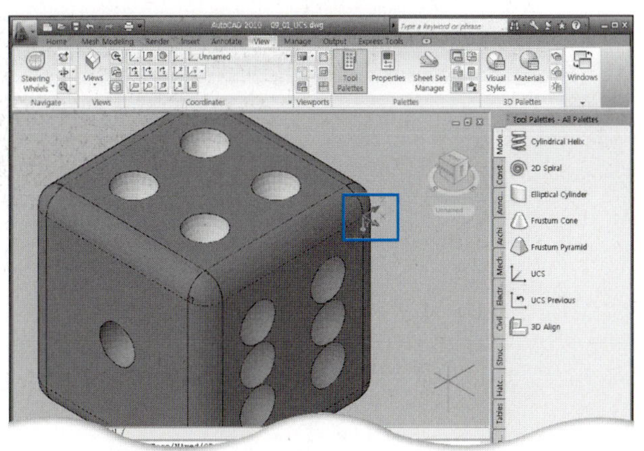

07 사용자에 의해서 변화된 UCS 환경을 기본값으로 되돌리기 위해서는 World UCS 기능을 사용합니다. [View] 탭의 [Coordinates] 패널에서 [World](아이콘) 아이콘을 클릭하면 UCS 환경이 원래대로 돌아간 것을 확인할 수 있습니다.

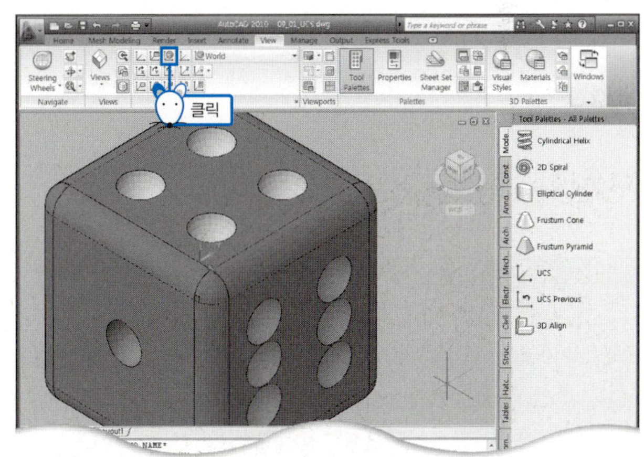

주목

World UCS는 UCS 환경의 [Reset] 단추와도 같습니다. World UCS를 이용하면 사용자에 의해서 변형된 UCS 환경을 최초의 UCS 환경으로 되돌릴 수 있습니다.

08 [View] 탭의 [Coordinates] 패널에서 [Z-Axis Vector](아이콘) 아이콘을 클릭합니다. 새로운 원점의 위치를 클릭하고 Z축 양(+)의 방향을 설정해 줍니다.

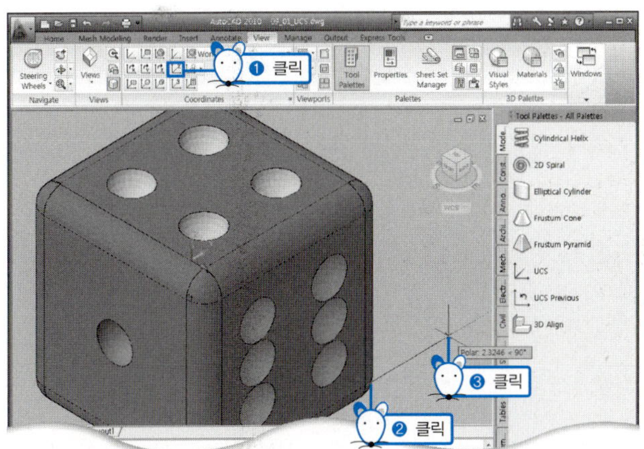

09 Z축의 방향이 바뀌면서 자동으로 새로운 XY 평면이 설정됩니다.

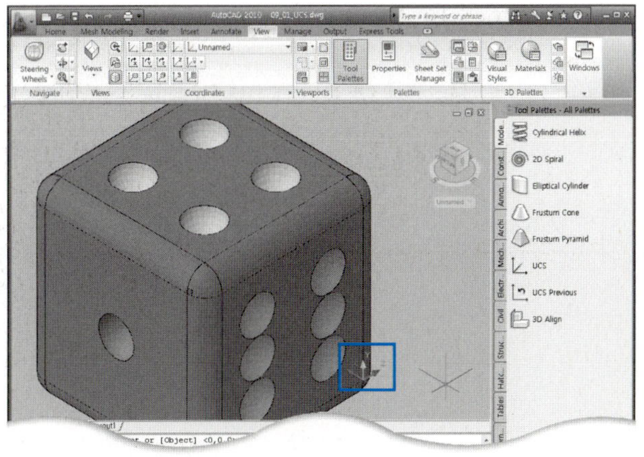

10 세 점을 클릭하여 UCS를 정의할 수 있습니다. [View] 탭의 [Coordinates] 패널에서 [3-Point](📐) 아이콘을 클릭한 후 새로운 원점을 클릭합니다.

11 두 번째는 X축 양의 방향을, 세 번째는 Y축 양의 방향을 지정합니다.

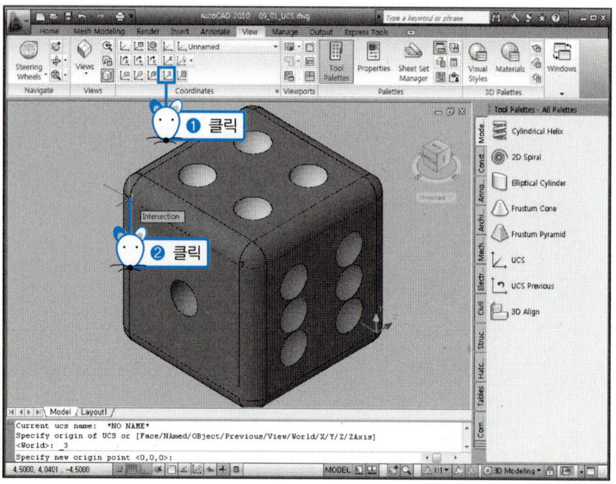

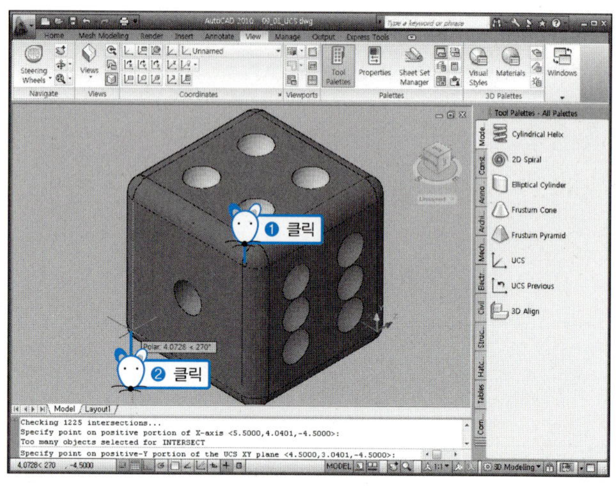

12 XY 평면의 양의 방향이 지정되면서 Z축은 자동으로 변하게 됩니다. 3 Point 방식으로 UCS 환경을 정의 하는 것은 3D 모델링 과정에서 매우 자주 사용하기 때문에 반드시 이해하는 것이 좋습니다.

13 현재의 사용자가 바라보고 있는 정면을 XY 평면으로 변경하기 위해 [View] 탭의 [Coordinates] 패널에서 [View](📐) 아이콘을 클릭합니다.

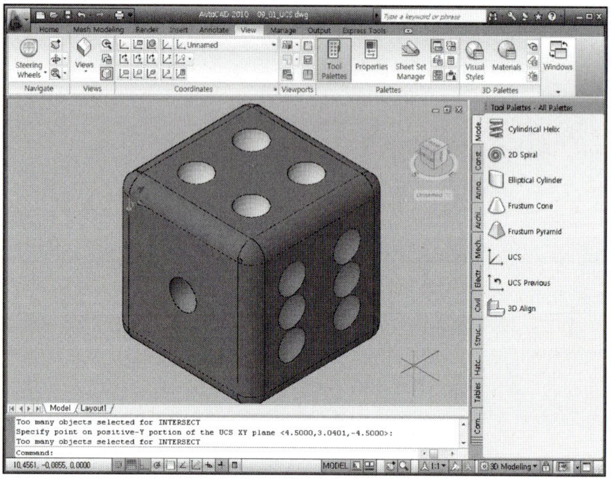

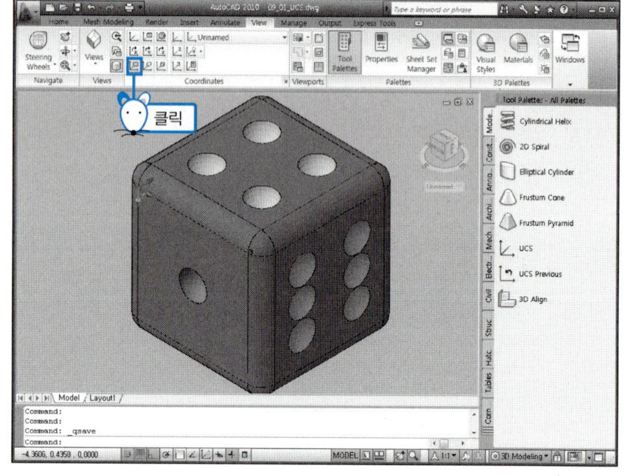

14 현재 바라보는 Isometric View가 XY 평면이 되고 바라보는 방향이 Z축 양의 방향으로 변경됩니다.

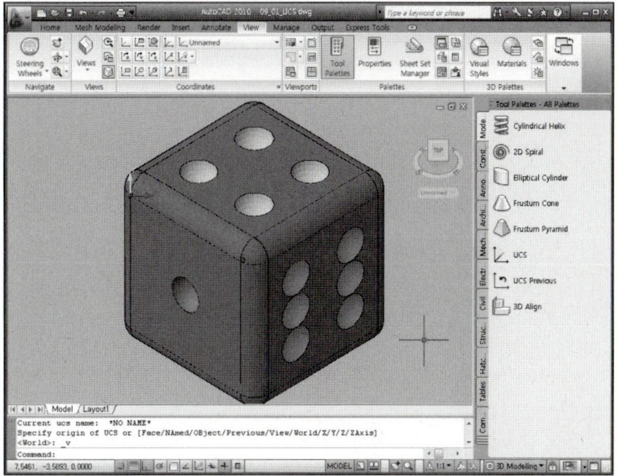

주목

UCS 아이콘을 보면 사용자를 향해 XY 평면이 수평으로 표시되어 있는 것을 확인할 수 있습니다.

뷰 큐브(ViewCube) 컨트롤하기

3D 객체를 자유자재로 볼 수 있도록 하는 뷰 큐브(ViewCube) 기능은 AutoCAD 2010에서 '보는 그대로' 모델을 만들 수 있도록 도와줍니다. 3D 객체를 정확한 뷰 환경으로는 물론이고 직관적인 뷰로도 볼 수 있기 때문에 사용자가 더욱 손쉽고 편리하게 3D 작업을 수행할 수 있습니다. 다음 예제를 통해서 뷰 큐브(ViewCube)를 컨트롤하는 방법을 배워봅니다.

Samples\09_01_ViewCube.dwg

01 [View] 탭의 [Views] 패널에서 [ViewCube]() 아이콘을 클릭하는 것으로 뷰큐브를 켜고 끌 수 있습니다.

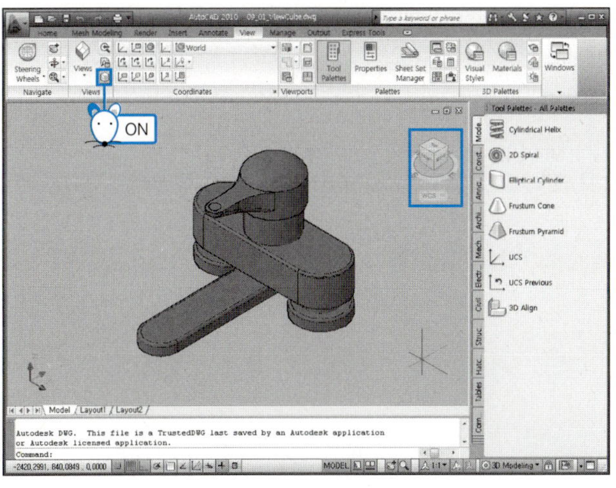

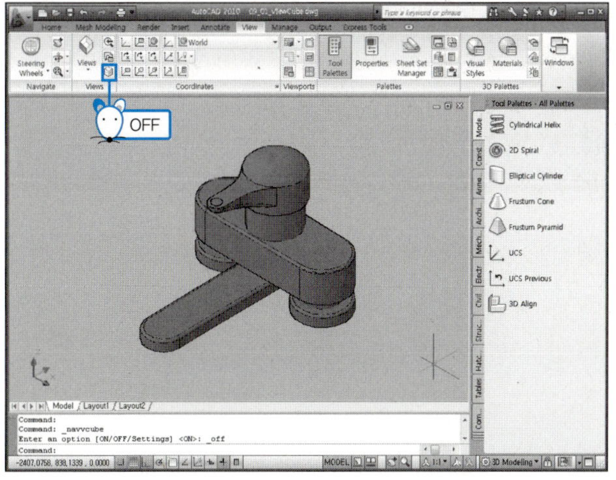

02 뷰 큐브의 [Top]을 클릭하면 Top 뷰를 확인할 수 있습니다.

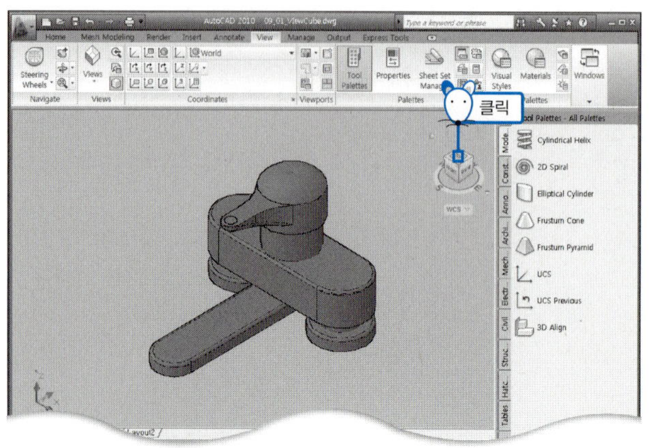 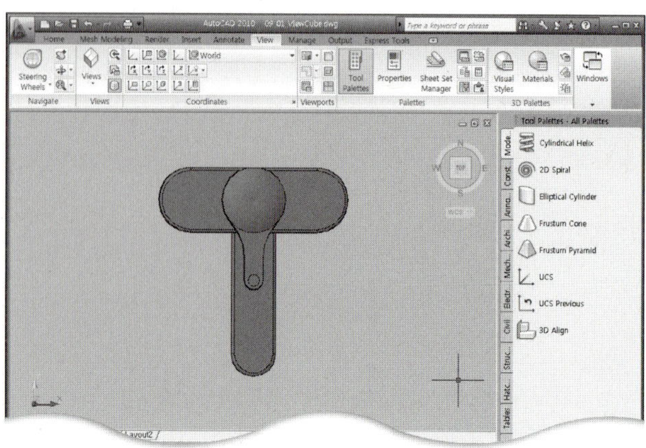

03 뷰 큐브의 나침반(Compass)에서 [W]를 클릭하면 West 뷰를 확인할 수 있습니다.

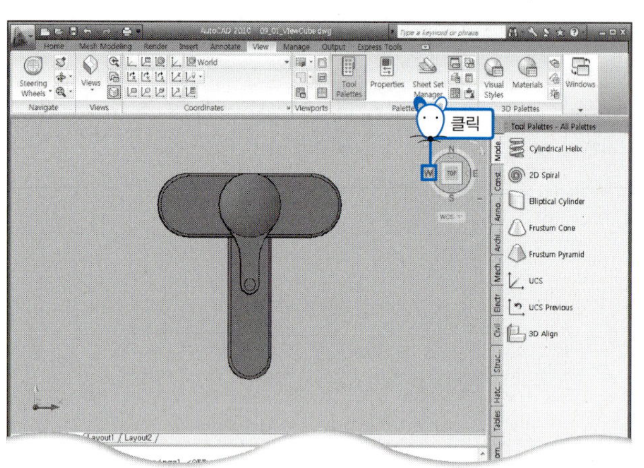 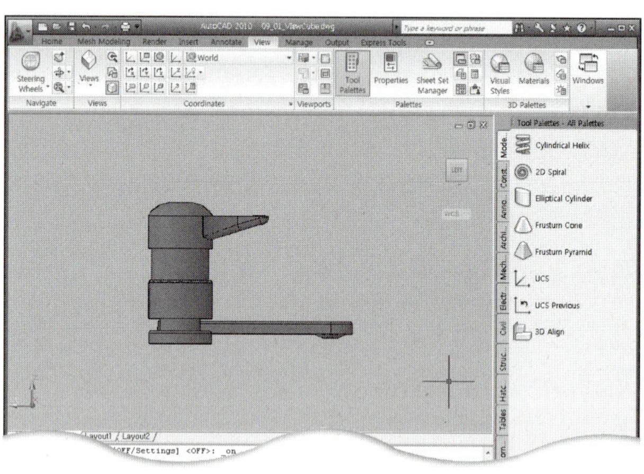

주목

입면 뷰를 확인하기 위해서는 나침반의 문자를 클릭하거나 뷰 큐브의 입면(LEFT, FRONT, RIGHT, BACK)을 클릭하면 됩니다.

04 뷰 큐브 [LEFT]의 우측 상단 모서리(TOP, LEFT, FRONT가 만나는 모서리)를 클릭하면 SW
Isometric 뷰를 확인할 수 있습니다.

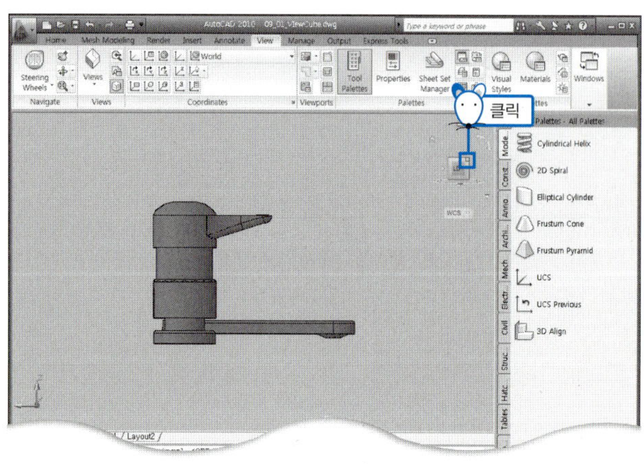 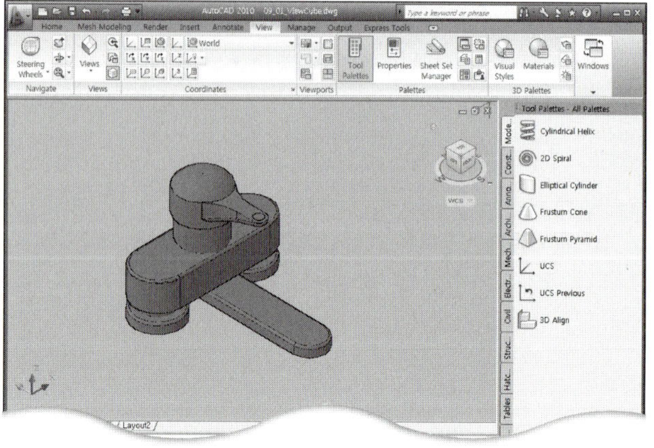

05 뷰 큐브에서 [TOP]과 [LEFT]가 이루는 모서리를 클릭합니다.

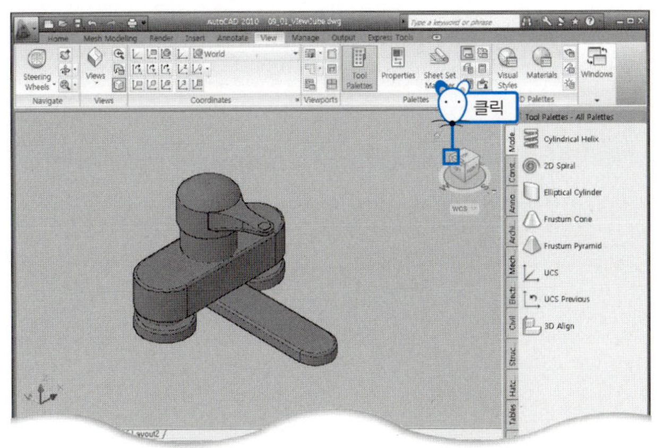
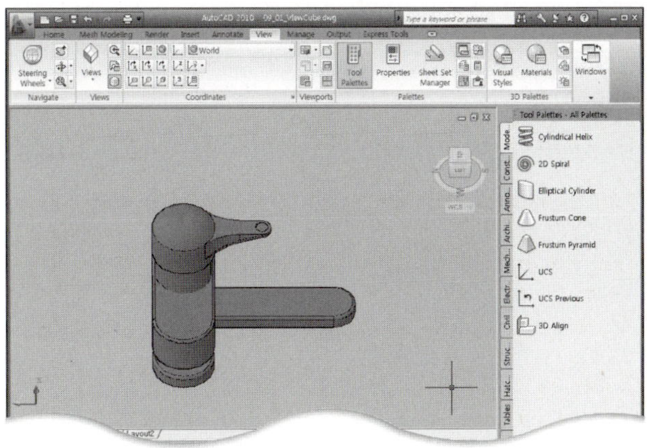

06 뷰 큐브를 드래그하면 뷰 환경을 직관적으로 회전시키면서 자유롭게 뷰를 확인할 수도 있습니다.

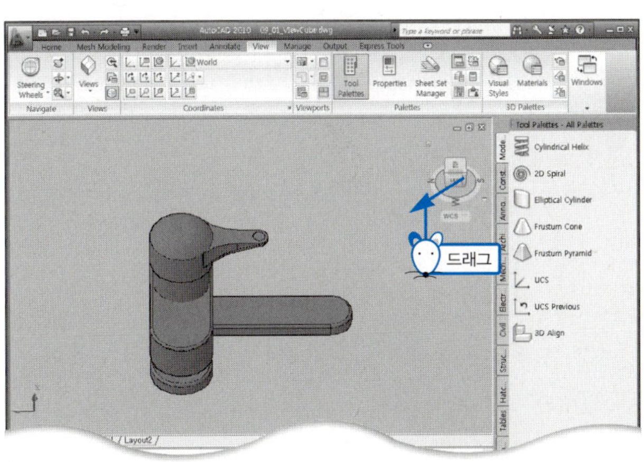
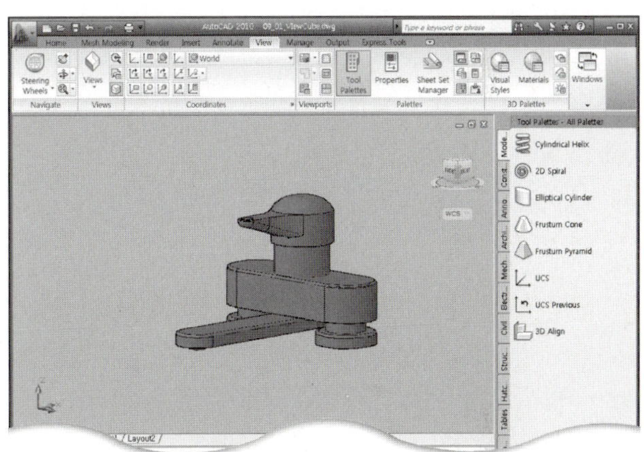

07 뷰 큐브 위에 마우스 포인터를 올려놓고 좌측 상단에 나타나는 홈 아이콘을 클릭하면 미리 설정했던 기본 뷰 환경으로 되돌아갑니다.

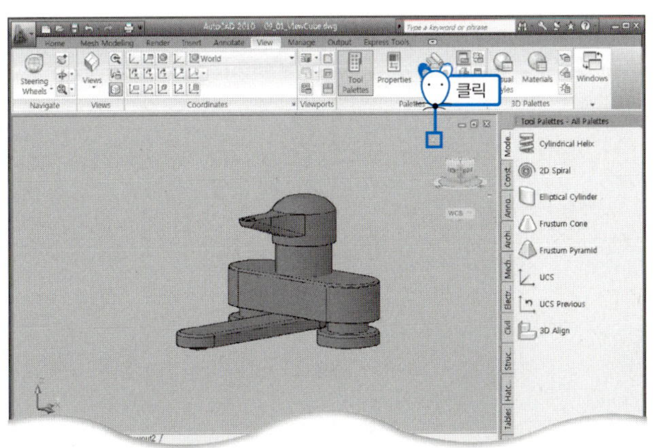
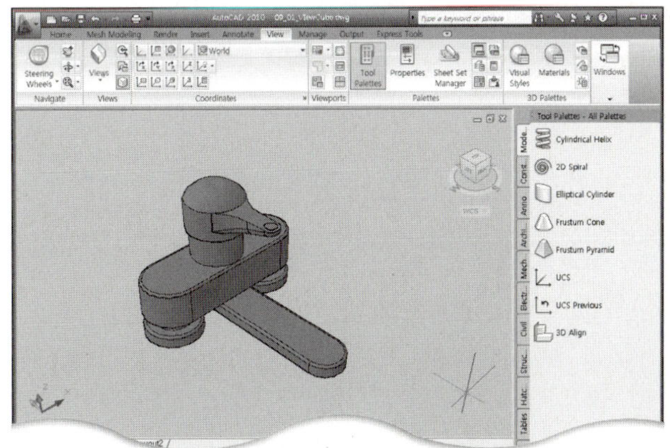

> **주목**
> 미리 설정해 놓은 기본 뷰 환경은 South-East 상단에서 바라본 투시도(Perspective)이기 때문에 도면 영역의 바탕 색상이 변경되는 것을 확인할 수 있습니다.

08 뷰 큐브 [FRONT]의 우측 상단 모서리(TOP, FRONT, RIGHT가 만나는 모서리)를 클릭하면
SE Isometric 뷰로 전환합니다.

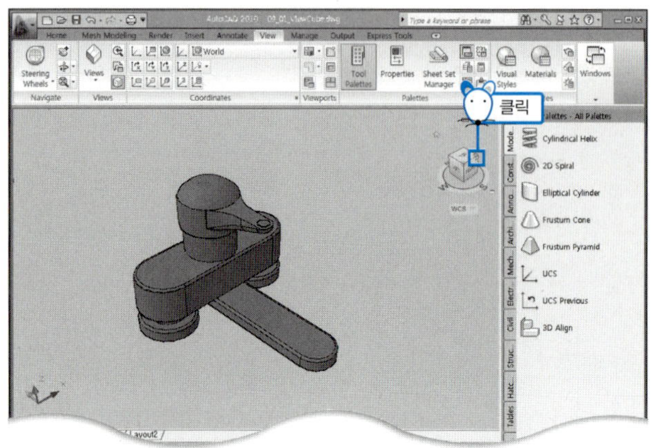
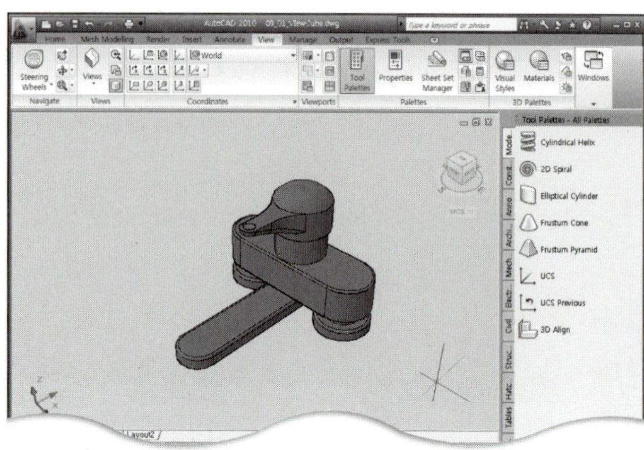

주목

다시 투시도에서 Isometric 뷰로 전환되는 과정에서 도면 영역의 바탕 색상이 변경되는 것을 확인할 수 있습니다.

09 뷰 큐브를 마우스 오른쪽 단추로 클릭한 후 [Set Cur
rent View as Home]을 선택합니다.

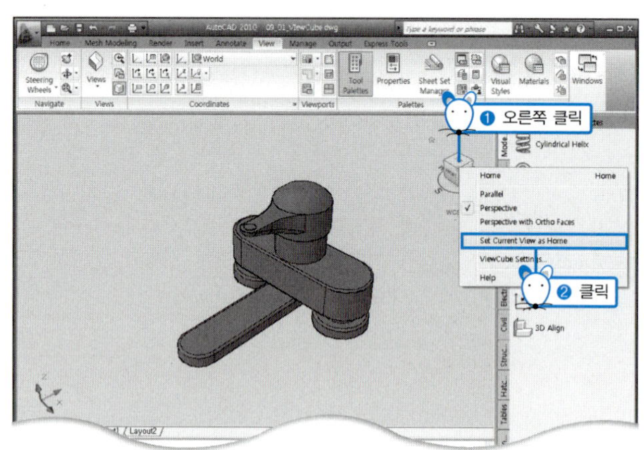

10 뷰 큐브를 드래그해서 회전시킨 후 다시 홈 아이콘을 클릭하여 기본 뷰 환경으로 돌아옵니다.

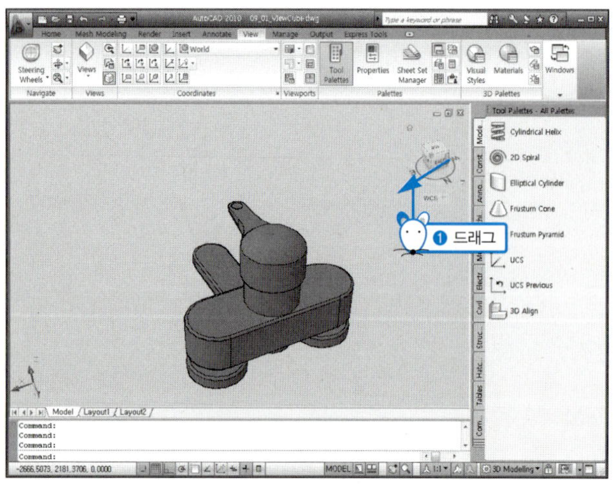

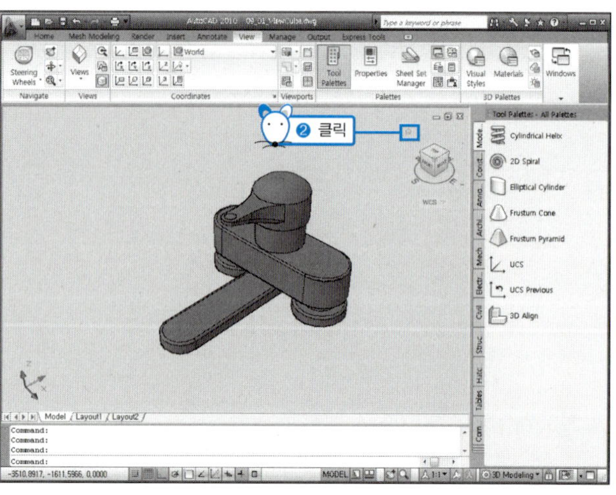

솔리드(Solid) 만들기

Lesson 02

AutoCAD에서 3D 객체는 속이 꽉 찬 3D 객체인 솔리드(Solid)와 면 객체인 서페이스(Surface)로 구분할 수 있습니다. 솔리드는 몇 번의 작업 과정을 거쳐서 완성된 3D 객체를 만들 수 있으며 편집 명령도 서페이스 객체와 구분해서 사용합니다. 이번에는 솔리드의 장단점을 이해하고 사용자가 필요한 객체를 신속하게 만들 수 있는 방법에 대하여 알아봅니다.

기본 솔리드(Solid) 만들기

기본 솔리드의 속성을 이해하면 매우 쉽고 빠르게 객체를 작성할 수 있습니다. 일반적으로 기본 솔리드는 그 자체에 목적이 있는 것이 아니고 작성하는 객체의 밑바탕이 되는 것입니다. 이번에는 기본 솔리드를 작성한 후 목적에 적합한 편집 과정을 거쳐 사용자가 원하는 객체를 만드는 방법에 대하여 알아봅니다.

01 기본 솔리드를 작성하기 위해 먼저 적당한 환경을 설정합니다.

❶ 상태 표시줄의 [Workspace Switching]을 클릭한 후 '3D Modeling'을 선택하여 3D 작업 환경으로 전환합니다.

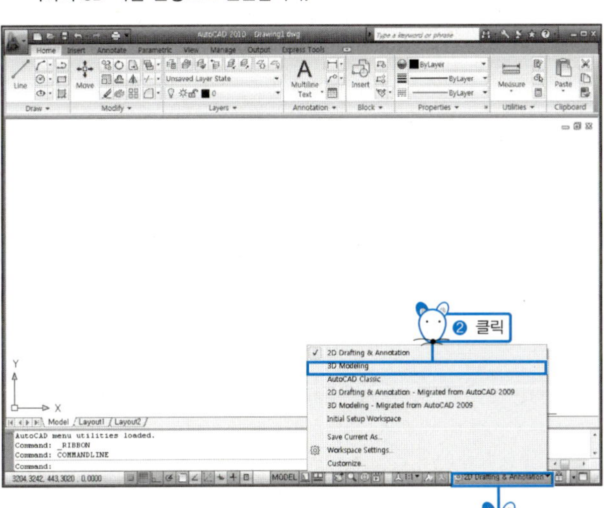

02 [Home] 탭의 [View] 패널에서 [Visual Styles] 드롭다운 화살표를 클릭한 후 [Conceptual]을 클릭합니다.

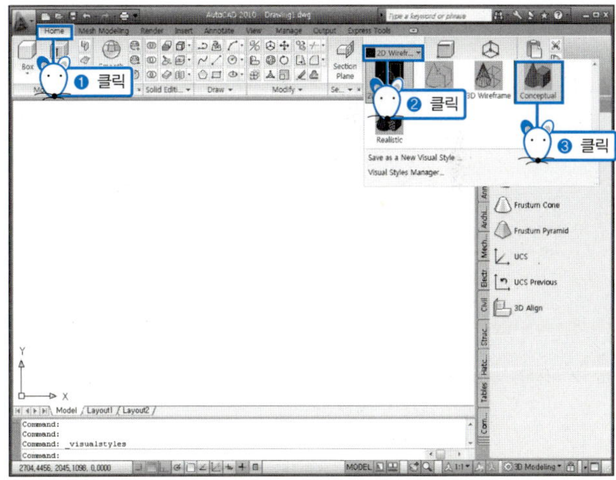

03 [View] 탭의 [Views] 패널에서 [3D Navigation] 아이콘의 드롭다운 화살표를 클릭하여 [SE Isometric](아이콘을 선택합니다.

04 상태 표시줄의 [Grid Display]( ) 아이콘을 클릭해 그리드를 표시합니다.

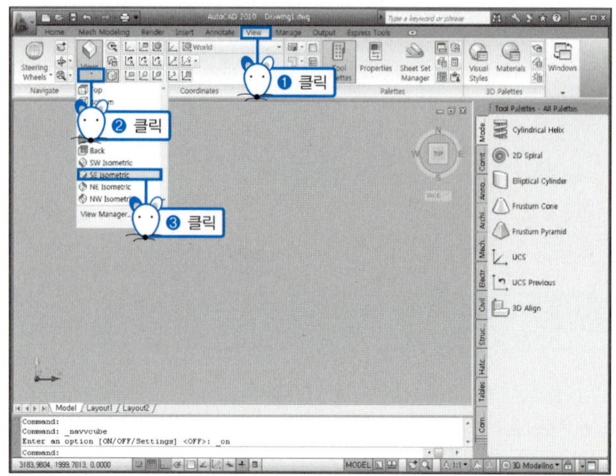

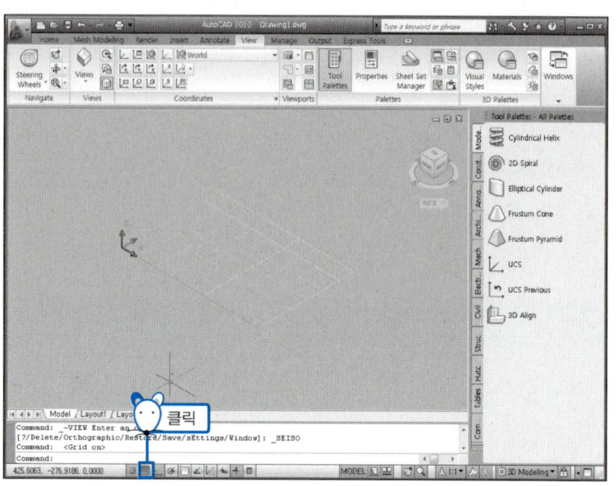

05 [Grid Display]( ) 아이콘 위에서 마우스 오른쪽 단추를 클릭한 후 [Settings]를 선택합니다.

06 [Drafting Settings] 대화상자 [Snap and Grid] 탭의 [Grid behavior] 영역에서 [Display grid beyond Limits] 옵션을 체크하고 [OK] 단추를 클릭합니다.

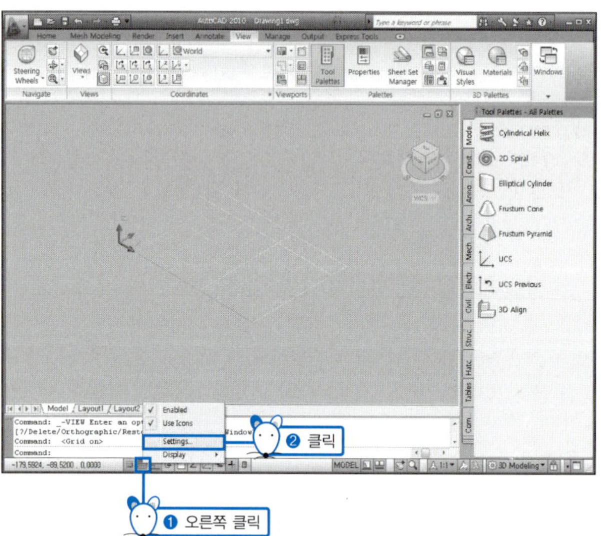

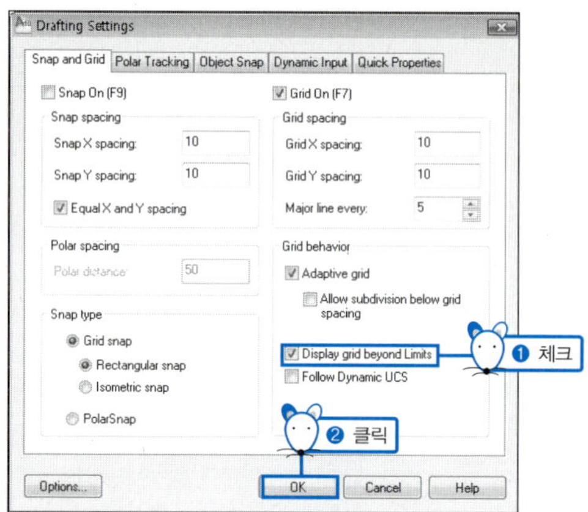

주목

[Display grid beyond Limits] 옵션을 체크하면 도면 한계 넘어서까지 그리드를 표시할 수 있습니다.

07 UCS 아이콘이 원점(Origin Point)의 위치와 상관없이 항상 도면 영역의 좌측 하단에 위치할
수 있도록 설정합니다.

❶ [View] 탭의 [Coordinates] 패널에서 [UCS Settings](▣) 단추를 클릭합니다.

❷ [UCS] 대화상자가 나타나면 [Settings] 탭을 클릭합니다.

❸ [UCS Icon settings] 영역에서 [Display at UCS origin point] 옵션의 체크를 해제한 후 [OK] 단추를 클릭합니다.

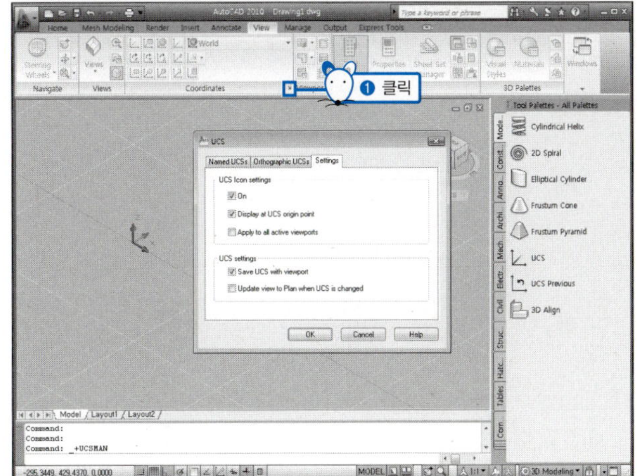

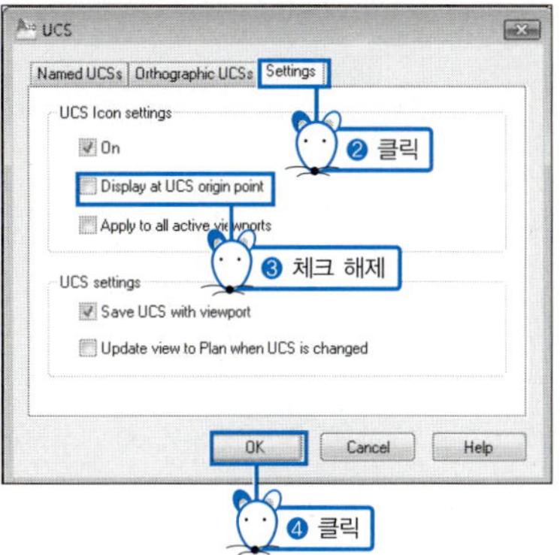

08 그림과 같이 하나의 박스를 만듭니다.

❶ [Home] 탭의 [Modeling] 패널에서 [Box](▣) 아이콘을 클릭합니다.

❷ 밑면을 이루는 대각의 두 지점과 높이를 클릭하여 박스를 만듭니다.

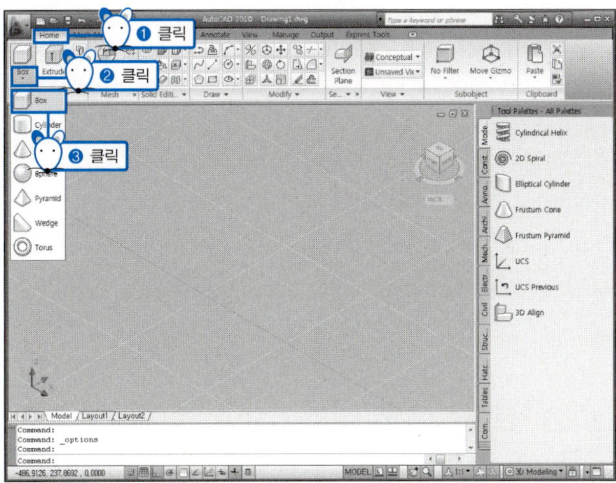

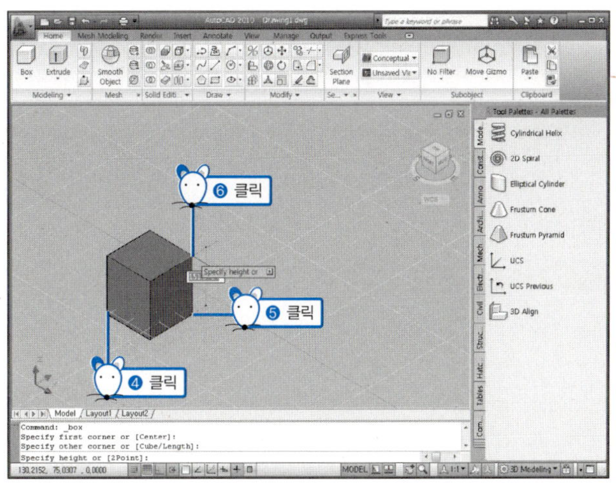

주목

박스의 크기를 정확하게 지정하기 위해서는 좌표를 입력하면 됩니다.

09 이번에는 [Center] 옵션을 이용하여 박스를 만들어 봅니다.

❶ Enter 를 눌러 Box 명령을 다시 실행합니다.

❷ 마우스 오른쪽 단추를 클릭한 후 [Center]를 선택합니다.

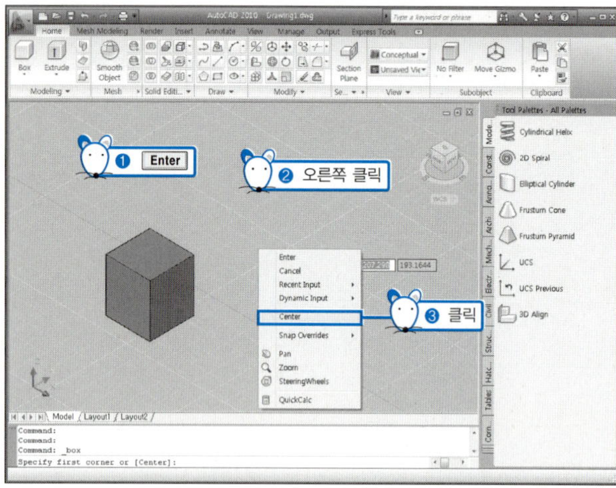

10 중심점과 모서리를 지정한 후 높이를 지정하여 박스를 만듭니다.

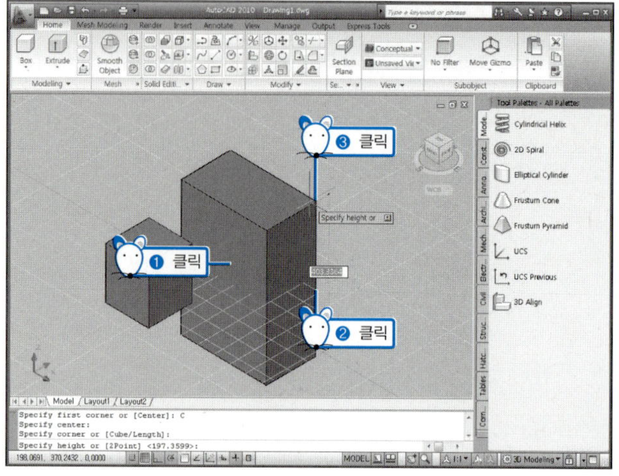

주목

[Center] 옵션을 이용해 만든 박스는 XY 평면상에 중심 지점을 클릭했기 때문에 Z축의 음(−)의 방향으로도 높이를 가지고 있는 것을 확인할 수 있습니다.

11 [Center] 옵션으로 만들어진 박스를 선택한 후 Delete 를 누릅니다.

주목

Delete 로 선택한 객체가 삭제되지 않는 경우는 [Options] 대화상자 [Selection] 탭의 [Selection modes] 영역에서 [Noun/verb selection] 옵션에 체크되어 있는지 확인해 봅니다.

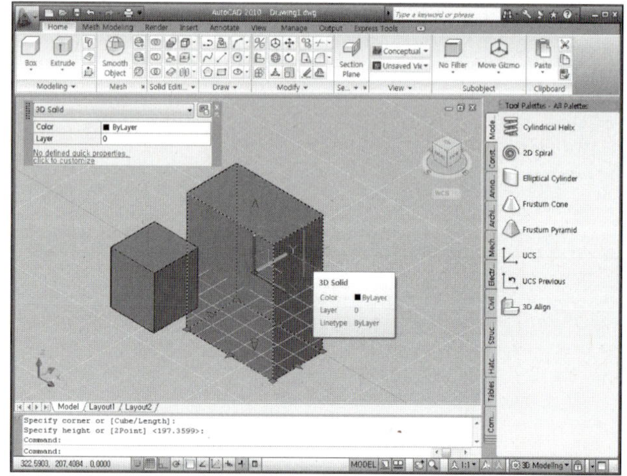

솔리드의 선택과 편집 방법

솔리드를 그냥 선택하거나 Ctrl을 누른 상태로 선택하면 솔리드의 하위 객체(Subobjects)를 별도로 편집할 수 있습니다. 솔리드를 그냥 선택하면 솔리드의 속성에 따라 다르지만 이동 중심점을 비롯해 변(Edge)과 모서리(Vertex)에 Grip이 생겨 크기를 조절하거나 위치를 이동할 수 있습니다. 또한, Ctrl을 누른 상태로 솔리드를 선택하면 마우스 포인터는 Pickbox로 변하고 솔리드의 하위 객체를 직접 선택할 수도 있습니다.

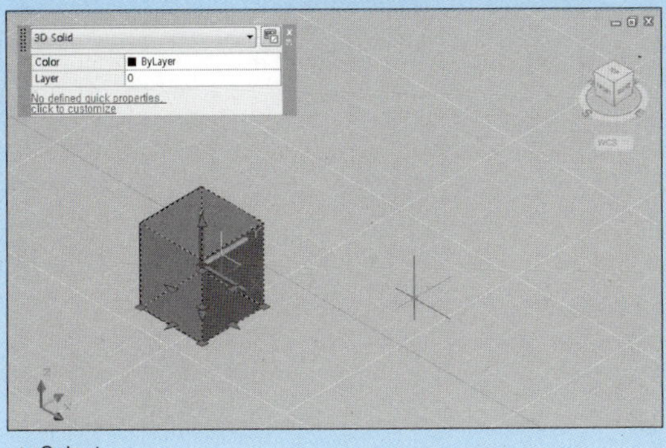

▲ Select

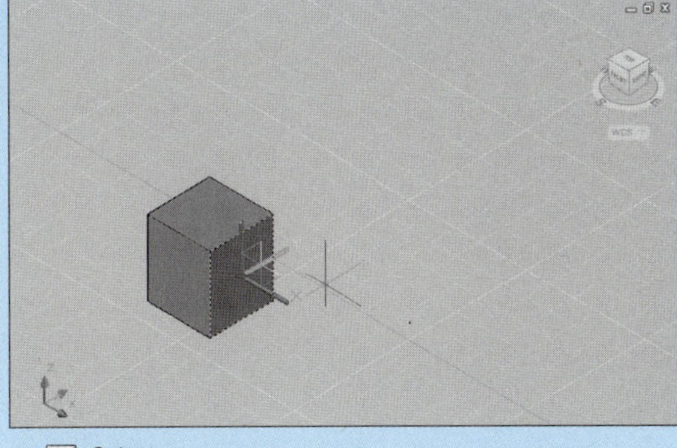

▲ Ctrl+Select

12 [Home] 탭의 [Modeling] 패널에서 [Wedge](▱) 아이콘을 클릭한 후 도면 영역에 밑면을 이루는 대각의 두 지점과 높이를 클릭하여 쐐기를 만듭니다.

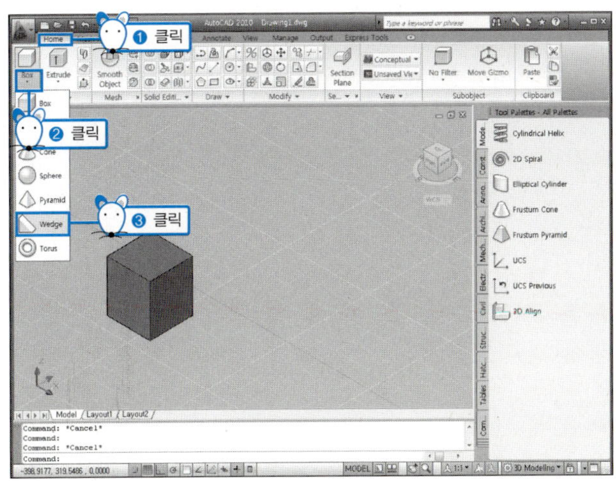

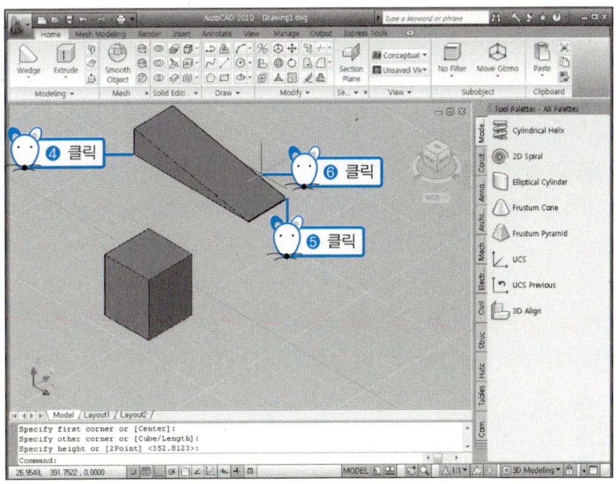

13 다시 [Home] 탭의 [Modeling] 패널에서 [Cone](△) 아이콘을 클릭한 후 도면 영역에 밑면 원을 이루는 중심점과 반지름을 클릭한 후 높이를 클릭하여 원뿔을 만듭니다.

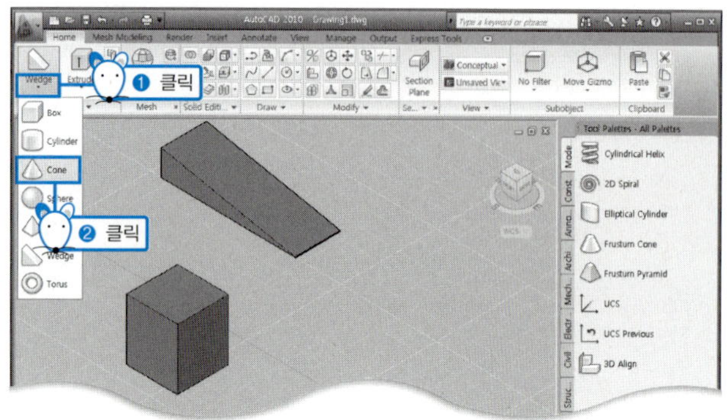

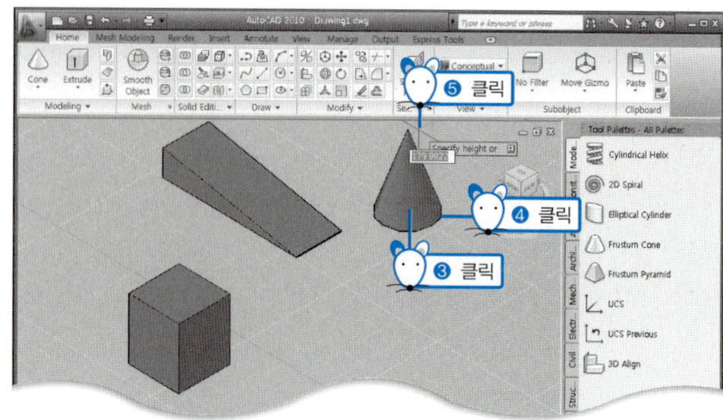

14 밑면이 타원형인 원뿔도 만들 수 있습니다. **Enter** 를 눌러 Cone 명령을 재실행합니다. 마우스 오른쪽 단추를 클릭한 후 [Elliptical]을 선택합니다.

15 밑면이 될 타원을 위해 첫 번째 축의 양쪽 지점을 클릭합니다. 두 번째 축의 끝 지점을 클릭한 후 높이를 클릭하면 밑면이 타원인 원뿔이 완성됩니다.

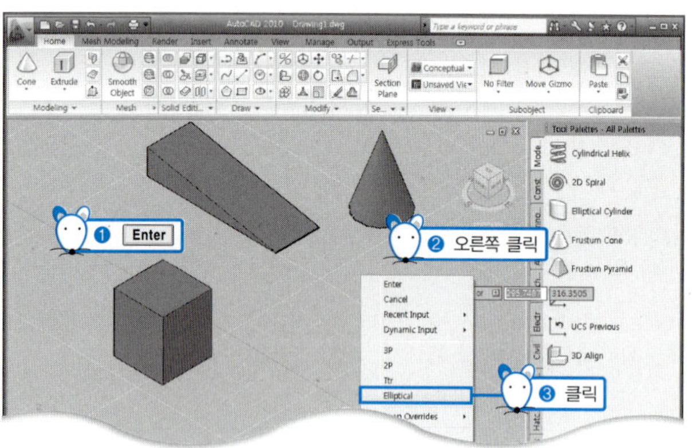

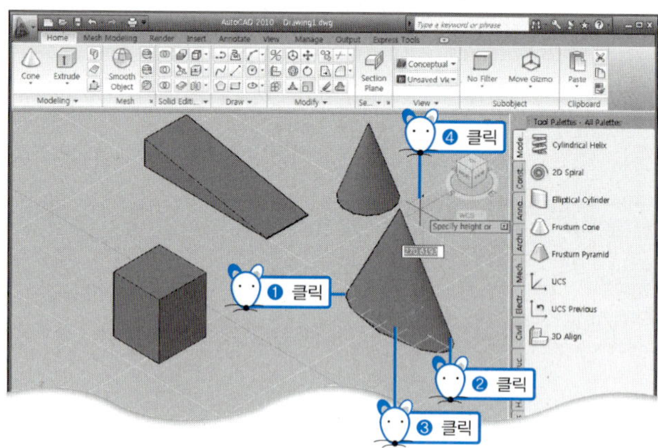

16 [Home] 탭의 [Modeling] 패널에서 [Sphere](○) 아이콘을 클릭한 후 도면 영역에 중심점과 반지름 지점을 클릭하여 구를 만듭니다.

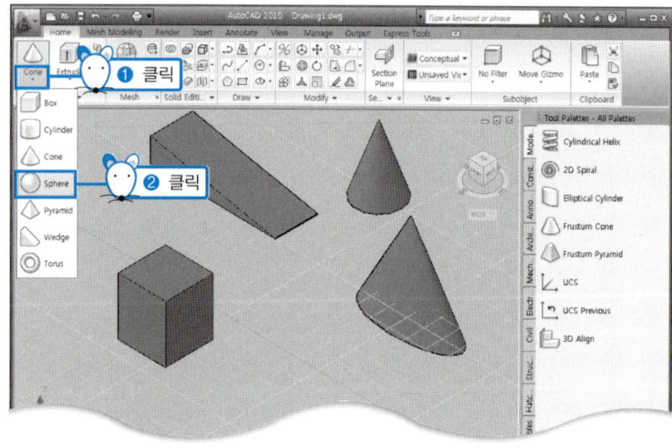

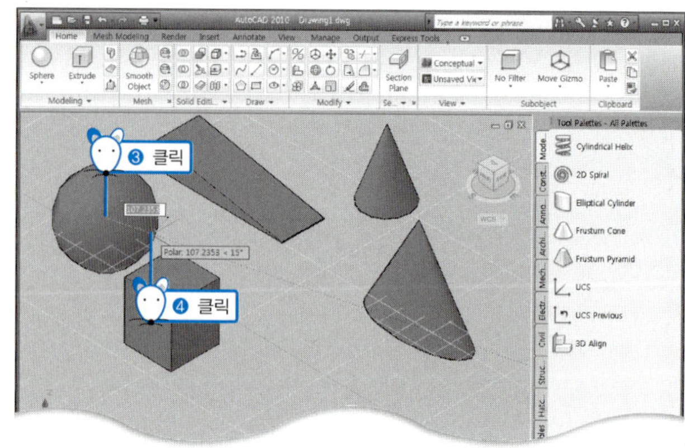

17 그림과 같이 뷰큐브의 모서리(TOP, RIGHT, BACK)를 클릭하여 뷰 환경을 전환한 후 마우스
휠을 드래그하여 Pan 기능으로 도면 영역에 공간을 만듭니다.

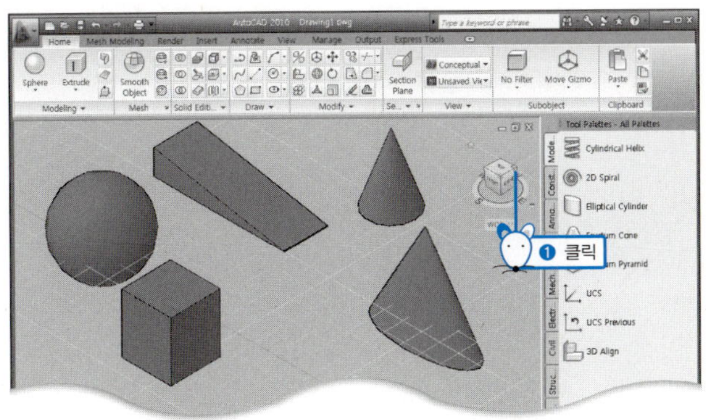
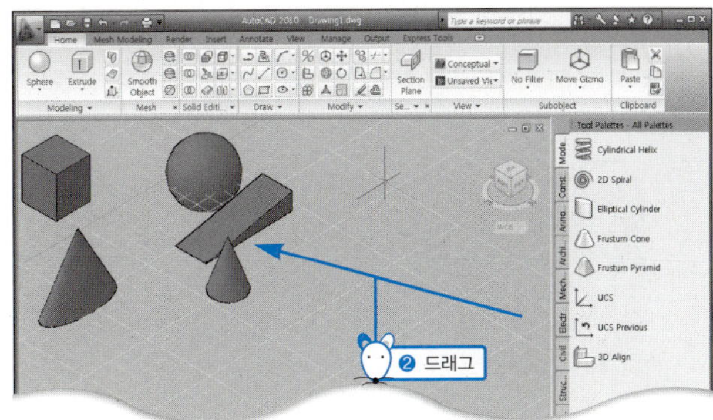

18 이번에는 원 기둥을 하나 만듭니다.

❶ [Home] 탭의 [Modeling] 패널에서 [Cylinder](▢) 아이콘을 클릭합니다.
❷ 도면 영역에 중심점과 반지름 지점을 클릭한 후 높이를 클릭합니다.

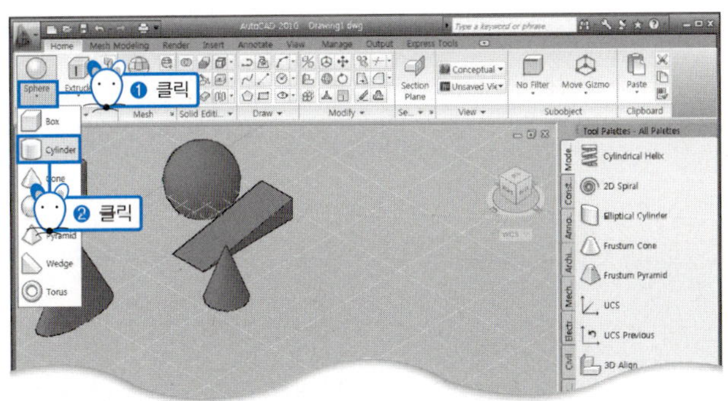
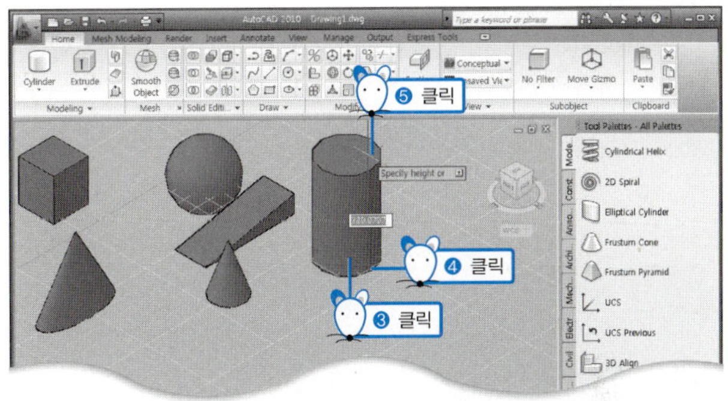

3D 객체의 부드러운 정도

FACETRES 시스템 변수를 사용하면 3D 곡선 객체의 부드러운 정도를 조정할 수 있습니다. 다음 예에서 FACETRES가 낮은 경우 깎인면은 곡선 형상에 표시됩니다.

FACETRES가 1로 설정된 경우, 원과 호를 볼 수 있는 해상도와 솔리드 객체의 깎인면을 세부 분할하는 다듬기 사이에 일대일 관계가 존재합니다. 예를 들어 FACETRES가 2로 설정되면 VIEWRES에서는 설정된 다듬기의 2배가 됩니다. FACETRES의 기본값은 0.5이며 조정 가능한 범위는 0.01~10입니다. VIEWRES의 값을 높이거나 낮추면 VIEWRES와 FACETRES 모두의 적용을 받는 객체가 영향을 받게 됩니다. FACETRES의 값을 높이거나 낮추면 솔리드 객체만 영향을 받습니다. 다음 예에서 더 부드러운 형상은 FACETRES가 더 높은 값으로 설정될 때 나타납니다.

▲ FACETRES = .25.

▲ FACETRES = .5.

19 이번에는 마우스 휠을 굴려 뷰 환경을 확대하고 각뿔을 만듭니다.

❶ [Home] 탭의 [Modeling] 패널에서 [Pyramid](⬦) 아이콘을 클릭합니다.
❷ 도면 영역에서 각뿔의 밑면 중심점과 외접할 원의 반지를 지점을 클릭합니다.
❸ 높이를 클릭하여 각뿔을 만듭니다.

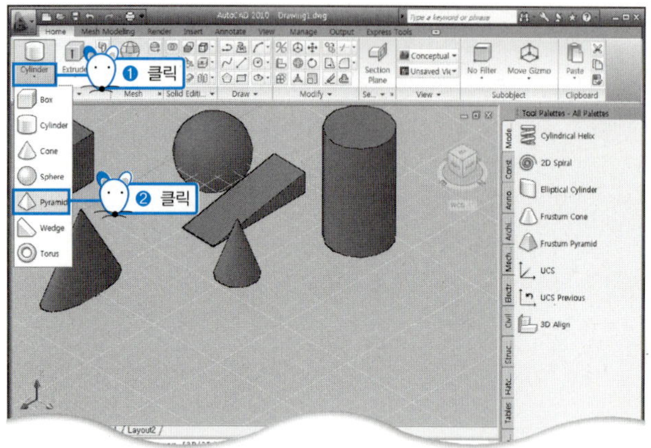

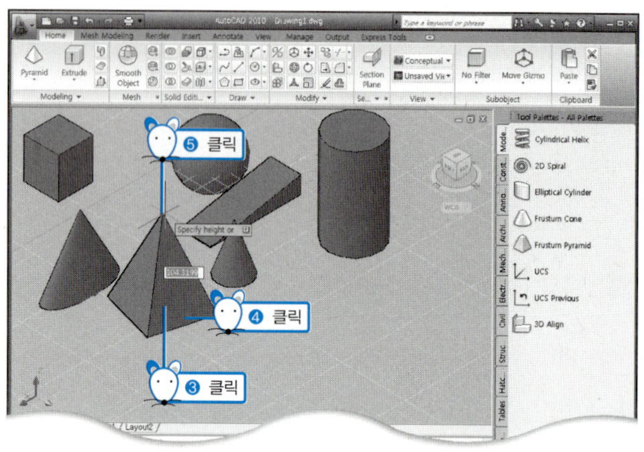

20 이번에는 지정한 개수만큼의 면을 갖는 각뿔을 만들기 위해 **Enter**를 눌러 Pyramid 명령을 다시 실행합니다. 마우스 오른쪽 단추를 클릭한 후 [Sides]를 선택합니다.

21 [Side]의 개수를 '8'로 입력한 후 각뿔의 중심점과 외접할 원의 반지름 지점을 클릭합니다.

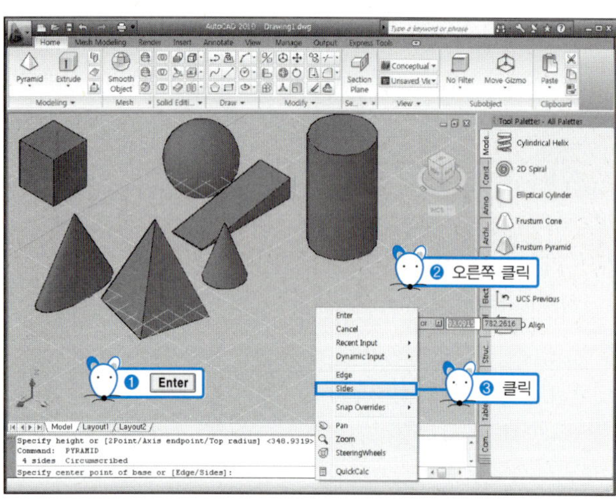

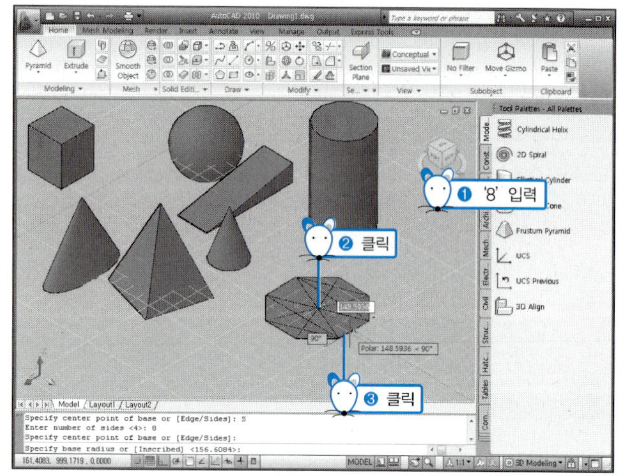

22 높이를 지정할 때에 마우스 오른쪽 단추를 클릭한 후 [Top radius]를 선택합니다.

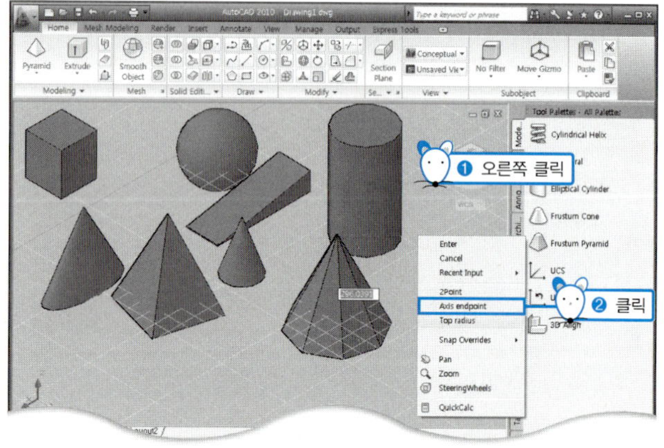

23 윗면의 반지름을 '30'으로 입력한 후 **Enter** 를 누릅니다.

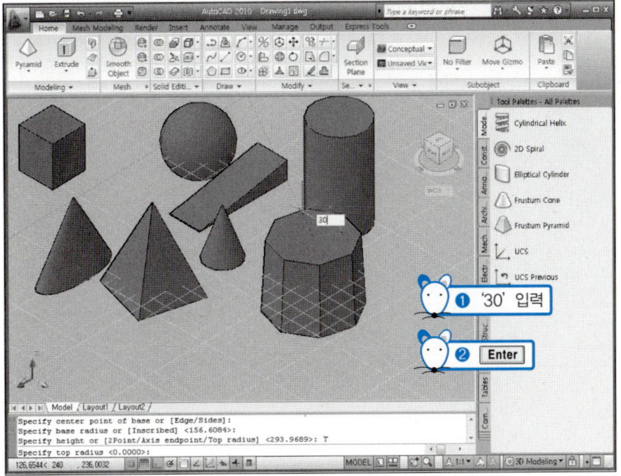

24 높이를 클릭하면 지정한 면의 개수를 갖는 각뿔이 만들어 집니다.

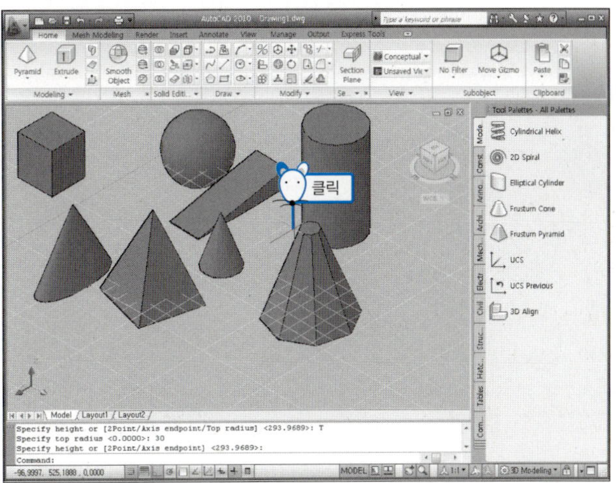

25 이번에는 하나의 튜브 만들어 봅니다.

❶ 뷰 환경을 조절하여 도면 영역에 공간을 만듭니다.
❷ [Home] 탭의 [Modeling] 패널에서 [Torus](◎) 아이콘을 클릭합니다.
❸ 도면 영역에 중심점과 반지름 지점을 클릭합니다.

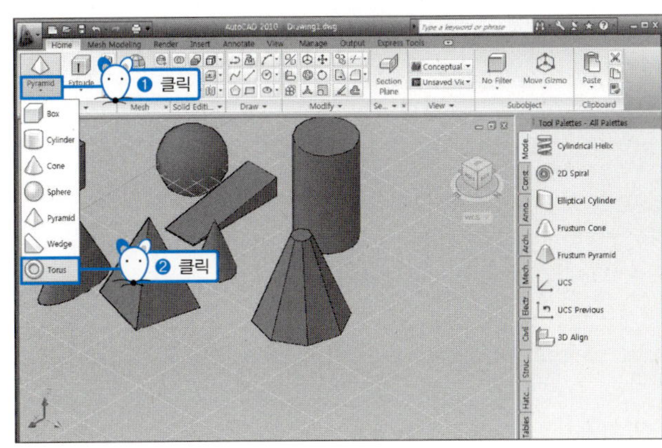

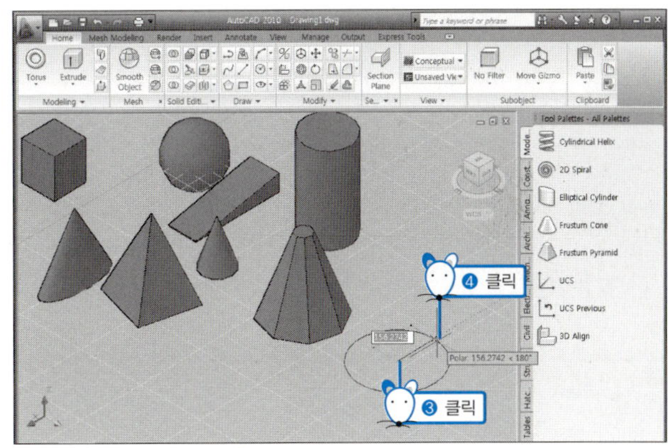

26 단면을 클릭하여 튜브를 만듭니다.

주목

반지름이 음수(−)이면 럭비공을 세워 놓은 것과 같은 솔리드를 얻을 수 있습니다.

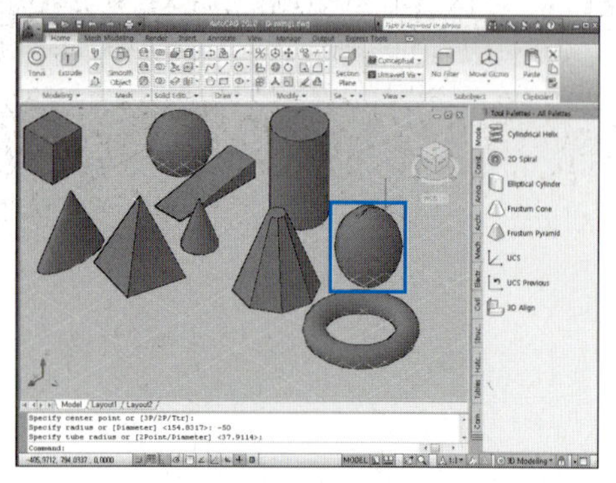

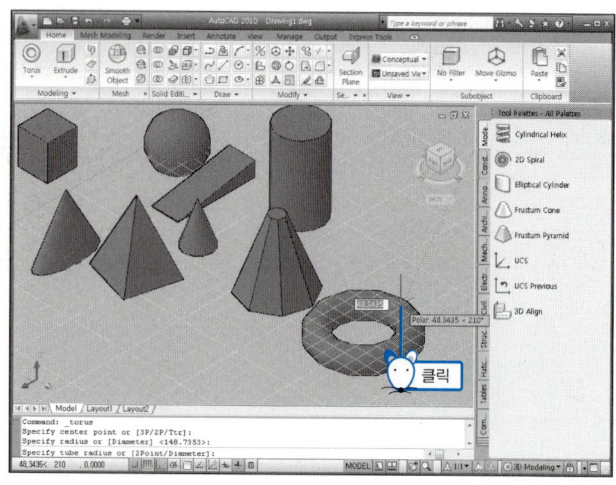

27 기본 솔리드를 만들어 보았습니다. 뷰큐브를 마우스 오른쪽 단추로 클릭한 후 [Perspective] 를 선택하고 솔리드를 확인합니다.

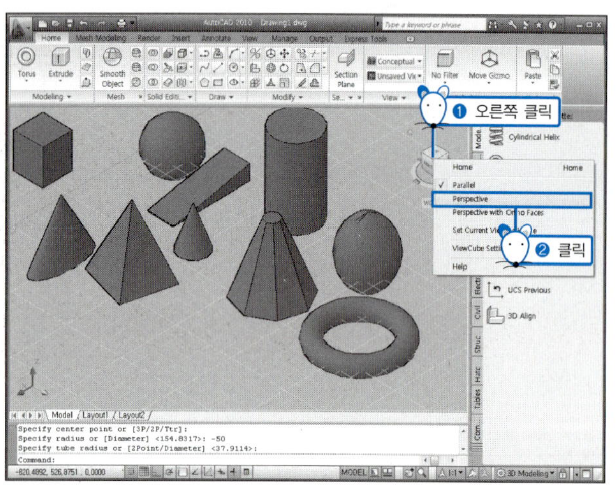

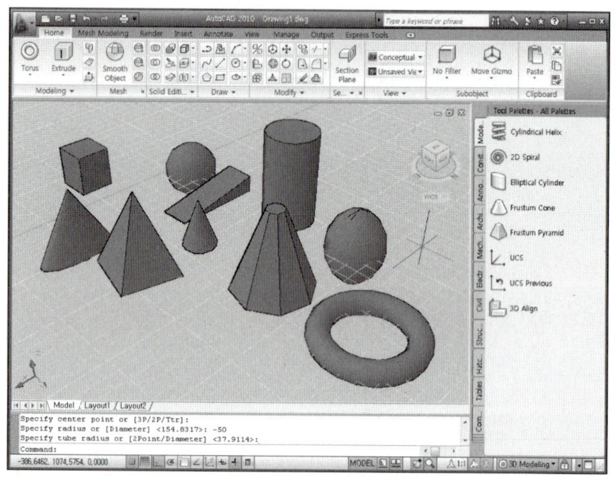

주목

Perspective 뷰 환경으로 바뀌면서 바탕색이 변경되는 것을 확인할 수 있습니다.

주목

[Home] 탭의 [View] 패널에서의 [Visual Styles] 드롭다운 화살표를 클릭해 3D Wireframe 모드로 전환하여 솔리드를 확인해 봅니다.

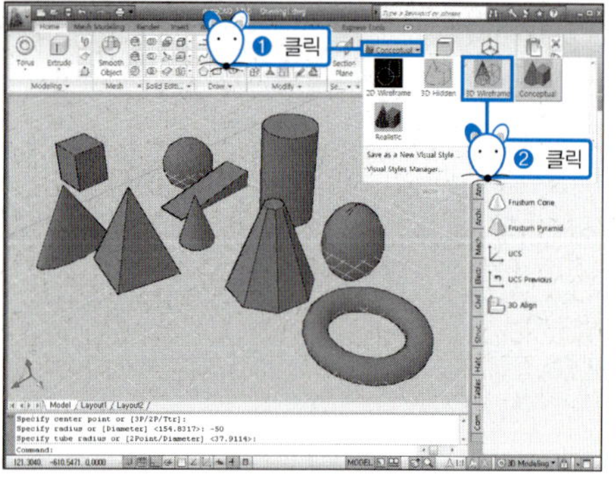

Polysolid를 이용하여 중심선으로 건물 벽체 한 번에 만들기

Polysolid는 지정한 속성을 갖는 솔리드를 연속해서 만들 수 있습니다. 솔리드의 높이(Height)나 폭(Width)과 같은 속성을 설정한 후에 기존의 객체에 적용시켜 솔리드를 만들거나 지점을 선택하여 솔리드를 만들 수 있습니다. 이번에는 Polysolid를 이용하여 건물의 벽체를 완성해 봅니다.

⊙ Samples\09_02_Polysolid.dwg

01 [Home] 탭의 [Modeling] 패널에서 [Polysolid](⬚) 아이콘을 클릭한 후 도면 영역에서 마우스 오른쪽 단추를 클릭하고 [Height]를 선택합니다.

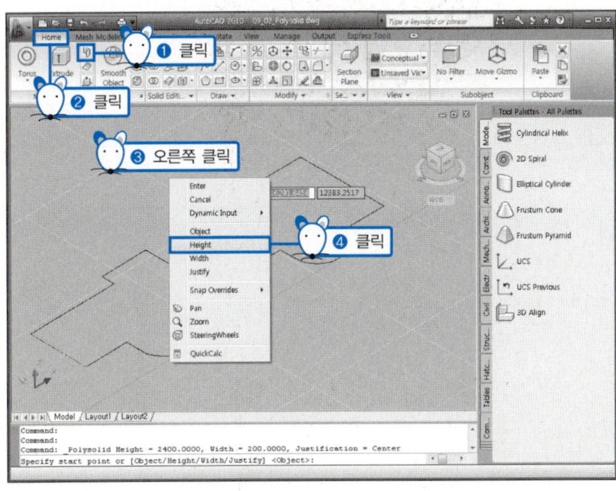

02 높이에 '2400'을 입력한 후 Enter 를 누릅니다.

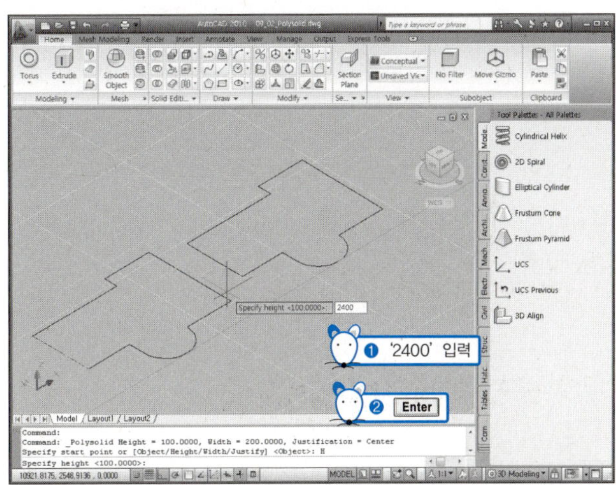
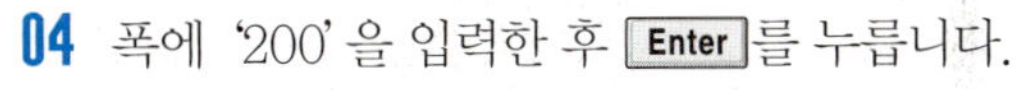

03 마우스 오른쪽 단추를 클릭한 후 [Width]를 선택합니다.

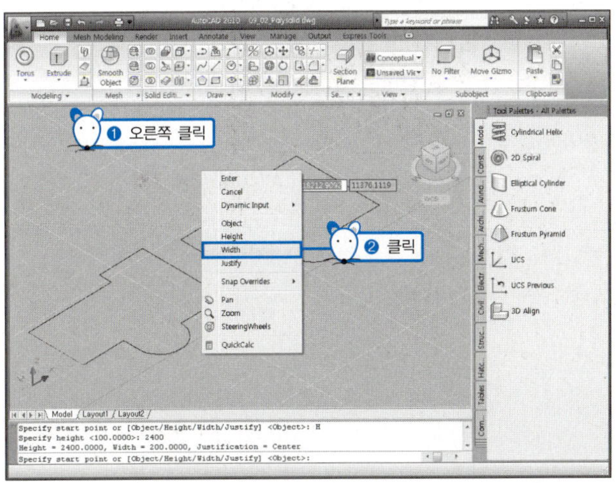

04 폭에 '200'을 입력한 후 Enter 를 누릅니다.

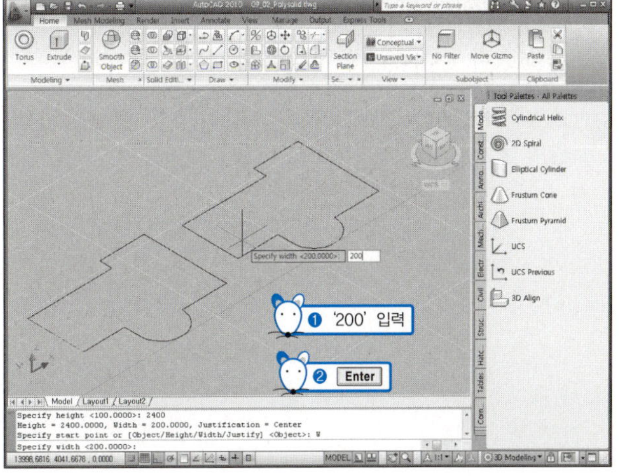

05 이번에는 마우스 오른쪽 단추를 클릭한 후 [Justify]를 클릭합니다.

06 솔리드 정렬 위치(Justification)를 중앙으로 하기 위해 [Center]를 선택합니다.

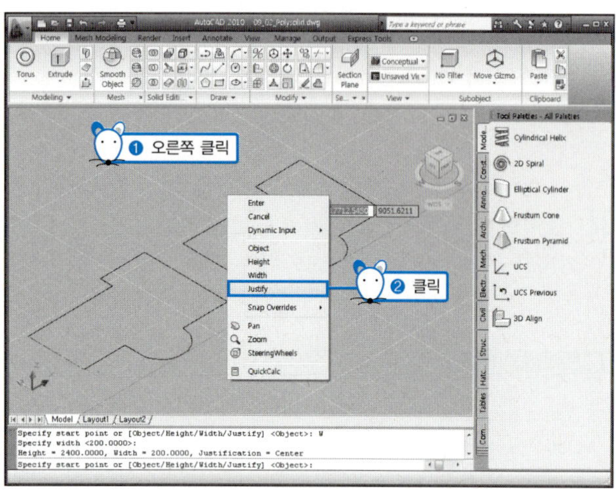

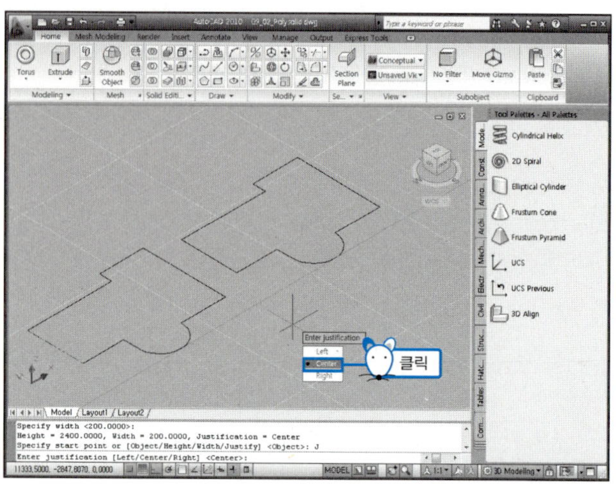

07 다시 마우스 오른쪽 단추를 클릭한 후 [Object]를 선택합니다.

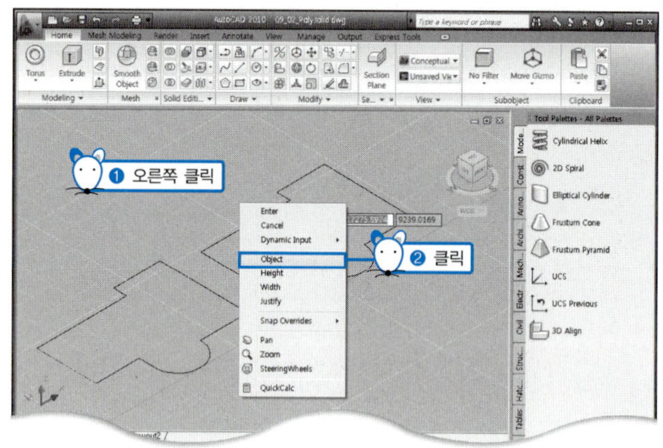

08 그림과 같이 Pickbox로 객체를 선택합니다. 같은 설정으로 솔리드를 계속 만들기 위해 Enter 를 두 번 누르고 객체를 선택하여 솔리드를 작성합니다.

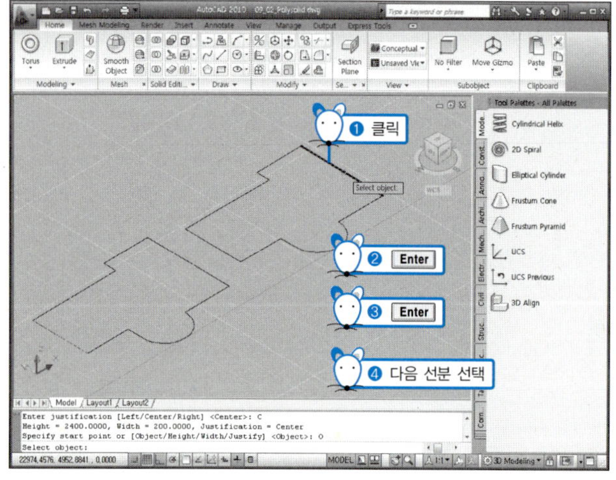

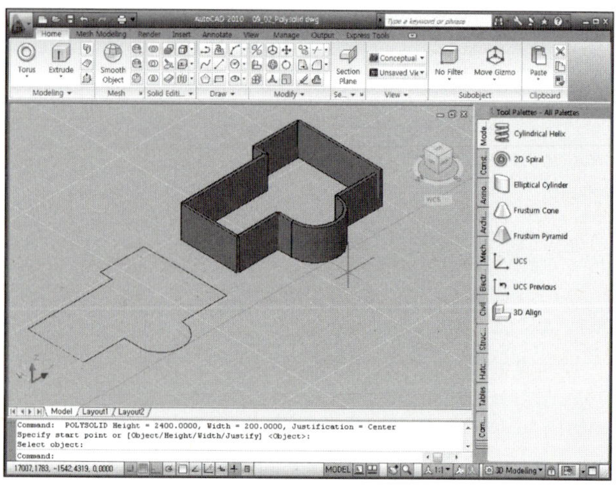

09 [Render] 탭의 [Visual Styles] 패널에서 [X-ray Effect](   ) 아이콘을 클릭합니다.

10 선분을 따라 폴리 솔리드를 만들기 위해 [Home] 탭의 [Modeling] 패널에서 [Polysolid](   ) 아이콘을 클릭한 후 그림과 같은 지점을 클릭합니다.

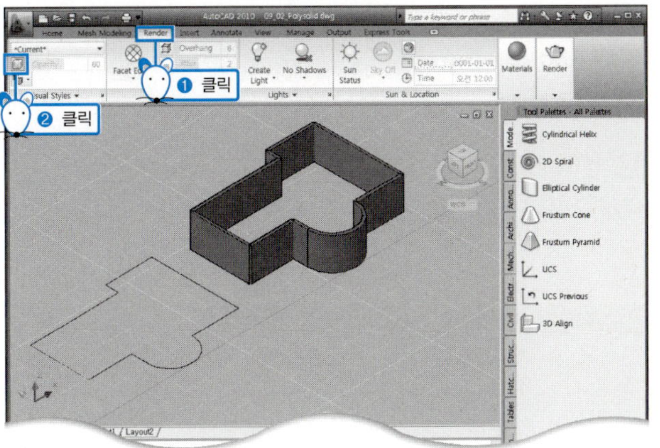

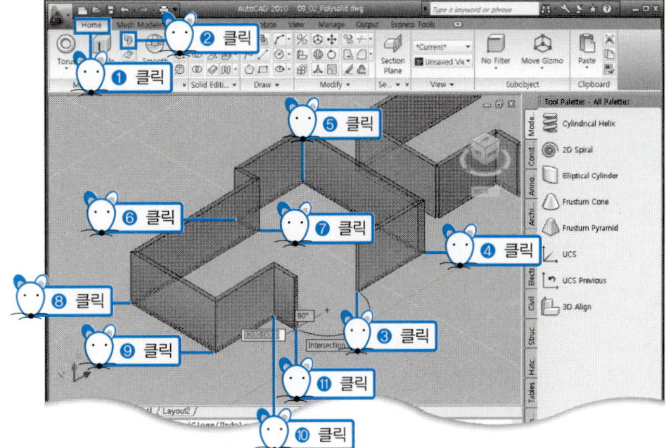

11 마우스 오른쪽 단추를 클릭한 후 [Arc]를 선택합니다.

12 호를 만들기 위해 다른 쪽의 지점을 클릭합니다.

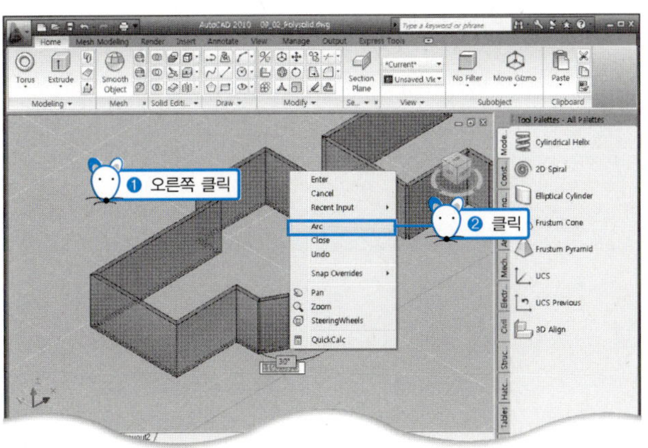

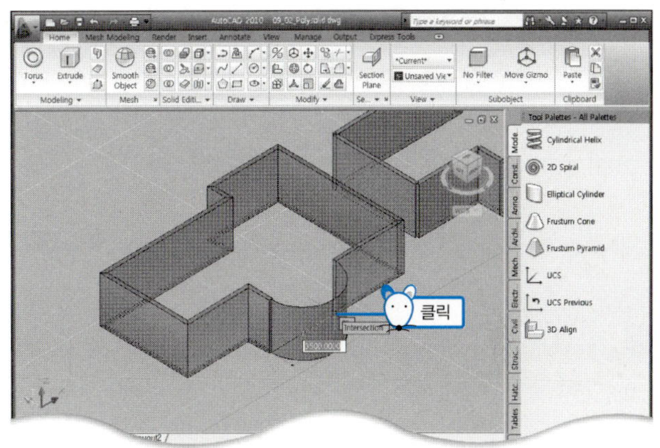

13 폴리 솔리드를 작성을 종료하기 위해 마우스 오른쪽 단추를 클릭한 후 [Enter]를 선택합니다.

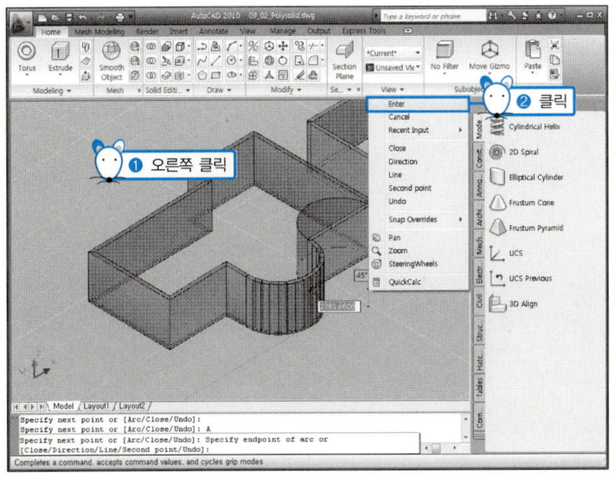

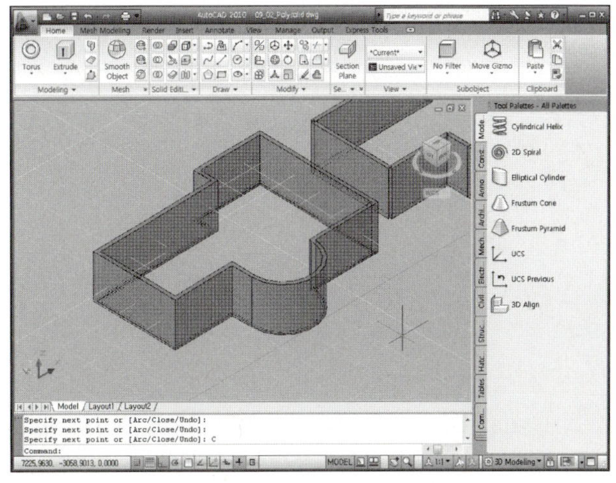

Sweep을 이용하여 계단의 난간 만들기

Sweep을 이용하여 솔리드를 만드는 경우에는 경로 역할을 하는 객체(Sweep path)와 단면이 되는 객체(Object to sweep)가 필요합니다. 이 때 단면 역할을 하는 객체는 닫혀 있는 평면형 객체여야 합니다. 이번에는 Sweep을 이용하여 계단의 난간을 만드는 방법에 대하여 알아봅니다.

◉ Samples\09_02_Sweep.dwg

01 [Home] 탭의 [Modeling] 패널에서 [Sweep](🔲) 아이콘을 클릭하고 Sweep을 적용할 단면 객체(Object to sweep)를 선택한 후 **Enter** 를 누릅니다.

02 선택한 단면 객체가 따라갈 경로(Sweep path)를 선택합니다.

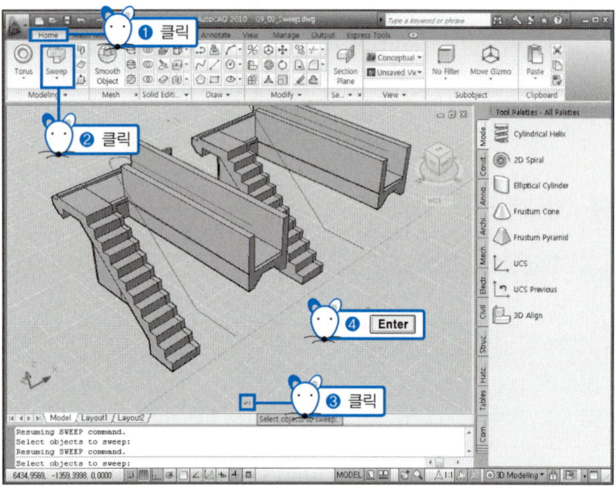

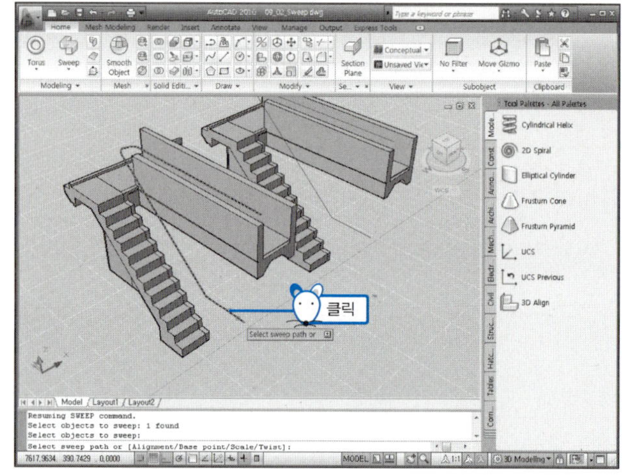

03 선택한 단면이 경로를 따라 솔리드가 만들어지는 것을 확인할 수 있습니다.

04 Sweep으로 만든 솔리드에는 [Scale]과 [Twist] 옵션을 적용할 수 있습니다. [Home] 탭의 [Modeling] 패널에서 [Sweep](🔲) 아이콘을 클릭하고 Sweep할 단면 객체(Object to sweep)를 선택한 후 **Enter** 를 누릅니다.

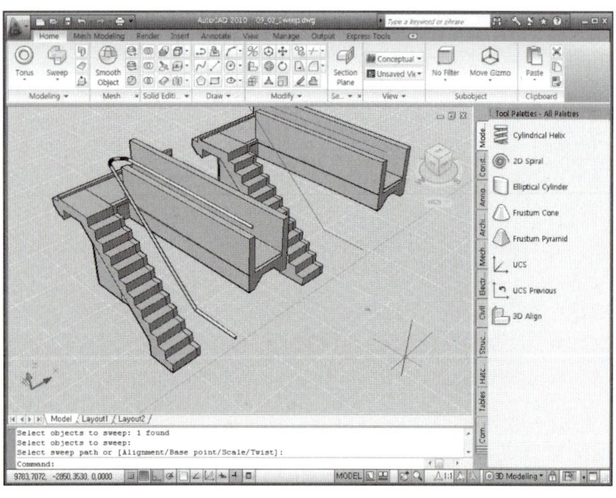

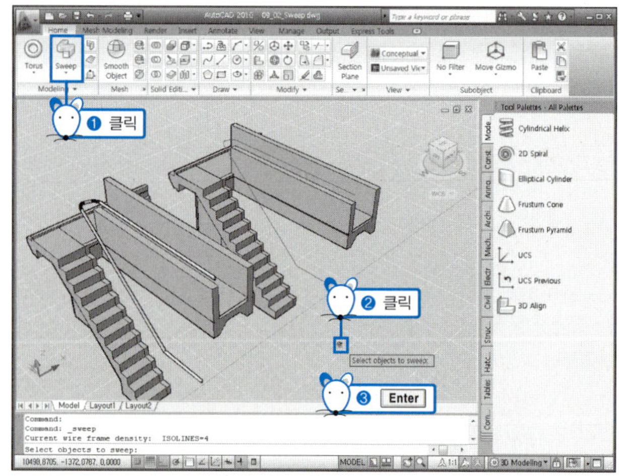

05 다시 마우스 오른쪽 단추를 클릭하고 [Twist]를 선택합니다.

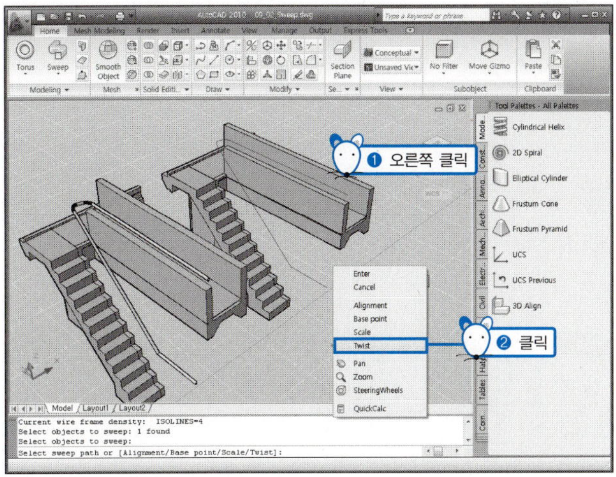

06 단면 객체의 각도를 '360'으로 입력한 후 Enter 를 누릅니다.

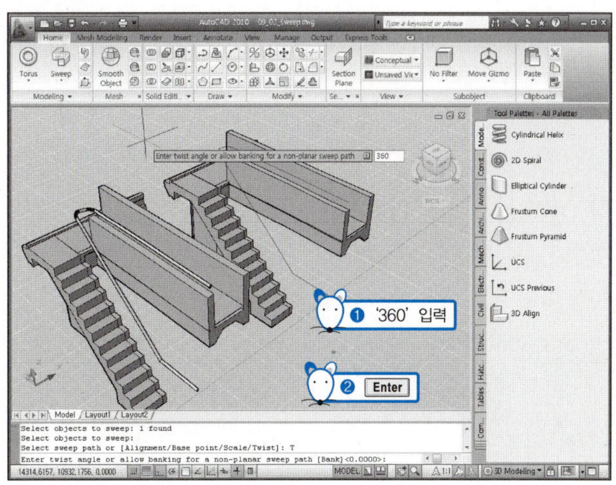

07 선택한 단면 객체가 따라갈 경로(Sweep path)를 선택합니다.

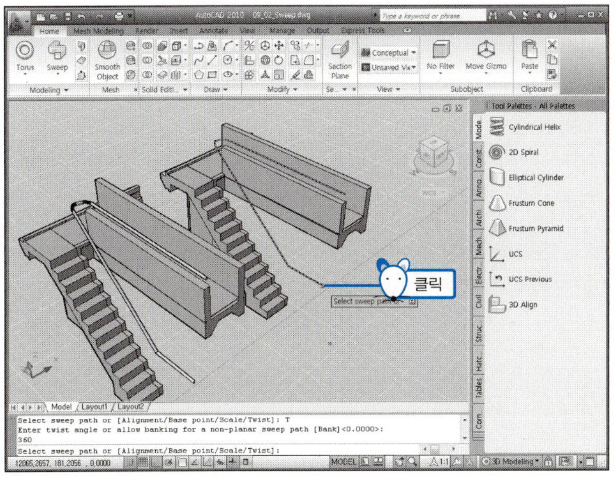

08 선택한 단면이 경로를 따라 360° 뒤틀어진(Twist) 솔리드가 만들어 집니다.

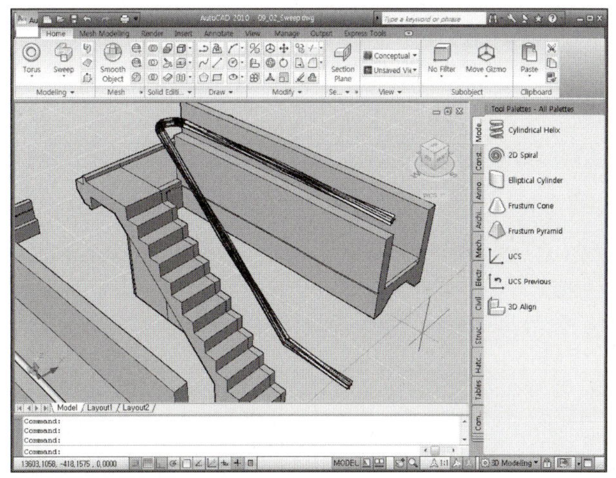

주목

[Scale] 옵션의 경우에는 설정한 배율로 솔리드가 만들어지지만 패스가 부드러운 스플라인이어야 가능합니다.

Extrude를 이용하여 돌출된 3D 벽체 만들기

Extrude를 이용하면 선택한 객체를 선택하면 지정한 정도만큼 돌출시킬 수 있습니다. 방향은 객체가 위치한 평면을 기준으로 양(+)의 방향과 음(−)의 방향으로 돌출시킬 수 있으며 객체를 선택한 후 해당 객체의 벡터값과 벡터 방향으로 돌출시킬 수도 있습니다.

◉ Samples\09_02_Extrude.dwg

01 [Home] 탭의 [Modeling] 패널에서 [Extrude](🔟) 아이콘을 클릭하고 돌출시킬 객체를 선택한 후 Enter 를 누릅니다.

02 높이를 묻는 질문에 '2400'을 입력하고 Enter 를 누릅니다.

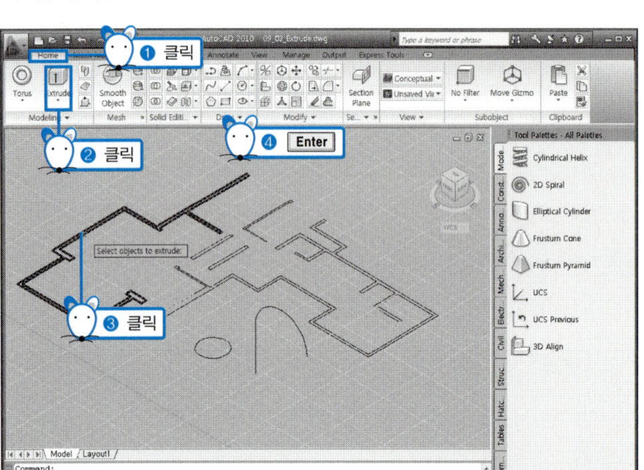

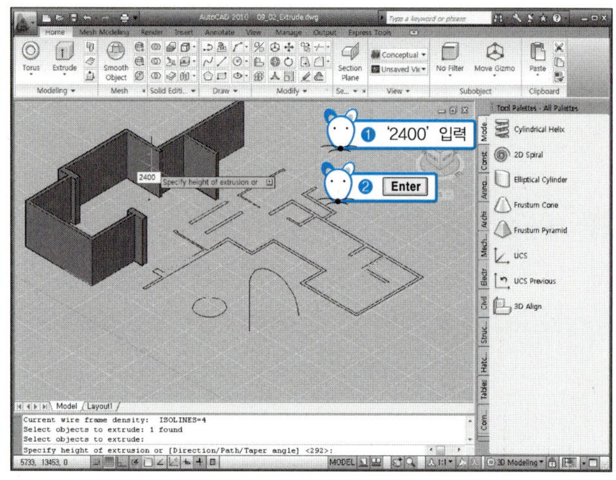

03 '2400' 높이를 갖는 솔리드가 작성되었습니다. 다시 Enter 를 눌러 Extrude를 실행하고 나머지 객체를 선택한 후 Enter 를 연속해서 두 번 누릅니다.

04 다시 Enter 를 눌러 Extrude를 실행하고 그림과 같이 객체를 선택한 후 Enter 를 누릅니다.

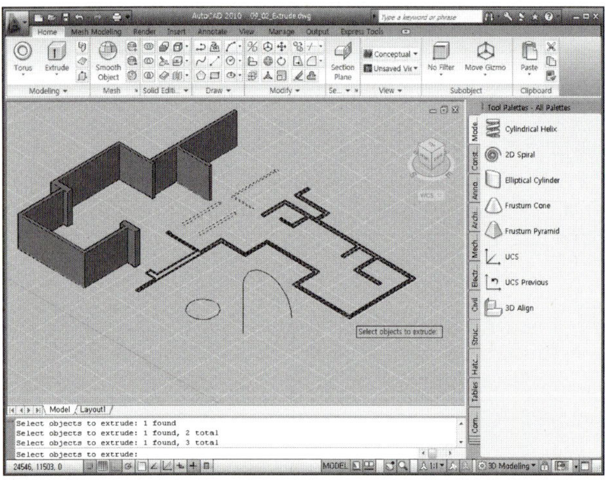

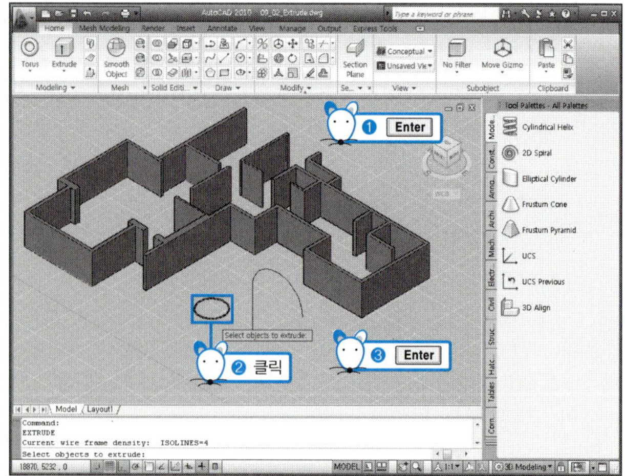

05 높이를 묻는 질문에 마우스 오른쪽 단추를 클릭하고
[Path]를 선택합니다.

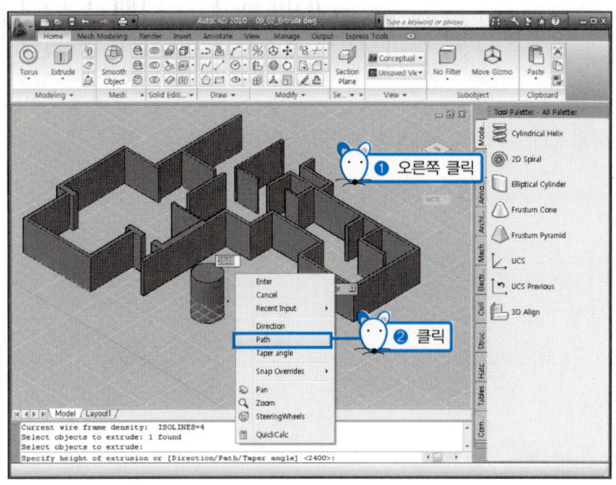

06 Z축 방향에 있는 갈고리 객체의 하단을 클릭하면 선택한 객체가 벡터 패스를 따라 돌출되는
솔리드로 완성됩니다.

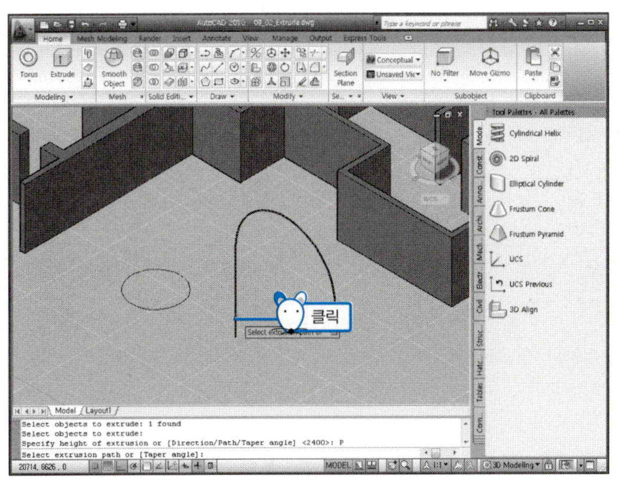

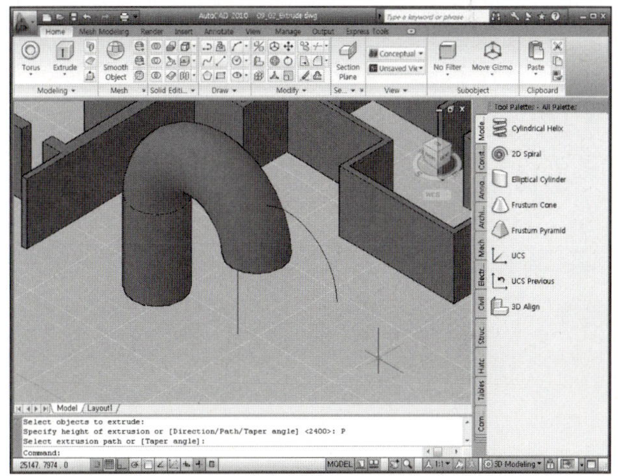

주목

[Path] 옵션으로 객체를 선택하는 경우에는 객체의 어느 부분을 선택하느냐에 따라 양의 방향으로 돌출될지, 음의 방향으로 돌출될 것인가
가 결정됩니다.

Loft로 대지 지형과 단면이 변하는 다리 만들기

Loft를 이용하면 두 개 이상의 단면 객체를 연결하는 솔리드를 만들 수 있습니다. 이번에는 Loft를 이용하여 대지 지형과 단면이 변하는 다리를 만드는 방법을 알아봅니다.

◉ Samples\09_02_Loft.dwg

01 [Home] 탭의 [Modeling] 패널에서 [Loft]( ) 아이콘을 클릭하고 좌측 아래의 대지 등고선 스플라인부터 상단의 스플라인까지 순서대로 선택한 후 **Enter** 를 누릅니다.

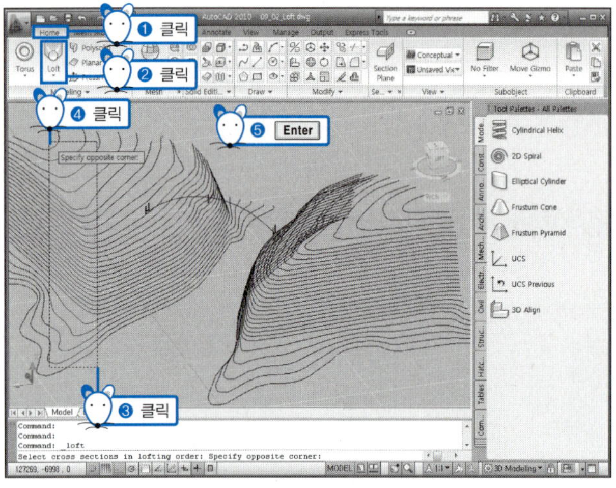

02 단축 메뉴에서 [Cross section only]를 선택합니다.

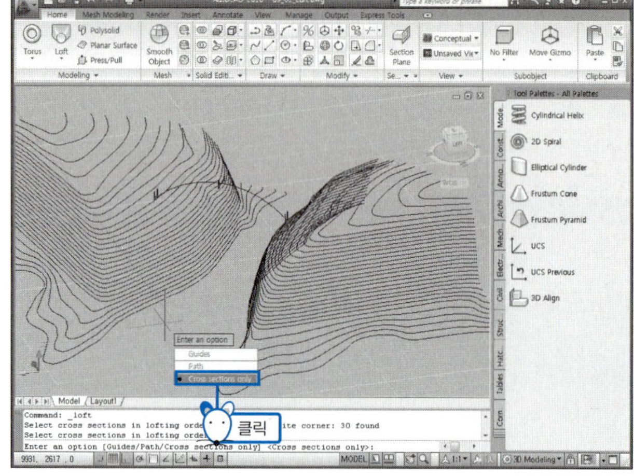

주목
등고선 스플라인은 같은 평면에 있지 않고 Z축을 중심으로 일정한 간격으로 떨어져 있습니다.

03 [Loft Settings] 대화상자에서 [Smooth Fit]을 체크하고 [OK] 단추를 누릅니다.

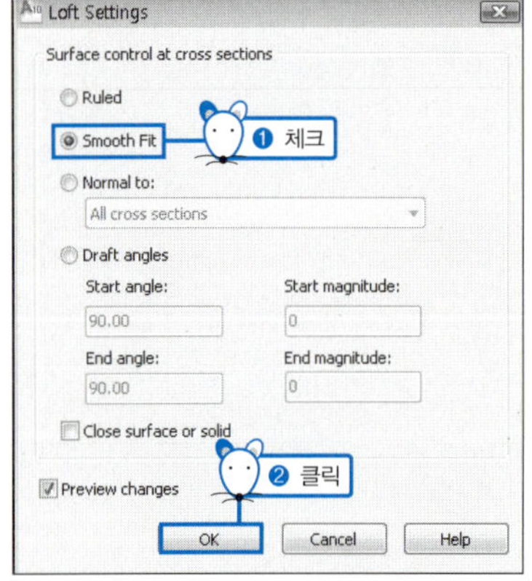

04 'Sect_AA' 레이어를 현재 레이어로 설정합니다.

❶ 뷰 환경을 확대한 후 [View] 탭의 [Palettes] 패널에서 [Layer Properties]( ) 아이콘을 클릭합니다.
❷ Layer Properties Manager Palattes를 불러내어 'CA001' 레이어를 끄고 'Sect_AA' 레이어를 현재 레이어로 설정합니다.

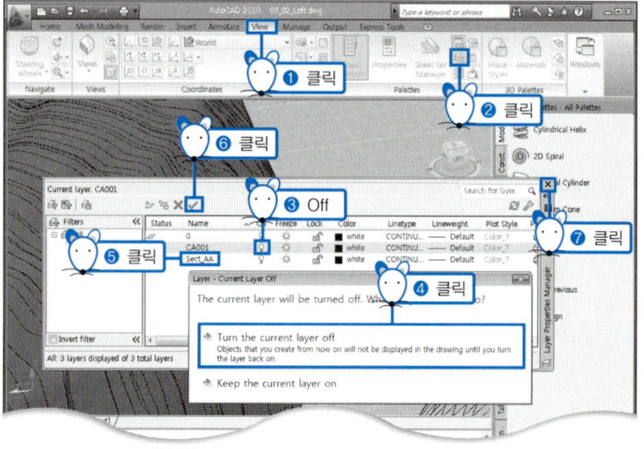

05 [Home] 탭의 [Modeling] 패널에서 [Loft](아이콘을 클릭하고 그림과 같이 다리의 단면 객체를 차례로 선택한 후 Enter 를 누릅니다.

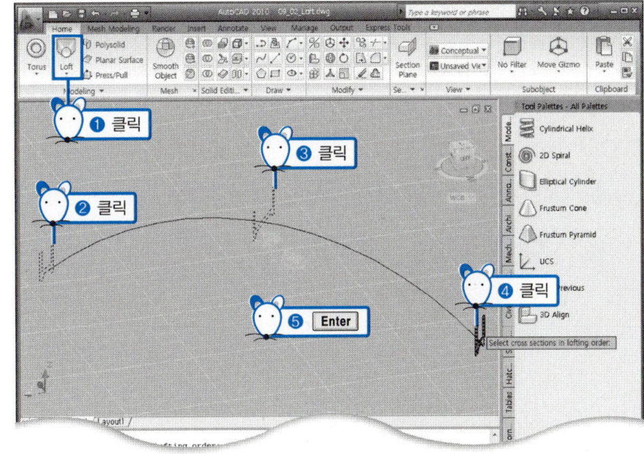

06 단축 메뉴에서 [Path]를 선택합니다.

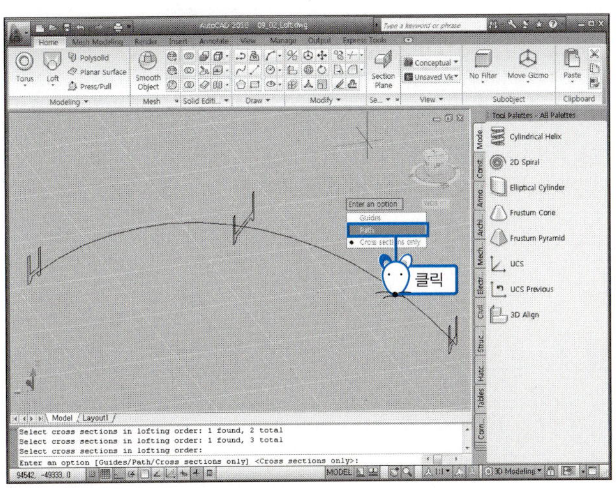

07 그림과 같이 패스 경로를 선택합니다.

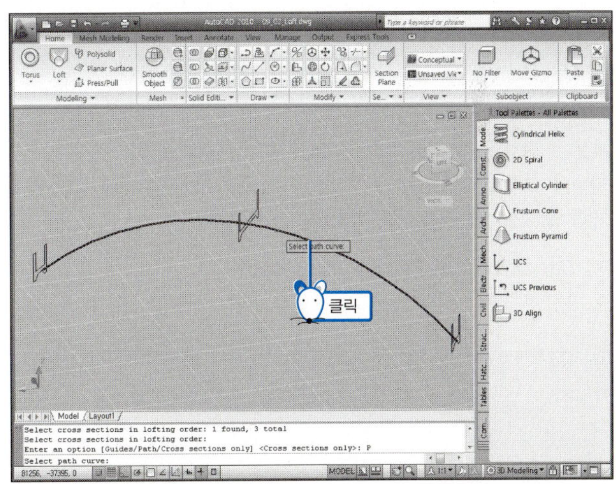

08 다시 [View] 탭의 [Palettes] 패널에서 [Layer Properties]() 아이콘을 클릭해 Layer Properties Manager Palettes가 나타나면 'CA001' 레이어를 켭니다.

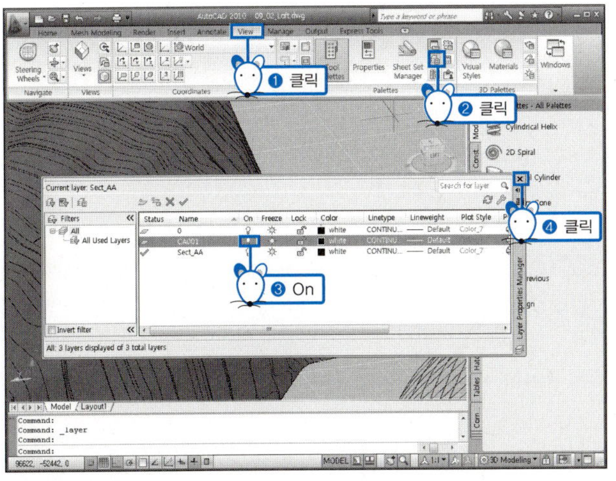

09 현재 레이어인 'CA001' 레이어에 단면이 변하는 다리가 완성된 것을 확인할 수 있습니다.

10 같은 방법으로 반대편 대지의 지형 솔리드도 완성합니다.

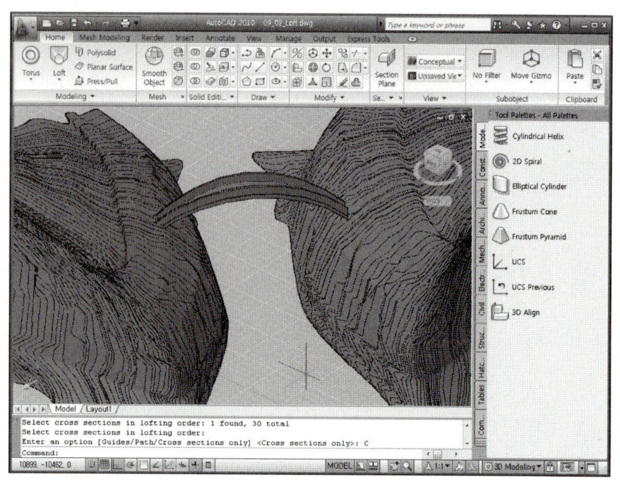

Planar Surface를 이용하여 평평한 지붕과 바닥 솔리드 만들기

Planar Surface를 이용하면 손쉽게 평면 형태의 솔리드를 만들 수 있습니다. 또한, 미리 닫힌 다각형을 만들었다면 형태를 그대로 유지하는 평면 형태의 솔리드로 전환시킬 수도 있습니다. 이번에는 Planar Surface를 이용하여 지붕과 바닥 솔리드를 만드는 방법을 알아봅니다.

⊙ Samples\09_02_PlanarSurface.dwg

01 [Home] 탭의 [Modeling] 패널에서 [Planar Surface](아이콘을 클릭하고 그림과 같이 두 지점을 클릭하여 평면 솔리드를 만듭니다.

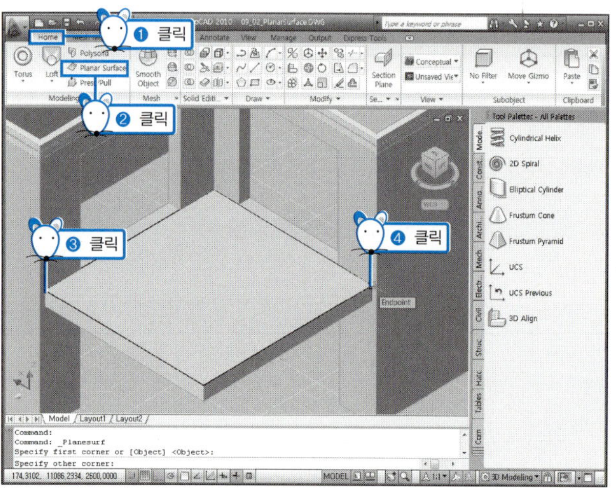

02 [Home] 탭의 [Draw] 패널에서 [Polyline](아이콘을 클릭하고 그림과 같이 지붕의 테두리를 연결하는 폴리라인을 만듭니다.

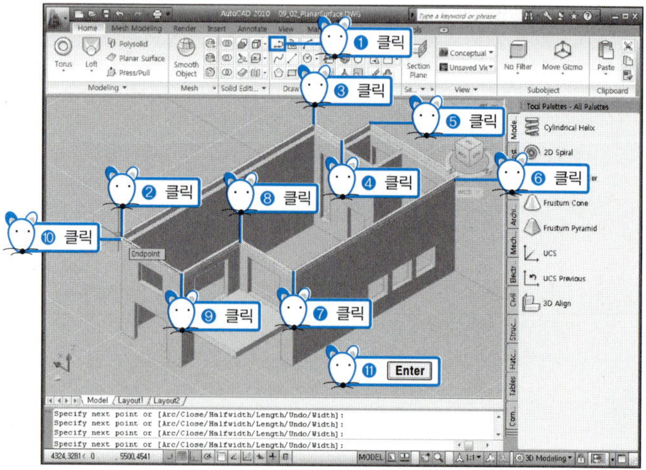

주목

폴리라인을 만들 때 스냅이 잘 보이지 않을 경우에는 마우스 휠을 이용하여 도면 영역을 확대/축소하면서 작성하는 것이 좋습니다.

03 [Home] 탭의 [Modeling] 패널에서 [Planar Sur face] 아이콘을 클릭한 후 마우스 오른쪽 단추를 클릭하여 [Object]를 선택합니다.

04 평면에 미리 작성된 닫힌 폴리라인을 선택한 후 Enter 를 누릅니다.

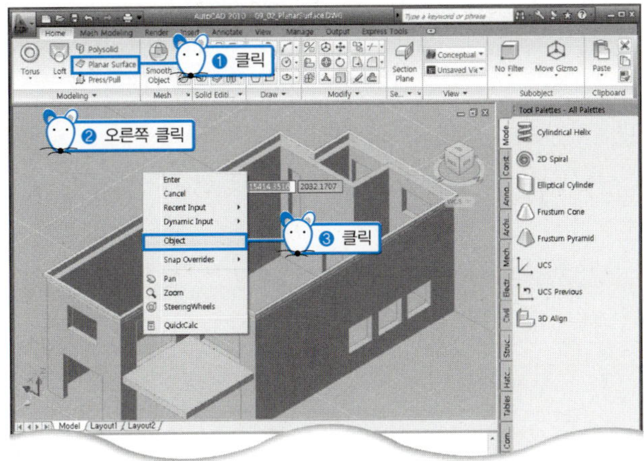

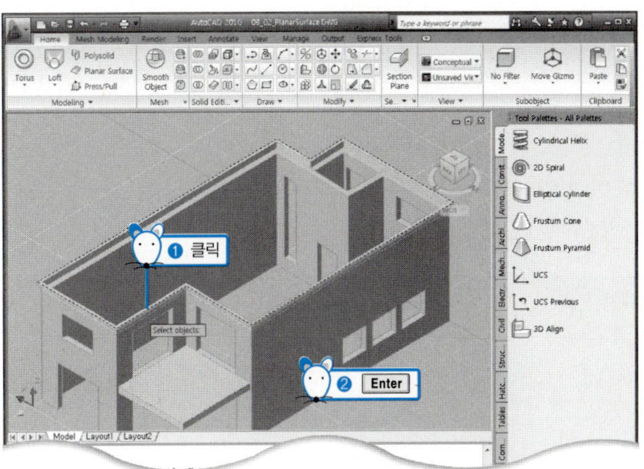

05 작성된 폴라라인의 형태대로 평면 솔리드가 만들어집니다.

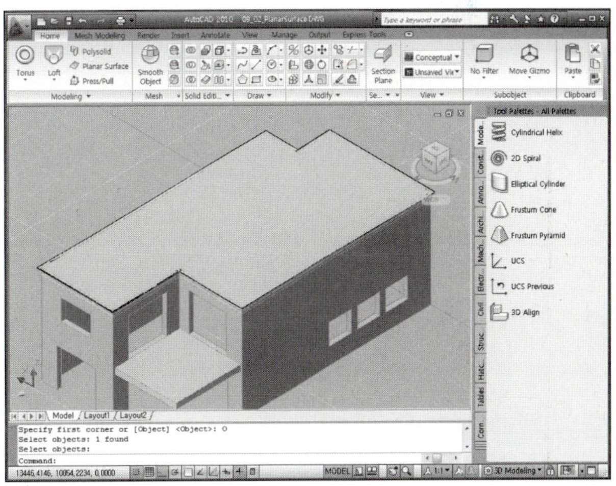

선택한 객체가 Delete 로 삭제되지 않는 경우

아무런 명령 없이 객체를 선택하여 Grip을 표시한 후 Delete 를 누르면 객체가 삭제됩니다. 하지만 아무런 반응이 없이 객체가 삭제되지 않는 경우가 있습니다. 이런 경우 [Options] 대화상자를 불러내 [Selection] 탭의 [Selection modes] 영역에서 [Noun/verb selection] 옵션에 체크되어 있는지 확인해야 합니다. 체크되어 있어야 선택한(Grip 표시) 객체를 Delete 로 삭제할 수 있습니다.

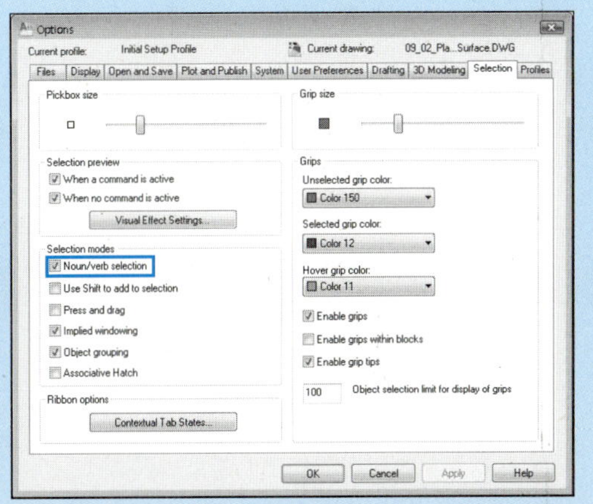

Revolve를 이용하여 물병 만들기

Revolve를 이용하면 객체의 단면과 회전축을 지정하여 솔리드를 만들 수 있습니다. 이런 기능을 이용하여 단면을
회전시켜서 물병을 만들어 봅니다.

Samples\09_02_Revolve.dwg

01 [Home] 탭의 [Modeling] 패널에서 [Revolve](아이콘)
아이콘을 클릭하고 그림과 같이 회전시킬 단면 객체를
선택한 후 Enter 를 누릅니다.

02 회전축을 선택하기 위해 마우스 오른쪽 단추를 클릭
한 후 [Y]를 선택합니다.

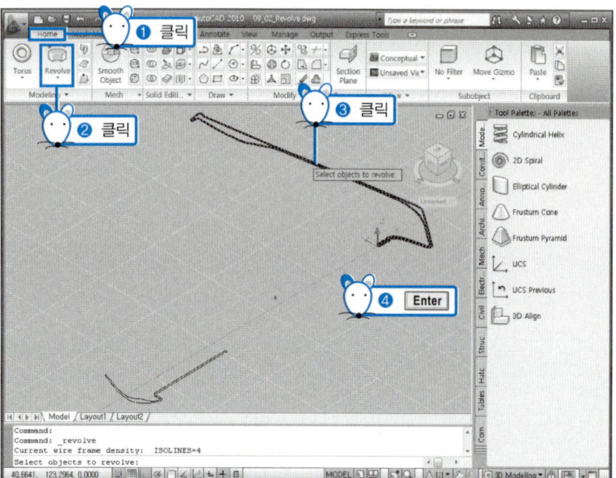
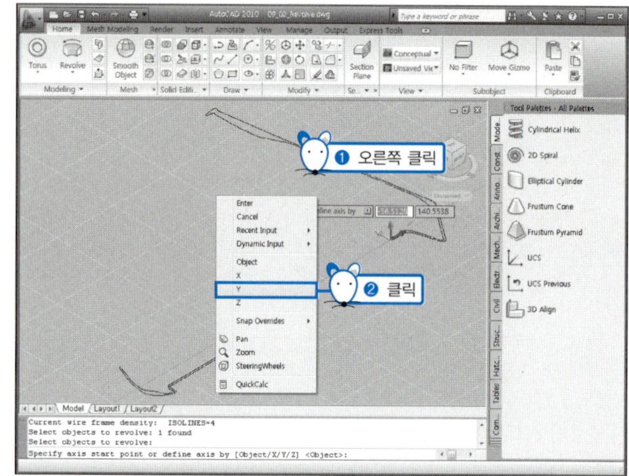

03 회전 각도에 '180' 을 입력하고 Enter 를 누릅니다.

04 선택한 단면 객체가 Y축을 중심으로 180° 회전한 솔
리드가 만들어 집니다.

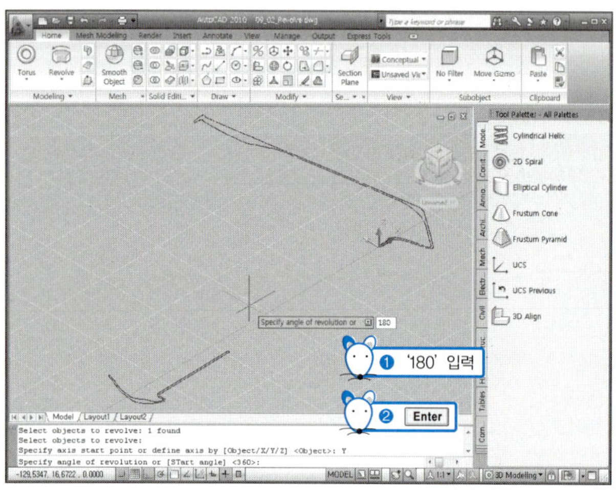
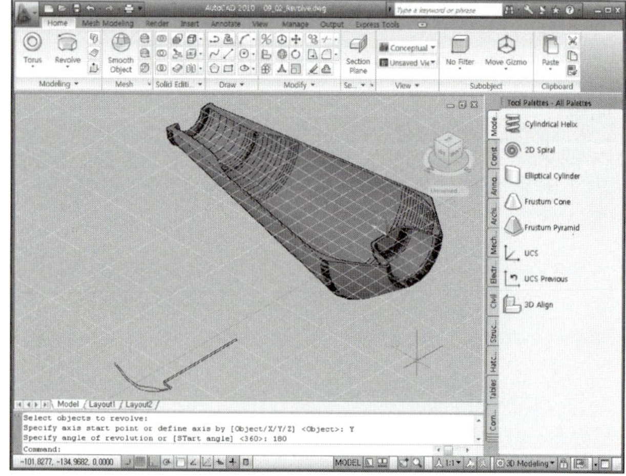

05 다시 Enter 를 눌러 Revolve 명령을 실행하고 그림과 같이 회전시킬 단면 객체를 선택한 후 Enter 를 누릅니다.

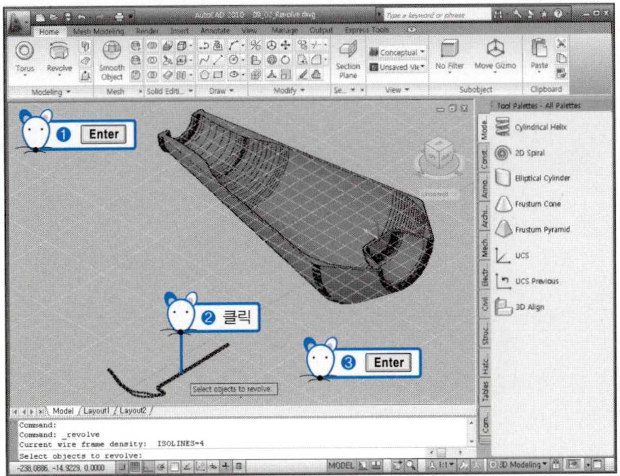

06 회전축을 선택하기 위해 그림과 같이 두 지점을 클릭합니다.

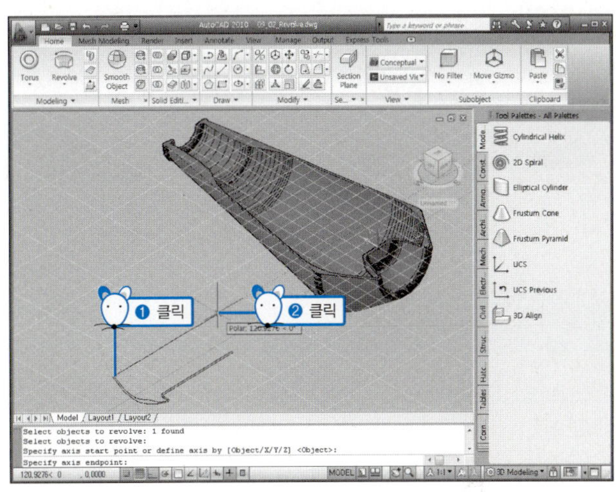

07 회전 각도에 '180'을 입력하고 Enter 를 누릅니다.

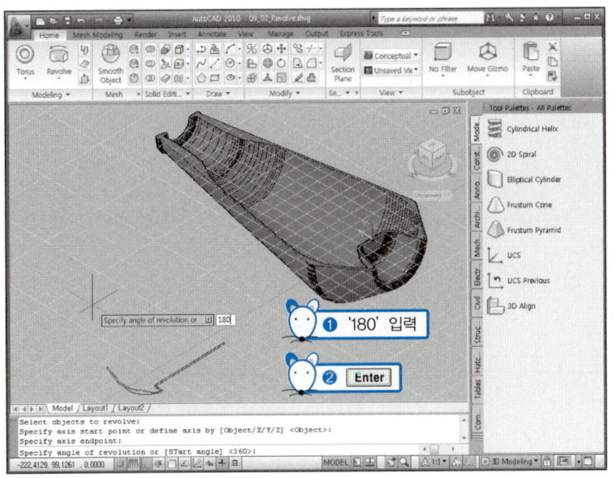

08 선택한 단면 객체가 직접 지정한 축을 중심으로 180° 회전한 솔리드로 완성됩니다.

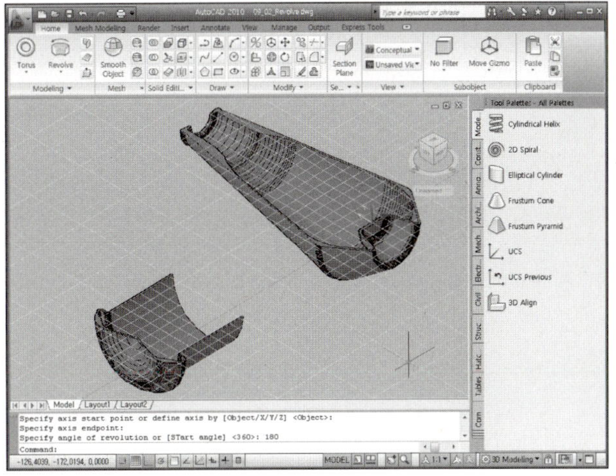

서페이스(Surface) 만들기

다양한 방식으로 만들 수 있는 서페이스(Surface)는 Stretch 명령으로 늘리고 줄이는 편집이 가능하기 때문에 AutoCAD의 3D 모델링에서 자주 사용합니다. 서페이스를 만드는 방식은 크게 Tabulated Surface, Edged Surface, Ruled Surface, Revolved Surface와 3D Surface의 방식이 있습니다.

Lesson 03

벡터만큼 객체의 궤적으로 만드는 서페이스(Tabulated Surface)

Tabulated Surface(이하 Tabsurf)를 이용하면 벡터 방향과 변하는 위치만큼 객체의 궤적을 서페이스로 만들 수 있습니다.

⊙ Samples\09_03_Surface_Tabsurf.dwg

01 [Home] 탭의 [Draw] 패널에서 [Polyline]() 아이콘을 클릭한 후 그림과 같이 창문틀에 폴리라인을 만듭니다.

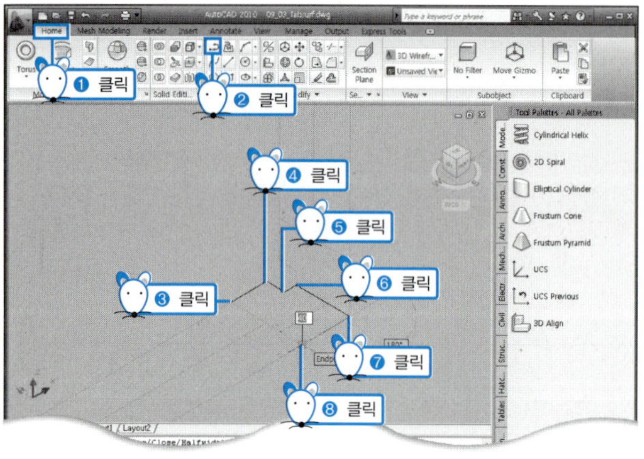

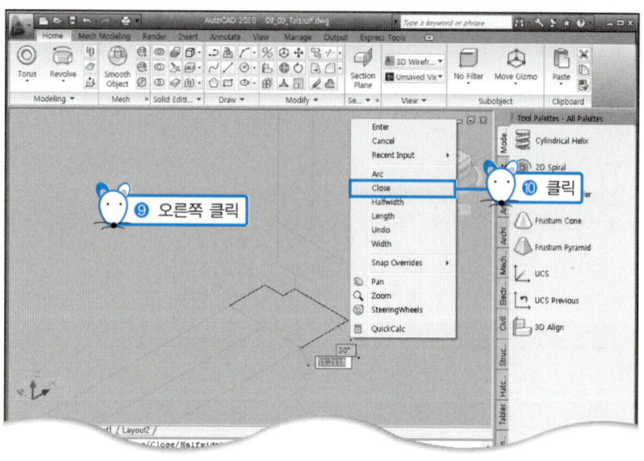

02 [Home] 탭의 [Draw] 패널에서 [Line](◢) 아이콘을 클릭한 후 그림과 같이 Tabsurf의 벡터 객체가 될 선분을 만듭니다.

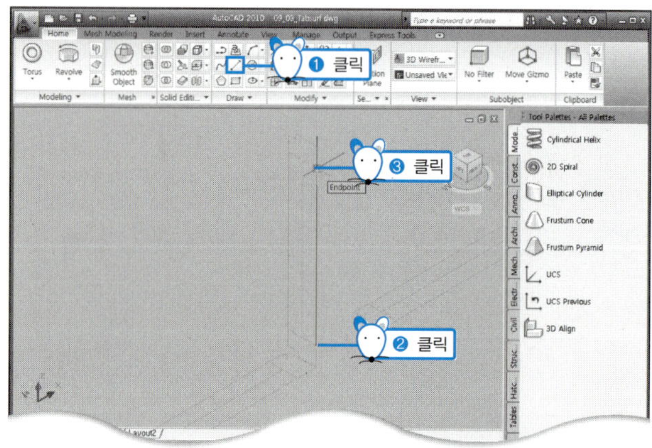

03 [Mesh Modeling] 탭의 [Primitives] 패널에서 [Tabulated Surface]( ) 아이콘을 클릭하고 창문틀 단면인 폴리라인을 선택한 후 선분의 아랫부분을 클릭합니다.

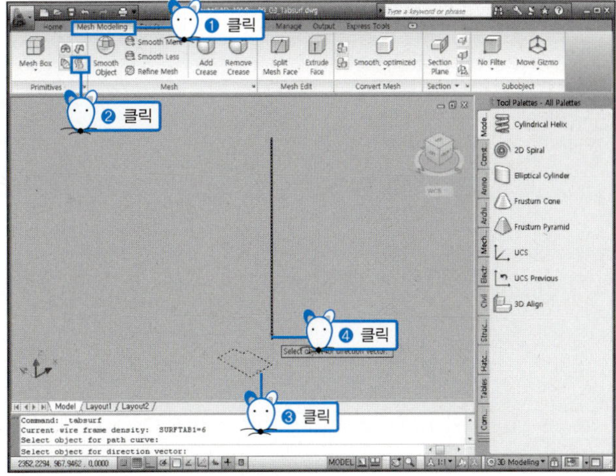

주목

이해를 돕기 위해 창문틀 도면 레이어인 'M-Open_1st' 레이어는 꺼두었습니다.

▲ 'M-Open_1st' 레이어 Off 상태

04 만들어진 서페이스를 옆 창문틀 도면으로 이동시킵니다.

❶ [Home] 탭의 [Modify] 패널에서 [3D Move]( ) 아이콘을 클릭합니다.
❷ 이동할 객체를 선택하고 Enter 를 누릅니다.
❸ 기준점과 이동할 지점을 차례로 클릭합니다.

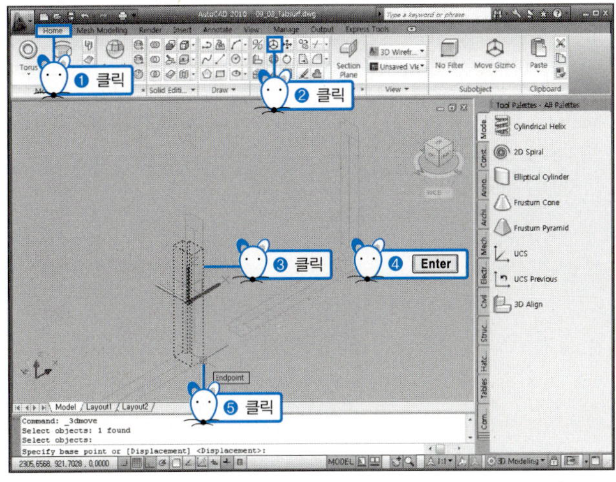

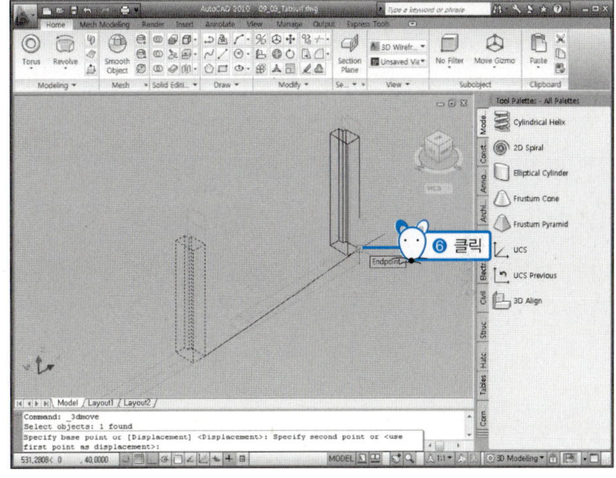

05 다시 [Home] 탭의 [Draw] 패널에서 [Polyline](🖉) 아이콘을 클릭한 후 그림과 같이 창문틀에 폴리라인을 만듭니다.

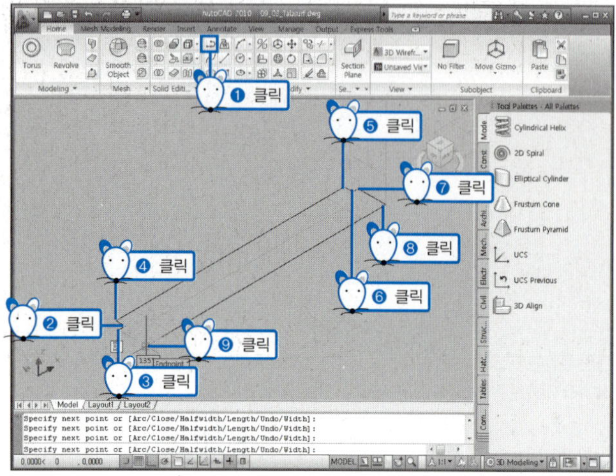

06 [Home] 탭의 [Draw] 패널에서 [Line](🖉) 아이콘을 클릭한 후 그림과 같이 Tabsurf의 벡터가 될 선분을 만듭니다.

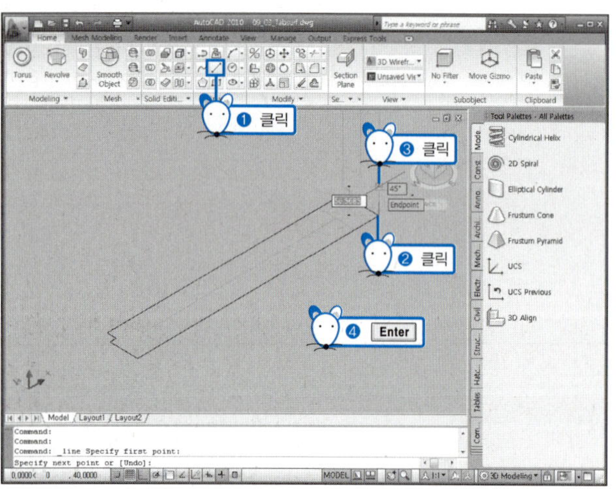

07 [Mesh Modeling] 탭의 [Primitives] 패널에서 [Tabulated Surface](🖺) 아이콘을 클릭하고 창문틀 단면인 폴리라인을 선택한 후 선분의 아랫부분을 클릭합니다.

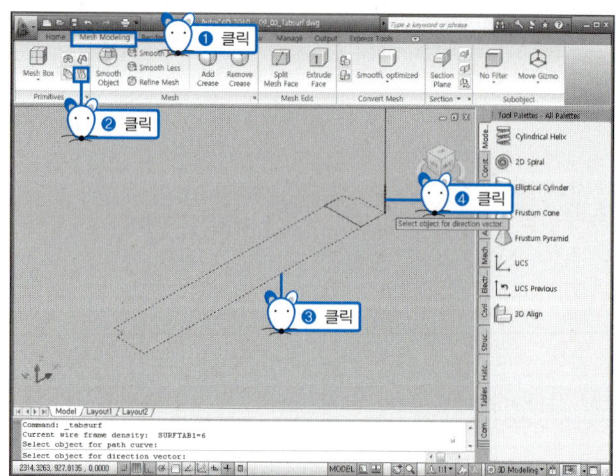

▲ 'M-Open_1st' 레이어 Off 상태

주목

이해를 돕기 위해 창문틀 도면 레이어인 'M-Open_1st' 레이어는 꺼두었습니다.

08 만들어진 서페이스를 옆 창문틀 도면으로 이동시킵니다.

❶ [Home] 탭의 [Modify] 패널에서 [3D Move](아이콘)을 클릭합니다.

❷ 이동할 객체를 선택한 후 Enter 를 누릅니다.

❸ 기준점과 이동할 지점을 차례대로 클릭합니다.

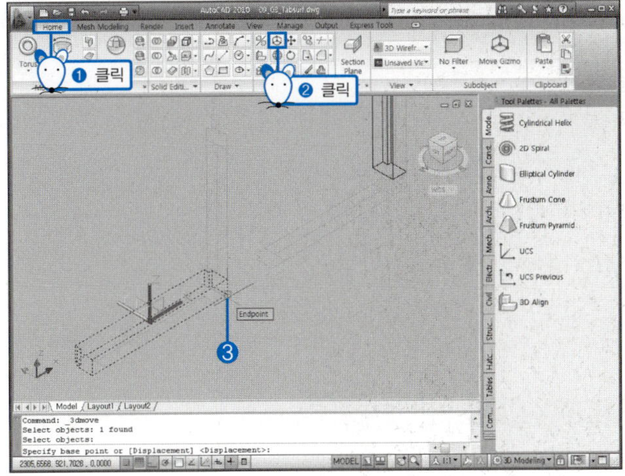

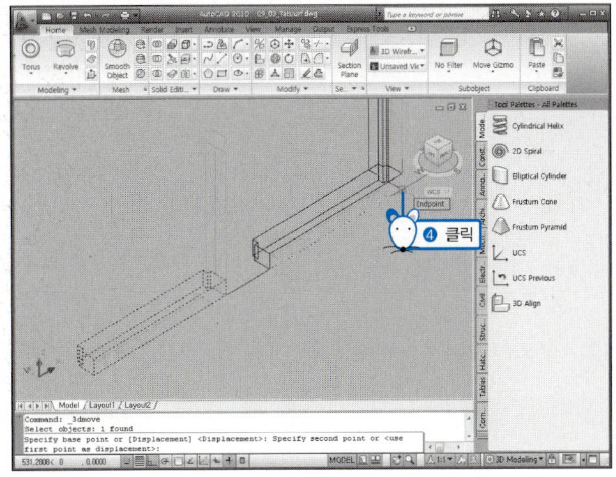

09 세로 부재는 3D Mirror 명령을 이용하여 복사/정렬 시킵니다.

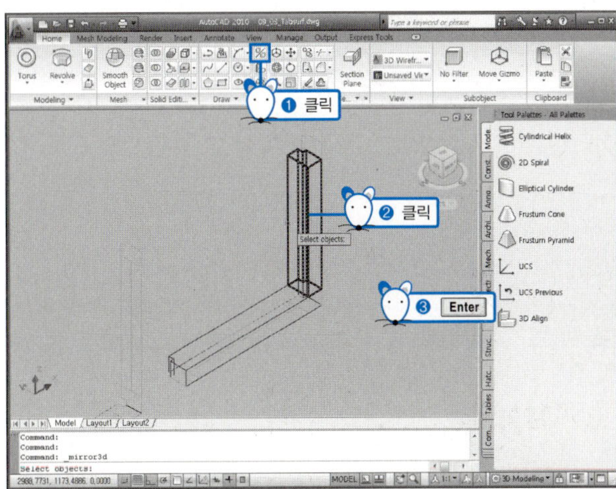

▲ 객체 선택

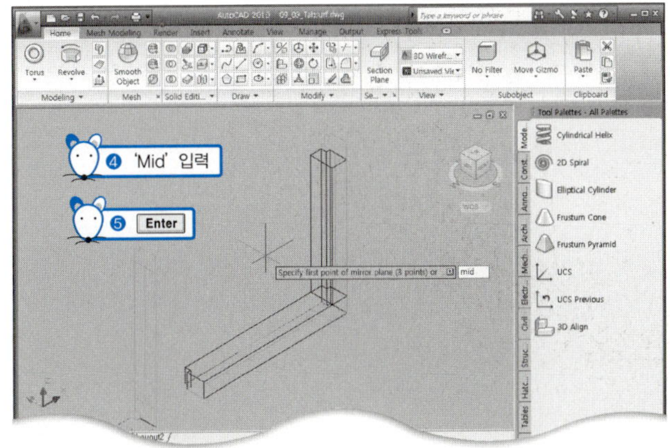

▲ Osnap Midpoint 설정

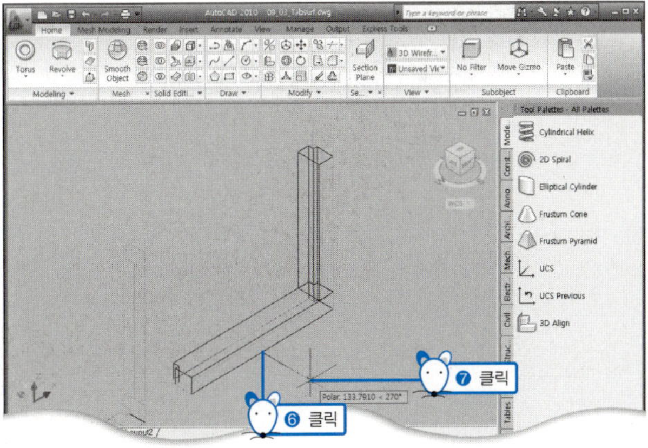

▲ Mirror 평면의 XY 축 지정

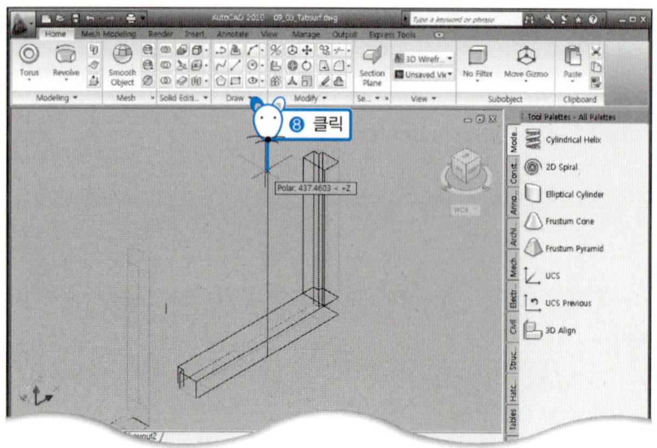

▲ Mirror 평면의 Z축 지정

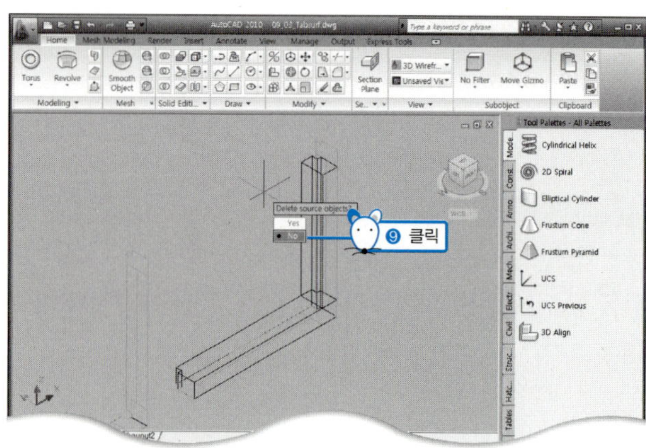

▲ 3D Mirror 명령의 원본 유지

10 가로 부재는 Copy 명령을 이용하여 복사/정렬시킵니다.

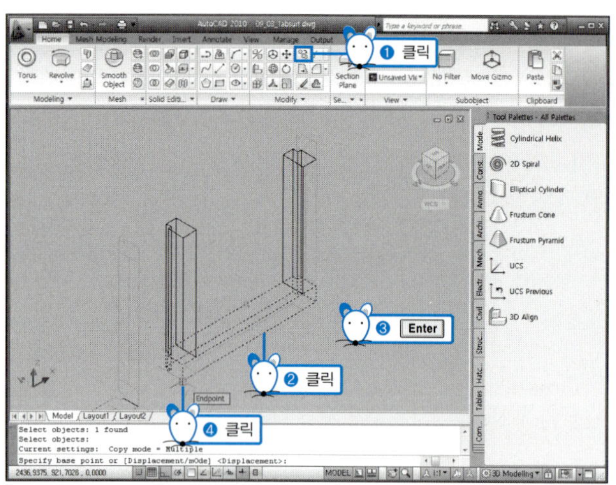

▲ Copy 명령의 객체 선택 및 기준점 지정

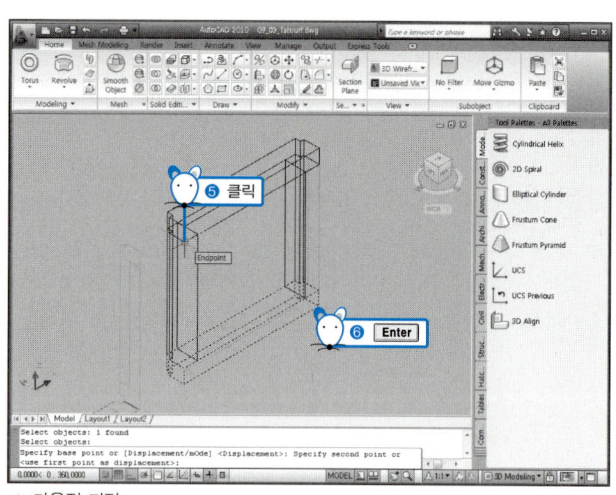

▲ 다음점 지정

11 [Home] 탭의 [View] 패널에서 [A Visual Style] 드롭다운 화살표를 클릭해 Conceptual 모드로 전환하고 완성된 서페이스를 확인합니다.

12 Tabsurf로 만든 서페이스는 뚜껑(Cap)이 만들어지지 않기 때문에 창문틀 일부 면이 비어있는 것을 확인할 수 있습니다.

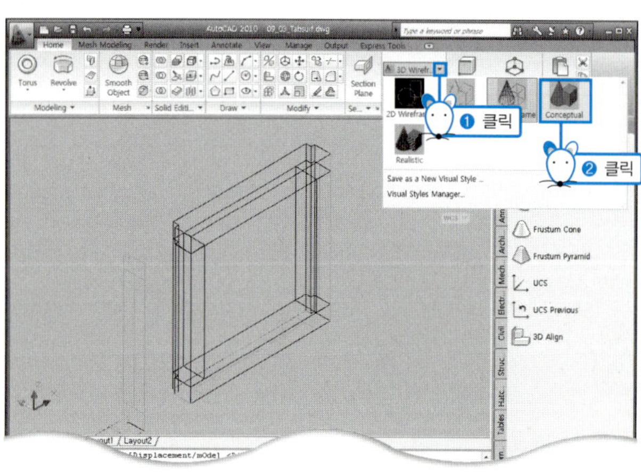

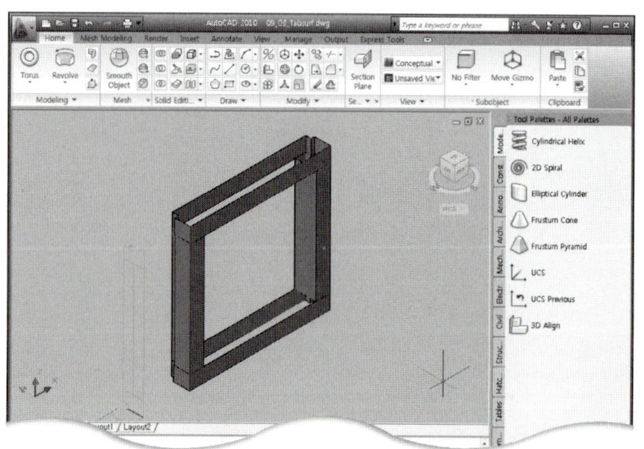

서로 다른 곡률의 객체들이 만드는 특수한 서페이스(Edged Surface)

Edged Surface(이하 Edgesurf)를 이용하면 닫힌 도형을 이루는 4개의 객체를 선택하여 각 객체들이 이루는 서페이스를 만들 수 있습니다. 이때 각각의 객체들은 같은 평면에 있지 않아도 됩니다.

● Samples\09_03_Edgesurf.dwg

01 [Mesh Modeling] 탭의 [Primitives] 패널에서 [Edge Surface](🖼) 아이콘을 클릭한 후 그림과 같이 객체를 차례대로 클릭합니다.

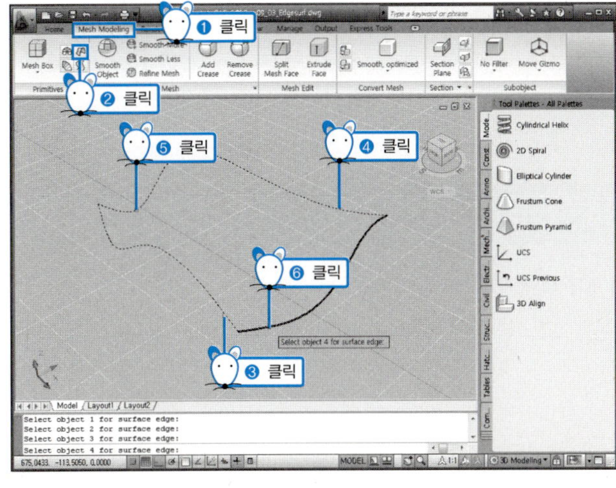

02 4개의 변(Edge)으로 이루어지는 서페이스가 만들어집니다.

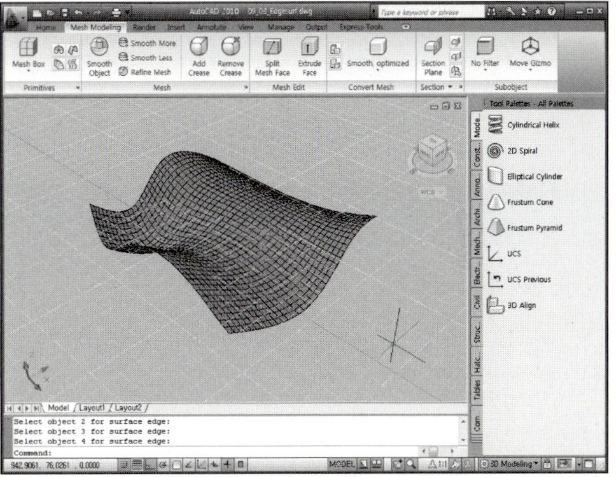

주목
객체를 선택할 때 서로 마주보는 한 쌍씩 선택하며 객체의 같은 방향을 선택합니다. 같은 객체를 선택하더라도 대각 방향으로 엇갈려 선택하면 꼬인 서페이스가 만들어 집니다.

주목
만들어진 서페이스의 메시(Mesh)는 X축과 Y축으로 각각 36등분(Surftab1=36, Surftab2=36)되어 있습니다.

03 **Ctrl**+**Z**로 Edgesurf 명령을 취소한 후 'Surftab2'을 입력하고 **Enter**를 누릅니다. 그리고, [Value]를 '9'로 입력한 후 **Enter**를 누릅니다.

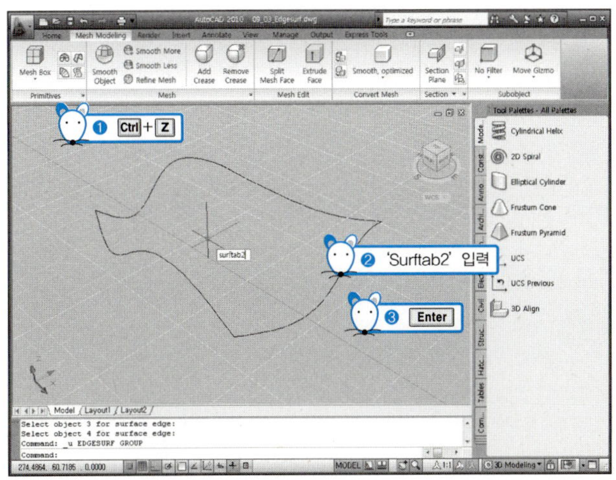

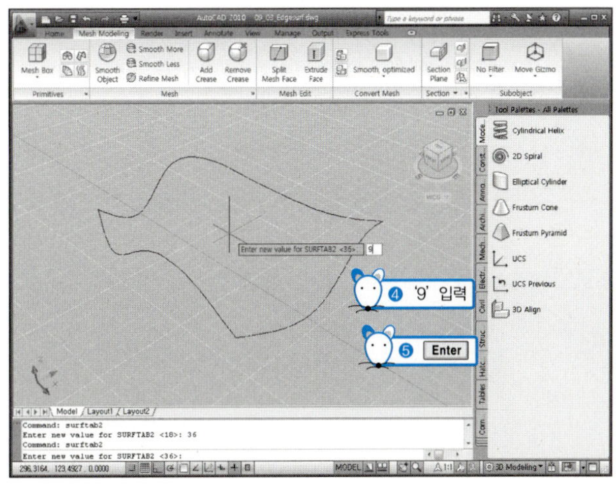

04 다시 [Mesh Modeling] 탭의 [Primitives] 패널에서 [Edge Surface]() 아이콘을 클릭한 후 그림과 같이 객체를 차례대로 클릭합니다.

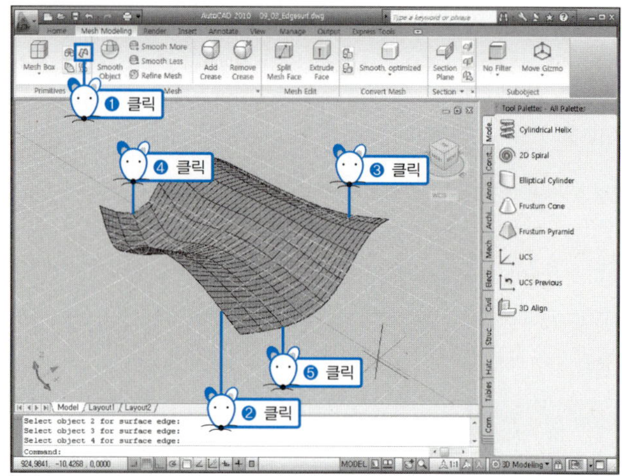

주목

먼저 선택한 객체는 한 방향으로 36등분, 나중에선택한 객체는 한 방향으로 9등분된 메시(Mesh)를 갖는 서페이스가 만들어 집니다.

두 개의 객체가 자연스럽게 변형되는 궤적이 만드는 서페이스(Ruled Surface)

Ruled Surface(이하 Rulesurf)를 이용하면 두 개의 마주보는 객체를 선택하여 객체와 객체가 연결되는 서페이스를 만들 수 있습니다.

Samples\09_03_Rulesurf.dwg

01 [Mesh Modeling] 탭의 [Primitives] 패널에서 [Ruled Surface]() 아이콘을 클릭한 후 서로 마주보는 객체를 클릭합니다.

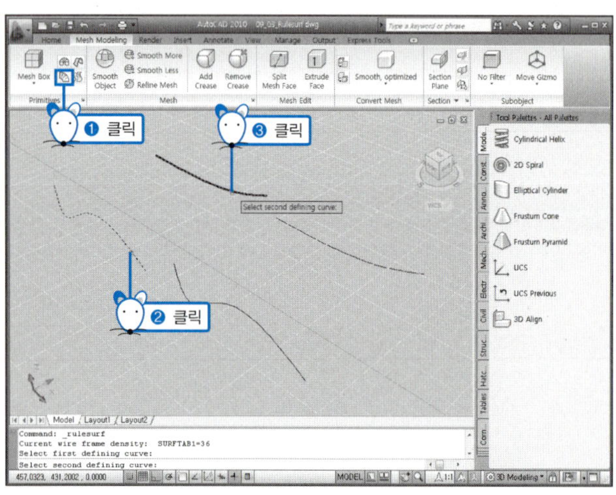

주목

이때 서로 마주 보는 객체의 나란한 부분을 클릭합니다.

02 다시 Enter 를 눌러 Rulesurf 명령을 실행하고 서로 마주보는 객체를 클릭합니다.

주목

이번에는 서로 대칭되는 부분을 클릭합니다.

03 서로 대칭되는 부분을 클릭하면 서페이스가 꼬여서 만들어지는 것을 확인할 수 있습니다.

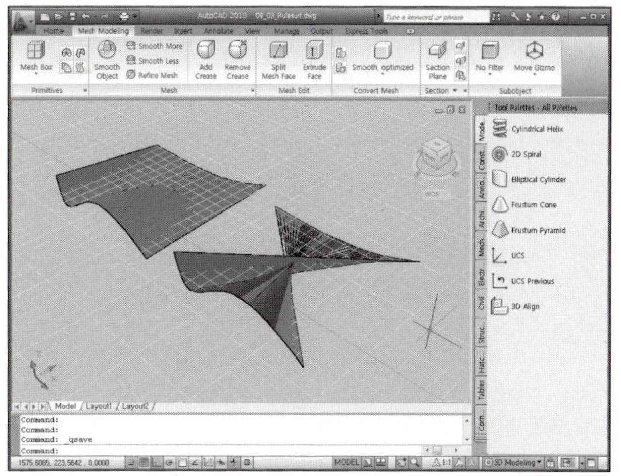

회전하는 객체의 궤적이 만드는 서페이스(Revolved Surface)

Revolved Surface(이하 Revsurf)를 이용하면 객체(Profile)를 지정한 후 축(Axis)을 기준으로 설정한 각도만큼 회전시켜서 서페이스를 만들 수 있습니다.

⦿ Samples\09_03_Revsurf.dwg

01 [Mesh Modeling] 탭의 [Primitives] 패널에서 [Revolved Surface](⚙) 아이콘을 클릭한 후 단면이 될 객체(Profile)를 클릭합니다.

02 축이 될 객체를 선택합니다. 이 때 축이 되는 객체는 미리 만들어져 있거나 기존의 객체를 이용해야 합니다.

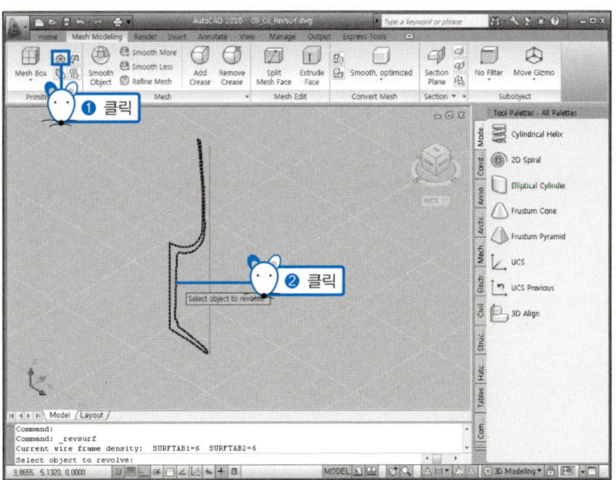

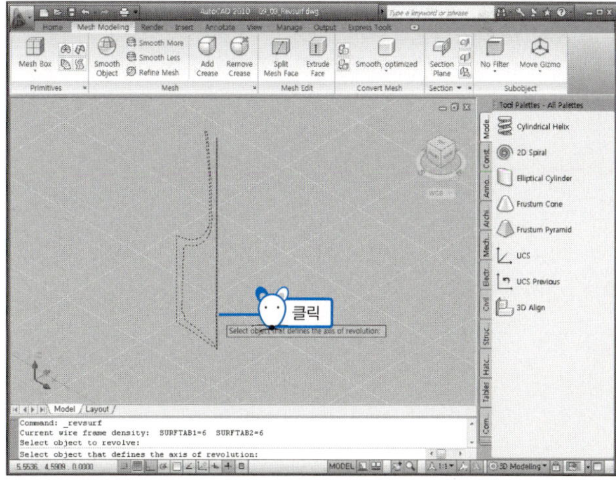

03 서페이스가 만들어질 시작 각도를 물어보면 기본값인 '0'을 적용하기 위해서 Enter를 누르고, 만들어질 서페이스의 각도를 물어보면 '-180'을 입력한 후 Enter를 누릅니다.

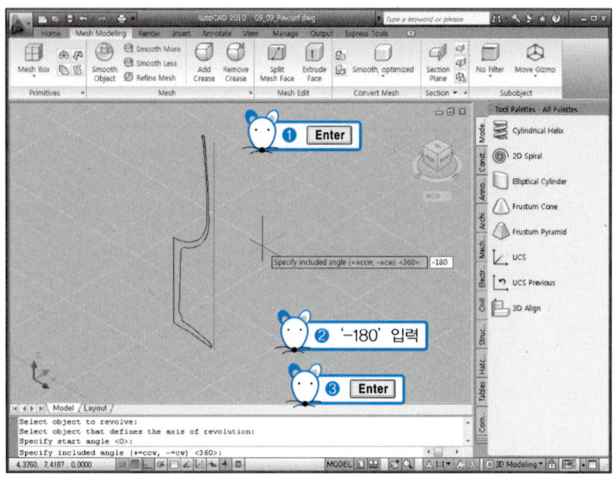

주목

시작 각도(Start angle)를 '0'으로 한다는 것은 선택한 단면에서부터 서페이스가 만들어진다는 것을 의미하고, 서페이스 각도를 '-180'으로 한다는 것은 XY 평면에서 시계 방향(Clockwise)으로 서페이스가 만들어진다는 것을 의미합니다.

04 단면 객체(Profile)로부터 시계 방향으로 180°만큼 회전한 서페이스가 만들어 집니다. 이 때 서페이스를 더욱 부드럽게 작성하기 위해서는 Surftab 명령을 이용하면 좋습니다.

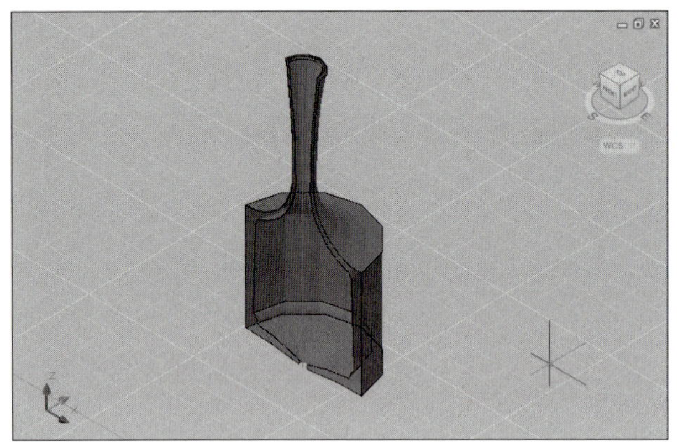

▲ (Surftab1=6, Surftab2=6)

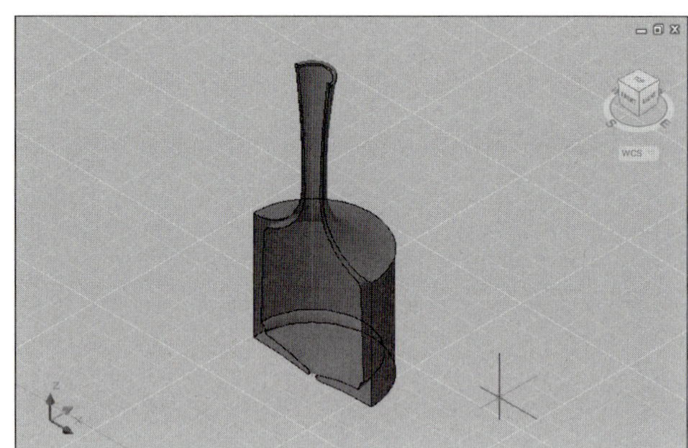

▲ (Surftab1=36, Surftab2=36)

3D 객체(솔리드+서페이스) 편집하기

솔리드와 서페이스를 모두 포함하는 3D 객체를 편집하는 경우에는 반드시 UCS를 이용하여 작업 평면을 설정하고 솔리드와 서페이스에 적당한 편집 명령을 사용하는 것이 중요합니다. 이번에는 3D 객체를 제대로 편집하는 방법에 대하여 알아봅니다.

Lesson 04

3D 이동(3D Move) 시키기

3D 객체를 UCS 설정 없이 쉽게 이동시키는 방법에 대하여 알아봅니다.

◉ Samples\09_04_3DMove.dwg

01 [Home] 탭의 [Modify] 패널에서 [3D Move](⊞) 아이콘을 클릭한 후 그림과 같이 3D 객체를 선택하고 **Enter** 를 누릅니다.

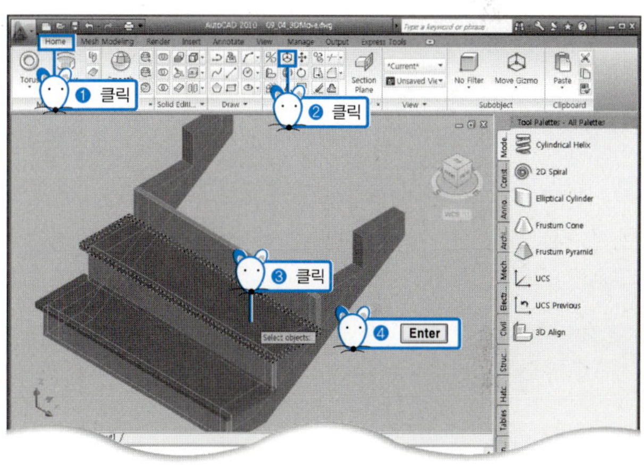

02 객체의 이동 기준점을 클릭합니다.

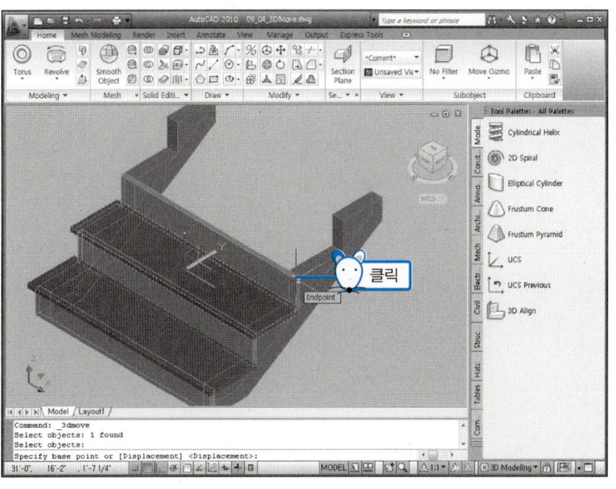

03 이동시킬 다음 점을 클릭합니다.

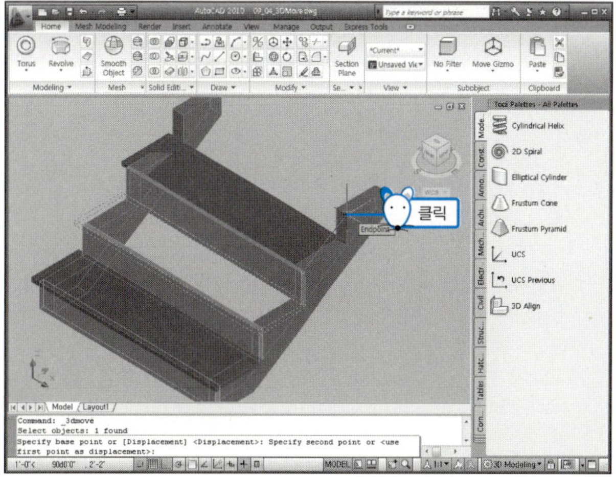

04 객체가 이동한 것을 확인할 수 있습니다.

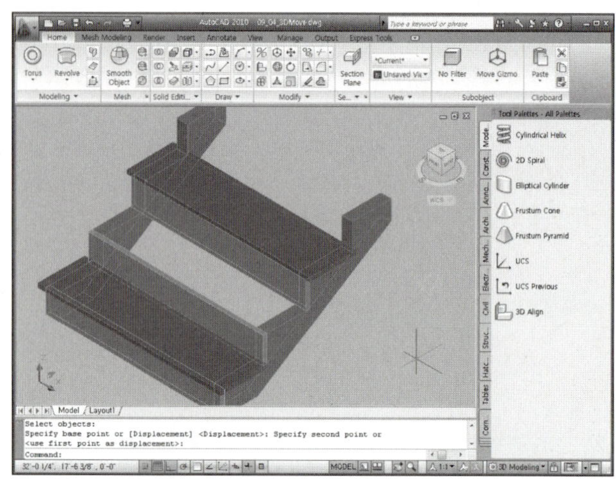

3D 회전(3D Rotate) 시키기

3D 객체를 UCS 설정 없이 쉽게 회전시키는 방법에 대하여 알아봅니다.

Samples\09_04_3DRotate.dwg

01 [Home] 탭의 [Modify] 패널에서 [3D Rotate](◉) 아이콘을 클릭한 후 그림과 같이 3D 객체를 선택하고 Enter 를 누릅니다.

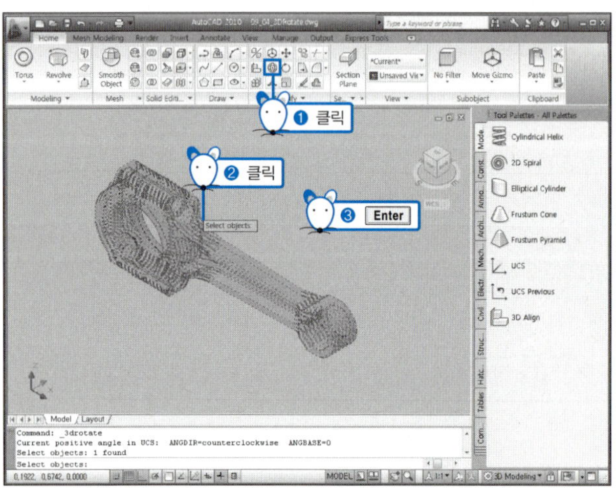

02 회전 툴을 객체의 회전 기준점에 클릭합니다.

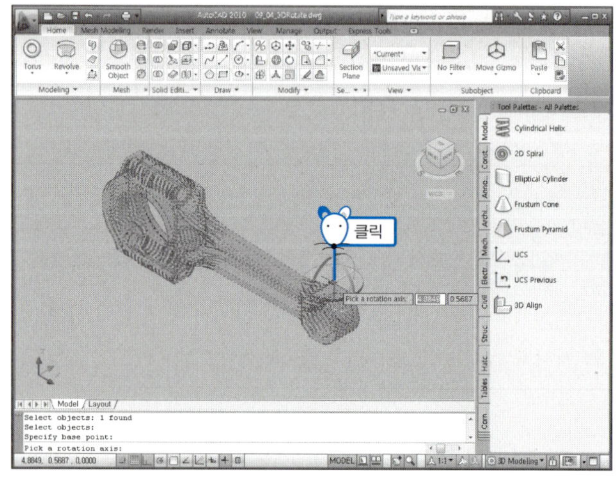

03 회전 툴의 Y축을 클릭하여 활성화시킵니다.

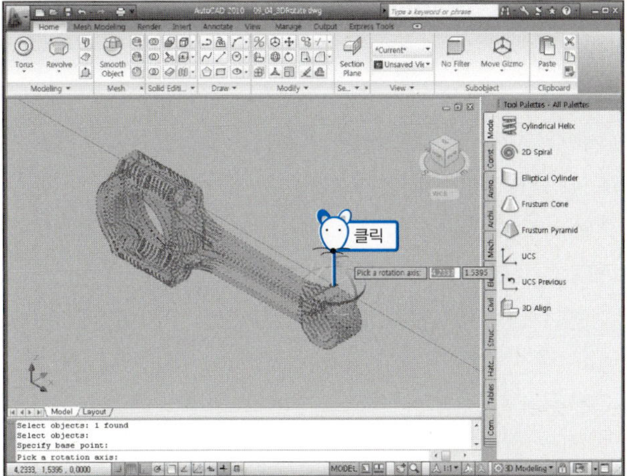

04 기준이 되는 방향을 클릭합니다.

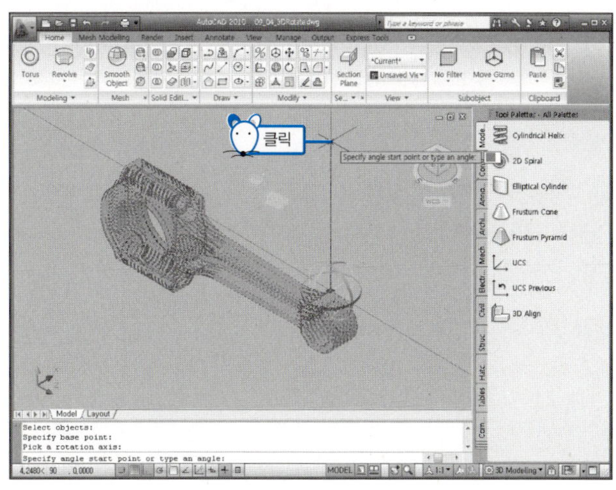

주목

Ortho 기능이 활성화되어 있는 것이 따라하기를 진행하기에 좋습니다.

05 회전할 각도만큼 회전시켜 각도를 설정합니다.

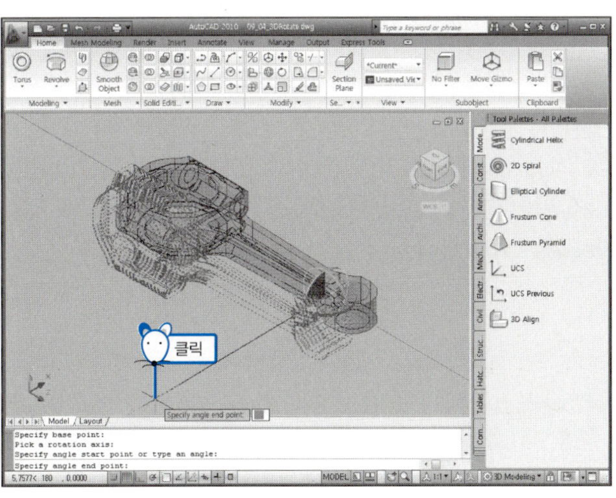

06 지정한 만큼 객체가 회전한 것을 확인할 수 있습니다.

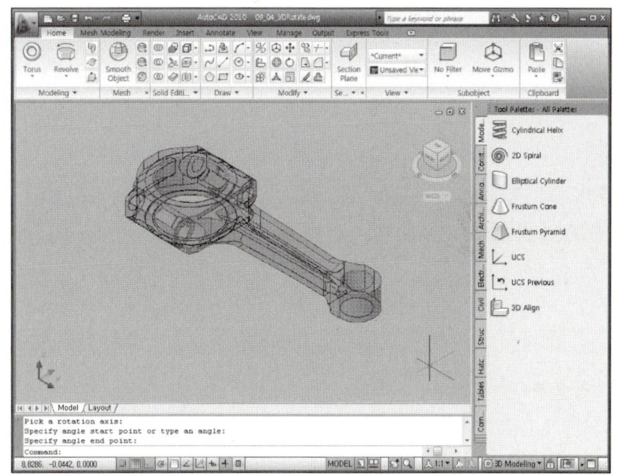

주목

각도를 입력하면 정확한 회전각을 얻을 수 있습니다.

더하고 빼서 새로운 솔리드 만들기

3D 객체 중에 솔리드는 서로 더하고, 빼는 연산 작업을 통해 새로운 솔리드로 만들 수 있습니다.

Samples\09_04_Union_Subtract.dwg

01 [View] 탭의 [Palettes] 패널에서 [Layer Properties] (圖) 아이콘을 클릭해 Layer Properties Mansger Palettes를 불러낸 후 꺼져 있던 'Union' 레이어를 켭니다.

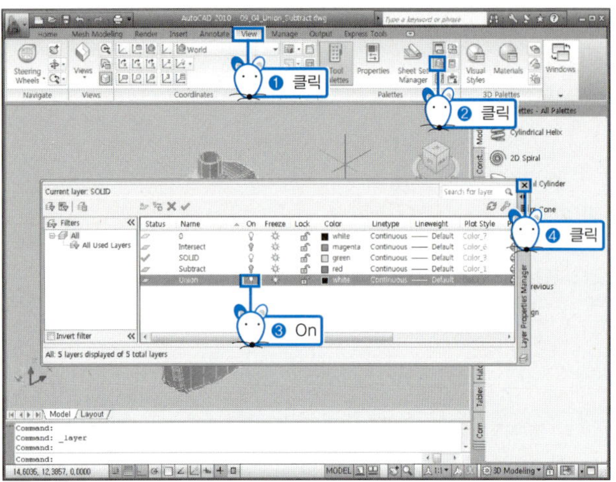

02 [Home] 탭의 [Solid Editing] 패널에서 [Union](圖) 아이콘을 클릭한 후 그림과 같이 솔리드를 선택하고 Enter 를 누릅니다.

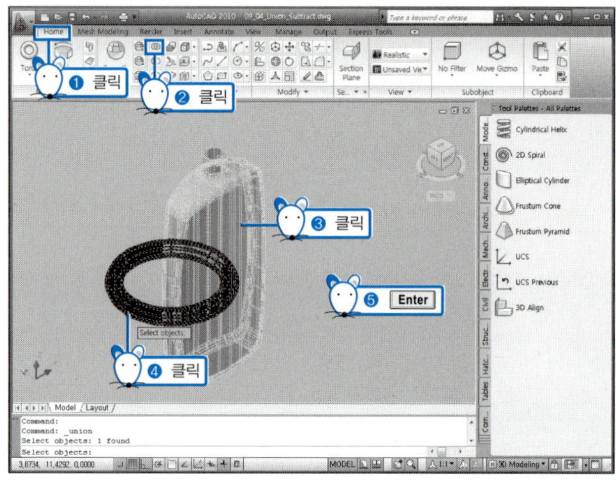

03 선택한 두 개의 객체가 하나로 합쳐졌습니다. 다시 [View] 탭의 [Palettes] 패널에서 [Layer Properties](圖) 아이콘을 클릭해 Layer Properties Manager Palettes를 불러낸 후 꺼져 있던 'Subtract' 레이어를 켭니다.

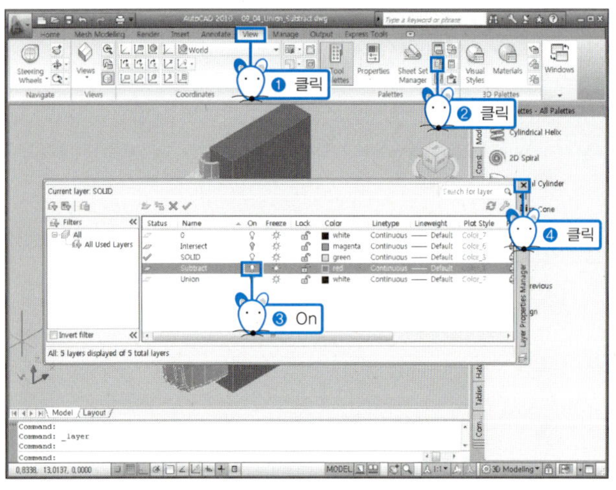

04 [Home] 탭의 [Solid Editing] 패널에서 [Subtract] (圖) 아이콘을 클릭한 후 그림과 같이 솔리드를 선택하고 Enter 를 누릅니다.

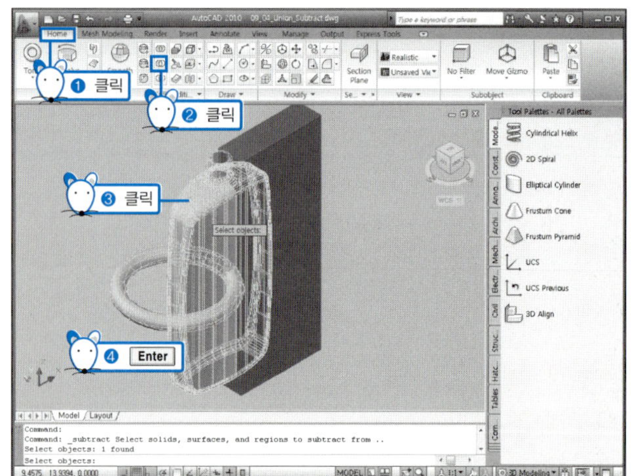

05 그림과 같이 뺄(Subtract) 솔리드를 선택한 후 `Enter`를 누릅니다.

06 뷰큐브를 드래그하여 빠진(Subtract) 결과를 자세하게 확인합니다.

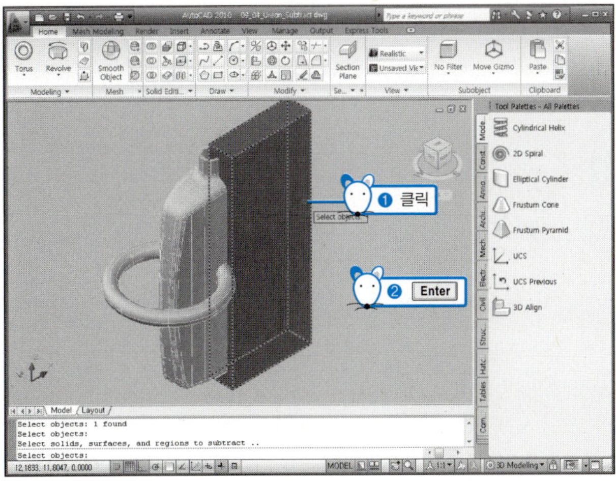

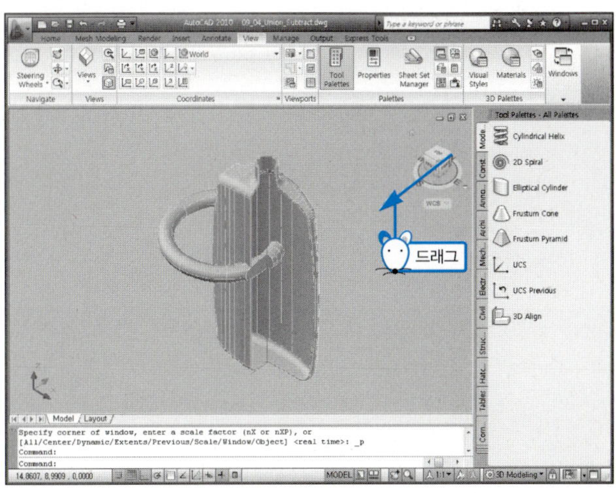

07 다시 [View] 탭의 [Palettes] 패널에서 [Layer Properties](圖) 아이콘을 클릭해 Layer Properties Mansger Palettes를 불러낸 후 꺼져 있던 'Intersect' 레이어를 켭니다.

08 [Home] 탭의 [Solid Editing] 패널에서 [Intersect](◎) 아이콘을 클릭한 후 그림과 같이 솔리드를 연속해서 선택하고 `Enter`를 누릅니다.

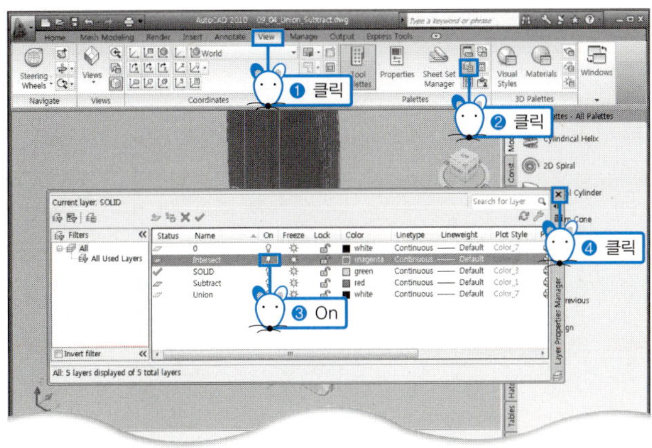

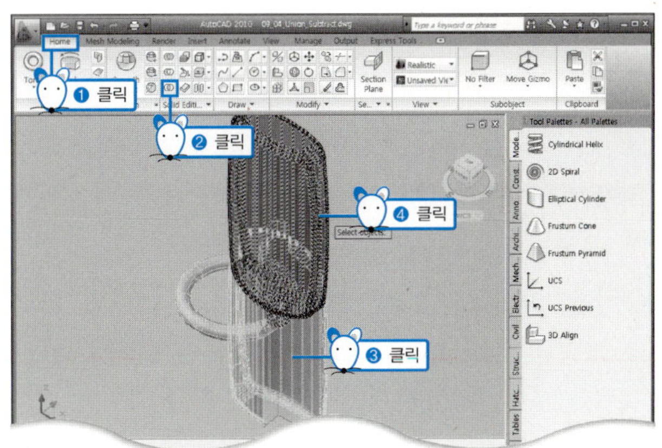

09 선택한 두 솔리드의 공통(Intersect)되는 부분만 남겨진 것을 확인할 수 있습니다.

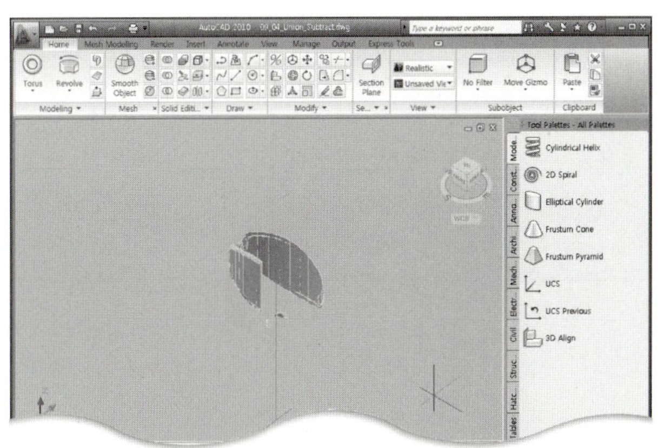

솔리드 간의 교집합으로 새로운 솔리드 만들기

Interferer을 이용하면 솔리드와 솔리드 간의 교집합 솔리드를 만들 수 있습니다. 솔리드와 솔리드가 겹치는 부분은 새로운 영역으로 만들어지며 [Interference Checking] 대화상자를 이용하면 중복되는 부분을 편집할 수도 있습니다.

🔵 Samples\09_04_Interferer.dwg

01 [Home] 탭의 [Solid Editing] 패널에서 [Interfere] (🔳) 아이콘을 클릭하고 첫 번째 객체를 선택한 후 Enter 를 누릅니다.

02 두 번째 객체를 선택한 후 Enter 를 누릅니다.

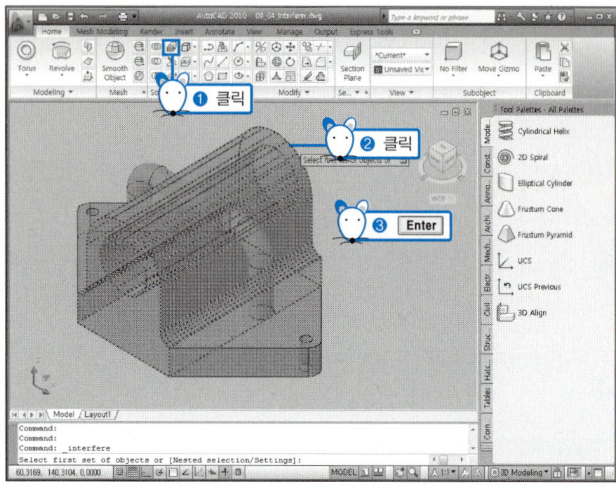

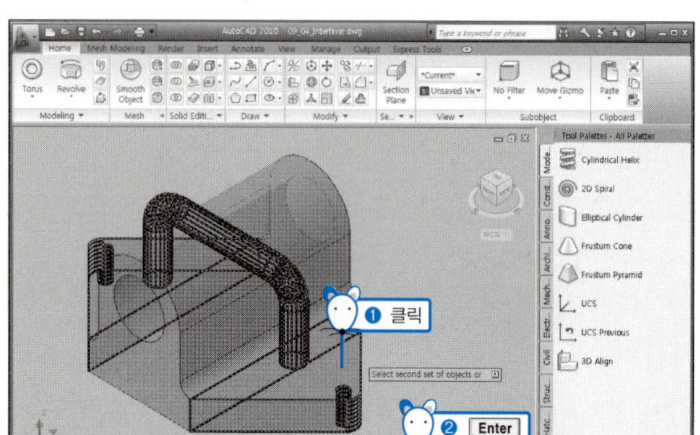

03 두 객체의 교집합 부분을 빨간색으로 표시하며 [Interference Checking] 대화상자가 나타납니다.

04 [Interference Checking] 대화상자의 [Delete interference objects created on Close] 옵션의 체크를 해제한 후 [Close] 단추를 클릭합니다.

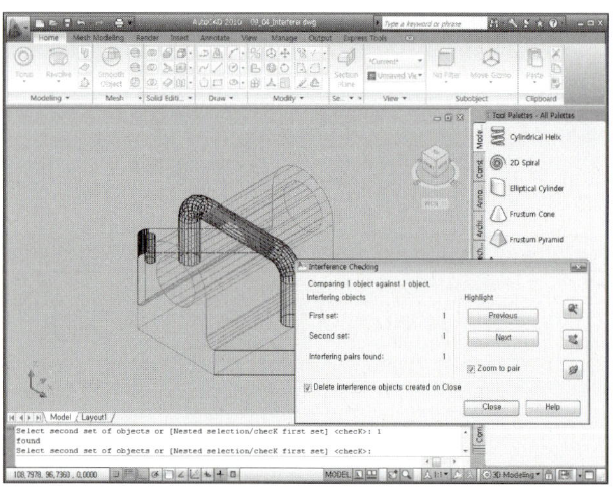

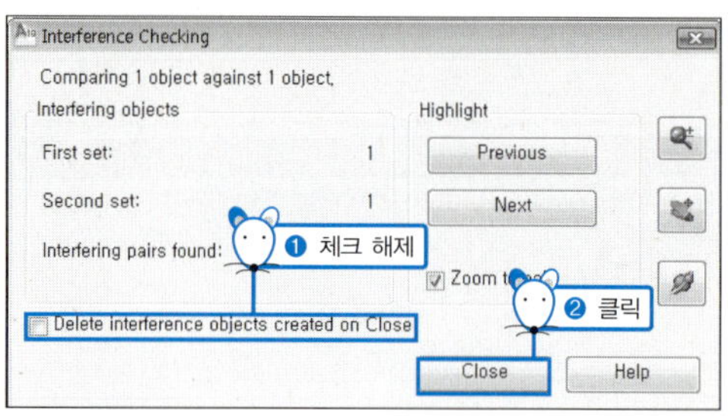

🔖 **주목**

우측의 [Zoom Realtime], [Pan Realtime], [3D Orbit] 아이콘을 이용해 실시간으로 중첩된 솔리드를 확인할 수 있습니다.

05 [Home] 탭의 [Modify] 패널에서 [3D Move](⊕) 아이콘을 클릭한 후 중첩된 객체를 선택하고 Enter 를 누릅니다.

06 3D UCS 아이콘이 나타나면 중첩된 솔리드를 클릭한 후 X축으로 이동시켜 새로운 위치를 잡아줍니다.

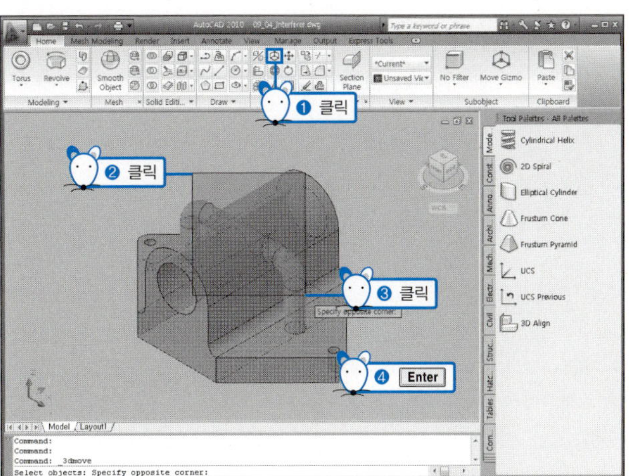

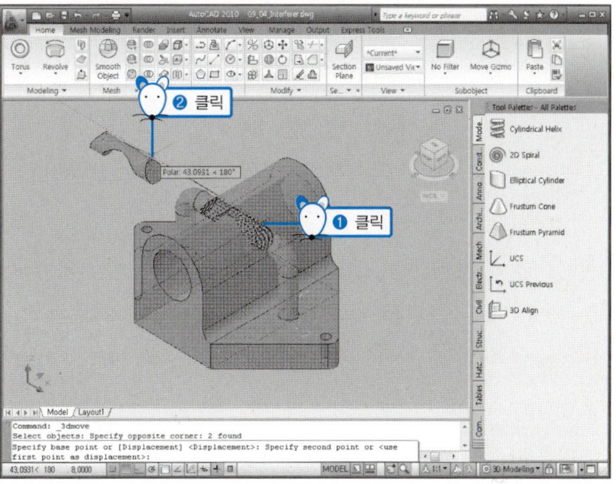

3D 객체의 모서리 다듬기

3D 객체의 모서리에 모따기(Chamfer)와 모깎기(Fillet)를 적용하는 방법에 대하여 알아봅니다.

⊙ Samples\09_04_Chamfer_Fillet.dwg

01 [Home] 탭의 [Modify] 패널에서 [Chamfer](▱) 아이콘을 클릭한 후 모따기 할 3D 객체를 선택합니다.

02 단축 메뉴에서 [Next]를 선택합니다.

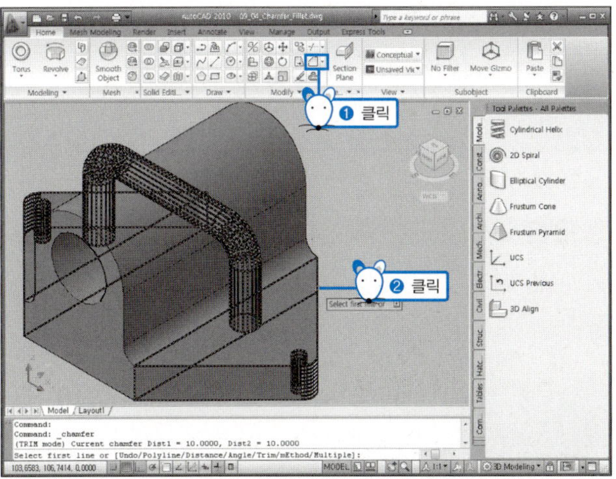

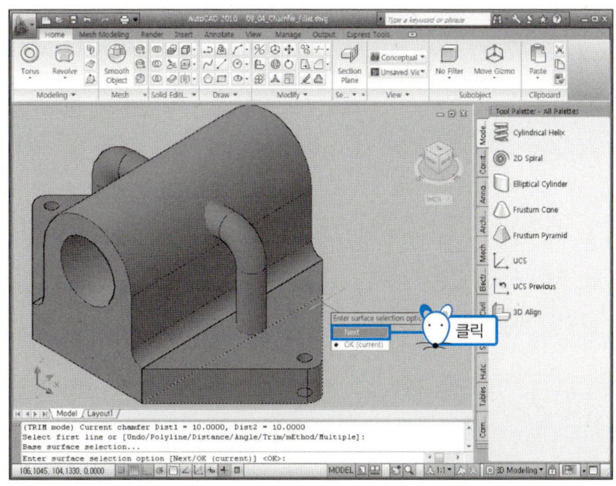

03 단축 메뉴에서 [OK(Current)]를 선택합니다.

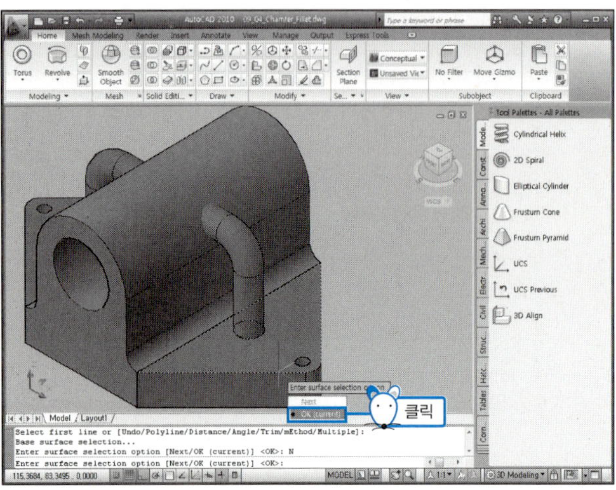

04 기준이 되는 [Chamfer distance]에 '1.5'를 입력한 후 Enter를 누릅니다.

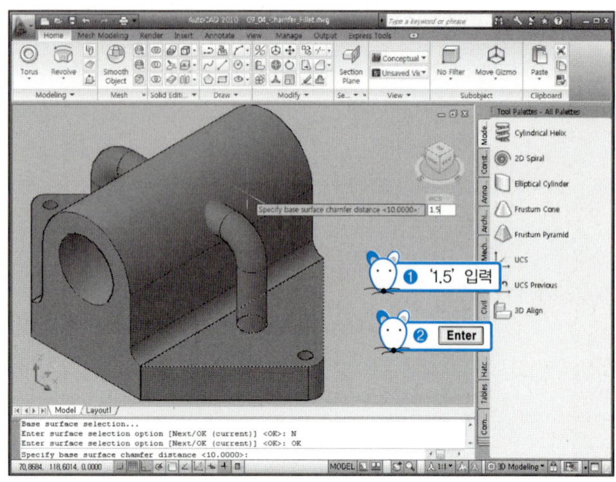

05 다른 쪽 [Chamfer distance]에 '1.5'를 입력한 후 Enter를 누릅니다.

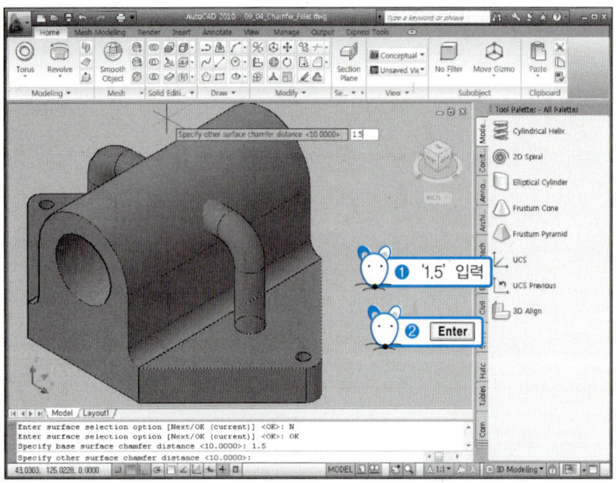

06 마우스 오른쪽 단추를 클릭하고 [Loop]를 선택합니다.

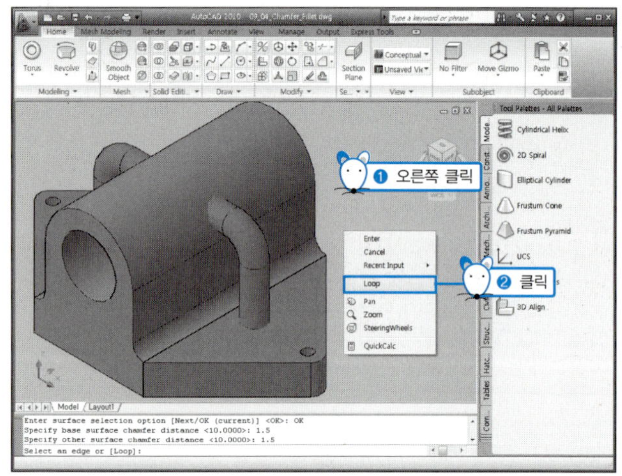

07 그림과 같이 객체의 모서리를 클릭하면 Loop 옵션으로 인하여 모서리가 한 바퀴 둘러서 선택됩니다. 선택이 끝나면 Enter를 누릅니다.

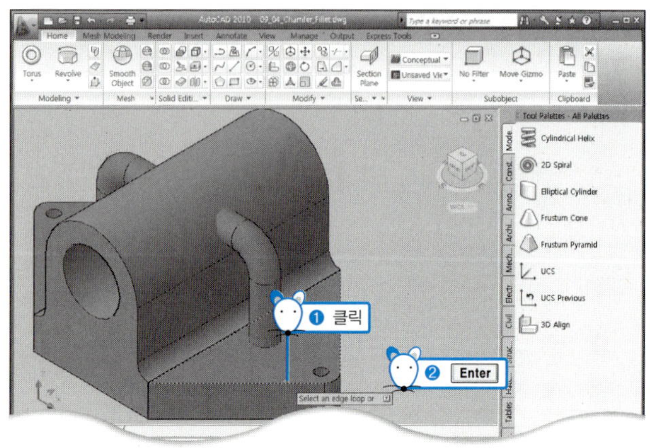

08 객체의 선택한 모서리에 모따기가 적용된 것을 확인할 수 있습니다.

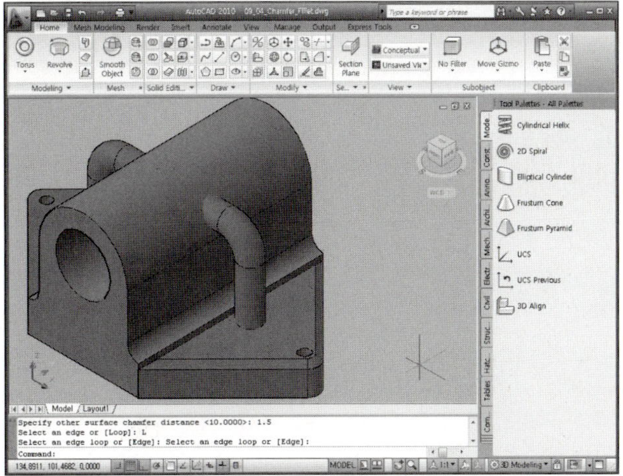

09 이번에는 [Home] 탭의 [Modify] 패널에서 [Fillet](□) 아이콘을 클릭한 후 모깎기할 3D 객체를 선택합니다.

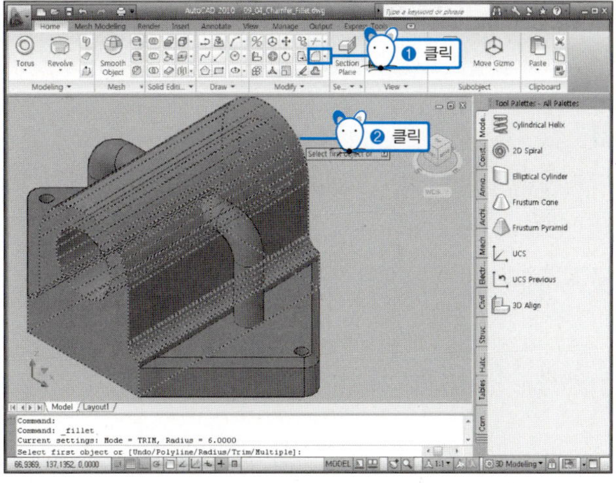

10 모깎기할 반지름에 '2'를 입력한 후 Enter 를 누릅니다.

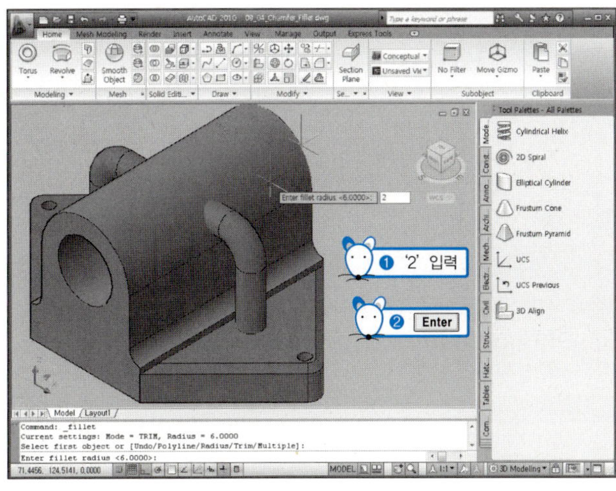

11 모깎기할 모서리를 선택한 후 Enter 를 누릅니다.

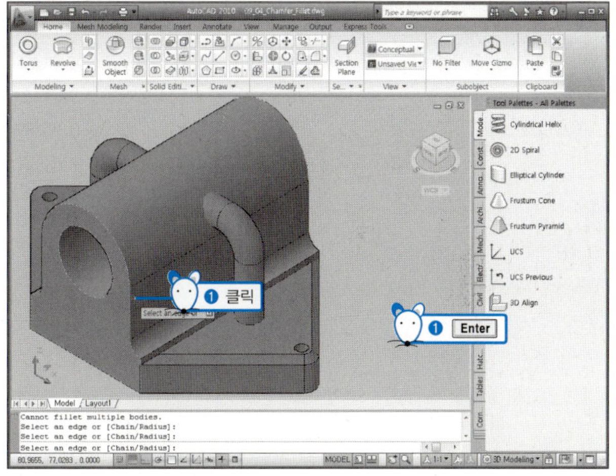

12 선택한 3D 객체의 모서리에 모깎기가 적용된 것을 확인할 수 있습니다.

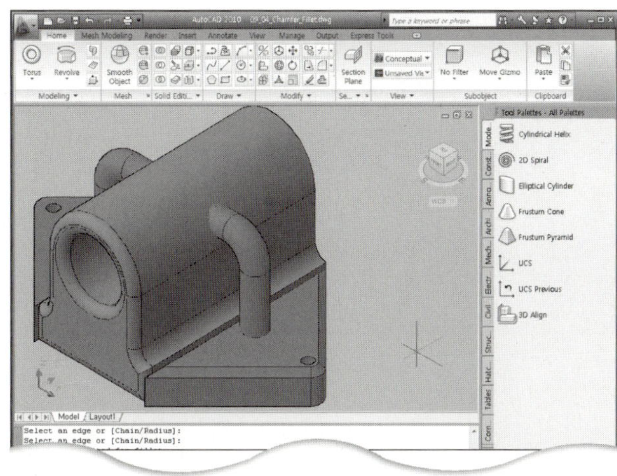

Slice를 이용하여 솔리드 자르기

Slice를 이용하여 기존의 솔리드를 잘라 새로운 솔리드를 만드는 방법을 알아봅니다.

◉ Samples\09_04_Slice.dwg

01 [Home] 탭의 [Solid Editing] 패널에서 [Slice](🔪) 아이콘을 클릭한 후 그림과 같이 솔리드를 선택하고 **Enter** 를 누릅니다.

02 마우스 오른쪽 단추를 클릭한 후 [3points]를 선택합니다.

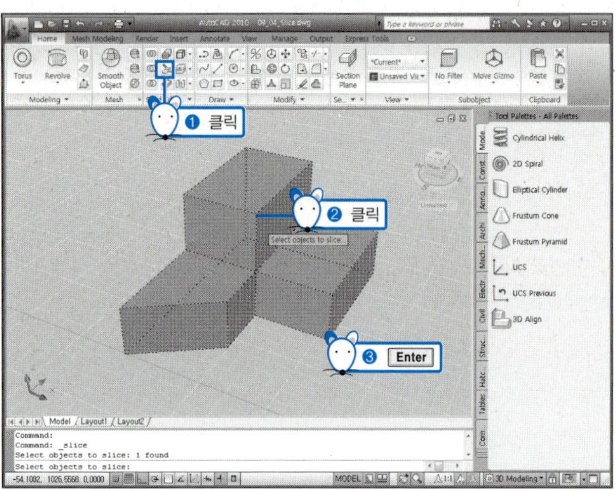

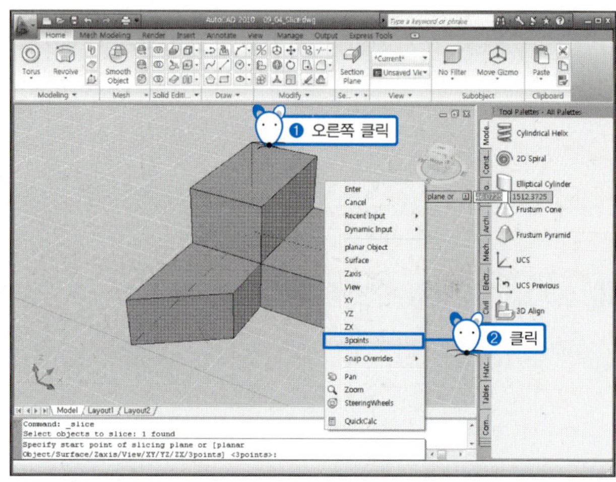

03 그림과 같이 세 지점을 클릭합니다. 이때 클릭한 세 지점이 잘리는 절단면이 됩니다.

04 자른 후에 어떤 솔리드를 유지할 것인지를 결정합니다. 기본값인 'Both' 상태에서 **Enter** 를 누르면 두 솔리드가 모두 유지되고, 어느 한 쪽의 솔리드만을 남기고 싶으면 남길 솔리드를 선택하면 됩니다.

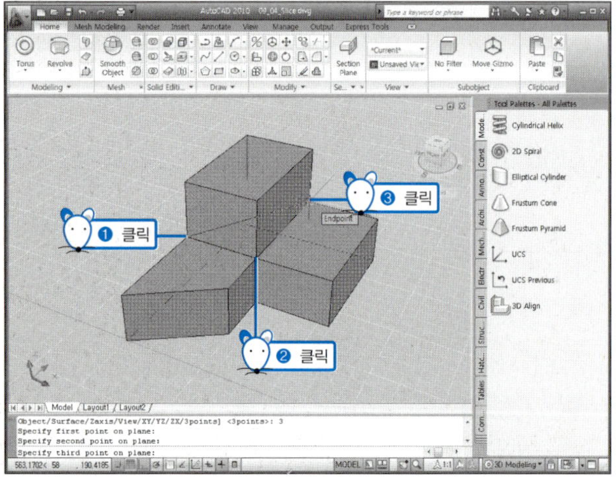

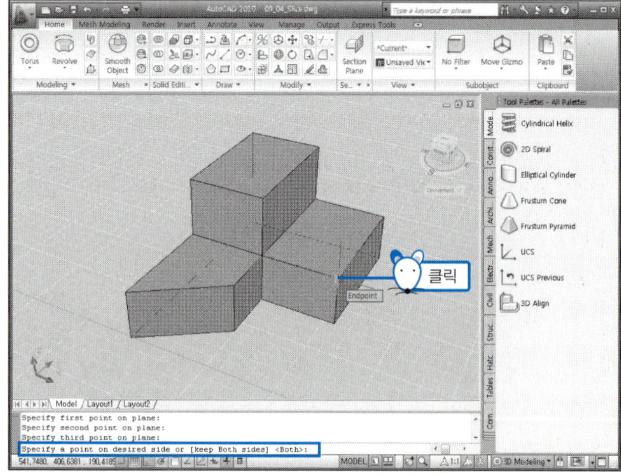

▲ 아래쪽 솔리드를 선택한 상태

05 다시 [Enter]를 눌러 Slice 명령을 실행하고 그림과 같이 솔리드를 선택한 후 [Enter]를 누릅니다.

06 마우스 오른쪽 단추를 클릭한 후 [View]를 선택합니다.

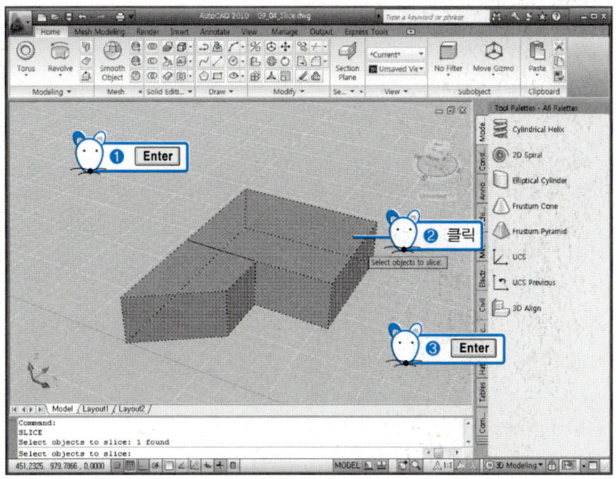

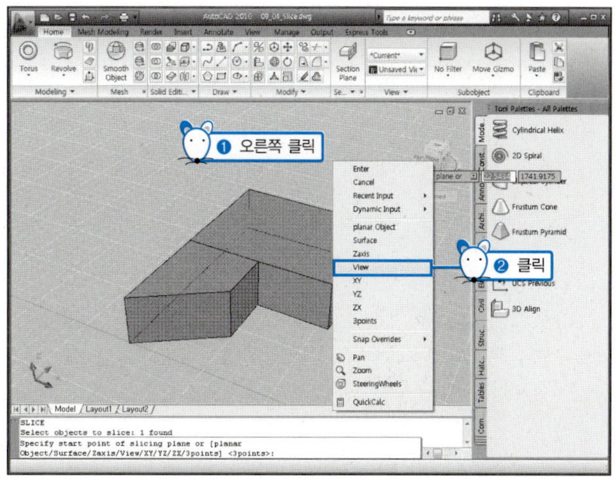

07 그림과 같은 지점을 클릭하면 현재 뷰 환경을 수직으로 절단하는 절단면이 만들어 집니다.

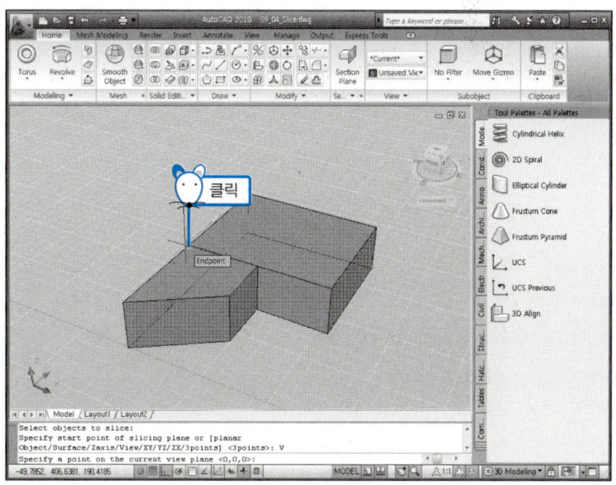

08 자른 후에 어떤 솔리드를 유지할 것인지를 결정합니다.

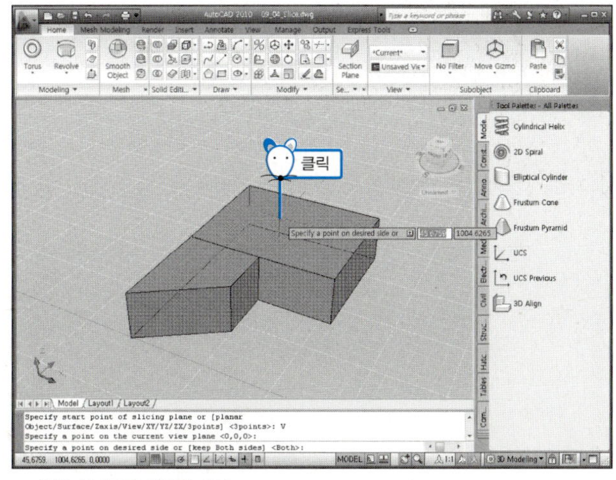

▲ 뒤쪽 솔리드를 선택한 상태

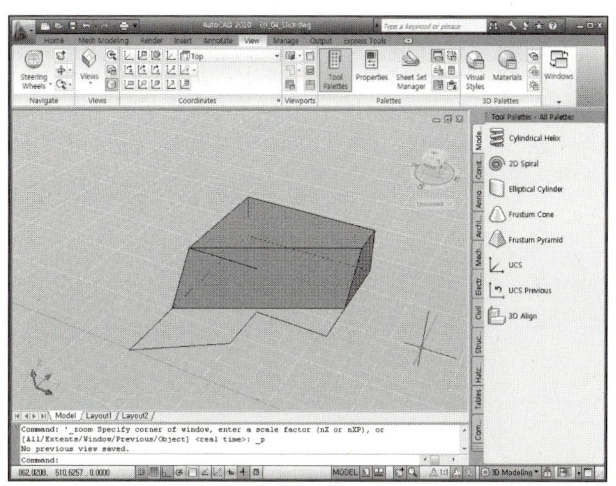

카메라와 재질, 조명 그리고, 애니메이션을 포함한 렌더링 (Rendering)

AutoCAD 2010에서는 사실적인 렌더링 이미지를 만들기 위해서 많은 기능들이 추가되었습니다. 특히 기존의 3D 작업 과정을 더욱 직관적으로 진행할 수 있도록 한 것은 물론 3D 객체를 이용하여 다양한 프레젠테이션 결과물을 얻을 수 있게 되었습니다. Part 10에서는 3D 객체를 작성한 후 최종 결과물에 이르는 일련의 과정을 준비된 예제를 통해 따라해 보면서 배워봅니다.

3D를 완성하는 카메라, 재질, 조명 그리고 렌더링

3D 작업이란 무엇인가 하는 기초적인 이해에서부터 직접 다양한 방식으로 3D 모델링을 작성하는 일련의 과정을 알아봅니다.

카메라(Camera)

3D 모델링을 완성하고 렌더링 이미지를 얻는 과정에서 카메라를 설치하는 방법은 대상에 대한 이해와 고찰이 전제해야 한다는 점을 반드시 염두에 두어야 합니다. 보다 좋은 이미지를 위해서는 카메라의 구도와 배치와 같이 보다 근본적인 이해가 필요합니다. 카메라의 설치와 보정 방법에 대해 알아봅니다.

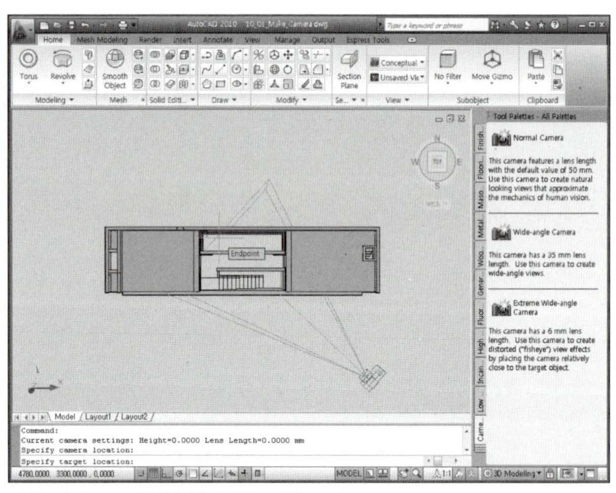

▲ Tool Palettes를 이용한 카메라 설치

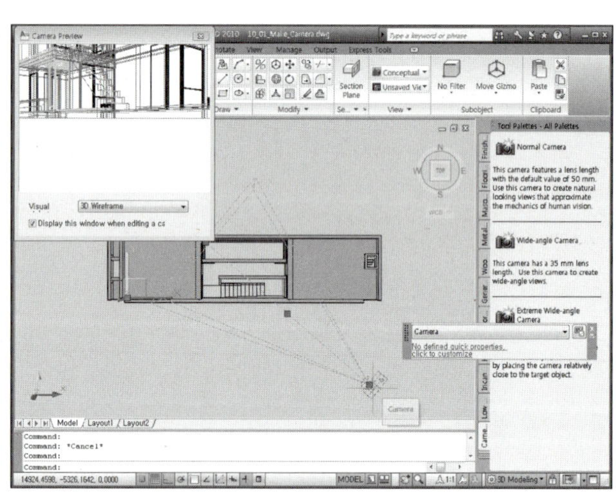

▲ 카메라 프리뷰(Preview)

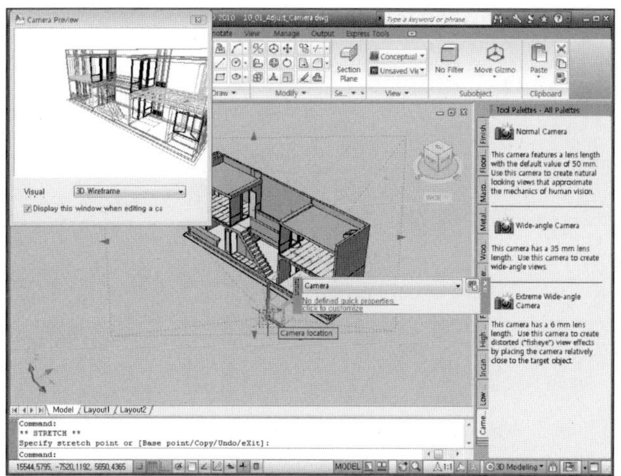

▲ Camera location modify

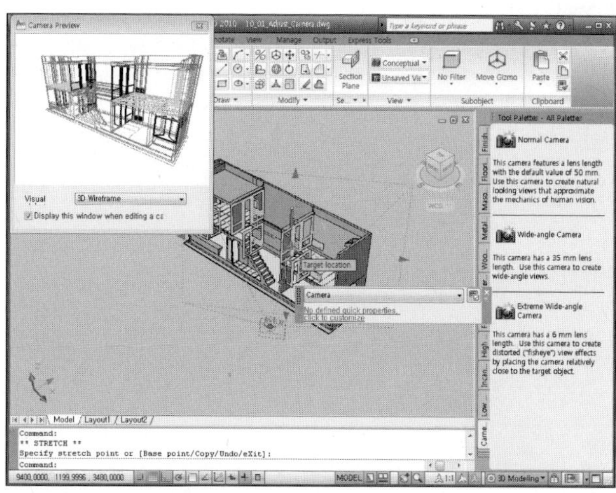

▲ Target location modify

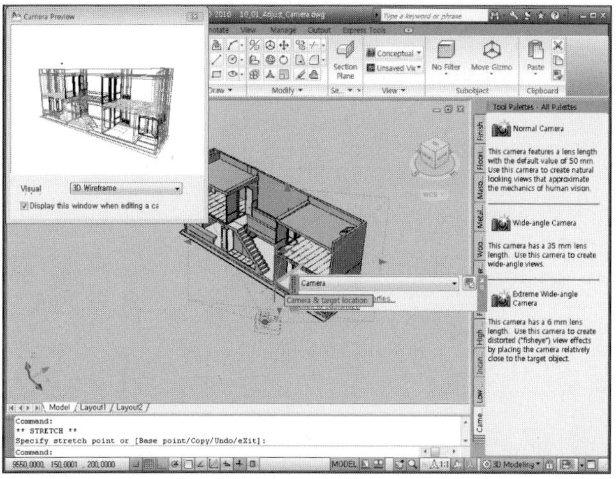

▲ Camera & Target location modify

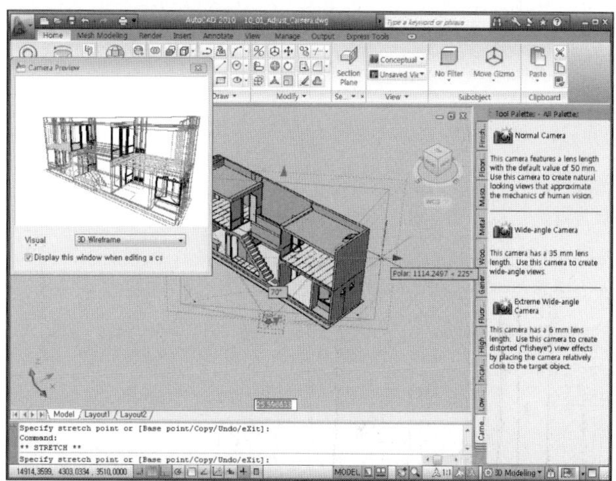

▲ Lens length & FOV

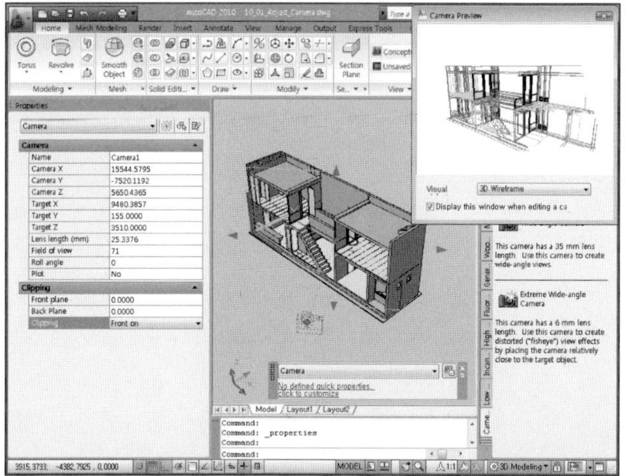

▲ Properties Palettes를 이용한 카메라 modify(Front On)

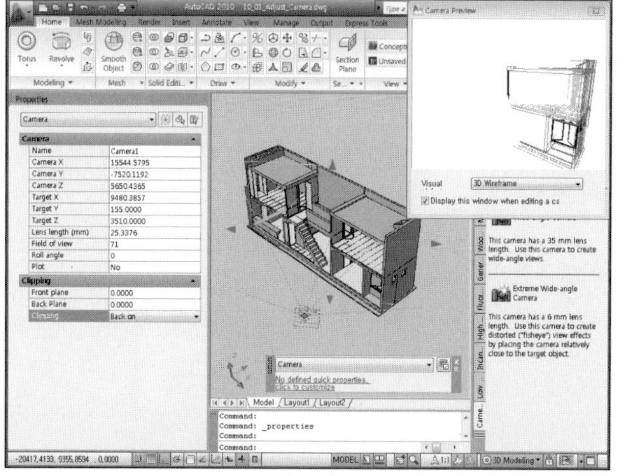

▲ Properties Palettes를 이용한 카메라 modify(Back On)

재질(Material)

재질(Material)의 속성들은 색상(Color), 부드러움(Softness), 반사도(Reflection), 질감 (Texture)과 투명도(Transparency) 등을 포함합니다. 객체를 렌더링할 렌더링 엔진은 이러한 속성과 이미지의 색상을 적절히 고려하게 됩니다. 객체에 재질을 적용하고 보정하는 방법에 대해 알아봅니다.

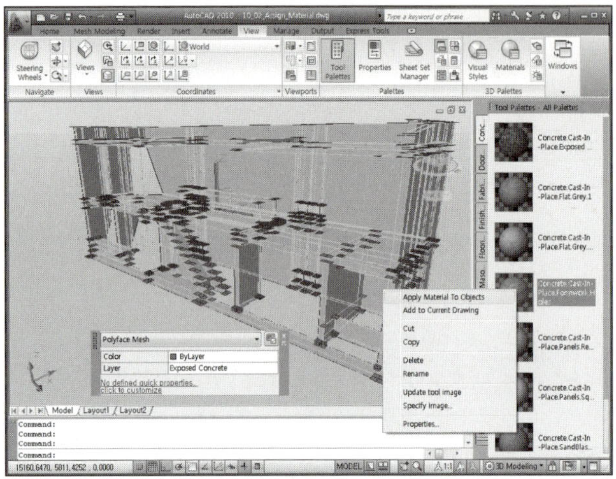

▲ Tool Palettes를 이용한 재질 적용

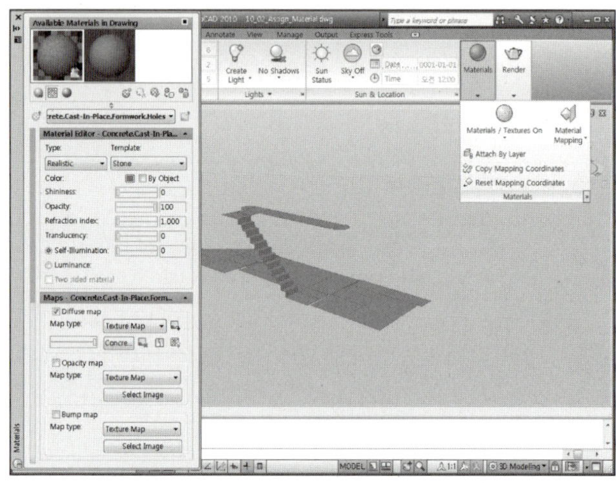

▲ Materials Palettes

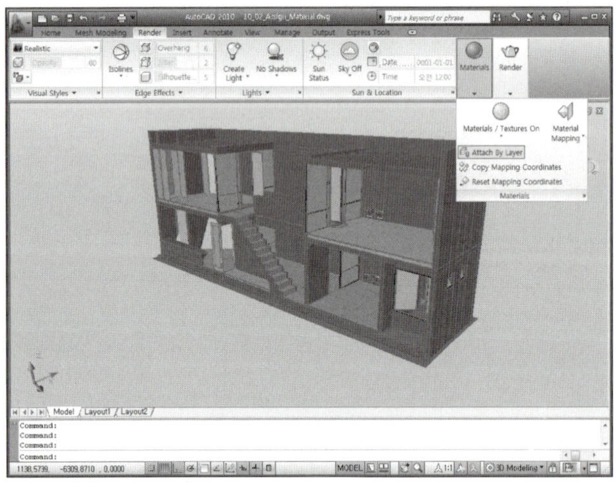

▲ 레이어 별 재질 적용(Attach By Layer)

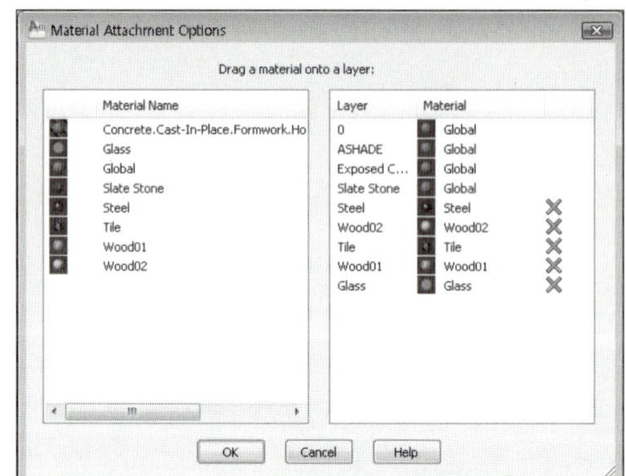

▲ [Material Attachment Options] 대화상자

조명(Lighting)

실제와 같은 조명을 적용하는 것은 실제적인 렌더링에 반드시 필요한 과정입니다. 그림자는 공간에 사실감을 부여하고 객체에 볼륨감을 더하는 중요한 요소입니다. 조명에 대한 일반적인 내용을 알아보고 적용과 보정 방법에 대해 알아봅니다.

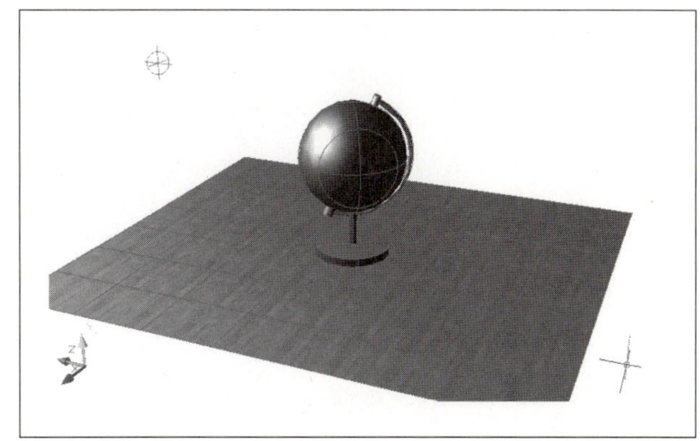

▲ 점 조명(Point Light)

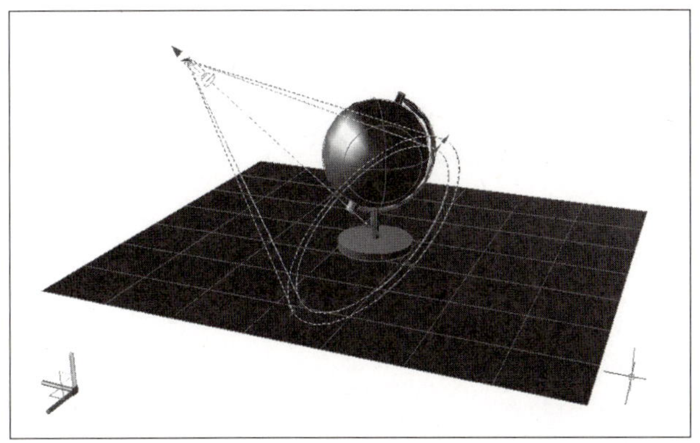

▲ 집중 조명(Spot Light)

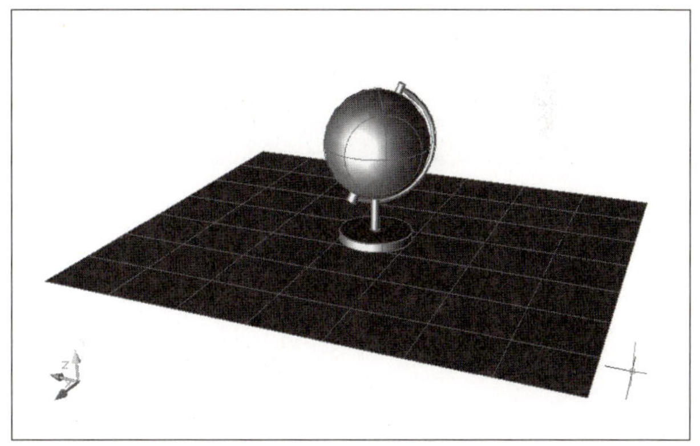

▲ 원거리 조명(Distance Light)

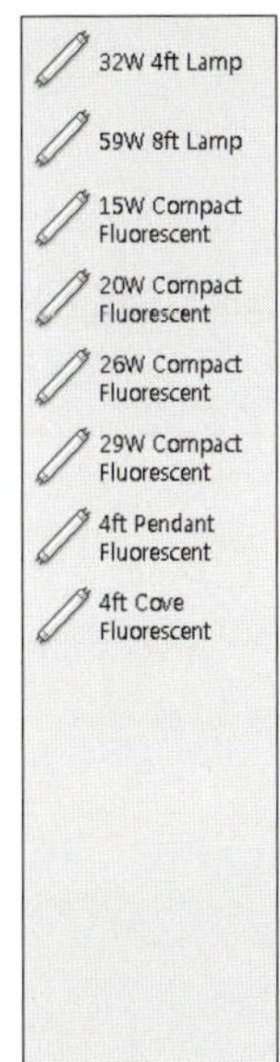

▲ Fluorescent

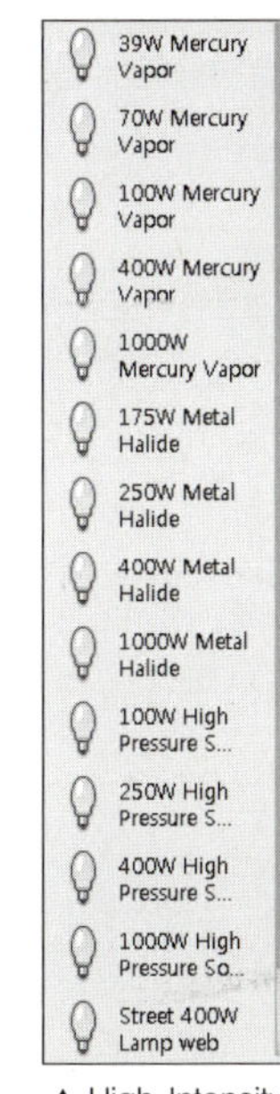

▲ Fluorescent

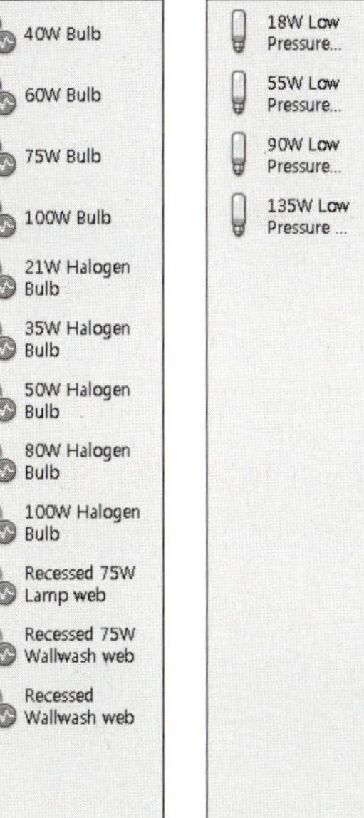

▲ High Intensity Discharge

▲ Incandescent

▲ Low Pressure Sodium

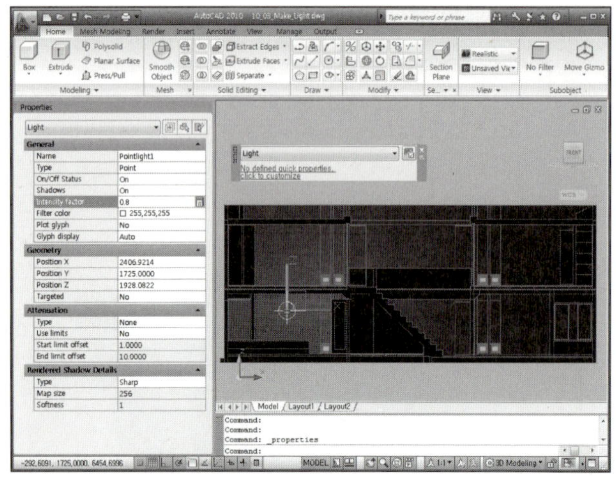

▲ Properties Palettes를 이용한 조명 modify

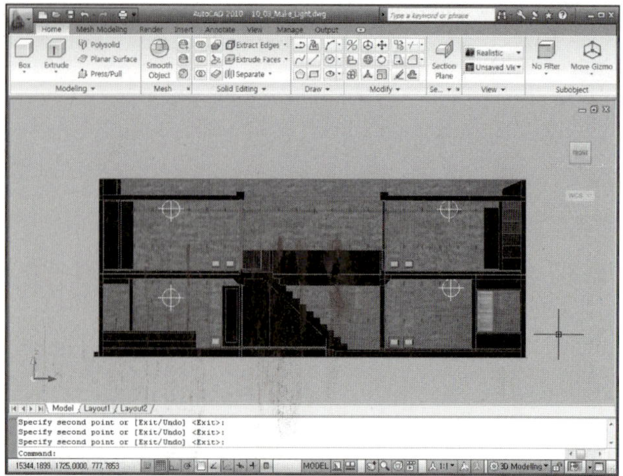

▲ 조명의 복사

태양광(Sunlight)

태양광의 특징은 조명의 방향이 평행이며 어떤 거리에서나 동일한 조도를 가진다는 것입니다. 태양광을 설정한 후 모델링의 위치와 시간대를 보정하는 방법에 대해 알아봅니다.

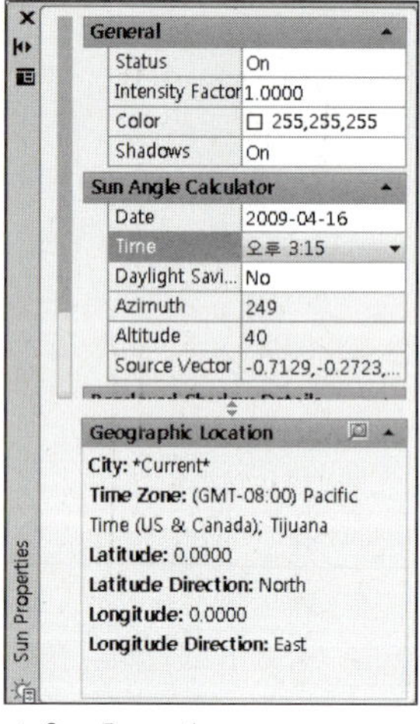

▲ Sun Properties

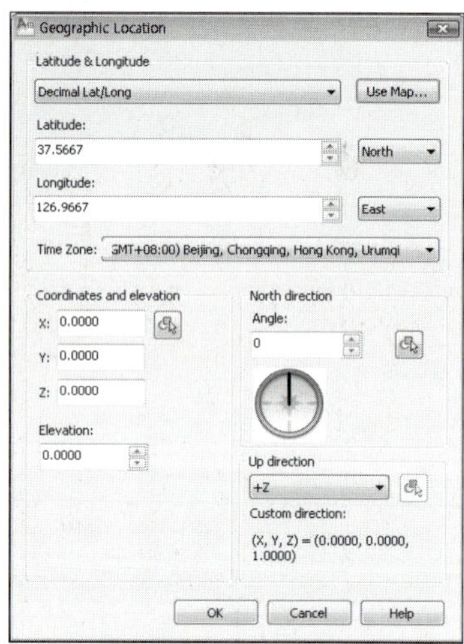

▲ [Geographic Location] 대화상자

애니메이션을 포함한 렌더링(Rendering)

렌더링 이미지는 비트맵 이미지입니다. 정리하자면 3D 벡터 데이터가 2D 비트맵 이미지로 전환되는 것입니다. 이는 단지 데이터의 형식이 바뀌었다는 것 이상의 전혀 새로운 쓰임새가 생겼다는 것을 의미합니다. 렌더링의 다양한 옵션과 목적에 맞는 이미지를 얻어내는 방법에 대해서 알아봅니다.

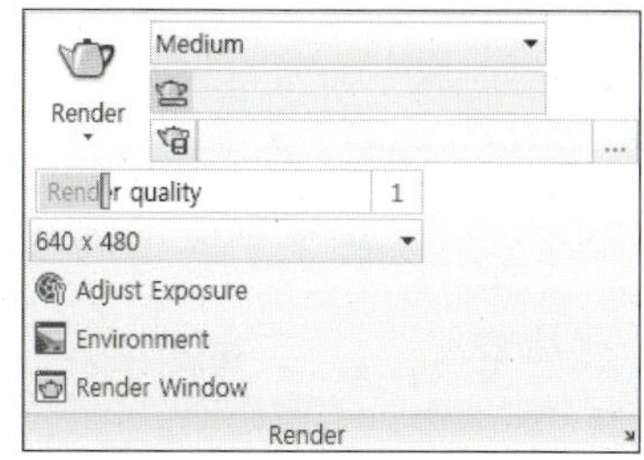

▲ [Render] 패널

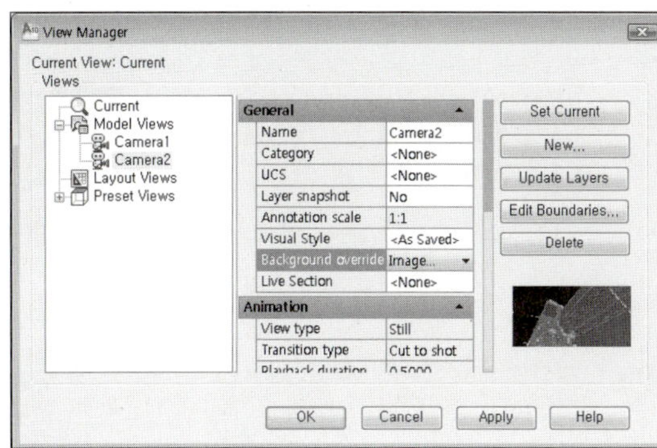

▲ [View Manager] 대화상자

▲ [Render] 창

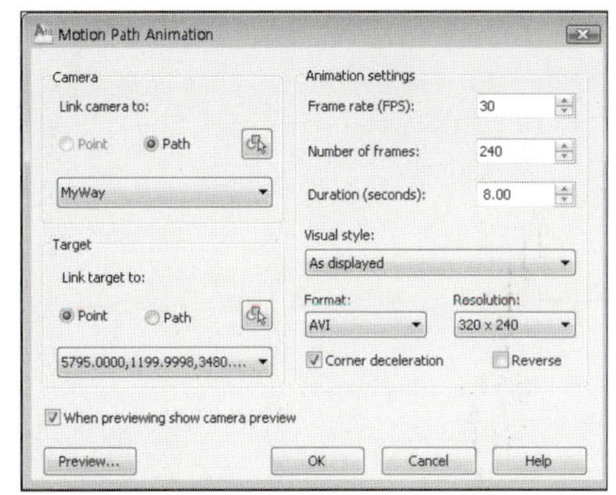

▲ 애니메이션을 위한 패스 설정

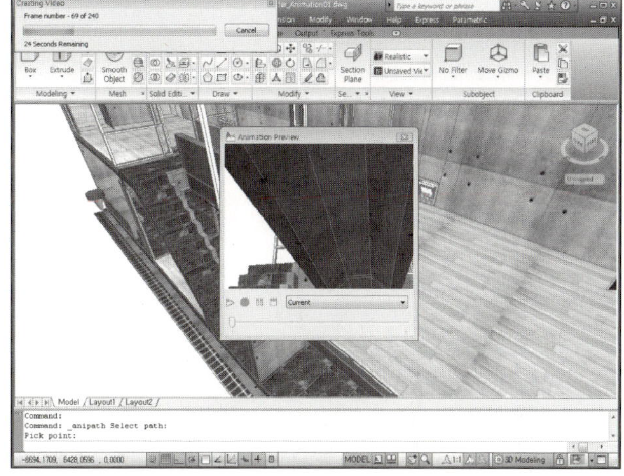

▲ 애니메이션 렌더링

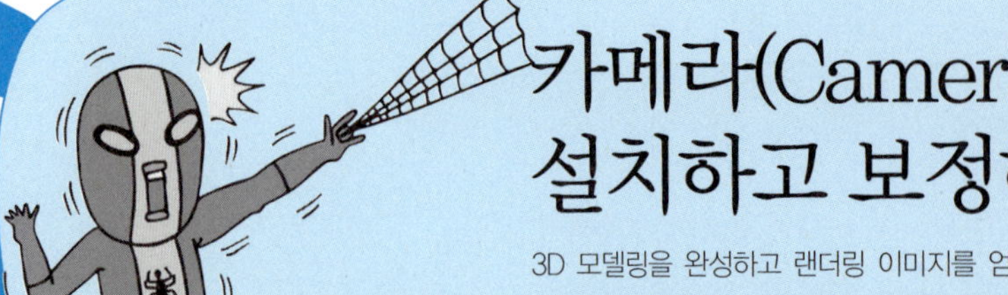

카메라(Camera)를 설치하고 보정하기

Lesson 01

3D 모델링을 완성하고 랜더링 이미지를 얻는 과정에서 카메라를 설치하는 방법은 어렵지 않습니다. 그러나 카메라를 설치하기 전에 대상에 대한 이해가 반드시 우선 시 되어야 합니다. 보다 좋은 이미지를 위해서는 카메라의 구도나 배치와 같이 보다 근본적인 이해가 필요하기 때문입니다. 완성된 3D 모델링에 카메라를 설치하고 보정하는 방법을 알아봅니다.

카메라 설치하기

카메라를 설치하는 경우에 한 번에 완전한 뷰를 기대하는 것은 바람직하지 않습니다. 타깃(Target)을 의식하면서 계속적으로 보정(수정·보완)할 생각으로 편하게 카메라를 설치하는 것이 좋습니다. 다음 예제를 통해서 카메라를 설치하는 방법을 배워봅니다.

🔘 Samples\10_01_Make_Camera.dwg

01 뷰 큐브의 [Top]을 클릭하여 현재의 뷰를 설정합니다.

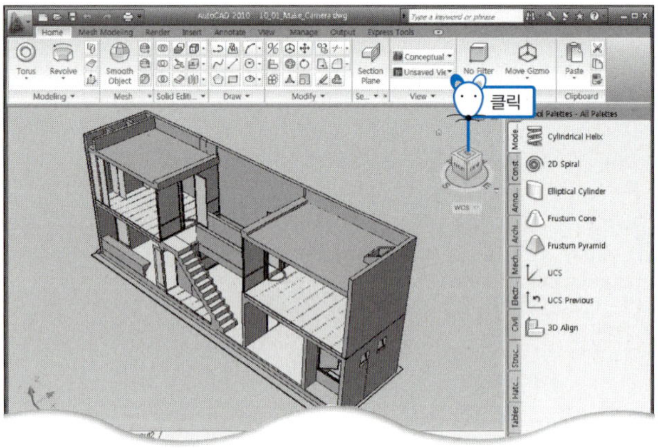

주목

현재 뷰 환경은 Perspective 모드이기 때문에 Top 뷰 환경이라도 등각투영되지 않습니다.

02 Tool Palettes의 [Camera]를 선택한 후 [Normal Camera] 아이콘을 클릭하고 그림과 같이 카메라의 위치를 설정합니다.

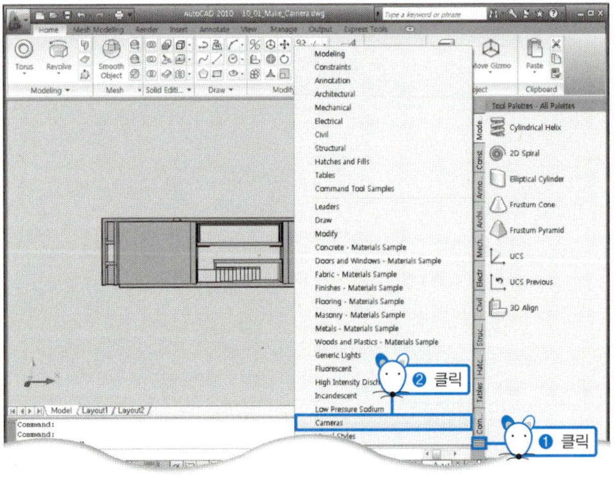

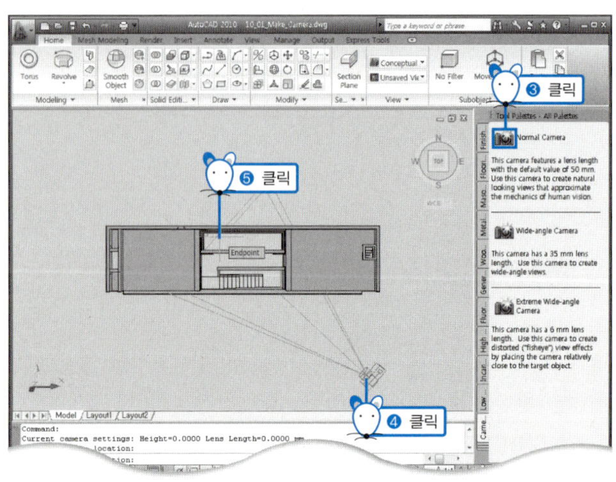

03 만들어진 카메라를 클릭하면 [Camera Preview] 대화상자가 나타나고, 카메라가 바라보고 있는 이미지를 확인할 수 있습니다.

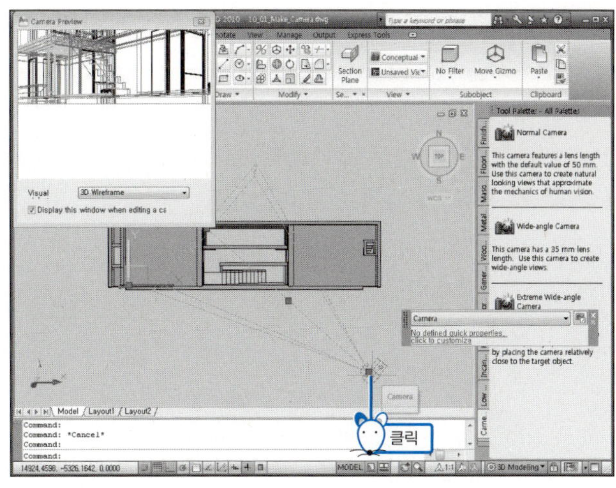

카메라 보정하기

카메라를 보정하는 것은 카메라의 위치 및 타깃의 위치를 보정하는 것부터 시작합니다. 리본 메뉴와 Properties Palettes를 이용하면서 렌즈의 구경이나 기타 상세한 설정을 보정할 수 있습니다. 다음 예제를 통해서 이미 작성된 카메라를 수정 · 보완하는 방법을 배워봅니다.

 Samples\10_01_Adjust_Camera.dwg

01 뷰 큐브를 클릭해서 현재 뷰를 SE 방향에서 설정합니다.

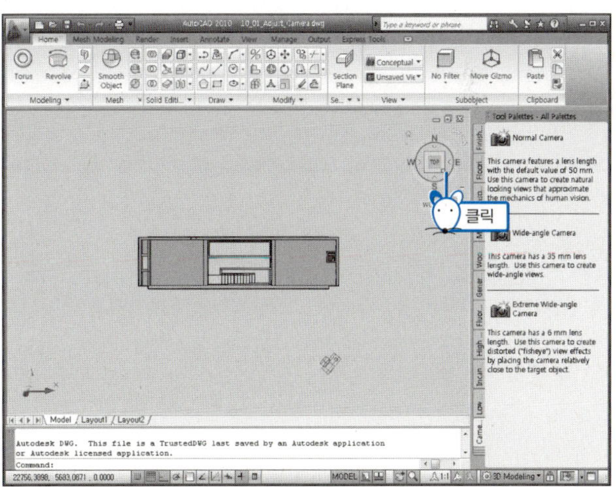

02 [Camera Preview] 대화상자를 확인하면서 카메라와 타깃 위치를 이동시킵니다.

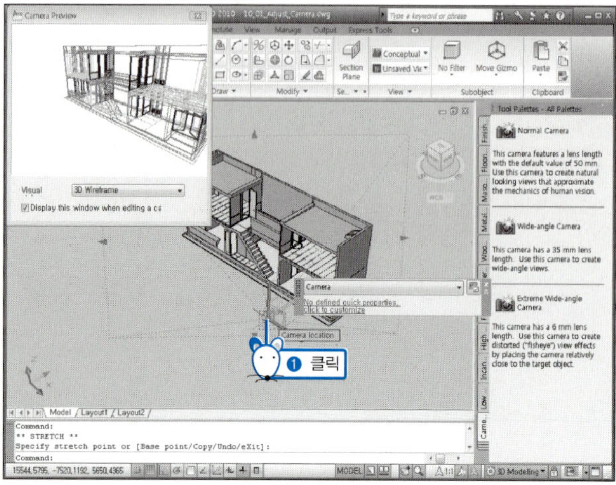

▲ Camera location

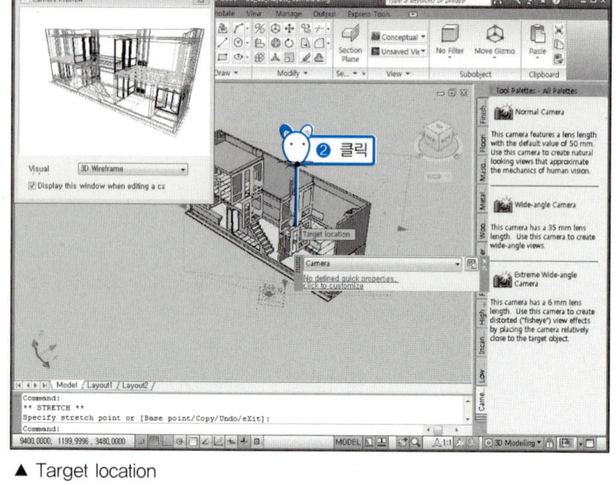

▲ Target location

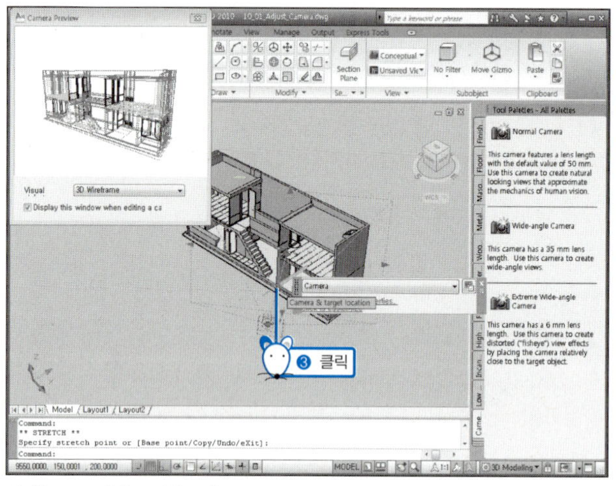

▲ Camera & target location

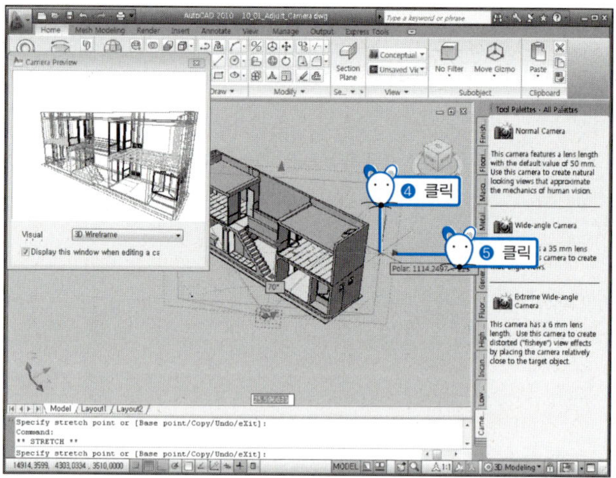

▲ Lens length/FOV

주목

카메라가 선택된 상태에서 카메라나 타깃에 마우스 포인터를 가져가면 이동 툴이 나타납니다. 이동 툴을 이용하면 3D 객체를 이동시키는 것과 같이 카메라를 이동시킬 수 있고, 투영면의 네 화살표를 이동시켜 렌즈의 거리나 FOV(Field of View)를 설정할 수 있습니다.

03 카메라가 선택된 상태에서 Ctrl + 1 을 눌러 Properties Palettes를 불러냅니다.

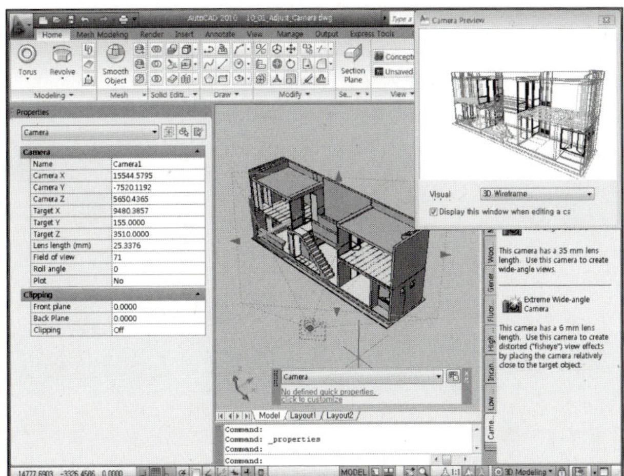

04 Properties Palettes의 [Clipping] 영역에서 [Clipping]을 'Front On'으로 설정합니다.

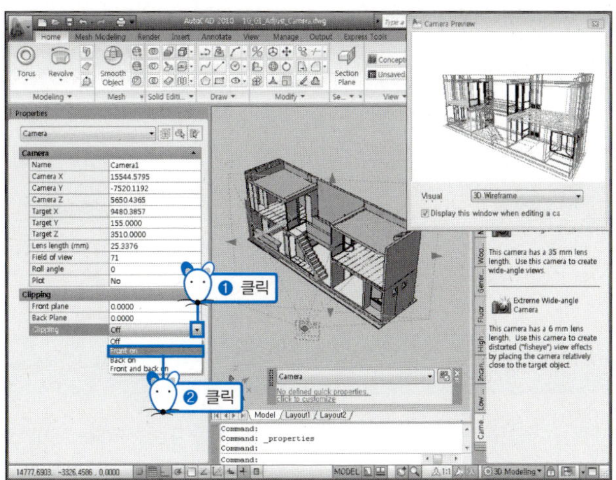

05 타깃 투영면의 색상이 붉은색에서 푸른색으로 변경되면서 앞쪽(Front on)에 있는 모델이 [Camera Preview] 대화상자에 표시됩니다.

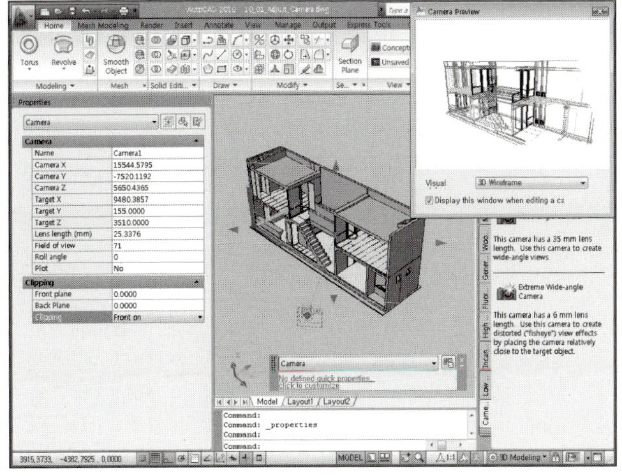

06 Properties Palettes의 [Clipping] 영역에서 [Clipping]을 'Back On'으로 설정합니다.

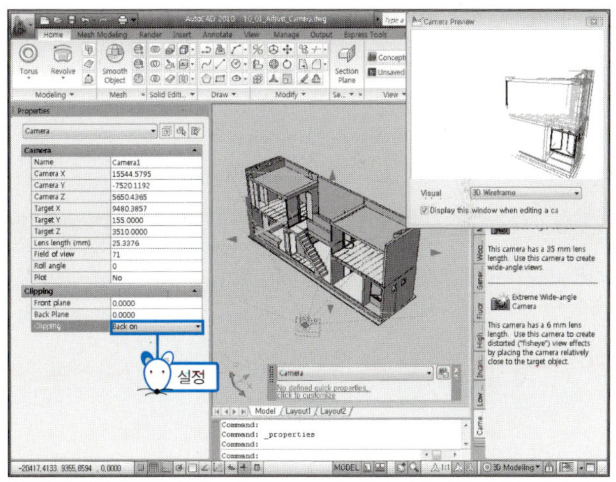

주목
투영면으로 대상이 잘린(Clipping) 앞 쪽의 이미지만 나타납니다.

주목
타깃 투영면의 뒤쪽(Back on)에 있는 모델만이 [Camera Preview] 대화상자에 나타납니다.

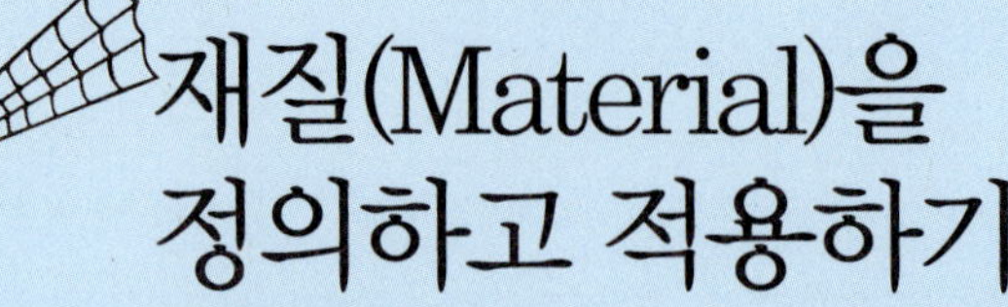

재질(Material)을 정의하고 적용하기

Lesson 02

재질(Material)은 객체의 표면에 적용할 수 있는 그래픽 속성의 집합입니다. 이러한 속성들은 색상(Color), 부드러움(Softness), 반사도(Reflection), 질감(Texture)과 투명도(Transparency) 등을 포함합니다. 객체를 렌더링할 렌더링 엔진은 이러한 속성과 이미지의 색상을 적절히 고려해서 표현하게 됩니다. 이번에는 재질을 적용하는 다양한 방법을 알아봅니다.

Palettes를 이용하여 재질 적용하기

재질을 적용하는 신속하고 손쉬운 방법으로는 Tool Palettes나 Material Palettes를 이용하는 방법이 있습니다. Tool Palettes는 신속성을 요구할 때, Material Palettes는 상세한 설정이 필요한 경우에 적당하다고 할 수 있겠습니다. 다음 예제를 통해서 Palettes를 이용하여 3D 객체에 재질을 적용하는 방법을 배워봅니다.

⊙ Samples\10_02_Assign_Material.dwg

01 뷰 환경을 Camera 뷰로 전환하기 위해 [Home] 탭의 [View] 패널에서 [Camera1]을 선택합니다.

02 Layer Properties Manager Palettes를 불러내어 그림과 같이 설정합니다.

❶ [View] 탭의 [Palettes] 패널에서 [Layer Properties](🗐) 아이콘을 클릭합니다.

❷ Layer Properties Mansger Palettes를 불러낸 후 'Exposed Concrete' 레이어 이외의 레이어를 모두 끕니다.

❸ 'Exposed Concrete' 레이어를 현재 레이어로 설정합니다.

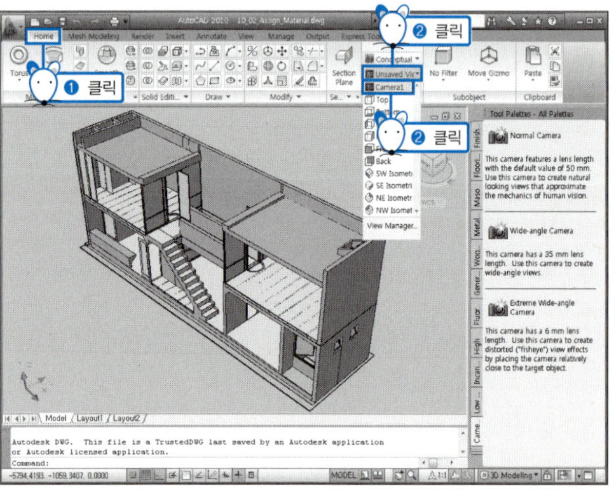

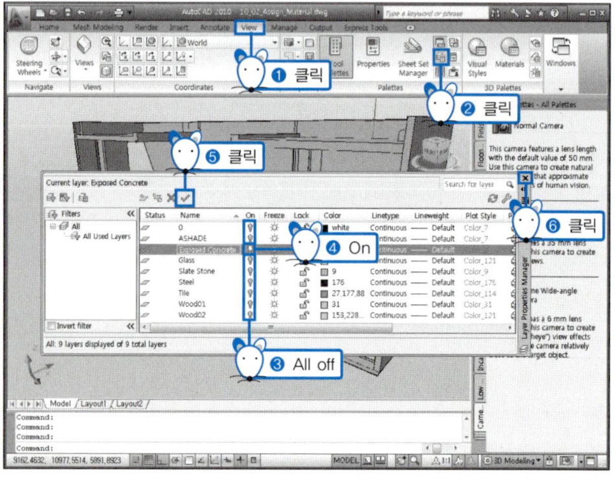

03 Tool Palettes 탭의 하단을 클릭해 숨겨진 메뉴를 펼
치고 [Concrete-Materials Library]를 클릭합니다.

04 재질 아이콘을 크게 볼 수 있도록 Tool Palettes 위
에서 마우스 오른쪽 단추를 클릭한 후 [View Options]를
선택합니다.

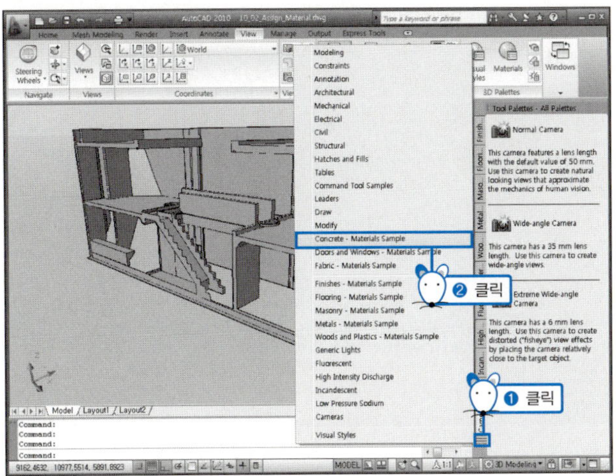

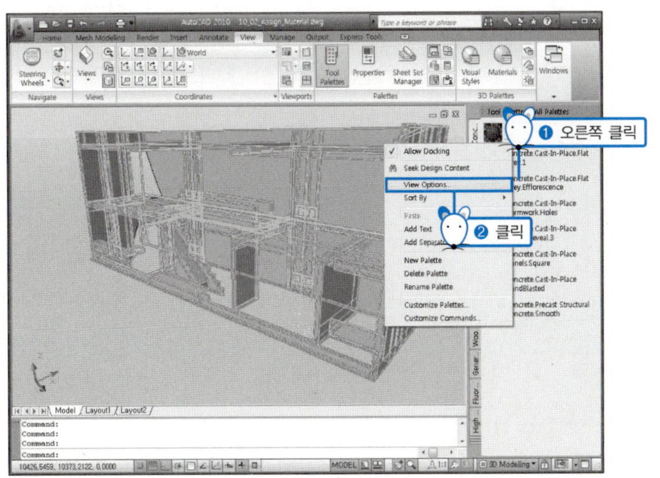

05 [View Options] 대화상자에서 [Image size]의 슬라
이더 바를 최대로 설정하고 [OK] 단추를 클릭합니다.

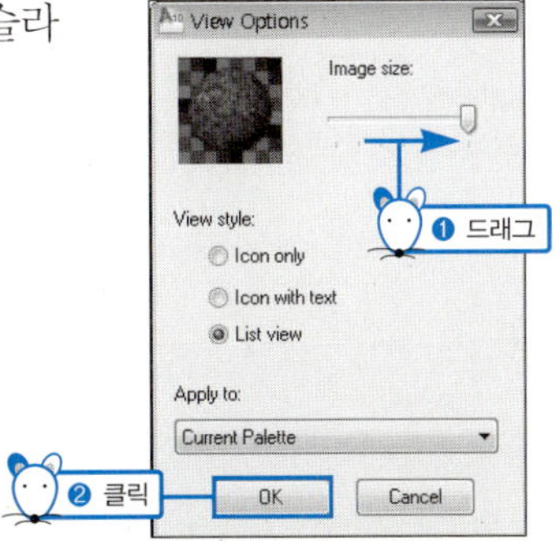

06 노출콘크리트 재질을 적용할 객체를 선택한 후 Tool
Palettes에서 'Concrete.Cast-In-Place.Formwork.
Holes' 재질을 마우스 오른쪽 단추로 클릭한 후 [Apply
Material To Objects]를 선택합니다.

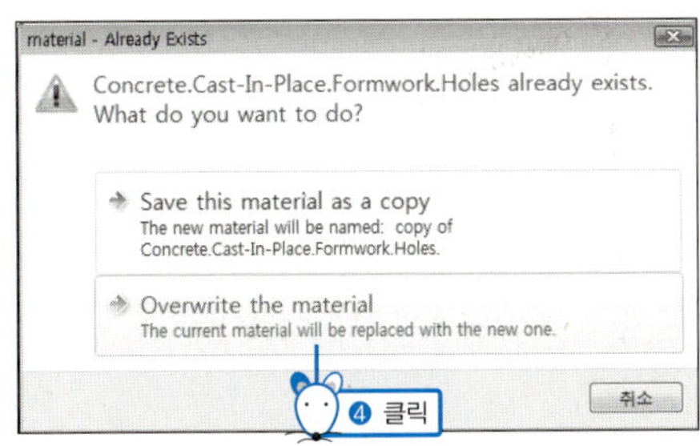

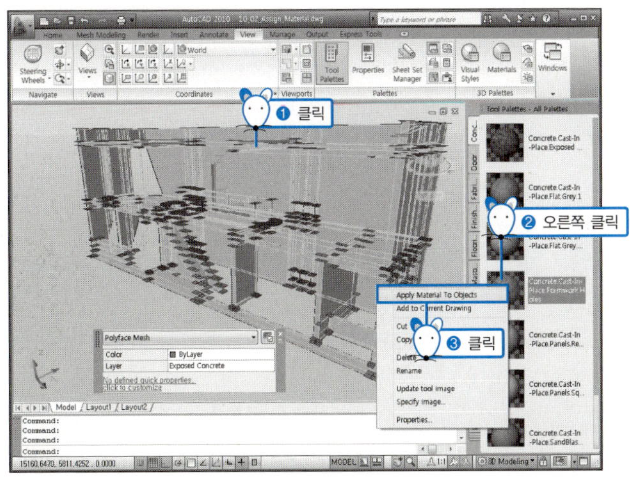

주목
선택한 재질이 이미 적용되어 있다는 경고 창이 나타나면
[Overwrite the material]을 클릭합니다.

07 [Home] 탭의 [View] 패널에서 [Visual Styles] 드롭 다운 화살표를 클릭해 Realistic 모드를 선택합니다.

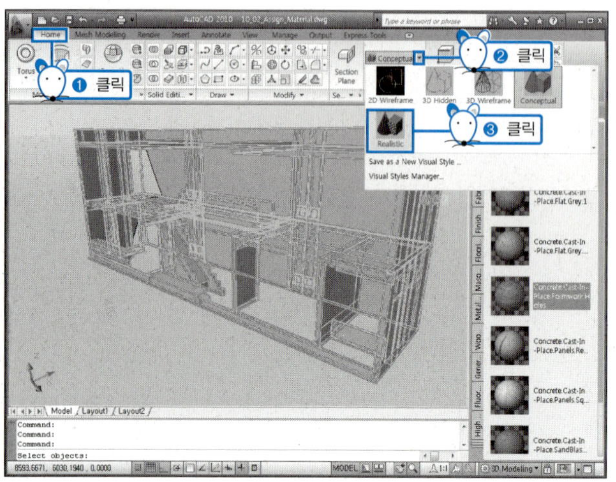

08 건물 구조 객체에 노출콘크리트 재질이 적용된 것을 확인할 수 있습니다.

09 Layer Properties Manager Palettes를 불러내어 그림과 같이 설정합니다.

❶ [닫기] 단추를 클릭하여 Tool Palettes를 닫습니다.

❷ [View] 탭의 [Palettes] 패널에서 [Layer Properties](🖼) 아이콘을 클릭합니다.

❸ Layer Properties Manager Palettes를 불러낸 후 'Slate Stone' 레이어 이외의 레이어를 모두 끕니다.

❹ 'Slate Stone' 레이어를 현재 레이어로 설정합니다.

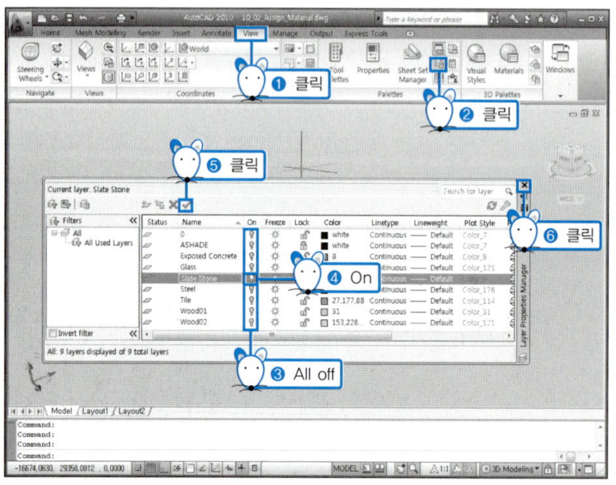

10 [Render] 탭의 [Materials] 패널에서 [Materials](🔳) 단추를 클릭해 Materials Palettes를 불러냅니다.

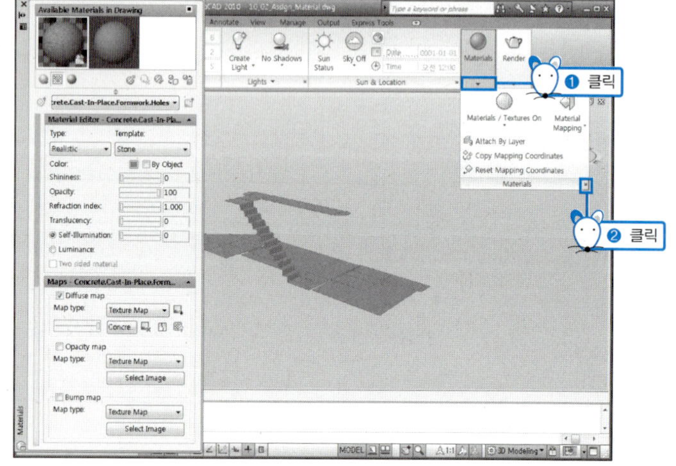

11 Materials Palettes의 [Create New Material](⬚) 아이콘을 클릭하여 [Create New Material] 대화상자가 나타나면 [Name]에 'Slate Stone'이라고 입력한 후 [OK] 단추를 클릭합니다.

12 새로운 'Slate Stone' 재질이 선택된 상태에서 [Material Editor] 영역의 [Template]의 'Stone'을 선택합니다.

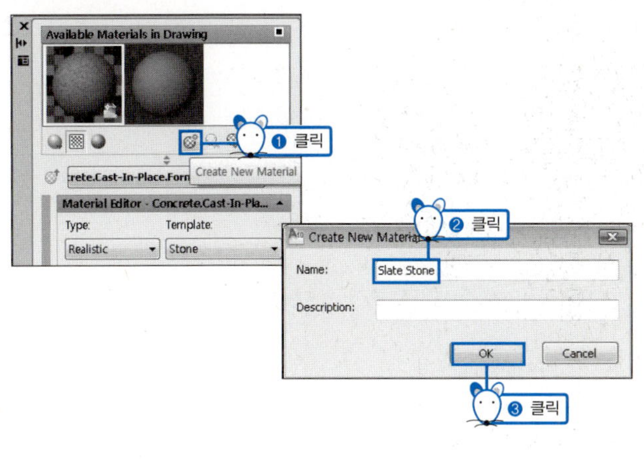

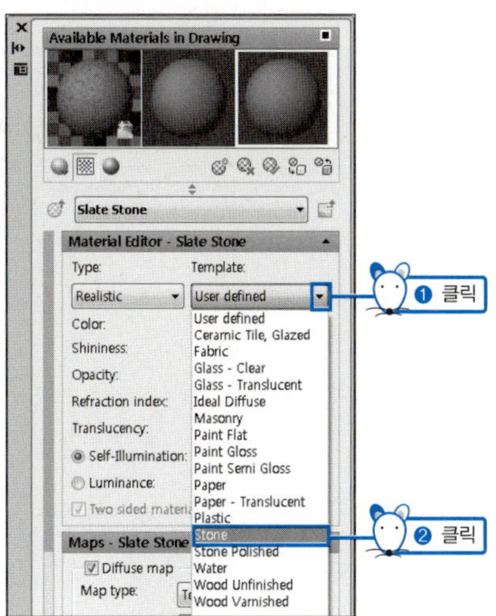

13 [Maps] 영역의 [Diffuse map]과 [Bump map]의 [Select Image] 단추를 클릭해 각각의 이미지 경로를 설정합니다.

● Diffuse map : Samples\Slatestone.jpg, Bump map : Samples\Slatestone_bump.jpg

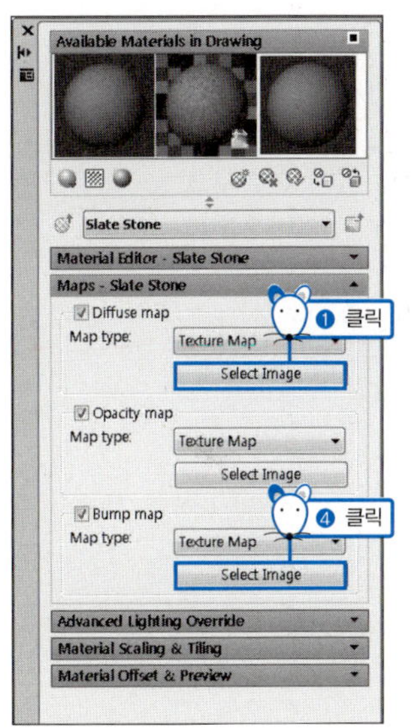

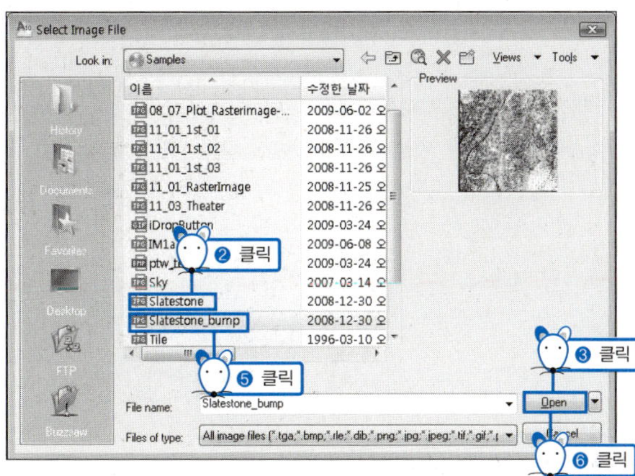

14 재질 슬롯 창의 'Slate Stone' 재질을 드래그하여
객체에 적용합니다.

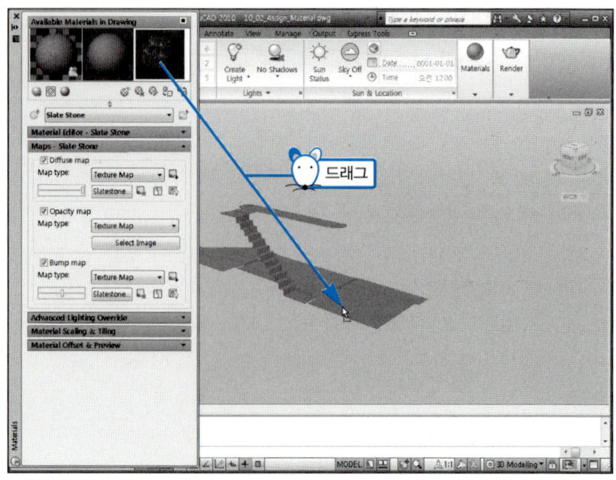

15 같은 방법으로 나머지 재질들도 객체에 적용합니다.

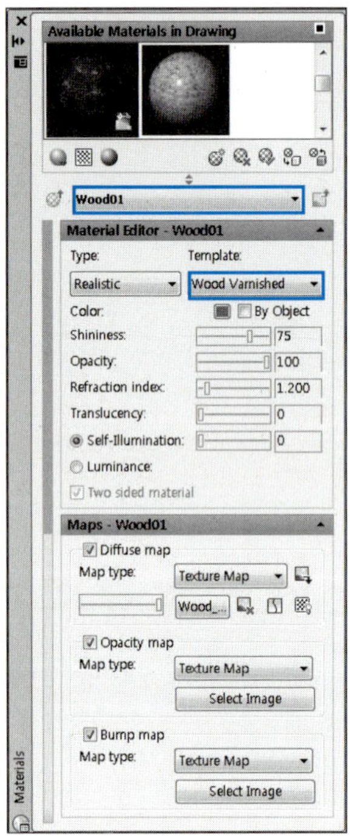

▲ Wood01

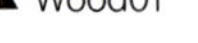 Samples\Wood_panel.jpg
Template\Wood Vanished
Diffuse map\Wood_panel.jpg

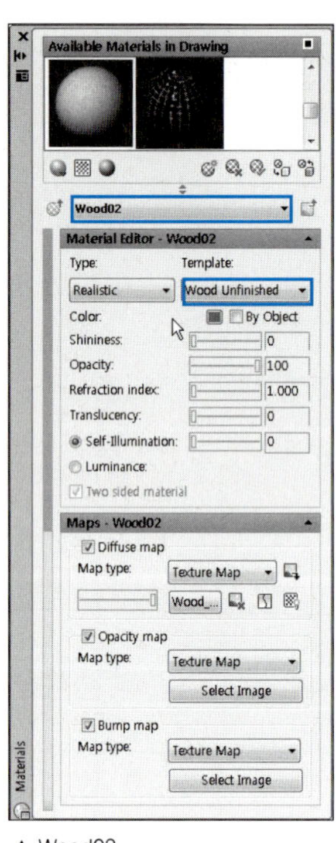

▲ Wood02

 Samples\Wood_grid.jpg
Template\Wood Unfinished
Diffuse map\Wood_grid.jpg

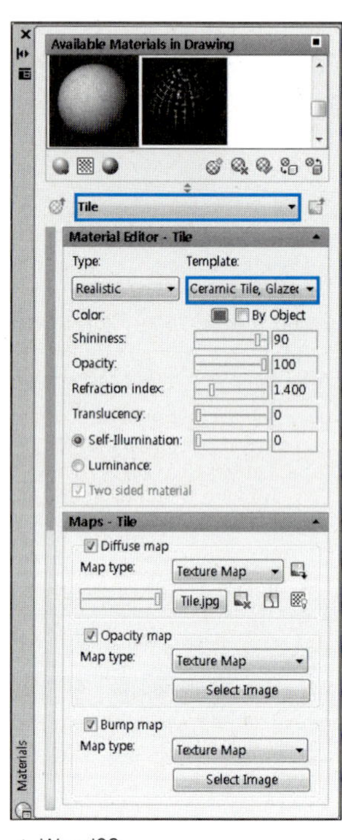

▲ Wood03

 Samples\Tile.jpg
Template\Ceramic Tile, Glazed
Diffuse map\Tile.jpg

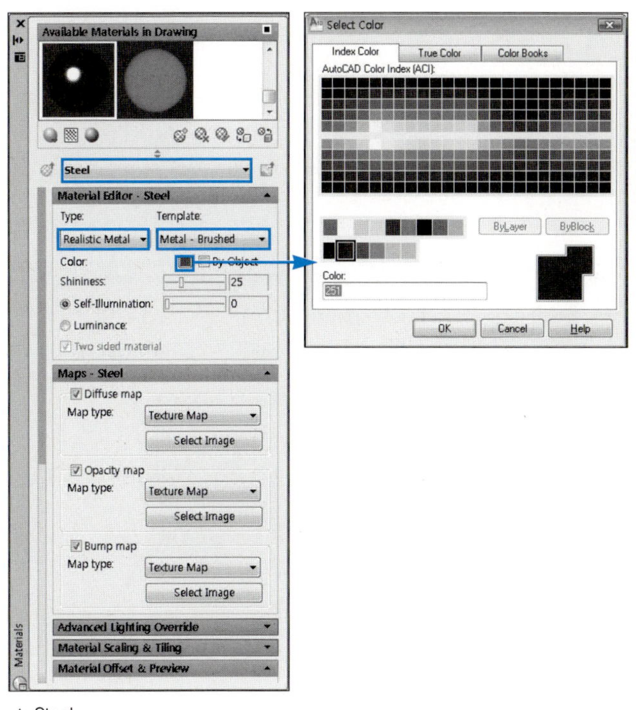

▲ Steel

- Type\Realistic Metal
  Template\Metal − Brushed
  Color\Index Color 251

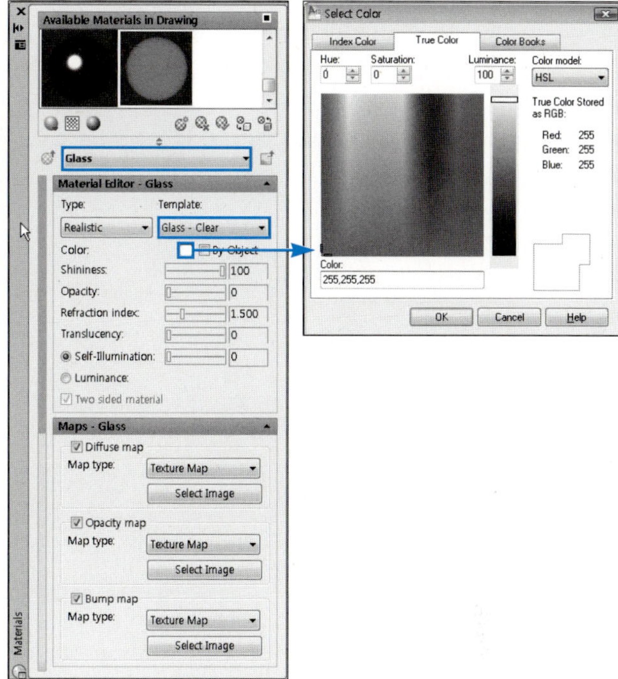

▲ Glass

- Template\Glass − Clear
  Color\True Color 255,255,255

16 Materials Palettes를 닫고 [View] 탭의 [Palettes] 패널에서 [Layer Properties](📑) 아이콘을 클릭해 Layer Properties Manager Palettes를 불러낸 후 모든 레이어를 켭니다.

17 [Render] 탭의 [Materials] 패널에서 [Attach By Layer](📑) 아이콘을 클릭하여 [Material Attachment Options] 대화상자를 불러냅니다.

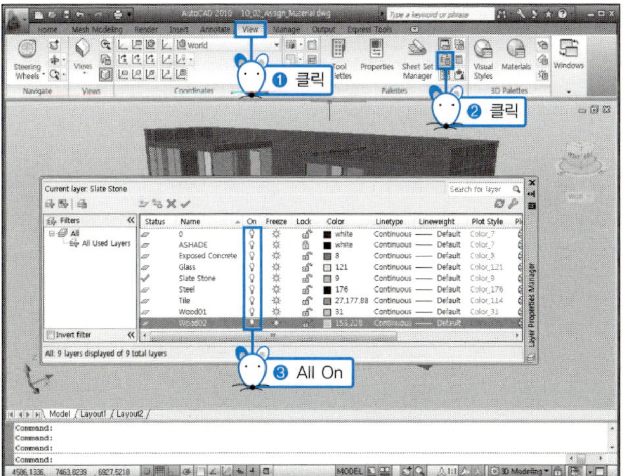

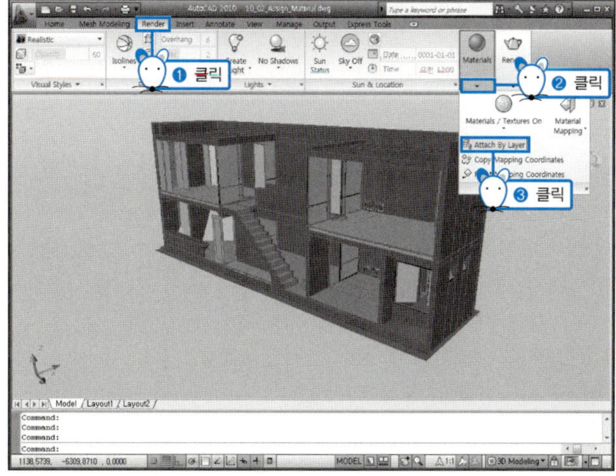

18 [Material Attachment Options] 대화상자를 그림과 같이 설정합니다.

❶ 좌측의 재질을 우측의 상대하는 레이어로 드래그합니다.

❷ 이미 적용시킨 재질을 제외하고 일괄적으로 작성한 재질을 그림과 같이 해당 레이어에 적용시킵니다.

❸ 모두 적용되었으면 [OK] 단추를 클릭합니다.

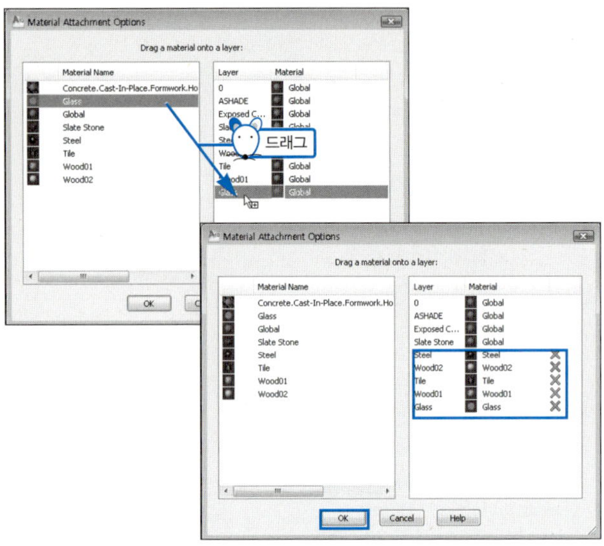

19 재질이 모두 적용되었습니다.

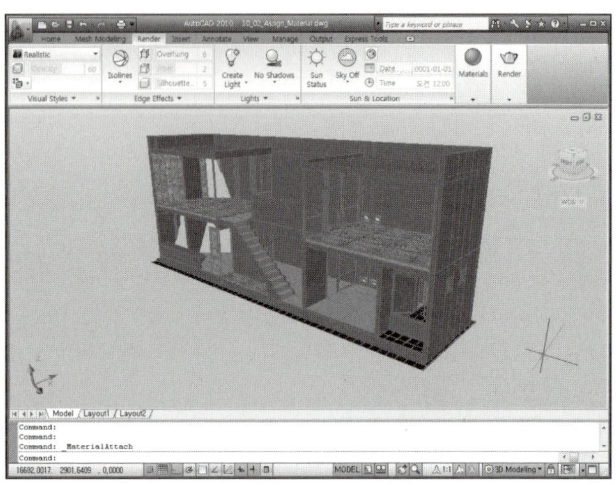

주목
재질이 레이어에 적용되면 레이어 우측에 [×] 아이콘이 생깁니다. 이 아이콘으로 레이어에 적용된 재질을 삭제할 수 있습니다.

재질 이미지의 크기 보정하기

재질 이미지의 크기를 적당하게 설정하여 보다 사실감 있는 재질로 표현하는 방법을 알아봅니다.

⊙ Samples\10_02_ImageScale_Material.dwg

01 [Render] 탭의 [Materials] 패널에서 [Materials]() 단추를 클릭해 Materials Palettes를 불러냅니다.

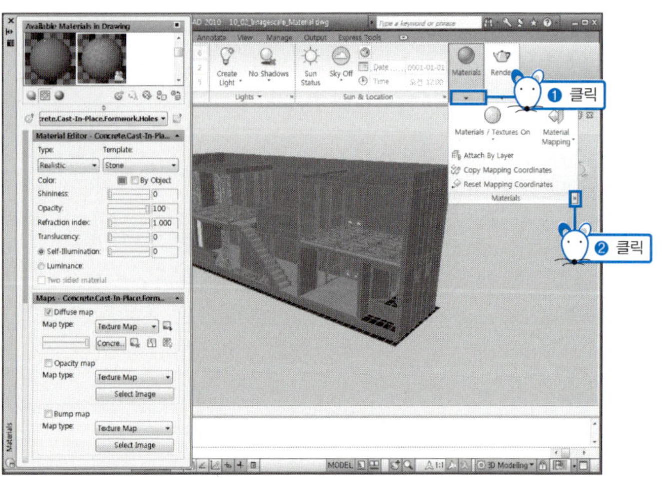

02 그림과 같이 객체에 재질을 적용합니다.

❶ Materials Palettes의 재질 슬롯 창에서 'Concrete.Cast-In-Place. Formwork.Holes' 재질을 선택합니다.

❷ [Material Scaling & Tiling] 영역을 선택해 재질 이미지의 크기를 그림과 같이 설정합니다.

❸ [Materials Offset & Preview] 영역의 [Auto-regen] 옵션을 체크하면 도면 영역에서 객체에 재질이 실시간으로 적용되는 것을 확인할 수 있습니다.

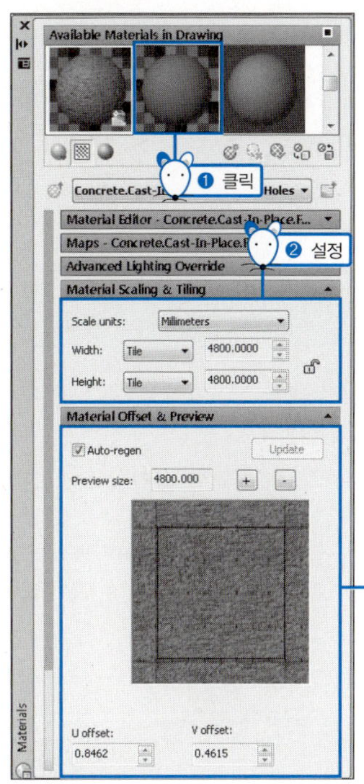
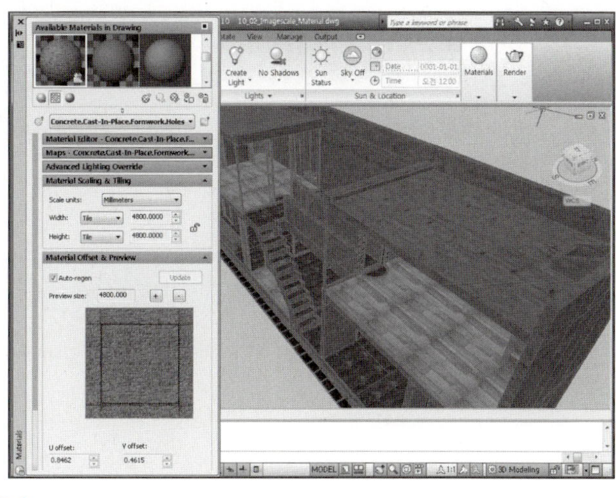

권장하는 재질 적용(Material Assign) 방법

Tool Palettes에서 재질을 선택하여 드래그하는 방법으로 객체에 재질을 적용하는 것은 매우 신속하고 편리합니다. 그러나 여러 객체들이 함께 뒤섞여 있는 상태에서 드래그로 재질을 적용하는 것은 실수할 확률이 높습니다. 그래서 객체를 레이어로 구분했다면 '레이어별 재질 적용(Attach By Layer)'이 보다 신속하고 정확한 재질 적용 방법이 될 수 있습니다.

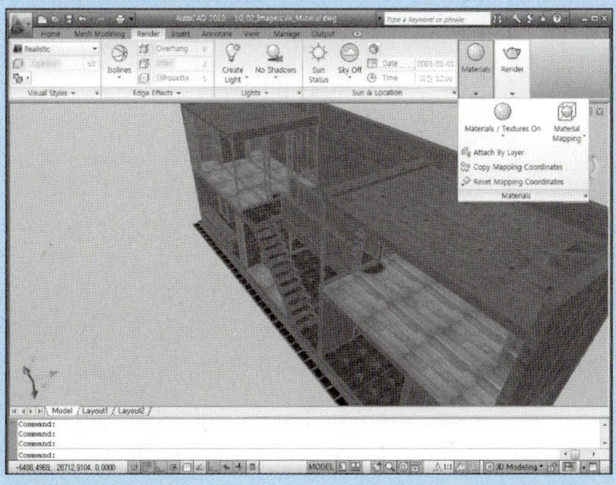
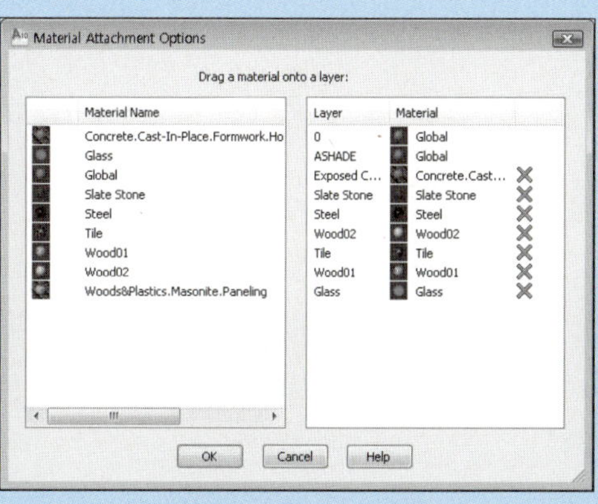

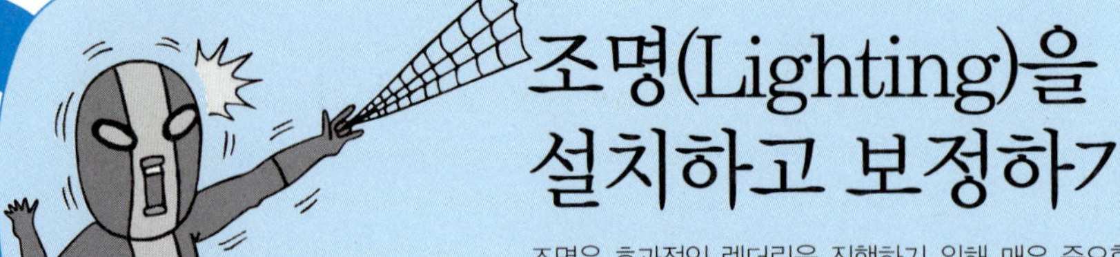

조명(Lighting)을 설치하고 보정하기

Lesson 03

조명은 효과적인 렌더링을 진행하기 위해 매우 중요합니다. 실제와 같은 조명이 없다면 아무리 모델링과 재질 적용이 잘 되었다고 하더라도 대상을 제대로 표현할 수 없기 때문입니다. AutoCAD에서 그림자는 공간에 사실감을 부여하고 객체에 볼륨감을 더하는 것 이외에도 특정 위치의 건축물이 갖는 상태를 시뮬레이션하여 초기 디자인에 결과를 반영할 수도 있습니다.

조명의 종류 이해하기

표현하려는 주제에 맞도록 조명을 설치하려면 조명의 종류와 속성을 충분히 이해하고 있어야 합니다. 그렇기 때문에 AutoCAD 2010에서 지원하는 조명의 종류를 간단하게 알아봅니다.

● 점 조명(Point Light)

이 조명은 하나의 전구와 같습니다. 빛은 한 위치에서 모든 방향(실제로는 전·후·좌·우·상·하의 여섯 방향)으로 방사됩니다. 빛이 희미해지는 정도(Attenuation)에 대한 설정으로는 'No Attenuation, Inverse Linear, Inverse Square' 중에서 하나를 선택할 수 있습니다.

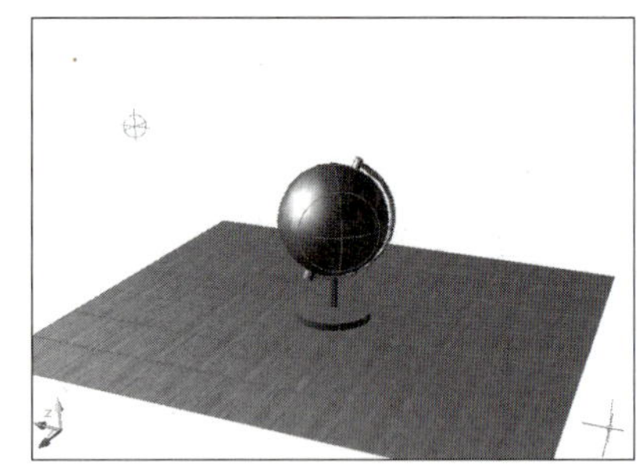

● 집중 조명(Spot Light)

집중 조명은 플래시에서 한 방향으로 빛을 비추는 것과 유사하며 타깃을 갖습니다. 빛은 점에서 방사되는 원뿔 형태로 비추며 원뿔의 각도를 설정할 수도 있습니다. 빛이 희미해지는 정도(Attenuation)에 대한 설정으로는 'No Attenuation, Inverse Linear, Inverse Square' 중에서 하나를 선택할 수 있습니다.

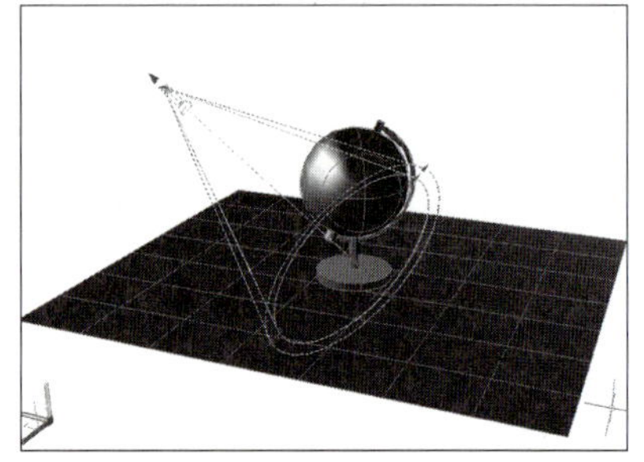

● 원거리 조명(Distance Light)

원거리 조명은 한 쪽 방향으로 평행하게 발산되는 빛입니다. 원거리 조명의 빛은 희미해지지 않으므로 거리에 관계없이 일정한 강도의 빛을 표현할 수 있습니다. 또한, 원거리 조명은 태양광과 마찬가지로 도면 영역에서는 심벌(glyph)이 보이지 않습니다.

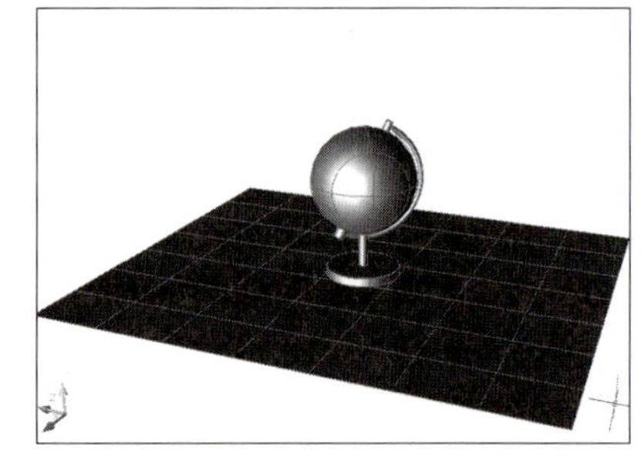

● 포토메트릭 조명(Photometric Light)

포토메트릭 조명은 실제 조명의 색온도와 강도를 적용시켜 가상의 공간에서 시뮬레이션할 수 있도록 도와주는 인공 조명입니다. Generic Light-Photometric Lights Palettes에서 4가지의 포토메트릭 조명을 설치할 수 있으며 4가지의 포토메트릭 조명은 Fluorescent(형광등), High Intensity Discharge(고휘도 방전등), Incandescent(백열등), Low Pressure Sodium(저압 나트륨등) 등으로 구분됩니다.

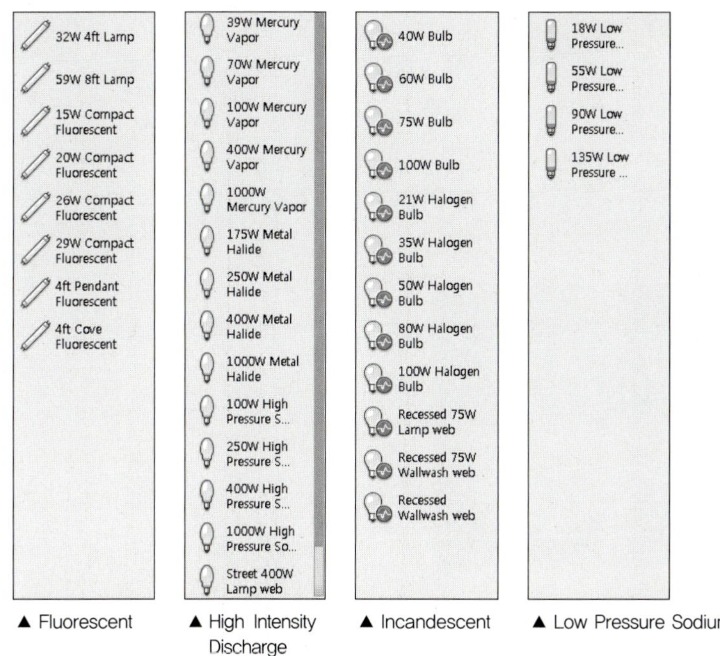

▲ Fluorescent   ▲ High Intensity Discharge   ▲ Incandescent   ▲ Low Pressure Sodium

조명의 속성 이해하기

조명을 선택한 후 Properties Palettes(Ctrl + 1)를 이용하여 조명의 속성을 설정하는 방법에 대하여 알아봅니다.

❶ Name : 조명의 이름을 입력할 수 있습니다.

❷ Type : 조명의 유형을 설정할 수 있습니다.

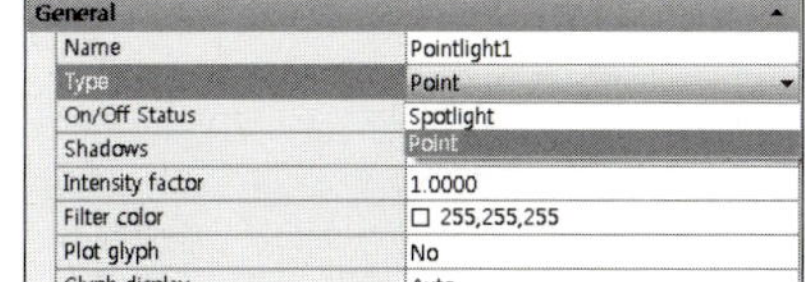

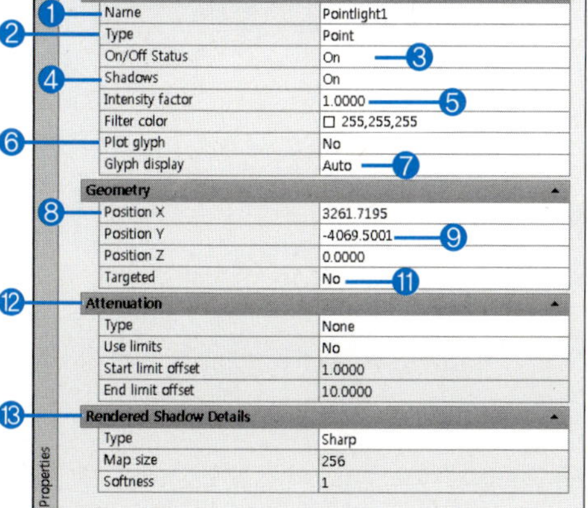

❸ **On/Off Status** : 조명을 삭제하지는 않으나 조명의 영향을 켜고 끌 수 있습니다. 조명의 영향을
끄면 자동적으로 기본 조명(Default Light)이 켜집니다.

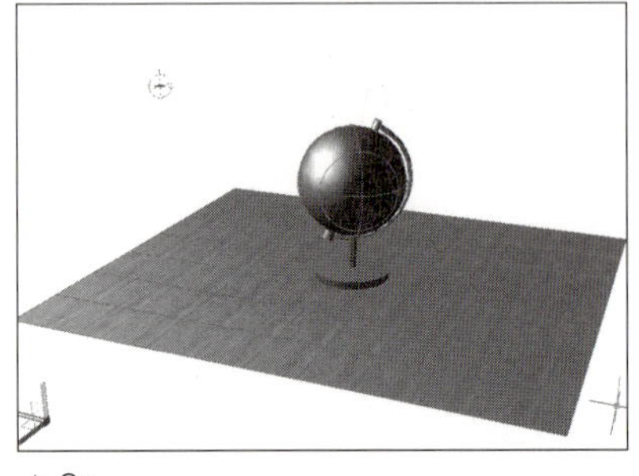

▲ On

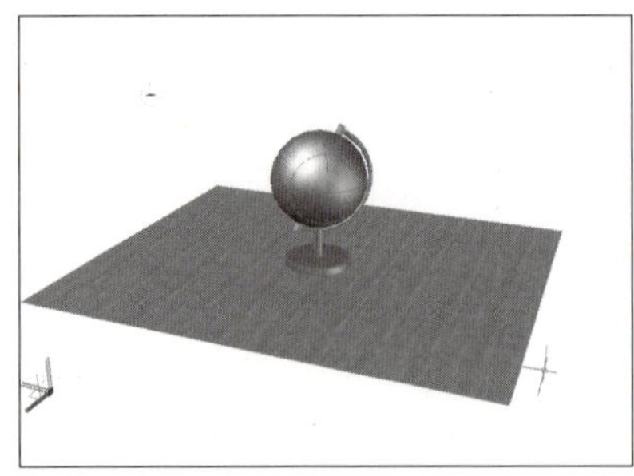

▲ Off(Default Light On)

❹ **Shadows** : 렌더링 과정에서 그림자를 켤 것인지 끌 것인지를 설정합니다. 조명이 On 상태일 경우
에만 활성화됩니다.

▲ Shadow On

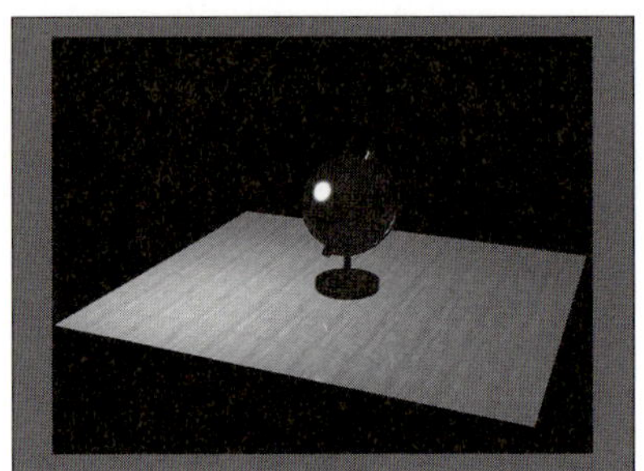

▲ Shadow Off

❺ **Intensity factor** : 조명의 밝기를 설정합니다.

▲ Intensity factor=0.5

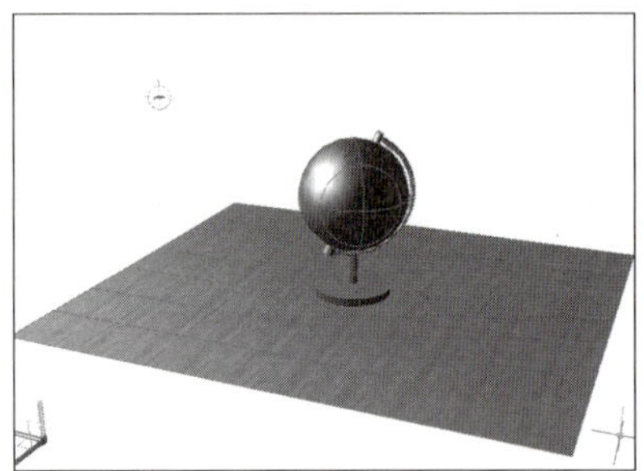

▲ Intensity factor=1

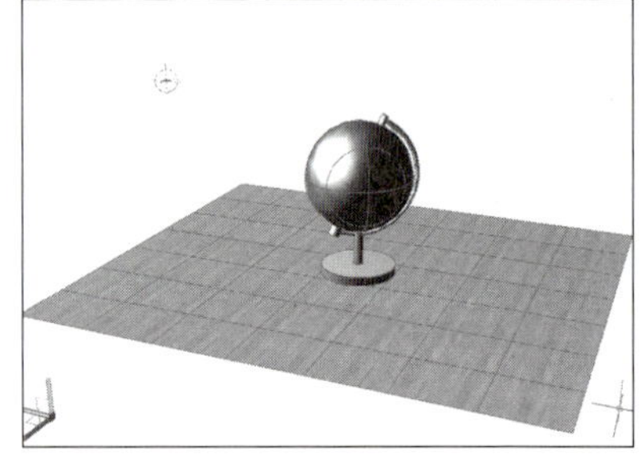

▲ Intensity factor=2

❻ **Plot glyph** : 조명 심벌이 플로팅에서 보일 것인지 보이지 않을 것인지를 설정합니다.

❼ **Glyph display** : 도면 영역에서 조명 심벌의 표시 유무를 설정합니다.

❽ **Position X** : 조명 위치의 X축 좌표를 표시합니다.

❾ **Position Y** : 조명 위치의 Y축 좌표를 표시합니다.

❿ **Position Z** : 조명 위치의 Z축 좌표를 표시합니다.

⓫ **Targeted** : 조명의 타깃 유무를 설정합니다.

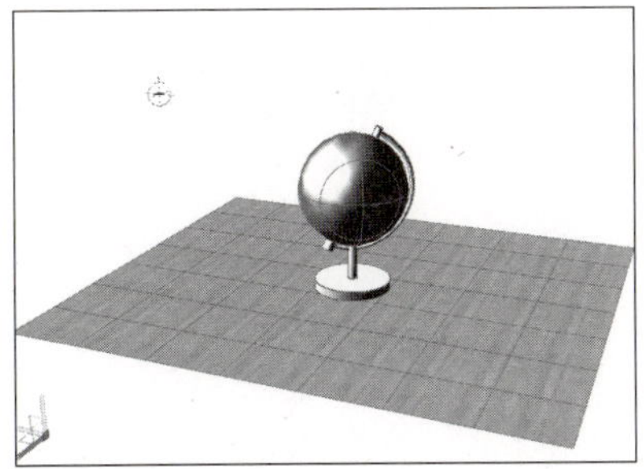
▲ 점 조명의Target=No

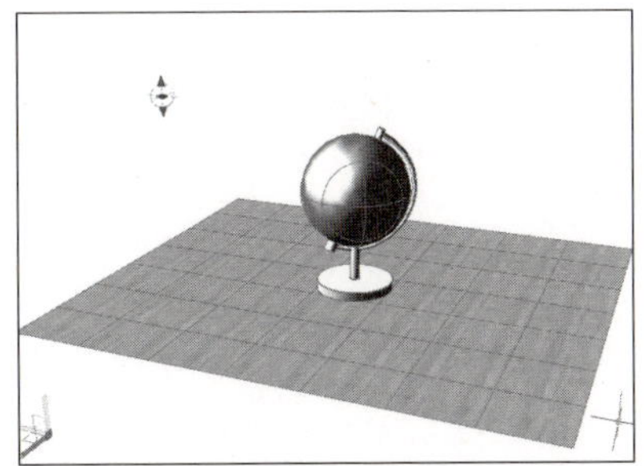
▲ 점 조명의 Target=Yes

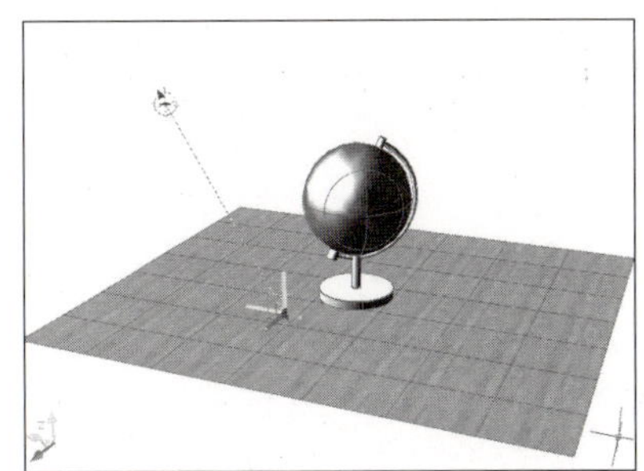
▲ 점 조명의 타깃 이동

⓬ **Attenuation** : 조명이 어느 정도의 거리(Start limit offset)에서부터 점점 약해(attenuation)지면서 어디(End limit offset)에서 완전히 사라지는지를 설정합니다.

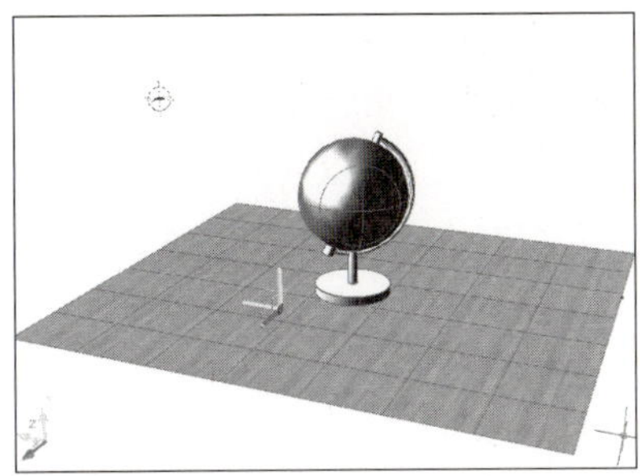
▲ Use limits=No

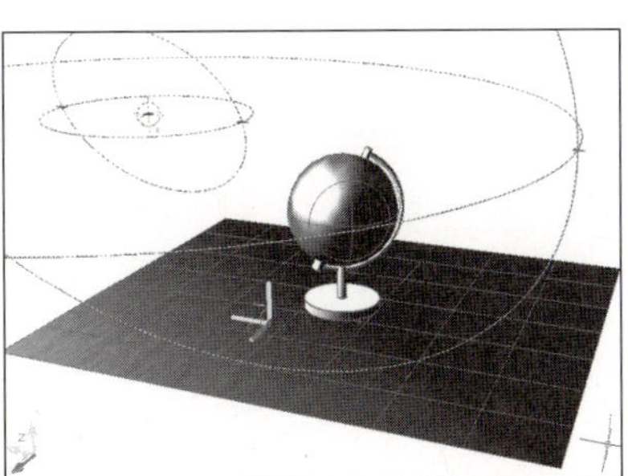
▲ Use limits=Yes

⓭ **Rendered Shadow Details** : 렌더링 과정에서 그림자의 디테일 타입을 설정합니다.

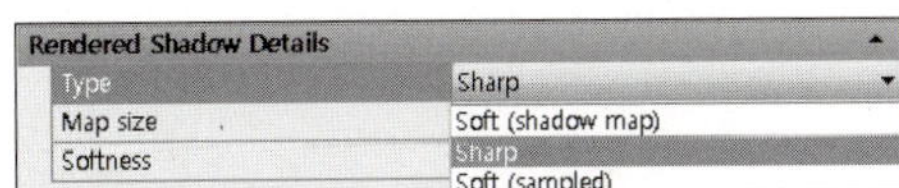

점 조명을 설치하고 보정하기

점 조명을 설치하고 알맞게 보정하는 방법을 알아봅니다.

⊙ Samples\10_03_Make_Light.dwg

01 뷰큐브를 마우스 오른쪽 단추로 클릭한 후 [Parallel]과 [Top]을 각각 클릭합니다.

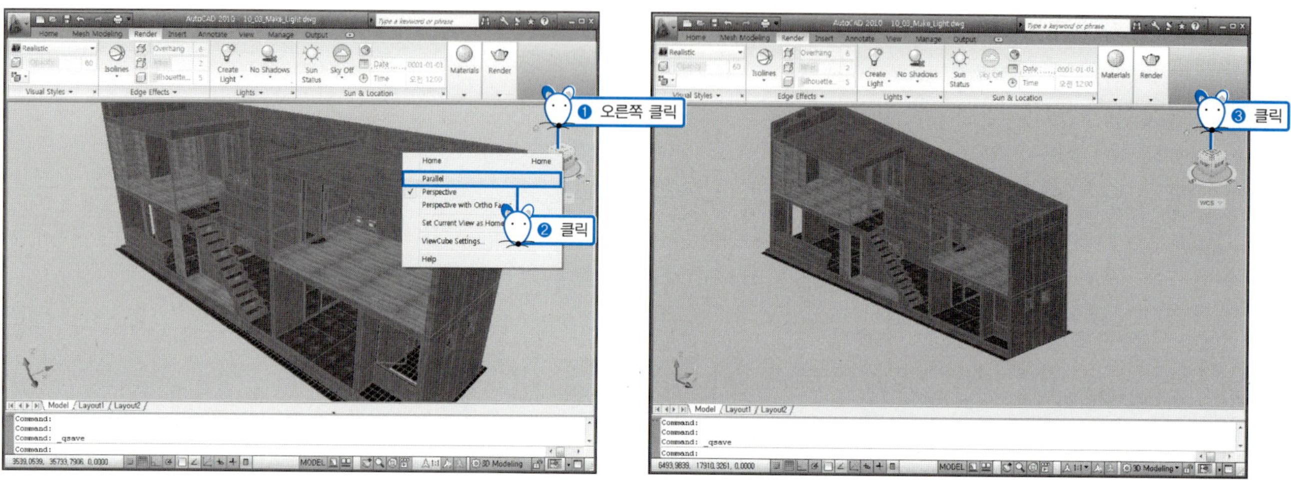

02 [Home] 탭의 [View] 패널에서 [Visual Styles] 드롭 다운 화살표를 클릭하여 3D Wireframe 모드로 변경합니다.

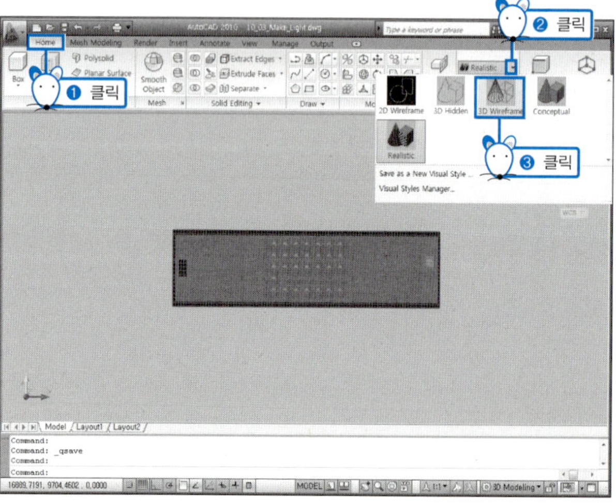

03 [Visualize] 탭의 [Lights] 패널에서 [Point](💡) 아이콘을 클릭한 후 그림과 같이 점 조명의 위치를 지정합니다.

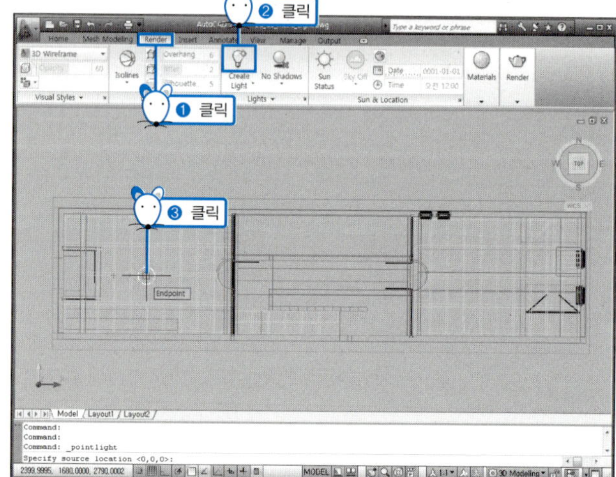

04 마우스 오른쪽 단추를 클릭한 후 단축 메뉴에서 [Enter]를 선택합니다.

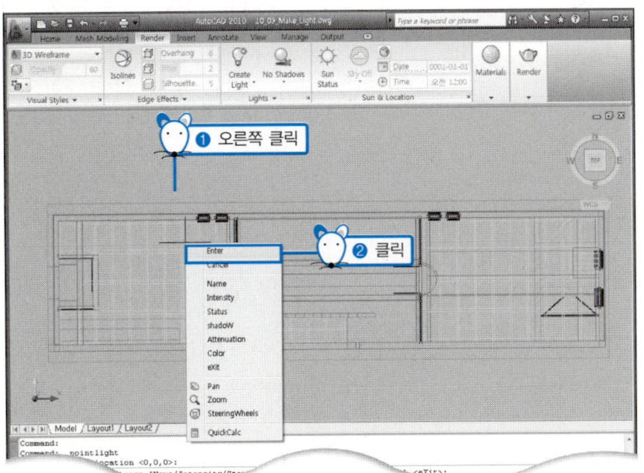

05 뷰큐브의 [Front]를 클릭하여 뷰를 조정합니다.

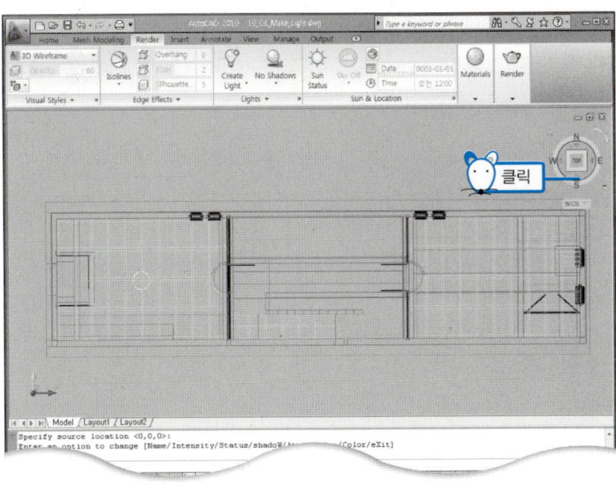

06 [Home] 탭의 [Modify] 패널에서 [3D Move](⊕) 아이콘을 클릭하고 설치한 점 조명의 위치를 이동시킵니다.

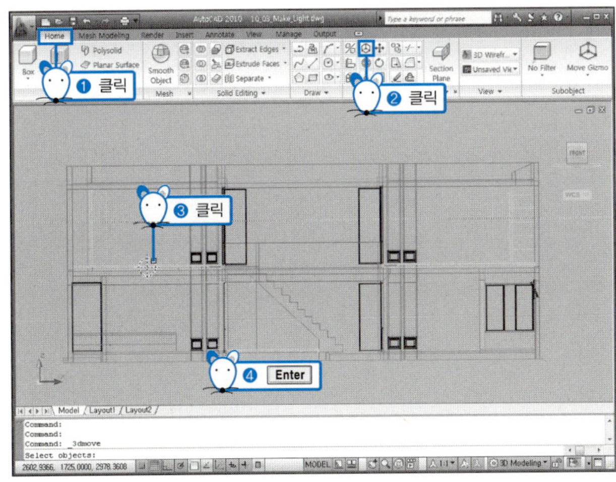

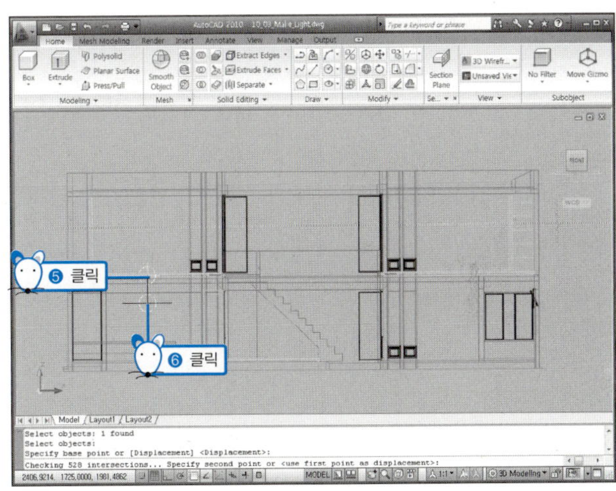

07 [Home] 탭의 [View] 패널에서 [Visual Styles] 드롭다운 화살표를 클릭하여 Realistic 모드를 클릭합니다.

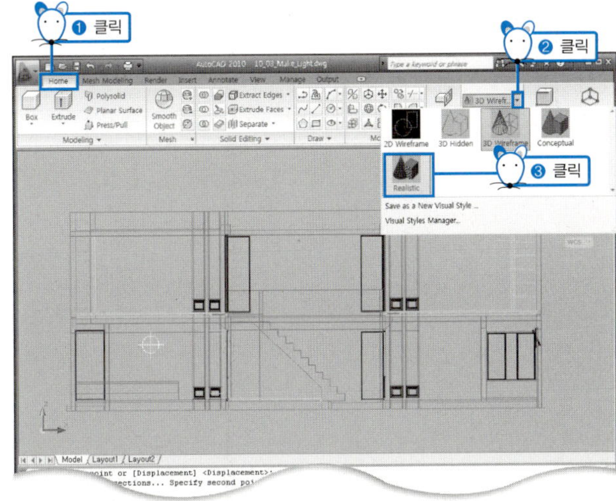

08 설치된 점 조명을 선택하고 Ctrl + 1 을 눌러 Properties Palettes를 불러냅니다. [General] 영역에서 [Intensity factor]를 '0.8' 로 수정하고 Enter 를 누릅니다.

09 Properties Palettes를 닫고 점 조명을 그림과 같이 각각의 위치에 복사합니다.

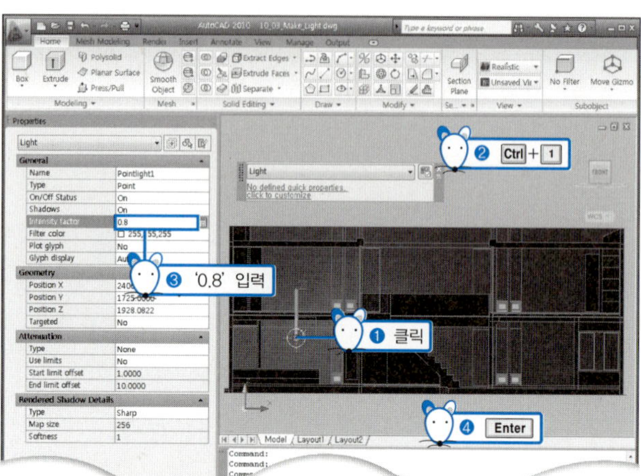

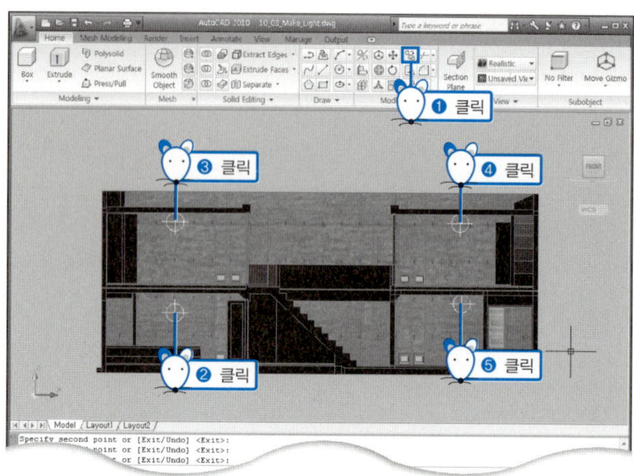

10 [Home] 탭의 [View] 패널에서 [Camera1]을 클릭한 후 [Visual style] 드롭다운 화살표를 클릭하여 Realistic 모드로 변경합니다.

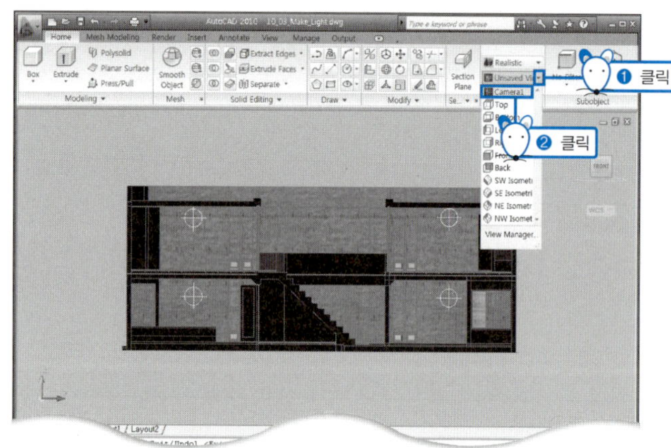

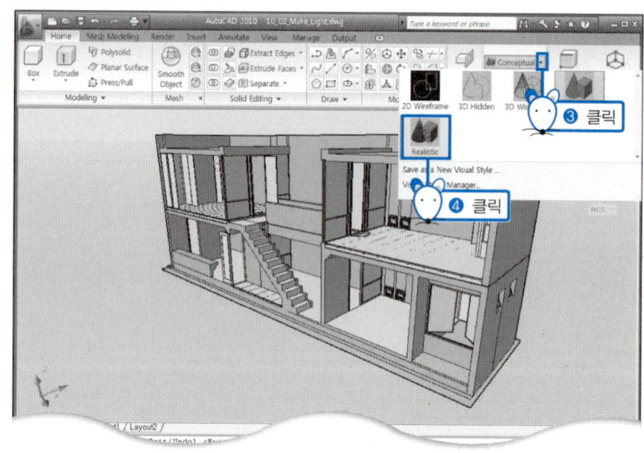

11 조명의 설치와 간단한 보정 작업을 마무리하고 결과를 확인합니다.

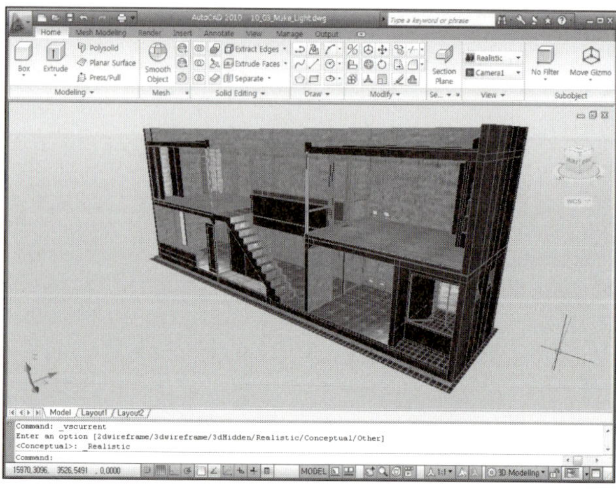

태양광 설치하고 보정하기

태양광의 특징은 조명의 방향이 평행이며 어떤 거리에서나 동일한 조도를 가진다는 것입니다. 지역 위치를 제외한
태양광에 대한 모든 설정은 해당 도면 파일에 저장되는 것이 아니라 뷰포트에 저장되며 지역 위치만 도면에 저장됩
니다. 다음 예제를 통해서 태양광을 설정한 후 모델링의 위치와 시간대를 보정하는 방법을 배워봅니다.

⊙ Samples\10_03_Make_Sunlight.dwg

01 [Render] 탭의 [Sun & Location] 패널에서 [Sun Status](☼) 아이콘을 클릭하여 태양광을
켭니다.

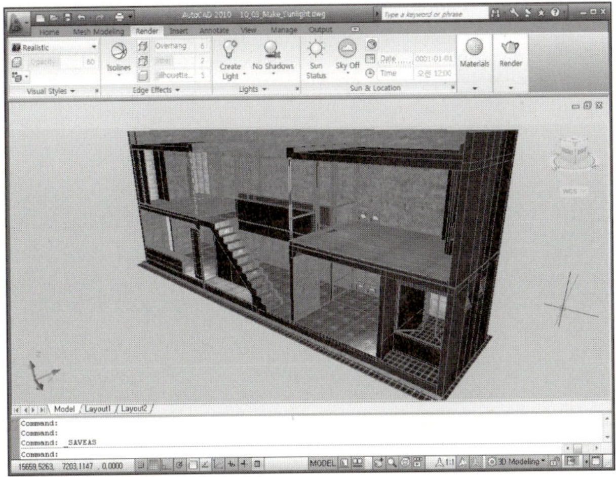

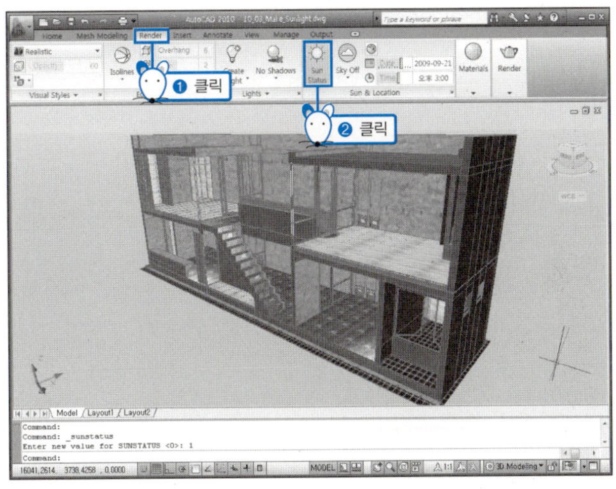

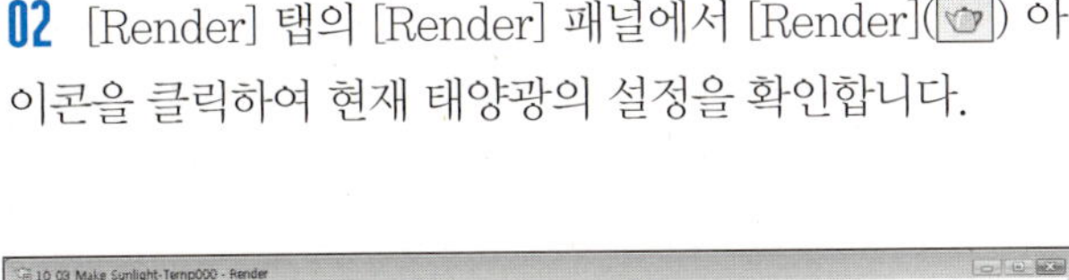

▲ Sun Off   ▲ Sun On

02 [Render] 탭의 [Render] 패널에서 [Render](🫖) 아
이콘을 클릭하여 현재 태양광의 설정을 확인합니다.

03 [Render] 창을 닫고 [Render] 탭의 [Sun &
Location] 패널에서 [Sun Properties](▣) 단추를 클릭
해 Sun Properties Palettes를 불러옵니다.

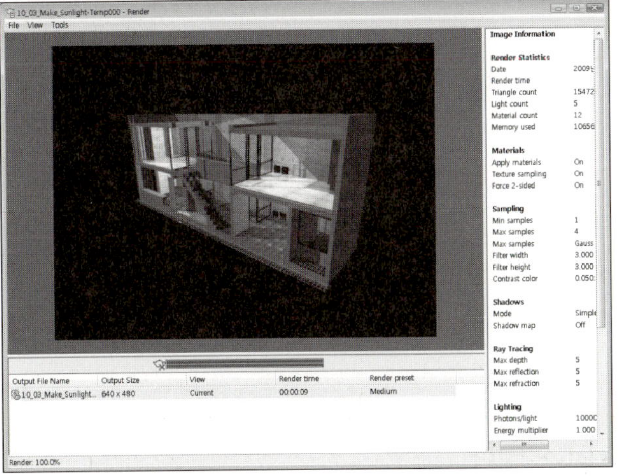

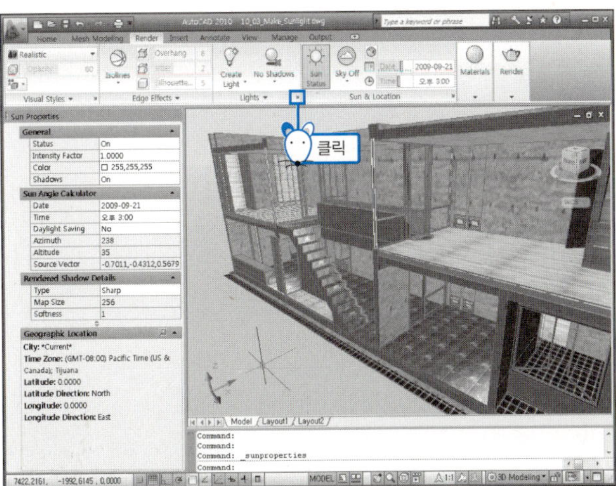

04 태양광의 고도를 변경하기 위해서 [Sun Angle Calculator] 영역의 [Date]에서 [...] 단추를 클릭합니다. [Calendar] 대화상자가 나타나면 날짜와 시간을 변경합니다.

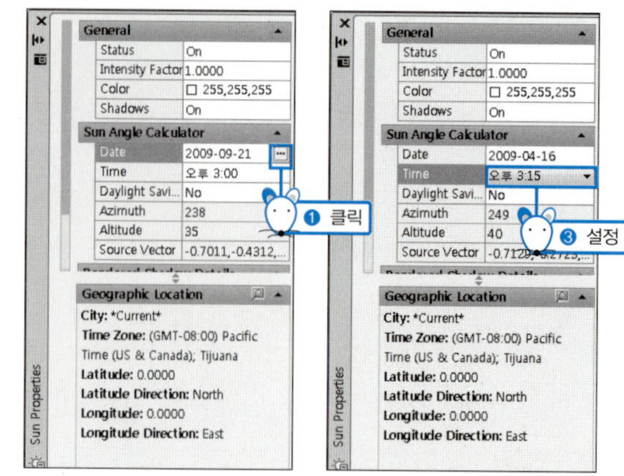

05 변경된 날짜와 시간대에 의해 태양광이 어떻게 적용되었는지 확인하기 위해서 [Render] 탭의 [Render] 패널에서 [Render](　) 아이콘을 클릭합니다.

06 모델의 지리적 위치를 변경하기 위해서 [Render] 탭의 [Sun & Location] 패널에서 [Set Location](　) 아이콘을 클릭해 [Geographic Location] 대화상자를 불러냅니다.

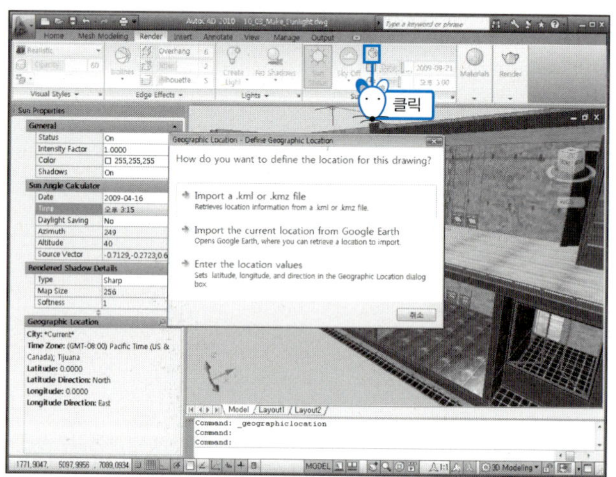

주목

[Render] 창에서 미리보기로 확인하고 창을 닫습니다.

07 [Geographic Location] 대화상자에서 [Enter the location values]를 클릭합니다.

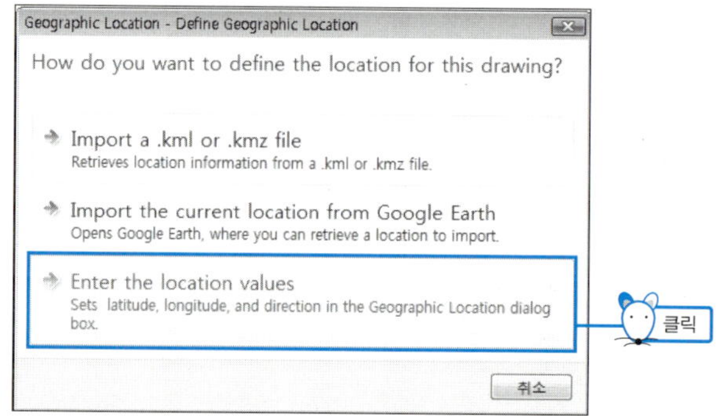

08 [Geographic Location] 대화상자의 [Latitude & Longitude] 영역에서 [Use Map] 단추를 클릭합니다.

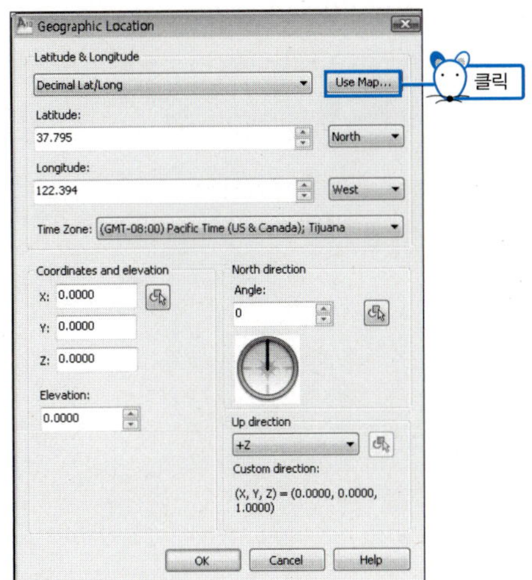

09 [Location Picker] 대화상자가 나타나면 그림과 같이 설정한 후 [OK] 단추를 클릭합니다.

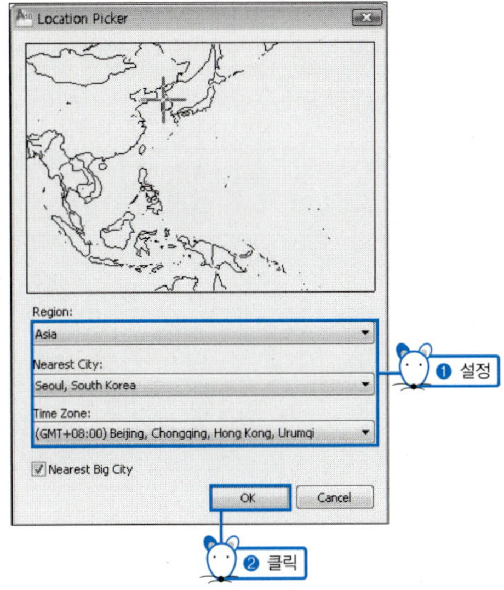

10 변경된 위치를 다시 설정하기 위해 [Geographic Location] 대화상자에서 [Accept updated time zone]을 클릭합니다.

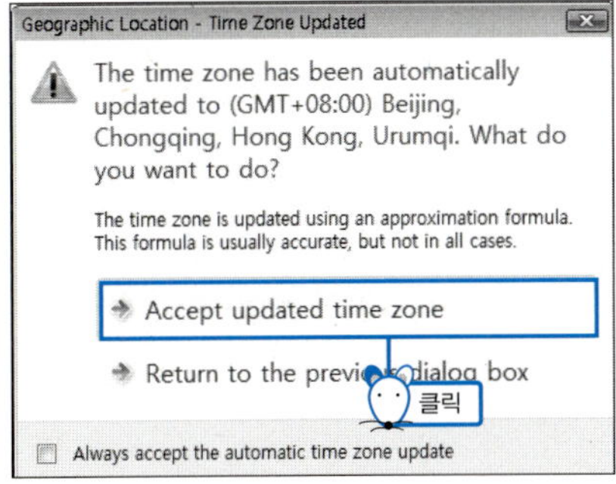

11 [Geographic Location] 대화상자에서 변경된 내용을 확인하고 [OK] 단추를 클릭합니다.

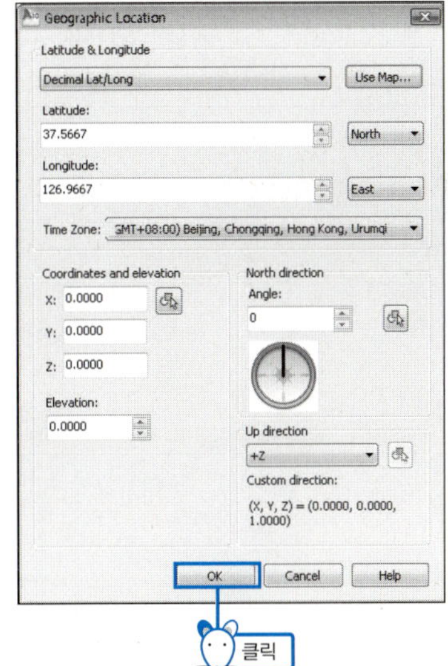

12 [Render] 탭의 [Lights] 패널에서 [Full Shadows] (🖼) 아이콘을 클릭합니다.

13 변경된 지리적 위치로 인하여 태양광이 어떻게 적용되었는지 확인하기 위해서 [Render] 탭의 [Render] 패널에서 [Render](🖱) 아이콘을 클릭합니다.

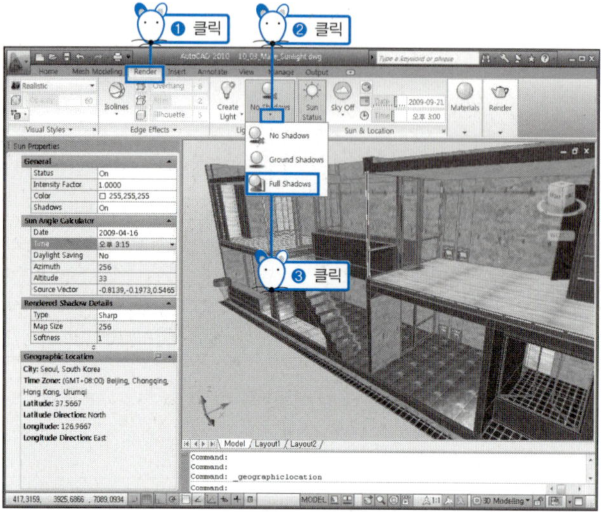

Sky Properties 조절을 통한 태양광의 보정

Photometric Workflow에서 Skylight Bacground 기능으로 태양과 대기 사이의 상호 작용으로 인한 부드럽고 미묘한 라이트 효과를 추가할 수 있습니다.

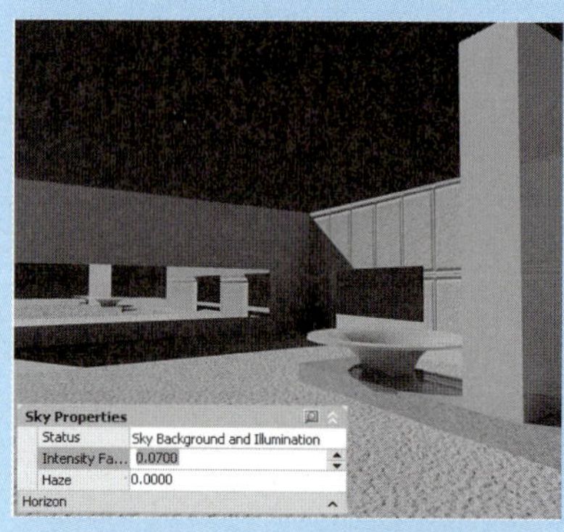

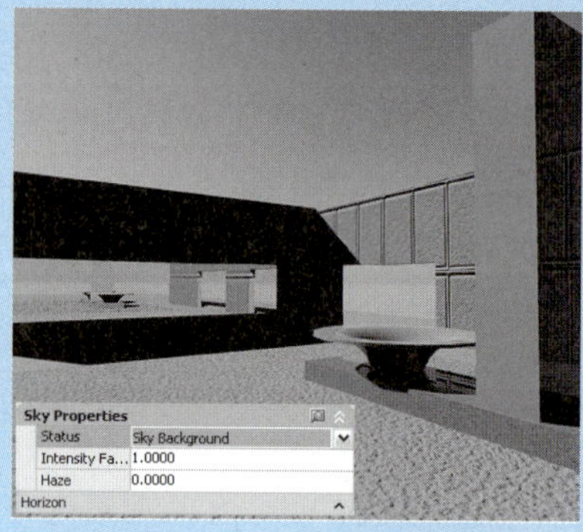

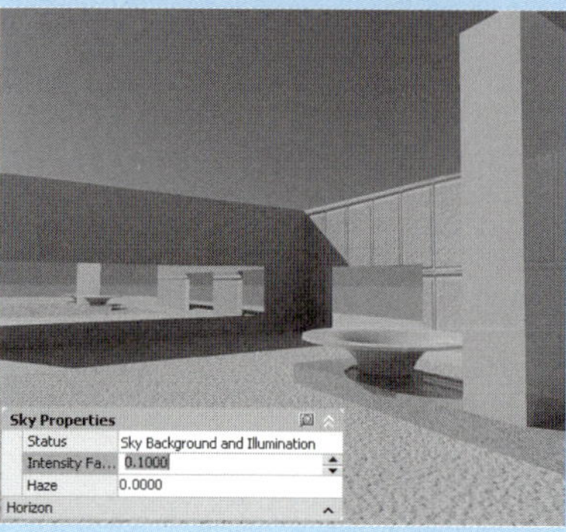

느낌이 살아있는 렌더링(Rendering) 표현 기법

3D 객체에 적절한 뷰를 만들기 위해서 카메라를 설정하고 사실감을 높이기 위해 재질과 조명을 적용했습니다. 그렇다면 이제는 렌더링 과정을 통해 전혀 새로운 가치를 갖는 결과물을 만들 수 있습니다. 렌더링 이미지는 비트맵 이미지로써 3D 벡터 데이터가 2D 비트맵 이미지로 전환되는 것입니다. 이번에는 느낌이 살아있는 렌더링 표현 방법에 대하여 알아봅니다.

Lesson 04

[Render] 패널 이해하기

렌더링에 관한 대부분의 작업을 진행할 수 있는 [Render] 패널에 대하여 알아봅니다.

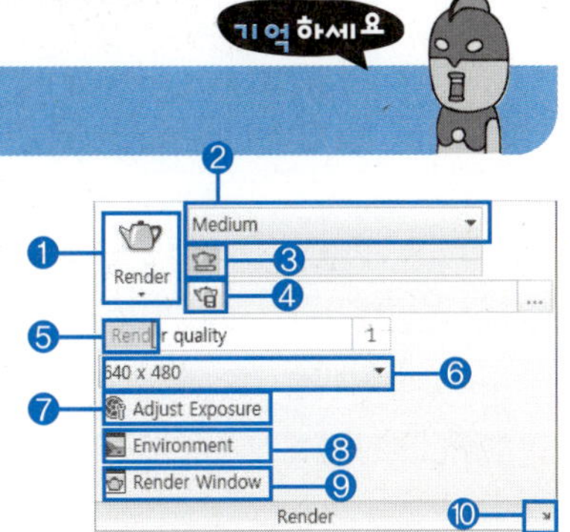

❶ **Render** : [Render] 대화상자를 나타내며 현재 뷰포트의 장면을 렌더링할 수 있습니다.

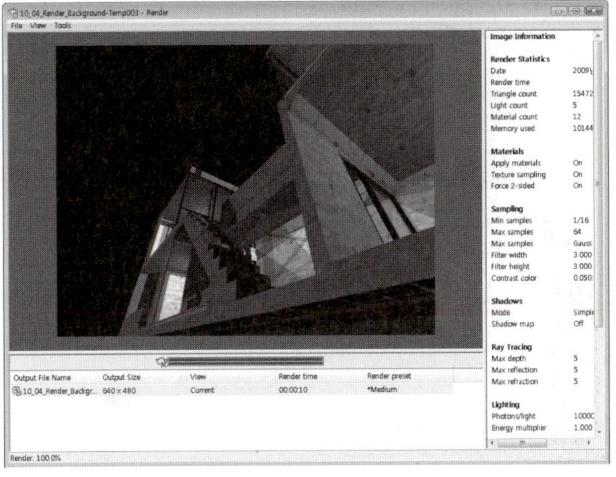

- **Render Region** : 도면 영역에서 객체의 일부분을 선택한 후 렌더링한 결과를 미리 확인할 수 있습니다.

▲ Crop region

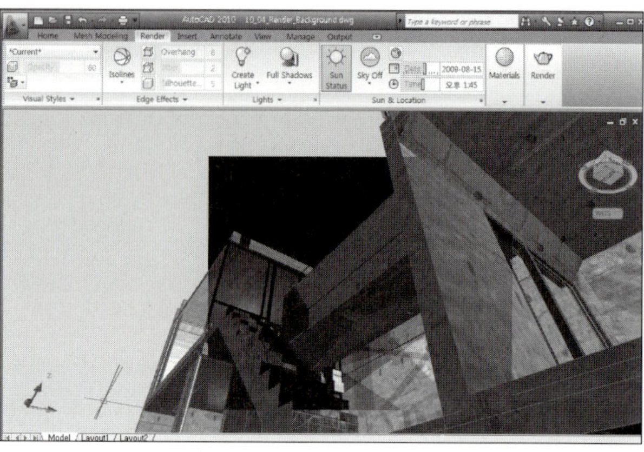

▲ Preview render

❷ **Render Preset** : 미리 렌더링 품질을 설정해 놓고 사용할 수 있습니다. 각각의 프리셋은 [Render Presets Manager] 대화상자에서 설정할 수 있습니다.

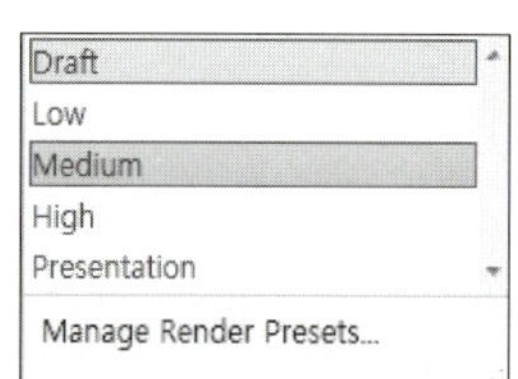

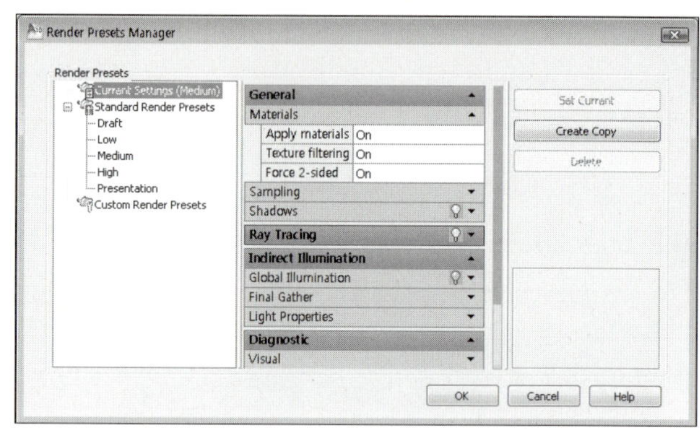

❸ **Render Progress** : 렌더링 과정의 진행 정도를 표시합니다.

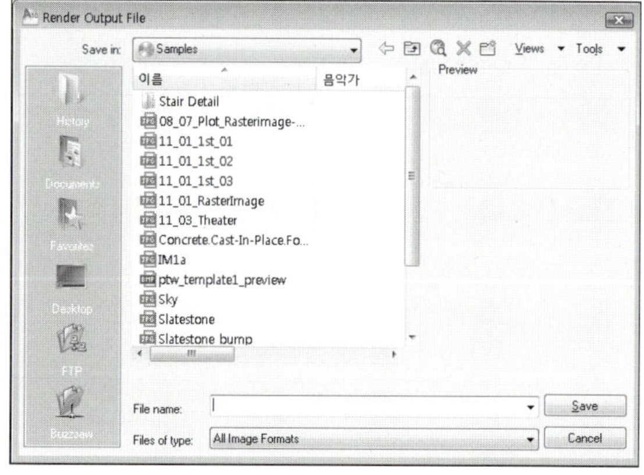

❹ **Rendre Output File** : 아이콘을 클릭해 On/Off 토글(Toggle) 시킬 수 있습니다. On 상태에서는 오른쪽 [...] 단추를 클릭해 렌더링 이미지의 저장 경로와 파일 이름, 파일 형식을 설정할 수 있습니다.

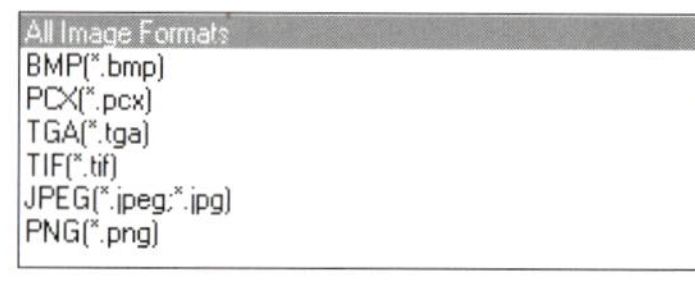

▲ Image Type

❺ **Render Quality** : 렌더링 질을 다섯 등급으로 나누어 조절하여 결과물을 얻어낼 수 있습니다. 이는 최종 결과물이 아닌 중간 단계의 확인용 이미지를 얻기 위해 시간을 절약할 수 있습니다.

❻ **Render Output Size** : 렌더링 이미지의 크기를 설정합니다.

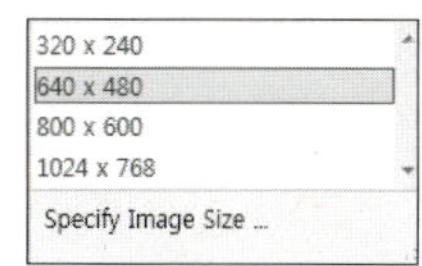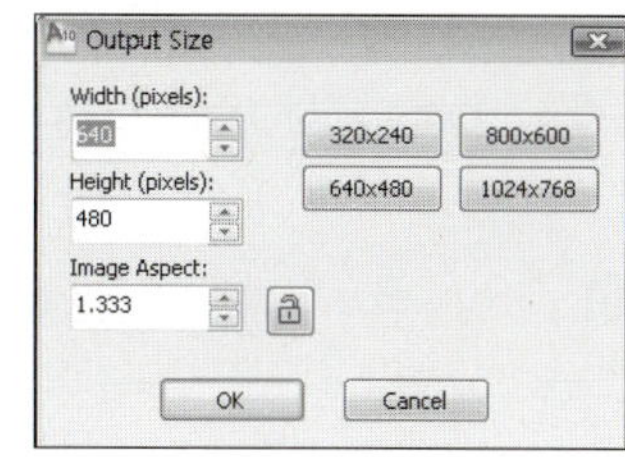

❼ **Adjust Exposure** : 노출 컨트롤이 활성화(Enable)된 경우 노출을 설정할 수 있습니다.

❽ **Environment** : 렌더링 환경을 설정합니다.

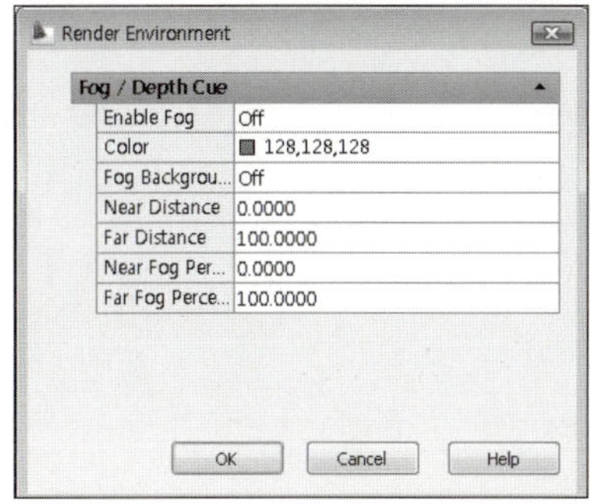

❾ **Render Window** : 렌더링 과정 없이 [Render] 대화상자를 불러냅니다. 단, 현재 파일에서 렌더링 기록이 없으면 [Render] 창을 표시하지 않습니다.

❿ **Advanced Render Settings** : 렌더링의 세밀한 설정을 합니다. 설정 후에는 Advanced Render Settings Palettes 의 [Render](🖼) 아이콘을 클릭해 바로 렌더링 할 수 있습니다.

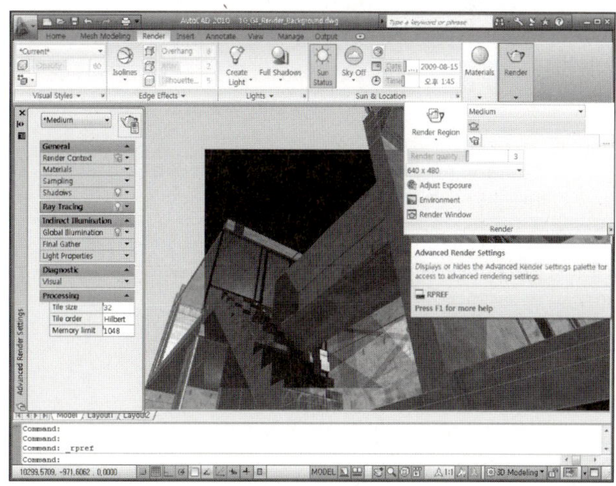

배경의 설정과 편집 방법 이해하기

렌더링 결과물에서 대상이 되는 3D 객체가 주제가 되는 것은 당연하지만 주변 배경 역시 매우 중요합니다. 그렇기 때문에 이번에는 이미지의 테마를 부각시킬 수 있으며 새로운 느낌을 추가할 수 있는 편집 방법을 알아봅니다.

● Samples\10_04_Render_Background.dwg

01 [Render] 탭의 [Render] 패널에서 [Render Region](🖼) 아이콘을 클릭하여 하늘 배경을 포함한 현재의 장면을 렌더링합니다.

02 3D 객체의 배경이 검은색으로 렌더링되는 것을 확인할 수 있습니다. 배경 색상을 변경하기 위해 [Home] 탭의 [View] 패널에서 [View Manager]를 선택합니다.

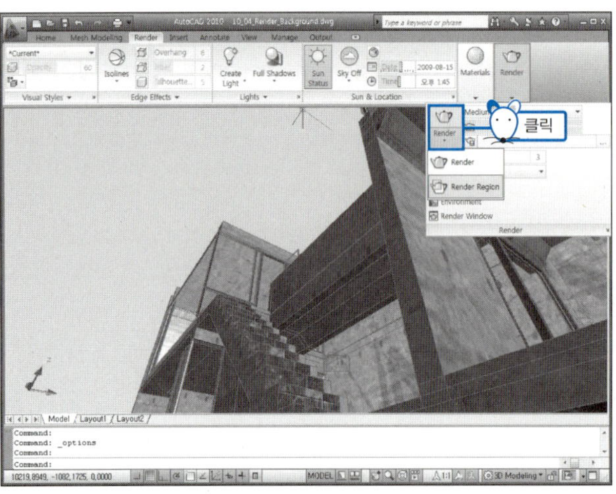

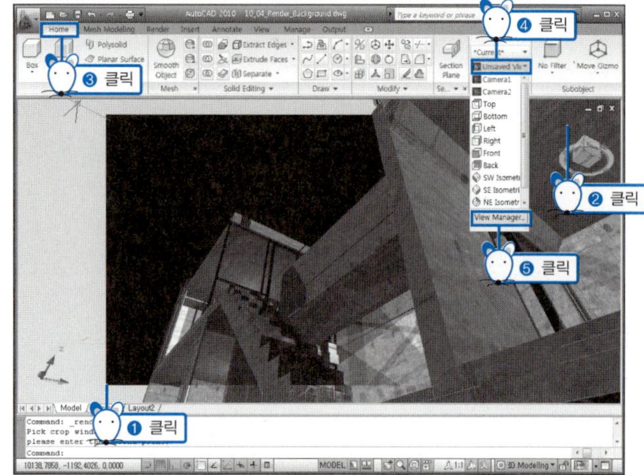

03 [View Manager] 대화상자를 그림과 같이 설정합니다.

❶ [Views] 영역에서 'Camera2'를 선택합니다.

❷ [General] 영역의 [Background override]를 'Solid...'로 설정합니다.

04 [Background] 대화상자에서 [Solid options] 영역의 [Color]를 클릭합니다.

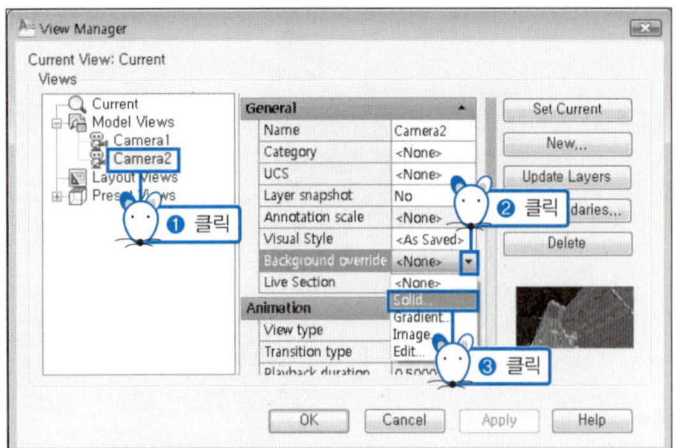

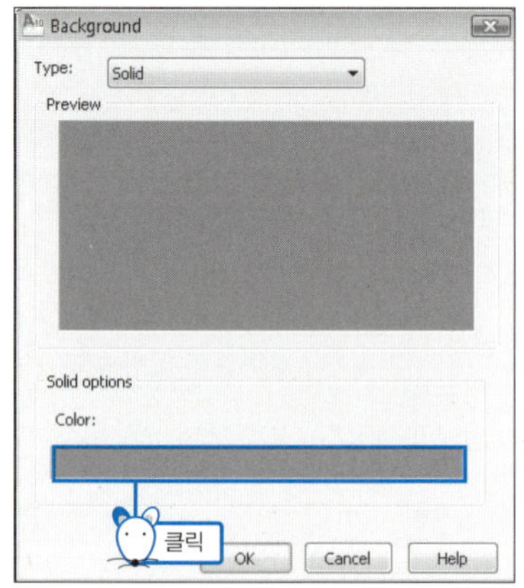

05 [Select Color] 대화상자의 [True Color] 탭을 클릭한 후 흰색(255,255,255)으로 설정하고 [OK] 단추를 클릭합니다.

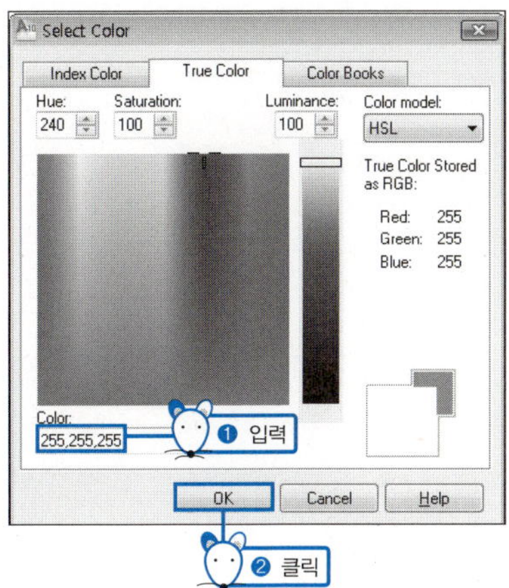

06 [Background] 대화상자의 [Solid options] 영역에서 [Color]가 흰색으로 설정된 것을 확인한 후 [OK] 단추를 클릭합니다.

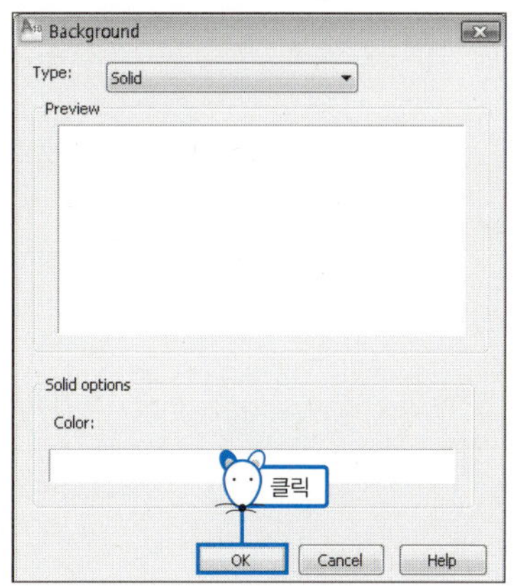

07 [View Manager] 대화상자의 [Apply] 단추를 클릭한 후 [OK] 단추를 클릭합니다.

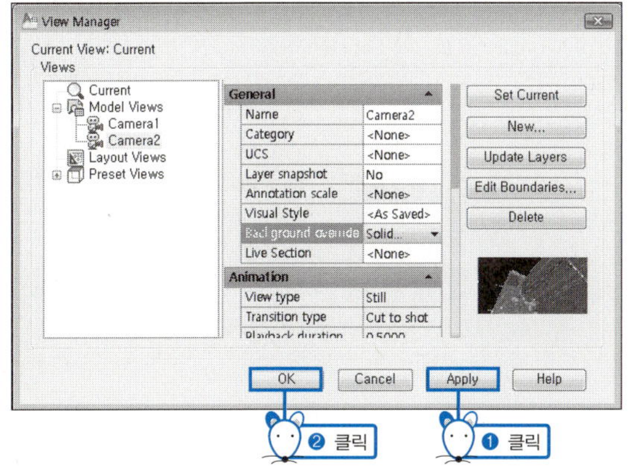

08 [Render] 탭의 [Render] 패널에서 [Render]( ) 아이콘을 클릭하여 현재의 장면을 렌더링합니다.

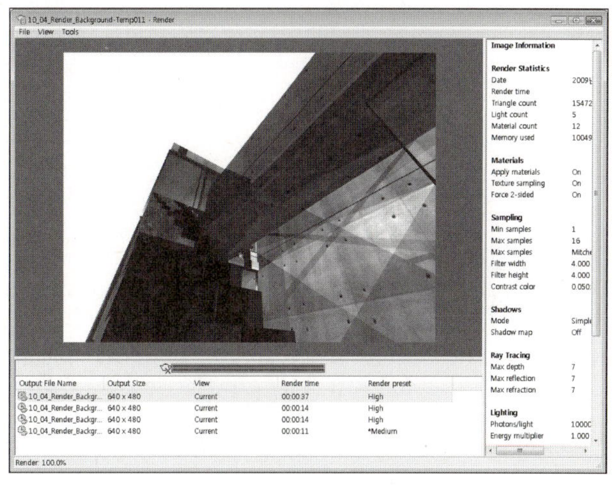

주목

3D 객체의 배경이 흰색으로 렌더링 됩니다.

09 이번에는 배경에 이미지를 적용하기 위해 [Home] 탭의 [View] 패널에서 [View Manager]를 선택합니다.

10 [View Manager] 대화상자를 그림과 같이 설정합니다.

❶ [Views] 영역에서 'Camera2'를 선택합니다.

❷ [General] 영역의 [Background override]에서 'Image'를 선택합니다.

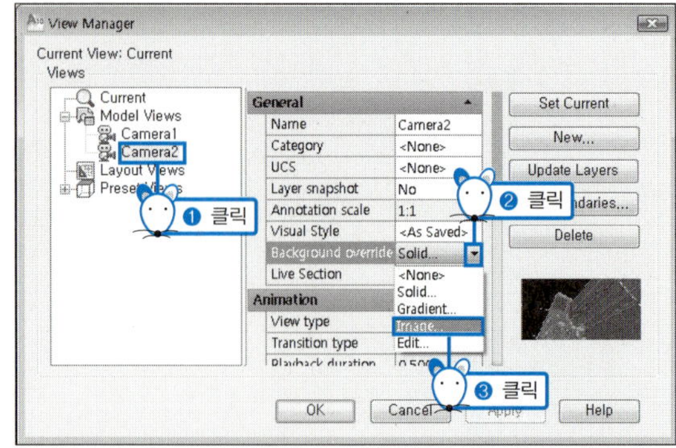

11 [Background] 대화상자의 [Image options] 영역에서 [Browser] 단추를 클릭한 후 배경 이미지를 선택합니다.

⊙ Samples\Sky.jpg

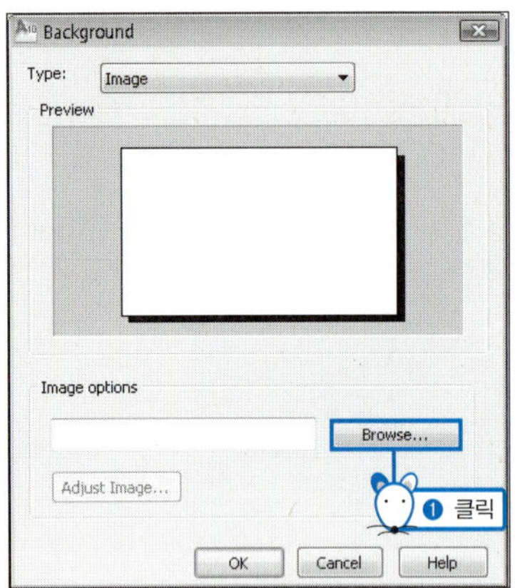

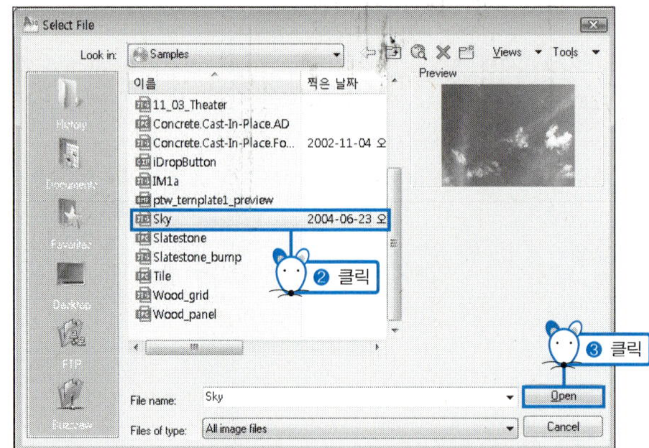

12 [Background] 대화상자의 [Image options] 영역에서 [Adjust Image] 단추를 클릭합니다.

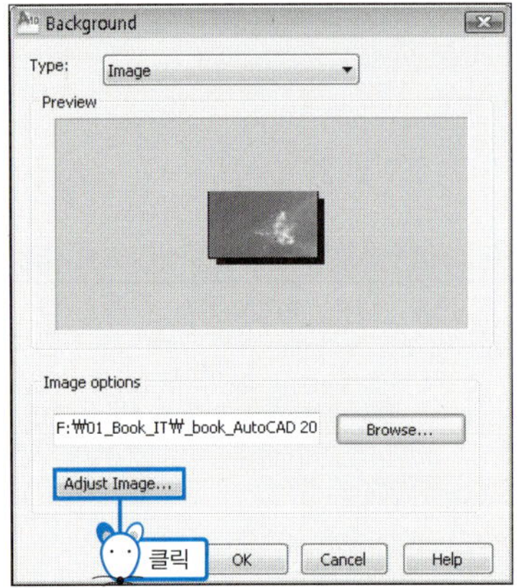

13 [Adjust Background Image] 대화상자의 [Image position]을 'Stretch'로 설정한 후 [OK] 단추를 누릅니다.

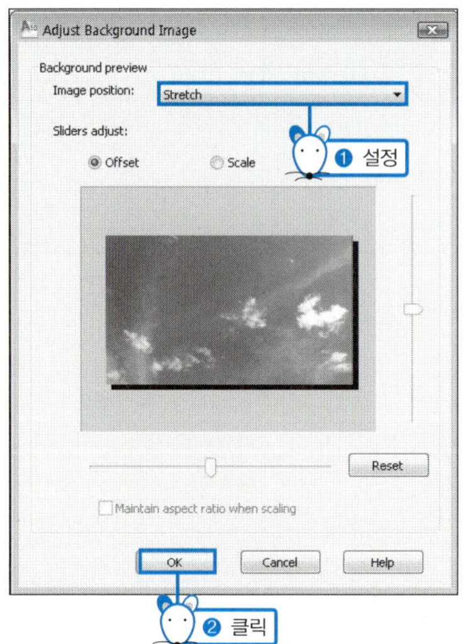

14 [Background] 대화상자에서 삽입된 이미지를 확인한 후 [OK] 단추를 누릅니다.

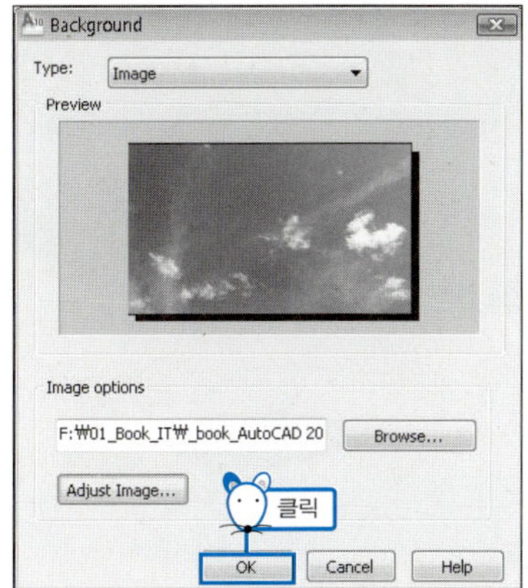

15 [View Manager] 대화상자의 [Apply] 단추와 [OK] 단추를 차례로 클릭합니다.

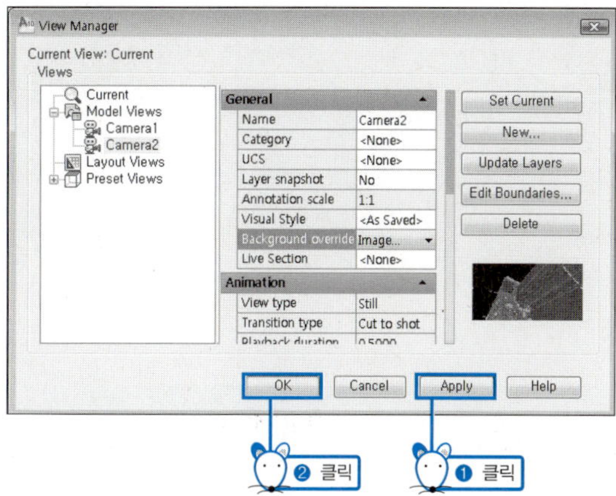

16 [Render] 패널의 [Render]( ) 아이콘을 클릭하여 현재의 장면을 렌더링합니다.

주목

배경이 지정한 이미지로 바뀌어 렌더링되는 것을 확인할 수 있습니다.

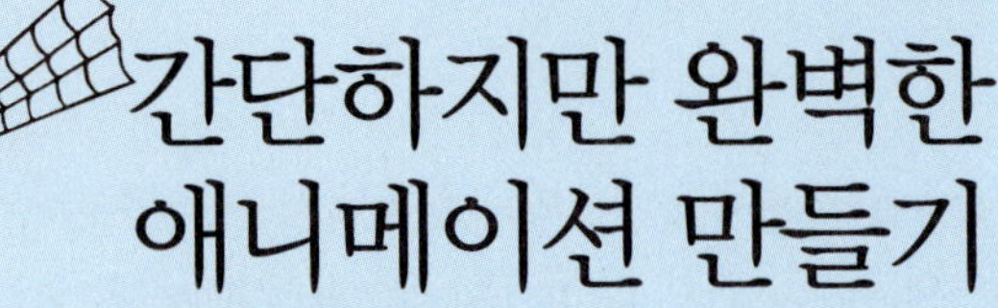

애니메이션을 간단히 설명하자면 여러 장의 렌더링 이미지를 이어 붙여서 만드는 것입니다. AutoCAD 2010
에서는 카메라에 움직임을 적용하여 여러 장의 렌더링 이미지를 얻을 수 있기 때문에 카메라와 카메라가 이
동할 경로(Path)를 설정해서 렌더링한 후 재미있는 애니메이션을 만들 수 있습니다.

Lesson 05

카메라의 경로(Path) 설정하기

카메라 경로를 위해 폴리라인을 만들고 경로로 설정하기 위해 필요한 내용을 추가하는 방법에 대하여 알아봅니다.

Samples\10_05_Render_Animation01.dwg

01 퀵 액세스 툴바의 드롭다운 화살표 아이콘을 클릭한 후 [Show Menu Bar]를 선택합니다.
[View]-[Motion Path Animations] 메뉴를 클릭하여 [Motion Path Animation] 대화상자를 불
러냅니다.

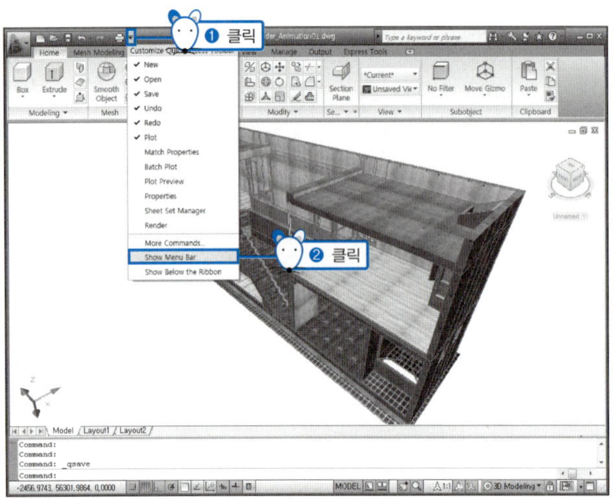

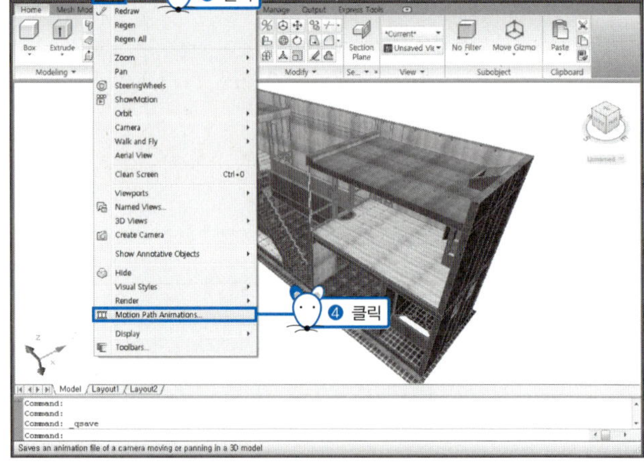

02 [Motion Path Animation] 대화상자의 [Camera]
영역에서 [Path]를 체크하고 [Select Path]() 아이콘
을 클릭합니다.

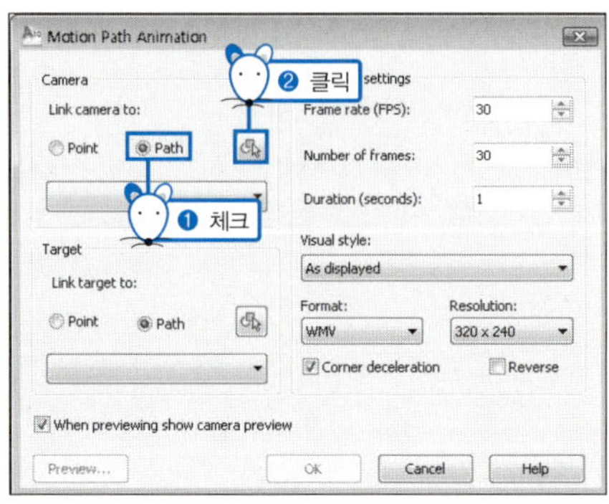

03 그림과 같이 도면 영역에 미리 작성된 카메라의 경로를 지정한 후 [Path Name] 대화상자에서 경로 이름을 입력하고 [OK] 단추를 클릭합니다.

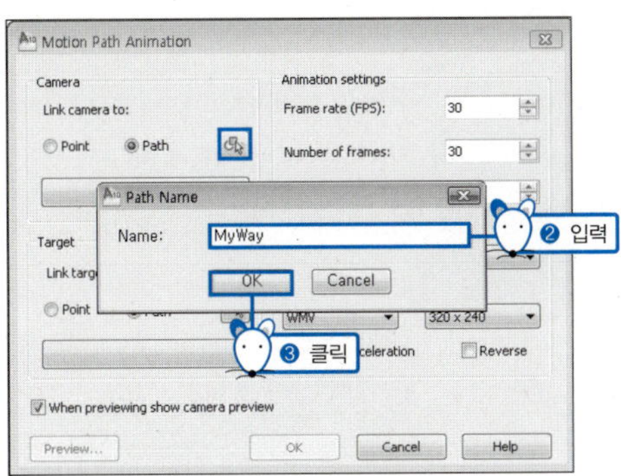

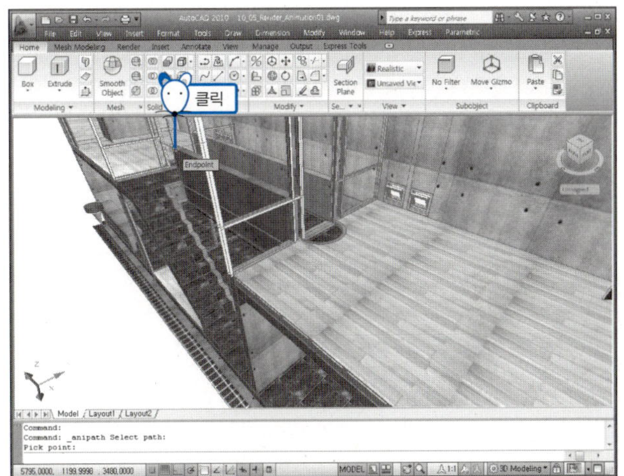

04 [Motion Path Animation] 대화상자의 [Target] 영역에서 [Point]를 체크하고 [Pick Point](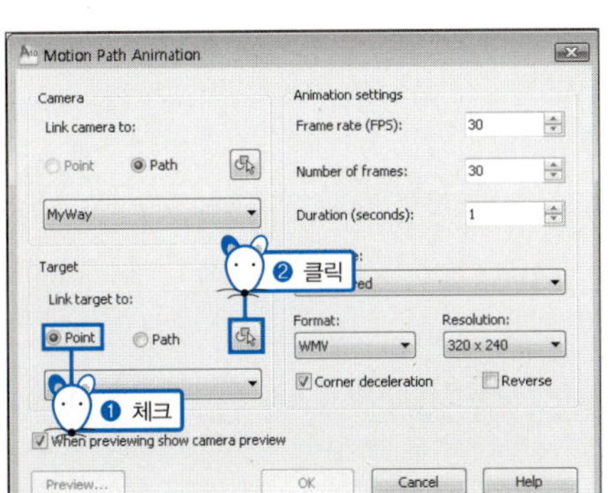) 아이콘을 클릭합니다.

05 그림과 같이 2층을 연결하는 다리의 난간 부분을 클릭해서 카메라의 위치를 설정합니다.

06 [Point Name] 대화상자의 [Name]에 'Target'을 입력하고 [OK] 단추를 클릭합니다.

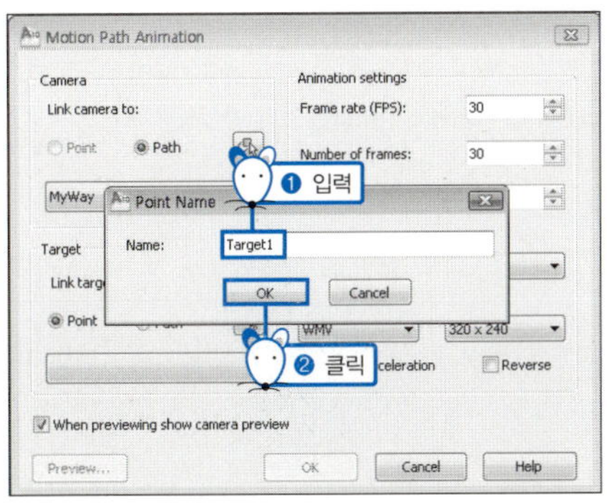

07 [Motion Path Animation] 대화상자의 [Preview] 단추를 클릭하여 애니메이션을 미리 확인
합니다.

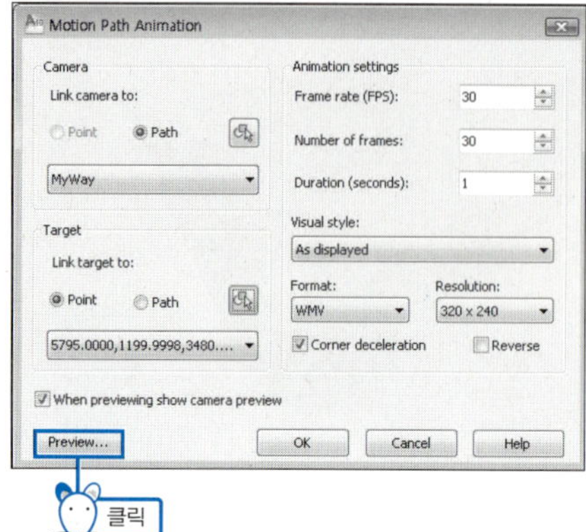

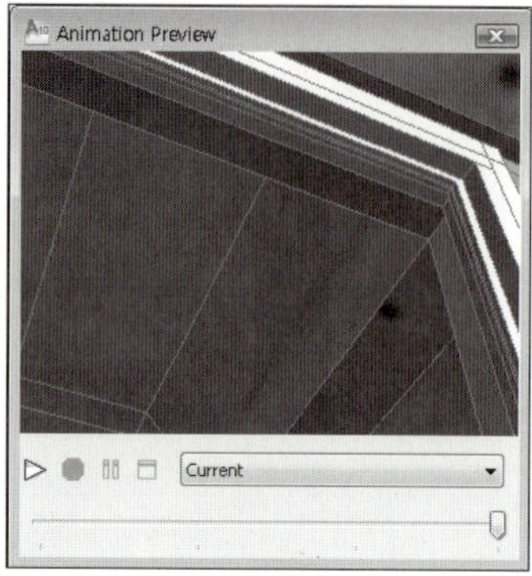

카메라의 경로(Path) 수정과 애니메이션 렌더링하기

작업 환경에 따라 다르겠지만 렌더링 과정은 길기 때문에 여러 번 반복해서 테스트하기가 어렵습니다. 그렇기 때문
에 애니메이션 작업은 여러 차례의 수정 작업을 거친 후에 최종 애니메이션 렌더링 작업을 진행하는 것이 좋습니다.
이번에는 앞서 확인한 Preview 장면을 바탕으로 몇 가지 세밀한 옵션을 설정하는 방법을 알아봅니다.

01 애니메이션 시간을 설정하기 위해서 [Animation settings] 영역 [Duration(seconds)]를 '8'로 설정합니다.

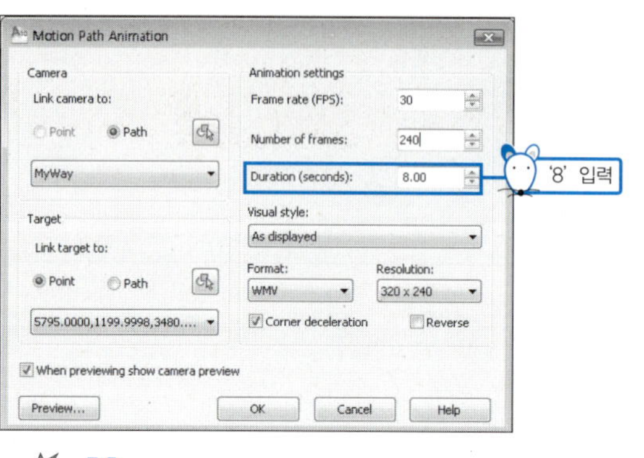

주목

프레임 수(Number of frames)는 자동으로 수정됩니다.

02 [Format]을 'AVI'로 설정한 후 [OK] 단추를 누릅니다.

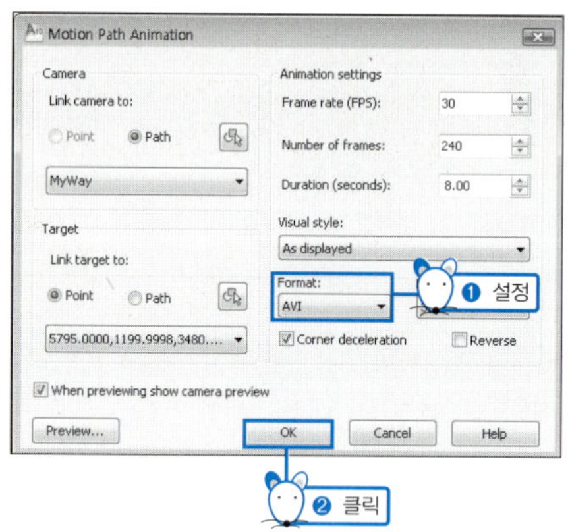

03 애니메이션을 저장할 경로와 파일 이름을 입력한 후 [Save] 단추를 클릭합니다.

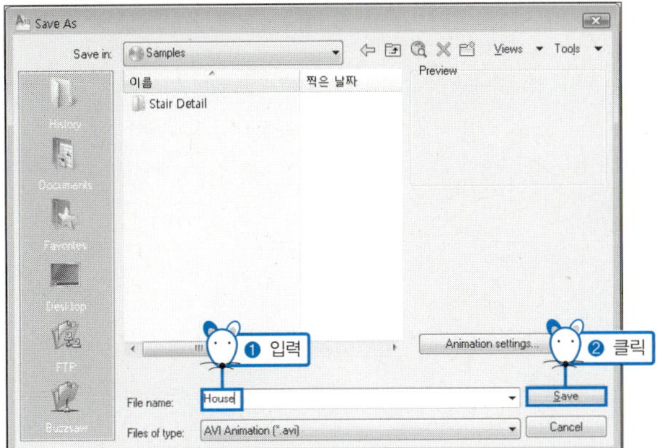

04 [Animation Preview] 대화상자에서 애니메이션이 재생되면서 애니메이션 파일이 저장됩니다.

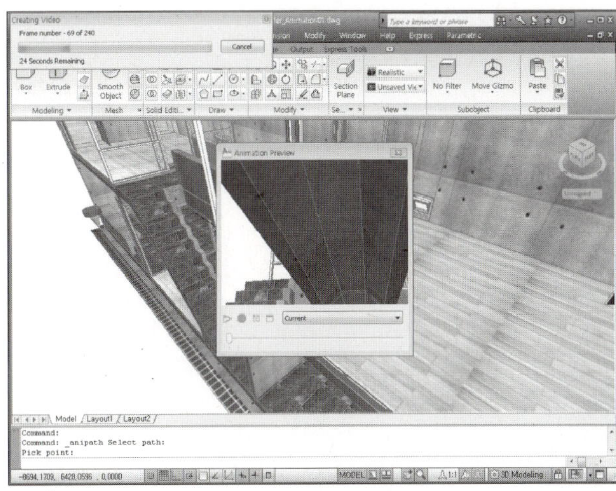

05 저장된 애니메이션 파일을 확인합니다.

래스터 이미지(Raster Image)로 도면을 화려하게 꾸밉니다!

벡터 프로그램인 AutoCAD에서는 비트맵 이미지를 도면에 삽입하고 자유롭게 편집할 수 있기 때문에 도면을 더욱 풍부하게 표현할 수 있습니다. 또한, 이미지를 포함한 다른 프로그램의 파일 역시 도면에 삽입하여 표현의 한계를 더욱 극대화할 수 있습니다. Part 11에서는 AutoCAD 2010에서 작성한 도면에 다른 프로그램의 파일을 삽입하여 작업의 가치를 끌어올리는 방법을 알아봅니다.

응용프로그램과 AutoCAD와의 데이터 교환

AutoCAD에서는 비트맵 이미지를 비롯한 다른 응용프로그램의 데이터를 도면에 삽입하고 자유롭게 편집할 수 있어 도면은 더욱 풍부한 표현력을 가질 수 있습니다. 또한, AutoCAD의 도면 파일 역시 다른 프로그램에 삽입하여 도면 데이터의 가치를 끌어올릴 수 있습니다. AutoCAD와 기타 응용프로그램 간의 데이터 교환 방법과 효율에 대해서 알아봅니다.

래스터 이미지(Raster Image)

AutoCAD에서 제공하는 래스터 이미지의 삽입은 단지 도면에 이미지를 삽입하는 것만을 의미하지 않습니다. 이미지에 External Reference를 설정하여 효율적인 관리가 될 수 있도록 하고 이미지의 최신 상태를 실시간으로 업데이트할 수 있는 기능을 제공합니다. 특히 AutoCAD 2010에서는 PDF 파일 형태로 도면을 공유하는 것이 더욱 쉬워졌으며 PDF 파일을 언더레이에 스냅을 주어 작업할 수도 있습니다. AutoCAD로 래스터 이미지를 불러오고 편집하며, PDF 파일을 가져오는 방법에 대해 알아봅니다.

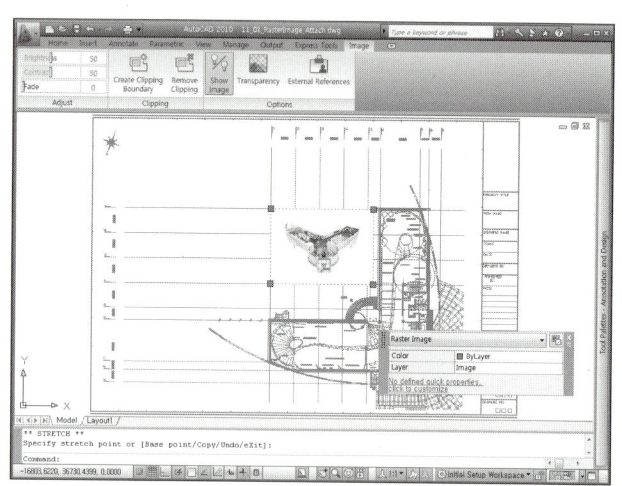

▲ Insert Raster Image

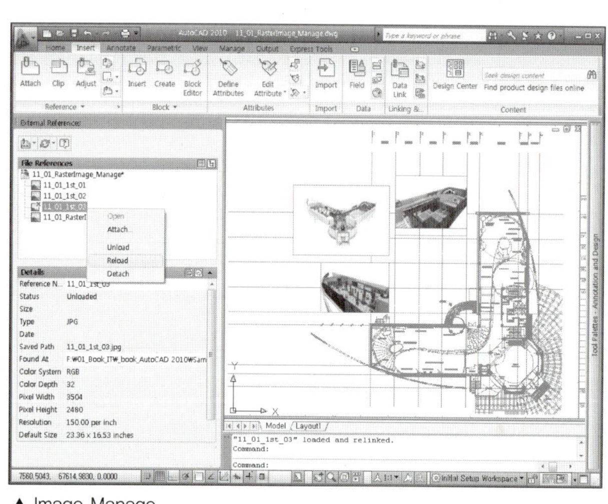

▲ Image Manage

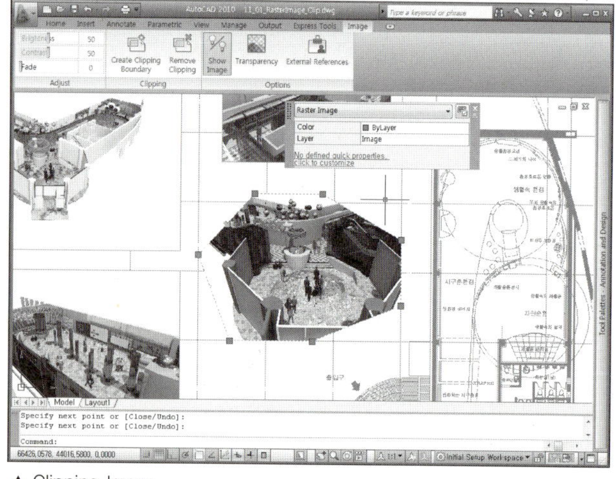

▲ Clipping Image

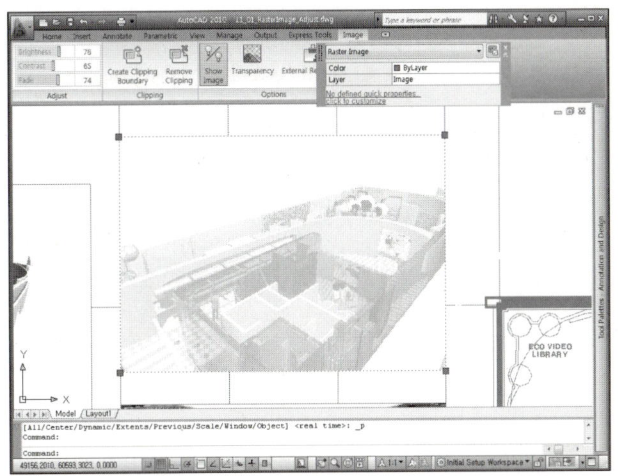

▲ Image Adjust

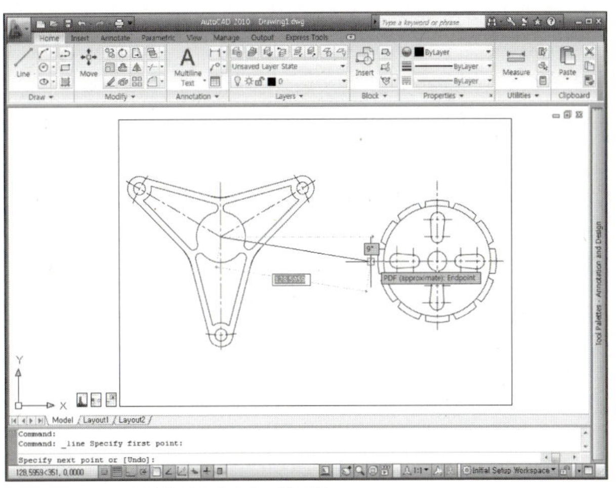

▲ Insert PDF 파일의 언더레이에 스냅 적용

OLE(Object Linking and Embedding)

OLE 기능은 서로 다른 응용프로그램의 데이터를 하나의 문서로 결합하는 기능입니다. 끌어
서 놓기 기능을 지원하는 Windows 프로그램에서는 연결과 포함을 사용하여 정보를 한 문서
에서 다른 문서로 옮길 수 있으며 다른 프로그램의 문서로도 옮길 수 있습니다.

● 다른 응용프로그램으로 AutoCAD 도면 파일 링크 걸기

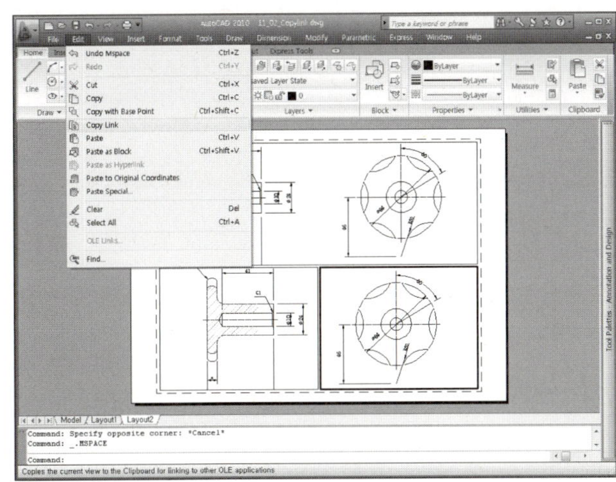

▲ 레이아웃의 뷰포트 복사

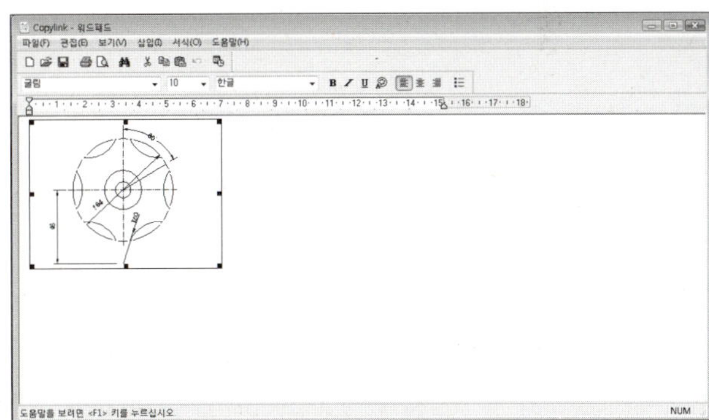

▲ 워드패드에 붙여 넣기

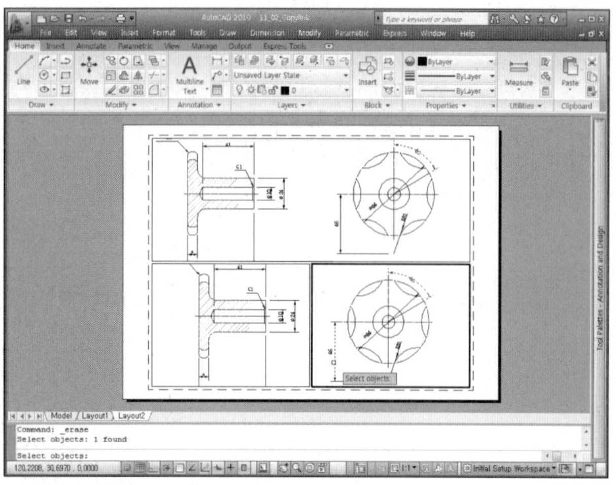

▲ 도면 파일 편집(Erase)

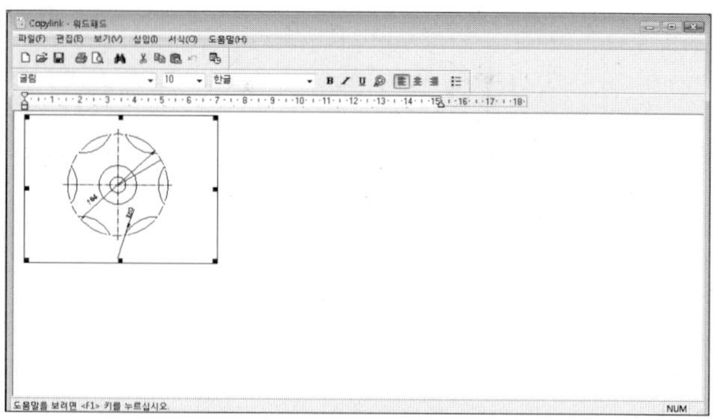

▲ 링크된 객체 실시간 수정

● AutoCAD로 다른 응용프로그램 파일 링크 걸기

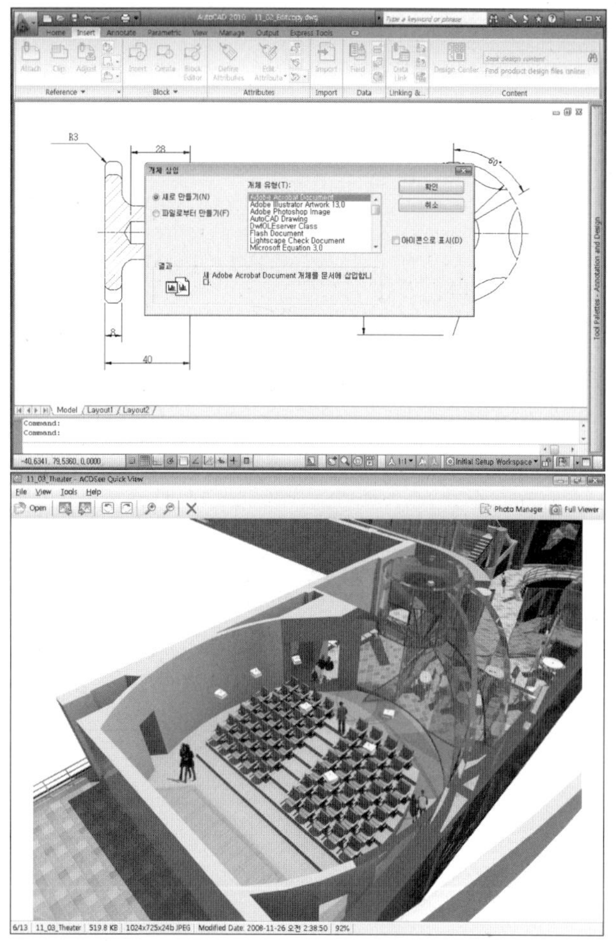

▲ OLE 객체를 더블 클릭하여 해당 편집 프로그램 실행

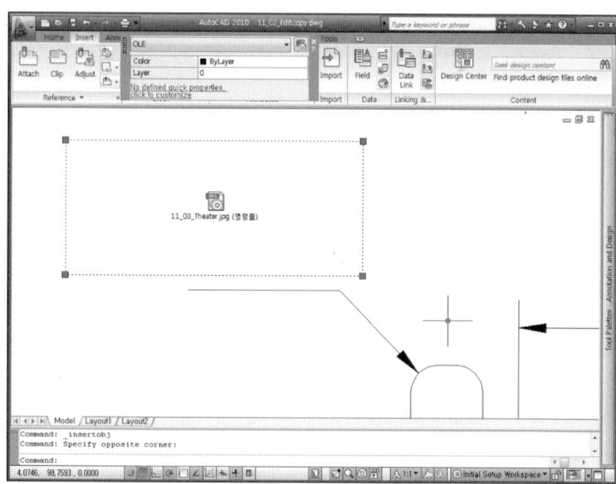

▲ 삽입된 OLE 객체

도면에 래스터 이미지(Raster Image) 삽입하고 관리하기

AutoCAD 2010에서 제공하는 래스터 이미지의 삽입 기능은 단지 도면에 이미지를 삽입하는 것만을 의미하지 않습니다. 이미지에 External Reference를 설정하여 효율적인 관리를 할 수 있도록 하고 이미지의 최신 상태를 실시간으로 업데이트할 수 있는 기능을 제공합니다. 이번에는 도면에 래스터 이미지를 삽입하고 관리하는 방법을 알아봅니다.

Lesson 01

래스터 이미지(Raster Image) 이해하기

래스터 이미지란 픽셀(Pixel)로 이루어진 비트맵(Bitmap) 이미지를 말합니다. AutoCAD 2010에서는 기존의 벡터 데이터는 물론이고 래스터 이미지도 복사하거나 편집할 수 있습니다. 하지만 래스터 이미지의 특정 부분만을 선택할 수는 없고 Grip을 이용해 수정하거나 관리해야 합니다.

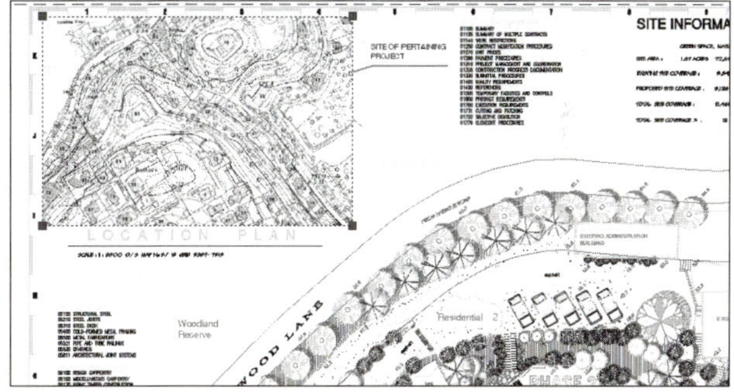

AutoCAD 2010에서 지원하는 이미지 파일 형식에는 컴퓨터 그래픽, 문서 관리, 엔지니어링, 매핑, 지리 정보 시스템 (GIS) 등의 주요 이미지 처리 프로그램에서 사용하는 가장 일반적인 형식이 포함됩니다.

특히 AutoCAD 2010에서는 PDF 파일 형태로 도면을 공유하는 것이 더욱 쉬워졌으며 삽입한 PDF 파일에 스냅을 주어 작업할 수도 있습니다.

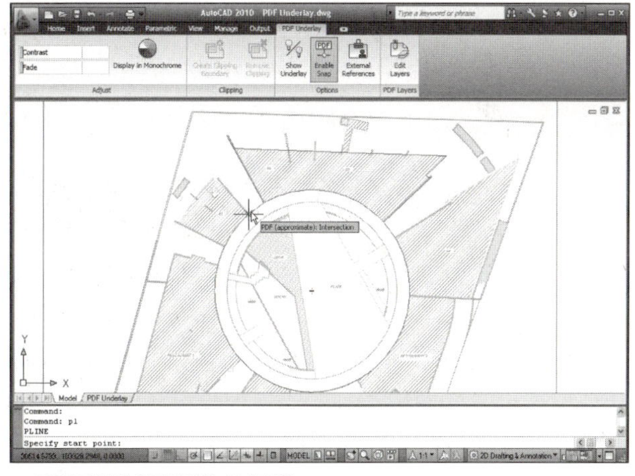

▲ PDF 파일의 언더레이에 스냅 적용

형식	용도	파일 확장자
BMP	Windows 비트맵 형식	bmp, dib, rle
CALS1	Mil-R Raster 1	rst, gp4, mil, cal, cg4
FLIC	FLIC Autodesk Animator Animationflc,	fli
GEOSPOT	GeoSPOT(BIL 파일은 HDR과 함께, PAL 파일은 상관 데이터와 함께 같은 폴더에 있어야 합니다)	bil
IG4	Image Systems Group 4	ig4
JFIF	Joint Photographics Expert Group	jpg
PCX	PC Paintbrush Picture	pcx
PICT	Macintosh Picture	pct
PNG	Portable Network Graphic	png
RLC	Run-Length Compressed	rlc
TGA	True Vision Raster-Based Data Format	tga
TIFF	Tagged Image File Format	tif, tiff

래스터 이미지 삽입하기

도면에 이미지를 삽입한다는 것은 External Reference의 경우와 같이 실제로는 도면의 일부로 포함하지 않고 경로에 있는 이미지를 도면 영역에 표시하고 출력할 수 있도록 하는 것입니다. 도면 파일에 링크된 이미지 경로는 언제든지 변경하거나 삭제할 수도 있습니다.

Samples\11_01_RasterImage_Attach.dwg

01 [Insert] 탭의 [Reference] 패널에서 [Attach](🖼) 아이콘을 클릭하여 [Select Reference File] 대화상자를 불러냅니다.

02 [Select Reference File] 대화상자의 [Files of type]을 'All image files'로 선택한 후 '11_01_RasterImage.jpg' 파일을 선택하고 [Open] 단추를 클릭합니다.

Samples\11_01_RasterImage.jpg

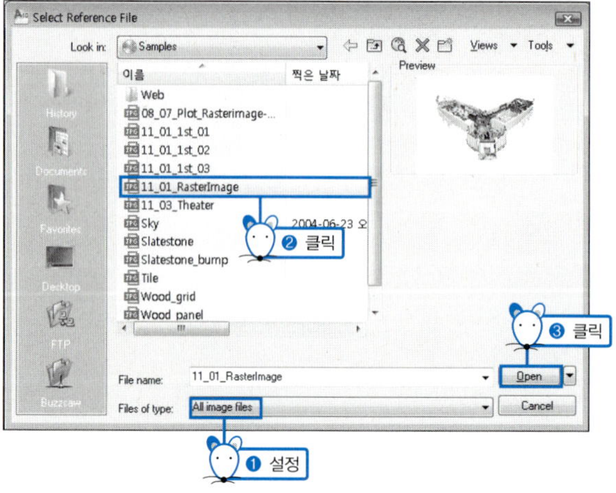

03 [Attach Image] 대화상자에서 삽입할 이미지의 옵션을 그림과 같이 설정합니다. [OK] 단추를 누릅니다.

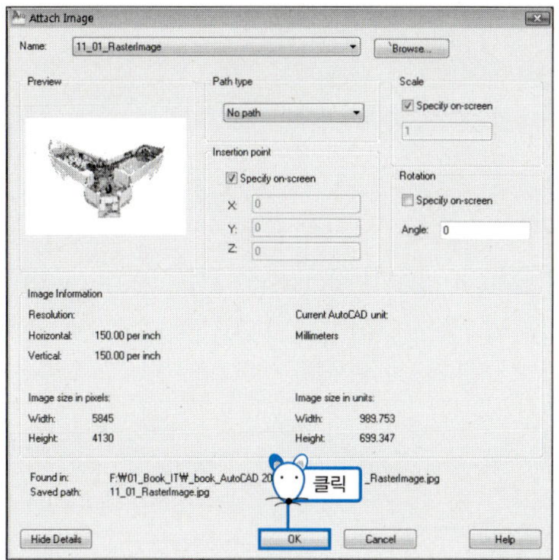

04 도면에 이미지를 삽입할 박스의 좌측 하단 지점을 클릭합니다.

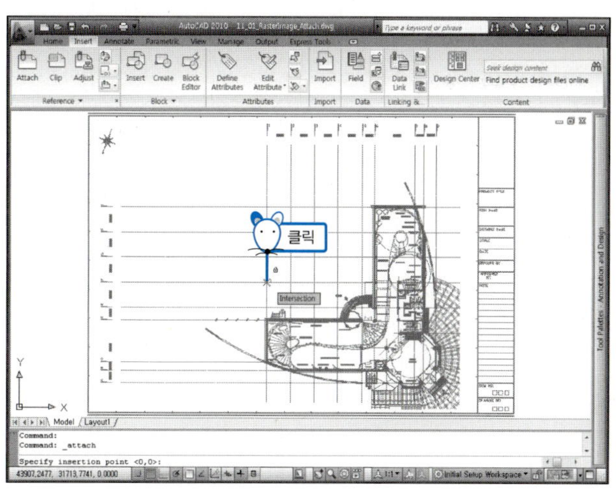

05 이미지의 축척을 묻는 요청에 Enter 를 눌러 기본값인 '1'로 설정합니다.

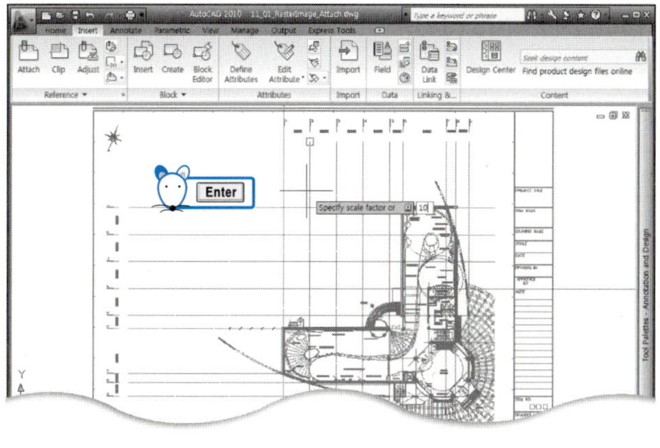

06 이미지를 클릭하여 Grip을 나타냅니다.

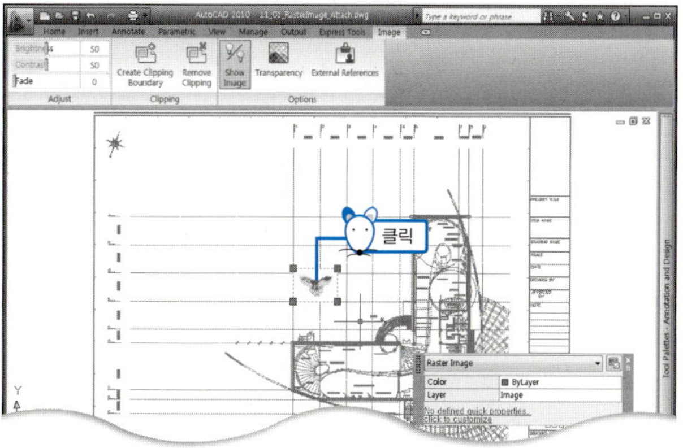

07 이미지 우측 상단의 Grip을 클릭해서 빨간색으로 변하면 드래그하여 이미지를 늘려줍니다.

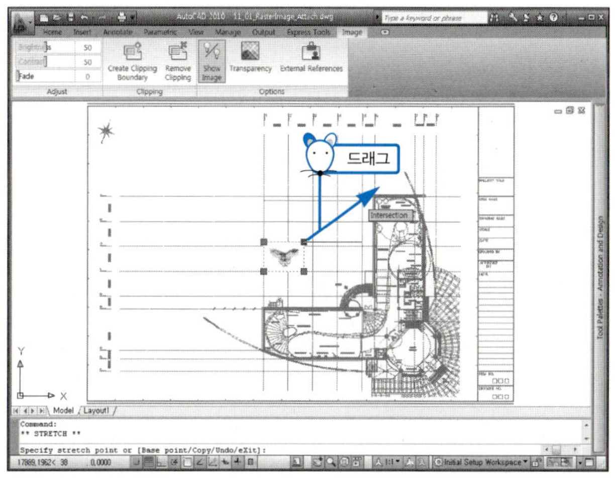

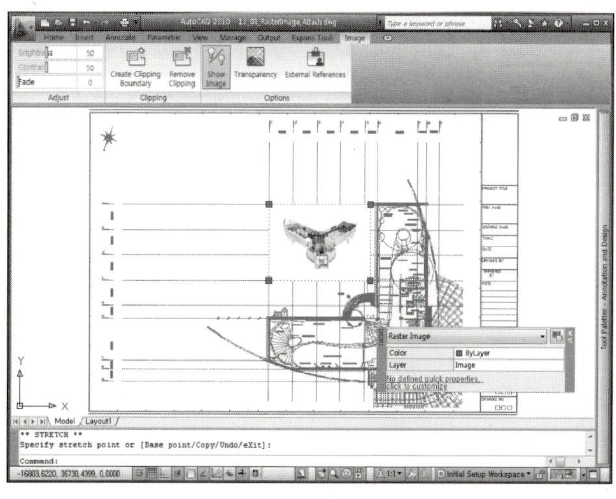

래스터 이미지 관리하기

래스터 이미지는 [Image Manager] 대화상자를 이용하여 정보 보기, 삽입 및 분리 등의 작업을 할 수 있습니다.
Unload된 래스터 이미지는 플로팅되지 않으며 래스터 이미지의 경계만 표시됩니다. 또한, 래스터 이미지를
Unload시키더라도 그 링크는 변경되지 않습니다. 이번에는 다양한 방법으로 도면에 삽입한 래스터 이미지를 관리
하는 방법을 알아봅니다.

◉ Samples\11_01_RasterImage_Manage.dwg

01 [Insert] 탭의 [Reference] 패널에서 [External References]( )단추를 클릭하여 External References Palettes를 불러냅니다.

02 External References Palettes의 [Tree View]( ) 아이콘을 클릭하여 래스터 이미지의 표시 방법을 변경합니다.

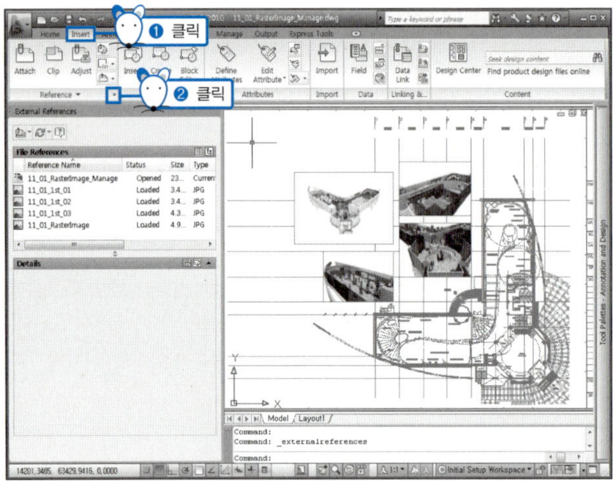

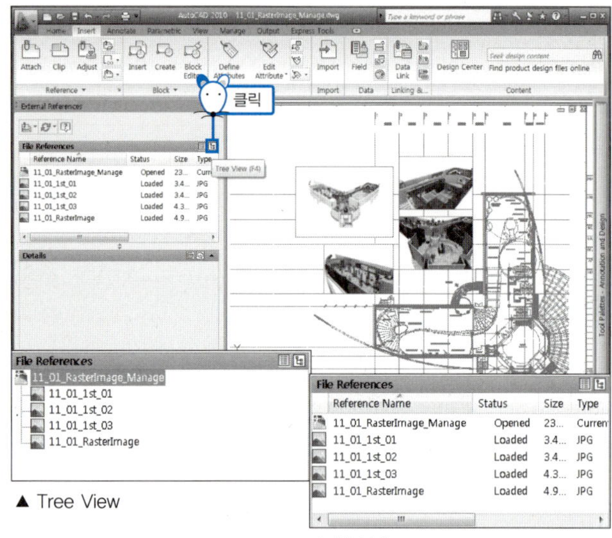

▲ Tree View

▲ List View

03 현재 도면에서 필요하지 않은 래스터 이미지를 Unload시키기 위해 해당 래스터 이미지 이름을 선택하고 마우스 오른쪽 단추를 클릭한 후 [Unload]를 선택합니다.

04 Unload된 래스터 이미지가 도면 영역에서 표시되지 않는 것을 확인할 수 있습니다.

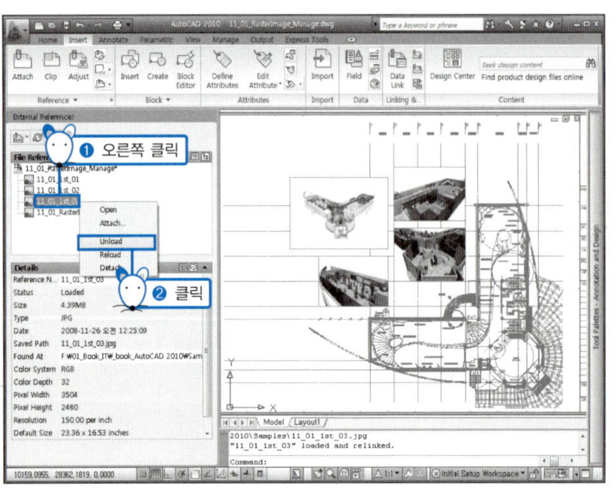

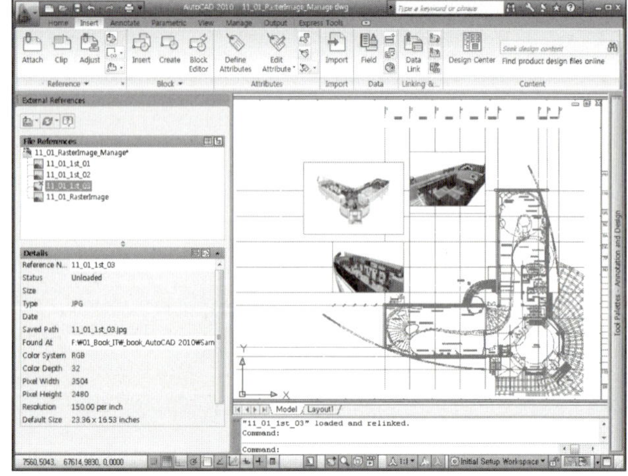

05 Unload시킨 래스터 이미지를 다시 도면에 표시하기 위해 해당 래스터 이미지를 선택하고 마우스 오른쪽 단추를 클릭한 후 [Reload]를 선택합니다.

06 Unload되었던 래스터 이미지가 다시 도면에 보이는 것을 확인할 수 있습니다.

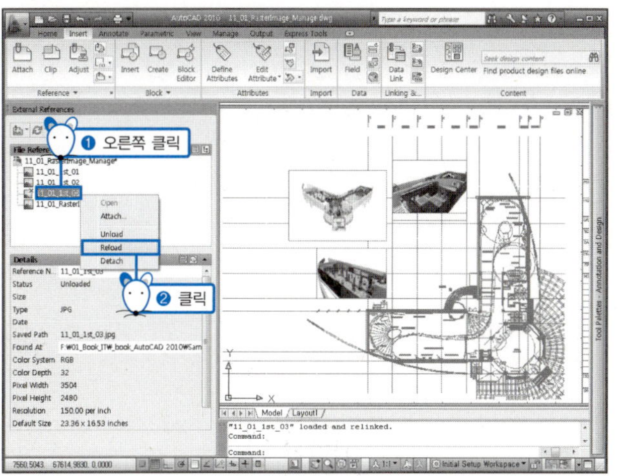

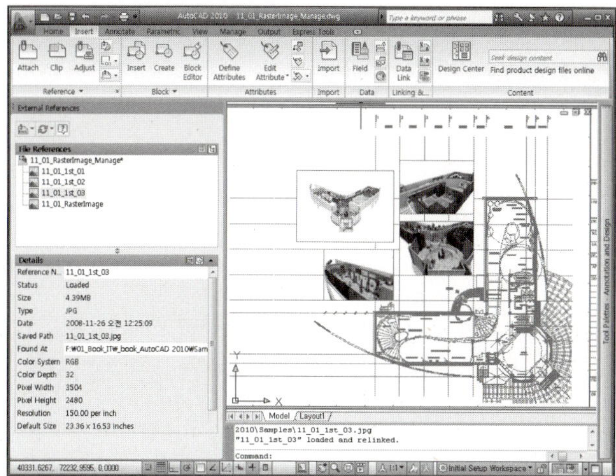

래스터 이미지 자르기

래스터 이미지를 자르는 경계는 래스터 이미지 경계 내에서 꼭지점을 갖는 2차원 다각형이나 직사각형이어야 합니다.
여기에서는 Rectangular 옵션을 선택하고 지점을 설정하여 래스터 이미지를 자르는 방법에 대하여 알아봅니다.

⊙ Samples\11_01_RasterImage_Clip.dwg

01 자르기 할 이미지를 선택합니다.

02 자르기 할 이미지에 새로운 경계를 작성하기 위해 [Image] 탭의 [Clipping] 패널에서 [Create Clipping Boundary](📧) 아이콘을 클릭합니다.

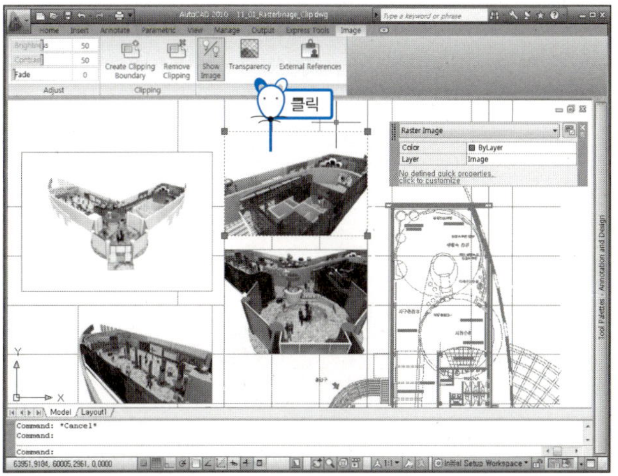

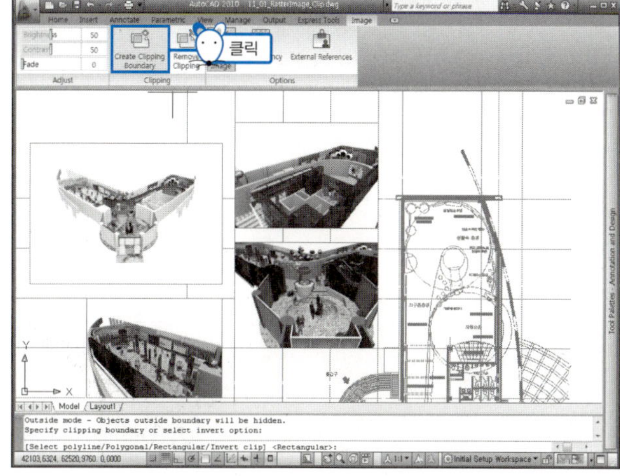

03 자르기 할 경계를 지정합니다. 사각형의 두 대각선에 모서리를 지정함으로써 경계를 지정할 수 있습니다.

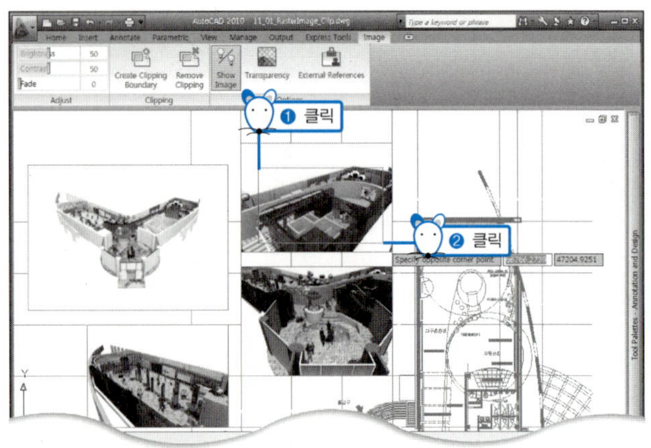

04 이미지의 경계가 선택한 옵션에 따라 사각형으로 잘렸습니다. 잘린 이미지의 좌측 화살표 아이콘(Invert clip boundary)을 클릭하면 잘린 이미지가 선택한 경계를 기준으로 반전되는 결과를 얻을 수도 있습니다.

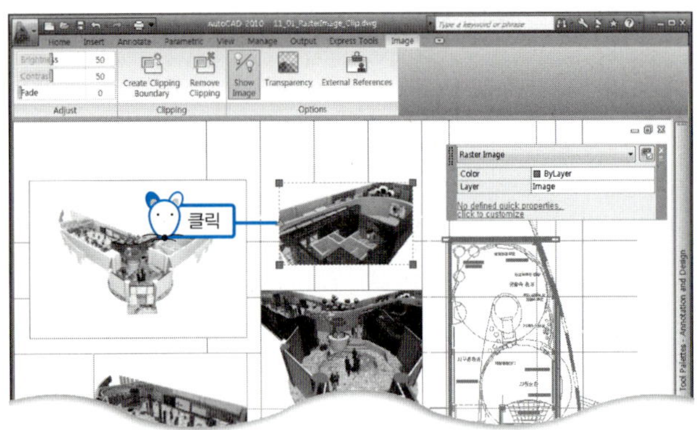

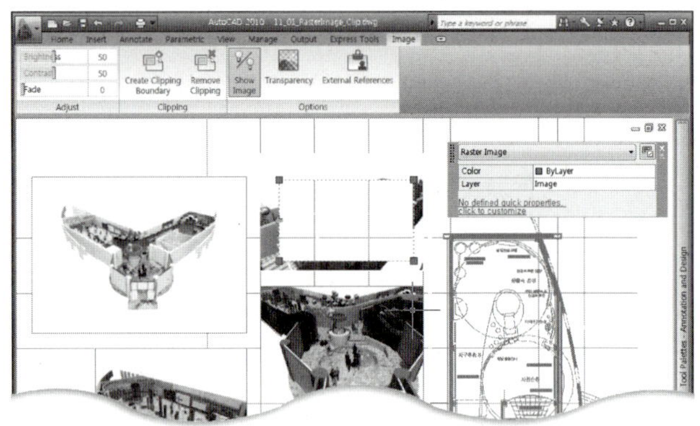

Polygonal Style Image Clipping

New Boundary 옵션으로 이미지를 자를 때 두 가지의 옵션이 있습니다. 하나는 앞서 설명한 Rectangular Style이며, 또 다른 하나는 다각형(Polygon)의 모서리를 지정하는 방식입니다. 자르기 경계를 다각형으로 하기 위해서는 마우스 오른쪽 단추를 클릭한 후 [Polygonal]을 선택합니다.

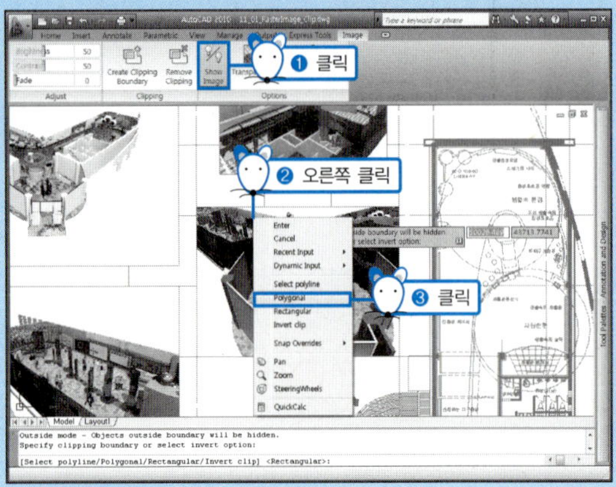

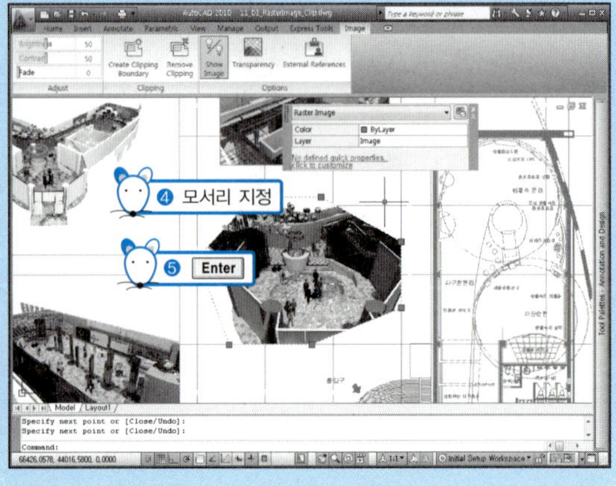

래스터 이미지 보정하기

래스터 이미지는 만들어진 방식이나 기술에 따라 Brightness, Contrast, Fade 정도가 다릅니다. 이러한 래스터 이미지의 속성을 보정해서 좀 더 좋은 상태의 이미지를 출력하는 방법에 대하여 알아봅니다.

⊙ Samples\11_01_RasterImage_Adjust.dwg

01 래스터 이미지를 클릭합니다.

02 [Image] 탭의 [Adjust] 패널에서 슬라이드 바를 조절하여 래스터 이미지의 [Brightness]와 [Contrast]를 설정합니다.

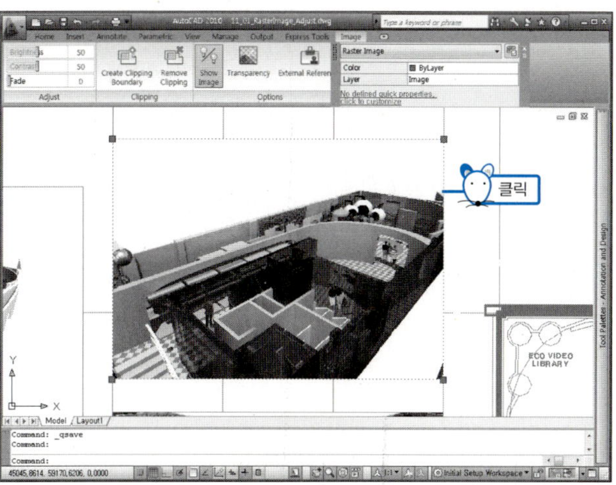

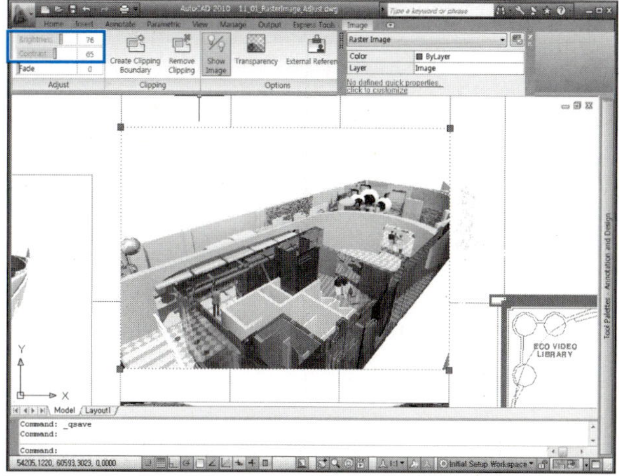

03 [Image] 탭의 [Adjust] 패널에서 슬라이드 바를 조절하여 래스터 이미지의 [Fade]를 설정합니다.

04 [Image] 탭의 [Adjust] 패널에서 설정한 내용에 따라 이미지가 보정된 것을 확인할 수 있습니다.

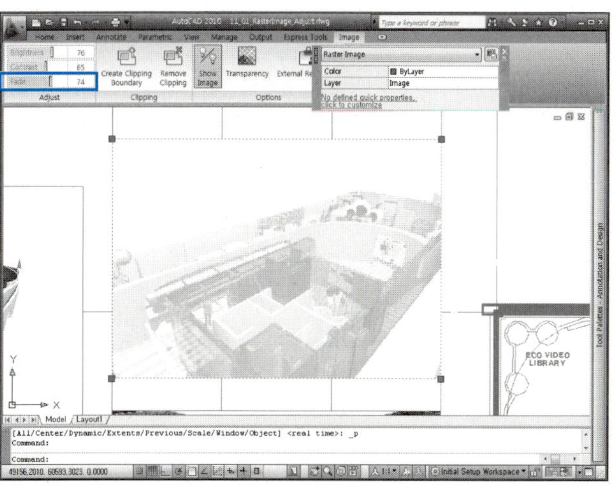

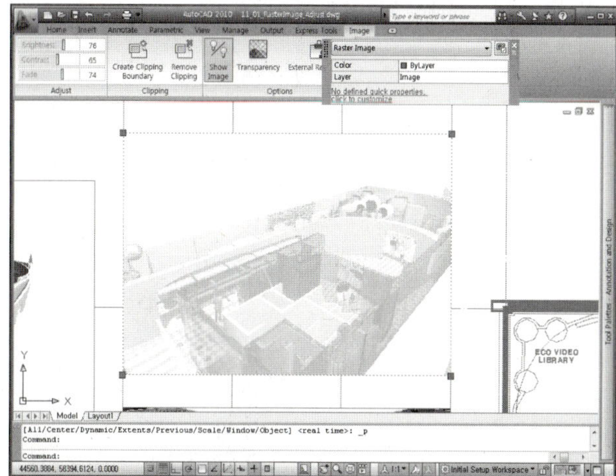

PDF 파일을 불러와 언더레이 스냅 적용하기

능률적으로 의사소통을 할 수 있도록 개선된 업그레이드 항목 덕분에 AutoCAD 2010에서는 설계도를 공유하고 재
사용하는 것이 쉬워졌습니다. 도면에서 직접 PDF 파일을 게시해 연결하고 PDF 파일의 언더레이(Underlay)에 스냅
을 주어 작업할 수 있습니다

⊙ Samples\11_01_RasterImage_PDF.dwg

01 [Insert] 탭의 [Reference] 패널에서 [Attach](⊞)
아이콘을 클릭하여 [Select Reference File] 대화상자를
불러냅니다.

02 [Select Reference File] 대화상자에서 'acad10_
brochure.pdf' 파일을 선택하고 [Open] 단추를 클릭합
니다.

⊙ Samples\acad10_brochure.pdf

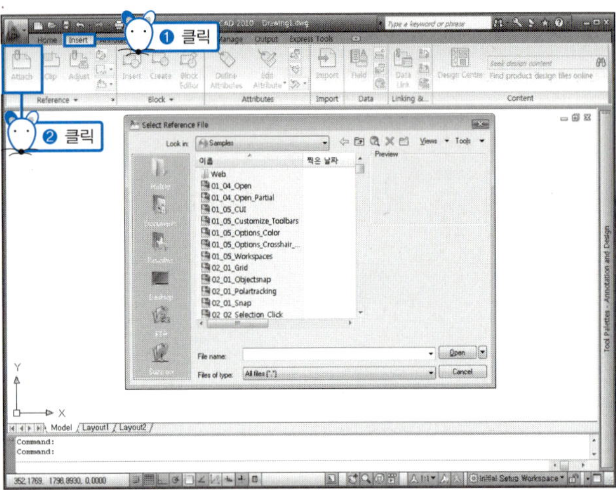

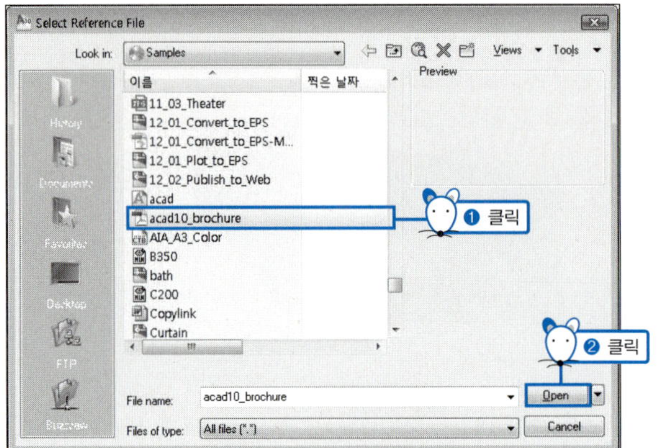

03 [Attach PDF Underlay] 대화상자의 Preview 창에
서 그림과 같이 1, 2, 3번 이미지를 선택한 후 [OK] 단추
를 클릭합니다.

04 도면 영역에 Page 1의 삽입 점을 지정합니다.

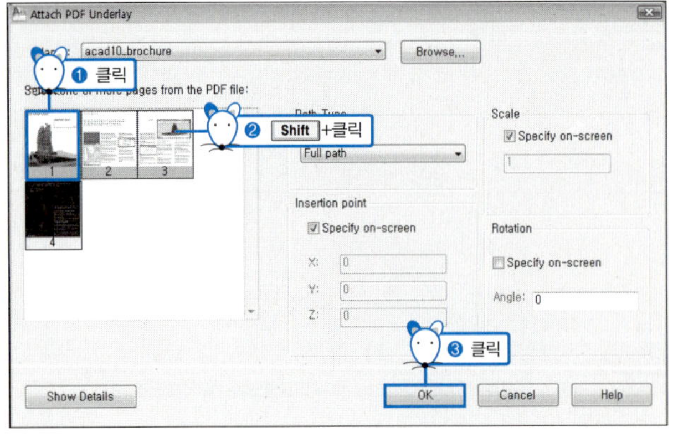

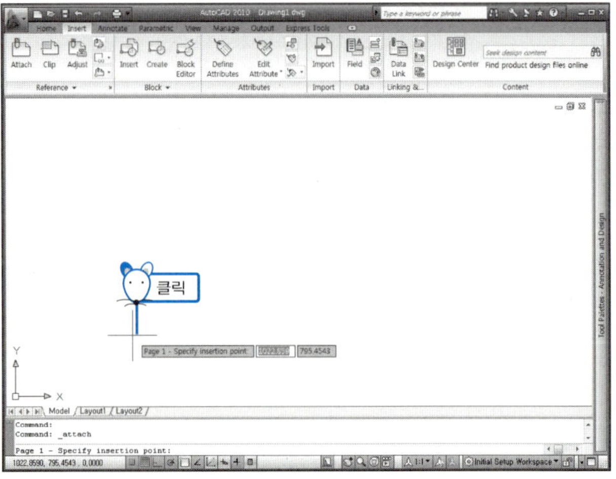

📺 **주목** ·····················
　　　Shift를 누른 상태에서는 선택할 이미지의 처음과 마지막을,
Ctrl을 누른 상태에서는 선택을 누적할 수 있습니다.

05 삽입 이미지의 크기를 묻는 질문에 기본 설정인 〈1〉을 적용하기 위해 **Enter** 를 누릅니다.

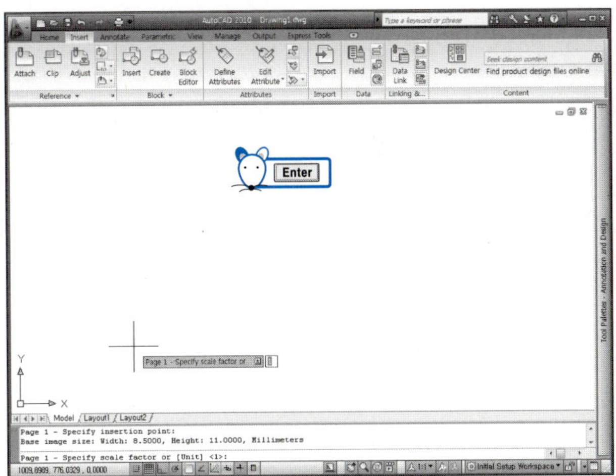

06 도면 영역을 확대하고 같은 방법으로 Page 2, Page 3을 삽입합니다.

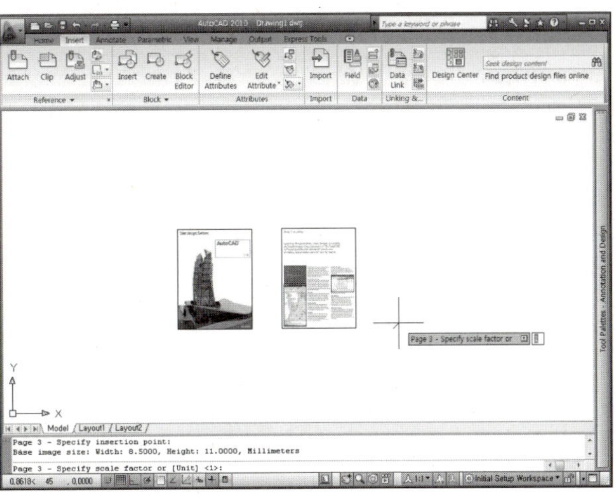

07 다시 [Insert] 탭의 [Reference] 패널에서 [Attach] (📷) 아이콘을 클릭하여 [Select Reference File] 대화상자를 불러냅니다.

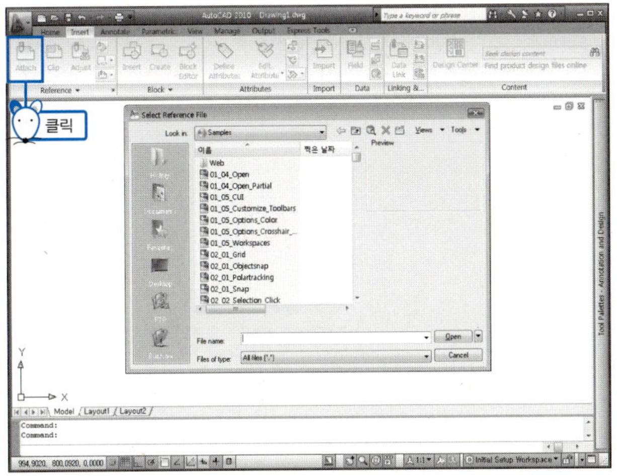

08 [Select Reference File] 대화상자에서 도면을 PDF 파일로 전환한 파일을 선택하고 [Open] 단추를 클릭합니다.

⊙ Samples\11_01_Machine.pdf

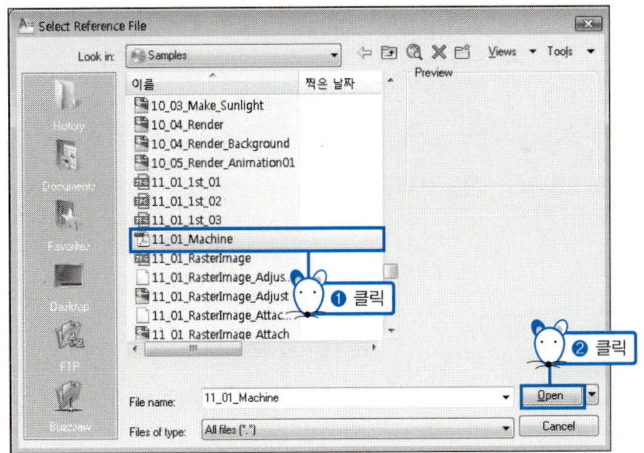

09 [Attach PDF Underlay] 대화상자의 Preview 창에서 그림과 같이 1번 이미지를 선택한 후 [OK] 단추를 클릭합니다.

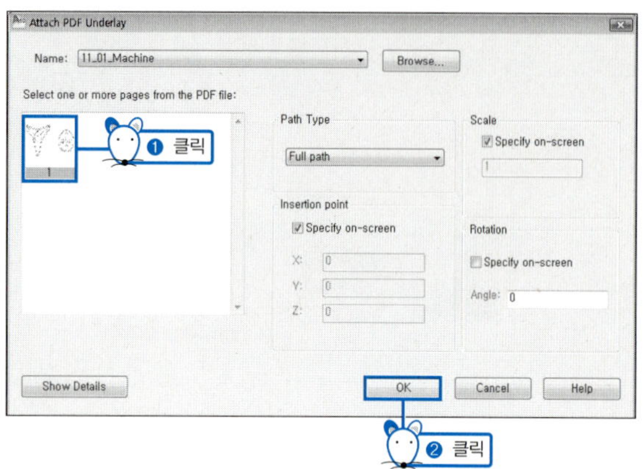

10 도면 영역에 Page 1의 삽입 점을 지정합니다.

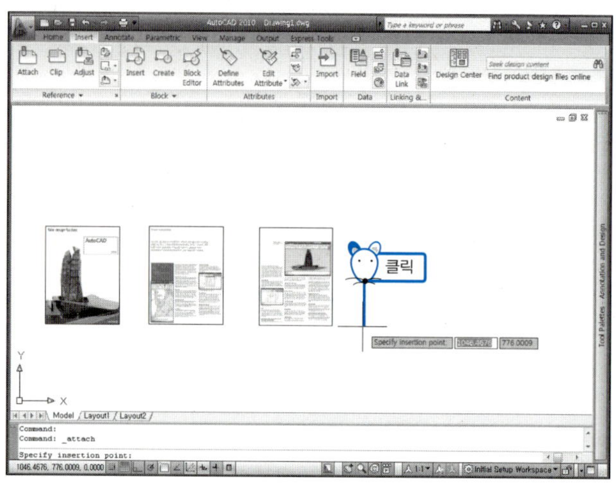

11 삽입 이미지의 크기를 묻는 질문에 기본 설정인 〈1〉을 적용하기 위해 **Enter** 를 누릅니다.

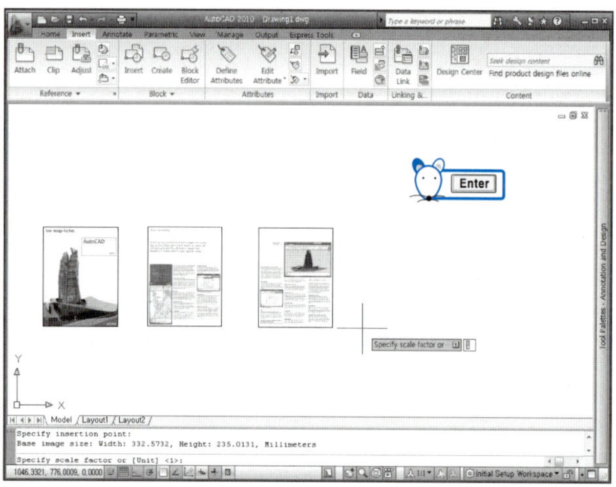

12 [Home] 탭의 [Draw] 패널에서 [Line](☑) 아이콘을 클릭하여 그림과 같이 선분을 작성합니다. 삽입한 PDF 파일의 언더레이(Underlay)에 스냅이 적용되는 것을 확인할 수 있습니다.

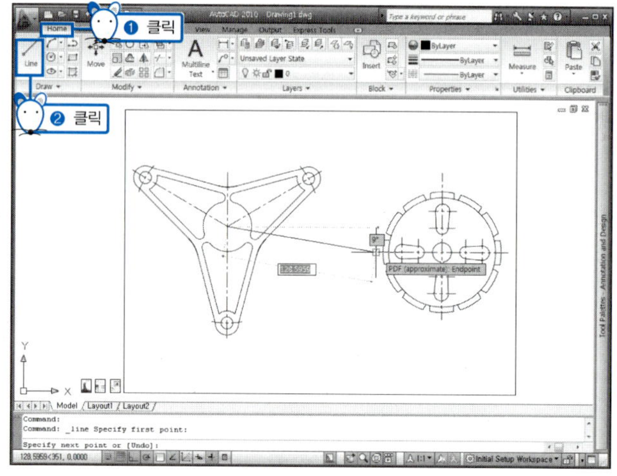

레이어 기능이 포함된 PDF

도면을 플롯한 PDF 파일은 레이어 기능이 포함되어 PDF Viewer에서 레이어 별로 확인할 수 있습니다.

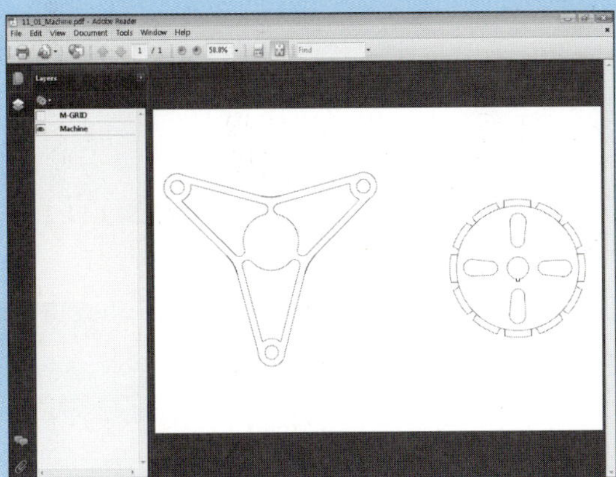
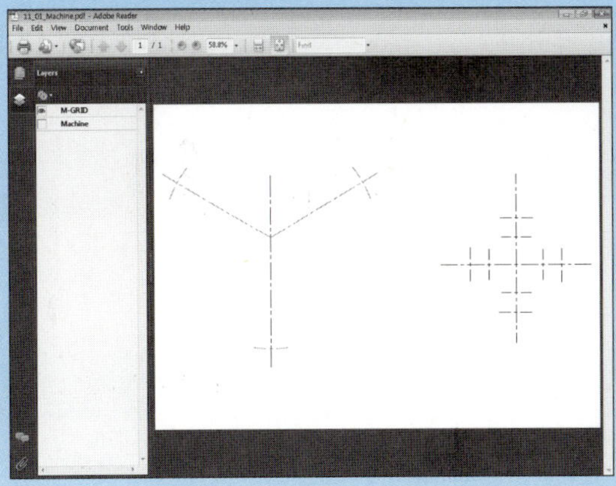

[Image] 탭은 컨텍스츄얼 탭(Contextual Tab)!

[Image] 탭은 기본 화면 구성에 없는 탭인데 이미지를 선택할 때마다 표시되어 이미지 편집을 돕는 탭입니다. 이렇게 특정한 작업 순간에 임시로 표시되어 작업을 돕는 탭을 컨텍스츄얼 탭(Contextual Tab)이라고 합니다.

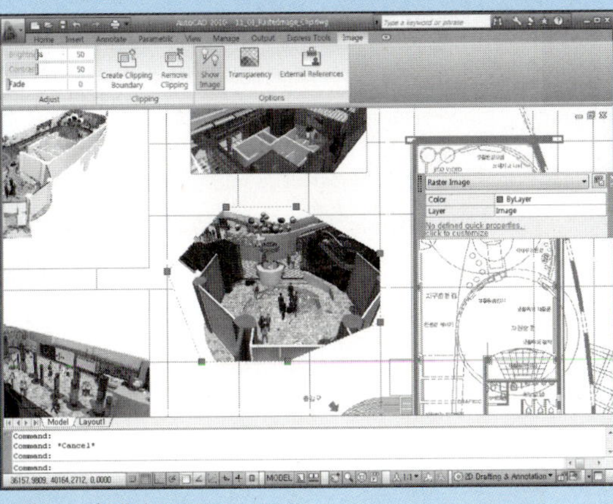

▲ [Image] 탭의 Contextual Tab

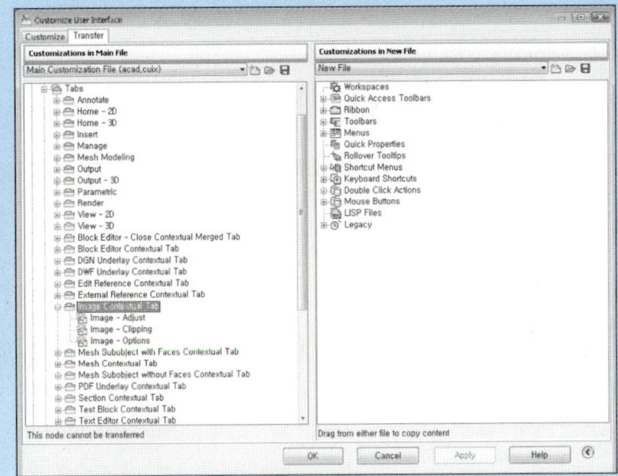

▲ [Customize User Interface] 대화상자

OLE를 이용하여 문서 작성하기

Lesson 02

이번에는 OLE(Object Linking and Embedding) 기능을 이용하여 효율적인 도면 작업을 가능하게 하는 작업 형태와 그 중요성을 이해하는 시간을 갖겠습니다. OLE는 공동 작업 또는, 하나의 원본(Prototype)에서 작업 환경에 따라 여러 용도로 사용할 수 있기 때문에 반드시 이해하고 넘어가야 하는 기능입니다.

OLE(Object Linking and Embedding) 이해하기

OLE 기능은 다른 응용프로그램의 데이터를 하나의 문서로 결합하는 기능입니다. MS의 Windows 기반의 프로그램에서는 연결과 포함을 사용하여 정보를 한 문서에서 다른 문서로 옮길 수 있으며 다른 프로그램의 문서로도 이동시킬 수 있습니다.

● 객체 링크 시나리오

도면에 링크된 객체는 다른 문서의 정보를 참조(Reference)하는 역할을 합니다. 같은 정보를 하나 이상의 문서에서 사용하려면 객체를 링크시키면 됩니다. 그렇게 되면 원래 정보를 변경하는 경우에 OLE 대상물이 포함된 문서가 업데이트되도록 링크만 업데이트하면 됩니다. 다음은 한 사무실에서 도면을 소스로 프레젠테이션 데이터를 만드는 과정입니다.

- AutoCAD 2010에서 프레젠테이션 소스로 사용할 도면 파일을 정리합니다.

- 응용프로그램에서 AutoCAD 2010의 도면 파일을 링크로 삽입합니다.

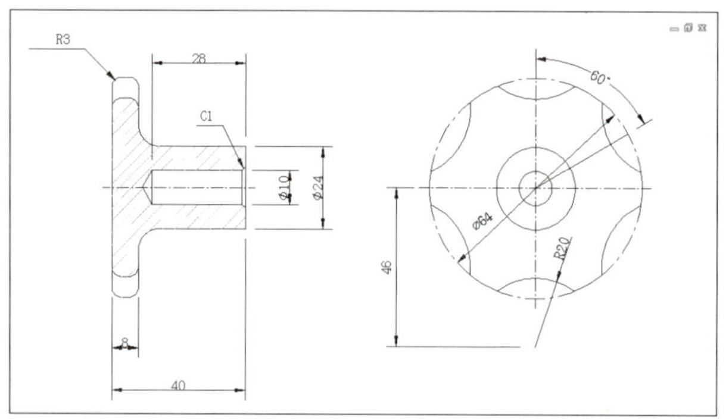

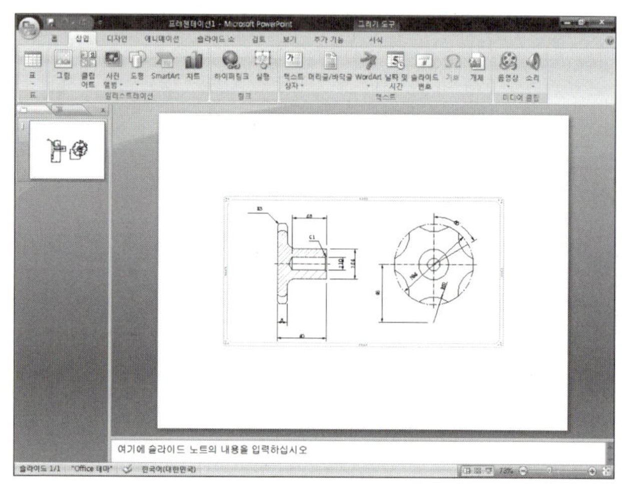

▲ Microsoft Powerpoint에서 OLE 기능으로 불러온 도면(DWG) 파일

- AutoCAD 2010에서 도면을 수정하고 저장합니다.

- 응용프로그램에서 링크되어 있던 도면 파일의 업데이트를 진행하면 수정된 도면으로 업데이트된 것을 확인할 수 있습니다.

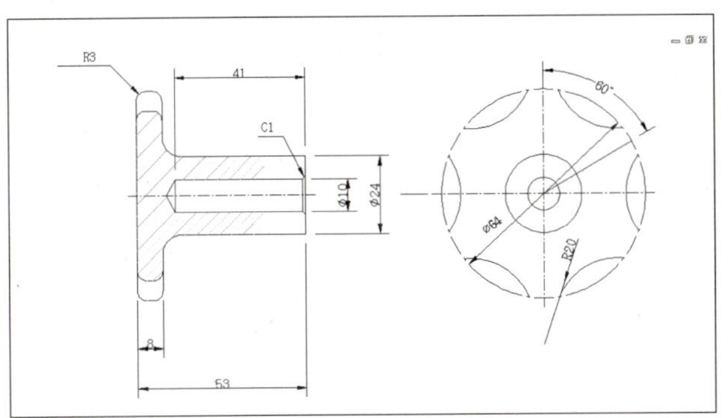

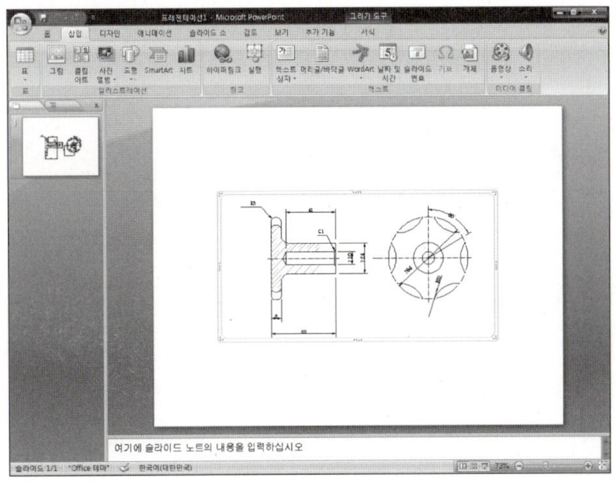

● 응용프로그램에 뷰 링크하기

Copylink를 이용하면 현재 뷰포트의 뷰나 도면 영역을 복사해서 다른 응용프로그램에 붙여 넣을 수 있습니다. 이름이 정해지지 않은 뷰를 다른 응용프로그램에 붙여 넣으면 AutoCAD 2010은 OLE1과 같이 해당 뷰의 이름을 지정하게 됩니다.

● 응용프로그램에 객체 포함하기

AutoCAD 2010에 다른 응용프로그램의 파일을 삽입할 수 있듯이, AutoCAD 2010의 객체도 다른 응용프로그램에 삽입할 수 있습니다. 원본이 수정되면 다른 응용프로그램에 삽입된 AutoCAD 2010 객체는 원본 업데이트 내용을 실시간으로 반영합니다. 하지만 응용프로그램에서 OLE 객체를 편집한다고 해서 원본 도면의 객체까지 업데이트되지는 않습니다.

AutoCAD 2010에서 OLE 기능을 적용할 때 알아야 할 점들

- Windows 이외의 OS에서 실행되는 AutoCAD(맥용 AutoCAD 등)에서는 삽입된 블록과 도면, 외부 참조 등이 표시되지 않거나 플로팅되지 않습니다.
- OLE 래스터 이미지는 펜 플로터로 인쇄되지 않습니다. 그렇기 때문에 잉크젯이나 레이저 프린터 같은 래스터 플로터를 사용해야 합니다.
- 시스템 프린터에서는 플로팅 회전이 안 되기 때문에 시스템 프린터의 가로 방향 모드를 사용합니다.
- AutoCAD 2010에 붙여 넣은 엑셀 파일은 그림 형식만을 지원합니다. 스프레드시트가 너무 큰 경우에는 스프레드시트의 일부만 도면에 들어 옵니다.

AutoCAD 2010의 뷰를 응용프로그램에 연결하기

Copylink를 이용하면 도면 영역에 있는 현재의 뷰포트의 뷰를 복사할 수 있습니다. 단일 뷰포트나 다중 뷰포트로 구성되어 있는 경우에는 현재 활성화된 뷰를 복사하게 됩니다. 이번에는 선택한 뷰포트를 Windows 응용프로그램인 워드패드(Word Pad)로 연결하는 방법을 알아봅니다.

Samples\11_02_Copylink.dwg

01 퀵 액세스 툴바의 드롭다운 화살표를 클릭하여 단축 메뉴를 불러낸 후 [Show Menu Bar]를 선택합니다.

02 그림과 같이 우측 하단의 뷰포트를 더블클릭하여 편집 모드로 전환한 후 [Edit]-[Copy Link] 메뉴를 클릭합니다. 현재 활성화된 뷰포트를 복사합니다.

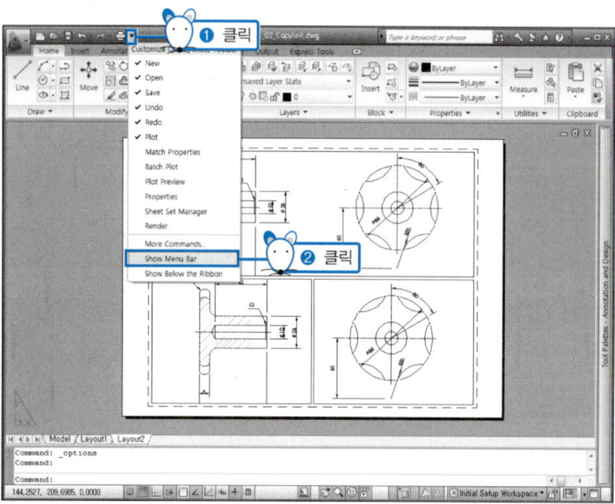

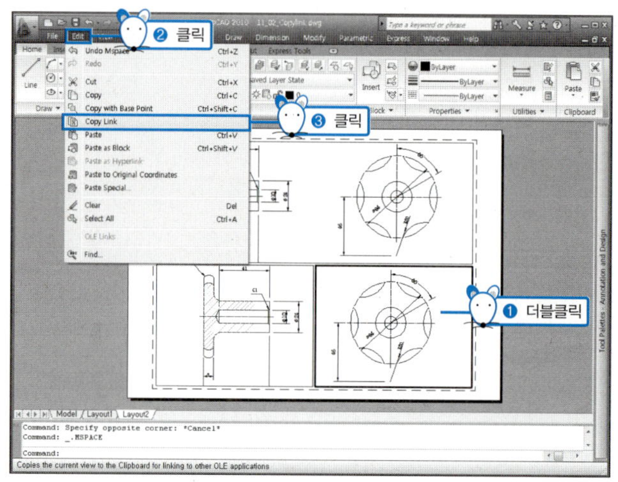

03 [시작]-[모든 프로그램]-[보조프로그램]-[워드패드]를 클릭하여 AutoCAD 뷰를 연결할 응용프로그램으로 워드 패드를 실행합니다.

04 클립보드에 복사된 내용을 현재의 응용프로그램에 붙여 넣습니다. 메뉴 바의 편집 항목에서 [선택하여 붙여 넣기]를 선택하고 서로를 연결시키기 위해 [연결하여 붙여 넣기] 옵션을 선택합니다.

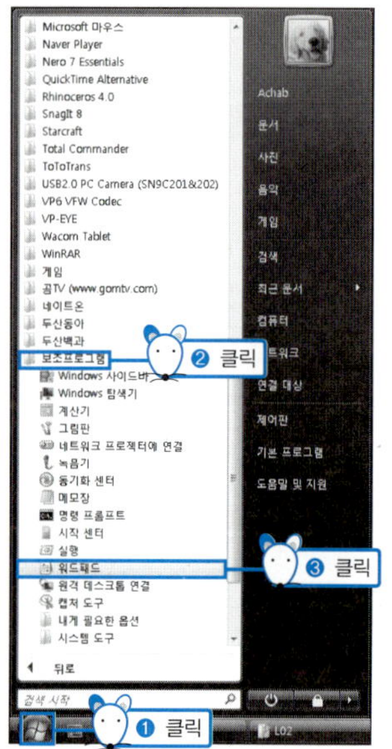

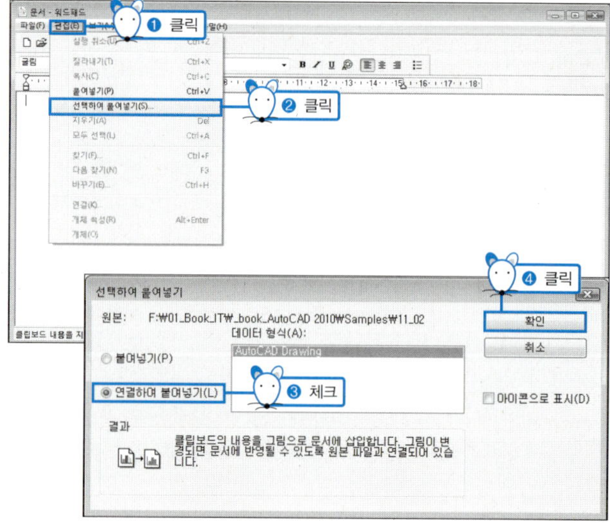

05 응용프로그램에 AutoCAD 뷰가 표시되었습니다. AutoCAD와 응용프로그램을 연결하려면 문서를 저장합니다.

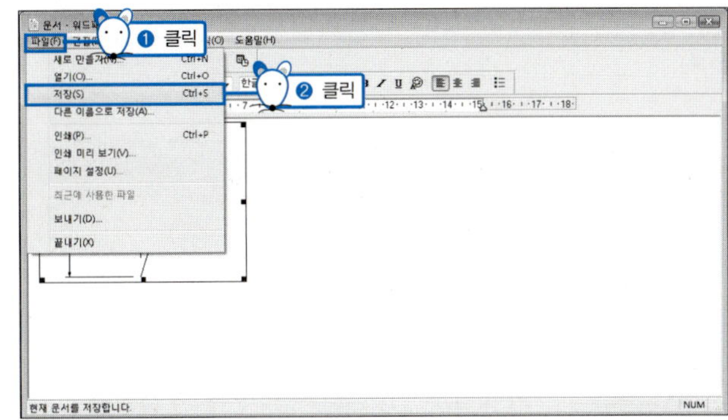

06 파일 이름을 입력한 후 [저장] 단추를 클릭합니다.

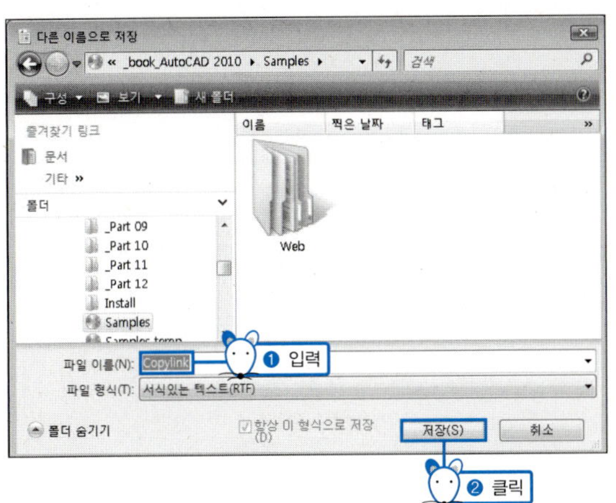

07 문서 간에 연결이 설정되었는지 확인하기 위해 Auto CAD 2010을 종료합니다.

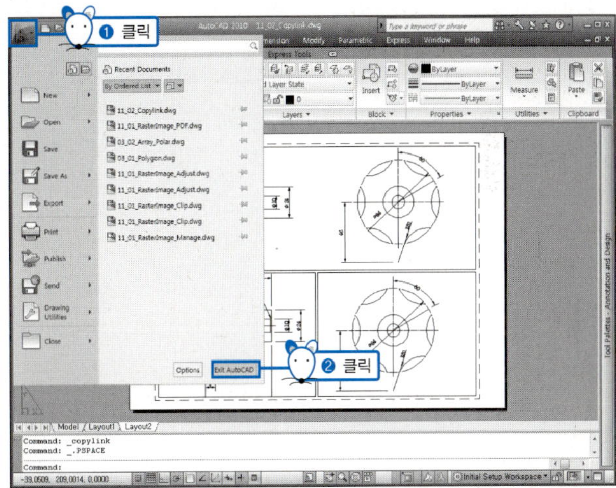

응용프로그램에 연결된 뷰 편집하기

응용프로그램에 링크된 뷰는 응용프로그램과 AutoCAD 2010에서 편집할 수 있습니다. AutoCAD 2010이 실행된 상태에서 링크된 객체들을 더블클릭하면, 응용프로그램에 있는 뷰는 대각선과 함께 표시됩니다. 이것은 AutoCAD 의 이미지를 나타냅니다.

Sample\copylink.rtf

01 연결된 뷰를 편집하기 위해 연결된 도면을 더블클릭합니다.

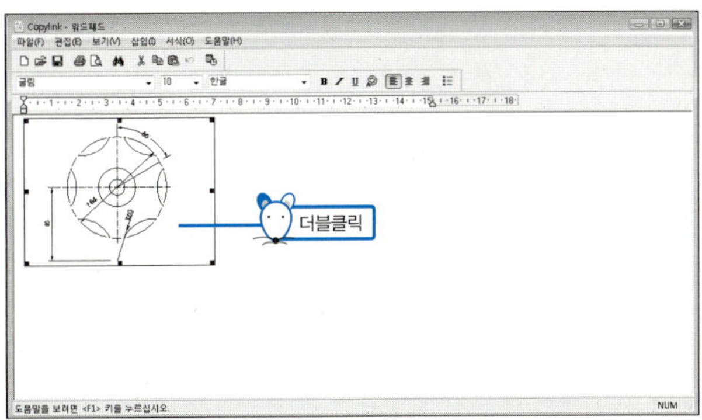

02 AutoCAD 2010이 실행되면서 도면이 나타납니다. 편집할 뷰포트를 선택합니다.

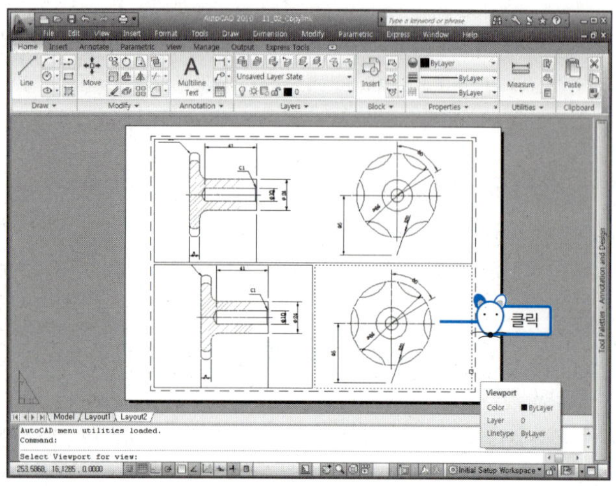

03 도면을 편집하기 위해 Erase 명령으로 객체 외부의 치수선을 삭제한 후 파일을 저장합니다.

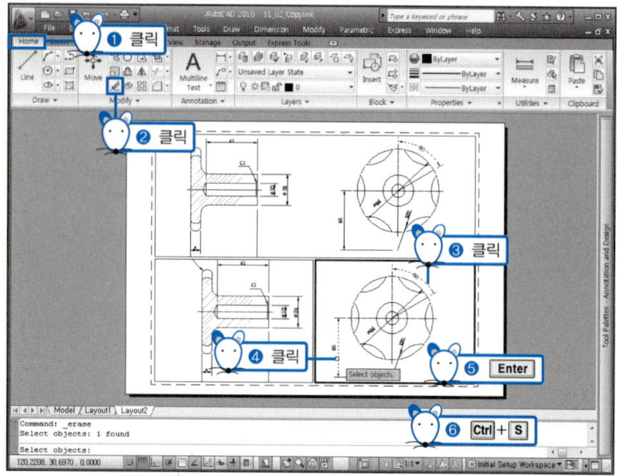

04 편집한 도면의 내용이 응용프로그램에서도 업데이트 되어 나타나는 것을 확인할 수 있습니다.

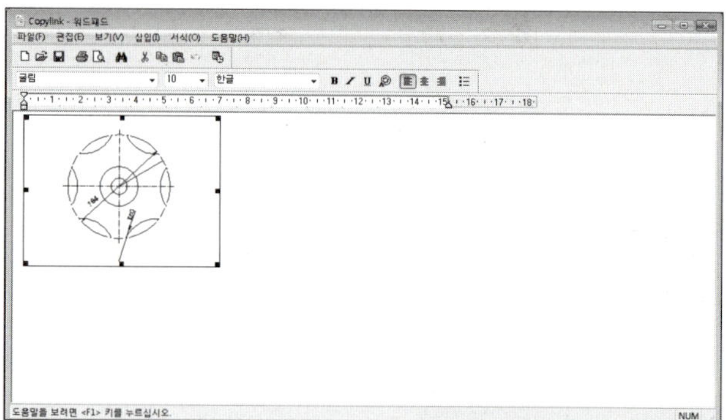

객체의 일부를 응용프로그램에 삽입하기

AutoCAD 2010의 도면 일부를 삽입하기 위해서면 [Edit]-[Copy] 메뉴를 선택합니다. 이 명령은 객체를 편집할 때 사용하는 Copy 명령과는 달리 선택한 객체를 클립보드에 복사합니다.

Samples\11_02_Editcopy.dwg

01 [Edit]-[Copy] 메뉴를 선택합니다.

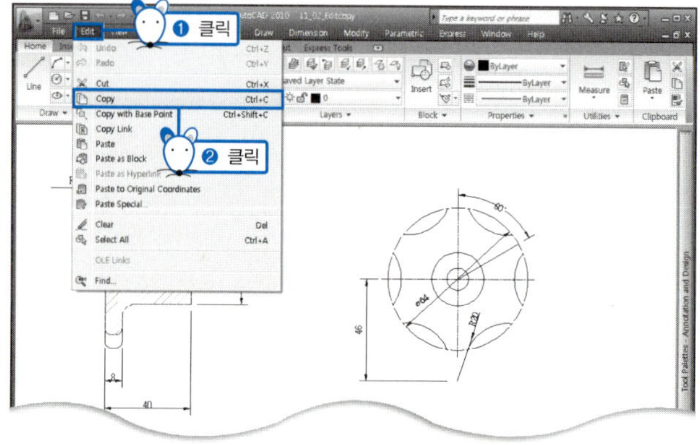

02 클립보드에 복사할 객체를 선택하고 Enter 를 누릅니다.

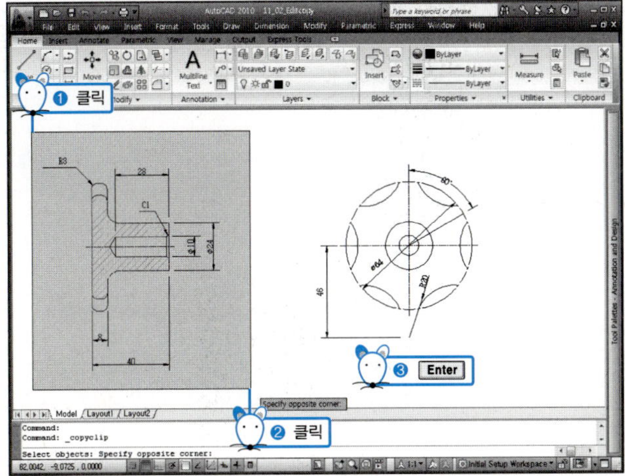

03 복사한 객체를 붙여 넣기 위해 응용프로그램(워드패드)를 실행하고 붙여 넣습니다.

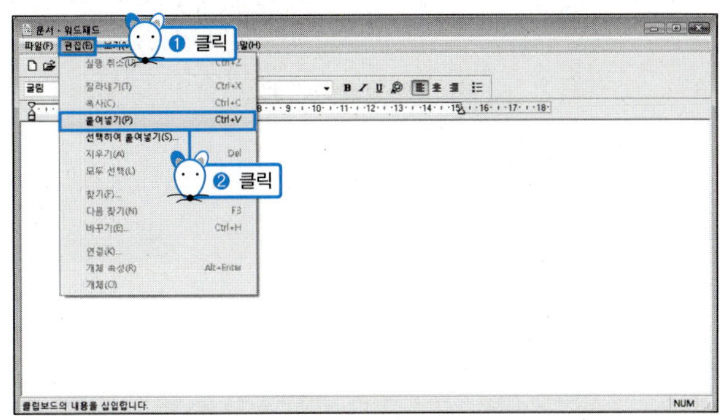

04 선택된 객체만이 응용프로그램에 복사됩니다.

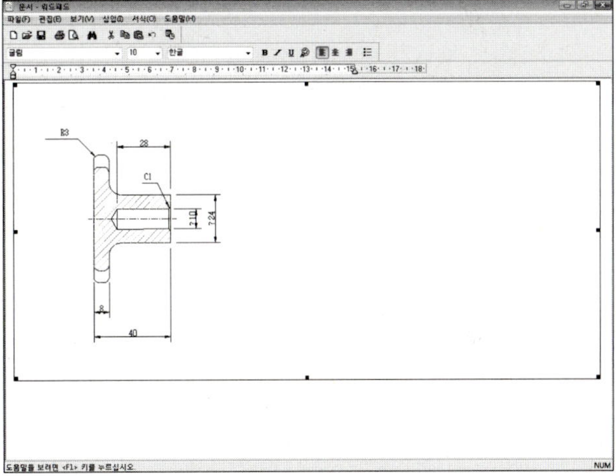

AutoCAD 2010에서 응용프로그램의 데이터 사용하기

AutoCAD 2010에 응용프로그램의 데이터를 가져와서 도면의 효율을 높이는 방법을 알아봅니다. 또한, 가져온 응용프로그램의 데이터 속성을 설정하는 방법도 알아봅니다.

Lesson 03

OLE 대상물 가져오기

AutoCAD 2010에 OLE 대상물을 가져오기 위해서는 삽입 또는, 링크의 방법을 이용해야 합니다. 삽입된 정보는 원본 문서가 변경될 때 업데이트되지 않지만, 링크된 정보는 원본 문서가 변경될 때 실시간으로 업데이트된다는 점에서 차이점이 있습니다. 응용프로그램의 정보를 링크하고 삽입하는 명령은 다음과 같습니다.

- **Olelinks** : 링크가 자동으로 업데이트되는 지의 여부를 설정할 수 있습니다.
- **Insertobj** : AutoCAD 도면 내에서 링크되고 삽입될 객체를 가져옵니다.

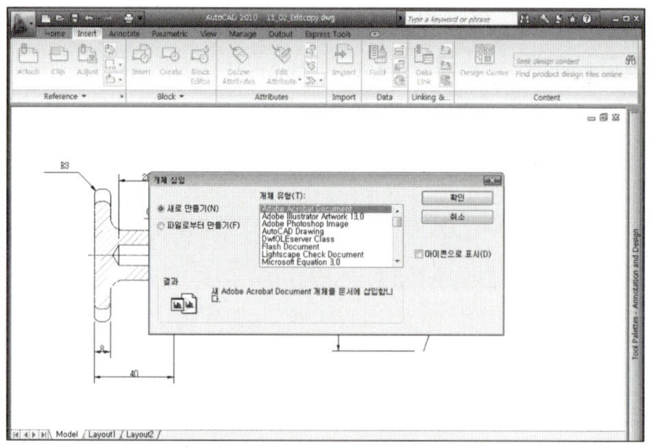

▲ [Insert]–[OLE Object] 메뉴

- **Pasteclip** : 클립보드에서 AutoCAD로 데이터를 삽입합니다.
- **Pastespec** : 클립보드에서 AutoCAD로 데이터를 삽입하고 형식을 설정합니다.

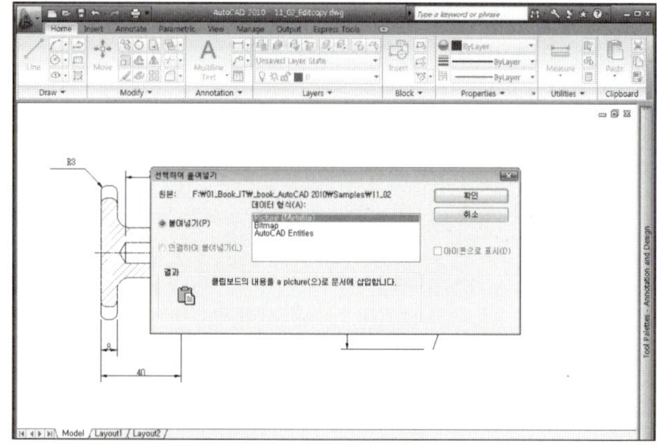

▲ [Edit]–[Paste Special] 메뉴

AutoCAD 2010으로 응용프로그램의 객체를 끌어와 삽입하기

i-drop 방식은 Windows 시스템에서 지원하는 프로그램 간에 데이터를 서로 교환하는 방식입니다. 서로 다른 종류
의 파일 형식을 드래그(Drag : 끌어서)해서 드롭(Drop : 떨어뜨리는) 방식으로 서로 교환하게 되는 것입니다. 이 때
AutoCAD 2010으로 끌어 온 객체는 링크되는 것이 아니라 삽입되는 것입니다.

01 i-drop 방식을 이용하여 OLE 객체를 삽입하기 위해 Windows 탐색기를 실행합니다. Windows 탐색기의 경로에 있는 '11_03_Theater.jpg' 파일을 AutoCAD 2010으로 드래그합니다.

◉ Samples\11_02_Editcopy.dwg, 11_03_Theater.jpg

02 삽입될 객체의 삽입 지점을 클릭한 후 객체에 대한 크기를 설정하기 위해 **Enter** 를 누릅니다.

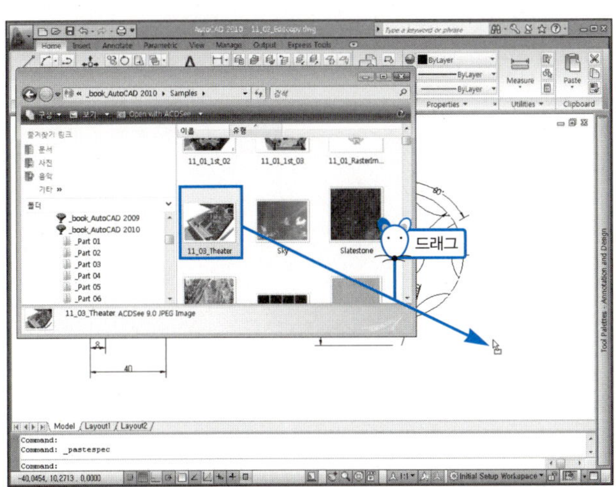

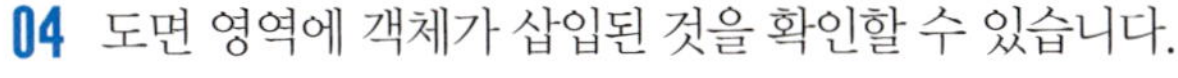

03 객체의 회전 각도를 기본값인 '0' 으로 설정하기 위해 **Enter** 를 누릅니다.

04 도면 영역에 객체가 삽입된 것을 확인할 수 있습니다.

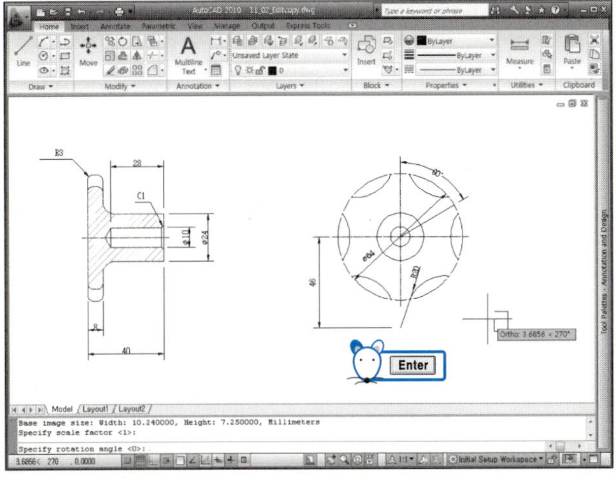

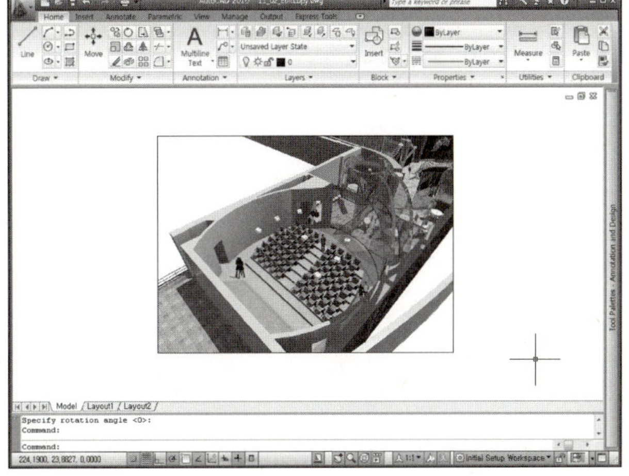

AutoCAD 2010에 응용프로그램의 데이터 연결하기

OLE Object 명령을 사용하여 응용프로그램 파일을 AutoCAD 2010에 연결하는 방법을 알아봅니다.

01 AutoCAD 2010에서 곧바로 OLE 객체를 삽입하기 위해 [Insert] 탭의 [Data] 패널에서 [OLE Object](▣) 아이콘을 클릭합니다.

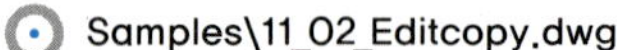
Samples\11_02_Editcopy.dwg

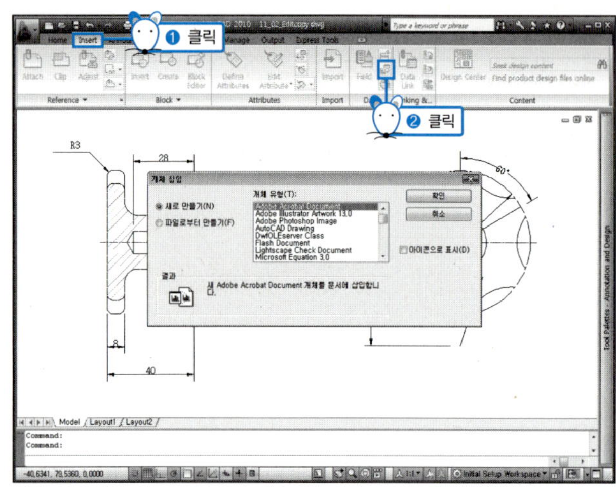

02 [개체 삽입] 대화상자가 나타나면 [파일로부터 만들기]를 체크합니다.

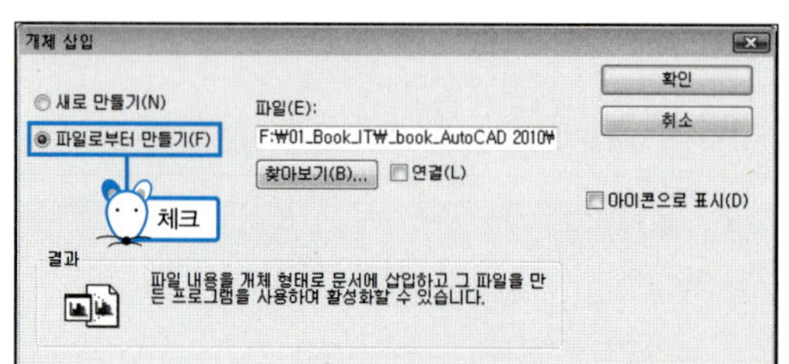

03 [개체 삽입] 대화상자에서 [연결] 옵션을 체크한 후 삽입할 파일을 선택하기 위해 [찾아보기] 단추를 클릭합니다.

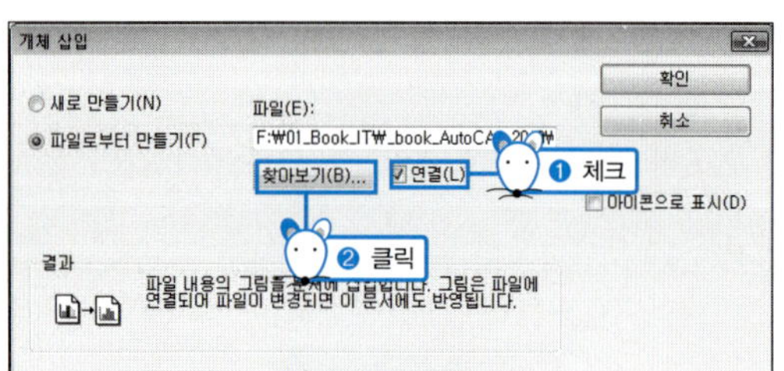

04 [찾아보기] 대화상자에서 '11_03_Theater.jpg' 파일을 선택합니다.

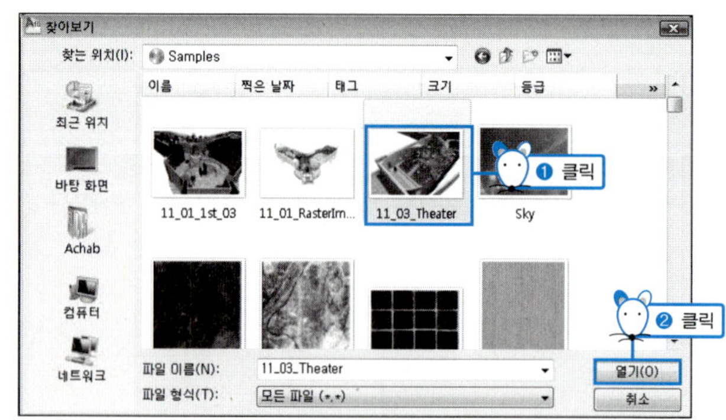
Samples\11_03_Theater.jpg

05 [확인] 단추를 클릭하고 AutoCAD 2010과 선택한
파일의 응용프로그램을 연결합니다.

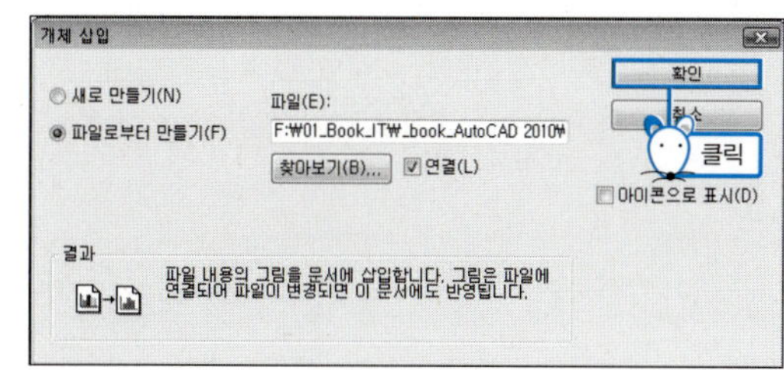

06 선택한 객체가 AutoCAD 2010에 삽입된 것을 확인하고 객체를 더블클릭하면 객체의 속성에
따라 편집할 수 있는 응용 프로그램이 자동으로 실행됩니다.

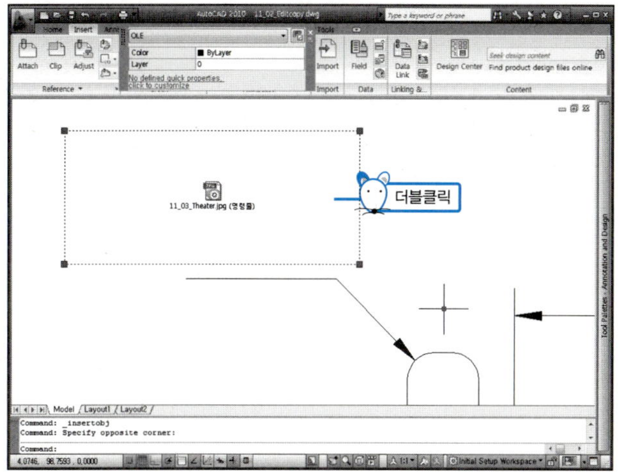

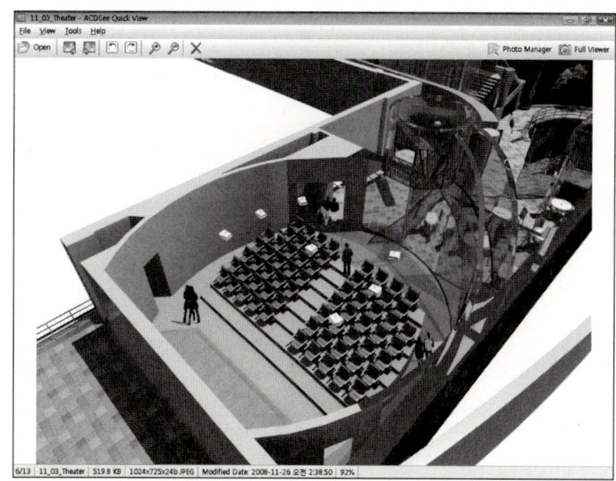

▲ 시스템의 기본 이미지 뷰어 프로그램 실행

AutoCAD의 최대 장점 중에 하나가 작업한 도면 파일을 다른 응용프로그램은 물론 인터넷에서도 활용할 수 있는 효율성입니다. AutoCAD를 사용하는 디자이너의 능력 중에서 AutoCAD를 이용하여 도면을 제작하는 능력이 반이라면 나머지는 응용프로그램과 웹(Web)에서의 프레젠테이션 능력이라고 할 수 있습니다. 이번에는 몇 가지 간단한 기능을 이용하여 AutoCAD 2010의 효율성을 극대화시키는 방법에 대하여 알아봅니다.

Intro 웹과 프레젠테이션을 위한 AutoCAD 2010

웹과 프레젠테이션을 위한 AutoCAD 2010

AutoCAD의 최대 장점 중 하나가 작업한 CAD 파일(DWG)을 다른 여러 응용 프로그램은 물론 인터넷에서도 사용할 수 있는 효율성입니다. AutoCAD를 사용하는 디자이너의 역량은 AutoCAD를 이용하여 도면을 제작하는 능력이 반이라면 나머지는 관련 응용프로그램과 인터넷에서의 프레젠테이션 능력이라고 할 수 있습니다. AutoCAD 파일의 효율을 극대화시킬 수 있는 방법을 알아봅니다.

파일 변환 : Export & Plot to File

CAD 파일은 플로팅한 시공 도면으로서의 쓰임새뿐만 아니라 관련 그래픽 프로그램에서도 중요한 데이터로서의 쓰임새를 가지고 있습니다. 인터넷상에 DWG 파일을 올린다든지 그래픽 프로그램에서 DWG 파일을 받아들여 프레젠테이션의 소스로 사용한다든지 하는 경우에는 DWG 자체로 보다는 다른 형태로의 전환을 필요로 합니다.

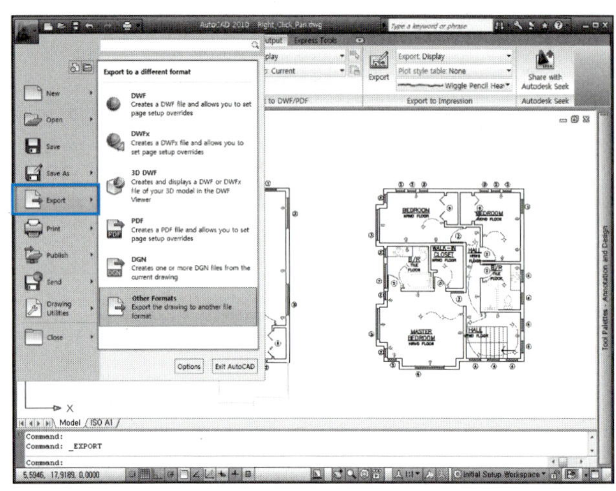

▲ Export

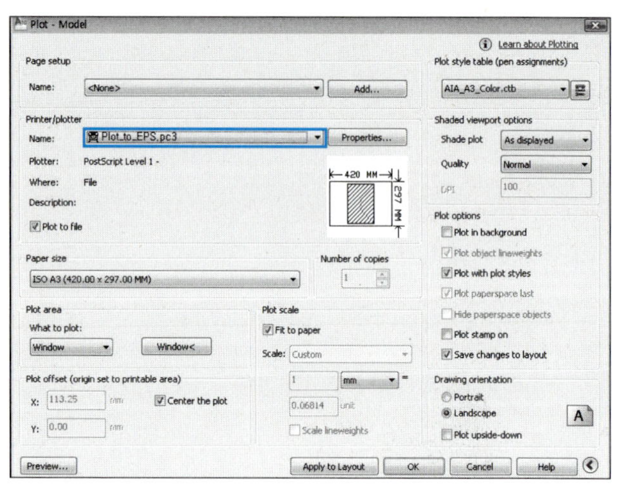

▲ Plot to EPS File

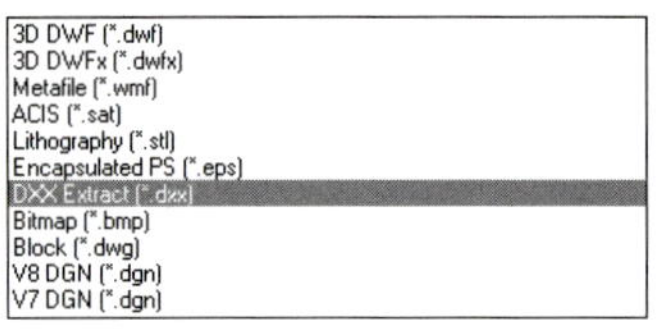

도면 스타일 등을 압축하여 이메일까지 보내 주는 eTransmit

작성한 도면을 구성하는 모든 환경(폰트, 플롯 스타일 등)을 포함하여 압축 파일로 만들어줍니다. 그리고 만들어진 압축 파일을 이메일로 바로 전송할 수도 있습니다.

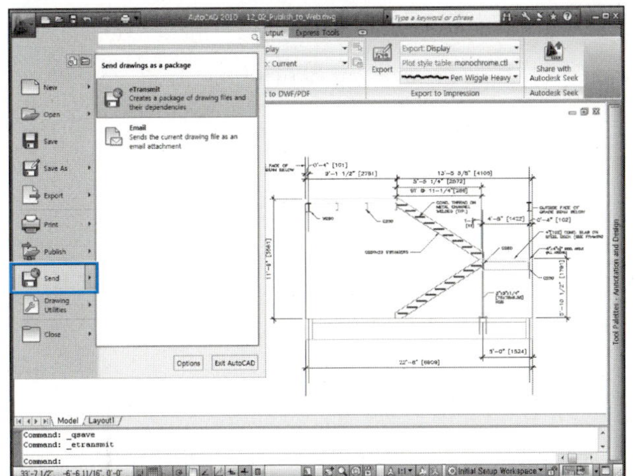

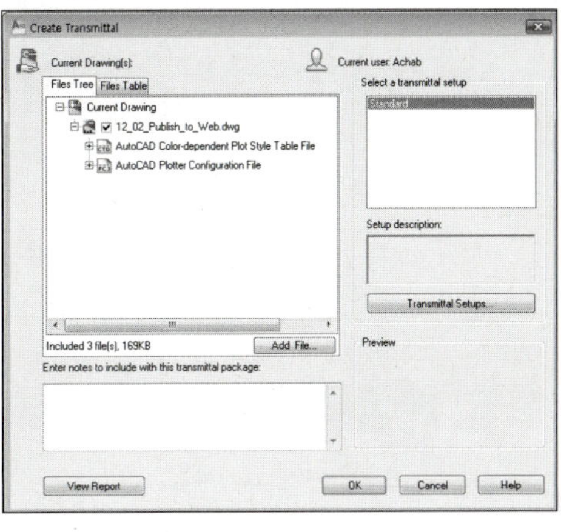

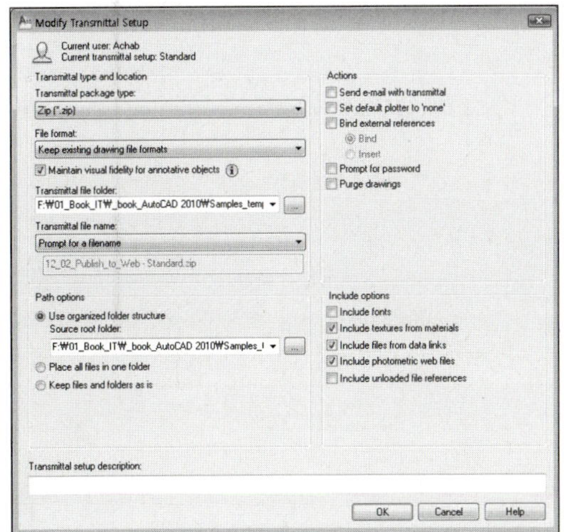

▲ [Modify Transmittal Setup] 대화상자

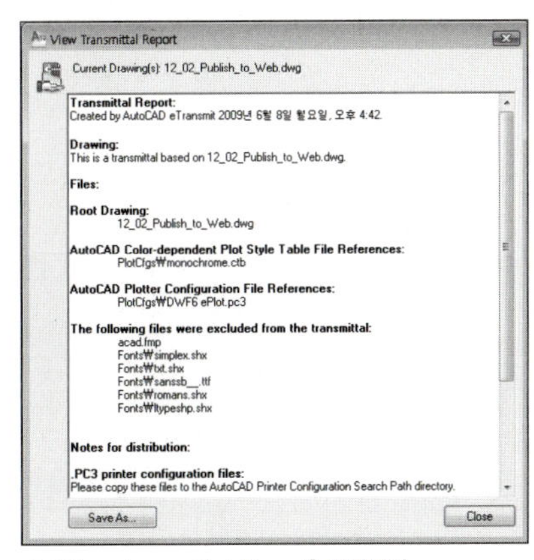

▲ [View transmittal Report] 대화상자

도면을 바로 웹으로 올리는 Publish & Publish to Web

DWG 파일을 DWF 파일로 변환시켜 웹(Web)에 프레젠테이션할 수 있습니다. AutoCAD 2010에서 DWG 파일을 DWF 파일로 변환하는 방법으로는 Publish와 Publish to Web 방식이 있습니다. Publish는 DWG 파일을 DWF 파일로 전환하는 단순한 과정을 갖고, Publish to Web은 DWG 파일을 DWF 파일로 전환하면서 웹 브라우저에 프레젠테이션할 수 있는 좀 더 상세한 과정을 거칩니다.

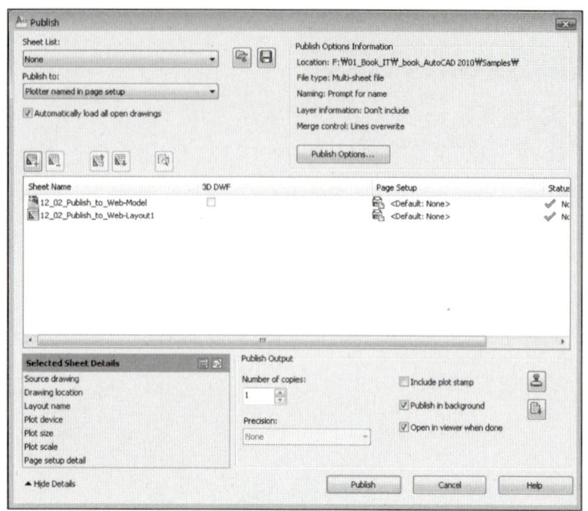

▲ [Publish] 대화상자

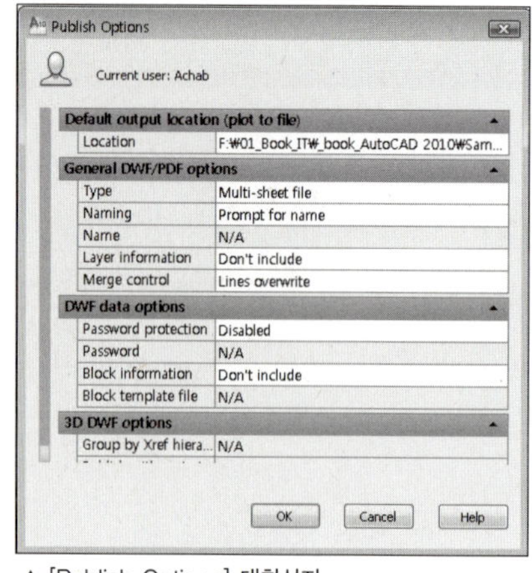

▲ [Publish Options] 대화상자

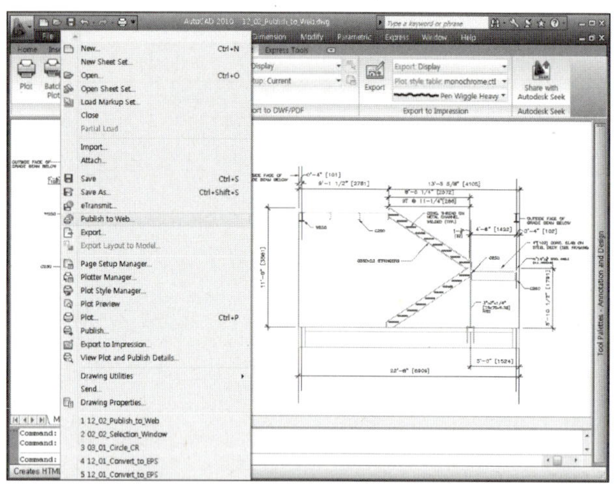

▲ Publish to Web

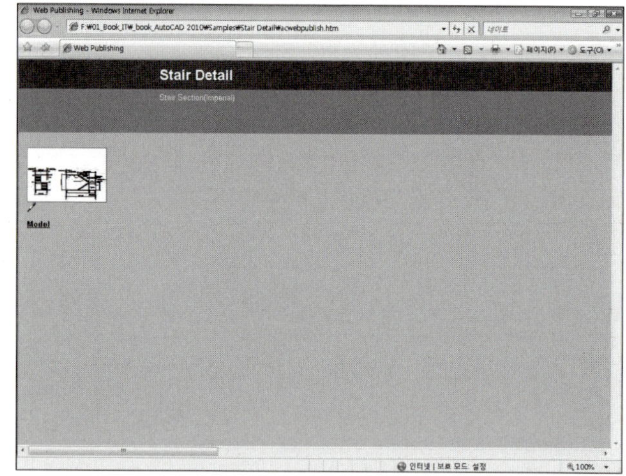

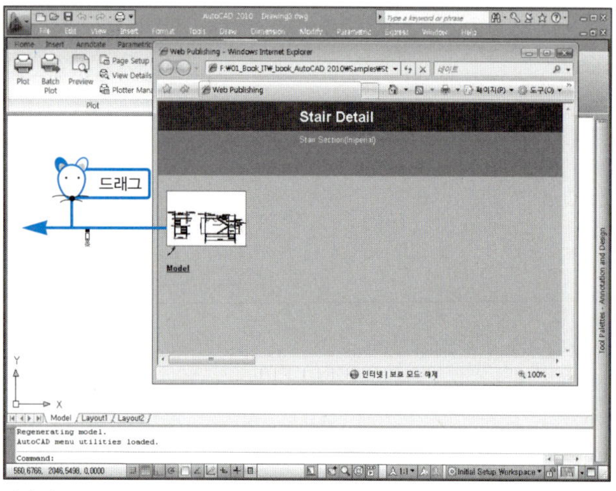

▲ i-drop

AutoCAD 2010 파일의 프레젠테이션 활용 방법

AutoCAD는 웹상에 DWG 파일을 올린다든지 다른 그래픽 프로그램에서 DWG 파일을 받아들여 프레젠테이션의 소스로 사용하는 것과 같이 다양한 방법으로 사용할 수도 있습니다. 이번에는 AutoCAD 2010 파일의 다양한 활용 방법에 대하여 알아봅니다.

Lesson 01

Export를 이용한 파일 전환

다른 그래픽 프로그램에서 사용할 목적으로 DWG 파일을 전환하는 방법은 크게 두 가지로 볼 수 있는데, 하나는 Export 명령을 통한 전환이고, 다른 하나는 [Plot] 대화상자를 통한 전환입니다. 이번에는 Export 명령을 이용하는 방법을 알아봅니다.

메뉴 브라우저의 [Export]-[Other Formats]를 클릭하여 [Export Data] 대화상자를 불러냅니다. 저장할 파일의 이름과 경로를 지정한 뒤에 파일 형식을 지정하여 전환합니다. 전환할 수 있는 파일 형식과 용도를 표로 작성하였습니다.

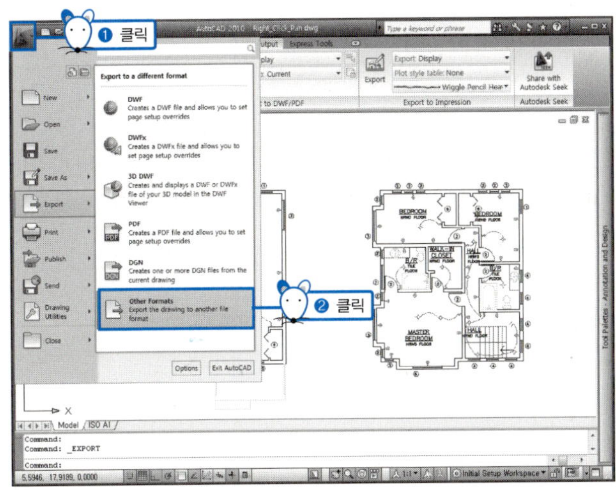

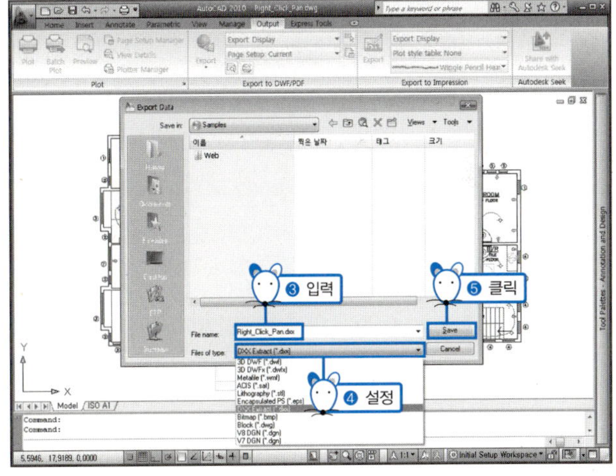

```
3D DWF (*.dwf)
3D DWFx (*.dwfx)
Metafile (*.wmf)
ACIS (*.sat)
Lithography (*.stl)
Encapsulated PS (*.eps)
DXX Extract (*.dxx)
Bitmap (*.bmp)
Block (*.dwg)
V8 DGN (*.dgn)
V7 DGN (*.dgn)
```

최근에 DWG 파일은 그 자체로 다른 응용프로그램에서 사용할 수 있을 정도로 범용성이 좋아졌지만, 아직도 비트맵을 다루는 프로그램에서는 DWG 파일을 비트맵 파일 형태로 변환해야 사용이 가능합니다.

확장자명	파일 형식	용 도
*.wmf	Windows Metafile Format	도면에 필요한 클립아트 및 기타 비기술적 이미지를 산출하는데 종종 사용됩니다. WMF 파일을 AutoCAD에 블록으로 삽입할 수 있으며 비트맵과는 달리 해상도를 유지하면서 크기 조절 및 인쇄될 수 있는 벡터 정보가 포함됩니다. WMF 파일에 2D 솔리드나 굵은 선이 포함되어 있으면 그 화면 표시를 꺼서 도면 속도를 향상시킬 수 있습니다. 또한, WMF 파일에는 벡터 및 래스터 정보가 모두 포함되지만 AutoCAD에서는 벡터 정보만 읽습니다. 래스터 정보를 포함하는 WMF 파일이 AutoCAD에 읽히면 래스터 정보는 무시됩니다.
*.sat	ACIS	잘라진 NURBS의 곡면, 영역 및 솔리드를 나타내는 AutoCAD 객체를 ASC Ⅱ(SAT) 형식의 ACIS 파일로 내보낼 수 있습니다. 선이나 호 같은 다른 객체는 무시됩니다.
*.stl	Lithography	AutoCAD 솔리드 객체를 SLA(Stereolithograph Apparatus)와 호환되는 파일 형식으로 쓸 수 있습니다. 솔리드 데이터는 일련의 삼각형으로 구성된 깍인면의 메쉬 표현으로 SLA에 옮겨집니다. SLA 워크스테이션은 이 데이터를 사용하여 부품을 나타내는 레이어로 세트를 정의합니다.
*.eps	Encapsulated PS	포스트스크립트 파일 형식은 많은 데스크탑 출판 응용프로그램에서 사용됩니다. 이 형식의 높은 해상도를 가진 인쇄기능은 GIF, PCX 및 TIFF와 같은 래스터 형식에서 선호됩니다. 도면을 포스트스크립트 형식으로 변환하여 포스트스크립트 글꼴로도 사용할 수 있습니다.
*.dxx	DXX Extract	도면을 DXX(도면 교환 형식) 파일로 내보낼 수 있다. DXX 파일은 다른 CAD 시스템에서 읽을 수 있는 도면 정보를 포함하는 텍스트 파일입니다.
*.bmp	Bitmap	도면에 있는 객체의 장치 독립적 비트맵 이미지를 작성할 수 있습니다. AutoCAD에서는 비트맵(BMP) 파일이 작성되면서 압축됩니다.
*.3ds	3d Studio	3D STUDIO 형식으로 파일을 작성할 수 있습니다. 이 프로시저는 3D 형상, 뷰, 광원 및 재질을 저장합니다.
*.dwg	Block	블록의 독립된 파일로 저장합니다. WBLOCK 명령에서 전체도면 저장의 기능과 같습니다.

EPS 파일 형식으로 플로팅하기

EPS 파일 형식은 많은 그래픽 프로그램에서 사용됩니다. 플로팅으로 얻는 EPS 파일 형식은 DWG 파일이 갖는 장점 중 색상별 선 두께를 지원합니다. 다음은 포토샵을 통한 그래픽 작업이 가능하도록 EPS 파일 형식으로 전환하는 과정을 알아봅니다.

● EPS 파일 형식으로 변환하기 위한 플로팅 환경 설정

EPS 파일 형식으로 파일을 변환하기 전에 가상 플로팅 환경을 설정하는 방법을 알아봅니다.

01 메뉴 브라우저의 [Print]-[Manage Plotters]를 선택합니다.

02 폴더 창에서 'Add-A-Plotter Wizard' 파일을 더블클릭합니다.

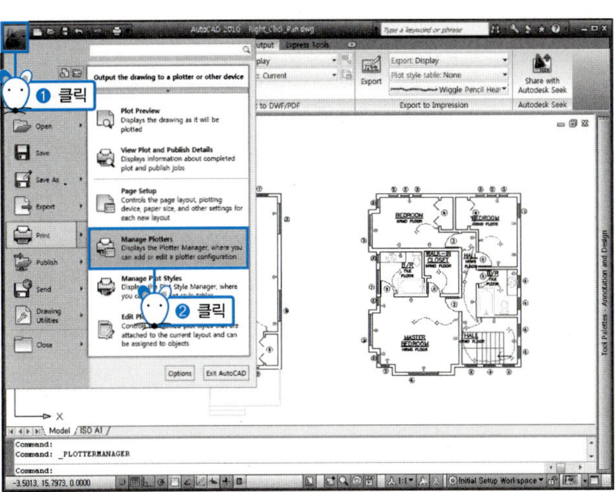

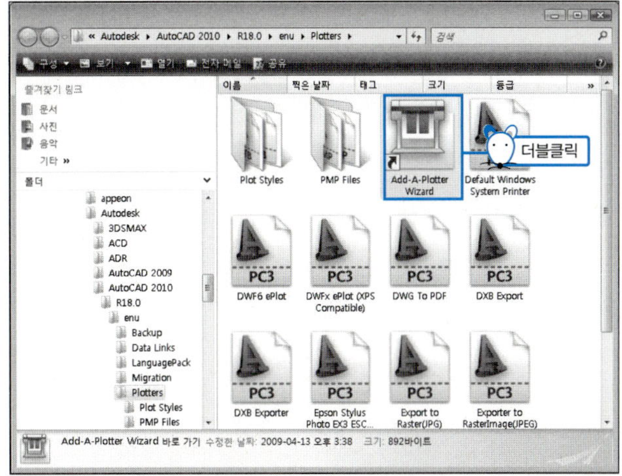

03 [Add Plotter - Introduction Page] 대화상자에서는 사용자의 컴퓨터에 플로터가 없어도 플로팅 설정을 도와줄 드라이브를 설치할 수 있다는 내용을 알려줍니다. [다음] 단추를 클릭하면 됩니다.

04 [Add Plotter - Begin] 대화상자에서는 [My Computer]를 체크한 후에 [다음] 단추를 클릭합니다.

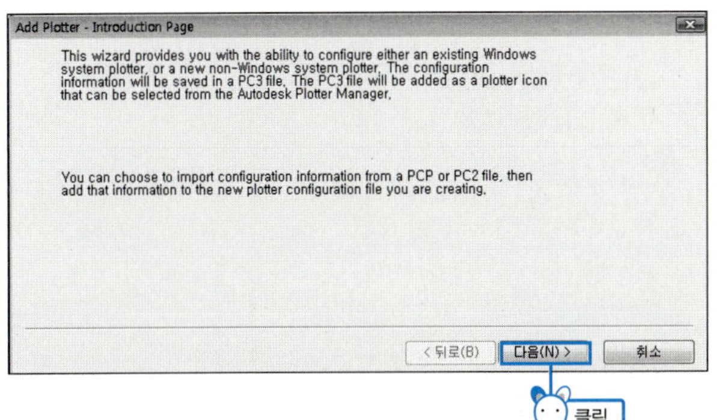

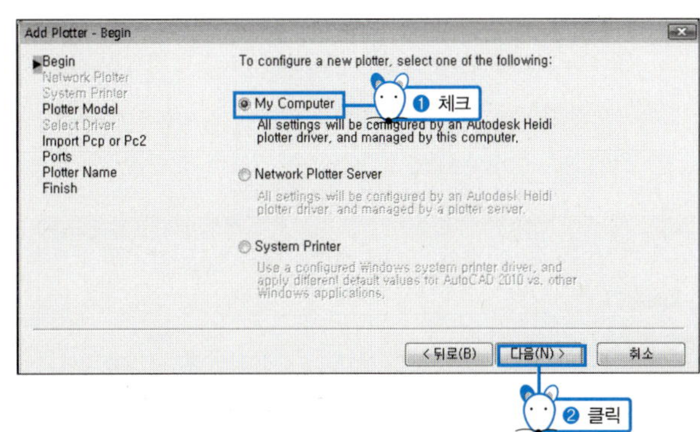

05 [Add Plotter – Plotter Model] 대화상자의 [Manu
factures]는 'Adobe', [Models]는 'Postscript Level1'
을 선택한 후 [다음] 단추를 클릭합니다.

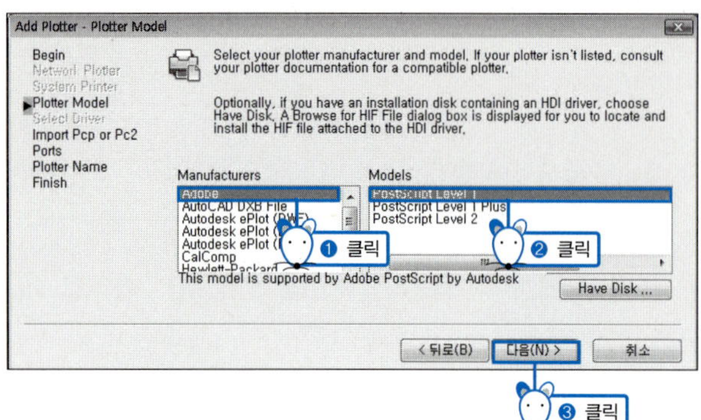

06 [Add Plotter – Import Pcp or Pc2] 대화상자의 내
용을 확인한 후 [다음] 단추를 클릭합니다.

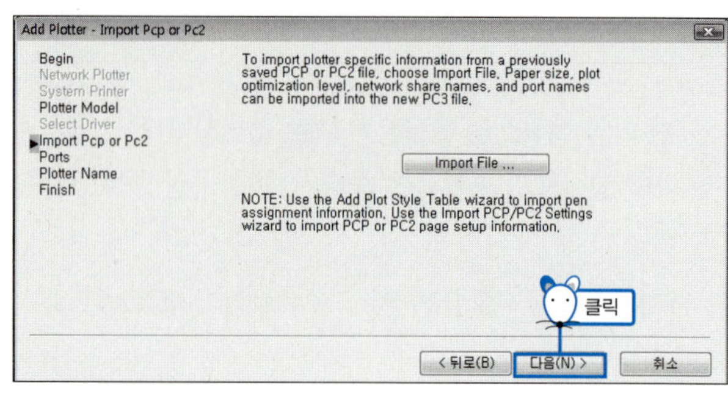

주목

기존에 설정했던 Pcp나 Pc2 파일이 있는 경우에는 [Import
File] 단추를 클릭하여 경로를 지정할 수 있습니다.

07 [Add Plotter – Ports] 대화상자에서는 Port를 설정
합니다. [Plot to File]를 체크한 후 [다음] 단추를 클릭합
니다.

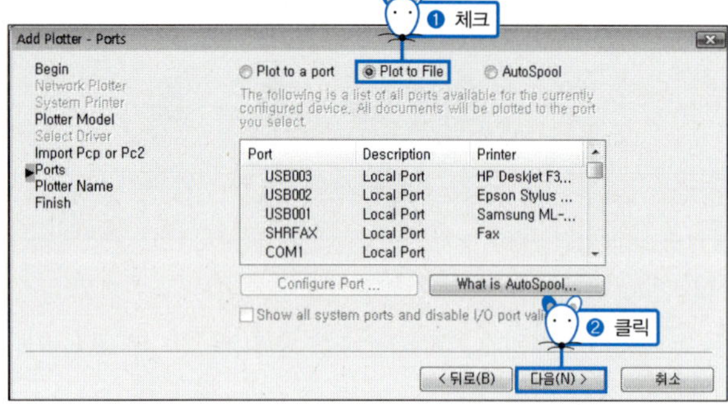

08 [Add Plotter – Plotter Name] 대화상자에서는 설
정된 환경을 사용자가 알아볼 수 있도록 플로터의 이름
을 입력하고 [다음] 단추를 클릭합니다.

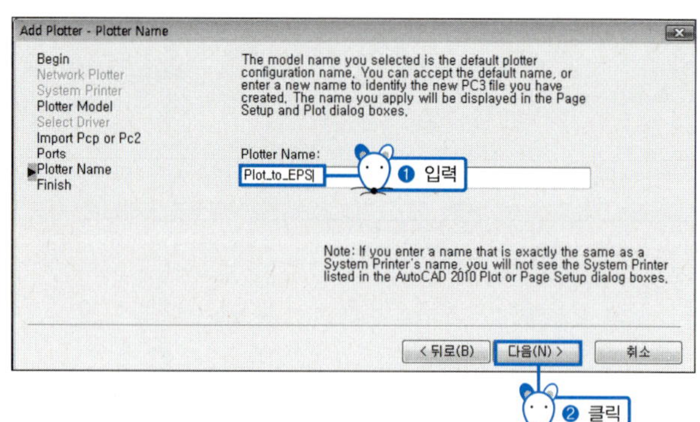

09 [Add Plotter – Finish] 대화상자에서는 [Edit Plot
ter Configuration] 단추를 클릭해서 [Plotter Configu
ration Editor] 대화상자가 나타나면 만들어진 플로터의
설정을 변경할 수 있습니다. 모든 설정을 마무리했으면
[마침] 단추를 클릭합니다.

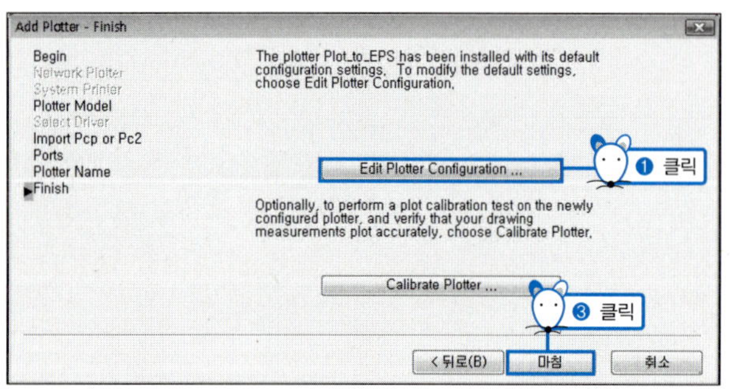

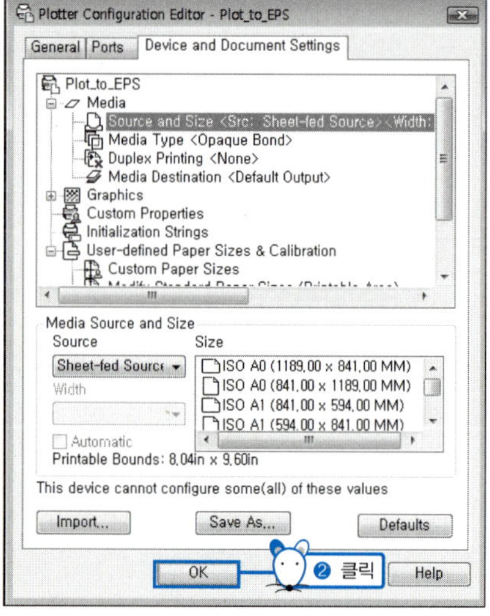

▲ [Plotter Configuration Editor] 대화상자

10 [Plotters] 창에서 새로운 플로터 아이콘이 생성된 것을 확인할 수 있습니다.

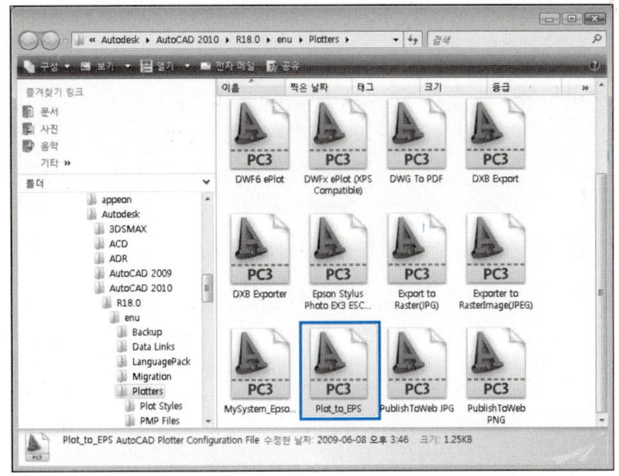

EPS 파일 형식으로 변환하기

DWG 파일을 EPS 파일 형식으로 변환하는 방법에 대하여 알아봅니다.

⊙ Samples\12_01_Convert_to_EPS.dwg

01 [Output] 탭의 [Plot] 패널에서 [Plot](🖨) 아이콘을 클릭해 [Plot] 대화상자를 불러냅니다.

02 [Plot] 대화상자에서 [Printer/plotter] 영역의 [Name] 을 'Plot_to_EPS.pc3' 로 설정하고 [Plot to File] 옵션의 체크 상태를 확인합니다.

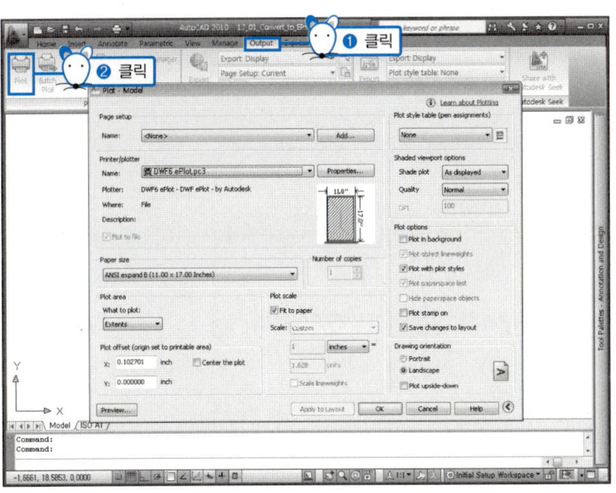

03 [Plot style table (pen assignments)] 영역에서는 미리 설정해 놓은 'AIA_A3_Color.ctb' 플롯 스타일을 선택합니다.

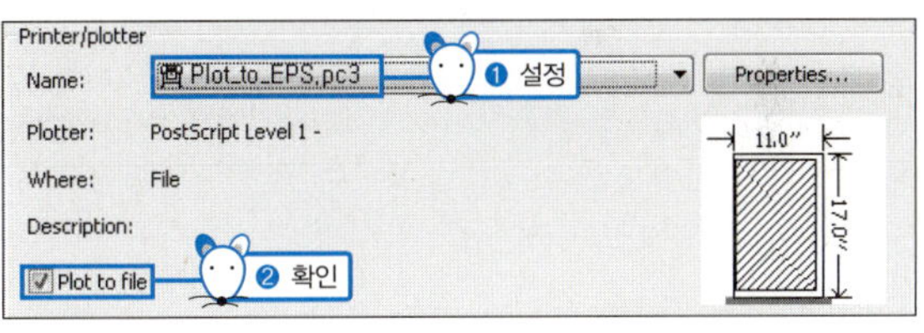

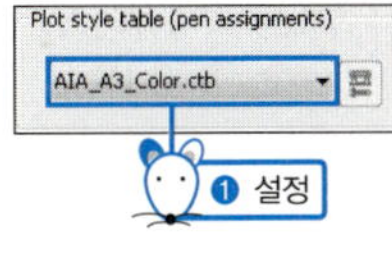

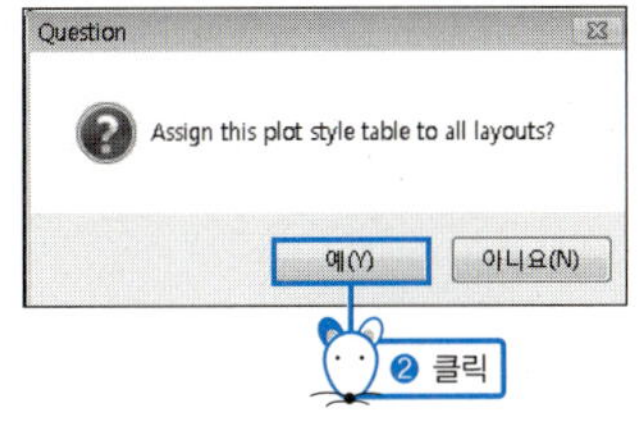

플롯 스타일의 경로 이해하기

부록 CD의 'AIA_A3_Color.ctb' 파일을 C:\Documents and Settings\사용자\Application Data\Autodesk\ AutoCAD 2010\R18.0\enu\Plot Styles 폴더에 복사한 후 따라하기를 진행합니다.

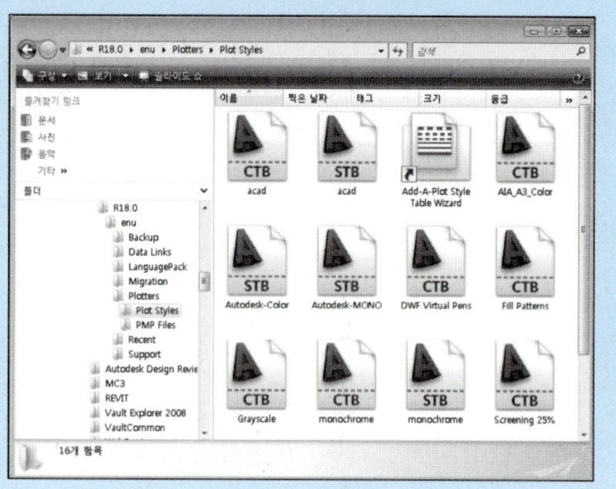

04 [Plot scale] 영역에서는 단위를 'mm'로 설정하고 [Fit to paper] 옵션을 체크합니다.

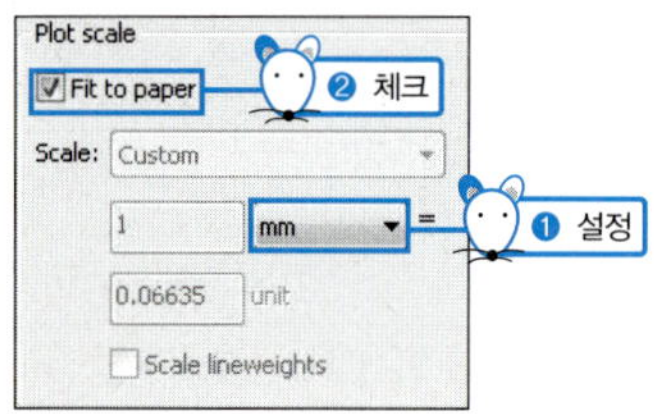

주목

[Fit to paper] 옵션을 체크하게 되면 선택한 도면 영역이 지정한 시트에 꽉 차도록 크기를 자동으로 설정하게 됩니다.

06 [Plot area] 영역의 [What to plot]을 'Window'로 설정합니다. [Window] 단추를 클릭하고 그림과 같이 플로팅할 영역을 선택합니다.

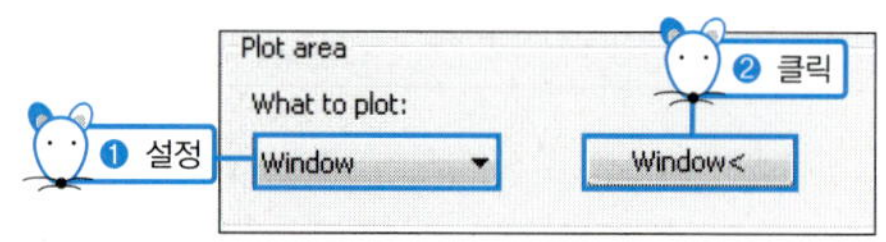

주목

'Window'으로 플롯 영역을 처음 설정하는 경우에는 'Window'를 선택하는 것과 동시에 도면 영역으로 넘어가게 됩니다.

05 [Paper size] 영역에서 용지의 크기를 'ISO A3 (420.00×297.00mm)'로 선택합니다.

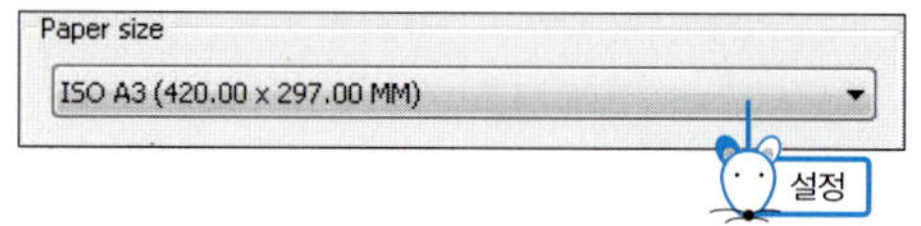

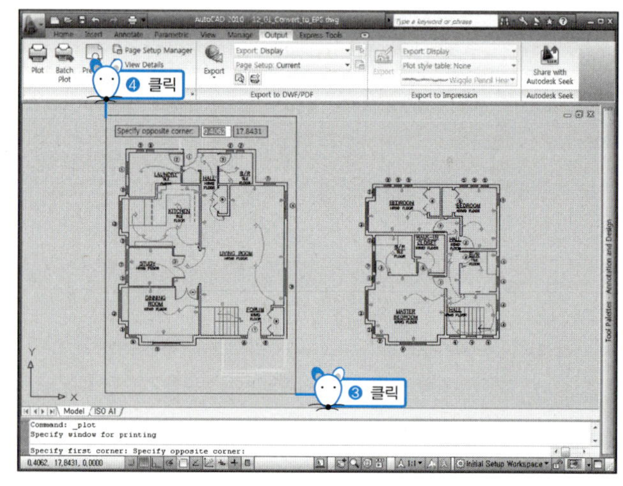

07 [Plot offset(origin set to printable area)] 영역에서는 [Center the plot] 옵션을 체크합니다.

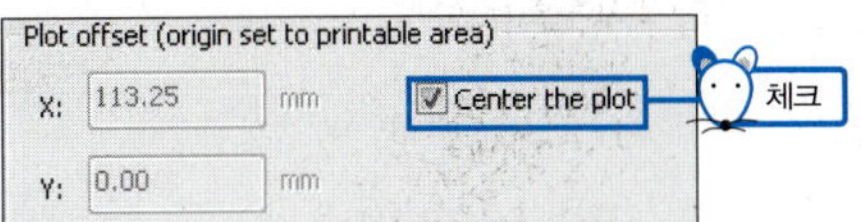

08 [Plot] 대화상자의 [Preview] 단추를 클릭하고 플로팅 할 용지에서 객체가 어느 위치에 있는지 확인한 후 [Close] 단추를 클릭합니다.

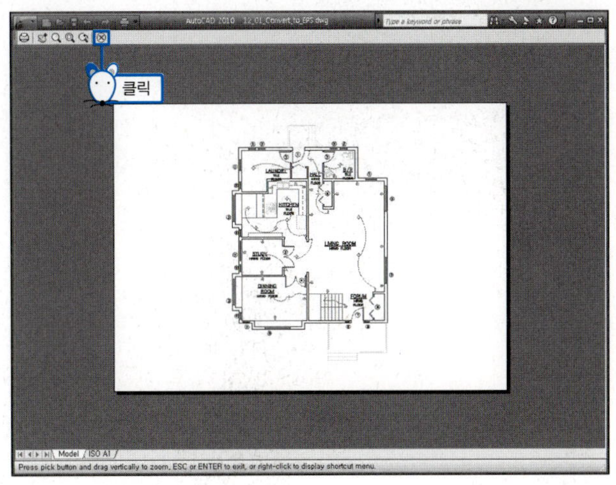

09 [Plot] 대화상자의 [OK] 단추를 클릭하여 선택한 객체를 플로팅 합니다.

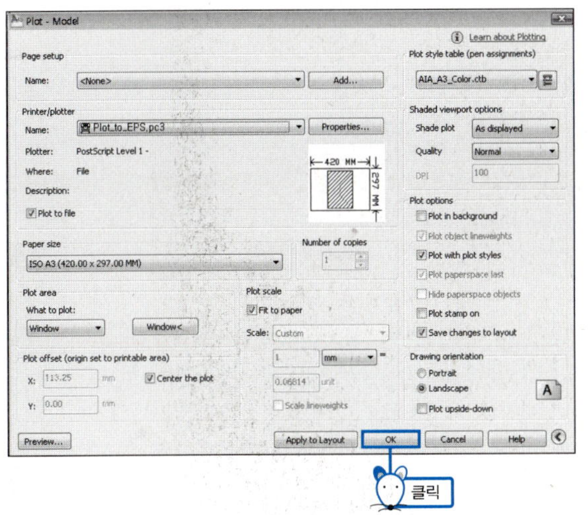

10 [Browser for Plot File] 대화상자를 통해 파일이 저장될 경로와 파일명을 지정합니다.

Samples\12_01_Convert_to_EPS-Model.eps

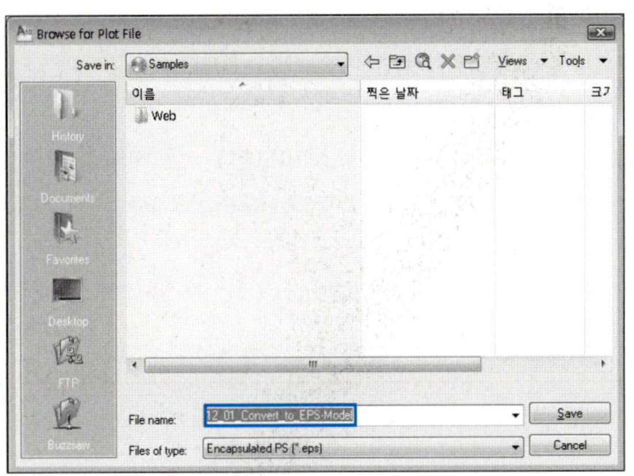

웹(Web)에서의 CAD 파일 활용 방법

AutoCAD 2010에서 작성한 도면은 이메일을 통해 전송하거나 아니면 직접 웹상에 올릴 수 있도록 최적화 되어 있습니다. 이메일을 통해 전송할 경우 eTransmit 명령을 활용하는 것이 좋으며 또한, 도면 파일을 웹 (Web)에 게시할 경우 Publish to Web 명령을 이용하면 간단하게 해결할 수 있습니다. 이번에는 웹(Web)에 서 CAD 파일을 어떠한 방식으로 활용할 수 있는지 알아봅니다.

Lesson 02

eTransmit 명령 이해하기

eTransmit 명령을 이용하면 도면을 구성하는 모든 환경을 포함하는 압축 파일을 만들 수 있습니다. 이 환경에는 폰 트, 플롯 스타일 등을 포함하며 압축 파일을 가지고 있으면 다른 환경에서 도면을 작성한 사용자와 같은 환경에서 플로팅을 하거나 연속적인 도면 작업이 가능합니다. 메뉴 브라우저의 [Send]-[eTransmit]를 선택하면 [Create Transmittal] 대화상자를 불러낼 수 있습니다.

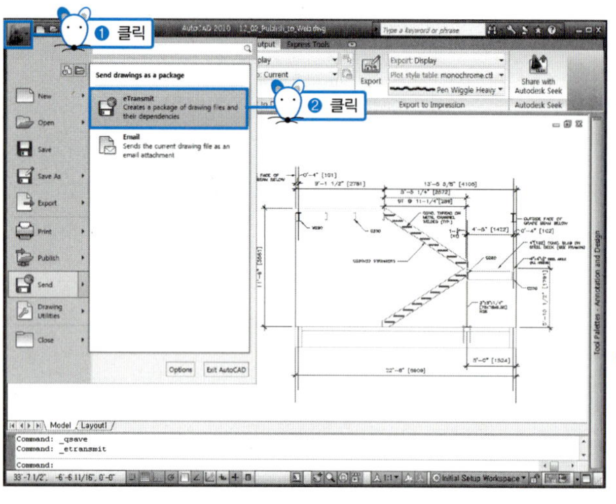

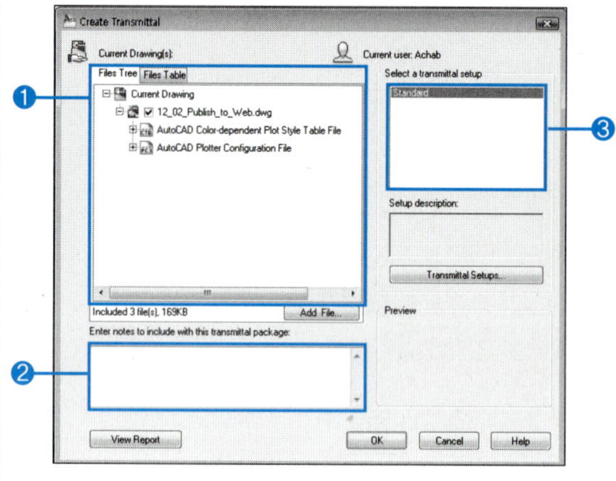

● **[Create Transmittal] 대화상자**

❶ **Current Drawings** : eTransmit 명령을 통해 압축 하려는 도면 파일과 환경들을 Tree 구조나 목차 형 식으로 보여줍니다. [Add File] 단추를 클릭하면 추 가로 압축할 파일을 선택할 수 있습니다.

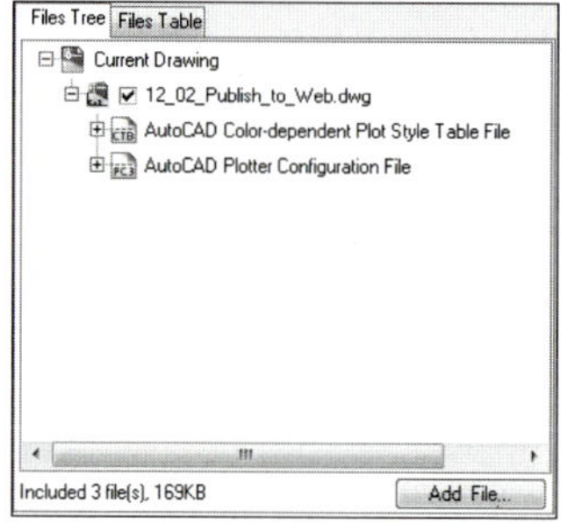

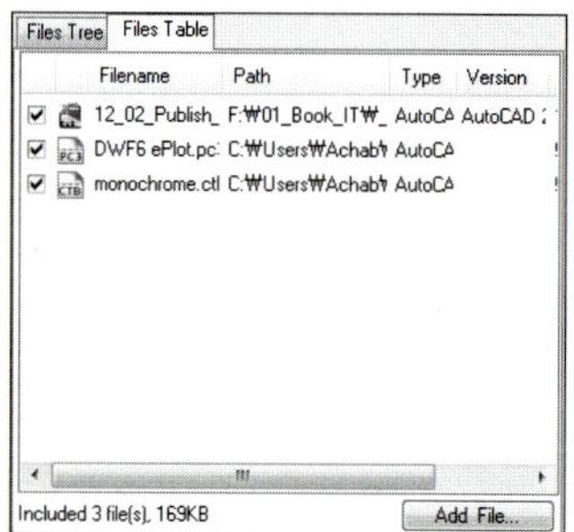

666

❷ **Enter notes to include with this transmittal package** : Package 압축 파일에 추가로 설명할
내용을 입력합니다.

❸ **Select a transmittal setup** : [Transmittal Setups] 단추
를 클릭하면 나타나는 [Transmittal Setup] 대화상자에서
현재 파일 압축에 관한 설정을 확인할 수 있습니다. 기본은
'Standard' 이며 새로운 스타일을 만들 수도 있습니다.

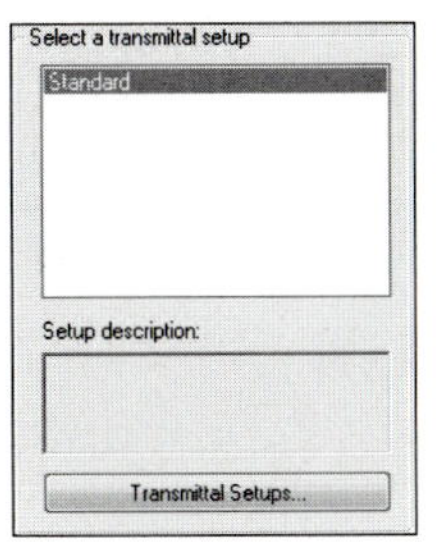
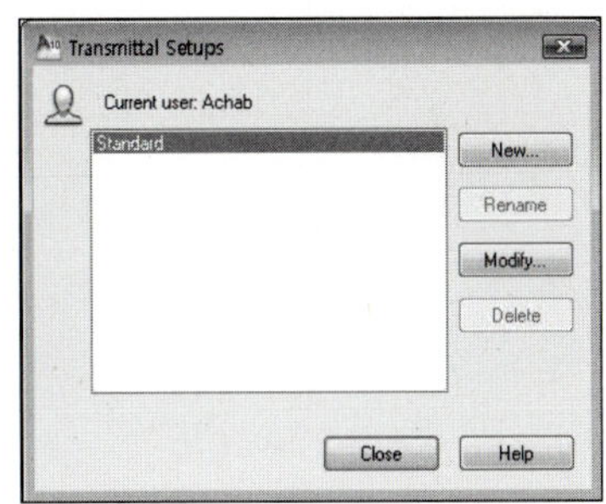

● [Modify Transmittal Setup] 대화상자 이해하기

압축 방식을 설정하는 [Modify Transmittal Setup] 대화상자에 대해 알아봅니다.

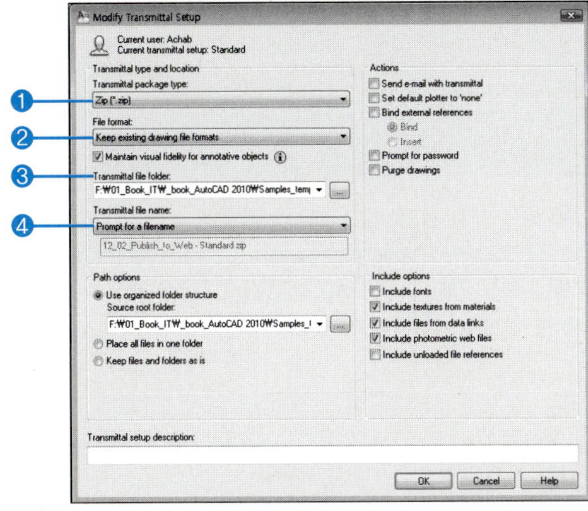

❶ **Transmittal package types** : 폴더 형식으로 압축할 것인지, 실행 파일 형
식으로 압축할 것인지, *.ZIP 형식으로 압축할 것인지와 같이 압축할 파일의
형식을 설정할 수 있습니다.

❷ **File Format** : 압축할 DWG 파일의 버전을 설정합니다. 현재 버전을 그대로
유지할 것인지, 2007/LT 버전으로 저장할 것인지, 2004/LT 버전으로 저장
할 것인지, 2000/LT 버전으로 저장할 것인지를 설정합니다.

❸ **Transmittal file folder** : 압축해서 저장할 파일의 경로를 설정합니다.

❹ **Transmittal file name** : 압축해서 저장할 파일의 이름을 설정합니다. 현재 작업 중인 DWG 파일
의 이름이 압축 파일의 이름으로 설정되어 있습니다.

● [View transmittal Report] 대화상자 이해하기

[View transmittal Report] 대화상자는 설정된 내용을 보고서 형식으로
보여줍니다.

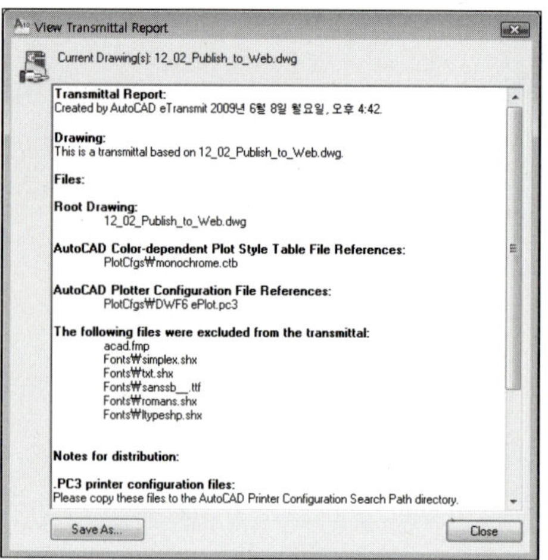

Publish/Publish to Web 이해하기

DWF(Design Web Format) 파일이란 CAD 도면을 웹 브라우저에서 볼 수 있는 형식으로 만든 포맷을 말합니다.
AutoCAD 2010에서 DWG 파일을 DWF 파일로 변환하는 방법으로는 Publish와 Publish to Web 방식이 있습니
다. Publish는 DWG 파일을 DWF 파일로 전환하는 단순한 과정을 거치고, Publish to Web은 DWG 파일을 DWF
파일로 전환하면서 웹 브라우저에 프레젠테이션 할 수 있도록 상세한 과정을 거칩니다.

● Publish 이해하기

Publish를 이용하여 만든 DWF 파일은 AutoCAD 프로그램 없이 웹 브라우저만으로 확인이 가능합
니다. 오토데스크(Autodesk)사에서 무상으로 제공하는 WHIP(Explorer plug-in)이나 Volo View
Express 같은 프로그램으로 확인이 가능하며, 도면의 Zoom 기능이나 좌표 확인, 레이어의 ON /
OFF, 저장, 플로팅 등이 가능합니다. 메뉴 브라우저의 [Publish]를 선택하면 [Publish] 대화상자를
불러낼 수 있습니다.

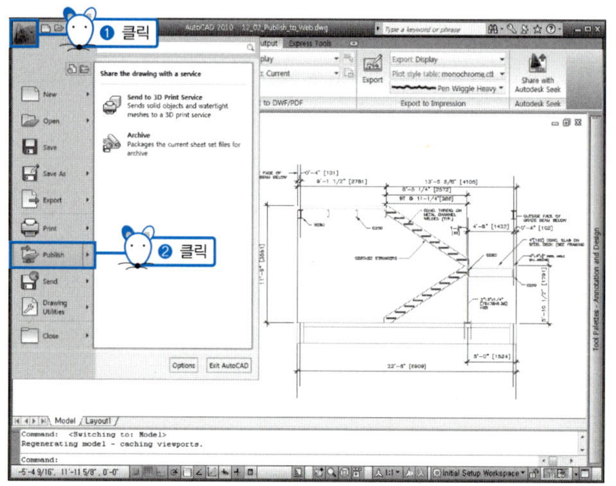
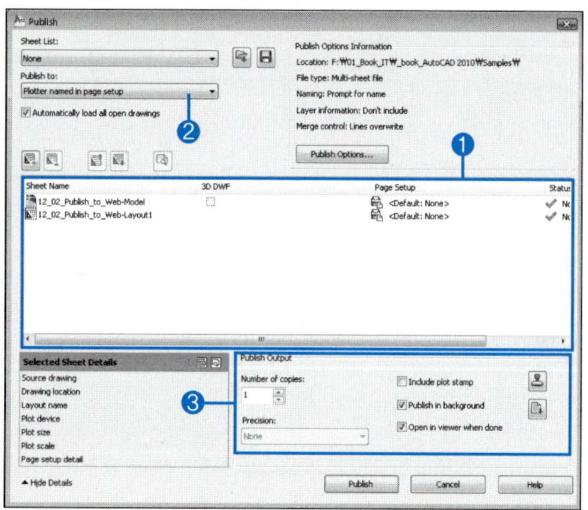

❶ [Sheets to publish] 영역 : DWF 파일 형식으로 변환하려는 Sheet를 표시합니다. 모델 공간과 레이아웃 공간을 모두 포함하여 변환한다는 것을 확인할 수 있습니다.

❷ [Publish to] 영역 : [Plotter named in page setup]과 [DWF Format]을 선택할 수 있습니다. [Plotters named in page setups]은 지정된 플로터를 이용하여 플로팅하는 방식이고, [DWF Format]은 지정된 경로로 선택된 시트를 DWF 파일로 변환하는 방식입니다. 기본 설정은 [Plotters named in page setup]으로 되어 있으며 상세한 설정은 [Publish Options] 단추를 클릭하면 나타나는 [Publish Options] 대화상자에서 설정합니다.

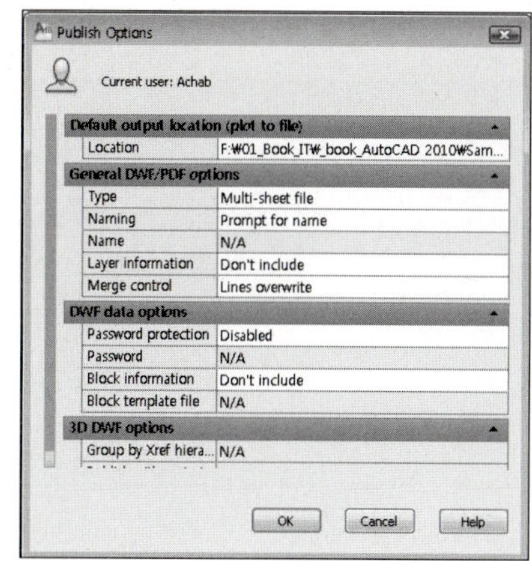

DWF 파일의 형식을 결정하고 생성된 파일에 암호를 입력하면 다른 사람의 접근을 차단할 수 있습니다.

❸ [Publish Output] 영역 : 복사물의 개수를 정하거나 사용자의 스탬프를 포함시킬 수도 있고 배경을 함께 Publish할 것 인지 등의 옵션을 설정합니다.

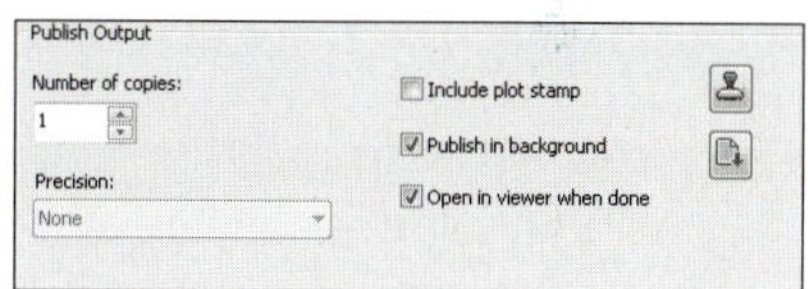

● Publish to Web 이해하기

Publish to Web Wizard를 이용하여 현재 도면을 인터넷에 프레젠테이션할 수 있는 과정을 알아봅니다.

⊙ Samples\12_02_Publish_to_WEB.dwg

01 퀵 액세스 툴바의 드롭다운 화살표를 클릭해 단축 메뉴를 불러낸 후 [Show Menu Bar]를 선택합니다. [File]-[Publish to Web] 메뉴를 클릭합니다.

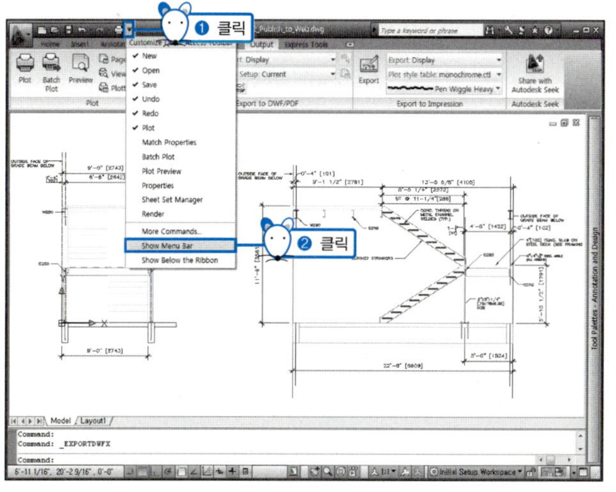

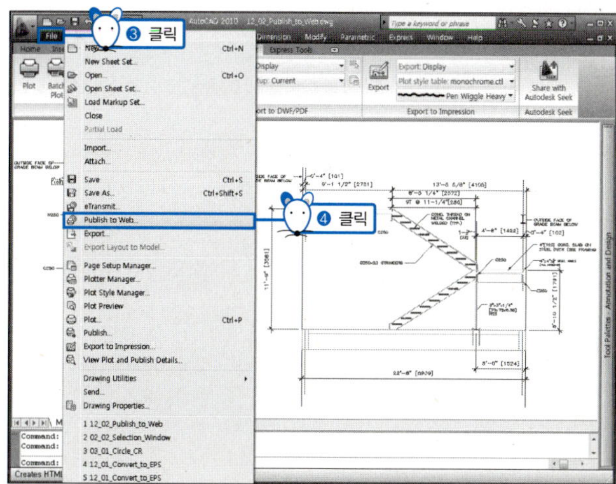

02 [Publish to Web – Begin] 대화상자에서 [Create New Web Page]를 체크하고 [다음] 단추를 클릭합니다.

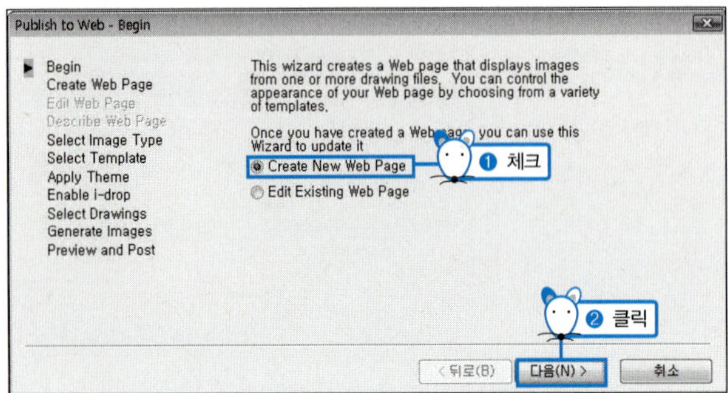

03 [Publish to Web – Create Web Page] 대화상자에서는 웹 페이지의 이름과 간단한 설명을 입력한 후 [다음] 단추를 클릭합니다.

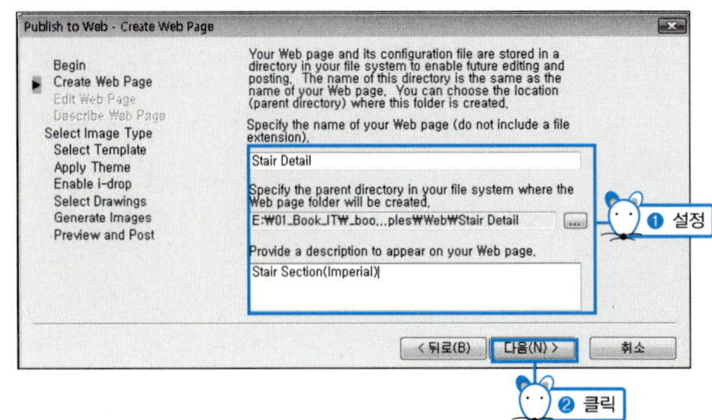

04 [Publish to Web – Select Image Type] 대화상자에서는 웹 페이지에 게시될 이미지의 형식을 선택할 수 있습니다. 'DWFx'를 선택하고 [다음] 단추를 클릭합니다.

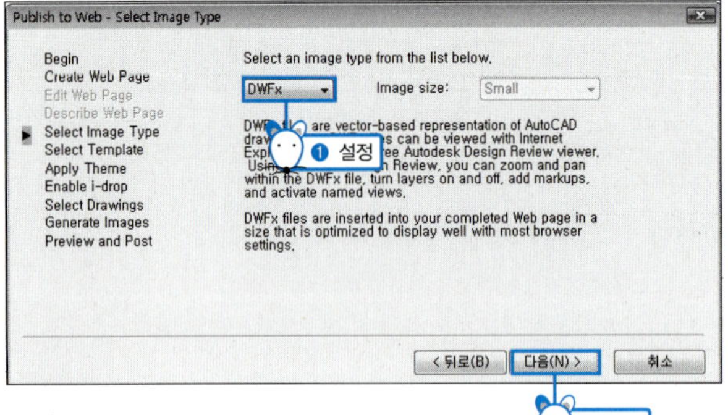

05 [Publish to Web – Select Template] 대화상자에서는 오토데스크(Autodesk)사에서 제공된 웹 페이지 형식을 선택할 수 있습니다. 'Array of Thumbnails'를 선택하고 [다음] 단추를 클릭합니다.

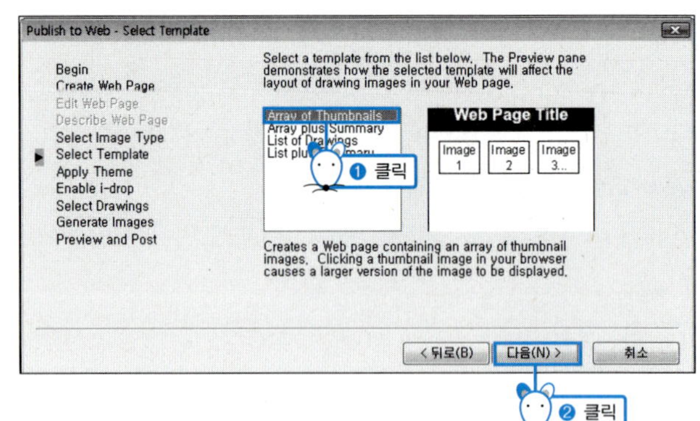

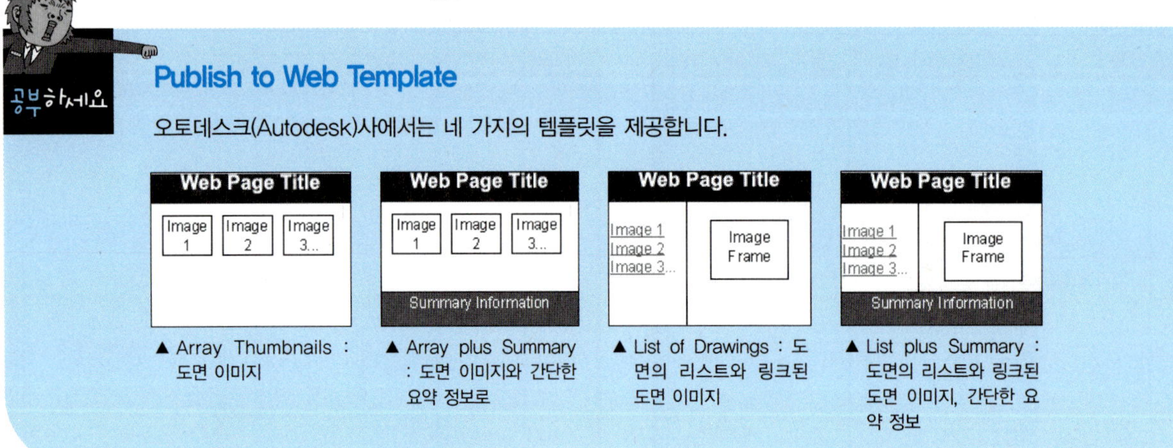

06 [Publish to Web – Apply Theme] 대화상자에서는 웹 페이지의 형식에 색상을 적용합니다. 'Ocean Waves' 를 선택하고 [다음] 단추를 클릭합니다.

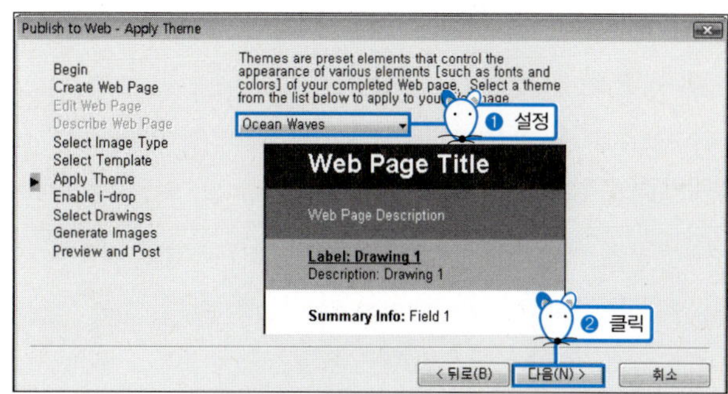

Publish to Web Theme

오토데스크(Autodesk)사에서는 일곱 가지의 테마를 제공합니다.

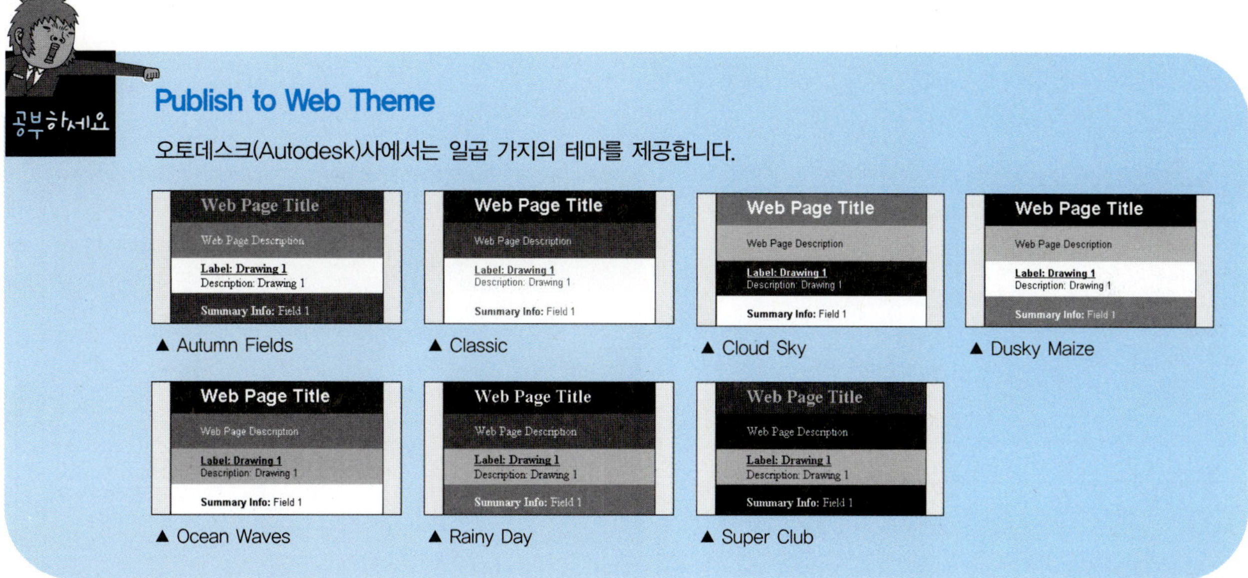

▲ Autumn Fields   ▲ Classic   ▲ Cloud Sky   ▲ Dusky Maize

▲ Ocean Waves   ▲ Rainy Day   ▲ Super Club

07 [Publish to Web – Enable i-drop] 대화상자에서는 i-drop 방식이 가능한 웹 페이지를 만들 것인지를 설정합니다. [Enable i-drop] 옵션을 체크하고 [다음] 단추를 클릭합니다.

08 [Publish to Web – Select Drawings] 대화상자에서는 웹 페이지를 장식하는 하나 이상의 도면을 선택할 수 있습니다.

❶ [Image settings] 영역의 [Drawing]에서 웹 페이지에 올릴 파일을 선택합니다.

❷ [Layout]에는 모델 공간이나 레이아웃 공간을 선택합니다.

❸ [Label]에는 도면의 간단한 이름을 입력합니다.

❹ [Description]에는 해당 도면에 대한 간단한 설명을 입력합니다.

❺ [Image settings] 영역에서 파일을 선택한 후 [Add] 단추를 클릭해 [Image list] 영역으로 도면을 추가합니다.

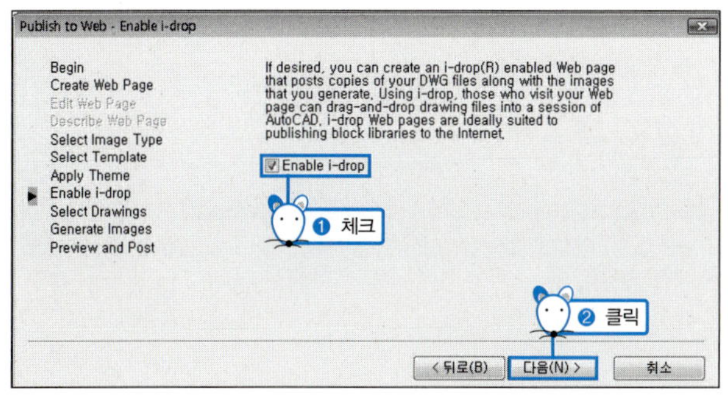

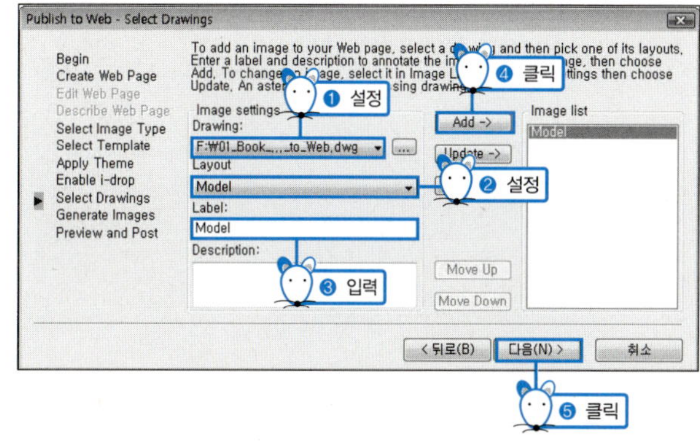

09 [Publish to Web – Generate Images] 대화상자에서는 변경된 도면만을 재계산하기 위해 [Regenerate images for drawings that have changed]이 체크된 상태에서 [다음] 단추를 클릭합니다.

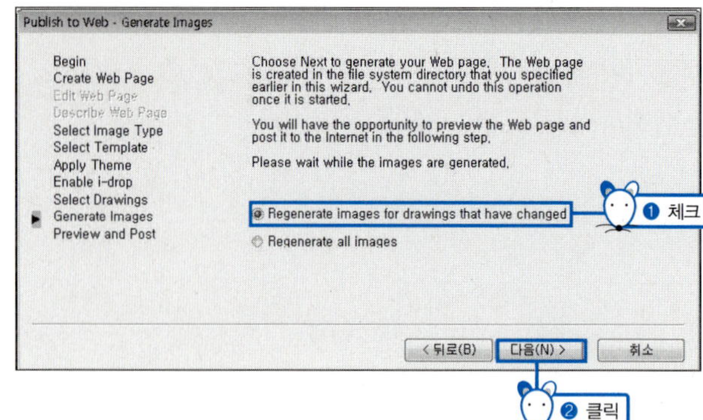

10 [Publish to Web – Preview and Post] 대화상자에서는 선택된 도면이 웹 페이지에 어떻게 올려질 것인지 미리 보기로 확인할 수 있습니다. [마침] 단추를 클릭해 작업을 종료합니다.

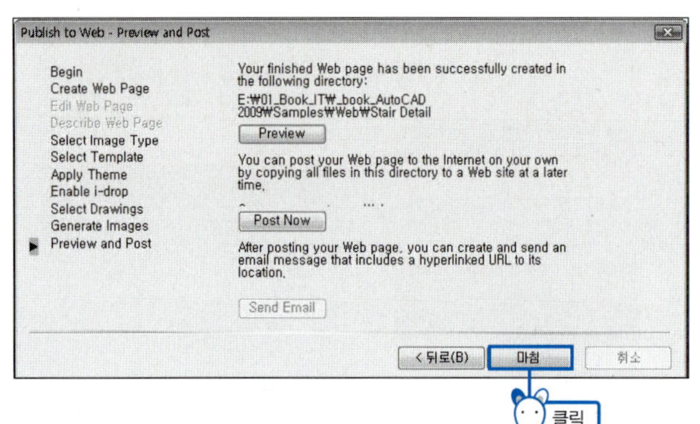

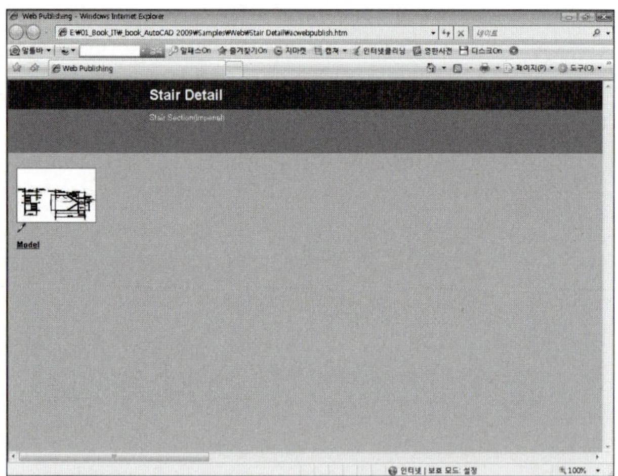

주목

　[Post Now] 단추를 클릭하면 최종 확인된 웹 페이지를 웹 사이트로 올리거나 사용자 컴퓨터의 웹 사이트 경로에 복사됩니다. 경로를 지정한 후 확인해 보면 해당 폴더에 생성된 파일들이 복사된 것을 확인할 수 있습니다.

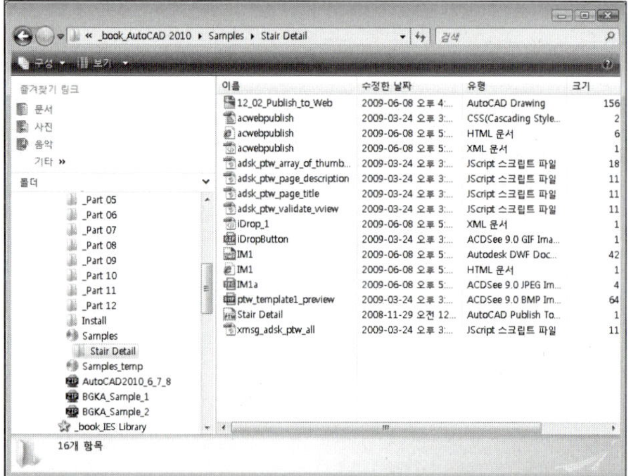

▲ [Post Now] 단추를 클릭하여 지정한 경로에 웹 페이지를 만들 수 있는 파일들이 저장됩니다.

11 지정한 경로의 'acwebpublish.htm' 파일을 더블클릭해서 웹 페이지를 확인합니다.

○ Samples\Stair Detail\acwebpublish.htm

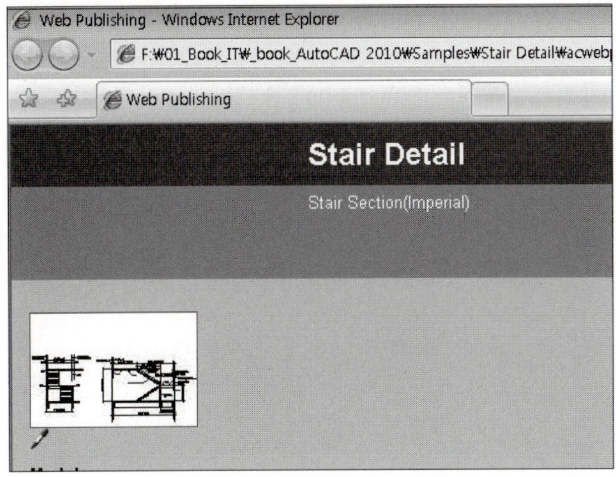

12 도면을 클릭하면 선택한 도면이 확대됩니다.

주목

툴바를 살펴보면 도면을 확대, 축소는 물론이고 출력도 가능한 것을 확인할 수 있습니다. [이전] 단추를 클릭해 다시 원래의 페이지로 돌아갑니다.

13 퀵 액세스 툴바에서 [QNew]( ) 아이콘을 클릭하여 새로운 도면 파일을 작성합니다.

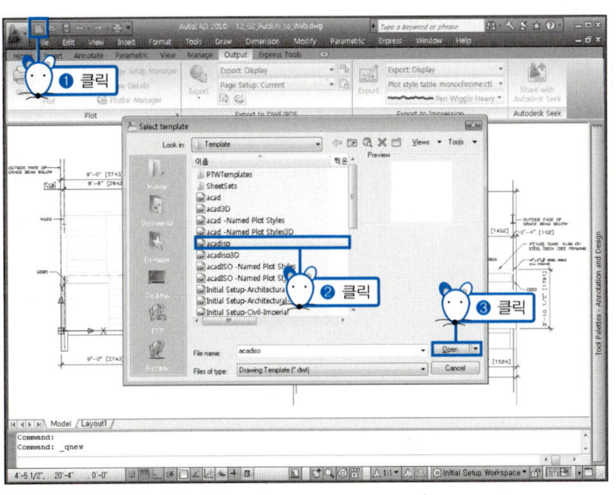

14 Publish된 Web Publishing 윈도우 창에서 도면 밑 스포이트 그림에 마우스 포인터를 가져갑니다. 마우스 포인터도 스포이트 모양으로 변한 것을 확인할 수 있습니다. 이는 i-drop 기능이 가능하다는 것을 의미합니다.

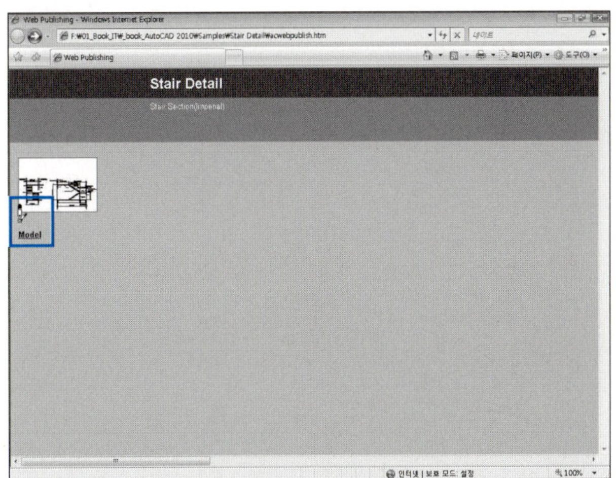

15 i-drop 기능을 실행하기 위해 스포이트 아이콘 위에서 마우스 클릭으로 도면을 담고 새로 만든 도면 영역에서 클릭을 놓음으로써 스포이트에 담겼던 도면을 떨어뜨립니다. 결국 도면을 드래그하여 도면 파일 위에 옮겨 놓는 것과 같은 결과를 갖습니다.

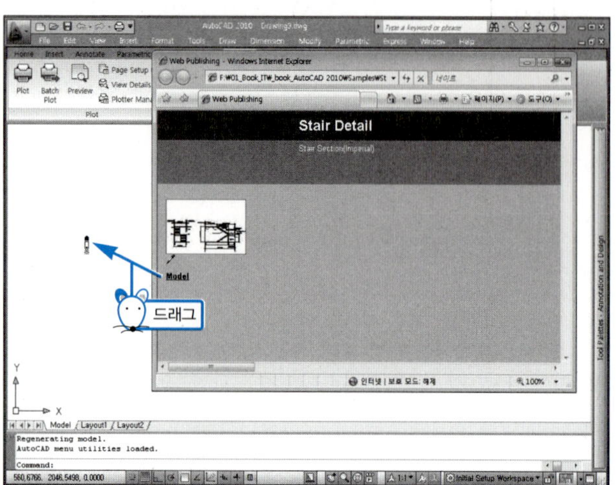

16 도면이 위치할 삽입 지점을 클릭합니다. i-drop 기능을 이용해 웹 브라우저의 도면을 다시 AutoCAD 2010의 도면 영역으로 가져올 수 있는 것을 확인할 수 있습니다.

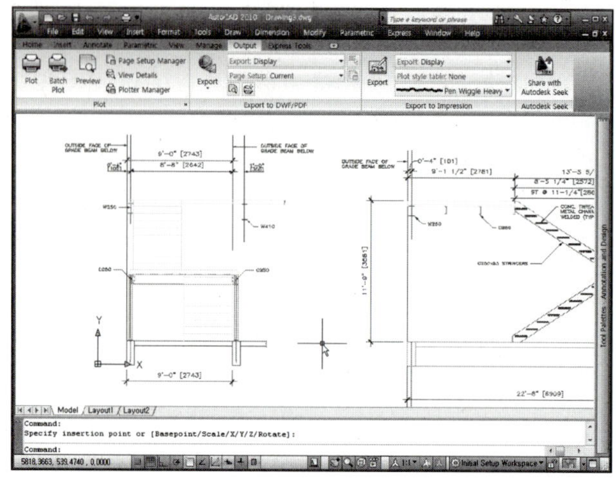

할 수 있다! AutoCAD 2010 쉽게 배우기

1판 1쇄 발행　2009년 10월 15일
1판 14쇄 발행　2018년 1월 1일

저　　자 | 이석용
발 행 인 | 김길수
발 행 처 | 영진닷컴
주　　소 | (우)08505 서울시 금천구 가산디지털2로 123 월드메르디앙벤처센터 2차 10층 1016호
등　　록 | 2007. 4. 27. 제16-4189호

ISBN | 978-89-314-3902-1

※ 본 도서의 내용 문의는 morris6@hanmail.net으로 해주시기 바랍니다.

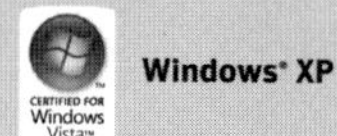

올인원 통합 보안 솔루션 노턴360은
통합적이고 자동화된 보안 기능으로
PC 및 각종 온라인 활동을 보호합니다

PC 보안

보다 빠른 인스톨과 스캔
펄스 업데이트
브라우저 보호
스팸메일 차단

백업

노턴 백업 드라이브
백업 튜토리얼
다수의 백업장소 설정
월 단위 리포트

ID 보호

노턴 세이프 웹
ID세이프 튜토리얼
IE로부터 로그인 정보 임포트

PC 튜닝

기동 매니저
튜닝 이력
월 단위 리포트

노턴 360 버전 3.0
올인원 통합 보안

시만텍은 어떤 업체보다 더 많은 온라인 위협으로부터 더 많은 사람들을 보호합니다